Praxishandbuch Zivilprozessrecht

Neuere Zürcher Praxis zur ZPO mit Anmerkungen
Sammlung von über 130 Bundesgerichtsentscheiden zum Zivilprozessrecht

Pius Markus Huber, Rechtsanwalt

unter Mitwirkung von
Dr. Ursula Schefer

Praxishandbuch

Zivilprozessrecht

Neuere Zürcher Praxis zur ZPO mit Anmerkungen

Über 130 BGE zum Zivilprozessrecht

mit folgenden Gesetzestexten
- Zürcher Zivilprozessordnung
- Gerichtsverfassungsgesetz
- Lugano-Übereinkommen
- NewYorker-Übereinkommen
- Schiedsgerichtskonkordat
- Verordnung über die Gerichtsgebühren
- Verordnung über die Paritätischen Schlichtungsbehörden in Miet- und Pachtsachen
- Auszüge aus dem IPRG, OG

Dr. Schefer Verlag

Alle Rechte vorbehalten

© 1997 by Autor
Satz und Gestaltung: Dr. U. Schefer, Zihlschlacht
Druck: Prisma Druck, Buttikon

ISBN: 3-9521044-1-8

Inhaltsverzeichnis

Abkürzungsverzeichnis 16

Literaturverzeichnis
– Zusammenstellung Schweizer Literatur (v.a. Lehrbücher) 22

– Zusammenstellung Schweizer Literatur (v.a. Aufsätze, Dissertationen) 30

– Zusammenstellung ausländischer, insbesondere Deutsche und Österreichische Literatur   51

– Zusammenstellung weiterer ausländischer, insbesondere von US–Literatur 89

– Literaturzusammenstellung zur Schiedsgerichtsbarkeit 99

Gesetz über den Zivilprozess (Zivilprozessordnung) 106

    Verordnung über die Paritätischen Schlichtungsbehörden in Miet- und Pachtsachen   163

    Verordnung über die Gerichtsgebühren (vom 30. Juni 1993) 244

    Konkordat über die Schiedsgerichtsbarkeit 464

    Internationale Schiedsgerichtsbarkeit (Auszug aus dem IPRG) 473

    Anhang: Die bundesrechtlichen Rechtsmittel 541

    Kreisschreiben der Verwaltungskommission vom 13. November 1991 zur Anwendung des Titels II des Lugano-Übereinkommens (Anerkennung und Vollstreckung)   580

Anhang
– Gerichtsverfassungsgesetz 596

– Übereinkommen über die gerichtliche Zuständigkeit und die Vollstreckung gerichtlicher Entscheidungen in Zivil- und Handelssachen (Lugano-Übereinkommen)   629

– Übereinkommen über die Anerkennung und Vollstreckung ausländischer Schiedssprüche (New Yorker-Übereinkommen) 651

– Bundesgesetz über die Organisation der Bundesrechtspflege (Auszug) 659

– Register der ZR Entscheide 668

– Register der Bundesgerichtsentscheide 673

– Schlagwortregister 676

Anmerkung:

Zur Verbesserung der Übersichtlichkeit ist das Buch in zwei Farben gestaltet; die Anmerkungen sind in blauer Schrift, die ZR-Entscheide und die Gesetzestexte in schwarzer Schrift und die Bundesgerichtsentscheide in schwarzer Schrift mit blauem Hintergrund wiedergegeben.

Anmerkung:
Zur Verbesserung der Übersichtlichkeit ist das Buch in zwei Farben gestaltet; die Anmerkungen sind in blauer Schrift, die ZR-Entscheide und die Gesetzestexte in schwarzer Schrift und die Bundesgerichtsentscheide in schwarzer Schrift mit blauem Hintergrund wiedergegeben.

Inhalt ZPO

Gesetz über den Zivilprozess (Zivilprozessordnung) 106

I. Teil: Allgemeine Bestimmungen
1. Abschnitt: Zuständigkeit
A. Örtliche Zuständigkeit

§ 1.	Vorbehalt des Bundesrechts	106
§ 2. (alte Fassung).	*Allgemeiner Gerichtsstand*	*111*
§ 2. (neue Fassung, 24.9.1995)	Allgemeiner Gerichtsstand	111
	Besondere Gerichtsstände	
§ 3.	a) Niederlassung	113
§ 4.	b) Spezialdomizil	116
§ 5. (alte Fassung).	*c) Wohnsitz des Erblassers*	*117*
§ 5. (aufgehoben, 24.9.95).	c) Wohnsitz des Erblassers	117
§ 5a. (neu seit 12.3.1995).	d) Fürsorgerische Freiheitsentziehung	118
§ 6.	e) Ort des Grundstücks	118
§ 7.	f) Ort der beweglichen Sache	120
§ 8. (alte Fassung).	*g) Ort der gerichtlichen Anordnung*	*121*
§ 8. (aufgehoben, 24.9.95).	g) Ort der gerichtlichen Anordnung	121
§ 9.	h) Betreibungssachen	121
§ 10. (alte Fassung).	*h) Delikts- und Unterlassungsklagen*	*123*
§ 10. (aufgehoben, 24.9.95).	i) Delikts- und Unterlassungsklagen	123
§ 11. (alte Fassung).	*Vereinbarter Gerichtsstand*	*124*
§ 11. (neue Fassung, 24.9.95).	Vereinbarter Gerichtsstand	124
§ 12. (alte Fassung).	*Einlassung*	*131*
§ 12. (neue Fassung, 24.9.95).	Einlassung	131
§ 13.	Sachzusammenhang	131
§ 14.	Streitgenossen	132
§ 15.	Widerklage	133
§ 16.	Massgebender Zeitpunkt	134

B. Sachliche Zuständigkeit

§ 17.	Verweisung auf das Gerichtsverfassungsgesetz	136
	Streitwert	
§ 18.	a) Grundsatz	142
§ 19. (alte Fassung).	*b) Mehrere Klagen und Widerklagen*	*145*
§ 19. (neue Fassung, 24.9.1995).	b) Mehrere Klagen und Widerklagen	145
§ 20.	c) Nebenansprüche	147
§ 21.	d) Wiederkehrende Leistungen	147
§ 22.	e) Geschätzter Streitwert	148
§ 23.	f) Sicherstellungen und Pfandrechte	150
§ 24.	g) Dienstbarkeiten und Eigentumsbeschränkungen .	150
§ 25.	Sachzusammenhang	150
§ 26.	Fortdauer der Zuständigkeit	152

2. Abschnitt: Parteien
A. Prozessfähigkeit und Vertretung

		Prozessfähigkeit	
§ 27.		a) Grundsatz	153
§ 28.		b) bei Rechtsgefährdung	158
		Vertretung	
§ 29.		a) im allgemeinen	158
§ 30.		b) Zustellungsempfänger	161
§ 31. (alte Fassung).		*c) Vor dem Friedensrichter*	*162*
§ 31. (neue Fassung, 24.9.1995).		c) Vor dem Friedensrichter	162
§ 32.		d) In Arbeitsstreitigkeiten	162
§ 33. (alte Fassung).		*e) vor dem Mietgericht*	*163*
§ 33. (neue Fassung, 24.9.1995).		e) vor dem Mietgericht	163

Verordnung über die Paritätischen Schlichtungsbehörden in Miet- und Pachtsachen 163

	Prozessvollmacht	
§ 34.	a) Erfordernis	165
§ 35.	b) Umfang	166
§ 36.	c) Im summarischen Verfahren	167
§ 37.	d) Erlöschen	167
§ 38.	e) Mängel	167

B. Streitgenossenschaft

§ 39.	Notwendige Streitgenossen	168
§ 40.	Einfache Streitgenossen	174
§ 41.	Interne Aufteilung	175
§ 42.	Zustellungsempfänger	177

C. Intervention und Streitverkündung

§ 43.	Hauptintervention	177
	Nebenintervention	
§ 44.	a) Zulässigkeit	179
§ 45.	b) Wirkungen	183
	Streitverkündung	
§ 46.	a) Zulässigkeit	183
§ 47.	b) Wirkungen	184
§ 48.	Austritt der Hauptpartei	186

D. Parteiwechsel

§ 49.	Parteiwechsel	188

3. Abschnitt: Grundsätze des Verfahrens

§ 50.	Verhalten im Prozess	192
§ 51.	Interesse am Prozess	195
§ 52.	Prozessleitung	203
§ 53. (alte Fassung.).	*Förderung der Prozesserledigung*	*203*
§ 53. (neue Fassung, 24.9.95).	Förderung der Prozesserledigung; einfaches und rasches Verfahren	204
§ 53a. (neue Fassung, 24.9.95).	Einstellung des Verfahrens	207
§ 54.	Verhandlungs- und Dispositionsmaxime	207

§ 55.	Richterliche Fragepflicht	214
§ 56.	Rechtliches Gehör	216
§ 57. (alte Fassung).	*Rechtsanwendung*	*222*
§ 57. (neue Fassung, 24.9.95).	Rechtsanwendung	222
§ 58.	Klagenhäufung	223
§ 59.	Feststellungsklage	225
§ 60.	Widerklage	237
§ 61.	Klageänderung	241
§ 62.	Vergleichsverhandlung	243
§ 63.	Verweisung auf das Gerichtsverfassungsgesetz	243

4. Abschnitt: Prozesskosten
A. Gerichtskosten und Prozessentschädigungen

	Kosten	
§ 64.	a) Grundsatz	243

Verordnung über die Gerichtsgebühren (vom 30. Juni 1993) 244

§ 65.	b) bei Gegenstandslosigkeit und Vergleich	249
§ 66.	c) Unnötige Kosten	251
§ 67.	d) Haftung	252
	Entschädigung	
§ 68.	a) Grundsatz	252
§ 69.	b) Bemessung	253
§ 70.	Streitgenossen	254
§ 71.	Zeitpunkt der Festsetzung	254
§ 72.	Kosten und Entschädigung im Sühnverfahren	256

B. Prozesskaution

	Kautionspflicht für Kosten und Entschädigung	
§ 73.	a) des Klägers	256
§ 74.	b) bei verheimlichtem Wohnsitz	263
§ 75.	c) im Nichtigkeits- und Revisionsverfahren	263
§ 76. (alte Fassung).	*Kautionspflicht für Kosten*	*263*
§ 76. (neue Fassung, 24.9.95).	Kautionspflicht für Kosten	263
§ 77.	Kautionspflicht bei notwendiger Streitgenossenschaft	264
§ 78. (alte Fassung).	*Verfahren ohne Kautionspflicht*	*264*
§ 78. (neue Fassung, 24.9.95).	Verfahren ohne Kautionspflicht	264
	Kautionsleistung	
§ 79.	a) Höhe und Art der Kaution	265
§ 80.	b) Säumnisfolgen	265
§ 81.	c) Verwendung der Kaution	266
§ 82.	Vorsorgliche Massnahmen	266

C. Vorschuss für Barauslagen

§ 83.	Vorschuss für Barauslagen	266

D. Unentgeltliche Prozessführung

	Unentgeltliche Prozessführung	
§ 84.	a) Voraussetzungen	268
§ 85.	b) Wirkungen	269
§ 86.	c) im Sühnverfahren	269
	Unentgeltlicher Rechtsvertreter	
§ 87.	a) Voraussetzungen	269

§ 88.	b) vor Prozessbeginn	284
§ 89.	c) Honorierung	284
	Gemeinsame Bestimmungen	
§ 90.	a) Zeitpunkt des Gesuches	285
§ 91.	b) Entzug der Bewilligung	285
§ 92.	c) Nachzahlungspflicht	285

II. Teil: Ordentliches Verfahren
1. Abschnitt: Prozesseinleitung
A. Sühnverfahren

§ 93.	Grundsatz	286
	Verfahren	
§ 94.	a) Einleitung und Mündlichkeit	286
§ 95.	b) Streitwert	291
§ 96.	c) Beweis	291
§ 97.	d) Sühnversuch	291
	Abschluss des Verfahrens	
§ 98.	a) allgemein	292
§ 99.	b) ohne Sühnverhandlung	292
§ 100.	c) Inhalt der Weisung	292
§ 101.	Verfall der Weisung	292

B. Rechtshängigkeit der Klage

§ 102. (alte Fassung).	*Einreichung der Weisung*	*294*
§ 102. (neue Fassung, 24.9.95).	Einreichung der Weisung	295
	Direkte Klageerhebung	
§ 103.	a) fakultativ	296
§ 104. (alte Fassung).	*b) im beschleunigten Verfahren oder bei kurzer Klagefrist*	*296*
§ 104. (neue Fassung, 12.3.95).	b) im beschleunigten Verfahren, im Verfahren betreffend fürsorgerische Freiheitsentziehung oder bei kurzer Klagefrist	296
§ 105. (alte Fassung).	*c) in arbeitsrechtlichen Streitigkeiten und beim Mietgericht*	*298*
§ 105. (neue Fassung, 24.9.95).	c) beim Arbeits- und Mietgericht	298
§ 106.	d) Form	305
§ 107. (alte Fassung).	*Wirkungen der Rechtshängigkeit*	*306*
§ 107. (neue Fassung, 24.9.95).	Wirkungen der Rechtshängigkeit	306

2. Abschnitt: Hauptverfahren
A. Allgemeine Vorschriften

§ 108.	Prüfung der Prozessvoraussetzungen	310
§ 109.	Mängel des Sühnverfahrens	314
§ 110.	Vorsorgliche Massnahmen	314
§ 111.	Einrede der Unzuständigkeit	335
§ 112.	Prozessüberweisung	336
§ 113.	Behauptungslast	337
	Verspätetes Vorbringen	
§ 114.	a) Grundsatz	340
§ 115.	b) Ausnahmen	341
§ 116.	Beschränkung des Prozessthemas	341
§ 117.	Widerklage	342
§ 118.	Referentenaudienz	342

B. Mündliches Verfahren 342

§ 119. *(alte Fassung).*	*Anwendungsbereich*	*342*
§ 119. (neue Fassung, 24.9.95).	Anwendungsbereich	342
	Hauptverhandlung	
§ 120.	a) Ansetzung	343
§ 121.	b) Durchführung	343
§ 122.	c) Ergänzung	343
	Fakultative Schriftlichkeit	
§ 123.	a) Belieben der Parteien	343
§ 124.	b) Anordnung des Gerichts	344

C. Schriftliches Verfahren

§ 125. *(alte Fassung.*	*Anwendungsbereich*	*344*
§ 125. (neue Fassung, 24.9.95).	Anwendungsbereich	344
§ 126.	Klagebegründung	344
§ 127.	Klageantwort	345
§ 128.	Replik und Duplik	345

D. Säumnisverfahren

§ 129. *(alte Fassung).*	*Säumnis im mündlichen Verfahren*	*345*
§ 129. (neue Fassung, 24.9.95).	Säumnis im mündlichen Verfahren	345
§ 130. *(alte Fassung).*	*Säumnis im schriftlichen Verfahren)*	*346*
§ 130. (neue Fassung, 24.9.95).	Säumnis im schriftlichen Verfahren	346
§ 131.	Besondere Bestimmungen bei Säumnis des Beklagten	348
§ 132.	Säumnis mit Replik und Duplik	349

3. Abschnitt: Beweisverfahren
A. Allgemeine Vorschriften

§ 133. *(alte Fassung).*	*Beweisgegenstand*	*349*
§ 133. (neue Fassung, 24.9.95).	Beweisgegenstand	349
§ 134.	Zeitpunkt der Beweiserhebungen	351
§ 135.	Beweissicherung	351
	Beweisauflage	
§ 136. *(alte Fassung).*	*a) Beweisauflagebeschluss*	*351*
	Beweisauflage	
§ 136. (neue Fassung, 24.9.95).	a) Beweisauflagebeschluss	351
§ 137. *(alte Fassung).*	*b) Beweisantretung*	*375*
§ 137. (neue Fassung, 24.9.95).	b) Beweisantretung	375
§ 138.	c) nachträgliche Beweisantretung	375
§ 139.	d) Beweiseinwendungen	376
§ 140.	Beweisabnahme	376
§ 141. *(alte Fassung).*	*Direkter Beweisabnahmebeschluss*	*380*
§ 141. (neue Fassung, 24.9.95).	Direkter Beweisabnahmebeschluss	380
§ 142.	Beweiserhebung von Amtes wegen	380
§ 143.	Änderung von Beweisbeschlüssen	380
§ 144.	Delegation	380
§ 145.	Schutzmassnahmen	380
§ 146.	Beweisverhandlung	382
§ 147.	Stellungnahme der Parteien	382
§ 148.	Beweiswürdigung	382

B. Parteibefragung

§ 149.	Persönliche Befragung	387
§ 150.	Beweisaussage	387
	Gemeinsame Bestimmungen	
§ 151.	a) besondere Parteien	389
§ 152.	b) auswärtige Parteien	389
§ 153.	c) Verhinderung	390
§ 154.	d) Säumnisfolgen	390
§ 155.	e) Form der Befragung	390
§ 156.	Strafanzeige	390

C. Zeugnis

§ 157.	Zeugnisfähigkeit und Zeugnispflicht	390
	Zeugnisverweigerungsrecht	
§ 158.	a) für alle Aussagen	391
§ 159.	b) für besondere Aussagen	391
§ 160.	c) Geheimnisschutz	391
§ 161.	Ausschluss von den Verhandlungen	391
§ 162.	Zeugenvorladung	391
§ 163.	Säumnisfolgen	392
	Form der Einvernahme	
§ 164.	a) Ermahnung	392
§ 165.	b) Gegenstand der Einvernahme	392
§ 166.	c) Konfrontation	392
§ 167.	Verweisung auf Parteibefragung	392
§ 168.	Schriftliche Auskünfte	393

D. Augenschein

§ 169.	Voraussetzung und Durchführung	393
§ 170.	Duldungspflicht	393

E. Gutachten

§ 171.	Voraussetzungen	395
§ 172.	Ernennung der Sachverständigen	397
§ 173.	Annahmepflicht und Ausstand	397
§ 174.	Ermahnung	397
§ 175.	Instruktion	397
§ 176.	Erhebungen	397
§ 177.	Duldungspflicht	398
§ 178.	Erstattung des Gutachtens	398
§ 179.	Säumnisfolgen	398
§ 180.	Stellungnahme der Parteien	398
§ 181.	Behebung von Mängeln	398
§ 182.	Teilnahme am Verfahren	398

F. Urkunden

	Einreichungspflicht	
§ 183.	a) Parteien	398
§ 184.	b) Dritte	401
§ 185.	Form der Urkunde	402
§ 186.	Vollständigkeit	402
§ 187.	Prüfung der Echtheit	402

4. Abschnitt: Erledigung des Prozesses

§ 188.	Endentscheid	402
§ 189.	Vor- und Teilentscheid	409
	Rechtskraft	
§ 190.	a) formelle Rechtskraft	410
§ 191. (alte Fassung).	*b) materielle Rechtskraft*	*410*
§ 191. (neue Fassung, 24.9.95).	b) materielle Rechtskraft	410

5. Abschnitt: Besondere Vorschriften für das Erkenntnisverfahren vor dem Friedensrichter

§ 192.	Einleitung und Verhandlung	421
§ 193. (alte Fassung).	*Behandlung im Sühnverfahren*	*422*
§ 193. (neue Fassung, 24.9.95).	Behandlung im Sühnverfahren	422
§ 194.	Parteivorbringen und Beweisantretung	422
§ 195.	Beweisabnahme	422

6. Abschnitt: Besondere Vorschriften für Prozesse über den Personenstand und für familienrechtliche Prozesse

	Direkte Klageerhebung	
§ 196.	a) beim Bezirksgericht	423
§ 196a. (Änderung vom 17.3.93).	b) beim Obergericht	423
§ 197.	Zivilstandsurkunden	423
	Verfahren	
§ 198.	a) Parteibefragung	424
§ 199.	b) Duldung von Untersuchungen	424
§ 200.	c) Novenrecht	424
	Ehesachen	
§ 201.	a) Klagen Dritter	425
§ 202.	b) Nebenfolgen	425
§ 203. (Änderung vom 7.12.77).	Vaterschafts- und Unterhaltssachen	425

7. Abschnitt: (Änderung vom 12.3.95). Besondere Vorschriften für das Verfahren betreffend fürsorgerische Freiheitsentziehung

§ 203a.	Verfahrensleitung	425
§ 203b.	Wirkung des Gesuchs auf die Behandlung	425
§ 203c.	Offizialmaxime	426
§ 203d.	Persönliche Befragung und Hauptverhandlung	426
§ 203e.	Entscheid. Verfahrensbeteiligte	426
§ 203f.	Prozessentschädigung	426

III. Teil: Summarisches Verfahren
1. Abschnitt: Allgemeine Vorschriften

§ 204.	Verweisung	426
§ 205.	Einleitung des Verfahrens	429
§ 206.	Verhandlung	429
	Säumnisfolgen	
§ 207.	a) Kläger	429
§ 208.	b) Beklagter	429
	Beweismittel	
§ 209.	a) Zulässigkeit	430
§ 210.	b) Bezeichnung	430
§ 211.	Verfahren auf einseitiges Vorbringen	431
§ 212.	Rechtskraft	431

Inhaltsverzeichnis ZPO

2. Abschnitt: Schuldbetreibungs- und Konkurssachen

§ 213. (alte Fassung).	*Zuständigkeit des Einzelrichters*	*431*
§ 213. (neue Fassung, 24.9.95).	Zuständigkeit des Einzelrichters	431
§ 214.	Rechtsöffnung bei öffentlich-rechtlichen Entscheiden	433

3. Abschnitt: Geschäfte auf Grund des Zivilgesetzbuches und des Obligationenrechts

	Geschäfte auf Grund des ZGB	
§ 215.	a) Zuständigkeit des Einzelrichters	433
§ 216. (9.9.87).	b) Eherechtliche Verfahren	436
§ 217.	c) Mitwirkung in erbrechtlichen Sachen	436
§ 218.	d) Aufsicht des Einzelrichters	436
	Geschäfte auf Grund des Obligationenrechts	
§ 219.	a) Zuständigkeit des Einzelrichters	439
§ 220.	b) Hinterlegung	441
§ 221. (alte Fassung).	*Illiquidität*	*442*
§ 221. (neue Fassung, 24.9.95).	Illiquidität	442

4. Abschnitt: Befehlsverfahren

§ 222.	Zulässigkeit	443
§ 223.	Androhungen	455
§ 224.	Provisorische Befehle und Verbote	456
§ 225.	Allgemeine Verbote	456
§ 226.	Illiquidität	457
	Besondere Vorschriften für vorsorgliche Massnahmen	
§ 227.	a) Sicherstellung	458
§ 228.	b) Klagefrist	458
§ 229.	c) Aufhebung und Änderung	459
§ 230.	d) Schadenersatzpflicht	460

5. Abschnitt: Beweissicherung

	Vorsorgliche Beweisabnahme	
§ 231.	a) Zulässigkeit	460
§ 232.	b) Zuständigkeit	462
§ 233.	c) Verfahren	462
§ 234.	Amtlicher Befund	463
	Amtliche Zustellung von Erklärungen	
§ 235.	a) Zulässigkeit	463
§ 236.	b) Verfahren	464
§ 237.	c) Annahmepflicht	464

IV. Teil: Schiedsgerichte und Schiedsgutachten

§ 238. (alte Fassung).	*Anwendung des Konkordats*	*464*
§ 238. (neue Fassung, 24.9.95).	Anwendung des Konkordats	464

Konkordat über die Schiedsgerichtsbarkeit 464

§ 239. (alte Fassung).	*Zuständige Behörde*	*492*
§ 239. (neue Fassung, 24.9.95).	Zuständige Behörde	492
§§ 240. – 257.	aufgehoben	492
§ 258.	Schiedsgutachten	492

V. Teil: Rechtsmittel
1. Abschnitt: Berufung

§ 259. *(alte Fassung).*	Zulässigkeit	*497*
§ 259. (neue Fassung, 24.9.95).	Zulässigkeit	497
§ 260. (alte Fassung).	*Aufschiebende Wirkung*	*497*
§ 260. (neue Fassung, 12.3.95).	Rechtskraft und aufschiebende Wirkung	497
§ 261.	Berufungserklärung	498
§ 262.	Überweisung an die Berufungsinstanz	498
§ 263.	Nichteintreten	499
§ 264.	Berufungsschrift	499
§ 265.	Berufungsantwort	499
§ 266.	Anschlussberufung	499
§ 267. (alte Fassung).	*Novenrecht*	*500*
§ 267. (neue Fassung 24.9.95).	Novenrecht	500
§ 268.	Berufungsverhandlung	502
	Fürsorgerische Freiheitsentziehung	
§ 268a. (neu seit 12.3.95).	a) Berufungserklärung	502
§ 268b. (neu seit 12.3.95).	b) Berufungsverfahren	502
§ 269.	Umfang der Überprüfung	503
§ 270.	Berufungsentscheid	503

2. Abschnitt: Rekurs

	Zulässigkeit	
§ 271. (alte Fassung).	*a) im ordentlichen Verfahren*	*504*
	Zulässigkeit	
§ 271. (neue Fassung, 24.9.95).	a) im ordentlichen Verfahren	504
§ 272. (alte Fassung).	*b) im summarischen Verfahren*	*506*
§ 272. (neue Fassung, 24.9.95).	b) im summarischen Verfahren	506
§ 273.	c) Berechtigung Dritter	507
§ 274. (17.3.93)	d) Ordnungsstrafen	509
§ 274a.	e) Personen- und Familienrecht	509
§ 275. (alte Fassung).	*Aufschiebende Wirkung*	*509*
§ 275. (neue Fassung, 24.9.95).	Rechtskraft und aufschiebende Wirkung	509
§ 276.	Frist und Form des Rekurses	510
§ 277.	Rekursantwort	510
§ 278.	Anschlussrekurs und Novenrecht	510
§ 279.	Umfang der Überprüfung	511
§ 280.	Erledigung	511

3. Abschnitt: Nichtigkeitsbeschwerde

	Zulässigkeit	
§ 281.	a) Endentscheide	512
§ 282.	b) prozessleitende Entscheide	519
§ 283.	c) Berechtigung Dritter	520
§ 284. (alte Fassung).	*d) Ausschluss*	*521*
§ 284. (neue Fassung, 10.3.85).	d) Ausschluss	521
§ 285.	e) Verhältnis zu andern Rechtsmitteln	522
§ 286.	Aufschiebende Wirkung	529
§ 287. (alte Fassung).	*Frist*	*529*
§ 287. (neue Fassung, 24.9.95).	Frist	530
§ 288.	Form der Beschwerde	531
§ 289.	Beantwortung	531
§ 290.	Umfang der Überprüfung	531

§ 291.	Erledigung a) im allgemeinen	531
§ 292.	b) Verhandlung	532

4. Abschnitt: Revision

§ 293.	Zulässigkeit	533
§ 294.	Aufschiebende Wirkung	540
§ 295.	Frist	540
§ 296.	Form des Begehrens	540
§ 297.	Beantwortung	540
§ 298.	Verfahren und Erledigung	540
§ 299.	Bei summarischem Verfahren	540

Anhang: Die bundesrechtlichen Rechtsmittel 541

VI. Teil: Vollstreckung

§ 300.	Voraussetzungen a) im allgemeinen	583
§ 301.	b) vorsorgliche Massnahmen anderer schweizerischer Gerichte	584
§ 302. (alte Fassung).	*c) ausländische Entscheide*	*584*
§ 302. (neue Fassung, 24.9.95).	c) ausländische Entscheide	584
§ 303.	Verfahren a) nach SchKG	585
§ 304.	b) im übrigen	585
§ 305.	c) Einsprache Dritter	589
§ 306.	Vollstreckungsmittel a) Ordnungsbusse und Ungehorsamsstrafe	590
§ 307.	b) Ersatzvornahme und Zwangsvollzug	590
§ 308.	c) Abgabe einer Willenserklärung	592
§ 309.	d) Umwandlung in Schadenersatz	594

Anhang: Gesetze

Gerichtsverfassungsgesetz 596

Übereinkommen über die gerichtliche Zuständigkeit und die Vollstreckung gerichtlicher Entscheidungen in Zivil- und Handelssachen (SR 0.275. 11) 629

Übereinkommen über die Anerkennung und Vollstreckung ausländischer Schiedssprüche (SR 0.277.12) 651

Auszug aus Bundesgesetz über die Organisation der Bundesrechtspflege (SR 173.110) 659

Anmerkung:
Zur Verbesserung der Übersichtlichkeit ist das Buch in zwei Farben gestaltet; die Anmerkungen sind in blauer Schrift, die ZR-Entscheide und die Gesetzestexte in schwarzer Schrift und die Bundesgerichtsentscheide in schwarzer Schrift mit blauem Hintergrund wiedergegeben.

Abkürzungsverzeichnis

a. A.	anderer Auffassung
a.a.O.	Am angeführten Ort
AFG	Bundesgestz über den Anlagefonds, vom 1. Juli 1966 (SR 951.31)
AGB	Allgemeine Geschäftsbedingungen
AcP	Archiv für civilistische Praxis
AI	Appnzell Inerrhoden
AJP/PJA	Aktuelle juristische Praxis
AnfG	Anfechtungsgesetz
AR	Appenzell Ausserrhoden
ArbR	Mitteilungen des Instituts für Schweizerisches Arbeitsrecht
Art./art.	Artikel/article
AS	Eidgenössische Gesetzessammlung. Amtliche Sammlung der Bundesgestze und Verordnungen.
ASA-Bull.	Bulletin de l'Association Suisse de l'Arbitrage
AVG	Bundesgesetz über die Arbeitsvermittlung und den Personalverleih (Arbeitsvermittlungsgesetz), vom 6. Oktober 1989 (SR 823.11)
AZPO	Österreichische ZPO
BBl	Bundesblatt
Bd.	Band
Bericht	Bericht der Studienkommission für die Gesamtrevision des Haftpflichtrechts, Bern 1991
Bf	Beschwerdeführer
BG	Bundesgesetz
BGB	Bürgerliches Gesetzbuch
BGBB	Bundesgesetz über das bäuerliche Bodenrecht, vom 4. Oktober 1991 (SR 211.412.11)
BGE	Entscheidungen des Schweizerischen Bundesgerichtes
BGH	Bundesgerichtshof
BJM	Basler Juristische Mitteilungen

BR	Baurecht. Mitteilungen des Seminars für Schweizerisches Baurecht, Freiburg
BRAGO	Bundesgebührenordnung für Rechtsanwälte
Brüsseler Übereinkommen	Brüsseler Übereinkommen vom 27. September 1968 über die gerichtliche Zuständigkeit und die Vollstreckung gerichtlicher Entscheidungen in Zivil- und Handelssachen (EuGVÜ)
BtG	Bundesgsetz über das Dienstverhältnis der Bundesbeamten, vom 30. Juni 1927 (SR 172.221.10)
BV	Bundesverfassung der Schweizerischen Eidgenossenschaft vom 29. Mai 1874 (SR 101)
BZP	Bundesgesetz über den Bundeszivilprozess
ders.	derselbe
DSG	Bundesgesetz über den Datenschutz vom 19. Juni 1992 (SR 235.1)
DZPO	Deutsche Zivilprozessordnung, vom 30. Januar 1877
EGMR	Europäischer Gerichtshof für Menschenrecht
EGZGB	Kantonale Einführungsgesetz(e) zum Schweizerischen Zivilgesetzbuch
EJPD	Eidgenössisches Justiz- und Polizeidepartement
EMPA	Eidgenössische Materialprüfungs- und Versuchsanstalt
EMRK	Konvention zum Schutze der Menschenrechte und Grundfreiheiten. vom 4. November 1950 (SR 0.101)
ErlVEBV	Erläuterungen zum Verfassungsentwurf 1995 (VEBV)
EU77	Europäisches Übereinkommen über die Übermittlung von Gesuchen um unentgeltliche Rechtspflege, abgeschlossen in Strassburg am 27. Januar 1977 (SR 0.274.137)
EuGH	Gerichtshof der Europäischen Gemeinschaften
EuGVÜ	Siehe Brüsseler Übereinkommen
EuZW	Europäische Zeitschrift für Wirtschaftsrecht
EZO	liechtensteinische Exekutionsordnung
FG	Finanzgerichte
Fn	Fussnote
FS	Festschrift
FZR	Freiburger Zeitschrift für Rechtsprechung

GBV	Verordnung betreffend das Grundbuch, vom 22. Februar 1910 (SR 211.432.1)
GebTschKG	Gebührentarif zum Schuldbetreibungs- und Konkursrecht
GesO	Gesamtvollstreckungsordnung
GG	Grundgesetz
GIG	Bundesgesetz über die Gleichstellung von Frau und Mann (Gleichstellungsgesetz), vom 24. März 1995
GOG	Gerichtsorganisationsgesetz
GRUR	Gewerblicher Rechtsschutz und Urheberrecht
GUG	Gesetz über die Unterbrechung von Gesamtvollstreckungsverfahren
GV	Generalversammlung
GVG	Gerichtsverfassungsgesetz vom 13. Juni 1976 (Kt. ZH: 211.1)
HBewU70	Übereinkommen über die Beweisaufnahme im Ausland in Zivil- und Handelssachen, abgeschlossen in Den Haag am IX. März 1970 (SR 0.274.132)
HRegV	Verordnung über das Handelsregister, vom 7. Juni 1937 (SR 221.411)
HRG	Bundesgesetz über die Handelsreisenden, vom 5. Juni 1931 (SR 943.11)
HU80	Übereinkommen über den internationalen Zugang zur Rechtspflege, abgeschlossen in Den Haag am 25. Oktober 1980 (SR 0.274.133)
HZU65	Übereinkommen über die Zustellung gerichtlicher und aussergerichtlicher Schriftstücke im Ausland in Zivil und Handelssachen, abgeschlossen in Den Haag am 15. November 1965 (SR 0.274.131)
IHK	Industrie- und Handelskammer
IPRax	Praxis des internationalen Privat- und Verfahrensrecht
IPRG	Bundesgesetz über das Internationale Privatrecht, vom 18. Dezember 1987 (SR 291)
JdT	Journal des Tribunaux
JGG	Jugendgerichtsgesetz
Kantg	Kantonsgericht
KG	Bundesgesetz über Kartelle und ähnliche Organisationen, vom 20. Dezember 1985 (SR 251)
KG, Kantg	Kantonsgericht

KHG	Kernenergiehaftpflichtgesetz, vom 18. März 1983 (SR 732.44)
KO	Konkursordnung
KOV	Verordnung über die Geschäftsführung der Konkursämter, vom 13. Juli 1911 (SR 281.32)
KSG	Konkordat über die Schiedsgerichtsbarkeit, vom 27. März 1969 (SR 279)
KV	Kantonsverfassung
KVZ	Konkordat über die Vollstreckung von Zivilurteilen, vom 10. März 1977 (SR 276)
LDIP	Loi fédérale sur le droit internatioanl privé du 18.12.1987 (=IPRG)
LohnPfVO	liechtensteinische Lohnpaändungsverordnung
LPG	Bundesgsetz über die landwirtschaftliche Pacht, vom 4. Oktober 1985 (SR 221.213.2)
LRP	Loi fédérale sur le maintien de la propriété foncière rurale du 12.6.1951
LugÜ	Lugano-Übereinkommen vom 16. September 1988 über die gerichtliche Zuständigkeit und die Vollstreckunggerichtlicher Entscheidungen in Zivil- und Handelssachen (SR 0.275.11)
Mitteilungen	Mitteilungen aus dem Institut für zivilgerichtliches Verfahren in Zürich
Mitwirkungsgesetz	Bundesgesetz über die Information und Mitsprache der Arbeitnehmerinnen und Arbeitnehmer in den Betrieben. vom 17. Dezember 1993 (SR 822.14)
MMG	Bundesgesetz betr. die gewerblichen Muster und Modelle, vom 30. März 1900 (SR 232.12)
mp	mietrechtspraxis, Zeitschrift für schweizerisches Mietrecht
MSchG	Bundesgesetz über den Schutz von Marken und Herkunftsangaben (Markenschutzgesetz), vom 28. August 1992 (SR 232.11)
NachbG NW	Nachbarrechtsgesetz
NF	Neue Folge
OG	Bundesgesetz über die Organisation der Bundesrechtspflege (SR 173.110)
OHG	Bundesgesetz über die Hilfe an Opfer von Straftaten, vom 4. Oktober 1991
OR	Bundesgesetz betr. die Ergänzung des Schweiz. Zivilgesetzbuches (Fünfter Teil: Obligationenrecht), vom 30. März l911 (SR 220)
PatG	Bundesgesetz über die Erfindungspatente vom 25. Juni 1954 (SR 232.14)
pläd	Plädoyer: das Magazin für Recht und Politik
Pr, Pra, Praxis	Die Praxis des Bundesgerichtes

recht	recht, Zeitschrift für juristische Ausbildung und Praxis
Rev. arb.	Revue de l'arbitrage
revSchKG	Bundesgesetz über Schuldbetreibung und Konkurs, vom 11. April 1889, abgeändert am 16. Dezember 1994, in Kraft ab 1.Januar 1997 (SR 281.1)
RIDC	Revue internationale de droit comparé
RIW	Recht der Internationalen Wirtschaft (von 1975 bis 1981: RWI/AWD)
RJJ	Revue Jurassienne de Jurisprudence
RSO	liechtensteinische Rechtssicherungsordnung
Rz	Randziffer
SAG	Schweizerische Aktiengesellschaft
SAV	Schweizerischer Anwaltsverband
SchKG	Bundesgesetz über Schuldbetreibung und Konkurs, vom 11. April 1889 (SR 281.1)
SchlT ZGB	Schlusstitel zum Schweizerischen Zivilgesetzbuch
SGIR	St. Galler Studien zum Internationalen Recht
SJ	Semaine Judicaire
SJZ	Schweizerische Juristen-Zeitung
Slg.	Sammlung der Rechtsprechung des [Europäischen] Gerichtshofes
SMI	Schweizerische Mitteilungen über Immaterialgüterrecht
SR	Systematische Sammlung des Bundesrechts
SSG	Bundesgesetz über den Schutz von Pflanzensorten, vom 20. März 1975 (SR 232.16)
StGB	Schweiz. Strafgesetzbuch, vom 21. Dezember 1937 (SR 311.0)
StPO	Strafprozessordnung
SVG	Bundesgesetz über den Strassenverkehr, vom 19. Dezember 1958 (SR 741.01)
SZIER	Schweizerische Zeitschrift für internationales und europäisches Recht
SZW	Schweizerische Zeitschrift für Wirtschaftsrecht
ToG	Bundesgesetz über den Schutz von Topographien von Halbleitererzeugnissen (Topographiengesetz), vom 9. Oktober 1992 (SR 231.2)
ÜbBest.	Übergangsbestimmung

UntVollstrüK	Übereinkommen über die Zuerkennung vnd Vollstreckung von Unterhaltstiteln (Liechtenstein–CH)
URG	Bundesgesetz über das Urheberrecht und verwandte Schutzrechte, vom 9. Oktober 1992 (SR 231.1)
UWG	Bundesgesetz über den Unlauteren Wettbewerb, vom 19. Dezember 1986 (SR 241)
VE ZGB	Vorentwurf für eine Revision des Zivilgesetzbuches (Scheidungsrecht), Bericht vom 28. Januar 1992
VEBV	Verfassungsentwurf 1995 (Entwurf einer Reform der Bundesverfassung)
VEEuZPO	Vorentwurf einer Europäischen Zivilprozessordnung (Projet de directive sur le rapprochement des lois et regles des Etats-Membres concernant certains aspects de la procedure civile), vom 18. Februar 1993
Vi	Vorinstanz
VollstrAkCH	liechtensteinisches Vollstreckungsabkommen mit der Schweiz
VollstrAKö	liechtensteinisches Vollstreckungsabkommen mit Österreich
VVG	Bundesgesetz über den Versicherungsvertrag, vom 2. April 1908 (SR 221.229.1)
Wiener Kaufrecht	Übereinkommen der Vereinten Nationen über Verträge über den internationalen Warenkauf, vom 11. April 1980 (SR 0.221.211.1)
ZahlBVerf	liechtensteinische Schuldentreibverfahren
ZAK	Zeitschrift für die Ausgleichskassen der AHV
ZBl	Zentralblatt
ZBJV	Zeitschrift des Bernischen Juristenvereins
ZGB	Schweiz. Zivilgesetzbuch, vom 10. Dezember 1907 (SR 210)
ZGRG	Zeitschrift für Gesetzgebung und Rechtsprechung in Graubünden
ZPO	Gesetz über den Zivilprozess, vom 13. Juni 1976
ZR	Blätter für Zürcherische Rechtsprechung
ZSEG	Gesetz über die Entschädigung von Zeugen und Sachverständigen
ZSR (=RDS)	Zeitschrift für schweizerisches Recht (Revue de droit suisse)
ZSR	Zeitschirft für schweizerisches Recht
ZStR	Schweizerische Zeitschrift für Strafrecht
ZSZV	Zürcher Studien zum Verfahrensrecht
ZZP	Zeitschrift für Zivilprozess

Zusammenstellung Schweizer Literatur (v.a. Lehrbücher)

Affolter, Markus
Die Durchsetzung von Informationspflichten im Zivilprozess, Bern 1994.
Alder, Daniel
Der einstweilige Rechtsschutz im Immaterialgüterrecht, Bern 1993.
Amonn, Kurt
Grundriss des Schuldbetreibungs- und Konkursrechts, 5. Aufl., Bern 1993.
Aubert, Jean Francois
Trité de droit constitutional suisse, 2 Bände, Neuenburg 1967.
Aubert, Jean-François
Commentaire de la Constitution fédérale da la Confédération suisse du 29 mai 1874, Bâle/Berne/Zürich 1987.
Baudenbacher, Carl; Schnyder, Anton K.
Die Bedeutung des EG-Kartellrechts für Schweizer Schiedsgerichte, Basel 1996.
Berti, Stephen; Knellwolf, Markus; Köpe, Karoly Ch; Wyss, Martin Ph.
Beiträge zu Grenzfragen des Prozessrechts, Walther J. Habscheid zum Anlass seiner Emeritierung, Zürich 1991.
Bertossa, Bernard; Gaillard, Louis; Guyot, Jaques
Commentaire de la loi de procédure civile du Canton de Genève du 10 avril 1987, Volume I Art. 1 à 152 (Genève 1989), Volume II Art 153 à 319 (Genève 1992), Volume III Art. 320 à 519 (Genève 1994).
Birchmeier, W.
Handbuch des Bundesgesetzes über die Organisation der Bundesrechtspflege, Zürich 1950.
Blumenstein, Ernst
Handbuch des Schweizerischen Schuldbetreibungsrechts, Bern 1911.
Brand, Ernst
Eidgenössische Gerichtsbarkeit, 3 Bände, Bern 1962.
Brügger, Erwin M.
Die schweizerische Gerichtspraxis im Schuldbetreibungs- und Konkursrecht, Adligenswil 1984.
Brügger, Erwin M.
Nachträge zur schweizerischen Gerichtspraxis im Schuldbetreibungs- und Konkursrecht 1984–1991, Horw 1992.
Brunner, Alexander; Houlmann, Muriel; Reutter, Mark
Kollokations- und Widerspruchsklagen nach SchKG, eine Einführung und Übersicht für die Praxis, Bern 1994.
Bucher, Alfred J.
Grundzüge des schweizerischen Schuldbetreibungsrechts, Zürich 1975.
Bucher, Andreas
Die neue internationale Schiedsgerichtsbarkeit in der Schweiz, Basel/Frankfurt a.M. 1989.
Bucher, Eugen
Schweizerisches Obligationenrecht, Allgemeiner Teil, Zürich 1979.
Bühler, Walter; Spühler, Karl
Berner Kommentar, Bd. II: Das Familienrecht, 1. Abteilung: Das Eherecht, 1. Teilband 2. Hälfte: Die Ehescheidung, 1. Lieferung: Art. 137–144 ZGB, 3. Aufl., Bern 1980.
Ergänzungsband: Spühler Karl, Frei-Maurer Silvia, Bern 1991.
Büren, Bruno von
Schweizerisches Obligationenrecht, Allgemeiner Teil, Zürich 1964.
Burkhardt, Martin
Vertragsanpassung bei veränderten Umständen in der Praxis des schweizerischen Privatrechts: Vertragsgestaltung, Schiedsgerichtspraxis und Praxis des Bundesgerichts. Bern 1997.
Cocchi, Bruno; Trezzini, Francesco
Codice di procedure Civile ticinese annotato, Lugano 1993.
Czitron, Michel
Die vorsorglichen Massnahmen während des Scheidungsprozesses unter Berücksichtigung des am 1. Januar 1988 in Kraft getretenen neuen Eherechts, des in Revision begriffenen Scheidungsrechts sowie des Prozessrechts und der Praxis im Kanton Zürich, Lachen 1995.

Dessemontet, François (Hrsg.)
Le nouveau droit international privé suisse, Lausanne 1988.
Dietrich, Pius
Zulassung der Feststellungsklagen, Zürich 1985.
Donzallaz, Yves
Les règles de compétence territoriale du Code de procédure civile valaisan au regard du droit fédéral interne et international, Diss., Fribourg 1993.
Dormann Bessenich, Agnes
Der ausländische Staat als Kläger, Schriftenreihe des Instituts für internationales Recht und internationale Beziehungen, Bd. 60, Basel 1993.
Düggelin, Walter
Das zivilprozessuale Armenrecht im Kanton Luzern, Zürich 1986.
Egli, Urs
Vergleichsdruck im Zivilprozess, eine rechtstatsächliche Untersuchung, Berlin (Verlag: Duncker & Humblot), 1996.
Ehrenzeller, Max
Zivilprozessordnung des Kantons Appenzell A. Rh. vom 27. April 1980 mit Erläuterungen, Herisau 1989.
Eichenberger, Kurt
Zivilrechtspflegegesetz des Kantons Aargau, Textausgabe mit Kommentar, Aarau 1987.
Escher, Arnold
Zürcher Kommentar, Bd. III: Das Erbrecht, 1. Abteilung: Die Erben (Art. 457–536 ZGB) 2. Abteilung: Der Erbgang (Art. 537–640 ZGB), 3. Aufl., Zürich 1959/60.
Favey, J.; Junod, Ph.
Code de procédure civile vaudoise annoté, Lausanne 1959.
Favre, Antoine
Droit des poursuites, 3. Aufl., Freiburg 1974.
Fleiner, Fritz; Giacometti, Zaccaria
Schweizerisches Bundesstaatsrecht, Zürich 1949, Nachdruck 1978.
Forstmoser, Peter; Meier-Hayoz, Arthur; Nobel, Peter
Schweizerisches Aktienrecht, Bern 1996.
Frank, Richard
Der Beweis im Zivil- und Strafprozess der Bundesrepublik Deutschland, Österreichs und der Schweiz, mittelbarer oder unmittelbarer Beweis im Zivilprozess, Ergebnisse einer Tagung von Richtern und Staatsanwälten vom 25.–28. Oktober 1995 in Luzern, Zürich 1996.
Fritzsche, Hans
Begründung und Ausbau der neuzeitlichen Rechtspflege des Kantons Zürich, Zürich 1931.
Fritzsche, Hans
Schuldbetreibung und Konkurs, 2 Bände, 2. Aufl. des Bandes Schuldbetreibung, Konkurs und Sanierung; Zürich 1967.
Fritzsche, Hans; Walder, Hans Ulrich
Schuldbetreibung und Konkurs nach schweizerischem Recht, Bd. I, 3. Aufl., Zürich 1984, unveränderter Nachdruck 1993.
Fritzsche, Hans; Walder, Hans Ulrich
Schuldbetreibung und Konkurs nach schweizerischem Recht, Bd. II, 3. Aufl., Zürich 1993.
Frowein, Jochen; Peukert, Wolfgang
Europäische Menschenrechtskonvention, Strassburg/Arlington 1985.
Fux, Roland
Die Walliser Zivilprozessordnung, Leuk 1988.
Gauch, Peter
Der Zweigbetrieb im schweizerischen Zivilrecht, Zürich 1974.
Gauch, Peter; Schluep, Walter R.
Schweizerisches Obligationenrecht, Allgemeiner Teil, ohne ausservertragliches Haftpflichtrecht, Bd. I und II, 6. Aufl., Zürich 1995.
Geiger, Hans
Handbuch der Schweizerischen Zivilrechtspflege, Zürich 1990.

Geiser, Thomas; Münch, Peter
Prozessieren vor Bundesgericht, Basel 1996.
Giacometti, Zaccaria
Die Verfassungsgerichtsbarkeit des schweizerischen Bundesgerichts (die staatsrechtliche Beschwerde), Zürich 1933.
Giacometti, Zaccaria
Allgemeine Lehre des rechtsstaatlichen Verwaltungsrechts, Zürich 1960.
Gilliéron, Pierre-Robert
Poursuite pour dettes, faillité et concordat, 3. Aufl., Lausanne 1993.
Grundmann, Stefan
Anerkennung und Vollstreckung ausländischer einstweiliger Massnahmen nach IPRG und Lugano-Übereinkommen, Basel 1996.
Guhl, Theo; Koller, Alfred; Druey, Jean-Nicolas
Das Schweizerische Obligationenrecht mit Einschluss des Handels- und Wertpapierrechts, 8. Aufl., Zürich 1991.
Guldener, Max
Grundzüge der freiwilligen Gerichtsbarkeit der Schweiz, Zürich 1954.
Guldener, Max
Das internationale und interkantonale Zivilprozessrecht der Schweiz, Zürich 1951, mit Supplement Zürich 1959.
Guldener, Max
Beweiswürdigung und Beweislast nach schweizerischem Zivilprozessrecht, Zürich 1955.
Guldener, Max
Über die Herkunft des schweizerischen Zivilprozessrechts, Berlin 1966.
Guldener, Max
Schweizerisches Zivilprozessrecht, 3. Aufl., Zürich 1979.
Gutzwiller, Max
Zürcher Kommentar, Bd. V: Das Obligationenrecht, 6. Teil, 2. Halbband: Genossenschaft, Handelsregister und kaufmännische Buchführung (Art. 879–926 OR), Zürich 1974.
Gygi, Fritz
Bundesverwaltungsrechtspflege, 2. Aufl., Bern 1983.
Haberthür, B.
Praxis zur Basler Zivilprozessordnung mit Erläuterungen, 2 Bände, Basel 1965.
Habscheid, Walther J.
Droit judicaire privé suisse, 2. Aufl., Genf 1981.
Habscheid, Walther J.
Schweizerisches Zivilprozess- und Gerichtsorganisationsrecht, 2. Aufl., Basel/Frankfurt a. Main 1990.
Haefliger, Arthur
Die Europäische Menschenrechtskonvention und die Schweiz, Bern 1993.
Haller, Walter
Kommentar zur Bundesverfassung der Schweizerischen Eidgenossenschaft vom 29. Mai 1974, Basel. Bern, Zürich 1987.
Hangartner, Yvo
Grundzüge des schweizerischen Staatsrechts, Zürich 1980.
Hangartner, Yvo (Hrsg.)
Das st. gallische Zivilprozessgesetz, St. Gallen 1991.
Hauser, Robert
Kurzlehrbuch des schweizerischen Strafprozessrechts, 2. Aufl., Basel/Stuttgart 1984.
Hauser, Willy; Hauser, Robert
Kommentar zum Gerichtsverfassungsgesetz des Kantons Zürich, 3. Aufl., Zürich 1978.
Hegnauer, Cyril
Berner Kommentar, Bd. II: Das Familienrecht
– 2. Abteilung: Die Verwandtschaft
– 1. Teilband 3. Aufl., Bern 1964 (Art. 252–301 ZGB)
– 1. Teilband 4. Aufl., Bern 1984 (Art. 252–269c ZGB)
– 2. Teilband 1. Lieferung, 4. Aufl., Bern 1991 (Art. 270–275 ZGB)

Hegnauer, Cyril; Breitschmid, Peter
Grundriss des Eherechts, 3. Aufl., Bern 1993.
Hegnauer, Cyril
Grundriss des Kindesrechts und des übrigen Verwandtschaftsrechts, 4. Aufl., Bern 1994.
Heini, Anton; Keller, Max; Siehr, Kurt; Vischer, Frank; Volken, Paul (Hrsg.)
IPRG Kommentar, Zürich 1993.
Hensch, Guido
Rechtsvergleichende Betrachtungen der beiden Zivilprozessordnungen der Kantone Zürich und Luzern, Aachen (Verlag Shaker, Chaled) 1995.
Hinderling, Hans; Steck, Daniel
Das schweizerische Ehescheidungsrecht, 4. Aufl., Zürich 1995.
Holenstein, August
Gerichtsgesetz des Kantons St. Gallen vom 2. April 1987, Flawil 1987.
Jaeger, Carl; Walder, Hans Ulrich
SchKG und weitere Bundesgesetze etc. mit Anmerkungen und Hinweisen, 12. Aufl., Zürich 1990.
Jolidon, Pierre
Commentaire du Concordat suisse sur l'arbitrage, Bern 1984.
Kälin, Walter
Das Verfahren der staatsrechtlichen Beschwerde, Bern 1984.
Karrer, Pierre A.; Arnold, Karl W.
Switzerland's private international Law statute 1987, Deventer/Boston 1989.
Kaufmann, Martin
Einstweiliger Rechtsschutz, die Rechtskraft im einstweiligen Verfahren und das Verhältnis zum definitiven Rechtsschutz, Bern 1993.
Keller, Gottfried; Pfister, Markus
Die Zivilprozessordnung für den Kanton Aargau, 3. Aufl., Aarau 1947.
Keller, Max; Siehr, Kurt
Allgemeine Lehren des internationalen Privatrechts, Zürich 1986.
Kiss-Peter, Christina
Justizverfassung des Kantons Basel-Landschaft, Basel 1993.
Kley-Struller, Andreas
Artikel 6 EMRK als Rechtsschutzgarantie gegen die öffentliche Gewalt, die aktuelle Praxis der Konventionsorgane zur Anwendung des Art. 6. EMRK in der Verwaltungsrechtspflege, Analyse und Perspektiven, Zürich 1993.
Koberg, Ann-Kristin
Zivilprozessuale Besonderheiten bei Sachverhalten mit Auslandsberührung, St. Gallen 1992.
Kofmel, Sabine
Das Recht auf Beweis im Zivilverfahren, Bern 1992.
Kölz, Alfred
Kommentar zu Art. 58 BV, in: Aubert J.-F (Hrsg.): Kommentar zur Bundesverfassung der Schweizerischen Eidgenossenschaft vom 29. Mai 1874, Loseblattsammlung, Basel/Bern/Zürich (Stand) 1996.
Kornicker, Peter H.
Die zivilprozessuale Revision im Spannungsverhältnis zwischen Rechtsfrieden und Rechtsverwirklichung, Basel 1995.
Kummer, Max
Das Klagerecht und die materielle Rechtskraft im schweizerischen Recht, Bern 1954.
Kummer, Max
Grundriss des Zivilprozessrechts (nach den Prozessordnungen des Kantons Bern und des Bundes), 4. Aufl., Bern 1984.
Lalive, Pierre; Poudret, Jean-François; Reymond, Claude
Le droit de l'arbitrage interne et international en Suisse, Lausanne 1989.
Lengauer, Daniel
Zivilprozessuale Probleme bei der gerichtlichen Verfolgung von publikumsunwirksamen Wettbewerbsverstössen, unter besonderer Berücksichtigung des zürcherischen Zivilprozessrechts, Zürich 1995.

Leuch, Georg
Die Zivilprozessordnung für den Kanton Bern, 3. Aufl., Bern 1956 / unveränderter Nachdruck 1985.
Leuch, Georg; Marbach, Omar; Kellerhals, Franz
Die Zivilprozessordnung für den Kanton Bern. Kommentar (ohne Vollstreckungsrecht) samt einem Anhang zugehöriger Erlasse, 4. Aufl., Bern 1995.
Locher, Felix
Das Internationale Privat- und Zivilprozessrecht der Immaterialgüterrechte aus urheberrechtlicher Sicht, nach schweizerischem IPRG, unter Berücksichtigung der Berner Übereinkunft, Zürich 1993.
Loosli, Hans Rudolf
Information und Kommunikation im Zivilprozessverfahren des Kantons Zürich als Garant der Rechtsverwirklichung; ein Beitrag zur Lehre der juristischen Rhetorik, Bern 1982.
Maier, Urs
Die interkantonale Rechtshilfe im Beweisverfahren des Zivilprozesses mit Verweisungen auf Gegebenheiten im internationalen Bereich, Zürich 1971.
Marti, Hans
Die staatsrechtliche Beschwerde, 4. Aufl., Basel/ Stuttgart 1979.
Meier, Isaak
Grundlagen des einstweiligen Rechtsschutzes im Schweizerischen Privatrecht und Zivilverfahrensrecht, Zürich 1983.
Meier, Isaak
Internationales Zivilprozessrecht, ein Studienbuch, Zürich 1994.
Meier-Hayoz, Arthur; Forstmoser, Peter
Grundriss des schweizerischen Gesellschaftsrechts, 7. Aufl., Bern 1993.
Mercier, Pierre; Dutoit, Bernard
L'Europe judiciaire: Les Conventions de Bruxelles et de Lugano, Basel/Frankfurt am Main 1991.
Mermoud, Jean-René H.
Loi de procédure civile genevoise annotée, Genf 1988.
Messmer, Georg; Imboden, Hermann
Die eidgenössischen Rechtsmittel in Zivilsachen, Berufung, zivilrechtliche Nichtigkeitsbeschwerde und staatsrechtliche Beschwerde, Zürich 1992.
Müller, Jörg Paul
Die Grundrechte der schweizerischen Bundesverfassung, 2. Aufl., Bern 1991.
Müller, Martin L
Die Zuständigkeit des Schiedsgerichts, Bern 1997.
Müller, Roland M.
Anerkennung und Vollstreckung schweizerischer Zivilurteile in den USA, Basel 1994.
Müller, Rosmarie
Der Ausforschungsbeweis, eine Untersuchung zur Substanzierung des Beweisthemas und zur Mitwirkungspflicht der Parteien bei Beweisnot im Zivilprozess, Zürich 1991.
Nay, Giusep
Zivilprozessordnung und Gerichtsverfassungsgesetz des Kantons Graubünden. Textausgabe mit Anmerkungen, Sachregister und Konkordanztabelle aZPO/ZPO, Chur 1986.
Niedermann, Marco
Die ordre public Klauseln, in den Vollstreckungsverträgen des Bundes und den kantonalen Zivilprozessgesetzen, Zürich 1976.
Oftinger, Karl; Stark, Emil W.
Schweizerisches Haftpflichtrecht, Bd. I, II/1–3, 5. Aufl., Zürich 1987–1995.
Patocchi, Paolo Michele; Geisinger, Elliot
Code de droit international privé suisse annoté, Lausanne 1995.
Poudret, Jean-François
Commentaire de la loi fédérale d'organisation judiciaire du 16 décembre 1943, vol. 1 (Art. 1–40), Berne 1990, vol. V (Art. 136–171, mise a jour des art. 1 à 82), Berne 1992.
Poudret, Jean-François
Les règles de compétence de la Convention de Lugano confrontées a celles du droit fédéral, en particulier a l'article 59 de la Constitution, in: Nicolas Gillard (Hrsg.): L'espace judiciaire européen, S. 57 ff., Lausanne 1992.

Poudret, Jean-François; Sandoz-Monod, Suzette
Commentaire de la loi fédérale d'organisation judiciaire, Volume II: Articles 41–82, Bern 1990.
Poudret, Jean François, Wurzburger, Alain; Haldy, Jaques
Procedure civile vaudoise, Lausanne 1991.
Ramer, Paul
Die prozessualen Gestaltungsklagen des schweizerischen Rechts in rechtsvergleichender Darstellung mit dem deutschen Recht, Zürich 1973.
Rechtsschutz im summarischen Verfahren als Alternative zum ordentlichen Zivilprozess im schweizerischen Recht
Beiträge zur Strukturanalyse der Rechtspflege, Köln (Verlag Bundesanzeiger) 1996.
Reiser, Hans
Gerichtsstandsvereinbarungen nach IPR-Gesetz und Lugano-Übereinkommen, Zürich 1995.
Richter und Verfahrensrecht
Festgabe 150 Jahre Obergericht Luzern, Bern 1991.
Rindisbacher, Sabine
Anerkennung gesellschaftsrechtlicher Gebilde im internationalen Privatrecht, Bern 1996.
Rochaix, Marcel
Internationale Produkthaftung, materielles Recht, Zuständigkeit, Anerkennung und Vollstreckung sowie anwendbares Recht für Produkthaftungsansprüche in Deutschland, Frankreich, Österreich und der Schweiz, Zürich 1995.
Roth, Markus
Das summarische Verfahren in der Zivilprozessordnung des Kantons Aargau, Aarau 1993.
Rothenbühler, Fritz
Freizügigkeit für Anwälte, Grundzüge des schweizerischen und europäischen Anwaltsrechts unter besonderer Berücksichtigung der Freizügigkeit, Bern 1995.
Rüede, Thomas; Hadenfeldt, Reimer
Schweizerisches Schiedsgerichtsrecht, 2. Aufl., Zürich 1993.
Satmer, Franz
Verweigerung der Anerkennung ausländischer Schiedssprüche wegen Verfahrensmängeln, Zürich 1994.
Schätti, Armin
Der Arbeitsgerichtsprozess nach der aargauischen Zivilprozessordnung vom 18. Dezember 1984, juristische Abteilung der Universität Zürich, Zürich 1993.
Schmid, Niklaus
Prozessgesetze des Kantons Zürich: mit den seitherigen Änderungen: Textausgabemit kurzen Anmerkungen, Verweisen sowie einem Sachregister versehen (Stand: 1. Januar 1996), Zürich 1996.
Schnyder, Anton K.
Staatsverträge im Internationalen Privat- und Zivilverfahrensrecht der Schweiz, ein systematischer Führer mit Länderverzeichnis, Hinweisen auf die Praxis und Sachregister, Zürich 1983.
Schnyder, Anton K.
Das neue IPR-Gesetz, 2. Aufl., Zürich 1990.
Schüepp, Renzo
Der Berufungsantrag im Zivilprozess, unter besonderer Berücksichtigung des Kantons Zürich, Zürich 1979.
Schüpbach, Henri-Robert
Traite de procedure civile, Volume premier: Introduction, Zürich 1995.
Schurter, Emil; Fritzsche, Hans
Das Zivilprozessrecht der Schweiz, 3 Bände, Zürich 1924/1931/1933.
Schwander, Ivo
Einführung in das internationale Privatrecht, Erster Bd.: Allgemeiner Teil, 2. Aufl., St. Gallen 1990.
Schwander, Ivo
Das Lugano-Übereinkommen, St. Gallen 1990.
Schwander, Ivo; Stoffel, Walter A.
Beiträge zum schweizerischen und internationalen Zivilprozessrecht, Festschrift für Oskar Vogel, Freiburg 1991.

Schweizerisches Institut für Rechtsvergleichung
Übereinkommen von Lugano: I. Text und erläuternder Bericht, II. Materialien, Zürich 1991.
Schweizerisches Institut f. Rechtsvergleichung
La médiation: un mode alternatif de résolution des conflits? / Mediation als alternative Konfliktlösungsmöglichkeit? / Mediation: an alternative method of dispute resolution? Lausanne, den 14. und 15. November 1991, Zürich 1992.
Sieber, Claudia
Schweizerischer Wechsel – U.S. Bill of Exchange und Promissory Note, ein materiellrechtlicher Vergleich des schweizerischen Wechsels mit den amerikanischen Handelspapieren, Bill of Exchange und Promissory Note unter Berücksichtigung des Prozessrechts und der UNCITRAL Konvention über ein einheit iches internationales Wechselrecht, Zürich 1995.
Spirig, Eugen
Zürcher Kommentar, Bd. II: Das Familienrecht, Teilband II/3a, Die allgemeine Ordnung der Vormundschaft: Die fürsorgerische Freiheitsentziehung (Art. 397a—397j ZGB), Zürich 1995.
Spühler, Karl
Die Praxis der staatsrechtlichen Beschwerde, Bern 1994.
Stach, Patrick A.
Vorsorgliche Massnahmen nach Bundesrecht und st. gallischem Zivilprozessrecht, Lachen 1992.
Staehelin, Adrian; Sutter, Thomas
Zivilprozessrecht (nach den Gesetzen der Kantone Basel-Stadt und BasellLandschaft unter Einbezug des Bundesrechts), Zürich 1992.
Staehelin, Matthias
Gerichtsstandsvereinbarungen im internationalen Handelsverkehr Europas: Form und Willenseinigung nach Artikel 17 EuGVÜ/LugÜ, Basel 1994.
Stoll, Daniel
Rechtsschutz des in einen Arrest einbezogenen Dritten, Zürich 1987.
Sträuli, Hans; Messmer, Georg
Kommentar zur zürcherischen Zivilprozessordnung: Gesetz über den Zivilprozess vom 13. Juni 1976: Schiedsgerichte und Schiedsgutachten von Felix Wiget, 2. Aufl., Zürich 1982.
Studer, Urs W.; Rüegg, Viktor; Eiholzer, Heiner
Der Luzerner Zivilprozess, Gesetz über die Zivilprozessordnung (ZPO) vom 27. Juni 1994 kommentiert, Kriens 1994.
Suter, Benedikt A.
Grundsätze der prozessleitenden Entscheidung im Zivilprozess, unter besonderer Berücksichtigung baselstädtischen Rechts, Basel 1993.
Tuhr von, Andreas; Peter, Hans; Escher, Arnold
Allgemeiner Teil des Schweizerischen Obligationenrechts, 3. Aufl., Zürich 1974/1979.
Tuor, Peter
Berner Kommentar, Bd. III: Das Erbrecht, 1. Abt.: Die Erben (Art. 457–536 ZGB), 2. Aufl., Bern 1952.
Tuor, Peter; Schnyder, Bernhard; Jörg, Schmid
Das Schweizerische Zivilgesetzbuch, 11. Aufl., Zürich 1995.
Villiger, Mark E.
Handbuch der Europäischen Menschenrechts- Konvention (EMRK) unter besonderer Berücksichtigung der schweizerischen Rechtslage, Zürich 1993.
Vogel, Oscar
Grundriss des Zivilprozessrechts und des internationalen Zivilprozessrechts der Schweiz, 4. Aufl., Bern 1995.
Volken, Paul
Die internationale Rechtshilfe in Zivilsachen, Zürich 1996.
Walder, Hans Ulrich
Einführung in das internationale Zivilprozessrecht der Schweiz: Anerkennung und Vollstreckung ausländischer Entscheidungen, Zuständigkeit der schweizerischen Gerichte, Schiedsgerichtsbarkeit und weitere Fragen nach IPR und Staatsverträgen., Zürich 1989.
Walder, Hans Ulrich
Prozesserledigung ohne Anspruchsprüfung, Zürich 1966.

Walder, Hans Ulrich
Zivilprozessrecht, 4. Aufl., Zürich 1995.
Walder, Hans Ulrich
Die Offizialmaxime, Zürcher Schriften zum Verfahrensrecht, Heft 1, Zürich 1973.
Walder, Hans Ulrich
Tafeln zum Zivilprozessrecht, 2. Aufl., Zürich 1982.
Walder-Richli, Hans U.
Zivilprozessrecht nach den Gesetzen des Bundes und des Kantons Zürich unter Berücksichtigung anderer Zivilprozessordnungen, 4. Aufl., Zürich 1996.
Walter, Gerhard
Internationales Zivilprozessrecht der Schweiz, Bern/Stuttgart/Wien l995.
Walter, Gerhard; Bosch, Wolfgang; Brönntmann, Jürgen
Internationale Schiedsgerichtsbarkeit in der Schweiz, Kommentar zu Kapitel 12 des IPR- Gesetzes, Bern 1991.
Walter, Gerhard; Jametti-Greiner, Monique
Texte zum Internationalen Privat- und Verfahrensrecht, mit 2. Ergänzungslieferung (Stand 1. Februar 1995), Bern 1993.
Weibel, Heinrich, Rutz, Magdalena
Gerichtspraxis zur basellandschaftlichen Zivilprozessordnung, 4. Aufl., Liestal 1986.
Witibschlager, Martina
Rechtshängigkeit in internationalen Verhältnissen, Basel 1992.
Zurbuchen, Ariane
La procédure d'interdiction, Lausanne 1991.

Zusammenstellung Schweizer Literatur (v.a. Aufsätze, Dissertationen)

Acocella, Domenico
Internationale Zuständigkeit sowie Anerkennung und Vollstreckung ausländischer Entscheidungen in Zivilsachen im schweizerisch–italienischen Rechtsverkehr, SGIR, Bd. 1, St. Gallen 1989.
Acocella, Domenico
Der Bauzivilprozess im Überblick, in: Koller Alfred (Hrsg.): Bau- und Bauprozessrecht, ausgewählte Fragen, St. Gallen 1996, S. 265–296.
Adams, Michael
Eine wohlfahrtstheoretische Analyse des Zivilprozesses und der Rechtsschutzversicherungen, ZSR 1983 (NF 102 I), S. 187–208.
Aeppli, Heinz
Grenzen der Rechtsgewährung – Zivilprozessrecht und Situation der Ziviljustiz in der Schweiz, in: Deutscher Richterbund (Hrsg.): Grenzen der Rechtsgewährung (Vorträge und Referate des Deutschen Richtertages 1983 in München), Köln 1983.
Affolter, Markus
Die Durchsetzung von Informationspflichten im Zivilprozess, Diss., Bern 1994.
Altherr, Hans Rudolf
Das Handelsgericht des Kantons St. Gallen, Diss., Zürich 1979.
Anastasi, Lorenzo
Il sistema dei mezzi d'impugnazione del codice di procedura civile ticinese, Diss., Zürich 1981.
Aschwanden, Erwin
Die Prozessintervention im aargauischen Zivilprozessrecht, Diss., Zürich 1943.
Baerlocher, René J.
Das Rechtsmittelsystem des baselstädtischen Zivilprozessrechts, Basel 1964.
Balmer, Fritz
Erläuterungen zum Entwurf eines Bundesgesetzes betreffend die Anpassung der kantonalen Zivilprozessverfahren an das Bundeszivilrecht, ZSR 1969 (NF 88 II), S. 293 ff.
Baudenbacher, Carl
Rechtsverwirklichung als ökonomisches Problem: zur Überlastung der Zivilgerichte, ZSR 1983, (NF 102 I), S. 161 ff.
Baudenbacher, Carl
Der Zivilprozess als Mittel der Wirtschafts- und Sozialpolitik, ZSR 1983 (NF 102 I), S. 161–186.
Baumgärtel, Gottfried
"Geheimverfahren" im Zivilprozess zur Wahrung von Geschäftsgeheimnissen nach Schweizer Vorbild?, in: Lindacher Walter, Pfaff Dieter (Hrsg.): Festschrift für Walter J. Habscheid zum 65. Geburtstag, Bielefeld 1989, S. 1–9.
Baumgartner, André
La communauté héréditaire dans le procès civil, Diss., Lausanne 1933.
Baur, Fritz
Funktionswandel des Zivilprozesses?, in: Tradition und Fortschritt im Recht, Festschrift Tübinger Juristenfakultät zum 500–jährigen Bestehen, Tübingen 1977, S. 159 ff.
Baur, Fritz
Einige Bemerkungen zum verfahrensrechtlichen Ordre public, in: Festschrift zum 70. Geburtstag von Max Guldener, Zürich 1973, S. 1 ff.
Beglinger, Michael
Beweislast und Beweisverteilung im Zivilprozess, ZSR 1996 (NF 115 I), S. 469–494.
Beinert, Jörg
Die Prozessstandschaft im schweizerischen Recht, Basel 1963.
Bender, Rolf
Die häufigsten Fehler bei der Beurteilung von Zeugenaussagen, SJZ 1985 (81), S. 53–59.
Bernhard, Angelika
Die Entscheidungsbegründung im schweizerischen zivilgerichtlichen Verfahren, Diss., Zürich 1983.
Bernheim, Marc
Rechtshängigkeit und im Zusammenhang stehende Verfahren nach dem Lugano-Übereinkommen, SJZ 1994 (90), S. 113 ff.

Berti, Stephan
Zum Einfluss ungeschriebenen Bundesrechts auf den kantonalen Zivilprozess im Lichte der Rechtsprechung des schweizerischen Bundesgerichts, Diss., Zürich 1989.
Bischof, Pirmin
Produkthaftung und Vertrag in der EU, vertragliche Gestaltungsmöglichkeiten (Freizeichnungs-, Rechtswahl- und Gerichtsstandsklauseln) im Produkthaftrecht der Europäischen Union EU, Bern 1994.
Bloch, Konrad
Zur Frage der Rechts- und Prozessstellung des unverteilten Nachlasses im schweizerischen Recht, SJZ 1958 (54), S. 337 ff.
Blum, Claude P.
Forum non conveniens, Diss., Zürich 1979.
Böckstiegel, Karl Heinz
Die internationale Schiedsgerichtsbarkeit in der Schweiz, Bd. 2, Köln, Berlin, Bonn, München 1989.
Bodmer, Bernhard
Die allgemeine Feststellungsklage im schweizerischen Privatrecht, Diss., Basel 1984.
Boerlin, Gerhard
Eventual- und Verhandlungsmaxime in der Basler Zivilprozessordnung, in Festgabe für Goetzinger, Basel 1935, S. 29 ff.
Bolla-Kottek, Sibylle
Der Prozess – geordneter Rechtskampf oder soziales Übel? Von Jehring zu Franz Klein, in: Festschrift Hans Schmitz, Bd. l, Wien/München 1967, S. 413 ff.
Bölsterli, Urs
Öffentliches Interesse im Zivilprozess, Diss., Zürich 1976.
Bonard, Paul
Les sanctions des règles de compétence: déclinatoire, recours, refus de l'execution. Etude de droit fédéral et de procédure civile vaudoise, Diss., Lausanne 1985.
Bont, Peter
Appellation, Nichtigkeitsbeschwerde und Rekurs im solothurnischen Zivilprozess, Diss., Basel 1980.
Botschaft
zum Bundesgesetz über das internationale Privatrecht (IPR-Gesetz) vom 10. November 1982, BBl 1983 I, S. 263 ff.
Brandenberg Brandl, Beatrice
Direkte Zuständigkeit der Schweiz im internationalen Schuldrecht, SGIR, Bd. 6, St. Gallen 1991.
Brändli, Max
Die sachliche Zuständigkeit der aargauischen Zivilgerichte, Diss., Basel 1984.
Brenner, Monika
Der Parteiwechsel im Zivilprozess als Folge des Bundesprivatrechts, Diss., St. Gallen 1992.
Bretschger, Urs
Stockwerkeigentum im zürcherischen Zivilprozess: ausgewählte Fragen, Diss., Zürich 1987.
Briner, Robert
Das Rechtsmittel Dritter in den schweizerischen Zivilprozessgesetzen, Diss. Zürich 1979.
Brönnimann, Jürgen
Verfassungsrechtliche Probleme des einfachen und raschen Verfahrens, ZSR 1989 (NF 108 I), S. 352 ff.
Brönnimann, Jürgen
Gedanken zur Untersuchungsmaxime: aus Anlass der Revision der Berner ZPO, ZBJV 1990 (126), S. 329–377.
Brönnimann, Jürgen
Die Behauptungs- und Substanzierungslast im schweizerischen Zivilprozessrecht, Diss., Bern 1990.
Brunner, Alexander
Allgemeine Geschäftsbedingungen im internationalen Privatrecht (ABG im IPRG) unter Berücksichtigung des internationalen Zivilprozessrechts mit rechtsvergleichenden Hinweisen (materielles Recht und Kollisionsrecht) de lege lata und de lege ferenda, Diss., Zürich 1985.

Brunner, Eugène
Voraussetzungen für den Erlass vorsorglicher Verfügungen im gewerblichen Rechtsschutz, in: Schweizerische Mitteilungen über Immaterialgüterrecht, 1989, S. 9 ff.
Bucher, Andreas
Das Kapitel 11 des IPR-Gesetzes über die internationale Schiedsgerichtsbarkeit, in: Festschrift für Rudolf Moser, Schweizer Studien zum internationalen Recht, Bd. 51, Zürich 1987, S. 193 ff.
Bucher, Eugen
Die Regeln betreffend Schiedsgerichtsbarkeit im neuen IPRG und deren verfassungsrechtlicher Hintergrund, in: Festgabe zum Schweizerischen Juristentag 1988, Sonderband ZBJV 124bis, Bern 1988, S. 265 ff.
Budin, Roger
La nouvelle lois suisse sur l'arbitrage international, in Rev. arb. 1988, S. 51 ff.
Bühler, Alfred
Das Novenrecht im neuen aargauischen Zivilprozessrecht, Zürich 1986.
Bühler, Alfred
Von der Prozesserledigung durch Parteierklärung (Vergleich, Anerkennung, Rückzug) nach Aargauischem Zivilprozessrecht, in: Festschrift für Dr. Kurt Eichenberger, alt Oberrichter, Beinwil am See, zur Vollendung seines 80. Lebensjahres, Aarau 1990, S. 49–71
Bühler, Theodor
Andreas Heusler und die Revision der Basler Stadtgerichtsordnung, Diss., Basel 1962.
Bühr, Daniel
Verfahrensfragen der Vollstreckbarerklärung ausländischer Geldleistungs-Entscheidungen in der Schweiz nach dem System des Lugano-Übereinkommens, AJP/PJA 1993, S. 694 ff.
Bulacher, Peter
Die Realexekution nach den Zivilprozessordnungen der Kantone Basel-Stadt und Basel-Landschaft, Diss., Basel 1988.
Bundesamt für Sozialversicherung
Liste des textes législatifs, des conventions internationales et des principales instructions de l'office fédéral des assurance sociales concernant l'AVS, l'AI, les APG et les PC, ZAK 1991, S. 50–69.
Burckhardt, Walther
Methode und System des Rechts, Nachdruck, Zürich 1971.
Bussien, René
Die gerichtliche Hinterlegung nach Zürcher Zivilprozessrecht, Diss., Zürich 1981.
Cappelletti, Mauro
Laienrichter heute? Einige aktuelle Gründe für eine verstärkte Beteiligung von Laienrichtern an der zivilrechtlichen Rechtssprechung, in: Festschrift für Fritz Baur, Tübingen, 1981, S. 313 ff.
Caprez, Hans; Haas, Esther
Der Filz gedeiht, Richter und ihre Nebenämter, Beobachter 16.8.1996, S. 20 ff.
Carlen, Louis
Notariatsrecht der Schweiz, Zürich 1976.
Cavelti, Urs J.
Die Expertise im Bauprozess, in: Koller Alfred (Hrsg.): Bau- und Bauprozessrecht, ausgewählte Fragen, St. Gallen 1996, S. 297–327.
Ceppi, Charles
Les conclusions en procédure civile jurassienne, Délémont 1984.
Ceppi, Charles
Fardeau de l'alligatin, fardeau de la motivation et chose jugée en procédure civile, RJJ 1992, S. 199 ff.
Ceppi, Pia
Das Sachverständigengutachten im Zivilprozess, Diss., Basel 1969.
Charmey, Rivier
Les règles de compétence attributives des autorités judiciaires vaudoises en matière civile, Diss., Lausanne 1987.
Cohn, Ernst J.
Zur Ideologie des Zivilprozessrechts, in: Erinnerungsgabe für Max Grünhut, Marburg 1965, S. 31 ff.

Conod, Philippe
Le code de procédure civile vaudoise de 1824 ou la fidélité à la pratique judicaire, Lausanne 1987.
Conod, Philippe
L'évolution de la procédure civile Glaronnaise, Jdt 1991 (III), S. 98 ff.
Cottier, Thomas
Der Anspruch auf rechtliches Gehör, in: recht 1984 (2), S. 1 ff.
De Kotzebue, Rurik
Compensation et procédure, essai de critique et de science juridique pure, Diss., Lausanne 1945.
Deschenaux, Henri
La distinction du fait et du droit dans les procédures de recours au Tribunal fédéral, Fribourg 1948.
Deschenaux, Henri; Castella, Jean
La nouvelle procédure civile fribourgeoise, Fribourg 1960.
Diehm, Peter
Das Vollzugsverfahren nach der st. gallischen Zivilprozessordnung von 1939, Diss., Zürich 1946.
Dietrich, Pius
Zulassung der Feststellungsklage, Diss., Zürich 1985.
Dressler, Hans
Die Tatsachenüberprüfung durch das Bundesgericht im Berufungsverfahren, ZSR 1975 (NF 94 II), S. 37 ff.
Drolshammer, Jens; Schärer, Heinz
Die Verletzung des materiellen ordre public als Verweigerungsgrund bei der Vollstreckung eines US-amerikanischen "punitive damages-Urteils" (Urteilsanmerkung), SJZ 1986 (82), S. 309 ff.
Dubs, Hans
Beschränkung der Rechtsmittel, die Begrenzung der Anfechtungsmöglichkeiten als Problem der Gesetzgebung, in: Mélanges André Grisel, Neuenburg 1983, S. 669 ff.
Dubs, Jörg
Die Prozessüberweisung im zürcherischen Zivilprozessrecht: unter Berücksichtigung der Regelungen anderer Kantone und des Auslands, Diss., Zürich 1981.
Düggelin, Walter
Das zivilprozessuale Armenrecht im Kanton Luzern, Diss., Basel 1986.
Eckert, Eric
Compétence et procédure au sujet de l'autorité parentale dans les causes matrimoniales, Lausanne 1990.
Edelmann, Andreas
Zur Bedeutung des Bundesrechts im Zivilprozessrecht: untersucht insbesondere anhand der neuen aargauischen Zivilprozessordnung, Diss., Zürich 1991.
Egger, Walter
Die Reformatio in peius im Zivilprozessrecht, Diss., Zürich 1985.
Ehrenzeller, Max
Zivilprozessordnung des Kantons Appenzell A.Rh. vom 27. April 1980, Speicher 1989.
Eichenberger, Kurt
Die richterliche Unabhängigkeit als staatsrechtliches Problem, Habilitationsschrift, Bern 1960.
Eichenberger, Kurt
Bundesrechtliche Legiferierung im Bereiche des Zivilprozessrechts nach geltendem Verfassungsrecht, ZSR 1969 (NF 88 II), S. 467 ff.
Eichenberger, Kurt
Zivilrechtspflegegesetz des Kantons Aargau (Zivilprozessordnung vom 18. Dezember 1984), Aarau, Frankfurt am Main, Salzburg 1987.
Eigenmann, Walter
Die Androhung von Ungehorsamsstrafen durch den Richter (Art. 292 StGB), Diss., Zürich 1964.
Ettisberger, Marco
Der Bündner Zivilprozess im Überblick unter besonderer Berücksichtigung einzelner Verfahrensarten, Diss., Zürich 1987.

Farner, Martin
Welche Säumnisfolgen müssen der beteiligten Partei bei der Offizialmaxime angedroht werden?, SJZ 1977 (73), S. 349 ff.

Fasciati, Reto
Verhandlungs- und Untersuchungsmaxime im basellandschaftlichen Zivilprozess, Diss., Basel 1979.

Favre, Christian
L'assistance judiciaire gratuite en droit suisse, Diss., Lausanne 1988.

Fellmann, Walter
Berührungspunkte zwischen Verhandlungs- und Untersuchungsgrundsatz und ihre Bedeutung für die Ausgestaltung des Zivilprozesses, in: Richter und Verfahrensrecht: 150 Jahre Jahre Obergericht Luzern (Festgabe), Bern 1991, S. 95–121.

Fischer, Christian
Les conventions de prorogation de for inter- et intracantonales en droit fédérale et en procédure civile vaudoise, Diss., Lausanne 1969.

Fischer, Eugen
Die Aufsichtsbeschwerde nach baselstädtischem Prozess, BJM 1976, S. 129 ff.

Fischer, Guido Enrique
Die Kostenverteilung im aargauischen Zivilprozessrecht unter besonderer Berücksichtigung der Kantone Solothurn, Basel-Stadt und Basel-Landschaft, Diss., Basel 1984.

Fischli, Ernst
Richterliche Fragepflicht, BJM 1954, S. 81 ff.

Frank, Richard
Soll das Zivilprozessrecht in der Schweiz vereinheitlicht werden?, in: Festschrift für Oscar Vogel, Freiburg 1991, S. 23 ff.

Frey, Jakob
Bemerkungen zur neuen Honorarordnung für die Advokaten des Kantons Basel-Stadt, BJM 1974, S. 1 ff.

Frey, Jakob
Der Basler Anwaltsgebührentarif, Diss., Basel 1985.

Frey, Urs Peter
Der Eintritt der Rechtshängigkeit nach der neuen ZPO, in: Festschrift 50 Jahre Aargauischer Juristenverein, Aarau 1986, S. 77–89.

Fux, Roland
Die Walliser Zivilprozessordnung: ein Handbuch für Praktiker (zusammengestellt aufgrund eines im Herbst 1986 für die Oberwalliser Rechtspraktikanten gehaltenen Zivilprozessrechtskurses), Leuk-Stadt 1988.

Galliker, Franz
Die Ausübung höchstpersönlicher Rechte durch den urteilsfähigen und urteilsunfähigen Bevormundeten, Diss., Basel 1950.

Gauch, Peter
Die Ersatzvornahme nach OR 98 I und viele Fragen zur Nichterfüllung, – ein Entscheid des Luzerner Obergerichts, recht 1987 (5), S. 24 ff.

Gaul, Hans Friedhelm
Zur Frage nach dem Zweck des Zivilprozesses, AcP 1968 (168), S. 27 ff.

Geiger, Jürg
Streitgenossenschaft und Nebenintervention unter besonderer Berücksichtigung des zürcherischen Zivilprozessrechts, Diss., Zürich 1969.

Geigy-Werthemann, Catherine
Das Vermittlungsverfahren gemäss § 45a der baselstädtischen Zivilprozessordnung, BJM 1986, S. 233–269.

Gerwig, Max
Über Wesen und Begriff der freiwilligen Gerichtsbarkeit, BJM 1956, S. 197 ff.

Gianlola, Helene
Die Abgrenzung der Kompetenzen zwischen Richter und vormundschaftlichen Behörden bei Massnahmen zum Schutz der Person des Kindes, Diss., Basel 1980.

Giger, Hans
Handbuch der schweizerischen Zivilrechtspflege: eine nach Bund und Kantonen gegliederte systematische Darstellung der Zuständigkeits- und Verfahrensvorschriften, Zürich 1990.

Giovanoli, Silvio
Probleme der Berufung an das Bundesgericht, ZBJV 1954 (90), S. 49 ff.
Girardet, Patrice
Le recours en nullité procédure civile vaudoise, Diss., Lausanne 1986.
Gloor, Alain
Vorsorgliche Massnahmen im Spannungsfeld von Bundesrecht und kantonalem Zivilprozessrecht, Diss., Zürich 1982.
Goepfert, Peter
Die zivilprozessuale Streitwertberechnung nach baselstädtischem und Bundeszivilrecht, Diss., Basel 1954.
Goepfert, Peter
Die Teilklage nach baselstädtischem Zivilprozessrecht, BJM 1958, S. 133 ff.
Goepfert, Peter
Der Eintritt der Rechtshängigkeit nach baselstädtischem Recht, BJM 1963, S. 93 ff.
Goetzinger, Fritz
Die Rechtsmittel nach baselstädtischem Zivilprozessrecht, ZSR 1930 (NF 49), S. 224 ff.
Goetzinger, Fritz
Die Rechtskraft von Zivilurteilen nach Rückzug der Appellation, ZSR 1946 (NF 65), S. 177 ff.
Graven, Jean
Le principe de la chose jugée et son application en procédure civile suisse, in: Festschrift für Carry, Genf, 1964, S. 225 ff.
Greminger, René
Das Zugeständnis im Zivilprozessrecht, Diss., Zürich 1981.
Greyerz, Christoph von
Der Beweis negativer Tatsachen, Diss., Bern 1963.
Guggenbühl, Markus
Die gesetzlichen Vermutungen des Privatrechts und ihre Wirkungen im Zivilpozessrecht, Diss., Zürich 1991.
Guldener, Max
Über dispositives Recht im zürcherischen Zivilprozess und eidgenössischen Betreibungsrecht, ZSR 1946 (NF 65), S. 185 ff.
Guldener, Max
Das internationale und interkantonale Zivilprozessrecht der Schweiz, Zürich 1951, Supplément 1959.
Guldener, Max
Die Beiladung, insbesondere im Bundeszivilprozessrecht, in: Festschrift Hans Fritzsche, Zürich, 1952, S. 25 ff.
Guldener, Max
Grundzüge der freiwilligen Gerichtsbarkeit der Schweiz, Zürich, 1954.
Guldener, Max
Zwangsvollstreckung und Zivilprozess, ZSR 1955 (NF 74 I), S. 19 ff.
Guldener, Max
Bundesprivatrecht und kantonales Zivilprozessrecht, ZSR 1961 (NF 80 II), S. 1–66.
Guldener, Max
Über die Herkunft des schweizerischen Zivilprozessrechts, Berlin 1966.
Gysin, Paul
Die Parteifähigkeit der Kollektivgesellschaft, Diss., Basel 1925.
Habscheid, Walther J.
Die Rechtskraft nach schweizersichem Zivilprozessrecht, SJZ 1978 (74), S. 201 ff., S. 219 ff.
Habscheid, Walther J.
Die Grundzüge des schweizerischen Zivilprozessrechts, ZZP (Köln) 1981 (94), S. 236–262.
Habscheid, Walther J.
Das Problem der Kompetenz-Kompetenz des Schiedsgerichts, SJZ 1982 (78), S. 321–327.
Habscheid, Walter J.
Freiwillige Gerichtsbarkeit, 7. Aufl., München 1983.
Habscheid, Walther J.
Das Recht auf den Beweis und der Grundsatz der Effektivität des Rechtsschutzes: juristische Entdeckungen unserer Zeit? SJZ 1984 (80), S. 381 ff.

Habscheid, Walter J.
Zur Aufrechnung (Verrechnung) gegen eine Forderung mit englischem Schuldstatus im Zivilprozess. Eine deutschschweizerische rechtsvergleichende Skizze, In: Festschrift für Karl H. Neumayer, 1985, S. 263–276.

Habscheid, Walther J.
Les mesures provisoires en procedure civile – droits allemand et suisse, in: Giuseppe Tarzia: Les mesures provisoires en procédure civile, Milano 1985, S. 33–53

Habscheid, Walther J.
Statutarische Schiedsgerichte und Schiedskonkordat, in: SAG 1985 (57), S. 157 ff.

Habscheid, Walther J.
Das Schiedsgutachten als Mittel der Streitenscheidung und der Streitvorbeugung, in: Festschrift Kralik, Wien, 1986, S. 189 ff.

Habscheid, Walther J.
Grundsätzliches zur Dogmatik des Schiedsrichtervertrags im schweizerischen Recht, in: Festschrift für Fasching, Wien 1988, S. 195 ff.

Habscheid, Walther J.
Einsteweiliger Rechtsschutz durch Schiedsgerichte nach dem schweizerischen Gesetz über das internationale Privatrecht, IPRax 1989, S. 134 ff.

Habscheid, Walther J.
Das Recht auf ein faires Verfahren – Ein Beitrag zur Philosophie des Zivilprozessrechts, in: Festschrift für Oscar Vogel, Freiburg 1991, S. 3 ff.

Haefliger, Arthur
Der bundesrechtliche Anspruch auf unentgeltliche Rechtspflege im Zivilprozess, in: Justizdepartement des Kantons Solothurn (Hrsg.): Festschrift 500 Jahre Solothurn im Bund, Solothurn 1981, S. 375–383

Häfliger, Ruth
Die Parteifähigkeit im Zivilprozess: unter besonderer Berücksichtigung der Wechselbeziehung Zivilprozessrecht – Bundesprivatrecht, Diss., Zürich 1987.

Hagemann, Hans-Rudolf
Basler Rechtsleben im Mittelalter (Bd. 2: Zivilrechtspflege), Basel 1987.

Hagenbüchle, Anton
Prozessuale Probleme der formellen Rechtskraft und Vollstreckbarkeit, ZSR 1948 (67), S. 1 ff.

Hagger, Walter
Die Erläuterung im schweizerischen Zivilprozessrecht unter besonderer Berücksichtigung des Kantons Zürich, Diss., Zürich 1982.

Hägi, Ernst
Die Beschwer als Rechtsmittelvoraussetzung im schweizerischen und deutschen Zivilprozessrecht, Diss., Zürich 1974.

Hasenböhler, Franz
Säumnis und Säumnisfolgen im basellandschaftlichen Zivilprozess, BJM 1973, S. 1 ff.

Hasenböhler, Franz
Die provisorische Verfügung nach basellandschaftlichem Zivilprozess, BJM 1976, S. 1 ff.

Haubensak, Urs
Die Zwangsvollstreckung nach der zürcherischen Zivilprozessordnung, Diss., Zürich 1975.

Haus, Otto
Der Streitgegenstand im schweizerischen Zivilprozess, Diss., Zürich 1981.

Hauser, Robert
Die Rechtsprechung des Bundesgerichts auf dem Gebiet des Gerichtsverfassungsrechts, in: Erhaltung und Entfaltung des Rechts in der Rechtsprechung des Schweizerischen Bundesgerichts, Festgabe der schweizerischen Rechtsfakultäten zur Hundertjahrfeier des Bundesgerichts, Basel 1975, S. 531 ff.

Hauser, Robert
Der Zeugenbeweis im Strafprozess unter Berücksichtigung des Zivilprozesses, Habilitation, Zürich 1974.

Hauser, Robert
Die Zürcherische Rechtspflege im Wandel 1831–1981 (Sonderheft), ZR 1981 (80), S. 257 ff.

Hauser, Robert
Die Geltendmachung von Zivilansprüchen am Tatort, in: Gedächtnisschrift für Peter Noll, Zürich, 1984, S. 341 ff.

Hauser, Robert
Zur Vollstreckbarerklärung ausländischer Leistungsurteile in der Schweiz, in: P. Forstmoser et al. (Hrsg.): Festschrift für Max Keller, Zürich 1989, S. 589 ff.
Hauser, Walter
Die Entwicklung der Zivilrechtspflege des Kantons Glarus, Diss., Zürich 1989.
Heer, Lorenz
Die Provokation der Klage, Diss., Zürich 1959.
Hess, Urs
Die Gerichtsstandsgarantie des Art. 59 BV in der heutigen Rechtswirklichkeit, Diss., Zürich 1979.
Heyden, Frank
Prozessbeschleunigung durch konzentrierte Prozessführung, SJZ 1983 (79), S. 205 ff.
Hinderling, Hans
Probleme der privaten Schiedsgerichtsbarkeit, SJZ 1979 (75), S. 321 ff.
Hinderling, Hans
Die private Schiedsgerichtsbarkeit nach Basler ZPO und Konkordat, BJM 1972, S. 107 ff.
Hochuli, Willy
Die Begründung der Klage, Diss., Zürich 1942.
Hofstetter, Karl
Der einstweilige Rechtsschutz im Luzerner Zivilprozess, ZBJV 1983 (119), S. 393–426.
Hohl, F.
La réalisation du droit et les procédures rapides, Evolution et réformes, Fribourg 1994.
Holenstein, Urs
Die prozessuale Stellung des gesetzlich über Drittrechte Verfügungsberechtigten, Diss., Zürich 1976.
Huber, Heidi
Die einstweilige Verfügungen nach solothurnischem Zivilprozessrecht, Diss., Bern 1983.
Huguenin-Dumittan, Georges
Behauptungslast, Substantiierungspflicht und Beweislast, Diss., Zürich 1980.
Ilg, Roland
Heilung fehlerhafter Klageeinleitung, Diss., Zürich 1968.
Inderkum, Hans-Heinrich
Der Schiedsrichtervertrag nach dem Recht der nicht internationalen Schiedsgerichtsbarkeit der Schweiz unter Mitberücksichtigung der Schiedsordnung des IPRG, Diss., Freiburg 1989.
Isler, Rainer
Die Kautionspflicht im schweizerischen Zivilprozessrecht, Diss., Zürich 1967.
Jacot, Marc André
Die Kosten der Rechtsverfolgung als Schranke für den Rechtssuchenden, Diss., Zürich 1978.
Jametti Greiner, Monique
Überblick zum Lugano-Übereinkommen über die gerichtliche Zuständigkeit und die Vollstreckung gerichtlicher Entscheidungen in Zivil- und Handelssachen, ZBJV 1992 (128), S. 42 ff.
Jametti Greiner, Monique
Der vorsorgliche Rechtsschutz im internationalen Verhältnis, ZBJV 1994 (130), S. 649 ff.
Jawurek, Andreas
Das Rechtsmittelsytem im aargauischen Zivilprozessrecht, Diss., Zürich 1989.
Jolidon, Laurent
Der bundesrechtliche Begriff der Klageanhebung, Diss., Basel 1982.
Jolidon, Pierre
Réflexions sur l'expertise-arbitrage en droit suisse, in: Mélanges Pierre Engel, Lausanne 1989.
Jolidon, Pierre
Procédure civile bernoise, Bern 1986.
Joset, Jean-Claude
Procédure civile: Aperçu de la jurisprudence rendue par la cour civile du tribunal cantonal, RJJ 1991, S. 316 ff.
Jost, Arthur
Die Aktivlegitimation des Miterben zu erbrechtlichen Klagen, SJZ 1950 (46), S. 149 ff.

Katz, Bernhard
Privation de liberté à des fins d'assistance, Lausanne 1983.
Kauffmann-Kohler, Gabrielle
La clause d'élection de for dans les contrats internationaux, Diss., Basel 1980.
Kaufmann, Horst
Grundlinien und Entwicklungstendenzen der von der Schweiz geschlossenen zweiseitigen Abkommen über die Anerkennung und Vollstreckung ausländischer Gerichtsentscheidungen in Zivilsachen, in: ZBJV 1976 (112) S. 361 ff.
Kaufmann, Martin
Einstweiliger Rechtsschutz, die Rechtskraft im einstweiligen Verfahren und das Verhältnis zum definitiven Rechtsschutz, Bern 1993.
Kaufmann, Urs
Freie Beweiswürdigung im Bundesprivatrecht und in ausgewählten Zivilprozessordnungen (eine Untersuchung zu Begriff, Wesen und Bedeutung der freien richterlichen Überzeugung), Diss., Zürich 1986.
Kaufmann, Urs
Freie Beweiswürdigung im Entwurf für ein neues sanktgallisches Zivilprozessgesetz, SJZ 1989 (85), S. 137–139.
Kellerhals, Franz
Auswirkungen des Bundesgesetzes über das internationale Privatrecht (IPRG) auf die bernische Zivilprozessordnung, ZBJV 1989 (125), S. 561–585.
Kellerhals, Franz
Umsetzung des Lugano-Übereinkommens ins kantonale Recht, ZBJV 1992 (128), S. 77 ff.
Kieser, Ueli
Die Auswirkungen des Zivilprozessrechts auf den Adhäsionsprozess, SJZ 1988 (84), S. 353–359.
Kieser, Ueli
Unentgeltliche Rechtsverbeiständung und Parteientschädigung, in: Schaffhauser R., Schlauri F. (Hrsg.): Verfahrensfragen in der Sozialversicherung, Referate der Tagung des Schweizerischen Instituts für Verwaltungskurse vom 24. Oktober 1995 in Luzern, St. Gallen 1996, S. 211–226.
Killer, Albert
"Res iudicta" im Rahmen der aargauischen Zivilprozessordnung, in: Festschrift für Dr. Kurt Eichenberger, alt Oberrichter, Beinwil am See, zur Vollendung seines 80. Lebensjahres, Aarau 1990, S. 105–123.
Killias, Laurent
Die Gerichtsstandsvereinbarungen nach dem Lugano-Übereinkommen, SSIR, Bd. 84, Zürich 1993.
Kissling, Anton
Partei- und Prozessfähigkeit der öffentlichen Anstalten und Körperschaften, ZBl 1962 (63), S. 249 ff.
Knapp, Blaise
Kommentar zu Art. 59 und Art. 64, in: Kommentar zur Bundesverfassung der Schweizerischen Eidgenossenschaft vom 29. Juli 1874, Losenblattsammlung, Basel, Zürich, Bern, 1996.
Knecht, Max
Die veränderte Stellung des Anwaltes nach der neuen Zivilprozessordnung, in: Festschrift 50 Jahre Aaragauischer Juristenverein, Aarau 1986, S. 177–194.
Kocher, Martin
Güterrechtliche Sicherstellung im Massnahmeverfahren (Art. 145 ZGB und Art. 322 ZPO BE), Diss., Bern 1996.
Koller, Alfred
Der Gehöranspruch im erstinstanzlichen Zivilprozess; verfassungsrechtliche Minimalanforderungen, ZSR 1986 (NF 105 I), S. 229–242.
König, Martin
Die Widerklage im Eheprozess, Diss. Zürich, Diessenhofen 1977.
Kreis, Peter
Zur Funktion und Bedeutung von Rechtsschriften und mündlicher Verhandlung im sanktgallischen Zivilprozess (mit einer Anregung de lege ferenda), SJZ 1981 (77), S. 298–302.
Krieger Joël
Le code de procédure civile vaudoise de 1847, du dogmatisme révolutionnaire au pragmatisme judicaire, Lausanne 1993.

Kummer, Max
  Klagerecht und materielle Rechtskraft im schweizerischen Recht, Bern 1954.
Kummer, Max
  Die Klage auf Verurteilung zur Abgabe einer Willenserklärung, ZSR 1954 (NF 73), S. 163 ff.
Kummer, Max
  Die Vollstreckung des Unterlassungsurteils durch Strafzwang, in: Festgabe für Hans Schultz, ZStR 1977 (94), S. 377 ff.
Kuster, Werner
  Die gerichtliche Urteilsbegründung, Zürich 1980.
Lagger, Hans
  Die Beschwerde im basellandschaftlichen Zivilprozess, BJM 1975, S. 1 ff.
Lagger, Hans
  Sachfällige Prozesserledigung ohne materielle Beurteilung nach basellandschaftlichem Zivilprozessrecht, BJM 1978, S. 225 ff.
Lagger, Hans
  Ausgewählte Fragen zur neueren basellandschaftlichen Zivilprozessgesetzgebung, BJM 1986, S. 289–327.
Lalive, Pierre; Poudret, Jean-François; Reymond, Claude
  Le droit de l'arbitrage interne et internationale en Suisse, Lausanne 1989.
Lanz, Paul Ulrich
  Die Einrede der abgeurteilten Sache, ZSR 1944 (NF 63) S. 223 ff.
Lanz, Richard
  Das Konkordat über die Schiedsgerichtsbarkeit vom 27. März 1969, Diss., Zürich 1971.
Lanzi, Marco Giovanni
  Die Verkehrssitte und ihre zivilprozessuale Behandlung: ein Beitrag zur Abgrenzung von Rechts- und Tatfrage, Diss., Zürich 1983.
Lehner, Dominik K.,
  Erfüllungsort und Gerichtsstand für Geldschulden im nationalen und internationalen Einheitsrecht, Diss., Basel 1991.
Leuch, Georg
  Die Zivilprozessordnung für den Kanton Bern (inklusive einem Anhang zugehöriger Erlasse), 3. Aufl., Bern 1985.
Leuenberger, Christoph
  Streiterledigung zwischen Vergleich und Urteil, in: Festschrift für Oscar Vogel, Freiburg 1991, S. 51 ff.
Leuenberger, Marcel
  Die Arbeitsgerichtsbarkeit im Kanton Basel-Landschaft, Diss., Basel 1984.
Leuenberger, Christoph
  Lugano-Übereinkommen: Verfahren der Vollstreckbarerklärung ausländischer"Geld"-Urteile, AJP/PJA 1992, S.965 ff.
Locher, Felix
  Das Internationale Privat- und Zivilprozessrecht der Immaterialgüterrechte aus urheberrechtlicher Sicht: (nach schweizerischem IPRG, unter Berücksichtigung der Berner Übereinkunft), Diss., Zürich 1993.
Loosli, Peter
  Die unbezifferte Forderungsklage, Diss., Zürich 1978.
Lüthi, Andreas
  Der Einbezug von Dritten in vorsorgliche Massnahmen und in die Zwangsvollstreckung, Diss., Zürich 1986.
Lutz, Jürg
  Die Baselbieter Tarifordnung für die Advokaten und ihre Praxis, in: Festgabe zum Schweizerischen Juristentag, Basel, 1985, S. 201 ff.
Lutz, Oskar
  Gesetz über die Zivilrechtspflege für den Kanton St. Gallen, 2. Aufl., St. Gallen 1967.
Lyssy, Peter
  Die Rechtshängigkeit im Zivilprozess der Kantone Basel-Stadt und Basel-Landschaft, Diss., Basel 1988.

Marti, Hans
Notariatsprozess, Bern 1989.
Martz, Jean-Daniel
Die inländische Zweigniederlassung einer ausländischen Unternehmung nach schweizerischem IPRG: unter Mitberücksichtigung ihrer kollisionsrechtlichen Stellung im Zivilprozess- und Zwangsvollstreckungsrecht, Diss., Bern 1995.
Meier, Isaak
Iura novit Curia, Die Verwirklichung dieses Grundsatzes im schweizerischen Zivilprozessrecht, Diss., Zürich 1975.
Meier, Isaak
Zum Problem der Beweislastverteilung im schweizerischen Recht, ZSR 1987 (NF 106 I), S. 705 ff.
Meier, Isaak
"Vermögensrechtliche Ansprüche" – Ein Schlüsselbegriff des Bundesgesetzes über das Internationale Privatrecht (IPRG)?, MIZV Nr. 5, 1988, S. 5 ff.
Meier, Isaak
Das Beweismass – ein aktuelles Problem des schweizerischen Zivilprozessrechts, BJM 1989, S. 57–78.
Meier, Isaak
Besondere Vollstreckungstitel nach dem Lugano-Übereinkommen, in: Das Lugano-Übereinkommen, SGIR, Bd. 2, St. Gallen 1990, S. 157 ff
Meier, Isaak
Vorschlag für ein effizientes Verfahren zur Vollstreckung von Urteilen auf Leistung von Geld oder Sicherheit, SJZ 1993 (89), S. 282 ff.
Meier, Peter
Die Appellation im basellandschaftlichen Zivilprozess, Diss., Basel 1979.
Meng, Franz Joseph
Die vorsorgliche Verfügung nach aargauischem Zivilprozess- und Handelsgerichtsordnung, Diss., Basel 1971.
Menzel, Rolf
Der Verzicht auf Rechtsmittel, Diss., Zürich 1951.
Merkt, Olivier
Les mesures provisoires en droit international privé, SSIR, Bd. 86, Zürich 1993.
Merz, Hans
Vorwort zu "Vereinheitlichung des Zivilprozessrechts, Berichterstattung des Vorstands", ZSR 1969 (NF 88 II), S. 8 ff.
Messerli, Peter
Die Vollstreckung des Urteils auf Abgabe einer Willenserklärung nach §§ 407/408 der bernischen Zivilprozessordnung, Diss., Bern 1983.
Messerli, Peter
Nichteintreten auf ein Rechtsmittel wegen Rechtsmissbrauch, recht 1986 (4), S. 68 ff.
Meyer, Philippe
Der Rekurs im Zürcher Zivilpozess, Diss., Zürich 1985.
Moosbrugger, André-François
Säumnis und Wiederherstellung nach der neuen ZPO, in: Festschrift 50 Jahre Aargauischer Juristenverein, Aarau 1986, S. 141–156.
Müller, Jean-Paul
Ausbau sozialer Gerechtigkeit im Prozess, recht 1986 (4), S. 97 ff.
Müller, Jörg Paul
Die Garantie des verfassungsmässigen Richters in der Bundesverfassung, ZBJV 1970 (106), S. 249 ff.
Müller, Jürg
Zur einstweiligen Verfügung im Immaterialgüterrecht, in: ZBJV 1983 (119), S. 30 ff.
Müller, Roland M.
Anerkennung und Vollstreckung schweizerischer Zivilurteile in den USA, Basel 1994.
Müller, Rosmarie
Der Ausforschungsbeweis: eine Untersuchung zur Substanzierung des Beweisthemas und zur Mitwirkungspflicht der Parteien bei Beweisnot im Zivilprozess, Diss., Zürich 1991.

Nauer, Guido
Das summarische Verfahren nach schwyzerischem Zivilprozessrecht, Diss., Zürich 1985.
Nicklisch, Fritz
Der Ingenieur als Schiedsgutachter und Quasi-Schiedsrichter bei internationalen Bau- und Anlageprojekten – Idee und Wirklichkeit, in: Festschrift für Walther J. Habscheid, Bielefeld 1989, S. 217 ff.
Niedermann, Marco
Die ordre public-Klauseln in den Vollstreckungsverträgen des Bundes und den kantonalen Zivilprozessgesetzen, Diss., Zürich 1976.
Nobel, Peter
Privates Schiesgerichtswesen und staatlicher Richter im Wettbewerb, in: Festschrift für Arthur Meier-Hayoz, Bern 1982, S. 247 ff.
Nobel, Peter
Zur Institution der Handelsgerichte, ZSR 1983 (102 I), S. 137–160.
Nonn, Michael
Die Beweiswürdigung im Zivilprozess unter besonderer Berücksichtigung des Kantons Basel-Landschaft, Diss., Basel 1996.
Oberholzer, Niklaus
Das Arbeitsgericht, Diss., Basel 1984.
Obrecht, Willy
Die Stellung des Rechtsanwalts im Prozess, Diss., Zürich 1982.
Osterwalder, Peter
Die Rechtshängigkeit im schweizerischen Zivilprozessrecht, Diss., Zürich 1981.
Ottomann, Rudolf
Die AG als Partei im schweizerischen Zivilprozess unter Mitberücksichtigung des deutschen Rechts, Diss., Zürich 1976.
Ottomann, Rudolf
Erstreckung von Fristen, Verschiebung von Tagfahrten, in: Festschrift für Oscar Vogel, Freiburg 1991, S. 217 ff.
Ovari, Joseph
Die Streitgenossenschaft im schweizerischen Zivilprozessrecht unter besonderer Berücksichtigung der notwendigen Streitgenossenschaft, Diss., Basel 1963.
Overbeck, Alfred von
Les élections de for selon la loi fédérale sur le droit international privé du 18 décembre 1987, in: Festschrift Max Keller, Zürich, 1989, S. 609 ff.
Pelet, Vincent
Réglementation fédérale des mesures provisionelles et procédure civile cantonale contentieuse, Lausanne 1986.
Pelet, Vincent
Mesure provisionelles: Droit fédéral ou cantonal? Diss., Lausanne 1987.
Pestalozzi, Christoph M.; Wettenschwiler, Suzanne
Art. 39 des Lugano-Übereinkommens – Ein neuer Arrestgrund? in: Schluep W.; Isler P.: Neues zum Gesellschafts- und Wirtschaftsrecht (Festschrift zum 50. Geburtstag von Peter Forstmoser), Zürich 1993, S. 327 ff.
Pfeiffer, Adrian
Die Substantiierung der Beweisanträge im schweizerischen Zivilprozessrecht unter besonderer Berücksichtigung der „best evidence rule", Diss., Basel 1987.
Pfirter, Hans Peter
Gerichtlicher Vergleich, Klagerückzug und Klageanerkennung unter besonderer Berücksichtigung des baselstädtischen Zivilprozessrechts, Diss., Basel 1977.
Pieroth, Bodo
Gerichtsöffentlichkeit und Persönlichkeitsschutz, in: Erichsen H.-U.; Kollhosser H.; Welp J. (Hrsg.): Recht der Persönlichkeit, Berlin (Verlag: Duncker & Humblot) 1996, S. 249–277.
Piguet, Olivier
L'exception de la chose jugée spécialement en procédure civile vaudoise, Diss., Lausanne 1956.
Pittet Middelmann, Natasha
L'intervention volontaire, Droit fédéral et procédure civile vaudoise, Lausanne 1996.

Poudret, Jean-François
La sanction de l'autorité de la chose jugée en matière de divorce, in: Festschrift Guldener, Zürich, 1973, S. 253 ff.
Poudret, Jean-François
La clause arbitrale par référence selon la Convention de New York et l'article 6 du Concordat sur l'arbitrage, in: Mélanges Guy Flattet, Lausanne 1985, S. 523 ff.
Poudret, Jean-François
La procédure d'admission selon le projet de revision de la loi fédérale d'organisation judicaire fédérale (précédents et perspectives), ZSR 1986 (NF 105 I), S. 379–397.
Poudret, Jean-François
Droit privé fédéral et procédures cantonales, Revue internationale de droit comparé, 1987, Nr. 2.
Poudret, Jean-François
Droit privé fédéral et procédures cantonales, RICD 1987, S. 433 ff.
Poudret, Jean-François
Réflexions à propos de la recevabilité du recours en réforme ou en nullité au Tribunal fédéral en matière d'arbitrage, ZSR 1987 (NF 106 I), S. 765 ff.
Poudret, Jean-François
Les recours au Tribunal fédéral suisse en matière d'arbitrage interne et international, ASA-Bull. 1988, S. 33 ff.
Poudret, Jean-François
Les voies de recours en matières d'arbitrage international en Suisse selon le Concordat et la nouvelle loi fédérale, Revue de l'arbitrage 1988, S. 595–628.
Poudret, Jean-François
Les modifications de la loi fédérale d'organisation judiciaire introduites pa la LDIP, JdT 1988, S. 604–626.
Poudret, Jean-François
Recours de droit public ou recours en réforme au Tribunal fédéral en matière d'inscription provisoire de l'hypothèque légale des artisans et entrepreneurs, in: Festschrift für Pierre Engel, Lausanne 1989, S. 287 ff.
Poudret, Jean-François
L'irrecevabilité du recours au Tribunal fédéral contre une décision cantonale de nomination d'arbitres, ASA-Bull. 1989, S. 371–380.
Poudret, Jean-François; Wurzburger, Alain
Code de procédure civile vaudois et Concordat sur l'arbitrage annotés et commentés, 2. Aufl., Lausanne 1980.
Probst, Peter
Die Einrede der res iudicata im schweizerischen und deutschen Ehescheidungsprozess, Diss., Zürich 1971.
Ramer, Paul
Die prozessualen Gestaltungsklagen des schweizerischen Rechts in rechtsvergleichender Darstellung mit dem deutschen Recht, Diss., Zürich 1973.
Rapp, Jean Marc
Le cumul objectif d'actions: étude de droit fédéral et de procédure civile vaudoise, Diss., Lausanne 1982.
Raschein, Rolf
Sind die Zivilprozessordnung und das Einführungsgestz zum Zivilgesetzbuch revisionsbedürftig?, in: Festschrift für Peter Liver: Aktuelle Beiträge zum bündnerischen Recht, Chur 1982, S. 48–62.
Rechenberg, Dieter von
Die Fragwürdigkeit des richterlichen Urteils, in: SJZ 1987 (83), S. 389 ff.
Rehberg, Jörg
Der Anfechtungsgrund bei der Nichtigkeitsbeschwerde an den Kassationshof des Bundesgerichts, ZSR 1975 (NF 94 II), S. 353–394.
Reich, Werner
Partei- und Prozessfähigkeit, Disseration, Zürich 1941.
Reiner, Andreas
ICC-Schiedsgerichtsbarkeit, Wien 1989.

Reiser, Hans
Gerichtsstandsvereinbarungen nach dem IPR-Gesetz, ZSZV, Bd. 87, Zürich 1989.
Reutlinger, Peter Robert
Die Voraussetzungen der Widerklage unter besonderer Berücksichtigung der Kantone Basel-Stadt, Basel-Landschaft, Aargau und Solothurn, Disseration, Basel 1981.
Reymond, Claude; Bucher, Eugen
Schweizer Beiträge zur internationalen Schiedsgerichtsbarkeit, Zürich 1980.
Reymond, Jean-Marc
L'exception de litispendance, Lausanne 1991.
Rhyner, Jakob
Die Kostenregelung nach sanktgallischem Zivilprozessrecht, Diss., Bern 1986.
Ries, Beat
Die unentgeltliche Rechtspflege nach der aargauischen Zivilprozessordnung vom 18. Dezember 1984, Diss., Aarau 1990.
Roduner, Ernst
Prüfung der Prozessvoraussetzungen nach der ZPO, in: Festschrift 50 Jahre Aargauischer Juristenverein, Aarau 1986, S. 91–109.
Roth, Elisabeth
Das Wesen der materiellen Rechtskraft und ihre subjektiven Grenzen: unter besonderer Berücksichtigung der Wechselbeziehung Zivilprozessrecht – Bundesprivatrecht, Diss., Zürich 1981.
Roth, Herbert
Die Verwertung rechtswidrig erlangter Beweismittel im Zivilprozess, in: Erichsen H.-U.; Kollhosser H.; Welp J. (Hrsg.): Recht der Persönlichkeit, Berlin (Verlag: Duncker & Humblot) 1996, S. 279–295.
Rousselle, Pierre Marie
Le droit à la preuve: étude de droit fédéral et de procédure civile vaudoise, Diss., Lausanne 1981.
Rüede, Thomas; Reimer, Hadenfeldt
Schweizerisches Schiedsgerichtsrecht, 2. Aufl., Zürich 1993.
Rüegg, Viktor
Der Instruktionsrichter im Luzerner Zivilprozess, in: Richter und Verfahrensrecht: 150 Jahre Obergericht Luzern (Festgabe), Bern 1991, S. 283–304
Rust, Balz
Die Revision im Zürcher Zivilprozess, Diss., Zürich 1981.
Ryter, Filippo
Article 343 CO et procédure civile vaudoise en matière de conflit de travail, Lausanne 1990.
Sachs, Peter
Die Voraussetzungen für die Berufung an das Bundesgericht gegen Entscheide nach Art. 48–50 OG unter besonderer Berücksichtigung des bernischen Rechts, Diss., Bern 1951.
Salis, Peter von
Probleme des Suspensiveffekts von Rechtsmitteln im Zivilprozess- und Schuldbetreibungs- und Konkursrecht, Zürich 1980.
Salvadé, Vincent
Dénonciation d'instance et appel en cause, Etude de droit fédéral et de procédure civile vaudoise, Lausanne 1995.
Samuel, Adam
Jurisdictional Problems in International Commercial Arbitration, Veröffentlichungen des Schweizerischen Instituts für Rechtsvergleichung, Bd. 11, Zürich 1989.
Schaad, Marie-Francoise
La consorité en procédure civile, Diss., Neuchatel 1992.
Schaad, Peter
Grundlinien einer schweizerischen Zivilprozessordnung, ZSR 1969 (NF 88 II), S. 28 ff.
Schafroth, Gerhard
Zweigniederlassung, Geschäftsniederlassung, und Vertragsschluss-Gerichtsstand, Diss., Basel 1990.
Schärer, Susanne Regula
Das Novenrecht im Berufungsverfahren nach zürcherischem Zivilprozessrecht, Diss., Zürich 1984.

Schätzle, Reinhold
Das Kind im Zivilprozess unter besonderer Berücksichtigung seiner Stellung als selbständig handelnde Partei, am Beispiel der zürcherischen Zivilprozessordnung, Diss., Zürich 1982.
Schaub, Dieter R.
Die Exmission im Basel-landschaftlichen Zivilprozessrecht, Diss., Basel 1982.
Schenker, Urs
Die vorsorglichen Massnahmen im Lauterkeits- und Kartellrecht, Diss., Zürich 1985.
Scherrer, Paul
Regelrechter Zwang zum Vergleich, pläd 1996, S. 4–6.
Schlager, Georg A.
Der Sachverständige nach baselstädtischem Zivilprozessrecht, Diss., Basel 1978.
Schlumpf, Dieter
Dispositives Recht und Parteibefugnisse im Zivilprozess unter besonderer Berücksichtigung der Zivilprozessordnung des Kantons Basel-Stadt und des Konkordats über die Schiedsgerichtsbarkeit, Diss., Basel 1981.
Schmid, Hans
Klares Recht als Prozessvoraussetzung im zürcherischen Befehlsverfahren, in: Festschrift für Oscar Vogel, Freiburg, 1991, S. 109 ff.
Schmid, Hans
Zur Offizialmaxime nach Art. 343 Abs. 4 OR (unter Berücksichtigung des Zürcher Zivilprozessrechts), SJZ 1981 (77), S. 277–286.
Schmidt, André
Note sur les prblèmes de consortité dans les procédures d'appel, Semjud 103, 1981, S. 561 ff.
Schneider, Fr.
Der technische Experte als Mitarbeiter für Richter und Anwälte, SJZ 1991 (87), S. 151 ff.
Schneider, Herbert
Das summarische Verfahren nach sanktgallischem Zivilprozessrecht, Diss., Basel 1979.
Schneider, Michael
Internationale Schiedsverfahren in der Schweiz, in: Jahrbuch der Schiedsgerichtsbarkeit, Heidelberg 1988, S. 141 ff.
Schneider, Michael
Verträge und Schiedsverfahren im Europäischen Umbruch, Basel 1990.
Schneider, Michael
Streitbeilegung auf dem Information Highway – Problematik und Lösungsansätze, in: Hilty, R. (Hrsg.): Information Highway, Beiträge zu rechtlichen und tatsächlichen Fragen, Bern/München 1996, S. 625–660.
Schnyder, Anton
Intertemporalrecht und internationale Schiedsgerichtsbarkeit im neuen IPR-Gesetz der Schweiz, IPRax 1990, S. 60 ff.
Schnyder, Mathias
Teilrechtskraft im baselstädtischen Zivilprozessrecht?, BJM 1987, S. 281–302.
Schnyder, Peter
Der Friedensrichter im schweizerischen Zivilprozessrecht, Diss., Zürich 1985.
Schobert, Peter Richard
Die Realerfüllung insbesondere nach anglo-amerikanischem Recht, Diss., Bern 1952.
Schubarth, Martin
Berufung und staatsrechtliche Beschwerde, BJM 1985, S. 57 ff.
Schuller, Siegfried
Die Berechnung des Streitwerts, Grundsätze zivilprozessualer Streitwertsberechnung im Bund und in den Kantonen, Diss., Zürich 1972.
Schüpbach, Henri-Robert
Les vices de la volonté en procédure civile, in: Hommage à Jeanprêtre, Neuchâtel 1982, S. 61 ff.
Schüpbach, Henri-Robert
Le droit d'appel du consort simple en procédure civile genèvoise (étude d'un arrêt récent du Tribunal Fédéral), SJ 1983, S. 177–196.
Schüpbach, Henri-Robert
Traité de procédure civile, Zürich 1995.

Schwab, Karl Heinz
Die Voraussetzungen der notwendigen Streitgenossenschaft, in: Festschrift Friedrich Lent, München/Berlin 1957, S. 271 ff.
Schwab, Karl Heinz
Mehrparteienschiedsgerichtsbarkeit und Streitgenossenschaft, in: Festschrift für Walther Habscheid, Bielefeld 1989, S. 285 ff.
Schwager, Peter
Die Nachfolge in den Zivilprozess infolge Erbgang, Diss., Zürich 1957.
Schwander, Ivo
Internationales Privatrecht und internationales Zivilprozessrecht, in: Die Europaverträglichkeit des schweizerischen Rechts, Zürich 1990, S. 583–600 ff.
Schwander, Ivo
Ausländische Rechtshängigkeit nach IPR-Gesetz und Lugano-Übereinkommen, in: Schwander I.; Stoffel W.A. (Hrsg.): Beiträge zum schweizerischen und internationalen Zivilprozessrecht (Festschrift für Oscar Vogel), Freiburg i.Ue. 1991, S. 395 ff.
Schwander, Ivo
Bemerkungen zum Rundschreiben des Bundesamtes für Justiz vom 18.10.1991 betreffend Lugano-Übereinkommen, AJP/PJA 1992, S. 97 f.
Schwander, Ivo; Stoffel, Walter A.
Beiträge zum schweizerischen und internationalen Zivilprozessrecht: Festschrift für Oscar Vogel, Freiburg 1991.
Schwartz, Paul
Entwurf eines Bundesgesetzes betreffend die Anpassung der kantonalen Zivilprozessverfahren an das Bundeszivilrecht, ZSR 1969 (NF 88 II), S. 243 ff.
Schwartz, Paul
Die Bedeutung von Treu und Glauben im Prozess- und Betreibungsverfahren nach der bundesgerichtlichen Rechtsprechung, in: Festschrift Max Guldener, Zürich 1973, S. 291 ff.
Schweizer, Philippe
Le recours en révision: spécialement en procédure civile neuchâteloise, Diss., Bern 1985.
Schweizer, Simon Emanuel
Das Rechtsmittelsystem im basellandschaftlichen Zivilprozessrecht, Diss., Basel 1989.
Schweri, Erhard
Interkantonale Gerichtsstandsbestimmung in Strafsachen, Bern 1987.
Schwitter, M.; Weber, B.
Strafbarkeit der Missachtung eines allgemeinen Verbotes im Sinne der §§ 309 ff. der neuen Aargauischen ZPO vom 18. Dezember 1984, SJZ 1988 (84), S. 6–9.
Scyboz, Georges; Braconi, Andrea
La reconnaissance et l'execution des jugements étrangers dans la jurisprudence récente du tribunal fédéral, FZR 1993, S. 215 ff.
Seiler, Stefan Daniel
Die Zeugnisverweigerungsgründe im Zivilprozess der Nordwestschweiz, insbesondere der Kantone Basel-Stadt, Baselland, Aargau und Solothurn, Diss., Basel 1985.
Sieben, Alexander
Über summarisches Zivilprozessverfahren im geltenden schweizerischen Recht, München 1950.
Siegrist, Dave
Hoheitsakte auf fremdem Staatsgebiet, SSIR, Bd. 53, Zürich 1987.
Soliva, Thomas Ch.
Die Klageänderung nach zürcherischem Zivilprozessrecht, Diss., Zürich 1992.
Sorg, Hans
Das Beschwerdeverfahren in Schuldbetreibungs- und Konkurssachen im Kanton Zürich, Diss., Zürich 1954.
Staehelin, Adrian
Billigkeit und Strenge im Zivilprozess und in der Zwangsvollstreckung, BJM 1967, S. 105 ff.
Staehelin, Adrian
Der Richter als Gesetzgeber im schweizerischen Zwangsvollstreckungsrecht, in: Festschrift für Oscar Adolf Germann, Bern 1969, S. 243 ff.
Staehelin, Adrian
Die Hinterlegung zu Handen des Rechtes und der Prätendentenstreit, BJM 1972, S. 225 ff.

Staehelin, Adrian
Die objektiven Voraussetzungen der Berufung an das Bundesgericht, ZSR 1975 (NF 94 II), S. 13 ff.

Staehelin, Adrian
Die Staatsverträge über Zivilprozess und Zwangsvollstreckung nach der neueren Praxis des Bundesgerichts, in: Festgabe der schweizerischen Rechtsfakultäten zur Hundertjahrfeier des Bundesgerichts, Basel 1975, S. 461 ff.

Staehelin, Adrian
Andreas Heusler und die Zivilprozessordnung des Kantons Basel-Stadt, in: Festschrift für Ferdinand Elsener, Sigmaringen 1977, S. 244 ff.

Staehelin, Adrian
Die betreibungsrechtlichen Streitigkeiten, in: Festschrift 100 Jahre SchKG, Zürich, 1989, S. 71 ff.

Staehelin, Adrian
Das neue Bundesgesetz über das internationale Privatrecht in der praktischen Anwendung: ZPO/Vollstreckung, BJM 1989, S. 169–182.

Staehelin, Adrian
Dispositives Zivilprozessrecht, in: Walter J. Habscheid (Hrsg): Freiheit und Zwang – Festschrift zum 60. Geburtstag von Professor Dr. iur. Dr. phil. Hans Giger, Bern 1989, S. 643–654

Staehelin, Adrian
Das neue Bundesgesetz über das internationale Privatrecht in der praktischen Anwendung: ZPO/Vollstreckung, in: Das neue Bundesgesetz über das internationale Privatrecht in der praktischen Anwendung, Zürich 1990, S. 101–114.

Staehelin, Adrian
Die neuen elektronischen Medien im Zivilprozess, in: Festschrift für Oscar Vogel, Freiburg 1991.

Staehelin, Adrian
Der Beweis im schweizerischen Zivilprozess, in: Frank R. (Hrsg.): Der Beweis im Zivil- und Strafprozess der Bundesrepublik Deutschland, Österreichs und der Schweiz, Mittelbarer oder unmittelbarer Beweis im Strafprozess?, Zürich 1996, S. 1–16.

Staehelin, Dieter
Zum Verfahren betreffend Rekurse gegen Verfügungen des Ehegerichtspräsidenten und des Instruktionsrichters im Scheidungsprozess nach dem Recht des Kantons Basel-Stadt, in: BJM 1971, S. 1 ff.

Staehelin, Ernst
Die Nebenparteien im Zivilprozess, unter besonderer Berücksichtigung der Kantone Basel-Stadt, Basel-Land, Aargau und Solothurn, Diss., Basel 1981.

Staehelin, Peter
Die Eventualmaxime im baselstädtischen Zivilprozess, Diss., Basel 1976.

Stamm, Marie-Louise
Beschwerdefähige Entscheide nach der Praxis des Basler Appellationsgerichts zu § 242 ZPO, BJM 1986, S. 1–28.

Steffen, R.
Die Parteikostenvorschusspflicht im Scheidungsprozess, ZBJV 1986 (122), S. 100 ff.

Stieger, Werner
Konfliktvermeidung und Alternative Konfliktlösung im gewerblichen Rechtsschutz, SMI 1996, S. 31–52.

Stocker, Werner
Fragen der prozessualen Handlungsfähigkeit des Nichtmündigen, in: Probleme und Ziele der vormundschaftlichen Fürsorge, Festschrift Vereinigung schweizerischer Amtsvormünder, Zürich 1963, S. 195 ff.

Stoffel, Walter A.
Ausschliessliche Gerichtsstände des Lugano-Übereinkommens und SchKG-Verfahren, insbesondere Rechtsöffnung, Widerspruchsklage und Arrest, in: Schwander I.; Stoffel W.A. (Hrsg.): Beiträge zum schweizerischen und internationalen Zivilprozessrecht (Festschrift für Oscar Vogel), Freiburg i.Ue. 1991, S. 357 ff.

Stoffel, Walter A.
Das Verfahren zur Anerkennung handelsrechtlicher Entscheide nach dem Lugano-Übereinkommen, SZW 1993, S. 107 ff.

Stojan, Teddy S.
Die Anerkennung und Vollstreckung ausländischer Zivilurteile in Handelssachen, unter Berücksichtigung des IPR-Gesetzes, Zürich 1986.
Sträuli, Thomas
Fehlerhafte Prozesshandlungen der Parteien und ihre Heilung im zürcherischen Zivilprozessrecht, Diss., Zürich 1966.
Stückelberger, Donald
Die Prozesskosten nach baselstädtischem Zivilprozessrecht, Diss., Basel 1978.
Studer, Paul
Willensmängel im Zivilprozess unter Berücksichtigung der Zürcher Zivilprozessordnung, Diss., Zürich 1976.
Studer, Urs; Rüegg, Viktor; Eiholzer, Heiner
Der Luzerner Zivilprozess: Gesetz über die Zivilprozessordnung (ZPO) vom 27. Juni 1994, Kriens (Verlag Studer) 1994.
Stutzer, Hansjörg
Die Kautionspflicht im ordentlichen zürcherischen Zivilprozess, Diss., Zürich 1980.
Süsskind, Marcel
Das schweizerische Widerspruchsverfahren (Art. 106–109 SchKG) und die deutsche Drittintervention (§ 771 ZPO): eine rechtsvergleichende Studie, Diss., Zürich 1989.
Suter, Benedikt A.
Grundsätze der prozessleitenden Entscheidung im Zivilprozess: unter besonderer Berücksichtigung des baselstädtischen Rechts, Diss., Basel 1993.
Sutter, Thomas
Zivilrechtspflege im Einzelarbeitsvertragsrecht (Art. 343 OR), BJM 1986, S. 121–147.
Thönen, Gert
Die Wiedereinsetzung in den vorigen Stand in den Zivilprozessordnungen der Kantone Basel-Stadt und Basel-Landschaft, Diss., Basel 1988.
Tinner, Rolf
Das rechtliche Gehör, ZSR 1964 (NF 83 II), S. 295 ff.
Troller, Alois
Die Prozessführungsbefugnis des Miterben zur Geltendmachung seiner Erbschaftsrechte gegenüber Dritten und Miterben im schweizerischen Recht, ZSR 1941 (60), S. 73 ff.
Tsatsos, Constantin
Zum Verhältnis von Gerechtigkeit zum positivem Recht, in: Festschrift Karl Larenz, München 1983, S. 649 ff.
Ullwer, E.
Eventualmaxime und Beschleunigung im deutschen Zivilprozess unter besonderer Berücksichtigung der BGH Rechtsprechung mit Gegenüberstellung schweizerischer Ausgestaltungen, Diss., Zürich 1965.
Van den Berg, Albert Jan
The New York Arbitration Convention of 1958, Deventer 1981.
Veit, Freddy
Der Friedensrichter nach basellandschaftlichem Recht, Diss., Basel 1976.
Visson, Arielle Elan
Droit à la production de pièces et discovery (droit fédéral, droit cantonaux de Vaud, Genève, Zürich et droit anglais), Lausanne 1996.
Vogel, Oscar
Probleme des vorsorglichen Rechtsschutzes, SJZ 1980 (76), S. 89 ff.
Vogel, Oscar
Auf dem Weg zu einem modernen Bündner Zivilprozess, ZGRG 1984 (3), S. 36–41.
Vogel, Oscar
Die Rechtsprechung des Bundesgerichts zum Zivilprozessrecht im Jahre 1985, ZBJV 1987 (123), S. 263–278.
Vogel, Oscar
Die Rechtsprechung des Bundesgerichts zum Zivilprozessrecht im Jahre 1986, ZBJV 1988 (124), S. 243–261.
Vogel, Oscar
Prozessvergleich und Willensmängel: Urteilsanmerkung Zivilprozessrecht: BGE 110 II 44 = Pra 73 (1984) Nr. 150, recht 1987 (5), S. 99–104.

Vogel, Oscar
Die Rechtsprechung des Bundesgerichts zum Zivilprozessrecht im Jahre 1987, ZBJV 1989 (125), S. 251–279.
Vogel, Oscar
Die Rechtsprechung des Bundesgerichts zum Zivilprozessrecht im Jahre 1988, ZBJV 1990 (126), S. 295–320.
Vogel, Oscar
Auf dem Wege zur Rechtseinheit bei Rechtshängigkeit und materieller Rechtskraft: Urteilsanmerkung Zivilprozessrecht BGE 112 II 268 = Pra 76 (1987) Nr. 24, BGE 114 II 183 (nicht in Pra), recht 1989 (7), S. 129–138.
Vogel, Oscar
Die Rechtsprechung des Bundesgerichts zum Zivilprozessrecht im Jahre 1989, ZBJV 1991 (127), S. 277–301.
Vogel, Oscar
Das Menschenbild im schweizerischen Zivilpozessrecht, in: Das Menschenbild im Recht (Festgabe der Rechtswissenschaftlichen Fakultät zur Hunderjahrfeier der Universität Freiburg), 1990, S. 518–535.
Vogel, Oscar
Rechtshängigkeit und materielle Rechtskraft im internationalen Verhältnis, SJZ 1990 (86), S. 77 ff.
Vogel, Oscar
Die Rechtsprechung des Bundesgerichts zum Zivilprozessrecht im Jahre 1990, ZBJV 1992 (128), S. 262–295.
Vogel, Oscar
Die Rechtsprechung des Bundesgerichts zum Zivilprozessrecht im Jahre 1991, ZBJV 1993 (129), S. 436–468.
Vogel, Oscar
Europa und das schweizerische Zivilprozessrecht, AJP/ PJA 1992, S. 459 ff.
Vogel, Oscar
Die Rechtsprechung des Bundesgerichts zum Zivilprozessrecht im Jahre 1992, ZBJV 1994 (130), S. 343–374.
Vogel, Oscar
Der Eintritt der Rechtshängigkeit nach Art. 21 und 22 des Lugano-Übereinkommens, SJZ 1994 (90), S. 301 ff.
Vogel, Oscar
Die Rechtsprechung des Bundesgerichts zum Zivilprozessrecht im Jahre 1993, ZBJV 1995 (131), S. 443–472.
Vogel, Oscar
Die Rechtsprechung des Bundesgerichts zum Zivilprozessrecht im Jahre 1994, ZBJV 1996 (132), S. 128–157.
Vogel, Oscar
Die Rechtsprechung des Bundesgerichts zum Zivilprozessrecht im Jahre 1995, ZBJV 1996 (132), S. 808–826.
Vogt, Stephan
Der Schiedrichtervertrag nach schweizerischem Recht, Diss., Zürich 1989.
Volken, Paul
Rechtshilfe und andere besondere Fragen innerhalb des Erkenntnisverfahrens, in: Die allgemeinen Bestimmungen des Bundesgesetzes über das internationale Privatrecht, Veröffentlichungen des Schweizerischen Instituts für Verwaltungskurse an der Hochschule St. Gallen, Bd. 29, St. Gallen 1988, S. 115 ff.
Von Overbeck, Alfred E.
Die Ermittlung, Anwendung und Überprüfung der richtigen Anwendung des anwendbaren Rechts, in: Die allgemeinen Bestimmungen des Bundesgesetzes über das internationale Privatrecht, Veröffentlichungen des Schweizerischen Instituts für Verwaltungskurse an der Hochschule St. Gallen, Bd. 29, St. Gallen 1988, S. 91 ff.
Voyame, Joseph
Droit privé fédéral et procédure civile cantonale, ZSR 1961 (NF 80 II), S. 67 ff.

Vulliemein, Jean
Jugement et sentence arbitrale, Diss., Lausanne 1990.
Walder, Hans Ulrich
Das Schweizerische Konkordat über die Schiedsgerichtsbarkeit, Zürich 1982.
Walder, Hans Ulrich
Gibt es Feststellungsurteile, welche die Streitfrage offen lassen?, ZBJV 1988 (123) S. 219 ff.
Walder, Hans Ulrich
Einführung in das internationale Zivilprozessrecht der Schweiz, Zürich 1989.
Walder, Hans-Ulrich
Zur Bedeutung des Begriffs absolut nichtiger Urteile im Lichte der schweizerischen Gesetzgebung und Rechtslehre, in: Festschrift für Walther J. Habscheid, Bielefeld 1989, S. 335 ff.
Walder, Hans Ulrich
Zu einem besonderen Aspekt richterlicher Unabhängigkeit, in: Festschrift Karl Heinz Schwab, München 1990, S. 535 ff.
Walder, Hans Ulrich
Grundfragen der Anerkennung und Vollstreckung ausländischer Urteile, ZZP (Köln) 1990 (103), S. 322 ff.
Walder, Hans Ulrich
Entwicklungen in Zivilprozessrecht und Schiedsgerichtsbarkeit, SJZ 1996 (92), S. 29–31.
Walder, Hans Ulrich
Entwicklungen im Zivilprozessrecht und Schiedsgerichtsbarkeit, SJZ 1997 (93), S. 26–28.
Walder-Bohner, Hans Ulrich
Die Entwicklung des schweizerischen Zivilprozessrechtes von 1930–1980, SJZ 1982 (78), S. 105–111.
Walder-Bohner, Hans Ulrich
Zivilprozess- und Zwangsvollstreckungsrecht: Literaturspiegel der Jahre 1980–1982, ZSR 1983 (NF 102 I), S. 209–229.
Walder-Bohner, Hans Ulrich
Zur Bedeutung des rechtlichen Gehörs im schweizerischen Zivilprozessrecht, in: Hauser R.; Rehberg J., Stratenwerth G. (Hrsg.): Gedächtnisschrift für Peter Noll, Zürich 1984, S. 403 ff.
Walder-Bohner, Hans Ulrich
Zivilprozess- und Zwangsvollstreckungsrecht – Literaturspiegel der Jahre 1983–1986, ZSR 1986 (NF 105 I), S. 553–576.
Walder-Bohner, Hans Ulrich; Meier, Isaak
Vorsorgliche Massnahmen ausländischer Gerichte unter dem neuen IPR-Gesetz, SJZ 1987 (83), S. 238–242.
Walter, Gerhard
Die internationale Schiedsgerichtsbarkeit in der Schweiz, in: ZBJV 1990 (126), S. 161 ff.
Walter, Gerhard
Der Streitgegenstand, in: recht 1990 (8), S. 33 ff.
Walter, Gerhard
Zur gegenwärtigen Lage des Zivilprozessrechts in der Schweiz, ZZP (Köln) 1989 (102), S. 141–174.
Walter, Gerhard
Die internationale Zuständigkeit schweizerischer Gerichte für "vorsorgliche Massnahmen" – oder: Art. 10 IPRG und seine Geheimnisse, AJP/PJA 1992, S. 61 ff.
Walter, Gerhard
Zur Sicherungsvollstreckung gemäss Art. 39 des Lugano-Übereinkommens, ZBJV 1992 (128), S. 90 ff.
Walter, Gerhard
Tu felix Europa ... Zum Entwurf einer Europäischen Zivilprozessordnung, AJP/PJA 1994, S. 425 ff.
Walter, Gerhard
Wechselwirkungen zwischen europäischem und nationalem Zivilprozessrecht: Lugano-Übereinkommen und Schweizer Recht, ZZP (Köln) 1994 (107), S. 301 ff.
Walter, Gerhard
Reform des internationalen Ziviprozessrechts in Italien, AJP/PJA 1996, S. 423–443.

Walter, Gerhard; Bosch, Wolfgang; Brönnimann, Jürgen
Internationale Schiedsgerichtsbarkeit in der Schweiz, in: Kommentar zu Kapital 12 des IPRG, Bern 1991.
Walter, Hans Peter
Bundesprivatrecht und kantonales Zivilprozessrecht, BJM 1995, S. 281 ff.
Walter, Urs A.
Die Erbengemeinschaft im Zivilprozessrecht unter besonderer Berücksichtigung der neuen zürcherischen Zivilprozessordnung, Diss., Zürich 1978.
Weber, Rolf H.
Zur Prozessfähigkeit der Stockwerkeigentümergesellschaft, SJZ 1979 (75), S. 117 ff.
Weber, Werner C.
Die Prozessentschädigung mit besonderem Bezug auf ihre Ausgestaltung im zürcherischen Zivilprozess, Diss., Zürich 1990.
Weibel, H.
Der Eintritt der Rechtshängigkeit in Prozessen und Sühneverfahren im Kanton Basel-Landschaft, BJM 1966, S. 105 ff.
Weiss, Bruno
Nichtigkeit, Anfechtbarkeit und Widerruf von Betreibungshandlungen, Diss., Zürich 1957.
Wenger, Werner
Rechtsmittel gegen schiedsrichterliche Entscheidungen, in: Karl Heinz Böckstiegel, Die Internationale Schiedsgerichtsbarkeit in der Schweiz, Bd. l, Köln, Berlin, Bonn, München 1979.
Wenger, Werner
Die internationale Schiedsgerichtsbarkeit, in: BJM 1989, S. 337 ff.
Wenger, Werner; Huber, Lucius
Neue Entscheide des schweizerischen Bundesgerichts zum Recht der internationalen Schiedsgerichtsbarkeit gemäss IPR-Gesetz, in: IPRax 1991, S. 87 ff.
Wettstein, Hans-Rudolf
Die Aufgabe der freiwilligen Gerichtsbarkeit als Teil des Zivilverfahrens, Diss., Zürich 1957.
Wuffli, Urs
Die ordentlichen Rechtsmittel der neuen Zivilprozessordnung, in: Festschrift 50 Jahre Aargauischer Juristenverein, Aarau 1986, S. 157–174
Wuffli, Urs
Die Strafbarkeit der Missachtung eines allgemeinen Verbotes im Sinne der §§ 309 ff. der neuen aargauischen Zivilprozessordnung vom 18. Dezember 1984: kritische Bemerkungen zum Aufsatz von lic. iur. M. Schwitter und lic. iur. B. Weber in SJZ 1988) (84), S. 6 ff., SJZ 1988 (84), S. 230–232.
Wunderlich, Urs M.
Dispositionsmaxime, Verhandlungsmaxime und Untersuchungsmaxime der solothurnischen Zivilprozessordnung vom 11. September 1976, Diss., Zürich 1968.
Wurzburger, Alain
Les conditions objectives du recours en réforme au Tribunal fédéral, Diss., Lausanne 1964.
Wurzburger, Alain
La violation du droit fédéral dans le recours en réforme au Tribunal fédéral, ZSR 1975 (NF 94 II), S. 77 ff.
Wurzburger, Alain
L'audition des parties en procédure civile vaudoise, SJZ 1982 (78), S. 309–312.
Wyss, Hans-Peter
Prozessführung unter angemasstem Namen, Diss., Zürich 1973.
Yung, Walter
L'organisation judicaire fédérale doit-elle être modifiée, ZSR 1935 (NF 54), S. 391–482.
Zäch, Roger
Bestimmung des Marktes und des Markteinflusses im Zivilprozess, in: Zäch Roger (Hrsg.): Kartellrecht auf neuer Grundlage, Bern 1989, S. 5–45
Ziegler, Adolf
Soll die Organisation der Bundesrechtspflege reorganisiert werden?, ZSR 1935 (NF 54), S. 217–390.
Zweidler, Thomas
Die Würdigung von Aussagen, ZBJV 1996 (132), S. 105–127.

Zusammenstellung ausländischer, insbesondere deutsche und österreichische Literatur

Abel, Wolfgang
Zur Nichtigkeitsklage wegen Mängeln der Vertretung im Zivilprozess, Diss., München (Verlag C.H. Beck) 1995.
Adlerstein, Rosemarie; Benkö, Marietta
Studien zum Recht der internationalen Schiedsgerichtsbarkeit, zur Unabhängigkeit des Schiedsrichters. Schiedsverfahren und Vollstreckung von Schiedssprüchen in England, Köln (Verlag: Heymanns, Carl) 1979.
Ahrendt, Achim
Der Zuständigkeitsstreit im Schiedsverfahren, Diss., Tübingen (Verlag: Mohr, J.C.B.) 1996.
Ahrens, Hans J.
Wettbewerbsverfahrensrecht, zum vorbeugenden Rechtsschutz durch einstweiligen Rechtsschutz, Köln (Verlag: Heymanns, Carl) 1983.
Ahrens, Hans J; Spätgens, Klaus
Einstweiliger Rechtsschutz und Vollstreckung in UWG-Sachen: Ausgewählte Probleme, 3. Aufl., Köln (Verlag: Kommunikationsforum) 1997.
Albers, Stephan
Der parteibestellte Schiedsrichter im schiedsgerichtlichen Verfahren der ZPO und das Gebot überparteilicher Rechtspflege, Frankfurt (Verlag: Lang, Peter) 1995.
Albicker, Steffen
Der Gerichtsstand der Streitgenossenschaft, Konstanz (Verlag: Hartung-Gorre) 1996.
Albrecht, Christian
Das EuGVÜ und der einstweilige Rechtsschutz in England und in der Bundesrepublik Deutschland, Heidelberg (Verlag: Winter, Carl) 1991.
Altehenger, Bernhard
Forensische Texte, Aspekte einer Explikation der im forensischen Diskurs vorkommenden Texte und ihrer Verarbeitung am Beispiel des Zivilprozesses, Hamburg (Verlag: Buske) 1996.
Altmeppen, Holger
Disponibilität des Rechtsscheins, Struktur und Wirkungen des Redlichkeitsschutzes im Privatrecht, Köln (Verlag: Schmidt, Otto) 1994.
Amira, Karl von
Das altnorwegische Vollstreckungsverfahren, eine rechtsgeschichtliche Abhandlung, Aalen (Verlag: Scientia) 1964.
Ammelburger, Thomas
Strukturprobleme der Bestandskraftlehre: Reform des Verwaltungsverfahrensrechts, Rothenburg (Verlag Bülow, Petra) 1997.
Amthor, Hilke; Proksch, Roland; Sievering, Ulrich O.
Kindschaftsrecht 2000 und Mediation, 5. Kleiner Arnoldshainer Familiengerichtstag, Frankfurt (Verlag: Haag + Herchen) 1993.
Anders, Monika; Gehle, Burkhard
Handbuch für das Zivilurteil, Kosten – Antrag und Tenor zur Hauptsache – Vollstreckbarkeit, Handbuch mit Computerprogramm für die Kostenentscheidung, 2. Aufl., Düsseldorf (Verlag: Werner) 1995.
Anders, Monika; Gehle, Burkhard; Baader, Peter
Handbuch für den Zivilprozess: Sachantrag, Tenor, Streitwert, Düsseldorf (Verlag: Werner) 1992.
Angst, Peter; Jakusch, Werner; Pimmer, Herbert
Exekutionsordnung samt Einführungsgesetz, Nebengesetzen und sonstigen einschlägigen Vorschriften, mit erläuternden Anmerkungen, Schrifttum und einer Übersicht über die veröffentlichte Rechtsprechung, 14. Aufl., Wien (Verlag: Manz) 1995.
Antweiler, Clemens
Beweislastverteilung im UN-Kaufrecht, Frankfurt (Verlag: Lang, Peter) 1995.

Arens, Peter; Lüke, Wolfgang
Zivilprozessrecht, Erkenntnisverfahren, Zwangsvollstreckung, 6. Aufl., München (Verlag: C.H. Beck) 1994.
Arning, Andrea
Bagatellverfahren im Zivilprozessrecht, eine Untersuchung des Deutschen Zivilprozessrechts der Neuzeit vor dem Hintergrund der Einführung des Verfahrens nach § 495 a ZPO durch das Rechtspflegeverein-Fachungsgesetz vom 17.12.1990, Aachen (Verlag: Shaker, Chaled) 1995.
Arntzen, Friedrich
Psychologie der Zeugenaussage, System der Glaubwürdigkeitsmerkmale, 3. Aufl., München (Verlag: C.H. Beck) 1993.
Asada, Kazushige; Eser, Albin; Hiraoka, Hisashi; Ishibe, Masasuke; Leipold, Dieter; Löwisch, Manfred
Recht und Verfahren, Symposion der rechtswissenschaftlichen Fakultäten der Albert-Ludwigs-Universität Freiburg und der städtischen Universität Osaka, Heidelberg (Verlag: Müller, C.F.) 1993.
Aull, Jacques M.
Der Geltungsanspruch des EuGVÜ: "Binnensachverhalte" und Internationales Zivilverfahrensrecht in der Europäischen Union, Frankfurt (Verlag: Lang, Peter) 1996.
Ax, Dorothee
Prozessstandschaft im Verfassungsbeschwerde-Verfahren, zugleich ein Exkurs betreffs Methoden richterlicher Rechtsfortbildung im Verfassungsbeschwerde-Verfahren, Baden-Baden (Verlag: Nomos) 1994.
Bachmann, Birgit
Fremdwährungsschulden in der Zwangsvollstreckung, eine vergleichende Betrachtung des deutschen, französischen und englischen Rechts, Heidelberg (Verlag: Müller, C.F.) 1994.
Bährle, Ralph J
Vorsicht: Vollstreckung! (Der ARD-Ratgeber), Frankfurt/Zürich (Verlag: Suhrkamp) 1997.
Baier, Anton; Maier, Guido; Killias, Laurent; Höhn, Jakob; Ranke, Fritz; Duden, Gustav
Praktische Erfahrungen mit den IPR-Gesetzen in Deutschland, Österreich und der Schweiz, Wien (Österreichisches Stat. Zentralamt) 1995.
Bajons, Ena M.
Zivilverfahren, Grundlehren des Prozesses und der Exekution, Wien (Verlag: Orac) 1991.
Ballon, Oskar J.
Einführung in das Österreichische Zivilprozessrecht – streitiges Verfahren, 5. Aufl., Graz (Verlag: Leykam) 1995.
Ballon, Oskar J; Buchegger, Walter; Kralik, Winfried; Rechberger, Walter H.; Riedler, Andreas; Roth, Marianne; Schoibl, Norbert A.; Simotta, Daphne A.
Beiträge zum Zivilprozessrecht IV, Wien (Verlag: Springer) 1991.
Ballon, Oskar J; Hagen, Johann J.
Verfahrensgarantien im nationalen und internationalen Prozessrecht, Festschrift Franz Matscher zum 65. Geburtstag, Wien (Verlag: Manz) 1993.
Balser, Heinrich; Bögner, Rudolf; Ludwig, Bodo
Vollstreckung im Grundbuch, eine kurzgefasste Darstellung für die Praxis der Anwälte, Notare und Rechtspfleger mit Formularen und Eintragungsmustern, 10. Aufl., Freiburg (Verlag: Haufe, R.) 1994.
Baltzer, Johannes
Die negative Feststellungsklage aus P 256 I ZPO, Köln (Verlag: Heymanns, Carl) 1980.
Balzer, Christian; Forsen, Klaus
Gutachten und Urteil im Zivilprozess, 7. Aufl., Düsseldorf (Verlag: Lange), 1993.
Bank, Wilfried
Zwangsvollstreckung gegen Behörden, die Handhabung der zivilprozessualen Vollstreckungsnormen bei der Zwangsvollstreckung aus allgemeinen Leistungsurteilen gegen Verwaltungsträger, Berlin (Verlag: Duncker & Humblot) 1982.
Banniza von Bazan, Ulrike
Der Gerichtsstand des Sachzusammenhangs im EuGVÜ, dem Lugano-Abkommen und im deutschen Recht, Frankfurt (Verlag: Lang, Peter) 1995.

Barber, Horst
Objektive Schiedsfähigkeit und ordre public in der internationalen Schiedsgerichtsbarkeit, Frankfurt (Verlag: Lang, Peter) 1994.
Barmeyer, Dirk
Die Anerkennung ausländischer, insbesondere englischer, Beurkundungen auf dem Gebiet des Gesellschaftsrechts in Deutschland, Konstanz (Verlag: Hartung-Gorre) 1996.
Baron, Julius
Abhandlungen aus dem römischen Zivilprozess, Neudruck: 1 Bd. (1. Die Konditionen. 2. Die adjektizischen Klagen. 3. Der Denuntiation), Aalen (Verlag: Scientia) 1986.
Barton, Stephan
Redlich aber falsch, die Fragwürdigkeit des Zeugenbeweises, Baden-Baden (Verlag: Nomos) 1996.
Bartsch, Michael
Softwareüberlassung und Zivilprozess: Gewährleistung und Urheberrechtsschutz in der prozessualen Durchsetzung (im Auftrag der Deutschen Gesellschaft für Informationstechnik und Recht e.V.), Köln (Verlag: Dr. Schmidt), 1991.
Bassold, Gerhard
Die Voraussetzungen der besonderen Streitgenossenschaft, eine Studie über die konkurrierende Prozessführung mehrerer materiell Beteiligter, Berlin (Verlag: Duncker & Humblot) 1970.
Battenberg, Friedrich
Die Gerichtsstandsprivilegien der deutschen Kaiser und Könige bis zum Jahre 1451, Köln (Verlag: Böhlau) 1983.
Bauer, Manfred
Die Gegenvorstellung im Zivilprozess, Diss., Berlin (Duncker u. Humblot) 1990.
Baumann, Peter
Die Anerkennung und Vollstreckung ausländischer Entscheidungen in Unterhaltssachen, Bielefeld (Verlag: Gieseking, E. u. W.) 1989.
Baumbach, Adolf; Lauterbach, Wolfgang; Albers, Jan
Zivilprozessordnung, mit Gerichtsverfassungsgesetz und anderen Nebengesetzen, 55. Aufl., München (Verlag: C.H. Beck) 1997.
Baumfalk, Walter
Zivilprozessrecht – Stagen und Examen, Zivilprozess: Erkenntnisverfahren; Gericht und Rechtsanwalt im Zivilprozess; Tätigkeit des Referendars in Gerichts- und Anwaltsstationen, 3. Aufl., Münster (Verlag: Alpmann und Schmidt) 1995.
Baumfalk, Walter
ZPO, Erkenntnisverfahren, Vollstreckungsverfahren, Grundzüge des Konkursverfahrens, 9. Aufl., Münster (Verlag: Alpmann und Schmidt) 1996.
Baumgärtel, Gottfried
Beweislastpraxis im Privatrecht, die Schwierigkeiten der Beweislastverteilung und die Möglichkeiten ihrer Überwindung, Köln (Verlag: Heymanns, Carl) 1996.
Baumgärtel, Gottfried; Hohmann, Gerhard
Zweite Instanz, Köln (Verlag: Heymanns, Carl) 1972.
Baumgärtel, Gottfried; Laumen, Hans W; Prütting, Hanns
Der Zivilprozessrechtsfall, Methodik und Klausuren mit Musterlösungen, 8. Aufl., Köln (Verlag: Heymanns, Carl) 1995.
Baumgärtel, Gottfried; Prütting, Hanns
Einführung in das Zivilprozessrecht, 8. Aufl., Neuwied/Kriftel/Berlin (Verlag: Luchterhand) 1994.
Baumhof, Angelika
Die Beweislast im Verfahren vor dem Europäischen Gerichtshof, Baden-Baden (Verlag: Nomos) 1996.
Baur, Fritz
Rechtsnachfolge in Verfahren und Massnahmen des einstweiligen Rechtsschutzes?, in: Festschrift für Gerhard Schiedermair, München 1976, S. 19 ff.
Baur, Fritz
Neuere Probleme der privaten Schidesgerichtsbarkeit, Schriftenreihe der Juristischen Gesellschaft e.V. Berlin, Heft 61, Berlin 1980.

Baur, Fritz
Studien zum einstweiligen Rechtsschutz, Tübingen (Verlag: Mohr, J.C.B.) 1967.
Baur, Fritz; Grunsky, Wolfgang
Zivilprozessrecht, 8. Aufl., Neuwied/Kriftel/Berlin (Verlag: Luchterhand) 1994.
Baur, Fritz; Stürner, Rolf
Zwangsvollstreckungsrecht, Stuttgart (Verlag: UTB) 1996.
Bayerlein, Walter
"Todsünden" des Sachverständigen, Köln (Institut f. Sachverständigenwesen) 1990.
Bayerlein, Walter; Bleutge, Peter; Busch, Herbert
Die Zusammenarbeit mehrerer Sachverständiger und die Einschaltung von Hilfskräften, Köln (Institut f. Sachverständigenwesen) 1989.
Becht, Ernst
Prüfungsschwerpunkte im Zivilprozess, Stuttgart (Verlag: Boorberg, Richard) 1993.
Becht, Ernst
Einführung in die Praxis des Zivilprozesses, München (Verlag: C.H. Beck) 1995.
Beck'sche Textausgabe
Zivilprozessordnung (ZPO) mit Einführungsgesetz, Gerichtsverfassungsgesetz (Auszug), Rechtspflegergesetz, Gerichtskostengesetz (Auszug), Bundesgebührenordnung für Rechtsanwälte (Auszug), 24. Aufl., München (Verlag: Deutscher Taschenbuch Verlag) 1995.
Beck'sche Textausgabe
Zivilprozessordnung (Zwangsversteigerungsrecht, Gerichtsverfassungsrecht, Kostenrecht, Internationales Prozessrecht), 48. Aufl., München (Verlag: C.H. Beck) 1996.
Becker, Christian
Die Beweiskraft des Konnossements, insbesondere nach Übernahme der sogenannten Visby-Regeln in das Handelsgesetzbuch durch das zweite Seerechtsänderungsgesetz vom 25. Juli 1986, Neuwied/Kriftel/Berlin (Verlag: Luchterhand) 1991.
Becker-Eberhard, Ekkehard
Grundlagen der Kostenerstattung bei der Verfolgung zivilrechtlicher Ansprüche, zugleich ein Beitrag zum Verhältnis zwischen materiell–rechtlichem und prozessualem Kostenerstattungsanspruch, Bielefeld (Verlag: Gieseking, E. u. W.) 1985.
Behn, Michael
Probleme der Prozesskostenhilfe, mit Besonderheiten im sozialgerichtlichen Verfahren – Rechtsprechungsanhang, St. Augustin (Verlag: Asgard) 1985.
Behr, Johannes
Informationsbeschaffung für den Vollstreckungszugriff, Seminarskript, Oldenburg (Verlag: Solloch, J.) 1995.
Beier, Friedrich K.; Kraft, Alfons; Schricker, Gerhard; Wadle, Elmar
Festschrift zum 100jährigen Bestehen der Deutschen Vereinigung für gewerblichen Rechtsschutz und Urheberrecht und ihrer Zeitschrift, Weinheim (Verlag: VCH) 1991.
Bender, Hans U.
Merkmalskombinationen in Aussagen, Theorie und Empirie zum Beweiswert beim Zusammentreffen von Glaubwürdigkeitskriterien, Tübingen (Verlag: Mohr, J.C.B.) 1987.
Bender, Rolf, Susanne, Rüder
Tatsachenfeststellung vor Gericht, Bd. II, Vernehmungslehre, München (Beck'sche Verlagsbuchhandlung) l981.
Bender, Rolf; Nack, Armin
Glaubwürdigkeits- und Beweislehre, 2. Aufl., München (Verlag: C.H. Beck) 1995.
Bendjouya, Georges
Procedure civile, Grenoble (Verlag: Presses Universitaires de Grenoble) 1995.
Bendref, Bernd
Rechtsverkehr zwischen Deutschland und Brasilien, internationale und europäische Aspekte, Beiträge zur 8. Jahrestagung der Deutsch–Brasilianischen Juristen–Vereinigung 1989, Frankfurt (Verlag: Lang, Peter) 1991.
Berg van den, Albert J.
The New York Arbitration Convention of 1958, Towards a Uniform Judicial Interpretation, Deventer 1981.

Berger, Christian
Die subjektiven Grenzen der Rechtskraft bei der Prozessstandschaft, ein Beitrag zur Lehre von der Rechtskrafterstreckung infolge Prozessführungsbefugnis über ein fremdes Recht, Köln (Verlag: Heymanns, Carl) 1992.
Bergerfurth, Bruno
Der Zivilprozess, Klage – Urteil – Rechtsmittel, 6. Aufl., Freiburg (Verlag: Haufe, Rudolf) 1991.
Berghaus, Hartwig
Der strafrechtliche Schutz der Zwangsvollstreckung, Göttingen (Verlag: Schwartz, Otto) 1967.
Bern, Michael
Verfassungs- und verfahrensrechtliche Probleme anwaltlicher Vertretung im Zivilprozess, Bonn (Deutscher Anwaltverlag) 1992.
Bettermann, Karl A.
Die Beschwer als Klagevoraussetzung, Tübingen (Verlag: Mohr, J.C.B.) 1970.
Bichlmeier, Wilhelm; Oberhofer, Hermann
Das Gesamtvollstreckungsverfahren in Ostdeutschland, 2. Aufl., Köln (Bund- Verlag:) 1994.
Bierbrauer, Günter; Gottwald, Walther; Haller, Volkmar
Verfahrensgerechtigkeit, rechtspsychologische Forschungsbeiträge für die Justizpraxis, Köln (Verlag: Schmidt, Otto) 1995.
Binder, Julius
Prozess und Recht, ein Beitrag zur Lehre vom Rechtsschutzanspruch, Aalen (Verlag: Scientia) 1969.
Bischof, Pirmin
Produkthaftung und Vertrag in der EU, vertragliche Gestaltungsmöglichkeiten (Freizeichnungs-, Rechtswahl- und Gerichtsstandsklauseln) im Produkthaftrecht der Europäischen Union EU, Bern 1994.
Bittighofer, Andreas M.
Der internationale Gerichtsstand des Vermögens, Frankfurt (Verlag: Lang, Peter) 1994.
Blankenburg, Erhard
Innovations in the Legal Services, Bodenheim (Verlag: Hain) 1979.
Blankenburg, Erhard; Leipold, Dieter; Wollschläger, Christian
Neue Methoden im Zivilverfahren, Köln (Verlag: Bundesanzeiger) 1991.
Blersch, Jürgen
Die Auslegung und Ergänzung der Gesamtvollstreckungsordnung, Berlin (Verlag: Duncker & Humblot) 1993.
Blessing, Marc
Das neue Internationale Schiedsgerichtsrecht der Schweiz. Ein Fortschritt oder ein Rückschritt? in: Karl-Heinz Böckstiegel, Die Internationale Schiedsgerichtsbarkeit in der Schweiz, Schriftenreihe des Deutschen Instituts für Schiedsgerichtswesen, Bd. I/II, Köln/Berlin/Bonn/München 1989.
Bleutge, Peter
Experten-Rat zum Gerichtsauftrag, IHK-Merkblatt für den Sachverständigen, Bonn (Verlag: Deutscher Industrie- u. Handelstag) 1991.
Bleutge, Peter
Merkblatt zur Durchführung einer Ortsbesichtigung, 3. Aufl., Köln (Verlag: Institut f. Sachverständigenwesen) 1991.
Bleutge, Peter
Ablehnung wegen Besorgnis der Befangenheit, Erläuterungen und 160 Gerichtsentscheidungen in Leitsätzen, Köln (Verlag: Institut f. Sachverständigenwesen) 1993.
Bleutge, Peter
Sachverständige, Bonn (Verlag: Deutscher Industrie- u. Handelstag) 1995.
Bleutge, Peter
ZSEG Gesetz über die Entschädigung von Zeugen und Sachverständigen, Kommentar, 3. Aufl., Essen (Verlag: f. Wirtsch. u. Verw.) 1995.
Bleutge, Peter; Fontaine, Ignez de la; Möller, Doris
Merkblatt für Schiedsgutachter, Köln (Verlag: Institut f. Sachverständigenwesen) 1987.

Blomeyer, Arwed
Zivilprozessrecht, Erkenntnisverfahren, 2. Aufl., Berlin (Verlag: Duncker & Humblot) 1985.
Blumenwitz, Dieter
Einführung in das anglo-amerikanische Recht, Rechtsquellenlehre, Methode der Rechtsfindung, Arbeiten mit praktischen Rechtsfällen, 5. Aufl., München (Verlag: C.H. Beck) 1994.
Böckstiegel, Karl H.; Lousanoff, Oleg de; Westermann, Harm P.; Weber, Dolf; Schiffer, K. Jan; Happe, K.M.; Schlosser, Peter
Schiedsgerichtsbarkeit in gesellschaftlichen und erbrechtlichen Angelegenheiten und mit wichtigen Texten, Köln (Verlag: Heymanns, Carl) 1996.
Boer de, Margreet B.; Snijders, Henk J.
Access to Civil Procedure Abroad, München (Verlag C.H. Beck), 1996.
Bogdan, Michael; Boguslavskij, Mark M.; Tebbens, Harry D.
Ein internationales Zivilverfahrensrecht für Gesamteuropa, EuGVÜ, Lugano-Übereinkommen und die Rechtsentwicklung in Mittel- und Osteuropa; Länderberichte – Modellvergleich – Erfahrungen. Beiträge und Diskussionen des Symposiums 1991 in Heidelberg, Heidelberg (Verlag: Müller, C.F.) 1992.
Bohnert, Joachim
Paul Johann Anselm Feuerbach und der Bestimmtheits-Grundsatz im Strafrecht, Heidelberg (Verlag: Winter, Carl) 1982.
Bonvie, Horst
Änderung von Entscheidungen der freiwilligen Gerichtsbarkeit, Berlin (Verlag: Duncker & Humblot) 1982.
Born, Birgit
Wahrunterstellung zwischen Aufklärungspflicht und Beweisablehnung wegen Unerheblichkeit, Stadtlauringen (Verlag: Wilfer, R.F.) 1984.
Börner, Andreas
Die Anerkennung ausländischer Titel in den arabischen Staaten, Heidelberg (Verlag: Recht u. Wirtschaft) 1996.
Borris, Christian
Die internationale Handelsschiedsgerichtsbarkeit in den USA, Rechtsgrundlagen, Zwingendes Recht, Anerkennung und Vollstreckung von Schiedssprüchen, Köln (Verlag: Heymanns, Carl) 1987.
Bosch, Friedrich W.
Grundsatzfragen des Beweisrechts, Bielefeld (Verlag: Gieseking, E. u. W.) 1963.
Bosch, Wolfgang
Rechtskraft und Rechtshängigkeit im Schiedsverfahren, Tübingen 1991.
Bösch, Axel; Farnsworth, Joanna
Provisional Remedies in International Commercial Arbitration, Hawthorne/USA (Verlag: de Gruyter) 1994.
Bra, Peter de
Verbraucherschutz durch Gerichtsstandsregelungen im deutschen und europäischen Zivilprozessrecht, Frankfurt (Verlag: Lang, Peter) 1992.
Braczyk, Hans J.; Kerst, Ch.; Niebur, Joachim
Eine starke Behauptung ist besser als ein schwacher Beweis, Beschaffungsentscheidungen im Betrieb, Bremerhaven (Verlag: "dir horen" i. Wirtschaftsverlag) 1987.
Brehm, Wolfgang
Die Bindung des Richters an den Parteivortrag und Grenzen freier Verhandlungswürdigun, Tübingen (Verlag: Mohr, J.C.B.) 1982.
Breidenbach, Stephan
Mediation, Struktur, Chancen und Risiken von Vermittlung im Konflikt, Köln (Verlag: Schmidt, Otto) 1995.
Bretzinger, Otto N; Büchner-Uhder, Willi
Bürgerliches Recht und Zivilprozessrecht, Anspruch – Urteil – Vollstreckung, systematische Darstellung unter Berücksichtigung der Rechtslage nach dem Beitritt der ehemaligen DDR, 2. Aufl., Baden-Baden (Verlag: Nomos) 1991.

Brinkmann, Gisbert
Schiedsgerichtsbarkeit und Massnahmen des einstweiligen Rechtsschutzes, Berlin (Verlag: Duncker & Humblot) 1977.
Britz, Jörg W.
Urkundenbeweisrecht und Elektroniktechnologie, eine Studie zur Tauglichkeit gesetzlicher Beweisregeln für elektronische Dokumente und ihre Reproduktionen im Zivilprozess, München (Verlag: C.H. Beck) 1996.
Brocke, Erwin; Reese, Willy
Die Entschädigung von Zeugen, Sachverständigen und ehrenamtlichen Richtern, 2. Aufl., Berlin (Verlag: Duncker & Humblot) 1964.
Brödermann, Eckardt; Rosengarten, Joachim
IPR, Anleitung zur systematischen Fallbearbeitung im internationalen Privat- und Verfahrensrecht, 2. Aufl., Hamburg (Verlag: Mauke) 1996.
Brüggemann, Jürgen
Die richterliche Begründungspflicht, Verfassungsrechtliche Mindestanforderungen an die Begründung gerichtlicher Entscheidungen, Berlin (Verlag: Duncker & Humblot) 1971.
Brunn, Thomas
Die Vollmacht im Zivilprozess, Diss., Giessen, 1988.
Bruschke, Gerhard; Apitz, Wilfried
Aussetzung der Vollziehung, Stundung, Vollstreckungsaufschub und Billigkeitsmassnahmen als Mittel der Steuerpolitik, Möglichkeiten der Verringerung der Steuerlast und Aufschub der Fälligkeit der Steuer mit Schriftsatzmustern zur schnellen Umsetzung, Kissing (Verlag: Recht u. Praxis) 1996.
Bruske, Frank
Beweiswürdigung und Beweislast bei Aufklärungspflichtverletzungen im Bankrecht, Berlin (Verlag: Duncker & Humblot) 1994.
Buchegger, Walter; Deixler, Astrid; Holzhammer, Richard
Praktisches Zivilprozessrecht: Erkenntnis- und Ausserstreitverfahren in 151 Fällen, 2. Aufl., Wien (Verlag: Springer) 1990.
Bücker, Ursula E.
Mündliche und schriftliche Elemente und ihre rechtsgeschichtlichen Hintergründe im englischen Erkenntnisverfahren, Berlin (Verlag: Duncker & Humblot) 1978.
Büdenbender, Ulrich
Der vorläufige Rechtsschutz durch einstweilige Verfügung und einstweilige Anordnung im Nichtehelichenrecht, Bielefeld (Verlag: Gieseking, E. u. W.) 1974.
Bülow, Arthur; Böckstiegl, Karl-Heinz; Geimer, Reinhold; Schütze, Rolf A. (Hrsg.)
Der Internationale Rechtsverkehr in Zivil- und Handelssachen, Loseblattausgabe, Stand: 1. Mai 1993, München (Verlag C.H. Beck).
Bundesministerium d. Justiz
Rechtsschutz im summarischen Verfahren als Alternative zum ordentlichen Zivilprozess im schweizerischen Recht, Bonn (Verlag: Bundesanzeiger) 1996.
Bunge, Jürgen
Zivilprozess und Zwangsvollstreckung in England, eine Gesamtdarstellung mit internationalem Zivilprozessrecht und einer Bibliographie, Berlin (Verlag: Duncker & Humblot) 1995.
Bürgers, Tobias
Rechtskrafterstreckung und materielle Abhängigkeit, München (Verlag: Florentz, V.) 1993.
Burkardt, Claus
Der Schutz der Familie in der französischen Zwangsvollstreckung, Münster/Hamburg (Verlag: Lit) 1996.
Bürkle, Jürgen
Richterliche Alltagstheorien im Bereich des Zivilrechts, mit einer Analyse amtsrichterlicher Urteile in Zivilsachen zu richterlichen Theorien für die Glaubhaftigkeitsbeurteilung von Zeugenaussagen, Tübingen (Verlag: Mohr, J.C.B.) 1984.
Buschmann, Andreas
Rechtshängigkeit im Ausland als Verfahrenshindernis, unter besonderer Berücksichtigung der Klageerhebung im französischen Zivilprozess, München (Verlag: Florentz, V.) 1996.

Busl, Peter
Ausländische Staatsunternehmen im deutschen Vollstreckungsverfahren: Im munität und Durchgriff auf den Staat, München (Verlag: Florentz, V.) 1992.
Bydlinski, Michael
Der Kostenersatz im Zivilprozess, Grundfragen des Kostenrechts und praktische Anwendung, Wien (Verlag: Manz) 1992.
Calavros, Constantin
Urteilswirkungen zu Lasten Dritter, Bielefeld (Verlag: Gieseking, E. u. W.) 1978.
Callies, Jörg; Striegnitz, Meinfried
Um den Konsens streiten, neue Verfahren der Konfliktbearbeitung durch Verhandlungen, Rehburg-Loccum (Verlag: Evangelische Akademie) 1991.
Chudoba, Gerd
Der ausforschende Beweisantrag, Berlin (Verlag: Duncker & Humblot) 1993.
Ciyiltepe-Pilarsky, Deniz
Der Grundsatz der Verhältnismässigkeit und seine Auswirkungen auf Beweisanordnungen, Frankfurt (Verlag: Lang, Peter) 1995.
Clemens, Horst
Zu den Wirkungen von Geständnis, Nichtbestreiten und Anerkennung im Klauselerteilungsverfahren, Bochum (Universitätsverlag Brockmeyer) 1996.
Coester-Waltjen, Dagmar
Internationales Beweisrecht, Ebelsbach (Verlag: Gremer, R.) 1983.
Coester-Waltjen, Dagmar; Mäsch, Gerald
Übungen in Internationalem Privatrecht und Rechtsvergleichung, Berlin (Verlag: de Gruyter) 1996.
Corpus Juris Fridericianum
Erstes Buch von der Prozessordnung (Kodifikationsgeschichte Zivilprozessrecht; Bd. 2), Reprint d. Ausg. Berlin 1781, Goldbach (Verlag: Keip GmbH) 1994.
Couchez, Gerard
Procédure civile, 8. Aufl., Paris (Verlag: Sirey) 1994.
Crevecoeur, Dieter
Zivilsachen, 2. Aufl., Bielefeld (Verlag: Gieseking, E. u. W.) 1994.
Croze, Hervé; Morel, Christian
Procédure civile, Paris (Presses Universitaires de France) 1988.
Crückeberg, Harald
Zivilprozessrecht für Rechtsanwälte, Oldenburg (Verlag: Solloch) 1996.
Cypra, Peter
Die Rechtsbehelfe im Verfahren der Vollstreckbarerklärung nach dem EuGVÜ, Frankfurt (Verlag: Lang, Peter) 1996.
Dahm, Georg; Delbrück, Jost; Wolfrum, Rüdiger
Völkerrecht, Bd. VI, 2. Aufl., Berlin/New York 1989.
Dauses, Manfred A.
Empfiehlt es sich, das System des Rechtsschutzes und der Gerichtsbarkeit in der Europäischen Gemeinschaft, insbesondere die Aufgaben der Gemeinschaftsgerichte und der nationalen Gerichte, weiterzuentwickeln? München (Verlag: C.H. Beck) 1994.
Debernitz, Reinhard
Das Recht auf ein sachgerechtes Verfahren im Zivilprozess, Diss., Frankfurt am Main/Bern (Verlag: Lang, Peter) 1987.
Dedes, Christos
Beweisverfahren und Beweisrecht, Berlin (Verlag: Duncker & Humblot) 1992.
Deguchi, Masahisa
Die prozessualen Grundrechte im japanischen und deutschen einstweiligen Rechtsschutz in Zivilsachen, Frankfurt (Verlag: Lang, Peter) 1992.
Deixler-Hübner, Astrid
Die Nebenintervention im Zivilprozess, Wien (Verlag: Orac), 1993.

Deixler-Hübner, Astrid; Gottwald, Peter; Konecny, Andreas; Rinner, Walter; Schilken, Eberhard; Werner, Olaf
Beiträge zum Zivilprozessrecht V, Wien (Verlag: Springer) 1995.
Deixler-Hübner, Astrid; Roth, Marianne
Der Zivilprozess in der Praxis, 2. Aufl., Wien (Verlag: Orac) 1996.
Delhaes, Wolfgang
Der Insolvenzantrag – verfahrens- und kostenrechtliche Probleme der Konkurs- und Vergleichsantragstellung, Frankfurt (Verlag: Lang, Peter) 1994.
Detterbeck, Steffen
Streitgegenstand und Entscheidungswirkungen im Öffentlichen Recht, Grundlagen des Verfahrens vor den allgemeinen Verwaltungsgerichten und vor dem Bundesverfassungsgericht, Tübingen (Verlag: Mohr, J.C.B.) 1995.
Diesselhorst, Malte
Mehrparteienschiedsverfahren, Frankfurt (Verlag: Lang, Peter) 1994.
Dinstühler, Klaus J.
Rechtsnachfolge und einstweiliger Rechtsschutz, Bielefeld (Verlag: Gieseking, E. u. W.) 1995.
Dirksen-Schwanenland, Monika
Die Auswirkungen der notwendigen Streitgenossenschaft, insbesondere auf das Rechtsmittelverfahren, Frankfurt (Verlag: Lang, Peter) 1996.
Döbereiner, Walter; Keyserlingk, Alexander von
Sachverständigen-Haftung, mit Haftungsbegrenzung sowie Versicherung des privaten und gerichtlichen Sachverständigen, Walluf (Bauverlag) 1979.
Dohm, Christian
Die Einrede ausländischer Rechtshängigkeit im deutschen internationalen Zivilprozessrecht, Berlin (Verlag: Duncker & Humblot) 1996.
Döhring, Erich
Die Erforschung des Sachverhalts im Prozess, Berlin (Verlag: Duncker & Humblot) 1964.
Doralt, Werner; Stumvoll, Heinrich
Konkursordnung, in der geltenden Fassung und in der Fassung ab 1995 unter Berücksichtigung der KO-Novelle 1993, des IRÄG 1994, des Entwurfs der ASGG-Novelle 1994, Wien (Verlag: Orac) 1994.
Dörndorfer, Josef
Prozesskostenhilfe für Anfänger, 2. Aufl., München (Verlag: C.H. Beck) 1995.
Dorsel, Christoph
Forum non conveniens, richterliche Beschränkung der Wahl des Gerichtsstandes im deutschen und amerikanischen Recht, Berlin (Verlag: Duncker & Humblot) 1996.
Dunkl, Hans; Moeller, Dieter; Baur, Hansjörg; Feldmeier, Georg; Wetekamp, Axel
Handbuch des vorläufigen Rechtsschutzes, 2. Aufl., München (Verlag: Rehm) 1991.
Duss-von Werdt, Josef; Mähler, Gisela; Mähler, Hans G.
Mediation: Die andere Scheidung, ein interdisziplinärer Überblick, Stuttgart (Verlag: Klett-Cotta) 1995.
Ebel, Hermann; Müller, Monika
Bürgerliches Recht, allgemeiner Teil und ausgewählte Probleme des Schuldrechts mit Berücksichtigung des Zivilprozessrechtes, Witten (Verlag: Bernhardt u. Schünemann) 1993.
Ebmeier, Marietheres; Schöne, Sigrid
Der einstweilige Rechtsschutz, Handbuch zu Arrest und einstweiliger Verfügung, Düsseldorf (Verlag: Werner) 1996.
Eckardt, Diederich
Die Anfechtungsklage wegen Gläubigerbenachteiligung, zur Anfechtungsfrist nach § 41 KO §§ 3, 12 AnfG, 10 GesO, 165 ElnsO und dem Erfordernis fristgemässer gerichtlicher Geltendmachung der Anfechtungsrechtsfolgen, Bielefeld (Verlag: Gieseking, E u. W) 1994.
Eickhoff, Wolfgang
Inländische Gerichtsbarkeit und internationale Zuständigkeit für Aufrechnung und Widerklage, Berlin (Verlag: Duncker & Humblot) 1985.

Eickmann, Dieter
Die Teilungsversteigerung, gesetzliche Regelungen und Praxisprobleme der Zwangsversteigerung zum Zwecke der Aufhebung einer Gemeinschaft, 3. Aufl., Köln (Verlag: Kommunikationsforum) 1993.
Eidenschink, Peter; Henkelmann, Dieter
Fachwissen Vollstreckungs- und Insolvenzrecht, 11. Aufl., Stuttgart (Deutscher Sparkassenverlag) 1994.
Eilers, Anke
Massnahmen des einstweiligen Rechtsschutzes im europäischen Zivilrechtsverkehr, internationale Zuständigkeit, Anerkennung und Vollstreckung, Bielefeld (Verlag: Gieseking, E. u. W.) 1991.
Eisenmann, Hartmut
Grundriss Gewerblicher Rechtsschutz und Urheberrecht, mit 50 Fällen und Lösungen, 3. Aufl., Stuttgart (Verlag: UTB für Wissenschaft) 1995.
Endemann, Wilhelm
Das Prinzip der Rechtskraft, eine zivilistische Abhandlung, Aalen (Verlag: Scientia) 1973.
Engel, Hans-Ulrich
Beweisinterlokut und Beweisbeschluss im Zivilprozess, Diss., Köln (Verlag: Heymann) 1992.
Engelmann-Pilger, Albrecht
Die Grenzen der Rechtskraft des Zivilurteils im Recht der Vereinigten Staaten, Berlin (Verlag: Duncker & Humblot) 1974.
Engels, Curt
Prozesskostenhilfe, Neuwied/Kriftel/Berlin (Verlag: Luchterhand) 1990.
Erkenntnis- und Vollstreckungsverfahren der ZPO
2. Aufl., München, (Verlag: C.H. Beck) 1993.
Erkenntnisverfahren
5. Aufl., Düsseldorf (Verlag: Lange) 1996.
Erkenntnisverfahren erster Instanz
4. Aufl., München (Verlag: C.H. Beck) 1995.
Erkenntnisverfahren erster Instanz und Gerichtsverfassung
Heidelberg (Verlag: Hüthig) 1985.
Ernemann, Andreas
Zur Anerkennung und Vollstreckung ausländischer Schiedssprüche nach P 1044 ZPO, Begriff – anzuwendendes Verfahrensrecht – Rechtswirksamkeit, Bielefeld (Verlag: Gieseking, E. u. W.) 1979.
Eschenbruch, Klaus; Laux, Hans
Der Unterhaltsprozess, eine praxisbezogene Darstellung der materiellen und prozessualen Probleme des Unterhaltsrechts, Düsseldorf (Verlag: Werner) 1992.
Eschmann, Christian
Der einstweilige Rechtsschutz des Akkreditiv-Auftraggebers in Deutschland, England und der Schweiz, Neuwied/Kriftel/Berlin (Verlag: Luchterhand) 1994.
Europäischer Anwaltsverein
Leitfaden zum Europäischen Gerichtsstands- und Vollstreckungsübereinkommen, Baden-Baden (Verlag: Nomos) 1990.
Fadlalla, Mohamed H
Anerkennung und Vollstreckung ausländischer Gerichtsentscheidungen in arabischen Staaten, Marburg (Verlag: Tectum) 1997.
Fahl, Christoph
Die Stellung des Gläubigers und des Schuldners bei der Vollstreckung ausländischer Entscheidungen nach dem EuGVÜ, Baden-Baden (Verlag: Nomos) 1993.
Fahlbusch, Wolfgang C
Konkurs- und Vergleichsrecht: Gesamtvollstreckungsordnung, 5. Aufl., Münster (Verlag: Alpmann und Schmidt) 1997.
Fasselt-Rommé, Ursula
Parteiherrschaft im Verfahren vor dem EuGH und dem Europäischen Gerichtshof für Menschenrechte, zur Rolle des öffentlichen Interesses im internationalen Prozessrecht, Baden-Baden (Verlag: Nomos) 1993.

Feil, Erich
Gerichtsorganisationsgesetz (GOG), Wien (Verlag: Linde) 1996.
Fenge, Hilmar; Papantoniou, Nikos
Griechisches Recht im Wandel, neuere Entwicklungen des Familienrechts und des Zivilprozessrechts, Baden-Baden (Verlag: Nomos) 1991.
Fezer, Gerhard
Grundfragen des Beweisverwertungsverbots, Heidelberg (Verlag: Müller, C.F.) 1995.
Findeisen, Andreas
Der minderjährige Zeuge im Zivilprozess, Diss., Berlin (Verlag: Duncker & Humblot) 1992.
Fink, Andreas
Die Verwertbarkeit rechtswidrig erlangter Beweismittel im Zivilprozess, Diss., Köln, 1994.
Fink, Bernhard
Die Wiedereinsetzung in den vorigen Stand im Zivilprozessrecht, Diss., Wien (Verlag: Manz) 1994.
Firgau, Tanja
Exekutivgesetze, ein verfassungsmässiger Weg zur Beschleunigung von Planungsabläufen?, Frankfurt (Verlag: Lang, Peter) 1996.
Firsching, Karl; Hoffmann, Bernd von
Internationales Privatrecht, Einschliesslich der Grundzüge des Internationalen Zivilverfahrensrechts, 4. Aufl., München (Verlag: C.H. Beck) 1995.
Fischer, Frank O.
Bezugnahmen – insbesondere pauschale Bezugnahmen – in Tatbeständen und Schriftsätzen im Zivilprozess sowie damit zusammenhängende Fragen, Frankfurt (Verlag: Lang, Peter) 1994.
Fleischhauer, Jens
Inlandszustellung an Ausländer, eine rechtsvergleichende Untersuchung des deutschen, US-amerikanischen und französischen Zivilprozessrechts unter verfassungs- und völkerrechtlichen Aspekten, Berlin (Verlag: Duncker & Humblot) 1996.
Flockermann, Paul G.; Grau, Stefan; Herzig, Norbert; Mössner, Jörg M.; Piltz, Detlev J.; Widmann, Siegfried
Besteuerung internationaler Konzerne, Qualifikationskonflikte, Verluststrategien, Grenzüberschreitende Spaltung, Einbringung von Betriebsstätten, Rechtsschutz bei Treaty Overriding, Unternehmenssteuerreform, Köln (Verlag: Schmidt, Otto) 1993.
Förschler, Hermann
Praktische Einführung in den Zivilprozess, ein Grundriss des Zivilprozessrechts an Hand von Akten, 5. Aufl., Stuttgart (Verlag: Kohlhammer) 1992.
Förschler, Hermann
Privat- und Prozessrecht, 2. Aufl., Bad Wörishofen (Verlag: Holzmann, Hans) 1995.
Förschler, Hermann
Prüfungsvorbereitung Privat- und Prozessrecht, Übungsaufgaben, Bad Wörishofen (Verlag: Holzmann, H.) 1995.
Franzki, Dietmar
Die Beweisregeln im Arzthaftungsprozess, Berlin (Verlag: Duncker & Humblot) 1982.
Frick, Mario
Die Anerkennung und Vollstreckung ausländischer Entscheidungen in Zivilsachen im Fürstentum Liechtenstein, unter Berücksichtigung des schweizerischen, österreichischen und deutschen Rechts, ohne Ort (Verlag: Dike) 1992.
Fuchs, Gilbert
Die Darlegungs- und Glaubenshaftmachungslast im zivilprozessualen Eilverfahren, Aachen (Verlag: Shaker, Chaled) 1995.
Fucik, R.; Gitschthaler, E.; Kodek, P.; Mayr, P. G.; Rechberger, Walter H.
Kommentar zur ZPO, Jurisdiktionsnorm und Zivilprozessordnung samt den Einführungsgesetzen, Wien (Verlag: Springer) 1994.
Fuhrmann, Manfred
Die Zurückweisung schuldhaft verspäteter und verzögernder Angriffs- und Verteidigungsmittel im Zivilprozess, Diss., Bielefeld (Verlag: Gieseking) 1987.

Furtak, Oliver
Die Parteifähigkeit in Zivilverfahren mit Auslandsberührung, Prozessrecht zwischen Kollisionsrecht, Fremdenrecht und Sachrecht, Heidelberg (Universitätsverlag C. Winter) 1995.
Ganslmayer, Anton
Die einstweilige Verfügung im Zivilverfahren, Stuttgart (Verlag: Boorberg, R.) 1991.
Garlichs, Erich Th.
Passivprozesse des Testamentvollstreckers, Erkenntnisverfahren und Zwangsvollstreckung gegen den Testamentsvollstrecker und den durch Testamentsvollstreckung belasteten Erben, Konstanz (Verlag: Hartung-Gorre) 1996.
Gärtner, Joachim
Probleme der Auslandsvollstreckung von Nichtgeldleistungsentscheidungen im Bereich der Europäischen Gemeinschaft unter besonderer Berücksichtigung der grenzüberschreitenden Durchsetzung von Handlungs- und Unterlassungsansprüchen im Rahmen des Artikels 43 EWGübereinkommen über die gerichtliche Zuständigkeit und die Vollstreckung gerichtlicher Entscheidungen in Zivil- und Handelssachen (EuGVÜ), München (Verlag: Forentz, V.) 1991.
Geimer, Reinhold
Internationales Zivilprozessrecht, 2. Aufl., Köln (Verlag: Schmidt, Otto) 1993.
Geimer, Reinhold
Menschenrechte im internationalen Zivilverfahrensrecht, in: Aktuelle Probleme des Menschenrechtsschutzes, Berichte der Deutschen Gesellschaft für Völkerrecht, Bd. 33, S. 213 ff., Heidelberg 1994.
Geimer, Reinhold; Greger, Reinhard; Gummer, Peter; Herget, Kurt; Philippi, Peter; Stöber, Kurt; Vollkommer, Max
Zivilprozessordnung, mit Gerichtsverfassungsgesetz und den Einführungsgesetzen, mit Internationalem Zivilprozessrecht, Kostenanmerkungen, 20. Aufl., Köln (Verlag: Schmidt Otto) 1997.
Geimer, Reinhold; Schütze Rolf A.
Internationale Urteilsanerkennung, 3 Bände, München (Verlag: C.H. Beck) 1971/1983/1984.
Geimer, Reinhold; Schütze, Rolf A.
Europäisches Zivilverfahrensrecht, Kommentar zum EuGVÜ und zum Lugano-Übereinkommen, München (Verlag: C.H. Beck) ohne Jahr.
Geisau-Mühle, Gerhild von
Prüfungsvorbereitung für Rechtsanwaltsgehilfen/-gehilfinnen, Zivilprozessrecht – Zwangsvollstreckungsrecht – Anwaltsgebührenrecht (einschliesslich Lösungen), Köln (Verlag: Stam, H.) 1994.
Gerdes, Claudia
Die Ablehnung wegen Besorgnis der Befangenheit aufgrund von Meinungsäusserungen des Richters, Frankfurt (Verlag: Lang, Peter) 1992.
Gerhardt, Walter
Vollstreckungsrecht, 2. Aufl., Berlin (Verlag: de Gruyter) 1982.
Gerhardt, Walter
Grundbegriffe des Vollstreckungs- und Insolvenzrechts, Stuttgart (Verlag: Kohlhammer) 1985.
Gerhardt, Walter
Zivilprozessrecht, Fälle u. Lösungen nach höchstrichterlichen Entscheiden, 5. Aufl., Heidelberg (Verlag: C.F. Müller) 1996.
Gerichtshof d. Europäischen Gemeinschaften
Internationale Zuständigkeit und Urteilsanerkennung in Europa, Berichte und Dokumente des Kolloquiums "Die Auslegung des Brüsseler Übereinkommens durch den Europäischen Gerichtshof und der Rechtsschutz im europäischen Raum", Luxemburg, 11. und 12. März 1991, Köln (Verlag: Heymanns, Carl) 1993.
Gerstner, Stephan
Die Drittschutzdogmatik im Spiegel des französischen und britischen Verwaltungsgerichtsverfahrens, eine vergleichende Untersuchung zur öffentlich-rechtlichen Klagebefugnis am Beispiel des Umweltschutzes, Berlin (Verlag: Duncker & Humblot) 1995.
Giessler, Hans
Vorläufiger Rechtsschutz in Ehe-, Familien- und Kindschaftssachen, 2. Aufl., München (Verlag: C.H. Beck) 1993.

Gilles, Peter
Juristenausbildung und Zivilverfahrensrecht, Köln (Verlag: Heymanns, Carl) 1982.
Gilles, Peter
Anwaltsberuf und Richterberuf in der heutigen Gesellschaft / Role and Organisation of Judges and Lawyers in Contemporary Societies, Deutsche Landesberichte zur IX. Weltkonferenz für Prozessrecht in Coimbra und Lissabon 1991 /German, National Reports for the IX. World Conference on Procedural Law in Coimbra and Lisbon 1991, Baden-Baden (Verlag: Nomos) 1991.
Gilles, Peter
Transnationales Prozessrecht /Transnational Aspects of Procedural Law, Deutsche Landesberichte zur Weltkonferenz für Prozessrecht in Taormina, Sizilien, Baden-Baden (Verlag: Nomos) 1995.
Gilles, Peter
Prozessrechtsvergleichung, Comparative Procedural Law, Zustand, Bedeutung und Eigenheiten einer Rechtsdisziplin im Aufschwung, Köln (Verlag: Heymanns, Carl) 1996.
Glahs, Heike
Die Sachverhaltsermittlung und Beweislastverteilung im Grundbuchantragsverfahren, Bochum (Universitätsverlag Brockmeyer, N.) 1994.
Globisch, Günter
Das Versäumnisurteil in der notwendigen Streitgenossenschaft, Regensburg (Verlag: Roderer) 1995.
Gloge, Andreas
Die Darlegung und Sachverhaltsuntersuchung im einstweiligen Rechtsschutzverfahren, eine rechtsvergleichende Studie zum deutschen und englischen Zivilprozess, München (Verlag: Florentz, V.) 1991.
Göbel, Reinhard
Mehrheitsentscheidungen in Personengesellschaften, Bestimmtheitsgrundsatz, materielle Beschlusskontrolle und Kernbereich der Mitgliedschaft, Baden-Baden (Verlag: Nomos) 1992.
Gödeke, Heinz-Dieter
Grundfragen der Sicherheitsleistung im Zivilprozess, Diss., Hannover, 1988.
Goebel, Joachim
Zivilprozessrechtsdogmatik und Verfahrenssoziologie, Berlin (Verlag: Duncker & Humblot) 1994.
Goedelt, Uwe
Die Zulässigkeit der Berufung bei objektiver Klagehäufung und Klageverbindung im sozialgerichtlichen Verfahren, St. Augustin (Verlag: Asgard) 1977.
Goldschmidt, James
Der Prozess als Rechtslage, eine Kritik des prozessualen Denkens, 2. Aufl., Berlin (Verlag: Springer) 1986.
Görmer, Gerald
Die Durchsetzung von Befreiungsansprüchen im zivilprozessualen Erkenntnis- und Vollstreckungsverfahren, Frankfurt (Verlag: Lang, Peter) 1992.
Gorski, Hans G.
Der Streitgegenstand der Anfechtungsklage gegen Steuerbescheide, Berlin (Verlag: Duncker & Humblot) 1974.
Gottwald, Peter
Schlussanhang Internationales Zivilprozeßrecht des Münchener Kommentars zur Zivilprozessordnung, Bd. 3, München 1992.
Gottwald, Peter
Empfehlen sich im Interesse eines effektiven Rechtsschutzes Massnahmen zur Vereinfachung, Vereinheitlichung und Beschränkung der Rechtsmittel und Rechtsbehelfe des Zivilverfahrensrechts? München (Verlag: C.H. Beck) 1996.
Gottwald, Walther; Strempel, Dieter
Streitschlichtung, rechtsvergleichende Beiträge zur aussergerichtlichen Streitbeilegung, Köln (Verlag: Bundesanzeiger) 1995.
Gottwald, Walther; Treuer, Wolf D.
Vergleichspraxis, Tips für Anwälte und Richter, 4. Aufl., Stuttgart (Verlag: Boorberg, R.) 1991.

Götze, Bernd
Der unabhängige Streitbeitritt eines Dritten als Partei nach japanischem Recht, die parteiische Intervention, Pfaffenweiler (Verlag: Centaurus) 1992.

Götze, Cornelius
Vouching In und Third-Party Practice, Formen unfreiwilliger Drittbeteiligung im amerikanischen Zivilprozess und ihre Anerkennung in Deutschland, Berlin (Verlag: Duncker & Humblot) 1993.

Gounalakis, Kathrin
Die Flucht vor Präklusion bei verspätetem Vorbringen im Zivilprozess, Diss., Köln (Verlag: Heymann) 1995.

Gouron, André; Mayali, Laurent; Schioppa, Antonio; Simon, Dieter;
Subjektivierung des justiziellen Beweisverfahrens, Beiträge zum Zeugenbeweis in Europa und den USA (18.–20. Jahrhundert), Frankfurt (Verlag: Klostermann, Vittorio) 1994.

Graef, Harald
Thüringer Verwaltungszustellungs- und Vollstreckungsgesetz, Kommentar mit praktischen Beispielen im Anhang, Köln (Deutscher Gemeindeverlag) 1996.

Greissinger, Georg; Engels, Curt.
Beratungshilfegesetz – Prozesskostenhilfe, Neuwied/Kriftel/Berlin (Verlag: Luchterhand) 1990.

Gross, Kurt; Diepold, Hugo
Musteranträge für Pfändung und Überweisung, 204 Antragsformulare für die Zwangsvollstreckung in Forderungen und andere Rechte mit praktischen Erläuterungen und einer Einführung in das Verfahren, 6. Aufl., Köln (Verlag: Schmidt, Otto) 1996.

Grundmann, Stefan
Anerkennung und Vollstreckung ausländischer einstweiliger Massnahmen nach IPRG und Lugano-Übereinkommen, Basel (Verlag: Helbing & Lichtenhahn) 1996.

Grunsky, Wolfgang
Die Veräusserung der streitbefangenen Sache, Tübingen (Verlag: Mohr, J.C.B.) 1968.

Grunsky, Wolfgang
Taktik im Zivilprozess, Köln (Verlag: Kommunikationsreform, Recht, Wirtschaft, Steuern) 1990.

Grunsky, Wolfgang
Wege zu einem europäischen Zivilprozessrecht / Tübinger Symposium zum 80. Geburtstag von Fritz Baur, Tübingen (Verlag: Mohr) 1992.

Grzybek, Patrick
Prozessuale Grundrechte im Europäischen Gemeinschaftsrecht, Baden-Baden (Verlag: Nomos) 1994.

Guinchard, Serge
Code de procedure civile 1995–1996, 9. Aufl., Paris (Verlag: Litec) 1995.

Güniker, Knut
Prozessuale Überholung und materielle Beschwerde, Frankfurt (Verlag: Lang, Peter) 1995.

Haarmeyer, Hans; Wutzke, Wolfgang; Förster, Karsten
Gesamtvollstreckungsordnung, Kommentar zur Gesamtvollstreckungsordnung (GesO) und zum Gesetz über die Unterbrechung von Gesamtvollstreckungsverfahren (GUG), 3. Aufl., Köln (Verlag: Kommunikationsforum) 1995.

Haas, Ulrich
Die Anerkennung und Vollstreckung ausländischer und internationaler Schiedssprüche, Berlin (Verlag: Duncker & Humblot) 1991.

Habscheid, Walther J. (Hrsg)
Das deutsche Zivilprozessrecht und seine Ausstrahlung auf andere Rechtsordnungen: Grundlagen- und Landesberichte anlässlich der Tagung der Wissenschaftlichen Vereinigung für Internationales Verfahrensrecht e. V. vom 11. bis 15. Oktober 1989 in Passau, Bielefeld (Verlag: Gieseking, E. u. W.) 1991.

Habscheid, Walther J.; Lang, August R.; Weber, Hans J.; Klein, Hans R.; Benda, Ernst; Schwab, Karl
Effektiver Rechtsschutz und verfassungsmässige Ordnung, die Diskussionsberichte zum VII. Internationalen Kongress für Prozessrecht, Würzburg 1983, Bielefeld (Verlag: Gieseking, E. u. W.) 1985.

Hackenberg, Wolfgang
Die Erklärung mit Nichtwissen (§ 138 IV ZPO), zugleich eine kritische Analyse der Lehre der "allgemeinen Aufklärungspflicht", Berlin (Verlag: Duncker & Humblot) 1995.
Häcker, Peter
Grenzen der Verwertbarkeit strafprozessualer Aussagen im Zivilprozess: zugleich ein Beitrag zum Anwendungsbereich der Lehre vom Schutzzweck der Norm im Prozessrecht, Diss., Tübingen 1994.
Hager, Gerhard; Meller, Heinz
Nichtigkeitsbeschwerde und Berufung, Wien (Verlag: Manz) 1986.
Hähnlein, Uwe
Der Vorbescheid im Erkenntnisverfahren der freiwilligen Gerichtsbarkeit, Münster (Verlag: Waxmann) 1990.
Hall, Reiner
Vorbehaltsanerkenntnis und Anerkenntnisvorbehaltsurteil im Urkundenprozess, Berlin (Verlag: Duncker & Humblot) 1992.
Hamann, Wolfram
Vollstreckung und Rechtsschutz, Essen (Verlag: Hamann, Karin) 1994.
Hansen, Knut
Zivilprozessrecht II, Zwangsvollstreckung, 6. Aufl., Düsseldorf (Verlag: Lange) 1994.
Happ, Wilhelm; Huntemann, Eva M.
Der Gläubiger in der Gesamtvollstreckung, Verfahrenserläuterungen mit Mustern, Berlin (Verlag: de Gruyter) 1996.
Hartung, Gerrit W.
Das anwaltliche Verbot des Versäumnisurteils, Bonn (Deutscher Anwaltsverlag) 1991.
Hartwieg, Oskar; Furmston, Michael; Chrocziel, Peter; Braun, Manfred; Ulmmann, Eike; Redeker, Helmut
Softwareüberlassung und Zivilprozess, Gewährleistung und Urheberrechtsschutz in der prozessualen Durchsetzung, Köln (Verlag: Schmidt, Otto) 1991.
Häsemeyer, Ludwig; Pawlowski, Hans M.; Siburg, Friedrich W.
Rechtsprechung heute – Anspruch und Wirklichkeit, Vorträge der 28. Reinhäuser Juristengespräche 28.–30. Oktober 1994, Frankfurt (Verlag: Lang, Peter) 1996.
Hass, Detlef
Die Gruppenklage, Wege zur prozessualen Bewältigung von Massenschäden, München (Verlag: Florentz, V.) 1996.
Hau, Wolfgang J.
Positive Kompetenzkonflikte im internationalen Zivilprozessrecht, Frankfurt (Verlag: Lang, Peter) 1996.
Hauck, Gerswith
"Schiedshängigkeit" und Verjährungsunterbrechung nach § 220 BGB unter besonderer Berücksichtigung des Verfahrens nach ZPO, ICC-SchO, UNICITRAL-SchO und ZPO-E/UNICITRAL-MG sowie mit rechtsvergleichenden Bezügen zum Schweizer Recht, Tübingen (Verlag: Mohr, J.C.B) 1996.
Haynes, John M.; Bastine, Reiner; Link, Gabriele; Mecke, Axel
Scheidung ohne Verlierer, ein neues Verfahren, sich einvernehmlich zu trennen, Mediation in der Praxis, München (Verlag: Kösel) 1993.
Heesen, Hans G:
Die Entkörperung im spanischen Effektenwesen: Die "Ley del Mercado de Valores" (1988): Gesetzliche Regelung und Anerkennung einer selbständigen Kategorie von "Wertrechten", Frankfurt (Verlag Lang, Peter) 1997.
Hehn, Marcus
Nicht gleich vor den Richter..., Mediation und rechtsförmliche Konfliktregelung, Bochum (Universitätsverlag Brockmeyer, N.) 1996.
Heinrich, Christian
Die Beweislast bei Rechtsgeschäften, Köln (Verlag: Heymanns, Carl) 1996.
Heinrich, Udo
Der gewillkürte Parteiwechsel: zur Rechtsnachfolge im Zivilprozess, Köln (Verlag: Heymann) 1990.

Heintschel-Heinegg, Bernd von
Das Verfahren in Familiensachen, Schwerpunkte: Begriff der Familiensache, Zuständigkeit, Verfahren in Familiensachen insbesondere der Verbund, vorläufiger Rechtsschutz, Rechtsbehelfe, 3. Aufl., Neuwied/Kriftel/Berlin (Verlag: Luchterhand) 1994.
Heinze, Meinhard
Der einstweilige Rechtsschutz im Zahlungsverkehr der Banken, Frankfurt (Verlag: Knapp, Fritz) 1984.
Heiss, Bernhard R.
Einstweiliger Rechtsschutz im europäischen Zivilrechtsverkehr, Berlin (Verlag: Duncker & Humblot) 1987.
Heldrich, Andreas; Kono, Toshiyuki
Herausforderungen des Internationalen Zivilverfahrensrechts, Japanisch-deutsch-schweizerisches Symposium über aktuelle Fragen des Internationalen Zivilverfahrensrechts im Verhältnis zu den USA, Tübingen (Verlag: Mohr J C B) 1994.
Heller, Kurt
Der verfassungsrechtliche Rahmen der privaten internationalen Schiedsgerichtsbarkeit, Wien (Verlag: Manz) 1996.
Hellwig, Karl H.
Der Beweis, Sonderdruck aus: Der Schaden. Begriffe, Probleme, Tabellen aus dem Schaden-, Haftpflicht, Privat- und Sozialversicherungsrecht, Regensburg (Verlag: Walhalla u. Praetoria) 1996.
Hellwig, Konrad
Anspruch und Klagerecht, Leipzig 1924.
Helmken, Dierk
Der Gleichheitssatz in der Praxis des indischen Zivilverfahrens, Stuttgart (Verlag: Steiner, Franz) 1976.
Helmreich, Harald
Das Selbsthilfeverbot des französischen Rechts und sein Einfluss auf Gestaltungs- und Gestaltungsklagerecht, Berlin (Verlag: Duncker & Humblot) 1967.
Helmreich, Heinz
Erscheinungsformen des Mahnverfahrens im deutschsprachigen Rechtskreis, unter besonderer Berücksichtigung des Mahnverfahrens in der Zivilprozessordnung und seiner Vorgängermodelle, Köln (Verlag: Heymanns, Carl) 1995.
Henckel, Hans J.
Zivilprozess und Justizalternativen in Brasilien, Recht, Rechtspraxis, Rechtstatsachen – Versuch einer Beschreibung, Frankfurt (Verlag: Lang, Peter) 1991.
Henckel, Wolfram
Parteilehre und Streitgegenstand im Zivilprozess, Heidelberg (Universitätsverlag Winter, Carl) 1961.
Henninger, Michael
Die Frage der Beweislast im Rahmen des UN-Kaufrechts, zugleich eine rechtsvergleichende Grundlagenstudie zur Beweislast, München (Verlag: Florentz V.) 1995.
Hergenröder, Curt W.
Zivilprozessuale Grundlagen richterlicher Rechtsfortbildung, Tübingen (Verlag: Mohr, J. C. B.) 1995.
Hernández-Breton, Eugenio
Internationale Gerichtsstandsklauseln in allgemeinen Geschäftsbedingungen, unter besonderer Berücksichtigung des deutsch-südamerikanischen Rechtsverke, Frankfurt (Verlag: Lang, Peter) 1993.
Herrmann, Ulrich
Die Grundstruktur der Rechtshängigkeit, entwickelt am Problem des Rechtshängigkeitseinwandes bei Rechtskrafterstreckung auf Dritte, Köln (Verlag: Heymanns, Carl) 1988.
Hertel, Christian
Der Urkundenprozess, Berlin (Verlag: Duncker & Humblot) 1992.
Herz, Peter
Die Immunität ausländischer Staatsunternehmen mit eigener Rechtspersönlichkeit im französischen und im deutschen Zivilprozessrecht, Aachen (Verlag: Shaker, Chaled) 1996.

Hess, Harald; Binz, Fritz; Wienberg, Rüdiger
Gesamtvollstreckungsordnung, Kommentar zum Konkursrecht für die Länder Brandenburg, Mecklenburg-Vorpommern, Sachsen, Sachsen-Anhalt und Thüringen, 3. Aufl., Neuwied/Kriftel/Berlin (Verlag: Luchterhand) 1997.

Hinke, Christian W
Handbuch der Betriebsaufspaltung Anerkennungsvoraussetzungen, steuerliche Folgen und Vorteile, handels- und haftungsrechtliche Auswirkungen, praktische Erscheinungsformen, Rechnungsbeispiele, Steuerbelastungsvergleiche, Musterverträge: Ein praktischer Ratgeber aus handels- und steuerrechtlicher Sicht für Unternehmer, Geschäftsführer, Berater, Loseblattausgabe, Verlag Recht und Praxis, 1996.

Ho, Moon-Hyuck
Zum Anspruchsbegriff bei der Feststellungsklage, Pfaffenweiler (Verlag: Centaurus) 1986.

Hoffmann, Helmut
Prozesskostenhilfe, Berechnungsprogramm für Personal Computer, 2. Aufl., München (Verlag: C.H. Beck) 1996.

Hoffmann, Uwe
Der allgemeine Gerichtsstand des Sachzusammenhangs nach § 17 Abs. 2 S. 1 GVG, Bochum (Verlag: Brockmeyer, N.) 1993.

Höffmann, Petra
Die Grenzen der Parteiöffentlichkeit, insbesondere beim Sachverständigenbeweis, Köln (Verlag: Höffmann u. Kunz) 1992.

Hohlfeld, Ulrike
Die Einholung amtlicher Auskünfte im Zivilprozess, Diss., Konstanz (Verlag: Hartung-Gorre) 1995.

Hollatz, Rainer
Formularmässige Gerichtsstandsvereinbarungen im vollkaufmännischen Geschäftsverkehr, Bochum (Verlag: Brockmeyer, N.) 1993.

Holzhammer, Richard
Österreichisches Insolvenzrecht: Konkurs und Ausgleich, 5. Aufl., Wien (Verlag: Springer) 1996.

Holzhammer, Richard
Österreichisches Zwangsvollstreckungsrecht, 4. Aufl., Wien (Verlag: Springer) 1993.

Huber, Michael
Das Zivilurteil, Grundfragen zu den Urteilen erster Instanz, Arrest und einstweiliger Verfügung, den Entscheidungen im Klauselverfahren und in der Zwangsvollstreckung sowie zum Berufungsurteil, München (Verlag: C.H. Beck) 1995.

Huber, Peter
Die englische forum-non-conveniens-Doktrin und ihre Anwendung im Rahmen des Europäischen Gerichtsstands- und Vollstreckungsübereinkommens, Berlin (Verlag: Duncker & Humblot) 1994.

Huhnstock, Anke
Abänderung und Aufhebung der Prozesskostenhilfebewilligung, Bielefeld (Verlag: Giesekin, E. u. W.) 1995.

Hüsstege, Rainer
Internationales Privatrecht, einschliesslich Grundzüge des internationalen Verfahrensrechts, Examenskurs für Rechtsreferendare, 2. Aufl., München (Verlag: C.H. Beck) 1995.

Isenburg-Epple, Sabine
Die Berücksichtigung ausländischer Rechtshängigkeit nach dem Europäischen Gerichtsstands- und Vollstreckungsübereinkommen vom 27.9.1968, Untersuchungen zum Anwendungsbereich von Art. 21 EuGVÜ unter schwerpunktmässiger Behandlung der Frage nach der Bestimmung eines europäischen Streitgegenstandsbegriffs, Frankfurt (Verlag: Lang, Peter) 1992.

Jaeckel, Fritz
Die Reichweite der lex fori im internationalen Zivilprozessrecht, Berlin (Verlag: Duncker & Humblot) 1995.

Jakoby, Markus
Das Verhältnis der Abänderungsklage gemäss § 323 ZPO zur Vollstreckungsgegenklage gemäss § 767 ZPO, Berlin (Verlag: Duncker & Humblot) 1991.

Jänsch, Anja
Prozessuale Auswirkungen der Übertragung der Mitgliedschaft, Münster/Hamburg (Verlag: Lit) 1996.
Janssen, Dirk
Die Feststellungsklage im Lebensmittelrecht, Hamburg (Verlag: Behr's) 1992.
Jauernig, Othmar
Das fehlerhafte Zivilurteil, Frankfurt (Verlag: Klostermann, V.) 1958.
Jauernig, Othmar
Verhandlungsmaxime, Inquisitionsmaxime und Streitgegenstand, Tübingen (Verlag: Mohr, J.C.B.) 1967.
Jauernig, Othmar
Zivilprozessrecht, ein Studienbuch, 24. Aufl., München (Verlag: C.H. Beck) 1993.
Jayme, Erik; Hausmann, Raine
Internationales Privat- und Verfahrensrecht, 8. Aufl., München (Verlag: C.H. Beck) 1996.
Jellinek, Walter
Die zweiseitigen Staatsverträge über Anerkennung ausländischer Zivilurteile, Tübingen (Verlag: Mohr, J.C.B.) 1953.
Jellinek, Wolfgang
Zwangsvollstreckung zur Erwirkung von Unterlassungen, zugleich ein Beitrag zur Unterlassungsklage und zur einstweiligen Verfügung, Wien (Verlag: Manz) 1974.
Jessnitzer, Kurt; Frieling, Günter
Der gerichtliche Sachverständige, ein Handbuch für die Praxis, 10. Aufl., Köln (Verlag: Heymanns, Carl) 1992.
Jung, Thomas
Der Grundsatz der Waffengleichheit im Zivilprozess, Diss., Erlangen 1990.
Jus-Schriftenreihe, Bd. 68
Erkenntnis- und Vollstreckungsverfahren der ZPO, München, 2. Aufl., (Verlag: C.H. Beck) 1993.
Kaessner, Ralph
Der einstweilige Rechtsschutz im Europarecht, München (Verlag: Florentz, V.) 1996.
Kainz, Martin
Funktion und dogmatische Einordnung der Vollstreckungsabwehrklage in das System der Zivilprozessordnung, Berlin (Verlag: Duncker & Humblot) 1984.
Kalthoener, Elmar; Büttner, Helmut
Prozesskostenhilfe und Beratungshilfe, München (Verlag: C.H. Beck) 1988.
Karger, Michael
Beweisermittlung im deutschen und U.S.-amerikanischen Softwareverletzungsprozess, Köln (Verlag: Schmidt, Otto) 1996.
Kaser, Max; Hackl, Karl
Das römische Zivilprozessrecht (Handbuch der Altertumswissenschaft), 2. Aufl., München (Verlag C.H. Beck) 1997.
Karl, Anna M.
Die Anerkennung von Entscheidungen in Spanien, autonomes Recht und Staatsverträge, Tübingen (Verlag: Mohr, J.C.B.) 1993.
Kaufmann, Franz J.
Die Beweislastproblematik im Arzthaftungsprozess, Köln (Verlag: Heymanns, Carl) 1984.
Kemper, Jutta
Beweisprobleme im Wettbewerbsrecht, Köln (Verlag: Heymanns, Carl) 1992.
Kemper, Werner
Horizontale Teilrechtskraft des Schuldspruchs und Bindungswirkung im tatrichterlichen Verfahren nach der Zurückverweisung, §§ 353, 354 Abs. 2 StPO, Frankfurt (Verlag: Lang, Peter) 1993.
Kerssenbrock, Trutz
Der Rechtsschutz des Parteimitgliedes vor Parteischiedsgerichten, Baden-Baden (Verlag: Nomos) 1994.

Kersting, Mark O.
Der Schutz des Wirtschaftsgeheimnisses im Zivilprozess, eine Rechtsvergleichende Untersuchung anhand der Federal Rules of Civil Procedure und der ZPO, Diss., Bielefeld (Verlag: Gieseking, E u. W) 1995.

Kilgus, Stefan
Zur Anerkennung und Vollstreckbarerklärung englischer Schiedssprüche in Deutschland, Berlin (Verlag: Duncker & Humblot) 1995.

Kim, Yong-Jin
Internationale Gerichtsstandsvereinbarungen, Frankfurt (Verlag: Lang, Peter) 1995.

Kininger, Ewald
Einstweilige Verfügungen zur Sicherung von Rechtsverhältnissen, Wien (Verlag: Manz) 1991.

Kirschner, Heinrich
Das Gericht erster Instanz der Europäischen Gemeinschaften, Aufbau, Zuständigkeiten, Verfahren, Köln (Verlag: Heymanns, Carl) 1995.

Klamaris, Nikolaos
Das Rechtsmittel der Anschlussberufung, ein Beitrag zur Dogmatik der Anschlussrechtsmittel im deutschen Prozessrecht unter besonderer Berücksichtigung der zivilprozessualen Anschlussberufung, Tübingen (Verlag: Mohr, J.C.B.) 1975.

Klein, Franz
Rechtsschutz im Steuerrecht, Stuttgart (Verlag: Boorberg, R.) 1979.

Klein, Michael
Die Rechtsstellung und die Haftung des im Zivilprozess bestellten Sachverständigen, Diss., Mainz 1994.

Klein, Stefanie
Die Grundsätze der Öffentlichkeit und Mündlichkeit im Zivilprozess im Spannungsfeld zum Recht auf informationelle Selbstbestimmung, Diss., Köln, 1995.

Kleinstück, Till U.
Die Process-Beschränkungen des Vermögensgerichtsstandes durch hinreichenden Inlandsbezug und Minimum, Contacts, eine rechtsvergleichende Untersuchung unter besonderer Berücksichtigung des U.S.-amerikanischen und österreichischen Rechts, München (Verlag: C.H. Beck) 1994.

Klicka, Thomas
Bestimmtheit des Begehrens bei Leistungsklagen, Wien (Verlag: Manz) 1989.

Klicka, Thomas
Die Beweislastverteilung im Zivilverfahrensrecht, eine Untersuchung der dogmatischen Grundlagen der Beweislast, dargestellt an verfahrensrechtlichen Tatbeständen, Wien (Verlag: Manz) 1995.

Klocke, Wilhelm
Der Sachverständige und seine Auftraggeber, Grundlagen und Aufgaben der Sachverständigen-Tätigkeit. Selbständiges Beweisverfahren und private Beweissicherung. Schiedsgutachten und Arbeitshilfe für Gutachtertätigkeit, 3. Aufl., Walluf (Bauverlag) 1995.

Knees, Klaus N.
Immobiliarzwangsvollstreckung, der Vollstreckungsablauf von der Verfahrensanordnung bis zur Erlösverteilung, Neuwied/Kriftel/Berlin (Verlag: Luchterhand) 1996.

Knöringer, Dieter
Die Assessorklausur im Zivilprozess, das Zivilprozessurteil, Hauptgebiete des Zivilprozesses, Klausurtechnik, 5. Aufl., München (Verlag: C.H. Beck) 1995.

Koch, Bernhard A.
Unterlassungsklagen im U.S.-amerikanischen Leistungsstörungsrecht, ein Länderbericht zur Lehre vom Equitable Relief, Berlin (Verlag: Duncker & Humblot) 1996.

Koch, Birgit
Rechtsschutz durch Gegendarstellung in Frankreich und Deutschland, Tübingen (Verlag: Mohr, J.C.B) 1995.

Koch, Harald; Magnus, Ulrich; Winkler von Mohrenfels, Peter
IPR und Rechtsvergleichung, ein Studien- und Übungsbuch zum Internationalen Privat- und Zivilverfahrensrecht, 2. Aufl., München (Verlag: C.H. Beck) 1996.

Koch, Robert
Einwirkungen des Gemeinschaftsrechts auf das nationale Verfahrensrecht im Falle richterlicher Vertragsverletzungen im Zivilprozess, Frankfurt (Verlag: Lang, Peter) 1994.
Kodek, Georg E.
Rechtswidrig erlangte Beweismittel im Zivilprozess, eine Untersuchung der österreichischen, deutschen und amerikanischen Rechtslage, Wien (Verlag: Manz) 1987.
Kohl, Berthold Johannes
Vorläufiger Rechtsschutz im internationalen Handelsschiedsverfahren, Frankfurt a. Main/Bern/New York/Paris 1990.
Köhler, Helmut
Der Streitgegenstand bei Gestaltungsklagen, Frankfurt (Verlag: Lang, Peter) 1995.
Köhler, Thomas
Der Streitgegenstand im Kündigungsschutzprozess, Bergisch Gladbach (Verlag: Eul, Josef) 1991.
Kollrus, Harald
Die Rechtsschutzmöglichkeiten der Ehegatten in Unterhaltssachen, Frankfurt (Verlag: Lang, Peter) 1995.
Kolotouros, Panagiotis
Der Rechtsmittelgegenstand im Zivilprozess: die Rechtsmittel zwischen Kassation und Verfahrensfortsetzung, Berlin (Verlag: Duncker & Humblot) 1992.
Kondring, Jörg
Die Heilung von Zustellungsfehlern im internationalen Zivilrechtsverkehr, Berlin (Verlag: Duncker & Humblot) 1995.
König, Bernhard
Einstweilige Verfügungen im Zivilverfahren, Handbuch für Studium und Praxis, Wien (Verlag: Manz) 1994.
Konzen, Horst
Rechtsverhältnisse zwischen Prozessparteien, Berlin (Verlag: Duncker & Humblot) 1976.
Koshiyama, Kazuhiro
Rechtskraftwirkungen und Urteilsanerkennung nach amerikanischem, deutschem und japanischem Recht, Tübigen (Verlag: Mohr J.C.B) 1996.
Kössinger, Brigitte
Rechtskraftprobleme im deutsch-französischen Rechtsverkehr, München (Verlag: Florentz, V.) 1993.
Köster, Anette
Die Beschleunigung der Zivilprozesse und die Entlastung der Zivilgerichte in der Gesetzgebung von 1879 bis 1993, Frankfurt (Verlag: Lang, Peter) 1995.
Koussoulis, Stelios
Beiträge zur modernen Rechtskraftlehre, Köln (Verlag: Heymanns, Carl) 1986.
Kraemer, Joachim
Stundung, Erlass, Vollstreckungsschutz, 2. Aufl., Bonn (Verlag: Stollfuss) 1991.
Kraemer, Joachim
Vollstreckungs- und Haftungsschutz im Steuerrecht, Ratgeber für Berater, Unternehmer und Geschäftsführer, Heidelberg (Verlag: Recht u. Wirtschaft) 1994.
Kraft, Bernd
Grenzüberschreitende Streitverkündung und Third Party Notice, Berlin (Verlag: Duncker & Humblot) 1996.
Krahe, Frank
Die Schutzschrift, Kostenerstattung und Gebührenanfall, Bergisch Gladbach (Verlag: Eul, J.) 1991.
Krapoth, Fabian
Die Rechtsfolgen der Beweisvereitelung im Zivilprozess, München (Verlag: Florentz) 1996.
Krause, Rainer
Urteilswirkungen gegenüber Dritten im US-amerikanischen Zivilprozessrecht, eine rechtsvergleichende Untersuchung zu den subjektiven Grenzen der Rechtskraft, Tübingen (Verlag: Mohr, J. C. B.) 1994.

Krause, Rüdiger
Rechtskrafterstreckung im kollektiven Arbeitsrecht, ein Beitrag zur Lehre parteiübergreifender Entscheidungswirkungen sowie zum kollektiven Rechtsschutz im Arbeitsrecht, Berlin (Verlag: Duncker & Humblot) 1996.

Krauss, Friedrich
Der Umfang der Prüfung von Zivilurteilen durch das Bundesverfassungsgericht, Köln (Verlag: Heymanns, Carl) 1987.

Krefft, Max
Vollstreckung und Abänderung ausländischer Entscheidungen der freiwilligen Gerichtsbarkeit, Berlin (Verlag: Duncker & Humblot) 1993.

Kroglowski, Walter
Dienstanweisung für Vollstreckungsbeamte in Schleswig-Holstein, 4. Aufl., Köln (Deutscher Gemeindeverlag) 1991.

Kropholler, Jan
Internationales Privatrecht, 2. Aufl., Tübingen 1994.

Kropholler, Jan
Europäisches Zivilprozessrecht, Kommentar zum EuGVÜ und Lugano-Übereinkommen, 5. Aufl., Heidelberg (Verlag: Recht u. Wirtschaft) 1996.

Krottenthaler, Hans; Fackler, Norbert; Gumpinger, Marianne; Sauer, Christiane;
Mediation, wenn zwei sich streiten, hilft der dritte, ohne Ort (Edition pro mente) 1996.

Kübler, Bruno M.
Das Gesamtvollstreckungsrecht in den neuen Bundesländern, 2. Aufl., Köln (Verlag: Kommunikationsforum) 1992.

Kuenzle, Johannes
Die Prozessförderungspflicht der Parteien im Zivilprozess, Diss., Göttingen, 1991.

Kühne, Jörg D.
Grundrechtlicher Wohnungsschutz und Vollstreckungsdurchsuchungen, ein Beitrag zum Verständnis des Art. 13 GG, Göttingen (Verlag: Schwartz, Otto) 1980.

Kullmann, Hans J.
Gerichtsorganisation und Verfahrensrecht, 7. Aufl., Stuttgart (Deutscher Sparkassenverlag) 1993.

Kunz, Bernhard
Erinnerung und Beschwerde, ein Beitrag zum Rechtsschutz in der zivilprozessualen Zwangsvollstreckung, Tübingen (Verlag: Mohr, J.C.B.) 1980.

Kunz, Jürgen
Die Vorgesellschaft im Prozess und in der Zwangsvollstreckung, Berlin (Verlag: Duncker & Humblot) 1994.

Kunze, Axel
Das amtsgerichtliche Bagatellverfahren nach § 495 a ZPO, Bielefeld (Verlag: Gieseking, E. u. W.) 1995.

Künzel, Thomas
Unstimmigkeiten im Recht der Prozesskostenhilfe, Bochum (Universitätsverlag Brockmeyer, N.) 1994.

Künzl, Reinhard; Koller, Johann
Prozesskostenhilfe, Voraussetzungen, Verfahren, Kosten unter besonderer Berücksichtigung des arbeitsgerichtlichen Verfahrens, Heidelberg (Verlag: Recht u. Wirtschaft) 1993.

Kur, Annette
Beweislast und Beweisführung im Wettbewerbsprozess, Rechtsvergleichende Untersuchung zum deutschen, amerikanischen und schwedischen Recht, Köln (Verlag: Heymanns, Carl) 1981.

Kurth, Jürgen
Inländischer Rechtsschutz gegen Verfahren vor ausländischen Gerichten, Berlin (Verlag: Duncker & Humblot) 1989.

Kussmann, Manfred
Vollstreckung nach der Abgabenordnung, Vollstreckung von Steueransprüchen. Voraussetzungen – Verfahren – Abwehrmöglichkeiten, 5. Aufl., Osnabrück (Verlag:buchhandlung) 1993.

Küster, Rainer
Die Beweiserhebung durch Sachverständige im amerikanischen Geschworenenprozess (Mikroform): Vor- und Nachteile im Vergleich zum deutschen Zivilprozess, Diss., Hannover, 1989.
Kuttner, Georg
Urteilswirkungen ausserhalb des Zivilprozesses, Aalen (Verlag: Scientia) 1971.
Labes, Hubertus W.
Schiedsgerichtsvereinbarungen in Rückversicherungsverträgen, Frankfurt (Verlag: Lang, Peter) 1996.
Lames, Peter
Rechtsfortbildung als Prozesszweck, zur Dogmatik des Zivilverfahrensrechts, Tübingen (Verlag: Mohr, J.C.B.) 1993.
Lange, Dieter G.; Black, Stephen F.
Der Zivilprozess in den Vereinigten Staaten, Schriftenreihe Recht der Internationalen Wirtschaft, Bd. 28, Heidelberg 1987.
Langels, Harald
Zivilprozessrecht, Erkenntnisverfahren, Zwangsvollstreckungsrecht, einstweiliger Rechtsschutz, 2. Aufl., o.O. (Verlag: Langels H.) 1996.
Lapp, Thomas
Vorbeugender Rechtsschutz gegen Normen, Frankfurt (Verlag: Lang, Peter) 1994.
Lappe, Friedrich
Gebührentips für Rechtsanwälte, kritische Fallbesprechungen und Hinweise zum Anwaltsvergütungs- und Kostenerstattungsrecht, ein Buch des Informationsdienstes "Der Jurist", 2. Aufl., Herne (Verlag: Neue Wirtschafts-Briefe) 1987.
Lappe, Friedrich
Kosten in Familiensachen, Gerichts-, Rechtsanwalts- und Notarkosten, Kostenentscheidung, Kostenerstattung, 5. Aufl., Köln (Verlag: Schmidt, Otto) 1994.
Lappe, Friedrich
Justizkostenrecht, Gerichts-, Rechtsanwalts- und Notarkosten, Kostenerstattung, Kostenverfahren, 2. Aufl., München (Verlag: C.H. Beck) 1995.
Leclercq, Cleo
Eléments pratiques de procédure civile et modeles d'actes, Bruxelles (Verlag: Bruylant) 1988.
Leipold, Dieter
Beweislastregeln und gesetzliche Vermutungen insbesondere bei Verweisungen zwischen verschiedenen Rechtsgebieten, Berlin (Verlag: Duncker & Humblot) 1966.
Leipold, Dieter
Beweismass und Beweislast im Zivilprozess, Vortrag gehalten vor der Juristischen Gesellschaft zu Berlin am 27. Juni 1984, Berlin (Verlag: de Gruyter) 1985.
Lenenbach, Markus
Die Behandlung von Unvereinbarkeiten zwischen rechtskräftigen Zivilurteile nach deutschem und europäischem Zivilprozessrecht, 2. Aufl., Berlin (Verlag: Duncker & Humblot) 1997.
Liebscher, Brigitta
Datenschutz bei der Datenübermittlung im Zivilverfahren, Berlin (Verlag: Duncker & Humblot) 1994.
Limberger, Judith
Probleme des vorläufigen Rechtsschutzes bei Grossprojekten, Berlin (Verlag: Duncker & Humblot) 1985.
Linke, Hartmut
Die Versäumnisentscheidungen im deutschen, österreichischen, belgischen und englischen Recht, ihre Anerkennung und Vollstreckbarerklärung, Bielefeld (Verlag: Gieseking, E u. W.) 1972.
Linke, Hartmut
Internationales Zivilprozeßrecht, Schriften für die Prozesspraxis, Bd. 8, Köln/Berlin/Bonn/München 1990.
Linke, Hartmut
Internationales Zivilprozessrecht, Leitfaden für Verfahren mit Auslandsbezug, 2. Aufl., Köln (Verlag: Schmidt, Otto) 1995.

Lionnet, Klaus
Handbuch der internationalen und nationalen Schiedsgerichtsbarkeit, Stuttgart (Verlag: Boorberg, R.) 1996.
Lippross, Otto G.
Grundlagen und System des Vollstreckungsschutzes, Bielefeld (Verlag: Gieseking, E. u. W.) 1983.
Lippross, Otto G.
Vollstreckungsrecht, systematische Darstellung an Hand von Fällen, 7. Aufl., Neuwied/Kriftel/Berlin (Verlag: Luchterhand) 1994.
List, Walter
Zivilverfahren: Die praktisch wichtigsten Rechtsvorschriften des streitigen und ausserstreitigen zivilgerichtlichen Verfahrens, 3. Aufl., Wien (Verlag Manz) 1997.
Littbarski, Sigurd
Einstweiliger Rechtsschutz im Gesellschaftsrecht, München (Verlag: C.H. Beck) 1996.
Löber, Burckhardt
Abkommen Deutschland /Spanien über Urteilsvollstreckung, Niederlassung, Doppelbesteuerung und technologische Zusammenarbeit, zweisprachige Textausgabe mit Erläuterungen, 4. Aufl., Frankfurt (Verlag: Knapp, Fritz) 1988.
Locher, Horst; Mes, Peter
Beck'sches Prozessformularbuch, 7. Aufl., München (Verlag: C.H. Beck) 1995.
Loewe, Roland; Reishofer, Wolfgang; Duchek, Alfred
Zwischenstaatlicher Rechtsverkehr in Zivilrechtssachen, Rechtshilfeerlass 1983, Staatsverträge über Rechtshilfe und Vollstreckung und andere Materien des zwischenstaatlichen Rechtsverkehrs (Zuständigkeit, V erfahrenshilfe, Beglaubigung, Prozesskostensicherheitsleistung, Immunitäten und Privilegien), Wien (Verlag: Manz) 1984.
Loritz, Karl G.
Die Konkurrenz materiellrechtlicher und prozessualer Kostenerstattung, Köln (Verlag: Heymanns, Carl) 1981.
Lousanoff, Oleg de
Zur Zulässigkeit des Teilurteils gemäss § 301 ZPO, Berlin (Verlag: Duncker & Humblot) 1979.
Lübchen, G.-A.; Wagner, Heiko
Zivilprozessrecht, Freiburg (Verlag: Haufe) 1991.
Lücke, Jörg
Begründungszwang und Verfassung, zur Begründungspflicht der Gerichte, Behörden und Parlamente, Tübingen (Verlag: Mohr, J.C.B.) 1987.
Lüke, Gerhard
Bürgerliches Recht und Zivilprozessrecht, München (Verlag: C.H. Beck) 1995.
Lüke, Gerhard von; Prütting, Hanns
Lexikon des Rechts – Zivilverfahrensrecht, 2. Aufl., Neuwied/Kriftel/Berlin (Verlag: Luchterhand) 1995.
Lüke, Gerhard; Walchshöfer, Alfred
Münchener Kommentar zur Zivilprozessordnung, München (Verlag: C.H. Beck) 1993.
Lüke, Wolfgang
Die Beteiligung Dritter im Zivilprozess, eine rechtsvergleichende Untersuchung zu Grundfragen der subjektiven Verfahrenskonzentration, Tübingen (Verlag: Mohr, J.C.B.) 1993.
Lundberg, Udo
Beweiserhebung im Zwischenverfahren, Aachen (Verlag: Shaker, Chaled) 1995.
Mackh, Ernst
Präklusion verspäteten Vorbringens im Zivilprozess: die Bedeutung des Verhaltens des Gerichts und sonstiger Prozessbeteiligter, Diss., Pfaffenwiler (Cantaurus Verlag:sgesellschaft) 1991.
Mandelkow, Dieter
Chancen und Probleme des Schiedsgerichtsverfahrens in Bausachen, Düsseldorf (Verlag: Werner) 1995.
Marotzke, Wolfgang
Von der schutzgesetzlichen Unterlassungsklage zur Verbandsklage, Tübingen (Verlag: Mohr, J.C.B.) 1992.

Marwege, Renata
Der Andengerichtshof, das Rechtsschutzsystem des Andenpaktes mit vergleichenden Bezügen zum Recht der Europäischen Gemeinschaft, Berlin (Verlag: Duncker & Humblot) 1994.
Marx, Ludger
Der verfahrensrechtliche ordre public bei der Anerkennung und Vollstreckung ausländischer Schiedssprüche in Deutschland, Frankfurt (Verlag: Lang, Peter) 1994.
May, Axel
Die Schutzschrift im Arrest- und Einstweiligen Verfügungsverfahren, Köln (Verlag: Schmidt, Otto) 1983.
Mayer, Dieter; Wissmann, Manfred
Handbuch des Gesellschafts- und Wirtschaftsrechts in Einzeldarstellungen, Düsseldorf (Verlag: IDW) 1994.
Mayer, H.
Die Zuständigkeit der Verwaltungsbehörden im Vollstreckungsverfahren, Wien (Verlag: Springer) 1974.
Meffert, Klaus
Die Streitgenossenschaft im klassischen römischen Recht, Berlin (Verlag: Duncker & Humblot) 1974.
Melissinos, Gerassimos
Die Bindung des Gerichts an die Parteianträge nach § 308 I ZPO, Berlin (Verlag: Duncker & Humblot) 1982.
Mentis, Georgios
Schranken prozessualer Klauseln in Allgemeinen Geschäftsbedingungen, Baden-Baden (Verlag: Nomos) 1994.
Merschformann, Ralf
Der Umfang der Verjährungsunterbrechung durch Klageerhebung, Berlin (Verlag: Duncker & Humblot) 1992.
Meyer-Sparenberg, Wolfgang
Rechtswahlvereinbarungen in Allgemeinen Geschäftsbedingungen, RIW 1989, S. 347–351.
Michel, Helmut
Der Schriftsatz des Anwalts im Zivilprozess, 3. Aufl., München (Verlag: C.H. Beck) 1991.
Miras, Antonio
Die Entwicklung des spanischen Zivilprozessrechts, von den Anfängen bis zur Gegenwart, Tübingen (Verlag: Mohr, J. C. B.) 1994.
Mohr, Franz
Fahrnisexekution, Exekutionsordnungs-Novelle 1995, Wien (Verlag: Manz) 1996.
Möllring, Eva
Anerkennung und Vollstreckung ausländischer Urteile in Südamerika, Göttingen (WiRe Verlagsgesellschaft) 1985.
Morhard, Peter
Die Informationspflicht der Parteien bei der Erklärung mit Nichtwissen, Köln (Verlag: Heymanns, Carl) 1993.
Mösbauer, Hans H.
Der Streitgegenstand im Steuerprozess, Berlin (Verlag: Duncker & Humblot) 1975.
Motsch, Richard
Vom rechtsgenügenden Beweis, Berlin (Verlag: Duncker & Humblot) 1983.
Mülbert, Peter O.
Missbrauch von Bankgarantien und einstweiliger Rechtsschutz, die dogmatischen Grundlagen der Bankgarantie "auf erstes Anfordern" und ihre Behandlung im Verfahren des einstweiligen Rechtsschutzes, Tübingen (Verlag: Mohr, J.C.B.) 1985.
Müller, Holger; Hök, Götz S.
Einzug von Auslandsforderungen, ein Handbuch mit Formularen zur Praxis der internationalen Forderungsdurchsetzung, 3. Aufl., Göttingen (Verlag: WiRe) 1989.
Müller, Holger; Hök, Götz S.
Deutsche Vollstreckungstitel im Ausland, Anerkennung, Vollstreckbarerklärung, Vollstreckung und Verfahrensführung in den einzelnen Ländern, Neuwied/Kriftel/Berlin (Verlag: Luchterhand) ohne Jahr.

Müller, Jens
Parteien als Zeugen, zur Vernehmung von Parteien und am Prozessausgang interessierten Dritten nach den zivilprozessualen Regeln des Zeugenbeweises oder der Parteivernehmung insbesondere im Hinblick auf ein sogenanntes Zeugenschaffen und Zeugenaus schalten, Frankfurt (Verlag: Lang, Peter) 1992.
Mummenhoff, Winfried
Erfahrungssätze im Beweis der Kausalität, Köln (Verlag: Heymanns, Carl) 1997.
Münch, Joachim
Vollstreckbare Urkunde und prozessualer Anspruch, Köln (Verlag: Heymanns, Carl) 1989.
Münks, Andrea
Vom Parteieid zur Parteivernehmung in der Geschichte des Zivilprozesses, Köln (Verlag: Heymanns, Carl) 1992.
Münster, Thomas; Montasser, Thomas
Scheidung – Trennung – Mediation, auf dem aktuellen Stand von Gesetzgebung und Rechtsprechung, Landsberg (Verlag: moderne industrie) 1995.
Münzberg, Wolfgang; Wagner, Eberhard
Höchstrichterliche Rechtsprechung zum Zivilprozessrecht, Erkenntnisverfahren und Zwangsvollstreckung, 60 Entscheidungen für Studium und Referendariat mit Fragen und Antworten, München (Verlag: C.H. Beck) 1994.
Musielak, Hans J.
Die Grundlagen der Beweislast im Zivilprozess, Berlin (Verlag: de Gruyter) 1975.
Musielak, Hans J.
Mein Recht vor Gericht, Rechte und Pflichten im Zivilprozess, Berlin/Heidelberg/Wien (Verlag: Springer) 1995.
Musielak, Hans J.
Grundkurs ZPO, eine Darstellung zur Vermittlung von Grundlagenwissen im Zivilprozessrecht, (Erkenntnisverfahren und Zwangsvollstreckung) mit Fällen und Fragen zur Lern- und Verständniskontrolle sowie Übungsklausuren, 3. Aufl., München (Verlag: C.H. Beck) 1995.
Musielak, Hans J.; Stadler, Max
Grundfragen des Beweisrechts, Beweisaufnahme – Beweiswürdigung – Beweislast, München (Verlag: C.H. Beck) 1984.
Nagel, Heinrich
Internationales Zivilprozessrecht, 3. Aufl., Münster (Aschendorff Verlag) 1991.
Neumüller, Bernd
Vollstreckungserinnerung, Vollstreckungsbeschwerde und Rechtspflegererinnerung, Berlin (Verlag: Duncker & Humblot) 1981.
Nikolaou, Nikolaos
Der Schutz des Eigentums an beweglichen Sachen Dritter bei Vollstreckungsversteigerungen, Baden-Baden (Verlag: Nomos) 1993.
Nolte, Thomas
Die Vollstreckungshilfe. Aspekte der ort- und länderübergreifenden Verwaltungsvollstreckung, Bochum (Universitätsverlag Brockmeyer) 1996.
Norbisrath, Karl
Rechtsverteidigung in Spanien, praktischer Ratgeber, Korrespondenz, Vertragsrecht, Prozessverhinderung, Prozess, Zivilprozessrecht, Strafprozessrecht, Vollstreckung, Andechs (Verlag: Dingfelder O & R) 1995.
Nordmann, Eberhard
Die Beschaffung von Beweismitteln aus dem Ausland durch staatliche Stellen, Berlin (Verlag: Duncker & Humblot) 1979.
Normand, Jacques; Wiederkehr, Georges; Desdevises, Avon
Nouveau code de procédure civile: code de procedure civile code de l'organisation judiciaire, 87. Aufl., Paris (Verlag: Dalloz) 1995.
Nörr, Knut W.
Iudicium est actus trium personarum, Beiträge zur Geschichte des Zivilprozessrechts in Europa, Goldbach (Verlag: Keip) 1993.

Nückell, Wolf H.
Grundschuldbestellungsmusterurkunde (mit Vollstreckungsunterwerfung, notariell beurkundungsbedürftig), Frankfurt (Verlag: Databased Publishing) ohne Jahr.

Oberhammer, Paul
Richterliche Rechtsgestaltung und rechtliches Gehör: Gedanken zur inter omnes-Wirkung von Gestaltungsurteilen und zur Rechtsstellung Drittbetroffener im Zivilprozess, Wien (Österreichische Staatsdruckerei) 1994.

Oberheim, Rainer
Zivilprozessrecht für Referendare, 3. Aufl., Düsseldorf (Verlag: Werner) 1997.

Oelkers, Thomas W.; Müller, Bernd
Anwaltliche Strategien im Zivilprozess, eine Anleitung zur sachgerechten Prozessführung und Anfertigung von Schrift sätzen, 2. Aufl., Neuwied/Kriftel/Berlin (Verlag: Luchterhand) 1996.

Oerke, Alexander
Gerichtsvollzieher und Parteiherrschaft, zivilprozessuale Verfahrensgrundsätze aus vollstreckungsrechtlicher Sicht, Frankfurt (Verlag: Lang, Peter) 1992.

Olivet, Carl Th.
Die Kostenverteilung im Zivilurteil, 3. Aufl., Heidelberg (Verlag: Müller, C.F.) 1996.

Ost, Hartmut
EVÜ und fact doctrine, Konflikte zwischen europäischer IPR-Vereinheitlichung und der Stellung ausländischen Rechts im angelsächsischen Zivilprozess, Frankfurt (Verlag: Lang, Peter) 1996.

Otto, Mathias
Der prozessuale Durchgriff, die Nutzung forumansässiger Tochtergesellschaften in Verfahren gegen ihre auswärtigen Muttergesellschaften im Recht der USA, der Europäischen Gemeinschaften und der Bundesrepublik Deutschland, zugleich ein Beitrag im Justizkonflikt mit den USA, München (Verlag: C.H. Beck) 1993.

Pantle, Norbert
Die Beweisunmittelbarkeit im Zivilprozess, Frankfurt (Verlag: Lang, Peter) 1991.

Pantle, Norbert
Die Praxis des Zivilprozesses, 2. Aufl., Stuttgart (Verlag: Kohlhammer) 1992.

Pastorel, Jean-Paul
L'expertise dans le contentieux administratif: contribution a l'étude comparative de l'expertise en contentieux administratif et en procédure civile, Paris (Verlag: L.G.D.J) 1994.

Paulus, Christoph G.
Zivilprozessrecht, Erkenntnisverfahren und Zwangsvollstreckung, Berlin/Heidelberg/Wien (Verlag: Springer) 1996.

Pecher, Hans P.
Die Schadensersatzansprüche aus ungerechtfertigter Vollstreckung, Berlin (Verlag: Duncker & Humblot) 1967.

Peters, Egbert
Richterliche Hinweispflichten und Beweisinitiativen im Zivilprozess, Tübingen (Verlag: Mohr, J.C.B.) 1983.

Peters, Gert
Rechtsnatur und Beschleunigungsfunktion des Urkundenprozesses – unter besonderer Berücksichtigung der Beweismittelbeschränkungen der §§ 592 S.1, 595 II ZPO, Regensburg (Verlag: Roderer u. Welz) 1996.

Petzoldt, Thomas M.
Die Rechtskraft der Rentenurteile des § 258 ZPO und ihre Abänderung nach § 323 ZPO, Köln (Verlag: Heymanns, Carl) 1992.

Pfeiffer, Thomas
Internationale Zuständigkeit und prozessuale Gerechtigkeit, (die internationale Zuständigkeit im Zivilprozess zwischen effektivem Rechtsschutz und nationaler Zuständigkeitspolitik, Frankfurt (Verlag: Klostermann) 1995.

Pfeil-Kammerer, Christa
Deutsch-amerikanischer Rechtshilfeverkehr in Zivilsachen, die Anwendung der Haager Übereinkommen über Zustellungen und Beweisaufnahmen im Ausland, Tübingen (Verlag: Mohr, J.C.B.) 1987.

Pfennig, Günter
Die internationale Zustellung in Zivil- und Handelssachen, Göttingen 1987.
Planck, Julius W. von
Die Lehre von dem Beweisurteil, mit Vorschlägen für die Gesetzgebung, Aalen (Verlag: Scientia) 1973.
Planck, Julius W. von
Die Mehrheit der Rechtsstreitigkeiten im Prozessrecht, Entwicklung der prozessualischen Erscheinungen, die durch den Einfluss mehrerer Rechtsstreitigkeiten aufeinander hervorgerufen werden, Aalen (Verlag: Scientia) 1973.
Ploch-Kumpf, Ute
Der Schutz von Unternehmensgeheimnissen im Zivilprozess unter besonderer Berücksichtigung ihrer Bedeutung in der Gesamtrechtsordnung, Frankfurt (Verlag: Lang, Peter) 1996.
Pollinger, Andreas
Intertemporales Zivilprozessrecht, München, 1988.
Prange, Kerstin
Materiell-rechtliche Sanktionen bei Verletzung der prozessualen Wahrheitspflicht durch Zeugen und Parteien, Berlin (Verlag: Duncker & Humblot) 1995.
Prütting, Hanns
Gegenwartsprobleme der Beweislast, eine Untersuchung moderner Beweislasttheorien und ihrer Anwendung insbesondere im Arbeitsrecht, München (Verlag: C.H. Beck) 1983.
Prütting, Hanns; Weth, Stephan
Rechtskraftdurchbrechung bei unrichtigen Titeln, die Rechtsprechung zur Aufhebung sittenwidriger Entscheidungen und ihre Folgen für die Praxis, 2. Aufl., Köln (Verlag: Schmidt, Otto) 1994.
Pukall, Friedrich
Der Zivilprozess in der gerichtlichen Praxis, ein Leitfaden für das erstinstanzliche gewöhnliche Erkenntnisverfahren nach der Vereinfachungsnovelle mit praktischen Hinweisen und einem Aktenbeispiel, 5. Aufl., Neuwied/Kriftel/Berlin (Verlag: Luchterhand) 1992.
Raddatz, Günter
Vollstreckungsrecht 1, 7. Aufl., Münster (Verlag: Alpmann und Schmidt) 1997.
Rahmann, Detlef
Ausschluss staatlicher Gerichtszuständigkeit, eine rechtsvergleichende Untersuchung des Rechts der Gerichtsstands- und Schiedsvereinbarungen in der Bundesrepublik Deutschland und den USA, Köln (Verlag: Heymanns, Carl) 1984.
Ratajczak, Thomas
Gutachterkommissionen und Schlichtungsstellen, Anspruch, Praxis, Perspektiven, Berlin/Heidelberg/Wien (Verlag: Springer) 1990.
Rechberger, Walter H.
Die fehlerhafte Exekution Tatbestandsmängel, Mängel der Wirksamkeit und Nichtigkeitsgründe im Exekutionsverfahren und deren prozessualer Ursprung, Wien (Verlag: Manz) 1978.
Rechberger, Walter H.; Simotta, Daphne A.
Grundriss des österreichischen Zivilprozessrechts, 4. Aufl., Wien (Verlag: Manz) 1994.
Rechberger, Walter H; Oberhammer, Paul
Konfliktvermeidung und Konfliktregelung, das österreichische Notariat, die "Arbeitsgemeinschaft Zivilprozess", Wien (Verlag:) 1993.
Rechtslehre des Versicherungswesens
Prozessrecht, Zwangsvollstreckung, Konkurs und Vergleich, 4. Aufl., Wiesbaden (Verlag: Gabler) 1995.
Rechtsschutz im summarischen Verfahren als Alternative zum ordentlichen Zivilprozess im schweizerischen Recht
Beiträge zur Strukturanalyse der Rechtspflege, Köln (Verlag: Bundesanzeiger) 1996.
Reimers-Zocher, Birgit
Beweislastfragen im Haager und Wiener Kaufrecht, Frankfurt (Verlag: Lang, Peter) 1995.
Reinecke, Gerhard
Die Beweislastverteilung im Bürgerlichen Recht und im Arbeitsrecht als rechtspolitische Regelungsaufgabe, Berlin (Verlag: Duncker & Humblot) 1976.

Reiner, Andreas
Handbuch der ICC-Schiedsgerichtsbarkeit, Wien 1989.
Reinicke, Michael
Der Zugang des Minderjährigen zum Zivilprozess : ein Problem der "Grundrechtsmündigkeit", Berlin, (Verlag: Duncker und Humblot) 1989.
Reisinger, Christine
Die Anerkennung von Konkursverfahren im deutsch–ungarischen Rechtsverkehr, Münster/Hamburg (Verlag: Lit) 1996.
Richardi, Jörg
Die Anerkennung und Vollstreckung ausländischer Akte der freiwilligen Gerichtsbarkeit unter besonderer Berücksichtigung des autonomen Rechts, Konstanz (Verlag: Hartung-Gorre) 1991.
Riel, Stephan
Die Befugnisse des Masseverwalters im Zivilverfahrensrecht, Wien (Verlag: Orac) 1995.
Rimmelspacher, Bruno
Materiellrechtlicher Anspruch und Streitgegenstandsprobleme im Zivilprozess, Göttingen (Verlag: Schwartz, Otto) 1970.
Rinck, Ursula
Parteivereinbarungen in der Zwangsvollstreckung aus dogmatischer Sicht, Frankfurt (Verlag: Lang, Peter) 1996.
Ritter, Susanne
Zur Unterlassungsklage: Urteilstenor und Klagenantrag, Frankfurt (Verlag: Lang, Peter) 1994.
Röhm, Dagmar; Weber, Dieter
Zivilprozess- und Zwangsvollstreckungsrecht, Wiesbaden (Verlag: Gabler, Th.) 1995.
Rommé, Oliver
Der Anscheinsbeweis im Gefüge von Beweiswürdigung, Beweismass und Beweislast, Köln (Verlag: Heymanns, Carl) 1989.
Rönn, Kirsten von
Die Anwendung des Europäischen Gerichtsstands- und Vollstreckungsübereinkommens im Vereinigen Königreich, Frankfurt (Verlag: Lang, Peter) 1996.
Rosa, Jürgen
Zivilprozessrecht, 3. Aufl., Wiesbaden (Verlag: Gabler, Th.) 1991.
Rosenberg, Leo
Die Beweislast, auf der Grundlage des Bürgerlichen Gesetzbuches und der Zivilprozessordnung, 5. Aufl., München (Verlag: C.H. Beck) 1965.
Rosenberg, Leo; Schwab, Karl H.; Gottwald, Peter
Zivilprozessrecht, 15. Aufl., München (Verlag: C.H. Beck) 1993.
Rosenberg, Oliver von
Probleme drittbelastender Verfahrensfehler, Frankfurt (Verlag: Lang, Peter) 1994.
Rosengarten, Joachim
Punitive damages und ihre Anerkennung und Vollstreckung in der Bundesrepublik Deutschland, English summary: Recognition and Enforcement of Punitive Damages in Germany, Hamburg (Verlag: Mauke) 1994.
Roth, Peter
Die Wahrheitspflicht der Parteien im Zivilprozess, Aachen (Verlag: Shaker, Chaled) 1997.
Rüffer, Wilfried
Die formelle Rechtskraft des Scheidungsausspruchs bei Ehescheidung im Verbundverfahren, Bielefeld (Verlag: Gieseking, E. u. W.) 1982.
Rüffler, Friedrich
Der Sachverständige im Zivilprozess: die "Bindung" des Richters an Sachverständigengutachten, Möglichkeiten und Grenzen der Kontrolle der Sachverständigentätigkeit, Wien (Österreichische Staatsdruckerei) 1995.
Rühl, Helmut; Fragistas, Charalambos N.
Rechtspolitische und rechtsvergleichende Beiträge zum zivilprozessualen Beweisrecht, Aalen (Verlag: Scientia) 1977.
Safferling, Kathrin
Rechtshängigkeit in deutsch-französischen Scheidungsverfahren, Erlangen (Verlag: Specht, Th.) 1996.

Samson, Edeltraud; Schneider, Roman
Der Mahnbescheid und seine Vollstreckung, 3. Aufl., Stuttgart (Verlag: Boorberg, R.) 1993.
Sauer, Rudolf
Vollstreckung im Steuerrecht, 2. Aufl., München (Verlag: Oldenbourg, R.) 1988.
Schaaff, Petra
Discovery und andere Mittel der Sachverhaltsaufklärung im englischen Pre-Trial-Verfahren im Vergleich zum deutschen Zivilprozess, Berlin (Verlag: Duncker & Humblot) 1983.
Schack, Haimo
Einführung in das US-amerikanische Zivilprozessrecht, 2. Aufl., München (Verlag: C.H. Beck) 1995.
Schack, Haimo
Internationales Zivilverfahrensrecht, ein Studienbuch, 2. Aufl. (Verlag: C.H. Beck) 1996.
Schäfer, Hans-Georg
Drittinteressen im Zivilprozess, Diss., München 1993.
Schäfer, Horst
Der einstweilige Rechtsschutz im Arbeitsrecht, eine Darstellung der wichtigsten Anwendungsgebiete im arbeitsgerichtlichen Urteils- und Beschlussverfahren sowie im Arbeitskampf, Berlin/Bielefeld/München (Verlag: Schmidt, Erich) 1996.
Schäfer, Peter Wilhelm
Nebenintervention und Streitverkündung: von den römischen Quellen bis zum modernen Zivilprozessrecht, Diss., Köln (Verlag: Heymann) 1990.
Schäfer, Ulrike A.
Abänderbarkeit und Rechtskraft im Verfahren der freiwilligen Gerichtsbarkeit, insbesondere zum Anwendungsbereich des § 18 FGG und zur Rechtskraft antragsabweisender Entscheidungen, Bielefeld (Verlag: Gieseking, E. u. W.) 1992.
Scharpenack, Oliver
Der Widerrufsvergleich im Zivilprozess, eine rechtstatsächliche und dogmatische Betrachtung seiner Problemfelder, Diss., Köln (Verlag: Heymanns, Carl) 1996.
Scheich, Thomas
Exorbitante Gerichtsstände im Lichte des EuGVÜ, München (Verlag: Deutsch, G.) 1994.
Schellhammer, Kurt
Zivilprozess: Gesetz, Praxis, Fälle: ein Lehrbuch, 7. Aufl., Heidelberg (Verlag: C.F. Müller) 1996.
Scherer, Inge
Das Beweismass bei der Glaubhaftmachung, Köln (Verlag: Heymanns, Carl) 1996.
Schilken, Eberhard
Zivilprozessrecht, 2. Aufl., Köln (Verlag: Heymann) 1995.
Schimik, Klaus
Die Exekution zur Sicherstellung, Wien (Verlag: d. Österr. Staatsdruckerei) 1994.
Schlemmer, Otto; Fuhrmann, Walter; Lammert, Siegfried
Dienstanweisung für Vollstreckungsbeamte in Rheinland-Pfalz, 2. Aufl., Siegburg (Verlag: Reckinger, W.) 1982.
Schlosser, Peter
Einverständliches Parteihandeln im Zivilprozess, Tübingen (Verlag: Mohr, J.C.B.) 1968.
Schlosser, Peter
Einstweiliger Rechtsschutz durch staatliche Gerichte im Dienst der Schiedsgerichtsbarkeit, ZZP (Köln) 1986 (99), S. 241 ff.
Schlosser, Peter
Europäisches Gerichtsstands- und Vollstreckungsübereinkommen (EuGVÜ), mit Luganer Übereinkommen und den Haager Übereinkommen über Zustellung und Beweisaufnahme, München (Verlag: C.H. Beck) 1996.
Schlosser Peter (Hrsg.)
Die Informationsbeschaffung für den Zivilprozess – Die verfahrensmässige Behandlung von Nachlässen, ausländisches Recht und Internationales Zivilprozessrecht, Bielefeld (Verlag: Gieseking E. und W.) 1996.

Schlüchter, Ellen
Wahrunterstellung und Aufklärungspflicht bei Glaubwürdigkeitsfeststellungen, Heidelberg (Verlag: Müller, C.F.) 1992.

Schmidt, Burkhard
Richterwegfall und Richterwechsel im Zivilprozess, Diss., Hannover 1993.

Schmidt, Karsten
Mehrseitige Gestaltungsprozesse bei Personengesellschaften, Studien und Thesen zur Prozessführung nach §§ 117, 127, 133, 140, 142 HGB und zur notwendigen Streitgenossenschaft nach § 62 ZPO, Heidelberg (Verlag: Hüthig) 1992.

Schmidt, Michael J.
Die internationale Durchsetzung von Rechtsanwaltshonoraren, der Vergütungsanspruch des Rechtsanwaltes gegenüber seinem Mandanten sowie Rechtsanwaltshonorare als Kostenerstattungsansprüche gegenüber dem Prozessgegner im EuGVÜ, Lugano-Übereinkommen und anderen Verträgen, Heidelberg (Verlag: Recht u. Wirtschaft) 1991.

Schmidt-Parzefall, Tillmann
Die Auslegung des Parallelübereinkommens von Lugano, Tübingen (Verlag: Mohr, J.C.B.) 1995.

Schmutz, Andreas
Massnahmen des vorsorglichen Rechtsschutzes im Lugano-Übereinkommen aus Schweizerischer Sicht, Aachen (Verlag: Shaker, Chaled) 1995.

Schneider, Egon
Richterliche Arbeitstechnik, praktische Hinweise für den Zivilrichter, 3. Aufl., München (Verlag: Vahlen, Franz) 1991.

Schneider, Egon
Befangenheitsablehnung im Zivilprozess, die Abwehr verfahrenswidriger richterlicher Massnahmen und Entscheidungen, Herne (Verlag: für Rechts- u. Anwaltspraxis) 1993.

Schneider, Egon
Befangenheitsablehnung im Zivilprozess, die Abwehr verfahrenswidriger richterlicher Massnahmen und Entscheidungen, Herne (Verlag: f. d. Rechts- u. Anwaltspraxis) 1993.

Schneider, Egon
Beweis und Beweiswürdigung, unter besonderer Berücksichtigung des Zivilprozesses, 5. Aufl., München (Verlag: Franz Vahlen) 1994.

Schneider, Egon; Herget, Kurt
Streitwert-Kommentar für den Zivilprozess, 11. Aufl., Köln (Verlag: Schmidt, Otto) 1996.

Schneider, Egon; Herget, Kurt
Die Kostenentscheidung im Zivilurteil, 3. Aufl., München (Verlag: Vahlen, F.) ohne Jahr.

Schober, Axel
Drittbeteiligung im Zivilprozess: Votum für die Einführung der Garantieklage in das zivilprozessuale Erkenntnisverfahren aufgrund einer Untersuchung des deutschen, französischen und europäischen Rechts einschliesslich seiner historischen Wurzeln und zukünftigen Entwicklungsmöglichkeiten, Diss., Bayreuth (Verlag: PCO) 1990.

Scholtz, Tibor
Naturalexekution in skandinavischen Rechten, Berlin (Verlag: Duncker & Humblot) 1995.

Schöpflin, Martin
Die Beweiserhebung von Amts wegen im Zivilprozess, Frankfurt (Verlag: Lang, Peter) 1992.

Schoreit, Armin; Dehn, Jürgen
Beratungshilfe /Prozesskostenhilfe, Kommentar, 5. Aufl., Heidelberg (Verlag: Müller, C.F.) 1996.

Schrader, Siegfried; Steinert, Karl-Friedrich
Zivilprozess (Handbuch der Rechtspraxis), 7. Aufl., München (Verlag: C.H. Beck) 1990.

Schreiber, Klaus
Übungen im Zivilprozessrecht, 2. Aufl., Berlin (Verlag: de Gruyter) 1996.

Schubert, Werner
Zivilprozessrecht, Strafprozessrecht, Verwaltungsprozessrecht, 2. Aufl., Giessen (Verlag: Nemitz, Reinhard) 1995.

Schubert, Werner
Die Zivilprozessordnung für das Königreich Württemberg von 1868, Goldbach (Verlag: Keip GmbH) 1996.
Schubert, Werner
Prozessordnung in bürgerlichen Rechtsstreitigkeiten für das Grossherzogthum Baden von 1851 und 1864, Goldbach (Verlag: Keip GmbH) 1996.
Schubert, Werner
Entwürfe zu einer bürgerlichen Prozessordnung für das Königreich Sachsen von 1864 und 1865, Goldbach (Verlag: Keip GmbH) 1996.
Schulin, Bertram
Kostenerstattung der Ersatzkassen, Rechtsgutachten erstellt im Auftrag des Verbandes der Angestellten-Ersatzkassen, St. Augustin (Verlag: Asgard) 1989.
Schulte, Axel
Die Kostenentscheidung bei der Aufrechnung durch den Beklagten im Zivilprozess, Diss., Frankfurt am Main/Bern (Verlag: Lang) 1990.
Schulte, Günter
Gesetzesauszüge für Schiedsämter und Schiedsstellen, Strafgesetzbuch (StGB), Jugendgerichtsgesetz (JGG), Strafprozessordnung (St PO), Bürgerliches Gesetzbuch, (BGB), Zivilprozessordnung (ZPO), Gesetz über Rechtsberatung und Vertretung für Bürger mit geringem Einkommen (Beratungshilfegesetz), Gesetz über die Entschädigung von Zeugen und Sachverständigen (ZSEG), Bundesgebührenordnung für Rechtsanwälte (BRAGO), Nachbarrechtsgesetz NW (NachbGNW), 4. Aufl., Köln (Verlag: Heymanns, Carl) 1995.
Schulte, Josef
Die Entwicklung der Eventualmaxime, ein Beitrag zur Geschichte des Deutschen Zivilprozesses, Köln (Verlag: Heymanns, Carl) 1980.
Schulte-Beckhausen, Sabine
Internationale Zuständigkeit durch rügelose Einlassung im Europäischen Zivilprozessrecht, Bielefeld (Verlag: Gieseking, E. u. W.) 1994.
Schultes, Hans-Jörg
Beteiligung Dritter am Zivilprozesss, Diss., Köln (Verlag: Heymann, Carl) 1994.
Schultheis, Ullrich R.
Rechtsbehelfe bei vollstreckbaren Urkunden: zugleich ein Beitrag zum Rechtsschutzsystem des 8. Buchs der ZPO, Berlin (Duncker & Humblot) 1996.
Schulz, Thomas
Das Rechtsmittel des Appeal zu den US Federal Courts of Appeals, vergleichende Überlegungen zur Reform des deutschen Berufungsverfahrens in Zivilsachen, München (Verlag: Florentz, V.) 1993.
Schumann, Claus D.
Die Berufung in Zivilsachen, die Leitfaden für Ausbildung und Praxis, 4. Aufl., München (Verlag: Vahlen, F.) 1990.
Schumann, Ekkehard
Die ZPO-Klausur, eine Anleitung zur Lösung von Fällen aus dem Erkenntnisverfahren und der Zwangsvollstreckung. Hinweise zur Bearbeitung der Hauptprobleme des Zivilprozessrechts, 2. Aufl., München (Verlag: C.H. Beck) ohne Jahr.
Schünemann, Wolfgang
Grundprobleme der Gesamthandsgesellschaft unter besonderer Berücksichtigung des Vollstreckungsrechts, Bielefeld (Verlag: Gieseking, E. u. W.) 1975.
Schuschke, Winfried
Vollstreckungsrecht, 2. Aufl., Köln (Verlag: Heymanns, Carl) 1987.
Schuschke, Winfried
Zwangsvollstreckung §§ 704–915 ZPO, Kommentar zum achten Buch der Zivilprozessordnung, 2. Aufl., Köln (Verlag: Heymanns, Carl) 1997.
Schuschke, Winfried
Vollstreckung und vorläufiger Rechtsschutz, Köln (Verlag: Heymanns, Carl) ohne Jahr.

Schuschke, Winfried; Schmukle, Detlev
Arrest und Einstweilige Verfügung §§ 916–945 ZPO (aus: Vollstreckung und vorläufiger Rechtsschutz, Bd. 2), Kommentar zum achten Buch der Zivilprozessordnung, Köln (Verlag: Heymanns, Carl) 1995.
Schuster, Paul
Prozesskostenhilfe, Bonn (Verlag: Bundesanzeiger) 1980.
Schütz, Olaf
Sachlegitimation und richtige Prozesspartei bei innergesellschaftlichen Streitigkeiten in der Personengesellschaft, Berlin (Verlag: Duncker & Humblot) 1994.
Schütze, Rolf A.
Deutsch-amerikanische Urteilsanerkennung, Berlin (Verlag: de Gruyter) 1992.
Schwab, Karl H.
Gottwald, Peter, Verfassung und Zivilprozess, Bielefeld (Verlag: Gieseking, E. u. W.) 1984.
Schwab, Karl H.; Gottwald, Peter; Perrot, Roger
Effektiver Rechtsschutz und verfassungsmässige Ordnung /Effectiveness of Judicial Protection, die Generalberichte zum VII. Internationalen Kongress für Prozessrecht, Würzburg 1983 /The General Reports for the VIIth International Congress on Procedural Law, Würzburg 1983, Bielefeld (Verlag: Gieseking, E. u. W.) 1983.
Schwab, Karl H.; Walter, Gerhard
Schiedsgerichtsbarkeit, systematischer Kommentar zu den Vorschriften der Zivilprozessordnung, des Arbeitsgerichtsgesetzes, der Staatsverträge und der Kostengesetze über das privatrechtliche Schiedsgerichtsverfahren, 5. Aufl., München (Verlag: C.H. Beck) 1995.
Schwarplys, Judith
Die allgemeine Gestaltungsklage als Rechtsschutzform gegen verwaltungsinterne Regelungen, am Beispiel der Kommunalverfassungsstreitigkeit in Bayern, Baden-Baden (Verlag: Nomos) 1996.
Schwarz, Matthias
Der Gerichtsstand der unerlaubten Handlung nach deutschem und europäischem Zivilprozessrecht, Diss., Frankfurt am Main/Bern (Verlag: Lang, Peter) 1991.
Schwarze, Jürgen
Fortentwicklung des Rechtsschutzes in der Europäischen Gemeinschaft/Perspectives for the Development of Judicial Protection in the European Community/Perspectives de développement de la protection juridictionnelle dansla Communauté européenne, Beiträge zu einem internationalen Kolloquium des Europäischen Hochschulinstituts am 30./31. Oktober 1986 in Florenz, Baden-Baden (Verlag: Nomos) 1987.
Schweizer, Frank
Der Eintritt der Rechtskraft des Scheidungsausspruchs bei Teilanfechtung im Verbundverfahren Rechtsmittelantragserweiterung, Anschliessung und genschliessung, Bielefeld (Verlag: Gieseking, E. u. W.) 1991.
Schwimann, Michael
Internationales Zivilverfahrensrecht, Schwerpunkte in der Praxis, Wien (Verlag: Manz) 1979.
Seebode, Manfred
Festschrift für Günter Spendel zum 70. Geburtstag am 11. Juli 1992, Berlin (Verlag: de Gruyter) 1992.
Seelig, Horst
Die prozessuale Behandlung materiellrechtlicher Einreden Heute und einst, Köln (Verlag: Heymanns, Carl) 1980.
Seiffert, Wolfgang
Anerkennung und Vollstreckung ausländischer Entscheidungen in Osteuropa, München (Verlag: C.H. Beck) 1994.
Selmer, Peter; Gersdorf, Hubertus
Verwaltungsvollstreckungsverfahren, Typologie und Einzelfragen des Vollstreckungsrechts des Bundes und der Länder bei der Durchführung ordnungs- und polizeirechtlicher Massnahmen, Berlin (Verlag: Duncker & Humblot) 1995.
Semmelmayer, Johann
Der Berufungsgegenstand, Berlin (Verlag: Duncker & Humblot) 1996.

Siemer, Hermann
Normenkontrolle durch Feststellungsklage?, Berlin (Verlag: Duncker & Humblot) 1971.
Sikorski, Ralf
Steuererhebung und Vollstreckung, 3. Aufl., München (Verlag: C.H. Beck) 1996.
Smid, Stefan
Gesamtvollstreckung, Arbeitsbuch für Gerichte, Verwalter, Gläubiger und betroffene Unternehmen, München (Verlag: C.H. Beck) 1992.
Sonnemann, Lutz
Amtliche Auskunft und Behördengutachten im Zivilprozess, Aachen (Verlag: Shaker, Chaled) 1995.
Späth, Stefan
Die Parteiöffentlichkeit des Zivilprozesses, die Informationspflichten des Gerichts gegenüber den Parteien, Münster/Hamburg (Verlag: Dr. W. Hopf) 1995.
Spellenberg, Ulrich
Zum Gegenstand des Konkursfeststellungsverfahrens, Göttingen (Verlag: Schwartz, Otto) 1973.
Staehelin, Matthias
Gerichtsstandsvereinbarungen im internationalen Handelsverkehr Europas: Form und Willenseinigung nach Artikel 17 EuGVÜ/LugÜ, Basel 1994.
Stahl, Walter E.
Beiladung und Nebenintervention, Berlin (Verlag: Duncker & Humblot) 1972.
Stangel, Ulrich
Die Präklusion der Anfechtung durch die Rechtskraft, Aachen (Verlag: Shaker, Chaled) 1996.
Steenbock, Reimer
Lohnpfändungstabelle, Tabellarium der pfändbaren Einkommen bei monatlicher, wöchentlicher und täglicher Zahlung, mit erläuternden Hinweisen und den wichtigsten Vorschriften der Zivilprozessordnung, 6. Aufl., Köln (Deutscher Gemeindeverlag) 1992.
Steiger, Wolfgang
Die Rechtsbehelfe Dritter im abgabenrechtlichen Vollstreckungsverfahren, Göttingen (Verlag: WiRe) 1991.
Stein, F.; Jonas, M.
Kommentar zur Zivilprozessordnung (fortgeführt von Bork, Brehm, Grunsky, Leipold, Münzberg, Roth, Schlosser, Schumann), 20./21. Aufl., Tübingen 1979–1996.
Stein, Friedrich
Das private Wissen des Richters, Untersuchungen zum Beweisrecht beider Prozesse, 2. Aufl., Aalen (Verlag: Scientia) 1987.
Steinhauer, Thomas
Versäumnisurteile in Europa, Frankfurt (Verlag: Lang, Peter) 1996.
Steinmetz, Wolfgang
Der kleine Wettbewerbsprozess, der Anspruch auf Kostenerstattung bei aussergerichtlicher Erledigung wettbewerbsrechtlicher Unterlassungsstreitigkeiten, München (Verlag: C.H. Beck) 1993.
Stephan, Bodo
Das Rechtsschutzbedürfnis, eine Gesamtdarstellung unter besonderer Berücksichtigung des Verfahrensprozesses, Berlin (Verlag: de Gruyter) 1967.
Sterzenbach, Georg M.
Anerkennung des Auslandskonkurses in Italien, eine Studie zum internationalen Konkursrecht in Italien, Bayreuth (Verlag: P.C.O.) 1993.
Stettner, Joachim
Das Verhältnis der notwendigen Beiladung zur notwendigen Streitgenossenschaft im Verwaltungsprozess, Berlin (Verlag: Duncker & Humblot) 1974.
Stickler, Susanne
Das Zusammenwirken von Art. 24 EuGVÜ und §§ 916 FF. ZPO, Berlin (Verlag: Duncker & Humblot) 1992.
Stohanzl, Rudolf
Zivilprozessgesetze (EGJN, JN, EGZPO, ZPO, MRK, B-VG, Nebengesetze), 7. Aufl., Wien (Verlag: Manz) 1996.

Stöhr, Dietrich
Arbeitsblätter für Rechtsreferendare, Zivilprozessrecht mit Zwangsvollstreckungs- und Konkursrecht, Tübingen (Verlag: Mohr, J.C.B.) 1991.

Stolz, Thomas
Einstweiliger Rechtsschutz und Schadensersatzpflicht, der Schadensersatzanspruch nach § 945 der Zivilprozessordnung, Köln (Verlag: Heymanns Carl) 1989.

Stotter, Heinz J.
Die liechtensteinische Exekutionsordnung (EO), Lohnpfändungsverordnung (LohnPfVO), Schuldentriebverfahren (ZahlBVerf), Rechtssicherungsordnung (RSO), Übereinkommen über die Zuerkennung und Vollstreckung von Unterhaltstiteln (UntVollstrüK), Vollstreckungsabkommen mit Österreich (VollstrAKö), Vollstreckungsabkommen mit der Schweiz (VollstrAkCH), Vaduz (Verlag: Ex Jure) 1989.

Stöve, Elisabeth
Gerichtsstandsvereinbarungen nach Handelsbrauch, Art. 17 EuGVÜ und § 38 ZPO, unter besonderer Berücksichtigung des kaufmännischen Bestätigungsschreibens, des Konnossements und der Faktura, Heidelberg (Verlag: Decker, R.) 1993.

Strehlau-Weise, Agnes
Rechtsstellung und Aufgabenbereich des Gerichtsvollziehers unter besonderer Berücksichtigung seiner Befugnisse bei Vollstreckungen nach § 756 ZPO, Regensburg (Verlag: Roderer) 1996.

Strietzel, Christian
Die Zulässigkeit von Verfassungsbeschwerden gegen gerichtliche Eilentscheidungen, Frankfurt (Verlag: Lang, Peter) 1993.

Strittmatter, Angelika
Tarife vor der urheberrechtlichen Schiedsstelle, Angemessenheit – Berechnungsgrundlagen – Verfahrenspraxis, Berlin (Verlag: Arno Spitz) 1994.

Stucken, Ralf
Einseitige Rechtskraftwirkung von Urteilen im deutschen Zivilprozess, Diss., Frankfurt am Main/Bern (Verlag: Lang, Peter) 1990.

Stumvoll, Heinrich
Zivilgerichtliches Verfahren, 8. Aufl., Wien (Verlag: Orac) 1995.

Stürner, Rolf
Die Aufklärungspflicht der Parteien des Zivilprozesses, Tübingen (Verlag: Mohr, J.C.B.) 1976.

Tempel, Otto
Materielles Recht im Zivilprozess, Schwerpunkte der zivilrichterlichen Praxis, 2. Aufl., München (Verlag: C.H. Beck) 1992.

Tempel, Otto
Mustertexte zum Zivilprozess, 4. Aufl., München (Verlag: C.H. Beck) 1995–1996.

Thalmann, Wolfgang
Prozesskostenhilfe in Familiensachen, Kommentierung der §§ 114 bis 127 ZPO, München (Verlag: C.H. Beck) 1995.

Thienel, Rudolf
Anklageprinzip und Zeugnisentschlagungsrecht, Wien (Edition S) 1991.

Thiere, Karl
Die Wahrung überindividueller Interessen im Zivilprozess, Bielefeld (Verlag: Gieseking, E. u. W.) 1980.

Thomas, Hans F.
ZPO-Erkenntnisverfahren, Münster (Verlag: Alpmann und Schmidt) 1995.

Thomas, Heinz; Putzo, Hans
Zivilprozessordnung (ZPO), mit Gerichtsverfassungsgesetz und den Einführungsgesetzen, 20. Aufl., München (Verlag: C.H. Beck) 1997.

Traichel, Christian
Die Reform des französischen Zwangsvollstreckungsrecht, eine rechtsvergleichende Untersuchung, Bielefeld (Verlag: Gieseking E. u. W.) 1995.

Treibmann, Beate
Die Vollstreckung von Handlungen und Unterlassungen im europäischen Zivilrechtsverkehr, München (Verlag: Florentz, V.) 1994.
Trepper, Thomas
Zur Rechtskraft strafprozessualer Beschlüsse, Frankfurt (Verlag: Lang, Peter) 1996.
Trepte, Peter
Umfang und Grenzen eines sozialen Zivilprozesses, Frankfurt (Verlag: Lang, Peter) 1994.
Trilsch, Constanze
Die Pflicht zur Vorlage von Urkunden im deutschen und englischen Zivilprozessrecht, Diss., Aachen (Verlag: Shaker, Chaled) 1995.
Trilsch, Jürgen
Die Stellung des Sachverständigen gegenüber dem Gericht im deutschen und englischen Zivilprozessrecht, Diss., Aachen (Verlag: Shaker, Chaled) 1995.
Troeltsch, Walfried von
Die Zwangshypothek bei mangelhaftem Vollstreckungstitel, bei fehlerhafter Vollstreckung und bei Aufhebung und Einstellung des Vollstreckungsverfahrens, Aalen (Verlag: Scientia) 1969.
Trutter, Josef
Über prozessualische Rechtsgeschäfte, zivilprozessuale Studie, Aalen (Verlag: Scientia) 1972.
Trzaskalik, Christoph
Die Rechtsschutzzone der Feststellungsklage im Zivil- und Verwaltungsprozess, Berlin (Verlag: Duncker & Humblot) 1978.
Tsantinis, Spyros
Aktivlegitimationen und Prozessführungsbefugnisse von Individuen und Organisationen im UWG-Prozessrecht, Frankfurt (Verlag: Lang, Peter) 1995.
Tschugguel, Robert; Pötscher, Josef
Die Gerichtsgebühren, mit Anmerkungen und Entscheidungen, 4. Aufl., Wien (Verlag: Manz) 1993.
Tusch, Marcus
Injunctions: ein Rechtsinstitut der Equity als Wegbereiter des einstweiligen Rechtsschutzes im modernen englischen Zivilprozess, Diss., Regensburg 1993.
Uhlmannsiek, Dirk
Die Zulässigkeit der Drittwiderklage, Frankfurt (Verlag: Lang, Peter) 1995.
Ukrow, Jörg
Richterliche Rechtsfortbildung durch den EuGH, dargestellt am Beispiel der Erweiterung des Rechtsschutzes des Marktbürgers im Bereich des vorläufigen Rechtsschutzes und der Staatshaftung, Baden-Baden (Verlag: Nomos) 1995.
Unterberger, Christina
Erfahrungen mit dem Gesamtvollstreckungsrecht in den neuen Bundesländern, Frankfut (Verlag: Lang, Peter) 1996.
Varvitsiotis, Dimitrios
Einführung in die Rechtsnatur der Aufrechnungseinrede im Zivilprozess, Diss., Frankfurt am Main/Bern (Verlag: Lang, Peter) 1987.
Vincent, Jean; Guinchard, Serge
Procédure civile, 23. Aufl., Paris (Verlag: Dalloz) 1994.
Vogg, Stefan
Einstweiliger Rechtsschutz und vorläufige Vollstreckbarkeit, Berlin (Verlag: Duncker & Humblot) 1991.
Vollstreckung in Grundvermögen
3. Aufl., Köln (Verlag: Kommunikationsforum) 1995.
Volz, Gerhard
Harmonisierung des Rechts der Individuellen Rechtswahl, der Gerichtsstandsvereinbarung und der Schiedsvereinbarung im Europäischen Wirtschaftsraum (EWR), Konstanz (Verlag: Hartung-Gorre) 1993.
von Bogdan, Michael; Boguslavskij, Mark M.; Tebbens, Harry D.
Ein internationales Zivilverfahrensrecht für Gesamteuropa, EuGVÜ, Lugano-Übereinkommen und die Rechtsentwicklung in Mittel- und Osteuropa, Heidelberg, (Verlag: Müller, C.F.) 1992.

von Fisch, W.B.; Geimer, R.; Prütting, H.; Walder-Richli, H.U.
Integritätsprobleme im Umfeld der Justiz, die Organisation der Rechtsberatung, Schiedsgerichtsbarkeit und Verfassungsrecht, Bielefeld (Verlag: Gieseking, E. u. W.) 1994.

von Gottwald, Peter; Klamaris, Nikolaos; Herrmann, Gerold
Grundfragen des Zivilprozessrechts, die internationale Dimension, Bielefeld (Verlag: Gieseking, E u. W.) 1991.

von Stürner, Rolf; Jelinek, Wolfgang
Deutsche Zivilprozessrecht und seine Ausstrahlung auf andere Rechtsordnungen, Grundlagen- und Landesbericht anlässlich der Tagung der Wissenschaftlichen Vereinigung für internationale Verfahrensrechte vom 11. bis 15. Oktober 1989 in Passau, Bielefeld (Verlag: Gieseking, E u. W) 1991.

Vossius, Oliver
Zu den dogmengeschichtlichen Grundlagen der Rechtsschutzlehre, Ebelsbach (Verlag: Gremer, R.) 1985.

Walker, Wolf D.
Der einstweilige Rechtsschutz im Zivilprozess und im arbeitsgerichtlichen Verfahren, Tübingen (Verlag: Mohr, J.C.B.) 1993.

Walter, Gerhard
Freie Beweiswürdigung, eine Untersuchung zu Bedeutung, Bedingungen und Grenzen der freien richterlichen Überzeugung, Tübingen (Verlag: Mohr, J.C.B.) 1979.

Walter, Gerhard
Dogmatik der unterschiedlichen Verfahren zur Streitbeilegung, ZZP (Köln) 1990 (103), S. 141 ff.

Walter, Gerhard
Internationales Zivilprozessrecht der Schweiz, Stuttgart (Verlag: UTB für Wissenschaft) 1995.

Walter, Wolfgang P.
Die Darlegungs- und Glaubhaftmachungslast in den Verfahren von Arrest und einstweiliger Verfügung nach §§ 916 ff. ZPO, Frankfurt (Verlag: Lang, Peter) 1992.

Walther, Dorothee
Die Mareva-Injunction, zu einer neuen Entwicklung des einstweiligen Rechtsschutzes im englischen Zivilprozess, Frankfurt (Verlag: Knapp, Fritz) 1986.

Wanger, Markus
Liechtensteinisches Wirtschafts- und Gesellschaftsrecht, mit einer Darstellung des liechtensteinischen Schiedsgerichtsverfahrens, 2. Aufl., Vaduz (Verlag: Megatrade) 1994.

Wanke, Rudolf
Das Verfahren vor den weisungsfreien Berufungssenaten, Auswirkungen der Änderungen des § 271 BAO, Wien (Verlag: Orac) 1994.

Wastl, Ulrich
Die Vollstreckung deutscher Titel auf der Grundlage des EuGVÜ in Italien, München (Verlag: Florentz, V.) 1991.

Weber, Richard
Die Prozessführungsbefugnis als Sachurteilsvoraussetzung im Zivilprozess und im Verwaltungsprozess, Diss., Augsburg 1991.

Weber, Gordon
Die Verdrängung des Hauptsachverfahrens durch den einstweiligen Rechtsschutz in Deutschland und Frankreich, eine rechtsvergleichende Untersuchung zur Stellung des einstweiligen Rechtsschutzes im Zivilprozess beider Länder, Köln (Verlag: Bundesanzeiger) 1993.

Weber, Stefan
§ 1007 – Prozessuale Regelungen im materiell-rechtlichen Gewand, Berlin (Verlag: Duncker & Humblot) 1988.

Wegen, Gerhard
Vergleich und Klagerücknahme im internationalen Prozess, Berlin (Verlag: Duncker & Humblot) 1987.

Wehrmann, Ursula
Die Position des Dritten im Prozessvergleich in materiellrechtlicher und prozessualer Hinsicht, Frankfurt (Verlag: Lang, Peter) 1995.

Weigand, Frank B.
Der deutsch-spanische Rechtsverkehr, Zuständigkeit – Anerkennung – Vollstreckung, Frankfurt (Verlag: Lang, Peter) 1992.

Weinschenk, Fritz
Die Anerkennung und Vollstreckung bundesdeutscher, Urteile in den Vereinigten Staaten unter dem "Foreign Country Money Judgment Recognition Acts", Berlin (Verlag: Duncker & Humblot) 1988.

Weise, Stefan
Praxis des selbständigen Beweisverfahrens, München (Verlag: C.H. Beck) 1994.

Weissmann, Heinz
Aktuelle Muster und Entscheidungshilfen zur Zwangsvollstreckungspraxis, das Arbeitshandbuch für die anwaltliche Vollstreckungspraxis, Loseblattausgabe, Kissing (Verlag: Recht u. Praxis) 1992, Stand 1996.

Weissmann, Heinz; Riedel, Ernst; Wastl, Ulrich
Handbuch der internationalen Zwangsvollstreckung, effiziente Durchführung der Zwangsvollstreckung deutscher und ausländischer Vollstreckungstiteln mit Mustern, Checklisten und praxisnahen Arbeitshilfe n. Loseblattausgabe, Kissing (Verlag: Recht u. Praxis) 1992, Stand: 1996.

Wenzel, Frank
Die "Restschuldbefreiung" in den neuen Bundesländern, zur Sanierung natürlicher Personen durch erweiterten Vollstreckungsschutz, Köln (Verlag: Kommunikationsforum) 1994.

Werner, Bernhard
Rechtskraft und Innenbindung Zivilprozessualer Beschlüsse im Erkenntnis- und summarischen Verfahren, Köln (Verlag: Heymanns, Carl) 1982.

Werner, Marcus
Elektronische Datenverarbeitung und Zivilprozess, Datenschutz und Datensicherung bei der Anwendung elektronischer Datenverarbeitung im Zivilprozess, Frankfurt (Verlag: ARD) 1995.

Weth, Stephan
Die Zurückweisung verspäteten Vorbringens im Zivilprozess, Diss., Köln (Verlag: Heymann) 1987.

Wettlaufer, Arno
Die Vollstreckung aus verwaltungs-, sozial- und finanzgerichtlichen Titeln zugunsten der öffentlichen Hand, Berlin (Verlag: Duncker & Humblot) 1989.

Wieczorek, Bernhard
Zivilprozessordnung und Nebengesetze: auf Grund der Rechtsprechung kommentiert, 2. Aufl., Berlin (Verlag: de Gruyter) 1975–1988.

Wiedemann, Ingeborg
Die Revisibilität ausländischen Rechts im Zivilprozess, Diss., Erlangen, 1991.

Wieser, Eberhard
Begriff und Grenzfälle der Zwangsvollstreckung, Köln (Verlag: Heymanns, Carl) 1995.

Wilfinger, Peter
Das Gebot effektiven Rechtsschutzes in Grundgesetz und Europäischer Menschenrechtkonvention, Frankfurt (Verlag: Lang, Peter) 1995.

Wilke, Dietrich; Jungeblut, Dieter
Abmahnung, Schutzschrift und Unterlassungserklärung im gewerblichen Rechtsschutz, 2. Aufl., München (Verlag: C.H. Beck) 1995.

Willutzki, Siegfried
Vorläufiger Rechtsschutz in Familiensachen, Bonn (Deutscher Anwaltsverlag) 1996.

Witte, Henning
Die Anerkennung schwedischer Insolvenzverfahren in der Bundesrepublik Deutschland, Frankfurt (Verlag: Lang, Peter) 1996.

Wittibschlager, Martina
Rechtshängigkeit in internationalen Verhältnissen, Basel 1994.

Wysk, Peter
Rechtsmissbrauch und Eherecht, Bielefeld (Verlag: Gieseking, E. u. W.) 1994.

Zeiss, Walter
Die arglistige Prozesspartei, Berlin (Verlag: Duncker & Humblot) 1967.
Zeiss, Walter
Zivilprozessrecht, 9. Aufl., Tübingen (Verlag: Mohr J. C.B.) 1997.
Zennek, Alexandra
Hauptverfahren grenzüberschreitender Insolvenzen von Kapitalgesellschaften und ihre Anerkennung durch unterstützende Nebenverfahren in Deutschland, der Schweiz und den USA, München (Verlag: Florentz, V.) 1996.
Zerbe, Götz
Die Reform des Deutschen Schiedsverfahrens-Rechts, auf der Grundlage des Uncitral-Modellgesetzes über die Internationale Handelsschiedsgerichtsbarkeit, München (Verlag: Löw und Vorderwülbecke) 1995.
Zerres, Thomas
Bürgerliches Recht, Ein einführendes Lehrbuch in das Zivil- und Zivilprozessrecht, Berlin (Verlag: Springer) 1996.
Zettel, Günther
Der Beibringungsgrundsatz, Berlin (Verlag: Duncker & Humblot) 1977.
Zeuner, Albrecht
Die objektiven Grenzen der Rechtskraft im Rahmen rechtlicher Sinnzusammenhänge, zur Lehre über das Verhältnis von Rechtskraft und Entscheidungsgründen im Zivilprozess, Tübingen (Verlag: Mohr, J.C.B.) 1959.
Zeuner, Mark
Gesamtvollstreckungsordnung der fünf neuen Bundesländer, zugleich ein Beitrag zur gesamtdeutschen Insolvenzrechtsreform, Köln (Verlag: Kommunikationsforum) 1992.
Zimmer, Michael; Schmidt, Thomas
Der Streitwert im Verwaltungs- und Finanzprozess, München (Verlag: C.H. Beck) 1991.
Zimmermann, Walter
Konkurs, Gesamtvollstreckung, Zivilprozessrecht III, 2. Aufl., Heidelberg (Verlag: Müller, C.F.) 1995.
Zivilprozessrecht – Erkenntnisverfahren
Münster (Verlag: Alpmann und Schmidt) ohne Jahr.
Zivilprozessrecht – Vollstreckungsrecht
Münster (Verlag: Alpmann und Schmidt) 1996.
Zivilprozessrecht der Bundesrepublik Deutschland
Auswahl aus der Sammlung "Das Deutsche Bundesrecht", Baden-Baden (Verlag: Nomos) 1991.
Zivilprozessrecht III und Justizverfassung
Novellen und Projekte, Ruggel (Verlag: Topos) 1991.
Zöller, Richard; Geimer, Reinhold
Zivilprozessordnung: mit Gerichtsverfassungsgesetz und den Einführungsgesetzen, mit internationalem Zivilprozessrecht, Kostenanmerkungen, 17. Aufl., Köln (Verlag: Dr. Schmidt) 1991.
Zuleger, Reinhard
Der Beweisbeschluss im Zivilprozess, Diss., Regensburg 1989.
Zwoll, Christiane van
Die Prozessstandschaft auf der Beklagtenseite, Bochum (Verlag: Brockmeyer, N.) 1993.

Zusammenstellung weiterer ausländischer, insbesondere US-Literatur

Aamer, Raza A. Khan
 The code of civil procedure (Act of V of 1908), 6. Aufl., Lahore (Verlag: Kausar Bros.) 1989.
Abramson, Leslie W; Cox, James R.
 Civil procedure forms, St. Paul (Verlag: West Publishing Co.) 1994.
Allen, J. G. C.
 A handbook of basic administration and civil service procedure in the Federal Republic of Nigeria, Ibadan (Verlag: University Press) 1985.
American Bar Association. Commission on Public Understanding about the Law
 A journalist's primer on civil procedure, Chicago (American Bar Association, Commission on Public Understanding about the Law) 1993.
Andrews, Neil
 Principles of civil procedure, London (Verlag: Sweet & Maxwell) 1994.
Apostol, Sergio A.F.
 Essentials of civil procedure, provisional remedies, and special civil action, Manila, Philippines (Verlag: Rex Book Store) 1988.
Aspen, Marvin E.; Solovy, Jerold S.
 Revolutionary changes in practice under the new Federal rules of civil procedure, Englewood Cliffs (Verlag: Prentice-Hall Law & Business) 1994.
Babcock, Barbara A.; Massaro, Toni M.
 Civil procedure: critical perspectives, Boston (Verlag: Little, Brown and Co.) 1997.
Bancroft, Whitney
 Bancroft-Whitney's California civil practice Procedure, Loseblattsammlung, San Francisco, CA (Verlag: Bancroft-Whitney) 1992.
Bankruptcy Court Decisions (Firm)
 BCD's Bankruptcy code and rules, 1993: including 1992 amendments to the Bankruptcy code and adopted federal rules of civil procedure, effective December 1991, Horsham (Verlag: Bankruptcy Court Decisions, LRP Publications) 1992.
Beck, Andrew
 Principles of civil procedure, Wellington (Verlag: Brooker & Friend, New Zealand) 1992.
Bendel State (Nigeria) High Court.
 High Court (civil procedure) rules, 1988, Benin City (Printed by the Govt. Printer) 1988.
Bertelsman, William O.; Philipps, Kurt A.
 Rules of civil procedure annotated, 4. Aufl., St. Paul (Verlag: West Publishing Co., Kentucky practice) 1984.
Blanpain, Roger (Hrsg.)
 World Law Conference (1st: 1996: Brussels, Belgium): Law in motion: law and culture: recent developments in civil procedure, constitutional, contract, criminal, environmental, family & succession, intellectual property, labour, medical, social security, transport law, Boston (Verlag: Kluwer Law International) 1997.
Blond, Neil C.; Monack, Mark
 Blond's civil procedure, 3. Aufl., New York (Verlag: Sulzburger & Graham, Blond's law guides series) 1992.
Bocchino, Anthony J.; Sonenshein, David A.
 Problems and materials in civil procedure; National Institute for Trial Advocacy (U.S.) (Verlag: Notre Dame, Ind.), 1994.
Breskin, David E.; Barbier, Margaret L.
 Civil procedure forms: with practice comments, 2. Aufl., St. Paul (Verlag: West Publishing Co.) 1990.
Brooks, Gene E.
 Federal civil procedure and evidence during trial, 7th Circuit: federal practice guide, Rochester (Verlag: Lawyers Cooperative Publishing, a Division of Thomson Legal Publishing) 1996.
Brooks, Roy L.
 Winning in law school: questions and answers: civil procedure, Dillon (Verlag: Spectra Pub.) 1987.

Brooks, Roy L.
Civil procedure: adaptable to third edition of Yeazell casebook, 3. Aufl., Chicago (Verlag: Harcourt Brace Legal and Professional Publications) 1993.
Browne, J. Patrick (Hrsg.)
Ohio civil rules handbook, Cleveland, Ohio (Verlag: Banks-Baldwin Law Pub. Co., Baldwin's deskset series) 1992.
Bryson, William Hamilton
Handbook on Virginia civil procedure, 2. Aufl., Charlottesville (Verlag: Michie Co.) 1989.
Burbank, Stephen B.
Rule 11 in transition: the report of the Third Circuit Task Force on Federal Rule of Civil Procedure 11, Chicago (Verlag: American Judicature Society) 1989.
California
California Civil Discovery Act of 1986: Code of civil procedure, sections 2016 to 2036: supplemented through chapter 86 of the 1987 portion of the 1987-1988 regular session, operative July 1, 1987, St. Paul (Verlag: West Publishing Co.) 1987.
Care, R. G.; Fluck, D.W.
Civil procedure in the High Court for Zambia, Lusaka, Zambia (Kenneth Kaunda Foundation) 1986.
Casad, Robert C.; Fink, Howard P.; Simon, Peter N.
Civil procedure: cases and materials, 2. Aufl., Charlottesville (Verlag: Michie Co.) 1989.
Cindrich, Robert J.; Schichman Crawford, Karen; Wagner, Thomas P.
Federal civil procedure before trial, 3rd Circuit: federal practice guide, Rochester (Verlag: Lawyers Cooperative Publishing) 1996.
Civil Procedure Revision Committee
Report of the Civil Procedure Revision Committee, Toronto (Ministry of the Attorney General) 1980.
Clark, David Scott; Adams, Charles W.
Oklahoma civil pretrial procedure, Loseblattsammlung, St. Paul (Verlag: West Publishing Co.) 1995.
Clermont, Kevin M
Civil procedure, 4. Aufl., St. Paul (Verlag: West Publishing Co., Black Letter Series) 1995.
Cohn, Mark B.
Civil procedure, 2. Aufl., St. Paul (Verlag: West Publishing Co., Smith's review series) 1985.
Compton, Linda
California trial practice: civil procedure during trial, 3. Aufl., Loseblattsammlung, Berkeley (Verlag: California Continuing Education of the Bar) 1995.
Cook, Paula T. (Hrsg.)
California civil procedure, 2. Aufl., Encino, CA (Verlag: Carleston Pub., Distributed by Law Distributors) 1991.
Cook, Paula T.; Levey, Debra C.
Civil procedure, 2. Aufl., Studio City (Verlag: Lex Publishing) 1989.
Cound, John J.
1987 civil procedure supplement: containing selected federal and state statutes, rules, problems, forms and and recent decisions, St. Paul (Verlag: West Publishing Co., American casebook series) 1987.
Cound, John J.
Civil procedure: cases and materials, 6. Aufl., St. Paul (Verlag: West Publishing Co., American casebook series) 1993.
Coyne, Thomas A. (Hrsg)
Federal rules of civil procedure (practice commentary), 2. Aufl., Loseblattsammlung, Deerfield, IL (Verlag: Clark Boardman Callaghan) 1994.
Crump, David
Cases and materials on civil procedure, 2. Aufl., New York (Verlag: M. Bender, Cases and materials series) 1992.
Curtis, Judith A.; Minnet, Mary R.; Brown, Janet K.; Gilmore, Horace W.
Gilmore on Michigan civil procedure before trial, 3. Aufl., Loseblattsammlung, Ann Arbor (Verlag: Institute of Continuing Legal Education) 1992.

D'Unienville, Raymond M.
Nomenclature des décisions de la Cour supreme de l'île Maurice relatives aux Codes civil, de procédure civile & de commerce: 1861–1963, Port-Louis (Verlag: Mauritius Print. Coy.) 1964.

De Foor, J. Allison; Schultz, Thomas G.
Florida civil procedure forms: with practice commentary, St. Paul (Verlag: West Publishing Co.) 1989.

de Leval, Georges
Seizures and overindebtedness in the European Union = Les saisies et le surendettement dans l'Union Européenne, Boston (Verlag: Kluwer Law International) 1997.

Di Motto, Jean W.
Wisconsin civil procedure before trial, Madison (Verlag: State Bar of Wisconsin CLE Books) 1996.

Dorsaneo, William V.; Crump, David
Civil procedure: trial and appellate practice, 2. Aufl., New York (Verlag: M. Bender) 1989.

Dorsaneo, William V.; Crump, David
Texas civil procedure: pretrial litigation, 3. Aufl., New York (Verlag: M. Bender) 1989.

Eckard, C. F.
Principles of civil procedure in the magistrates® courts, 2. Aufl., Cape Town, South Africa (Verlag: Juta) 1990.

Falade, S. Ade
On civil procedure, Ibadan, Nigeria (Verlag: Les Shyraden (Nig.) Ltd.) 1990.

Farani, Merajuddin
High Court manual: practice & procedure of High Court: containing most uptodate text of High Court rules & orders (Volumes I, II, III, IV, & V), Chief Court rules (original & appellate side), Supreme Court rules (1980), Letters patent (Lahore), W.P. High Court (establishment) Order (1955), High courts (establishment) Order (1970), High courts (establishment) (Punjab Amendment) Ordinance (1981), Law Reforms Ordinance (1972), Code of Civil Procedure (Amendment) Ordinance (1980), Constitution of Pakistan (1973), important instructions about practice and procedure of high court, 3. Aufl., Lahore, Pakistan (Verlag: Lahore Law Times Publication) 1987.

Farani, Merajuddin
Code of civil procedure – Pakistan (commentary), Lahore (Verlag: Lahore Law Times Publications) 1992.

Federal Judicial Center
New directions in federal civil practice, procedure, and evidence: ALI-ABA video law review study materials: January 31, 1995, Philadelphia (American Law Institute-American Bar Association Committee on Continuing Professional Education), 1995.

Feinberg, Robert S.
Civil procedure, Santa Monica (Verlag: Multistate Legal Press, Finals Law School Exam Series) 1987.

Fenner, Michael G.
Nebraska jury instructions (NJI2d); prepared by Nebraska Supreme Court Committee on Civil Practice and Procedure, 2. Aufl., St. Paul (Verlag: West Publishing Co.) 1989.

Field, Richard H.
Civil procedure: adaptable to courses utilizing materials by Field, 2. Aufl., Chicago (Verlag: Harcourt Brace Jovanovich Legal and Professional Publications, Legalines) 1985.

Field, Richard H.; Kaplan, Benjamin; Clermont, Kevin M.
Materials for a basic course in civil procedure, New York (Verlag: Foundation Press) 1997.

Fink, Howard P.; Wilson, Charles E.; Greenbaum, Arthur F.
Ohio rules of civil procedure with commentary, Charlottesville (Verlag: Michie Co.) 1992.

Freer, Richard D.; Collins, Perdue Wendy
Civil procedure: cases, materials and questions, Cincinnati (Verlag: Anderson Pub. Co.) 1996.

Freiser, Lawrence M.; Compton, Linda A.; Gross, Herbert
California civil procedure during trial, Berkeley (Verlag: California Continuing Education of the Bar) 1984.

Friedenthal, Jack H.; Kane, Mary Kay; Miller, Arthur R.
Civil procedure, 2. Aufl., St. Paul (Verlag: West Publishing Co., Hornbook series) 1993.
Garbis, Marvin J.; Junghans, Paula M.; Struntz, Stephen C.
Federal tax litigation: civil practice and procedure, Boston (Verlag: Warren, Gorham & Lamont, WG&L tax series) 1985.
Germany
The Code of Civil Procedure Rules of the Federal Republic of Germany of January 30, 1877, and the Introductory Act for the Code of Civil Procedure Rules of January 30, 1877, as of January 1988, Littleton (Verlag: F.B. Rothman) 1990.
Glannon, Joseph W.
Civil procedure: examples and explanations, 2. Aufl., Boston (Verlag: Little, Brown) 1992.
Glaser, Patricia L.
West's California litigation forms: civil procedure before trial, San Francisco (Verlag: West Pub. Co.) 1996.
Goldenberg, Norman S.; Hardy, Matt
Casenote legal briefs (Civil procedure: adaptable to courses utilizing Field, Kaplan, and Clermont's casebook on civil procedure), Beverly Hills (Verlag: Casenotes Pub. Co.) 1990.
Goldenberg, Norman S.; Tenen, Peter.; Switzer, Robert J.; Smilowitz, Jerry
Casenote legal briefs (Civil procedure: adaptable to courses utilizing Louisell, Hazard, and Tait's casebook on pleading and procedure), Beverly Hills (Verlag: Casenotes Pub. Co.) 1989.
Goldenberg, Norman S.; Tenen, Peter; Switzer, Robert J.; Sand, Roberta E.
Casenote legal briefs (Civil procedure: adaptable to courses utilizing Cound, Friedenthal, Miller) and Sexton's casebook on civil procedure, Beverly Hills (Verlag: Casenotes Pub. Co) 1985.
Goldenberg, Norman S.; Tenen, Peter; Youker, Jean Ch.
Casenote legal briefs. Civil procedure: adaptable to courses utilizing Landers, Martin, and Yeazell's casebook on civil procedure, Beverly Hills (Verlag: Casenotes Pub. Co.) 1988.
Gould Publications (Firm)
Federal civil procedure handbook: Federal rules of civil procedure, Federal rules of appellate procedure, Title 28-U.S. code, Loseblattsammlung, Binghamton (Verlag: Gould Publications) 1986.
Government of the Union of Burma
The code of civil procedure: as amended up to date, Rangoon (Verlag: Govt. Print. and Stationery) 1962.
Hapner, Elizabeth; Jula, William S.
Florida civil procedure, Loseblattsammlung, Clearwater (Verlag: D&S Publishers) 1990.
Haswell, Charles K.; de Silva, Douglas S.
Civil engineering contracts: practice and procedure, 2. Aufl., London/Boston (Verlag: Butterworth) 1989.
Hazard, Geoffrey C.; Taruffo, Michele
American civil procedure: an introduction, New Haven (Verlag: Yale Univesity Press, Contemporary law series) 1993.
Hazard, Geoffrey C.; Vetter, Jan
Perspectives on civil procedure, Boston (Verlag: Little, Brown) 1987.
Heiser, Walter W.; Perschbacher, Rex R.; Johns, Margaret Z.
California civil procedure, New York (Verlag: Matthew Bender), 1996.
Herr, David F.; Haydock, Roger S.; Hetland, James L.
Civil rules annotated, 2. Aufl., St. Paul (Verlag: West Publishing Co., Minnesota practice) 1985.
Hoff, Timothy
Alabama pleading, practice, and legal forms: rules of civil procedure, Norcross, GA (Verlag: Harrison Co.) 1991.
Hoffman, Jerome A.; Guin, Sandra C.
Alabama civil procedure, Charlottesville (Verlag: Michie Co.) 1990.
Howell, W. Brian; Shuford, William A.
Howell's Shuford North Carolina civil practice and procedure, 4. Aufl., Norcross, GA (Verlag: Harrison Co.) 1992.

Imo State (Nigeria), High Court; Ministry of Justice, Law Revision Branch
Imo State High Court (civil procedure) rules, Owerri (Govt. Printer) 1988.
International Congress of Comparative Law (12th: 1986 Sydney, N.S.W., and Melbourne, Vic.); Schlechtriem Peter (Hrsg.)
Deutsche Länderberichte (Zivilrecht und Zivilprozessrecht) / XII. Internationaler Kongress für Rechtsvergleichung, 1986, Sydney und Melbourne, Australien = German national reports (private law and civil procedure) / XIIth International Congress of Comparative Law, 1986, Sydney and Melbourne, Australia, Baden-Baden (Verlag: Nomos) 1987.
Jacobsson, Ulla; Jacob, Jack I. H.
International Colloquium on the Law of Civil Procedure:Trends in the enforcement of non-money judgments and orders: the First International Colloquium on the Law of Civil Procedure, June 1985, Faculty of Law, University of Lund / edited by Ulla Jacobsson and Jack Jacob, Deventer/Boston (Verlag: Kluwer Law and Taxation Publishers) 1988.
James, Fleming; Hazard, Geoffrey C.; Leubsdorf, John
Civil procedure, 4. Aufl., Boston (Verlag: Little, Brown) 1992.
Jenkins, Felton A.; Pitts, Ralph A.
Georgia civil procedure forms-practice, Loseblattsammlung, Rockville (Verlag: Aspen Publishers) 1988.
Junghans, Paula M; Becker, Joyce K.; Garbis, Marvin Joseph
Federal tax litigation: civil practice and procedure, 2. Aufl., Loseblattsammlung, Boston (Verlag: Warren Gorham Lamont) 1992.
Kaduna State (Nigeria) High Court
The High Court (civil procedure) rules, 1987: made under the High Court (Civil Procedure) Edict, 1987, Kaduna (Printed by the Government Printer) 1987.
Kane, Mary Kay.
Civil procedure in a nutshell, 4. Aufl., St. Paul (Verlag: West Publishing Co.), 1996.
Kaufman, Michael J.
Illinois civil practice procedure, St. Paul (Verlag: West Publishing Co.) 1996.
Khumalo, J. A. M.
The civil practice of all courts for blacks in southern Africa, 3. Aufl., Cape Town (Verlag: Juta) 1984.
Klein, Robert Dale;
Maryland civil procedure forms: with practice commentary, 2. Aufl.,Loseblattsammlung, Salem (Verlag: Butterworth Legal Publishers) 1993.
Knapp, Debra
Civil procedure forms and commentary, St. Paul (Verlag: West Publishing Co., Series Entry: Colorado practice) 1996.
Kom, Enoch D.
Civil procedure, Tema, Ghana (Verlag: Ghana Pub. Corp.) 1976.
Kuloba, R.
Judicial hints on civil procedure, Nairobi, Kenya (Verlag: Professional Publications Ltd.) 1984.
LaCoe, Norm; Sapp, Alfred E.
Forms for pleading under the Florida rules of civil procedure (La Coe's forms for pleading under the Florida rules of civil procedure), Norcross (Verlag: Harrison Co.) 1994.
Landers, Jonathan M.
Civil procedure: adaptable to courses utilizing materials by Landers, Chicago (Verlag: Harcourt Brace Jovanovich Legal and Professional Publications, Legalines) 1986.
Landers, Jonathan M.; Martin, James A.; Yeazell, Stephen C.
Civil procedure, 2. Aufl., Boston (Verlag: Little Brown, Law school casebook series) 1988.
Levin, A. Leo; Shuchman, Philip; Yablon, Charles M.
Cases and materials on civil procedure, Westbury (Verlag: Foundation Press) 1992.
Levine, David I.; Slomanson, William R.; Wingate, C. Keith
Cases and materials on California civil procedure, St. Paul (Verlag: West Publishing Co., American casebook series) 1991.
Lightsey, Harry M.; Flanagan, James F.
South Carolina civil procedure, Columbia (Verlag: Continuing Legal Education Committee of the South Carolina Bar) 1985.

Luney, Percy R.; Burns, Robert H.
Luney's Burns North Carolina discovery (rules of civil procedure): with forms, Norcross, GA (Verlag: Harrison Co.) 1992.
Lynch, John A; Bourne, Richard W.
Modern Maryland civil procedure, Charlottesville, Va. (Verlag: Michie Co.) 1993.
Lyons, Champ
Rules of civil procedure, annotated, St. Paul (Verlag: West Publishing Co., Alabama practice) 1996.
MacLean, Nancy F.; MacLean, Bradley A.
Tennessee, Supreme Court: Rules of civil procedure annotated, 2. Aufl., St. Paul (Verlag: West Publishing Co.) 1989.
MacLean, Nancy F.; MacLean, Bradley A.; Bigham, Harold W.
Civil procedure forms, 2. Aufl., St. Paul (Verlag: West Publishing Co.) 1987.
Magnuson, Eric J.; Herr, David F.; Haydock, Roger S.; Hetland, James L.
Appellate rules annotated, 2. Aufl., St. Paul. (Verlag: West Publishing Co., Minnesota practice) 1985.
Malik, Lutaf Ali
Hand book of civil law: procedure and every day civil law, Lahore, Pakistan (Verlag: Alpha Bravo) 1991.
Marcus, Richard L.; Redish, Martin H.; Sherman, Edward F.
Civil procedure: a modern approach, 2. Aufl., St. Paul (Verlag: West Publishing Co., Americain Casebook series) 1995.
Marcus, Richard L.; Sherman, Edward F.
Complex litigation: cases and materials on advanced civil procedure, 2. Aufl., St. Paul (Verlag: West Publishing Co., American casebook series) 1992.
Marks, Raymond. J.; Marks, Richard J. E.; Jackson, Rosemary E.
Aspects of civil engineering contract procedure, 3. Aufl., Oxford (Verlag: Pergamon) 1985.
McAuliffe, Daniel J.; Cohen, Ronald J.; Hendricks, Edwin F.
Civil procedure, St. Paul (Verlag: West Publishing Co., Arizona legal forms) 1988.
McGowen, Darrell; O'Day, Daniel G.; North, Kenneth E.
Criminal and civil tax fraud: law, practice, procedure, New York (Verlag: Kluwer Law Book Publishers, Kluwer litigation library) 1986.
Merrill, Fredric R.
The Oregon rules of civil procedure in the courts: analysis of Oregon appellate cases relating to the ORCP, Portland (Oregon Law Institute) 1988.
Michael, Richard A.
Civil procedure before trial, St. Paul (Verlag: West Publishing Co.) 1989.
Middleditch, Leigh B.; Kent, Sinclair; Boyd, Thomas Munford
Virginia civil procedure, 2. Aufl., Charlottesville (Verlag: Michie Co.) 1992.
Mooney, Margaret M.; Pratzel, Alan D.
Missouri civil procedure forms: practice, Loseblattsammlung, Rockville, (Verlag: Aspen Publishers) 1988.
Muchmore, Clyde A.
Oklahoma civil procedure forms: practice, 2. Aufl., Loseblattsammlung, Rockville (Verlag: Aspen Publishers) 1987.
Neville, Jonathan
Civil procedure: adaptable to courses utilizing materials by Rosenberg, 2. Aufl., Chicago (Verlag: Harcourt Brace Jovanovich Legal and Professional Publications, Legalines) 1987.
Neville, Jonathan.
Civil procedure: adaptable to sixth edition of Field casebook, 3. Aufl., Chicago (Verlag: Harcourt Brace Legal and Professional Publications) 1991.
New England
New England rules of court: rules of civil procedure of the New England states, Loseblattsammlung, Salem (Verlag: Butterworth Legal Publishers) 1992.
Newbern, David
Arkansas civil practice and procedure, 2. Aufl., Norcross, GA (Verlag: Harrison Co.) 1993.

Niles, Edward I.
Federal civil procedure, 2. Aufl., Loseblattsammlung, Carlsbad (Verlag: Parker-Griffin Pub. Co.) 1990.
Norwegian Institute of Human Rights
Making the reporting procedure under the International Covenant on Civil and Political Rights more effective, Oslo (Verlag: Norwegian Institute of Human Rights) 1991.
Nwadialo, Fidelis
Civil procedure in Nigeria, Yaba, Lagos (Verlag: MIJ Professional Publishers) 1990.
O'Connor, Michol; Wilson, Jason E.
O'Connor's federal rules, civil trials: practice guide and annotated federal rules of civil procedure and evidence, Houston (Verlag: Jones McClure Pub.) 1996.
Oakley, John B.; Perschbacher, Rex R.
Casenote law outlines: Civil procedure, Santa Monica (Verlag: Casenotes Pub. Co.) 1991.
Ogden, Gregory L.; Fisher-Ogden, Daryl
West's California code forms with practice commentaries: Civil procedure, 4. Aufl., St. Paul (Verlag: West Publishing Co.) 1988.
Park, Roger; McFarland, Douglas D.
Computer-aided exercises on civil procedure, 4. Aufl., St. Paul (Verlag: West Publishing Co.) 1995.
Pennsylvania
Judicial code – Judiciary & judicial procedure of Pennsylvania: Title 42 of the Pennsylvania consolidated statutes, Loseblattsammlung, Binghamton (Verlag: Gould Publications) 1983.
Pennsylvania Bar Institute
The New statewide support guidelines: & other rules of civil procedure of interest to family lawyers, Harrisburg (Verlag: Pennsylvania Bar Institute) 1990.
Pennsylvania Bar Institute
Fundamentals of Pennsylvania civil practice & procedure, Harrisburg, Pa. (Verlag: Pennsylvania Bar Institute) 1994.
Pennsylvania Supreme Court
Pennsylvania rules of civil procedure – Civil procedure rules of Pennsylvania: Title 231 of the Pennsylvania code, plus Title 204, chapter 81, rules of professional conduct, Loseblattsammlung, Binghamton (Verlag: Gould Publications) 1984.
Perlin, Marc G.; Connors, John M.
Handbook of civil procedure in the Massachusetts District Court, 2. Aufl., Boston (Verlag: Lawyers Weekly Publications) 1990.
Peyrat, Paul; Compton, Linda; Freiser, Lawrence M.
California civil procedure before trial, 3. Aufl., Loseblattsammlung, Berkeley (Verlag: California Continuing Education of the Bar) 1990.
Philipps, Kurt A.; Bertelsman, William O.
Rules of civil procedure annotated, 5. Aufl., St. Paul (Verlag: West Publishing. Co.) 1995.
Plateau State (Nigeria). High Court.
Rules of the High Court of Plateau State, 1987 – High Court (civil procedure) rules, Jos, Nigeria (The Court) 1987.
Plotkin, Steven R; Akin, Mary Beth
Louisiana civil procedure, Loseblattsammlung, Rochester (Verlag: Lawyers Cooperative Pub.) 1994.
Puranik, A. B.
The law of accounts: practice and procedure under civil, criminal, & taxation law: civil and criminal liabilities arising out of disputes with regard to accounts, Pune (Verlag: C.T.J. Publications, India) 1992.
Resmini, Ronald J.
Rhode Island civil practice and procedure, Charlottesville (Verlag: Michie) 1996.
Rosenberg, Maurice; Goldenberg, Norman S.; Switzer, Robert J.
Casenote legal briefs. Civil procedure: adaptable to courses utilizing Rosenberg, Weinstein, Smit, and Korn's casebook on civil procedure, Beverly Hills (Verlag: Casenotes Pub. Co.) 1986.

Rosenberg, Maurice; Smit, Hans; Dreyfuss, Rochelle Cooper
Elements of civil procedure, cases and materials, 5. Aufl., Westbury (Verlag: Foundation Press, University casebook series) 1990.
Saha, Amar N.
The Code of Civil Procedure (India), 3. Aufl., Calcutta (Eastern Law House) 1986.
Saxena, Kuldeep
Digest on Civil Procedure Code, 1908, 1984–1994, Allahabad, India (Verlag: Law Enterprises) 1995.
Schrag, Philip G.
Civil procedure: a simulation supplement, Boston (Verlag: Little, Brown) 1990.
Schwarzer, William W.; Hirsch, Alan; Barrans, David J.
The analysis and decision of summary judgment motions: a monograph on Rule 56 of the Federal Rules of Civil Procedure, Washington (Verlag: Federal Judicial Center) 1991.
Shapard, John.
Likely consequences of amendments to Rule 68, Federal Rules of Civil Procedure, Washington (Verlag: Federal Judicial Center) 1995.
Shelat, J. M.; Mulla, D. F., Sir; Divan, B. J.; Bakshi, P. M.
Mulla on the Code of Civil Procedure (Act V of 1908), 14. Aufl., Bombay (Verlag: N.M. Tripathi) 1989.
Shillman, Jeffrey N.; Fox, Richard D.; Toth, Richard D.
Michigan civil procedure forms: practice, Loseblattsammlung, Rockville (Verlag: Aspen Publishers) 1989.
Shreve, Gene R.; Raven-Hansen, Peter
Understanding civil procedure, 2. Aufl., New York (Verlag: M. Bender, Legal Text Series) 1994.
Shuford, William A.
North Carolina civil practice and procedure, 3. Aufl., Norcross (Verlag: Harrison Co.) 1988.
Siegel, Brian
Siegel's civil procedure: answers to essay and multi-choice questions, Gardena (Distributed by Law Distributors) 1987.
Silfen, Martin E.
New York civil practice and procedure, New York (Verlag: Practising Law Institute) 1990.
Slomanson, William R.; Wingate, C. Keith
California civil procedure in a nutshell, St. Paul (Verlag: West Publishing Co., Nutshell series) 1992.
Snijders, Henk J. (Hrsg.)
Access to civil procedure abroad, Den Haag/Boston (Verlag: Kluwer Law International) 1996.
Soave, John; King, Charles H.
Civil procedure manual, with forms, 2. Aufl., St. Paul (Verlag: West Publishing Co., Michigan practice) 1985.
Spry, John F., Sir
Civil procedure in East Africa (updated to 1993 with current casses), Kampala (Verlag: Kampala Law Reports) 1994.
State Bar of Nevada. Continuing Legal Education Committee
Nevada judicial procedure-civil, Charlottesville (Verlag: Michie Co.) 1988.
State of Missouri
Missouri civil procedure, 2. Aufl., Loseblattsammlung, Jefferson City (Verlag: Missouri Bar) 1995.
Teply, Larry L.; Whitten, Ralph U.
Problems in civil procedure, Littleton (Verlag: F.B. Rothman) 1991.
Teply, Larry L.; Whitten, Ralph U.
Civil procedure, Westbury, N.Y. (Verlag: Foundation Press, University textbook series) 1994.
Teply, Larry L.; Whitten, Ralph U.
Cases and problems on civil procedure: basic and advanced, Littleton (Verlag: F.B. Rothman) 1997.

Texas
The Texas part II workshop: Texas federal and civil procedure ; Texas civil and criminal evidence; Texas criminal procedure, New York (Verlag: Harcourt Brace Jovanovich Legal and Professional Publications) 1993.
Texas
Procedure/evidence workshop :Texas federal and civil procedure; Texas civil and criminal evidence ; Texas criminal procedure, New York (Verlag: Harcourt Brace Jovanovich Legal and Professional Publications) 1990.
Thorp, William L
Thorp's North Carolina trial practice forms: a practical compilation of trial practice forms arranged in the order of the North Carolina rules of civil procedure, 3. Aufl., Norcross, GA (Verlag: Harrison Co.) 1993.
Uganda
The Civil Procedure Act ; The Civil Procedure Rules, Kampala (Verlag:Kampala Law Reports) 1994.
United States: Congress Senate, Committee on the Judiciary, Subcommittee on Courts and Administrative Practice
Proposed amendments to the Federal rules of civil procedure: hearing before the Subcommittee on Courts and Administrative Practice of the Committee on the Judiciary, United States Senate, One Hundred Third Congress, first session, on examining proposed amendments to streamline the civil litigation process (July 28, 1993), Washington (U.S. G.P.O.: Supt. of Docs., Congressional Sales Office) 1994.
United States: Congress House, Committee on Post Office and Civil Service, Subcommittee on Civil Service
Amending grievance procedure under the Foreign Service Act of 1980: hearing before the Subcommittee on the Civil Service of the Committee on Post Office and Civil Service, House of Representatives, One Hundred Second Congress, first session, April 11, 1991, Washington (U.S. G.P.O.: Supt. of Docs., Congressional Sales Office) 1991.
United States: Congress House, Committee on the Judiciary, Subcommittee on Intellectual Property and Judicial Administration
Amendments to the Federal rules of civil procedure: hearing before the Subcommittee on Intellectual Property and Judicial Administration of the Committee on the Judiciary, House of Representatives, One Hundred Third Congress, first session, June 16, 1993, Washington (U.S. G.P.O.: Supt. of Docs., Congressional Sales Office) 1994.
United States: Supreme Court
Federal rules of civil-appellate procedure: as amended to May 1, 1988, including rule amendments effective July 6, August 1, and November 1, 1988, absent contrary Congressional action and Title 28 amendments to June 27, 1988, St. Paul (Verlag: West Publishing Co.) 1988.
United States: Supreme Court
Federal rules of civil procedure: as amended to March 1, 1989, St. Paul (Verlag: West Pubishing Co.) 1989.
United States: Supreme Court
Federal rules of civil-appellate procedure including Supreme Court rules, and selected sections of Title 28 judiciary and judicial Procedure, as amended to March 10, 1986, St. Paul (Verlag: West Publishing Co.) 1986.
Upadhyay, Chandra Bhushan
Digest, cases and materials, on Civil Procedure Code,1970–1989, 2. Aufl., Allahabad, India (Malhotra Law House) 1990.
Vetri, Dominick R.; Merrill, Fredric R.
Federal courts, problems and materials, 2. Aufl., St. Paul (Verlag: West Publishing Co., American casebook series) 1984.
Virginia Law Foundation. Committee on Continuing Legal Education
Federal court civil practice and procedure, Virginia (Verlag: The Foundation) 1988.
Vogel, Paul G.
Cohen Melnitzer's civil procedure in practice, Loseblattsammlung, Toronto (Verlag: Carswell) 1989.

Watson, Garry D.; Perkins, Craig
Holmested and Watson, Ontario civil procedure, Loseblattsammlung, Toronto, Canada (Verlag: Carswell) 1984.
West Publishing Company
West's Massachusetts civil actions and procedure, 1985: statutory provisions, rules of civil procedure, combined index, St. Paul (Verlag: West Publishing Co.) 1985.
Wettick, R. Stanton.
Pennsylvania forms for the rules of civil procedure, 2. Aufl., Norcross (Verlag: Harrison Co.) 1994.
Wicker, Jeremy C.
Civil trial and appellate procedure, St. Paul (Verlag: West Publishing Co., Texas practice) 1985.
Williams, Neil J.
Civil procedure (Victoria), 3. Aufl., Loseblattsammlung, Sydney (Verlag: Butterworths) 1987.
Wilson, G. Gray.
North Carolina civil procedure, 2. Aufl., Charlottesville (Verlag: Michie Co.) 1995.
Wilson, Jason E.; O'Connor, Michol
O'Connor's federal rules, civil trials: practice guide and annotated federal rules of civil procedure and evidence, Houston (Verlag: Jones McClure Pub.) 1996.
Woodroff, John George, Sir; Syed, Ameer Ali; Kumar, Gyanendra
Code of Civil Procedure (India), 1908 – Woodroffe & Ameer Ali's Code of civil procedure: a commentary on Act V of 1908, as amended up-to-date alongwith state amendments, 3. Aufl., Allahabad (Verlag: Law Publishers) 1987.
Wyler, Robert A.
Civil procedure: adaptable to fifth edition of Cound casebook, 10. Aufl., Chicago (Verlag: Harcourt Brace Jovanovich Legal and Professional Publications, Legalines Series) 1990.
Wyler, Robert A.
Civil procedure: adaptable to sixth edition of Louisell casebook, 3. Aufl., Chicago (Verlag: Harcourt Brace Jovanovich Legal and Professional Publications) 1990.
Yeazell, Stephen C.
Federal rules of civil procedure: with selected statutes, Boston (Verlag: Little, Brown and Co.) 1996.
Yeazell, Stephen C.; Landers, Jonathan M.; Martin, James A.
Civil procedure, 3. Aufl., Boston (Verlag: Little, Brown, Law school casebook series) 1992.
Young, P. W.; O'Leary, K.F.; Hogan, A.E.
Supreme Court civil procedure: New South Wales: illustrated by reference to the Supreme Court Act 1970 (NSW), 2. Aufl., Sydney (Verlag: Butterworths) 1987.
Young, Robert P.; Kopka, Daniel D.
Michigan civil procedure during trial, 2. Aufl., Loseblattsammlung, Ann Arbor (Institute of Continuing Legal Education) 1989.
Zuckerman, A.A.S.; Cranston, Ross
Reform of civil procedure: essays on 'Access to justice', Oxford (Verlag Clarendon Press) / New York (Verlag: Oxford University Press) 1995.

Literaturzusammenstellung zur Schiedsgerichtsbarkeit

a) deutschsprachige Literatur zur Schiedsgerichtsbarkeit

Adlerstein, Rosemarie; Benkö, Marietta
Studien zum Recht der internationalen Schiedsgerichtsbarkeit zur Unabhängigkeit des Schiedsrichters, Schiedsverfahren und Vollstreckung von Schiedssprüchen in England, Berlin (Verlag Heymanns, Carl) 1979.

Ahrendt, Achim
Der Zuständigkeitsstreit im Schiedsverfahren, Tübingen (Verlag Mohr, J.C.B.) 1996.

Albers, Stephan
Der parteibestellte Schiedsrichter im schiedsgerichtlichen Verfahren der ZPO und das Gebot überparteilicher Rechtspflege, Frankfurt (Verlag Lang, Peter) 1995.

Alternativen in der Ziviljustiz
Berichte, Analysen, Perspektiven, Köln (Verlag Bundesanzeiger) 1982.

Backhausen, Georg
Schiedsgerichtsbarkeit unter besonderer Berücksichtigung des Schiedsvertragsrechts, Wien (Verlag Manz) 1990.

Barber, Horst
Objektive Schiedsfähigkeit und ordre public in der internationalen Schiedsgerichtsbarkeit, Frankfurt (Verlag Lang, Peter) 1994.

Baudenbacher, Carl; Schnyder, Anton K.
Die Bedeutung des EG-Kartellrechts für Schweizer Schiedsgerichte, Basel 1996.

Baur, Fritz
Neuere Probleme der privaten Schiedsgerichtsbarkeit, Vortrag gehalten vor der Berliner Juristischen Gesellschaft am 20. Juni 1979, Berlin (Verlag de Gruyter) 1980.

Berger, Klaus P.
Internationale Wirtschaftsschiedsgerichtsbarkeit, Verfahrens- und materiellrechtliche Grundprobleme im Spiegel moderner Schiedsgesetze und Schiedspraxis, Berlin (Verlag de Gruyter) 1992.

Böckstiegel, Karl H.
Schiedsgerichtsbarkeit im gegenwärtigen Umfeld von Politik, Wirtschaft und Gerichtsbarkeit, Köln (Verlag Heymanns, Carl) 1992.

Böckstiegel, Karl H.; Lousanoff, Oleg de; Westermann, Harm P.; Weber, Dolf; Schiffer, K. Jan; Happe, K.M.; Schlosser, Peter
Schiedsgerichtsbarkeit in gesellschaftlichen und erbrechtlichen Angelegenheiten und mit wichtigen Texten, Köln (Verlag Heymanns, Carl) 1996.

Bork, Reinhard; Stöve, Elisabeth
Schiedsgerichtsbarkeit bei Börsentermingeschäften, Köln (Verlag Heymanns, Carl) 1992.

Bosch, Wolfgang
Rechtskraft und Rechtsabhängigkeit im Schiedsverfahren, Tübingen (Verlag Mohr, J.C.B.) 1991.

Bösch, Axel; Farnsworth, Joanna
Provisional Remedies in International Commercial Arbitration, a Practitioner Handbook, Berlin (Verlag de Gruyter) 1994.

Breitenstein, Detlev von; Funck-Brentano, Roland; Mauro, Jacques; Mezger, Ernst H.; Neuer, Richard; Schill, Alexander
Schiedsgerichtsbarkeit in Frankreich, Mit den wichtigsten Texten insbesondere den neuen Kodifikationen von 1980 und 1981, Köln (Verlag Heymanns, Carl) 1983.

Brinkmann, Gisbert
Schiedsgerichtsbarkeit und Massnahmen des einstweiligen Rechtsschutzes, Berlin (Verlag Duncker & Humblot) 1977.

Bucher, Andreas
Le nouvel arbitrage international en Suisse, Basel 1988.

Bucher, Andreas
Die neue internationale Schiedsgerichtsbarkeit in der Schweiz, Basel 1989.
Bucher, Andreas; Tschanz, Pierre Y.
International Arbitration in Switzerland, Basel (Verlag Helbing & Lichtenhahn) 1989.
Bucher, Eugen; Klein, Frédéric E.; Wenger, Werner; Hangarter, Dieter
Die Internationale Schiedsgerichtsbarkeit in der Schweiz, Berlin (Verlag Heymanns, Carl) 1979.
Bühr, Daniel
Der internationale Billigkeitsschiedsspruch in der Schiedsgerichtsbarkeit der Schweiz, unter Berücksichtigung des deutschen, englischen, französischen und italienischen Schiedsrechts, Bern 1993.
Burkhardt, Martin
Vertragsanpassung bei veränderten Umständen in der Praxis des schweizerischen Privatrechts: Vertragsgestaltung, Schiedsgerichtspraxis und Praxis des Bundesgerichts. Bern 1997.
Cremades, Bernardo M.
Arbitration in Spain, Köln (Verlag Heymanns, Carl) 1991.
Diesselhorst, Malte
Mehrparteienschiedsverfahren, Frankfurt (Verlag Lang, Peter) 1994.
Europäisches Comité RUCIP
Geschäftsbedingungen, Begutachtungsordnung, Schiedsgerichtsordnung für den europäischen Kartoffelhandel (RUCIP), 2. Aufl., Hamburg (Verlag Behr's) 1993.
Fasching, Hans W.
Schiedsgericht und Schiedsverfahren im österreichischen und im internationalen Recht, Wien (Verlag Manz) 1973.
Fisch, W.B.; Geimer, R.; Prütting, H.; Walder-Richli, H.U.
Integritätsprobleme im Umfeld der Justiz, die Organisation der Rechtsberatung, Schiedsgerichtsbarkeit und Verfassungsrecht, Bielefeld (Verlag Gieseking, E. u. W.) 1994.
Gétaz Kunz, Valentine
Rechtsmittelverzicht in der internationalen Schiedsgerichtsbarkeit der Schweiz, mit Rechtsvergleichung, Bern 1993.
Gildeggen, Rainer
Internationale Schieds- und Schiedsverfahrensvereinbarungen in Allgemeinen Geschäftsbedingungen vor deutschen Gerichten, Frankfurt (Verlag Lang, Peter) 1991.
Glossner, Ottoarndt; Bredow, Jens; Bühler, Michael
Das Schiedsgericht in der Praxis, 3. Aufl., Heidelberg (Verlag Recht u. Wirtschaft) 1990.
Gottwald, Walther
Streitbeilegung ohne Urteil, vermittelnde Konfliktregelung alltäglicher Streitigkeiten in den Vereinigten Staaten aus rechtsvergleichender Sicht, Tübingen (Verlag Mohr, J.C.B.) 1981.
Grigera Naon, Horacio A.
Choice-of-law Problems in International Commercial Arbitratrion, Tübingen (Verlag Mohr, J.C.B.) 1992.
Haas, Ulrich
Die Anerkennung und Vollstreckung ausländischer und internationaler Schiedssprüche, Berlin (Verlag Duncker & Humblot) 1991.
Häsemeyer, Ludwig; Pawlowski, Hans M.; Siburg, Friedrich W.
Rechtsprechung heute – Anspruch und Wirklichkeit, Vorträge der 28. Reinhäuser Juristengespräche 28.–30. Oktober 1994, Frankfurt (Verlag Lang, Peter) 1996.
Hauck, Gerswith
"Schiedshängigkeit" und Verjährungsunterbrechung nach § 220 BGB unter besonderer Berücksichtigung des Verfahrens nach ZPO, ICC-SchO, UNICITRAL-SchO und ZPO-E/UNICITRAL-MG sowie mit rechtsvergleichenden Bezügen zum Schweizer Recht, Tübingen (Verlag Mohr, J.C.B.) 1996.
Hausmaninger, Christian
Die einstweilige Verfügung im schiedsgerichtlichen Verfahren, Wien (Verlag Springer) 1989.
Heller, Kurt
Der verfassungsrechtliche Rahmen der privaten internationalen Schiedsgerichtsbarkeit, Wien (Verlag Manz) 1996.

Henn, Günter
Schiedsverfahrensrecht – ein Handbuch, 2. Aufl., Heidelberg (Verlag Müller, C.F.) 1991.
Jeong-Ha, Sunju
Einstweilige Massnahme in der Schiedsgerichtbarkeit, Köln (Verlag Heymanns, Carl) 1991.
Jolidon, Pierre
Commentaire du Concordat suisse sur l'arbitrage, Bern 1984.
Kilgus, Stefan
Zur Anerkennung und Vollstreckbarerklärung englischer Schiedssprüche in Deutschland, Berlin (Verlag Duncker & Humblot) 1995.
Klingmüller, Ernst; Krüger, Hilmar; El-Hakim, Jacques
Vertragspraxis und Streiterledigung im Wirtschaftsverkehr mit arabischen Staaten, Köln (Verlag Heymanns, Carl) 1981.
Kohler, Klaus
Die moderne Praxis des Schiedsgerichtswesens in der Wirtschaft, Berlin (Verlag Duncker & Humblot) 1967.
Krafzik, Bernd
Die Spruchpraxis der Hanseatischen Schiedsgerichte, Berlin (Verlag Duncker & Humblot) 1974.
Kühl, Sebastian G.
Schiedsgerichtsbarkeit im Seehandel – Maritime Arbitration, rechtsvergleichende Untersuchung unter Berücksichtigung der Gesetzesänderungen in England, Frankreich und der Bundesrepublik Deutschland sowie der Rechtslage in den USA (New York), Kehl (Verlag Engel, Norbert P.) 1990.
Labes, Hubertus W.
Schiedsgerichtsvereinbarungen in Rückversicherungsverträgen, Frankfurt (Verlag Lang, Peter) 1996.
Lalive, Pierre; Blessing, Marc; Briner, Robert; Reymond, Claude; Bucher, Eugen; Hoffmann, Bernd von; Kuhn, Wolfgang; Pestalozzi, Anton; Hangarter, Dieter
Die Internationale Schiedsgerichtsbarkeit in der Schweiz, Das neue Recht ab 1. Januar 1989, Köln (Verlag Heymanns, Carl) 1988.
Langkeit, Jochen
Staatenimmunität und Schiedsgerichtsbarkeit, verzichtet ein Staat durch Unterzeichnung einer Schiedsgerichtsvereinbarung auf seine Immunität? Heidelberg (Verlag Recht u. Wirtschaft) 1989.
Lingens, Karl H.
Internationale Schiedsgerichtsbarkeit und Jus Publicum Europaeum 1648–1794, Berlin (Verlag Duncker & Humblot) 1988.
Lionnet, Klaus
Handbuch der internationalen und nationalen Schiedsgerichtsbarkeit, Stuttgart (Verlag Boorberg, R.) 1996.
Mandelkow, Dieter
Chancen und Probleme des Schiedsgerichtsverfahrens in Bausachen, Düsseldorf (Verlag Werner) 1995.
Markert, Thomas
Rohstoffkonzessionen in der internationalen Schiedsgerichtsbarkeit, Baden-Baden (Verlag Nomos) 1989.
Marx, Ludger
Der verfahrensrechtliche ordre public bei der Anerkennung und Vollstreckung ausländischer Schiedssprüche in Deutschland, Frankfurt (Verlag Lang, Peter) 1994.
Menander; Wilamowitz-Moellendorff, Ulrich
Das Schiedsgericht, 4. Aufl., Hildesheim (Verlag Weidmann) 1974.
Müller, Reiner; Houbertz, Burkhard
Die Aufgaben und Arbeit der Schiedsstellen, Theorie und Praxis für Vorsitzende und Mitglieder von Schiedsstellen, Glienicke (Verlag für Arbeitsrecht) 1991.
Müller, Martin L
Die Zuständigkeit des Schiedsgerichts, Bern 1997.

Nöcker, Thomas
Das Recht der Schiedsgerichtsbarkeit in Kanada, Heidelberg (Verlag Recht u. Wirtschaft) 1988.
Pirrung, Jörg
Die Schiedsgerichtsbarkeit nach dem Weltbankübereinkommen für Investitionsstreitigkeiten unter besonderer Berücksichtigung der Rechtslage bezüglich der Bundesrepublik Deutschland, Berlin (Verlag Duncker & Humblot) 1972.
Raeschke-Kessler, Hilmar; Berger, Klaus; Lehne, Hans K.
Recht und Praxis des Schiedsverfahrens, 2. Aufl., Köln (Verlag: RWS Kommunikationsforum GmbH) 1995.
Rauh, Karlheinz
Die Schieds- und Schlichtungsordnungen der UNCITRAL, Köln (Verlag Heymanns, Carl) 1983.
Reiner, Andreas
Handbuch der ICC-Schiedsgerichtsbarkeit, die Verfahrensordnung des Schiedsgerichtshofes der Internationalen Handelskammer unter Berücksichtigung der am 1.1.1988 in Kraft getretenen Änderungen, Wien (Verlag Manz) 1989.
Rüede, Thomas; Hadenfeldt, Reimer
Schweizerisches Schiedsgerichtsrecht, nach Konkordat und IPRG, 2. Aufl., Zürich 1993.
Schäfer, Martin
Entschädigungsstandard und Unternehmensbewertung bei Enteignung im allgemeinen Völkerrecht: Unter besonderer Berücksichtigung der jüngeren schiedsgerichtlichen Spruchpraxis, Heidelberg (Verlag Recht und Wirtschaft) 1997.
Schlosser, Peter
Das Recht der internationalen privaten Schiedsgerichtsbarkeit, 2. Aufl., Tübigen (Verlag Mohr, J.C.B.) 1989.
Schlosser, Peter; Sandrock, Otto; Glossner, Ottoarndt; Wühler, Norbert
Rechtsfortbildung durch Internationale Schiedsgerichtsbarkeit, Köln (Verlag Heymanns, Carl) 1989.
Schmitz, Stephan
Allgemeine Rechtsgrundsätze in der Rechtsprechung des Iran-United Stat es Claims Tribunal, eine Untersuchung über das anwendbare Recht, nachträgliche Leistungshindernisse und Entlastungsgründe sowie ungerechtfertigte Bereicherung, Frankfurt (Verlag Lang, Peter) 1992.
Schulte, Günter
Gesetzesauszüge für Schiedsämter und Schiedsstellen, Strafgesetzbuch (StGB), Jugendgerichtsgesetz (JGG), Strafprozessordnung (St PO), Bürgerliches Gesetzbuch (BGB), Zivilprozessordnung (ZPO), Gesetz über Rechtsberatung und Vertretung für Bürger mit geringem Einkommen (Beratungshilfegesetz), Gesetz über die Entschädigung von Zeugen und Sachverständigen (ZSEG), Bundesgebührenordnung für Rechtsanwälte (BRAGO), Nachbarrechtsgesetz NW (NachbG NW), 4. Aufl., Köln (Verlag Heymanns, Carl) 1995.
Schulte, Günter
Recht der Schiedsstellen in den Gemeinden der neuen Bundesländer (Textausgabe der Gesetze und Verwaltungsvorschriften), 2. Aufl., Köln (Verlag Heymanns, Carl) 1997.
Schütze, Rolf A.
Schiedsgericht und Schiedsverfahren, München (Verlag C.H. Beck) 1991.
Schütze, Rolf A.; Tscherning, Dieter; Wais, Walter
Handbuch des Schiedsverfahrens, Praxis der deutschen und internationalen Schiedsgerichtsbarkeit, 2. Aufl., Berlin (Verlag de Gruyter) 1990.
Schwab, Karl H.; Habscheid, Walther J.
Beiträge zum Internationalen Verfahrensrecht und zur Schiedsgerichtsbarkeit, Festschrift für Heinrich Nagel zum 75. Geburtstag, Münster (Verlag Aschendorff) 1987.
Schwab, Karl H.; Walter, Gerhard
Schiedsgerichtsbarkeit, systematischer Kommentar zu den Vorschriften der Zivilprozessordnung, des Arbeitsgerichtsgesetzes, der Staatsverträge und der Kostengesetze über das privatrechtliche Schiedsgerichtsverfahren, 5. Aufl., München (Verlag C.H. Beck) 1995.
Sonnauer, Heinz
Die Kontrolle der Schiedsgerichte durch die staatlichen Gerichte, Köln (Verlag Heymanns, Carl) 1992.

Stix, Christel
Gerichtliche und aussergerichtliche Durchsetzung ziviler Rechtsansprüche, rechtlicher Vergleich und ökonomische Analyse, Wiesbaden (Deutscher Universitätsverlag) 1992.
Straatmann, Kuno; Ulmer, Peter
Handelsrechtliche Schiedsgerichts-Praxis, Sammlung von Schiedssprüchen unter Einschluss von Urteilen und Texten zur Schiedsgerichtsbarkeit, Köln (Verlag Schmidt, Otto) ohne Jahr.
Strittmatter, Angelika
Tarife vor der urheberrechtlichen Schiedsstelle, Angemessenheit – Berechnungsgrundlagen – Verfahrenspraxis, Berlin (Verlag Arno Spitz) 1994.
Über Fabrikgesetzgebung Schiedsgerichte und Einigungsämter
Gutachten auf Veranlassung der Eisenacher Versammlung zur Besprechung der sozialen Frage, Ruggel (Topos Verlag) 1988.
Velten, Rainer
Die Anwendung des Völkerrechts auf State Contracts in der internationalen Schiedsgerichtsbarkeit, Berlin (Verlag Duncker & Humblot) 1987.
Vinogradova, Jelena A.
Tretejskij sud v Rossii (Schiedsgerichtsbarkeit in Russland), Zakonodatelstvo, praktika, kommentarii (Gesetzestext, Übungen, Kommentar), München (Verlag C.H. Beck) 1993.
Walder, Hans U.
Einführung in das Internationale Zivilprozessrecht der Schweiz, Anerkennung und Vollstreckung ausländischer Entscheidungen, Zuständigkeit der schweizerischen Gerichte, Schiedsgerichtsbarkeit und weitere Fragen nach IPRG und Staatsverträgen, Zürich 1989.
Walter, Gerhard; Bosch, Wolfgang; Brönnimann, Jürgen
Internationale Schiedsgerichtsbarkeit in der Schweiz, Kommentar zu Kapitel 12 des IPR-Gesetzes, Bern 1991.
Wanger, Markus
Liechtensteinisches Wirtschafts- und Gesellschaftsrecht, mit einer Darstellung des liechtensteinischen Schiedsgerichtsverfahrens, 2. Aufl., Vaduz (Verlag Megatrade) 1994.
Weitensteiner, Hans K.
Karl Flesch – Kommunale Sozialpolitik in Frankfurt am Main, Frankfurt (Verlag Haag + Herchen) 1976.
Wolf, Christian
Die institutionelle Handelsschiedsgerichtsbarkeit, München (Verlag C.H. Beck) 1992.
Wunderer, Regina
Der Deutsche "Ordre Public D'Arbitrage International" und Methoden seiner Konkretisierung, Frankfurt (Verlag Lang, Peter) 1993.
Zerbe, Götz
Die Reform des Deutschen Schiedsverfahrens Rechts, auf der Grundlage des Uncitral-Modellgesetzes über die Internationale Handelsschiedsgerichtsbarkeit, München (Verlag Löw u. Vorderwülbecke) 1995.
Ziegler, Karl H.
Das private Schiedsgericht im antiken römischen Recht, München (Verlag C.H. Beck) 1971.
Zimmer, Daniel
Zulässigkeit und Grenzen schiedsgerichtlicher Entscheidung von Kartellrechtsstreitigkeiten, eine rechtsvergleichende Untersuchung auf der Grundlage US-amerikanischen und deutschen Rechts, Baden-Baden (Verlag Nomos) 1991.

b) englischsprachige Literatur zur Schiedgerichtsbarkeit

Aksen, G.
Arbitration and expertise = Arbitrage et expertise / G. Aksen, Paris (International Chamber of Commerce, Institute of International Business Law and Practice) 1994.
Arbitration
Boston (Verlag: Massachusetts Continuing Legal Education) 1997.
Arbitration and mediation
Lake Oswego (Oregon State Bar, Continuing Legal Education) 1996.

Buhring-Uhle, Christian
Arbitration and mediation in international business: designing procedures for effective conflict management, Boston (Verlag: Kluwer Law International) 1996.
Carbonneau, Thomas E.
Cases and materials on commercial arbitration, Yonkers (Verlag: Juris) 1997.
Chendo, I. G.
Arbitration: principles and practice under the standard form of building contract in Nigeria for architects, quantity surveyors, and contractors, Onitsha (Verlag: Hybrid Publishers Ltd.) 1994.
Coe, Jack J.
International commercial arbitration: American principles and practice in a global context, Irvington-on-Hudson, (Verlag: Transnational Publishers) 1997.
Dezalay, Yves
Dealing in virtue: international commercial arbitration and the construction of a transnational legal order, Chicago (Verlag: University of Chicago Press) 1996.
Diaconis, John S.
Reinsurance litigation and arbitration, New York (Verlag: Practising Law Institute) 1995.
Dolson, William F.; Barreca, Christopher A.; Zimny Max
Labor arbitration: cases and materials for advocates, Chicago (Committee on ADR in Labor and Employment Law, Section of Labor and Employment Law, American Bar Association; Washington, D.C.: Bureau of National Affairs) 1997.
Elkouri, Frank; Goggin, Edward P.; Volz, Marlin M.
How arbitration works, Washington DC (Bureau of National Affairs) 1997.
Ferris Brown, Laura
ADR in the courts: a bibliography on court-annexed arbitration and mediation in the U.S., including neutral qualifications, standards, and training, New York (Library and Information Center on the Resolution of Disputes, American Arbitration Association) 1995.
Green, Phillip; Hunt, Barbara
Brooker's arbitration law and practice, Wellington, N.Z. (Verlag: Brooker & Friend. 1993.
Harris, Bruce; Planterose, Rowan; Tecks, Jonathan
The Arbitration Act 1996: a commentary, Oxford/Cambridge (Verlag: Blackwell Science) 1996.
Huleatt-James, Mark; Gould, Nicholas
International commercial arbitration: a handbook, London/New York (Verlag: LLP) 1996.
Kurkela, Matti; Petteri, Uoti
Arbitration in Finland, Helsinki (Verlag: Lakimiesliiton Kustannus) 1994.
Loughran, Charles S.
How to prepare and present a labor arbitration case: strategy and tactics for advocates, Washington, D.C. (Bureau of National Affairs) 1996.
Merkin, Robert M.
Arbitration act 1996: annotated guide, Essex (Verlag: LLP Limited) 1996.
Miller, Francis E.
Arbitration, the arbitrator and the parties: their relationships, allied topics & judicial immunity: a review of a topic that affects every arbitration and which is likely to be neglected by those most concerned, Herne Bay, Kent (Verlag: Ruthtrek) 1994.
Mittal, D. P.
Taxmann's new law of arbitration ADR & contract in India, Boston (Verlag: Kluwer) 1997.
Model arbitration law quarterly reports
London (Verlag: Simmonds & Hill) 1995.
Nemeth, Charles P.
Litigation, pleadings and arbitration, Cincinnati (Verlag: Anderson Pub.) 1997.
Niles, Edward I.
California arbitration handbook, Carlsbad (Verlag: Michie) 1996.
Ontario Insurance Commission
Ontario Insurance Commission arbitration decisions, Scarborough (Verlag: Carswell) 1995.
Ordover, Abraham P.; Flores Michael G.; Doneff, Andrea
Alternatives to litigation: mediation, arbitration, and the art of dispute resolution, Notre Dame (National Institute for Trial Advocacy)1993.

Pellonpèaèa Matti, David
The UNCITRAL arbitration rules as interpreted and applied: selected problems in light of the practice of the Iran-United States Claims Tribunal, Helsinki (Verlag: Finnish Lawyers' Pub.) 1994.
Permanent Court of Arbitration
Permanent Court of Arbitration optional rules for arbitrating disputes between two parties of which only one is a state, The Hague, NL (International Bureau of the Permanent Court of Arbitration) 1994.
Peter, Wolfgang
Arbitration and renegotiation of international investment agreements, 2. Aufl., Boston (Verlag: Kluwer Law International) 1995.
Peter, Wolfgang
Arbitration and renegotiation of international investment agreements: a study with particular reference to means of conflict avoidance under natural resources investment agreements, The Hague/Boston (Verlag: Kluwer Law International) 1995.
Roorda, Peter; Carter, James H.
Report of the delegation to international arbitration centers: May 8-15, 1993, Chicago (American Bar Association, Section of International Law and Practice, International Legal Exchange Committee) 1995.
Roy Chowdhury, Salil K.
Law of arbitration and conciliation, Calcutta (Verlag: Eastern Law House) 1996.
van den Berg, Albert
International Arbitration Congress (12th: 1994, Vienna, Austria): Planning efficient arbitration proceedings: the law applicable in international arbitration, Boston (Verlag: Kluwer Law International) 1996.
Weintraub, Russell J.
International litigation and arbitration: practice and planning, Durham, (Verlag: Carolina Academic Press) 1997.

Gesetz über den Zivilprozess (Zivilprozessordnung)
(vom 13. Juni 1976)

I. Teil: Allgemeine Bestimmungen

1. Abschnitt: Zuständigkeit

A. Örtliche Zuständigkeit

Vorbehalt des Bundesrechts
§ 1. Die Vorschriften dieses Gesetzes über die örtliche Zuständigkeit gelten, soweit das Bundesrecht nichts anderes vorschreibt.

Allgemeiner Gerichtsstand

1 Die Gerichtsstände des Bundesrechts, die dem kantonalen Recht vorgehen, sind zahlreich. Bestimmend sind dafür das LugÜ, das Bundesgesetz über das internationale Privatrecht, das ZGB, das OR und verschiedene Bestimmungen des Immaterialgüterrechts.

LugÜ:

Art. 2 LugÜ:	Allgemeine Zuständigkeit am Wohnsitz des Beklagten.
Art. 5 Nr. 1 LugÜ:	Klagen aus Vertragsrecht: besondere Zuständigkeit am Erfüllungsort.
Art. 5 Nr. 1 LugÜ:	Klagen aus Arbeitsvertrag: besonderer Gerichtsstand am Ort der Arbeitsverrichtung.
Art. 5 Nr. 2 LugÜ:	Unterhaltssachen: besondere Zuständigkeit am Wohnsitz oder am gewöhnlichen Aufenthaltsort des Berechtigten.
Art. 5 Nr. 3 LugÜ:	Besonderer Gerichtsstand am Handlungs- oder Erfolgsort.
Art. 5 Nr. 3 LugÜ:	Unerlaubte Handlung: Handlungs- oder Erfolgsort.
Art. 5 Nr. 5 LugÜ:	Klagen aus Betrieb einer Zweigniederlassung: besondere Zuständigkeit am Ort der Niederlassung.
Art. 8 I Nr. 2 LugÜ:	Versicherungssachen, Klagen gegen den Versicherer: Wohnsitz des Versicherungsnehmers.
Art. 11 I LugÜ:	Klagen des Versicherers: Wohnsitzstaat des Beklagten.
Art. 14 LugÜ:	Klagen in Verbrauchersachen: Wohnsitzstaat des Verbrauchers oder des Vertragspartners.
Art. 16 Nr. 1 LugÜ:	Klagen aus Miete oder Pacht von unbeweglichen Sachen: ausschliessliche Zuständigkeit im Staat der gelegenen Sache, evtl. Wohnsitz des Beklagten.
Art. 16 Nr. 1a LugÜ:	Klagen über dingliche Rechte an unbeweglichen Sachen; ausschliessliche Zuständigkeit im Staat der gelegenen Sache.
Art. 16 Nr. 2 LugÜ:	Klagen betreffend Auflösung von Gesellschaften und Anfechtung von Organbeschlüssen: Sitzstaat der Gesellschaft.

Art. 16 Nr. 4 LugÜ:	Klagen betreffend Eintragung oder Gültigkeit registrierter Immaterialgüterrechte: Staat des Registers.
Art. 16 Nr. 5 LugÜ:	Klagen betreffend Vollstreckung aus Entscheidungen: Staat der Zwangsvollstreckung (4 N 57 f.)
Art. 17 LugÜ:	Gerichtsstandsvereinbarungen.

Für das LugÜ sind folgende Grundsätze bedeutsam: Die Zuständigkeitsvorschriften des LugÜ gelten, wenn der Beklagte seinen Wohnsitz in einem Vertragsstaat hat, wobei sich der Begriff des Wohnsitzes, bzw. des Sitzes gemäss dem Recht des Gerichtsstaats bestimmt. In den praktischen Fällen hingegen ist für den Gerichtsstand regelmässig der Wohnsitz des Klägers und nicht des Beklagten massgebend, dies zeigt sich in den Bestimmungen von Art. 5 bis 18 LugÜ, welche die meisten Fallkonstellationen, die in der Praxis vorkommen können, umfasst. Gemäss Art. 4 Abs. 1 LugÜ bestimmt sich die Zuständigkeit nach innerstaatlichem Recht, wenn der Beklagte keinen Wohnsitz im Hoheitsgebiet eines Vertragsstaats aufweist. Dies bedeutet, dass der Arrestgerichtsstand bei Fehlen des Wohnsitzes des Beklagten in einem Hoheitsgebiet eines Vertragsstaats des LugÜ weiterhin anwendbar ist. Das LugÜ stellt somit nicht auf die Staatsangehörigkeit ab; für die Anwendung des LugÜ kommt es zwar darauf an, dass der Beklagte den Wohnsitz im Hoheitsgebiet eines Vertragsstaats hat, häufig sind die Gerichte am Wohnsitz des Klägers aber massgebend (vgl. dazu Art. 5 Ziff. 1 LugÜ für den Vertragserfüllungsort, Art. 5 Ziff. 3 LugÜ Gerichtsstand am Deliktsort und Art. 14 Abs. 1 LugÜ Gerichtsstand am Wohnsitz des Verbrauchers). Für eine erweiterte Auslegung schafft das LugÜ keine Rechtsgrundlage, insbesondere also nicht in Fällen, in welchen die Auslandsbeziehungen zu einem Nicht-Vertragsstaat zur Diskussion stehen. Für die Auslegung des LugÜ wird regelmässig auf das Brüsseler Abkommen verwiesen, und dort ist eindeutig festgehalten, dass es darum geht, den Rechtsschutz innerhalb der Gemeinschaft zu verstärken. Eine internationalistische Auslegung, wie sie etwa von Bernasconi/Gerber, Der räumliche, persönliche Anwendungsbereich des LugÜ, SZIRG, 1993, 39 ff. vertreten wird, ist entschieden abzulehnen.

2

Wichtige Ausnahmen von der Regel, dass zumindest der Beklagte in einem der Vertragsstaaten ansässig sein muss, sind gemäss Art. 17 LugÜ (bei Gerichtsstandsvereinbarungen genügt, wenn eine Partei, z.B. der Kläger, den Wohnsitz in einem Vertragsstaat hat) und in Art. 16 LugÜ, ohne Rücksicht auf den Wohnsitz bei Streitigkeiten, die dingliche Rechte an unbeweglichen Sachen zum Gegenstand haben sowie Miete und Pacht (ausgenommen zum vorübergehenden privaten Gebrauch für höchstens sechs aufeinanderfolgende Monate), die Gerichte des Vertragsstaats, in dem die unbewegliche Sache gelegen ist, zuständig. Für sogenannte Registerklagen nach Art. 16 Ziff. 3 bestimmt das LugÜ, dass die Gerichte des Registerstaats ausschliesslich zuständig sind; dies gilt vor allem auch für Eintragungen oder die Gültigkeit von Patenten, Warenzeichen, Mustern und Modellen sowie von ähnlichen Rechten, die einer Hinterlegung oder Registrierung bedürfen. Schliesslich sind für Zwangsvollstreckung ausschliesslich die Gerichte des Vertragsstaats zuständig, in dessen Hoheitsgebiet die Zwangsvollstreckung durchgeführt werden soll. Für Klagen, welche die Gültigkeit, die Nichtigkeit oder die Auflösung einer Gesellschaft oder juristischen Person oder der Beschlüsse ihrer Organe zum Gegenstand haben, sind ausschliesslich die Gerichte des Vertragsstaats zuständig, in dessen Hoheitsgebiet die Gesellschaft oder die juristische Person ihren Sitz hat. Für dingliche Klagen ist der Gerichtsstand ausschliesslich; dies gilt insbesondere für dingliche Klagen gemäss Art. 16 Ziff. 1 LugÜ, der einen ausschliesslichen Gerichtsstand schafft. Gemäss Art. 274 b Abs. 2 OR kann der in der Schweiz wohnhafte Mieter nicht zum Voraus auf dem Gerichtsstand am Ort der unbeweglichen Sache verzichten, und für die Miete von Wohnräumen ist ein vertraglich vereinbartes Schiedsgericht ausgeschlossen. Gemäss Art. 712 l Abs. 2 ZGB ist für Klagen gegen die Stockwerkeigentümergemeinschaft der Ort der gelegenen Sache zwingend.

3

Zutreffenderweise hat das Bundesgericht Art. 59 BV beachtet: Gemäss BGE 117 II 29 sind Klagen auf Übertragung dinglicher Rechte an Grundstücken und Klagen für die Vormerkung einer Verfügungsbeschränkung gemäss Art. 960 ZGB am Wohnsitz des Beklagten anzubringen; gemäss

4

BGE 120 I a 245 gilt dies auch für ein nicht vorgemerktes Rückkaufsrecht an einem Grundstück im Sinne von Art. 959 ZGB. Art. 82 BGBB schafft für Klagen auf Übertragung von Eigentum an landwirtschaftlichen Gewerben und Grundstücken und für Klagen auf Eintragung oder Löschung von Grundpfandrechten und landwirtschaftlichen Grundstücken einen Gerichtsstand am Ort der gelegenen Sache neben dem Gerichtsstand am Wohnsitz des Beklagten. Nur im internationalen, jedoch nicht im innerstaatlichen Verhältnis, gilt Art. 98 Abs. 2 IPRG für Klagen betreffend Immobilien gegen Beklagte, welche in der Schweiz weder Wohnsitz noch gewöhnlichen Aufenthalt haben. Das Bundesgericht erblickte gemäss BGE 81 I 221 und BGE 49 I 458 keinen Verstoss gegen Art. 59 BV bei Klagen über faustpfandversicherte Forderungen, die am Ort der gelegenen Sache erhoben wurden. Diese Auslegung ist fragwürdig und dürfte sich mit Art. 59 BV nicht vertragen.

5   **Gerichtsstände des Bundesgesetzes über das internationale Privatrecht.**

Art. 2, 112 Abs. 1 IPRG: Allgemeine Zuständigkeit: Wohnsitz des Beklagten.

Art. 5 IPRG: Gerichtsstandsvereinbarungen.

Art. 33 Abs. 2 und 129 IPRG: Persönlichkeitsschutz: Wohnsitz, bei Fehlen gewöhnlicher Aufenthaltsort oder Ort der Niederlassung des Beklagten, bei Fehlen Handlungs- oder Erfolgsort.

Art. 46 IPRG: Eheliche Rechte und Pflichten: Wohnsitz oder gewöhnlicher Aufenthaltsort des Ehegatten.

Art. 59 IPRG: Scheidung und Trennung: Wohnsitz des Beklagten oder des schweizerischen bzw. sich seit einem Jahr hier aufhaltenden Klägers.

Art. 66, 79 I IPRG: Kindsverhältnis, Beziehung Eltern/Kind: gewöhnlicher Aufenthaltsort des Kinds oder Wohnsitz von Vater oder Mutter bzw. des beklagten Elternteils.

Art. 86 IPRG: Erbrechtliche Klagen: letzter Wohnsitz des Erblassers.

Art. 97 IPRG: Klagen über dingliche Rechte an Grundstücken: Ort der gelegenen Sache.

Art. 98 IPRG: Klagen über dingliche Rechte an beweglichen Sachen: Wohnsitz, bei Fehlen gewöhnlicher Aufenthalt des Beklagten, bei Fehlen Ort der gelegenen Sache.

Art. 109 IPRG: Klagen betreffend Immaterialgüterrechte: Wohnsitz des Beklagten, bei Fehlen jener Ort, wo man Schutz beansprucht.

Art. 112 Abs. 2 IPRG: Klagen aus Tätigkeit einer Niederlassung: zusätzliche Zuständigkeit am Ort der Niederlassung.

Art. 113 IPRG: Klagen aus Vertragsrecht: Wohnsitz oder gewöhnlicher Aufenthalt des Beklagten, bei Fehlen am Erfüllungsort.

Art. 114 IPRG: Konsumentenklage: Wohnsitz oder gewöhnlicher Aufenthaltsort des Konsumenten oder des Anbieters.

Art. 115 IPRG: Arbeitsvertragliche Klagen: Wohnsitz des Beklagten oder gewöhnlicher Arbeitsort; für Klagen des Arbeitnehmers: zusätzlich sein Wohnsitz oder gewöhnlicher Aufenthaltsort.

Art. 129 IPRG: Unerlaubte Handlung: Wohnsitz, bei Fehlen gewöhnlicher Aufenthaltsort oder Ort der Niederlassung des Beklagten, bei Fehlen Handlungs- oder Erfolgsort.

ZPO: § 1

Art. 131 IPRG:	Unmittelbares Forderungsrecht gegen Haftpflichtversicherer: Ort der Niederlassung des Versicherers oder Handlungs- oder Erfolgsort.
Art. 151, 152 IPRG:	Klagen gegen Gesellschaften und Verantwortlichkeitsklagen: Sitz der Gesellschaft oder Wohnsitz, bei Fehlen gewöhnlicher Aufenthaltsort der Verantwortlichen, evtl. Ort der tatsächlichen Verwaltung.

Gerichtsstände im ZGB

Art. 28b, 28f Abs. 2, 28l Abs. 2 :	Persönlichkeitsschutz: Wohnsitz des Klägers oder des Beklagten.
Art. 35:	Verschollenenerklärung am schweizerischen Wohnsitz oder Heimatort
Art. 111:	Klage auf Untersagung des Eheabschlusses am Ort des Verkündbegehrens
Art. 136, 144 :	Ungültigerklärung, Scheidung und Trennung der Ehe: Wohnsitz des Klägers.
Art. 140 VE ZGB:	Wohnsitz eines Ehegatten
Art. 180:	Eheschutzmassnahmen: Wohnsitz des Ehegatten.
Art. 186:	Anordnung des ausserordentlichen Güterstands am Wohnsitz eines Ehegatten.
Art. 194:	Klagen über güterrechtliche Auseinandersetzung: am letzten Wohnsitz des Erblassers; Gerichtsort der Trennung/ Scheidung.
Art. 253, 279 Abs. 2:	Kindsverhältnis, Unterhaltsklage: Wohnsitz einer Partei.
Art. 538 Abs. 2:	Erbrechtliche Klagen: letzter Wohnsitz des Erblassers.

Gerichtsstände im OR

Art. 40g:	Streitigkeiten über das Widerrufsrecht bei Haustürgeschäften: Wohnsitz des Beklagten oder des Klägers.
Art. 274b Abs. 1a:	Klagen aus dem Mietverhältnis, an unbeweglichen Sachen: Ort der gelegenen Sache; an beweglichen Sachen: Wohnsitz des Beklagten.
Art. 343 Abs. 1:	Arbeitsrechtlicher Streit: Wohnsitz des Beklagten oder Betriebsort.
Art. 642 Abs. 3, 782:	Abs. 3, 837 Abs. 3 OR: Geschäftsbetrieb der Zweigniederlassung von AG, GmbH, Genossenschaft: Sitz der Zweigniederlassung.
Art. 761:	Verantwortlichkeitsklagen: Sitz der Gesellschaft.

Bestimmungen aus weiteren Gesetzen

Art. 82 BGBB:	Klagen auf Übertragung von Eigentum an landwirtschaftlichen Gewerben oder Grundstücken: Ort der gelegenen Sache
Art. 48 Abs. 2 LPG:	Klagen aus dem landwirtschaftlichen Pachtverhältnis: Wohnsitz des Beklagten oder Ort des Pachtgegenstands.

Art. 23 Abs. 1 AVG: Streitigkeiten zwischen Vermittlern und Stellensuchendem und zwischen Verleiher und Arbeitnehmer: Wohnsitz des Beklagten oder Geschäftsniederlassung des Vermittlers oder Verleihers.

Art. 84 SVG: Haftpflicht aus Motorfahrzeug- und Fahrradunfällen: Unfallort, evtl. Wohnsitz eines Haftpflichtigen.

Immaterialgüterrecht und Kartellrecht

Klagen betreffend Patente, Marken, Urheberrecht:
am Wohnsitz des Beklagten oder Handlungs- oder Erfolgsort, Art. 75 Abs. 1 PatG: Art. 58 Abs. 3 MSchG, Art. 64 URG:
Wohnsitz des Klägers oder Beklagten für Klagen wegen Wettbewerbsbehinderungen und unlauterem Wettbewerb gemäss Art. 10 Abs. 2 KG und Art. 12 Abs. 1 UWG.

6   Ausgeschlossen ist vorgängige Gerichtsstandswahl oder Schiedsabrede im LugÜ in folgenden Fällen: in Versicherungsstreitigkeiten (Art. 12 Nr. 1), in Verbraucherstreitigkeiten (Art. 15 Nr. 1), in Arbeitsvertragsstreitigkeiten (Art. 17 Abs. 5); weitere Gesetze schliessen die vorgängige Prorogation aus; IPR-Gesetz gemäss Art. 14 Abs. 2 bei Streitigkeiten aus dem Bereich des Konsumentenschutzes, das Arbeitsvermittlungsgesetz gemäss Art. 10 Abs. 1 und Art. 23 Abs. 1 für Streitigkeiten aus dem Arbeitsvermittlungs- und Personalleihevertrag; gemäss Art. 18 Abs. 1 für Streitigkeiten aus dem Kartellrecht, gemäss Art. 11 HRG für Streitigkeiten aus dem Handelsreisendenvertrag, gemäss Art. 226 f. und 228 OR für den Abzahlungs- und Vorauszahlungsvertrag, gemäss Art. 274 b und Art. 274 c OR betreffend Miete von Wohnräumen und beweglichen Sachen zum privaten Gebrauch und gemäss Art. 361 OR beim Arbeitsvertrag.

7   In zahlreichen Fällen schreibt das Bundesrecht ein sogenanntes **einfaches und rasches Verfahren** vor; in Art. 25 SchKG ist ein **summarisches** und ein **beschleunigtes** Verfahren für betreibungsrechtliche Prozesse vorgesehen; das ZGB kennt ein einfaches und rasches Verfahren im Gegendarstellungsverfahren betreffend Persönlichkeitsschutz gemäss Art. 28g ff. ZGB, im Unterhaltsprozess des Kinds gemäss Art. 280 Abs. 1 ZGB, in den Bestimmungen für den fürsorgerischen Freiheitsentzug gemäss Art. 397f. ZGB, für die Wohnungs- und Geschäftsmiete gemäss Art. 274d Abs. 1 OR, für Streitigkeiten aus dem landwirtschaftlichen Pachtverhältnis gemäss Art. 47 Abs. 1 LPG, für Streitigkeiten aus dem Arbeitsvermittlungs- und Personenverleihstreit gemäss Art. 10 Abs. 2 und Art. 23 Abs. 2 AVG, in arbeitsrechtlichen Streitigkeiten gemäss Art. 343 Abs. 2 OR, gemäss Art. 13 UWG in UWG-Streitigkeiten bis zu einem vom Bundesrat zu bestimmenden Streitwert und in bestimmten Verfahren ohne Streitwert, gemäss Art. 12 Abs. 3 DSG für Streitigkeiten betreffend Auskunftsrecht im Datenschutzgesetz.

8   Aus sozialpolitischen und ähnlichen Gründen sehen verschiedene Gesetze kostenlose Verfahren vor. Kostenlosigkeit bedeutet nicht, dass der obsiegenden Gegenpartei keine Parteientschädigung zu bezahlen ist. Kostenlosigkeit sehen etwa vor Art. 343 Abs. 3 OR für arbeitsrechtliche Streitigkeiten bis Fr. 20'000 und im Arbeitsvermittlungsgesetz Art. 10 Abs. 4 und Art. 23 Abs. 4 für Streitigkeiten bis Fr. 20'000. Art. 274d Abs. 2 OR für Streitigkeiten betreffend Wohnungs- und Geschäftsmiete, gemäss Art. 12 Abs. 2 Gleichstellungsgesetz im Diskriminierungsstreit und gemäss Art. 11 Abs. 4 GlG vor der Schlichtungsstelle im Diskriminierungsstreit, und zwar unabhängig vom Streitwert.

9   Da für Verantwortlichkeitsprozesse die Kosten- und Parteientschädigungen ausserordentlich hoch sind, ist für die Anfechtung von Beschlüssen der Generalversammlung gemäss Art. 706 Abs. 3 OR und aktienrechtlichen Verantwortlichkeitsprozessen gemäss Art. 756 Abs. 2 OR die **Regelung der Kosten- und Entschädigungsfolgen in das richterliche Ermessen** gestellt.

10 Weitere Sonderregelungen gelten für **vorsorgliche Massnahmen**, Regelungen des Beweisrechts (Beweislast, Beweislastumkehr, freie Beweiswürdigung, Editionspflichten etc.).

Zusammenfassend lässt sich festhalten, dass der Bundesgesetzgeber zunehmend, insbesondere durch Staatsverträge mit ihrer erheblichen Regulierungsdichte, in das Prozessrecht und damit in die kantonale Prozesshoheit eingreift. Der Bund dehnt damit seine verfassungsmässig beschränkten Kompetenzen aus. 11

Besonderer Wohnsitz im ZGB: Das **minderjährige Kind** hat Wohnsitz am Wohnort der Eltern bzw. bei jenem Elternteil, dem die elterliche Gewalt gemäss den Bestimmungen des ZGB zusteht, der **Bevormundete** hat Wohnsitz am Sitz der Vormundschaftsbehörde (Art. 285 ZGB). Dies gilt auch für die vorläufige Entmündigung gemäss Art. 386 Abs. 2 ZGB. Hat der Inhaber der elterlichen Gewalt in der Schweiz keinen Wohnsitz, oder wird die Vormundschaftsbehörde bei Bevormundeten im Ausland geführt, so sind Minderjährige und Bevormundete am Aufenthaltsort belangbar. Ehefrau und Ehemann können je einen eigenen Wohnsitz haben, auch wenn die Ehe weder faktisch noch tatsächlich getrennt ist (Art. 162 ZGB). 12

Der Gerichtsstand am gewöhnlichen Aufenthaltsort des Beklagten kommt nur in Frage, wenn der Beklagte in der Schweiz keinen Wohnsitz hat (Art. 59 BV) oder durch eine Spezialvorschrift das Belangen am Ort des gewöhnlichen Aufenthalts zulässig ist. Der Gerichtsstand des Aufenthaltsorts greift sodann, wenn ein ausländischer Wohnsitz tatsächlich aufgegeben, in der Schweiz jedoch kein neuer begründet worden ist (Art. 24 Abs. 2 ZGB). Dabei ist unerheblich, ob der frühere Wohnsitz nach ausländischem Recht noch fortdauert. 13

Eine juristische Person hat ihren Sitz grundsätzlich am statutarischen Sitz; dies gilt auch für Vereine, Familienstiftungen und Körperschaften des kantonalen öffentlichen Rechts; bei Personengesellschaften, d.h. bei Kollektiv- und Kommanditgesellschaften, bestimmt sich der ordentliche Gerichtsstand nach dem im Handelsregister eingetragenen Sitz. 14

ZR 87, Nr. 22: Eine selbständige Agentur, die weder wirtschaftlich noch rechtlich in einem Zusammenhang mit dem Luftfrachtführer steht, ist keine Geschäftsstelle desselben im Sinne von Art. 28 Abs. 1 des Warschauer-Abkommens zur Vereinheitlichung von Regeln über die Beförderung im internationalen Luftverkehr vom 12.10.1929, mit Änderung vom 28.9.1955. Der Abschluss eines Luftfrachtvertrags durch einen Agenten begründet daher keinen Gerichtsstand durch den Luftfrachtführer am Sitz des Agenten. 15

Allgemeiner Gerichtsstand
§ 2. (alte Fassung). Klagen sind am Wohnsitz des Beklagten zu erheben, sofern die folgenden Bestimmungen keinen andern Gerichtsstand bezeichnen. Der Wohnsitz bestimmt sich nach den Vorschriften des Schweizerischen Zivilgesetzbuches.

Die Klage kann am gewöhnlichen Aufenthaltsort des Beklagten erhoben werden,
1. wenn der Beklagte seinen bisherigen Wohnsitz aufgegeben hat, ohne einen neuen zu begründen);
2. wenn der Beklagte in der Schweiz keinen Wohnsitz hat.

Die Klage kann am jeweiligen Aufenthaltsort oder, wenn dieser unbekannt ist, am letzten bekannten Aufenthaltsort des Beklagten erhoben werden, wenn dieser keinen Wohnsitz oder gewöhnlichen Aufenthaltsort nachweist.

Allgemeiner Gerichtsstand
§ 2. (neue Fassung, 24.9.1995). Klagen sind am Wohnsitz des Beklagten zu erheben, sofern die folgenden Bestimmungen keinen andern Gerichtsstand bezeichnen. Der Wohnsitz bestimmt sich nach den Vorschriften des Schweizerischen Zivilgesetzbuches.

Die Klage kann am gewöhnlichen Aufenthaltsort des Beklagten erhoben werden, wenn der Beklagte keinen Wohnsitz nachweist.

Fehlt auch ein gewöhnlicher Aufenthaltsort, kann die Klage am jeweiligen Aufenthaltsort oder, wenn dieser unbekannt ist, am letzten bekannten Aufenthaltsort des Beklagten erhoben werden.

1 Art. 2 IPRG hält grundsätzlich am allgemeinen Gerichtsstand am Wohnsitz des Beklagten fest; Art. 3 IPRG schafft eine Notzuständigkeit der schweizerischen Gerichte an jenem Ort, mit dem der Sachverhalt einen genügenden Zusammenhang aufweist, sofern das IPRG keine Zuständigkeit in der Schweiz vorsieht und ein Verfahren im Ausland nicht möglich oder unzumutbar ist. Art. 2 LgÜ schafft einen allgemeinen Gerichtsstand am Wohnsitz des Beklagten, dem aber nur subsidiäre Natur zukommt, da häufig der Erfüllungsort und damit der Wohnsitz des Klägers massgebend ist (Art. 5 bis 18 LgÜ).

2 Art. 20 Abs. 1 lit. a IPRG bestimmt den Wohnsitz einer natürlichen Person zuerst wie im ZGB als in jenem Staat gelegen, in dem sich die natürliche Person mit der Absicht dauernden Verbleibens aufhält. Gemäss Art. 20 Abs. 2 IPRG sind die Bestimmungen des ZGB über Wohnsitz und Aufenthalt nicht anwendbar, wenn eine Person nirgends einen Wohnsitz hat, und für diesen Fall bestimmt das IPRG den gewöhnlichen Aufenthalt als Wohnsitz. Art. 52 Abs. 1 LugÜ bestimmt für die schweizerischen Gerichte den Wohnsitz/Aufenthaltsort nach Art. 20 IPRG; gemäss Art. 52 Abs. 2 LugÜ wendet das Gericht bei Fehlen eines Wohnsitzes im Gerichtsstaat das Recht jenes Staats an, für welches es den Wohnsitz zu prüfen hat.

3 Das LugÜ knüpft nur in Unterhaltsstreitigkeiten im Sinne von Art. 5 Ziff. 2 an den gewöhnlichen Aufenthaltsort an; nach Art. 20 Abs. 1 lit. b IPRG ist der gewöhnliche Aufenthalt in jenem Staat, in dem sich eine natürlicher Person während längerer Zeit aufhält, selbst wenn diese Zeit zum vornherein befristet ist. Das Bundesgericht hat in BGE 117 II 337 entschieden, was unter einem gewöhnlichen Aufenthalt gemäss Art. 20 Abs. 1 lit. b IPRG zu verstehen sei, ergebe sich nicht aus dem Gesetz, sondern sei aufgrund der Verhältnisse des Einzelfalls zu bestimmen. Die wenig Konkretes besagende bundesgerichtliche Formel dürfte auch für das kantonale Recht gelten, soweit für eigene kantonale Regelungen überhaupt noch Raum besteht.

4 Hingegen ist zu beachten, dass das Steuerrecht eigene Anknüpfungspunkte hat; nach Art. 3 DBG knüpft sich die unbeschränkte Steuerpflicht an einen erwerbstätigen Aufenthalt von mehr als 30 Tagen und an einen Aufenthalt ohne Erwerbstätigkeit von mehr als 90 Tagen. Im Anknüpfen an tatsächliche Verhältnisse zeigt sich ein offenbar zufälliger, enger Zusammenhang mit Art. 20 Abs. 1 lit. b IPRG.

5 Das ZGB bestimmt den Sitz für **juristische Personen** gemäss den **Statuten** (Art. 52 ZGB) subsidiär am **Ort, wo die Verwaltung** geführt wird (ZGB Art. 56). Art. 150 IPRG knüpft hingegen nicht an den Sitz juristischer Personen, sondern spricht von Gesellschaften, worunter auch organisierte Personengesellschaften und organisierte Vermögenseinheiten fallen; für einfache Gesellschaften gilt das auf Verträgen anwendbare Recht, sofern sie sich keine eigenen Organisationen gegeben haben. Unter organisierte Vermögenseinheiten fallen etwa Stiftungen und allenfalls der Anlagefonds. Art. 151 IPRG bestimmt für gesellschaftsrechtliche Klagen und Verantwortlichkeitsklagen den Sitz der Gesellschaft als Gerichtsstand, subsidiär den Wohnsitz der Beklagten.

6 Gemäss Art. 21 Abs. 2 IPRG gilt ebenfalls der statutarische Sitz, der Sitz gemäss Gesellschaftsvertrag und subsidiär der Sitz am Ort der tatsächlichen Verwaltung. Demgegenüber lässt Art. 53 Abs. 1 LugÜ die Definition von "Gesellschaften und juristischen Personen" offen; der Gerichtsstaat bestimmt den Sitz nach seinem internationalen Privatrecht, die Schweiz also nach Art. 21 Abs. 2 IPRG. Das LugÜ ist insoweit verfassungswidrig, als ihm Art. 59 BV entgegensteht. Der Bundesgesetzgeber ist nicht befugt, bewusst verfassungswidrige Beschlüsse und Gesetze bzw. Staatsverträge zu erlassen. Art. 59 BV wäre vorerst in einer Abstimmung von Volk und Ständen aufzuheben.

7 Art. 59 BV gilt im interkantonalen Verhältnis für Ansprüche obligatorischer Natur, d.h. nicht für personen-, familien-, sachen- und erbrechtliche Klagen oder solche, die in überwiegender Weise sich auf das Personen-, Familien-, Erb- oder Sachenrecht beziehen. Für die Klage auf den Aus-

schluss aus der Stockwerkeigentümergemeinschaft gilt gemäss BGE 105 I a 125 Art. 59 BV nicht, da bei diesen realobligatorischen Ansprüchen sachenrechtliche Elemente überwiegen. Art. 59 BV gilt für aufrechtstehende Schuldner, d.h. Schuldner, für die keine (ungedeckten) Verlustscheine bestehen, die sich nicht in Konkurs oder in Nachlassstundung befinden oder sonst illiquid sind, wie das Bundesgericht in BGE 96 I 148 ausführte. Für die Frage, ob ein Wohnsitz in der Schweiz besteht, gilt das ZGB, wobei Art. 24 Abs. 1 ZGB nicht anwendbar ist (BGE 96 I 148).

Zu beachten ist, dass es sich hierbei um ein verfassungsmässiges Recht nur des Schuldners, nicht auch des Gläubigers handelt und dass Vorschriften von Bundesgesetzen, die Art. 59 BV widersprechen, gemäss Art. 113 Abs. 3 BV nicht überprüfbar sind; der Schuldner kann somit die Verletzung durch kantonales Recht und insbesondere kantonale Entscheide rügen. Die Rüge einer Verletzung von Art. 59 BV erfolgt mittels staatsrechtlicher Beschwerde. Gemäss BGE 118 Ia 296 hat ein Gläubiger die Möglichkeit, das unrichtige Anwenden von Art. 59 BV bei der Auslegung der Gültigkeit einer Gerichtsstandsklausel zu rügen. Insbesondere ausserhalb des LugÜ besteht nach wie vor die Gültigkeit von Art. 59 BV auch im internationalen Verhältnis. Art. 59 BV ist gemäss BGE 98 Ia 668 bei der Beweissicherung und gemäss BGE 69 I 5 betreffend Wohnsitz eines notwendigen Streitgenossen nicht anwendbar. 8

Am Wohnsitz des Klägers gelten folgende Gerichtsstände: Art. 28b ZGB (Verletzung des Persönlichkeitsrechts), Art. 281 Abs. 2 ZGB (vorsorgliche Massnahmen im Vaterschaftsprozess), Art. 40g OR (Konsumentenschutzrecht), Art. 114 Abs. 2 lit. a (Verträge mit Konsumenten), Art. 115 Abs. 1 IPRG (Klagen des Arbeitnehmers am Wohnsitz oder seinem gewöhnlichen Aufenthalt), Art. 5 Abs. 2 Ziff. 2 (Unterhaltssachen), Art. 8 Abs. 1 Ziff. 2 LugÜ (Wohnsitz des Versicherungsnehmers bei Versicherungsstreitigkeiten), Art. 14 Abs. 1 LugÜ (Klagen des Verbrauchers), Art. 10 Abs. 2 KG (einziger kantonaler Gerichtsstand am Wohnsitz des Klägers oder des Beklagten). 9

Subsidiär gilt nach der Zürcher Zivilprozessordnung nach wie vor der Wohnsitz des Beklagten für alle jene Klagen, für welche nicht ein besonderer Gerichtsstand besteht. Dieser allgemeine Gerichtsstand gilt auch für das summarische Verfahren gemäss § 204 ZPO, nicht jedoch in einseitigen Verfahren gemäss § 211 Abs. 2 ZPO und im sogenannten vorsorglichen Beweisaufnahmeverfahren gemäss § 232 ZPO, sofern in diesen Fällen nicht ein besonderer Gerichtsstand bundesrechtlich vorgesehen ist. 10

Im internationalen Verhältnis gilt gemäss Art. 112 IPRG der Gerichtsstand am Wohnsitz des Beklagten, subsidiär jener des gewöhnlichen Aufenthalts, subsubsidiär jener des Erfüllungsorts. 11

ZR 86, Nr. 4: Vgl. § 50 ZPO.

Besondere Gerichtsstände
a) Niederlassung
§ 3. Klagen, welche mit einer geschäftlichen oder beruflichen Niederlassung des Beklagten im Zusammenhang stehen, können am Ort der Niederlassung erhoben werden.

Wahlweise neben dem Wohnsitzgerichtsstand besteht der Gerichtsstand der Niederlassung. Im inländischen Verhältnis sind **drei Stufen** zu unterscheiden, nämlich der **Betriebsort nach Art. 343 Abs. 1 OR (erste Stufe)**, der lediglich eine feste vom Arbeitgeber auf Dauer geschaffene Einrichtungen verlangt; gemäss BGE 114 II 353 genügt es nicht, dass ein Arbeitnehmer an seinem Wohnort Tagesrapporte erstellt und von dort Bestellungen an den Arbeitgeber weiterleitet, wobei noch ein Telefonbeantworter installiert ist (der Betriebsort nach OR 343 Abs. 1 ist zu unterscheiden vom Ort der gewöhnliche Arbeitsleistung gemäss Art. 115 Abs. 1 IPRG, Art. 5 Ziff. 1 LugÜ, welcher an den Erfüllungsort der charakteristischen Vertragsleistung anknüpft). Etwas weiter ist der Begriff der **Geschäftsniederlassung nach kantonalem Recht (zweite Stufe)**; BGE 101 Ia 41 verlangt dafür, dass ein qualitativ und quantitativ wesentlicher Teil des Betriebs am Ort der Niederlassung geführt wird (was soll das konkret heissen?); eine gewisse Selbständigkeit der Geschäftsniederlassung gegenüber dem Hauptgeschäft muss vorhanden sein; am Ort der Geschäfts- 1 niederlassung finden dauernde geschäftliche Tätigkeiten statt; es liegen dort ständige körperliche Einrichtungen vor. Im innerstaatlichen Verhältnis versteht man unter einer **Zweigniederlassung im Sinne von Art. 643 Abs. 3 (dritte Stufe)**, Art. 782 Abs. 3 und Art. 837 Abs. 3 OR eine derart weitgehende Selbständigkeit des Betriebsteils, dass dieser ohne tiefgreifendes Verändern der Struktur als unabhängiger Betrieb weitergeführt werden könnte (BGE 103 II 201). BGE 117 II 87: Über die Selbständigkeit einer Zweigniederlassung müsse von Fall zu Fall unter Berücksichtigung des Aussenverhältnisses entschieden werden; unwesentlich sei, ob die Zweigniederlassung an die Instruktionen des Hauptsitzes oder eines andern Zweigbetriebs gebunden sei, ob der Hauptsitz die Tätigkeit überwache, ihr Budget genehmige, ihre Buchhaltung führe oder gewisse Geschäfte selbständig abwickle; für die Unabhängigkeit der Zweigniederlassung sei vielmehr bedeutsam, ob sie über eine eigene Büroorganisation mit einem bevollmächtigten Leiter verfüge und ständig mindestens ein Angestellter anwesend sei, welcher befugt sei, wichtige Briefe zu unterzeichnen. Die geforderte Selbständigkeit lasse sich daraus schliessen, ob direkte Beziehungen zur Kundschaft bestünden, Verträge mit Dritten abgeschlossen würden, eine eigene Korrespondenz auf Papier mit speziellem Briefkopf geführt werde, Rechnungen ausgestellt würden, Telefon- und Fernschreiberadresse (heute müsste man eher Faxadresse sagen), ein Postcheck- oder Bankkonto vorhanden seien und endlich, welches die Bedeutung der behandelten Geschäfte sei. "Dagegen ist an sich belanglos, ob der Leiter am Geschäftssitz wohnt und die Kunden direkt an den Hauptsitz bezahlen. In der Praxis sind zahlreiche Abstufungen zwischen Abhängigkeit und Selbständigkeit festzustellen; entscheidend ist die Gesamtlage (BGE 89 I 413). Massgebend ist dabei stets die Autonomie nach aussen, wie immer die interne Organisation auch gestaltet sein mag, BGE 108 II 125" (BGE 117 II 88).

2   Der Gerichtsstand der Zweigniederlassung besteht auch ohne Eintrag der Niederlassung im Handelsregister, falls die Zweigniederlassung hinreichend selbständig ausgestaltet ist. Für den Gerichtsstand einer Zweigniederlassung einer ausländischen Gesellschaft ist zu verlangen, dass in der Schweiz zumindest eine zeichnungsberechtigte Person ansässig ist; denn wenn niemand für die Zweigniederlassung zeichnen kann, fehlt dieser die erforderliche Selbständigkeit.

3   **Art. 642, Art. 782 und Art. 837 OR** schreiben bundesrechtlich für die Zweigniederlassung einer AG, einer GmbH oder einer Genossenschaft betreffend Klagen aus ihrem Geschäftsbetrieb diesen Gerichtsstand vor (BGE 103 II 200). Dieser kantonale Gerichtsstand gemäss § 3 ZPO der Zweigniederlassung gilt auch für Freierwerbende, wie Ärzte, Anwälte, Ingenieure, die ihren Beruf als Selbständigerwerbende ausserhalb ihres Wohnsitzes ausüben. Im internationalen Verhältnis ist diese Frage der Belangbarkeit am Ort der Niederlassung stets separat zu prüfen. Um auf eine Zweigniederlassung zu schliessen, müssen ständige körperliche Anlagen oder Einrichtungen bestehen, die dazu führen, dass ein quantitativ und qualitativ wesentlicher Teil des Betriebs eines Unternehmers oder eines Selbständigerwerbenden sich dort abwickeln kann. Auch wenn es nicht notwendig ist, dass die Zweigniederlassung ins Handelsregister eingetragen ist, dürfen sich Dritte grundsätzlich auf diesen Eintrag gemäss BGE 62 I 18 verlassen.

4   Gemäss **Art. 112 IPRG** (vgl. auch Art. 21 IPRG: Sitz = Wohnsitz) sind für Klagen aufgrund der Tätigkeit einer Niederlassung in der Schweiz die Gerichte am Ort der Niederlassung zuständig. Das IPRG ist derzeit noch schweizerisches Recht, so dass sich eine Auslegung gemäss dem LugÜ Art. 5 Ziff. 5, das sich wiederum an das Brüsseler-Übereinkommen anlehnt, nicht nur nicht aufdrängt, sondern sachwidrig wäre. Unklar ist Art. 5 Ziff. 5 des LugÜ, wonach für Streitigkeiten aus dem Betrieb einer Zweigniederlassung, einer Agentur oder einer sonstigen Niederlassung Zuständigkeiten der Gerichte an jenem Ort begründet werden, an dem sich diese Einrichtungen befinden. Wenig konkretisierend sind die Ausführungen des europäischen Gerichtshofs, wonach es sich um eine Einrichtung handeln soll, die organisatorisch nach Umfang und Dauer der Tätigkeit und den tatsächlichen sowie rechtlichen Befugnissen erkennbar als Aussenstelle eines übergeordneten Stammhauses hervortrete; dies soll auch gelten, wenn eine Muttergesellschaft für eine Tochtergesellschaft in einem anderen Staat Verträge abschliesse.

5   Der Gerichtsstand der Zweigniederlassung umfasst Streitigkeiten aus Verträgen, aus unerlaubter Handlung oder aus ungerechtfertigter Bereicherung oder aus anderen Rechtsgründen, die mit der

Niederlassung in einem inneren Zusammenhang stehen. Bei einem Arbeitsvertrag oder einem Mietvertrag ist dabei nicht wesentlich, ob allenfalls der Hauptsitz den Vertrag unterzeichnet hat.

Art. 5 Ziff. 5 LugÜ: Anknüpfung an den Ort des Betriebs der Zweigniederlassung, einer Agentur oder sonstigen Niederlassung. 6

ZR 91/92, Nr. 60: Die Beklagte begründet ihre Unzuständigkeitseinrede damit, dass für Klagen 7
zum Schutze der Persönlichkeit der Richter am Wohnsitz des Klägers oder des Beklagten zuständig sei, weshalb die Klage nur im Kanton Tessin oder im Kanton Aargau erhoben werden könne. Ein besonderer kantonaler Gerichtsstand komme nicht in Frage, da die bundesrechtliche Gerichtsstandsbestimmung von Art. 28b ZGB ausschliesslicher Natur sei. Zudem fehle es an einer Niederlassung im Sinne von § 3 ZPO oder im Sinne des Handelsrechts (Art. 642 Abs. 3a OR). Die Klägerin macht geltend, dass sowohl nach kantonalem Recht (§ 3 ZPO, Gerichtsstand am Ort der Niederlassung), wie auch nach Bundesrecht (Art. 642 Abs. 3a OR, Gerichtsstand am Ort der Zweigniederlassung), in Zürich geklagt werden könne und hierfür die tatsächliche Voraussetzung gegeben sei. Das Handelsgericht bejahte seine Zuständigkeit, da derjenige, der nicht nur an seinem Wohnsitz, sondern auch an anderen Orten Geschäfte tätigt und dabei die Persönlichkeit von anderen Personen verletzt, sich auch an diesen Orten gerichtlich belangen lassen muss (Vertrauensprinzip im Zivilprozessrecht, BGE 101 Ia 43). Der Gerichtsstand der Niederlassung des Beklagten besteht daher wahlweise neben dem Wohnsitzgerichtsstand und ist demzufolge bundesrechtlich für die Zweigniederlassung einer AG vorgeschrieben. Art. 28b ZGB schliesst deshalb den bundesrechtlichen Gerichtsstand am Ort der Zweigniederlassung und am zürcherischen Gerichtsstand am Ort der Niederlassung nicht aus. Dieses Auslegungsresultat entspricht auch dem Grundgedanken der Gesetzesrevision, dass der Schutz des Verletzten möglichst verstärkt werden soll. Auf die Eintragung im Handelsregister kommt es nicht an; für die Unabhängigkeit der Zweigniederlassung ist bedeutsam, dass sie über eine eigene Büroorganisation mit einem bevollmächtigten Leiter verfügt; was sich darin zeigt, dass direkte Beziehungen zur Kundschaft bestehen, Verträge mit Dritten abgeschlossen werden, eine eigene Korrespondenz auf Papier mit speziellem Briefkopf geführt wird, Rechnungen gestellt werden, eine Telegrammadresse und Telefonnummer gegeben sind (vgl. BGE 117 II 89).
Die Zuständigkeit des Handelsgerichts wurde daher für die Klage gegen ein Medienunternehmen mit Sitz im Kanton Aargau, Redaktion und Anzeigeverwaltung im Kanton Zürich bejaht.

ZR 95, Nr. 21: Die Beklagte betreibt nach klägerischer Absicht in Dietikon eine Zweigniederlassung. Die Deutschschweiz werde von dort aus selbständig betreut. Der Filialleiter trete im Markt als abschlussberechtigter Verkäufer auf und schliesse die Geschäfte ohne Rücksprache mit dem Hauptsitz ab. Der Hauptsitz werde erst nachträglich zum Zwecke der Lieferung und Rechnungstellung informiert. Aus der Sicht der Beklagten dient das Verkaufsbüro Dietikon dagegen nur dazu, "die Kunden besser zu bedienen". Entschieden werde dort aber nicht, "alles Relevante" ginge an den Hauptsitz. Bestellungen müssten vom Hauptsitz gegengezeichnet werden. 8

Weder das Obligationenrecht noch die Handelsregisterverordnung definieren, was eine Zweigniederlassung ist. Aus dem Begriff "Zweigniederlassung" lässt sich immerhin ableiten, dass es sich um einen der Aktiengesellschaft rechtlich und wirtschaftlich unterstellten Geschäftsbetrieb fern der Hauptniederlassung handeln muss. Damit ein solcher Geschäftsbetrieb registerrechtliche Aufmerksamkeit verdient, muss er zudem mindestens die Erfordernisse eines Gewerbes im Sinne von Art. 52 Abs. 3 HRV erfüllen, also eine selbständige, auf dauernden Erwerb gerichtete wirtschaftliche Tätigkeit betreiben (Gauch, a.a.O., N 609-612, N 623 f., N 672-722; BGE 89 I 411 f.; BGE 79 I 73 f./76 f.). Nicht alle Geschäftsbetriebe, die diese Kriterien erfüllen, sind indes schon Zweigniederlassungen. Lehre und Rechtsprechung wollen eine Klarstellung vor Ort und einen zusätzlichen Gerichtsstand bzw. Betreibungsort nur für solche Geschäftsbetriebe zulassen, bei denen die anderen Marktteilnehmer auch ein schutzwürdiges Bedürfnis nach diesen Privilegien haben. Ein solches Bedürfnis ist dann nicht vordringlich, wenn die Hauptniederlassung den Geschäftsbetrieb unselbständig hält und diese (wirtschaftliche) Subordination im Verkehr mit dem Geschäftsbetrieb auch jederzeit klar und deutlich erkennbar ist. Anlass zum Schutz der anderen Marktteilnehmer besteht aber dort, wo vom Geschäftsbetrieb aus Rechtsgeschäfte selbständig ab- 9 geschlossen und abgewickelt werden, ohne dass die Hauptniederlassung gross in Erscheinung tritt (Gauch, a.a.O., N 723-801; BGE 117 II 87 ff.; BGE 103 II 200 ff.; BGE 101 Ia 44 f.; BGE 89 I 413 f.; BGE 79 I 72/75; BGE 77 I 125; ZR 65 S.259; ZR 91/92 S.223).

10 Im Lichte dieser Kriterien verdient die klägerische Ansicht den Vorzug. Beide Parteien gehen nämlich davon aus, dass das Dietiker Verkaufsbüro wirtschaftlich und rechtlich der Beklagten unterstellt ist. Die Räume sind von der Beklagten gemietet, die dort tätigen Mitarbeiter von der Beklagten angestellt und das Mobiliar von ihr angeschafft. Die in Dietikon betriebenen Tätigkeiten (Verkauf und Service) sind Teil der übergeordneten Tätigkeit der Beklagten (Produktion und Vertrieb derselben Produkte). Es steht auch ausser Zweifel, dass die personellen und organisatorischen Fragen des Büros am Hauptsitz entschieden werden und die Allgemeinen Verkaufsbedingungen und Preislisten von dort stammen. Die Dokumente zeigen aber auch, dass der Leiter des Verkaufsbüros Dietikon von dort aus selbständig nach aussen auftritt und in den Offerten nicht auf einen (allfällig bestehenden) Genehmigungsvorbehalt des Hauptsitzes aufmerksam macht. Wenn er es nicht sowieso ist, muss er den Kunden deshalb jedenfalls als abschlussberechtigter Leiter des Verkaufsbüros Dietikon erscheinen. Die Selbstdarstellung in der Werbung und in den Verkaufsunterlagen und die Autonomie hinsichtlich der Formulare und der Kommunikationswege verstärken das Bild einer weitgehend autonomen Filiale nur noch. Wohl wird der Kunde das Produkt und die Rechnung dann vom Hauptsitz bekommen. Dem schon vorher vermittelten Eindruck vermag das indes keinen Abbruch mehr zu tun. Aus der Sicht der Marktteilnehmer rechtfertigt es sich, dass das Verkaufsbüro Dietikon ins Handelsregister des Kantons Zürich eingetragen wird.

b) Spezialdomizil
§ 4. Wer zur Erfüllung einer Verbindlichkeit schriftlich ein besonderes Domizil gewählt hat, kann an diesem Ort dafür belangt werden. Vorbehalten bleibt § 11 Abs. 2.

1 Bundesrechtliche Grundlagen: **Art. 113 IPRG** (Klage am Erfüllungsort, wenn der Beklagte in der Schweiz weder Wohnsitz, gewöhnlichen Aufenthalt noch Niederlassung hat), allgemeiner Gerichtsstand am Erfüllungsort gemäss **Art. 5 Ziff. 1 LugÜ**. Diese Bestimmung des LugÜ ist rechtlich bedenklich, hat doch das Parlament einen verfassungswidrigen Staatsvertrag in einem wesentlichen Punkt (Anerkennung fremder Richter) abgeschlossen, ohne die Verfassung vorerst in dem für Verfassungsänderungen vorgesehenen Verfahren zu ändern. Der Gerichtsstand des Erfüllungsorts wird grundsätzlich in Zukunft ein wichtiger Gerichtsstand sein, weil Geldschulden häufig Bringschulden sind und daher am Wohnsitz des Klägers zu erfüllen wären. Die Schweiz hat zu dieser Bestimmung einen reichlich verworrenen Vorbehalt angebracht, der jedoch 1999 unwirksam werden soll, offenbar ohne dass man dafür eine Verfassungsänderung vorbehalten hat. Entgegen Vogel in AJP 1992, S. 462 ist für die Aufhebung von Art. 59 BV eine Abstimmung von Volk und Ständen notwendig. Insbesondere kann der Umstand keine Grundlage für eine Verletzung von Art. 59 BV bilden, dass der Bundesgesetzgeber immer wieder Abweichungen von dieser Bestimmung vorgesehen hat. Die Änderungen des Bundesgesetzgebers betrafen nämlich nur das landesinterne Verhältnis, nicht jedoch die Auslieferung an Gerichtsstände in allen möglichen Staaten. Worin die überwiegenden Vorteile des Gerichtsstands des Erfüllungsorts bestehen sollen, abgesehen davon, dass es offenbar ein Modegerichtsstand ist, bleibt unergründlich. Aus der Sammlung der Rechtsprechung des europäischen Gerichtshofes, 1987, S. 239 kann man entnehmen, dass nur Nebenpflichten, bei sogenannten synallagmatischen Verträgen am gleichen Ort wie die Hauptpflicht eingeklagt werden können, so dass bei synallagmatischen Verträgen zwei Erfüllungsgerichtsstände bestehen. Während Art. 74 OR bis jetzt keinen allgemeinen Gerichtsstand schuf, sondern dazu eine spezielle Vereinbarung notwendig war, schafft im internationalen Verhältnis eine Vereinbarung im Sinne von Art. 74 OR einen Gerichtsstand nach Art. 5 Ziff. 1 LugÜ, ohne dass dafür eine spezielle Gerichtsstandsvereinbarung nach Art. 17 Abs. 1 LugÜ notwendig soll (Entscheid Slg., 1988/89). Gemäss Slg. 976 1473 soll sich, beim Fehlen einer Vereinbarung über den Erfüllungsort, dieser nach jenem nationalen Recht bestimmen, auf welches das Kollisionsrecht des Gerichtsstaats verweist.

2 Diese Regeln setzen nicht nur komplizierte Abklärungen voraus, welche eine Partei kaum selber treffen kann und daher im internationalen Verhältnis ausserordentlich kostspielig sind, sondern

die Gerichte, und nicht nur in gewissen europäischen Südstaaten, werden teilweise überfordert. Bei einem Kaufvertrag wäre zuerst zu bestimmen, ob die beiden Länder dem LugÜ angehören, wenn ja, ob sie auch dem Wiener Kaufrecht angeschlossen sind oder ob allenfalls das Haager-Übereinkommen vom 15. Juli 1955 anwendbar ist.

Im LugÜ werden Begriffe wie Ansprüche aus einem Vertrag aus dem Übereinkommen selbst bestimmt, d.h. autonom ausgelegt. Nach dem Entscheid Slg. 1993, 987 sollen darunter auch Klagen aus einer Vereinsmitgliedschaft fallen, nicht aber Klagen aus Produktehaftpflicht aus zweiter Stufe, d.h. nicht Klagen eines späteren Erwerbers gegen einen Hersteller, der selber dem Erwerber den Gegenstand nicht verkauft hat, aufgrund von Mängeln der Sache (Slg. 1992 bis 1996, 3996). 3

Bei dieser Bestimmung ist zu beachten, dass das Vereinbaren eines Erfüllungsorts gemäss Art. 74 OR keinen Betreibungsgerichtsstand im Sinne von Art. 50 Abs. 2 SchKG beinhaltet; im innerstaatlichen Verhältnis gilt nach wie vor Art. 59 BV, so dass Art. 74 OR keinen Gerichtsstand des Erfüllungsorts schafft. Diese Bestimmung ist verwandt mit der Gerichtsstandsvereinbarung nach § 11 ZPO. Gemäss BGE 89 III 4 gilt der in einem Wechsel- oder Inhaberpapier angegebene Zahlungsort zugleich als Rechtsdomizil des Schuldners und als Spezialdomizil im Sinne von § 50 Abs. 2 SchKG. BGE 45 I 298 führt aus, der auf Anleihenstiteln eines ausländischen Schuldners angebrachte Vermerk "Titel und Coupon zahlbar bei der schweizerischen Bank... und in ihren anderen Sitzen in der Schweiz" bedeute, dass der Erwerber nicht nur am Ort, wo er den Titel zeichnete, sondern an jedem Sitz der Bank die Zahlung fordern dürfe. 4

c) Wohnsitz des Erblassers
§ 5. (alte Fassung). *Klagen der Erbschaftsgläubiger gegen den Nachlass sind am letzten Wohnsitz des Erblassers zu erheben, solange die Teilung nicht erfolgt und keine vertragliche Gemeinderschaft gebildet ist.*

c) Wohnsitz des Erblassers
§ 5. (aufgehoben, 24.9.95).

Rechtsgrundlagen des Bundesrechts: Art. 538 ZGB, Art. 86 Abs. 1 IPRG.
Wichtige Entscheide: BGE 102 II 387; BGE 81 II 501; ZR 55, Nr. 145; ZR 54, Nr. 196; ZR 74, Nr. 42.

Gemäss dem Grundsatz der Universalsukzession kann jeder Nachlassgläubiger jeden Erben an seinem Wohnsitz belangen (Art. 59 BV). Dieser Gerichtsstand des Nachlasses spielt vor allem eine Rolle, wenn die Erben ganz oder teilweise nicht bekannt sind oder wenn sie sich im Ausland aufhalten. Am letzten Wohnsitz des Erblassers kann ein Gläubiger ein Begehren um amtliche Liquidation gemäss Art. 594 ZGB stellen. In diesem Falle ist der Gläubiger ohne persönliche Haftung der Erben (im innerkantonalen Verhältnis) auf Tilgung aus den Aktiven des Nachlasses angewiesen. Dies hindert ihn nicht daran, die Erben je an ihrem persönlichen Wohnsitz zu belangen. Gemäss Art. 49 SchKG ist die unverteilte Erbschaft in betreibungsrechtlichen Streitigkeiten beschränkt parteifähig, was auch für das Rechtsöffnungsverfahren gemäss BGE 102 II 385 gilt; betreffend Arrest gegen eine unverteilte Erbschaft wird in verschiedenen Entscheiden ausgeführt (ZR 55, Nr. 145, ZR 54, Nr. 196, ZR 74, Nr. 42), ein Arrest sei gegen den Nachlass zulässig, da es sich dabei nur um eine vorausgehende Sicherungsmassnahme im Rahmen des Betreibungsverfahrens handle. Das Arrestverfahren ist nach dem Gesetz ein mit der Betreibung eng verbundener, der Sicherung des Betreibungssubstrats dienender Vorgang. Die Parteifähigkeit des Nachlasses ist nur gegeben, wenn und soweit dies wegen Art. 49 SchKG notwendig ist. 1

Der Gerichtsstand des Wohnsitzes des Erblassers ist für eine ganze Reihe von erbrechtlichen Klagen des ZGB massgebend, so für die Eröffnung des Erbgangs gemäss Art. 538 ZGB, Ungültigerklärung gemäss Art. 519 ZGB, Herabsetzung von letztwilligen Verfügungen gemäss Art. 522 ZGB, Herausgabe der Erbschaft gemäss Art. 598 ZGB, Teilung der Erbschaft gemäss Art. 604 ZGB, Massregeln für die Sicherung gemäss Art. 551 ZGB, insbesondere Siegelung nach Art. 552 ZGB, 2

Aufnahme des öffentlichen Inventars nach Art. 553 ZGB, Anordnung der Erbschaftsverwaltung nach Art. 554 f. ZGB und Eröffnung der letztwilligen Verfügung nach Art. 556 und Art. 559 ZGB, für die Teilung der Erbschaft gemäss Art. 612 ZGB (Versteigerung), für die Ausschlagung der Erbschaft nach Art. 570 ZGB, das öffentliche Inventar nach Art. 581 ZGB, die amtliche Liquidation nach Art. 595 ZGB. Gemäss einem Bundesgerichtsentscheid BGE 40 II 105 soll dieser Gerichtsstand des Erblassers ein ausschliesslicher sein, und in bezug auf Grundstücke demjenigen der gelegenen Sache vorgehen. Triftige Gründe für diese Regelung sind nicht ersichtlich. Für Klagen in bezug auf Grundstücke gilt daher m.E. weiterhin der Ort der gelegenen Sache. Zutreffend hingegen hat das Bundesgericht in BGE 81 II 501 festgehalten, dass der Erblasser über diesen Gerichtsstand nicht verfügen kann, wenn auch die Parteien im konkreten Streitfall einige Gerichtsstandsvereinbarungen treffen können. Es ist zu beachten, dass als letzter Wohnsitz des Erblassers auch gewisse qualifizierte Aufenthalte desselben gelten können.
Wichtig: Diese Bestimmung ist aufgehoben, aber die bundesrechtlichen Gerichtsstände gelten als bundesrechtliche weiter.

d) **Fürsorgerische Freiheitsentziehung**
§ 5a. (neu seit 12.3.l995). **Das Gesuch um gerichtliche Beurteilung der fürsorgerischen Freiheitsentziehung ist beim Gericht am Ort der Anstalt einzureichen. Liegt die Anstalt ausserhalb des Kantons, ist das Gesuch am Sitz der einweisenden Behörde oder am Wohnsitz der betroffenen Person zu stellen.**

1 Der fürsorgerische Freiheitsentzug ist in Art. 397a ZGB ff. geregelt; zuständig für den Entscheid ist eine vormundschaftliche Behörde am Wohnsitz oder, wenn Gefahr im Verzuge ist, eine vormundschaftliche Behörde am Aufenthaltsort der betroffenen Person. Art. 405a ZGB sieht diese Zuständigkeit auch bei fürsorgerischem Freiheitsentzug Unmündiger und Art. 406 ZGB Bevormundeter vor. Im internationalen Verhältnis regelt Art. 25 IPRG diesen Bereich: "Für den Schutz von Minderjährigen gilt in bezug auf die Zuständigkeit der schweizerischen Gerichte oder Behörden, das anwendbare Recht und die Anerkennung ausländischer Entscheidungen oder Massnahmen das Haager Übereinkommen vom 5. Oktober 1961 über die Zuständigkeit der Behörden und das anzuwendende Recht auf dem Gebiet des Schutzes von Minderjährigen. Das Übereinkommen gilt sinngemäss für Volljährige oder für Personen, die nur nach schweizerischem Recht minderjährig sind, sowie für Personen, die ihren gewöhnlichen Aufenthalt nicht in einem der Vertragsstaaten haben. Die schweizerischen Gerichte oder Behörden sind ausserdem zuständig, wenn es für den Schutz einer Person oder deren Vermögen unerlässlich ist". Art. 22a GVG regelt die Zuständigkeit wie folgt: § 53 ZPO regelt das rasche und einfache Verfahren; Art. 203a ff. ZGB enthält die besonderen Vorschriften für das Verfahren betreffend fürsorgerische Freiheitsentziehung, insbesondere Offizialmaxime, Einholen psychiatrischen Gutachtens, Befragung der betroffenen Person innert vier Arbeitstagen.

e) **Ort des Grundstücks**
§ 6. **Klagen über Eigentum oder andere dingliche Rechte an Grundstücken sind dort zu erheben, wo das Grundstück im Grundbuch aufgenommen ist oder aufzunehmen wäre.**

Am gleichen Ort können Klagen auf Übertragung von Grundeigentum, auf Einräumung beschränkter dinglicher Rechte an Grundstücken und andere Klagen erhoben werden, die mit einem Grundstück in Zusammenhang stehen.

2 Hier sei auf die speziellen, inhaltlich gleichartigen Regelungen in Staatsverträgen, insbesondere **Art. 6 Ziff. 4, Art. 16 Ziff. 1 lit. a LugÜ** und **Art. 88 IPRG** (Behörden am Ort der gelegenen Sache, wenn der Erblasser ein Ausländer mit Wohnsitz im Ausland ist), **Art. 97 IPRG** (dingliche Klage an Grundstücken), **Art. 98 IPRG** (Klage auf dingliche Rechte an beweglichen Sachen: Wohnsitz des Beklagten, subsidiär Aufenthaltsort, subsubsidiär Ort der gelegenen beweglichen Sache) hingewiesen. Sodann regeln zahlreiche Staatsverträge die Anerkennung und Vollstreckung von Urteilen in einem anderen Staat. Nach bundesgerichtlicher Rechtsprechung (beispielsweise BGE

66 I 233) gilt für sogenannte dingliche Klagen über Grundstücke und bewegliche Sachen der Gerichtsstand der gelegenen Sache als ungeschriebenes Bundesrecht.

Gemäss BGE 96 III 126 enthält das Sachenrecht keine Gerichtsstandsbestimmungen; dies gilt auch für Klagen von Baupfandgläubigern gegen angeblich vorgehende Baupfandgläubiger nach **Art. 841 ZGB**; die Klage der Baupfandgläubiger gegen vorgehende Baupfandgläubiger auf Ersatz des bei der Pfandverwertung in einer Grundpfandbetreibung oder in einem Konkurs erlittenen Verlusts aus dem Verwertungsanteil der Beklagten sind unabhängig vom Einhalten der Frist nach Art. 117 Abs. 1 VZG am Ort des Baugrundstückes anzubringen. 3

Art. 655 ZGB definiert, was ein Grundstück ist, wozu die in das Grundbuch aufgenommenen selbständigen und dauernden Rechte, die Miteigentumsanteile an Grundstücken und deren Bestandteilen gehören. Auch ein Quellenrecht kann als Grundstück im Sinne von Art. 655 ZGB ausgestaltet sein. 4

Zu diesen dinglichen Rechten gehören etwa die Klage gemäss Art. 641 Abs. 2 ZGB, die Grundbuchberichtigungsklage nach Art. 975 ZGB, die Besitzesschutzklage gemäss Art. 927 f. ZGB, die Besitzesrechtsklage gemäss Art. 934 ff. ZGB, ebenso die Feststellungsklage über das Bestehen oder Nichtbestehen des Eigentums oder eines beschränkten dinglichen Rechts an Grundstücken; gemäss Art. 140 SchKG ist die Klage auf Anfechten des Lastenverzeichnisses am Ort des Grundstücks vorzubringen; der Ort der gelegenen Sache gilt auch für vorsorgliche Massnahmen im Sinne von § 222 ZPO. Gemäss Art. 870 ZGB gilt für das Kraftloserklären von Grundpfandtiteln ausschliesslich der Gerichtsstand der gelegenen Sache. Im Sinne von § 6 Abs. 2 ZPO versteht man beispielsweise Schadenersatzklagen wegen Nichterfüllen oder Dahinfallen von Verträgen im innerstaatlichen Verhältnis (BGE 75 II 136); Art. 59 BV sei hier massgebend, da der Gegenstand der Klagen nur das Grundgeschäft betreffe, nicht jedoch das Ausführungsgeschäft. **Wichtig ist, dass der Gerichtsstand von § 6 Abs. 2 ZPO nur für im Kanton Zürich wohnende Eigentümer und ortsgelegene Grundstücke gilt** (ZR 79, Nr. 113). Im interkantonalen Recht gilt nur dann, wenn ein bestimmter Anspruch im Grundbuch gemäss Art. 959 ZGB vorgemerkt ist, der Ort der gelegenen Sache als Gerichtsstand. Schliesslich ist zu bemerken, dass § 6 Abs. 2 ZPO die Möglichkeit bestehen lässt, am allgemeinen Wohnsitzgerichtsstand den Beklagten zu belangen. § 6 Abs. 2 ZPO ermöglicht sodann Unternehmen, welche beispielsweise Reparaturen einer Immobilie ausgeführt haben, den Grundeigentümer innerkantonal am Ort der gelegenen Sache zu belangen. 5

Ein solcher Wahlgerichtsstand gilt etwa für Realobligationen, die zwar keine unmittelbare Sachherrschaft gewähren, aber welche den Berechtigten einen gesetzlichen oder vertraglichen persönlichen Leistungsanspruch gegenüber den jeweiligen Eigentümer eines Grundstücks oder anderen dinglichen Rechts eröffnen. Typische Realobligationen sind die in Art. 959 ZGB vorgemerkten persönlichen Rechte, das gesetzliche Vorkaufsrecht des Miteigentümers von Stockwerkeigentümern gemäss Art. 682 ZGB, bzw. Art. 712 lit. c ZGB. Nur wenn der obligatorische Anspruch im Grundbuch gemäss Art. 959 ZGB vorgemerkt ist oder der Kläger eine Verfügungsbeschränkung im Grundbuch erwirkt hat, ist interkantonal der Gerichtsstand der gelegenen Sache zulässig. 6

Klagen auf Ausschluss der Stockwerkeigentümer-Gemeinschaft nach BGE 105 I a 23 sind am Ort der gelegenen Sache anzubringen. Weiter sollen darunter die nachbarrechtlichen Verpflichtungen des Grundeigentümers gemäss Art. 669, 689, 690, 697 Abs. 2, 698 ZGB fallen. Der Gerichtsstand der gelegenen Sache gilt auch für Nebenverpflichtungen. 7

Im Miet- und Pachtrecht gilt kraft bundesrechtlicher Spezialregelung (Art. 274b lit. a., vgl. auch 274c OR) der Ort der gelegenen Sache zwingend als Gerichtsstand.

Im innerkantonalen Bereich können sodann Ingenieure und Architekten ihre Honorarforderungen am Ort der gelegenen Sache vorbringen, was jedoch interkantonal nur unter dem Vorbehalt von Art. 59 BV gilt. 8

9	Wenn ein Grundstück in mehreren Grundbuchkreisen liegt, so ist gemäss Art. 952 Abs. 2 ZGB und Art. 6 der Grundbuchverordnung jener Grundbuchkreis massgebend, wo der grösste Teil des Grundstücks liegt. Für Grunddienstbarkeiten und Grundlasten kommt es auf den Ort der gelegenen Sache des belasteten Grundstücks an. Beim Verpfänden mehrerer Grundstücke für die gleiche Forderung im Sinne von Art. 798 ZGB kann der Gläubiger wählen, an welchem Grundstücksort er klagen will.
10	Wesentlich ist zu beachten, dass für persönliche Klagen, die mit einem Grundstück in Zusammenhang stehen, ohne dass eine Vormerkung oder eine Verfügungsbeschränkung erwirkt ist, Art. 59 BV im interkantonalen Verhältnis zu beachten ist.
11	Der Gerichtsstand der gelegenen Sache setzt nicht voraus, dass eine Partei ihren Wohnsitz im Kanton Zürich hat (ZR 39, Nr. 129). Für das Retentionsrecht nach Art. 895 ZGB und das Retentionsrecht des Vermieters (beschränkt auf Geschäftsliegenschaften) hat § 6 ZPO eine gewisse Bedeutung.
12	**ZR 88, Nr. 36:** Die Wendung "und andere Klagen erhoben werden, die mit einem Grundstück in Zusammenhang stehen", bedeutet nicht, dass grundsätzlich jeder Prozess, der im Zusammenhang mit einem Grundstück steht, am Ort dieses Grundstückes durchgeführt werden könnte, auch wenn keine der Parteien Eigentümerin des Grundstücks wäre. Dieser Gerichtsstand steht nicht zur Verfügung für Klagen eines für ein Grundstück Arbeit leistenden Bauhandwerkers gegen einen Dritten, der nicht Eigentümer des Grundstücks ist (beispielsweise einen Architekten).

f) Ort der beweglichen Sache
§ 7. Klagen über Eigentum oder andere dingliche Rechte an beweglichen Sachen sowie über Forderungen, die durch ein Faustpfand oder Retentionsrecht gesichert sind, können am Ort der gelegenen Sache erhoben werden.

Die Vollstreckung, durch die dem Kläger der Besitz an einer beweglichen Sache verschafft werden soll, kann am Ort der gelegenen Sache verlangt werden.

1	Während für Klagen über Eigentum und andere dingliche Rechte an Grundstücken ausschliesslich der Gerichtsstand der gelegenen Sache vorgeschrieben ist, besteht für Klagen für dingliche Rechte an beweglichen Sachen ein Wahlgerichtsstand am Ort der gelegenen Sache neben dem allgemeinen Gerichtsstand am Wohnsitz des Beklagten. Nach traditioneller Lehre soll man darunter nur körperlich greifbare Sachen verstehen, wozu auch Wertpapiere gehören sollen; für sogenannte dingliche Rechte an Rechten, wie beispielsweise Nutzniessung oder das Pfandrecht an Forderungen, soll der Gerichtsstand der beweglichen Sache nicht gelten. Dies mag historisch begründet sein; heute sind jedoch die Wertpapiere häufig nicht mehr körperlich greifbar, sondern nur elektronisch erfasst.
2	Dieser Gerichtsstand gilt für die rei vindicatio im Sinne von Art. 641 Abs. 2 ZGB, für die Wegschaffung zugeführter Sachen gemäss Art. 700 ZGB, Klagen betreffend ein Faustpfand gemäss 884 ff. ZGB oder ein Retentionsrecht nach Art. 895 ff. ZGB sowie für Klagen betreffend die Miete beweglicher Sachen gemäss 274b Abs. 1 lit. b OR.
3	Beim Retentionsrecht nach Art. 895 ZGB ist zu beachten, dass zwischen der Klage und dem retinierten Gegenstand Konnexität besteht. Die Klage auf Herausgabe einer Geldsumme ist gemäss BGE 93 I 551 am Ort der gelegenen Sache vorzunehmen, wenn die Hinterlegung an die Stelle eines Pfands oder retinierter Sachen trat. Bei Sicherungsübereignungen und Sicherungszessionen soll der Gerichtsstand der gelegenen Sache nicht gelten.
4	Bei beweglichen Sachen bereitet mitunter die Frage Schwierigkeiten, wo sie gelegen sind. Man stellt darauf ab, wo sich die Sache beim Eintritt der Rechtshängigkeit der Klage dauernd oder vorübergehend befindet; Klagen nach Art. 938, Art. 940 ZGB kann man an jenem Ort anbringen, wo

sich die Sache während dieser Zeitperiode befindet, für die der Beklagte für verantwortlich gehalten wird. Verpfändete Mobilien und Wertpapiere befinden sich am Wohnsitz des Pfandgläubigers oder seines Stellvertreters (bei Wertpapieren häufig auf einer Bank); für Inhaberpapiere: BGE 88 III 142 (Arrest nur gültig, wenn die Inhaberaktien bei einer der Banken liegen, gegen welche Arrest erwirkt wurde), für vinkulierte Namenaktien: BGE 92 III 24, analog wie bei BGE 88 III 142.

Art. 98 Abs. 2 IPRG sieht eine subsidiäre Zuständigkeit für Klagen betreffend dingliche Rechte am Ort der gelegenen Sache vor, wenn der Beklagte in der Schweiz weder Wohnsitz noch Aufenthalt hat. 5

g) Ort der gerichtlichen Anordnung
§ 8. (alte Fassung). *Klagen auf Herausgabe hinterlegter Sachen, auf Beanspruchung geleisteter Sicherheiten oder auf Schadenersatz wegen Erwirkung ungerechtfertigter vorsorglicher Massnahmen können dort erhoben werden, wo die Sicherstellung oder Massnahme gerichtlich angeordnet wurde.*

g) Ort der gerichtlichen Anordnung
§ 8. (aufgehoben, 24.9.95).

Wahlgerichtsstand neben dem Wohnsitz des Beklagten: § 215 Ziff. 13, 16, 40 ZPO, § 219 Ziff. 1, 19, 22, § 220 ZPO. Zuständig für die Bestimmung des Hinterlegungsorts ist der Einzelrichter, der einer der beteiligten Parteien gemäss ZR 50 Nr. 82 Frist zur Klageanhebung setzt. 1

Wenn bei vorsorglichen Massnahmen einer Partei Sicherheiten im Sinne von § 110 Abs. 3 und § 227 ZPO auferlegt werden, so kann die Schadenersatzklage gemäss § 230 ZPO wahlweise am Ort der Sicherheitsleistung oder am Wohnsitz des Beklagten erhoben werden. Schadenersatzklagen für Schaden aus einer vorsorglichen Massnahme ohne vorherige Sicherheitsleistung kann man am Ort der Anordnung der Massnahme oder am Wohnsitz des Beklagten erheben. 2

Nicht unter § 8 ZPO fallen freiwillige Sicherheitsleistungen des Schuldners in zweiseitigen Verträgen (Art. 83, 266, 295, 345 OR). 3

h) Betreibungssachen
§ 9. Alle betreibungsrechtlichen Klagen, für die das summarische oder beschleunigte Verfahren vorgeschrieben ist, sind am Ort der Betreibung, des Konkurses, des Arrestes oder der Retention zu erheben. Widerspruchsklagen, die sich gegen den Inhaber des Gewahrsams an der gepfändeten Sache richten, sind am Ort der gelegenen Sache zu erheben, wenn der Betreibungsort in einem andern Kanton liegt.

Forderungsklagen nach Bewilligung eines Arrestes (Art. 278 SchKG, 279 rev. SchKG) können am Arrestort erhoben werden.

Fassung voraussichtlich ab 1. Januar 1997:
  § 9. Alle betreibungsrechtlichen Klagen, für die das summarische oder beschleunigte Verfahren vorgeschrieben ist, sind am Ort der Betreibung, des Konkurses, des Arrestes oder der Retention zu erheben.

  Forderungsklagen nach Bewilligung eines Arrestes (Art. 279 SchKG) können am Arrestort erhoben werden.

Im **summarischen Verfahren** entscheidet der Einzelrichter die in SchKG-Sachen vorgeschrieben folgenden Fällen: Die Zulassung eines nachträglichen Rechtsvorschlags (Art. 77 SchKG); die Rechtsöffnung (Art. 80-84 und Art. 278 SchKG); die Aufhebung und Einstellung einer Betreibung (Art. 85 SchKG); die Aufnahme eines Güterverzeichnisses und die Anordnung vorsorglicher 1

Massnahmen (Art. 83, 162, 170, 183 SchKG); die Konkurseröffnung (Art. 166, 188, 190-192 und 309 SchKG); die Anerkennung eines ausländischen Konkursdekrets und die Anordnung sichernder Massnahmen (Art. 167 Abs. 1 und Art. 168 IPRG); die Anerkennung eines ausländischen Kollokationsplans (Art. 173 Abs. 2 IPRG); die Bewilligung des Rechtsvorschlags in der Wechselbetreibung (Art. 181 SchKG); die Anordnung und Einstellung der Liquidation einer Verlassenschaft (Art. 193 und 196 SchKG); den Widerruf des Konkurses (Art. 195 und 317 SchKG); die Einstellung des Konkursverfahrens und die Anordnung des summarischen Konkursverfahrens (Art. 230 und 231 SchKG); den Schluss des Konkursverfahrens (Art. 268 SchKG); die Bewilligung eines Arrests (Art. 272 SchKG) und die Auferlegung oder Änderung einer Arrestkaution (Art. 273 SchKG); die Anerkennung eines von einer ausländischen Behörde genehmigten Nachlassverfahrens oder eines ähnlichen Verfahrens (Art. 175 IPRG).

2   Das **beschleunigte Verfahren** gilt für Klagen (§ 22 GVG) auf Aufhebung von Arresten mangels eines Arrestgrunds (Art. 279 SchKG, Art. 278 rev. SchKG) und auf Anfechtung der Ansprüche Dritter an Arrestgegenständen; Klage auf Rückschaffung von Retentionsgegenständen (Art. 284 SchKG) sowie Klagen Dritter, welche aufgrund von Art. 273 OR die Herausgabe von Retentionsgegenständen verlangen, Widerspruchsklagen (Art. 107, 109, bzw. Art. 107 und 108 rev.SchKG) sowie für Klagen über Lasten auf einer zu versteigernden Liegenschaft (Art. 140 Abs. 2 SchKG), die Feststellung des Nichtbestehens oder der Stundung der Betreibungsforderung (Art. 86 Abs. 2 SchKG), die Freigabe- und Widerspruchsklage (Art. 85a Abs. 4 SchKG), die privilegierte Anschlusspfändung (Art. 111 Abs. 5 SchKG), Klagen über die Anfechtung des vom Betreibungsamt entworfenen Kollokationsplans (Art. 148 Abs. 2, 157 Abs. 4), Klagen über Eigentumsansprachen und Anfechtung des Kollokationsplans im Konkurs und im Verfahren betreffend Nachlassvertrag mit Vermögensabtretung (Art. 242, 250, 251, 316g SchKG) und die Klage auf Feststellung neuen Vermögens (Art. 265 Abs. 3 SchKG).

3   Bei nicht zwingenden Gerichtsständen sind Vereinbarungen über einen Gerichtsstand oder über ein Schiedsgericht massgeblich (BGE 68 III 81).

4   Es ist Sache der Aufsichtsbehörde (in SchKG-Sachen), und nicht des mit einer betreibungs- oder konkursrechtlichen Klage befassten Richters, darüber zu entscheiden, ob die Verfügung eines Betreibungs- oder Konkursamts, wie z.B. die Fortsetzung der Pfändung, die Konkursandrohung wegen Unzuständigkeit desselben, anfechtbar ist. Im Zweifelsfall legt der Richter den Fall der Aufsichtsbehörde vor und erklärt sich nur von Amtes wegen unzuständig, wenn die Vorschriften über den Betreibungsort offensichtlich verletzt worden sind (vgl. BGE 96 III 33). Diese Praxis ist kaum haltbar: Entweder ist der Richter zuständig oder nicht zuständig, aber ein bisschen zuständig ist er nie.

5   Die **Arrestforderungsklage** (Art. 278 SchKG) ist eine selbständige Zivilklage, das SchKG bestimmt den Gerichtsstand nicht, so dass der Gerichtsstand sich nach dem kantonalen Prozessrecht bestimmt; für Zürich gilt der Wohnsitz des Beklagten, der Arrrestort, der prorogierte Gerichtsstand, Gerichtsstand der Einlassung und ein vereinbarter Schiedsgerichtsstand. Das gleiche gilt für die **Anerkennungsklage** gemäss Art. 79 SchKG, die **Rückforderungsklage** gemäss Art. 86 und 187 SchKG, die **Aberkennungsklage** gemäss Art. 83 SchKG.

6   Gemäss BGE 108 III 41 ist der Gerichtsstand am Arrestort nicht zwingend; wenn der Vertrag eine abweichende Gerichtsstands- oder Schiedsklausel enthält, ist diese gültig und auf eine fristgerecht am Gericht des Arrestorts eingereichte Klage ist wegen Unzuständigkeit nicht einzutreten, so dass die Klagefrist versäumt und der Arrest gemäss Art. 278 Abs. 4 SchKG dahingefallen ist.

7   Für die Anfechtungsklage nach Art. 285 SchKG bzw. Art. 298 rev. SchKG gilt der allgemeine Wohnsitz des Beklagten; Art. 289 rev. SchKG sieht bei fehlendem Wohnsitz in der Schweiz den Ort der Pfändung oder des Konkurses als Gerichtsstand für die Anfechtungsklage vor; dieser Gerichtsstand ist zwar nicht zwingend, jedoch dürfte eine Vereinbarung darüber in der Praxis kaum vorkommen, eher eine unbeabsichtigte Einlassung am unzuständigen Ort durch den Beklagten.

Die allgemeinen Gerichtsstandsregeln, also i.d.r. Wohnsitz des Beklagten, wenn nichts anderes vereinbart ist, gelten für die Aberkennungsklagen gemäss Art. 83 Abs. 2 SchKG und ebenso für die negative Feststellungsklage gemäss Art. 85a rev. SchKG. Die Arrestprosequierungsklage nach 278 SchKG gilt nur im innerkantonalen Verhältnis, im interkantonalen Verhältnis ist Art. 59 BV zu beachten. Im internationalen Verhältnis sieht Art. 4 IPRG vor, dass die Klage auf Prosequierung des Arrests am schweizerischen Arrestort erhoben werden kann, sofern das **IPRG** keine andere Zuständigkeit in der Schweiz vorsieht. Gemäss BGE 117 II 91 gilt dies für die ganze Arrestforderung, nicht nur für den Betrag der arrestierten Gegenstände. Gemäss BGE 118 II 190 ist der Gerichtsstand gemäss Art. 4 IPRG nicht zwingend. Eine andere Zuständigkeit als **Art. 4 IPRG** sieht insbesondere **Art. 113 IPRG** vor, wenn der Beklagte weder Wohnsitz oder gewöhnlichen Aufenthalt noch eine Niederlassung in der Schweiz hat, in der Schweiz jedoch der Erfüllungsort liegt, so kann man am schweizerischen Gericht des Erfüllungsorts klagen. Gemäss **Art. 3 Abs. 2 LugÜ** gilt in seinem Anwendungsbereich der Gerichtsstand des Arrestorts nicht; Art. 3 Abs. 2 LugÜ geht Art. 4 IPRG nach allgemeiner Regel vor.

8

Art. 16 Nr. 5 LugÜ erklärt die Gerichte des Zwangsvollstreckungsstaats für zuständig, so dass in der Schweiz der Gerichtsstand des internen Rechts gilt, sofern in der Schweiz der Ort der Zwangsvollstreckung ist. Unter dem Begriff für Verfahren auf Zwangsvollstreckung gelten solche für die definitive Rechtsöffnung im Sinne von Art. 80 SchKG, des nachträglichen Rechtsvorschlags im Sinne von Art. 77 SchKG, die Aufhebung oder Einstellung der Betreibung gemäss Art. 85 SchKG, die Widerspruchsklage des Dritten gemäss Art. 107 SchKG, der privilegierte Pfändungsanschluss gemäss Art. 211 SchKG, Kollokation in der Pfändung und Pfandverwertung gemäss Art. 146 und 157 SchKG, die Lastenbereinigung in der Pfändung gemäss Art. 140 SchKG und die Arrestaufhebungsklage gemäss Art. 278 SchKG, bzw. Art. 279 rev.SchKG.

9

Nicht zum Zwangsvollstreckungsverfahren gehören die Klagen des Erkenntnisverfahrens des SchKG, für welche die direkten Zuständigkeiten des LugÜ gelten, wie Anerkennungs-, Aberkennungs-, Rückforderungsklagen (Art. 79, 83, 86 SchKG), die gegen den beklagten Drittansprecher gerichtete Widerspruchsklage (Art. 109 SchKG), die Anfechtungsklage (Art. 285 ff. SchKG), sowie die Arrestprosequierungs- (Art. 278 SchKG) und Arrestschadenersatzklage (Art. 273 SchKG). Richtigerweise ist das Verfahren auf provisorische Rechtsöffnung (Art. 82 SchKG) ein Vollstreckungsverfahren (vgl. Szier, 1995, 28 f.). Gemäss verschiedenen anderen Autoren handelt es sich bei der provisorischen Rechtsöffnung um ein Erkenntnisverfahren; die Zuständigkeit bestimmt sich nach den Gerichtsstandsnormen des LugÜ (Stoffel, S. 379 ff., Isaak Meier, LugÜ, S. 202 ff.).

10

ZR 82, Nr. 58: Die Identität zwischen Gegenstand der Klage und Forderung, für welche der Arrest bewilligt wurde, bei einem Vertrag zugunsten Dritter: Das Betreibungsverfahren ist auch auf Geldzahlungen an Dritte, gestützt auf Verträge zugunsten Dritter anwendbar. Für die Prosequierung des Arrestes genügt die materielle Identität zwischen dem Gegenstand der Klage mit der im Arrest und Zahlungsbefehl bezeichneten Forderung; einer Klarstellung, wonach die Zahlung an einen Dritten zu erfolgen habe, bedarf es nicht.

11

h) Delikts- und Unterlassungsklagen
§ 10. (alte Fassung). Klagen aus unerlaubten Handlungen sowie Klagen auf Unterlassung einer Handlung in der Schweiz können am Ort der Tat oder des Erfolgseintritts erhoben werden, wenn der Beklagte in der Schweiz keinen Wohnsitz hat.

i) Delikts- und Unterlassungsklagen
§ 10. (aufgehoben, 24.9.95).

Trotz Aufhebung dieser Norm bleibt deren Gehalt insoweit in Kraft, als es um bundesrechtliche Gerichtsstände geht.

Gemäss Art. 129 Abs. 2 IPRG gilt folgendes: "Falls der Beklagte weder Wohnsitz noch Aufenthalt, noch eine Niederlassung in der Schweiz hat, so kann beim schweizerischen Gericht am Hand-

1

lungs- oder am Erfüllungsort geklagt werden." Art. 5 Ziff. 3 LugÜ bestimmt: "Wenn eine unerlaubte Handlung, oder eine Handlung, die einer unerlaubten Handlung gleichgestellt ist, oder wenn Ansprüche aus einer solchen Handlung den Gegenstand des Verfahrens bilden, vor dem Gericht des Orts, an dem das schädigende Ereignis eingetreten ist", Klage erhoben werden kann.

2   Der Deliktsort befindet sich nach dem Ubiquitätsprinzip am Ort des Geschehens (Tatort, Handlungsort) und am Ort des Schadenseintritts (Erfolgsort); der Kläger hat einen Wahlgerichtsstand. Die Zuständigkeit der Gerichte des Erfolgsorts ist auf den Schaden beschränkt, der im "Erfolgsstaat" eintrat (EuZW, l995, 248). Während sich der Begriff der unerlaubten Handlung nach Art. 129 Abs. 2 IPRG allein nach schweizerischem Recht bestimmt, soll Art. 5 Ziff. 3 LugÜ vertragsautonom auszulegen sein; nach Slg. 1988-8, 5565 soll der Begriff der unerlaubten Handlung alle Klagen umfassen, mit denen man eine Schadenshaftung geltend macht, die nicht an einen Vertrag gemäss Art. 5 Ziff. 1 LugÜ anknüpft; dies wäre eine sehr weite Auslegung, die kaum sachgerecht ist.

3   Nach BGE 113 II 353 schafft Art. 84 SVG einen einheitlichen und ausschliesslichen Gerichtsstand für alle haftpflichtrechtlichen Ansprüche aus einem Unfall. Art. 19 EHG sieht für Schadenersatzklagen gegen Eisenbahn- und Dampfschifffahrtunternehmungen mit Rechtsgrund unerlaubte Handlung wie Tötung und Körperverletzung neben einem Gerichtsstand am ordentlichen Domizil der Unternehmung einen Gerichtsstand am Unfallort vor; Art. 75 Abs. 1 PatG sieht einen Gerichtsstand am Begehungsort und am Ort des Erfolgseintritts für patentrechtliche Klagen des Patentinhabers und Patentinhabers gegen Dritte vor. Art. 60 Abs. 1 URG (Urheberrechtsgesetz), Art. 24 Abs. 2 KHG (Kernenergiehaftungsgesetz), Art. 15 Abs. 3 TrBG (Trolleybusgesetz), Art. 40 RLG (Rohrleitungsgesetz), Art. 37 Schiffsregistergesetz, Art. 39 BiSchG (Binnen-Schifffahrtsgesetz), Art. 67 LFG (Luftfahrtgesetz), Art. 3 Abs. 2 PTT-OG (PTT- Organisationsgesetz) kennen den Gerichtsstand des Orts der unerlaubten Handlung.

4   Der Begriff der unerlaubten Handlung fusst insbesondere auf Tatbestände des Zivilrechts, wie Art. 35, 41, 54, 56, 58 OR, Art. 28 ff., 333, 411 Abs. 2, 679, 684, 927 f. ZGB.

Vereinbarter Gerichtsstand
§ 11. (alte Fassung). *Für Rechtsstreitigkeiten aus einem bestimmten Rechtsverhältnis kann durch schriftlichen Vertrag der Parteien oder durch Satzung juristischer Personen ein Gerichtsstand begründet werden.*

Das Gericht braucht auf die Klage nur einzutreten, wenn eine Partei im Kanton Zürich Wohnsitz oder eine Niederlassung hat, wenn eine Partei Schweizer Bürger mit Wohnsitz im Ausland ist oder wenn die Gerichtsstandsvereinbarung Bestandteil der Anleihensbedingungen einer im Kanton Zürich öffentlich zur Zeichnung aufgelegten Anleihe ist.

Vereinbarter Gerichtsstand
§ 11. (neue Fassung, 24.9.95). *Für einen bestehenden oder für einen künftigen Rechtsstreit aus einem bestimmten Rechtsverhältnis können die Parteien einen Gerichtsstand vereinbaren. Die Vereinbarung kann schriftlich, durch Telegramm, Telex, Telefax oder eine andere Form der Übermittlung, die den Nachweis der Vereinbarung durch Text ermöglicht, erfolgen. Geht aus der Vereinbarung nichts anderes hervor, ist das vereinbarte Gericht ausschliesslich zuständig.*

Das vereinbarte Gericht darf seine Zuständigkeit nicht ablehnen,
1. *wenn eine Partei ihren Wohnsitz, ihren gewöhnlichen Aufenthalt oder eine Niederlassung im Kanton Zürich hat;*
2. *wenn eine Partei Schweizer Bürger mit Wohnsitz im Ausland ist;*
3. *wenn die Gerichtsstandsvereinbarung Bestandteil der Anleihensbedingungen einer im Kanton Zürich öffentlich zur Zeichnung aufgelegten Anleihe ist.*

Es handelt sich gemäss BGE 102 II 393 bei einer Gerichtsstandsvereinbarung um einen prozessrechtlichen Vertrag, der sich nicht aus der Vertragsfreiheit des OR ableitet, der für ein bestimmtes Rechtsverhältnis ein bestimmtes Gericht vereinbart. Sein Inhalt bestimmt sich nach kantonalem Prozessrecht; das Bundesgericht kann daher nicht überprüfen, ob der kantonale Richter die Gerichtsstandsnorm – Art. 5 IPRG und Art. 17 LugÜ vorbehalten – richtig anwendete; wenn hingegen das Bundesgericht als einzige Instanz entscheiden soll, untersteht die Gerichtsstandsvereinbarung Bundesrecht. Die sachliche Zuständigkeit können die Parteien nur in den Schranken von Art. 13 und 18 GVG vereinbaren.

Eine Gerichtsstandsnorm erstreckt sich – ausschliessliche Zuständigkeiten vorbehalten – auf das ordentliche und summarische Verfahren, auf den einstweiligen Rechtsschutz und das Befehlsverfahren und dem Grundsatz nach auf das Vollstreckungsverfahren. Durch Auslegung der Vereinbarung ist zu ermitteln, ob die Gerichtsstandsnorm für beide Parteien gilt, ob sie interkantonal und international die Zuständigkeiten nach dem Parteiwillen ordnen will.

Nach herrschender Meinung geht eine Gerichtsstandsvereinbarung auf den Rechtsnachfolger über; Dritte, Streitgenossen, Bürgen können sich auf sie nicht berufen; gemäss einem alten BGE (BGE 35 I 557) sollen sich diese jedoch für den Regressanspruch gegenüber dem Hauptschuldner auf die vom Schuldner mit dem Gläubiger abgeschlossene Vereinbarung berufen können; dies vermag in einer generellen Form nicht zu überzeugen; der Bürge kann sehr wohl einen andern Gerichtsstand mit dem Hauptschuldner im Innenverhältnis vereinbaren.

Die Parteien können die Zuständigkeit eines an sich nicht zuständigen Gerichts vertraglich (Prorogation) oder konkludent (sogenannte Einlassung) begründen. § 11 ZPO regelt die Prorogation, § 12 ZPO die Einlassung. Der Prorogationsvertrag ist wie ein gerichtlicher Vergleich oder ein Schiedsvertrag, ein sogenannter Prozessvertrag. Die einseitige Unverbindlichkeit eines Vertrags erfasst nicht notwendigerweise auch die Gerichtsstandsvereinbarung. Teilweise aus sozialen Gründen, teilweise um ein forum shopping zu vermeiden, bestehen verschiedene ausschliessliche Zuständigkeiten. Im Bundesrecht gelten ausschliesslich Art. 144 ZGB (Scheidungs- und Trennungsklage), Art. 180 ZGB (Eheschutzmassnahmen), Art. 253 ZGB (Klage auf Feststellung oder Anfechtung des Kindsverhältnisses), Art. 261 ZGB (Klage auf Feststellung des Kindsverhältnisses), Art. 256, 258, 259 Abs. 2 und 3, 260a ZGB (Anfechtung der Vaterschaft), Art. 269, 269a, 269b ZGB (Klage auf Anfechtung der Adoption), Art. 295 ZGB (Klage der Mutter auf Ersatz bestimmter Kosten im Zusammenhang mit der Niederkunft), Art. 279 Abs. 3 ZGB i.V.m. Art. 280 Abs. 3 ZGB (für die mit der Vaterschaftsklage verbundene Unterhaltsklage). Eine blosse Unterhaltsklage nach Art. 279 Abs. 2 ZGB und Klagen auf Abänderung des Unterhaltsbeitrags nach Art. 286 Abs. 2 ZGB sowie die Verwandtenunterstützung nach Art. 329 Abs. 3 ZGB sind am Wohnsitz des Klägers oder des Beklagten zu erheben, Art. 343. OR Abs. 1 i.V.m. Art. 361 OR (Streitigkeiten aus dem Arbeitsverhältnis).

Art. 66 IPRG (Klagen auf Feststellung oder Anfechtung des Kindsverhältnisses: Hier sind die schweizerischen Gerichte am gewöhnlichen Aufenthalt des Kinds oder am Wohnsitz der Mutter oder des Vaters zuständig; wenn die Eltern keinen Wohnsitz und das Kind keinen gewöhnlichen Aufenthalt in der Schweiz haben, liegt die Zuständigkeit an den Gerichten am schweizerischen Heimatort der Mutter oder des Vaters, für Klagen auf Feststellung oder Anfechtung des Kindsverhältnisses, wenn es unmöglich oder unzumutbar ist, die Klage am Wohnsitz der Mutter oder des Vaters oder am gewöhnlichen Aufenthalt des Kinds einzureichen). **Art. 97 IPRG** (Klagen für dingliche Rechte an Grundstücken, Gericht am Ort der gelegenen Sache), **Art. 16 LugÜ** (Klagen für dingliche Rechte an unbeweglichen Sachen sowie Miete und Pacht am Ort der gelegenen Sache; Klagen betreffend Gültigkeit, Nichtigkeit oder Auflösung einer Gesellschaft oder juristischen Person oder Beschlüsse der Organe derselben im Sitzstaat; Registersache im Registerstaat; Immaterialgüterrechte im Register- oder Abkommensstaat; Zwangsvollstreckungen im Vertragsstaat der Zwangsvollstreckung). In bestimmten Fällen kann man nicht zum voraus, was i.d.R. mittels Gerichtsstandsklauseln geschähe, auf den gesetzlichen Gerichtsstand verzichten: Gemäss Art. 226 I OR (Abzahlungsvertrag), Art. 228 OR (Vorauszahlungsvertrag), Art. 274b (Mietvertrag über Wohnräume und bewegliche Sachen), Art. 11 HRG (Handelsreisendenvertrag), Art. 10 AVG (Arbeitsvermittlungsvertrag), Art. 23 Abs. 1 AVG (Personalverleihvertrag), Art. 12 LugÜ (Versicherungsvertrag), Art. 15 LugÜ (Verbraucherstreitigkeiten) sowie Art. 17 Abs. 5 LugÜ (Streitigkeiten aus dem Einzelarbeitsvertrag). Diese Liste ist nicht abschliessend.

4 Art. 5 IPRG lautet wie folgt:

¹ Für einen bestehenden oder für einen zukünftigen Rechtsstreit über vermögensrechtliche Ansprüche aus einem bestimmten Rechtsverhältnis können die Parteien einen Gerichtsstand vereinbaren. Die Vereinbarung kann schriftlich, durch Telegramm, Telex, Telefax oder in einer anderen Form der Übermittlung, die den Nachweis der Vereinbarung durch Text ermöglicht, erfolgen. Geht aus der Vereinbarung nichts anderes hervor, so ist das vereinbarte Gericht ausschliesslich zuständig.

² Die Gerichtsstandsvereinbarung ist unwirksam, wenn einer Partei ein Gerichtsstand des schweizerischen Rechts missbräuchlich entzogen wird.

³ Das vereinbarte Gericht darf seine Zuständigkeit nicht ablehnen:
a. wenn eine Partei ihren Wohnsitz, ihren gewöhnlichen Aufenthalt oder eine Niederlassung im Kanton des vereinbarten Gerichts hat, oder
b. wenn nach diesem Gesetz auf den Streitgegenstand schweizerisches Recht anzuwenden ist.

5 Gemäss § 13 GVG sind die Parteien berechtigt, in die Zuständigkeit des Arbeitsgerichts fallende Streitigkeiten durch schriftliche Vereinbarung vor die ordentlichen Gerichte, vor ein Schiedsgericht oder, wenn die Voraussetzungen erfüllt sind, vor das Mietgericht oder das Handelsgericht zu bringen. Der Ausschluss des Arbeitsgerichts kann jedoch nicht zum voraus vereinbart werden. § 18 Abs. 5 GVG enthält eine analoge Regelung für Mietgerichtsstreitigkeiten, wie sie bei § 13 für arbeitsrechtliche Streitigkeiten genannt worden ist. Der Begriff des Wohnsitzes bestimmt sich nach Art. 23 ff. ZGB, vgl. sodann die allgemeine Zuständigkeit gemäss Art. 2 IPRG am Wohnsitz des Beklagten, die Notzuständigkeit gemäss Art. 3 IPRG und die subsidiäre Zuständigkeit für die Arrestprosequierung gemäss Art. 4 IPRG am schweizerischen Arrestort, wenn keine andere Zuständigkeit in der Schweiz vorliegt. Bei internationalen Verhältnissen darf ein schweizerisches Gericht, gemäss Art. 5 Abs. 3 lit. b IPRG das vereinbarte Gericht, seine Zuständigkeit nicht ablehnen, wenn nach dem IPRG auf dem Streitgegenstand schweizerisches Recht anzuwenden ist. Art. 20 und 21 IPRG definieren Wohnsitz, gewöhnlichen Aufenthalt und Niederlassung; im Zusammenhang mit Art. 5 Abs. 3 lit. b IPRG, v.a. auch Art. 113 mit dem subsidiären Gerichtsstand am Erfüllungsort und Art. 114 IPRG betreffend Verträge mit Konsumenten.

6 Art. 17 LugÜ regelt die Vereinbarung über die Zuständigkeit, dessen Abs. 1 wie folgt lautet:

¹ Haben die Parteien, von denen mindestens eine ihren Wohnsitz in dem Hoheitsgebiet eines Vertragsstaats hat, vereinbart, dass ein Gericht oder die Gerichte eines Vertragsstaats über eine bereits entstandene Rechtsstreitigkeit oder über eine künftige aus einem bestimmten Rechtsverhältnis entspringende Rechtsstreitigkeit entscheiden sollen, so sind dieses Gericht oder diese Gerichte dieses Staats ausschliesslich zuständig. Eine solche Gerichtsstandsvereinbarung muss geschlossen werden:
a) schriftlich oder mündlich mit schriftlicher Bestätigung,
b) in einer Form, welche den Gepflogenheiten entspricht, die zwischen den Parteien entstanden sind, oder
c) im internationalen Handel in einer Form, die einem Handelsbrauch entspricht, den die Parteien kannten oder kennen mussten und den Parteien von Verträgen dieser Art in dem betreffenden Geschäftszweig allgemein kennen und regelmässig beachten.
Wenn eine solche Vereinbarung von Parteien geschlossen wurde, die beide ihren Wohnsitz nicht im Hoheitsgebiet eines Vertragsstaats haben, so können die Gerichte der anderen Vertragsstaaten nicht entscheiden, es sei denn, das vereinbarte Gericht oder die vereinbarten Gerichte haben sich rechtskräftig für unzuständig erklärt.

Während das Bundesgericht eine klare Regelung als Gültigkeitsvoraussetzung für die Gerichtsstandsklausel und damit auf den Verzicht des Wohnsitzrichters im Sinne von Art. 59 BV verlangte (vgl. BGE 118 Ia 297 oder BGE 109 Ia 57), wird dies heute von verschiedenen Autoren zu unrecht kritisiert. Der Verzicht auf den Wohnsitzrichter ist ein grundlegender und fundamentaler Eingriff, der weitgehend den Verzicht auf das materielle Recht miteinschliesst bzw. für den inländischen Beklagten eine Verurteilung zum Bezahlen von Forderungen mit sich bringen kann, die andernfalls nicht so ergangen wäre. Denn ob ein Richter aus einem Staat zuständig ist, der seine Richter schlecht bezahlt, oder ein hiesiges Gericht mit ordentlichen Richtergehältern aktiv ist, deren Mitglieder sich zudem mit Nebenmandaten, insbesondere aus Schiedsgerichten, ihr Einkommen vermehren können, kann unter Umständen nicht ganz nebensächlich sein (ohne dass man dies verallgemeinern darf). Die weiteren Einflüsse sind zahlreich, und nicht zu kontrollieren bzw. abzuschätzen. Der Richter wertet erheblich nach nationaler Zugehörigkeit. Im Strafrecht spricht man beim Strafmass vom sog. Ausländertarif (erhöht für Ausländer). Art. 5 Abs. 1 IPRG bzw. Art. 17 Abs. 1 LugÜ, letzterer gerade wegen seiner verfassungsrechtlichen Problematik, bedürfen daher einer einschränkenden Auslegung.

Bei hinreichender Klarheit kann eine Gerichtsstandsklausel auch in den Statuten einer Personengesellschaft oder einer juristischen Person für Streitigkeiten zwischen der juristischen Person oder zwischen der Gesellschaft und ihren Mitgliedern vereinbart werden.

Gemäss ZR 90, Nr. 75 (vgl. unten), muss das vereinbarte Gericht zwar bestimmt sein; dagegen genügt es, gemäss Art. 17 Abs. 1 LugÜ, dass die Gerichte eines bestimmten Vertragsstaats zuständig sein sollen. Wenn es im IPRG an einem Anknüpfungspunkt fehlt, so muss richtigerweise die Vereinbarung unter dem Vorbehalt der Einlassung unwirksam sein; die Auffassung von Kropholler, S. 211 f., es bestehe eine völkerrechtliche Pflicht, einen örtlichen Gerichtsstand zur Verfügung zu stellen, ist mangels rechtlicher Grundlage nicht haltbar. Eine solche völkerrechtliche Pflicht eines Staats ist für diesen Fall nämlich nirgends verankert. Angesichts der erheblichen Gefahren, die von Gerichtsstandsvereinbarungen drohen, ist Zurückhaltung am Platz. Gerade der Umstand, dass die Justiz stets eine schwierige, unberechenbare, formalistische Einrichtung ist, und teilweise von entsprechend lebensfremden Staats- und Parteifunktionären beherrscht wird, ruft nach einer zurückhaltenden Annahme der Unterwerfung unter fremde Richter.

Dass der Zessionar einer Forderung aus einem Vertrag mit Gerichtsstandsklauseln an diese gebunden ist, und es sich dabei um ein blosses Nebenrecht der Forderung handelt, wie BGE 56 I 509 unter den dort herrschenden speziellen Umständen angenommen hat, ist zutreffend. Häufig steht und fällt das materielle Recht, unter Umständen der Rechtsanspruch, mit der Gerichtsstandsklausel; was im inländischen Verhältnis angemessen sein mag, kann man nicht ohne weiteres auf das internationale Verhältnis übertragen. Der Beklagte muss sich nach der anwendbaren Prozessordnung rechtzeitig auf die Gerichtsstandsvereinbarung mittels Unzuständigkeitseinrede berufen; andernfalls greift § 12 ZPO.

Nach § 11 Abs. 2 ZPO können die zürcherischen Gerichte die Zuständigkeit ablehnen, es sei denn, eine Partei habe Wohnsitz, gewöhnlichen Aufenthalt oder Niederlassung im Kanton Zürich, bei Schweizer Bürgern mit Wohnsitz im Ausland, oder wenn es um Gerichtsstandsvereinbarungen als Bestandteil der Anleihensbedingungen einer im Kanton Zürich öffentlich zur Zeichnung aufgelegten Anleihe geht. Ähnlich ist die Regelung in Art. 5 Abs. 3 IPRG (vgl. oben), mit der wesentlichen Ergänzung, dass die Anwendung schweizerischen Rechts für die Zuständigkeit genügen soll. Dagegen schafft Art. 2 Abs. 2 der Bundeszivilprozessordnung keine verbindlichen Zuständigkeiten für § 11 ZPO. Fragwürdig ist hingegen, ob dies auch gelten soll, wenn nicht nur Sachverweisungsnormen des IPRG zum schweizerischen Recht führen, sondern auch für den Fall, dass die Parteien eine Rechtswahl auf schweizerisches Recht treffen.

Auch wenn das Gericht die Gerichtsstandsvereinbarung nicht von Amtes wegen berücksichtigen darf, ist doch zu beachten, dass die richterliche Fragepflicht gemäss § 55 ZPO anzuwenden ist, um allfällige Unklarheiten zu beseitigen. Auch gemäss Art. 70 LugÜ hat das prorogierte Gericht einen erheblichen Auslegungsspielraum, und es scheint fraglich, ob die Gerichte der Vertragsstaaten nicht doch unter bestimmten Voraussetzungen ihre Zuständigkeit ablehnen dürfen.

12 Die folgenden ZR-Entscheide behalten im wesentlichen ihre Gültigkeit. Es sind im internationalen Verhältnis allerdings das IPRG, das LugÜ und allenfalls weitere Staatsverträge zu berücksichtigen. Eine gewisse Bremse schafft die Kaution, indem bei Prozessen gegen eine Person im Ausland der Kläger, Widerkläger oder Rechtsmittelkläger verpflichtet werden kann, für Gerichtskosten der von ihm angerufenen Instanz Kaution zu leisten. Art. 6 IPRG beschränkt die vorbehaltlose Einlassung auf vermögensrechtliche Streitigkeiten; Art. 18 LugÜ sieht weiter, ohne Beschränkung auf vermögensrechtliche Streitigkeiten, die Zuständigkeit kraft Einlassung vor, sofern nicht die ausschliesslichen Zuständigkeiten gemäss Art. 16 LugÜ (dingliche Rechte, Miete, Gültigkeit, Nichtigkeit, Auflösung einer Gesellschaft oder juristischen Person, Registerstreitigkeiten, Zwangsvollstreckung) vorliegen. Art. 20 LugÜ sieht eine Sistierung vor, bis der Beklagte das die Klage einleitende Schriftstück erhalten hat, sofern nicht Art. 15 des Haager Übereinkommens vom 15. November 1965 über die Zustellung gerichtlicher und aussergerichtlicher Schriftstücke im Ausland in Zivil- und Handelssachen greift.

13 Auch hier ist zu beachten, dass die vorbehaltlose Einlassung des Beklagten, beispielsweise im Rechtsmittelverfahren, eine kaum mehr finanzierbare Kautionspflicht auslösen kann. Das Bundesgericht hat in älteren Entscheiden, nämlich in BGE 87 I 58 und BGE 87 I 133, festgehalten, man könne nur auf eine Einlassung vor dem an sich unzuständigen Richter schliessen, wenn der Beklagte gegenüber dem erkennenden Gericht klar den Willen bekundet habe, vorbehaltlos zur Hauptsache zu verhandeln; auf die richterliche Fragepflicht nach § 55 ZPO wurde hingewiesen.

14 **ZR 81, Nr. 29:** In einer arbeitsgerichtlichen Streitigkeit verlangte die Rekurrentin im summarischen Verfahren den Erlass von vorsorglichen Massnahmen; der Einzelrichter beurteilte die im Arbeitsvertrag enthaltene Prorogationsklausel als ungültig, weil sie sich nicht genügend vom übrigen Vertragstext abhebe, und trat auf die Klage nicht ein. Das Obergericht hiess den Rekurs gut. Das Bundesgericht habe das Requisit der drucktechnischen Hervorhebung eingeführt, wonach der Vertragspartner eines geschäftserfahrenen und rechtskundigen auf seinen Wohnsitzgerichtsstand Verzichtenden i.d.R. dann davon ausgehen dürfe, der Verzicht sei bewusst und in Kenntnis seiner Tragweite erklärt worden, wenn die Gerichtsstandsklausel durch seine drucktechnische Gestaltung hervortrete (BGE 104 Ia 280). Dieser grafischen Hervorhebung kommt jedoch nur die Bedeutung eines Indizes zu. Eine im übrigen unmissverständliche und gut sichtbare Klausel genüge bei einem geschäftserfahrenen, rechtskundigen Vertragspartner, insbesondere wenn sich diese Gerichtsstandsklausel unmittelbar über den Unterschriften befinde, eine eigene Zeile und im Nachtrag eine eigene Ziffer einnehme.

15 **ZR 82, Nr. 58:** Wie schon vor der Vorinstanz macht der Beschwerdeführer geltend, dass das Handelsgericht auch zuständig wäre, wenn § 9 Abs. 2 ZPO nicht angewendet werden könne. Es würde dann der Fall der vorbehaltlosen Einlassung gemäss § 12 Abs. 2 ZPO vorliegen, und es verstosse wegen Verspätung gegen Treu und Glauben, dass das Handelsgericht sich auf mangelnde Binnenbeziehungen im Sinne von § 11 Abs. 2 ZPO berufe. Nachdem die Zuständigkeit des Handelsgerichts schon gestützt auf § 9 Abs. 2 ZPO feststeht, kann diese weitere Frage offenbleiben. Es ist jedoch zu bemerken, dass die Auffassung des Handelsgerichts, Nichteintreten des Entscheids wegen mangelnder Zuständigkeit könne nicht gegen Treu und Glauben verstossen, solange das Gericht die Zuständigkeit nicht formell bejaht habe, Bedenken erweckt.

16 Wenn es auch richtig ist, dass für ein Nichteintreten des Entscheids keine gesetzliche Frist besteht, so ist doch davon auszugehen, dass ein Entscheid über die Nichtanhandnahme eines Prozesses gestützt auf § 11 Abs. 2 ZPO zum Schutze der Parteien mit tunlichster Beförderung im Anfangsstadium des Prozesses zu fällen ist. Die Auffassung des Handelsgerichts, ein Kläger treffe seine prozessualen Dispositionen und Umtriebe auf eigenes Risiko, solange das Gericht seine Zuständigkeit nicht zusichere, ist in dieser Form kaum mit § 11 Abs. 2 ZPO in Verbindung mit § 50 Abs. 1 ZPO vereinbar.

17 Bemerkung: Der Vergleichsdrang gewisser Gerichte oder das Bedürfnis, die Zuständigkeit zu verneinen, ergeben sich vor allem aus der Interessenlage des Gerichts. An einem Prozess sind regelmässig drei Interessenlagen zu berücksichtigen, nämlich jene des Klägers, des Beklagten und des

Gerichts, das einen Fall wie auch immer möglichst vom Tisch haben will, was als Erledigung zählt, ohne dass Arbeit verursacht wird.

ZR 84, Nr. 38: Zwischen vier an verschiedenen Orten lebenden Parteien wurde ein Werkvertrag geschlossen, welcher in einer Gerichtsstandsklausel die Zuständigkeit von Zürich begründete. Mit der Gerichtsstandsvereinbarung haben die Parteien, die an verschiedenen Orten wohnen, einen einheitlichen Gerichtsstand für alle aus dem Werkvertrag sich allenfalls ergebenden Rechtsstreitigkeiten geschaffen. 18

ZR 84, Nr. 106: Im Gegensatz zu § 3 ZPO ist bei § 11 Abs. 2 ZPO ein Zusammenhang der Klage mit der geschäftlichen oder beruflichen Niederlassung nicht nötig. Vielmehr geht das Gesetz davon aus, bei Vorliegen eines Wohnsitzes oder einer Niederlassung im Kanton sei die Voraussetzung der minimalen Beziehung zu letzterem erfüllt. 19

ZR 86, Nr. 36: Die Gerichtsstandsvereinbarung ist ein prozessrechtlicher Vertrag und bildet, auch wenn sie mit einem zivilrechtlichen Vertrag verbunden ist, eine selbständige, von diesem getrennte Abrede, die nicht ohne weiteres das Schicksal des Hauptvertrags teilt. Die Abrede muss sich auf ein bestimmtes Rechtsgeschäft beziehen und schriftlich festgehalten sein. Zudem hat das Bundesgericht an den Verzicht auf den Wohnsitzgerichtsstand (Art. 59 BV) erhöhte Anforderungen gestellt: Erforderlich sind eine ausdrückliche, unmissverständliche Erklärung, in Formularverträgen die Hervorhebung der Klausel an einer für den Verzichtenden gut sichtbaren Stelle und unter Umständen ein Hinweis an die geschäftsunerfahrene Partei auf die Bedeutung der Klausel; letzteres ist indessen entbehrlich bei einem durchschnittlich gebildeten Bürger und bei klarer und eindeutiger Klausel (BGE 104 Ia 278, 109 Ia 57). 20

Da das kantonale Prozessrecht keine eigenen Vorschriften aufstellt und der enge sachliche Zusammenhang zwischen dem Abschluss eines materiell-rechtlichen Vertrags und einer Gerichtsstandsvereinbarung es nicht angezeigt erscheinen lässt, bei der Überprüfung der Einhaltung bestehender Formerfordernisse verschiedene Massstäbe anzusetzen, gelten die Art. 13–15 OR. Verpflichtet eine Gerichtsstandsvereinbarung nur eine der Parteien, so genügt demnach für die Einhaltung der Form deren Unterschrift. Als empfangsbedürftige Willenserklärung muss die unterzeichnete Urkunde jedoch der Gegenpartei zugehen; die nicht verpflichtete Partei braucht den Vertrag nicht zu unterschreiben, sondern kann ihre Erklärung in beliebiger Weise auch mündlich oder konkludent abgeben (vgl. aber die Besonderheiten von Art. 17 LugÜ). 21

ZR 86, Nr. 92: Das Handelsgericht prüft von Amtes wegen, ob eine Binnenbeziehung zum Kanton Zürich im Sinne von § 11 Abs. 2 ZPO besteht. Wenn diese fehlt, tritt das Handelsgericht des Kantons Zürich in konstanter Praxis auf eine Klage nicht ein (vgl. aber die Änderungen von § 11 ZPO auf den 1.1.1996). 22

ZR 87, Nr. 8: Beim Übergang einer Gerichtsstandsvereinbarung auf den Rechtsnachfolger genügt es, wenn eine der mit der Gerichtsstandsklausel eingeräumten Möglichkeiten nicht auf rein persönlicher Grundlage beruht, um sie auf die Rechtsnachfolgerin übergehen zu lassen. Für die Risikolage kommt es auf die Situation zur Zeit der Geltendmachung der Forderung an. Das Interesse des Darleihers am Gerichtsstand ist ein sachliches, das gerade auch für Rechtsnachfolger besteht. 23

ZR 89, Nr. 83: Mit der Wortwahl "sich einem Gerichtsstand zu unterwerfen" wird nach allgemeinem Sprachgebrauch ein ausschliesslicher Gerichtsstand vereinbart (damit übereinstimmend Art. 17 Abs. 1 LugÜ). 24

ZR 89, Nr. 102: Ob in einer Gerichtsstandsvereinbarung ein gültiger Verzicht auf den Wohnsitzgerichtsstand vorliegt, ist durch Auslegung der Vereinbarung zu ermitteln. Ein Verzicht ist nach dem Vertrauensprinzip dann gültig, wenn der Vertragspartner des Verzichtenden in guten Treuen annehmen durfte, sein Kontrahent habe mit der Annahme des Vertrags auch der darin enthaltenen Gerichtsstandsvereinbarung zugestimmt. In casu hebt sich die Gerichtsstandsklausel 25 zwar nicht speziell vom übrigen Vertragstext ab; sie ist aber unter einer eigenen Ziffer festgehalten und mit dem klaren und hervorstechenden Titel "Lieu juridique" versehen.

26   **ZR 90, Nr. 65:** Die Konkursmasse ist an die vom Gemeinschuldner abgeschlossene Schiedsabrede gebunden. Der Beklagte braucht die Einrede der Unzuständigkeit erst vor der Verhandlung über die Sache selbst zu erheben, nicht jedoch früher. Er kann bis zu diesem Zeitpunkt seine Meinung auch revidieren.

27   **ZR 90, Nr. 75:** Eine Gerichtsstandsvereinbarung ist hinreichend bestimmt, wenn sich aus ihr nicht nur die internationale Zuständigkeit, sondern auch das innerstaatlich zuständige Gericht entnehmen lässt. Eine Gerichtsstandsklausel mit folgendem Wortlaut: "The validity, interpretation and performance of this Agreement shall be controlled by and construed under the laws of Switzerland and any litigation must be commenced in Switzerland", vermag diesen Anforderungen nicht zu genügen, da entsprechend der bundesgerichtlichen Praxis ein eindeutiger und unmissverständlicher Parteiwille zur örtlichen Zuständigkeit der Vereinbarung müsste entnommen werden können (Art. 59 BV).

28   **ZR 94, Nr. 68:** I reicht eine Klage gegen die Firma S beim Handelsgericht ein, wobei er sich mit Bezug auf die Frage der örtlichen Zuständigkeit auf eine zwischen den Parteien geschlossene Gerichtsstandsvereinbarung berief. Der Firma S wurde Frist zur Beantwortung der Klage angesetzt, worauf sie die Einrede der örtlichen Unzuständigkeit erhob. In der Folge trat das Handelsgericht gestützt auf § 11 Abs. 2 ZPO auf die Klage nicht ein, da keine Binnenbeziehungen der Partei zum Kanton Zürich bestünden. Das Kassationsgericht heisst die Nichtigkeitsbeschwerde gut: Der Beschwerdeführer macht geltend, die Vorinstanz habe durch ihr Verhalten gegen den Grundsatz von Treu und Glauben (§ 50 ZPO) sowie gegen die Pflicht zur sofortigen Prüfung der Prozessvoraussetzung (§ 108 ZPO) verstossen, und damit wesentliche Verfahrensgrundsätze im Sinne von § 281 Ziff. 1 ZPO verletzt. Im übrigen habe sie durch die Auferlegung unnötig verursachter Kosten auch klares materielles Recht verletzt. Nach dem Kommentar von Sträuli/Messmer zur ZPO bestimmt das Gesetz zwar nicht, bis zu welchem Zeitpunkt das Gericht die Zuständigkeit ablehnen kann; nach Treu und Glauben habe als stillschweigende Annahme der Prorogation jedoch nicht nur das Durchführen des Hauptverfahrens und das Anordnen eines Beweisverfahrens, sondern i.d.R. schon die Zustellung der Klageschrift an den Beklagten mit Fristansetzung zur Klageantwort zu gelten. Die Meinung des Handelsgerichts, ein Kläger treffe seine prozessualen Dispositionen und Umtriebe auf eigenes Risiko, solange das Gericht seine Zuständigkeit nicht zusichere, ist in dieser Form kaum mit § 11 Abs. 2 ZPO i.V.m. § 50 Abs. 1 ZPO vereinbar (ZR 82, Nr. 58). Aufgrund der Klageschrift samt Beilagen sei für das Gericht im vorliegenden Fall von Anfang an erkennbar gewesen, dass weder Kläger noch Beklagter im Kanton Zürich Sitz bzw. Wohnsitz haben. Wenn daher dem Beschwerdegegner gleichwohl Frist zum Einreichen der Klageantwort angesetzt wurde, durfte davon ausgegangen werden, dass vom gerichtlichen Ablehnungsrecht kein Gebrauch gemacht werde. Ebenso wurde mit der Fristansetzung dem Beschwerdeführer, um zur Einrede der fehlenden Zuständigkeit Stellung zu nehmen (und nicht etwa zur Frage des Nichteintretens gemäss § 11 Abs. 2 ZPO) entgegen der Auffassung der Beschwerdegegnerin zum Ausdruck gebracht, dass ein Vorgehen nach § 11 Abs. 2 ZPO nicht in Erwägung gezogen werde. Mit dem angefochtenen Beschluss, wonach nachträglich vom Anwendungsrecht gemäss § 11 Abs. 2 ZPO doch Gebrauch gemacht wurde, hat sich das Handelsgericht in klarem Widerspruch zum Vorgehen seines Präsidenten gesetzt, und damit einen wesentlichen Verfahrensgrundsatz (§ 50 ZPO) verletzt. Dies führt zum Gutheissen der Beschwerde und zum Aufheben des angefochtenen Beschlusses gemäss § 281 Ziff. 1 ZPO.

(Anmerkung: Ob die Voraussetzungen von Art. 17 LugÜ vorlagen und daher das Gericht, gestützt auf diese Bestimmung, den Fall hätte an die Hand nehmen müssen, geht aus dem Erkenntnis nicht hervor.)

Einlassung
§ 12. (alte Fassung). Vorbehaltlose Einlassung auf die Klage vor einem örtlich unzuständigen Gericht begründet dessen Zuständigkeit. Vorbehalten bleibt § 11 Abs. 2.

Die Einlassung auf die Klage im Sühnverfahren schliesst die Einrede der Unzuständigkeit vor dem Gericht nicht aus.

Einlassung
§ 12. (neue Fassung, 24.9.95). Die vorbehaltlose Einlassung begründet die Zuständigkeit des angerufenen Gerichts, sofern dieses seine Zuständigkeit nicht ablehnen kann (§ 11 Abs. 2 ZPO, Art. 5 Abs. 3 IPRG, Art. 17 Lugano-Übereinkommen).

Die Einlassung auf die Klage im Sühnverfahren schliesst die Einrede der Unzuständigkeit vor dem Gericht nicht aus.

Die Einlassung muss eindeutig sein. Gegebenenfalls ist von der richterlichen Fragepflicht gemäss § 55 ZPO Gebrauch zu machen. 1

Das Urteilsvollstreckungsabkommen mit Liechtenstein, am 15. März 1970 in Kraft getreten, verlangt beispielsweise, dass der Beklagte vom Richter ausdrücklich auf die Möglichkeit der Nichteinlassung und deren Bedeutung hingewiesen wird; der Schutz der kleinen Leute kann in der Tat bei einer stillschweigenden Prorogation nicht gewährleistet werden. Auch ein Kaufmann kann sich auf einen Prozess einlassen, einfach weil er von der Möglichkeit der Nichteinlassung keine Kenntnis hat. Die schweizerischen Unterhändler anerkannten, dass die vorbehaltlose Einlassung des Beklagten auf einen Rechtsstreit nur gültig sein soll, wenn feststeht, dass der Richter den Beklagten über die Möglichkeit eines solchen Vorbehalts belehrt hat. (In FL ist für eine Gerichtsstandsvereinbarung an ein ausländisches Gericht in der Regel eine öffentliche Beurkundung der Klausel notwendig; wenn das FL dem LugÜ beitritt, wird auch dort ein fragwürdiger Internationalismus im Prozessrecht mit kaum absehbaren Konsequenzen Einzug halten).

Eine Einlassung liegt nur vor, wenn die betreffende Partei gegenüber dem Gericht unzweideutig den Willen bekundet hat, vorbehaltlos zur Hauptsache zu verhandeln. Ein rein passives Verhalten bedeutet demgemäss keine vorbehaltlose Einlassung, ebenfalls die Einreichung eines Fristerstreckungs- und Verschiebungsgesuchs. Im Umstand, dass die Beklagte die Fristerstreckungsgesuche mit aufwendigen Abklärungen und Beschaffung der notwendigen Unterlagen begründet hat und so eine Ausdehnung der Frist zur Einreichung der Klageantwort um 3 1/2 Monate erreichen konnte, bildet keine Einwilligung, über die Sache vor dem Bezirksgericht zu verhandeln. Dem Beklagten kann es nicht verwehrt werden, sich erst nach Kenntnis des Prozessstoffes zu entscheiden, obwohl man sich vor dem an sich unzuständigen Richter oder dem verfassungsmässig zugesicherten Richter an seinem Wohnort auf den Prozess einlassen wollte. § 111 ZPO lässt die Einrede der Unzuständigkeit noch in der Klageantwort zu, die aber im vorliegenden Fall nicht erstattet wurde. 2

ZR 82, Nr. 58: Vgl. § 9 ZPO.

ZR 86, Nr. 4: Vgl. § 50 ZPO.

ZR 87, Nr. 22: Vgl. § 1 ZPO.

Sachzusammenhang
§ 13. Mehrere Ansprüche gegen denselben Beklagten können, soweit sie in einem engen Zusammenhang stehen, miteinander bei jedem Gericht eingeklagt werden, das für die Beurteilung eines der Ansprüche örtlich zuständig ist.

Stehen die Ansprüche jedoch im Verhältnis von Haupt- und Nebensache, können sie im gleichen Prozess nur am Ort der Hauptsache eingeklagt werden.

1   Die Ansprüche können auf verschiedenen Rechtsgründen beruhen. Nach BGE 66 I 238 ist interkantonal Art. 59 BV zu berücksichtigen; eine Ausnahme greift gemäss BGE 58 I 170 nur, wenn die Ansprüche im Verhältnis Hauptsache zu Nebensache im Sinne von § 13 Abs. 2 ZPO stehen. Für Nebenbegehren gilt der Gerichtsstand des Hauptbegehrens, typische Nebenbegehren sind der Verzugszins für eine geschuldete Forderung, Klage auf Löschung eines Grundpfandrechts (Hauptsache) und die Zustellung des Schuldbriefs an das Grundbuchamt (Nebenbegehren), Zivilansprüche des Geschädigten adhäsionsweise im Strafprozess, eine Forderung (Hauptsache) zum Pfandrecht (Nebensache), Zession (Hauptsache) und Abliefern der Schuldurkunde (Nebensache), Eigentumsklage (Hauptsache) und Verantwortlichkeitsansprüche gemäss Art. 938 ff. ZGB (Nebensache).

2   Das Bundesgericht lehnte bisher den Gerichtsstand des Sachzusammenhangs im interkantonalen Verhältnis mit Ausnahme der Widerklage ab. So ist Art. 59 BV für die Anfechtung eines Vertrags und die Löschung des auf diesem Vertrag beruhenden Grundbucheintrags zu beachten; gemäss Art. 665 ZGB, auch wenn es sich um Klagen auf Erfüllen, Schadenersatz wegen Nichterfüllens, Klagen auf Aufhebung eines Vertrags etc. handelt, sind auch dann persönliche Ansprüche, wenn sich ein Vertrag auf ein Grundstück oder ein beschränktes dingliches Recht an einem Grundstück bezieht.

Ein zwingender Gerichtsstand des Sachzusammenhangs besteht gemäss Rechtsprechung etwa bei Statusprozessen im Sinne von Art. 253 ZGB, für Ersatzansprüche von Bauhandwerkern, die zu Verlust gekommen sind oder wenn wechselseitige Klagen auf Feststellung des gleichen Rechts vorliegen.

Das für die Hauptsache zuständige Gericht darf hingegen eine Vorfrage entscheiden, auch wenn diese Frage an sich im Falle einer selbständigen Klage nicht in die Zuständigkeit des Gerichts fiele, beispielsweise muss ein Gericht zuerst über die Frage entscheiden, ob eine gültige Ehe vorliegt, bevor es über eine Klage auf Ungültigkeit der Ehe befindet (BGE 103 II 158).

Gemäss BGE 64 II 176 besteht ein zwingender bundesrechtlicher Gerichtsstand des Sachzusammenhangs für denjenigen Ehegatten, der eine Klage auf Scheidung einreicht, nachdem der andere Ehegatte seinerseits eine Klage auf Scheidung rechtshängig machte.

3   Art. 6 Ziff. 4 LugÜ kennt eine etwas anders formulierte Regelung: wenn ein Vertrag oder Ansprüche aus einem Vertrag den Gegenstand des Verfahrens bilden und die Klage mit einer Klage wegen dinglicher Rechte an unbeweglichen Sachen gegen denselben Beklagten verbunden werden kann, kann der Beklagte vor dem Gericht des Vertragsstaats, in dem die unbewegliche Sache gelegen ist, belangt werden. Art. 22 LugÜ bestimmt: wenn bei Gerichten verschiedener Vertragsstaaten Klagen erhoben werden, die im Zusammenhang stehen, so kann das später angerufene Gericht das Verfahren aussetzen, solange beide Klagen im ersten Rechtszug anhängig sind. Das später angerufene Gericht kann sich auf Antrag einer Partei auch für unzuständig erklären, wenn die Verbindung von zwei im Zusammenhang stehender Verfahren nach seinem Recht zulässig ist und das zuerst angerufene Gericht für beide Klagen zuständig ist. Klagen stehen im Sinne von Art. 22 LugÜ im Zusammenhang, wenn zwischen ihnen eine so enge Beziehung gegeben ist, dass eine gemeinsame Verhandlung und Entscheidung geboten erscheint, um zu vermeiden, dass in getrennten Verfahren widersprechende Entscheidungen ergehen könnten.

Streitgenossen
§ 14. Will der Kläger mehrere Personen belangen, die zwar im Kanton Zürich als Streitgenossen eingeklagt werden können, für die aber nicht das gleiche Gericht örtlich zuständig wäre, so erklärt das Obergericht auf Antrag des Klägers eines der Gerichte für den Prozess gegen alle Beklagten als zuständig.

1   Für alle Beklagten muss im Kanton Zürich ein Gericht zuständig sein, sei es wegen Wohnsitz, Prorogation, Geschäftsniederlassung, Ort der gelegenen Sache oder Einlassung; wenn für einzel-

ne Beklagte das Bezirksgericht und für andere das Handelsgericht zuständig ist, so hat das Obergericht auf Begehren des Klägers darüber zu befinden, vor welchem Gericht alle Beklagten belangbar sind (ZR 78, Nr. 13); zudem muss für alle Klagen die gleiche Verfahrensart vorliegen; dies wäre nicht der Fall, wenn eine Klage im ordentlichen und eine andere im summarischen Verfahren zu behandeln ist. Fällt im Laufe des Prozesses eine der Voraussetzungen von § 14 ZPO weg, ändert dies an dem für zuständig erklärten Gericht nichts, vorausgesetzt im Zeitpunkt der Rechtskraft der obergerichtlichen Zuweisung seien die Voraussetzungen von § 14 ZPO vorgelegen. Das Erfordernis einer vorherigen Anhörung der Gegenpartei ergibt sich aus § 56 ZPO oder subsidiär aus Art. 4 BV (vom Bundesgericht in BGE 104 Ia 199 offengelassen).

Grundsätzlich muss diese Regel auch bei Vorliegen bundesrechtlich bestimmter notwendiger Streitgenossen gelten. Bei einfachen Streitgenossen ist im interkantonalen Verhältnis Art. 59 BV zu beachten, bei notwendigen Streitgenossen hingegen nicht; denn bei einer notwendigen Streitgenossenschaft genügt es, dass einer im Kanton Zürich belangbar ist, so dass sich alle übrigen hier bundesrechtlich einlassen müssen.

Gemäss **Art. 6 Ziff. 1 LugÜ** kann eine Person, die ihren Wohnsitz in dem Hoheitsgebiet eines Vertragsstaats hat, auch, wenn mehrere Personen zusammen verklagt werden, vor dem Gericht beklagt werden, in dessen Bezirk einer der Beklagten seinen Wohnsitz hat. Dies bedeutet eine wesentliche Ausdehnung der möglichen Gerichtsstände und fördert das Forum Shopping im internationalen Verhältnis zu jenem Gericht, von welchem sich die klagende Partei das beste Ergebnis verspricht. 2

ZR 85, Nr. 107: Für die Mitglieder einer vormundschaftlichen Behörde kann nur insoweit ein gemeinsamer Gerichtsstand bezeichnet werden, als sie für ihr Handeln nach Massgabe von Art. 426 ff. ZGB persönlich haften. Art. 426 ZGB ist nicht anwendbar, wenn den vormundschaftlichen Organen durch das kantonale Recht bestimmte Funktionen zugewiesen werden, wie insbesondere die Mitwirkung der Vormundschaftsbehörde im Entmündigungsverfahren. Dafür gelangt das Haftungsgesetz vom 14. September 1969 zur Anwendung, welches in § 6 eine ausschliessliche Haftung des Staats vorsieht und Ansprüche des Geschädigten gegen die Beamten bzw. Behördenmitglieder ausschliesst. 3

ZR 88, Nr. 50: Eine Aktiengesellschaft mit Sitz im Kanton Waadt erhöhte das Aktienkapital unter Ausschluss des Bezugsrechts der bisherigen Aktionäre. Drei Aktionäre reichten gegen den Kapitalerhöhungsbeschluss Klage ein. Die beklagte Aktiengesellschaft wollte vom Zürcher Obergericht für die drei anfechtenden Aktionäre einen gemeinsamen Gerichtsstand bestimmen lassen, weil sie beabsichtigte, von den drei Klägern mindestens 9 Millionen Franken Schadenersatz zu verlangen. Mangels eines aktuellen Rechtsschutzinteresses trat das Obergericht auf das Gesuch um Bestimmung eines gemeinsamen Gerichtsstands nicht ein. 4

Widerklage
§ 15. Am Ort der Hauptklage kann Widerklage erhoben werden, sofern der Gegenanspruch mit dem Klageanspruch in engem Zusammenhang steht oder beide Ansprüche verrechenbar sind.

Einer Widerklage steht Art. 59 BV nicht entgegen, wenn bestimmte Voraussetzungen vorliegen, nämlich 1
- dass das Gericht für beide Forderungen sachlich zuständig ist (allenfalls hat eine Überweisung vom Einzelrichter an das Kollegialgericht zu erfolgen),
- dass die Hauptklage rechtshängig ist und bleibt gemäss BGE 87 I 130 (ob die verbreitete Auffassung sachgerecht ist, bei Wegfallen einer Prozessvoraussetzung für die Hauptklage sei auch auf die Widerklage nicht einzutreten, ist zweifelhaft, wenn das Gericht für die Widerklage an sich zuständig ist, aber für Zürich folgt der Nichteintretensentscheid e contrario aus § 60 Abs. 2 ZPO),
- dass die gleiche Verfahrensart für Haupt- und Widerklage vorliegt (also entweder für beide das ordentliche, das summarische oder das beschleunigte Verfahren),

- dass Konnexität zwischen Haupt- und Widerklage besteht (sei es aufgrund des gleichen Rechtsgeschäfts oder aufgrund des gleichen Sachverhalts oder bei verschiedenen Sachverhalten bei einer inneren rechtlich engen Beziehung; Beispiele: Schadenersatzklage eines abberufenen Verwaltungsrats und Widerklage aus Verantwortlichkeit (ZR 42, Nr. 8); Arrestforderungsklage und Widerklage betreffend Arrestschaden gemäss BGE 47 I 182, Anspruch aus Einzelarbeitsvertrag und Schadenersatzanspruch wegen Ehrverletzung gemäss BGE 21 I 359; fraglich ist die Zulassung einer Widerklage am Gericht der Hauptklage hingegen, wenn für die Widerklageforderung vertraglich und formgerecht ein anderer Gerichtsstand ausschliesslich gilt.

2 Für die Widerklage gilt der Gerichtsstand des Sachzusammenhangs. Gemäss § 15 ZPO gilt dieser auch bei fehlender Konnexität, wenn die Widerklageforderung verrechenbar ist. Die Widerklage ist spätestens mit der Klageantwort gemäss § 117 ZPO zu erheben (§ 115 ZPO vorbehalten).

3 Gemäss **Art. 8 IPRG** beurteilt das Gericht, bei dem die Hauptklage hängig ist, auch die Widerklage, sofern zwischen Haupt- und Widerklage ein sachlicher Zusammenhang besteht. Die gleiche Verfahrensart ist hier nicht verlangt. Dagegen genügt offenbar blosse Verrechenbarkeit nicht.

4 Gemäss **Art. 6 Ziff. 1 LugÜ** kann man eine Person verklagen, die ihren Wohnsitz in dem Hoheitsgebiet eines Vertragsstaats hat, wenn es sich um eine Widerklage handelt, die auf den selben Vertrag oder Sachverhalt wie die Klage selbst gestützt wird, vor dem Gericht, bei dem die Klage selber rechtshängig ist. Art. 11 Abs. 2 LugÜ regelt dies analog für Versicherungsstreitigkeiten.

5 Das Handelsgericht ist für Widerklagen sachlich nur zuständig, wenn die Voraussetzungen der §§ 61 ff. GVG vorliegen (ZR 89, Nr. 70).

6 **ZR 89, Nr. 70:** Sachlich ist das Handelsgericht für Widerklagen nur zuständig, wenn die Voraussetzungen von §§ 61 ff. GVG erfüllt sind; § 15 ZPO bezieht sich nur auf die örtliche Zuständigkeit.

Massgebender Zeitpunkt
§ 16. Der Gerichtsstand bestimmt sich nach den Verhältnissen zur Zeit, da die Klage rechtshängig wird.

1 § 16 ZPO gilt in örtlicher und sachlicher Hinsicht; § 16 ZPO bildet eine Ausnahme von der Regel von § 188 ZPO, wonach die Verhältnisse bei Urteilsfällung massgebend sind.

Ein rechtshängiger Aberkennungsprozess fällt nach Konkurseröffnung über den Kläger nach **BGE 71 III 92** nicht gestützt auf Art. 206 SchKG zwingend dahin; die Konkursverwaltung hat zwar die Möglichkeit, eine Forderung im Kollokationsplan abzuweisen, wodurch der Gläubiger zum Anheben eines Kollokationsprozesses veranlasst und somit in die Klägerrolle gedrängt wird; diese Wirkung, nämlich ein Dahinfallen des Aberkennungsprozesses, könne sich zwar aus dem kantonalen Prozessrecht ergeben; Aberkennungsprozesse, die vor Bundesgericht als Berufungsinstanz hängig sind, fallen nach Konkurseröffnung nicht dahin. Der Aberkennungsprozess findet in der Regel, Gerichtsstandsklauseln vorbehalten, am Betreibungsort statt.

2 Die Aufhebung einer Betriebsstätte nach Klageeinreichung (BGE 81 I 58) verändert den Gerichtsstand genau so wenig, wie die Löschung einer Einzelfirma im Handelsregister (ZR 88, Nr. 89).

3 Gemäss BGE 82 III 43 gilt beim Arrest folgendes: Der Gläubiger macht einen Ausländerarrest; vor Rechtshängigkeit der Arrestforderungsklage begründet der Beklagte Wohnsitz in der Schweiz; in diesem Fall ist die Arrestforderungsklage grundsätzlich gemäss Art. 59 BV am Wohnsitz, und nicht am Arrestort zu erheben; auch eine an einem unzuständigen Ort erhobene Klage ist gültig, wenn der Mangel noch während der Prosequierungsfrist behoben wird oder die Klage infolge Benutzung einer vom kantonalen Prozessrecht vorgesehenen Nachfrist hängig bleibt; das kantonale Recht, hier des Kantons Neuenburg, enthielt eine Vorschrift, wonach die Rechtshängigkeit fort-

besteht, wenn die neue Klage beim zuständigen Richter binnen zehn Tagen seit der Rückweisung angehoben wird. Umgekehrt bleibt die Zuständigkeit des Gerichtsstands am Arrestort bestehen, falls der Arrest infolge Konkurseröffnung über den Beklagten oder infolge Wegfalls der Arrestgegenstände dahinfällt.

Verändert der Beklagte nach dem Sühnverfahren, aber vor dem Einreichen der Weisung den Wohnsitz, so kann gemäss ZR 76, Nr. 106 die am alten Wohnsitz ausgestellte Weisung am Gericht des neuen Wohnsitzes eingereicht werden. 4

Art. 9 Abs. 2 IPRG bestimmt, dass zur Feststellung, wann eine Klage in der Schweiz hängig gemacht worden ist, der Zeitpunkt der ersten, für die Klageeinleitung notwendigen Verfahrenshandlung massgebend ist. Als solche genügt die Einleitung des Sühnverfahrens. Gemäss Art. 21 LugÜ ist für den Fall vorgesehen, dass bei Gerichten verschiedener Vertragsstaaten Klagen wegen desselben Anspruchs zwischen denselben Parteien anhängig werden, das später angerufene Gericht das Verfahren von Amtes wegen auszusetzen hat, bis die Zuständigkeit des zuerst angerufenen Gerichts feststeht. Sobald rechtskräftig feststeht, dass das zuerst angerufene Gericht zuständig ist, erklärt sich jedes später angerufene Gericht zugunsten dieses Gerichts für unzuständig. Art. 22 LugÜ enthält die analoge Regelung für Klagen, die im Zusammenhang stehen, aber nicht denselben Anspruch zwischen denselben Parteien betreffen. Das später angerufene Gericht kann sich auf Antrag einer Partei auch für unzuständig erklären, wenn die Verbindung im Zusammenhang stehender Verfahren nach seinem Recht zulässig ist und das zuerst angerufenen Gericht für beide Klagen zuständig ist. Gemäss Art. 22 Abs. 3 LugÜ stehen Klagen im Sinne dieser Bestimmung im Zusammenhang, wenn zwischen ihnen eine so enge Beziehung gegeben ist, dass eine gemeinsame Verhandlung und Entscheidung geboten erscheint, um zu vermeiden, dass in getrennten Verfahren widersprechende Entscheidungen ergehen können. Nach Art. 24 LugÜ können die in dem Recht eines Vertragsstaats vorgesehenen einstweiligen Massnahmen einschliesslich solcher, die auf eine Sicherung gerichtet sind, bei den Gerichten dieses Staats auch dann beantragt werden, wenn für die Entscheidung in der Hauptsache das Gericht eines anderen Vertragsstaats auf Grund dieses Übereinkommens zuständig ist. 5

ZR 88, Nr. 89: Die sachliche Zuständigkeit im Zeitpunkt, da die Klage rechtshängig wurde, war erfüllt. Nach § 188 ZPO ist der Zeitpunkt des Entscheids auch für die Beurteilung der Prozessvoraussetzungen gemäss § 108 ZPO massgebend, wobei jedoch im Zusammenhang mit der Beurteilung der örtlichen und sachlichen Zuständigkeit eine Ausnahme besteht. Für die örtliche Zuständigkeit sind die Verhältnisse zur Zeit der Rechtshängigkeit der Klage massgebend (§ 16 ZPO); die sachliche Zuständigkeit prüft das Gericht im Zeitpunkt der Rechtshängigkeit von Amtes wegen (§ 108 ZPO). Der Grundsatz der perpetuatio fori gilt sodann auch für die sachliche Zuständigkeit; nach Eintritt der Rechtshängigkeit fällt diese durch Veränderung der Umstände, welche sie begründet haben, nicht mehr dahin (Sträuli/Messmer, N. 8 zu § 17 ZPO; Guldener, Schweizerisches Zivilprozessrecht, 3. Auflage, Zürich 1979, S. 229 und 234). Dies gilt insbesondere auch für den Wegfall des Eintrags einer Partei im Handelsregister. 6

ZR 90, Nr. 63: Örtlich zuständig für die Rechtsöffnung ist grundsätzlich der Richter des Orts, wo die Betreibung angehoben wurde; im Fall der Wohnsitzverlegung ist das Rechtsöffnungsgesuch beim Richter des neuen Wohnsitzes zu stellen, denn der allgemeine Betreibungsort ist während des Einleitungsverfahrens mit Einschluss des Rechtsöffnungsverfahrens veränderlich und folgt dem jeweiligen Wohnsitz des Schuldners (BGE 112 III 9 ff.; Art. 53 SchKG). Um Rechtsöffnung ist jedoch nur dann am neuen Ort nachzusuchen, wenn der Schuldner bis zu Stellung des Begehrens seinen Wohnsitz gewechselt hat, vorausgesetzt, dass er die Wohnsitzverlegung angezeigt oder der Gläubiger sonst nachweislich davon Kenntnis erhalten hat. Da im vorliegenden Fall der Betriebene erst nach Stellung des Rechtsöffnungsbegehrens seinen Wohnsitz verlegt hat, berührt dies die Zuständigkeit des Rechtsöffnungsrichters nicht mehr. 7

B. Sachliche Zuständigkeit

Verweisung auf das Gerichtsverfassungsgesetz
§ 17. **Soweit dieses Gesetz nichts anderes bestimmt, wird die sachliche Zuständigkeit der Gerichte durch das Gerichtsverfassungsgesetz festgelegt.**

Ist die sachliche Zuständigkeit für die Beurteilung der Klage gleichermassen für Arbeitsgericht, Mietgericht oder Handelsgericht gegeben, so bestimmt das Obergericht das zuständige Gericht, sofern sich die Parteien nicht auf eines der zuständigen Gerichte geeinigt haben oder der Beklagte sich nicht bereits vorbehaltlos auf die Klage eingelassen hat.

Die sachliche Zuständigkeit der Gerichte ergibt sich aufgrund des Gerichtsverfassungsgesetzes:

1 *§ 6 GVG (Friedensrichter: a) Zuständigkeit, Erkenntnisverfahren)*
[1] Der Friedensrichter entscheidet, sofern nicht ein anderes Gericht zuständig ist, endgültig zivilrechtliche Streitigkeiten, deren Streitwert Fr. 500 nicht übersteigt. (24.9.95)

[2] Er entscheidet ohne Rücksicht auf den Streitwert endgültig die Streitigkeiten gemäss Art. 44 des Bundesgesetzes betreffend die elektrischen Schwach- und Starkstromanlagen vom 24. Juni 1902 und Art. 15 des Bundesgesetzes über die Enteignung vom 20. Juni 1930.

2 *§ 12 GVG (Die Arbeitsgerichte: Besetzung des Gerichts)*
[1] Das Arbeitsgericht wird für jede Sitzung mit dem Präsidenten und je einem Richter aus der Gruppe der Arbeitnehmer und der Arbeitgeber besetzt. Die Arbeitsrichter werden nach Möglichkeit aus der Berufsrichtung des Arbeitnehmers beigezogen.

[2] Streitigkeiten, deren Streitwert Fr. 20'000 nicht übersteigt, entscheidet der Präsident des Arbeitsgerichts als Einzelrichter. Er ist jedoch berechtigt und bei Streitwerten über Fr. 3'000 auf Verlangen einer Partei verpflichtet, das Gericht nach Abs. 1 zu besetzen. (24.9.95)

3 *§ 13 GVG (Die Arbeitsgerichte: Zuständigkeit)*
[1] (24.9.1995) Das Arbeitsgericht entscheidet Streitigkeiten aus dem Arbeitsverhältnis zwischen Arbeitgeber und Arbeitnehmer, zwischen Verleiher und Arbeitnehmer sowie Streitigkeiten aus dem Vermittlungsverhältnis zwischen Vermittler und Stellensuchendem. Ausgenommen sind Streitigkeiten zwischen dem Personal des Bundes, des Kantons und der Gemeinden und seinen Arbeitgebern.

[2] Der Entscheid ist endgültig, wenn der Streitwert für die Berufung an das Bundesgericht nicht erreicht wird, dagegen erstinstanzlich bei höherem oder nach der Natur der Sache nicht schätzbarem Streitwert.

[3] Die Parteien sind berechtigt, in die Zuständigkeit des Arbeitsgerichts fallende Streitigkeiten durch schriftliche Vereinbarung vor die ordentlichen Gerichte, vor ein Schiedsgericht oder, wenn die Voraussetzungen erfüllt sind, vor das Mietgericht oder das Handelsgericht zu bringen. Der Ausschluss des Arbeitsgerichts kann jedoch nicht zum voraus vereinbart werden.

[4] Die ordentlichen Gerichte, oder, wenn die Voraussetzungen erfüllt sind, das Mietgericht oder das Handelsgericht werden zuständig, wenn der Beklagte nicht rechtzeitig die Einrede der Unzuständigkeit erhebt.

4 *§ 17 (Die Mietgerichte: Besetzung)*
[1] (24.9.95) Das Mietgericht wird bei Verfahren, deren Streitwert Fr. 20'000 übersteigt oder nach der Natur der Sache nicht schätzbar ist, mit dem Präsidenten und zwei Beisitzern besetzt. Bei Streitigkeiten aus Miet- und Pachtverhältnissen für Wohn- und Geschäftsräume werden je ein Beisitzer aus der Gruppe der Mieter und Vermieter, bei der landwirtschaftlichen Pacht je ein Beisitzer aus der Gruppe der Pächter und Verpächter beigezogen.

² *Streitigkeiten, deren Streitwert Fr. 20'000 nicht übersteigt, entscheidet der Präsident des Mietgerichts als Einzelrichter. Er ist jedoch berechtigt und bei Streitwerten über Fr. 3'000 auf Verlangen einer Partei verpflichtet, das Gericht nach Abs. 1 zu besetzen.*

§ 18 GVG (Die Mietgerichte: Zuständigkeit)
¹ *(24.9.95) Das Mietgericht beurteilt unter Vorbehalt der Zuständigkeiten der Einzelrichter bei den Bezirksgerichten gemäss §§ 22 und 23 alle Streitigkeiten aus Miet- und Pachtverhältnissen für Wohn- und Geschäftsräume sowie Streitigkeiten aus landwirtschaftlicher Pacht gemäss Art. 17 Abs. 2, 26, 28 und 48 des Bundesgesetzes über die landwirtschaftliche Pacht.*

² *Das Mietgericht beurteilt Nichtigkeitsbeschwerden gegen prozessleitende Entscheide der Schlichtungsbehörde sowie gegen deren Entscheide, die nicht in der Sache selbst erfolgen.*

³ *Mit den Klagen betreffend Streitigkeiten aus Miet- und Pachtverhältnissen über Wohn- und Geschäftsräume können Nebenbegehren verbunden werden über Sachen, die der Vermieter zusammen mit diesen Räumen dem Mieter zum Gebrauch überlässt.*

⁴ *Das Mietgericht entscheidet endgültig, wenn der Streitwert für die Berufung an das Bundesgericht nicht erreicht wird, dagegen erstinstanzlich bei höherem oder nach der Natur der Sache nicht schätzbarem Streitwert, insbesondere beim Entscheid über die Anfechtung der Kündigung oder die Erstreckung des Miet- oder Pachtverhältnisses.*

⁵ *Die Parteien sind berechtigt, in die Zuständigkeit des Mietgerichts fallende Streitigkeiten durch schriftliche Vereinbarung vor die ordentlichen Gerichte oder, wenn die Voraussetzungen erfüllt sind, vor das Arbeitsgericht, das Handelsgericht oder, unter Vorbehalt von Art. 274c OR, ein Schiedsgericht zu bringen. Der Ausschluss des Mietgerichts kann jedoch nicht zum voraus vereinbart werden. Die ordentlichen Gerichte oder, wenn die Voraussetzungen erfüllt sind, das Arbeitsgericht oder das Handelsgericht werden zuständig, wenn der Beklagte nicht rechtzeitig die Einrede der Unzuständigkeit erhebt.*

§ 21 GVG (Die Einzelrichter: a) ordentliches Verfahren in Zivilsachen)
Der Einzelrichter entscheidet als Zivilrichter im ordentlichen Verfahren endgültig Streitigkeiten, deren Streitwert Fr. 300, nicht aber Fr. 8'000 übersteigt. (7.12.86)

§ 22 GVG (Die Einzelrichter: b) beschleunigtes Verfahren)
¹ *Der Einzelrichter entscheidet im beschleunigten Verfahren ohne Rücksicht auf den Streitwert die nachstehenden Betreibungs- und Konkursstreitigkeiten:*
1. *Klagen auf Aufhebung von Arresten mangels eines Arrestgrundes (Art. 279 SchKG) und auf Anfechtung der Ansprüche Dritter an Arrestgegenständen;*
2. *Klagen auf Rückschaffung von Retentionsgegenständen (Art. 284 SchKG) und Klagen Dritter, welche auf Grund von Art. 273 OR die Herausgabe von Retentionsgegenständen verlangen;*
3. *Widerspruchsklagen (Art. 107, 109 SchKG) sowie Klagen über die Lasten auf einer zu versteigernden Liegenschaft (Art. 140 Abs. 2 SchKG);*
4. *Klagen über den Anschluss von Ehegatten, Kindern, Mündeln, Verbeiständeten und Pfründern an eine Pfändung (Art. 111 SchKG, Art. 334 ZGB, Art. 529 OR) sowie Einsprachen des Ehegatten und von Kindern des Schuldners gegen die Pfändung ihres Erwerbs und der Erträgnisse ihres Vermögens;*
5. *Klagen über die Anfechtung des vom Betreibungsamts entworfenen Kollokationsplans (Art. 148, 157 SchKG);*
6. *Klagen über die Feststellung neuen Vermögens (Art. 265 SchKG);*
7. *Klagen über Eigentumsansprachen und Anfechtung des Kollokationsplans im Konkurs und im Verfahren betreffend Nachlassvertrag mit Vermögensabtretung (Art. 242, 250, 251, 316g SchKG)*

² *Die Entscheide im beschleunigten Verfahren sind endgültig, wenn der Streitwert Fr. 8'000 nicht übersteigt (7.12.86).*

8 **§ 22a GVG (Der Einzelrichter: c) einfaches und rasches Verfahren)**
Der Einzelrichter entscheidet im einfachen und raschen Verfahren im Rahmen der fürsorgerischen Freiheitsentziehung über Begehren um gerichtliche Beurteilung der Einweisung, der Ablehnung des Entlassungsgesuchs, der Zurückbehaltung oder Rückversetzung in die Anstalt (Art. 314a, 397a-397f, 405a, 406 ZGB und § 117i EG zum ZGB).

9 **§ 23 GVG (Der Einzelrichter: d) summarisches Verfahren und Rechtshilfe)**
¹ Der Einzelrichter behandelt die im summarischen Verfahren zu erledigenden Geschäfte sowie die Rechtshilfebegehren in Zivil- und Ehrverletzungssachen.

² Bei Verhinderung des Einzelrichters kann der Gerichtsschreiber dringliche Verfügungen erlassen.

10 **§ 31 GVG (Die Bezirksgerichte: Zuständigkeit: a) als Zivilgericht)**
(24.9.95) Das Bezirksgericht entscheidet, sofern nicht ein anderes Gericht zuständig ist, als Zivilgericht
1. alle Streitigkeiten, deren Streitwert Fr. 20'000 übersteigt oder nach der Natur der Sache nicht geschätzt werden kann;
2. über Nichtigkeitsbeschwerden gegen Entscheid der Friedensrichter.

11 **§ 43 GVG (Das Obergericht: Zuständigkeit: b) als Zivilgericht)**
¹ Das Obergericht entscheidet als Zivilgericht über die nach dem Gesetz zulässigen Berufungen, Rekurse und Nichtigkeitsbeschwerden gegen Entscheide der Arbeitsgerichte, der Mietgerichte, der Bezirksgerichte und der Schiedsgerichte sowie gegen Entscheide der Einzelrichter am Bezirksgericht, am Mietgericht und am Arbeitsgericht. Es entscheidet ferner über Rekurse gegen Verfügungen der Direktion des Regierungsrats betreffend Ehemündigkeit und Namensänderung. (17.3.93).

12 *² Es beurteilt ohne Rücksicht auf den Streitwert Zivilklagen gemäss Bundesgesetz über das Urheberrecht und verwandte Schutzrechte sowie gemäss Bundesgesetz über den Schutz von Topographien von Halbleitererzeugnissen. Über Begehren im Sinne von § 222 Ziffern 2 und 3 ZPO entscheidet der Präsident oder ein von ihm bezeichnetes Mitglied als Einzelrichter im summarischen Verfahren (24.9.95).*

13 *³ In Streitigkeiten um vermögensrechtliche Ansprüche, welche der Berufung an das Bundesgericht unterliegen, können die Parteien, bevor die Klage beim Bezirksgericht oder beim Einzelrichter im beschleunigten Verfahren rechtshängig wird, schriftlich vereinbaren, dass an deren Stelle das Obergericht als erste Instanz zu entscheiden hat.*

14 **§ 61 GVG (Das Handelsgericht: Zuständigkeit: a) aus Bundesrecht)**
¹ Das Handelsgericht entscheidet ohne Rücksicht auf den Streitwert und die Eintragung der Parteien im Handelsregister
1. alle in den Bundesgesetzen betreffend die Erfindungspatente, die gewerblichen Muster und Modelle, den Schutz von Marken und Herkunftsangaben, den Sortenschutz sowie die Kartelle und ähnliche Organisationen vorgesehenen oder den Gebrauch einer Geschäftsfirma betreffenden Zivilklagen; (24.9.95)
2. alle im Bundesgesetz über die Anlagefonds vorgesehenen Zivilklagen und richterlich zu entscheidenden Begehren;
3. Die Zivilklagen wegen Nuklearschadens gemäss Kernenergiehaftpflichtgesetz. (24.9.95)

² Über Begehren im Sinne von § 222 Ziffern 2 und 3 der Zivilprozessordnung entscheidet der Präsident oder ein von ihm zu bezeichnendes Mitglied des Handelsgerichts als Einzelrichter im summarischen Verfahren.

§ 62 GVG (Das Handelsgericht: b) Handelsgeschäfte) 15
¹ Das Handelsgericht entscheidet alle Zivilprozesse zwischen Parteien, die als Firmen im Handelsregister eingetragen sind, sofern sich der Streit auf das von einer Partei betriebene Gewerbe oder auf Handelsverhältnisse überhaupt bezieht und wenn der Streitwert für die Berufung an das Bundesgericht erreicht wird.

² Jedes Rechtsgeschäft einer im Handelsregister eingetragenen Person gilt im Zweifel als Handelsgeschäft.

§ 63 GVG (Das Handelsgericht: c) Wahl des Klägers) 16
(8.6.80) Entspricht der Streitgegenstand im übrigen den Anforderungen von § 62, kann der Kläger zwischen dem Bezirksgericht oder dem Arbeitsgericht und dem Mietgericht einerseits und dem Handelsgericht andererseits wählen.
1. wenn nicht er, wohl aber der Beklagte im Handelsregister als Firma eingetragen ist;
2. ungeachtet dessen, ob er selbst im Handelsregister eingetragen ist, wenn der Beklagte an seinem ausländischen Wohnsitz als selbständiger Kaufmann gilt oder als Firma in einem ausländischen Register eingetragen ist, das dem schweizerischen Handelsregister entspricht.

§ 64 GVG (Das Handelsgericht: Vereinbarte Zuständigkeit) 17
(8.6.80) Die Parteien können, bevor die Klage rechtshängig wird, schriftlich vereinbaren, dass
1. Prozesse über Handelssachen mit einem für die Begründung der Zuständigkeit des Handelsgerichts ausreichenden Streitwert anstelle des Bezirksgerichts, des Arbeitsgerichts, des Mietgerichts oder des Einzelrichters im beschleunigten Verfahren vom Handelsgericht behandelt werden sollen, auch wenn im übrigen nicht alle Voraussetzungen nach § 62 gegeben sind, (24.9.85)
2. Prozesse, für deren Behandlung nach § 62 das Handelsgericht zuständig wäre, vom Bezirksgericht oder, wenn die Voraussetzungen erfüllt sind, vom Arbeitsgericht oder Mietgericht beurteilt werden sollen.

§ 65 GVG (Das Handelsgericht: Amtliche Anweisung) 18
Wenn mehrere Personen gemeinsam klagen wollen oder gemeinsam eingeklagt werden sollen und das Handelsgericht nur für einzelne von ihnen zuständig ist, so bestimmt das Obergericht auf Antrag eines Klägers, ob das Handelsgericht oder das Bezirksgericht für sämtliche Streitgenossen zuständig ist.

Der Kanton Zürich kennt folgende Gerichte: Friedensrichter, Bezirksgerichte (wobei bei diesem besonders die Einzelrichter zu erwähnen sind), das Obergericht, die Arbeitsgerichte, die Mietgerichte und Schlichtungsbehörden, das Handelsgericht, das Kassationsgericht und allenfalls das Landwirtschaftsgericht (das sich jedoch nicht nur mit zivilrechtlichen Streitigkeiten beschäftigt). 19

Der **Friedensrichter** besitzt Entscheidungskompetenz in Streitigkeiten bis Fr. 500 Streitwert. Er stellt in den Zivilprozessen die Weisung aus und amtet als Sühnbeamter im Ehrverletzungsprozess. Gemäss § 105 Ziff. 2 ZPO findet bei Streitigkeiten, für welche das Mietgericht zuständig ist, kein Sühnverfahren statt. 20

Der Friedensrichter amtet sodann für Streitigkeiten gemäss Art. 44 des Bundesgesetzes betreffend die elektrischen Schwach- und Starkstromanlagen (Beseitigung von Baumästen gegen Entschädigung) und Art. 15 des Bundesgesetzes über die Enteignung (Begehungen zur Vorbereitung von Enteignungen und dergleichen), sodann ist er Beisitzer in Streitigkeiten zwischen dem Geschädigten und dem Jagdpächter über Wildschäden gemäss § 46 Abs. 2 des kantonalen Gesetzes über Jagd und Vogelschutz. 21

Die Bezirksgerichte bestehen aus einem Präsidenten und mindestens 4 Richtern, wobei am Bezirksgericht Zürich derzeit über 50 vollamtliche Richter beschäftigt sind; die Friedensrichter sind 22 gemäss § 27 GVG die Ersatzrichter des Bezirksgerichts, wobei weitere Personen als Ersatzrichter durch das Obergericht bestimmt werden können. Die Bezirksgerichte arbeiten nach dem Referentensystem. Die Bezirksgerichte sind Beschwerdeinstanz für Nichtigkeitsbeschwerden gegen Urteile der Friedensrichter. Die Bezirksgerichte entscheiden sodann erstinstanzlich, sofern der Streitwert Fr. 20'000 übersteigt oder nach der Natur der Sache nicht geschätzt werden kann. Das Bezirksgericht ist erstinstanzliche Beschwerdeinstanz für SchKG-Beschwerden.

23 Die Stellung des Einzelrichters ist aufgewertet worden, entscheidet er doch im ordentlichen Verfahren über Klagen auf Ehescheidung und Ehetrennung; im ordentlichen Zivilprozess entscheidet er endgültig, sofern der Streitwert Fr. 500, nicht aber Fr. 20'000 übersteigt. Seine Entscheide sind endgültig, wenn der Streitwert für die Berufung an das Bundesgericht nicht erreicht wird. Der Einzelrichter entscheidet im beschleunigten Verfahren endgültig, sofern der Streitwert für die Berufung an das Bundesgericht nicht erreicht wird. In den anderen Fällen ist er erstinstanzlicher Richter. In das beschleunigte Verfahren gehören die Klagen gemäss § 22 GVG (vgl. oben). Mit Ausnahme der sogenannten Aussonderungsklage nach Art. 242 SchKG sind diese von Bundesrechts wegen dem beschleunigten Verfahren zugewiesen. Im summarischen Verfahren entscheidet der Einzelrichter ohne Rücksicht auf den Streitwert erstinstanzlich.

23 Das **Obergericht** entscheidet in den gemäss § 43 GVG genannten Streitigkeiten in Zivilsachen. Soweit das Obergericht als erste Instanz entscheidet, ist kein Sühnverfahren gemäss § 103 Ziff. 2 ZPO erforderlich. Das Obergericht ist insbesondere Beschwerdeinstanz im Sinne von § 108 GVG gegenüber den Bezirksgerichten. Praktisch hat es in Zivilsachen nur eine geringe Bedeutung, weil der Kläger nicht darum herum kommt, mit dem Bezirksgericht weiter zusammenzuarbeiten, und wenn das Bezirksgericht einmal verärgert ist, riskiert er, dass ohnehin alles zu seinen Ungunsten geschieht. Die Bedeutung von § 108 GVG wäre nur dann beachtlich, wenn damit dem betroffenen Bezirksgericht der Fall entzogen würde und ein anderes Bezirksgericht für den Fall zuständig würde. Das Obergericht ist zweite Instanz in SchKG-Beschwerden.

25 Die **Arbeitsgerichte** entscheiden endgültig, wenn der Streitwert für die Berufung an das Bundesgericht nicht erreicht wird (Nichtigkeitsbeschwerde an das Obergericht vorbehalten) und erstinstanzlich bei höherem oder nach Natur der Sache nicht schätzbarem Streitwert (Berufungsmöglichkeit an das Obergericht).

26 Den Ausschluss des Arbeitsgerichts kann man nicht zum voraus vereinbaren, die Parteien können jedoch im konkreten Streit eine Vereinbarung treffen, wonach die ordentlichen Gerichte, ein Schiedsgericht, allenfalls das Mietgericht oder das Handelsgericht, zuständig werden. Zudem ist Einlassung gemäss § 12 ZPO möglich.

27 **Mietgerichte:** Bei Streitigkeiten nicht über Fr. 20'000 entscheidet der Präsident des Mietgerichts als Einzelrichter; er kann nach eigenem Ermessen, auf Verlangen einer Partei ist er dazu verpflichtet, bei Streitwerten über Fr. 3'000 gemäss § 17 Abs. 1 GVG zwei Beisitzer beizuziehen. Der Entscheid des Mietgerichts ist endgültig, wenn der Streitwert für die Berufung an das Bundesgericht nicht erreicht wird; das Mietgericht entscheidet als erste Instanz bei höheren Streitwerten oder bei Streitwerten, die nach der Natur der Sache nicht geschätzt werden können, insbesondere über die Anfechtung der Kündigung, die Erstreckung des Miet- oder Pachtverhältnisses. Als Streitwert gilt der Mietzins, der in der streitigen Periode fällig wird (vgl. BGE 98 II 107; BGE 98 II 201; BGE 88 II 58; ZR 77, Nr. 5). Gemäss dem wiedergegebenen § 18 Abs. 2 GVG können mit den Klagen betreffend Streitigkeiten aus den Miet- und Pachtverhältnissen auch Nebenbegehren über bewegliche und unbewegliche Sachen verbunden werden, die der Vermieter zusammen mit diesen Räumen dem Mieter zum Gebrauch überlässt. Wenn hingegen dem Mieter wegen Zahlungsrückstands (Art. 257d OR), wegen schwerer Verletzung seiner Pflichten zur Sorgfalt und Rücksichtnahme (Art. 257f Abs. 3 und 4 OR), wegen wichtigen Gründen (Art. 266g OR) oder wegen Konkurs des Mieters (Art. 266h OR) gekündigt wird, hat die für die Ausweisung zuständige Behörde auch über die Wirkung der Kündigung zu befinden (BGE 119 II 142; BGE 119 II 244; ZR 93, Nr. 2).

Schlichtungsbehörden für Mietverhältnisse: Nach Art. 274a Abs. 1 OR haben die Kantone Schlichtungsbehörden einzusetzen: "a. Die die Parteien in allen Mietfragen beraten; b. die in Streitfällen versuchen, eine Einigung zwischen den Parteien herbeizuführen; c. die die nach dem Gesetz erforderlichen Entscheide fällen; d. die die Begehren des Mieters an die zuständige Behörde überweisen, wenn ein Ausweisungsverfahren hängig ist; e. die als Schiedsgericht amten, wenn die Parteien es verlangen." Zuerst versucht die Schlichtungsbehörde eine Einigung zwischen den Parteien herbeizuführen, wobei die Schlichtungsbehörden in aller Regelung erheblichen Druck auf die Parteien ausüben, so dass es die Grenzen des Erträglichen mitunter überschreitet. Ein Entscheid der Schlichtungsbehörde wird rechtskräftig, wenn die unterlegene Partei nicht innert 30 Tagen beim Richter Einsprache erhebt. Der Entscheid der Schlichtungsbehörde ersetzt zusammen mit der Einsprache die Weisung des Friedensrichters. Dabei ist hervorzuheben, dass sich die Parteirollen auch dann nicht ändern, wenn die vor der Schlichtungsbehörde in der beklagten Rolle aufgetretene Partei die Einsprache erhebt. Falls eine Partei teilweise unterliegt und Einsprache erhebt, obwohl die andere Partei den Entscheid der Schlichtungsbehörde akzeptieren möchte, fällt der ganze Entscheid der Schlichtungsbehörde dahin. 28

Nach Art. 274a Abs. 1 lit. e OR können die Parteien zwar die Schlichtungsbehörde als Schiedsgericht einsetzen, gemäss Art. 274c OR dürfen die Parteien bei der Miete von Wohnräumen die Zuständigkeit der Schlichtungsbehörden mit der richterlichen Behörde nicht durch vertraglich vereinbarte Schiedsgerichte ausschliessen. 29

Handelsgericht: Die Zuständigkeiten ergeben sich aus §§ 61-65 GVG: Dabei ist zu beachten, dass die ausschliessliche Zuständigkeit für den Gebrauch einer Geschäftsfirma keine bundesrechtliche Zuständigkeit ist. Der Begriff "Handelsregister" bezieht sich ausschliesslich auf das schweizerische Handelsregister. Schwierigkeiten können sich ergeben, wenn sich eine Klage auf das Marken-, Muster-, Modell- oder Wettbewerbsrecht (alles handelsgerichtliche Zuständigkeiten) und auf Urheberrecht (obergerichtliche Zuständigkeit) stützt. Gemäss BGE 92 II 312 darf es das Handelsgericht in diesem Fall nicht ablehnen, auch die urheberrechtliche Seite zu prüfen. Da Bundesrecht von Amtes wegen anzuwenden ist, ist es unzulässig, eine Zivilsache nach der Begründung des Anspruchs in mehrere Einzelprozesse aufzuspalten. Gemäss ZR 69, Nr. 15 gilt dies allgemein wie folgt: Der Kläger hat aus demselben Sachverhalt Ansprüche aus dem Muster- und Modellrecht, Wettbewerbsrecht und Urheberrecht geltend gemacht; beide Parteien bejahten die Zuständigkeit des Handelsgerichts auch für das Urheberrecht. Das Bundesgericht zog in BGE 92 II 312 den Schluss, das Handelsgericht dürfe als Sondergericht es nicht ablehnen, auch die Rechtsbehelfe des Bundesrechts zu prüfen, die neben dem Sonderrecht angerufen werden, das seine besondere Zuständigkeit begründe. Dasselbe muss gelten, wenn neben dem Sonderrecht, das eine besondere Zuständigkeit begründet, auf den gleichen Sachverhalt ein weiteres Sonderrecht anwendbar ist, das nach dem kantonalen Prozessrecht eine andere Zuständigkeit zur Folge hat. Fragen kann man sich, ob das Handelsgericht oder das Obergericht die ganze Sachen beurteilen muss. Das Bundesrecht überlässt dies dem kantonalen Prozessrecht. Da die Klägerin das Handelsgericht angerufen hat und dieses für die Beurteilung von Muster- und Modell-, Marken- und Wettbewerbsrecht zuständig ist, kann es im konkreten Fall auch als einzige kantonale Instanz den urheberrechtlichen Teil beurteilen. 30

Gemäss ZR 89, Nr. 73 ist die handelsgerichtliche Zuständigkeit auch dann zu bejahen, falls nur einer von mehreren notwendigen Streitgenossen neben dem Beklagten als Firma im Handelsregister eingetragen ist. Gemäss § 64 Ziff. 1 GVG muss sich im Falle der Prorogation der Prozess auf Handelssachen beziehen. Die Parteien können also nicht beliebige Streitigkeiten vor Handelsgericht durch Vereinbarung bringen. 31

Gegen Entscheide des Handelsgerichts ist in der Regel die Berufung ans Bundesgericht, die Nichtigkeitsbeschwerde an das Kassationsgericht und in Ausnahmefällen auch die Nichtigkeitsbeschwerde in Zivilsachen an das Bundesgericht möglich (Entscheide betreffend vorsorgliche Massnahmen können nicht mit eidgenössischer Berufung angefochten werden, allenfalls mit eidgenössischer Nichtigkeitsbeschwerde, wobei jedoch ein Nichtigkeitsgrund gemäss Art. 68 OG vorliegen muss). 32

33 Die sachliche Zuständigkeit ist nur im Rahmen der gesetzlich abschliessend geregelten Möglichkeiten einer Vereinbarung zugänglich. Hingegen kann der Kläger mittels einer Teilklage den Prozess vor dem Einzelrichter statt dem Bezirksgericht oder vor dem Bezirksgericht statt vor dem Handelsgericht austragen, um allenfalls seine Prozessrisiken zu beschränken.

34 Die kantonalen Gerichte sind verpflichtet, Bundesrecht von Amtes wegen vollumfänglich auf den im Prozess festgestellten und dargelegten Sachverhalt anzuwenden. Daraus leitet das Bundesgericht in BGE 95 II 253 eine Kompetenzattraktion in beschränktem Ausmass ab. Das Handelsgericht des Kantons Zürich hatte gemäss BGE 95 II 253 erklärt, der Eventualstandpunkt, der mit der Hauptbegründung in unlösbarem Widerspruch stehe, sei nach zürcherischer Praxis unbeachtlich. Das Bundesgericht führte dazu aus:

35 **BGE 95 II 253:** "Im Berufungsverfahren hat die Beklagte diese Eventualbegründung nicht mehr vorgebracht. Das schliesst indessen ihre Berücksichtigung nicht ohne weiteres aus. Denn Art. 63 OG verpflichtet das Bundesgericht – und damit auch die kantonale Instanz – das auf den festgestellten Tatbestand anwendbare Bundesrecht selbst ohne Anrufung der Parteien, also von Amtes wegen anzuwenden, ohne an eine unvollständige oder irrige rechtliche Begründung seitens der Parteien gebunden zu sein (BGE 89 II 340, 90 II 40, 91 II 65). Es ist deshalb zu prüfen, ob die Auffassung der Vorinstanz, der Eventualstandpunkt der Beklagten sei aus Gründen des kantonalen Prozessrechts unbeachtlich, vor dem Bundesrecht standhält. Das Bundesgericht hat gestützt auf die oben erwähnte Rechtsprechung entschieden, ein kantonales Gericht dürfe die Beurteilung einer aus dem selben Sachverhalt abgeleiteten Eventualbegründung nicht mit dem Hinweis darauf ablehnen, dass dafür eine andere kantonale Instanz zuständig sei (es folgen Hinweise auf BGE 91 II 65, 92 II 312), und so den streitigen Anspruch in zwei Klagen zerlegen. Im vorliegenden Fall hat die Beklagte jedoch ihre Eventualbegründung nicht auf den gleichen Sachverhalt gestützt, sondern sie beruft sich auf einen völlig andern Tatbestand. Im Hauptstandpunkt bezeichnet sie sich als Abtretungsgläubiger des Crédit Agricole und belangt den Kläger aus seiner Solidarbürgschaft für die Darlehensforderung ihres Rechtsvorgängers, im Eventualstandpunkt macht sie dagegen geltend, sie sei Abtretungsgläubiger des zahlenden Solidarbürgen Misteli und stützt ihre Forderung auf den Ausscheidungsvertrag vom 30. November 1966. Kraft der ihnen durch Art. 64 Abs. 3 BV vorbehaltenen Prozessrechtshoheit steht es den Kantonen frei, durch eine ausdrückliche Vorschrift ihrer Prozessordnung oder durch Auslegung und Praxis das Vorbringen eines Eventualstandpunkts, der sich auf einen vom Hauptstandpunkt abweichenden Tatbestand stützt, zu verbieten. Der Rechtssuchende wird dadurch freilich gezwungen, bei Abweisung seines Hauptstandpunkts den eventualiter behaupteten Sachverhalt in einem neuen Verfahren geltend zu machen. Das ist aber ein Ausfluss des kantonalen Prozessrechts und verstösst nicht gegen die bundesrechtliche Pflicht des kantonalen Richters, das auf den gegebenen Tatbestand anwendbare Bundesrecht von Amtes wegen und im vollen Umfang anzuwenden. Da das Handelsgericht den Eventualstandpunkt der Beklagten als in diesem Verfahren unbeachtlich bezeichnet hat und somit nicht darauf eingetreten ist, liegt in bezug auf die aus der Abtretung der Rechte des Misteli gegen seinen Mitbürgen abgeleiteten Anspruch der Beklagten keine beurteilte Sache vor. Die Beklagte kann daher diesen Anspruch in einem neuen Betreibungs- und Prozessverfahren geltend machen. Dem steht nicht entgegen, dass das Handelsgericht beiläufig ausgeführt hat, die Eventualbegründung wäre auch materiellrechtlich nicht stichhaltig. Dabei handelt es sich um eine blosse, der materiellen Rechtskraft nicht teilhaftige Meinungsäusserung, die den in erster Linie getroffenen Nichteintretensentscheid nicht zum Sachurteil zu machen vermag."

36 **ZR 81, Nr. 43:** Seit der Gesetzesrevision vom 8. Juli 1980 kann die sachliche Zuständigkeit gleichermassen für das Miet- wie für das Handelsgericht gegeben sein. In diesem Fall hat mangels Prorogation und Einlassung des Beklagten das Obergericht das zuständige Gericht zu bestimmen.

Streitwert
  a) Grundsatz
§ 18. Der Streitwert richtet sich nach dem Rechtsbegehren des Klägers zur Zeit des Eintritts der Rechtshängigkeit.

Für die Zulässigkeit von Rechtsmitteln bestimmt sich der Streitwert nach den Verhältnissen zur Zeit der Fällung des angefochtenen Entscheids.

Der Streitwert hat eine erhebliche Bedeutung auf die sachliche Zuständigkeit, die Zulässigkeit von Rechtsmitteln, ob ein mündliches oder schriftliches Verfahren stattfindet (§ 119 Ziff. 3 ZPO), für die Höhe der Gerichtsgebühren (§§ 201, 202 GVG), für die Höhe der Kaution und der Prozessentschädigungen (§§ 64, 65, 68, 69 ZPO). Soweit das Bundesrecht keine bestimmten Regeln für die Streitwertberechnung vorschreibt (wie dies unter anderem beim Einzelarbeitsvertrag gemäss Art. 343 Abs. 2 OR geregelt ist oder für die Frage, ob Berufung an das Bundesgericht zulässig ist; davon hängen etwa die Zulässigkeit der kantonalen Nichtigkeitsbeschwerde und verschiedene andere innerkantonale Zuständigkeiten ab), bestimmt sich der Streitwert nach kantonalem Recht. Grundlegend ist die Unterscheidung zwischen vermögensrechtlichen und nicht vermögensrechtlichen Streitigkeiten. Das Bundesgericht hat im BGE 108 II 78 ausgeführt, und dies dürfte auch für §§ 8 ff. ZPO gelten: "Als nicht vermögensrechtlich sind Streitigkeiten über Rechte zu betrachten, die ihrer Natur nach nicht in Geld geschätzt werden können. Es muss sich um Rechte handeln, die weder zum Vermögen einer Person gehören, noch mit einem vermögensrechtlichen Rechtsverhältnis eng verbunden sind." Das Bundesgericht fügte hinzu, massgebend sei, ob mit der Klage letztlich ein wirtschaftlicher Zweck verfolgt werde. Gemäss BGE 102 II 165 liegt eine nicht vermögensrechtliche Streitigkeit vor, wenn die Verletzung von Persönlichkeits- und Namensrechten geltend gemacht wird, wenn der Kläger keine Vermögensleistungen verlangt; als nicht vermögensrechtlich kann unter Umständen auch eine Vereinsmitgliedschaft gemäss BGE 82 II 296 gelten. Dagegen gelten als vermögensrechtliche Streitigkeiten die Weiterzug eines Scheidungsurteils, wenn einzig die Kinderalimente streitig sind (BGE 116 II 493), die Klage auf Einsetzung eines Sonderprüfers gemäss BGE 120 II 395, die Anfechtung eines Generalversammlungsbeschlusses einer Aktiengesellschaft gemäss BGE 107 II 181, die Anfechtung von Beschlüssen von Stockwerkeigentümerversammlungen gemäss BGE 108 II 78.

Allgemein kann man (vgl. Vogel, S. 125 ff) ausführen, dass bei Leistungsklagen der objektive Wert der eingeklagten Leistung, bei Unterlassungsklagen deren geldwerter Wert, bei Feststellungsklagen der Wert des streitigen Rechts oder Rechtsverhältnisses und bei Gestaltungsklagen der in Geld ausgedrückte Wert für den aus der Restgestaltung für den Kläger erwachsenden Vermögensvorteil massgebend ist. Die Streitwerte mehrerer Rechtsbegehren sind zusammenzuzählen, wenn und soweit sie sich nicht gegenseitig ausschliessen. Dies gilt auch für die Widerklage gemäss § 19 Abs. 2 ZPO. Gemäss § 26 ZPO hat die Vereinigung und Trennung von Prozessen keinen Einfluss auf die Zuständigkeit und Zulässigkeit von Rechtsmitteln. Für die Streitwertberechnung werden periodische Leistungen kapitalisiert. Bei ungewisser oder unbeschränkter Dauer einer periodischen Leistung gilt als Kapitalwert in der Regel der zwanzigfache Betrag der einjährigen Leistung oder Nutzung, bei Leibrenten jedoch gemäss § 21 ZPO der Barwert.

Gemäss ZR 77, Nr. 46 soll im Widerspruchsverfahren sich der Streitwert gemäss dem Schätzungswert des angesprochenen Objekts bestimmen, was in der Regel der Betreibungsbeamte vornimmt, wenn dieser Schätzungswert nicht höher ist als die Forderung des Gläubigers, der den Drittanspruch bestreitet (d.h. also der Schätzungssumme, der im Streit liegenden Gegenstände oder die kleinere Betreibungssumme). In der Praxis legt der Betreibungsbeamte den Schätzungswert fest; daran ist das Gericht nicht gebunden; sonst müsste man verlangen, dass allein mit Blick auf die Kosten- und Entschädigungsfolgen der Schätzwert angefochten werden müsste. Vielmehr handelt es sich auch beim Schätzungswert für die Fragen wie Kosten- und Entschädigungsfolgen und anderer Fragen der Zivilprozessordnung um einen objektiven Wert, der nach den allgemeinen Regeln von § 18 ff. ZPO (d.h. entweder der höhere Wert, den ihm eine Partei beimisst, oder der durch das Gericht festzusetzende objektive Wert) festzusetzen ist; eine Bindung an die Meinung des Betreibungsbeamten kennt die ZPO nicht.

Wenn das Sicherstellen einer Forderung oder ein Pfandrecht streitig ist, gilt der Betrag der Forderung oder, wenn dieses geringer ist, der Wert des Pfands als Streitwert. Beim gerichtlichen Hinterlegen eines Konkursverlustscheins darf der Streitwert gemäss ZR 79, Nr. 8 höchstens 5% des im Verlustschein anerkannten Forderungsbetrags ausmachen. Bei der Arrestaufhebungsklage ist der geringere Betrag, der durch den Arrest gesicherten Forderung bzw. der Wert der Arrestobjekte massgebend. Der Streitwert für den Kollokationsprozess ist nur der Betrag der mutmasslichen Konkursdividende, und nicht der Forderungsbetrag. Gemäss BGE 63 III 71 soll für die Abtretungsklage gemäss Art. 260 SchKG der Wert der abgetretenen und eingeklagten Ansprüche massgebend sein, auch wenn die Konkursforderung des Klägers kleiner ist. Für die Klage auf Feststellung neuen Vermögens gemäss Art. 265 SchKG soll die Höhe der Betreibungsforderung massgebend sein, was zweifelhaft erscheint, muss doch die Differenz massgebend sein zwischen jenem Betrag des Vermögens, den der Schuldner als neues Vermögen anerkennt, und jenem, den der Gläubiger geltend machen will. Bei der Liquidation einer AG gilt als Streitwert das Eigenkapital dieser AG, mindestens aber das nominelle Aktienkapital, auch wenn dieses wesentlich höher als der Wert dieser AG ist. Kantonalrechtlich ist gemäss ZR 69, Nr. 26 die Regel des Zusammenrechnens mehrerer Rechtsbegehren auch für die Zulässigkeit eines Rechtsmittels gemäss § 18 Abs. 2 ZPO massgebend. Ein Rechtsmittel soll beiden Parteien gleichermassen offen stehen, unabhängig davon, ob das angefochtenen Urteil einzelne Rechtsbegehren schützte und die verbleibenden zusammen die Streitwertgrenze nicht erreichen. Für die Frage der Berufung an das Bundesgericht gilt jedoch BGE 99 II 127, wonach vor Bundesgericht nicht mehr streitige Ansprüche nicht zum Streitwert zählen, wenn der nicht mehr streitige Anspruch auf einem anderen Rechtsgrund basiert als der streitige.

5   Bei vermögensrechtlichen Streitigkeiten, die ziffernmässig nicht feststehen, ist der Streitwert zu schätzen, wobei gemäss § 22 ZPO in der Regel der höhere Betrag massgebend ist, wenn sich die Parteien nicht einig sind. Klagereduktionen und Teilanerkennung reduzieren den Streitwert. Nebenansprüche, insbesondere Zinsen, Früchte gemäss Art. 938 ff. ZGB, Gerichts- und Parteikosten, Begehren um Urteilspublikation gehören nicht zum Streitwert. Bei Klagen aus dem Immaterialgüterrecht schreibt das Bundesrecht den Kantonen eine einzige kantonale Instanz vor; für die Zuständigkeit hat der Streitwert innerkantonal keine besondere Bedeutung, wohl aber für allfällige Kautionen, Gerichtskosten und die Parteientschädigungen.

6   Wenn der Kläger nicht in der Lage ist, seinen Anspruch bei Erhebung der Klage zu beziffern, so hat er dies spätestens nach Durchführung des Beweisverfahrens nachzuholen (§ 61 Abs. 2 ZPO). Im übrigen sind die Parteien im Sinne einer Ordnungsvorschrift gehalten, bereits im Sühnverfahren den Streitwert zu beziffern (§ 95 ZPO).

7   **ZR 82, Nr. 26:** Mit dem Erstreckungsbegehren in Mietstreitigkeiten kann als Nebenbegehren die Frage der Gültigkeit der Kündigung aufgeworfen werden (§ 18 Abs. 2 GVG). Das will indessen nicht bedeuten, diese Frage sei nebensächlich. Für die Parteien ist die Frage der Gültigkeit der Kündigung von mindestens gleichrangiger Bedeutung wie die Frage der Erstreckung. Unterliegt daher ein Kläger mit dem Antrag, es sei die Kündigung als nichtig zu erklären, so unterliegt er in einem für beide Seiten gewichtigen Streitpunkt, was in den Kosten- und Entschädigungsfolgen zum Ausdruck zu kommen hat. Dass das Gericht die Gültigkeit der Kündigung als Erstreckungsvoraussetzung an sich auch von Amtes wegen prüft, ändert an diesem Ergebnis nichts. Prüft es diese Voraussetzung nämlich von Amtes wegen, so entscheidet es vorfrageweise über eine Erstreckungsvoraussetzung. Dem Entscheid über die Vorfrage kommt keine Rechtskraft zu. Entscheidet das Gericht hingegen auf ausdrücklichen Parteiantrag im Sinne von § 18 Abs. 2 GVG über diese Frage, dann kommt dem Entscheid darüber Rechtskraft zu. Entsprechend wäre er im Dispositiv richtigerweise zum Ausdruck zu bringen gewesen. Dieser wesentliche Unterschied in den Auswirkungen rechtfertigt auch eine unterschiedliche Behandlung der Kosten- und Entschädigungsregelung, je nachdem ob das Gericht von Amtes wegen oder auf Parteiantrag über die Gültigkeit der Kündigung entscheidet. Bei der Frage der Gültigkeit der Kündigung bemisst sich der Streitwert nach dem Mietzins im Zeitraum zwischen der Wirksamkeit der behaupteten Kündigung und der nächsten ordentlichen Kündigungsmöglichkeit, bei der Erstreckung nach dem Mietzins für die begehrte Erstreckungsperiode.

8   **ZR 82, Nr. 49:** Streitwert eines bei Konkurseröffnung gegen den Gemeinschuldner anhängig gewesenen Passivprozesses, in den ein Konkursgläubiger nach Art. 260 SchKG als Beklagter eingetreten ist: Der Streitwert bemisst sich nicht nach dem Forderungsbetrag, sondern nach dem Betrag

der auf die Forderung mutmasslich entfallenden Konkursdividende. Die Klägerin hat erstinstanzlich eine Forderung von Fr. 6'857.30 nebst Zins und Zahlungsbefehlskosten zugesprochen erhalten. Nach Auskunft des Konkursamts wird auf die Forderung der Klägerin als Fünftklassforderung keine Konkursdividende ausbezahlt werden können. Entgegen der Rechtsmittelbelehrung durch die Vorinstanz ist gemäss § 259 ZPO eine Berufung wegen Nichterreichen des Berufungsstreitwerts daher nicht zulässig.

ZR 83, Nr. 104: Der Streitwert richtet sich nach dem Rechtsbegehren, nicht nach dem wirtschaftlichen Streitinteresse. In vorliegendem Fall berechnete der Arbeitnehmer die Nettoforderung auf Fr. 7'921.60 und leitete eine Teilklage im Betrage von Fr. 5'000 ein. Massgebender Streitwert ist daher nicht das wirtschaftliche Interesse, sondern der Betrag von Fr. 5'000, auch wenn der präjudiziell für den Rest der behaupteten Forderung wirkt.

ZR 84, Nr. 44: Für die Berechnung des Streitwerts der Arrestaufhebungsklage ist in erster Linie die durch den Arrest gesicherte Forderung massgebend, allenfalls der Wert der Arrestobjekte, wenn er geringer als die Arrestforderung ist.

ZR 87, Nr. 137: Da die Kosten- und Entschädigungsbestimmungen in der Zivilprozessordnung materielles Recht bilden, steht der Kassationsinstanz gemäss § 281 Ziff. 3 ZPO lediglich eine beschränkte Überprüfungsbefugnis zu. Gemäss § 22 Abs. 1 ZPO bestimmt sich bei vermögensrechtlichen Klagen, die nicht auf Geldzahlung gehen, der Streitwert nach dem Wert, den die Parteien im Streitgegenstand übereinstimmend geben, und falls sich die Parteien nicht einigen, setzt das Gericht den Streitwert nach eigenem Ermessen fest. Ein Nichtigkeitsgrund wäre folglich in einem Falle, wo der Richter den Streitwert nach seinem Ermessen bestimmt hat, nur gegeben, wenn ein Ermessensmissbrauch oder eine Ermessensüberschreitung vorläge; auch in dieser Hinsicht kann die Kassationsinstanz nicht ihr Ermessen an die Stelle des erkennenden Richters setzen. Die Beschwerde hat demnach darzutun, dass sich der Richter von Gesichtspunkten her hätte leiten lassen, die nach Sinn und Zweck des Gesetzes nicht in Betracht gezogen werden dürfen, oder dass er umgekehrt wesentliche Gesichtspunkte grundlos unberücksichtigt gelassen hat.

b) Mehrere Klagen und Widerklagen
§ 19. (alte Fassung). Werden von einem Kläger oder von Streitgenossen im gleichen Prozess mehrere Rechtsbegehren erhoben, bestimmt sich der Streitwert nach dem Wert aller Rechtsbegehren, sofern sie sich nicht gegenseitig ausschliessen.

Der Streitwert der Widerklage wird mit demjenigen der Hauptklage zusammengerechnet, soweit sich Haupt- und Widerklage nicht gegenseitig ausschliessen.

In Streitigkeiten aus Verträgen zwischen Letztverbrauchern und Anbietern sowie aus dem Arbeitsverhältnis und aus unlauterem Wettbewerb bemisst sich der Streitwert nach der eingeklagten Forderung ohne Rücksicht auf Widerklagebegehren, sofern die eingeklagte Forderung den bundesrechtlich für das einfache und rasche Verfahren vorgesehenen Höchststreitwert nicht übersteigt.

b) Mehrere Klagen und Widerklagen
§ 19. (neue Fassung, 24.9.1995). Werden von einem Kläger oder von Streitgenossen im gleichen Prozess mehrere Rechtsbegehren erhoben, bestimmt sich der Streitwert nach dem Wert aller Rechtsbegehren, sofern sie sich nicht gegenseitig ausschliessen.

Der Streitwert der Widerklage wird mit demjenigen der Hauptklage zusammengerechnet, soweit sich Haupt- und Widerklage nicht gegenseitig ausschliessen.

In Streitigkeiten aus Verträgen zwischen Konsumenten und Anbietern, aus dem Arbeitsverhältnis, aus der Arbeitsvermittlung und dem Personalverleih sowie aus unlauterem Wettbewerb bemisst sich der Streitwert nach der eingeklagten Forderung ohne Rücksicht auf Widerklagebegehren, sofern die eingeklagte Forderung den bundesrechtlich für das einfache und rasche Verfahren vorgeschriebenen Höchstwert nicht übersteigt.

1 Anwendungsfälle sind die Klagenhäufung gemäss § 58 ZPO, die notwendige Streitgenossenschaft nach § 39 ZPO und die einfache Streitgenossenschaft gemäss § 40 ZPO. Bei arbeitsrechtlichen Streitigkeiten schreibt Art. 343 Abs. 2 OR ausdrücklich vor, dass die Widerklage nicht zum Streitwert zählt. Wenn die Widerklage einen höheren Streitwert hat und sich Haupt- und Widerklage ausschliessen, ist der Wert der Widerklage massgebend.

2 Eine objektive Klagenhäufung ist zulässig; bei subjektiver Klagenhäufung wie bei einfacher Streitgenossenschaft müssen aber die Beklagten in der Klage unbedingt genannt sein; möglich ist eine eventuelle und subjektive Klagenhäufung dergestalt, dass die Gutheissung der Klage eines Streitgenossen oder gegen einen Streitgenossen nur für den Fall beantragt wird, dass die Klage gegen einen Streitgenossen keinen Erfolg habe (vgl. Guldener, Schweizerisches Zivilprozessrecht, Zürich, 1979, S. 301 ff.). Dagegen soll es nach herrschender Meinung nicht zulässig sein, Klage zu erheben, die nur rechtshängig werden soll, falls die Hauptklage nicht durchdringt; über die Hauptklage und die Eventualklage ist nämlich gleichzeitig zu entscheiden, was auch voraussetzt, dass die Eventualklage rechtshängig ist (vgl. Guldener, a.a.O., S. 214, Anm. 3). § 37 Abs. 1 Ziff. 1 ZPO Basel-Stadt sieht ausdrücklich vor, es sei unzulässig, gegen einen Zweitbeklagten Klage zu erheben für den Fall, dass die Klage gegen einen Erstbeklagten abgewiesen wird (vgl. Stähelin, Sutter, Zivilprozessrecht, Zürich, 1992, N 5 zu § 13). Demgegenüber führen Leuch, Marbach, Kellerhals (Die Zivilprozessordnung für den Kanton Bern, Bern, 1995, N. 1 e zu Art. 36 aus, entgegen Guldener (a.a.O., S. 302) sei eine eventuelle subjektive Klagenhäufung in dem Sinne zulässig, als die Gutheissung der Klage eines Streitgenossen oder der Klage gegen eine Streitgenossen nur für den Fall beantragt werde, dass die Klage des oder gegen den andern Streitgenossen keinen Erfolg habe. Die Zulässigkeit wirke sich nicht nur bei der Klage auf Zahlung an den Zessionar oder an den Zedenten bei bestrittener Gültigkeit der Zession, sondern auch bei gleichartigem Klagegrund gegen A., eventuell gegen B, welcher der Täter sein müsse, wenn nicht A für den Schaden hafte. Durch Zuspruch der unbedingten Klage, wird die eventuelle gegenstandslos. Im deutschen Recht ist die Frage umstritten (dagegen: Baumbach, Lauterbach, Albers, Hartmann, Zivilprozessordnung, 53. A., München, 1995, N. 2 zu § 59 ZPO).

Diese Frage lässt sich für das Zürcher Prozessrecht wohl nicht allgemein entscheiden. Die formellen Einwände gegen eine Zulässigkeit werden in der Regel nicht näher oder überzeugend begründet. Beispiel: Eine Personenunternehmung wird steuerneutral in eine AG umgewandelt; gegen wen soll nun ein ausgeschiedener Gesellschafter klagen? Nach der einen Auffassung hat der Kläger die Mitgesellschafter der Personengesellschaft und die AG je zu beklagen, mit dem Antrag, die eine Klage sei zu sistieren, bis über die andere entschieden sei. Die steuerneutral in eine AG umgewandelte Personenunternehmung und die AG sind wirtschaftlich von den gleichen Personen beherrscht. Gehen wir von einer einredefreien Schuldanerkennung vor der Umwandlung (mit Gerichtsstandsklausel) durch die Personengesellschaft aus, die inzwischen im Handelsregister gelöscht ist. Der Kläger sieht nicht in die Bücher der möglichen beiden Beklagten und kann daher nicht beurteilen, ob allenfalls eine bestimmte Schuldverpflichtung nicht übergegangen ist. Die früheren Gesellschafter der Personenunternehmung und die AG können sich – auch bei Zuständigkeit im gleichen Kanton – u.U. erfolgreich der Forderung entziehen; über die Forderung kann nämlich, da sie von verschiedenen Richtern beurteilt wird, unterschiedlich entschieden werden. Die Kläger müssten je nach dem das erste Verfahren allein sicherheitshalber bis ans Bundesgericht ziehen und riskieren trotzdem die an sich anerkannte Forderung nicht zugesprochen zu erhalten. Eine eventuelle subjektive Klagenhäufung mag dieses Missstand beheben. Eine eventuelle subjektive Klagenhäufung muss zumindest dem Grundsätze nach, wenn auch nicht generell, jedenfalls zulässig sein, wenn die Forderung aus dem gleichen Rechtsgrund und dem gleichen Lebensvorgang resultiert. Mit zwei unbedingten Klagen mit dem Antrag, ein Verfahren zu sistieren, lässt sich diese Fallkonstellation andernfalls nicht sachgerecht lösen.

ZR 81, Nr. 21: Streitwertberechnung bei Vereinigung einer Klage auf Abwendung eines Trennungsurteils und einer Scheidungsklage: Wird eine Klage auf Abänderung der in einem Trennungsurteil getroffenen Unterhaltsregelung mit einer gleichzeitig hängigen Scheidungsklage vereinigt, so wird die Abänderungsklage bei der Streitwertberechnung wie ein Massnahmebegehren behandelt. 3

ZR 82, Nr. 45: Einen Schaden aus unrichtiger Rechtsmittelbelehrung kann die Staatshaftung selbst zur Folge haben. Die Rechtsmittelbelehrung stellt eine Auskunft im Sinne von § 6 Abs. 3 des Haftungsgesetzes dar. Voraussetzung solcher Staatshaftung ist daher in erster Linie, dass die erteilte Rechtsmittelbelehrung falsch war, da der Staat aus falscher Auskunft nur bei Vorsatz oder grober Fahrlässigkeit des Beamten haftet. Solches könnte angenommen werden, wenn die Belehrung einem klaren Gesetzeswortlaut oder einer ständig geübten Praxis widerspräche. Dagegen kann nicht von falscher Rechtsmittelbelehrung gesprochen werden, wenn weder die eine noch die andere Auffassung zutrifft und die Belehrung einer Rechtsauffassung zugrundeliegt, die sich hier gut vertreten lässt. Die Tatsache allein, dass eine höhere Instanz in der Folge die in Betracht fallenden Vorschriften anders ausgelegt hat, erweist die Auskunft der Erstinstanz über das gegebene Rechtsmittel durchaus nicht ohne weiteres als falsch im Sinne von § 6 Abs. 2 des Haftungsgesetzes. 4

ZR 91/92, Nr. 85: Nach Art. 343 Abs. 2 OR bemisst sich der Streitwert für Streitigkeiten aus dem Arbeitsverhältnis bis zu einem Streitwert von Fr. 20'000 nach der eingeklagten Forderung ohne Rücksicht auf das Widerklagebegehren (BGE 115 II 370). Während nach § 19 Abs. 2 ZPO der Streitwert der Widerklage mit demjenigen der Hauptklage zusammenzurechnen ist, bemisst sich gemäss Abs. 3 dieser Bestimmung in Streitigkeiten aus Verträgen zwischen Letztverbrauchern und Anbietern sowie aus dem Arbeitsverhältnis und aus unlauterem Wettbewerb der Streitwert nach der eingeklagten Forderung ohne Rücksicht auf Widerklagebegehren, sofern die eingeklagte Forderung den bundesrechtlich für das eingeklagte Verfahren vorgesehenen Höchststreitwert nicht übersteigt. 5

ZR 91/92, Nr. 91: Für die Bestimmung des Rechtsmittels werden im arbeitsgerichtlichen Prozess die Streitwerte von Haupt- und Widerklage nicht zusammengezählt, sondern die Berufungsfähigkeit ist gegeben, wenn Haupt- oder Widerklage den Berufungsstreitwert erreichen. 6

c) Nebenansprüche
§ 20. Bei der Bestimmung des Streitwerts werden Zinsen, Früchte, Kosten, Vorbehalte, Begehren um Urteilspublikation und dergleichen nicht berücksichtigt, soweit sie neben dem Hauptbegehren geltend gemacht werden.

§ 20 ZPO stimmt inhaltlich mit Art. 36 Abs. 3 OG überein. Zu den Zinsen gehören vertragliche, gesetzliche Zinsen sowie Verzugszinsen, gemäss ZR 68, Nr. 110 der Verzugsschaden, der vom Prozessbeginn an zu laufen beginnt, die Provision von höchstens 1/3%, einem Rückgriff des Wechselinhabers gemäss Art. 1045 OR und des Einlösers gemäss Art. 1046 OR (2‰). 1

Nach ZR, 44 Nr. 45 sind bei der Streitwertberechnung hingegen Zinsen zu berücksichtigen, die einen Bestandteil der eingeklagten Hauptforderung bilden, weil sie zur Hauptforderung hinzugezählt wurden, wie beispielsweise bei der ungerechtfertigten Bereicherung gemäss Art. 62 OR. 2

d) Wiederkehrende Leistungen
§ 21. Werden periodisch wiederkehrende Leistungen oder Nutzungen gefordert und bezieht sich der Rechtsstreit auf die Leistungspflicht oder das Nutzungsrecht überhaupt, so gilt als Streitwert der Kapitalwert. Bei ungewisser oder unbeschränkter Dauer gilt als Kapitalwert in der Regel der zwanzigfache Betrag der einjährigen Leistung oder Nutzung, bei Leibrenten jedoch der Barwert.

Bei periodisch wiederkehrenden Leistungen von bestimmter Dauer ist nur der Kapitalwert massgebend (Barwerttafeln, Stauffer/Schätzle); bei ungewisser oder unbeschränkter Dauer geht man 1 in der Regel von einem zwanzigfachen Betrag einer Jahresrate aus. Wenn der Kläger bei periodischen Leistungen nur Teilleistungen einklagt, gelten auch bei Bestreitung der Leistungspflicht (nicht aber bei einer widerklageweisen negativen Feststellungsklage) die eingeklagten Teilleistungen als Streitwert. Dass sich der Zinsfuss für die Kapitalisierung nach der jeweiligen Lage am Kapitalmarkt bestimmen soll (BGE 72 II 134), mag für die damalige Zeit richtig gewesen sein, als BGE 72 II 134 erschien, weil damals stabile Zinsverhältnisse herrschten, dürfte heute aber kaum sachgerecht sein; beispielsweise mag für den Zinsfuss bei einer Kapitalisierung für 20 Jahre der Durchschnitt der Zinsfüsse erster Hypotheken der letzten 20 Jahre angemessen sein, allenfalls kann man die letzten zehn Jahre doppelt gewichten.

§ 21 ZPO entspricht Art. 36 Abs. 4 und 5 OG.

e) **Geschätzter Streitwert**
§ 22. Geht die Klage nicht auf Geldzahlung, ist der Wert massgebend, welchen die Parteien dem Streitgegenstand übereinstimmend beilegen.

Sind die Parteien nicht einig, bestimmt das Gericht den Streitwert nach freiem Ermessen. In der Regel ist der höhere Betrag massgebend.

Wurde ein zu hoher Streitwert angenommen und ergibt sich deshalb noch vor Abschluss des Hauptverfahrens die Unzuständigkeit des Gerichts, wird der Prozess von Amtes wegen dem zuständigen Gericht zur Weiterführung überwiesen.

1 Gemäss §§ 95, 100 Ziff. 5 und 106 ZPO haben die Parteien (§ 61 Abs. 2 ZPO vorbehalten) den Wert grundsätzlich ziffernmässig anzugeben. Nach § 22 Abs. 3 i.V.m. § 108 ZPO hat das Gericht diesen Wert ex officio zu prüfen. Will der Beklagte die sachliche Unzuständigkeit des angerufenen Gerichts rügen, so hat er dies spätestens mit der Klageantwort zu tun, andernfalls Einlassung vorliegt (gemäss § 111 ZPO). Bei Schweigen der Parteien zum Streitwert greift die richterliche Fragepflicht gemäss § 55 ZPO.

2 Bei der Streitwertfestsetzung gelten grundsätzlich objektive Regeln, also etwa bei Aktien nicht ohne weiteres der bezahlte Preis, sondern deren Kurswert; gemäss ZR 54, Nr. 108 gilt bei Gestaltungsklagen jener Wert als massgebend, der durch die verlangte Rechtsgestaltung involviert ist. Bei Unterlassungsklagen entspricht der Streitwert dem Vorteil, der sich aus der Unterlassung für den Kläger ergibt.

3 Durch die Überweisung von Amtes wegen gemäss § 22 Abs. 2 ZPO bleibt die Rechtshängigkeit gewahrt. Für das Weiterziehen eines Entscheids gemäss § 18 Abs 2. ZPO bestimmt die Rechtsmittelinstanz selbst den Streitwert zur Zeit der Fällung des angefochtenen Entscheids; sie ist dabei an die übereinstimmenden Parteiangaben oder an den von der Vorinstanz angegebenen Streitwert nicht gebunden.

4 **ZR 82, Nr. 35:** Gemäss § 71 ZPO hat das Gericht die Kosten- und Entschädigungsfolgen im Endentscheid festzusetzen. Diese Regel kommt indessen nach feststehender Praxis nicht zur Anwendung in den Fällen, da der Prozess aufgrund von § 22 Abs. 3, § 60 Abs. 1 u. 2 oder § 212 ZPO durch Überweisung an das zuständige Gericht erledigt wird. In diesen Fällen erfolgt nur eine vorläufige Kostenauflage zulasten des Klägers unter Vorbehalt des Endentscheids des zuständigen Gerichts.

5 **ZR 82, Nr. 45:** Streitwert des Arbeitszeugnisses: Der Streitwert einer Klage auf Ausstellung eines Arbeitszeugnisses ist nach freiem richterlichen Ermessen zu bestimmen. Das Obergericht schätzte den Streitwert des vom Kläger im vorliegenden Verfahren verlangten Arbeitszeugnisses nicht höher als zwischen Fr. 500 und Fr. 1'000 ein.

ZR 84, Nr. 96: Die Beklagte liess das auf ihrem gemieteten Parkplatz parkierte Auto des Klägers abschleppen und wies die Firma, bei welcher das Auto deponiert wurde, an, dieses dem Kläger nur gegen Entrichtung der Abschleppkosten wieder herauszugeben. Der erstinstanzliche Richter trat auf den Herausgabebefehl des Klägers nicht ein. Mit der Vorinstanz ist davon auszugehen, dass der Kläger sich sein Auto grundsätzlich mittels Vindikation (Art. 641 Abs. 2 ZGB) oder einer Klage auf Rückgabe des Besitzes (Art. 927 ZGB) wiederbeschaffen könnte. Eigentum und Besitz des Klägers am Auto blieben unbestritten.

Die Beklagte wendet ein, diese umfassende sachenrechtliche Stellung des Klägers sei nicht zu schützen, weil die durch sie (die Beklagte) erfolgte Besitzergreifung infolge erlaubter Selbsthilfe (Art. 52 Abs. 3 OR) keine verbotene Eigenmacht darstelle und sie daher aus obligatorischen Gründen (Retention) zum Besitz berechtigt sei. Auch wenn aber das von der Beklagten veranlasste Abschleppen des Autos als zulässige Selbsthilfe betrachtet werden müsste, könnte eine erlaubte Selbsthilfe nur das Abschleppen als solches, niemals aber auch ein Zurückhalten des Autos umfassen.

Da der Zweck jeder Selbsthilfe nur die Sicherung eines berechtigten Anspruchs (in casu tatsächliche Besitzverschaffung über den Parkplatz), nicht jedoch die Befriedigung des Anspruchs ist (Art. 52 Abs. 3 OR), dürfen Selbsthilfemassregeln nur insoweit eingreifen und nur solange aufrechterhalten bleiben, als die gesetzlichen Mittel nicht genügen. Sobald die Sache (Parkplatz) wieder in Besitz genommen werden kann, müssen zur Durchsetzung des Anspruchs, insbesondere zur Klärung der Frage, wer die Abschlepp- und Aufbewahrungskosten schliesslich zu bezahlen habe, die gesetzlichen Wege (Betreibung, Prozess) eingeschlagen werden.

Unter keinem Rechtstitel darf hierzu kurzerhand das dem Kläger gehörende Auto retiniert werden, bis dieser die bestrittenen Kosten bezahlt oder einen Prozess im ordentlichen Verfahren bezüglich dieser Kosten einleitet, um wieder zu seinem Eigentum zu gelangen. Da die Beklagte nicht sofort ein besseres Recht nachweisen kann (Art. 927 ZGB) und ihre Einwendungen für die Beurteilung des Herausgabebegehrens gar nicht herangezogen werden müssen, hat die Beklagte das Auto zurückzugeben (Art. 927 ZGB).

ZR 87, Nr. 137: Vgl. § 18 ZPO.

ZR 88, Nr. 51: Sachliche Zuständigkeit für eine Feststellungsklage in Verbindung mit einer Leistungsklage (Zusprechung einer Genugtuungssumme zufolge Verletzungen in persönlichen Verhältnissen im Sinne von Art. 28 ff. ZGB). Auch wenn die Leistungsklage die kollegialgerichtliche Zuständigkeit für sich nicht zu begründen vermag, ist das Kollegialgericht und nicht der Einzelrichter sachlich zuständig, da die Feststellungsklage in concreto als Hauptbegehren und die Leistungsklage als Nebenbegehren zu qualifizieren ist; jener Richter, der für das Hauptbegehren zuständig ist, hat auch über die Nebenbegehren zu befinden.

ZR 89, Nr. 49: Streitwert bei der Anfechtung von Generalversammlungsbeschlüssen: Das Minimum des Streitwerts ist die Differenz zwischen dem Kurswert der gebundenen Aktien der Rapid AG und dem, was F. ihren Eigentümern zu zahlen versprach (d.h. Fr. 1'000 mal 4'053 Aktien, ergibt Fr. 4.053 Mio.). Analog zur Praxis, dass bei einem streitigen Kauf nicht die mögliche wirtschaftliche Einbusse beim Unterliegenden, sondern der ganze Kaufpreis massgeblich ist, ist allerdings auf den ganzen auf dem Spiel stehenden Betrag abzustellen; bei 4053 Aktien und dem Kaufpreis von Fr. 6'000 ergibt das rund Fr. 24,3 Mio. Das ist durchaus ein realistischer Betrag: Materiell geht der Streit ja um die Beherrschung der Gesellschaft, deren Aktien nach dem letzten im Prozess genannten Kurs (Fr. 5'000) gesamthaft mit über Fr. 56 Mio. bewertet sind. Es ist daher von einem ziffernmässig nicht genau bestimmten Streitwert in der Grössenordnung von Fr. 25 Mio. auszugehen.

ZR 89, Nr. 114: Wenn der Streitwert von den Parteien offensichtlich zu niedrig angegeben wird, ist für die Gerichtskosten vom wirklichen Wert auszugehen; für die Parteientschädigung ist von den übereinstimmenden Angaben der Parteien auszugehen.

10 ZR 90, Nr. 61: Bei Klage nach Anfechtung von Generalversammlungsbeschlüssen ist für den Streitwert das Interesse der Gesellschaft massgebend (BGE 75 II 149). Bei wichtigen Statutenänderungen ist die Annahme eines Streitwerts von einem Drittel des Aktienwerts durchaus angemessen.

f) Sicherstellungen und Pfandrechte
§ 23. Geht der Streit um die Sicherstellung einer Forderung oder um ein Pfandrecht, gilt als Streitwert der Forderungsbetrag oder der Wert des Pfandes, wenn dieser geringer ist.

Diese Regel gilt beim dinglichen (Art. 895 ff. ZGB) wie beim obligatorischen Retentionsrecht (Art. 83 OR).

g) Dienstbarkeiten und Eigentumsbeschränkungen
§ 24. Dienstbarkeiten und Eigentumsbeschränkungen an Grundstücken wird der Wert beigelegt, den sie für den Berechtigten oder das berechtigte Grundstück haben. Der Wertverlust des belasteten Grundstücks gilt als Streitwert, wenn er grösser ist.

1 Zu den Dienstbarkeiten gehören auch die Nutzniessung nach Art. 745 ff. ZGB, aber auch ein Notwegrecht nach Art. 694 ZGB.

2 **BGE 92 II 65**: Streitwert einer Grunddienstbarkeit oder nachbarrechtlichen Eigentumsbeschränkung: es genügt, dass das Interesse der einen oder andern Partei den nach Art. 46 OG erforderlichen Betrag erreicht, die Vorteile des herrschenden und die Nachteile des dienenden Grundstücks sind aber nur alternativ zu berücksichtigen und nicht zusammenzurechnen); BGE 95 II 15: Streitwert betr. Dienstbarkeit: Der Kläger hat ein Bootshaus mit Bewilligung der öffentlichen Hand, aber ohne die in concreto erforderliche Zustimmung des Nachbarn gebaut; für den Streitwert der Dienstbarkeit sind die Investitionen in das Bootshaus bis zum Baustopp einzubeziehen.

3 **ZR 87, Nr. 132**: Bei einer Klage, wonach Bäume und Sträucher zu beseitigen sind, handelt es sich um nachbarrechtliche Bestimmungen von Eigentumsbeschränkungen im Sinne des Artikels 680 ZGB, weshalb sich der Streitwert nicht nach dem allgemeinen Grundsatz, sondern nach § 24 ZPO als Spezialnorm bestimmt.

Sachzusammenhang
§ 25. Beim Gericht der Hauptsache können auch Nebenbegehren geltend gemacht werden, die als selbständige Klagen nicht in seine Zuständigkeit fallen würden, sofern sie mit der Hauptsache in engem Zusammenhang stehen.

1 Für die Hauptsache und die Nebenbegehren muss die gleiche Verfahrensart vorliegen. § 25 ZPO gilt für Klagenhäufungen gemäss § 58 ZPO und für die Widerklage gemäss § 60 ZPO.

2 Der für die Klage zuständige Richter befindet auch über Vorfragen und Einreden, auch wenn diese als selbständige Klagen nicht in seinen Kompetenzbereich fallen; der Entscheid über diese Vorfragen hat jedoch an der Rechtskraft des Endentscheids nicht teil. Behörden und Gerichte sind zum selbständigen Entscheid über Vorfragen aus andern Rechtsgebieten grundsätzlich kompetent, wenn das Gesetz nichts anderes vorschreibt (dies nicht untersagt) und die zuständige Behörde noch keinen hauptfrageweisen Entscheid darüber getroffen hat, vgl. BGE 107 II 449. Interessanter Fall: Der gute Glaube des Dritten, der einen formrichtigen Schuldbrief erhält, der bei Errichtung nichtig war, weil er gegen die Lex Friedrich verstösst, wird vom Bundesgericht geschützt; die Bestimmungen von Art. 865 und 866 ZGB gehen der Lex Friedrich bzw. Lex Furgler vor; der Zivilrichter kann aber vorfrageweise die Nichtigkeit der Schuldbriefe prüfen; BGE 105 II 31: Der Zivilrichter hat die Befugnis vorfrageweise zu prüfen, ob ein Rechtsgeschäft unter das Verbot der Anlage ausländischer Gelder in inländische Grundstücken fällt (BRB vom 26. Juni l972, AS l972 S. 1062); der Zivilrichter hat darüber nicht einen der materiellen Rechtskraft teilhaftigen Hauptent-

scheid zu treffen, sondern die Frage der Nichtigkeit (gegeben bei einer Anlage ausländischer Gelder in inländische Grundstücke) lediglich vorfrageweise zu prüfen (vgl. BGE 102 Ib 369; 101 III 8; 98 Ia 120).

BGE 85 II 107 (= Praxis 68 Nr. 122): Le juge de l'action est le juge de l'exception. Verrechnungseinrede und kantonales Prozessrecht. Ist nach dem kantonalen Prozessrecht ein Gericht zum Beurteilen einer Verrechnungseinrede nicht zuständig, so muss diese einer andern Behörde desselben Kantons unterbreitet werden können. Im Falle der Verrechnung können daher die Kantone dem Richter der Klage die Beurteilung der Gegenforderung entziehen, wenn er zur Entscheidung über sie nicht zuständig wäre, falls sie Gegenstand eines selbständigen Prozesses bilden würde. Aber das ändert nichts daran, dass die beiden Verfahren in Wirklichkeit eine Einheit darstellen. Weder der Richter der Klage noch derjenige der Einrede kann vorbehaltlos über den Punkt entscheiden, mit dem er befasst ist, und z.b. den Schuldner schlechtweg zur Erfüllung der Verpflichtung verurteilen, deren Bestand der Richter angenommen hat. Die beiden Ansprüche sind nämlich auf Grund von Art. 120 ff. OR gegenseitig voneinander abhängig, da der Bestand der einen durch den Nichtbestand der andern bedingt ist. In einem solchen Falle muss daher der Richter der Klage entweder seinen Entscheid aussetzen, bis der Richter der Einrede über die Gegenforderung entschieden hat, oder er muss, wie dies die ZPO von Basel-Stadt oder von St. Gallen vorsehen, die Vollstreckbarkeit seines Urteils bis zum genannten Zeitpunkt aufheben. 3

Über die mit der Verrechnungseinrede geltend gemachte Forderung, hat der für die Klage zuständige Richter auch dann zu befinden, wenn für die Verrechnungsforderung eine Schiedsklausel besteht. Fragen aus dem öffentlichen Recht darf das für die Klage zuständige Gericht als Vorfrage entscheiden, wobei der Zivilrichter an rechtskräftige Verwaltungsentscheide gemäss BGE 101 II 151 gebunden ist. 4

Wenn über eine zivilrechtliche Streitigkeit rechtskräftig befunden worden ist, die in einem späteren Prozess eine Vorfrage bildet, ist der Richter an die rechtskräftige Entscheidung der Vorfrage (betr. die gleichen Parteien) gebunden. 5

ZR 80, Nr. 62: Ein faktisches Geschäftsverhältnis allein genügt nicht, um für alle daraus fliessenden Forderungen ohne Rücksicht auf das zugrundeliegende konkrete Rechtsgeschäft einen engen Zusammenhang im Sinne von § 25 ZPO zu begründen. 6

Im Juni 1979 machte die P. AG (Klägerin) gegen die G. AG (Beklagte) beim Handelsgericht des Kantons Zürich eine Forderungsklage anhängig. Die Beklagte erhob die Einrede der Unzuständigkeit mit der Begründung, ein Teil der eingeklagten Forderung werde mit Urheberrechtsverletzung begründet, wofür nicht das Handelsgericht, sondern die I. Zivilkammer des Obergerichts zuständig sei. Für den auftragsrechtlichen Teil der Klage bestehe die Zuständigkeit des Bezirksgerichts. Das Handelsgericht hiess die Einrede gut und überwies den Prozess an die I. Zivilkammer des Obergerichts zur weiteren Bearbeitung. Die Klägerin beantragte hierauf, der mit Nichterfüllung eines Auftrags sowie Schadenersatz begründete Teil der Klage sei ebenfalls von der I. Zivilkammer und nicht vom Bezirksgericht zu behandeln, da es sich um ein Nebenbegehren handle und ein enger Zusammenhang gemäss § 25 ZPO zur Forderung aus Urheberrecht bestehe. Das Obergericht weist diese Argumentation zurück mit folgender Begründung:

"Die Beklagte erteilte der Klägerin (Werbeagentur) ab etwa 1975 verschiedene Aufträge. Ein erster betraf die Redaktion der Firmen-Kundenzeitschrift 1977, ein zweiter die Ausgabe 1978 inklusive Neugestaltung der Titelseite (Auftrag 'Report'). Weitere Aufträge bezogen sich auf die Modifikation des Firmenschriftzugs (Auftrag 'Schriftzug'), ein Ideenkonzept für ein 'Holzschutzprogramm' sowie ein Inserat im Jahrbuch 'Verkehrstechnik der Schweiz' (Forderung 'Illustration'). Es wurden nur bei Bedarf konkrete Aufträge erteilt, was sich aus dem Umstand ableiten lässt, dass solche immer separat bestätigt wurden, dass darüber jeweils Verhandlungen stattfanden und die Klägerin hernach Offerten ausarbeitete und dass stets spezielle Rechnungen gestellt wurden. Alle Indizien sprechen für ein gewöhnliches Geschäftsverhältnis zwischen der Klägerin und der Beklagten in dem Sinne, dass die Beklagte bei auftauchenden Problemen werbetechnischer

Art jeweils die Klägerin zu Rate zog und nach Gutdünken neue Aufträge erteilte. Keinesfalls war es so, dass die Klägerin in einem Dauerauftrag laufend und ohne konkreten Bedarf neue Konzepte und Werbeideen entwickelt hätte, wie sie es darzustellen versucht.

Das Obergericht entscheidet ohne Rücksicht auf den Streitwert die im Bundesgesetz betreffend das Urheberrecht an Werken der Literatur und Kunst vorgesehenen Zivilklagen (§ 43 Abs. 2 GVG). Ob eine urheberrechtliche Streitigkeit vorliegt, beurteilt sich allein nach dem vom Kläger geltend gemachten Anspruch und dessen Begründung, ohne Berücksichtigung allfälliger Einreden des Beklagten (Sträuli/Messmer, N. 4 zu § 17 ZPO; ZR 70, Nr. 67; ZR 71, Nr. 95). Daraus folgt, dass das Obergericht im vorliegenden Fall für die Entscheidung über die von der Klägerin ausdrücklich unter dem Titel Urheberrecht geltend gemachten Forderungen 'Report', 'Illustration' und 'Schriftzug' sachlich zuständig ist.

Die Klägerin betrachtet – im Gegensatz zur Beklagten – das Obergericht aber auch für die Forderung aus dem Auftrag zur Ausarbeitung eines Konzepts 'Holzschutzprogramm' sowie Ersatz von Zeitaufwand und Spesen zuständig. Sie beruft sich dabei auf den Gerichtsstand des Sachzusammenhangs gemäss § 25 ZPO. Nach der Begründung handelt es sich bei diesem Teil der Klage um einen gewöhnliche Forderungsklage aus Vertragserfüllung bzw. Schadenersatz, welche – da auch die Voraussetzungen von § 43 Abs. 3 GVG nicht gegeben sind – als selbständige Klage erstinstanzlich zwingend beim Bezirksgericht anhängig zu machen wäre. Eine Ausnahme käme nach § 25 ZPO nur dann in Betracht, wenn diese als Nebenbegehren zu qualifizieren wäre und zudem mit der Hauptklage in engem Zusammenhang stünde. Ein enger Zusammenhang liegt dann vor, wenn verschiedene Ansprüche aus dem gleichen Rechtsverhältnis oder wegen des gleichen Gegenstands erhoben werden bzw. wenn kumulativ oder subsidiär aus dem gleichen Lebensvorgang ein weiterer untergeordneter Anspruch geltend gemacht wird (Sträuli/Messmer, N. 2 zu § 25 ZPO). Diese Voraussetzungen sind vorliegend nicht gegeben. Wie dargelegt, beruht die Forderung 'Holzschutzprogramm' auf einem separaten Auftrag und stammt nicht aus dem gleichen Rechtsverhältnis wie die urheberrechtlichen Ansprüche. Sie resultiert aber auch nicht aus dem gleichen Lebensvorgang wie jene. Das blosse Bestehen eines faktischen Geschäftsverhältnisses genügt nicht, um für alle sich daraus ergebenden, wie auch immer gearteten Forderungen einen engen Zusammenhang zu bejahen und den Gerichtsstand des Sachzusammenhangs gemäss § 25 ZPO zuzulassen. In sich abgeschlossenen Lebensvorgänge bilden jeweils nur die einzelnen getätigten Geschäfte. Nur wenn sich aus einem solchen verschiedene Ansprüche ergeben, scheint in der Regel der von § 25 ZPO verlangte enge Zusammenhang vorhanden zu sein. Somit ist in diesem Punkt die Einrede der sachlichen Unzuständigkeit des Obergerichts gutzuheissen und auf die Klage insoweit nicht einzutreten."

7 **ZR 87, Nr. 46:** Kompetenzattraktion für die sachliche Zuständigkeit des Mietgerichts: Das angerufene Mietgericht hat die Klage des Mieters gesamthaft zu beurteilen, auch soweit ausservertragliche Rechtsgründe behauptet werden. Es wäre unzulässig, die streitigen Ansprüche in zwei Klagen zu zerlegen, die in den Zuständigkeitsbereich verschiedener Gerichte fallen.

ZR 88, Nr. 51: Vgl. § 22 ZPO.

Fortdauer der Zuständigkeit
§ 26. Richterliche Vereinigung und Trennung von Prozessen verändern die Zuständigkeit und die Zulässigkeit von Rechtsmitteln nicht.

1 Hier muss man berücksichtigen, dass das Bundesgericht teilweise eine andere Auffassung hat, da für die bundesgerichtliche Berufung eine Vereinigung von Prozessen für den Streitwert nur zählt, wenn eine objektive oder subjektive Klagenhäufung gemäss § 24 BZP vorliegt (vgl. BGE 103 II 45, BGE 100 II 455, Art. 47 OG). Eine richterliche Trennung von Prozessen führt dagegen regelmässig zu einem bundesrechtlich nicht berufungsfähigen Teilurteil. Gegen sogenannte Vorurteile ist dagegen eine Berufung ans Bundesgericht möglich, wenn man durch ein Vorurteil einen so bedeutenden Aufwand an Zeit oder Kosten für ein weitläufiges Beweisverfahren sparen kann, dass

die gesonderte Einschaltung des Bundesgerichts gerechtfertigt ist (vgl. Art. 50 OG, BGE 101 II 273, BGE 93 II 244 betreffend Rückweisungsentscheide, und BGE 105 II 221 betreffend einen Scheidungsprozess (das Bundesgericht hat zudem in BGE 89 II 188 und BGE 78 II 272 festgehalten, dass Art. 50 OG nicht zu einer Berufung unmittelbar im Anschluss an das Vorurteil verpflichtet, sondern diese auch im Anschluss an das Endurteil möglich ist. Art. 50 OG greift nicht bei prozessualen Entscheidungen (BGE 84 II 31, BGE 86 II 123).

ZR 81, Nr. 134: Die Prozessvereinigung verändert die Zulässigkeit von Rechtsmitteln nicht. Die Miteigentümergemeinschaft ist nicht parteifähig. Es kann ihr auch nicht dieselbe beschränkte Partei- und Prozessfähigkeit zuerkannt werden, wie sie gemäss Art. 712 I ZGB der Stockwerkeigentümergemeinschaft zukommt. Eine nicht prozessfähige Partei kann nicht durch eine prozessfähige ersetzt werden. Nur in Ausnahmefällen verleiht die Rechtsordnung Rechtsgebilden Parteifähigkeit, die nicht rechtsfähig sind oder deren Rechtsfähigkeit mindestens umstritten ist. Das gilt für die Kollektiv- und Kommanditgesellschaft und die Gemeinschaft der Stockwerkeigentümer im Rahmen ihrer Verwaltungstätigkeit sowie für die Konkursmasse (Art. 240 SchKG); umgekehrt sind Gesamthandverhältnisse (einfache Gesellschaften, Erbengemeinschaften) nicht parteifähig und ebensowenig die Gesamtheit der Miteigentümer einer Sache.

2

Die Parteifähigkeit ist Prozessvoraussetzung. Ob sie vorliegt, ist gemäss § 108 ZPO nach Eingang der Klage von Amtes wegen zu prüfen. Die Vorinstanz nahm diese Prüfung nicht eigentlich vor und entschied insbesondere auch nicht ausdrücklich über den Nichteintretensantrag des Beklagten. Sie nahm vielmehr, und erst noch durch blosse Präsidialverfügung, lediglich davon Vormerk, dass, entgegen dem ursprünglichen Rubrum, die Miteigentümer als Kläger auftreten. Sie machte sich damit ohne nähere Prüfung der Frage die nachträglich vom Vertreter der Klägerschaft aufgestellte These zu eigen, Klagepartei sei nicht die nicht parteifähige Miteigentümergemeinschaft, vielmehr seien die einzelnen Miteigentümer als Kläger zu betrachten. Die Unhaltbarkeit dieser These stellte die Vorinstanz offenbar im Zeitpunkt der Urteilsfällung fest, weshalb sie zur Konstruktion der Parteifähigkeit der Miteigentümergemeinschaft schritt.

2. Abschnitt: Parteien
A. Prozessfähigkeit und Vertretung

Prozessfähigkeit
a) Grundsatz
§ 27. Eine Partei kann selbständig Prozesse führen, soweit sie handlungsfähig ist.

Die Parteifähigkeit ist die prozessuale Seite der Rechtsfähigkeit; es gilt die Regel, wer rechtsfähig ist, ist auch parteifähig. Gemäss Art. 11 Abs. 1 ZGB ist daher jedermann parteifähig, gemäss Art. 31 Abs. 2 ZGB gilt dies auch für den Nasciturus; juristische Personen des Privat- und öffentlichen Rechts sind gemäss Art. 53 ZGB parteifähig. Nach BGE 42 II 553 bestimmt sich die Parteifähigkeit nach dem materiellen Recht, insbesondere wenn diese nicht rechtsfähigen Gebilde zuerkannt wird. Gemäss Art. 562 OR und Art. 602 OR sind Kollektiv- und Kommanditgesellschaft parteifähig; diese Parteifähigkeit liegt auch vor, wenn sie im Handelsregister gelöscht oder nie eingetragen wurden, solange noch Aktiven und Passiven vorhanden sind (vgl. BGE 61 II 361). Die Gesellschafter einer Kommandit- oder Kollektivgesellschaft haben somit nicht als notwendige Streitgenossenschaft aufzutreten; Änderungen betreffend die Gesellschafter haben an sich keinen Einfluss auf hängige Prozesse; es sind daher auch Prozesse zwischen der Kollektivgesellschaft und einem Kollektivgesellschafter möglich. Wenn eine AG, Genossenschaft oder GmbH im Handelsregister gelöscht wurde, muss man zuerst ihre Wiedereintragung verlangen (vgl. BGE 78 I 454, BGE 87 I 303). Gemäss Art. 197 und 240 SchKG ist die Konkursmasse gemäss Art. 316d Abs. 3 bzw. Art. 319 Abs. 3 Entwurf SchKG Liquidationsmasse, und gemäss Art. 593 ff. SchKG ist das Erbschaftsvermögen parteifähig (nach BGE 97 II 409 soll der Schuldner bzw. sollen die Erben Partei sein, welche für das Sondervermögen gesetzlich vertreten werden). Nach wohl richtiger Auffassung (Vogel, S. 130, Walder, S. 135) liegt ein Sondervermögen vor, über welches der Schuldner

1

nicht mehr verfügen kann oder im Falle der Nachlassliquidation, für welches das Rechtssubjekt nicht mehr existiert; das geltende Recht räumt diesen Sondervermögen Parteifähigkeit ein (vgl. Escher N. 1 ff. zu Art. 596 ZGB).

2 Verschiedene Gebilde haben eine beschränkte Partei- und Prozessfähigkeit: Gemäss Art. 712 l Abs. 2 ZGB ist die Gemeinschaft der Stockwerkeigentümer beschränkt partei- und prozessfähig; nach der bundesgerichtlichen Rechtsprechung ist sie für das Geltendmachen von Gewährleistungsansprüchen aus Mängeln, die sie im Rahmen ihrer Verwaltungstätigkeit beheben, die sie aber vom Bauherrn oder dem Stockwerkeigentümer mittels einer Zession erwerben muss, partei- und prozessfähig (vgl. BGE 114 II 239, BGE 111 II 258, BGE 109 II 426); das Bundesgericht hat in BGE 117 II 40 der Stockwerkeigentümergemeinschaft die Partei- und Prozessfähigkeit für die Klage des Baurechtsgebers auf Bezahlung des Baurechtszinses, der zu den gemeinschaftlichen Lasten gehöre, zugesprochen. Dagegen ist gemäss BGE 116 II 58 die Stockwerkeigentümergemeinschaft nicht parteifähig für die Klage eines Stockwerkeigentümers, wonach die Wertquote zu berichtigen ist; vielmehr muss der Stockwerkeigentümer hier alle übrigen Stockwerkeigentümer als notwendige Streitgenossen einklagen, da bei einer Veränderung seiner Wertquote die Wertquote der übrigen Stockwerkeigentümer ebenfalls ändert. Man kann sich jedoch fragen, ob man diese Passivlegitimation nicht auf jene Stockwerkeigentümer beschränken muss, deren Wertquote durch die Klage eines einzelnen Stockwerkeigentümers konkret verändert werden soll. Art. 706 OR gibt der Verwaltung einer AG, Art. 880 OR der Verwaltung einer GmbH und Art. 899 OR der Verwaltung einer Genossenschaft für das Anfechten von Beschlüssen der Generalversammlung bzw. Genossenschafterversammlung bzw. Gesellschafterversammlung eine aktive Parteifähigkeit. Die Klage richtet sich in diesem Fall nicht gegen die Generalversammlung, sondern gegen die Gesellschaft bzw. Genossenschaft.

3 Art. 1064 Abs. 1 OR gibt der Gläubigergemeinschaft bei Anleihensobligationen eine beschränkte Partei- und Prozessfähigkeit; das Bundesgericht hat in BGE 113 II 283 entschieden, die Gläubigergemeinschaft sei für Gesuche, die Anleihensbedingungen zu ändern, und für Klagen, die einerseits das Erhalten des Haftungssubstrats (z.B. Verantwortlichkeitsansprüche) bezwecken und die anderseits dazu dienen, den mittelbaren Schaden der Gläubigergemeinschaft geltend zu machen, parteifähig; dagegen sei sie für Klagen aus direkter Schädigung der Gläubiger (z.B. einer Prospekthaftung) nicht parteifähig.

4 Das Bundesgericht hat in BGE 102 II 387 und BGE 113 III 79, um zwei neuere Entscheide zu nennen, der unverteilten Erbschaft in Betreibungen gemäss Art. 49 und 59 SchKG für den Rechtsöffnungs- und Aberkennungsprozess Parteifähigkeit als Sondervermögen zuerkannt.

5 Bei der Frage, ob einem bestimmten Gebilde bzw. einem bestimmten Vermögen Parteifähigkeit zukommt, ist diese im Streit um die Rechtsfähigkeit zuzuerkennen. Dies gilt etwa für die Frage der Rechtswidrigkeit der juristischen Person oder Stiftung (Art. 335, Art. 52 Abs. 3 ZGB). So hat das Bundesgericht in BGE 73 II 84 entschieden, es wäre nicht sachgerecht, eine der Form nach vorhandene und gehörig organisierte Stiftung als rechtlich inexistent zu behandeln, schon bevor der rechtskräftige Richterspruch ergangen ist (grundsätzlich BGE 75 II 87, BGE 96 II 277, BGE 112 II 6).

6 Behörden wie die Vormundschaftsbehörde, die als Organe eines Gemeinwesens tätig sind, sind in der Regel nicht parteifähig (BGE 113 II 113), einigen bestimmten Behörden anerkennt das öffentliche Recht, dass sie Träger von Rechten und Pflichten sind, und macht sie dadurch parteifähig. Dies soll etwa zutreffen, gemäss BGE 112 II 90, auf die AHV, IV, die kantonalen Ausgleichskassen und den AHV-Ausgleichsfonds.

7 Als nicht parteifähig gelten verschiedene Gemeinschaften zu gesamter Hand, so die Erbengemeinschaft gemäss Art. 602 ff. ZGB und die einfache Gesellschaft gemäss Art. 530 ff. OR. In allen Klagen müssen daher die daran beteiligten Personen aufgeführt sein.

Es ist zu beachten, dass die Parteifähigkeit im Zivilrecht und die Parteifähigkeit im öffentlichen 8
Recht nicht identisch sind. So anerkennt beispielsweise die Mehrwertsteuer auch einfachen Gesellschaften wie Erbengemeinschaften die Parteifähigkeit zu; diese können je Steuersubjekt sein und alle entsprechenden Rechte und Pflichten ausüben, die einem Steuersubjekt gemäss Mehrwertsteuer zukommen. Teilweise erkennt auch das kantonale Steuerrecht der Erbengemeinschaft Steuersubjektcharakter zu. Die Mehrwertsteuer erkennt auch für bestimmte Amtsstellen Steuersubjektsfähigkeit und damit Parteifähigkeit zu. Dies bedeutet etwa, dass, wenn eine natürliche Person Mitglied einer einfachen Gesellschaft ist, der einfachen Gesellschaft Steuersubjekteigenschaft zukommt, eine an dieser einfachen Gesellschaft beteiligte Person deswegen nicht Steuersubjekt ist (was etwa Auswirkungen auf die Frage der Besteuerung des Eigenverbrauchs etc. nach sich zieht).

Die Prozessfähigkeit ist die prozessuale Seite der Handlungsfähigkeit; sie bestimmt sich nach Bundesrecht (Art. 12, Art. 54 ZGB). Die Beiratschaft im Sinne von Art. 395 ZGB und die Bevormundung beschränken die Prozessfähigkeit; die Beistandschaft gemäss Art. 692 ff. ZGB beschränkt sie nicht. Die Mitwirkungsbeiratschaft beschränkt die Prozessführungsbefugnis des Verbeirateten generell; selbständig prozessieren kann er nur für höchstpersönliche Rechte gemäss Art. 19 Abs. 2 ZGB. Die Verwaltungsbeiratschaft beschränkt die Prozessfähigkeit bei Streitigkeit um das Vermögen und die Vermögensverwaltung, wenn der Beirat den Prozess mit Zustimmung der Vormundschaftsbehörde gemäss Art. 421 Ziff. 8 ZGB allein als Vertreter des Verbeirateten führt; der Verbeiratete ist dagegen prozessfähig für Streitigkeiten betreffend das Arbeitsverhältnis und wie bei der Mitwirkungsbeiratschaft für höchstpersönliche Rechte gemäss Art. 19 Abs. 2 ZGB. Die kombinierte Mitwirkungs- und Verwaltungsbeiratschaft führt dazu, dass der Verbeiratete nur noch für höchstpersönliche Rechte im Sinne von Art. 19 Abs. 2 ZGB selbständig prozessieren kann. Von beschränkter Prozessunfähigkeit spricht man, wenn handlungsunfähigen und prozessunfähigen Personen für bestimmte Geschäfte Prozessfähigkeit zugesprochen wird. So sind urteilsfähige Unmündige und Entmündigte gemäss Art. 19 ZGB beschränkt handlungsunfähig und daher auch beschränkt prozessunfähig; im Streit um die Entmündigung kann der zu Entmündigende im Entmündigungsprozess und der bereits Bevormundete in Streitigkeiten betreffend Aufhebung der Vormundschaft selbständig als Partei auftreten. Obwohl die Frage der Prozessfähigkeit von Amtes wegen geprüft wird, ist dies gemäss BGE 77 II 11 in diesen Fällen nicht der Fall, da der Streit gerade die Frage der Urteilsfähigkeit beschlägt. Der urteilsfähige Minderjährige ist selbständig prozessfähig in Streitigkeiten, die ihm um seiner Persönlichkeit willen zustehen, damit er sich gemäss BGE 120 Ia 371 im Verfahren um das Besuchsrecht eines Elternteils ihm gegenüber durchsetzen kann. Die beschränkte Prozessunfähigkeit liegt sodann vor bei Prozessen aus bewilligter selbständiger Haushaltsführung, selbständiger Berufs- und Gewerbeausübung gemäss den Bestimmungen von Art. 305, 323 und 412 ZGB (vgl. BGE 112 II 103); diese Fälle sind jedoch zunehmend seltener, seitdem die Mündigkeit bereits mit 18 Jahren eintritt. Gemäss § 28 ZPO kann der beschränkt Prozessunfähige, wenn Gefahr im Verzug ist, selber das Erforderliche und Notwendige vorkehren. Beschränkt Prozessunfähigen wird die Prozessfähigkeit für höchstpersönliche Rechte zuerkannt; so kann der urteilsfähige entmündigte oder verbeiratete Ehegatte den Scheidungsprozess betreffend den Scheidungspunkt selbständig führen; für die güterrechtlichen sowie die Nebenfolgen der Scheidung hat hingegen ein gesetzlicher Vertreter mitzuwirken. Der urteilsunfähige Ehegatte kann hingegen gemäss BGE 116 II 388, 114 Ia 362 und BGE 78 II 100 weder als Kläger noch als Widerkläger auf Scheidung klagen; die Rechtsprechung stellt hier auf eine beschränkte funktionelle Urteilsfähigkeit ab, an welche nur sehr geringe Anforderungen gestellt werden; abweichende Meinungen hat das Bundesgericht in BGE 116 II 388 verworfen. Den Anspruch auf eine Namensänderung beurteilt das Bundesgericht in BGE 117 II 7 als relativ höchstpersönliches Recht, mit der Folge, dass das urteilsunfähige Kind für die Klage auf Namensänderung durch den gesetzlichen Vertreter rechtswirksam vertreten werden kann. Da die Prozessführung kein unentgeltlicher Vorteil im Sinne von Art. 19 Abs. 2 ZGB ist, sondern mit heutzutage erheblichen Kosten- und Entschädigungsrisiken verbunden ist, kann dem urteilsfähigen Unmündigen oder Entmündigten zum Geltendmachen unentgeltlicher Vorteile nicht die Prozessfähigkeit zuerkannt werden. Urteilsfähige Unmündige oder Entmündigte sind nicht prozessfähig in Streitigkeiten betreffend die Deliktsfähigkeit im Sinne von Art. 19 Abs. 3 ZGB.

10 Die Frage der Prozessfähigkeit ist von Amtes wegen im Sinne von § 108 ZPO zu prüfen; allenfalls ist dem gesetzlichen Vertreter Frist zur Genehmigung der Prozesshandlung anzusetzen, oder es ist die zuständige Behörde einzuladen, einen gesetzlichen Vertreter zu ernennen. Wird der Mangel nicht behoben, tritt das Gericht auf eine solche Klage nicht ein, es sei denn, der materielle Streit betreffe gerade die Frage der Urteilsfähigkeit, wie dies in BGE 77 II 11 der Fall war.

11 Eine **Prozessstandschaft** liegt vor, wenn ein Rechtssubjekt berechtigt ist und allenfalls verpflichtet ist, im eigenen Namen als Partei, aber anstelle des Berechtigten oder Verpflichteten einen Prozess zu führen. Der Willensvollstrecker gemäss Art. 518 ZGB, der Erbenvertreter gemäss Art. 602 Abs. 3 ZGB und der Erbschaftsverwalter gemäss Art. 554 ZGB sind in Prozessen über Aktiven und Passiven, die zum Nachlass gehören, zur Prozessführung in eigenem Namen befugt und unter Umständen verpflichtet. Art. 216 SchKG ermächtigt gemäss der bundesgerichtlichen Rechtsprechung den Gläubiger, den streitigen Rechtsanspruch anstelle der Masse in eigenem Namen und auf eigene Rechnung und Gefahr geltend zu machen (BGE 109 III 29; BGE 113 III 137). Es liegt hier eine unechte Form der Prozessstandschaft vor. Nach Meinung des Bundesgerichts ist der Konkursverwalter gesetzlicher Vertreter und als Partei der Schuldner anzusehen; nach wohl zutreffender Auffassung nimmt der Konkursverwalter nicht die Rechte des Schuldners, sondern jene der Gläubiger wahr. Das Bundesgericht hat in BGE 78 II 274 die Rechtsfigur als willkürliche Prozessstandschaft abgelehnt. Dagegen schloss das Bundesgericht in BGE 119 II 225 auf eine vom Schuldner gewählte Prozessstandschaft: Der Schuldner hatte seine Schuld gegenüber einem Nichtgläubiger, nämlich dem Inkassomandatar, anerkannt; der Schuldner musste daher dulden, dass der Inkassomandatar in eigenem Namen die Forderung einklagte.

12 Unter **Postulationsfähigkeit** versteht man das Recht, vor Gericht seine Sache vorzutragen und selbständig Anträge zu stellen. In der Schweiz besteht nirgends Anwaltszwang, weshalb die Postulationsfähigkeit einen Teil der Prozessfähigkeit bildet. Das Gericht kann jedoch eine Partei anhalten, einen Vertreter zu bestellen, wenn diese nicht in Lage ist, ihre Sache ordnungsgemäss zu führen.

13 Gemäss § 151 ZPO kann die prozessunfähige Partei, die urteilsfähig ist, befragt werden.

Die Parteifähigkeit natürlicher Personen untersteht als Teil der Rechtsfähigkeit gemäss Art. 34 Abs. 1 IPRG dem schweizerischen Recht; Beginn und Ende der Persönlichkeit unterstehen dem Recht des Rechtsverhältnisses, das die Rechtsfähigkeit voraussetzt. Die Prozessfähigkeit als Teil der Handlungsfähigkeit untersteht gemäss Art. 35 IPRG dem Recht des Wohnsitzes; ein Wechsel des Wohnsitzes berührt die einmal erworbene Handlungsfähigkeit nicht. Für obligatorische Rechtsgeschäfte bestimmt Art. 36 IPRG, dass man sich nicht auf seine Handlungsunfähigkeit berufen kann, wenn man nach dem Recht des Staats handlungsfähig gewesen wäre, in welchem das Rechtsgeschäft vorgenommen wurde, sofern die Gegenpartei gutgläubig war. Die Partei- und Prozessfähigkeit von Gesellschaften ("organisierte Personenzusammenschlüsse und organisierte Vermögenseinheiten" gemäss Art. 150 IPRG) bestimmt sich nach dem auf die Gesellschaft gemäss Art. 155 IPRG anwendbaren Recht.

14 **Art. 155 IPRG** lautet wie folgt:

Unter Vorbehalt der Artikel 156–161 bestimmt das auf die Gesellschaft anwendbare Recht insbesondere:
a. die Rechtsnatur;
b. die Entstehung und den Untergang;
c. die Rechts- und Handlungsfähigkeit;
d. den Namen oder die Firma;
e. die Organisation;
f. die internen Beziehungen, namentlich diejenigen zwischen der Gesellschaft und ihren Mitgliedern;
g. die Haftung aus Verletzung gesellschaftsrechtlicher Vorschriften;
h. die Haftung für ihre Schulden;
i. die Vertretung der aufgrund ihrer Organisation handelnden Person.

Art. 154 IPRG stellt dabei auf das Organisationsstatut ab. Subsidiär ist das Recht des Staats massgebend, in dem die Gesellschaft tatsächlich verwaltet wird (Art. 154 Abs. 2 IPRG).

Gemäss Art. 1 Ziff. 1 LugÜ ist das Lugano-Übereinkommen nicht anwendbar auf den Personenstand, die Rechts- und Handlungsfähigkeit sowie die gesetzliche Vertretung von natürlichen Personen, die ehelichen Güterstände, das Gebiet des Erbrechts einschliesslich des Testamentsrechts; gemäss Ziff. 2 nicht für Konkurse, Vergleiche und ähnliche Verfahren; gemäss Ziff. 3 nicht für die soziale Sicherheit; gemäss Ziff. 4 nicht für die Schiedsgerichtsbarkeit. 15

ZR 81, Nr. 26: Rechts- und Parteifähigkeit der Gesellschaft, wenn bei der Klage einer einfachen Gesellschaft diese im Prozessverlauf einräumt, eine Kollektivgesellschaft zu sein: Dass eine einfache Gesellschaft als solche nicht parteifähig ist, ist unbestritten. Partei sind hier vielmehr die einzelnen Gesellschafter, die jedoch angesichts des Gesamthandcharakters der Gesellschaft als notwendige Streitgenossen nur gemeinsam klagen können. Aber auch für die Kollektivgesellschaft gilt, dass als Partei die jeweiligen Gesellschafter zu betrachten sind. Die Firma ist nur der Name, unter welchem die Gesellschafter gemeinsam klagen und gemeinsam eingeklagt werden können. 16

Ist aber sowohl bei der einfachen Gesellschaft wie bei der Kollektivgesellschaft die Gemeinschaft sämtlicher Gesellschafter Partei, so kann kein Parteiwechsel vorliegen, wenn anstelle der Gesellschafter Ulrich & Meier nunmehr die personell mit dieser einfachen Gesellschaft identische Kollektivgesellschaft Ulrich & Meier als Klägerin auftritt. In Übereinstimmung damit ist schon unter der früheren ZPO entschieden worden, dass ein von der Kollektivgesellschaft als Klägerin geführter Prozess bei deren Auflösung ohne weiteres mit den Gesellschaftern als Klägern weitergehe (ZR 58, Nr. 68).

Im übrigen kann eine einfache Gesellschaft sich von Gesetzes wegen in eine Kollektivgesellschaft wandeln, wenn die Gesellschafter zwar von Anfang an eine Vereinbarung im Sinne von Art. 552 OR getroffen haben, mangels Eintragung im Handelsregister aber bis zur Erreichung der in Art. 54 der Handelsregisterverordnung genannten Summe der jährlichen Roheinnahmen wegen Fehlens des kaufmännischen Betriebes nur eine einfache Gesellschaft bilden konnten. Wandelt sich während eines Prozesses die beteiligte einfache Gesellschaft dergestalt wegen Überschreitens der erwähnten Roheinnahmen zu einer Kollektivgesellschaft, so kann ebensowenig von einem Parteiwechsel die Rede sein. Vielmehr wechselt lediglich der Name der Partei. Statt dass wie zuvor die einzelnen Gesellschafter aufgeführt werden, erscheint jetzt als Parteibezeichnung der Firmenname. Da der Wandel von der einfachen Gesellschaft zur Kollektivgesellschaft mit Erreichen der erforderlichen Roheinnahmensumme von Gesetzes wegen erfolgt ist, hat das Gericht, sobald die Voraussetzungen gegeben sind, nötigenfalls von sich aus die Parteibezeichnung im Rubrum dem neuen Rechtszustand anzupassen.

ZR 86, Nr. 41: Die Beklagte hat keine vertretungsberechtigten Personen gemäss dem Handelsregisterauszug, weshalb sie prozessunfähig ist, welchem Mangel durch eine Verbeiständung im Sinne von ZGB Art. 393 Ziff. 4 abzuhelfen ist, so dass das Gericht eine Anzeigepflicht trifft. Das Gericht hat zudem ein Antragsrecht – Adressat ist die Vormundschaftsbehörde –, eine Bestellung von Liquidatoren durch den Richter nach Art. 741 (alt OR) kommt nicht in Frage. 17

ZR 86, Nr. 57: Die Prozessfähigkeit ist eine Prozessvoraussetzung; die Prozessfähigkeit eines Ausländers richtet sich nach seinem Heimatrecht; ein Ausländer, welcher gemäss Schweizerischem Recht prozessunfähig ist, kann aber in der Schweiz auf jeden Fall nicht prozessieren, da diese Vorschrift dem Schweizerischen ordre public angehört. Die Prozessfähigkeit ist von Amtes wegen zu prüfen; die Parteien müssen dabei mitwirken. Zwecks Prüfung der Prozessfähigkeit einer Partei kann das Gericht eine amtsärztliche Untersuchung anordnen, wie dies im vorliegenden Fall geschehen ist; da der Kläger eine Mitwirkung bei der Begutachtung verweigert hat und damit seinen Mitwirkungspflichten nicht nachgekommen ist, hat er selbst verhindert, dass der Schluss, er sei zur Führung eines Prozesses ausserstande, entkräftet werden konnte. Es ist deshalb Prozessunfähigkeit des Klägers anzunehmen. Prozesshandlungen eines Prozessunfähigen erzeugen keine Wirkung. Auf den Prozess kann daher nicht eingetreten werden. Es ist nicht gemäss § 28 ZPO 18 und § 29 ZPO der Kläger anzuhalten, einen Vertreter zu bestellen oder einen solchen Vertreter direkt zu bezeichnen. § 28 ZPO scheidet aus, da der Kläger nicht urteilsfähig ist. § 29 ZPO gilt nicht für Personen, die bereits bei der Klageeinleitung vollständig prozessunfähig waren.

19 ZR 86, Nr. 59: § 28 ZPO ist im übrigen nicht anwendbar, da der Kläger nicht urteilsfähig ist. § 29 ZPO gilt nicht für Personen, die bereits bei der Klageeinleitung vollständig prozessunfähig waren. Diese Vorschrift bezieht sich, soweit es die klägerische Partei betrifft, auf Personen, die unbeholfen, nicht aber völlig prozessunfähig sind. In solchen Fällen ist vielmehr auf die Klagen nicht einzutreten. Dies gilt erst recht dann, wenn keinerlei Anhaltspunkte dafür bestehen, dass die Klage Aussicht auf Erfolg haben könnte.

Die Prozessfähigkeit ist eine Prozessvoraussetzung. Die Prozessfähigkeit eines Ausländers richtet sich nach seinem Heimatrecht. Die Prozessfähigkeit ist von Amtes wegen zu prüfen. Auf Grund der Akten muss angenommen werden, dass der Kläger zu vernunftgemässem Handeln nicht in der Lage ist. Der Kläger hat eine Flut von Eingaben gemacht. Seine Ausführungen sind teilweise völlig unverständlich und zusammenhanglos. Die Sprache ist verworren und manieriert. Soweit verständlich, wirken seine in einer ganzen Serie von Prozessen in verschiedenen Ländern Europas geltend gemachten Forderungen völlig unglaubwürdig. Die Behauptungen, er habe Lieder, welche heute offenbar sehr erfolgreich sind, vor vielen Jahren erfunden, wirken irreal. Dies bestätigt sich z.b. darin, dass der Kläger selbst Eingaben einreicht, aus denen hervorgeht, dass die von ihm als Zeugen für seine Erfindung aufgeführten Personen seine Behauptungen keineswegs bestätigen, sondern, im Gegenteil, nichts davon wissen. Prozesshandlungen eines Prozessunfähigen erzeugen keine Wirkung. Auf den Prozess kann daher nicht eingetreten werden.

20 ZR 87, Nr. 45: Die Prozessfähigkeit einer ausländischen Konkursmasse richtet sich nach dem Recht des Staats, in welchem der Konkurs eröffnet wurde. Die ordre public-Klausel ist eng auszulegen und darf nur eingreifen, wenn ein fundamentaler Grundsatz der schweizerischen Rechtsordnung betroffen wird. Dass nach dem ausländischen in casu dänischen Recht die Prozessfähigkeit der Konkursmasse bejaht wird, bedeutet keinen Verstoss gegen den Schweizerischen ordre public.

ZR 91/92, Nr. 9: Vgl. § 29 ZPO.

b) bei Rechtsgefährdung
§ 28. Ist Gefahr im Verzug, können urteilsfähige Handlungsunfähige vorläufig selbst das Nötige vorkehren.

Das Gericht gibt dem gesetzlichen Vertreter oder, wenn ein solcher nicht bekannt ist, der Vormundschaftsbehörde unverzüglich vom Prozess Kenntnis. Nötigenfalls bestellt er vorläufig selbst einen Vertreter.

1 Gemäss Art. 304 ff. ZGB sind die gesetzlichen Vertreter des Kinds die Eltern bzw. der Inhaber der elterlichen Gewalt. Gesetzlicher Vertreter des Bevormundeten ist gemäss Art. 367 ZGB der Vormund, in bestimmten Fällen gemäss Art. 397 der Beistand (Art. 392 ff. ZGB). Das Erfordernis der Vollmacht bestimmt sich nach § 34 ZPO, die Parteienschädigung nach § 89 ZPO.

ZR 86, Nr. 59: Vgl. § 27 ZPO.

Vertretung
a) im allgemeinen
§ 29. Die Parteien können sich unter dem Vorbehalt der folgenden Bestimmungen und des Anwaltsgesetzes durch eine andere handlungsfähige Person vertreten lassen.

Ist eine Partei offensichtlich unfähig, ihre Sache selbst gehörig zu führen, kann das Gericht sie anhalten, einen Vertreter zu bestellen. Leistet sie der Auflage keine Folge, entscheidet das Gericht

auf Grund des Vorbringens der Partei. Aus zureichenden Gründen kann es stattdessen selbst den Vertreter bezeichnen. Es benachrichtigt die Vormundschaftsbehörde, wenn es vormundschaftliche Massnahmen für geboten hält.

Auch die vertretene Partei kann unter Androhung von Ordnungsbusse zum persönlichen Erscheinen verpflichtet werden.

Gemäss Art. 3 Abs. 2 GVG ist die berufsmässige Vertretung von Parteien vor Gerichten, Mitgliedern der Bezirksgerichte und des Obergerichts untersagt. Dies gilt auch für Staatsanwälte und Bezirksanwälte (§ 77 GVG). Für vormundschaftliche Massnahmen im Sinne von Art. 386 ff. ZGB haben **Art. 83 ff. des Einführungsgesetzes zum ZGB** folgende Regeln aufgestellt:

§ 83.
Entmündigungen (Art. 369–372 ZGB) und Verbeiratungen (Art. 395 ZGB) erfolgen auf Antrag der Vormundschaftsbehörde durch den Bezirksrat (§ 40).
Die Vormundschaftsbehörde trifft alle erforderlichen sichernden Massnahmen und ernennt nötigenfalls schon vor der Durchführung des Verfahrens den Vormund.

§ 84.
Bei Entmündigung wegen Geisteskrankheit oder Geistesschwäche ist das Gutachten des Bezirksrats unter Zuziehung des behandelnden Arztes oder dasjenige eines Arztes an den kantonalen Krankenanstalten einzuholen.
Die für das Gutachten nötigen Erhebungen und Berichte soll der Arzt selbst einziehen; er kann auch Erhebungen, insbesondere die Einvernahme von Zeugen, durch das Statthalteramt verlangen.

§ 85.
Gegen den Entscheid des Bezirksrats kann innert zehn Tagen nach Zustellung schriftlich beim Obergericht gerichtliche Beurteilung verlangt werden. Der Bezirksrat überweist darauf die Akten dem Obergericht. Im gerichtlichen Verfahren kommt der erstinstanzlich entscheidenden Behörde Parteistellung zu.
Das Begehren um gerichtliche Beurteilung hat aufschiebende Wirkung; vorbehalten bleiben Befugnisse der Vormundschaftsbehörde gemäss Art. 386 ZGB.

§ 88.
Die Veröffentlichung der Bevormundung und der Wahl des Vormunds erfolgt durch die Vormundschaftsbehörde (Art. 375 ZGB).

§ 89.
Begehren um Aufhebung der Vormundschaft oder Beiratschaft sind bei der Vormundschaftsbehörde einzureichen. Der Bezirksrat entscheidet auf Antrag der Vormundschaftsbehörde.
Gegen einen ablehnenden Entscheid kann innert zehn Tagen nach Zustellung schriftlich beim Obergericht gerichtliche Beurteilung verlangt werden. Der Bezirksrat überweist darauf die Akten dem Obergericht. Im gerichtlichen Verfahren kommt der erstinstanzlich entscheidenden Behörde Parteistellung zu.

§ 90.
Die Kosten des Verwaltungsverfahrens trägt die Person, gegen die sich das Verfahren richtet.

Im übrigen gelten die Bestimmungen des Anwaltsgesetzes; dieses räumt den Anwälten in Streitigkeiten des Zivilrechts und des Strafrechts, inkonsequenterweise aber nicht im teilweise wesentlich komplizierteren oder mindest so schwierigen öffentlichen Recht, eine Monopolstellung ein.

(Exkurs: Fraglich bleibt, ob sich das Anwaltsmonopol auf ernsthafte sachliche Gründe stützen kann oder ob es in erster Linie berufsständischen Zwecken dient; die Rechtsprechung bejaht ersteres uneingeschränkt; einen gegenteiligen Hinweis liefert der Kanton Solothurn, der ohne Anwaltsmonopol bis heute keine ernsthaften Probleme hat. In das gleiche Kapitel gehört auch das Werbeverbot; es bestehen keine sachlichen, triftigen Gründe, Banken und Treuhandgesellschaften im Rechtsbereich Werbung zu gestatten, Anwälten hingegen nicht. Der Markt muss entscheiden. Allein die Rechtsprechung, massgeblich von den Standesorganisationen geprägt, hält an den überkommenen Vorstellungen fast uneingeschränkt fest. Es ist ohne weiteres vertretbar und sachgerecht, eine Prüfung für einen Fähigkeitsausweis für Anwälte zu verlangen; dann müssten alle anderen, insbesondere jene, die kraft persönlicher Beziehungen in irgendeinem Kanton das Anwaltspatent ohne Prüfung bekommen haben – der Kanton Zürich fällt in diesem Bereich als eher problematisch auf – sich dazu bekennen. Richtig wäre, zu unterscheiden zwischen Anwälten, die eine Prüfung abgelegt haben, und Rechtsvertretern, die keine Prüfung absolviert haben. Wie bei allen Berufsständen mit Monopolcharakter sperren sich die sog. Standesorganisationen gegen fast alles, was tatsächlich oder vermeintlich ihre Privilegien gefährden oder mehr Markt bewirken könnte. Da die Verbandsfunktionäre der Anwälte in der Regel eng mit der Justiz verknüpft sind, fällt es den Standesorganisationen leicht, fortschrittliches, d.h. marktorientiertes Denken zu bekämpfen, und überkommene, von der Wirklichkeit teilweise schon überholte Vorstellungen zu verteidigen.

3   **ZR 81, Nr. 84:** Angestellte von Arbeitgeber- und Arbeitnehmerorganisationen sind in nicht berufungsfähigen arbeitsrechtlichen Streitigkeiten zur Parteivertretung berechtigt. Spätere Widerklagebegehren lassen die Berechtigung zur Parteivertretung nicht dahinfallen, auch wenn sich durch solche Begehren der Streitwert auf über Fr. 5'000 erhöht und das Verfahren dadurch berufungsfähig wird.

4   **ZR 82, Nr. 44:** Ausbleiben der persönlich vorgeladenen, aber rechtsgültig vertretenen Partei: Für die blosse Erstattung der Parteivorträge ist grundsätzlich die Anwesenheit einer gültig vertretenen Partei nicht erforderlich, und es braucht daher die Respektstunde nicht abgewartet zu werden, wenn der Vertreter bereit ist zu plädieren.

ZR 86, Nr. 59: Vgl. § 27 ZPO.

5   **ZR 91/92, Nr. 9:** Es ist zulässig, in einem konkreten Fall oder Komplex von Fällen auf Rechtsvorkehren nicht mehr einzutreten, wenn die betreffende Person in vernunftmässig nicht mehr nachvollziehbarer Weise prozessiert, zur Feststellung der Prozessunfähigkeit muss nicht in jedem Fall ein medizinisches Fachgutachten eingeholt werden; die Prozessunfähigkeit zieht nicht automatisch die Bestellung eines Vertreters, gemäss § 29 Abs. 2 ZPO, nach sich. Bei Prozessfähigkeit in bezug auf eine Person, die bei den zürcherischen Bezirksbehörden allein in den Jahren 1986 bis 1989 ungefähr 115 neue straf- und zivilrechtliche Verfahren fast durchwegs erfolglos durchführen liess (ohne Ausstandsverfahren), die alle im Zusammenhang mit einer Verurteilung und der Landesverweisung standen, wurde auf Prozessunfähigkeit geschlossen. Im gleichen Zeitraum reichte der Beschwerdeführer in derselben Sache mehr als 70 Rechtsmittel erfolglos dem Bundesgericht ein. Der Beschwerdeführer ist nur in bezug auf seine Prozessfähigkeit selbst zur staatsrechtlichen Beschwerde legitimiert.

Nach obergerichtlicher Rechtsprechung gilt § 29 ZPO nicht für Personen, die bereits bei der Klageeinleitung prozessunfähig waren. Diese Vorschrift bezieht sich, soweit es die klägerische Partei betrifft, vielmehr auf Personen, die unbeholfen, nicht aber prozessunfähig sind.

6   **ZR 95, Nr. 13:** Im vorliegenden Fall war nicht ersichtlich, dass der Kläger einen Vertreter ablehnt. Im Gegenteil bezeichnete er der Auflage gemäss sogar einen Vertreter, der das Mandat ablehnte. Bereits die Erstinstanz hätte ihm deshalb selber von Amtes wegen einen Vertreter im Sinne von § 29 Abs. 2 ZPO beigeben müssen. Es stellt eine Verletzung eines wesentlichen Verfahrensgrundsatzes dar, dass dies unterlassen wurde. Dieser Mangel des erstinstanzlichen Verfahrens wirkte im Rekursverfahren weiter, indem der Kläger auch in diesem Verfahren nicht verbeiständet war, ob-

wohl gemäss § 29 Abs. 2 ZPO ein Fall einer notwendigen Verbeiständung vorlag. Deswegen leiden auch das vorinstanzliche Verfahren und der darauf basierende Entscheid an diesem wesentlichen Verfahrensmangel, und der angefochtene Entscheid ist aus diesem Grund aufzuheben.

b) Zustellungsempfänger
§ 30. Eine Partei, an die im Inland keine Zustellungen möglich sind, kann verpflichtet werden, in der Schweiz einen Zustellungsempfänger zu bezeichnen. Wenn sie der gerichtlichen Aufforderung nicht nachkommt, können die Zustellungen durch Veröffentlichung erfolgen oder mit der gleichen Wirkung unterbleiben.

Zustellungsregeln sind in §§ **176 ff.** GVG enthalten:

§ 176 (Vorladungen: Zustellungen: a. Adressat)
¹ Hat die Partei einen Vertreter, wird die Vorladung diesem zugestellt. Soll die Partei persönlich erscheinen, wird auch ihr eine Vorladung zugestellt.
² Dem Litisdenunziaten, der dem Prozess nicht beigetreten ist, werden Vorladungen nur auf Verlangen und gegen Bezahlung der Kosten zugestellt.

§ 177 (Vorladungen: Zustellungen: b. Zustellungsweise)
¹ Die Vorladung wird durch die Post, einen Kanzleiangestellten, den Gemeindeammann oder ausnahmsweise durch die Polizei zugestellt.
² Die Zustellung erfolgt an den Vorgeladenen persönlich oder an eine nach Bundesrecht zum Empfang von Gerichtsurkunden befugte Person.

§ 178 (Vorladungen: Zustellungen: c. Zustellung ausserhalb des Kantons)
Vorladungen an Personen, die ausserhalb des Kantons wohnen, werden durch Vermittlung der zuständigen Behörde ihres gewöhnlichen Aufenthaltsorts zugestellt. In der Schweiz kann die Zustellung auch durch die Post erfolgen.

§ 179 (Vorladungen: Zustellungen: d. gescheiterte Zustellung)
¹ Kann die Vorladung nicht zugestellt werden, wird die Zustellung wiederholt.
² Die Vorladung gilt als zugestellt, wenn der Adressat die Zustellung schuldhaft verhindert.

§ 180 (Vorladungen: Zustellungen: e. Beweis der Zustellung)
Die Vorladung wird gegen Empfangsschein oder amtliche Bescheinigung zugestellt.

§ 181 (Vorladungen: Adressänderungen)
Eine Partei hat Änderungen ihres gewöhnlichen Aufenthaltsorts während einer Untersuchung oder eines gerichtlichen Verfahrens unverzüglich anzuzeigen. Unterlässt sie dies, sind Zustellungen an die letztbekannte Adresse rechtswirksam.

Die Möglichkeit einer fiktiven Zustellung zeigt, wie problematisch solche Veröffentlichungen im Amtsblatt sind; gemäss den LugÜ gelten solche Zustellungen aber nicht als zugestellt (vgl. Art. 27 Ziff. 2 LugÜ). Es darf als notorisch gelten, dass kaum jemand das Amtsblatt liest, jedenfalls nicht im Ausland. Solche Eröffnungen sind daher nicht geeignet, sachgerechte Ergebnisse zu schaffen, insbesondere für etwas Ähnliches, was man unter dem Begriff Gerechtigkeit allenfalls verstehen könnte. Gemäss BGE 96 I 398 muss die gerichtliche Aufforderung, einen Vertreter zu bestellen, der Partei gemäss §§ 178 und 183 zugestellt worden sein. Eine Partei, die mit einer gerichtlichen Zustellung rechnen muss, muss einen Zustellungsempfänger bezeichnen, wenn sie während längerer Zeit abwesend ist (vgl. BGE 97 III 10, § 181 GVG, ZR 76 NR. 56).

ZR 84, Nr. 25: Art. 1 der Haager-Übereinkunft betreffend Zivilprozessrecht steht der Anwendung von § 30 ZPO nicht entgegen. Ob § 30 ZPO angewandt werden kann, entscheidet sich allein nach dem Recht des Kantons Zürich. § 30 ZPO kann angewendet werden, obwohl sich die betroffene Partei nach der Ausfertigung des angefochtenen Entscheids einmal wegen eines anderen Verfahrens auf der Gerichtskanzlei befand, wobei ihr der angefochtene Entscheid nicht übergeben wurde.

c) Vor dem Friedensrichter
§ 31. (alte Fassung). **Vor dem Friedensrichter kann sich eine Partei nur dann vertreten lassen, wenn sie nicht im Bezirk wohnt oder am persönlichen Erscheinen durch Krankheit, Militärdienst oder aus andern wichtigen Gründen verhindert ist.**

Lässt sich eine Partei vertreten, ist auch die andere dazu berechtigt.

Die Partei, welche sich vertreten lässt, hat dies dem Friedensrichter so frühzeitig mitzuteilen, dass er die Gegenpartei noch vor der Verhandlung benachrichtigen kann.

c) Vor dem Friedensrichter
§ 31. (neue Fassung, 24.9.1995). Vor dem Friedensrichter kann sich eine Partei nur dann vertreten lassen, wenn sie nicht im Kanton wohnt oder am persönlichen Erscheinen durch Krankheit, Militärdienst oder aus anderen wichtigen Gründen verhindert ist.

Lässt sich eine Partei vertreten, ist auch die andere dazu berechtigt.

Die Partei, welche sich vertreten lässt, hat dies dem Friedensrichter so frühzeitig mitzuteilen, dass er die Gegenpartei noch vor der Verhandlung benachrichtigen kann.

1   Das Verfahren vor Friedensrichter bestimmt sich nach den §§ 93 ff. ZPO: Für das Erkenntnisverfahren gemäss dem §§ 192–195 ZPO. Früher konnte sich eine Partei vertreten lassen, wenn sie nicht im Bezirk wohnte; dies ist mittlerweile geändert worden, so dass die Vertretung nur noch zulässig ist, wenn die Partei nicht im Kanton wohnt. Der Wohnsitz bestimmt sich nach dem Begriff von Art. 23 ff. ZGB.

2   **ZR 86, Nr. 78:** Eine Partei darf zu einer Sühnverhandlung nur dann in Begleitung eines Vertreters erscheinen, wenn Vertretung zulässig ist. Sie darf sich allenfalls vertreten lassen, wenn sie nicht im Kanton wohnt (korrigiert, früher im Bezirk) oder am persönlichen Erscheinen durch Militärdienst, Krankheit oder andere wichtige Gründe verhindert ist. In Familienrechtssachen gemäss § 135 Abs. 2 GVG sind die Verhandlungen und die mündliche Eröffnung der Entscheide bei allen Gerichten nicht öffentlich, wobei es sich bei der Sühnverhandlung nicht eigentlich um eine Parteiverhandlung handelt, da die Sühnverhandlung auf die gütliche Erledigung der Streitsache zwischen den Parteien hinzielt. Für die Scheidungsklage des vorliegenden Falls wäre die Klägerin zum persönlichen Erscheinen verpflichtet. Für die Verhandlungsführung können dem Friedensrichter keine zu engen Grenzen gesetzt werden, damit er dem Einzelfall möglichst gerecht werden kann; es muss ihm erlaubt sein, den Parteien Empfehlungen abzugeben. Er muss bestrebt sein, eine Aussöhnung der Parteien herbeizuführen, wobei er auf die Unparteilichkeit zu achten hat.

d) In Arbeitsstreitigkeiten
§ 32. In Streitigkeiten zwischen Arbeitgebern und Arbeitnehmern aus dem Arbeitsverhältnis ist die entgeltliche Vertretung ausgeschlossen, wenn der Streitwert Fr. 1'000 nicht übersteigt (7.12.86).

1   Nach Art. 1 Abs. 2 Anwaltsgesetz ist für die zulässige Vertretung vor Arbeitsgericht ein Anwaltspatent nicht notwendig, sondern Angestellte der Arbeitgeber- und Arbeitnehmerorganisationen können auch ohne Fähigkeitsausweis berufsmässig vor Arbeitsgericht und dem Einzelrichter auftreten, wenn sie Schweizer Bürger sind. Im übrigen ist die Zuständigkeit des Arbeitsgerichts in Art. 13 GVG geregelt.

Diese Bestimmung ist, da eine ausdrückliche bundesrechtliche Regelung dem kantonalen Prozessrecht vorgeht, nicht anwendbar in Streitigkeiten über Diskriminierungen im Erwerbsleben (Art. 12 Abs. 1 GlG).

e) vor dem Mietgericht
§ 33. (alte Fassung). *Hat das Mietgericht über Begehren gemäss § 18 Abs. 1 lit. a GVG zu entscheiden, haben die Parteien ungeachtet des Beizugs von Vertretern persönlich zu erscheinen, für juristische Personen deren zuständige Organe. Der Vermieter kann den Verwalter der Liegenschaft, eine Partei mit ausserkantonalem Wohnsitz auch einen andern Vertreter allein zur Verhandlung abordnen. Im übrigen befreien nur wichtige Hinderungsgründe von der Pflicht zum persönlichen Erscheinen.*

e) vor dem Mietgericht
§ 33. (neue Fassung, 24.9.1995). Vor dem Mietgericht haben die Parteien ungeachtet des Beizugs von Vertretern persönlich zu erscheinen, für juristische Personen deren zuständige Organe. Der Vermieter kann den Verwalter der Liegenschaft, eine Partei mit ausserkantonalem Wohnsitz auch einen andern Vertreter allein zur Verhandlung abordnen. Im übrigen befreien nur wichtige Hinderungsgründe von der Pflicht zum persönlichen Erscheinen.

Verordnung über die Paritätischen Schlichtungsbehörden in Miet- und Pachtsachen

(vom 27. Juni 1990)

I. Zusammensetzung und Aufgaben

§ 1. In jedem Bezirk besteht eine Paritätische Schlichtungsbehörde. Sie ist administrativ dem Bezirksrat angegliedert und untersteht dessen Aufsicht. Das Bezirksgericht regelt die Geschäftsführung der Schlichtungsbehörde.

§ 2. Das Bezirksgericht wählt auf seine Amtsdauer die erforderlichen Schlichter, und zwar gleich viele Mieter und Vermieter. Es holt von den entsprechenden Verbänden Wahlvorschläge ein.
Das Bezirksgericht wählt ferner auf eigene Amtsdauer aus der Zahl seiner juristischen Kanzleibeamten die erforderlichen unabhängigen Vorsitzenden.
Das Amt eines Mitgliedes der Schlichtungsbehörde ist unvereinbar mit demjenigen eines Mitgliedes des Mietgerichts.

§ 3. Die Bezirksgerichte veröffentlichen die Zusammensetzung der Paritätischen Schlichtungsbehörden und deren örtlichen Zuständigkeitsbereich nach der Wahl und in der Folge jeweils auf Jahresende.

§ 4. Die Schlichtungsbehörde wird für jede Sitzung mit einem Vorsitzenden sowie mit je einem Schlichter aus der Gruppe der Mieter und der Vermieter besetzt.

§ 5. Die Schlichter haben Anspruch auf Sitzungsgeld und Entschädigungen nach den Ansätzen, die für Mietrichter gelten.

§ 6. Die örtliche Zuständigkeit der Paritätischen Schlichtungsbehörden ist durch den Bezirk begrenzt.
Jede Paritätische Schlichtungsbehörde richtet einen Beratungsdienst ein, der auch ausserhalb des Anfechtungsverfahrens in Anspruch genommen werden kann. Diese Aufgabe kann einzelnen Mitgliedern der Schlichtungsbehörde übertragen werden.

II. Verfahren

§ 7. Das Begehren um Durchführung des Schlichtungsverfahrens kann bei der zuständigen Paritätischen Schlichtungsbehörde mündlich oder schriftlich angebracht werden.

§ 8. *Die Verhandlungen sind mündlich. Die Parteien haben dazu persönlich zu erscheinen, wobei ein Beistand zugezogen werden darf. Der Verwalter der Liegenschaft kann den Vermieter vertreten.*
In begründeten Fällen kann der Vorsitzende zur Vorbereitung der Schlichtungsverhandlung einen Schriftenwechsel anordnen.

§ 9. *Der Vorsitzende gibt den Parteien Gelegenheit, ihren Standpunkt zu begründen. Die Schlichter können Fragen stellen.*

§ 10. *Für das Verfahren gelten sinngemäss die §§ 204–209 der ZPO, soweit diese Verordnung keine abweichenden Bestimmungen enthält.*
Die Schlichtungsbehörde stellt den Sachverhalt von Amtes wegen fest. Sie würdigt die eingereichten Urkunden und kann die Parteien formlos befragen sowie Augenscheine durchführen. Weitere Beweismittel sind nicht zulässig.

§ 11. *Über die Verhandlung wird ein Kurzprotokoll geführt, das mindestens über folgende Tatsachen Aufschluss gibt:*
- *Datum der Schlichtungsverhandlung*
- *Besetzung der Schlichtungsbehörde*
- *Datum des Begehrens um Durchführung des Schlichtungsverfahrens*
- *Parteien*
- *Miet- bzw. Pachtobjekt*
- *Anträge der Parteien und deren Begründung*
- *Ergebnis der Verhandlung unter Berücksichtigung allfälliger Parteierklärungen wie Vergleiche usw. mit Angabe der den Parteien zur Verfügung stehenden Rechtsbehelfe.*

Für das Protokoll können Formulare verwendet werden. Es wird vom Vorsitzenden oder durch eine Hilfsperson gemäss § 142 Abs. 3 GVG geführt.
Das Ergebnis der Verhandlung wird den Parteien schriftlich mitgeteilt, im Falle eines Entscheids mit einer kurzen Zusammenfassung der Entscheidgründe.

§ 12. *Bleibt der Kläger der Schlichtungsverhandlung ohne genügende Entschuldigung fern, so wird auf das Begehren nicht eingetreten.*
Bleibt der Beklagte ohne genügende Entschuldigung aus, so kann der Kläger verlangen, dass die Schlichtungsverhandlung als durchgeführt betrachtet wird.
Ist zu entscheiden, geschieht dies auf Grund der Akten.
In gleicher Weise wird verfahren, wenn der Beklagte unbekannt abwesend ist oder sich im Ausland aufhält, ohne in der Schweiz einen Vertreter bestellt zu haben. Fällt die Schlichtungsbehörde einen Entscheid, muss dieser auch dem unbekannt abwesenden oder im Ausland weilenden Beklagten schriftlich mitgeteilt werden.

§ 13. *Im übrigen finden die Vorschriften des Gerichtsverfassungsgesetzes und der Zivilprozessordnung sinngemäss Anwendung, soweit das Bundesrecht keine abweichenden Bestimmungen enthält.*

III. Die Paritätische Schlichtungsbehörde als Schiedsgericht

§ 14. *Die Parteien können die Paritätische Schlichtungsbehörde in Streitigkeiten, die in deren Zuständigkeitsbereich fallen, als Schiedsgericht anrufen.*
Schlichter und Vorsitzender werden vom Präsidenten des Mietgerichts bestimmt. Im übrigen findet das Konkordat über die Schiedsgerichtsbarkeit vom 27. März 1969 sinngemäss Anwendung.
Als Schiedsgericht wendet die Paritätische Schlichtungsbehörde die in gleichen Fällen für das Mietgericht massgebenden Verfahrensvorschriften an. Sie ist zum Erlass vorsorglicher Massnahmen befugt.

*§ 15. Die Paritätische Schlichtungsbehörde behandelt Gesuche um Hinterlegung von Miet- und Pachtzinsen gestützt auf Art. 259g und 288 OR.
Hinterlegungsstelle ist die Kasse des Bezirksgerichts.*

IV. Inkrafttreten

§ 16. Diese Verordnung tritt am Tage nach ihrer Veröffentlichung im Amtsblatt in Kraft. Auf den gleichen Zeitpunkt wird die Verordnung über die Paritätischen Schlichtungsstellen in Mietsachen vom 5. Juli 1972 aufgehoben.

§ 33 ZPO schreibt das persönliche Erscheinen der Parteien vor Gericht in Mietstreitigkeiten vor. § 198 ZPO sieht allgemein eine Parteibefragung vor, was ein persönliches Erscheinen der betroffenen Partei voraussetzt. 2

Die Details betreffend Mietgericht sind in Art. 18 GVG geregelt. Nach BGE 115 II 365 ist der andere Ehegatte in jedem Stadium des Prozesses berechtigt, im Prozess des Mieters als Zweitkläger aufzutreten; der Ehegatte kann also im Prozess des Mieters mit einer vollen Parteistellung beitreten, sofern es sich um eine Familienwohnung handelt. Die Rechtsgrundlage dafür ist in Art. 273a OR enthalten: "Dient die gemietete Sache als Wohnung der Familie, so kann auch der Ehegatte des Mieters die Kündigung anfechten, die Erstreckung des Mietverhältnisses verlangen und die übrigen Rechte ausüben, die dem Mieter bei einer Kündigung zustehen." 3

ZR 86, Nr. 31: Der den Rechtsvertreter des Vermieters gemäss § 33 ZPO begleitende Verwalter der Liegenschaft braucht keine Prozessvollmacht. Gemäss § 122 Abs. 2 GVG leitet der Präsident u.a. auch das schriftliche Verfahren; gegen seine verfahrensleitenden Entscheide ist im Gesetz keine Einsprache vorgesehen, oder mit Ausnahme der präsidialen Entscheide über Prozesskautionen sowie der aufschiebenden Wirkung von Rechtsmitteln und präsidialen Abschreibungen des Prozesses bei Rückzug, Anerkennung oder Vergleich ist die Einsprache an das Kollegium möglich. 4

Aus dem Protokoll der Beratung der Gesetzesrevision in der Legislative lässt sich nicht deren Absicht herleiten, gegen alle Präsidialverfügungen gestützt auf § 122 GVG eine Einsprache zu ermöglichen. Entgegen dem Entscheid des Kassationsgerichts (ZR 81 Nr. 24) bildet es kein redaktionelles Versehen, dass der letzte Satz von § 122 Abs. 3 GVG nicht ein selbständiger Absatz wurde.

Prozessvollmacht
a) Erfordernis
§ 34. Wer eine Partei vertritt, bedarf einer schriftlichen oder zu Protokoll erklärten Vollmacht. Das Gericht kann verlangen, dass die Unterschrift des Vertretenen beglaubigt wird.

Keiner allgemeinen Prozessvollmacht bedürfen die nach § 28 Abs. 2 und § 29 Abs. 2 vom Gericht bestellten Vertreter.

Die Prozessvollmacht untersteht gemäss ZR 60 Nr. 62 dem kantonalen Prozessrecht, wobei subsidiär die Art. 32 ff. OR als ergänzendes kantonales Recht gelten, deren Verletzung also mit kantonaler Nichtigkeitsbeschwerde und allenfalls staatsrechtlicher Beschwerde zu rügen wäre. Die Vollmacht muss schriftlich oder zu Protokoll und unter Umständen mit Beglaubigung erfolgen. Der gesetzliche Vertreter bedarf an sich keiner Prozessvollmacht, der Vormund hat jedoch dem Gericht die behördliche Zustimmung zur Prozessführung einzureichen. Die Prüfung der Vollmachten hat gemäss § 108 ZPO von Amtes wegen zu erfolgen; die vorhin erwähnte Beglaubigung erfolgt nach den Bestimmungen von **§§ 246 ff. EG zum ZGB**, die lauten: 1

2 **B. Beglaubigungen**

§ 246.
Jeder Gemeindeammann und jeder Notar des Kantons ist zur Vornahme von Beglaubigungen ermächtigt.
Die Beglaubigungsbefugnis, welche durch besondere Gesetze andern Stellen übertragen ist, bleibt vorbehalten.
Auf Verlangen beglaubigt die Staatskanzlei die Unterschriften der in Abs. 1 und 2 aufgeführten Personen und bezeugt deren Befugnis, Beglaubigungen vorzunehmen.

§ 247.
Die Beglaubigung einer Unterschrift oder eines Handzeichens erfolgt nur, wenn die Unterschrift oder das Handzeichen in Gegenwart des Beamten vollzogen oder vom Aussteller persönlich anerkannt worden ist.
Die Unterschrift kann durch einen Bevollmächtigten anerkannt werden, sofern die entsprechende Vollmacht den Voraussetzungen von Abs. 1 entspricht und beim Amt hinterlegt ist. Die Beglaubigung der Anerkennung durch den Vertreter kann der Beamte von der Erfüllung weiterer Bedingungen abhängig machen.
Ist der Unterzeichner oder der Bevollmächtigte dem Beamten nicht persönlich bekannt, hat er sich durch dem letzteren bekannte Personen oder in anderer geeigneter Weise über seine Identität auszuweisen.
Die Beglaubigung bezeichnet die Art, wie die Unterschrift vollzogen wurde, sowie die Art der Feststellung der Identität des Unterzeichners oder des Bevollmächtigten. Sie ist zu datieren, zu unterzeichnen und mit Siegel oder Stempel zu versehen.

§ 248.
Zur Ausstellung der beglaubigten Abschrift einer Urkunde oder zur Beglaubigung einer vorgelegten Abschrift oder Kopie ist erforderlich,
1. dass sich der Beamte von der Echtheit des ihm vorgelegten Originals überzeugt hat; ist das nicht möglich, so ist dieser Umstand in der Beglaubigung ausdrücklich zu erwähnen;
2. dass die Abschrift oder Kopie mit dem Original verglichen wurde.
Finden sich im Original Streichungen, Einschaltungen und dergleichen, so werden diese Umstände in der Abschrift vermerkt.

§ 249.
Bei Auszügen aus Urkunden wird in gleicher Weise verfahren, und es wird in der Abschrift nicht nur vermerkt, dass sie nur einen Auszug enthält, sondern es werden auch die Auslassungen hervorgehoben. Ausserdem kann im Zeugnis bescheinigt werden, dass nach Ansicht des Beamten nichts zur Sache Gehöriges weggelassen worden sei.
Insbesondere werden bei Rechnungsauszügen aus Geschäftsbüchern der Name und die Beschaffenheit des Buchs sowie die Seitenzahl oder die Kontonummer angegeben.

§ 250.
Die Sicherung des Datums einer Privaturkunde erfolgt durch eine vom Beamten auf die Urkunde zu setzende Bescheinigung, wann und durch wen die Urkunde vorgelegt wurde.

3 Das Gericht kann ähnlich wie bei Art. 29 Abs. 1 OG die Beglaubigung der Unterschrift verlangen. Die Protokollführung bestimmt sich nach § 141 GVG, wonach für jedes Verfahren ein Protokoll geführt wird, für das summarische Verfahren ein Handprotokoll.

b) Umfang
§ 35. Die allgemeine Prozessvollmacht erstreckt sich auf alle Handlungen, die den Prozess betreffen, auf die Erwirkung vorsorglicher Massnahmen und auf den Empfang der Prozessentschädigung.

Für die Bestellung eines andern Vertreters, zum Abschluss eines Vergleichs, zur Anerkennung oder zum Rückzug der Klage und zum Abschluss eines Schiedsvertrags bedarf es einer ausdrücklichen Ermächtigung.

Die vorsorglichen Massnahmen sind in § 110 ZPO für rechtshängige Prozesse, in § 222 Ziff. 3 ZPO zur Abwehr eines drohenden, nicht leicht wiedergutzumachenden Nachteils, besonders durch Veränderung des bestehenden Zustands, falls diese Voraussetzungen glaubhaft gemacht werden können und der Prozess noch nicht rechtshängig ist, beschrieben. In §§ 227 ff. ZPO wird die Sicherstellung der vorsorglichen Massnahmen ausgeführt. Die Prozessentschädigung ist an den Rechtsvertreter zu leisten (§ 68 ZPO). 1

Gemäss ZR 80 Nr. 106 ist keine ausdrückliche Ermächtigung zum Abschluss eines Vergleichs mit Ratifikations- und Widerrufsvorbehalt notwendig. 2

c) Im summarischen Verfahren
§ 36. Im summarischen Verfahren hat der Vertreter nur dann eine Vollmacht einzureichen, wenn Zweifel darüber bestehen, ob die Partei mit seinem Vorgehen einverstanden ist.

Wer im Namen eines andern ein Konkursbegehren stellt, bedarf einer ausdrücklichen Ermächtigung.

Das summarische Verfahren ist in § 204 ff. ZPO, insbesondere § 213, 215, 219 ff. ZPO geregelt. Für das Konkursbegehren gemäss § 213 Ziff. 5 ZPO ist hingegen eine ausdrückliche Vollmacht notwendig. 1

Da die Vollmacht eine Prozessvoraussetzung ist, ist deren Vorhandensein gemäss § 108 ZPO von Amtes wegen zu prüfen. 2

d) Erlöschen
§ 37. Die Vollmacht erlischt unter den Voraussetzungen der Art. 34 und 35 OR.

Die Art. 34, 35 OR sind hier kantonales Recht, deren Verletzung kann also nicht mit der Berufung gerügt werden. Gemäss BGE 78 II 372 soll eine Vollmacht nach Ausscheiden des Unterzeichners aus der Organstellung einer juristischen Person keinen Erlöschungsgrund bilden; in dieser allgemeinen Form kann man diese Formulierung nicht aufrechterhalten. Für ein laufendes Verfahren ist dies zutreffend, hingegen kann m. E. die Vollmacht eines ausgeschiedenen Bevollmächtigers nicht dazu dienen, neue Rechtsgeschäft und neue Prozesse einzuleiten. Das nach Art. 260 SchKG auf einen Konkursgläubiger übertragene Prozessführungsrecht geht als Nebenrecht mit der Konkursforderung auf die Erben über und endet somit nicht mit dem Tode des Beauftragten. Die Gegenpartei kann jedenfalls stets verlangen, dass der Rechtsnachfolger sich über die Weiterführung des Prozesses erkläre und seinerseits eine Vollmacht erteile. Gemäss BGE 75 II 292 ist alsdann der Prozess auf den Namen des Rechtsnachfolgers fortzusetzen. Dies gilt gemäss BGE 97 I 274 insbesondere auch für Grundbuchgeschäfte. 1

e) Mängel
§ 38. Fehlt die Vollmacht oder ist sie ungenügend, wird dem Vertreter und der Partei Gelegenheit zur Behebung des Mangels gegeben.

Eine nachgebrachte Vollmacht gilt als Genehmigung der früheren Prozesshandlungen des Vertreters, wenn sie nicht ausdrücklich anders lautet.

Die Nachfrist ist dem angeblichen Vertreter und dem angeblichen Vertretenen gemäss ZR 60 Nr. 1

94 anzusetzen. Gemäss § 66 Abs. 3 ZPO können die Kosten anderen Dritten (also auch einem vollmachtlosen Vertreter) auferlegt werden, wenn dieser diese Kosten schuldhaft verursachte. Für kostenpflichtige Dritte gilt diese Regelung auch für die Parteientschädigung gemäss § 68 Abs. 1 ZPO.

2 **ZR 91/92, Nr. 43:** Revision, Bevollmächtigung und Fristwahrung: Im Revisionsverfahren genügt es für einen Parteivertreter grundsätzlich nicht, sich auf alte Vollmachten in früheren Verfahren zu beziehen; materiellrechtlich kommt es darauf an, ob die Anfechtungserklärung von den Revisionsklägern selbst ausgeht; im weiteren ist wesentlich, ob die revisionsbeklagte Partei den Mangel der rechtsgenügenden Bevollmächtigung rügte und die Anfechtungserklärung zurückwies (Bemerkung: Der Entscheid vermag nicht zu überzeugen, er erweckt einen überspitzt formalistischen Eindruck; das Prozessrecht darf nicht zum reinen Selbstzweck verkommen).

B. Streitgenossenschaft

Notwendige Streitgenossen
§ 39. Mehrere Personen müssen gemeinsam als Kläger auftreten oder als Beklagte belangt werden, wenn sie an einem Rechtsverhältnis beteiligt sind, über das für alle Beteiligten nur im gleichen Sinn entschieden werden kann.

Rechtzeitige Prozesshandlungen eines Streitgenossen, ausgenommen Rechtsmittelerklärungen, wirken auch für säumige Streitgenossen.

1 Notwendige Streitgenossen liegen bei **Gesamthandverhältnissen** und bei **Gestaltungsklagen** für Rechtsverhältnisse vor, die mehrere Personen umfasst; Gestaltungsklagen regeln (aufheben, ändern) diese Rechtsverhältnisse mit Wirkung für alle. Die notwendige Streitgenossenschaft begründet die Zuständigkeit des Sachzusammenhangs, verlangt übereinstimmendes prozessuales Handeln der notwendigen Streitgenossen und das Einbeziehen aller Streitgenossen in den Prozess, andernfalls die Klage infolge Fehlens der Aktiv- oder Passivlegitimation abzuweisen ist.

2 **Notwendige Streitgenossen** liegen in folgenden Fällen vor: Gütergemeinschaft nach Art. 221 ff. ZGB, Gemeinderschaft gemäss Art. 336 ff. ZGB, Erbengemeinschaft gemäss Art. 602 ZGB, einfache Gesellschaft gemäss Art. 530 ff. OR, Kollektivgesellschaft gemäss Art. 557 ff. OR, sodann wenn mehrere Solidarschuldner nur gemeinsam in natura (also nicht in Geld) erfüllen müssen (BGE 93 II 200; BGE 69 I 8).

3 **Gestaltungsklagen:** Aufhebung von Gesamthandverhältnissen (bei Gemeinschaften zur gesamten Hand), Änderung des Personenstands (Art. 121 und 128 ZGB: Klagen Dritter auf Ungültigerklärung der Ehe, Klage gegen beide Ehegatten); Klagen auf Anfechtung der Vaterschaft und der Vaterschaftsanerkennung gemäss Art. 256 Abs. 2 und Art. 260a Abs. 3 ZGB; dagegen gilt für das Begründen eines Kindsverhältnisses gemäss Art. 261 ZGB keine notwendige Streitgenossenschaft. Notwendige Streitgenossen liegen vor bei einer Klage, wonach die gemeinschaftlichen Teile von Stockwerkseigentum auszudehnen seien (BGE 112 II 310) oder bei einer Klage auf Berichtigung der Wertquoten eines Stockwerkeigentümers (BGE 116 II 58).

4 Das Bundesgericht entschied in BGE 117 II 204, dass stets dann, wenn in einer Sache gegen mehrere Beteiligte notwendigerweise einheitlich zu entscheiden ist, alle Kläger und alle Beklagten notwendige Streitgenossen sind.

BGE 117 II 204: "1. Das Handelsgericht leitet seine Zuständigkeit zur Beurteilung der gegen die Zweitbeklagte gerichteten Ansprüche aus Art. 129 Abs. 3 IPRG ab. Danach können im Fall des Vorliegens eines internationalen Verhältnisses (Art. 1 Abs. 1 IPRG) mehrere Beklagte wegen unerlaubter Handlungen an einem einheitlichen Gerichtsstand belangt werden, sofern gegenüber jedem Beklagten ein Gerichtsstand in der Schweiz gegeben ist und sich die geltend gemachten Ansprüche im wesentlichen auf die gleichen Tatsachen und Rechtsgründe stützen; ausschliesslich zuständig ist der zuerst angerufene Richter.

Diese Vorschrift war im Entwurf des Bundesrats zu einem Bundesgesetz über das internationale Privatrecht noch nicht enthalten. Sie wurde erst anlässlich der parlamentarischen Beratungen vom Ständerat auf Vorschlag der vorberatenden Kommission ins Gesetz aufgenommen, wobei der Berichterstatter auf die praktischen Vorteile der Vorschrift hinwies, aber zugestand, dass sie möglicherweise der Gerichtsstandsgarantie von Art. 59 Abs. 1 BV widerspreche (Amtl. Bull. 1985 StR S. 164, Votum Hefti). Der Nationalrat schloss sich dem Ständerat ohne Diskussion an (Amtl. Bull. 1986 NR S. 1358).

In der Literatur wird die Meinung vertreten, die Vorschrift von Art. 129 Abs. 3 IPRG entspreche BGE 69 I 8, wo einem Teil von mehreren Beklagten wegen der Notwendigkeit eines einheitlichen Urteils zugemutet worden sei, auf den eigenen Wohnsitzgerichtsstand zu verzichten (WALDER, Einführung in das Internationale Zivilprozessrecht der Schweiz, S. 179/180 Rz 70). Dabei wird indessen übersehen, dass sowohl im zitierten Entscheid wie auch in späteren Urteilen des Bundesgerichts der einheitliche Gerichtsstand von engeren Voraussetzungen abhängig gemacht worden ist. Nach dieser Rechtsprechung müssen die Beklagten notwendige Streitgenossen sein und die gegen sie erhobenen Ansprüche identisch sein, so dass die Vollziehung des Urteils gegen den einen zwangsläufig auch die Verpflichtung der übrigen Beklagten voraussetzt. Blosse Solidarhaftung – zum Beispiel aufgrund von Art. 50 Abs. 1 OR – mit einfacher Streitgenossenschaft auf seiten der Beklagten genügt nicht (Urteil vom 28. September 1966 E. 3, publ. in JdT 1967 I 514; BGE 90 I 109, 69 I 8 E. 4). Gemäss Art. 129 Abs. 3 IPRG reicht dagegen aus, dass sich die Ansprüche des Klägers im wesentlichen auf die gleichen Tatsachen und Rechtsgründe stützen, und die Vorschrift ist unabhängig davon anwendbar, ob die Beklagten eine einfache oder eine notwendige Streitgenossenschaft bilden. In der Lehre wird denn auch die Auffassung vertreten, es bedürfe lediglich eines Konnexes zwischen den verschiedenen Ansprüchen (TRUTMANN, Deliktsrecht, in: Das neue Bundesgesetz über das internationale Privatrecht in der praktischen Anwendung, S. 81). Ob Art. 129 Abs. 3 IPRG der Gerichtsstandsgarantie von Art. 59 Abs. 1 BV widerspricht, muss im übrigen offenbleiben, da das Bundesgericht diese Gesetzesvorschrift selbst dann anzuwenden hätte, wenn sie verfassungswidrig wäre (Art. 113 Abs. 3 BV)."

Weitere Beispiele: Mehrere Käufer kaufen oder mehrere Verkäufer verkaufen gemeinsam eine Liegenschaft; eine Klage auf einseitige Unverbindlichkeit des Kaufs muss von allen Käufern gegen alle Verkäufer gerichtet werden (BGE 51 I 45, BGE 93 II 200). 5

Ein Teil der Lehre vertritt die Auffassung, bei Abtretung von Masseansprüchen nach Art. 260 SchKG müssten mehrere Gläubiger, die klagen wollen, dies als notwendige Streitgenossen tun (Vogel, S. 140 f., Leuch/Marbach, Kellerhals gemäss N 2a zu § 36); es handle sich um eine Prozessstandschaft, da es um einen Anspruch der Konkursmasse gehe, über welchen nur einheitlich entschieden werden könne. Das Bundesgericht ist gemäss BGE 107 III 96 flexibler: 6

BGE 107 III 96: "La doctrine n'est pas unanimé sur la question de savoir s'il s'agit, dans le cadre de l'art. 260 LP, d'une consorité nécessaire (matérielle) ou d'une consorité simple (formelle) (favorables à la première solution; GULDENER, Schweiz. Zivilprozessrecht, 3e éd., p. 297, et LEUCH, Kommentar zur ZPO bern., n. 2 ad art. 36; d'avis contraire STRÄULI/MESSMER, Kommentar zur Zürcher ZPO, n. 3 in fine ad 40). 7

Cette question peut néanmoins rester indécise. En effet, même s'il s'agit d'une consorité nécessaire, les consorts ne sont pas forcés de former une entité indivisible. Le Tribunal fédéral a déjà jugé (ATF 43 II 369) que lorsque plusieurs consorts ont des moyens divergents, ils sont en droit de se faire représenter par des avocats différents (cf. Guldener, op. cit. p. 300; Sträuli/Messmer, op. cit., n. 12 ad 40).

Ces considérations sont aussi valables au regard du Code de procédure civile du canton de Vaud qui réglera la forme des actions à ouvrir en l'espèce. Les art. 75 et 76 CPC vaud. autorisent le juge à joindre ou à disjoindre les causes, d'office ou sur requête des parties, ainsi qu'à ordonner 'les mesures nécessaires à l'organisation des instances'. La jurisprudence est libérale (cf. POUDRET /WURZBURGER, Code de procédure vaudois annoté ad art. 75 et 76; cf. aussi art. 38 et 39 du

> Code de procédure bernois qui consacre la même solution que le Code vaudois; voir LEUCH, op. cit., ad art. 38 et 39).
>
> En l'espèce, il paraît impossible de refuser à la recourante le droit d'agir avec pour seul consort D. S.A. par une action unique intentée contre les quatre administrateurs en même temps. Le juge saisi de cette action pourra, avant de juger, déterminer si les deux autres cessionnaires P. et H. frères ont fait également valoir leurs prétentions; si tel est le cas, il pourra prendre toute mesure appropriée afin d'éviter des jugements contradictoires."

8 Bei einer **notwendigen Streitgenossenschaft** müssen mehrere Personen als Kläger gemeinsam auftreten oder als Beklagte gemeinsam belangt werden. Bei der Leistungsklage gibt es selten eine notwendige Streitgenossenschaft auf der Seite der Beklagten, weil Miterben, Gemeinder, Gesellschafter solidarisch für das Erfüllen von Verbindlichkeiten einstehen, wohl aber bei Gestaltungsklagen. Die notwendige Streitgenossenschaft hat vor allem drei Wirkungen: Treten bei einer notwendigen Streitgenossenschaft nicht alle Beteiligten als Kläger auf und (in seltenen Fällen) werden nicht alle Beteiligten einer notwendigen Streitgenossenschaft auf der Passivseite eingeklagt, muss der Richter die Klage abweisen **(mangels Aktiv- oder Passivlegitimation)**; dabei hat m.E. die richterliche Fragepflicht gemäss § 55 ZPO zu greifen, oder gemäss § 108 ZPO ist dem oder den Klägern Frist anzusetzen, gegen weitere Beteiligte zu klagen oder von ihnen eine Erklärung zu verlangen, wonach sie das Urteil anerkennen. Einer später von oder gegen alle Beteiligten erhobenen Klage kann man die Einrede der res iudicata (§ 61, § 191 ZPO) nicht entgegenhalten; denn es fehlt an der Identität der Parteien; die notwendigen Streitgenossen eines Gesamthandverhältnisses **müssen übereinstimmend handeln**, allenfalls greift die richterliche Fragepflicht; die Obliegenheit eines gemeinsamen Handelns beschränkt sich auf Gesamthänder, ist jedoch nicht anwendbar bei Gestaltungsklagen; bei Gestaltungsklagen (etwa Statusklagen) kann jeder Beklagte eigene Anträge stellen, eigene Rechtsmittel einlegen etc., bei Gesamthändern ist dies hingegen nicht der Fall; bei der Erbengemeinschaft als einem typischen Gesamthandverhältnis kann daher, wenn sich die Erben nicht einig sind, jeder die Bestellung eines Erbenvertreters nach Art. 602 Abs. 3 ZGB verlangen. Das für einen passivlegitimierten Streitgenossen **örtlich zuständige Gericht** ist für alle zuständig **(Art. 59 BV ist ausgeschaltet)**; dagegen kann man die **(sachliche)** Zuständigkeit eines Sondergerichts (z.B. des Handelsgerichts) nur begründen, wenn die Voraussetzungen dazu bei allen Streitgenossen vorliegen.

Dazu führte das Bundesgericht in BGE 121 III 118 aus:

9 **BGE 121 III 118:** "4. Damit stellt sich allein noch die Frage, ob die Klägerin ihre Aktivlegitimation aus dem Erbteilungsvertrag vom 18. Oktober 1991 herzuleiten vermag.

a) Das Obergericht ist der Auffassung, der Klägerin sei im Erbteilungsvertrag bloss die Stellung einer Erbenvertreterin eingeräumt worden. Es schliesst dies aus dem Umstand, dass für den Fall ihres Todes die Ernennung eines neuen Erbenvertreters vorgesehen wurde, und dem ihr in Ziff. 20 des Erbteilungsvertrags erteilten Auftrag mit Vollmacht, die verbleibenden vertraglichen Ansprüche gegenüber den Beklagten wahrzunehmen. Könnte auf dieses Auslegungsergebnis abgestellt werden, was im folgenden zu prüfen ist, so wäre die Schlussfolgerung des Obergerichts, dass der Klägerin die Aktivlegitimation fehlt, nicht zu beanstanden. Der gewillkürte Erbenvertreter ist nicht befugt, in eigenem Namen zu handeln. Er kann vielmehr nur im Namen sämtlicher Erben handeln, deren materielle Rechtszuständigkeit durch das Vertretungsverhältnis nicht berührt wird.

b) Das Obergericht legt den Erbteilungsvertrag, ausgehend von dessen Wortlaut, normativ aus und schliesst auf ein blosses Vertretungsverhältnis, welches der Klägerin keine Aktivlegitimation verschaffe. Die Klägerin beruft sich demgegenüber auf einen abweichenden tatsächlichen Parteiwillen und wirft der Vorinstanz eine Verletzung von Art. 8 ZGB, ein offensichtliches Versehen, eine bundesrechtswidrige Anwendung von Art. 18 OR und allenfalls eine unrichtige normative Vertragsauslegung vor. Im Ergebnis beansprucht sie eine – offenbar fiduziarische – Übertragung der hier streitigen Rechte von den Erben an sich auf Lebenszeit.

Der Inhalt eines Vertrags bestimmt sich in erster Linie durch subjektive Auslegung, das heisst nach dem übereinstimmenden wirklichen Parteiwillen (Art. 18 Abs. 1 OR). Nur wenn eine tatsächliche Willensübereinstimmung unbewiesen bleibt, sind zur Ermittlung des mutmasslichen Parteiwillens die Erklärungen der Parteien auf Grund des Vertrauensprinzips so auszulegen, wie sie nach ihrem Wortlaut und Zusammenhang sowie den gesamten Umständen verstanden werden durften und mussten. Während das Bundesgericht die objektivierte Vertragsauslegung als Rechtsfrage prüfen kann, beruht die subjektive Vertragsauslegung auf Beweiswürdigung, die vorbehältlich der Ausnahmen von Art. 63 Abs. 2 und Art. 64 OG der bundesgerichtlichen Überprüfung im Berufungsverfahren entzogen ist (BGE 119 II 368 E. 4b S. 372 f., 118 II 365 ff.). Der Vorrang der empirischen oder subjektiven vor der normativen oder objektivierten Vertragsauslegung, ergibt sich aus Art. 18 OR als Auslegungsregel. Die Verletzung dieses Grundsatzes kann deshalb mit der Berufung gerügt werden (vgl. KRAMER, Berner Kommentar, N 76 zu Art. 18 OR).

Die Behauptungs- und Beweislast für Bestand und Inhalt eines vom normativen Auslegungsergebnis abweichenden subjektiven Vertragswillens trägt jene Partei, welche aus diesem Willen zu ihren Gunsten eine Rechtsfolge ableitet (JÄGGI/GAUCH. Zürcher Kommentar, N 33 und 42 zu Art. 18 OR). Die Klägerin weist nach, sich in ihrer Replikschrift vor Obergericht darauf berufen zu haben, dass ihr die streitigen Rechte nach dem subjektiven Willen der Parteien des Erbteilungsvertrags zu eigenständiger Wahrnehmung übertragen worden seien. Das Obergericht setzt sich in seinem Urteil mit dieser Behauptung nicht auseinander. Es legt insbesondere nicht dar, weshalb es dazu keinen Beweis abgenommen hat. Dem Bundesgericht ist es indessen im Berufungsverfahren verwehrt zu prüfen, ob die übergangene Behauptung im kantonalen Verfahren prozesskonform vorgebracht und mit tauglichen Beweisanerbieten unterstützt worden ist. Damit ist es ihm auch nicht möglich zu beurteilen, ob die bundesrechtliche Auslegungsregel von Art. 18 OR richtig angewendet worden ist. Sollten prozesskonforme Vorbringen vorgelegen haben, so hätte sich das Obergericht mit der Sachbehauptung der Klägerin auseinandersetzen müssen und sich nicht darauf beschränken dürfen, einfach auf die subsidiäre normative Vertragsauslegung abzustellen."

Um Angriffe gegen das Gesamtgut abzuwehren, steht gemäss ZR 53 Nr. 143 jedem Erben und gemäss Art. 648 jedem Stockwerkeigentümer ein eigenständiges Klagerecht zu; um knappe Fristen einzuhalten, kann gemäss BGE 58 II 198 und BGE 73 II 170 jeder Streitgenosse für alle klagen. Jeder Erbe kann allein eine Vollmacht des Erblassers widerrufen (ZR 58 Nr. 59, ZR 59 Nr. 120), gemäss BGE 83 II 442 kann jeder Erbe allein mahnen, nach BGE 82 II 566 kann jeder Erbe allein Akteneinsicht verlangen. Bei Streitigkeiten unter Gesamthändern sind alle Mitglieder der Gesamthand entweder auf der Aktivseite oder der Passivseite aufzuführen (für eine Sicherstellung nach Art. 464 ZGB gemäss BGE 109 II 403); bei einem Begehren um ungeteilte Zuweisung von Grundstücken in der Landwirtschaftszone gemäss BGE 113 II 140; die Beteiligten, die nicht am Prozess teilnehmen wollen, können aber die Erklärung abgeben, sie akzeptierten jedes Prozessergebnis (74 II 217, 86 II 455, 112 II 310, 113 II 37). Instruktiv dazu ist **BGE 116 II 49**: Vier Geschwister hatten ein Vorkaufsrecht an einer Liegenschaft und übten dieses aus; sie bildeten eine einfache Gesellschaft im Sinne von Art. 530 ff. OR; nachdem das Vorkaufsrecht bestritten worden war, klagten nur drei der Geschwister. Das Nichtauftreten der vierten Person beurteilte das Bundesgericht als Auflösung der einfachen Gesellschaft durch Übereinkunft und vollzogen durch Ausscheiden einer Person; die drei verbliebenen schlossen, je nach Sachverhalt, stillschweigend eine Vereinbarung ab, die einfache Gesellschaft untereinander fortzusetzen; auf diese Weise konnte das Bundesgericht die Aktivlegitimation der verbleibenden drei Geschwister bejahen.

Weitere Fallkonstellationen: Notwendige passive Streitgenossenschaft bei einer Patentnichtigkeitsklage gemäss ZR 76 Nr. 59. Die Klage auf Ungültigerklärung einer Ehe durch Dritte gemäss Art. 121, 128 ZGB muss sich gegen beide Ehegatten richten, wobei der Richter je am Wohnsitz des Ehemannes oder der Ehefrau zuständig ist. Eine Anfechtungsklage betreffend Anerkennung eines Kinds durch Dritte gemäss Art. 260 Abs. 3 ZGB muss gegen den Anerkennenden und das Kind gerichtet werden (BGE 51 II 8). Die Anfechtung einer Adoption richtet sich gegen die Adoptiveltern und das Kind als notwendigen Streitgenossen und ist am Sitz der Behörde zu erheben, welche die Adoption ausgesprochen hat, oder allenfalls subsidiär am Wohnsitz eines der Beklagten. Eine Klage an die Vormundschaftsbehörde, die Elternrechte gemäss Scheidungsurteil seien zu ändern, ist gegen beide Elternteile als notwendige Streitgenossen zu richten, wobei der Richter am Wohnsitz jenes Elternteils zuständig sein soll, dessen Elternrechte zu ändern sind (BGE 67 II 67). Eine Anfechtungsklage betreffend Ehelichkeit des Kinds ist gegen die Mutter und das Kind zu erheben; wenn das Kind klagt, gegen die Mutter und den Putativvater (ZR 71 Nr. 89).

12   Jeder einzelne Erbe kann gemäss Art. 604 ZGB die Erbteilungsklage gegen alle anderen Erben einreichen und die Klage auf Ausgleichung nach Art. 626 ZGB. Jeder Erbe hat die Möglichkeit, dem Prozess fernzubleiben, wenn er erklärt, das Urteil zu akzeptieren, wie auch immer es ausfällt (BGE 100 II 441, BGE 90 II 4). Nach BGE 97 II 205 ist die Klage auf Feststellen der Ungültigkeit eines Erbvertrags nach dem Tod des Erblassers an die erbvertraglich Begünstigten und die übrigen Miterben zu richten.

13   Im Sachenrecht richtet sich die Klage auf Aufheben von Miteigentum gemäss Art. 651 f. ZGB gegen alle übrigen Miteigentümer, die Klage auf Teilung von Gesamteigentum gemäss Art. 654 ZGB gegen die übrigen Gesamteigentümer.

14   Die Klage auf Feststellung der Gültigkeit oder Ungültigkeit eines Liegenschaftenverkaufs, den mehrere Erben abschlossen, richtet sich wie folgt:

BGE 89 II 434: "3. Da der Gläubiger gemäss Art. 143/144 OR jeden Solidarschuldner einzeln auf Erfüllung der ganzen Schuld belangen darf, muss anderseits jeder angebliche Solidarschuldner, der an einer solchen Feststellung rechtlich interessiert ist (BGE 88 II 238 mit Hinweisen), befugt sein, selbständig auf Feststellung zu klagen, dass die behauptete Schuld für ihn nicht bestehe (M. KUMMER, Das Klagerecht und die materielle Rechtskraft im schweiz. Recht, Bern 1954, S. 196; ZBJV 52/1916 S. 447 ff.).

Dass die andern Solidarschuldner am Prozess teilnehmen, ist nicht erforderlich. Ihr Fernbleiben hat nur zur Folge, dass das Urteil weder für noch gegen sie wirkt. Die Natur des Solidarschuldverhältnisses verbietet den Erlass eines nur zwischen dem Gläubiger und einem der angeblichen Schuldner geltenden Urteils nicht, selbst wenn der Streit darum geht, ob die Schuld als solche gültig entstanden sei oder nicht.

Das vorliegende Klagebegehren geht jedoch nicht auf Feststellung des Nichtbestehens einer Schuld der Klägerin gegenüber dem Beklagten, sondern die Klägerin verlangt die Feststellung, 'dass der... am 14. Mai 1956 abgeschlossene und öffentlich beurkundete Kaufvertrag ... nichtig und daher aufzuheben ist'. Die Klage zielt also auf Nichtigerklärung oder Aufhebung des ganzen Vertrags ab. Das ist nicht das gleiche wie eine Klage auf blosse Aberkennung der solidarischen Mitverpflichtung.

Das Rechtsverhältnis, das der Kaufvertrag vom 14. Mai 1956 im Falle seiner Gültigkeit zwischen dem Beklagten als Käufer und der Klägerin und ihrer Schwester als den Erbinnen der Verkäuferin begründet, ist unteilbar, weil die Kaufpreisforderung, wenn sie besteht, gemäss Erwägung 2 hievor den beiden Erbinnen zu gesamter Hand gehört. Ein unteilbares Rechtsverhältnis kann seiner Natur gemäss nur einheitlich für alle Beteiligten nicht bestehen oder bestehen und aufgehoben werden. Daher darf auch der Richter ein solches Verhältnis nur einheitlich für alle Beteiligten als bestehend oder nicht bestehend erklären oder aufheben. Über den Bestand oder die Aufhebung eines solchen Verhältnisses ein Urteil zu erlassen, das nur zwischen einzelnen Beteiligten Recht schaffen würde, ist unzulässig, weil sich das unter einzelnen Beteiligten bestehende Verhältnis eben nicht vom unteilbaren Gesamtverhältnis abspalten und losgelöst von diesem beurteilen lässt. Eine Klage, die nur zu einem für einzelne Beteiligte verbindlichen Urteil führen könnte, muss daher wegen dieser mit dem Wesen des Streitgegenstandes unvereinbaren Wirkung ohne Prüfung der geltend gemachten Klagegründe abgewiesen werden.

4. Ein Urteil schafft grundsätzlich nur zwischen den Prozessparteien Recht. Für Personen, die am streitigen Rechtsverhältnis beteiligt sind, aber in den Prozess nicht einbezogen wurden, ist es nicht verbindlich (BGE 74 I 218; vgl. auch BGE 51 I 50). Insbesondere lässt sich die Rechtskraft eines

durch Sonderklage eines einzelnen Erben gegen BGE 89 II 435 einen Dritten ausgewirkten Urteils nicht auf die übrigen Erben erstrecken (KUMMER a.a.O. S. 193). Eine Ausnahme von der Regel, dass ein Urteil nur die Prozessparteien bindet, gilt – abgesehen von gewissen Sonderfällen (vgl. z. B. Art. 706 Abs. 5 OR), von denen hier keiner in Frage steht – nur dann, wenn die am streitigen Rechtsverhältnis mitbeteiligten, aber nicht in den Prozess einbezogenen Personen zum voraus erklärt haben, das Urteil gegen sich gelten lassen zu wollen (was möglich ist, soweit nicht zwingende Vorschriften wie z. B. Art. 253 Abs. 2 ZGB die förmliche Einbeziehung der betreffenden Personen in den Prozess fordern). Ein für alle Beteiligten verbindliches Urteil lässt sich daher unter dem eben erwähnten Vorbehalt nur dadurch herbeiführen, dass der Kläger gegen alle (Mit-)Beteiligten klagt, die der Klage nicht beitreten. Unterlässt er dies, so ist die Klage in Fällen, wo wegen Unteilbarkeit des Rechtsverhältnisses ein für alle Beteiligten geltendes Urteil erforderlich ist, mangels Passivlegitimation des oder der Beklagten abzuweisen (vgl. BGE 38 II 508 ff.: Abweisung einer von einem Gesellschafter erhobenen, nicht gegen alle Mitgesellschafter gerichteten Klage auf Auflösung einer Gesellschaft; BGE 51 II 8 ff.: Abweisung einer Klage auf Anfechtung der Anerkennung eines ausserehelichen Kinds, weil nur das Kind rechtzeitig eingeklagt wurde; BGE 72 II 346, 74 II 220 und 75 II 198,199: Unzulässigkeit einer nur gegen einen der Miterben gerichteten Klage auf Zuteilung eines Heimwesens nach bäuerlichem Erbrecht, Notwendigkeit einer Stellungnahme aller Miterben; BGE 74 II 217 f.: Abweisung einer Klage auf Unverbindlich- und Nichtigerklärung eines mit einem Miterben abgeschlossenen Kaufvertrags, Löschung der Eintragung des Käufers im Grundbuch und Eintragung aller Erben mangels Einbeziehung sämtlicher Miterben in den Prozess)."

BGE 74 II 217: "3. Nun ist freilich nicht unerlässlich, dass im Fall einer Vertragsanfechtung sämtliche Miterben (ausser dem Beklagten) als Vertragspartner am Prozess auf Seite der Kläger teilnehmen oder dass auf Verlangen eines Erben ein Erbenvertreter ernannt werde (Art. 602 Abs. 3 ZGB), der alsdann aus eigener Handlungsmacht klagen kann (BGE 50 II 221), aber unter Umständen eine hinreichende Veranlassung dazu verneint (sei es auch nur, weil er für die Mehrzahl der Erben keinen Vorteil in der Lossage vom Vertrage sieht). Vielmehr ist genügend, aber auch erforderlich, dass sämtliche Erben zur Klage Stellung beziehen und, soweit sie weder der Klage beitreten noch sich von vornherein einem darüber ergehenden Urteil unterziehen wollen, auf beklagter Seite am Prozesse teilnehmen. Die Vertragsanfechtung darf nicht wie eine gewöhnliche Verfügung über Erbschaftsgegenstände vom Prinzip der Einstimmigkeit beherrscht sein. Auf Formmängel des Vertrags muss sich jeder daran Beteiligte unabhängig von den andern berufen können (übrigens auch der Käufer) und auf Mängel in der Vertretung oder auf Willensmängel beim Vertragsschluss jeder angeblich von einem solchen Mangel Betroffene. In den Prozess müssen dagegen sämtliche am Vertrage Beteiligten einbezogen werden, sei es auf seiten der Kläger oder der Beklagten. So gut wie 'das Rechtsverhältnis des Kaufs nur einheitlich für alle Beteiligten aufgehoben werden kann' (V. TUHR, Schweizerisches Obligationenrecht § 89 am Ende), muss auch die Nichtigkeit oder Unverbindlichkeit den Kaufvertrag in seinem ganzen Bestande treffen. Ein Urteil aber, das nur zwischen einzelnen am Vertrage Beteiligten erginge, wäre für die andern nicht verbindlich und liesse sich, speziell hinsichtlich des Grundbucheintrags, nicht vollziehen. Eine Klage, die nicht alle der Sache nach Beteiligten einbezieht, ist daher wegen dieses Mangels ohne nähere Prüfung des Anspruchs abzuweisen."

Die Vertragsparteien eines Kartells bilden keine notwendige Streitgenossenschaft gemäss BGE 93 II 202, BGE 104 II 213; die erbrechtliche Ungültigkeitsklage oder Herabsetzungsklage ist, wie BGE 81 II 36 zutreffend entschieden hat, nur unter den Parteien wirksam, so dass keine notwendige Streitgenossenschaft besteht.

Nach § 77 ist bei notwendiger Streitgenossenschaft nur Kaution zu leisten, wenn die Kautionsgründe bei allen Streitgenossen vorliegen. Für den Streitwert ist gemäss § 19 ZPO auf den Wert aller Rechtsbegehren abzustellen, die sich nicht gegenseitig ausschliessen. § 39 Abs. 2 ZPO gilt beispielsweise für die Behauptungslast gemäss § 113 ZPO; Ausführungen eines Streitgenossen beispielsweise in einer persönlichen Befragung oder in einer Eingabe unterliegen der freien richterlichen Beweiswürdigung. Wenn ein notwendiger Streitgenosse im Kanton Zürich belangbar ist, müssen sich die übrigen hier einlassen (§ 14 ZPO i.V.m. § 65 GVG).

18 ZR 89, Nr. 68: Der Einwand der Beklagten, die Klägerin sei hinsichtlich der zusätzlich abgetretenen Ansprüche nicht aktiv legitimiert, weil im Nachkonkurs die Abtretung nach Art. 260 SchKG nicht nur an sie, sondern auch an das kantonale Steueramt erfolgte und dieses nun nicht auch klage, hält einer Prüfung nicht stand. Wird das streitige Recht gestützt auf Art. 260 SchKG mehreren Gläubigern abgetreten, so bilden diese zwar eine Streitgenossenschaft, entgegen der Ansicht der Beklagten aber nur eine bedingt notwendige. Jeder Abtretungsgläubiger ist vielmehr berechtigt, alleine zu klagen. Wenn das Bundesgericht in BGE 43 III 164 anders entschied, war dies mit den konkreten Verhältnissen jenes Einzelfalls begründet. Nach neuerer, bestätigter Rechtsprechung lässt sich diese Auffassung aber nicht verallgemeinern. Wenn mehrere Gläubiger von der Abtretung Gebrauch machen wollen, haben sie den Schuldner gemeinsam ins Recht zu fassen; dieser braucht sich nicht gefallen zu lassen, dass er für den nämlichen Anspruch mehrmals beklagt wird. Es steht aber nichts entgegen, dass ein Abtretungsgläubiger darauf verzichtet, von seinem Recht zur Klage, das keine Pflicht ist, Gebrauch zu machen (ZR 83/1984 Nr. 126; BGE 107 III 94 f.; 93 III 64; BlSchK 22 S. 65 f.).

19 ZR 90, Nr. 12: Die einfachen Gesellschafter sind im Prozess unter den Gesellschaftern unabhängig voneinander zur Ergreifung eines Rechtsmittels legitimiert; einem Gesellschafter kommt im Rechtsmittelverfahren dann die Stellung eines Rechtsmittelbeklagten zu, wenn er kein Rechtsmittel eingelegt hat.

20 ZR 91/92, Nr. 76: Notwendige Streitgenossen bei einer Erbengemeinschaft können im Prozess gegen einen Dritten auch in der Weise gemeinsam als Beschwerdeführer im Nichtigkeitsbeschwerdeverfahren auftreten, auch wenn sie in getrennten, je fristgerechten Beschwerdeschriften übereinstimmende Anträge stellen; sie müssen auch inhaltlich in bezug auf die einzelnen gerügten und nachzuweisenden Nichtigkeitsgründe übereinstimmen; wenn auf eine Beschwerde nicht einzutreten oder diese abzuweisen ist, hat dies für alle übrigen Beschwerden zu gelten, ohne dass diese noch zu prüfen sind; auf nur in einer Beschwerde gerügte und nachgewiesene Nichtigkeitsgründe kann nicht eingetreten werden. Die anderen Beschwerden sind nur noch darauf zu prüfen, ob die Verletzung rein prozessualer Befugnisse gerügt wird, wie die das Recht auf ein ordnungsgemässes Verfahren bzw. prozessualen Vorkehren nur das Verfahren als solches betreffen, wie Verwerfung einer Unzuständigkeitseinrede, Teilnahme einer unfähigen Gerichtsperson, Einsichtnahme in Protokolle und Akten, Fristerstreckungen bzw. Wiederherstellungen von Fristen, mangelhafte Besetzung des Gerichts. Gemäss Bundesgericht können einzelne notwendige Streitgenossen in zeitlich dringenden Fällen auch für noch nicht in den Prozess einbezogene handeln (BGE 58 II 198).

Einfache Streitgenossen
§ 40. Mehrere Personen können gemeinsam als Kläger auftreten oder als Beklagte belangt werden, wenn für die Ansprüche das Gericht zuständig sowie die gleiche Verfahrensart vorgesehen ist und wenn sich die Ansprüche überdies im wesentlichen auf die gleichen Tatsachen und Rechtsgründe stützen.

Jeder Streitgenosse kann den Prozess unabhängig von den andern führen.

Aus zureichenden Gründen kann das Gericht den Rechtsstreit jederzeit in mehrere Prozesse trennen. Es kann getrennt eingereichte Klagen vereinigen.

1 Von **echter einfacher Streitgenossenschaft** spricht man, wenn die Klagen auf den gleichen Tatsachen beruhen, aber wegen des engen Sachzusammenhangs widersprechende Urteile zu vermeiden sind, wie bei den Klagen von Mutter und Kind gemäss Art. 261 ZGB (Vaterschaftsklage) oder einer Klage von mehreren Pflichtteilserben auf Herabsetzung gemäss Art. 519 ZGB (vgl. BGE 81 II 36); eine **unechte einfache Streitgenossenschaft** liegt vor, wenn die Klagen auf im wesentlichen gleichen Tatsachen beruhen. In beiden Fällen nennt man dies eine subjektive Klagenhäufung. Notwendig ist die gleiche Verfahrensart, nicht jedoch gleichartige Ansprüche, d.h. man kann auf Schadenersatz, Unterlassung, Beseitigung, Feststellung der Widerrechtlichkeit etc. klagen. Für Klagen in interkantonalen Streitigkeiten gegen mehrerer Mitschuldner, die solidarisch oder kumulativ haf-

ten, anerkennt die bundesgerichtliche Rechtsprechung in der Regel keinen Gerichtsstand der Streitgenossen, der von Art. 59 BV abweicht (vgl. BGE 90 I 109, BGE 93 II 333); eine Ausnahme hat das Bundesgericht – neben den Fällen materiellrechtlich notwendiger Streitgenossenschaft gemäss § 39 ZPO – in BGE 83 II 84 (= Praxis 46, Nr. 49) gemacht:

Jeder einfache Streitgenosse führt den Prozess unabhängig von den andern Streitgenossen; im Unterschied zur notwendigen Streitgenossenschaft kann jeder Streitgenosse eine Klage anerkennen, zurückziehen, vergleichen, eigene Anträge stellen, Rechtsmittel einreichen. Das Gericht kann mehrere Klagen vereinigen oder trennen; eine Trennung bei echter einfacher Streitgenossenschaft fällt in der Regel ausser Betracht. 2

Der einzelne Streitgenosse kann als Beklagter keine Anträge für das Rechtsverhältnis des Klägers zum mitbeklagten Streitgenossen stellen (BGE 58 II 440); er kann dies allenfalls als Nebenintervenient des Klägers.

Zugeständnisse eines Streitgenossen wirken theoretisch nur gegen ihn, können jedoch im Rahmen der freien Beweiswürdigung auch entsprechende Auswirkungen auf die übrigen Streitgenossen haben. Ein einfacher Streitgenosse ist an sich Partei, kann aber nach einem Teil der Lehre (Guldener, S. 341) als Zeuge für Tatsachen befragt werden, die nur gegenüber einem Mitstreitgenossen bedeutsam sind; die Rechtsprechung lässt die Kindsmutter, die ebenfalls als Klägerin auftritt, als Zeugin im Vaterschaftsprozess auf Seiten des Kinds zu; eine solche Rechtsprechung ist aufgrund der Interessenlage nicht unproblematisch; in diesem Punkt ist der Zeugenbeweis zusehends in den Hintergrund getreten, sind doch naturwissenschaftliche Gutachten um einiges zuverlässiger als Zeugen, die mehr oder weniger unbewusst die Unwahrheit sagen. Richtigerweise soll eine Person mit einem eigenen direkten oder indirektem Interesse am Prozessausgang, wenn immer möglich, nicht als Zeuge befragt werden. Heute sind eigentliche Richterpersönlichkeiten, denen man derart kritische Befragungen zutrauen kann, eher die Ausnahme als die Regel. 3

Ein Urteil ist im Verhältnis der Streitgenossen untereinander, § 41 ZPO im innerkantonalen Recht vorbehalten, keine res iudicata. 4

Beispiele: Für die Vaterschaftsklage von Mutter und Kind gilt von Bundesrechts wegen zwingend der Gerichtsstand des Sachzusammenhangs am Ort der zuerst erhobenen Klage (BGE 94 II 230); mehrere pflichtteilsberechtigte Erben bilden eine aktive Streitgenossenschaft zur Herabsetzungsklage gemäss Art. 522 ZGB, und die Zuwendungsempfänger bilden eine passive Streitgenossenschaft, zumal die Herabsetzung gemäss Art. 523 und Art. 525 ZGB verhältnismässig zu erfolgen hat. Mehrere Erben bilden für die Testamentsungültigkeitsklage gemäss Art. 519 ZGB eine einfache Streitgenossenschaft; Gerichtsstand ist bundesrechtlich gemäss Art. 538 ZGB am letzten Wohnsitz des Erblassers. Wenn mehrere Miteigentümer auf eine unteilbare Leistung wie beispielsweise Besitzübertragung klagen, so liegt eine aktive Streitgenossenschaft vor. Gemäss BGE 96 III 131, BGE 105 II 12 liegt einfache Streitgenossenschaft vor im Fall des Ersatzanspruchs eines zu Verlust gekommenen Baupfandgläubigers gegen vorgehende Baupfandgläubiger im Verfahren gemäss Art. 841 ZGB, wobei der Gerichtsstand am Ort der gelegenen Sache gilt. Bei Vorliegen von Klagen gemäss Art. 50, 143, 181, 592 OR von mehreren Solidargläubigern gegen mehrere Solidarschuldner liegen Streitgenossenschaften vor (BGE 93 II 334). 5

Interne Aufteilung
§ 41. Auf Begehren eines Streitgenossen kann das Gericht die Aufteilung des Anspruchs oder der Verpflichtung unter den Streitgenossen feststellen.

In der Regel ist über Regressansprüche unter Solidarschuldnern im Innenverhältnis gemäss Art. 50, 51 und 148 OR in einem neuen Prozess zu entscheiden; dabei gelten die allgemeinen Gerichtsstandsregeln. Die ZPO hat hier einen kantonalrechtlichen Anspruch auf ein Feststellungsurteil aufgenommen. 1

2   **BGE 97 II 415:** "Nach der Rechtsprechung des Bundesgerichts wird bei echter Solidarität (Haftung aus gemeinsamem Rechtsgrund, Art. 143 und 50 Abs. 1 OR) wie bei unechter Solidarität oder Anspruchskonkurrenz (Haftung aus verschiedenen Rechtsgründen, Art. 51 Abs. 1 OR) die Haftung des Schädigers gegenüber dem Geschädigten nicht dadurch vermindert, dass auch Dritte für den gleichen Schaden einzustehen haben. Der Gläubiger kann daher jeden Schuldner für die ganze Forderung belangen. Die Aufteilung der Zahlungspflicht unter die verschiedenen Schuldner berührt ihn nicht. Sie ist Gegenstand der internen Auseinandersetzung (vgl. BGE 93 II 333). So bestimmen Art. 44 Satz 2 BankG und Art. 759 Abs. 1 OR ausdrücklich, dass der Rückgriff unter mehreren Beteiligten vom Richter nach dem Grad des Verschuldens des Einzelnen zu bestimmen sei. Das schliesst die Möglichkeit aus, den solidarisch geschuldeten Betrag nach dem Verschulden und den Umständen des am stärksten belasteten Schuldners zu bestimmen (vgl. REICHWEM, Über die Solidarhaftung der Verwaltungsräte der Aktiengesellschaft und ihre Beschränkung, SJZ 1968 S. 129 f.). Im übrigen müsste der Gläubiger nach dem vermittelnden Vorschlag Reichweins sämtliche Solidarschuldner gemeinsam ins Recht fassen – was für aktienrechtliche Verantwortlichkeitsklagen nach Art. 761 OR und sonst nach dem kantonalen Prozessrecht zulässig wäre (BGE 93 II 333) –, obwohl er unter Umständen eine Klage gegen den meistbelasteten Schuldner zum vornherein als zwecklos erachten müsste. Würde er aber nach der erwähnten Lösung nur die andern Solidarschuldner belangen, so läge ihre solidarische Haftung erheblich unter dem wirklichen Schaden.

Die weiter in der Lehre (BÜRGI, Probleme differenzierter Schadenersatzpflicht bei der Solidarhaftung von Verwaltungsräten der Aktiengesellschaft, St. Galler Festgabe 1965, S. 29 ff.; und HIRSCH, a.a.O. S. 267) vertretene Auffassung, es sei unlogisch, dass der einzige, allein belangbare Schuldner sich auf individuelle Herabsetzungsgründe berufen dürfe, jedoch nicht eine Mehrheit von Verantwortlichen, verkennt das Wesen der Solidarität. Diese lässt sich nicht logisch begründen und ergibt sich auch nicht aus dem Wesen der Adäquanz; denn das Kausalitätsprinzip würde gegenteils verlangen, dass jeder nur für den Teil haftet, den er verursacht hat oder für dessen Verursacher er einstehen muss (OFTINGER, Haftpflichtrecht, Bd. I 2. Auflage S. 295/96). Die solidarische Haftung beruht vielmehr auf dem Bestreben, dem Gläubiger eine möglichst vollständige Befriedigung für seine Ansprüche zu sichern (BGE 93 II 322). Den schutzwürdigen Interessen des belangten Schuldners trägt die Einräumung des Rückgriffsrechts im internen Verhältnis der mehreren Schuldner genügend Rechnung. Die Möglichkeit, dass wegen Zahlungsunfähigkeit der andern Schuldner der Rückgriff ergebnislos bleibt, darf nicht als Grund für die Beschränkung der Haftung des belangten Schuldners in Betracht gezogen werden; denn es wäre noch ungerechter, wenn statt eines der mehreren Schadensstifter der Geschädigte einen Verlust auf sich nehmen müsste (BGE 93 II 323 und dort erwähnte Entscheide).

Das Verhalten des einen Verantwortlichen entlastet den andern dem Geschädigten gegenüber nur, wenn es den ursächlichen Zusammenhang zwischen dem Verhalten des andern und den Schaden als inadäquat erscheinen lässt oder wenn und soweit es das Verschulden des andern mildert (BGE 93 II 322)."

3   Es handelt sich für das Gericht um eine Kann-Vorschrift. Das Gericht kann in einem Feststellungsurteil auf Antrag die Regressquoten ordnen oder bei aktiven Streitgenossen den Anspruch der Streitgenossen aufteilen; die Zuständigkeitsfrage stellt sich gemäss § 41 ZPO an sich nicht, wobei jedoch im interkantonalen Verhältnis Art. 59 BV zu beachten ist (a.M. Walder, S. 151, ohne überzeugende Begründung, aus der Solidarität kann man gemäss BGE 93 II 333 oder BGE 89 II 433 nicht auf einen Verzicht auf Art. 59 BV schliessen).

4   Die Haftung der Streitgenossen für die Kosten- und Entschädigungsfolgen richtet sich nach § 70 ZPO, d.h. das Gericht bestimmt die Anteile und die subsidiäre oder solidarische Mithaftung; ohne Aufteilung haben die Streitgenossen im Regelfall anteilsmässig für die Kosten- und Entschädigungsfolgen aufzukommen.

5   **ZR 84, Nr. 94:** Einer ausdrücklichen Erklärung des Abtretungsgläubigers oder einer durch sein sonstiges Verhalten bekundeten Willensäusserung gegenüber dem Gericht bedarf es nicht nur zu des-

sen Eintritt in einen Aktivprozess des Gemeinschuldners, sondern auch zum Eintritt in einen Passivprozess.

Zustellungsempfänger
§ 42. Haben die Streitgenossen keinen gemeinsamen Vertreter bestellt, kann das Gericht einen von ihnen als Zustellungsempfänger bezeichnen. An ihn ergehen die weiteren Zustellungen mit Wirkung für sämtliche Streitgenossen, bis diese einen gemeinsamen Vertreter bestellt oder ausdrücklich gesonderte Zustellung verlangt haben.

Diese Bestimmung ist nicht auf einfache Streitgenossen anwendbar. 1

C. Intervention und Streitverkündung

Hauptintervention
§ 43. Wer am Streitgegenstand ein besseres, beide Parteien ganz oder teilweise ausschliessendes Recht behauptet, kann dieses als Hauptintervenient durch eine gegen beide Parteien gerichtete Klageschrift direkt bei dem Gericht geltend machen, vor welchem der Prozess erstinstanzlich rechtshängig ist.

Das Gericht kann den Prozess bis zur rechtskräftigen Erledigung der Klage des Hauptintervenienten einstellen oder die Verfahren vereinigen.

Hier geht es um den eher seltenen Fall einer Klage einer Drittpartei gegen Kläger und Beklagten 1
des bisherigen Prozesses, welche dem Hauptintervenienten gegenüber eine notwendige Streitgenossenschaft bilden. Der Hauptintervenient macht als Hauptpartei ein besseres Recht, das die Rechte der bisherigen Parteien am Verfahren ausschliesst, am Streitgegenstand geltend. Die Klage wird ohne Sühnverfahren beim erstinstanzlichen Gericht, und nur dort, wenn auch allenfalls nach einem Rückweisungsentscheid an die erste Instanz, rechtshängig gemacht; im Rechtsmittelverfahren kann ein Dritter, der vor erster Instanz nicht Partei war, keine eigenen Rechte geltend machen.

Das Gericht kann die Verfahren vereinigen oder den Erstprozess bis zum Abschluss des Verfahrens der Hauptintervention sistieren. Gegen die Verfahrenseinstellung steht den Parteien der Rekurs gemäss § 271 Ziff. 4 offen.

Einen Prozessbeitritt sui generis bildet Art. 273a OR, wonach der Ehegatte in jedem Prozessstadium als Zweitkläger auftreten kann. Dies ist keine Hauptintervention; der Ehegatte hat volle Parteistellung, greift aber nur bei der Miete der sog. Familienwohnung: 2

Praxis 79 Nr. 37: "Die Mitteilung der Mietkündigung an den Ehegatten des Mieters einer Mietsa- 3
che, die als Familienwohnung dient, ist ein Formerfordernis der Kündigung (TERCIER, La partie speciale du CO, S.161 N. 1253 ff., v. a. 1259). OR 271a III ist eine Formvorschrift, deren Beachtung notwendig ist, damit die Kündigung ihre Wirkungen entfalten kann (RUOSS, S.96). OR 271a I macht die Gültigkeit aller Erklärungen seitens des Vermieters, die auf eine Beendigung des Mietverhältnisses abzielen, von der erforderlichen doppelten Mitteilung abhängig (vgl. PETIT-PIERRE/DE MONTMOLLIN/GUINAND/HAUSHEER, Mariage: effets généraux, FJS 105, S.6; M. und H. NÄF-HOFMANN, Das neue Ehe- und Erbrecht im ZGB, 2. Aufl., S. 22 N. 137; WESSNER, Mietrecht und neues Eherecht, in Mietrechtspraxis 1987/1988, S. 96; DERS., Le bail portant sur le logement de la famille: les incidences du nouveau droit matrimonial, 4e seminaire sur le bail à loyer, Neuchâtel 1986, S. 20). Sind die Voraussetzungen von OR 271 a I gegeben, hat der Vermieter keine Wahl: er muss die Kündigung dem Ehegatten des Mieters mitteilen (FRANK, Grundprobleme des neuen Ehe- und Erbrechts der Schweiz, S. 70 N. 38; BERGER, Die Stellung Verheirateter im rechtsgeschäftlichen Verkehr, S. 148; GLOOR, Die Zuteilung der ehelichen Wohnung nach schweiz. Recht, Diss. 1987, S. 62; DESCHENAUX/STEINAUER, Le nouveau

droit matrimonial, S. 109). Fehlt die Mitteilung an den Ehegatten oder ist die Mitteilung mangelhaft, so ist die Kündigung nichtig, auch wenn sie dem Mieter korrekt zugegangen ist, wobei es unerheblich ist, ob diese Unterlassung schuldhaft geschah oder nicht (HAUSHEER/REUSSER/GEISER, N. 97 zu ZGB 169 und OR 271a; REUSSER, Wirkungen der Ehe im allgemeinen II, in: Das neue Eherecht, S. 69).

Gewiss sieht OR 271a I keine an die Nichtbeachtung der Vorschrift geknüpften Rechtsfolgen vor. Selbst wenn die Mitteilung der Kündigung an den Ehegatten als Formvorschrift der Kündigung an den Mieter selbst erscheint, ist sie dennoch keine Formvorschrift im Sinne von OR 11, so dass entgegen der Auffassung von Ruoss (S. 96 N. 121) OR 11 II nicht zur Festlegung der Folgen der Unterlassung der doppelten Mitteilung, soweit sie vorgeschrieben ist, herangezogen werden kann. Diese Bestimmung käme nur bezüglich der Form, nach welcher die Mitteilung an den Ehegatten zu erfolgen hat, zur Anwendung. Die Bedeutung von OR 271a I muss aufgrund anderer Prinzipien ermittelt werden.

Gemäss ständiger Rechtsprechung, die auch für Willenserklärungen bezüglich der Änderung oder der Kündigung von Verträgen gilt, ist eine Willenserklärung nur dann nichtig – ausser das Gesetz belegt einen Verstoss gegen eine Vorschrift ausdrücklich mit der Nichtigkeitsfolge –, wenn diese Folge aus Sinn und Zweck der fraglichen Bestimmung hervorgeht, mit anderen Worten, wenn sie der Bedeutung des zu bekämpfenden Erfolgs angemessen ist (BGE 107 II 193/194 E. 3 mit Hinweisen; vgl. auch BGE 109 II 59 E.2b; 111 II 53 = Pr 70 Nr. 177; 72 Nr. 171; 74 Nr. 150; BGE 111 II 387 E. 2d; BGE 114 II 280/281 E. 2a = Pr 78 Nr. 37). OR 271a I wurde nicht mit dem Ziel geschaffen, die vertraglichen Beziehungen zwischen den Parteien eines Mietvertrags zu regeln, sondern die Familienwohnung vor einer Kündigung des Vermieters zu schützen; dieser Schutz ist bereits durch die Beziehungen unter Ehegatten gemäss ZGB 169 garantiert. Diese letztere Bestimmung ist eine Massnahme zum Schutz der ehelichen Gemeinschaft, die nicht in die Kompetenz des Richters gestellt ist, sondern von Gesetzes wegen für alle Ehepaare gilt. Diese Massnahme wurde wegen der Notwendigkeit geschaffen, die Familienwohnung zu schützen. Daraus folgt, dass ZGB 169 und OR 271a I zwingendes Recht darstellen (HAUSHEER/REUSSER/GEISER, N. 8–10 zu ZGB 169 und OR 271a). Daraus folgt, dass die einzige Sanktion, die Familienwohnung ('affaire vitale', DESCHENAUX/STEINAUER, S. 94) gegen die Kündigung durch den Vermieter zu schützen und eine regelmässige, wirkliche und wirksame Anwendung der auf dieses Ziel hin geschaffenen Bestimmungen zu ermöglichen (BGE 111 II 387 E. 2d), die Nichtigkeit der diese Bestimmung missachtenden Kündigung ist.

b) Wenn die Beklagten auf den Umstand hinweisen, dass nur der Kläger den Vertrag unterschrieben habe, dass die Ehegattin im Vertrag nicht erwähnt sei und dass zum Zeitpunkt, als die Kündigung erfolgte, das neue Recht erst seit etwas mehr als einem Monat in Kraft war, berufen sie sich in Wirklichkeit auf ihren guten Glauben, auch wenn sie ZGB 3 nicht ausdrücklich anrufen. Sie übersehen dabei, dass bei der Anwendung von ZGB 169 und OR 271a I der gute Glaube Dritter keinerlei Schutz geniesst (HAUSHEER/REUSSER/GEISER, N. 10, 59 und 97 zu ZGB 169 und OR 271a; vgl. auch DESCHENAUX/STEINAUER, S. 107).

c) Die Beklagten werfen dem Kläger und der Intervenientin ein Verhalten vor, das es diesen verunmöglicht habe, das Nichtbeachten von OR 271a I geltend zu machen, ohne dabei Rechtsmissbrauch im Sinne von ZGB 2 zu begehen. Gemäss der Rechtsprechung kann Rechtsmissbrauch in einem zweckwidrigen Gebrauch eines Rechtsinstituts bestehen, um Interessen zu befriedigen, die nicht Schutzobjekt dieses Instituts sind (BGE 113 II 8 E. 3b, 73 E. 3, 109 II l59 = Pr 77 Nr. 139, 76 Nr. 178, 72 Nr. 245, BGE 107 II 171 E. 2a). Die Vi hat diese Frage nicht geprüft. Die Beklagten beriefen sich in ihrer Antwortschrift auf die Appellation zwar auf eine ganz allgemeine Weise auf Rechtsmissbrauch, jedoch ohne die Umstände aufzuzeigen, die nach ihrer Auffassung einen solchen Missbrauch begründen könnten. Die Punkte, die sie nun in ihrer Berufung anführen, erscheinen daher als neu, und sie sind, soweit sie von den Tatsachenfeststellungen abweichen, unzulässig (OG 55 Ic, 63 II). Auf diese Frage ist im übrigen nicht näher einzugehen, weil die Behauptungen der Berufungskläger ohnehin unbegründet sind. Der Umstand, dass der Ehegatte gleichwohl von der Kündigung erfuhr, ist unerheblich, weil das Gesetz eine solche Kenntnis nicht als genügend betrachtet; gesetzlich vorgeschrieben ist hingegen, dass die Kündigung gesondert an den Ehegatten des Mieters mitzuteilen ist. Ebenso kommt es nicht darauf an, ob der Ehegatte selbst die Klage einreicht, im Verfahren interveniert oder sich daran überhaupt beteiligt. Die dem Ehegatten durch OR 271a II verliehenen Rechte haben nur dann einen Sinn, wenn der Mieter es versäumt, Massnahmen zu treffen, um die Familienwohnung weiterhin behalten zu können, oder wenn er diesbezügliche Rechte, die ihm zustehen, nur unvollständig geltend macht. Diese Bestimmung zwingt den Ehegatten nicht zu handeln, sie gibt ihm lediglich die Möglichkeit dazu. Er kann sie in jedem Stadium des Verfahrens ausüben (HAUSER/REUSSER/GEISER, N.109 zu ZGB 169 und OR 271 a). Er begeht daher keinen Rechtsmissbrauch, wenn er selbst im Stadium der Berufung interveniert, um ein Recht geltend zu machen, auf das sich der Mieter bis dahin nicht berufen hat. Auf diese Weise macht er nur einen Anspruch geltend, der sich aus dem materiellen Bundesrecht ergibt (vgl. obiges Zitat, N. 109). Bezüglich der Vorwürfe an den Mieter, weder eine andere Wohnung gesucht noch solche, die ihm angeboten wurden, angenommen zu haben, betreffen sie das frühere Verfahren, in dessen Rahmen sich der Mieter jedoch erfolgreich zur Wehr setzte, weil die Beklagten es zurückgezogen haben und bei der Berufung anerkannten, dass die damals ausgesprochene Kündigung ebenfalls nichtig war. Sie entbehren offensichtlich jeglicher Begründung.

Es erübrigt sich, auf die Frage einzugehen, welche Auswirkungen die Nichtigkeit einer Kündigung wegen Verletzung von OR 271a I haben könnte, wenn z. B. der Mieter oder sein Ehegatte aus der Familienwohnung auszieht (HAUSHEER/REUSSER/GEISER, N. 97 zu ZGB 169 und OR 271a; REUSSER, S. 70; dagegen: Rufs, S. 96) oder der Vermieter dazu verleitet wurde, die Mitteilung nicht auch an den Ehegatten zu richten. Im vorliegenden Fall genügt die Feststellung, dass nicht ersichtlich ist, inwiefern der Mieter und sein Ehegatte bei der Geltendmachung der Nichtigkeit der Mietkündigung eine Zweckumgehung von OR 271 a I versucht hätten, der darauf abzielt, die Erhaltung der Familienwohnung zu sichern. Die Beklagten, die diesen Zweck übersehen, machen dies auch nicht geltend. Die Behauptung des Rechtsmissbrauchs ist daher unbegründet."

Art. 24 Abs. 2 lit. a BZP kennt das Institut der Beiladung, wonach der Richter einen Dritten, etwa bei einer notwendigen Streitgenossenschaft, der in einer Rechtsgemeinschaft steht, zum Streite beiladen kann. Die Zürcher ZPO kennt dieses Institut nicht ausdrücklich, kann aber die Wirkungen durch die richterliche Fragepflicht gemäss § 55 ZPO im Ergebnis bei notwendigen Streitgenossen, wenn ein Beteiligter fehlt, erreichen. 4

ZR 87, Nr. 35: Dem Hauptintervenienten steht es nicht zu, Anträge zu stellen, die alleine den Prozess zwischen den Beklagten betreffen. Verfolgt die Hauptintervention gemäss Rechtsbegehren ausschliesslich den Zweck, den Rechtsstandpunkt einer der Beklagten zu unterstützen, ist auf die Interventionsklage nicht einzutreten. 5

Nebenintervention
a) Zulässigkeit
§ 44. Wer ein rechtliches Interesse daran glaubhaft macht, dass in einem zwischen andern Personen rechtshängigen Prozess die eine Partei obsiege, kann sich ihr zur Unterstützung als Nebenintervenient anschliessen.

Die Nebenintervention ist bis zur Erledigung des Prozesses und aller Rechtsmittel zulässig, ungeachtet dessen, ob die Partei selbst den Prozess fortsetze oder Rechtsmittel einreiche.

Nebenintervention und Streitverkündung bewirken, dass Nebenparteien sich in eigenem Namen an einem fremden Prozess beteiligen, indem sie eine der Hauptparteien unterstützen. Bei der Nebenintervention nimmt ein Dritter unaufgefordert zur Unterstützung als Streitgehilfe für eine der Hauptparteien am Prozess teil; bei der Streitverkündung hingegen fordert eine Hauptpartei oder eine Nebenpartei (Nebenintervenient oder ein anderer Streitberufener, vgl. § 46 Abs. 3 ZPO) einen Dritten (Litisdenunziaten) auf, ihn im Prozess zu unterstützen. 1

Die Zürcher ZPO kennt nur die abhängige Nebeninternvention: Hier beeinflusst der Ausgang des Prozesses ein Rechtsverhältnis zwischen der Hauptpartei und dem Nebenintervenienten. (Bei der unabhängigen Nebenintervention hingegen wird ein Rechtsverhältnis zwischen der Gegenpartei und dem Nebenintervenienten beeinflusst).

2 Die Nebeninternvention hat zwei Voraussetzungen: Der Nebenintervenient macht ein eigenes rechtliches Interesse geltend, ein wirtschaftliches Interesse allein genügt nicht; zudem muss als zweite Voraussetzung ein Prozess zwischen zwei andern Parteien rechtshängig sein; zulässig ist die Nebenintervention bis zur Prozesserledigung auf kantonaler Stufe; im bundesrechtlichen Berufungsverfahren ist die Nebenintervention gemäss Art. 53 Abs. 2 OG ausgeschlossen; Nebenintervention ist hingegen noch nach rechtskräftiger Erledigung des Prozesses, an welchem sich der Nebenintervenient bis dahin nicht beteiligte, für ein ausserordentliches Rechtsmittel gemäss ZR 20 Nr. 70 (erging aber unter der alten Prozessordnung) zulässig, sei es eine Revision oder eine Nichtigkeitsbeschwerde; zwar besteht in diesem Zeitpunkt keine Rechtshängigkeit mehr, aber der Nichtigkeitsbeschwerde kann eine aufschiebende Wirkung erteilt werden. Im Sühnverfahren gibt es keine Nebenintervention. Im Beschwerdeverfahren gegen einen Erbenvertreter ist gemäss ZR 78 Nr. 53 die Nebenintervention unzulässig.

3 Das Gericht entscheidet durch prozessleitende Verfügung oder prozessleitenden Beschluss über die Nebenintervention; dagegen ist nur die Nichtigkeitsbeschwerde zulässig, etwa weil ein bedeutender Aufwand an Zeit und Kosten bei sofortiger Anfechtungsmöglichkeit im Sinne von § 282 Abs. 2 Ziff. 2 gespart werden könnte; man müsste das erstinstanzliche Verfahren wiederholen, wenn der Nebenintervenient erst mit einem Rechtsmittel gegen das Endurteil zur Nebenintervention zugelassen würde. Dem Nebenintervenienten steht gegen die Nichtzulassung der Rekurs offen.

4 – Der Nebenintervenient darf sich nicht mit der Hauptpartei in Widerspruch setzen; die Hauptpartei bleibt Herrin des Prozesses.
– Frühere Verfahrensstadien des Prozesses sind nicht zu wiederholen, da der Nebenintervenient den Prozess in der Lage aufnimmt, in dem sich dieser befindet.
– Als Nebenpartei ist er Partei und kann nicht als Zeuge befragt werden.

Der Nebenintervenient hat bei Obsiegen keinen Anspruch auf Parteientschädigung, was das Bundesgericht in BGE 105 II 296 stützte.

5 Beispiele für Nebenintervention: Im Falle des Unterliegens des Käufers haftet der Verkäufer aus Art. 192 OR für Gewährleistung; der Zedent haftet bei Unterliegen des Zessionars im Prozess gegen den Schuldner (Art. 172 f. OR, ZR 50 Nr. 10). Im Prozess zwischen dem Treuhänder und einem Dritten um ein Treugut hat der Treugeber ein Interesse am Obsiegen des Treuhänders. Zur Frage des rechtlichen Interesses:

6 **BGE 65 II 242:** "A. Die Firma N. V. Philips Gloeilampenfabrieken in Eindhoven reichte im Mai 1934 gegen die Firma Kaiser & Cie A.-G. Bern beim Handelsgericht des Kantons Bern Klage ein wegen Verletzung ihres Schweizer Patents130580. Die Beklagte beantragte Abweisung der Klage und erhob Widerklage auf Nichtigerklärung des klägerischen Patents.

Die Firma Siemens & Halske Aktiengesellschaft, Berlin, trat hinsichtlich der Widerklage als Intervenientin auf Seite der Widerklägerin in den Prozess ein und wurde als solche vom Handelsgericht zugelassen. Durch Urteil vom 31. Juli 1939 wies das Handelsgericht die Klage ab, hiess die Widerklage gut und erklärte das Patent Nr. 130580 nichtig.

B. Gegen dieses Urteil ergriff die Klägerin und Widerbeklagte die Berufung an das Bundesgericht mit dem Antrag auf Abweisung der Widerklage und Rückweisung der Sache an die kantonale Instanz zur Beurteilung der Klagebegehren.

C. Durch gemeinsame Eingabe vom 14. September 1939 an das Bundesgericht stellen die Firmen

E. Paillard & Cie A.-G., Ste. Croix, und Allgemeine Elektrizitätsgesellschaft (A. E. G.), Berlin, gestützt auf Art. 16 BZP das Gesuch, sie seien im Prozess auf Seite der Berufungsbeklagten als Nebenintervenientinnen zuzulassen.

Gegen die Firma Paillard & Cie A.-G. ist vor dem Appellationsgericht des Kantons Basel-Stadt ebenfalls eine Klage der heutigen Berufungsklägerin hängig wegen Verletzung ihres Patents Nr. 130580, wobei die Firma Paillard & Cie A.-G. die Einrede der Patentnichtigkeit erhoben hat.

Die Firma Allgemeine Elektrizitäts-Gesellschaft A.-G. hat gegen die heutige Berufungsklägerin beim Handelsgericht des Kantons Zürich Klage auf Nichtigerklärung des Patents Nr. 130580 eingeleitet; der Prozess ist ebenfalls noch im Gange.

D. Die Berufungsklägerin beantragt, das Nebeninterventionsgesuch sei abzuweisen, eventuell seien die sämtlichen Streitgenossen zur Bestellung eines gemeinsamen Vertreters anzuhalten.

1. Nach der Vorschrift des Art. 16 BZP, die zufolge Art. 85 OG auch für das Verfahren vor Bundesgericht als Berufungsinstanz gilt, kann sich ein Dritter, dessen Recht oder Verbindlichkeit von dem streitigen Rechte abhängt, der betreffenden Prozesspartei anschliessen.

Das Bundesgesetz über das Verfahren bei dem Bundesgerichte in bürgerlichen Rechtsstreitigkeiten vom 22. November 1850 (BZP) lehnt sich in seinen Vorschriften über die Parteien an die gemeinrechtliche Lehre an, die zur Zeit seines Erlasses das Zivilprozesswesen beherrschte (vgl. SCHURTER U. FRITZSCHE, Das Zivilprozessrecht des Bundes, S. 369). Das gemeine Recht und seine Lehre hielten die Nebenintervention in engen Schranken. Sie wurde lediglich in zwei Fällen als zulässig erklärt: erstens dann, wenn dem Dritten ein Recht zustehe, das dadurch bedingt sei, dass die Partei, der er sich anschliessen wolle, den Prozess gewinne, und zweitens dann, wenn der Dritte eine Regressklage von Seiten einer Partei zu gewärtigen habe, sofern diese den Prozess verliere (vgl. v. BAYER, Vorträge über den deutschen gemeinen ordentlichen Civilprozess, 7. Auflage, erschienen im Jahre 1842, S. 50). Dementsprechend verlangt auch Art. 16 BZP für die Nebenintervention, dass das Recht oder die Verbindlichkeit des Dritten vom streitigen Rechte abhänge. Das bedeutet nach der angeführten Lehre, dass das Recht oder die Verbindlichkeit des Dritten mit dem Rechte, das Gegenstand des Prozesses ist, stehen und fallen muss. Das Recht des Dritten darf nur dann Bestand haben, wenn die Partei, der er als Nebenintervenient beitreten will, den Prozess gewinnt, und die Verbindlichkeit des Dritten darf umgekehrt nur dann gegeben sein, wenn seine Partei im Prozess unterliegt. Erforderlich ist also ein rechtliches Interesse des Dritten am Prozessausgang in dem Sinne, dass eine unrichtige Entscheidung seine eigene materielle Rechtslage beeinträchtigen oder doch gefährden würde. Das allein vermag in der Tat die Einmischung eines Dritten in einen hängigen Prozess, bei der sich die eine Partei diesen Dritten als Gehilfen ihres Gegners aufdrängen lassen muss, hinlänglich zu rechtfertigen. So hält denn auch die neuere Prozessrechtsentwicklung am Erfordernis des rechtlichen Interventionsinteresses im soeben umschriebenen Sinne fest, während sie im übrigen zahlreiche Fesseln des gemeinrechtlichen Prozesses gesprengt hat (vgl. für das deutsche Recht: WACH Handbuch des deutschen Civilprozessrechts, Bd. 1 S. 618; HELLWIG, Lehrbuch des deutschen Zivilprozessrechts, Bd. 2 S. 482; ROSENBERG, Lehrbuch des deutschen Zivilprozessrechts, Bd. 2; Urteil des Reichsgerichts vom 12. November 1932, abgedruckt in der Zeitschrift 'Gewerblicher Rechtsschutz und Urheberrecht', Bd. 38 S. 135; für das österreichische Recht: ULLMANN, Das österreichische Civilprozessrecht, 3. Aufl. S. 95; für das zürcherische Recht: STRÄULI U. HAUSER, Kommentar zur zürcherischen Zivilprozessordnung, 2. Aufl. S. 97).

2. Im vorliegenden Falle sind diese Voraussetzungen für die Nebenintervention nicht erfüllt. Gegenstand der Widerklage, mit Bezug auf welche die Gesuchstellerinnen in den Prozess einzutreten begehren, ist der Anspruch der Widerklägerin auf Nichtigerklärung des Patents der Widerbeklagten. Gleiche Ansprüche erheben die gesuchstellenden Firmen in den Prozessen, die in Basel bzw. Zürich zwischen ihnen und der heutigen Widerbeklagten hängig sind, wobei die Firma Paillard & Cie A.-G. die Patentnichtigkeit freilich nur einredeweise geltend macht. Die Ansprüche der Gesuchstellerinnen hängen jedoch nicht gemäss Art. 16 BZP vom Anspruch der Wi-

derklägerin ab. Wohl werden ihre Prozesse in Basel und Bern gegenstandslos, wenn das Bundesgericht dazu gelangt, das Patent nichtig zu erklären. Die Gesuchstellerinnen sind daher insofern am Ausgang des vorliegenden Prozesses interessiert. Dieses Interesse ist aber ein rein prozessuales und nicht ein materiellrechtliches, in dem Sinne, dass ihre eigenen Ansprüche durch denjenigen der Widerklägerin bedingt wären. Denn wenn die Widerklage abgewiesen wird, so bleiben die gegen das gleiche Patent gerichteten Vernichtungsansprüche der Gesuchstellerinnen davon völlig unberührt. Sie können mit den in Basel und Zürich hängigen Prozessen unbekümmert darum, dass das Bundesgericht den Anspruch der Widerklägerin als unbegründet erklärt hat, weiterverfolgt werden. Die materielle Rechtslage der Gesuchstellerinnen wird durch den vorliegenden Prozess keineswegs gefährdet. Damit fehlt der gesetzlich allein vorgesehene Anlass zur Nebenintervention.

Von einer Interessengefährdung könnte in Fällen der vorliegenden Art. höchstens dann gesprochen werden, wenn man annehmen wollte, es werde für den Dritten schwer halten, mit seiner Patentnichtigkeitsklage durchzudringen, nachdem vorher eine von anderer Seite erhobene gleiche Klage abgewiesen worden sei. Allein eine materiellrechtliche Abhängigkeit des einen Klageanspruchs vom andern liegt auch unter diesem Gesichtspunkte nicht vor, und abgesehen hievon ist die Gefährdung mehr eine scheinbare als eine wirkliche. Wenn in einem zweiten Nichtigkeitsprozess, eingeleitet durch einen andern Kläger, wieder anderes Material und insbesondere eine andere Expertise vorgelegt wird, so besteht für den Richter kein Grund, in der Annahme der Nichtigkeit zurückhaltend zu sein, nur weil eine frühere, von ihm selbst oder von einem andern Richter beurteilte Nichtigkeitsklage keinen Erfolg gehabt hat; der Richter wird im neuen Prozess so entscheiden, wie er es auf Grund des neuen Materials für richtig hält.

Unerheblich ist ferner, ob die Intervention der beiden Gesuchstellerinnen vom prozessökonomischen Standpunkt aus wünschbar wäre. Das Gesetz erklärt die Abhängigkeit des Anspruchs und nicht das prozessökonomische Interesse als massgebend für das Recht zur Nebenintervention. Tatsächlich ist dieses Interesse jedenfalls im bundesgerichtlichen Berufungsverfahren auch äusserst gering.

Da neue Behauptungen und neue Beweismittel nach Art. 80 OG im Berufungsverfahren nicht zulässig sind, könnte die vom Nebenintervenienten der Hauptpartei zu leistende Hilfe nur darin bestehen, dass er sich an der rechtlichen Erörterung beteiligen und dem Gerichte vielleicht Rechtsgutachten und Rechtsliteratur vorlegen würde. Das kann aber auch ohne Nebenintervention, auf sehr einfachem Wege durch Vermittlung der Hauptpartei geschehen, indem der Dritte diese auf die ihm wichtig scheinenden rechtlichen Gesichtspunkte aufmerksam macht und ihr Gutachten und Literatur zur Verfügung stellt; die Partei wird dann schon in ihrem eigenen Interesse nach Möglichkeit davon Gebrauch machen."

7   Gemäss ZR 24, Nr. 135 kann der unterstützungspflichtige Verwandte im Entmündigungsprozess zu Gunsten der klagenden Behörde als Nebenintervenient auftreten; gemäss ZR 76, Nr. 6 kann ein kollozierter Gläubiger als Nebenintervenient in der Konkursmasse auftreten, wenn ein anderer Gläubiger gegen die Masse einen Kollokationsprozess führt.

8   Von einem bloss ökonomischen Interesse spricht man, wenn ein Gläubiger beim Unterliegen seines Schuldners im Prozess des Schuldners mit einem Dritten die Zahlungsunfähigkeit seines Schuldners gefährdet sieht; ebensowenig genügt das Interesse eines Verwaltungsrats am Obsiegen einer AG, wenn er im Falle eines Konkurses eine Verantwortlichkeitsklage befürchtet (ZR 34, Nr. 104). Nebenintervention und Streitverkündung sind im ordentlichen und im summarischen Verfahren zulässig, nicht aber im Beschwerdeverfahren (ZR 78, Nr. 53). Der Nebenintervenient teilt dem Gericht bei einem anhängigen Prozess mit, welche Partei er unterstützen will; eine Weisung ist nicht notwendig.

b) Wirkungen
§ 45. Der Nebenintervenient nimmt den Prozess in der Lage auf, in der er ihn vorfindet.

Er kann zugunsten der unterstützten Partei Angriffs- und Verteidigungsmittel vorbringen und Rechtsmittel einlegen. Das Vorgebrachte gilt als von der Hauptpartei erklärt, soweit es von ihr nicht ausdrücklich bestritten wird oder mit ihren Prozesshandlungen in Widerspruch steht.

Der Prozess darf durch den Beitritt des Nebenintervenienten nicht wesentlich verzögert werden.

Das Urteil wird nur auf den Namen der Parteien ausgestellt, nicht auch auf den Namen des Nebenintervenienten; der Nebenintervenient trägt keine Kosten- und Entschädigungsfolgen, es sei denn, er übernimmt die Fortsetzung des Prozesses (vgl. § 67 Abs. 2 ZPO). Dem Nebenintervenienten sind Vorladungen, prozessleitende Verfügungen und Beschlüsse zuzustellen (§ 176 Abs. 2 und § 174 GVG); er ist auch bei Säumnis der Hauptpartei zum Vortrag zuzulassen. Der Nebenintervenient kann keine Widerklage gemäss § 60 ZPO erheben. Der Nebenintervenient kann als Partei nicht Zeuge sein.

Der Nebenintervenient darf sich mit seinen Anträgen nicht in Widerspruch zur von ihm unterstützten Hauptpartei setzen, darf aber in diesem Rahmen neben oder anstelle der Hauptpartei Rechtsmittel einlegen; die Hauptpartei ist gemäss ZR 80 Nr. 40 berechtigt, Rechtsmittelanträge zu stellen, auch wenn nur der Nebenintervenient das Rechtsmittel einlegte. Im Berufungsverfahren vor Bundesgericht wird die Stellung des Nebenintervenienten vom kantonalen Prozessrecht bestimmt: Berufung oder Anschlussberufung des Nebenintervenienten setzen voraus, dass er im kantonalen Verfahren am Prozess teilnahm (BGE 89 II 188; 78 II 46).

ZR 90, Nr. 24: Anträge des Nebenintervenienten, mit denen er – ohne sich mit den Ausführungen der Hauptpartei in Widerspruch zu setzen – in erster Linie eigene Interessen verficht oder etwas anderes anstrebt, woran sich die Hauptpartei desinteressiert erklärt, sind unbeachtlich. Der erstinstanzlich zur Unterstützung des Kinds zugelassene Nebenintervenient ist nicht befugt, selbständig Berufung gegen das die Anfechtung der Vaterschaft gutheissende Urteil zu führen.

Streitverkündung
a) Zulässigkeit
§ 46. Eine Partei, die für den Fall ihres Unterliegens einen Dritten belangen will oder den Anspruch eines Dritten befürchtet, kann dem Dritten (Litisdenunziaten) bis zur Erledigung des Prozesses und aller Rechtsmittel den Streit verkünden.

Ob die Partei an der Streitverkündung ein Interesse habe, wird nicht geprüft.

Der Litisdenunziat ist zu weiterer Streitverkündung berechtigt.

Im Unterschied zur Nebenintervention geht die Streitverkündung von einer Hauptpartei aus; weder das Gericht noch die Gegenpartei sind legitimiert zu prüfen, ob ein rechtliches Interesse des Streitverkünders besteht. Die Streitverkündung muss vor Erledigung des Prozesses erfolgen; die herrschende Meinung (Sträuli, Messmer, S. 85) fordert, der Prozess müsse schon rechtshängig sein, was zweifelhaft ist, weil die Streitverkündung ein Institut des materiellen Rechts ist; eine Streitverkündung im Schiedsgerichtsprozess ist etwa auch möglich, wenn der Litisdenunziat durch die Schiedsabrede nicht erfasst wird (Vogel, S. 146). Die Streitverkündung kann daher auch ausserhalb des Prozesses und vor dessen Rechtshängigkeit direkt an den Litisdenunziaten erfolgen. Auf erfolgte Streitverkündung hat der Litisdenunziat folgende Möglichkeiten: er tritt als Nebenpartei dem Prozess bei oder er vertritt einen Streitverkünder im Prozess, er leistet rein interne Unterstützung, oder er macht gar nichts.

ZR 88, Nr. 94: Ist der Litisdenunziat aufgrund eines Rechtsverhältnisses nach Treu und Glauben gehalten, den Streitverkünder im Prozess zu unterstützen, so wirkt das ungünstige Urteil auch gegenüber dem Litisdenunzianten, sofern die Streitverkündung rechtzeitig erfolgt ist und der ungünstige Prozessausgang nicht durch den Streitverkünder verschuldet wurde. Die Wirkung beschränkt sich auf die für das Urteil notwendigen Entscheidungsgründe, soweit sie den Streitberufenen belasten. Die Streitverkündung ändert nichts daran, dass sich die materielle Rechtskraft des Urteils grundsätzlich nur auf die Hauptparteien erstreckt und sich die materiellen Wirkungen der Streitverkündung im Verhältnis des Streitverkünders zum Denunzianten nach dem materiellen Recht bestimmen. Wenn ein Vertragspartner vom angeblich Vertretenen belangt wird mit der Begründung, ein angebliches Vertretungsverhältnis habe in Wahrheit nicht bestanden, dann liegt sozusagen der Schulfall vor, dass der angebliche Vertreter dem Beklagten im Prozess nach Treu und Glauben beistehen und ein ungünstiges Urteil gegen sich gelten lassen muss.

b) Wirkungen
§ 47. Der Litisdenunziat ist berechtigt, dem Prozess als Nebenintervenient beizutreten, ohne dass er ein Interesse am Prozessausgang darzutun hat.

Es ist Sache des Streitverkünders, den Litisdenunzianten über den Stand des Prozesses zu unterrichten.

1 Bei Streitverkündung über das Gericht muss dieses den Litisdenunzianten benachrichtigen (rechtliches Gehör, § 56 ZPO); der Litisdenunziat hat nach der Streitverkündung weitgehend die Stellung eines Nebenintervenienten; da er keine Anträge über seine Rechtsbeziehungen zu der von ihm unterstützten Partei stellen kann, ist § 41 ZPO nicht anwendbar. Auch hier gilt: Das Urteil wird nur unter den Hauptparteien, nicht auch gegenüber dem Litisdenunzianten rechtskräftig; die Wirkung der Streitverkündung beschränkt sich auf die für das Urteil notwendigen Entscheidungsgründe, wenn und soweit diese den Streitberufenen belasten; sie unterbricht mit Ausnahme von Art. 1070 OR die Verjährung nicht. Die Wirkungen der Streitverkündung sind eine Frage des materiellen Rechts; das Bundesgericht führte in BGE 90 II 406 aus:

2 **BGE 90 II 406:** "1. In erster Linie ist zu prüfen, ob und inwieweit die Beklagte sich das im Prozess der Elo GmbH gegen die heutige Klägerin ergangene Urteil des Handelsgerichts Zürich entgegenhalten lassen müsse.

a) Wie andere Zivilprozessordnungen gibt auch §43 der Zürcher ZPO einer Prozesspartei die Möglichkeit, einen Dritten zur Beihilfe im Prozess oder zur Übernahme des Streits aufzufordern, wenn sie im Falle des Unterliegens auf den Dritten zurückgreifen oder künftigen Einwendungen im Streit mit ihm begegnen will. Diese Streitverkündung zu ordnen, ist ohne Zweifel Sache des Prozessrechts, soweit Form und Verfahren in Frage stehen. Dagegen kann man sich fragen, ob es Aufgabe des materiellen Zivilrechts oder des Prozessrechts sei, die Wirkungen der Streitverkündung, ihrer Befolgung oder Nichtbefolgung, sowie ihrer Unterlassung, auf das Verhältnis zwischen dem Streitverkünder und dem Streitberufenen zu regeln. Die Vorinstanz hält hiefür das Privatrecht des Bundes für massgebend. Die Parteien wenden gegen diese Auffassung nichts ein, doch hat das Bundesgericht als Berufungsinstanz von Amtes wegen zu entscheiden, ob eidgenössisches oder kantonales Recht anwendbar ist.

b) Das Zivilrecht enthält vereinzelte Vorschriften, die sich mit diesen Wirkungen der Streitverkündung befassen.

Die wichtigste unter ihnen ist Art. 193 OR, wonach der Verkäufer auf ergangene Streitverkündung hin je nach den Umständen und den Vorschriften der Prozessordnung dem Käufer im Prozess beizustehen oder ihn zu vertreten hat, wenn von einem Dritten ein Recht geltend gemacht wird, das den Verkäufer zur Gewährleistung verpflichtet. Ist die Streitverkündung rechtzeitig erfolgt, so wirkt ein ungünstiges Ergebnis auch gegen den Verkäufer, sofern er nicht beweist, dass es vom Käufer durch böse Absicht oder grobe Fahrlässigkeit verschuldet worden ist. Diese Regelung beruht auf dem Grundsatz von Treu und Glauben, und es liegt daher nahe, sie sinngemäss auch auf andere Rechtsverhältnisse anzuwenden, aus denen ein Anspruch auf Gewährleistung oder Schadloshaltung hergeleitet wird.

Lehre und Rechtsprechung hatten allerdings zunächst Bedenken, Art. 193 OR seines Sondercharakters wegen auch ausserhalb des Kaufrechts gelten zu lassen. Sie hielten dafür, ausserhalb des Kaufs (und der übrigen vereinzelten Fälle ausdrücklicher privatrechtlicher Vorschriften entsprechenden Inhalts) sei es Sache des Prozessrechts, diese Wirkungen zu bestimmen (BGE 38 II 578 und dort erwähnte Literatur). In neuerer Zeit brach sich indessen die Meinung Bahn, in Anlehnung an die Regelung des Art. 193 OR seien die Wirkungen der Streitverkündung allgemein dem Privatrecht zuzuordnen (GULDENER, Schweiz. Zivilprozessrecht, 2. Aufl, S. 283 ff., sowie ZSR 68 S. 238 und ZSR 80 II S 17 f.; LEUCH, Bernische ZPO, 3. Aufl., Art. 48 N. 1; VOYAME, ZSR 80 II S 129 f.; DESCHENAUX/ CASTELLA, La nouvelle procédure civile fribourgeoise S. 74 f.). Nach dieser Auffassung besteht ein allgemeiner zivilrechtlicher Grundsatz, dass ein gegen den Streitverkünder ergangenes ungünstiges Urteil dann auch gegen den Streitberufenen wirkt, wenn dieser auf Grund seines Rechtsverhältnisses zum Streitverkünder oder nach den Grundsätzen von Treu und Glauben verpflichtet war, die Hauptpartei im Prozess zu unterstützen, vorausgesetzt, die Streitverkündung sei rechtzeitig erfolgt und der ungünstige Prozessausgang nicht durch den Streitverkünder verschuldet. Dieser Auffassung ist beizupflichten. Ihr hat sich denn auch der Bundesgesetzgeber beim Erlass des BZP angeschlossen.

In der Botschaft zu diesem (BBl 1947 I 1005) wird ausgeführt: Die Wirkungen der Streitverkündigung im Verhältnis zwischen dem Verkünder und dem Empfänger gehören dem materiellen Recht an, und zwar nicht nur in den Fällen, wo das materielle Recht sie ausdrücklich vorsieht – zum Beispiel Art. 193 und 258 OR –sondern in allen Fällen der Gewährleistung oder Schadloshaltung."

Die Wirkungen der Streitverkündung ist in einem neuen Verfahren, im sog. Regressprozess oder Zweitprozess festzustellen, insbesondere also die Frage, ob der ungünstige Ausgang des Erstprozesses nicht durch den Streitverkünder verursacht wurde und ob die Streitverkündung rechtzeitig erfolgt ist. Gemäss Protokoll Nr. l Art. V gilt der Gerichtsstand von Art. 6 Nr. 2 (Gericht des Hauptprozesses) und Art. 10 Abs. 3 LugÜ (Gerichtsstand bei Versicherungsstreitigkeiten am Ort des Geschädigten) nicht. Dem Litisdenunziaten bleiben die Einreden aus dem Grundverhältnis zwischen ihm und der Partei grundsätzlich erhalten (Verjährung, Verrechnung, Verwirkung).

3

Gemäss Art. 193 Abs. 2 OR wirkt ein ungünstiges Ergebnis des Prozesses auch gegen den Verkäufer, sofern er nicht beweist, dass es durch böse Absicht oder grobe Fahrlässigkeit des Käufers verschuldet worden ist. Ist die Streitverkündung ohne Veranlassung des Verkäufers unterblieben, so wird dieser von der Verpflichtung zur Gewährleistung insoweit befreit, als er zu beweisen vermag, dass bei rechtzeitig erfolgter Streitverkündung ein günstigeres Ergebnis des Prozesses zu erlangen gewesen wäre. Da Art. 148 Abs. 2 OR keine analoge Vorschrift zu Art. 193 Abs. 2 OR enthält, kann der Solidarschuldner das Bestehen der Schuld erneut bestreiten, auch wenn diese gegenüber dem Schuldner, der daraufhin Regress nimmt, rechtskräftig beurteilt wurde (BGE 93 II 333).

4

Anderer Meinung ist Walder, S. 170: Für Art. 148 Abs. 2 OR will er die Regeln von Art. 183 OR analog angewendet wissen; nach Walder gilt diese Regel ebenso bei einer Abtretung im Sinne von Art. 171 OR und der Kollektivgesellschaft gemäss Art. 557 OR, der Kommanditgesellschaft gemäss Art. 598 OR sowie für den Erbteilungsvertrag gemäss Art. 637 ZGB. Ohne weitere Begründung fordert sodann Walder, die Regelung von Art. 193 OR gelte auch für die Sachgewährleistung gemäss den Bestimmungen von Art. 197 ff. OR, beim Tausch gemäss Art. 238 OR, bei Minderung der Miete gemäss Art. 259d OR, bei der entsprechenden Vorschrift für den Pächter gemäss Art. 298 OR und beim Werkvertrag gemäss Art. 367 ff. OR, bei Solidarbürgen (Art. 496 OR) sowie für den Rückgriff auf den Hauptschuldner im Zweit-Prozess (Art. 507 OR); einen weiteren Anwendungsfall sieht er in falsus procurator, der bei rechtzeitiger Streitverkündung nicht geltend machen könne, im Erstprozess sei zu Unrecht eine fehlende Vollmacht angenommen worden; ein weiterer Anwendungsfall ist der Prätendentenstreit bei der Zession sowie bei der Hinterlegung im Streit um die Berechtigung an den hinterlegten Gegenständen (Art. 472 ff., Art. 425 ff. OR).

5

6   Hingegen hat das Bundesgericht in BGE 112 IV 261 ausgeführt, für den Regressanspruch des Arbeitgebers gegenüber einem haftpflichtigen Dritten sei die Nebenintervention ausgeschlossen, im Verfahren, das von der Ausgleichskasse gegen den Arbeitgeber geltend angehoben wird.

7   Zutreffend stellt Walder fest, der ungünstige Ausgang des Erstprozesses wirke sich bei Art. 193 OR immer noch auf den Zweitprozess aus, aber der Beklagte im Zweitprozess könne einwenden, bei rechtzeitiger Streitverkündigung wäre der Erstprozess gewonnen worden; beachtlich ist, dass der Verkäufer dafür die Beweislast trägt. Gerade wegen diesen strengen Wirkungen kann man diesen Fall nicht auf andere Fälle des OR übertragen.

8   Der Litisdenunziant, der dem Prozess nicht beitritt, erhält die Vorladungen nur auf Verlangen und muss die Kosten bezahlen (§ 176 GVG). Sonst trägt er weder Gerichtskosten noch Parteikosten.

Austritt der Hauptpartei
§ 48. Die Hauptpartei kann es dem Nebenintervenienten oder Litisdenunziaten überlassen, den Prozess auf eigene Kosten fortzusetzen. Der Endentscheid lautet gleichwohl auf den Namen der Hauptpartei.

1   Dies kommt selten vor. Wenn die Hauptpartei erst in der Hauptverhandlung den Streit verkündet, darf der Litisdenunziat peremptorisch vorgeladen werden; gemäss ZR 79 Nr. 136 kann die Hauptpartei jederzeit in den Prozess zurückkehren, was gemäss Walder, S. 161, wegen § 67 Abs. 2 ZPO problematisch sein soll; die Rückkehr der Hauptpartei kann jedoch kaum wegen den Kosten- und Entschädigungsfolgen untersagt sein. Nach ZR 79 Nr. 136 kann die Hauptpartei nicht peremptorisiert werden, wenn der Streitberufene den Prozess nicht fortsetzt, a. M. Walder, S. 165, aber reichlich formalistisch und daher wenig überzeugend).

2   Gemäss § 67 Abs. 2 ZPO haftet der Streitberufene, der den Prozess anstelle der Hauptpartei führt, solidarisch für die bisherigen Kosten, allein für die neuen Kosten. Sonst trägt er nur die Kosten, wenn er Vorladungen etc. verlangt, ohne dem Prozess beizutreten (§ 176 Abs. 2 GVG).

3   BGE 100 II 24: "b) Mit Recht kritisiert der Beklagte dagegen die Auffassung der Vorinstanz, er müsse den zwischen den Parteien des ersten Prozesses vereinbarten Vergleich gemäss Art. 193 Abs. 2 OR gegen sich gelten lassen. Das Kantonsgericht übersieht, dass Art. 194 Abs. 1 OR gerade für Fälle, in denen der Käufer es nicht zu einer gerichtlichen Entscheidung kommen lässt, eine besondere Regel aufstellt. Diese ist auch anwendbar, wenn in einem Prozess schon teilweise durchgeführt worden ist (OSER/SCHÖNENBERGER, N. 4 zu Art. 194 OR), die Parteien dann aber, sei es von sich aus, sei es auf Anregung oder unter Mitwirkung des Gerichts, einen Vergleich abschliessen. Auch durch einen gerichtlichen Vergleich wollen die Parteien den Prozess beenden, verzichten also auf eine richterliche Entscheidung (BGE 60 II 58; GULDENER, Schweizerisches Zivilprozessrecht, 2. Aufl. S. 287 ff.; LEUCH, ZPO Bern Anm. 5 zu 397; STRÄULI/HAUSER, ZPO Zürich Anm. 1/III/a zu 238; ROSENBERG, Zivilprozessrecht 10. Aufl. S. 668 lit. e; STEIN-JONAS, Kommentar zur ZPO, 19. Aufl. Anm. II zu 794).

Das Kantonsgericht wendet freilich ein, durch die Beweiserhebungen und seine Mitwirkung bei den Vergleichsverhandlungen habe es den wesentlichen Inhalt eines zu fällenden Urteils praktisch schon im Vergleich bestimmt, weshalb diesem 'der Charakter von Endgültigkeit und Unanfechtbarkeit' zukomme, der Vergleich also wie ein Urteil behandelt werden müsse. Einem Urteil ist der gerichtliche Vergleich jedoch nur in der Vollstreckbarkeit gleichgestellt (BGE 60 II 57/58, 90 III 74; Art. 73 Abs. 4 BZP, Art. 80 Abs. 2 SchKG; GULDENER, a.a.O. S. 292/293; LEUCH, a.a.O. S. 396). Dass ein Gericht zur Einigung der Parteien beiträgt und ihnen bei der Regelung materiellrechtlicher Beziehungen in einem Prozessvergleich behilflich ist, macht diesen nicht zu einer gerichtlichen Entscheidung. Der grundlegende Unterschied, auf den in BGE 60 II 58 hingewiesen worden ist, bleibt vielmehr auch in solchen Fällen bestehen. Daran ändert auch nichts, dass hier nicht nur die Parteivertreter, sondern auch die Mitglieder des Gerichts den Vergleich mitunterzeichnet haben; dieser lässt sich so oder anders nicht in ein Urteil umdeuten.

c) Ist unter dem Prozessergebnis im Sinne des Art. 193 Abs. 1 OR ein richterliches Urteil zu verstehen, so heisst das anderseits nicht, der Käufer müsse den Prozess mit Rücksicht auf den Verkäufer unter Ausschöpfung aller möglichen Rechtsmittel bis zur letztinstanzlichen Entscheidung fortführen, wie das Kantonsgericht unter Berufung auf seine eigene Rechtsprechung unterstellt. Die Vorinstanz weist selber mit Recht darauf hin, dass die Anerkennung eines Drittrechts während des Prozesses sich für den Käufer nicht bloss als tunlich erweisen, sondern geradezu aufdrängen kann. Es wäre deshalb sachlich nicht gerechtfertigt, ihm im Verfahren Rechte zu verweigern, die ihm ausserhalb dessen zuständen. Die Behelfe des Art. 194 Abs. 1 OR müssen ihm unbekümmert um Bestimmungen des kantonalen Verfahrensrechts, das die Geltung des materiellen Bundesrechts nicht einzuschränken vermag, auch bei einem hängigen Prozess zur Verfügung stehen (vgl. LEUCH, a.a.O. N. 1 zu Art. 50 ZPO).

Art. 194 Abs. 1 OR macht die Pflicht des Verkäufers zur Gewährleistung davon abhängig, dass ihm die Anerkennung des Drittrechts rechtzeitig angedroht und die Führung des Prozesses erfolglos angeboten worden ist. Bei einem hängigen Prozess kommen diese Erfordernisse einer besonderen Streitverkündung gleich. Wird der Prozess fortgesetzt, so braucht der Verkäufer ihn nicht notwendig anstelle des Käufers zu führen; er kann diesem auf Anzeige des Streits hin auch als Intervenient beitreten. Das Bundesgesetz über den Bundeszivilprozess regelt die Streitanzeige in Art. 16. Der Bundesrat führte dazu in seiner Botschaft vom 14. März 1947 zum Gesetzesentwurf insbesondere aus, dass die Wirkungen der Streitverkündung im Verhältnis zwischen dem Verkünder und dem Empfänger dem materiellen Recht angehören, und zwar nicht nur in den Fällen, wo das materielle Gesetz sie ausdrücklich vorsieht (z.B. Art. 193 und 258 OR), sondern in allen Fällen der Gewährleistung oder Schadloshaltung, da sie ein Ausfluss des Handelns nach Treu und Glauben im Vertragsverhältnis seien. Das Prozessrecht habe einzig die verfahrensrechtlichen Folgen der Streitanzeige und die Form der prozessualen Anzeige zu ordnen; das materielle Recht nämlich begnüge sich mit einer beliebigen Anzeige. Die vom Entwurf vorgesehene Intervention reiche auch für die Stellvertretung gemäss Art. 193 Abs. 1 und für die Streitübernahme nach Art. 258 OR (die nicht auf eigenen Namen, sondern nur für eigene Rechnung zu geschehen brauche); denn durch eigene Untätigkeit könne die unterstützte Partei dem Intervenienten die Führung des Prozesses tatsächlich vollständig überlassen (BBl 1947 I 1005). Das muss sinngemäss auch für eine Prozessübernahme gemäss Art. 194 Abs. 1 OR gelten.

Den Anforderungen dieser Bestimmung aber hat die Klägerin im ersten Prozess nicht genügt. Gewiss hat sie dem heutigen Beklagten nach Art. 18 der Walliser ZPO den Streit verkündet. Diese Bestimmung geht sogar weiter als Art. 194 Abs. 1 OR, da der Verkünder die Führung des Prozesses nicht bloss anbieten, sondern den Empfänger unter Angabe des Grundes auffordern muss, an seiner Stelle in den Prozess einzutreten. Diese Aufforderung lag hier jedoch über zwei Jahre zurück, als die Klägerin mit den Erben Clausen über einen Vergleich zu verhandeln begann. Ein solcher wurde in der Streitverkündung auch nicht vorbehalten, und eine spätere Androhung eines Vergleichs mit den Erben Clausen unterblieb. Art. 52 ZPO, wonach der Streitverkünder den Prozess auf Gefahr des Gewährsmannes weiterführen darf, wenn dieser die Übernahme ablehnt (Abs. 1), hilft der Klägerin nicht; denn nach Abs. 2 der Bestimmung kann der Dritte in den Prozess eintreten, ohne dass dadurch sein Recht, die Gewährleistungspflicht zu bestreiten, beeinträchtigt wird.
Unter diesen Umständen lässt sich das Verhalten des Beklagten, der am ersten Prozess nicht teilgenommen und im zweiten die Gewährleistung abgelehnt hat, nicht als Verstoss gegen das Gebot des Art. 2 ZGB werten. Um den Auflagen des Art. 194 Abs. 1 OR gerecht zu werden, hätte die Klägerin zur Zeit, als sie sich wegen der neuen Prozesslage zu Verhandlungen bewegen liess, dem Beklagten von ihrer Vergleichsbereitschaft Kenntnis geben und ihm die Gelegenheit zur Übernahme des Prozesses (nochmals) einräumen müssen. Das hat sie nicht getan, weshalb sie auch aus dieser Bestimmung keine Wirkung des Vergleichs gegen den Beklagten ableiten kann."

D. Parteiwechsel

Parteiwechsel
§ 49. Büsst eine Partei das eingeklagte Recht ein oder wird sie von der eingeklagten Verpflichtung frei, weil sie den Streitgegenstand während des Prozesses veräussert, so ist der Erwerber berechtigt, an ihrer Stelle in den Prozess einzutreten.

Im übrigen ist ein Parteiwechsel, unter Vorbehalt der Bestimmungen über die Gesamtnachfolge, nur mit Zustimmung aller bisherigen Parteien zulässig.

Der Erwerber nimmt den Prozess in der Lage auf, in der er ihn vorfindet.

1 Veräussert der Kläger den Gegenstand oder tritt er eine Forderung ab, so würde seine Aktivlegitimation entfallen, das Gericht müsste die Klage abweisen, weil gemäss § 188 ZPO jenen Sachverhalt zugrundelegt, der im Zeitpunkt der Urteilsfällung besteht, soweit er form- und zeitgerecht vorgebracht wurde, vorbehalten bleibt die Aberkennungsklage (vgl. unten BGE 95 II 620 und 41 III 158, 312).

2 Wenn der Erwerber nicht in den Prozess eintritt, kann der Kläger die Klage gemäss § 61 ZPO dahin ändern, dass er verlangt, der Beklagte habe an den Erwerber zu leisten; andernfalls wäre die Klage gemäss § 188 Abs. 1 ZPO abzuweisen. Gegen den Beklagten kann man den Prozess, wenn dieser den Streitgegenstand veräussert, trotzdem weiterführen. Der Kläger kann während des Prozesses eine Klageänderung gemäss § 61 ZPO statt auf Herausgabe eines Gegenstands auf Schadenersatz verlangen; im Vollstreckungsverfahren kann er Umwandlung in Schadenersatz gemäss § 309 ZPO verlangen.

3 Der Erwerber eines Streitobjekts kann bundesrechtlich verpflichtet sein, in einen hängigen Prozess einzutreten. So tritt der Zessionar im Aberkennungsprozess in die Beklagtenrolle, falls er die Forderung erst während des Prozesses zediert erhielt. Das Bundesgericht führte in BGE 95 II 620 aus:

4 **BGE 95 II 620:** "Nach der Rechtsprechung bezweckt die Aberkennungsklage nicht, den Rechtsöffnungsentscheid überprüfen zu lassen, sondern stellt als negative Feststellungsklage die Frage zur Beurteilung, ob bei Erlass des Zahlungsbefehls die Forderung bestand oder (zur Zeit der Anhebung der Betreibung) fällig war (vgl. BGE 41 III 312, 57 II 326, 68 III 85, 72 III 56, 78 II 160, 91 II 111). Das setzt aber nicht voraus, dass die Beklagte im Zeitpunkt der Betreibung Gläubigerin der streitigen Forderung gewesen sei, sondern es genügt, wenn sie es nach Erlass des Zahlungsbefehls durch Rückzession wurde (vgl. BGE 83 II 214, 91 II 111). Hiegegen bestehen keine Bedenken, weil die Klägerin sämtliche Einreden aus ihrem Verhältnis zur Beklagten wieder erlangte, ihre Rechtsstellung somit nicht verschlechtert wurde."

5 Ein bundesrechtlicher Übergang kann sich etwa im Mietrecht und Bauhandwerkerpfandrecht (ZR 70 Nr. 110) bei Veräussern der Liegenschaft und im Arbeitsrecht bei Veräussern des Unternehmung in Form der Einzelfirma oder Personengesellschaft ergeben. Schliesslich wird gemäss SchKG 260 i.V. m. Art. 63 Konkursverordnung der Abtretungsgläubiger ermächtigt, anstelle der Masse und auf eigene Rechnung und eigenes Risiko den Prozess fortzuführen (BGE 106 II 141, 105 III 138).

6 Bei der Universalsukzession gemäss Art. 560 ZGB tritt der Erbe an die Stelle des Erblassers, ohne dass es einer besonderen Erklärung bedarf; ähnlich ist dies bei der Fusion gemäss Art. 748 OR, nicht jedoch bei der Übernahme eines Vermögens oder Geschäfts mit Aktiven und Passiven gemäss Art. 181 OR, da in diesem Fall die Aktiven nach den Regeln der Singularsukzession übergehen. Eine Streitigkeit über höchstpersönliche unvererbliche Ansprüche (z.B. Scheidung) wird mit dem Tod gegenstandslos (BGE 93 II 153).

Wenn der Erwerber durch Erklärung nach § 49 ZPO oder von Gesetzes wegen in einen Prozess 7
eintritt, hat er Parteistellung; der Veräusserer haftet für die bisherigen Kosten gemäss § 67 Abs. 2
ZPO solidarisch, verliert aber die Parteistellung; er kann als Nebenintervenient dem Prozess beitreten; der Erwerber kann ihm den Streit verkünden.

ZR 87, Nr. 48: Bei teilbaren Forderungen ist ein Parteiwechsel gemäss § 49 ZPO auch nur bezüg- 8
lich einer Teilforderung möglich, und zwar auch dann, wenn wegen des Eintritts einer neuen Partei die Verfahrensart wechselt. Wenn eine Arbeitslosenkasse in einen Prozess zwischen Arbeitgeber und Arbeitnehmer eintritt, weil sie Leistungen gemäss Art. 29 Abs. 2 AlVG erbracht hat,
so verliert der Prozess seinen arbeitsrechtlichen Charakter nicht, und Art. 343 OR bleibt anwendbar.

ZR 95, Nr. 50: Die Argumentation des Beschwerdeführers geht dahin, dass ihm die Vorinstanz den 9
Parteiwechsel zu spät bzw. unrichtig mitgeteilt habe, weshalb er die Verrechnung seiner Rede fälschlicherweise gegenüber der M. AG (Zedentin) und nicht gegenüber der X. AG (Zessionarin)
erhoben habe. Der Kläger habe aufgrund des prozessualen Vorgehens der Vorinstanz davon ausgehen dürfen, dass diese Verrechnungseinrede gegenüber der M. AG zu erheben sei. Der Beschwerdeführer erblickt eine Verletzung eines wesentlichen Verfahrensgrundsatzes darin, dass die
Vorinstanz den Kläger erst auf einen künftigen allfälligen Parteiwechsel förmlich aufmerksam
machte, nachdem er die Verrechnungseinrede erhoben hatte. Der Beschwerdeführer übersieht jedoch, dass die Verrechnungseinrede sich stets gegen den materiell Berechtigten und nicht gegen
die Prozesspartei zu richten hat. Der Begriff der Beklagten besteht stets nur im formellen; die M. AG
war im vorliegenden Aberkennungsprozess nur deshalb Beklagte, weil sie vom Kläger verklagt
wurde. Ob sie an der betriebenen Forderung auch materiell berechtigt ist, ist eine Frage der
Sachentscheidung. Der Kläger durfte damit, aus der Tatsache, dass im Rubrum des vorinstanzlichen Verfahrens noch die M. AG als Beklagte aufgeführt war, als er seine Verrechnungserklärung
abgab, auf keinen Fall darauf schliessen, die M. AG sei auch die an der betriebenen Forderung
materiell Berechtigte.

ZR 95, Nr. 56: Wenn man eine kollozierte Konkursforderung samt dem Nebenrecht (der Prozess- 10
führungsbefugnis) auf einen Dritten überträgt, so wird dadurch nicht der Streitgegenstand als solcher, sondern die Prozessführungsbefugnis übertragen. Die Rechtsnachfolge in die Prozessstandschaft ist analog zu § 49 Abs. 1 ZPO zuzulassen.

1. Ausgehend von der "Rückzession" vom 23. November 1992 und der Erklärung von W., dass sie 11
in den Prozess eintrete, erachtete die Vorinstanz die Voraussetzungen von § 49 Abs. 1 ZPO für erfüllt. Sie hielt an dem bereits mit Verfügung vom 14. Dezember 1992 geänderten Rubrum fest und
führte das Verfahren zwischen G. (Beklagte und Appellantin) sowie W. (Klägerin und Appellantin) weiter.

Die Beschwerdeführerin rügt die Verletzung eines wesentlichen Verfahrensgrundsatzes (§ 49 12
ZPO) sowie von Art. 4 BV. Sie beanstandet insbesondere, dass die Vorinstanz den "Parteiwechsel" ohne weitere Abklärungen über die Gültigkeit der "Zession" und ohne Zustimmung der Beklagten bewilligt habe.

2.1. Die "Abtretung" gemäss Art. 260 SchKG ist ein betreibungs- und prozessrechtliches Institut 13
sui generis, das (bloss) Ähnlichkeit mit der Abtretung gemäss Art. 164 ff. OR und dem Auftrag
gemäss Art. 394 ff. OR aufweist. Der Gläubiger wird durch die "Abtretung" ermächtigt, den streitigen Rechtsanspruch anstelle der Masse, in eigenem Namen und auf eigene Rechnung und Gefahr geltend zu machen (BGE 105 III 138). Abgetreten wird nur das Prozessführungsrecht der
Konkursmasse, der Abtretungsgläubiger ist bloss gesetzlicher Prozessstandschafter; die abgetretenen Ansprüche gehören auch nach der Abtretung zur Konkursmasse (vgl. BGE 109 III 29, 111
II 83, 113 III 137; Sträuli/Messmer, Kommentar ZPO, 2. A. Zürich 1982, N 20 zu §§ 27/28 ZPO;
Fritzsche/Walder, Schuldbetreibung und Konkurs nach schweizerischem Recht, Band II, 3.A.
Zürich 1993, § 51 N. 21; HABSCHEID, Schweizerisches Zivilprozess- und Gerichtsorganisationsrecht, 2. A. Basel 1990, N 277). Von Bundesrechts wegen ist die "Abtretung" der Prozess-

führungsbefugnis an Dritte nur zusammen mit der zugelassenen Konkursforderung statthaft (Fritzsche/Walder, a.a.O., § 51 N 32).

14   2.2. Streitgegenstand sind die Verantwortlichkeitsansprüche der I. AG gegen G. als Gründerin und Organ der I. AG. Die kollozierte Forderung von W. gegen die I. AG über Fr. 253'222.20 bildet nicht Gegenstand des Prozesses und ist nur insoweit relevant, als ein im Verantwortlichkeitsprozess erzielter Überschuss an die Konkursmasse abzuliefern wäre (Fritzsche/Walder, a.a.O., § 51 N 18 ff.).

15   Hinsichtlich der Verantwortlichkeitsansprüche ist der Kläger nur Prozessstandschafter der Konkursmasse; er ist berechtigt, den Verantwortlichkeitsanspruch – ein fremdes Recht – in eigenem Namen einzuklagen (vgl. Erw. 2.1.). Wird nun die kollozierte Konkursforderung samt dem Nebenrecht (i.c. der Prozessführungsbefugnis) auf einen Dritten übertragen, so wird damit nicht der Streitgegenstand als solcher, sondern nur die Prozessführungsbefugnis übertragen, was von Bundesrechts wegen zulässig ist (Fritzsche/Walder, a.a.O., § 51 N. 32).

16   2.3. In § 49 Abs. 1 ZPO wird vorausgesetzt, dass eine Partei das eingeklagte Recht einbüsst oder von der eingeklagten Verpflichtung frei wird, weil sie den Streitgegenstand während des Prozesses veräussert. Solches trifft vorliegend nicht zu, wird doch nur die Prozessführungsbefugnis auf einen Dritten übertragen. § 49 Abs. 1 ZPO ermöglicht, Sachlegitimation und Parteistellung wieder in Übereinstimmung zu bringen. Diese Übereinstimmung hat vorliegend indessen gar nie bestanden und kann auch gar nicht hergestellt werden; es klagt – auch nach der "Zession" bzw. der "Rückzession" – immer noch ein Dritter in eigenem Namen ein fremdes Recht, nämlich die Verantwortlichkeitsansprüche der I. AG, ein.

17   Indessen ist eine Rechtsnachfolge in die Prozessführungsbefugnis in analoger Anwendung von § 49 Abs. 1 ZPO zuzulassen. Die Prozessführungsbefugnis ist jeweils gegeben, wenn ein Kläger ein behauptetes eigenes Recht einklagt (HABSCHEID, a.a.O., N 276). Veräussert nun der Kläger den Streitgegenstand, so kann der Erwerber des Streitgegenstandes in den Prozess eintreten (§ 49 Abs. 1 ZPO). Erst recht zulässig ist damit eine (blosse) Übertragung der Prozessführungsbefugnis während des Prozesses, wenn der Streitgegenstand als solcher gar nicht übertragen werden kann bzw. bei der Übertragung der Prozessführungsbefugnis ohne Bedeutung ist, da ohnehin ein fremdes Recht eingeklagt wird.

18   3. Die "Aktivlegitimation" von Rechtsanwalt Dr. L. wird nicht dadurch "aus der Welt geschaffen", dass W. in den Prozess eintritt, wie die Beschwerdeführerin vorbringt. Die Aktivlegitimation steht weder Dr. L. noch W. zu, da beide ein fremdes Recht einklagen (vgl. Erw. 2.3.). Massgebend ist das Folgende:

19   3.1. Ist die "Zession" der Prozessstandschaft von W. an Dr. L. vom 20. Januar 1988 gültig, hat Dr. L. als Prozessstandschafter zu Recht Klage in eigenem Namen erhoben. Sofern auch die "Rückzession" der Prozessstandschaft an W. vom 23. November 1993 gültig ist, wäre die Rechtsnachfolge in die Prozessstandschaft in analoger Anwendung von § 49 Abs. 1 ZPO ohne Zustimmung der Gegenpartei zu bewilligen (vgl. Erw. 2.3.).

20   Ist die "Zession" der Prozessstandschaft vom 20. Januar 1988 ungültig, hat Rechtsanwalt Dr. L. unzulässigerweise Klage in eigenem Namen gegen die Beklagte erhoben. Wegen Fehlens einer Prozessvoraussetzung von Anfang an hätte auf die Klage nicht eingetreten werden dürfen. Ist nun aber der Prozess trotz einer ungültigen "Zession" fortgeführt worden und verlangt nun der "richtige" Kläger als zur Prozessführung Befugter den Eintritt in den Prozess, so ist in analoger Anwendung von § 49 Abs. 2 ZPO vorzugehen, da sich die Beklagte den nachträglichen Eintritt des "richtigen" Klägers gefallen lassen muss. Dieser Grundgedanke kommt auch in BGE 118 Ia 131 zum Ausdruck, dort allerdings bezogen auf den nachträglichen Eintritt eines Dritten als Partei, was an der Interessenlage der Streitparteien jedoch nichts ändert.

21   3.2. Die Prozessführungsbefugnis des Klägers ist als Prozessvoraussetzung von Amtes wegen zu prüfen (vgl. HABSCHEID, a.a.O., N. 277 und 362).

Durch die "Abtretung" des Konkursamts Z. vom 2. November 1987 wurde die Prozessführungsbefugnis gültig an W. übertragen. Wenn auch unter dem falschen Ausdruck "Sachlegitimation" behauptete die Beschwerdeführerin indessen, die Prozessführungsbefugnis sei gar nicht gültig an Rechtsanwalt Dr. L. übertragen worden, weshalb diese schon anfänglich gefehlt habe. Die Richtigkeit dieser Behauptung unterstellt, würde eine "Rückzession" der Prozessführungsbefugnis an W. einen Mangel heilen, der schon bei Klageerhebung bestanden hätte, was die Beschwerdeführerin im Ergebnis auch beanstandet. Dieser Mangel könnte in analoger Anwendung von § 49 Abs. 2 ZPO nur mit der Zustimmung der Gegenpartei behoben werden, da bei anfänglich fehlender Prozessführungsbefugnis von Rechtsanwalt Dr. L. auf die Klage nicht eingetreten werden dürfte, selbst wenn der Prozess bereits im Berufungsverfahren steht (vgl. Erw. 3.1.).

3.3. Die Vorinstanz hat somit die entscheidende zivilprozessuale Frage, ob die "Zession" der Prozessführungsbefugnis von W. an Rechtsanwalt Dr. L. gültig ist, nicht geprüft, obwohl die Beschwerdeführerin ausdrücklich auf das Problem hingewiesen hatte. Die Vorinstanz erwog vielmehr, die Frage der Sachlegitimation entscheide sich auf Grund des materiellen Rechts; inwieweit die Einwendung der Appellantin, der Zessionar bzw. die Zessionarin sei mangels Gültigkeit der Zession nicht Gläubiger(in) geworden und daher nicht aktivlegitimiert, zutreffe, werde im vorliegenden Verfahren zu prüfen sein und könne nicht vorab im Zusammenhang mit der Parteibezeichnung beurteilt werden. Weiter erwog die Vorinstanz, die Voraussetzungen von § 49 Abs. 1 ZPO seien erfüllt: Dr. L. habe auf Grund der Zession vom 23. November 1992 seine Rechte während des Prozesses an W. abgetreten, und diese habe am 27. November 1992 ausdrücklich erklärt, in den Prozess einzutreten.

Die Vorinstanz wird vorab zu prüfen haben, ob die "Zession" vom 20. Januar 1988 mit Sinn und Zweck von § 10 Abs. 2 des Anwaltsgesetzes zu vereinbaren ist (vgl. dazu ZR 93 Nr. 3). Ebenfalls im Rahmen der Prüfung der Prozessvoraussetzungen wird zu beurteilen sein, wie es sich mit der von der Beklagten behaupteten "Simulation" verhält, d. h. ob der Abtretungsvertrag (Verpflichtungsgeschäft) und die Abtretung selbst (Verfügungsgeschäft) gültig sind. Da die Sache insoweit nicht spruchreif ist, kann das Kassationsgericht den Entscheid nicht selbst fällen (§ 291 ZPO).

4.3. Als weiteren Nachteil des von der Vorinstanz bewilligten "Parteiwechsels" führt die Beschwerdeführerin eine Schlechterstellung bei der Verjährungseinrede an; die Verjährung gemäss Art. 760 Abs. 1 OR sei seit der "Zession", durch die Konkursverwaltung vom 2. November 1987 durch W. nie unterbrochen worden. Prozessuale Handlungen seitens von Rechtsanwalt Dr. L. hätten aber – so die Beschwerdeführerin – keinen Einfluss auf den Lauf der Verjährung, da er selber nicht Gläubiger gewesen sei (mit Hinweis auf BGE 111 II 364).

Weder Dr. L. noch W. können indessen Gläubiger des Verantwortlichkeitsanspruchs sein; sie klagen ein fremdes Recht ein und sind deshalb bloss Prozessstandschafter. Unterstellt man, dass auch der Prozessstandschafter die Verjährung unterbrechen kann, so dürfte durch eine gültige Rechtsnachfolge in die Prozessstandschaft die verjährungsunterbrechende Wirkung erhalten bleiben, was indessen vorliegend nicht entschieden zu werden braucht. Jedenfalls übernimmt der neue Prozessstandschafter den Prozess in der Lage, in der er ihn vorfindet (§ 49 Abs. 3 ZPO analog).

ZR 95, Nr. 66: Wenn der Kläger im Laufe des Prozesses die von ihm angeklagte Forderung an einen Dritten zediert, fällt seine Aktivlegitimation dahin; die Klage ist abzuweisen, sofern der Erwerber der Forderung nicht in den Prozess eintritt.

3. Abschnitt: Grundsätze des Verfahrens

Verhalten im Prozess
§ 50. Alle am Prozess Beteiligten haben nach Treu und Glauben zu handeln.

Insbesondere sollen die Parteien zur Verfolgung ihrer Rechte nicht wissentlich ungerechte Prozesse führen und sich nur erlaubter Mittel bedienen. Dem Gericht gegenüber sind sie zur Wahrheit verpflichtet.

Böswillige oder mutwillige Prozessführung der Parteien wird disziplinarisch geahndet.

1   § 50 enthält den fundamentalen Rechtsgrundsatz des Verhaltens nach Treu und Glauben, wie er in Art. 2 ZGB und Art. 31 OG verankert ist und aus Art. 4 BV abgeleitet wird. Das Gebot von Treu und Glauben richtet sich an alle, an Parteien und Gerichte. Gemäss BGE 111 II 66 gehört er für den Bereich des Zivilprozesses dem kantonalen Recht an, was sich auf die Rechtsmittel auswirkt (anstelle der Berufung ist dieser Punkt mittels Staatsrechtlicher Beschwerde zu rügen):

2   **BGE 111 II 66:** "3. La recourante fait également grief à l'autorité cantonale d'avoir violé l'art. 2 CC en ne sanctionnant pas l'abus de droit qu'aurait commis l'intimée dans l'accomplissement d'actes de procédure.
Toutefois, le recours en réforme n'est ouvert que pour la violation du droit fédéral (art. 43 ss. OJ). Si, certes, l'art. 2 CC est l'expression d'un principe général du droit, s'appliquant par exemple également en procédure (cf. ATF 96 I 169 84 I 62 83 II 348 ss.), l'interdiction de l'abus de droit et le devoir d'agir conformément aux règles de la bonne foi ne sont pas des règles de droit fédéral – pouvant être invoquées au moyen du recours en réforme – lorsqu'ils s'appliquent à des disciplines ne relevant pas du droit fédéral (cf. ATF 83 II 351). Or, c'est bien à propos de l'application de règles de procédure cantonale que la recourante invoque l'abus de droit de l'autorité cantonale. Le grief est donc irrecevable."

Dagegen heisst es in BGE 114 Ia 106 für das öffentliche Recht ganz allgemein:

3   **BGE 114 Ia 106:** "a) Découlant directement de l'art. 4 Cst. et valant pour l'ensemble de l'activité étatique (ATF 107 Ia 211 consid. 3a), le principe de la bonne foi donne au citoyen le droit d'être protégé dans la confiance légitime qu'il met dans les assurances reçues des autorités (ATF 108 Ib 385 consid. b, 105 Ib 159 consid. b, 103 Ia 508). Il le protège donc lorsqu'il a réglé sa conduite d'après des décisions, des déclarations ou un comportement déterminé de l'administration. Entre autres conditions – cumulatives – auxquelles la jurisprudence subordonne le recours à cette protection (cf. ATF 109 V 55 et les arrêts cités), il faut que l'administré ait eu de sérieuses raisons de croire à la validité des assurances et du comportement dont il se prévaut et qu'il ait pris sur cette base des dispositions qu'il ne pourrait modifier sans subir un préjudice (ATF 104 Ib 237 consid. 4, 103 Ia 114, 508 et les arrêts cités).

Lorsque ces conditions sont réunies, le principe de la bonne foi l'emporte sur celui de la légalité (cf. ATF 112 Ia 355 consid. cc, 107 V 160 consid. 2) et permet au justiciable de se prévaloir, en particulier, d'une indication erronée de l'autorité quant au délai de recours, s'il pouvait, dans les circonstances concrètes de l'espèce, s'y fier de bonne foi (ATF 113 Ia 229, 112 Ia 310 consid. 3, 111 Ia 357 et les arrêts cités). Même tardif, son recours doit alors être déclaré recevable, conformément à la règle des art. 38 PA et 107 al. 3 OJ, qui est de portée générale (ATF 105 Ib 160 consid. 5, 100 Ib 457/458 consid. 3a, 96 II 72, 96 III 99) et selon laquelle la fausse indication des voies de recours n'entraîne aucun préjudice pour les parties."

4   Aus dem Gebot von Treu und Glauben leitet die Praxis die **Wahrheitspflicht** der Parteien ab, d.h. keine Partei darf bewusst unwahre Behauptungen aufstellen oder wahre Tatsachen bewusst als unrichtig bezeichnen. Jede **missbräuchliche Prozessführung** ist untersagt, dazu gehört neben der bewussten Verfahrensverzögerung auch die Vereitelung des Beweises durch die Gegenpartei. Zeitgewinn zu erzielen, braucht für sich allein noch nicht missbräuchlich zu sein, z.B. weil sich eine Partei in einem Engpass befindet, kann ein Zeitgewinn mittels eines Rechtsmittels vertretbar sein. Aussichtslos ist nicht mit mutwillig identisch (ZR 71 Nr. 75).

Vertrauensprinzip: BGE 97 I 100: Wenn die gesetzliche Ordnung der Rechtsmittelfristen im kantonalen Zivilprozessrecht unklar oder zweideutig ist, so verstösst es gegen Treu und Glauben und damit gegen Art. 4 BV, sie anders auszulegen, als sie vom Rechtssuchenden in guten Treuen verstanden werden; dies gilt insbesondere auch dann, wenn eine Rechtsmittelbelehrung fehlt.

BGE 101 Ia 39: Auch im Zivilprozessrecht muss sich ein Vertragspartner, aus dessen Erklärungen die Gegenpartei nach Treu und Glauben den Schluss auf eine Domizilnahme ziehen durfte und musste, bei seinen so verstandenen Äusserungen ohne Rücksicht auf einen davon abweichenden inneren Willen behaften lassen. (Weitere wegleitende Entscheide: BGE 102 II 16; BGE 105 II 155).

Die Sanktionen bei Verletzung von Treu und Glauben sind prozessualer und disziplinarischer Art: So wird eine Zession, die nur zum Vermeiden der Kautionspflicht vorgenommen wird, für die Frage der Kautionspflicht als nicht geschehen betrachtet und die Kaution dem Zessionar auferlegt (ZR 57, Nr. 101; ZR 76, Nr. 42). Verweigerung bei der Mitwirkung der Beweiserhebung wirkt sich bei der Beweiswürdigung nachteilig aus, woraus jedoch keine Beweislastumkehr resultieren darf. Dieses Verbot ist sodann in Art. 8 Abs. 2 des Anwaltsgesetzes enthalten; die Ordnungsbussen bestimmen sich gemäss Art. 2 Ziff. 2 des Gesetzes über die Ordnungsstrafen (GOSt).

ZR 81, Nr. 48: Aussonderungsklage der Ehefrau im Konkurs des Ehemannes: Das Rechtsbegehren der Klägerin lautete auf Aussonderung der Liegenschaft zu ihren Gunsten, obwohl sie inzwischen durch freihändigen Kauf der Liegenschaft aus der Masse bereits deren Eigentümerin geworden war. Richtigerweise hätte die Konkursverwaltung der Klägerin nicht Frist zur Erhebung einer Aussonderungsklage bezüglich der Liegenschaft ansetzen sollen, sondern Frist zur Klageerhebung betreffend Aussonderung des bezahlten Barkaufpreises samt Zinsen (BGE 60 III 195).

Aus der unrichtigen oder zumindest unklaren Fristansetzung und der Tatsache, dass die Klägerin deswegen nach wie vor auf Aussonderung der Liegenschaft statt auf Rückzahlung des an deren Stelle in die Konkursmasse gefallenen Kaufpreisen geklagt hat, kann die Konkursverwaltung nichts zu ihren Gunsten ableiten. Es war nach dem Gesagten auch durchaus klar, dass der Aussonderungsstreit nunmehr nur noch um den Kaufpreis gehen konnte. Unter diesen Umständen muss die Beklagte die Klage so gegen sich gelten lassen, wie sie von ihr nach Treu und Glauben allein verstanden werden konnte. Dass auch Rechtsbegehren nicht nach ihrem Wortlaut, sondern nach ihrem Sinn auszulegen und zu verstehen sind, entspricht ständiger Praxis. Wird das Rechtsbegehren der Klägerin seinem Sinn entsprechend verstanden, so ist klar, dass die Konkursverwaltung sich ihm nicht mit der Begründung widersetzen kann, die Klägerin habe ja die Liegenschaft inzwischen bereits aus der Konkursmasse käuflich erworben.

ZR 81, Nr. 133: Aus dem Gebot des Handelns nach Treu und Glauben ergibt sich, dass das Gericht über eine Frage einer rechtsunkundigen Partei nicht stillschweigend hinweggehen darf.

ZR 82, Nr. 58: Ein Entscheid über die nicht Anhandnahme einer Klage gemäss § 11 Abs. 2 ZPO ist im Anfangsstadium des Prozesses zu fassen, und die Auffassung ist unzutreffend, ein Kläger treffe seine prozessualen Dispositionen und Umtriebe auf eigenes Risiko, solange das Gericht seine Zuständigkeit nicht zusichere, und ist in dieser Form mit § 11 Abs. 2 ZPO i.V.m. § 50 Abs. 1 ZPO kaum vereinbar.

ZR 83, Nr. 23: Wird ein Rechtsbegehren infolge Rückzugs abgeschrieben, so ist damit über den in ihm enthaltenen Anspruch rechtskräftig entschieden. Das setzt aber voraus, dass der Anspruch wirklich fallengelassen wurde. Das trifft im vorliegenden Fall nicht zu. Das ursprüngliche Rechtsbegehren wurde erweitert und durch ein neues ersetzt, in dem der ursprünglich geltend gemachte Anspruch neben dem neuen Inhalt des Rechtsbegehrens enthalten war, wie der Vertreter des Klägers ausdrücklich erklärt hat. Er hat vielmehr ausdrücklich gesagt, die Feststellungsklage sei an die Stelle der Leistungsklage getreten. Wenn die Vorinstanz das ursprüngliche Rechtsbegehren abgeschrieben hat, so hat sie damit rein formell zum Ausdruck gebracht, dass die Klage in ihrer ursprünglichen Form nicht mehr zu behandeln war. Sie wollte aber nicht einen materiellen Rückzug verurkunden, der vom Kläger nicht erklärt worden war. Auch die Parteien konnten diesen Beschluss nach Treu und Glauben nicht anders verstehen. Im übrigen tritt die materielle Rechtskraft nach § 191 ZPO nur für einen späteren Prozess ein, nicht wie hier für den gleichen.

Richtig ist, dass die Vorinstanz zutreffend einen Beschluss gefasst hätte, der Klageänderung werde zugestimmt, und es sei demnach nicht das ursprüngliche, sondern das abgeänderte Rechtsbegehren zu beurteilen. Indessen sind auch gerichtliche Entscheide nach Treu und Glauben auszulegen (§ 50 Abs. 1 ZPO). Der für das Gericht und die Gegenpartei erkennbare Wille des Klägers war derart klar, dass eine andere Auslegung gegen diesen Grundsatz verstossen würde, besonders da in der erstinstanzlichen Replik ausdrücklich erklärt wurde, gerade der ursprüngliche Klageinhalt werde mit der Feststellungsklage geltend gemacht, und allfällige weitere Ansprüche erst im Laufe des Verfahrens zum Prozessgegenstand erklärt wurden. Unter diesen Umständen kann nicht gesagt werden, der Kläger hätte gegen den Abschreibungsbeschluss rekurrieren müssen.

13 **ZR 83, Nr. 104:** In diesem Zusammenhang war es übrigens die Vorinstanz und nicht der Kläger oder sein Vertreter, die gegen Treu und Glauben verstiess, denn das Gebot von § 50 Abs. 1 ZPO bindet auch die Gerichte. Die Vorinstanz war bereits seit der Hauptverhandlung vom 16. Februar 1983 darüber ins Bild gesetzt, wie die Teilklageforderung berechnet worden war. Gleichwohl liess sie den nichtanwaltlichen Vertreter bis am 2. November 1983 weiterhin als Vertreter des Klägers handeln und nahm seine Replikschrift und seine Beweiseingabe unbeanstandet entgegen. Wenn sie $8^{1}/_{2}$ Monate später ohne irgendwelchen Anlass seitens der Gegenpartei die bisherigen Prozesshandlungen des nichtanwaltlichen Vertreters für den Fall der Nichtgenehmigung durch den Kläger als nichtig erklären wollte, verletzte sie das Gebot des Handels nach Treu und Glauben.

14 **ZR 84, Nr. 25:** Gemäss Meinung des Kassationsgerichts verstösst es gegen Treu und Glauben, einen Fehler vorerst ungerügt zu lassen und das Verfahren während einiger Zeit weiterlaufen zu lassen und erst im nachhinein den Fehler noch zu rügen. Im Kommentar Hauser/Hauser wird in diesem Zusammenhang ausgeführt, die Zustellung ins Ausland sei mittels Ersuchen an den fremden Staat vorzunehmen. Hingegen dürfe eine Partei eine fehlerhafte Zustellung nicht ohne weiteres hinnehmen und mit Einwendungen zuwarten, nur um damit Zeit zu gewinnen.

15
16 Derartige Einreden, die mit dem Grundsatz von Treu und Glauben im Prozess unvereinbar seien und darauf abzielten, die im Ausland niedergelassene Partei gegenüber der in der Schweiz domizilierten besserzustellen, können nicht berücksichtigt werden. Es ist in diesem Zusammenhang auch auf die Möglichkeit der Verwirkung aufgrund verzögerter Rechtsausübung gemäss Art. 2 ZGB hinzuweisen. Grundregeln des internationalen Zivilprozessrechts bildet, dass für das gerichtliche Verfahren das Recht des angerufenen Richters massgebend ist. Ob eine zuhanden des inländischen Prozessgerichts im Ausland erwirkte Zustellung formgerecht ist, beurteilt sich allerdings nach dem ausländischen Recht des Orts der Vornahme. Welche Wirkung die effektive Zustellung hat, beurteilt sich hingegen wiederum nach dem Recht des Prozessgerichts und nicht nach dem Recht am Ort der Vornahme.

17 Entzieht eine Partei dem aufgrund von § 30 ZPO bezeichneten Zustellungsempfänger die Vollmacht, ohne einen neuen Zustellungsempfänger zu bezeichnen, und verpasst sie in der Folge eine Frist, weil sie von der gestützt auf § 30 ZPO erfolgten Publikation eines Entscheids keine Kenntnis erhalten hat, so trifft sie ein grobes Verschulden.

18 **ZR 85, Nr. 42:** Der römisch-rechtliche Grundsatz, wonach sich der Prätor nicht um Kleinigkeiten kümmert, ist nach heutiger Auffassung überholt. Es gibt nicht nur keinen Prätor, kein Römisches Recht mehr, sondern im Gegenteil einen Anspruch jedes Rechtssubjekts, sein Recht, so gering der materielle Wert auch in den Augen des Richters erscheinen mag, beurteilen zu lassen und durchsetzen zu können. Das Obergericht hat daher eine Nichtigkeitsbeschwerde gegen einen nicht eintretenden Entscheid des Rechtsöffnungsrichters aufgehoben, welchen der Rechtsöffnungsrichter damit begründete, das Verhalten des Klägers, der AHV-Ausgleichskasse, eine Forderung unter Fr. 20 geltend zu machen, sei rechtsmissbräuchlich.

19 **ZR 86, Nr. 4:** Eine Einlassung liegt nur vor, wenn die betreffende Partei gegenüber dem Gericht unzweideutig den Willen bekundet hat, vorbehaltlos zur Hauptsache zu verhandeln. Ein rein passives Verhalten bedeutet demgemäss keine vorbehaltlose Einlassung, ebenfalls die Einreichung eines Fristerstreckungs- und Verschiebungsgesuchs. Im Umstand, dass die Beklagte die Frister-

streckungsgesuche mit aufwendigen Abklärungen und Beschaffung der notwendigen Unterlagen begründet hat und so eine Ausdehnung der Frist zur Einreichung der Klageantwort um 3 1/2 Monate erreichen konnte, bildet keine Einwilligung, über die Sache vor dem Bezirksgericht zu verhandeln. Der Beklagten konnte es nicht verwehrt werden, sich erst nach Kenntnis des Prozessstoffes zu entscheiden, obwohl man sich vor dem an sich unzuständigen Richter oder dem verfassungsmässig zugesicherten Richter an seinem Wohnort auf den Prozess einlassen wollte. § 111 ZPO lässt die Einrede der Unzuständigkeit noch in der Klageantwort zu, die aber im vorliegenden Fall nicht erstattet wurde.

ZR 87, Nr. 97: Nach dem Grundsatz von Treu und Glauben gilt die Rechtsmittelfrist als gewahrt, wenn die Rechtsmittelbelehrung eine längere als die gesetzlich vorgesehene Frist nennt, und das Rechtsmittel innert dieser Frist ergriffen wird; einer Wiederherstellung der Frist bedarf es nicht. 20

ZR 88, Nr. 4: Gegen Entscheide des Handelsgerichts über Ordnungsbussen wegen mutwilliger Prozessführung ist die Nichtigkeitsbeschwerde zulässig; wenn der Parteivertreter gebüsst wird, ist die Partei unter Umständen ebenfalls zur Beschwerde legitimiert (noch andere ähnliche Prozesse hängig, bei Bestand der Ordnungsbusse könnte der bisherige Rechtsvertreter nicht weiter prozessieren, ein anderer Anwalt würde sich schwerlich finden lassen). Vor Ausfällung einer Ordnungsbusse wegen mutwilliger Prozessführung ist das rechtliche Gehör einzuräumen, was nicht geschah, weshalb die Nichtigkeitsbeschwerde gutgeheissen wurde. 21

ZR 90, Nr. 15: Auf ein Vollstreckungsbegehren kann der zürcherische Richter nur eintreten, wenn sich aus dem Vollstreckungstitel klar und eindeutig ergibt, was dem Kläger inhaltlich und umfangmässig zugesprochen wurde und damit Gegenstand der Vollstreckung bildet. Ein allfälliger Mangel kann nicht über den Grundsatz von Treu und Glauben behoben werden. 22

ZR 91/92, Nr. 54: Nach einem Entscheid des Kassationsgerichts (RB 1990, 32) dürfen gemäss § 101 Abs. 2 Satz 2 GVG die vom Ausstandsbegehren betroffenen Richter nicht selber über das Begehren entscheiden. Bei rechtsmissbräuchlicher Ablehnung eines Justizbeamten ist es zulässig, ohne formellen Entscheid unter Mitwirkung von nicht abgelehnten Justizbeamten auf das Begehren ohne weiteres nicht einzutreten. Ein Ablehnungsbegehren erscheint u.a. dann als rechtsmissbräuchlich, wenn die betreffende Partei in allen von ihr geführten Verfahren und vor allen Instanzen immer wieder erfolglos gleichlautende Begehren stellt; in diesem Verhalten kann eine partielle Prozessunfähigkeit erblickt werden. Art. 26 OG bezieht sich hier auf Verfahren vor Bundesgericht; diese Bestimmung enthält keine Vorschriften an die kantonalen Gesetzgeber. 23

ZR 93, Nr. 81: Der Rechtsvertreter des Klägers betrachtet diesen Prozess eigentlich als sinnlos, womit er mindestens die Berufung wider besseres Wissen erhoben hätte, was vom Gesetz verpönt ist. Die Erklärung des Rechtsvertreters ist indessen in Zusammenhang zu sehen, mit seiner aggressiv pessimistischen Kritik der hiesigen Verhältnisse, wo er kurzerhand Folter, Uneinsichtigkeit der anderen, Strafjustiz um Verkehrstote sowie Opfer von Arbeitsunfällen als in Raten stattfindenden Krieg bezeichnet, andererseits aber auch mit der widersprechenden Begründung des Antrags auf unentgeltliche Rechtspflege, obwohl er die Prozessaussichten als schlecht ansieht. Die beiläufigen unpassenden, überflüssigen, widersprüchlichen Bemerkungen seines Rechtsvertreters dürfen sich nicht zu Lasten des Klägers auswirken, welcher zweifellos die Tragweite solcher Argumentationen nicht erfassen konnte. 24

ZR 94, Nr. 68: Vgl. § 11 ZPO.

ZR 95, Nr. 62: Vgl. § 281 ZPO.

Interesse am Prozess
§ 51. Auf die Klage ist nur einzutreten, soweit ein rechtliches Interesse an ihrer Beurteilung besteht.

Auf ein Rechtsmittel ist nur einzutreten, soweit der Rechtsmittelkläger durch den angefochtenen Entscheid beschwert ist.

1 Zum notwendigen Inhalt einer Klage gehört, wer Kläger und wer Beklagter ist sowie das Rechtsbegehren. Gemäss ZR 82, Nr. 121 ist gemäss Handelsgericht Zürich die Zulässigkeit von sogenannten Schutzschriften nicht gegeben, gemäss **GVP SG 1988 Nr. 63** hingegen bejaht worden:

> *"Das Institut der Schutzschrift ist umstritten (vgl. ZR 82, (1983), Nr. 121; Schweizerische Mitteilungen über gewerblichen Rechtsschutz und Urheberrecht 1084, 264 ff.). Der aus Art. 4 BV abgeleitete Anspruch auf rechtliches Gehör gebietet ihre Entgegennahme, Aufbewahrung und Beachtung, soweit dies nicht zu einer Verzögerung führt, die der Gesetzgeber mit Rücksicht auf die überwiegenden Interessen des Antragstellers an einem raschen Rechtsschutz bewusst verhindern wollte (U. Schenker, Die vorsorgliche Massnahme im Lauterkeits- und Kartellrecht, Diss. Zürich 1985, 151 ff.). Im vorliegenden Fall sind die Voraussetzungen für die Berücksichtigung erfüllt. Die Schutzschrift der Gesuchstellerin vom 15. Juli 1988 wird daher im Sinn einer Stellungnahme zu einem gegen sie gerichteten Begehren um eine superprovisorische Verfügung und als Hinweis darauf entgegengenommen, sofort für eine Verhandlung zur Verfügung zu stehen, wobei über letzteres erst nach Eingang eines allfälligen Begehrens entschieden werden kann. Die Frist für die Aufbewahrung wird in diesem konkreten Fall auf sechs Monate seit Eingang der Schutzschrift (20. Juli 1988) festgesetzt; nach Ablauf dieser Frist wird die Schutzschrift, wenn kein Massnahmebegehren eingetroffen ist, der Gesuchstellerin zurückgegeben."*

2 Das Bundesgericht hat in einem eher untypischen Fall entschieden, solche Schutzschriften seien nicht zulässig, weil es sich um Eingaben ausserhalb des geordneten Verfahrensgangs handle, durch welche der Richter zugunsten einer Partei beeinflusst würde:

> **BGE 119 I a 56 ff.:** "Anders verhält es sich indessen mit Petitionen, die ein konkretes Gerichtsverfahren betreffen, sei es, dass ein solches hängig oder bereits abgeschlossen ist oder aber in absehbarer Zeit anhängig gemacht wird. Für die Verfahrensbeteiligten stehen die prozessualen Mittel zur Verfügung, um entsprechend den anwendbaren Verfahrensbestimmungen Anträge und Standpunkte betreffend Sachverhalt und rechtliche Beurteilung in den Prozess einfliessen zu lassen; der einzelne hat die Möglichkeit, sich mit den üblichen prozessualen Mitteln an die Gerichte zu wenden. Der Richter ist ausserhalb der Verfahrensbestimmungen und der sich aus Art. 4 BV bzw. der EMRK ergebenden Grundsätze nicht befugt, auf andere, als Petitionen bezeichnete Eingaben von Verfahrensbeteiligten weiter einzugehen. Er hat sich vielmehr an die Verfahrensordnung zu halten. Den Verfahrensbeteiligten stehen im eigentlichen Hauptverfahren die diversen prozessualen Mittel zur Antragstellung und Äusserung zur Verfügung, nach abgeschlossenem Verfahren die Rechtsbehelfe wie die Revision und im Vorfeld eines Verfahrens die Möglichkeiten des vorsorglichen Rechtsschutzes. Ginge der Richter auf Petitionen von Verfahrensbeteiligten ein, so würde er sich dem Vorwurf der Voreingenommenheit und Parteilichkeit aussetzen. Der Anspruch auf einen unabhängigen und unparteiischen Richter ist aber durch Art. 58 BV und Art. 6 Ziff. 1 EMRK garantiert. Es sollen nach der Rechtsprechung keine Umstände, welche ausserhalb des Prozesses liegen, in sachwidriger Weise zugunsten oder zulasten einer Partei auf das Verfahren einwirken; es soll verhindert werden, dass jemand als Richter tätig wird, der unter solchen Einflüssen steht und damit kein 'rechter Mittler' mehr sein kann.
>
> Voreingenommenheit in diesem Sinne ist anzunehmen, wenn Umstände vorliegen, die geeignet sind, Misstrauen in die Unparteilichkeit eines Richters zu erwecken. Entscheidend hierfür ist bei objektiver Betrachtungsweise bereits der Anschein oder die Gefahr der Befangenheit (vgl. BGE 114 Ia 53 ff., 117 Ia 159 ff., 116 Ia 33 ff., mit Hinweisen). In Anwendung dieser Grundsätze hat das Bundesgericht etwa einen Richter als befangen bezeichnet, weil er einen informellen Augenschein durchgeführt und eine entsprechende Aktennotiz verfasst hat, obwohl die Parteien dazu haben Stellung nehmen können (BGE 114 Ia 158 ff.). Desgleichen bestünde bei demjenigen Richter, der Petitionen von Verfahrensbeteiligten ausserhalb der eigentlichen Prozessformen entgegennimmt, die ernsthafte Gefahr der Voreingenommenheit im Sinne der zitierten Rechtsprechung zu Art. 58 Abs. 1 und Art. 6 Ziff. 1 EMRK.
>
> Daraus ergibt sich, dass aus Gründen der Beachtung der Verfahrensordnung und der Fairness des

Verfahrens sowie wegen der Gefahr der unzulässigen Beeinflussung des Richters Petitionen von Verfahrensbeteiligten hinsichtlich eines konkreten Gerichtsverfahrens nicht als zulässig betrachtet werden können. Das trifft insbesondere für die als Petition bezeichnete sog. Schutzschrift der Beschwerdeführerin zu. Die Schutzschrift ist ein vorbeugendes Verteidigungsmittel gegen einen erwarteten Antrag auf Erlass einer einstweiligen Verfügung und verfolgt das Ziel, den Erlass einer vorsorglichen Verfügung zu verhindern, indem entweder mündliche Verhandlung verlangt oder der Sachstandpunkt dem Gericht schon im voraus unterbreitet wird (vgl. Volker Deutsch, Die Schutzschrift in Theorie und Praxis, in: GRUR 92/1990 S. 327 ff.; ZR 82/1983 Nr. 121). Die Eingabe der Beschwerdeführerin betrifft ein konkretes Verfahren, in dem sie selber beklagte Partei wäre. Der Umstand, dass das Verfahren noch nicht eingeleitet worden ist, ändert daran nichts, weil die Schutzschrift im Hinblick auf die unmittelbar bevorstehende Eröffnung eines Prozesses eingereicht worden ist. In der Beschwerdeschrift wird dargetan, dass es der Beschwerdeführerin darum ging, dem Gericht bestimmte Tatsachen zur Kenntnis zu bringen und es damit überhaupt erst in die Lage zu versetzen, sachgerecht über allfällige Begehren von der Gegenseite zu befinden.

Daraus geht hervor, dass die Petition unmittelbaren Einfluss auf den Prozess nehmen wollte, ohne sich der gegebenen prozessualen Mittel zu bedienen. Die förmliche Entgegennahme der Schutzschrift hätte das Gericht der ernsthaften Gefahr der Voreingenommenheit ausgesetzt. Daraus ist zu schliessen, dass die Schutzschrift als Petition unzulässig ist und die Beschwerdeführerin sich demnach nicht auf Art. 57 BV berufen und die ungelesene Rücksendung nicht beanstanden kann."

Gemäss BGE 116 II 219 dürfen die Kantone bei Forderungsklagen ein beziffertes Rechtsbegehren fordern. Diese Vorschrift ergibt sich aus dem Grundsatz des rechtlichen Gehörs (§ 56 ZPO), aus der Dispositionsmaxime (§ 54 ZPO), da der Richter dem Kläger nicht mehr zusprechen darf, als er verlangt, weshalb der Kläger die Klage genau zu umschreiben hat; weiter verlangt die materielle Rechtskraft gemäss § 191 ZPO, dass bestimmt sein muss, worüber das Ersturteil konkret ergangen ist; der Vollstreckungsrichter muss aufgrund des Urteilsdispositivs entscheiden können, was konkret Vollstreckungsgegenstand ist; die Säumnisfolgen können nur konkret greifen, wenn das Gericht weiss, was Gegenstand der Klage ist. Im Bereiche des Immaterialgüterrechts geht die Tendenz eindeutig dahin, solche Schutzschriften zuzulassen.

3

Das Bundesgericht hat in einem Entscheid BGE 116 II 219 die Zulässigkeit unbezifferter Klagen auf Geldzahlung in bestimmten Fällen bejaht:

4

BGE 116 II 219: "4. a) Eine Prozessvorschrift, wonach die Rechtsbegehren der Parteien klar und deutlich zu formulieren sind und hinreichend bestimmt lauten müssen, ist nicht zu beanstanden. Den Kantonen ist daher auch im Grundsatz nicht verwehrt, in Forderungsstreitigkeiten die Bezifferung des geforderten Betrags zu verlangen (GULDENER, Zivilprozessrecht, S. 193; derselbe, ZSR n.F. 80/1961 II S. 59 f.). Der Grundsatz gilt indessen nicht schrankenlos. Das kantonale Recht hat unbezifferte Forderungsklagen einmal dort zuzulassen, wo das Bundesrecht sie ausdrücklich vorsieht (z. B. Art. 73 Abs. 2 PatG) oder den Richter auf sein Ermessen verweist (insbesondere Art. 42 Abs. 2 OR, dazu BGE 112 Ib 335 E. 1 mit Hinweisen; Peter Loosli, Die unbezifferte Forderungsklage, Diss. Zürich 1977, S. 5 f.; VOGEL, Grundriss des Zivilprozessrechts, 2. Aufl. 1988, S. 135 Rz 5; A. Guldener, Zivilprozessrecht, S. 193 Fn 8; derselbe, ZSR n.F. 80/1961 II S. 59 f.). Immerhin begrenzt das Bundesrecht in solchen Fällen des richterlichen Ermessens lediglich die Anforderungen an die materielle Substantiierung der Forderung, nimmt den Kantonen dagegen nicht auch die Möglichkeit, aus formellen Gründen eine rahmenmässige Bezifferung der Klageforderung zu verlangen (BGE 77 II 188; Sträuli/Messmer, N 16 zu § 61 ZPO ZH; C. Jürgen Brönnimann, Die Behauptungs- und Substantiierungslast im schweizerischen Zivilprozessrecht, Diss. Bern 1989, S. 31). Das bundesprivatrechtliche Verwirklichungsverbot lässt sodann nicht zu, eine Bezifferung der Klageforderung auch dort zu verlangen, wo der Kläger nicht in der Lage ist, die Höhe seines Anspruchs genau anzugeben, oder diese Angabe unzumutbar erscheint (GULDENER, ZSR n.F. 80/1961 II S. 36; LOOSLI, a. a. O., S. 7 und 66 ff.). Dies hat insbesondere dort zu gelten, wo erst das Beweisverfahren die Grundlage der Bezifferung der Forderung abgibt; hier ist dem Kläger zu gestatten, die Präzisierung erst nach Abschluss des Beweisverfahrens vorzunehmen (Guldener, Zivilprozessrecht, S. 193 Ziff. 2 und 237 bei Fn 41). Wird schliesslich auf Rechnungslegung geklagt, braucht nicht angegeben zu werden, wie die Rechnung zu lauten habe, soll doch die Rechnungslegung dem Kläger erst Kenntnis von den Abrechnungsverhältnissen verschaffen (GULDENER, Zivilprozessrecht, S. 194 Ziff. 7). Gleiches gilt für die sogenannte Stufenklage, in welcher ein Begehren um Rechnungslegung mit einer zunächst unbestimmten Forderungsklage auf Leistung des Geschuldeten verbunden wird. (Guldener, Zivilprozessrecht, S. 167 Ziff. 3; VOGEL, a. a. O., S. 136 Rz 6). Hauptanspruch ist hier die anbegehrte Leistung, Hilfsanspruch deren Bezifferung durch Rechnungslegung. Da es dem Kläger diesfalls in der Regel nicht möglich ist, seine Forderung ohne Erfüllung des Hilfsanspruchs inhaltsmässig genau zu bestimmen, ist die unbezifferte Forderungsklage zunächst zuzulassen und die Möglichkeit zu gewähren, die Bezifferung nach erfolgter Rechnungslegung oder nach Abschluss des Beweisverfahrens nachzuholen. In solchen Fällen vom Kläger die Bezifferung seiner Forderung bereits zu Beginn des Prozesses zu verlangen, hiesse die Durchsetzung des Bundesprivatrechts vereiteln und verstiesse damit gegen die derogatorische Kraft des Bundesrechts. Vom Kläger aber zu fordern, in einem ersten Prozess bloss auf Rechnungslegung zu klagen, um sich Klarheit über die Bezifferung des Hauptanspruchs zu verschaffen, und danach eine zweite (Leistungs-)Klage anzuheben, widerspräche den Anliegen der Prozessökonomie und dem Grundsatz der Verhältnismässigkeit."

5 Rechtsbegehren sind bedingungsfeindlich. Zulässig sind hingegen Eventualbegehren für den Fall der Abweisung des Hauptbegehrens; die Rechtsbegehren sind sodann auslegungsbedürftig; in BGE 105 II 152 wurde erkannt, dass eine Feststellungsklage formuliert war, die jedoch aufgrund der Auslegung eine Leistungsklage beinhaltete.

6 In den meisten Fällen ist sodann die Klage schriftlich zu formulieren, muss man, um die sachliche Zuständigkeit bestimmen zu können, den Streitwert angeben; die Klage ist sodann zu begründen, d.h. der Kläger muss substantiieren, aufgrund welchen Vorgangs er die Klage einreicht; grundsätzlich hat der Kläger die Beweismittel zu bezeichnen.

7 Das Vorhandensein eines Rechtsschutzinteresses beurteilt sich bei Ansprüchen, die im Bundesrecht die Grundlage haben, nach dem Bundesrecht (mit der Konsequenz für die Rechtsmittel an das Bundesgericht), bei Ansprüchen nach kantonalem Recht nach dem Recht des Kantons; hingegen ist letztinstanzlich nur die staatsrechtliche Beschwerde gegeben. Ein Rechtsschutzinteresse liegt nicht vor, wenn eine identische Klage zwischen den gleichen Parteien vor einem Gericht hängig ist (Litispendenz) oder wenn der erneut eingeklagte Anspruch bereits beurteilt ist (res iudicata).

Der Nebenintervenient braucht ein Rechtsschutzinteresse am Obsiegen einer Partei; der Litisdenunziat braucht kein direktes Rechtsschutzinteresse. Bei Leistungs- und Gestaltungsklagen begründet die Nichterfüllung eines fälligen Anspruchs das Rechtsschutzinteresse, und daher hat der Beklagte das fehlende Rechtsschutzinteresse des Klägers mittels einer Einrede vorzubringen. Betr. Feststellungsklage, vgl. die Ausführungen zu § 59 ZPO.

8 Rechtsschutzinteresse verneint: BGE 116 II 1. Wenn der Betroffene bei Art. 28 I ZGB den Richter erst nach einer Frist von zwanzig Tagen vom Zeitpunkt an gerechnet anruft, nachdem das Medienunternehmen eine Veröffentlichung abgelehnt hat, ist im Sinne einer Tatsachenvermutung davon auszugehen, dass der Betroffene an der gerichtlichen Geltendmachung des Gegendarstellungsrechts kein schützenswertes Interesse mehr hat, und, sofern er nicht das Gegenteil nachzuweisen vermag, seinem Begehren nicht stattzugeben ist.

9 Anmerkung: Der Entscheid vermag nicht zu überzeugen. Solche Artikel, wie der erwähnte im "Tages-Anzeiger" sind beliebig elektronisch verfügbar; die Klage erfolgte innert vernünftiger Frist; den Nachweis des Gegenteils zu verlangen, und daran kaum zu definierende Anforderungen zu stellen, vermag nicht zu überzeugen.

Rechtsschutzinteresse verneint:

BGE 115 II 482: "4. Die Vorinstanz wirft dem Beklagten unlauteren Wettbewerb vor und hat in diesem Zusammenhang ein Feststellungs- und ein Publikationsbegehren der Kläger geschützt. Der Beklagte hält dies für bundesrechtswidrig.

a) Da die dem Beklagten zum Vorwurf erhobenen Tatsachen vor dem 1. März 1988 eingetreten sind, beurteilen sich die wettbewerbsrechtlichen Ansprüche noch nach dem Gesetz vom 30. September 1943 und nicht nach dem geltenden Gesetz vom 19. Dezember 1986 (BGE 114 II 94).

b) Art. 2 Abs. 2 aUWG gibt den Kunden, die durch unlauteren Wettbewerb in ihren wirtschaftlichen Interessen geschädigt sind, die in Abs. 1 dieser Bestimmung genannten Rechtsansprüche, darunter denjenigen auf Feststellung der Widerrechtlichkeit. Dieser Anspruch gilt jedoch nicht schlechthin; er setzt vielmehr ein schutzwürdiges Interesse an der Feststellung voraus (BGE 104 II 133 f.). Ob es gegeben ist, ist eine Frage des Bundesrechts (BGE 110 II 353). Der Feststellungsanspruch hat in erster Linie Beseitigungsfunktion und ist daher in der Regel zu gewähren, wenn die Fortdauer einer Störung zu befürchten ist (vgl. Art. 28a Abs. 1 Ziff. 3 ZGB; BGE 104 II 234; 101 II 187 E. 4). Ein solches Beseitigungsinteresse aber besteht im vorliegenden Fall, nach Beendigung der Rechtsbeziehungen der Parteien, nicht mehr, wie auch das Handelsgericht zutreffend festhält.

c) Die Urteilsveröffentlichung setzt ebenfalls ein Interesse des sie verlangenden Wettbewerbsteilnehmers voraus. Auch sie dient nicht blosser Missbilligung oder Rache, sondern soll zur Wiederherstellung einer in der Öffentlichkeit ungerechtfertigterweise herabgesetzten Wettbewerbsposition beitragen. Ein bloss öffentliches Interesse an einer Klarstellung genügt nur, wenn es gilt, fortdauernde Unsicherheiten im Publikum zu beheben (BGE 81 II 72). Eine solche, vom Beklagten ausgehende, andauernde Gefährdung der Allgemeinheit weisen die Kläger indessen nicht nach. Das Handelsgericht hat demnach ihr Publikationsbegehren zu Unrecht geschützt."

Verschiedene Gesetzesvorschriften, insbesondere betreffend Klagen auf Ungültig- oder Nichtigerklärung, gewähren jedermann, der ein Interesse hat, die Klagelegitimation (Art. 89, 108, 121 Abs. 2, 260 a, 482, 519 ZGB); das Bundesgericht hat in BGE 99 II 256 ausgeführt: "Zur Klage auf Ungültigerklärung einer Stiftung wegen Fehlens von Voraussetzungen für ihre Entstehung oder wegen unzulässigen oder unmöglichen Inhalts der Stiftungsurkunde ist wie gemäss Art. 89 Abs. 1 ZGB zur Klage, mit welcher die Aufhebung einer Stiftung wegen widerrechtlich oder unsittlich gewordenen Zwecks verlangt wird, ausser der Aufsichtsbehörde jedermann berechtigt, der ein Interesse hat (vgl. BGE 96 II 277). Indem das Gesetz das Klagerecht demjenigen gewährt, der ein Interesse hat, schliesst es Private, denen ein Interesse am Wegfall der Stiftung fehlt, vom Klagerecht aus."

Bei einer Unterlassungsklage liegt ein rechtliches Interesse vor, wenn die Begehung oder Wiederholung einer widerrechtlichen Handlung direkt und unmittelbar droht (BGE 88 II 17, BGE 104 II 134, BGE 103 II 214). Im Befehlsverfahren fehlt ein Rechtsschutzinteresse, wenn dieser Befehl nicht vollstreckbar ist (ZR 67, Nr. 120) oder wenn es objektiv unmöglich ist, ihn auszuführen (ZR 29, Nr. 107). Dagegen besteht grundsätzlich ein Rechtsanspruch, auf eine Teilklage einzutreten, sofern im übrigen ein konkretes Rechtsschutzinteresse vorliegt.

Eine Partei kann trotz prozessualer Benachteiligung durch einen Entscheid in bestimmten Konstellationen nicht beschwert sein: das Gericht entspricht seinem Antrag auf Klageabweisung nicht, sondern tritt auf die Klage nicht ein (BGE 63 II 190); der Beklagte beantragt zwar mit bestimmten Gründen Klageabweisung, die als unbegründet angesehen wird, das Gericht weist die Klage jedoch aus anderen Gründen ab (BGE 61 II 125, BGE 51 II 287).

In Ausnahmefällen wird vom Erfordernis der Beschwer abgesehen, insbesondere im Interesse, eine Ehe aufrechtzuerhalten: Ein Kläger, der in der Scheidungsfrage obsiegt, kann dagegen Berufung einlegen, um im Berufungsverfahren die Klage zurückzuziehen (ZR 73, Nr. 15). Über die Ne-

benfolgen der Scheidung, die sich nach der Offizialmaxime richten, wie Zuteilung der elterlichen Gewalt, Unterhalt des Kinds, Besuchsrecht, kann eine Partei im Interesse der Kinder mittels Berufung weitergehende Anträge stellen als bei der Vorinstanz (ZR 71, Nr. 106; BGE 82 II 470).
Gemäss BGE 91 II 149 und ZR 73, Nr. 14 ist ein Prozess als gegenstandslos abzuschreiben, wenn der eingeklagte Anspruch aus einem vom Willen des Anspruchsberechtigten unabhängigen Grund erlischt.

15   **ZR 82, Nr. 14:** Beschwer als Voraussetzung für die Zulässigkeit von Rekursanträgen: Stellt eine Partei im Rekursverfahren Anträge, die sich nicht auf das Dispositiv des angefochtenen Entscheids beziehen, so ist darauf mangels Beschwer nicht einzutreten. Im vorliegenden Fall wies die Vorinstanz die Arbeitgeberin des Klägers auf Begehren der Beklagten an, dieser die Unterhaltsbeiträge für die Dauer des Scheidungsprozesses direkt zu überweisen. Auf den klägerischen Rekursantrag betreffend einer Abänderung der Unterhaltsbeiträge kann deshalb mangels Beschwer nicht eingetreten werden. Hieran vermag auch die Tatsache nichts zu ändern, dass sich die Vorinstanz in der Begründung ihres Entscheids mit der Höhe des Unterhaltsbeitrags auseinandergesetzt hat und zum Schluss gekommen ist, dass sich die finanziellen Verhältnisse der Partei nicht wesentlich verändert haben und eine Abänderung der Unterhaltsbeiträge nicht Platz greifen könne.

16   **ZR 82, Nr. 54:** Beschwer im Vaterschaftsprozess: Auch bei fehlender formeller Beschwer kann in einer bei Anlass eines Prozesses nach Art. 13 a SchlT ZGB vom Bezirksgericht ohne entsprechenden Antrag des Klägers verfügten Erhöhung von dessen Beitragsanspruch eine materielle Beschwer des Klägers liegen, die ein Eintreten auf dessen Berufung zulässt. Der Richter hat keine Kompetenz, im Rahmen einer Unterstellungsklage nach Art. 13 a SchlT ZGB ohne entsprechendes Parteibegehren von Amtes wegen die Höhe der bisherigen Unterhaltsbeiträge abzuändern. Gemäss Art. 13 SchlT ZGB verlangte der Kläger im Jahre 1979 durch seinen Vertreter beim zuständigen Friedensrichteramt, es sei das Kindsverhältnis zwischen ihm und dem Beklagten festzustellen und dieser sei zu verpflichten, ihm die gemäss Vereinbarung festgelegten Unterhaltsbeiträge bis zur Mündigkeit zu erbringen. Die Mutter des Klägers hatte jeweils Fr. 320 statt der vereinbarten Fr. 200 erhalten, was sie wegen der Teuerung verlangt hatte. Das Bezirksgericht sprach dem Kläger Unterhaltsbeiträge von monatlich Fr. 320 zu.

17   Das Obergericht machte geltend, es liege keine Beschwer des Klägers vor, da der erstinstanzliche Richter den Antrag des Klägers auf Gutheissung der Klage geschützt habe und dem Kläger mehr zugesprochen, als dieser verlangt habe. Demgegenüber macht das Obergericht geltend, eine Beschwer liege in Fällen vor, wo der Rechtsmittelkläger unabhängig von seinen Anträgen in der Vorinstanz durch den Inhalt der ergangenen Entscheidung in seinen materiellen oder prozessualen Rechten benachteiligt wird. Der Kläger macht eine solche materielle Beschwer geltend, indem er vorbringt, durch Zusprechung eines Unterhaltsbeitrages von Fr. 320 im Monat würde eine Alimentenerhöhung künftig nur noch unter Berücksichtigung der seit dem angefochtenen Urteil eingetretenen Veränderungen durchsetzbar sein. Die finanziellen Verhältnisse des Beklagten seien viel besser, als dass monatliche Alimente von Fr. 320 angemessen wären.

18   Wird, wie im vorliegenden Fall, die bisherige Zahlvaterschaft nach altem Recht gemäss Art. 13 SchlT zum ZGB in ein neurechtliches Kindsverhältnis umgewandelt, so gilt nach wie vor die alte Unterhaltsverpflichtung, doch untersteht diese bezüglich der Dauer und der Abänderbarkeit dem neuen Recht. Der Kläger hatte mit der Unterstellungsklage keine Klage auf Abänderung der bisher gültigen Beitragshöhe eingereicht. Die Vorinstanz hatte daher auch keine Veranlassung, im Urteil eine solche anzuordnen.

19   **ZR 82, Nr. 88:** Formelle Beschwer als Voraussetzung der Zulässigkeit des Rekurses im Eheschutzverfahren: Die beklagte Partei, die im Eheschutzverfahren vor der ersten Instanz ihre Zustimmung zum Begehren betreffend die Bewilligung des Getrenntlebens auf unbestimmte Zeit gegeben hat, kann einen dieses Begehren gutheissenden Entscheid auf dem Rekursweg anfechten, um in zweiter Instanz eine Befristung der Trennungszeit zu erreichen. Analog zum Scheidungsprozess ist der Rekurs nur zulässig, wenn sich aus den gesamten Umständen ergibt, dass der Rekurrent gewillt ist, die eheliche Gemeinschaft nach Ablauf der Trennungszeit unverzüglich wieder aufzunehmen.

ZR 84, Nr. 138: Gemäss § 51 Abs. 2 ZPO ist auf ein Rechtsmittel nur einzutreten, soweit der Rechtsmittelkläger durch den angefochtenen Entscheid beschwert ist. Der Beklagte ist formell beschwert, wenn die Klage gegen seinen Widerspruch ganz oder teilweise geschützt wurde. Hierbei sind seine abschliessenden Anträge im vorinstanzlichen Verfahren dem Urteilsdispositiv gegenüberzustellen. Nebst dieser formellen Beschwer, der § 51 Abs. 2 ZPO zugrunde liegt, wird in der Lehre auch von einer materiellen Beschwer gesprochen, wenn der Rechtsmittelkläger unabhängig von seinen Anträgen im vorinstanzlichen Verfahren durch den Inhalt eines Entscheids in seinen materiellen oder prozessualen Rechten benachteiligt ist. Im Regelfall sind beide Voraussetzungen gleichzeitig erfüllt, da die Abweisung eines Parteiantrags im allgemeinen ihren Interessen abträglich ist.

ZR 85, Nr. 42: Vgl. § 50 ZPO.

ZR 85, Nr. 118: Der Bezirksrat ist gemäss § 51 Abs. 2 ZPO beschwert, wenn der Gegenpartei eine Entschädigung aus der Bezirksgerichtskasse zugesprochen wird, auch wenn sie nicht dem Bezirksrat auferlegt wird. Als Organ ohne eigene Rechtspersönlichkeit steht der Bezirksrat indessen für den Staat (den Kanton Zürich) vor den Schranken, dessen Interessen er bezüglich der aus einer staatlichen Kasse zu leistenden Prozessentschädigung vertreten darf.

ZR 88, Nr. 43: Entgegen § 191 Abs. 4 ZPO ist eine res iudicata von Amtes wegen zu berücksichtigen, weshalb sich § 191 Abs. 4 ZPO in diesem Punkt als bundesrechtswidrig erweist.

ZR 88, Nr. 50: Eine Aktiengesellschaft mit Sitz im Kanton Waadt erhöhte das Aktienkapital unter Ausschluss des Bezugsrechts der bisherigen Aktionäre. Drei Aktionäre reichten gegen den Kapitalerhöhungsbeschluss Klage ein. Die beklagte Aktiengesellschaft wollte vom Zürcher Obergericht für die drei anfechtenden Aktionäre einen gemeinsamen Gerichtsstand bestimmen lassen, weil sie beabsichtigte, zur Durchführung der aktienrechtlichen Anfechtungsprozesse von den drei Klägern mindestens 9 Millionen Franken Schadenersatz zu verlangen. Mangels eines aktuellen Rechtsschutzinteresses trat das Obergericht auf das Gesuch um Bestimmung eines gemeinsamen Gerichtsstandes nicht ein.

ZR 89, Nr. 93: Beim echten Vertrag zu Gunsten Dritter liegt es im Ermessen des Begünstigten, welche Rechte er geltend machen will und welche nicht. Wo dann eben noch das rechtliche Interesse des Promissars in einer quasi unterstützenden eigenen Klage liegen soll, ist nicht ersichtlich. Das Erreichen des von ihm angestrebten Ziels, Erbringen einer oder mehrerer Leistungen des Promittenten an den Dritten, kann er durch Unterstützung des letzteren, beispielsweise als Nebenintervenient, in gleicher starker Weise wie durch die eigene Klage anstreben. Die Einflussmöglichkeiten des Klägers sind vorliegend überdies allein schon deswegen sehr gross, weil er Mehrheitsaktionär der Gesellschaft ist. Demzufolge ist ein Rechtsschutzinteresse des Klägers, soweit die Klage Leistungen zu Gunsten der Gesellschaft betrifft, zu verneinen, was zum Nichteintreten führt. Davon nicht berührt wird die Frage, ob der Kläger sich den Endentscheid im Prozess der Gesellschaft gegen die Beklagte wird entgegenhalten lassen müssen, wofür in der Lehre immerhin gute Gründe geltend gemacht werden (vgl. Beinert, Die Prozessstandschaft im schweizerischen Recht, Basel 1963, S. 128). Der Vollständigkeit halber sei darauf hingewiesen, dass das Handelsgericht schon in einem älteren vom Bundesgericht später geschützten Entscheid das Rechtsschutzinteresse einer Klägerin verneinte, weil der fragliche Anspruch schon von ihrer Tochtergesellschaft eingeklagt worden war (ZR 36, Nr. 120).

ZR 89, Nr. 110: Wenn im Urheberrechtsprozess ein Auskunftsbegehren dem Antrag um Herausgabe des Gewinns dient und wenn sich im Beweisverfahren der beanspruchte Gewinn ermitteln lässt, liegt kein Rechtsschutzinteresse für ein separates Beurteilen dieses Klagebegehrens mehr vor, und das Auskunftsbegehren ist als gegenstandslos abzuschreiben. Das Rechtsschutzinteresse ist vom Kläger nachzuweisen. Dabei ist eine vom kantonalen Richter grundsätzlich (Art. 63 Abs. 2 OG) abschliessend zu beurteilende Tatfrage, welche Umstände in der konkreten Streitsache nach dem Prozessvorbringen der Partei und gegebenenfalls dem Ergebnis des Beweisverfahrens erstellt sind und der rechtlichen Subsumtion unter den Begriff des Interesses zugrunde zu legen sind. Frei zu prüfende Rechtsfrage ist dagegen, welche Umstände rechtserheblich sind und ob sie im einzelnen ausreichen, die Klagebefugnis zu begründen.

26 Das vorprozessuale Verbinden eines der Gewinnermittlung dienenden Auskunftsbegehrens mit dem Leistungsbegehren auf Herausgabe des Gewinns stellt eine Stufenklage dar, in welcher der Hilfsantrag auf Auskunft akzessorisch der Bezifferung des Antrags auf Leistung dient. Lässt sich im Rahmen des Beweisverfahrens der beanspruchte Gewinn ermitteln, ohne dass gegen den Beklagten ein Teilurteil auf Auskunft zu ergehen hat, entfällt insoweit das Rechtsschutzinteresse des Klägers an einer Weiterverfolgung des Hilfsanspruchs und damit die entsprechende Prozessvoraussetzung. Das Rechtsschutzinteresse muss im Zeitpunkt des Urteils noch vorhanden sein.

27 **ZR 90, Nr. 28:** Von Amtes wegen ist zu prüfen, ob ein Rechtsschutzinteresse besteht. Rechtsschutz wird nur bei konkreten Streitigkeiten gewährt. Auf ein theoretisches Rechtsbegehren, mit welchem ein Kläger die Ansicht des Gerichts in einer Verfahrensfrage oder in der Auslegung des materiellen Rechts zu erfahren wünscht, ist nicht einzutreten. Die vorliegende Klage, wonach die Kläger der Beklagten den Abschluss eines Vertrags mit ihrer Tochter zur Begründung eines EC-Kontos verbieten lassen wollen, qualifiziert sich unbestrittenermassen als Unterlassungsklage. Die Klage auf Unterlassung setzt voraus, dass die Begehung oder Wiederholung widerrechtlicher Handlungen unmittelbar droht. Ziel der Unterlassungsklage ist damit das vorbeugende Abwenden einer erstmals oder erneut drohenden bestimmten Störungshandlung. Da im vorliegenden Fall kein Vertrag vorliegt und auch kein Vertragsschluss droht, besteht die Gefahr eines Vermögensschadens für die Kläger gar nicht. Die hypothetische Frage, wie es sich verhielte, wenn ein Vertrag geschlossen worden wäre und ein Schaden entstanden wäre, ist nicht abzuklären. Das Rechtsschutzinteresse ist zu verneinen. Die Zürcher Kantonalbank als Beklagte war jedoch erst bereit, ein solches EC-Konto zu eröffnen, wenn das monatliche Taschengeld bei Fr. 100 liege, während es bei der klägerischen Tochter lediglich Fr. 20 beträgt. Die Beklagte war daher schon wegen der Höhe und wegen der Unklarheit desselben, nachdem der Kläger anlässlich der Hauptverhandlung plötzlich behauptet hatte, es betrage zwischen Fr. 50 und Fr. 150 pro Monat, nicht bereit, den Vertrag mit der Tochter der Kläger abzuschliessen.

28 **ZR 90, Nr. 61:** Die Anfechtung eines Generalversammlungsbeschlusses kann nicht mittels Parteierklärung bewirkt werden (BGE 80 I 385). Die Prüfung des Rechtsschutzinteresses fällt nicht in die Kompetenz des Friedensrichters. Wenn keine Rückzugserklärung erfolgt, hat er unverzüglich die Weisung auszustellen. Rechtsschutzinteresse einer Unterlassungsklage der Eltern gegen die ZKB auf Nichtausstellung einer EC-Karte ab 14 Jahren, wenn die Tochter gar nie eine solche Karte beantragt hat: Die Klage auf Unterlassung setzt voraus, dass die Begehung oder Wiederholung widerrechtlicher Handlungen unmittelbar droht. Ziel der Unterlassungsklage ist damit das vorbeugende Abwenden einer erstmals oder erneut drohenden bestimmten Störungshandlung. Da die Tochter der Kläger keinerlei Schritte zur Eröffnung eines Privatkontos bei der Kantonalbank oder zur Erlangung einer EC-Karte unternommen hat, und die Bank wiederholt erklärt hat, sie sei am Abschluss eines Vertrags mit der klägerischen Tochter nicht mehr interessiert, fehlt das aktuelle Rechtsschutzinteresse.

29 **ZR 91/92, Nr. 93:** Wenn ein Entscheid auf einem Vergleich beruht, liegt eine formelle Beschwer nur vor, wenn der Vergleich wegen Willensmängeln angefochten wird und sich als zivilrechtlich ungültig erweist (verneint betreffend einer Vereinbarung wie im Eheschutzverfahren, wonach Ehemann der Ehefrau einen Unterhaltsbeitrag von Fr. 4'500 leistete).

30 **ZR 94, Nr. 19:** Nach ständiger zürcherischer Praxis wird nach Anhängigmachen des ordentlichen Prozesses auf eine den Massnahmeentscheid betreffende Nichtigkeitsbeschwerde nicht mehr eingetreten, und es werden die Akten insoweit dem ordentlichen Richter überwiesen, der im Rahmen von § 229 ZPO über Aufheben oder Ändern der Massnahmen zu befinden hat. Diese Praxis ist neuerdings im Schrifttum auf Kritik gestossen (Martin Kaufmann, einstweiliger Rechtsschutz: Die Rechtskraft im einstweiligen Verfahren und das Verhältnis zum definitiven Rechtsschutz, Diss., Bern, 1993, S. 69 f.; Daniel Alder, der einstweilige Rechtsschutz im Immaterialgüterrecht, Diss., Bern, 1993, S. 187 f.). Bei nachträglichem Dahinfallen des Rechtsschutzinteresses entfällt der

Anspruch auf eine materielle Überprüfung ohne weiteres, und das Verfahren ist durch Nichteintreten zu erledigen, ohne dass sich dabei die Frage der Zuständigkeit überhaupt noch stellt. Das Nichteintreten auf die Nichtigkeitsbeschwerde hat seinen eigentlichen Grund darin, dass vom Zeitpunkt der Rechtshängigkeit der Klage im ordentlichen Verfahren an im Sinne von § 229 ZPO das Rechtsschutzinteresse am Weiterführen des vorprozessualen Verfahrens entfällt; zudem entspricht das Nichtbehandeln der subsidiären Natur der Nichtigkeitsbeschwerde: Soweit die hier erhobene Kritik von einer anderen Instanz von gleicher oder sogar weiterer Kognition behandelt werden kann, besteht kein Anlass für die Inanspruchnahme dieses ausserordentlichen Rechtsmittels. Unzutreffend ist des weiteren die Auffassung, dass der Richter im ordentlichen Verfahren an die dem vorprozessualen Massnahmeentscheid zugrunde liegende Rechtsauffassung gebunden und nur bei Ändern der tatsächlichen Verhältnisse zum Aufheben der Änderung der Massnahme befugt sei, jedenfalls soweit sich das Verfahren nach kantonalem Verfahrensrecht und nicht nach bundesrechtlichen Spezialvorschriften richtet. Gemäss § 229 ZPO kann nämlich der ordentliche Richter einschreiten, wenn sich die Massnahmen nachträglich als ungerechtfertigt erweisen oder wenn sich die Umstände geändert haben; daraus folgt, dass das nachträgliche Ändern der Umstände nur eine von zwei Varianten darstellt und somit z.b. auch eine abweichende rechtliche Betrachtungsweise eines unveränderten Sachverhalts ein Aufheben oder Ändern der Massnahmen zulässt (I. Meier, Grundlage des einstweiligen Rechtsschutzes, Zürich, 1983, S. 168 f.). In BGE 108 II 65 wurde schliesslich ausgeführt, es sei den Kantonen im Hinblick auf Art. 11 Abs. 3 a UWG nicht verboten, vorprozessuale vorsorgliche Massnahmen auch dann noch durch eine Oberinstanz überprüfen zu lassen, wenn bereits die Klage im ordentlichen Verfahren anhängig gemacht worden sei. Dass die Kantone dazu verpflichtet seien, lässt sich aus diesem Urteil nicht entnehmen. Die Kostenregelung ist dem Entscheid des Richters im Hauptverfahren vorzubehalten, abgesehen vom Festsetzen der Gerichtsgebühr. Allerdings lässt sich dies nicht, (wie noch RB 1985 Nr. 37 und darauf verweisend ZR 88, Nr. 40) mit der dahingefallenen sachlichen Zuständigkeit begründen; vielmehr ist nach § 65 Abs. 1 ZPO vorzugehen. Auch nach dieser Bestimmung rechtfertigt es sich, den Entscheid über das Verlegen der Kosten und Entschädigung des vorliegenden Verfahrens vom Ausgang des ordentlichen Verfahrens abhängig zu machen.

ZR 94, Nr. 27: Vgl. § 273 ZPO.

ZR 95, Nr. 22: Vgl. § 59 ZPO.

Prozessleitung
§ 52. Das Gericht leitet das Verfahren. Es wacht darüber, dass die gesetzlichen Vorschriften und seine Anordnungen befolgt werden.

Im Unterschied zum Betreibungsverfahren, bei welchem der Fortgang des Verfahrens vom Betreibenden abhängt, obliegt die Prozessleitung dem Gericht (§ 121 ff. GVG). Gemäss den §§ 122 und 125 GVG sind dafür der Vorsitzende, der Referent oder der Gerichtsschreiber bzw. Gerichtssekretär zuständig. Das Gericht befindet daher über die Prozessvoraussetzungen gemäss § 108 ZPO, die Kautionspflicht gemäss § 73 ZPO, die Barvorschüsse gemäss § 83 ZPO; es setzt die Gerichtstermine fest (§ 120 ZPO), verschickt die Vorladungen zur Haupt- und zur Beweisverhandlung (§ 173 ff. GVG), setzt Frist zur Klageantwort an (§§ 127, 264, 277, 289 ZPO), droht für den Säumnisfall die Rechtsfolgen gemäss § 129 ff. ZPO und § 186 GVG an. Das Gericht befindet über Fristerstreckungen und Fristwiederherstellungen gemäss §§ 190, 195, 199 GVG. Wesentlich ist sodann, dass dem Gericht über die richterliche Fragepflicht gemäss § 55 ZPO eine aktive Verpflichtung zur Wahrheitsfindung zukommt.

Förderung der Prozesserledigung
§ 53. (alte Fassung). Das Gericht sorgt für eine beförderliche Prozesserledigung. Das gilt in besonderem Masse bei familienrechtlichen Streitigkeiten sowie bei Prozessen, für welche das beschleunigte oder ein rasches Verfahren vorgeschrieben ist.

Aus zureichenden Gründen kann das Verfahren einstweilen eingestellt werden.

Förderung der Prozesserledigung; einfaches und rasches Verfahren
§ 53. (neue Fassung, 24.9.95). Das Gericht sorgt für eine beförderliche Prozesserledigung. Das gilt in besonderem Masse bei familienrechtlichen Prozessen sowie bei Prozessen, für welche das beschleunigte oder ein einfaches und rasches Verfahren vorgeschrieben ist.

Dem einfachen und raschen Verfahren unterstehen:

1. Unterhalts- und Unterstützungssachen (Art. 280 Abs. 1 und Art. 329 Abs. 3 ZGB);

2. Miet- und Pachtstreitigkeiten über Wohn- und Geschäftsräume sowie Streitigkeiten aus landwirtschaftlicher Pacht (Art. 274d und 301 OR; Art. 47 Abs. 1 BG über die landwirtschaftliche Pacht);

3. Arbeitsstreitigkeiten sowie Streitigkeiten aus der Arbeitsvermittlung und dem Personalverleih (Art. 10 Abs. 1 und Art. 23 Abs. 1 AVG) bis zu einem Streitwert von Fr. 20'000;

4. Streitigkeiten wegen unlauteren Wettbewerbs (Art. 13 UWG) ohne Streitwert und bis zu einem solchen von Fr. 8'000;

5. Streitigkeiten aus Verträgen zwischen Konsumenten und Anbietern (gestützt auf Art. 31sexies Abs. 3 BV erlassene Bundesgesetze) bis zu einem Streitwert von Fr. 8'000.

Prozesse, für welche das Bundesgericht das einfache und rasche Verfahren neu einführt, unterstehen den gleichen Regeln wie die Verfahren gemäss Abs. 2.

1   Beschleunigtes Verfahren:

§ 22 GVG
[1] Der Einzelrichter entscheidet im beschleunigten Verfahren ohne Rücksicht auf den Streitwert die nachstehenden Betreibungs- und Konkursstreitigkeiten:
1. Klagen auf Aufhebung von Arresten mangels eines Arrestgrundes (Art. 279 SchKG) und auf Anfechtung der Ansprüche Dritter an Arrestgegenständen;
2. Klagen auf Rückschaffung von Retentionsgegenständen (Art. 284 SchKG) und Klagen Dritter, welche auf Grund von Art. 273 OR die Herausgabe von Retentionsgegenständen verlangen;
3. Widerspruchsklagen (Art. 107, 109 SchKG) sowie Klagen über die Lasten auf einer zu versteigernden Liegenschaft (Art. 140 Abs. 2 SchKG);
4. Klagen über den Anschluss von Ehegatten, Kindern, Mündeln, Verbeiständeten und Pfründern an eine Pfändung (Art. 111 SchKG, Art. 334 ZGB, Art. 529 OR) sowie Einsprachen des Ehegatten und von Kindern des Schuldners gegen die Pfändung ihres Erwerbes und der Erträgnisse ihres Vermögens;
5. Klagen über die Anfechtung des vom Betreibungsamt entworfenen Kollokationsplans (Art. 148, 157 SchKG);
6. Klagen über die Feststellung neuen Vermögens (Art. 265 SchKG);
7. Klagen über Eigentumsansprachen und Anfechtung des Kollokationsplans im Konkurs und im Verfahren betreffend Nachlassvertrag mit Vermögensabtretung (Art. 242, 250, 251 316 g SchKG).

[2] Die Entscheide im beschleunigten Verfahren sind endgültig, wenn der Streitwert Fr. 8'000 nicht übersteigt (7.12.86).

Rasches Verfahren:

§ 22a GVG
Der Einzelrichter entscheidet im einfachen und raschen Verfahren im Rahmen der fürsorgerischen Freiheitsentziehung über Begehren um gerichtliche Beurteilung der Einweisung, der Ablehnung des Entlassungsgesuchs, der Zurückbehaltung oder Rückversetzung in die Anstalt (Art. 314a, 397a–397f, 405a, 406 ZGB und § 117i EG zum ZGB).

In § 53 Abs. 3 ZPO ist neu eine generelle Regelung für Fälle vorgesehen, für welche das Bundesrecht das einfache und rasche Verfahren neu einführt. Abs. 3 gilt also insbesondere für die neuen Regeln der ZPO betreffend der fürsorgerischen Freiheitsentziehung gemäss Art. 203a ff. ZPO (Art. 397 f. Abs. 1 ZGB und § 22a GVG).

Die Verpflichtung des Gerichts zur beförderlichen Prozesserledigung ist eine stark hinkende Norm: Die Parteien können sich kaum wirksam gegen die Prozessverschleppung durch das Gericht wehren; wohl steht ihnen das Beschwerderecht wegen Rechtsverweigerung zu, aber dann haben sie es mit dem entsprechenden Gericht "verdorben". Das Obergericht nimmt namentlich in Zivilprozessen (man denke an die zahlreichen Ermessensspielräume) eine zurückhaltende Kontrolle vor, so dass es ohne weiteres vorkommen kann, dass bei einem Zivilprozess, der im Frühjahr 1989 rechtshängig wird, im August 1996 noch kein erstinstanzliches Urteil vorliegt, oder dass Scheidungen sich über Jahre erstrecken. § 53 ZPO (alte Fassung) sah entgegen § 53a ZPO (neue Fassung) die Einstellung des Verfahrens nur einstweilen vor, während gemäss § 53a (neue Fassung) das Verfahren definitiv eingestellt werden kann, etwa gemäss § 271 Ziff. 4 und § 43 Abs. 2 ZPO. Bundesrechtlich ist jedoch die Einstellung des Prozesses vorgeschrieben gemäss Art. 207 SchKG bei Konkurseröffnung über eine Partei; dabei ist es Sache der zweiten Gläubigerversammlung, nicht der Konkursverwaltung, über die Weiterführung eines Prozesses zu befinden (BGE 86 III 124), was gemäss BGE 83 III 77 auch für den Aberkennungsprozess gilt. Gemäss Art. 586 Abs. 3 ZGB kann man während der Dauer des öffentlichen Inventars Prozesse nicht fortsetzen und nicht einleiten, an denen die Erbengemeinschaft beteiligt ist.

Eine Prozesseinstellung zieht das Dahinfallen richterlicher Fristansetzungen und von Gerichtsterminen nach sich. Bei einer Weiterführung des Prozesses sind sie gemäss § 195 GVG neu anzusetzen. Gegen die Einstellung eines Prozesses kann man Rekurs gemäss § 271 Ziff. 4 ZPO, allenfalls Nichtigkeitsbeschwerde gemäss ZR 66, Nr. 37 erheben.

Rasch ist nicht identisch mit richtig. Im einfachen und raschen Verfahren sind die Beweismittel mit dem letzten Vortrag in der Hauptverhandlung zu bezeichnen (§ 137 ZPO), was zwar das Verfahren beschleunigen, ein richtiges Ergebnis jedoch ernsthaft gefährden kann, ist es doch kaum möglich, ohne die Vorbringen und Argumente der Gegenpartei einlässlich studiert zu haben, bereits alle Beweismittel abschliessend zu nennen. Man kann die Gerichtsverfahren nicht einseitig zulasten der Parteien fördern; das Problem liegt primär in der Regel nicht bei den Parteien, sondern beim Gericht, wo der Fall unter Umständen während Jahren hängen bleibt.

Besonderheiten des beschleunigten Verfahrens, welche vom ordentlichen Verfahren abweichen:
- Der Einzelrichter ist ohne Rücksicht auf den Streitwert gemäss § 22 GVG zuständig;
- Kein Sühnverfahren (oben § 104 ZPO);
- Säumnisfolgen werden gemäss § 129 Abs. 2 Ziff. 1 ZPO mit der ersten Vorladung zur Hauptverhandlung angedroht;
- Erstinstanzlich ist gemäss § 119 Ziff. 1 ZPO das Verfahren mündlich.

Die letzte kantonale Instanz hat im Sinne einer Ordnungsvorschrift innert 6 Monaten das Haupturteil zu fällen; daher wird notgedrungen die Berufungsverhandlung kurzfristig anberaumt.

Besonderheiten des einfachen und raschen Verfahrens:
- Mündlichkeit vor Bezirksgericht (§ 119 Ziff. 3 ZPO).
- Keine Prozesskautionen (§ 78 Ziff. 2 ZPO).

- Androhung der Säumnisfolgen mit der ersten Vorladung zur Hauptverhandlung (§ 129 Abs. 1 Ziff. 1 ZPO).
- Kein Fristenstillstand in den Gerichtsferien (ab 20. Dezember bis und mit 8. Januar und ab 10. Juli bis und mit 20. August, § 140 GVG).
- Abschliessende Nennung der Beweismittel mit dem letzten Vortrag an der Hauptverhandlung (§ 137 ZPO).
- Gericht kann den Beweisabnahmebeschluss ohne Beweisauflagebeschluss fassen (§ 141 ZPO).
- Das weitere Berufungsverfahren wird nach den Bestimmungen über den Rekurs durchgeführt. Die Erledigung erfolgt durch Beschluss (§ 259 Abs. 2 ZPO).
- Auch im einfachen und raschen Verfahren gilt an sich das überkommene Anwaltsmonopol. Davon macht Art. 343 Abs. 2 OR eine Ausnahme für den Arbeitsprozess bei Streitwerten bis zu Fr. 20'000. Bei Verfahren betreffend Anfechtung von Kündigungen oder Erstreckungen gilt das Anwaltsmonopol nicht. Bei Streitigkeiten gemäss dem Gleichstellungsgesetz sind auch Angestellte gemäss Art. 7 Abs. 1 GlG als Rechtsvertreter zugelassen.
- Bei Streitigkeiten aus dem Arbeitsverhältnis (bis Fr. 20'000), aus Verträgen zwischen Anbietern und Konsumenten, aus der Arbeitsvermittlung, aus dem Personalverleih und in Streitigkeiten aus unlauterem Wettbewerb bestimmt sich der Streitwert nach der eingeklagten Forderung, ohne den Streitwert der Widerklage einzubeziehen, wie es sonst grundsätzlich im Kanton Zürich der Fall wäre (vgl. § 19 Abs. 3 ZPO).
- Entscheide im einfachen und raschen Verfahren ohne Beweisbeschränkung sind der materiellen Rechtskraft zugänglich.

9   **ZR 82, Nr. 5:** Zulässigkeit der Nichtigkeitsbeschwerde gegen die Verweigerung der Sistierung: Gegen die Verweigerung der Sistierung ist die Nichtigkeitsbeschwerde im Rahmen von § 282 ZPO zulässig.

10 **ZR 84, Nr. 127:** Abgrenzung der Zuständigkeit zwischen den vormundschaftlichen Behörden (Vormundschaftsbehörde) und dem Richter im Abänderungsverfahren: Die Vormundschaftsbehörde ist befugt, beim Tod des vom Scheidungsrichter bestimmten Inhabers der elterlichen Gewalt das unmündige Kind unter die elterliche Gewalt des überlebenden Elternteils zu stellen. Der Richter darf den Prozess auf Abänderung des Scheidungsurteils sistieren, um das Ergebnis des vormundschaftlichen Verfahrens über die Zuteilung der elterlichen Gewalt an den überlebenden Elternteil oder die Ernennung eines Vormundes abzuwarten.

11 **ZR 85, Nr. 48:** Gemäss § 53 Abs. 2 ZPO kann ein Verfahren aus zureichenden Gründen einstweilen eingestellt werden; der Entscheid liegt nicht im freien Ermessen des Gerichts. Die Sistierung muss im Interesse einer einfacheren Erledigung des Prozesses geboten sein, namentlich wenn einem Urteil oder Beschluss in einem anderen Verfahren präjudizielle Bedeutung zukommt. In casu bejaht für den Fall, dass in einem Verfahren vor Bezirksgericht der gleiche Hauptstreitpunkt (Wert eines Aktienpakets) ebenfalls von entscheidender Bedeutung und jener Prozess schon weit fortgeschritten war.

12 **ZR 85, Nr. 77:** Der vorbehaltlose Eintritt der Erben in einen Passivprozess könnte als Einmischung in die Angelegenheiten der Erbschaft im Sinne von Art. 571 Abs. 2 ZGB erscheinen. Um den Erben eine Neubeurteilung des Verfahrens zu ermöglichen, ist bei Tod einer Partei der Prozess ruhen zu lassen, bis über die definitive Annahme oder Ausschlagung der Erbschaft entschieden ist.

13 **ZR 87, Nr. 47:** Dass gleichzeitig mit der Aberkennungsklage gegen den Rechtsöffnungsentscheid eine Nichtigkeitsbeschwerde eingereicht wurde, ist noch kein zureichender Grund, um das Aberkennungsverfahren zu sistieren.

14 **ZR 88, Nr. 76:** Bei Nichtleistung von Unterhaltsbeiträgen, die teilweise auch zur Finanzierung des Prozesses dienen, kann der Richter, gleich wie bei Nichtleistung eines Prozesskostenvorschusses (ZR 72, Nr. 115) bei Vorliegen besonderer Gründe (unmögliche bzw. ausserordentlich schwierige Betreibung), den Scheidungsprozess nach vorgängiger Androhung der Sistierung für so lange einstellen, als der Kläger den für die Prozesskosten bestimmten Teil der fälligen Unterhaltsbeiträge schuldig bleibt.

Einstellung des Verfahrens
§ 53a. (neue Fassung, 24.9.95). Aus zureichenden Gründen kann das Verfahren eingestellt werden.

Verhandlungs- und Dispositionsmaxime
§ 54. Es ist Sache der Parteien, dem Gericht das Tatsächliche des Rechtsstreits darzulegen. Dieses legt seinem Verfahren nur behauptete Tatsachen zugrunde.

Das Gericht darf einer Partei weder mehr noch anderes zusprechen, als sie selbst verlangt, noch weniger, als der Gegner anerkannt hat.

Vorbehalten bleiben Rechtsverhältnisse, über welche die Parteien nicht frei verfügen können.

Hier sind die Begriffspaare **Dispositions- und Verhandlungsmaxime** sowie **Offizial- und Untersuchungsmaxime** kurz darzustellen. 1

Dispositionsmaxime: Die Parteien bestimmen über den Streitgegenstand; der Kläger bestimmt darüber, ob er überhaupt, wann er, inwieweit (Umfang) er klagen will, ob er die Klage zurückziehen will. Der Beklagte kann darüber befinden, ob und inwieweit er den eingeklagten Anspruch anerkennen will. Jede Partei bestimmt somit selbständig, ob sie ein Rechtsmittel ergreifen will, ob sie am Rechtsmittel festhalten, ob sie es teilweise oder ganz zurückziehen will (ne procedat iudex ex officio). Da es dem Kläger überlassen ist zu bestimmen, in welchem Umfang er Rechte einklagt (Rechtsbegehren), muss eine Teilklage zulässig sein. Der Richter darf einerseits nicht mehr zusprechen, als der Kläger verlangt, aber auch nicht weniger, als der Beklagte anerkennt (ne eat iudex ultra petita partium). Die Parteien können daher den Prozess jederzeit durch Anerkennung, Rückzug oder Vergleich erledigen, ohne dass der Richter, Offizialmaxime vorbehalten, zu prüfen hat, ob diese Erledigungsart sachlich begründet ist. Immerhin kann oder muss zur Klärung die richterliche Fragepflicht gemäss § 55 ZPO gelten. Da der Richter nicht über die Rechtsmittelanträge der Parteien hinausgehen darf, gilt im Rechtsmittelverfahren das Verbot der reformatio in peius. Das Bundesgericht führte in BGE 110 II 115 aus: Ändert eine Rechtsmittelinstanz, wie hier das Obergericht, einen Unterhaltsbeitrag im Sinne von Art. 152 ZGB in einen solchen gemäss Art. 151 Abs. 1 ZGB ab, ohne dass eine der Parteien in prozessual zulässiger Form einen entsprechenden Antrag gestellt hat, liegt darin eine reformatio in peius (dazu vgl. BGE 108 II 83). Da es sich beim Verbot der reformatio in peius um einen klaren und unumstrittenen Rechtsgrundsatz handelt, verstösst dessen eindeutige Missachtung durch das Obergericht gegen Art. 4 BV (vgl. BGE 107 I a 12; 105 II 37), was schon aus diesem Grund zur Aufhebung des angefochtenen Urteils führt. 2

Gemäss BGE 109 II 460 ist die Dispositionsmaxime Teil des kantonalen Prozessrechts, und deren Verletzung kann man daher letztinstanzlich nur mit der staatsrechtlichen Beschwerde (Willkür) rügen. Dies ist zutreffend, da es dem kantonalen Prozessrecht freisteht, inwiefern es die Dispositionsmaxime beispielsweise durch die richterliche Fragepflicht korrigieren und damit das Finden der materiellen Wahrheit fördern will. Die abweichende Meinung von Stähelin/Sutter (S. 103) und von Vogel (S. 157) verträgt sich nicht mit der verfassungsrechtlichen Kompetenzverteilung zwischen Bund und Kantonen, wonach das Prozessrecht Sache der Kantone ist. 3

Gemäss BGE 118 II 527 wird die Klagbarkeit eines Anspruchs durch das Bundesrecht und nicht durch das kantonale Prozessrecht bestimmt, weshalb die sogenannte kantonalrechtliche Klageprovokation unzulässig und im übrigen überflüssig ist, weil bundesrechtlich die negative Feststellungsklage gemäss BGE 110 II 355 zulässig und ausschliesslich bundesrechtlicher Natur ist. 4

Unter **Verhandlungsmaxime** versteht man, dass es den Parteien obliegt, dem Gericht die tatsächlichen Grundlagen des Rechtsstreits darzulegen, da die am Rechtsstreit interessierten Parteien am besten in der Lage sind, die prozessentscheidenden Tatsachen darzulegen. Die Parteien sind daher verpflichtet, hinreichend zu substantiieren. Es gelten die Parömien "Quod non est in actis, non 5 est in mundo" und "da mihi facta, dabo tibi ius". Die Parteien müssen daher die Beweismittel für bestrittene Tatsachen nennen; gemäss BGE 113 Ia 434 hat das Gericht über unbestrittene oder zugestandene Tatsachen keine Beweise zu erheben. Die Parteien müssen hingegen allgemein bekannte Tatsachen, gesetzlich vermutete Tatsachen, Erfahrungssätze nicht darlegen; eine streitige Tatsachenbehauptung gilt als widerlegt, wenn sich der wirkliche gegenteilige Sachverhalt, gestützt auf das Beweisverfahren, aufzeigen lässt, auch wenn dieser wirkliche Sachverhalt von keiner Partei behauptet wurde.

6 Die **Offizialmaxime** entzieht – im Gegensatz zur Dispositionsmaxime – den Parteien die Verfügung über den Streitgegenstand, d.h. **schliesst die Anerkennung des Rechtsbegehrens aus** (vgl. Vogel, S. 163). Das Gericht kann weniger oder etwas anderes zusprechen, als die Rechtsbegehren enthalten; ebenso sind Vereinbarungen im Ehe- und Unterhaltsprozess der freien Verfügung der Parteien entzogen. Dies fasst man unter Offizialmaxime zusammen.

Die Anerkennung des Rechtsbegehrens ist bundesrechtlich im Ehescheidungs-, Ehetrennungs- und im Eheungültigkeitsprozess gemäss den Bestimmungen von Art. 136 und 158 ZGB ausgeschlossen sowie in Statusprozessen (in verschiedenen Bestimmungen im Kindsrecht), wofür kraft ungeschriebenen Bundesrechts Art. 158 Ziff. 3 ZGB gilt (Art. 254 Ziff. 1, 256, 259 Abs. 2+3, 260 a, 269, 269 a, 280 Abs. 2, 329 ZGB). Dagegen kann eine Klage betreffend Feststellung der Vaterschaft auch anerkannt werden, wenn "der Vater" in Wirklichkeit nicht Erzeuger ist (Art. 260 Abs. 3 ZGB). Zu beachten ist, dass sich Statusprozesse nicht prorogieren lassen und man sie auch nicht vor einem Schiedsgericht austragen kann.

Die Anerkennung des Rechtsbegehrens ist sodann bei Klagen auf Auflösung einer Körperschaft oder einer Stiftung (Art. 78, 89 ZGB sowie Art. 625 Abs. 2, 643 Abs. 3, 736 Ziff. 4, 770, 820 Ziff. 4, 911 Ziff. 4 OR) ausgeschlossen; die gleiche Regelung betreffend Anerkennung durch die Organe soll für das Anfechten eines Vereins- oder Generalversammlungsbeschlusses gelten (Art. 75 ZGB, Art. 706, 891 OR). Dies wird nicht durch öffentliche Interessen begründet, sondern durch den Umstand, dass die Organe darüber keine Verfügungsgewalt haben (Vogel, S. 164, vgl. BGE 96 II 276).

7 Das Offizialbegehren ermöglicht dem Gericht, **vom Parteiantrag abzuweichen oder ohne Rechtsbegehren zu entscheiden:**

- Art. 46 Abs. 1 ZGB: Gericht kann bei Scheidungsklage auch auf Trennung erkennen.
- Art. 156 Abs. 1 ZGB: Für die Elternrechte entscheidet der Richter unabhängig von den Parteianträgen (BGE 96 II 73; 119 II 203).
- Art. 178 Abs. 3 ZGB: Die Verhängung einer Grundbuchsperre ist von Amtes wegen zulässig, wenn der Richter einem Ehegatten untersagt, über ein Grundstück zu verfügen.
- Art. 280 Abs. 2 ZGB: Gemäss BGE 118 II 94 kann der Richter unabhängig von den Parteianträgen im Unterhaltsprozess entscheiden, auch wenn diese Bestimmung nur von der Erforschung des Sachverhalts von Amtes wegen spricht.
- Art. 43 OR: Der Richter kann Schadenersatz als Kapital oder Rente zusprechen.
- Art. 205 Abs. 2 OR : Auch bei einer Klage auf Wandelung kann der Richter nur auf Minderung erkennen.
- Art. 527 Abs. 3 OR: Anstelle der Aufhebung des Verpfründungsvertrags kann der Richter eine Leibrente zusprechen. Prozessvoraussetzungen: Über deren Vorhandensein ist zur Hauptsache von Amtes wegen zu entscheiden.
- Aus BGE 110 Ia 97 lässt sich folgern, dass über die Entschädigungspflicht und die Kostenfolgen in der Regel von Amtes wegen zu befinden ist.

Wenn eine Partei betreffend Kosten- und Entschädigungsfolgen keinen Antrag gestellt hat, greift die richterliche Fragepflicht von § 55 ZPO.

8 Die Offizialmaxime verlangt, dass von Amtes wegen **Vereinbarungen im Eheprozess (Scheidungskonventionen) gemäss Art. 158 Ziff. 5 ZGB und im Unterhaltsprozess gemäss Art. 287 Abs. 2 ZGB auf ihre Angemessenheit zu überprüfen sind.**

Die **Untersuchungsmaxime** besagt, dass das Gericht im Gegensatz zur Verhandlungsmaxime den 9
Prozessstoff neben den Parteien sammeln muss; sie ist ein Unterfall der Offizialmaxime. Dabei
sind zwei Fallgruppen zu unterscheiden, nämlich solche mit einer unbeschränkten Pflicht zur richterlichen Tatsachenermittlung und solche mit einer eingeschränkten Pflicht zur Tatsachenfeststellung.

Die **unbeschränkte Pflicht zur Tatsachenermittlung** ist vorwiegend theoretischer Art; denn in Tat 10
und Wahrheit kann kein Gericht ohne Mitwirkung der Parteien den Sachverhalt ermitteln; die
Sachverhaltsschilderung durch die Parteien bleibt auch hier wesentlich.

So verleiht die Offizialmaxime gemäss BGE 114 II 200 keinen bundesrechtlichen (vielleicht aber
je nach Kanton einen kantonalrechtlichen) Anspruch auf Einholung weiterer Gutachten, wenn
sich der Richter trotz teilweise widersprechender Gutachten ein zutreffendes Bild über die entscheidenden Faktoren für die Kinderzuteilung bei **Art. 156 ZGB** über die Elternrechte machen
könne. (Ob dies ein Richter wirklich kann, mag füglich bezweifelt werden, er hält ja nur dafür, er
könne sich ein zutreffendes Bild machen, was angesichts der teilweise nicht immer überzeugenden Richterpersönlichkeiten nachdenklich stimmen muss). Die gleiche unbeschränkte Untersuchungspflicht gilt bei Prozessen auf Feststellung oder Anfechtung des Kindsverhältnisses gemäss
Art. 254 Ziff. l ZGB, im Unterhaltsprozess gemäss **Art. 280 Abs. 2 ZGB**. In Ehestreitigkeiten, in
Prozessen um Entziehung der elterlichen Gewalt und im Entmündigungsprozess gilt teilweise die
volle Untersuchungsmaxime, insbesondere bei fürsorgerischer Freiheitsentziehung gemäss den §§
203a ff. ZPO).

Zunehmend dehnen Normen mit Sozialschutzcharakter die Untersuchungsmaxime aus, so im 11
Mietrechtsprozess gemäss Art. 274d Abs. 3 OR, bei arbeitsrechtlichen Prozessen bei Streitwerten
von derzeit bis Fr. 20'000, im Gleichstellungsstreit (Art. 12 Abs. 2 Gleichstellungsgesetz) ohne
Streitwertbegrenzung, im wenig bedeutsamen Mitwirkungsstreit gemäss Art. 15 Abs. 3 Mitwirkungsgesetz, in Streitigkeiten über den landwirtschaftlichen Pachtvertrag gemäss Art. 47 Abs. 2
LPG

Tatsachen, die zum **Feststellen der Prozessvoraussetzungen** bedeutsam sind (vgl. § 108 ZPO), sind 12
von Amtes wegen abzuklären, soweit die Parteien nicht darüber verfügen können (etwa durch
Einlassung).

In all diesen Fällen gilt die Fragepflicht für den ganzen rechtserheblichen Sachverhalt, insbeson- 13
dere hat das Gericht die Parteien nach Beweismitteln zu fragen, hat Beweismittel ohne Antrag
der Parteien auch bei Fehlen von Kostenvorschüssen abzunehmen und muss ungeachtet der
Eventualmaxime neue Tatsachen aus den Parteivorbringen oder der persönlichen Befragung
berücksichtigen; BGE 118 II 52 hält jedoch demgegenüber fest: "Gemäss Art. 274d Abs. 3 OR hat
der Richter den Sachverhalt von Amtes wegen festzustellen; die Parteien müssen ihm jedoch alle für die Beurteilung des Streitfalls notwendigen Unterlagen einreichen. Im vorliegenden Fall
braucht nicht entschieden zu werden, welche Bedeutung dieser Regel im erstinstanzlichen kantonalen Verfahren zukommt. Im Rechtsmittelverfahren führt sie jedenfalls nicht dazu, dass jede
vom kantonalen Recht festgesetzte Beschränkung des Untersuchungsgrundsatzes unbeachtlich
wird. Die Kantone sind insbesondere frei, die Kognition der zweiten Instanz beispielsweise durch
ein Novenverbot zu beschränken (vgl. BGE 107 II 237). Art. 274 OR behält denn auch die Prozesshoheit der Kantone ausdrücklich vor."

In **BGE 107 II 237 = Praxis 70 Nr. 178** heisst es zu Art. 343 OR: "Die Pflicht des Richters, den 14
Sachverhalt von Amtes wegen festzustellen, entbindet die Parteien jedoch nicht von der Pflicht
zur aktiven Mitwirkung am Verfahren. Sie haben dem Richter über den Sachverhalt zu orientieren und ihm die zu Gebote stehenden Beweismittel zu nennen. Der Richter muss sich gleichwohl
vergewissern, namentlich durch Befragung der Parteien, ob ihre tatsächlichen Behauptungen und
ihre Beweisanträge vollständig sind; er ist jedoch dazu nur gehalten, wenn er objektive Gründe
hat, in dieser Hinsicht Zweifel zu hegen. Denn es besteht kein Anlass, ihm eine weitergehende
Untersuchungspflicht aufzuerlegen, als sie für andere Verfahren vorgesehen ist, die, mindestens

> in gewisser Hinsicht, ebenfalls vom Grundsatz der Offizialmaxime beherrscht sind, wie namentlich im Gebiete der Ehescheidung, der Sozialversicherung (BGE 100 V 62) oder der verwaltungsgerichtlichen Streitigkeiten (BGE 106 Ib 80)."

15 Diese Rechtsprechung geht kaum weiter als im "normalen" Zivilprozess; denn auch dort geht es um das Ermitteln der materiellen Wahrheit, und es greift die sehr bedeutsame richterliche Fragepflicht gemäss § 55 ZPO.

16 Für Klagen auf Scheidung, Trennung oder Ungültigerklärung der Ehe (Art. 158 Ziff. 1 ZGB, Art. 136 ZGB) sind nur Tatsachen, die zur Begründung der Klagen dienen, und solche Tatsachen, die gegen die Auflösung der Ehe sprechen, von Amtes wegen zu berücksichtigen (favor matrimonii). Man spricht hier von einer eingeschränkten Pflicht zur Tatsachenfeststellung; aber auch hier ist die richterliche Fragepflicht gemäss § 55 ZPO zu beachten.

17 Auch unter der Untersuchungsmaxime bleibt es Sache der Parteien, die tatsächlichen Grundlagen des Streits vorzulegen, die Beweismittel zu bezeichnen, Einreden und Einwendungen vorzubringen; der Richter hat aber zusätzlich selbständig zur Tatsachensammlung beizutragen. In einem zeitgemäss verstandenen Zivilprozess ist die Abgrenzung zur Fragepflicht gemäss § 55 ZPO allerdings geringfügig und nur graduell zu verstehen.

18 **ZR 83, Nr. 104:** Eine Teilklage als Folge der Dispositionsmaxime ist nicht rechtsmissbräuchlich, obwohl man mit ihr die sachliche Zuständigkeit, die Zulässigkeit von Rechtsmitteln, die Kosten- und Entschädigungsfolgen beeinflussen und ferner gemäss Art. 343 Abs. 3 OR die Untersuchungsmaxime, die freie Beweiswürdigung gemäss Art. 343 Abs. 4 OR sowie die Zulassung von Verbandsfunktionären zur Prozessvertretung bewirken kann.

19 **ZR 84, Nr. 52:** Die Kläger verlangten vom Beklagten in erster Instanz die Herausgabe von Aktien und eines Schuldbriefs von nominal Fr. 600'000. Im Verlaufe des Beweisverfahrens ergab sich, dass den Klägern nur ein Anteil von Fr. 100'000 an diesem Schuldbrief zusteht. Der Beklagte bestreitet die klägerischen Ansprüche nicht, behauptet aber, er müsse nur Zug um Zug gegen Ersatz seiner Aufwendungen erfüllen. Er unterlässt es, diese Gegenansprüche zu substantiieren, obschon er von den Klägern wiederholt auf diesen Mangel aufmerksam gemacht worden war. Will ein Beklagter die Herausgabe eines Gegenstands von der Zahlung einer Gegenforderung abhängig machen, so hat er einen entsprechenden prozessualen Antrag zu stellen. Dieser hat sinngemäss dahingehend zu lauten, er sei nur zu verurteilen, die betreffende Sache Zug um Zug gegen Bezahlung einer bestimmten Summe herauszugeben. Dies genügt, auch wenn keine Widerklage erhoben wird. Einen solchen Antrag hat der Beklagte gestellt. Den Beklagten trifft aber auch eine prozessuale Substantiierungspflicht (ZR 52, Nr. 52 und ZR 53, Nr. 50). Dazu kommt, dass er mit Bezug auf den Gegenanspruch, von dessen Erfüllung er den Hauptanspruch der Kläger abhängig machen will, als Kläger zu betrachten ist. Er hat deshalb dem Gericht die tatsächlichen Grundlagen seines Gegenanspruchs darzulegen (§ 54 Abs. 1 und 113 ZPO). Es kann sich höchstens fragen, ob die Fragepflicht gemäss § 55 ZPO auszuüben sei. Indessen besteht diese nicht, wenn die Partei, welche die unvollständigen Angaben gemacht hat, durch die Gegenpartei bereits erfolglos auf den Mangel aufmerksam gemacht worden ist. Gerade im vorliegenden Fall trifft dies zu, weshalb von prozessualen Erweiterungen abzusehen ist.

20 Es ist vielmehr der Schluss zu ziehen, dass der Beklagte darauf verzichtet, seinen Gegenanspruch in diesem Verfahren geltend zu machen. Er verwirkt dadurch sein Recht nicht. Er kann eine selbständige Klage auf Erstattung seiner Verwendungen einreichen. Wenn die Tatsache, für die eine Partei die Beweislast trägt, vom Gegner zugestanden wird, aber dem Geständnis gleichzeitig Zusätze beigefügt werden, die mit dem Vorbringen der beweisbelasteten Partei im Widerspruch stehen, so liegt ein sogenanntes qualifiziertes Geständnis vor. Insofern im Gesetz nicht ausdrücklich die Unteilbarkeit eines solchen Geständnisses vorgesehen ist, erscheint es als richtig, das Geständnis als teilbar zu betrachten.

Auch unter diesem Gesichtspunkt ist es also richtig, die Klage bezüglich der 24 Aktien gutzuheissen. Auch das Begehren bezüglich des Schuldbriefanteils ist im Grundsatz gutzuheissen. Indessen fragt es sich, in welcher Form dies geschehen kann. Der Anteil der Kläger am Schuldbrief steht fest. Ebenso unbestritten ist, dass der Rest dem Beklagten oder Dritten gehört. Infolgedessen haben die Kläger nicht darauf Anspruch, dass ihnen der Schuldbrief herausgegeben wird. Die Herausgabe des Schuldbriefes als Ganzes kann nicht angeordnet werden, weil die übrigen Schuldbriefgläubiger den gleichen Anspruch auf den Besitz haben wie die Kläger. Der Anteil als solcher kann nicht herausgegeben werden. Infolgedessen kann nur festgestellt werden, dass den Klägern der Anteil von Fr. 100'000 zusteht. Die Ausfügung der Kläger sind als Antrag in diesem Sinne zu verstehen. Darin liegt keine Klageänderung. Es steht den Klägern frei, ihren Anspruch auf Mitbesitz in einem gesonderten Verfahren geltend zu machen. In diesem Prozess ist ein solcher Antrag nicht gestellt.

ZR 84, Nr. 66: Das Gericht verletzt die Dispositionsmaxime von § 54 Abs. 2 ZPO nicht, wenn es der Ehefrau bei der Berechnung des Unterhaltsbeitrags einen grösseren Teil ihres Einkommens als Beitrag an die ehelichen Lasten anrechnet, als es der Ehemann selbst tut. Die Dispositionsmaxime ist nur dann verletzt, wenn das Gericht der Ehefrau betragsmässig weniger zuspricht, als der Ehemann anerkannt hat.

ZR 85, Nr. 118: Entmündigungsverfahren: Zwar gilt auch im gerichtlichen Verfahren betreffend der Entmündigung die Offizialmaxime; die behauptungspflichtige Partei muss jedoch den Sachverhalt trotzdem substantiieren, damit darüber Beweis abgenommen werden kann. Bei mangelnder Substantiierung ist von der Fragepflicht nach § 55 ZPO Gebrauch zu machen, was mindestens in der Form der persönlichen Befragung zu geschehen hat. Gegebenenfalls hat die Vorinstanz Mängel der verwaltungsmässigen Untersuchung zu beheben. Dazu bedarf es der persönlichen Befragung des Beklagten unter Abnahme von Beweisen. In diesem Offizialverfahren wäre die Beweisabnahme selbst dann notwendig, wenn der Beklagte nichts bestritten hätte.

ZR 86, Nr. 25: Der Kläger hat das Fundament seines behaupteten Anspruches vollständig und genau gemäss § 113 ZPO darzulegen. Tut er dies nicht, wird die Klage als unsubstantiiert durch Sachurteil abgewiesen. Geheimbehauptungen sind dem Zivilprozess grundsätzlich fremd. Jede Partei muss sich zum Vorbringen des Gegners im einzelnen äussern können. Jede Massnahme, welche einer Partei die Einsicht in Akten und Vorbringen des Gegners beschränkt, greift in ihrem Anspruch auf rechtliches Gehör ein. In Würdigung der gegensätzlichen Interessen gestattet das Prozessrecht ausnahmsweise geheime Beweismittel in der Weise, dass nur das Gericht, nicht aber die Gegenpartei von einzelnen Beweisdokumenten oder Beweisstücken Kenntnis erhält. Diese Massnahmen müssen sich stets auf das unbedingt Notwendige beschränken (vgl. § 145 ZPO, Art. 38 BZP). Angesichts der fundamentalen Bedeutung des Gehörsanspruchs der Parteien verbietet sich ohne gesetzliche Grundlage eine analoge Anwendung des § 145 ZPO auf das Behauptungsverfahren.

Es sind zwar schon Prozesse gegen Banken geführt worden, in denen ein Kläger als Zessionar eines früheren Kunden der Bank auftrat und diesen Kunden dem Gericht gegenüber lediglich mit der Kontonummer bezeichnete. Das ist indessen darum unproblematisch, weil der Bank die Angabe des Kontos zur Identifikation eines Kunden genügt und das Gericht ausser allenfalls für Beweiserhebungen den Namen nicht kennen muss. Diese Fälle lassen sich aber nicht auf die vorliegenden Verhältnisse übertragen, wo die Identität des Zedenten gegenüber der Beklagten verheimlicht wird und diese sich gewissermassen gegen die Klage eines Phantoms verteidigen muss; zu beachten ist, dass die Beklagte geltend machte, die Kläger seien bösgläubig. Der Prozess hängt aber im wesentlichen Masse vom guten Glauben der Anleger bzw. des Zedenten ab. Der Beklagten stehen jedoch gegenüber den Klägern nur solche Einreden zu, die sie auch gegen die Anleger hätte geltend machen können. Mit welcher Wahrscheinlichkeit sich die Beklagte auf solche Einreden würde berufen können, wenn ihr die Identität der Anleger bekannt wäre, ist nicht von Bedeutung. Die blosse Möglichkeit genügt, um ihren Standpunkt als nicht offenbar rechtsmissbräuchlich erscheinen zu lassen.

26 **ZR 86, Nr. 65:** Das kantonale zürcherische Prozessrecht fusst auf der Verhandlungs- und Dispositionsmaxime: Es ist Sache der Parteien, dem Gericht das Tatsächliche des Rechtsstreits darzulegen, und dieses legt seinem Verfahren nur behauptete Tatsachen zugrunde. Das Gericht darf einer Partei weder mehr noch anderes zusprechen, als sie verlangt hat, noch weniger als anerkannt wird. Ausschluss dieser Maxime ist das erwähnte Erfordernis der Bezifferung dessen, was man vom Gegner will. § 61 Abs. 2 ZPO gestattet es dem Kläger zwar, seinen Anspruch spätestens nach dem Durchführen des Beweisverfahrens zu beziffern, wenn er dazu bei Erheben der Klage nicht in der Lage ist.

27 Gemäss § 108 ZPO sind nach Eingang der Klage die Prozessvoraussetzungen von Amtes wegen zu prüfen. Die gehörige Bezifferung einer Klage, mit welcher ein vermögensrechtlicher Anspruch geltend gemacht wird, bildet eine Prozessvoraussetzung. Gemäss der Verhandlungs- und Dispositionsmaxime ist es Sache der Parteien, dem Gericht das Tatsächliche des Rechtsstreits darzulegen, und dieses legt dem Verfahren nur behauptete Tatsachen zugrunde. § 61 Abs. 2 ZPO gestattet es dem Kläger zwar, seinen Anspruch spätestens nach der Durchführung des Beweisverfahrens zu beziffern, wenn er dazu bei Erhebung der Klage nicht in der Lage ist. Diese Bestimmung wurde geschaffen, um die Klageerhebung zu ermöglichen, wenn ziffernmässig nicht nachweisbarer Schaden oder solcher Schaden eingeklagt werden soll, der nicht strikt nachweisbar ist, sich aber nach den Umständen mit einer gewissen Überzeugungskraft aufdrängt, wie etwa bei Verletzung in den persönlichen Verhältnissen, unlauterem Wettbewerb, Verletzung des Alleinvertriebsrechts durch den Lieferanten oder eines Immaterialgüterrechts; sie enthebt den Kläger aber nicht seiner Behauptungslast. Eine Auskunftspflicht der beklagten Partei, welche dem Kläger die Behauptungslast abnehmen soll, ist dem zürcherischen Prozessrecht unbekannt.

28 **ZR 86, Nr. 81:** Der Beklagte hat sich vor erster Instanz im Vaterschaftsprozess nicht vernehmen lassen, weshalb die Vorinstanz bezüglich der allein noch streitigen Klage auf Unterhalt Anerkennung der tatsächlichen Klagegründe und Verzicht auf Einreden annahm. Nach Art. 280 Abs. 2 ZGB gilt jedoch auch für die Klage auf Unterhaltsleistungen die Offizialmaxime. Richtigerweise hätte dem Beklagten für den Fall der Säumnis nur Entscheidung aufgrund der Akten angedroht werden dürfen. Materiell hat sich die falsche Androhung jedoch nicht gegen den Beklagten ausgewirkt, da der Vorinstanz vorliegenden Akten auf jeden Fall nicht zu einem anderen Ergebnis geführt hätten.

29 **ZR 86, Nr. 127:** Das Gericht ist bei einem Unterlassungsbegehren, dessen Formulierung häufig nicht ohne weiters möglich ist, zu Abweichungen vom Rechtsbegehren berechtigt, sofern diese nur redaktioneller Natur sind.

30 **ZR 90, Nr. 3:** Gemäss § 54 Abs. 1 ZPO ist es Sache der Parteien, dem Gericht das Tatsächliche des Rechtsstreits darzulegen. Vorliegend ist es also Sache der Klägerin, im Hauptverfahren das Streitverhältnis darzustellen, das Begehren zu begründen und ihre Behauptungen bestimmt und vollständig aufzustellen. Insbesondere hat die klagende Partei darzulegen, aus welchem Rechtsgeschäft die eingeklagte Forderung entstanden ist (ZR 60, Nr. 64 E. 3). Wird ein Saldo eingeklagt, welcher aus der Verrechnung verschiedener Positionen herrührt, die ihrerseits auf verschiedenen Rechtsgeschäften beruhen, und wird die Rechnung nicht als Kontokorrent gemäss Art. 117 Abs. 2 OR geführt, kann die Klage nicht anders substantiiert werden, als dass die ganze Rechnung, wenigstens in den wesentlichen Zügen, dargelegt wird, die am Ende zum Saldo führt. Stammen die einzelnen Positionen aus einer grossen Anzahl von Rückversicherungsverträgen, so sind sie je den einzelnen Verträgen zuzuweisen. Es ist nicht Aufgabe der Gerichtsexperten, das Klagefundament aufzuarbeiten. Es vermag auch nicht zu genügen, ein höheres Zwischentotal als Endsaldo detailliert zu begründen.

31 **ZR 90, Nr. 55:** Die Klägerin lässt im Rahmen der Begründung ihrer Replik an zwei Stellen festhalten, die Beklagte müsse sich aufgrund der Einrede der Ungültigkeit der Verfügung die Konsequenzen der privatorischen Klausel gefallen lassen. Einen formellen Antrag stellt die Klägerin allerdings nicht. Für die Frage, ob in der Replik ein entsprechender Antrag im Prinzip enthalten sei, ist nicht allein auf den Wortlaut des Begehrens abzustellen, sondern vielmehr auf die Vorbringen

der Klägerin überhaupt. Umgekehrt steht fest, dass ein entsprechender Antrag ein Feststellungsbegehren wäre; ob ein Antrag überhaupt vorliegt, kann deshalb offen bleiben, wenn bereits die Voraussetzungen für eine Feststellungsklage fehlen.

ZR 90, Nr. 57: Vgl. § 84 ZPO.

ZR 90, Nr. 74: Im Adhäsionsverfahren dürfen in Abweichung von der Verhandlungsmaxime alle Tatsachen berücksichtigt werden, welche im Strafverfahren ermittelt wurden. 32

ZR 94, Nr. 60: Der Beschwerdeführer beruft sich zunächst auf § 54 Abs. 2 ZPO und macht geltend, der Beschwerdegegner habe für eine angeblich widerrechtliche Freiheitsentziehung von 23 Jahren eine Genugtuungssumme von Fr. 250'000 eingeklagt; gehe man mit der Vorinstanz davon aus, dass für die Behandlungsfehler Fr. 50'000 Genugtuung geschuldet wäre, verbleibe nach klägerischer Auffassung noch ein Restbetrag von Fr. 200'000. Da die Vorinstanz aber entgegen der Klagebegründung lediglich von einer zweijährigen widerrechtlichen Freiheitsentziehung ausgehe, ergebe sich nach der klägerischen Rechnung ein Genugtuungsanspruch von Fr. 8'695 pro Jahr, womit dem Beschwerdegegner insoweit nicht mehr als Fr. 17'390 hätten zugesprochen werden dürfen. Die Vorinstanz habe dem Beschwerdegegner somit mehr zugesprochen, als dieser selber verlangt habe. Der Beschwerdegegner hat Fr. 250'000 eingeklagt und die Vorinstanz hat ihm Fr. 130'000 zugesprochen. Damit hat sie nicht mehr, sondern weniger als verlangt zugesprochen. Massgebend für die Frage, ob eine Verletzung der Dispositionsmaxime von § 54 Abs. 2 ZPO vorliegt, sind die vom Kläger oder Rechtsmittelkläger gestellten Anträge; da der Richter nicht an die Begründung der Klage gebunden ist, kann er in einem Forderungsprozess einen Rechnungsfaktor erhöhen, wenn er nur im Ganzen nicht mehr zuspricht als eingeklagt ist. Auch nach der Praxis des Kassationsgerichts kommt es daher beim Vergleich zwischen Klage und Urteil nicht auf die Begründung, mit der etwas verlangt, bzw. zugesprochen wird, sondern ausschliesslich auf das Ergebnis an. 33

ZR 95, Nr. 12: 7. Weiter habe die Vorinstanz – so die Beschwerdeführerin – die Verhandlungsmaxime dadurch verletzt, dass sie verschiedentlich von tatsächlichen Behauptungen ausgegangen sei, welche die Beschwerdegegnerin nicht aufgestellt habe. 34

Das Handelsgericht hat in diesem Zusammenhang zum Nachteil der Beschwerdeführerin auch auf Tatsachen abgestellt, die sich aus Beilagen ergeben, welche die Beschwerdeführerin selbst eingereicht hatte. Zur Tragweite der Verhandlungsmaxime ist in diesem Zusammenhang vorab festzuhalten, dass es nicht darauf ankommt, von welcher Seite aus eine Tatsache behauptet worden ist (vgl. Guldener, Schweizerisches Zivilprozessrecht, 3. A., Zürich 1979, S. 166/67; Sträuli/Messmer, a.a.O., N 13 zu § 113 und N 2 zu § 148). Indessen stellt sich die weitere Frage, unter welchen Voraussetzungen Tatsachen, die sich aus Beilagen zu Rechtsschriften ergeben, überhaupt als behauptet angesehen werden dürfen. Werden Beilagen in der Rechtsschrift ausdrücklich zum integrierenden Bestandteil derselben erklärt, so gelten alle sich aus den betreffenden Beilagen ergebenden Tatsachen als behauptet. Wenn Beilagen in einer Rechtsschrift bloss erwähnt werden oder wenn darauf verwiesen wird, so gelten sie nur im Umfang der Verweisung als von der Partei vorgebracht. Geht in einem solchen Fall das Gericht darüber hinaus, indem es seinem Entscheid auch Tatsachen zugrundelegt, die sich zwar aus einer Beilage ergeben, auf die aber in keiner Rechtsschrift erkennbar verwiesen wurde, so verletzt es damit die Verhandlungsmaxime, weil es auf nicht behauptete Tatsachen abstellt. Wollte man umgekehrt den Inhalt von Beilagen in vollem Umfang, d. h. unabhängig von den konkreten Vorbringen in den Rechtsschriften, als von der Partei vorgebracht gelten lassen, so würde dies einerseits § 54 Abs. 1 Satz 2 ZPO zuwiderlaufen und andererseits auch für die Gegenpartei eine unzumutbare Belastung bewirken, indem sich dann für den Eventualfall mit sämtlichen Beilagen befassen müsste, ohne dass – mangels entsprechender Vorbringen in den Rechtsschriften – überhaupt ersichtlich wäre, ob bzw. inwiefern der Inhalt der Beilagen für die Beurteilung des Rechtsstreits von Belang ist. Dabei ist zu berücksichtigen, dass Urkunden grundsätzlich nur integral eingereicht werden dürfen (§ 186 ZPO) und die bloss auszugsweise Einreichung höchstens im Rahmen von § 145 bzw. 186 Abs. 3 ZPO in Betracht fallen wird; auch dies spricht aber dafür, dass sich eine Partei nicht den gesamten Inhalt der von ihr eingereichten Beilagen als Parteivorbringen muss anrechnen lassen, soweit nicht erkennbar zum Ausdruck kommt, dass dies der Fall sein soll.

35 Eine Einschränkung des Gesagten ergibt sich immerhin daraus, dass es dem Gericht nicht verboten ist, eingereichte Beilagen dann in ihrem vollen Umfang und Inhalt (d. h. über die Bezugnahme in der Rechtsschrift hinaus) zur Kenntnis zu nehmen und zu würdigen, wenn es darum geht, die Beweiskraft der Beilage als Beweismittel zu beurteilen; dies entspricht gerade dem Sinn der erwähnten Bestimmung von § 186 ZPO, wonach Urkunden dem Gericht als Ganzes einzureichen sind. Beruft sich eine Partei zum Beweis einer behaupteten Tatsache A auf eine bestimmte Stelle einer von ihr eingereichten Urkunde, so hat das Gericht im Hinblick auf den Nachweis der Richtigkeit dieser Behauptung die Urkunde demzufolge in ihrer Gesamtheit zu würdigen; ergeben sich auf Grund anderer Stellen der Urkunde alsdann Zweifel an der Richtigkeit der Behauptung A, so werden diese dazu führen, dass der Beweis für die Behauptung insoweit als gescheitert zu betrachten ist. Davon wird jedoch die Verhandlungsmaxime nicht berührt, weil das Gericht damit nicht eine Tatsache B als behauptet und bewiesen annimmt, sondern lediglich den Beweis für die behauptete Tatsache A auf Grund der Akten als nicht geleistet betrachtet.

36 Wenn eine Partei zum Inhalt des ausländischen Rechts ein Parteigutachten einreicht, um ihren Standpunkt nachzuweisen, so bildet dessen Inhalt ohne weiteres Bestandteil der Parteivorbringen und es ist darüber gegebenenfalls Beweis abzunehmen.

Richterliche Fragepflicht
§ 55. Bleibt das Vorbringen einer Partei unklar, unvollständig oder unbestimmt, so ist ihr Gelegenheit zur Behebung des Mangels zu geben, insbesondere durch richterliche Befragung.

1 Art. 3 Abs. 2 BZP hat den Grundsatz verankert, dass der Richter die Parteien auf unzulängliche Rechtsbegehren aufmerksam machen muss. Der Kläger hat daher die Rechtsbegehren, der Beklagte die Einreden und Einwendungen sach-, form- und zeitgerecht vorzubringen; dafür sind Rechtskenntnisse notwendig; das Recht ist keine Naturwissenschaft; Recht ist das, was das Gericht und allenfalls die übergeordneten Instanzen für Recht halten. Für die übergeordnete Instanz ist in aller Regel der Aufwand für eine Abweisung wesentlich geringer als für eine Gutheissung.

(Exkurs: Vor allem im Strafrecht, das häufig wesentlich einschneidender ist als das Zivilrecht, aber auch im Zivilrecht wird nicht selten die effektive Arbeit von einem eher unerfahrenen juristischen Sekretär erledigt; die Optik ist teilweise, keineswegs immer, eine einseitige: jemand wurde Bezirksanwalt, Bezirksrichter, Oberrichter, und hat teilweise vom praktischen Wirtschaftsleben kaum eine Ahnung, geschweige denn Verständnis; entsprechend sehen mitunter die Urteile aus; Richter gehören derzeit zu einer Berufsgruppe, die im Grunde für Fehlleistungen nie verantwortlich ist; eine konkrete richterliche Verantwortung, d.h. eine Verantwortung mit Konsequenzen, ist unbekannt; teilweise sind die Rechtskenntnisse, auch jene betr. die ZPO, bei einem Teil der Richter auf einem unterschiedlichen Stand; die Überlastung der Gerichte ist mitunter keine wirkliche Überlastung, sondern teilweise eine dauernde Überforderung; einige Richter bilden sich kaum weiter; z.B. bei einem Gericht wurde ein Bezirksanwalt Gerichtspräsident, die Anwaltsprüfung legte er, da zu anstrengend, nie ab, die Zivilsachen überliess er seinen jungen juristischen Sekretären und Auditoren, gegen neun Uhr kam er ins Büro, las dort ausgiebig die Zeitung und unterschrieb, was es so zu unterschreiben gab, ohne die Zivilprozesse selber durchzuarbeiten, zog regelmässig Überzeit ein, wobei niemand wusste, worin diese begründet war, erledigte im Büro seine Militärgerichtssachen und kompensierte diese Zeit zusätzlich als Überzeit; infolge Überlastung brauchte er einen Stellvertreter... Einem nicht unbeachtlichen Teil der Richter steht die eigene Überheblichkeit im Weg. Man darf solche Fälle nicht verallgemeinern; es gibt auch viele Richter, die ihre Arbeit pflichtgemäss machen, aber allein schon, dass solche Vorkommnisse fortgesetzt vorkommen, ist bedenklich. Vielleicht ebenso bedenklich ist das kollektive Schweigen.

Immerhin wacht im Kanton Zürich das Kassationsgericht mit seiner kritischen Haltung mit beachtlichem Erfolg auch über die richterliche Fragepflicht.

Die richterliche Fragepflicht setzt in jeder Hinsicht hohe Anforderungen an die Persönlichkeit des 2
Richters (Einsatz, Sach- und Rechtskenntnisse, Einfühlungsvermögen etc.); diesen Anforderungen genügen nicht alle Richter hinreichend. Soweit einige Bemerkungen zu faktischen Begebenheiten, die nicht zu übersehen, aber auch nicht zu verallgemeinern oder überzubewerten sind).

Diese Fragepflicht beschränkt sich nicht auf Tatsachen, sondern kann auch Rechtsfragen umfas- 3
sen. Die ZPO unterscheidet dabei zu Recht nicht, ob eine Partei anwaltlich vertreten ist oder ob dies nicht zutrifft; andernfalls wäre eine anwaltliche Vertretung diesbezüglich nachteilig (vgl. ZR 60, Nr. 64). § 55 ZPO ermöglicht dem Richter und verpflichtet ihn, den Kläger anzuhalten, die für die Gutheissung der Rechtsbegehren erforderlichen Tatsachen vollständig aufzuführen, die Beweismittel zu nennen, auf mangelnde Substantiierung hinzuweisen; er muss die Parteien, insbesondere den Beklagten, zu eingehender substantiierter Stellungnahme zu den Vorbringen der Gegenpartei in verständlicher und nachvollziehbarer Form anhalten. Die Fragepflicht umfasst die Aufklärung der Parteien darüber, welche Fragen das Gericht für entscheidend hält. Eine mündliche Verhandlung bzw. eine Referentenaudienz (§ 118 Abs. 2 ZPO) ist daher in den meisten Fällen unumgänglich; die Fragepflicht gemäss § 55 ZPO ist klar von der persönlichen Befragung als Beweismittel gemäss §§ 149 ff. ZPO zu trennen. Das Gericht ist also verpflichtet, den Beklagten zu fragen, ob er die Verjährungseinrede oder eine andere Einrede erheben wolle, ob er – nach entsprechender Rechtsbelehrung –, die Klage ändern wolle.

Die richterliche Fragepflicht ist an sich Teil des rechtlichen Gehörs; der Gesetzgeber hat ihr einen 4
solchen Stellenwert beigemessen, dass er sie zusätzlich in einem eigenen Paragraphen, wenn auch reichlich unbeholfen, geregelt hat.

Die wesentliche Einschränkung der Möglichkeit, Noven im Rechtsmittelverfahren vorzubringen, 5
erweitert die richterliche Fragepflicht der ersten Instanz erheblich. Hinzu kommt, dass die tatsächliche und die rechtliche Würdigung des Gerichts die Parteien nicht überraschen darf. Entgegen BGE 108 Ia 295 ist für die Zürcher Zivilprozessordnung festzuhalten, dass die Parteien vorgängig auf die für den Entscheid vom Gericht für wesentlich gehaltenen Sachverhaltselemente hingewiesen werden (vgl. ZR 44, Nr. 129); jedenfalls bei im wesentlichen abweichender Beurteilung des Gerichts, also wenn eine Klage gutgeheissen wird, aus Gründen, welche der Kläger nicht vorbrachte, oder abgewiesen wird aus Gründen, welche der Beklagte nicht einbrachte, sind die Parteien vorgängig anzuhören. Dies liegt auch im Interesse des Gerichts.

Die Antworten der Parteien in der Befragung gemäss § 55 ZPO – zu unterscheiden von der per- 6
sönlichen Befragung als Beweismittel gemäss § 149 ff. – sind gleichwohl zu protokollieren (§ 145 GVG), was häufig nicht oder unvollständig geschieht. Allenfalls kann das Gericht nach § 29 Abs. 2 ZPO vorgehen. Das Gericht muss die Partei auf die Rechtsfolgen bei Nichtbeheben des Mangels in den Vorbringen hinweisen.

Die Nichtausübung der richterlichen Fragepflicht schafft einen Nichtigkeitsgrund. 7

ZR 81, Nr. 118: Trägt der Kläger nicht alle rechtsbegründenden Tatsachen vor, ist besonders im 8
Falle seiner rechtskundigen Vertretung die Annahme berechtigt, dass sich die betreffenden Tatsachen nicht verwirklicht haben und aus diesem Grunde nicht behauptet worden sind. (Anmerkung: In dieser Allgemeinheit ist diesem Entscheid nicht zu folgen. Die ZPO unterscheidet zu Recht nicht zwischen anwaltlich vertretenen und nicht anwaltlich vertretenen Personen).

ZR 85, Nr. 118: Der Kläger beruft sich zu Recht darauf, dass auch im gerichtlichen Verfahren die 9
Offizialmaxime Platz greift. Dies bedeutet freilich nicht, dass die behauptungspflichtige Partei nicht im Sachverhalt so substantiieren muss, dass darüber Beweis abgenommen werden kann. Dieser Pflicht kam der Kläger in beiden Instanzen nicht nach; vor Vorinstanz beschränkt er sich auf Parteivorträge von insgesamt zwei Seiten, und auch in der Berufungsbegründung fiel die Darstellung zugegebenermassen kurz aus. Damit durfte sich schon die Vorinstanz nicht zufrieden geben; insbesondere hätte sie zumindest ihre Fragepflicht nach § 55 ZPO ausüben müssen. Wurden die Akten des Bezirksrats bereits mit der Klage eingereicht, war daraus der Prozessstoff klar ersichtlich. Mindestens war der Beklagte dazu persönlich zu befragen.

ZR 86, Nr. 25: Vgl. § 54 ZPO.

ZR 86, Nr. 65: Vgl. § 61 ZPO.

10   **ZR 88, Nr. 2:** Auswirkungen der Eventualmaxime im Rekursverfahren: ein Arrestbegehren war von der ersten Instanz mangels genügender Glaubhaftmachung von Arrestgegenständen, und auf Rekurs hin von der zweiten Instanz abgewiesen worden, und nicht deswegen, weil die Forderung nicht hinreichend glaubhaft gemacht worden sei. Die rekurrierende Partei kann sich zwar darauf verlassen, dass der angefochtene Entscheid allein auf Grund ihres Rekurses im Ergebnis nicht zu ihren Ungunsten geändert werden darf; jedoch kann sie nicht davon ausgehen, dass die Rekursinstanz zu ihren Gunsten der erstinstanzlichen Begründung folgt. Die Rekursinstanz hat daher der Rekurrentin, wenn sie zum Nachteil der rekurrierenden Partei von der erstinstanzlichen Begründung abweichen will, dieser zunächst Gelegenheit einzuräumen, sich dazu zu äussern und gegebenenfalls neue Tatsachen und Beweismittel vorzubringen. Dies ergibt sich aus der Eventualmaxime, welche auch im summarischen Verfahren gemäss § 204 ZPO gilt.

11   **ZR 88, Nr. 46:** Ist ein ärztliches Zeugnis unklar, unvollständig oder unbestimmt, so löst dies, unabhängig davon, ob das Verfahren der Verhandlungs- oder der Offizialmaxime untersteht, wie eine sonstige unklare, unvollständige oder unbestimmte Parteibehauptung, die richterliche Fragepflicht im Sinne von § 55 ZPO aus.

12   **ZR 90, Nr. 37:** Richterliche Fragepflicht: Wenn nicht bereits betrieben wurde, ist eine Klage abzuweisen, die an Stelle der geschuldeten Fremdwährung auf Franken lautet. Dem Richter ist es untersagt, einer Partei Ratschläge zu geben, wie sie es anstellen müsste, um den Prozess zu gewinnen.

13   **ZR 94, Nr. 92:** Im Massnahmeverfahren hat der Gesuchsteller keinen rechtlichen absoluten Anspruch auf Durchführen einer mündlichen Verhandlung bzw. auf das Einholen einer schriftlichen Stellungnahme des Gesuchgegners; wenn sich das Massnahmebegehren als unbegründet erweist, ist es dem Massnahmerichter nicht versagt, dieses ohne Weiterungen sofort abzuweisen.

Rechtliches Gehör
§ 56. Die Parteien haben nach Massgabe des Gesetzes Anspruch auf rechtliches Gehör.

Sie können im Rahmen des ordentlichen Geschäftsgangs die Protokolle und Akten einsehen und sich gegen Bezahlung der Kosten Auszüge erstellen lassen.

1   Aus Art. 4 BV und Art. 8 ZGB ergibt sich ein bundesrechtlicher Anspruch der Parteien, Beweise zu offerieren zu jenen Tatsachen, die für den Ausgang des Prozesses bedeutsam sein könnten.

2   **BGE 108 Ia 294:** "c) Nach ständiger Rechtsprechung besitzen die Parteien in Zivilsachen einen unbedingten Anspruch, vor Erlass eines Entscheids, der sie belastet oder belasten könnte, angehört zu werden (BGE 105 Ia 195 E. b und 101 Ia 296 mit Hinweisen; Guldener, Schweizerisches Zivilprozessrecht, 3. Aufl., S. 175 ff.). Den Parteien soll vor Erlass eines Entscheids, besonders wenn dieser für eine Partei nachteilig ausfällt, Gelegenheit zur Äusserung und Stellungnahme gegeben werden. Aus dem bundesrechtlichen Gehörsanspruch ergibt sich vor allem das – im Hinblick auf Art. 8 ZGB und Art. 84 Abs. 2 OG subsidiäre – Recht, Beweise zu beantragen zu Tatsachen, die für den Ausgang des Verfahrens von Bedeutung sein könnten (BGE 101 Ia 296, 96 I 323 E. c und 92 I 261), und sich über alle für das Urteil wesentlichen Tatsachen und Beweise auszusprechen (Guldener, a.a.O., S. 161). Dieses Recht steht den Parteien besonders dann zu, wenn in einem Rechtsmittelverfahren ein Entscheid aufgrund neuer, von der Gegenseite vor erster Instanz nicht angeführter Tatsachen bestätigt oder aufgehoben wird (vgl. TINNER, Das rechtliche Gehör, ZSR 83/1964 II S. 333 und 358). Hingegen folgt aus Art. 4 BV nicht der Anspruch der Parteien, zur rechtlichen Würdigung der durch sie in den Prozess eingeführten Tatsachen noch besonders angehört zu werden. Das Obergericht weist in seinen Gegenbemerkungen zur Beschwerde mit Recht dar-

auf hin, dass die Anwendung des auf den Sachverhalt zutreffenden Rechts allein dem Richter obliegt. Er hat unabhängig von der Rechtsauffassung der Parteien zu entscheiden und ist an deren rechtliche Würdigung der festgestellten Tatsachen nicht gebunden (vgl. Art. 63 Abs. 3 OG). Ebensowenig folgt aus dem Gehörsanspruch, dass eine Partei vorgängig auf die für den Entscheid wesentlichen Sachverhalt hinzuweisen ist. Ein Beteiligter, der den entscheidenden Punkt des Tatbestandes übersehen hat, ist in seinem Äusserungsrecht nicht beschränkt, sofern diese wesentliche Tatsache in den Akten enthalten und dem Richter nicht aus anderer Quelle bekannt ist (Tinner, a.a.O., S. 357/58)."

§ 56 ZPO bildet eine Generalklausel, ein Auffangtatbestand, eine wesentliche Verfahrensvorschrift; die Verletzung derselben kann man mit Nichtigkeitsbeschwerde rügen. Spezielle Regeln bilden § 55 ZPO (richterliche Fragepflicht), §§ 121 ff. ZPO und §§ 264 ff. ZPO, wonach sich jeder Partei grundsätzlich zweimal äussern kann; im summarischen Verfahren (§ 206 ZPO) wird davon abgewichen, wenn die Klageantwort keine neuen Momente enthält. Bevor das Gericht von einer ständigen Praxis abweicht, sind die Parteien dazu anzuhören (ZR 44, Nr. 129); dies gilt auch dann, wenn das Gericht eine Entscheidung anders begründen will, als beide Parteien vorgebracht haben. In erster Linie regelt das kantonale Recht auch die Vorladungen, Fristansetzungen, Mitteilungen (vgl. §§ 173 ff. GVG). 3

Das Bundesgericht leitet die Minimalanforderungen für das rechtliche Gehör aus Art. 4 BV und für den Anspruch auf Beweisführung aus Art. 8 ZGB ab. Zu beachten ist, dass das Bundesgericht nur Minimalanforderungen aus Art. 4 BV herleitet; es kann regelmässig einen solchen Entscheid, wenn keine bundesrechtliche Norm wie Art. 8 ZGB besteht, nur auf Willkür überprüfen, d.h. einen Entscheid nicht aufheben, wenn er falsch ist, sondern nur, wenn er offensichtlich falsch ist. Eine Verweigerung des rechtlichen Gehörs liegt auch vor, wenn eine Rechtsmittelinstanz zu Unrecht ihre Kognition einschränkt (BGE 104 Ib 418). 4

BGE 96 I 321 = Praxis 59 Nr. 164: "A.B. belangte seinen ehemaligen Arbeitgeber, die W.B. S.A., vor dem Tribunal de prud'hommes des Bezirks Neuenburg für eine Forderung aus dem früheren Dienstverhältnis. Das Gericht verwandte mehrere Sitzungen auf die Instruktion des Prozesses; es hörte namentlich am 2. Juni 1969 einige Zeugen, Arbeitskameraden des Klägers, an. Gegen das am 27. Oktober 1969 gefällte Urteil erhob B. eine staatsrechtliche Beschwerde u. a. wegen Verletzung von BV 4 und 58. Das Bg hebt auf. 5

2. Aus den von den kant. Behörden vorgelegten Akten ergibt sich, dass das Gericht tatsächlich nicht in der gleichen Zusammensetzung tagte, als es am 2. Juni 1969 die Zeugen abhörte und als es am 29. Oktober 1969 sein Urteil fällte. Der Beschwerdeführer erblickt hierin eine Verletzung des Anspruchs auf rechtliches Gehör im weiten Sinne und eine Verletzung von BV 58, welcher der rechtsuchenden Partei eine ordnungsgemässe Zusammensetzung des Gerichts gewährleistet.

a) BV 58 gewährleistet jedermann das Recht, von seinem verfassungsmässigen Richter beurteilt zu werden, und verbietet daher die Einführung von Ausnahmegerichten. Das bedeutet, dass der Betroffene verlangen kann, durch ein zuständiges Gericht beurteilt zu werden. Die Praxis leitet daraus auch die allgemeine Forderung der Beurteilung durch einen unabhängigen und unparteiischen Richter ab (BGE 91 I 401, 92 I 275 E.4 = Pr 55 Nr. 116, Pr 56 Nr. 26, und Zitate). Diesen Forderungen von Unabhängigkeit und Unparteilichkeit widerspricht es nicht, dass ein Richter am Entscheid mitwirkt, ohne an allen in der Sache abgehaltenen Sitzungen anwesend gewesen zu sein. Der Vorwurf einer Verletzung von BV 58 muss daher abgewiesen werden.

b) Der Umfang des rechtlichen Gehörs ist grundsätzlich vor allem durch das kant. Recht bestimmt; nur wenn die kant. Bestimmungen ungenügend sind, werden Verfahrensregeln beigezogen, die unmittelbar aus BV 4 abgeleitet werden (BGE 87 I 339 = Pr 51 Nr. 20). Der Beschwerdeführer sagt nicht, auf welche kant. Vorschrift er seine Behauptung stützt, es habe eine regelwidrige Besetzung des Gerichts stattgefunden, wobei die Unregelmässigkeit darin bestanden habe, dass ein Gerichtsmitglied, das bei der Fällung des Urteils anwesend war, an der Einvernahme der Zeugen nicht teilgenommen hatte. Aber nach seiner Meinung verlangt ein allgemeiner Rechtsgrundsatz dass das Gericht bei einem mündlichen Verfahren für alle Sitzungen über eine bestimmte Sache, namentlich für die Abhörung von Zeugen und die Urteilsfällung gleich zusammengesetzt ist; er scheint diesen allgemeinen Grundsatz aus dem durch BV 4 garantierten Anspruch auf rechtliches Gehör ableiten zu wollen.

c) Bis jetzt hat das Bgr. einen solchen Grundsatz nicht aufgestellt. In einem neueren Entscheid (Gris gegen Waadt, vom 9. November 1969, BGE 95 I 593) hat es einen kant. Entscheid wegen Verletzung einer ausdrücklichen kant. Bestimmung über die Zusammensetzung des Gerichts aufgehoben und nicht wegen Verletzung eines direkt aus BV 4 fliessenden Grundsatzes.

Die Rechtslehre hat aus dem durch BV 4 garantierten Recht auf rechtliches Gehör verschiedene Forderungen abgeleitet: Dieses Recht umfasst das Recht der Partei sich auszusprechen, bevor ein Entscheid zu ihren Lasten gefällt wird (BGE 94 I 109), ferner das Recht Nachweise über Tatsachen zu beschaffen, die den Ausgang einer Entscheidung beeinflussen können (BGE 92 I 261 = Pr 56 Nr. 28), das Recht vom Dossier Kenntnis zu nehmen (BGE 95 I 106 und Zitate), das Recht sich vertreten zu lassen oder der Verhandlung beizuwohnen, und schliesslich das Recht, einen Entscheid von einer zuständigen Behörde zu erhalten (BGE 94 I 556). Wenn die Partei zugelassen werden muss, Beweise über entscheidende Tatsachen zu liefern, so geschieht es, um dem Gericht zu ermöglichen, seinen Entscheid in voller Kenntnis der Sache zu treffen. Das setzt grundsätzlich voraus, dass alle Mitglieder des Gerichts, wenn es sich um ein Kollegium handelt, der Abnahme der Beweise beiwohnen oder wenigstens vom Protokoll der Verhandlungen darüber Kenntnis nehmen. So schreibt die neuenb. ZPO 328 ausdrücklich vor, dass nur die Mitglieder und Ersatzmänner, die das Dossier gelesen und die Parteivorträge angehört haben, am Urteil teilnehmen können. Dieses allgemeine Erfordernis der Kenntnis der zu beurteilenden Sache setzt voraus, dass im mündlichen Verfahren, wo weder die Erklärungen der Parteien, noch die Aussagen der Zeugen protokolliert werden, alle Mitglieder des Gerichtshofes den Sitzungen zur Abnahme der Beweise beiwohnen. Nur unter dieser Voraussetzung kann der Grundsatz der freien Würdigung der Beweise durch das Gericht voll gewahrt werden.

Es ist daher anzunehmen, dass, im mündlichen Verfahren wenigstens, das Recht auf rechtliches Gehör einschliesst, alle Richter, die an einem Entscheid teilnehmen, den Sitzungen zur Beweisabnahme beiwohnten. Es handelt sich hier um eine wesentliche Verfahrensregel, deren Verletzung durch das gewerbliche Schiedsgericht von Neuenburg die Aufhebung der angefochtenen Entscheidung nach sich zieht."

6 Der Grundsatz des rechtlichen Gehörs ist ein "persönlichkeitsbezogenes Mitwirkungsrecht beim Erlass von Entscheiden, die in die Rechte der Parteien eingreifen" (Vogel, S. 170); auch die EMRK (Art. 6 Abs. l) hat diesen Grundsatz verankert; entgegen BGE 111 Ia 274 kann man nicht zum vornherein sagen, Art. 6 Abs. 1 EMRK schaffe keine über Art. 4 BV hinausgehenden Rechte; denn auch das Bundesgericht kann die Rechtsentwicklung der EMRK durch deren Rechtsprechungsorgane nicht vorwegnehmen; gemäss BGE 115 Ia 11 oder BGE 106 Ia 5 ist das rechtliche Gehör auch dazu da, die materielle Wahrheit zu finden, den Sachverhalt aufzuklären.

7 Das rechtliche Gehör umfasst vielfältige Aspekte des Grundsatzes "audiatur et altera pars"; Vogel (S. 170) nennt drei Ausnahmen von diesem Grundsatz: bei einem Nichteintretensentscheid infolge Fehlens einer Prozessvoraussetzung ist die Gegenpartei nicht anzuhören; unzulässige oder unbegründete Rechtsmittel kann die obere Instanz ohne Anhören der Gegenpartei abweisen oder darauf nicht eintreten; in dringenden Fällen ergehen vorsorgliche Massnahmen (§ 222 ZPO) ohne Anhören der Gegenpartei, was jedoch sogleich nachzuholen ist; kantonalrechtlich gilt, dass nur bei Nichtigkeitsbeschwerde und Revision, nicht aber bei Berufung, Rekurs und im erstinstanzlichen Verfahren ohne Anhören der Gegenpartei entschieden werden darf (Sträuli / Messmer, N 3 zu § 56 ZPO).

8 Weiter ist Teil des rechtlichen Gehörs, das sich aus Art. 4 BV ergibt:
   – **Rechtsanspruch auf Urteilsbegründung** (BGE 101 Ia 552) und insbesondere Recht auf Auseinandersetzung mit den Parteivorbringen und den vorhandenen Beweisen; die Urteilsbegründung muss konkret sein und darf sich nicht auf Gemeinplätze beschränken.

- Damit das Urteil begründet werden kann, besteht ein Rechtsanspruch auf Abnahme der offerierten Beweise (BGE 108 Ia 294, BGE 101 Ia 103).
- Damit jede Partei die Beweise offerieren kann, hat sie einen Rechtsanspruch auf **Teilnahme an den Verhandlungen und Beweiserhebungen** (BGE 98 Ia 338), einen Rechtsanspruch auf Beweiswürdigung (BGE 115 Ia 11); um sich zu den Vorbringen der Gegenpartei äussern und um die Beweise würdigen zu können, besteht ein **Rechtsanspruch auf Akteneinsicht**, der nur in eingeschränkter Weise bei qualifiziertem Geheimhaltungsinteresse beschnitten werden darf (BGE 95 I 445), aber auch während der Rechtsmittelfristen gilt (§ 169 GVG, Art. 51 Abs. l lit. e OG); damit die rechtsunkundige oder in einem bestimmten Bereich nicht rechtskundige Partei (das kann auch einen Anwalt betreffen, der nicht überall spezialisiert sein kann) ihre Rechte wahrnehmen kann, besteht gemäss BGE 105 Ia 290 jedenfalls bei hohem Streitwert (genauer: hohem Interessewert, der auch nicht materieller Art sein kann) und komplizierten Verhältnissen ein **Anspruch, sich rechtskundig vertreten zu lassen.**

Die Verweigerung des rechtlichen Gehörs muss in der Regel zum Aufheben des angefochtenen Entscheids führen; dies muss richtigerweise auch dann gelten, wenn die obere Instanz volle Kognition hat, weil sonst einer Partei eine Instanz abgeschnitten wird (ZR 73, Nr. 16, ZR 77, Nr. 138). Ein unter Verletzung des rechtlichen Gehörs entstandener Urteilsspruch ist auch aufzuheben, wenn bei Wahren des rechtlichen Gehörs das Erkenntnis nicht anders ausgefallen wäre. Man nennt dies die **formelle Natur des rechtlichen Gehörs.** 9

ZR 81, Nr. 117: In Schiedsgerichtssachen ist die Nichtigkeitsbeschwerde wegen Verfahrensmängeln nur gegeben, wenn ein wesentlicher Verfahrensgrundsatz im eigentlichen Sinn verletzt wurde, d.h. wenn dadurch ein absoluter Nichtigkeitsgrund gesetzt wurde oder wenn gegen eine weniger wichtige Verfahrensregel verstossen wurde und eine realistische Möglichkeit dargetan wird, weshalb der Entscheid auf dem Mangel beruht. Im Schiedsgerichtsverfahren besteht keine Pflicht, den Parteien vor der Endentscheidung Gelegenheit zu geben, zum sachkundigen Wissen des Gerichts oder eines seiner Mitglieder Stellung zu nehmen. 10

Anmerkung: Diese Auffassung kann man nicht teilen; gerade im Schiedsgerichtsverfahren ist ein umfassendes Suchen der Wahrheit und damit die Wahrung des rechtlichen Gehörs zu betonen; denn es gibt keine ordentliche Überprüfung der Entscheide des Schiedsgerichts. Je weniger Überprüfungsmöglichkeiten bestehen, umso strikter ist die richterliche Fragepflicht und das rechtliche Gehör zu handhaben. Zudem kann man Schiedsgerichte noch weniger einer Kontrolle unterwerfen als Gerichte. 11

ZR 82, Nr. 93: Rechtliches Gehör bei der Kostenregelung: Zur Frage der Nebenfolgen bei Prozesserledigung ohne Anspruchsprüfung, in casu Klagerückzug, braucht kein formeller Schriftenwechsel durchgeführt zu werden. Es genügt, wenn sich beide Parteien zu diesem Punkt äussern können. 12

ZR 83, Nr. 55: Mit der Beschwerde wird zunächst geltend gemacht, dieses Vorgehen der Vorinstanz verletze einen wesentlichen Verfahrensgrundsatz, indem das Obergericht der Beschwerdeführerin nicht Gelegenheit gab, zu einer dreizehnseitigen Eingabe mit Beweismitteln der Gegenpartei im summarischen Verfahren Stellung zu nehmen. Das summarische Verfahren sei grundsätzlich kontradiktorischer Natur, und es folge sowohl aus § 206 wie aus § 56 ZPO, dass der Gehörsanspruch auch hier zu beachten sei. Das Obergericht begründet demgegenüber sein Vorgehen damit, dass im summarischen Verfahren Glaubhaftmachung genüge; da die vom Beschwerdegegner neu eingereichten Unterlagen vor allem aus Kontoauszügen bestehen, an deren Richtigkeit nicht zu zweifeln sei, könne auf eine Stellungnahme der Beschwerdeführerin dazu verzichtet werden, ohne dass damit ein Anspruch auf rechtliches Gehör verletzt werde. 13

Schranken bei der Gewährung des Gehörsanspruchs anerkennt das Bundesgericht in Fällen besonderer Dringlichkeit oder in der Gefahr der Vereitelung des Zwecks der Massnahme bei vorgängiger Anhörung der Betroffenen. Das Kassationsgericht hat bereits im Jahre 1971 festgestellt, die Berücksichtigung einer Urkunde, welche der Gegenpartei nicht bekanntgegeben worden sei, und das Herleiten materieller Entscheidungsgründe aus einer solchen Urkunde bedeute gegenüber der nicht informierten Partei auf jeden Fall eine Verweigerung des rechtlichen Gehörs. Das Recht der Parteien auch im summarischen Verfahren auf Stellungnahme zu Beweismitteln aller Art folgt aus § 147 in Verbindung mit § 206 ZPO (ZR 77, Nr. 138).

Abgesehen von § 211 ZPO sind Ausnahmen zulässig bei vorläufigen Anordnungen im Sinne von § 110 Abs. 2 ZPO oder provisorischen Befehlen oder Verboten gemäss § 224 ZPO. In diesen Fällen erlaubt die besondere Dringlichkeit die Einsprechung des Gehörsanspruchs auf ein nachträgliches Äusserungsrecht. Demgegenüber stellt das Erfordernis der blossen Glaubhaftmachung kein taugliches Kriterium zur Einschränkung oder gar Aufhebung des Gehörsanspruchs dar. Glaubhaftmachung bedeutet, dass an die Beweisintensität geringere Anforderungen als beim strikten Nachweis gestellt werden und erlaubt daher zum Beispiel den Verzicht auf weitere Abklärungen im konkreten Fall oder den generellen Ausschluss gewisser Beweismittel (§ 209 ZPO). Wird aber ein Beweismittel zugelassen, so hat die Gegenseite das Recht, sich dazu zu äussern. Dieses Recht ist nach konstanter bundesgerichtlicher Rechtsprechung formeller Natur, das heisst seine Verletzung führt auch dann zur Aufhebung des angefochtenen Entscheids, wenn die beschwerdeführende Partei kein materielles Interesse nachzuweisen vermag, bzw. ohne dass zu prüfen ist, ob das Gericht aufgrund der Anhörung zu einer anderen Entscheidung gelangt wäre (vgl. BGE 109 Ia 3).

Eine andere Frage ist es, ob auch ohne die in Frage stehenden Beweismittel der Sachentscheid hätte getroffen werden können, was im Falle blosser Glaubhaftmachung nach dem Gesagten rascher anzunehmen ist als im strengen Beweisverfahren. Der Richter hat es im summarischen Verfahren eher in der Hand, Beweismittel bei der Begründung seines Entscheids unberücksichtigt zu lassen, womit sich auch eine weitere Anhörung erübrigt.

Soweit das Obergericht im vorliegenden Fall in seiner Eventualbegründung dies hinsichtlich der zuletzt eingereichten Unterlagen des Beschwerdegegners auch getan hat, wäre also sein Entscheid zu schützen, soweit nicht diese Eventualbegründung ihrerseits an einem Nichtigkeitsgrund leidet.

14 **ZR 83, Nr. 104:** In der Unzulässigkeit der Vertretung des Klägers durch einen Angestellten einer Arbeitnehmerorganisation, wie sie die Vorinstanz verfügte, ist dem Kläger das rechtliche Gehör im Sinne von § 56 Abs. 1 ZPO verweigert worden, was einen wesentlichen Verfahrensgrundsatz bildet.

15 **ZR 84, Nr. 75:** Rechtliches Gehör bei Prozesserledigung ohne Anspruchsprüfung, insbesondere in Rechtsöffnungsverfahren: Vor der Rechtsöffnungsverhandlung zog die Klägerin ihre Begehren zurück mit der Begründung, sie habe irrtümlich betrieben; der Einzelrichter sprach dem Beklagten mit der Begründung keine Umtriebsentschädigung zu, er habe keine solche verlangt. Das Kassationsgericht hat gemäss ZR 82, Nr. 82 bemerkt, bei Prozesserledigung ohne Anspruchsprüfung sei vorgängig das rechtliche Gehör zu gewähren. Gar so ständig und zwingend ist diese Praxis aber nicht. Gemäss ZR 82, Nr. 93 hat es das Kassationsgericht als "angezeigt erscheinend" bezeichnet, den Parteien Gelegenheit zu geben, sich zu den Nebenfolgen zu äussern. Die dritte Zivilkammer des Obergerichts liess die Frage (SJZ 1961 (58) S. 74) offen. Kann somit nicht davon ausgegangen werden, dass eine ständige und einheitliche Praxis eine verbindliche generelle Verfahrensvorschrift geschaffen habe, so ist zu prüfen, ob der Einzelrichter im konkreten Fall das rechtliche Gehör des Beklagten verletzt und dadurch einen Nichtigkeitsgrund geschaffen habe. Einen solchen Fehler hätte der Einzelrichter dann gemacht, wenn es sich nach den Umständen aufgedrängt hätte, den Beklagten Stellung nehmen zu lassen.

16 **ZR 88, Nr. 2:** Die Beschwerdeführerin macht geltend, ihr sei das rechtliche Gehör verweigert worden, weil die Rekursinstanz der rekurrierenden Partei vorher unter diesem Gesichtspunkt, unter welchem der Rekurs abgewiesen wurde, nicht nochmals Gelegenheit zur Äusserung einräumte und sie nicht im Sinne von § 55 ZPO befragte. Die Glaubhaftmachung der Arrestforderung ist vielmehr – neben der Frage nach dem Arrestgrund – das Thema des Arrestbewilligungsverfahrens, so dass die Beschwerdeführerin nicht ernsthaft behaupten kann, sie habe nicht damit rechnen müssen, das

Begehren könnte unter diesem Gesichtspunkt abgewiesen werden. Da der Einzelrichter in seiner Verfügung zur Frage des Glaubhaftmachens der Arrestforderungen überhaupt nicht Stellung genommen habe, habe es für die Beschwerdeführerin erst recht auf der Hand gelegen, dass dieser Punkt im Rekursverfahren durchaus noch offen sein würde. Es lag an ihr, das Nötige vorzutragen, weshalb eine Gehörsverweigerung nicht vorliegt.

ZR 88, Nr. 5: Rechtliches Gehör: § 180 ZPO gibt den Parteien das Recht, zum Gutachten Stellung zu nehmen und seine Erläuterungen oder Ergänzungen oder die Bestellung eines anderen Sachverständigen zu beantragen. Die Beschwerdeführerin beanstandet, dass ihre Stellungnahme und Anträge vom Kassationsgericht wohl entgegengenommen, jedoch nicht ordnungsgemäss geprüft worden seien, was sich aus der ohne nähere Begründung erfolgten Übernahme der Expertenmeinung über die fehlende Aussicht auf Vollstreckbarkeit ergebe. Art. 4 BV gebietet rechtliches Gehör unter anderem in dem Sinn, dass der Partei Gelegenheit zu geben ist, ihren Rechtsstandpunkt zu vertreten und Beweisanträge zu stellen (BGE 111 Ia 103 ff., BGE 112 Ia 2 ff.), verpflichtet den Richter aber nicht, den Anträgen unbesehen zu entsprechen. Dass die Vorbringen nicht nur anzuhören, sondern auch zu prüfen sind, versteht sich von selbst (BGE 87 I 110), ändert aber nichts daran, dass nur die für den Entscheid wesentlichen Vorbringen berücksichtigt und in der Begründung zum Ausdruck gebracht werden müssen. Diese soll den Parteien ein Bild über die Tragweite des Entscheids verschaffen, ihnen insbesondere die Prüfung der Frage ermöglichen, ob das massgebende Recht richtig angewendet worden oder der Entscheid allenfalls weiterzuziehen sei (BGE 113 II 205). Wer dem Richter hingegen Vorbringen von 120 Seiten unterbreitet, kann von ihm keine akribische Behandlung sämtlicher Einzelheiten verlangen, sondern hat es hinzunehmen, wenn in der Begründung nur zusammenfassende Ausführungen zum Erkennen des Wesentlichen erscheinen. Es trifft sodann nicht zu, dass das Kassationsgericht die Vorbringen mit einem einzigen Satz abgetan habe, trotz der Einwendungen sei im Ergebnis das Gutachten nicht zu bezweifeln. Da der angefochtene Entscheid in formaler Hinsicht den Erfordernissen von Art. 4 BV genügt, bleibt zu untersuchen, ob die Gründe, die das Kassationsgericht veranlasst haben, auf das Gutachten abzustellen und auf Vorkehren im Sinne von § 181 ZPO zu verzichten, auch einer sachlichen Überprüfung standhalten. Man kann von einem Gericht nicht verlangen, dass es sich selber urteilen könnte, welches die zutreffende Auffassung ist. Der Umstand, dass der Richter nicht zweifelsfrei in der Lage ist, die Richtigkeit des Gutachtens unter fachlichen Gesichtspunkten zu beurteilen, bietet noch nicht Anlass zur Ergänzung des Gutachtens oder zur Einholung eines weiteren Gutachtens.

ZR 90, Nr. 8: Für die Obhutszuteilung der Kinder im Rahmen der vorsorglichen Massnahmen eines Scheidungsverfahrens gilt der Grundsatz des Freibeweises. Für die vorläufige und die definitive Kinderzuteilung gilt bundesrechtlich eine unbeschränkte Offizialmaxime. Der Richter ist nicht an das kantonale Beweismittelsystem gebunden, das in der Zivilprozessordnung ausdrücklich vorgesehen ist. Die Kinder sind in möglichst schonender Weise in das Verfahren miteinzubeziehen; die formlose und gemeinsame Anhörung mehrerer Kinder unter Ausschluss der Parteien ist nach dem Grundsatz des Freibeweises zulässig. Die nachträgliche Anhörung der Parteien gewährleistet das rechtliche Gehör. Das kinderpsychiatrische Kurzgutachten ist im Rahmen vorsorglicher Massnahmen in der Regel nicht das geeignete und erforderliche Beweismittel, um abzuklären, bei welchem Elternteil die Kinder für die Dauer des Scheidungsprozesses besser aufgehoben sind.

ZR 91/92, Nr. 1: Gehörsanspruch bei Disziplinarstrafen: Beim Anspruch auf rechtliches Gehör geht es in erster Linie um die Äusserungsrechte der Prozessparteien, wie Behauptungen, Bestreitungen und Einreden; das Recht auf Anhörung entfällt, wenn in Rechtsschriften der gebotene Anstand missachtet wird, der Disziplinarfehler sich aus dem aktenkundigen Verhalten des Rechtsvertreters ergibt.

Rechtsanwendung
§ 57. (alte Fassung). *Das Gericht wendet das Recht von Amtes wegen an.*

Anstelle fremden Rechts, von welchem das Gericht keine sichere Kenntnis hat, wird einheimisches Recht angewendet, wenn die Parteien nicht den Inhalt des fremden Rechts nachweisen.

Rechtsanwendung
§ 57. (neue Fassung, 24.9.95). *Das Gericht wendet das Recht von Amtes wegen an. (Abs. 2 aufgehoben 24.9.95).*

1 Iura novit curia bzw. da mihi facta, dabo tibi ius, gilt seit dem Inkrafttreten des IPRG beschränkt auch für ausländisches Recht. Art. 16 IPRG lautet:

Art. 16 IPRG
¹ *Der Inhalt des anzuwendenden ausländischen Rechts ist von Amtes wegen festzustellen. Dazu kann die Mitwirkung der Parteien verlangt werden. Bei vermögensrechtlichen Ansprüchen kann der Nachweis den Parteien überbunden werden.*
² *Ist der Inhalt des ausländischen Rechts nicht feststellbar, so ist schweizerisches Recht anzuwenden.*

2 Derzeit bemühen sich die Gerichte eher wenig, den Inhalt ausländischen Rechts festzustellen, so dass die Vorschrift nur geringe Bedeutung hat. Wohl steht den Parteien die Möglichkeit der Berufung gemäss Art. 43a Abs. l lit. b OG bzw. die Nichtigkeitsbeschwerde gemäss Art. 68 Abs. l lit. d OG offen, wenn der kantonale Richter zu Unrecht feststellt, die Ermittlung des ausländischen Rechts sei nicht möglich. Der Nachweis des ausländischen Rechts darf einer Partei "nur" in vermögensrechtlichen Streitigkeiten auferlegt werden. Das Bundesgericht führte dazu in BGE 119 II 94 aus:

3 **BGE 119 II 94:** "bb) Handelt es sich wie hier um vermögensrechtliche Ansprüche, so kann der Nachweis des ausländischen Rechtsinhalts den Parteien überbunden werden (Art. 16 Abs. 1 Satz 3 IPRG). Dabei geht es um den Nachweis, nicht um einen Beweis im eigentlichen Sinn, so dass die gewöhnlichen Beweisregeln nicht anwendbar sind. Hingegen ist das rechtliche Gehör zu beachten und zu vermeiden, dass eine Partei durch die Anwendung fremden Rechts überrascht wird (von Overbeck, Die Ermittlung, Anwendung und Überprüfung der richtigen Anwendung des anwendbaren Rechts, in: Die allgemeinen Bestimmungen des IPRG, Veröffentlichungen des Schweizerischen Instituts für Verwaltungskurse an der HSG, St. Gallen 1988, S. 101 und 104; Schwander, Einführung in das internationale Privatrecht, Allgemeiner Teil, 2. Auflage 1990, S. 192 Fn 11). Die Zuger Zivilprozessordnung kennt in § 55 Abs. 2 eine entsprechende Bestimmung. Die kantonalen Instanzen scheinen indes Sinn und Tragweite dieser Vorschriften verkannt zu haben. Es geht nicht um die Schlüssigkeit allfälliger Parteigutachten, sondern allein darum, dass die ausländischen Rechtsquellen (einschlägige Gesetzesbestimmungen) und allenfalls ausländische Literatur (insbesondere Kommentare) oder Urteile aufgezeigt werden. Dies jedoch wurde in dem vom Beklagten eingereichten Gutachten, im klägerischen Gegengutachten sowie in einer weiteren Stellungnahme seitens des Beklagten zur Genüge getan. Der Einwand der Vorinstanz, dieser hätte aufgrund der den Prozess beherrschenden Eventualmaxime noch ein gerichtliches Gutachten beantragen oder vom Gericht die Einholung von Auskünften im Sinne des Europäischen Übereinkommens vom 7. Juni 1968 betreffend Auskünfte über ausländisches Recht verlangen müssen, ist angesichts der Tatsache, dass es um den Inhalt des Rechts eines Nachbarlandes geht, unverständlich. Die Rechtsanwendung auf den konkreten Fall aber ist, ob nun deutsches Recht oder schweizerisches als Ersatzrecht angewendet wird, ohnehin nicht Aufgabe eines Gutachters, sondern allein jene des Richters. Schliesslich kann ganz allgemein wohl kaum behauptet werden, die Ermittlung des deutschen Darlehensrechts sei für ein schweizerisches Gericht nicht möglich, so dass im Sinne von Art. 16 Abs. 2 IPRG als ultima ratio zur lex fori zurückzukehren sei. Es ergibt sich somit, dass die Rüge des Beklagten insofern begründet ist, als die kantonalen Instanzen in bezug auf das Zustandekommen und die Wirkungen des behaupteten Darlehensvertrags nicht deutsches Recht angewandt haben."

cc) Gemäss Art. 65 OG kann das Bundesgericht ausländisches Recht im Berufungsverfahren selbst anwenden, wenn dieses neben dem Bundesrecht zur Anwendung gelangt, durch die Vorinstanz nicht angewandt worden ist und sich inhaltlich ohne Weiterungen, insbesondere nach dem Schrifttum, ermitteln lässt (Poudret, N 3 zu Art. 65 OG; Messmer/Imboden, Die eidgenössischen Rechtsmittel in Zivilsachen, S. 111; Knoepfler/Schweizer, Précis de droit international privé suisse, Bern 1990, S. 180 Rz 554). Diese Voraussetzungen sind hier erfüllt. Denn einerseits ist eine zentrale Frage nach schweizerischem Recht zu beurteilen, nämlich jene, ob A. gültig für die X. AG gehandelt hat bzw. ob ein allfälliger Missbrauch seiner Vertretungsmacht der Klägerin entgegengehalten werden kann. Das einschlägige deutsche Recht anderseits lässt sich ohne Weiterungen bestimmen."

Hingegen ist grundsätzlich ausländisches öffentliches Recht in der Regel in der Schweiz unbeachtlich. Infolge verschiedener Staatsverträge ist ausländisches öffentliches Recht aber doch relevant. 4

Die Regel, dass die Gerichte das kantonale Recht und das Recht des Bundes von Amtes wegen anwenden, ergibt sich aus Art. 63 Abs. l und 3 OG. Wie das Bundesgericht in BGE 89 II 339 ff. und in BGE 107 II 122 feststellte, ist der kantonale Richter von Bundesrechts wegen verpflichtet, sich von Amtes wegen auch mit einem von den Parteien nicht eingenommenen Rechtsstandpunkt zu befassen. Das Novenverbot steht daher einer andern rechtlichen Beurteilung nicht entgegen; was ein Erblasser mutmasslich gewollt hat, wenn er sich des Problems bewusst gewesen wäre, sei eine Rechtsfrage; insbesondere sei das Bundesgericht nicht an Feststellungen über den hypothetischen Parteiwillen gebunden; der innere Wille des Erblassers wäre hingegen eine Tatfrage, an welche das Bundesgericht gebunden wäre. 5

(Bemerkung: Die Unterscheidung bei der Auslegung des Testaments zwischen Tatfrage und Rechtsfrage ist eine juristische Konstruktion, die nicht nachvollziehbar ist und kaum unterschieden werden kann; es könnte u.U. auf die blosse Formulierung ankommen, was doch nicht der Sinn und Zweck eines auf die materielle Wahrheit gerichteten Rechtsmittelverfahrens sein kann).

Die Parteien können sehr wohl auf die rechtliche Würdigung Einfluss nehmen; denn diese hängt sehr von der Schilderung des Sachverhalts und den offerierten Beweismitteln ab (a.M. Vogel, N 63 S. 167); ebenso problematisch ist die Behauptung, die Parteien brauchten das Recht nicht zu kennen. Ohne Rechtskenntnisse kann man keine Klage, auch nicht im Sachverhalt hinreichend begründen; die Sachverhaltsschilderung geschieht (wenn man von den Hörsälen einmal absieht) stets mit Blick auf die Rechtsfolgen. Sachverhalt und Rechtsfolgen bilden letztlich eine Einheit. 6

ZR 86, Nr. 68: Der Abgrenzungsanspruch gemäss Art. 669 ZGB besteht nur zwischen den Eigentümern zweier unmittelbar aneinander grenzenden Grundstücke; da zwischen den Grundstücken der Parteien keine gemeinsame Grenze besteht, fehlt beiden Parteien die Sachlegitimation für einen Abgrenzungsanspruch, was als Rechtsfrage aufgrund des ermittelten Sachverhalts von Amtes wegen zu entscheiden ist. Klage und Widerklage sind deshalb abzuweisen. 7

ZR 88, Nr. 5: Vgl. § 302.

Klagenhäufung
§ 58. Der Kläger kann im gleichen Verfahren mehrere Rechtsbegehren gegen den Beklagten erheben, sofern dafür das Gericht zuständig und die gleiche Verfahrensart vorgesehen ist.

Aus zureichenden Gründen kann das Gericht den Rechtsstreit jederzeit in mehrere Prozesse trennen. Es kann getrennt eingereichte Klagen vereinigen.

Voraussetzungen für eine objektive Klagenhäufung sind Zuständigkeit des gleichen Gerichts und die gleiche Verfahrensart für alle Klagen. Das Gericht kann die Trennung in mehrere Klagen anordnen, wobei man jedoch die sachliche Zuständigkeit und die möglichen Rechtsmittel nicht verändern darf (§ 25 ZPO). 1

Die Klagen können kumulativ, also nebeneinander, oder eventualiv, d.h. für den Fall des Unterliegens im Hauptpunkt – (in einem andern Punkt sei die Klage gutzuheissen) – formuliert sein; nur in Ausnahmefällen kann man eine Klage alternativ formulieren.

Veränderungen der sachlichen Zuständigkeit und der Rechtsmittel kann ein Kläger mit einer Teilklage erreichen; dem Beklagten steht eine Widerklage auf Feststellung des gesamten behaupteten Anspruchs offen, wodurch die Zuständigkeit verändert werden kann (negative Feststellungsklage: ZR 83, Nr. 104).

2 **ZR 81, Nr. 21:** Wird eine Klage auf Abwendung der in einem Trennungsurteil getroffenen Unterhaltsregulung mit einer gleichzeitig hängigen Scheidungsklage vereinigt, so wird die Abänderungsklage bei der Streitwertberechnung wie ein Massnahmebegehren behandelt.

3 **ZR 83, Nr. 79:** Mit Rekurs ersuchte die Beklagte im Scheidungsverfahren um Erhöhung der im Rahmen vorsorglicher Massnahmen für die Dauer des Scheidungsprozesses festgelegten Unterhaltskostenbeiträge, wobei sie als Novum ausdrücklich auch den ihr abgetretenen Unterhaltsanspruch des mündigen Sohns geltend machte. In prozessualer Hinsicht steht der Zulässigkeit der Klageerweiterung im Rekursverfahren mit Blick auf den § 200 ZPO, welcher für alle familienrechtlichen Prozesse gilt, nichts entgegen. Zwar entbindet die genannte Bestimmung in der Regel nicht von der Rechtsmittelvoraussetzung der Beschwer; davon kann jedoch abgesehen werden, wenn das neue Begehren sich auf eine nach dem angefochtenen Entscheid eingetretene Tatsache stützt.

Der neue Rekursantrag basiert in casu auf der nach dem vorinstanzlichen Beschluss erfolgten Abtretung des Unterhaltsanspruchs an die Beklagte. Diese neue Tatsache legitimiert die Klageerweiterung im Rekursverfahren.

Fraglich ist sodann, ob die richterliche Festsetzung eines Unterhaltsbeitrags an das mündige Kind im Scheidungsverfahren und damit auch im Massnahmeverfahren überhaupt zulässig ist. In casu hat das mündige Kind seinen Anspruch an die Mutter abgetreten, so dass nicht eingewendet werden kann, da der Unterhaltsanspruch des mündigen Kinds diesem persönlich zusteht, die diesbezügliche Zuständigkeit des Scheidungsrichters falle mangels Aktivlegitimation der Scheidungspartei weg. Eine solche Abtretung ist grundsätzlich zulässig (BGE 107 II 474). Problematisch kann nunmehr einzig die prozessuale Verbindung der Scheidungs- mit einer Unterhaltsklage sein. Eine solche objektive Klagenhäufung erscheint jedoch im Lichte des kantonalen Prozessrechts durchaus als zulässig.

Gemäss § 58 Abs. 1 ZPO kann der Kläger im gleichen Verfahren mehrere Rechtsbegehren gegen den Beklagten erheben, sofern das Gericht dafür zuständig und die gleiche Verfahrensart vorgesehen ist. Die Zuständigkeit ist vorliegend am Wohnsitz des Klägers in der Rolle des beklagten Unterhaltspflichtigen gegeben (Art. 279 Abs. 3 ZGB). An Verfahrensvorschriften gelten für die beiden familienrechtlichen Prozesse die Offizialmaxime, die freie Beweiswürdigung, die Genehmigungspflicht für Vereinbarungen (Art. 158, Art. 280 Abs. 2 und Art. 287 Abs. 3 ZGB) sowie die Mündlichkeit des Verfahrens (§ 119 Ziff. 3 ZPO).

Art. 280 Abs. 1 ZGB schreibt ausserdem für die Unterhaltsklage ein einfaches und rasches Verfahren vor, jedoch macht dieses Erfordernis nicht schon eine andere Verfahrensart im Sinne von § 58 Abs. 1 ZPO aus. Würde die Klägerin mit ihrem zusätzlichen Anspruch im Scheidungsverfahren nicht zugelassen, so müsste sie für die Unterhaltsklage eigens ein neues Verfahren vor Friedensrichter einleiten, was ja gerade prozessverzögernd wäre. Umgekehrt besteht auch bei Zulassung der Klagenhäufung die Möglichkeit, die beiden Verfahren voneinander abzutrennen, falls die Abklärungen im Scheidungsprozess den Entscheid über die Unterhaltsklage unnötig verzögern sollten (§ 58 Abs. 2 ZPO).

Als letztes bleibt die Zulässigkeit des im Rekursverfahren anbegehrten Unterhaltsanspruchs als vorsorgliche Massnahme zu prüfen. Das Gesetz sieht solche Massnahmen vor, sobald die Klage eingereicht und damit rechtshängig ist (Art. 281 Abs. 1 ZGB). Tritt die Unterhaltsklage als neues Begehren im Rahmen eines bereits hängigen Scheidungsprozesses auf, so ist sie rechtshängig, sobald die Klageänderung im Sinne dieser Erweiterung durch den Scheidungsrichter zugelassen wurde (§ 61 Abs. 1 ZPO). Eine solche Zulassung hat jedoch im vorliegenden Fall noch nicht stattgefunden. Die Beklagte hat den Unterhaltsanspruch des Sohns erst im Rahmen vorsorglicher Massnahmen vor der Rekursinstanz erhoben, ohne vor Vorinstanz ein entsprechendes Rechtsbegehren gestellt zu haben. Zwar ist es möglich, dass sie dies aufgrund der erst vor kurzem erfolgten Abtretung demnächst tun wird, jedoch kann die Rekursinstanz keine diesbezügliche vorsorgliche Massnahme erlassen, solange offen ist, ob die Vorinstanz die Klageänderung gestützt auf § 61 Abs. 1 ZPO überhaupt zulassen wird.

Die heute bestehende Unzulässigkeit der Festsetzung eines Unterhaltsbeitrags für den mündigen Sohn als vorsorgliche Massnahme hindert freilich nicht, die Ansprüche des Sohns auch im vorliegenden Verfahren mitzuberücksichtigen. Mit der Abtretung des Unterhaltsanspruches an die Mutter hat zwar einmal seines selbständigen Klagerechts dem Vater gegenüber enttäussert. Nichtsdestoweniger bleibt der Unterhaltsanspruch bestehen, richtet sich nun aber ausschliesslich an die Mutter (BGE 107 II 474). Im Rahmen vorsorglicher Massnahmen für die Dauer des Scheidungsprozesses schlägt sich das in einem um diese Unterhaltspflicht erhöhten Notbedarf der Beklagten nieder, was wiederum den Kläger als unterstützungspflichtigen Ehemann zu treffen vermag.

ZR 83, Nr. 104: Vgl. § 54.

ZR 93, Nr. 69: Klagenhäufung: Der Kläger kann im gleichen Verfahren mehrere Rechtsbegehren gegen den Beklagten erheben, sofern dafür das gleiche Gericht zuständig und die gleiche Verfahrensart vorgesehen ist. Unzulässig ist die Verbindung eines Rechtsbegehrens, das dem Sühnverfahren unterliegt, mit einem solchen, das ohne Sühnverfahren rechtshängig zu machen ist. Aus prozessökonomischen Gründen besteht eine Ausnahme, falls die Aberkennungsklägerin die geltend gemachte Forderungsklage, die sie zusätzlich zur Aberkennungsklage erhebt, verrechnungsweise geltend macht; ausserhalb von Verrechnungsfällen muss zwischen der klägerischen und der in Betreibung gesetzten Forderung zumindest Konnexität vorliegen (vgl. SJZ 43 (1947) 275 f.; ZBJV 68 (1932) 594 ff.; BGE 58 I 132, BGE 58 I 171).   4

Feststellungsklage
§ 59. Auf Klagen betreffend Feststellung des Bestehens oder Nichtbestehens eines Rechtsverhältnisses oder der Echtheit oder Unechtheit einer Urkunde wird nur eingetreten, wenn ein rechtliches Interesse an der Feststellung besteht.

Bundesrechtlich sind vor allem folgende Feststellungsklagen von Bedeutung: 1

- ZGB: Art. 28a Abs. 1 (Widerrechtlichkeit einer Persönlichkeitsverletzung), Art. 29 Abs. 1 (Namensrecht), Art. 49 Abs. 2 (Feststellung von Leben oder Tod einer Person), Art. 839 Abs. 3 (Feststellung von Forderungen von Bauhandwerkern), Art. 975 (Grundbuchberichtigungsklage).
- OR: Art. 357b Abs. 1 lit. a (Feststellung von Abschluss, Inhalt und Beendigung des Arbeitsverhältnisses von Verbänden).
- SchKG: Art. 83 Abs. 2 (Aberkennungsklage), Art. 85a Rev. SchKG (Feststellung, wonach die betriebene Forderung nicht oder nicht mehr besteht oder gestundet ist).
- Immaterialgüterrecht:
- PatG: Art. 26 (Patentnichtigkeitsklage), Art. 74 (Klagen auf Feststellung verletzender Handlungen und des Patents).
- URG: Art. 61 (Klage, wonach ein Recht gemäss URG besteht oder nicht besteht).
- MSchG: Art. 52 (Klage, wonach ein Recht oder Rechtsverhältnis gemäss MSchG besteht oder nicht besteht).
- UWG: Art. 9 Abs. 1 lit. c (Klage, wonach eine Wettbewerbshandlung als widerrechtlich festgestellt wird).

- KG: Art. 12 (Klage auf Feststellung der Widerrechtlichkeit der fraglichen Wettbewerbsbeschränkung zu Beseitigung der Wettbewerbsbehinderung, vgl. R. Walter, in: AJP, 1996, S. 899; für das alte Recht Art. 8 KG).

2   Das Bundesprivatrecht bestimmt den Minimalstandard für den Anspruch auf ein Feststellungsurteil. Auf Feststellung des Bestehens oder Nichtbestehens eines Rechts oder Rechtsverhältnisses (auch Rechtsverhältnisse Dritter, z.B. Prätendentenstreit) kann geklagt werden, wenn der Kläger ein schützenswertes rechtliches Interesse hat, d.h. wenn der Kläger ein vernünftiges Interesse hat, eine Ungewissheit zu beseitigen, durch die er wirtschaftlich (z.B. Konkurrenzverbot) oder ideell (z.B. Verletzung in den persönlichen Verhältnissen) behindert ist. Sie ist ausgeschlossen, wenn dem Kläger eine Leistungsklage offensteht. Ist eine Teilklage erhoben worden, so hat der Beklagte ein Interesse, widerklageweise das Nichtbestehen des ganzen behaupteten Anspruchs feststellen zu lassen. Kantonalrechtlich sind weitere Feststellungsklagen zulässig, wie tatbeständliche Feststellungen (Echtheit einer Urkunde), soweit Bundesrecht nicht entgegensteht oder sinngemäss ausschliesst. Das Recht auf Feststellung folgt dem Recht auf Beseitigung oder Berichtigung. Zuständig für positive und negative Feststellungsklagen ist das für die Leistungsklage zuständige Gericht, bei wechselseitiger Feststellungsklage ist die zweite Klage am Ort der ersten Feststellungsklage als Gerichtsstand des Sachzusammenhangs anzuheben.

3   **Zulässig:** Gültigkeit eines Vertrags: BGE 96 II 131; 92 II 108; 90 II 33; 69 II 78. Willensmangel: BGE 84 II 690; ZR 62, Nr. 46. Nichtigerklärung einer Stiftung: BGE 99 II 256; 96 II 277, 75 II 87. Gültigkeit einer Ehe: BGE 105 II 3. Unwirksamkeit einer letztwilligen Verfügung: BGE 91 II 269. Bestand einer Dienstbarkeit: ZR 60, Nr. 125. Bestand eines Urheberrechts: ZR 78, Nr. 51. Prätendentenstreit: BGE 84 III 19.

Feststellung der Widerrechtlichkeit: BGE 101 II 188 (Rechtsgefährdung im Bereiche des Persönlichkeitsrechts); mögliche Unterlassungsklage ist nicht zumutbar: BGE 99 II 173 (Feststellungsklage ausnahmsweise neben Leistungsklage beim Sukzessivlieferungsvertrag).

4   **Unzulässig:** abstrakte Rechtsfrage: BGE 101 II 190. Feststellung von Tatsachen: BGE 84 II 696; 79 II 257; ZR 65, Nr. 120; ZR 62, Nr. 91 (Ausnahme: Feststellung auf Echtheit oder Unechtheit einer Urkunde). Beweise für spätere Leistungsklage: BGE 81 II 466. Feststellung eines noch nicht verwirklichten Leistungsverhältnisses: ZR 60, Nr. 65. Nach Verjährung der Herabsetzungsklage fehlt rechtliches Interesse für Feststellungsklage: BGE 70 II 142; 93 II 16, 83 II 197. Feststellungsklage kann nicht mit aktienrechtlicher Anfechtungsklage verbunden werden: ZR 69, Nr. 101. Keine Feststellungsklagen in der Regel im Befehlsverfahren.

Keine Feststellungsklage, wenn eine Leistungsklage möglich ist, ausser in drei Fallgruppen: nur Teilleistungen sind fällig, und das Rechtsverhältnis soll für die Zukunft festgestellt werden gemäss BGE 99 II 173; bei einer Teilklage erhebt der Kläger eine negative Feststellungsklage, wonach nichts geschuldet ist (BGE 42 II 701); wenn nur die Grundsatzfrage des Bestehens einer Verpflichtung streitig ist, die Erfüllung jedoch gesichert ist, wie bei einem Gemeinwesen, und zudem triftige Gründe für die Feststellungsklage statt Leistungsklage sprechen:

5   **BGE 97 II 376:** "Der Kläger hätte mit der Leistungsklage die Verlegung der Leitung zulasten der Beklagten verlangen können. Durch einen solchen Prozess wäre jedoch der Beginn der Bauarbeiten für die Spitalerweiterung stark verzögert worden. Daher wurde nach einer andern Lösung gesucht. Nach verschiedenen Verhandlungen erklärte sich die Beklagte unter der Bedingung, dass der Kläger vor Bundesgericht das Verfahren zur Entscheidung der Kostenfrage einleite, dazu bereit, die Leitung vorderhand auf ihre Kosten zu verlegen. Mit der Klageerhebung vor Bundesgericht konnte der Kläger also erreichen, dass die Beklagte die Leitung sofort verlegte und er selbst ohne Verzug mit den Bauarbeiten beginnen konnte. Da die Beklagte unter der erwähnten Bedingung bereit war, die Leitung zu verlegen und einstweilen auch für die Kosten aufzukommen, konnte der Kläger von ihr keine Leistung mehr verlangen. Vielmehr konnte er die von ihr gestellte Bedingung nur erfüllen, indem er die Frage, wer die Kosten der Verlegung zu tragen habe, zum Gegenstand eines Feststellungsbegehrens machte."

Praxisänderung:

BGE 110 II 353: "a) Das Bundesgericht beurteilte die Zulässigkeit der Feststellungsklage zunächst nach eidgenössischem Recht. Später fand es, dies sei eine Frage des kantonalen Prozessrechts, wenn das Bundesrecht nicht selbst, sei es ausdrücklich oder stillschweigend, eine Feststellungsklage ausschliesse oder gewähre (Birchmeier, Bundesrechtspflege, S. 80 f. mit Hinweisen). Im Jahre 1951 gab es diese Auffassung, die von Leuch (in SJZ 36/1940 S. 293 ff.) kritisiert worden war, auf und kehrte zur ältern Rechtsprechung zurück. Es erklärte, die Feststellungsklage habe nicht bloss prozessualen Charakter, wolle nicht nur eine Leistungsklage vorbereiten, sondern diene dank ihrer materiellen Rechtskraftwirkung der Rechtssicherheit und damit wie eine andere Klage dem Schutz des materiellen Rechts. Eine allgemeine Feststellungsklage könne daher nur eidgenössischen Rechts sein, wenn es um einen Anspruch aus Bundesprivatrecht gehe; sie sei folglich stets zuzulassen, wo der Rechtsschutz sie erfordere und der Kläger ein erhebliches Interesse an der verlangten Feststellung habe (BGE 77 II 347).

6

An dieser Rechtsprechung, die unangefochten geblieben ist, hat das Bundesgericht bis in die neueste Zeit festgehalten (BGE 96 II 131 E. 2 und 106 III 122 E. 2 mit Hinweisen).

Umstritten ist der vom Bundesgericht in der Folge angebrachte Vorbehalt, dass es den Kantonen unbenommen bleibe, über die vom eidgenössischen Recht geforderten Feststellungsansprüche hinaus noch weitere zuzulassen, sofern ein solcher Anspruch durch das eidgenössische Recht nicht ausdrücklich oder sinngemäss ausgeschlossen werde; es stehe ihnen deshalb auch frei, an das Feststellungsinteresse weniger strenge Anforderungen zu stellen, zumal Eingriffe in das kantonale Prozessrecht nur dort erfolgen dürften, wo sie für die Durchsetzung des Bundesrechts unerlässlich seien (BGE 84 II 495). Diese Rechtsprechung wurde seither wiederholt bestätigt, wobei die Bundesgericht sich auch mit gegenteiligen Lehrmeinungen auseinandersetzte (BGE 92 II 108 E. 2 und 3, 101 II 187 E. 4a, 107 II 60 E. 1 mit Hinweisen). Sie führte dazu, dass das Bundesgericht auf Berufung hin kantonale Urteile, welche Feststellungsklagen zuliessen, jeweils unbekümmert um die Zulassungsgründe materiell überprüfte. Das Kassationsgericht des Kantons Zürich, das in einem früheren Entscheid (publ. in SJZ 72/1976 S. 43) noch eine abweichende Meinung vertreten hatte, hat sich im vorliegenden Verfahren der Ansicht des Bundesgerichts unterzogen und das Feststellungsinteresse geprüft (publ. im ZR 83/1984 Nr. 52).

b) Lehre und Rechtsprechung gehen vom heute unangefochtenen Grundsatz aus, dass das materielle Recht auch den für seine Durchsetzung erforderlichen Rechtsschutz garantiert. Während die Rechtsprechung des Bundesgerichts zur Feststellungsklage darunter nur eine Mindestgarantie versteht, über welche die Kantone hinausgehen können, bestimmt nach der herrschenden Lehre das materielle Recht, bei ihm unterstehenden Rechtsverhältnissen also auch das Bundesrecht, abschliessend, unter welchen Voraussetzungen eine Feststellungsklage zuzulassen ist. In der neueren Lehre wird deshalb der vom Bundesgericht angebrachte Vorbehalt durchwegs abgelehnt (ausführlich Kummer, Das Klagerecht und die materielle Rechtskraft im schweizerischen Recht, S. 55 ff.; ders. in ZBJV 96/1960 S. 60 ff. und 104/1968 S. 137 ff.; Guldener, Zivilprozessrecht, S. 208 Anm. 11; ders. in ZSR 80/1961 II S. 31/32; Voyame in ZSR 80/1961 II S. 123/24; Wurzburger, in ZSR 94/1975 II S. 88 ff.; Vogel, Grundriss des Zivilprozessrechts S. 130; vgl. auch Walder, Zivilprozessrecht, S. 263 ff.).

Der umstrittene Vorbehalt beruht auf der Annahme, das Interesse einer Partei, nicht unnötig als Beklagte vor Gericht erscheinen zu müssen, sei rein prozessualer Natur (BGE 92 II 110). Dem widerspricht die Lehre zu Recht. Aus dem Grundgedanken der Verjährungs- und Verwirkungsregeln erhellt, dass es an sich dem Berechtigten anheimgestellt ist, in welchem Zeitpunkt er seinen Anspruch geltend machen will. Nach der Rechtsprechung bedeutet das nicht, dass der Berechtigte allein über diesen Zeitpunkt bestimmen könne; vielmehr kann auch der angeblich Verpflichtete ein Interesse haben, das Nichtbestehen des Rechts festzustellen (BGE 92 II 111 Nr. 18). Die herrschende Lehre verkennt das nicht, berücksichtigt aber zudem, dass mit der negativen Feststellungsklage der Berechtigte gezwungen wird, seinen Anspruch vorzeitig geltend zu machen, will er ihn nicht als Folge der materiellen Rechtskraft des Urteils verlieren (Kummer in ZBJV 96/1960

S. 60 und 104/1968 S. 138; Guldener in ZSR 80/1961 S. 32; Voyame ebenda S. 124). Wie das Bundesrecht dem Kläger, der ein berechtigtes Interesse hat, die Feststellungsklage gewährt, muss es auch den Beklagten vor einer solchen Klage schützen, wenn dieses Interesse fehlt. Dann ergibt sich aber auch aus Bundesrecht, dass auf eine negative Feststellungsklage nicht einzutreten ist, wenn der Kläger sich nicht auf ein schutzwürdiges Interesse berufen kann. Ob dieses Interesse des Klägers schutzwürdig sei, hängt von einer Abwägung der beiderseitigen Interessen ab (Guldener, Zivilprozessrecht, S. 208 Anm. 11; ders. in ZSR 80/1961 II S. 32 f.; vgl. auch BGE 96 II 131 f.). Ein solches Vorgehen erübrigt auch den Umweg über das Verbot unnützer Rechtsausübung aus Art. 2 Abs. 2 ZGB (BGE 93 II 17).

Dazu kommen Überlegungen rechtsgleicher Behandlung. Können die Kantone die Feststellungsklage über die sich aus eidgenössischem Recht ergebenden Möglichkeiten hinaus zulassen, wie die Rechtsprechung bisher angenommen hat, so kann für das gleiche Rechtsverhältnis im einen Kanton Rechtsschutz verlangt werden, im andern nicht. Mit der einheitlichen Anwendung des Bundesprivatrechts, die das Bundesgericht zu gewährleisten hat, lässt sich das nicht vereinbaren (Kummer, Klagerecht. 57; ders. in ZBJV 96/1960 S. 61 sowie 104/1968 S. 139 und 142; Voyame in ZSR 80/1961 II S. 124; Wurzburger in ZSR 94 II S. 90).

c) Wird die bisherige Rechtsprechung aus den angeführten Erwägungen dahin geändert, dass im Berufungsverfahren nicht nur geprüft wird, ob der kantonale Richter einen Feststellungsanspruch aus Bundesrecht zu Unrecht verneint, sondern auch, ob er ihn zu Unrecht bejaht hat, so deckt sich das mit der neueren Rechtsprechung zur Einrede der abgeurteilten Sache. Auch bei dieser Frage ist das Bundesgericht während langer Zeit davon ausgegangen, Bundesrecht sei nur verletzt, wenn ein Kläger mit einem unzulässigen Verweis auf ein früheres Urteil daran gehindert werde, einen bundesrechtlichen Anspruch durchzusetzen; mit der Berufung an das Bundesgericht könne daher zwar der Kläger die Gutheissung der Einrede, nicht aber der Beklagte ihre Abweisung anfechten (BGE 88 I 164 E. 3, 81 II 146, 78 II 402, 75 II 290 mit weiteren Hinweisen). Diese Rechtsprechung ist in der Lehre ebenfalls kritisiert und vom Bundesgericht 1969 zu Recht aufgegeben worden (BGE 95 II 640 ff. und dort angeführte Lehre). Während früher argumentiert worden ist, Bundesrecht schliesse nicht aus, dass ein Beklagter sich die neuerliche Beurteilung eines Anspruchs, der bereits Gegenstand eines rechtskräftigen kantonalen Urteils ist, gefallen lassen müsse, wird seither anerkannt, dass auch dies eine Frage des Bundesrechts ist. Das hat zur Folge, dass das Bundesgericht die Frage, ob eine abgeurteilte Sache vorliegt, nicht nur prüft, wenn sie im kantonalen Verfahren bejaht, sondern auch wenn sie verneint worden ist.

Die Parallele zum umstrittenen Vorbehalt liegt auf der Hand. Es geht hier wie dort um Anwendung des materiellen Rechts, das die Voraussetzungen bestimmt, unter denen einer Klage Rechtsschutz zu gewähren oder zu verweigern ist. Nur so kann der Interessenlage beider Parteien Rechnung getragen und ein einheitlicher Rechtsschutz in den Kantonen gewährleistet werden. Das Bundesgericht hat bereits 1951 seine neue Praxis zur Feststellungsklage u.a. damit begründet, dass das materielle Recht auch einen entsprechenden Rechtsschutz fordere, der zu einem rechtskräftigen Urteil führe (BGE 77 II 348 f.). Nachdem es 1969 seine Rechtsprechung zur materiellen Rechtskraft geändert hat, ist das auch zur Feststellungsklage nachzuholen. Die II. Zivilabteilung, die seit 1951 ebenfalls vom umstrittenen Vorbehalt ausgegangen ist (vgl. BGE 101 II 187 E. 4a), hat dem zugestimmt (Art. 16 Abs. 1 OG).

2. Das Bundesgericht stellt im Berufungsverfahren an das rechtliche Interesse, das einen Feststellungsanspruch zu begründen vermag, die gleichen Anforderungen wie gemäss Art. 25 BZP in einem Direktprozess (BGE 103 II 221 E. 2, 97 II 375). Das Interesse kann auch ein tatsächliches sein, muss aber erheblich, schutzwürdig sein. Es ist gegeben, wenn die Rechtsbeziehungen der Parteien ungewiss sind und die Ungewissheit durch die richterliche Feststellung über Bestand und Inhalt des Rechtsverhältnisses beseitigt werden kann (BGE 96 II 131 E. 2 mit Hinweisen). Nicht jede abstrakte Ungewissheit genügt; erforderlich ist vielmehr, dass ihre Fortdauer dem Kläger nicht zugemutet werden kann, weil sie ihn in seinen Entschlüssen behindert (BGE 96 II 131 E. 3a; GULDENER, Zivilprozessrecht, S. 210). Ob das zutrifft, wird vom Bundesgericht frei geprüft (BGE 106 III 122 E. 2). Dazu kommt vorweg die Frage, ob das Bundesrecht überhaupt eine negative Feststellungsklage des Betreibungsschuldners zulässt, wie Bezirksgericht und Obergericht annehmen.

a) Die Rechtsbehelfe des Betreibungsrechts schliessen eine negative Feststellungsklage des Schuldners nicht schlechthin aus. Zwar kann damit nicht auf den Fortgang des Vollstreckungsverfahrens eingewirkt werden, wenn der Schuldner den Rechtsvorschlag oder die Aberkennungsklage versäumt hat oder die definitive Rechtsöffnung bewilligt worden ist (BGE 51 III 195 E. 3 mit Hinweisen). Mit einer solchen Klage kann dagegen die Voraussetzung dafür geschaffen werden, dass eine Betreibung nach Art. 85 SchKG aufgehoben oder eine Zahlung gemäss Art. 86 SchKG zurückgefordert werden kann (Jaeger, N. 7 zu Art. 86 SchKG). Ist sie aber selbst nach versäumter Aberkennungsklage möglich (BGE 27 II 642 E. 2), so besteht auch kein Grund zu einem Ausschluss, wo der Gläubiger es beim Zahlungsbefehl bewenden lässt, das Betreibungsverfahren also nicht fortsetzt.

Das Betreibungsrecht stellt es ins Belieben des Gläubigers, ob und zu welchem Zweck er Betreibung einleiten will. Der Schuldner seinerseits kann Rechtsvorschlag erheben mit der Wirkung, dass die Betreibung einstweilen nicht fortgesetzt werden darf und der Gläubiger auf den Rechtsweg verwiesen wird. Macht der Gläubiger wie hier vom Rechtsweg weder in der einen noch in der andern Weise Gebrauch, so ist nicht zu ersehen, inwiefern bereits die Zustellung des Zahlungsbefehls, die den Kläger zum vorliegenden Prozess veranlasst hat, ein schutzwürdiges Interesse zu seinen Gunsten ergeben sollte; dies gilt um so mehr, als der Kläger gerade das, was er mit der negativen Feststellungsklage bezweckte, nämlich die Löschung im Betreibungsregister, nach geltendem Recht nicht erreichen kann (BGE 95 III 5). Es ist deshalb unerheblich, dass er die Betreibung hätte abwenden können, indem er dem Vorschlag der Beklagten, sich ihr gegenüber während zwei Jahren nicht auf Verjährung zu berufen, zugestimmt hätte.

Vermag die Tatsache der Betreibung für sich allein kein Feststellungsinteresse zu begründen, so kann es sich bloss fragen, wie es sich damit nach den weiteren Umständen verhält. Auch das lässt sich nur beantworten, wenn die Interessen der Beteiligten gegeneinander abgewogen werden. Auf der einen Seite steht das Recht des Gläubigers, durch einfache Betreibung eine Unterbrechung der Verjährung herbeizuführen (Art. 135 Ziff. 1 OR). Dem steht das Anliegen des angeblichen Schuldners gegenüber, die dadurch bewirkte Ungewissheit nicht auf unabsehbare Zeit fortdauern zu lassen."

In BGE 95 II 498 f. hat das Bundesgericht ausgeführt, die Feststellungsklage sei zulässig, wo sie zum Beseitigen einer fortdauernden Störung diene, auch wenn aufgrund des gleichen Sachverhalts Unterlassungsklagen und Schadenersatzklagen zulässig sind:

7

BGE 95 II 498: "Ob sich Art. 28 Abs. 2 ZGB in solchem Sinne einschränkend auslegen lässt, bleibe dahingestellt. In Wahrheit bezweckt die von der Klägerin verlangte Feststellung einer Verletzung ihres Persönlichkeitsrechts nicht, ihr im Sinne von Art. 28 Abs. 2 ZGB und Art. 49 OR Genugtuung zu verschaffen, sondern sie soll lediglich die fortdauernde Störung auf eine dazu geeignete Weise beseitigen, was nach Art. 28 Abs. 1 ZGB nichts anderes als eben die Rechtswidrigkeit des Eingriffs voraussetzt. Aus dem durch diese Vorschrift gewährten Beseitigungsanspruch lässt sich ein Recht auf gerichtliche Feststellung unter anderem dann herleiten, wenn durch die Störungshandlung ein Zustand geschaffen wurde, der den Verletzten weiterhin in seinen persönlichen Verhältnissen treffen könnte (BGE 91 II 409), was hier nach dem Gesagten der Fall ist. Damit übereinstimmend hebt KUMMER, Der zivilprozessrechtliche Schutz des Persönlichkeitsrechts, ZBJV 1967 S. 106 ff., bes. 107, den Charakter einer solchen Feststellung im Unterschied zu einer Genugtuung hervor: Es soll 'nicht der Gegner zur Satisfaktion gebeugt, noch der Verletzte über schweres Ungemach durch künstliches Erzeugen von Wohlbefinden hinweggebracht, sondern schlicht des Verletzten Ehre reingewaschen werden'. Dieser Autor begrüsst die durch das erwähnte Urteil angebahnte Vervollkommnung des Rechtsschutzes. Seine Bemerkung, das Bundesgericht lasse freilich die dogmatische Einordnung noch offen (a.a.O. S. 108 oben), spielt darauf an, dass jenes Urteil die Frage vorbehält, ob und wie weit ein dem Beseitigungsanspruch des Art. 28 Abs. 1 ZGB abgeleiteter Anspruch auf gerichtliche Feststellung den von der Rechtsprechung entwickelten Regeln über das Recht auf Feststellung im allgemeinen (BGE 77 II 344; 81 II 466; 83 II 197, 198; 84 II 398, Erw. 2 und 691 Erw. 2; 90 II 33 Erw. 3; 93 II 16,17) unterstehe (BGE 91 II 409 ff.). Grundsätzlich handelt es sich bei dem Anspruch aus Art. 28 Abs. 1 ZGB nicht um einen Anwendungsfall des allgemeinen Anspruchs auf gerichtliche Feststellung des Bestehens oder Nichtbestehens eines Rechtsverhältnisses, wie ihn verschiedene Prozessordnungen (namentlich auch Art. 25 BZP) vorsehen und die angeführte neuere Rechtsprechung im Falle der Gefährdung eidgenössischen Privatrechts anerkennt. Vielmehr bildet eine auf Art. 28 Abs. 1 ZGB beruhende gerichtliche Feststellung des Unrechts an und für sich lediglich ein im Einzelfall als geeignet und gerechtfertigt befundenes Mittel zur Beseitigung der beim Verletzten eingetretenen Störung in den persönlichen Verhältnissen. Während sich eine solche Störung bisweilen durch eine blosse Tathandlung beseitigen lässt (so etwa durch Entfernen des störenden Plakats), erweist sich mitunter eine gerichtliche Feststellung der widerrechtlichen Verletzung zu diesem Zweck als notwendig und ausreichend. Natürlich bedarf es eines schutzwürdigen Interesses des Klägers an einer solchen Feststellung, und es können in diesem Punkte die für die allgemeine Feststellungsklage geltenden Grundsätze in gewisser Hinsicht als Wegleitung dienen.

Im übrigen bleibt auch im Gebiet des Persönlichkeitsschutzes immer noch ein Anwendungsgebiet für die selbständige Feststellungsklage, so etwa, wenn einmal alle andern Klagen ausfallen sollten (was in BGE 91 II 410 Erw. 4 b und 412 Erw. 4 d im Ergebnis bestätigt wird; JÄGGI, S. 191 a), insbesondere wenn es darum geht, bei umstrittener Rechtslage Klarheit zu schaffen, was rechtens sei, und den Verlauf des Persönlichkeitsrechts an undeutlicher Grenzstelle auszumachen (so KUMMER, ZBJV 1967 S. 109 unten/1 10; vgl. auch HAFTER, N. 6 zu Art. 28 ZGB). Die Bedeutung dieser Klagemöglichkeit ist indessen nicht zu überschätzen. Droht eine Störung, so kann der Bedrohte immer auf Unterlassung klagen. Und gegenüber einem beim Kläger hervorgerufenen Störungszustand hilft die Beseitigungsklage, die im vorliegenden Falle in das Begehren um gerichtliche Feststellung der Verletzung des Persönlichkeitsrechts gekleidet ist."

BGE 120 II 23: "3. Das Obergericht hat – hinsichtlich beider Klagebegehren – ein genügendes Feststellungsinteresse verneint. Nach Ansicht des Klägers hat es damit gegen Bundesrecht verstossen.

a) Nach der Rechtsprechung des Bundesgerichts ist die Feststellungsklage zuzulassen, wenn der Kläger an der sofortigen Feststellung ein schutzwürdiges Interesse hat, welches zwar kein rechtliches zu sein braucht, sondern - entgegen der Meinung des Beklagten - auch bloss tatsächlicher Natur sein kann, aber immerhin erheblich sein muss. Diese Voraussetzung ist namentlich gegeben, wenn die Rechtsbeziehungen der Parteien ungewiss sind und die Ungewissheit durch die richterliche Feststellung behoben werden kann. Dabei genügt nicht jede Ungewissheit; erforderlich ist vielmehr, dass ihre Fortdauer dem Kläger nicht mehr zugemutet werden darf, weil sie ihn in seiner Bewegungsfreiheit behindert (BGE 114 II 253 ff. E. 2a S. 255 f.; 110 II 352 ff. E. 2 S. 357 mit Hinweisen).

Namentlich bei negativen Feststellungsklagen ist zudem auch auf die Interessen des Beklagten Rücksicht zu nehmen. Wer auf Feststellung klagt, dass eine Forderung nicht besteht, zwingt damit den beklagten Gläubiger zu vorzeitiger Prozessführung. Die Regel, dass nicht der Schuldner, sondern der Gläubiger den Zeitpunkt für die Geltendmachung eines Anspruchs bestimmt, wird durchbrochen. Ein vorzeitiger Prozess aber kann den Gläubiger benachteiligen, indem er ihn zur Beweisführung zwingt, bevor er dazu bereit und in der Lage ist, und bevor er seinerseits aus eigenem Antrieb klagen würde (Walder in ZBJV 124/1988, S. 219). Das ist umso schwerwiegender, als der Gläubiger auch im negativen Feststellungsprozess die Beweislast für den Bestand seiner Forderung trägt (BGE 95 II 617 ff. E. 2 S. 621 mit Hinweisen) und daher Beweislosigkeit auch hier – als Folge der materiellen Rechtskraft des Feststellungsurteils – zu Anspruchsverlust führt (Walder, a.a.O., S. 219 f.; Bodmer, a.a.O., S. 112 ff.; Guldener, Schweizerisches Zivilprozessrecht, 3. Aufl. 1979, S. 361 und 364; teilweise abweichend Walter, Zur Abweisung einer negativen Feststellungsklage, in ZBJV 123/1987, S. 553 ff., insbes. S. 559 f.; vgl. auch BGE 110 II 352 ff. E. 1b, S. 355).

b) Vor dem Hintergrund dieses Interessengegensatzes zwischen Gläubiger und Schuldner ist auch die Zulässigkeit von negativen Feststellungsklagen, die durch eine Betreibung ausgelöst werden, zu beurteilen. In BGE 110 II 352 ff. (E. 2a, S. 358) hat das Bundesgericht dazu ausgeführt, das Betreibungsrecht stelle es ins Belieben des Gläubigers, ob und zu welchem Zweck er Betreibung einleiten wolle. Der Schuldner seinerseits könne Rechtsvorschlag erheben mit der Wirkung, dass die

Betreibung einstweilen nicht fortgesetzt werden dürfe und der Gläubiger auf den Rechtsweg verwiesen werde. Mache der Gläubiger vom Rechtsweg keinen Gebrauch, so sei nicht zu ersehen, inwiefern sich bereits aus der Zustellung des Zahlungsbefehls ein schutzwürdiges Interesse des Schuldners daran ergeben solle, das Nichtbestehen der Schuld richterlich feststellen zu lassen. Die Tatsache der Betreibung vermöge deshalb für sich allein keinen Feststellungsanspruch des Betriebenen zu begründen. Ein hinreichendes Feststellungsinteresse sei vielmehr nur zu bejahen, wenn aufgrund weiterer Umstände, die zur Betreibung hinzutreten, das Interesse des Schuldners an der Klärung der Rechtslage dasjenige des Gläubigers daran überwiege, sich ungehindert der Rechtsbehelfe des Betreibungsrechts zu bedienen.

An diesen Ausführungen kann nicht uneingeschränkt festgehalten werden. Richtig ist zwar, dass die Betreibung zunächst nur den ersten Schritt zur Einleitung eines Zwangsvollstreckungsverfahrens darstellt. In der Rechtswirklichkeit erschöpft sich ihre Bedeutung aber nicht in dieser rein betreibungsrechtlichen Funktion. Dass der Schuldner das Zwangsvollstreckungsverfahren durch Rechtsvorschlag auf einfache Weise zu einstweiligem Stillstand bringen kann, darf deshalb nicht allein entscheidend sein. Denn der Rechtsvorschlag vermag die Nachteile nicht zu beseitigen, die dem Betriebenen daraus entstehen, dass die gegen ihn angehobene Betreibung im Betreibungsregister eingetragen ist und damit Dritten, die Betreibungsauskünfte einholen, zur Kenntnis gelangt. Das geltende Betreibungsrecht geht zwar von der Vorstellung aus, das Betreibungsregister halte lediglich verfahrensmässige Vorgänge fest, während sich ihm über die Begründetheit der protokollierten Betreibungshandlungen nichts entnehmen lasse; folgerichtig hat der Betriebene auch keinen Anspruch auf Löschung von Betreibungen, die sich als grundlos erweisen (BGE 119 III 98, E. 2; Suter/Vonder Mühll, Die Löschung von Betreibungen im Betreibungsregister, BlSchKG 52/1988, S. 214 f.; vgl. auch BGE 95 III 1 ff.). Im Geschäftsleben kommt aber Registereinträgen über Betreibungen dennoch erhebliche Tragweite zu, werden doch Betreibungsauskünfte im allgemeinen im Lichte der Erfahrungstatsache interpretiert, dass nur in einer verschwindend kleinen Anzahl von Fällen völlig grundlos betrieben wird (BGE 115 III 81 ff. E. 3b, S. 87 f.). Das führt dazu, dass die Kredit- und Vertrauenswürdigkeit des Betriebenen leidet, gleichviel ob die gegen ihn eingeleiteten Betreibungen begründet waren oder nicht. Das gilt jedenfalls, wenn namhafte Summen in Betreibung gesetzt werden, mithin nicht bloss vereinzelte Betreibungen über unbedeutende Beträge in Frage stehen. Der Betriebene kann in solchen Fällen ein erhebliches Interesse daran haben, in einem Feststellungsprozess ein Urteil zu erwirken, mit welchem er gegenüber Dritten die Grundlosigkeit der Betreibung jederzeit einwandfrei belegen kann. Dass dieses Interesse nicht rechtlicher, sondern bloss tatsächlicher Natur ist, spielt nach dem Gesagten (E. a hievor) keine Rolle. Entgegen BGE 110 II 352 ff. vermag demnach grundsätzlich durchaus bereits die blosse Tatsache der Betreibung ein hinreichendes Feststellungsinteresse des Betriebenen zu begründen.

Auf der anderen Seite bleibt aber zu beachten, dass die Betreibung für den Gläubiger ein legitimes Mittel darstellt, seine Forderung durchzusetzen, den Verzug des Betriebenen zu bewirken und die Verjährung zu unterbrechen (Art. 135 Ziff. 2 OR). Dem Interesse des Schuldners an einem Feststellungsurteil, das die Grundlosigkeit der Betreibung festhält, steht das Interesse des Gläubigers gegenüber, sich der betreibungsrechtlichen Vorkehren bedienen zu können, ohne sich damit der Gefahr auszusetzen, im Prozess über seinen Anspruch auf eine negative Feststellungsklage des Betriebenen hin vorzeitig führen zu müssen. Angesichts des Gewichts der Nachteile, welche Betreibungen für den Betriebenen nach sich ziehen können, rechtfertigt es sich indessen, vom Gläubiger, der sich einem Feststellungsbegehren des Betriebenen widersetzen will, zu verlangen, dass er hinreichend dartut, weshalb ihm unzumutbar sei, den Beweis seines Anspruchs anzutreten. Unzumutbarkeit in diesem Sinne ist namentlich anzunehmen, wenn einzig drohende Verjährung den Gläubiger veranlasst hat, zum Zwecke der Verjährungsunterbrechung Betreibung einzuleiten, bevor er willens und in der Lage ist, die eigentliche rechtliche Auseinandersetzung über seinen Anspruch aufzunehmen. An das vom Gläubiger nachzuweisende Interesse, einen vorzeitigen Prozess zu verhindern, sind dabei umso höhere Anforderungen zu stellen, je gewichtiger im konkreten Einzelfall das Interesse des Betriebenen an einem Feststellungsurteil erscheint."

8   **BGE 116 II 198:** "1. a) Der Richter stellt auf Klage hin die Nichtigkeit eines Patents fest (Art. 26 Abs. 1 PatG). Betrifft diese nur einen Teil der patentierten Erfindung, hat er das Patent entsprechend einzuschränken (Art. 27 Abs. 1 PatG). Die Nichtigkeitsklage steht, von einer hier nicht gegebenen Ausnahme abgesehen, jedermann zu, der daran ein Interesse nachweist (Art. 28 PatG).

Die patentrechtliche Nichtigkeitsklage ist eine negative Feststellungsklage (BGE 109 II 167). Ob ein Interesse an ihrer Erhebung besteht, beurteilt sich wie bei jedem vom Bundesrecht geregelten Anspruch nach diesem Recht (BGE 114 II 255 E. 2a). Der angefochtene Entscheid ist damit berufungsfähig (Art. 43 Abs. 1 OG), und zwar unabhängig vom Streitwert (Art. 76 Abs. 2 PatG, Art. 45 lit. a OG).

b) Vermag der Kläger kein schutzwürdiges Interesse an der negativen Feststellungsklage nachzuweisen, so ist darauf nicht einzutreten (BGE 110 II 359 E. 2c). Das Interesse an einer solchen Klage stellt als Erscheinungsform des allgemeinen Rechtsschutzinteresses nach heute gefestigter Auffassung eine Prozessvoraussetzung dar (Kummer, Das Klagerecht und die materielle Rechtskraft im schweizerischen Recht, S. 61 und 68 Fn 2; Guldener, Schweiz. Zivilprozessrecht, 3. Aufl., S. 211; LEUCH, Die Zivilprozessordnung für den Kanton Bern, 3. Aufl., N. 3 zu Art. 174 ZPO). Das gilt ohne weiteres auch für die Patentnichtigkeitsklage im Sinne von Art. 28 PatG. Ein das Feststellungsinteresse verneinender Entscheid ergeht deshalb als Prozess- und nicht als Sachurteil.

Aus diesem Grund hätte das Handelsgericht mit der gegebenen Begründung auf die Klage nicht eintreten müssen, statt sie abzuweisen. Dieser Fehler ist jedoch unter dem Gesichtspunkt der Verletzung von Bundesrecht unerheblich. Ausschlaggebend ist vielmehr, dass das Handelsgericht nicht materiell über die Rechtsbehauptung der Klägerin entschieden hat, wie sich seinen Urteilserwägungen entnehmen lässt. Ob ein Sach- oder Prozessurteil vorliegt, bestimmt sich aber nicht nach der äusseren Bezeichnung eines Entscheids, sondern nach seinem Gehalt. Ein Prozessurteil ändert daher seinen Charakter nicht, wenn im Dispositiv eine Klage fälschlicherweise abgewiesen anstatt – wegen Fehlens einer Prozessvoraussetzung – auf sie nicht eingetreten wird (BGE 115 II 191). So verhält es sich im vorliegenden Fall.

2. a) Im Gegensatz zu ausländischen Regelungen, namentlich Deutschlands und Österreichs (dazu Schippel, Die Berechtigung zur Erhebung der Nichtigkeitsklage im Patentrecht und ihre Beschränkung durch Lizenzverträge, GRUR 1955, S. 322 ff.), ist die Nichtigkeitsklage im schweizerischen Patentrecht nicht als Popularklage ausgestaltet (Botschaft des Bundesrats vom 25. April 1950 über die Revision des Bundesgesetzes betreffend die Erfindungspatente, BBl 1950 I 1023 f.; Blum/Pedrazzini, Das schweiz. Patentrecht, 2. Aufl., Bd. II, Anm. 1 zu Art. 28 PatG; TROLLER, Immaterialgüterrecht, Bd. II, 3. Aufl., S. 1019). Sie ist nach dem Gesetzeswortlaut nur zulässig, wenn der Kläger ein Interesse an der Feststellung der Nichtigkeit eines Patents nachweist. Daher ist nicht zur Klage befugt, wem die angestrebte Nichtigerklärung keinen Nutzen einträgt oder wer lediglich daran interessiert ist, dem Patentinhaber einen wirtschaftlichen Nachteil zuzufügen (vgl. Englert, Legitimation, Zuständigkeit, Kognition, in: Kernprobleme des Patentrechts, S. 286). Andererseits ist zu beachten, dass es auch im Interesse der Allgemeinheit liegt, zu Unrecht patentierten Erfindungen den Schutz zu entziehen, und dass die Schweiz im Gegensatz insbesondere zu Frankreich keine patentbezogene Klagebefugnis von Staatsorganen kennt (Schippel, a.a.O., S. 323).

In Lehre und Rechtsprechung wird deshalb die Meinung vertreten, die Klagebefugnis sei wegen der auf dem Spiele stehenden Allgemeininteressen weit zu fassen. Es genügt ein nach vernünftigem Ermessen beachtliches Interesse, das rechtlicher oder tatsächlicher Natur sein kann und in der Regel wirtschaftlichen Bedürfnissen entspringt. Beachtlich ist das Interesse, falls die Gutheissung der Klage den Kläger vor einer konkreten Gefährdung seiner Rechtslage und Stellung im Wettbewerb oder gegen eine Rechtsverletzung schützen soll und damit drohende Nachteile wirtschaftlicher oder anderer Art abzuwenden vermag (Blum/Pedrazzini, a.a.O., Anm. 2 zu Art. 28 PatG mit Judikaturnachweisen). Aktualität und Unmittelbarkeit des Interesses sind nicht erforderlich, auch ein bloss mittelbares oder künftiges Interesse kann ausreichen (BGE 38 II 661). Dementsprechend sind an den Nachweis des Interesses keine hohen Anforderungen zu stellen (Pedrazzini, Patent- und Lizenzvertragsrecht, 2. Aufl., S. 195). Das Bundesgericht stellt nach ständiger Praxis wesentlich auf das Bestehen eines wettbewerbsrechtlichen Konkurrenzverhältnisses der Prozessparteien ab. Es hat in diesem Sinn das Feststellungsinteresse bejaht, wenn das streitige Patent in den Industriebereich des Klägers fiel (BGE 21, 295/6), es auch für seinen Geschäftsbetrieb von Bedeutung war (BGE 24 II 474), er mit den gleichen Artikeln wie die patentierten handelte (BGE 50 II 70) oder der Patentschutz seinen Absatz stark beeinträchtigte (BGE 38 II 674). Im Grundsatz forderte das Bundesgericht aber stets eine rechtliche oder tatsächliche, gegenwärtige oder drohende Behinderung des Klägers in seiner wirtschaftlichen Bewegungsfreiheit und lehnte es namentlich ab, den Klageausschluss auf das Schikaneverbot zu beschränken (BGE 61 II 380). Andererseits machte es aber nicht zur Voraussetzung, dass der Kläger die angefochtene Ausführungsform auch tatsächlich zu verwenden beabsichtige, sondern liess genügen, dass der Bestand eines Patents auf seiten des Konkurrenten ihm im Wettbewerb zum Nachteil gereichen konnte (BGE 67 II 240 E. 2). Ohne weiteres bejaht wurde das Interesse in einem Fall, in dem der Kläger mit der Nichtigkeitsklage den vom Beklagten erhobenen Verletzungsvorwurf entkräften wollte (BGE 71 II 40).

b) Das Rechtsschutzinteresse ist vom Kläger nachzuweisen (Art. 28 PatG). Dabei ist eine vom kantonalen Richter verbindlich entschiedene Tatfrage, welche Umstände nach den Vorbringen der Parteien oder dem Ergebnis des Beweisverfahrens erstellt sind und damit der rechtlichen Subsumtion unter den Begriff des Interesses zugrunde gelegt werden können. Frei zu prüfende Rechtsfrage ist dagegen, welche Umstände rechtserheblich sind und ob sie zur Begründung der Klagebefugnis ausreichen. Die tatsächlichen Grundlagen der Entscheidung werden daher durch Art. 63 Abs. 2 und Art. 64 OG festgelegt. Insoweit gilt das Novenverbot von Art. 55 Abs. 1 lit. c OG.

3. a) Die Klägerin macht mit einer Ausnahme, auf die noch einzugehen ist, nicht geltend, die tatsächlichen Feststellungen des Handelsgerichts seien unter Verletzung bundesrechtlicher Beweisvorschriften zustande gekommen, beruhten auf offensichtlichem Versehen oder seien zu ergänzen, weil im kantonalen Verfahren prozesskonform aufgestellte Sachbehauptungen übersehen oder für unerheblich gehalten worden sind. Soweit ihre Sachvorbringen über die Feststellungen der Vorinstanz hinausgehen, sind sie deshalb als neue Behauptungen unzulässig (BGE 111 II 473 E. 1c mit Hinweisen). Das gilt auch insofern, als entsprechende Behauptungen im kantonalen Verfahren zwar vorgebracht, vom Handelsgericht aber wegen Verstosses gegen das Novenverbot des kantonalen Prozessrechts nicht berücksichtigt worden sind. Denn Art. 8 ZGB schränkt die Kantone in der Ausgestaltung der Eventual- und Verhandlungsmaxime nicht ein (BGE 108 II 340 E. 2c und 3 sowie 343). Die Klägerin macht zwar in diesem Zusammenhang unter Berufung auf Art. 63 Abs. 2 OG geltend, die Vorinstanz stelle irrtümlich fest, der Vergleich zwischen Klageantwort und Duplik zeige, dass die Beklagte keine neuen Behauptungen vorgebracht habe. Diese Rüge ist indessen unzulässig, da sie die Auslegung von im kantonalen Verfahren abgegebenen Prozesserklärungen der Parteien betrifft, die sich ausschliesslich oder vorwiegend auf dem Gebiete des Prozessrechts auswirken und vom kantonalen Recht beherrscht sind (BGE 104 II 114 mit Hinweisen).

Unbeachtlich sind somit die Behauptungen, die Klägerin werde durch die angefochtenen Bestandteile des Patents der Beklagten in der Forschung eingeengt, sei im schweizerischen Wettbewerb im Gegensatz zu den ausländischen Märkten behindert, weil dort die entsprechenden Einschränkungen des Patents bereits vorgenommen seien, und wolle vermeiden, in ein patentrechtliches Abhängigkeitsverhältnis zu geraten, insbesondere im Hinblick auf eigene europäische Patente.

b) Gemäss verbindlicher Feststellung der Vorinstanz ist davon auszugehen, dass die Klägerin ihr Interesse an der Teilnichtigerklärung einzig damit begründet, dem Verletzungsvorwurf der Beklagten entgehen zu wollen. Das gilt auch insoweit, als sie sich auf die Undurchführbarkeit und die mangelnde Offenbarung der Erfindung beruft, da diesbezüglich kein anderes Interesse nachgewiesen ist als jenes, dem Vorwurf einer rechtswidrigen Patentbenützung entgegenzutreten.

Dem Handelsgericht ist sodann beizustimmen, dass die beantragte Teilnichtigerklärung des Patents den Verletzungsvorwurf nicht zu entkräften vermag, solange die Beklagte ihn auch aus dem eingeschränkten Patent aufrechterhält. Ob er dabei nach der heutigen Rechtslage oder nach erfolgter Einschränkung auch begründet ist, bleibt für die Beurteilung des Rechtsschutzinteresses ohne Belang, da das vorliegende Verfahren so oder anders nicht zu einer richterlichen Feststellung über die Patentverletzung als solche hätte führen können. Dazu taugte allein ein – allenfalls mit der Teilnichtigkeitsklage verbundenes – negatives Feststellungsbegehren der Klägerin über das Fehlen widerrechtlicher Patentbenützung oder eine Verletzungswiderklage der Beklagten. Beides wurde jedoch nicht erhoben.

Vermag somit der verlangte Feststellungsentscheid der Klägerin den angestrebten Nutzen nicht zu bringen, so ist die Verneinung des erforderlichen Interesses bundesrechtlich nicht zu beanstanden. Einem Feststellungsbegehren, das nicht zur Beseitigung der behaupteten Beeinträchtigung führen kann, steht kein hinreichendes Rechtsschutzinteresse zur Seite (Kummer, a.a.O., S. 35; Leuch, a.a.O., N. 3 zu Art. 174 ZPO). Das Handelsgericht vertritt deshalb zu Recht die Meinung, dass nur die vollständige Beseitigung der bisherigen Unsicherheit in der Rechtsstellung der Klägerin das unerlässliche Interesse abzugeben vermöchte, denn die blosse Klärung einer Rechtsfrage, die nicht zur endgültigen Streitbereinigung zwischen den Parteien führt, genügt dafür nicht."

9   ZR 83, Nr. 77: Nach der neueren bundesgerichtlichen Rechtsprechung ist es eine Frage des eidgenössischen Rechts, ob ein Anspruch nach Bundesprivatrecht den Schutz gegen Gefährdung mittels Feststellungsklage verlangt. Die Klage auf Feststellung eines dem Bundesprivatrecht unterstehenden Rechtsverhältnisses ist stets zuzulassen, wenn der Kläger an der Feststellung ein erhebliches rechtliches Interesse hat. Darüber hinaus hat das Bundesgericht es als zulässig erachtet, dass die Kantone eine solche Klage auch in weiteren Fällen gewähren, insbesondere an das Feststellungsinteresse weniger strenge Anforderungen stellen als das Bundesrecht, sofern dieses eine derartige Erweiterung der Klagemöglichkeit nicht ausdrücklich oder dem Sinne nach verbiete (BGE 101 II 187). Die derogatorische Kraft des Bundesrechts lässt es nicht zu, dass die Kantone inhaltlich mit dem Bundesrecht übereinstimmende Rechtsnormen aufstellen. Das hat zur Folge, dass für die Frage der Zulässigkeit einer Feststellungsklage kantonales Recht nur insoweit anzuwenden ist, als ein Feststellungsanspruch nach Bundesrecht zu verneinen ist.

Der Umstand, dass das SchKG die negative Feststellungsklage während oder nach Abschluss des Betreibungsverfahrens nicht ausdrücklich vorsieht, schliesst deren Zulässigkeit grundsätzlich nicht aus. Die explizite Gewährung der Klagemöglichkeit im Bundesrecht hat einzig den Sinn, den Kläger in einzelnen Fällen vom Interessennachweis zu entbinden, ohne ihm den Feststellungsanspruch abzusprechen, wenn er ein erhebliches rechtliches Interesse an der Feststellung hat. Ein solches Interesse liegt namentlich dann vor, wenn die gerichtliche Feststellung erforderlich ist, um eine Ungewissheit zu beseitigen, durch die der Kläger in seiner wirtschaftlichen Bewegungsfreiheit behindert ist. Der Kläger verspricht sich von einem günstigen Prozessergebnis einen Ausgangspunkt für ein Begehren um Aufhebung der Betreibung. Diese Hoffnung erscheint angesichts des klaren Wortlauts von Art. 85 SchKG, welcher nur bei Tilgung der Forderung die Aufhebung der Betreibung vorsieht, unbegründet und ist heute nach Ausstellung des Verlustscheins sowieso hinfällig.

Als weiteres bezweckt der Kläger offenbar die Ausschaltung der mit dem Verlustschein verbundenen Nachteile. Eine solche Wirkung käme der Klagegutheissung jedoch keinesfalls zu. Die Vorinstanz hat zutreffend festgehalten, dass die materiellrechtlichen Klagen, welche den Gang des Betreibungsverfahrens zu beeinflussen vermögen, im SchKG abschliessend aufgezählt sind. Ausserhalb der gesetzlichen Bestimmungen ist dem Zivilgericht jede Einmischung in das Betreibungsverfahren verwehrt. Hat der Schuldner die ihm vom Gesetz zur Verfügung gestellten Verteidigungsmittel im Betreibungsverfahren versäumt, so hat er sich der Vollstreckung bis zum bitteren Ende zu unterziehen. Dazu gehören in gleicher Weise die Folgen der erfolgreichen Pfändung und Verwertung als auch diejenigen der erfolglosen Betreibung (Verlustschein). Der Verlustschein begründet nach dem Gesetz eine Vermutung zugunsten der in Betreibung gesetzten Forderung, welche vom Schuldner nur mittels der gesetzlich vorgesehenen Rechtsbehelfe widerlegt werden kann.

Die klägerische Feststellungsklage ist freilich nicht völlig wirkungslos. Die Beklagte, eine sich selbst als konservativ und seriös bezeichnende Bank, würde einem gutheissenden Urteil wohl kaum unbeeindruckt gegenüberstehen und nach Rechtskraft des Entscheids dessen ungeachtet eine neue Betreibung riskieren. Neben dieser tatsächlichen Auswirkung hätte ein Obsiegen im Prozess auch eine Verbesserung der rechtlichen Position des Klägers zur Folge. Würde er nach Ablauf von sechs Monaten nach Ausstellung des Verlustscheins betrieben, so brächte ihn der erlangte Titel bereits im Rechtsöffnungsverfahren, spätestens jedoch im Aberkennungsprozess zum Erfolg.

Diese Erwägungen zeigen, dass das SchKG die vorliegende Klage nicht etwa ausschliesst, indem es die Abwehrmöglichkeiten des Schuldners abschliessend aufzählt. Hat die Klagegutheissung nämlich keine Auswirkungen auf das hängige bzw. abgeschlossene Betreibungsverfahren und den Betreibungsausgang, so widerspricht der allfällige Klageerfolg auch keinem betreibungsrechtlichen Institut. Die beschriebene Interessenlage begründet den Anspruch des Klägers, eine Beurteilung der gegen ihn erhobenen Forderung mittels negativer Feststellungsklage zu erwirken. Auf die Klage ist daher von Bundesrechts wegen einzutreten.

ZR 84, Nr. 33: In Abänderung des Urteils ZR 83, Nr. 52 prüft das Bundesgericht auch, ob eine Feststellungsklage zu Unrecht zugelassen wurde, vgl BGE 110 II 353. 10

ZR 88, Nr. 31: Die Klage auf Feststellung der Nichtigkeit eines Pfandtitels im Rahmen der Klagen nach Art. 841 ZGB ist unzulässig. Ein Feststellungsanspruch ist nur zulässig, wenn ein rechtliches Interesse an der Feststellung besteht. Dessen Vorhandensein ist von Amtes wegen abzuklären. Die Kläger gehen davon aus, dass, wenn Forderung und Schuldbrief als nichtig festgestellt würden, dies im Konkurs keine Berücksichtigung mehr finden dürfte, was zu Neuauflagen des Kollokationsplans führen müsste. Diese Ansicht ist irrig. Ein Feststellungsurteil im vorliegenden Prozess hätte keine rechtliche Verbindlichkeit für das Konkursverfahren, insbesondere den Kollokationsplan. Dieser ist grundsätzlich nur abänder- bzw. korrigierbar durch einen gewonnenen Kollokationsprozess, welcher innert zehn Tagen nach Auflage des Kollokationsplans anzustrengen ist, oder bei Vorliegen aussergewöhnlicher Umstände durch die Konkursverwaltung, beispielsweise wenn sie aufgrund gewichtiger Indizien annehmen darf, eine Kollokation sei mittels betrügerischer Angaben erwirkt worden (BGE 111 III 84, 88 III 132). Sicherlich wäre es theoretisch denkbar, dass im Rahmen des Beweisverfahrens des Feststellungsprozesses solche Indizien erstellt würden. Diese Feststellungsklage ist aber nicht dazu da, Sachverhalte abzuklären. Ein Feststellungsinteresse kann man nur bejahen, wenn für den Kläger eine Ungewissheit, Unsicherheit oder Gefährdung seiner Rechtsstellung besteht, deren Behebung gerechtfertigt und nicht auf andere Weise möglich ist. Wie die Kläger selber vorbringen, ist die Nichtigkeit von Amtes wegen zu beachten. Inwiefern dies bei einem rechtskräftigen Kollokationsplan möglich ist, d.h. gemäss bisheriger Rechtsprechung nur, wenn ein Anspruch infolge betrügerischer Angaben kolloziert wurde, oder auch aus anderen Nichtigkeitsgründen, kann dahingestellt bleiben. Jedenfalls steht den Klägern die grundsätzliche Möglichkeit offen, bei der Konkursverwaltung vorstellig zu werden und von ihr zu verlangen, den Kollokationsplan abzuändern (Furrer, Die Kollokationsklage nach schweizerischem Recht, Zürich, 1979, S. 22). Hierfür brauchen sie kein Feststellungsurteil. 11

ZR 90, Nr. 43: Feststellungsklage betreffend der Gültigkeit einer Schiedsklausel: Das materielle Recht bestimmt abschliessend, unter welchen Voraussetzungen eine Feststellungsklage zulässig ist (BGE 110 II 355). Wenn eine Leistungsklage möglich ist, ist eine Feststellungsklage nur zulässig, wenn dadurch die Ungewissheit über das Bestehen eines Rechtsverhältnisses beseitigt werden kann. Bei Bejahen eines Feststellungsinteresses ist zwischen dem Feststellungsinteresse des Klägers und dem Interesse des Beklagten, nicht unnötig in Gerichtsverfahren verwickelt zu werden, abzuwägen. Das angerufene Gericht befindet über seine Zuständigkeit selber. Der Beklagte soll die Unzuständigkeitseinrede spätestens mit der Klageantwort erheben und ist später damit ausgeschlossen. Bejaht das angerufene Gericht seine Zuständigkeit, so liegt ein prozessleitender Entscheid vor, der im Berufungsverfahren vor Bundesgericht gegen den Endentscheid nicht mehr angefochten werden kann, da es sich nicht mehr mit der Frage der Zuständigkeit befassen kann. Ein eigenes Feststellungsinteresse, ob eine Schiedsklausel gültig ist, besteht nicht, weil diese Frage im Rahmen einer Leistungsklage ebenfalls geklärt werden kann. 12

13 **ZR 90, Nr. 55:** Feststellungsklage auf Gültigkeit eines Testaments: Der Begriff des rechtlichen Interesses wird in der Praxis weit ausgelegt; es genügt ein nach vernünftigem Ermessen wesentliches Interesse, das heisst, ein Interesse, das sich in irgendeiner Weise auf die Rechtsverhältnisse des Klägers bezieht, insbesondere um eine Ungewissheit zu beseitigen, durch die der Kläger in seiner wirtschaftlichen Bewegungsfreiheit behindert ist. In bezug auf die Feststellungsklage einer Freundin des Erblassers, dass das Testament mit dem darin für die Klägerin enthaltenen Legat gültig ist, wird weder der Pflichtteil der Beklagten, welcher bei einer allfälligen Herabsetzungsklage zu berücksichtigen wäre, noch die privatorische Klausel (betreffend Herabsetzung des Anteils bei Anfechtung) berührt.

14 **ZR 93, Nr. 8, II:** Klagen betreffend Feststellung einer abstrakten Rechtsfrage, z.B. generell diejenigen nach der Rechtmässigkeit des Konzepts des fürsorgerischen Freiheitsentzugs im Rückführungszentrum Hegibach sind in der Regel nicht zulässig, was zu einem Nichteintretensentscheid führt. Trotz Wegfall des aktuellen praktischen Interesses kann die Feststellung des Bestehens oder Nichtbestehens eines Rechtsverhältnisses materiell geprüft werden, wenn sich die aufgeworfenen Fragen jederzeit unter gleichen oder ähnlichen Umständen wieder stellen können und an deren Beantwortung wegen der grundsätzlichen Bedeutung ein hinreichendes öffentliches Interesse besteht und sofern sie im Einzelfall kaum je rechtzeitig verfassungsgerecht überprüft werden könnten. Feststellungsinteresse wurde bejaht (vgl. BGE 114 Ia 91).

15 **ZR 93, Nr. 23:** Feststellungsinteresse verneint bei einer Garantiebank, dass bestimmte Ansprüche der Beklagten aus Stand-by Letter of Credit nicht bestehen würden (vgl. hingegen 97 II 375).

ZR 93, Nr. 69: Vgl. § 58 ZPO.

16 **ZR 93, Nr. 83:** Die Feststellungsklage ist ausschliesslich bundesrechtlicher Natur. Wenn der Kläger über die blosse Feststellung hinaus eine vollstreckbare Leistung verlangen kann, fehlt ihm für eine Feststellungsklage das schutzwürdige Interesse. Nicht anders verhält es sich, wenn es aus prozessökonomischen Gründen sachgerecht ist, zuerst die Frage der Leistungspflicht zu behandeln; im Prozess um die Leistungsklage kann das Beweisverfahren, allenfalls sogar das Hauptverfahren vorerst auf die Frage der grundsätzlichen Haftung beschränkt werden (vgl. BGE 110 II 354; BGE 114 II 256).

17 **ZR 95, Nr. 22:** Auf Klagen ist nur dann einzutreten, wenn und soweit ein schützenswertes Interesse an deren gerichtlicher Beurteilung besteht. Ein solches liegt bei Feststellungsklagen im Normalfall nur dann vor, wenn der Kläger über seine Rechtsstellung im Ungewissen ist, ihm aus dieser Ungewissheit Nachteile erwachsen und er diese Nachteile nur mit Hilfe einer richterlichen Feststellung abwenden kann. Umwege verdienen jedoch keinen Rechtsschutz. Da der Kläger die Gegenpartei nicht mit der Feststellungs-, sondern erst mit der Leistungsklage zur Leistung zwingen kann, und auch die Leistungsklage indirekt das Bestehen eines Anspruchs feststellt, fehlte es dem Kläger in der Regel an einem Rechtsschutzinteresse, wenn ihm schon bei Einleitung der Feststellungsklage eine Leistungsklage zur Verfügung stünde (§ 51 ZPO und § 59 ZPO; Oscar Vogel, Grundriss des Zivilprozessrechts, Bern, 1995, Kapitel 7 N 11-14 und N23-32; Bernhard Bodmer, Die allgemeine Feststellungsklage, Basel 1984, S. 88-90 und S. 99-105).

2. Rechtsschutz wird nur einmal gewährt. Hat ein Gericht eine bestimmte Rechtsstellung schon einmal behandelt oder ist sie Gegenstand eines hängigen Prozesses, erscheint es deshalb in der Regel nicht schützenswert, dass die schon im ersten Prozess beteiligten Parteien dieselbe Sache erneut von einem Richter beurteilen lässt. Klagt sie trotzdem, ist auf ihre zweite Klage nicht einzutreten. Desgleichen, wenn die beiden Prozesse zwar nicht identisch sind, der zweite aber schon im ersten Prozess enthalten ist (zum Beispiel Feststellungsklage nach Leistungsklage). Das Prinzip der Einmaligkeit des Rechtsschutzes schliesst auch in diesen Fällen die zweite Klage aus. Und da es damit zu keinem zweiten Prozess kommt, stellt sich schon gar nicht erst das Problem der Bindung des Zweitrichters an die Entscheide im ersten Prozess (§ 107 Ziff. 2 ZPO und § 191 ZPO; Max Kummer, Das Klagerecht und die materielle Rechtskraft im schweizerischen Recht, Bern 1954, S.66–68; Georg Leuch, Die Zivilprozessordnung für den Kanton Bern, Bern 1956, S. 214; Pe-

ter Osterwalder, Die Rechtshängigkeit im schweizerischen Zivilprozessrecht, Zürich 1981, S.128). Anders, wo das zweite Gericht zu Themen angerufen wird, die in einem ersten Prozess erst teilweise anhängig sind oder behandelt worden sind. Das Rechtsschutzinteresse am noch nicht behandelten oder anhängigen Teil der Klage verbietet es hier dem zweiten Gericht, die Klage als Ganzes von der Hand zu weisen. Die Einmaligkeit des Rechtsschutzes äussert sich in diesen Fällen nur dadurch, dass das zweite Gericht an die Anordnungen des ersten Gerichts gebunden ist, und das nach herrschender Lehre auch nur so weit, als diese Anordnungen ins Dispositiv des Ersturteils eingegangen sind oder eingehen werden (Sträuli/Messmer, Kommentar zur Zürcherischen Zivilprozessordnung, Zürich 1982, N 12 und 14 zu § 107 ZPO und N 9 und 10 zu § 191 ZPO; Leuch, a.a.O., S. 177 und S. 210; Osterwalder, a.a.O., S. 128 N 14a).

3. Zwei Prozessthemen sind dann identisch, wenn sich dieselben Parteien mit demselben Rechtsbegehren aus demselben Lebenssachverhalt gegenüberstehen. Die Umkehr der Parteirollen oder die Negation der Rechtsbegehren vermag die Identität nicht zu hindern (Vogel, a.a.O., Kapitel 8 N 5-27; Sträuli/Messmer, a.a. O., N 12 zu § 107 ZPO).

ZR 95, Nr. 28: Grundsätzlich fehlt ein rechtliches Interesse an der Feststellung, wenn der Kläger in der Lage ist, über die blosse Feststellung hinaus eine vollstreckbare Leistung zu verlangen. Wird ein Feststellungsbegehren mit der Klage auf Leistung verbunden, so kommt jenem in der Regel keine selbständige Bedeutung zu, sondern stellt nur ein Motiv für das Leistungsbegehren dar; so auch bei Schadenersatz- und Genugtuungsansprüchen und Feststellung der Persönlichkeitsverletzung (Sträuli/Messmer, Kommentar zur ZPO, N 7 zu § 59 ZPO). Wenn die Persönlichkeitsverletzung jedoch durch die Presse begangen wurde, ist die Feststellungsklage zusätzlich zur Leistungsklage grundsätzlich zulässig, denn das Recht auf Feststellung folgt aus dem Anspruch auf Beseitigung oder Berichtigung (Sträuli/Messmer, N 6 zu § 59 ZPO). Das Feststellungsinteresse des Verletzten durch die Presse ist auch deshalb zu bejahen, weil der Fortbestand des Presseerzeugnisses die Gefahr schafft, dass Dritte später aufs neue von den verletzenden Äusserungen Kenntnis erhalten (BGE 104 II 234). Pedrazzini/Oberholzer gehen noch weiter und erklären die Feststellungsklage neben der Leistungsklage bei allen Persönlichkeitsverletzungen, also nicht nur solchen durch die Presse, für zulässig. Die Feststellung einer Persönlichkeitsverletzung sei stets dann zuzulassen, wenn der Kläger an der Feststellung ein rechtlich erhebliches Interesse habe. Ein solches Interesse sei unter anderem dann vorhanden, wenn es gelte, eine Unsicherheit aufzuheben, die den Verletzten zu belasten geeignet sei. Die Subsidiarität der Feststellungsklage im Verhältnis zur Leistungsklage sei im Persönlichkeitsrecht grundsätzlich nicht zu bejahen (Pedrazzini/Oberholzer, Grundriss des Personenrechts, 4. A. S. 156).

Da der Kläger die Feststellung einer Persönlichkeitsverletzung durch die Presse verlangt und diesem Begehren eine selbständige Funktion nicht aberkannt werden kann, erweist sich die Feststellungsklage als zulässig.

Widerklage
§ 60. Widerklage ist zulässig, wenn das Gericht auch für den Gegenanspruch zuständig und für diesen die gleiche Verfahrensart vorgesehen ist. Verändert eine Widerklage wegen des Streitwerts die sachliche Zuständigkeit, so wird der Prozess von Amtes wegen dem zuständigen Gericht zur Weiterführung überwiesen.

Eine beim Gericht rechtshängige Widerklage fällt durch Rückzug oder Anerkennung der Hauptklage nicht dahin.

Das Gericht kann die Widerklage abtrennen, wenn dadurch das Verfahren gefördert wird.

Es sei hier vorerst auf die Ausführungen vorne, bei § 15 verwiesen. Es gilt also, dass neben dem gleichen (örtlichen) Gerichtsstand, die gleiche sachliche Zuständigkeit, die gleiche Verfahrensart (beide im ordentlichen, beschleunigten oder summarischen Verfahren), die Rechtshängigkeit der Hauptklage sowie die Konnexität besteht. Zur Konnexität heisst es in

2   **BGE 71 I 346:** "Nach der ständigen Rechtsprechung des Bundesgerichts schliesst Art. 59 BV den Gerichtsstand der Widerklage im interkantonalen Verhältnis auch für persönliche Ansprachen nicht aus, sofern ein rechtlicher Zusammenhang zwischen Klage und Widerklage besteht (BGE 58 I 169 E. 3 und dort zitierte frühere Urteile). Ein solcher Zusammenhang liegt nicht nur vor bei materieller Konnexität im strengen Sinne, wenn die beidseitigen Ansprüche aus dem gleichen Rechtsgeschäft oder aus dem gleichen Tatbestand abgeleitet werden. Klage und Widerklage können sich auch auf verschiedene Tatbestände stützen, vorausgesetzt nur, dass sie Ausfluss eines gemeinsamen Rechtsverhältnisses sind oder doch eine enge rechtliche Beziehung zu einander haben, wie z.B. die Forderungsklage und die Widerklage aus ungerechtfertigtem Arrest für die Forderung (BGE 47 I 182 E. 4). Dagegen genügt es nicht, wenn es sich bloss um gleichartige Klagen handelt (BGE 7 S. 21, 21 S. 358, 34 I 773) oder wenn lediglich Gründe der Prozessökonomie für ihre gemeinsame Beurteilung sprechen."

3   Zu den doppelseitigen Klagen gehören die Grenzscheidungsklage gemäss Art. 669 ZGB, die Teilungsklagen nach Art. 651, 654 und 604 ZGB, die güterrechtliche Auseinandersetzung im Scheidungsprozess gemäss BGE 95 II 66:

4   **BGE 95 II 66:** "Die Vorinstanz ist auf die Begehren der Beklagten hinsichtlich der Nebenfolgen einer allfälligen Scheidung nicht eingetreten mit der Begründung, sie seien nach den Regeln des Luzerner Zivilprozesses zu spät gestellt worden. Mit Recht macht die Beklagte geltend, darin liege eine Bundesrechtsverletzung.

a) In BGE 77 II 19 ff. ist mit eingehender Begründung dargelegt worden, warum die Regelung der Nebenfolgen der Scheidung (allenfalls mit Ausnahme der güterrechtlichen Auseinandersetzung) nicht in ein besonderes Verfahren gewiesen werden darf. An dieser Rechtsprechung hat das Bundesgericht in der Folge festgehalten (BGE 80 II 8 ff., 84 II 145 ff.); es besteht heute kein Anlass, davon abzugehen. Mit der Auflösung der Ehe durch richterliches Urteil müssen notwendig auch die damit verbundenen persönlichen und vermögensrechtlichen Beziehungen entsprechend dem neuen Status geregelt werden. Die Ehescheidungsklage wird demzufolge mit Recht als doppelseitige Klage bezeichnet (vgl. GULDENER, Schweizerisches Zivilprozessrecht, 2. Aufl., S. 126/27), womit gesagt sein will, dass im Falle der Gutheissung der Klage auch dem Beklagten, sofern er nicht verzichtet, gewisse Rechte zugesprochen werden müssen, ohne dass er gezwungen wäre, sie durch eine Widerklage zu erstreiten.

b) Die bundesgerichtliche Rechtsprechung hat aus der Natur der Ehescheidungsklage weiter gefolgert, im Ehescheidungsverfahren sei einem Beklagten, der sich damit begnügte, die Abweisung der Klage zu beantragen, vor Aussprechen der Scheidung von Bundesrechts wegen Gelegenheit zu bieten, Anträge hinsichtlich der Nebenfolgen zu stellen (nicht veröffentlichte Entscheide des Bundesgerichts vom 19. Oktober 1962 i.S. Fauguel c. Sandoz, und vom 26. Mai 1967 i.S. Fischer c. Fischer). Im Falle Fauguel c. Sandoz hatte die Beklagte in der kantonalen Instanz nur die Abweisung der Scheidungsklage beantragt und überhaupt keine Begehren hinsichtlich der Nebenfolgen gestellt. Ihre Berufung wurde gutgeheissen und die Vorinstanz angewiesen, ihr vor der neuen Beurteilung Gelegenheit zu geben, Anträge für die Regelung der Nebenfolgen zu stellen.

Im heute zu beurteilenden Falle steht fest, dass die Beklagte schon vor der ersten Instanz Eventualanträge hinsichtlich des Zuspruchs von Unterhaltsbeiträgen und der güterrechtlichen Auseinandersetzung gestellt und sie auch vor der obern kantonalen Instanz aufrecht erhalten hatte. Die beiden kantonalen Gerichte waren von Bundesrechts wegen gehalten, auf diese Anträge einzutreten und sie im Urteil materiell zu entscheiden.

Entgegenstehende kantonale Prozessvorschriften sind unbeachtlich, da die Kantone keine prozessrechtlichen Bestimmungen aufstellen dürfen, welche die Verwirklichung des Bundeszivilrecht zum vornherein verunmöglichen (BGE 94 II 144 E. 2)."

5   Zulässig ist auch die Wider-Widerklage (ZR 68, Nr. 122); ein Bedürfnis nach einer Wider-Widerklage anstelle einer Klageänderung gemäss § 61 ZPO besteht insbesondere, wenn mit der Widerklage nur ein Teilanspruch geltend gemacht wird.

Im Berufungs- und Rekursverfahren ist eine Widerklage ausser bei familienrechtlichen Prozessen, § 196 ff. ZPO, insbesondere § 200 ZPO, nicht zulässig. Rückzug, Anerkennung und Gegenstandslosigkeit der Hauptklage lässt die Widerklage nicht dahinfallen; sie fällt jedoch dahin, wenn auf die Hauptklage nicht eingetreten wird und sie daher nicht rechtshängig war.

ZR 82, Nr. 35: In den Fällen von § 60 Abs. 1 und § 221 ZPO erfolgt die Prozessüberweisung nach dem Feststellen der Unzuständigkeit von Amtes wegen, ohne dass damit ein weiterreichender Entscheid in prozessualer oder materieller Hinsicht verbunden wäre. Es geht vielmehr lediglich um die Übergabe des Verfahrens vom überweisenden, zunächst zuständigen Richter zur weiteren Behandlung an den nunmehr zuständigen Richter. Dies soll aber nicht der einen oder anderen Partei als Misserfolg angelastet und zum Anknüpfungspunkt ihrer Kosten- und Entschädigungspflicht genommen werden (anders hingegen verhält es sich bei einer Prozessüberweisung nach § 112 ZPO, wo die Prozesskosten endgültig festzulegen sind).

ZR 84, Nr. 97: Für den Streitwert bei Streitigkeiten aus dem Arbeitsverhältnis ist auch bei Erhebung einer Widerklage das Begehren der Hauptklage allein massgebend. Hingegen kann sich die sachliche Zuständigkeit durch die Erhebung einer Widerklage ändern, vorausgesetzt, dass auch in der neuen Instanz den Verfahrensvorschriften des Bundesrechts nachgelebt wird.

ZR 86, Nr. 76: Die gehörige Bezifferung einer Klage, mit welcher ein vermögensrechtlicher Anspruch geltend gemacht wird, ist eine Prozessvoraussetzung. Aufgrund der Verhandlung und der Dispositionsmaxime ist es im kantonalzürcherischen Prozessrecht Sache der Parteien, dem Gericht das Tatsächliche des Rechtsstreits darzulegen, und dieses legt seinem Verfahren nur behauptete Tatsachen zugrunde. Ausschluss dieser Maximen ist das Erfordernis der Bezifferung dessen, was man vom Gegner will. § 61 Abs. 2 ZPO gestattet es dem Kläger zwar, seinen Anspruch spätestens nach der Durchführung des Beweisverfahrens zu beziffern, wenn er dazu bei Erhebung der Klage nicht in der Lage ist. Diese Bestimmung soll eine Klageerhebung ermöglichen, wenn ziffernmässig nicht nachweisbarer Schaden oder solcher Schaden eingeklagt werden soll, der nicht strikt nachweisbar ist, sich aber nach den Umständen mit einer gewissen Überzeugungskraft aufdrängt, wie etwa bei Verletzung in den persönlichen Verhältnissen, unlauterem Wettbewerb, Verletzung eines Alleinvertriebsrechts durch den Lieferanten oder eines Immaterialgüterrechts. Sie enthebt den Kläger aber mitnichten seiner Behauptungslast; eine Auskunftspflicht der beklagten Partei, welche dem Kläger die Behauptungslast abnehmen soll, ist dem Zürcherischen Prozessrecht unbekannt. Der Kläger hat entsprechend seinen Behauptungen die Klage zu beziffern, wenn und soweit immer ihm dies möglich ist, und gegebenenfalls die prozessualen Folgen seines Unterliegens mit Zahlung von Kosten- und Entschädigungsfolgen zu tragen.

ZR 89, Nr. 120: Im Jahr 1983 schlossen die Parteien eine Grundsatzvereinbarung, welche u.a. der Beklagten bei der Klägerin 4 eine Minderheitsbeteiligung sowie durch die Person des beklagtischen Vertreters Dr. X einen Sitz in dreiköpfigen Verwaltungsrat verschaffte. Im Verlaufe des Jahres 1988 gab es bei der Beklagten einen Aktionärswechsel, weshalb der Kläger 1 und teilweise auch der Kläger 2 als Mehrheitsaktionäre der Klägerin 4 im Januar und Mai 1989 an diversen Adressen ein Vorkaufsrecht gemäss Grundsatzvereinbarung geltend machten. Dennoch wurde Dr. X in der Generalversammlung der Klägerin 4 vom 10. Juli 1989 für eine weitere Amtsdauer von 3 Jahren als Verwaltungsrat bestätigt, um dann wegen verschiedener Vorkommnisse zunächst in einer ausserordentlichen Generalversammlung vom 7. September 1989 seine Suspendierung und schliesslich in einer solchen vom 6. Oktober 1989 die Abwahl zu erfahren.

Noch im gleichen Jahr verlangten die Kläger beim Handelsgericht die Feststellung, nicht länger an die Grundsatzvereinbarung gebunden zu sein. Die Beklagte erhob im April 1990 Widerklage mit dem Ziel einer Wiederwahl von Dr. X als Verwaltungsrat der Klägerin 4 bzw. der Zuwahl eines andern Vertreters des Beklagten. Die Kläger wollten sich hierauf nicht einlassen und beschränkten sich im Juni 1990 auf eine reine Replik. Nach Vernehmlassung der Beklagten trat das Gericht mit Beschluss vom 10. Juli 1990 auf die Widerklage nicht ein. Die Beklagten wehrten sich dagegen mit Nichtigkeitsbeschwerde, welche noch beim Kassationsgericht hängig ist.

Schon mit Eingabe vom 11. Juni 1990 hatte die Beklagte ein inhaltlich mit der Widerklage identisches Begehren um Erlass vorsorglicher Massnahmen eingereicht. Die zur Stellungnahme eingeladenen Kläger beantragten mit Eingabe vom 9. Juli 1990, auf das gegnerische Begehren sei mangels Zuständigkeit nicht einzutreten, eventualiter sei es aus verschiedenen Gründen abzuweisen. Weil die Beklagte bereits angeregt hatte, über ihr Gesuch erst nach Abhaltung der Referentenaudienz zu befinden, verfügte der Vorsitzende entsprechend. Diese Verhandlung hat am 10. Dezember 1990 stattgefunden, ohne dass sich eine gütliche Einigung hätte erzielen lassen.

Vorerst fragt sich, ob i.S.v. § 53 Abs. 2 ZPO zureichende Gründe vorliegen, das Verfahren in der Hauptsache einzustellen, bis endgültig entschieden sein wird, ob das Handelsgericht auch für die Widerklage zuständig sei.

Ausgangspunkt bildet der Umstand, dass sich die Widerklage – wenigstens was die Person von Dr. X angeht – auf zwei Klauseln der Grundsatzvereinbarung stützt, deren gesamte Unverbindlichkeit die Hauptklage feststellen lassen möchte. Wird diese abgewiesen, gilt die Grundsatzvereinbarung also weiterhin, bedeutet das eigentlich gleichzeitig, dass die Widerklage prinzipiell begründet ist. Man darf erwarten, dass die Parteien hierüber nicht weiter streiten würden. Das spräche dafür, das Hauptklageverfahren i.S.v. § 53 Abs. 1 ZPO sogleich zu fördern und die Widerklage im Falle, dass das Kassationsgericht das Handelsgericht zu deren Behandlung verhielte, entweder nach § 60 Abs. 3 ZPO abzutrennen oder im Sinne eines Teilverfahrens hinter die Hauptklage zu staffeln.

Das brächte aber erst einmal den in die Augen springenden arbeitsökonomischen Nachteil, dass ab sofort die Parteien gesonderte Vorträge abzustatten und die Gerichte separate Entscheide zu treffen hätten in grundsätzlich ein und derselben Sache, welche Haupt- und Widerklage nur aus entgegengesetzter Richtung anvisieren. Vor allem jedoch steht bezüglich Hauptklage nur noch die Duplik aus, werden die Kläger im Hauptverfahren also wohl nicht mehr zum Zuge kommen, da ihnen wenigstens die Gerichtsdelegation in der Referentenaudienz trotz Berücksichtigung auch der Replik wenig Chancen eingeräumt hat, während die Widerklage noch nicht einmal beantwortet ist. Hier vermöchte die Kläger vielleicht neue Gesichtspunkte einzubringen, welche im besten Fall der Widerklage den Boden entziehen könnten. Wäre alsdann die Hauptklage bereits gescheitert, käme es zu einem Widerspruch, der sich mit absoluter Gewissheit nur ausschliessen liesse, indem das Verfahren in der Hauptsache sistiert würde. Dieser Gesichtspunkt erscheint entscheidend.

10 **ZR 89, Nr. 122:** Da sich das Verfahren bei Mieterstreckungen wesentlich vom Verfahren für andere Streitigkeiten aus dem Mietvertrag unterscheidet, sind Widerklagen, die in diesem Verfahren zu behandeln sind, bei jenem Verfahren nicht zulässig. Für dieses Verfahren gemäss § 18 Abs. 1 lit. a GVG aber hat die ZPO diverse Besonderheiten vorgesehen: So schreibt § 33 ZPO das persönliche Erscheinen der Parteien vor, gemäss § 78 ZPO entfällt die Kautionspflicht, gemäss § 119 Ziff. 2 ZPO ist das Verfahren mündlich, und die Peremptorisierungsfolgen werden mit der ersten Vorladung angedroht. Endlich ist das ordentliche Rechtsmittel in solchen Verfahren nicht die Berufung, sondern der Rekurs (§ 271 Ziff. 1 ZPO). Die Vorinstanz ist also ganz offensichtlich zu Recht davon ausgegangen, dass zwei verschiedene Verfahrensarten vorliegen (vgl. JAR 1989 201). Dies muss mindestens so lange gelten, als nicht eine Anpassung der ZPO stattgefunden hat, verlangt doch die neue bundesrechtliche Regelung das Anwenden des rascheren kantonalen Verfahrens nicht für alle Streitigkeiten aus dem Mietvertrag. Nachdem aber so viele Unterschiede bestehen, wäre auch dann von verschiedenen Verfahren auszugehen, wenn das Bundesgesetz tatsächlich vorschreiben würde, dass alle Mietstreitigkeiten bei der Schlichtungsstelle einzuleiten seien. (Anmerkung: Inzwischen ist das neue Mietrecht zu beachten; der Entscheid erging früher.)

11 **ZR 93, Nr. 85:** Wenn die sachliche Zuständigkeit des Einzelrichters nach mündlicher Begründung der Hauptklage wegen Erheben einer konnexen Widerklage dahinfällt und der Prozess an das nunmehr zuständige Handelsgericht überwiesen wird, ist die mündliche Hauptklagebegründung im Verfahren vor dem Handelsgericht beachtlich, auch wenn dafür das schriftliche Verfahren vorgeschrieben ist. Das Handelsgericht (oder sonst zuständige Gericht) hat auf Haupt- und Widerklage einzutreten, da die Einreichung einer schriftlichen Hauptklagebegründung nicht Voraussetzung ist.

Klageänderung
§ 61. Der Kläger kann in einem rechtshängigen Prozess im Rahmen der Zuständigkeit des angerufenen Gerichts einen andern oder weiteren Anspruch erheben, sofern der neue Anspruch mit dem bisher geltend gemachten in engem Zusammenhang steht. Das Gericht kann die Zulassung der Klageänderung ablehnen, wenn durch sie die Rechtsstellung des Beklagten wesentlich beeinträchtigt oder das Verfahren ungebührlich verzögert wird.

Ist der Kläger nicht in der Lage, seinen Anspruch bei Erhebung der Klage zu beziffern, so hat er dies spätestens nach Durchführung des Beweisverfahrens nachzuholen.

Das Erschweren der Klageänderung gemäss § 61 i.V.m. § 107 ZPO und die perpetuatio fori im Sinne von § 16 nennt man die Fixationswirkung. Ein Begehren ist allgemein dann **bundesrechtlich** in unbezifferter Form zuzulassen, wenn der Kläger nicht in der Lage oder es ihm nicht zumutbar ist, die Höhe seines Anspruchs genau anzugeben (BGE 116 II 215; 121 II 249 betreffend Fristenlauf für die erbrechtliche Herabsetzungsklage von Art. 533 ZGB).   1

ZR 83, Nr. 79: Vgl. § 58 ZPO.

ZR 83, Nr. 93: Gemäss § 61 Abs. 1 ZPO kann die Klägerin in einem rechtsfähigen Prozess im Rahmen der Zuständigkeit des angerufenen Gerichts einen anderen oder weiteren Anspruch erheben, sofern der neue Anspruch mit dem bisher geltend gemachten in engem Zusammenhang steht. Übersteigt der Streitwert der abgeänderten Klage die sachliche Zuständigkeit des Gerichts, so erfolgt (anders als im Falle der Widerklage) keine Überweisung an das zuständige Gericht; auf die Klageänderung ist nicht einzutreten. Aus den Protokollen der Expertenkommission geht hervor, dass eine Prozessüberweisung zufolge eines erhöhten Streitwerts vermieden werden sollte. Der Nichteintretensentscheid des Bezirksgerichts ist somit dahingehend zu ändern, dass bloss auf die Klageerweiterung nicht einzutreten ist. Dementsprechend ist aber auch das Begehren um Überweisung des Prozesses an das Handelsgericht des Kantons Zürich abzuweisen.   2

Der Entscheid über die Zulassung einer Klageänderung ist ein Vorbeschluss im Sinne von § 189 ZPO. In Vor- und Teilentscheiden nach § 189 ZPO wird in der Regel über den entsprechenden Anteil an Kosten- und Entschädigungen bestimmt (§ 71 ZPO). Als unterliegende Partei ist auch der Kläger zu behandeln, auf dessen Klage wegen fehlender Prozessvoraussetzung nicht eingetreten wird. Bei einer Teilklage sind Gerichtskosten und Prozessentschädigung nur vom Wert des eingeklagten Teils zu berechnen.

ZR 84, Nr. 83: Zwar trifft es zu, dass die Berufungserklärung keine Berufungsanträge zu enthalten braucht. Werden aber darin Berufungsanträge gestellt, so sind diese nicht belanglos. Das ergibt sich eindeutig aus § 264 Abs. 2 ZPO, dass erst dann auf die Berufung nicht eingetreten werden kann, wenn weder die Berufungserklärung noch die Berufungsschrift bestimmte Anträge, wie das angefochtene Urteil abzuändern sei, enthält (ZR 78, Nr. 137; ZR 79, Nr. 144). Dem Berufungsverfahren sind daher in erster Linie die in der Berufungserklärung gestellten Anträge zugrunde zu legen, und der Rückweisungsantrag ist als Eventualantrag zu verstehen. Der Beklagte liess sodann in der Berufungsbegründung als neue Behauptung geltend machen, die von der Vorinstanz angenommene Änderung des Hauptklagebegehrens sei in jenem Zeitpunkt nicht mehr zulässig gewesen. Die Klägerin äusserte hierzu, wenn die Vorinstanz der Auffassung gewesen sei, der Herausgabeprozess sei nicht als gegenstandslos geworden abzuschreiben, sondern er sei als Feststellungsverfahren betreffend das Eigentum weiterzuführen, so handle es sich um eine reine Prozessformalität, keineswegs aber sei die entsprechende Rüge des Beklagten eine Tatsachenbehauptung im Sinne von § 267 ZPO.   3

Der Einwand des Beklagten ist nicht allzu klar, zumal nach § 61 ZPO eine Klageänderung grundsätzlich zulässig ist, sofern der neue Anspruch mit dem bisher geltend gemachten in engem Zusammenhang steht. Dabei kann aber das Gericht die Zulassung der Klageänderung ablehnen, wenn durch diese die Rechtsstellung des Beklagten wesentlich beeinträchtigt oder das Verfahren ungebührlich verzögert wird. Dass sich der Einwand des Beklagten im vorliegenden Prozess, wie es zunächst den Anschein machen könnte, auf § 61 ZPO beziehe, ist im Hinblick auf seine Berufungsanträge, die Klage sei abzuweisen und die Widerklage gutzuheissen, letztlich zu verneinen. In Wahrheit wendet er sich dagegen, dass die Vorinstanz, ohne entsprechenden Antrag seitens der klagenden Partei, eine Änderung des Hauptklagebegehrens vorgenommen habe, was in der Berufungsschrift klar und deutlich hätte gesagt werden können.

Die Klägerin ihrerseits bestätigt mit ihrer Stellungnahme im Berufungsverfahren, dass sie in der erstinstanzlichen Replik und Widerklageantwort vorbehaltlos Abschreibung des Prozesses wegen Gegenstandslosigkeit beantragte, soweit es die Hauptklage betraf. An diese Prozesserklärung war die Vorinstanz unter dem Gesichtspunkt des § 54 Abs. 2 ZPO gebunden, wonach das Gericht einer Partei weder mehr noch anderes zusprechen darf, als sie selber verlangt. Damit steht Dispositiv 1 des angefochtenen Urteils im Widerspruch. Der beantragte Abschreibungsbeschluss ist in zweiter Instanz nachzuholen.

4 **ZR 85, Nr. 126:** Die Verrechnungseinrede des Klägers ist aber auch prozessual unzulässig, handelt es sich bei ihr doch um eine Erweiterung der Klage. Wie eine Klageänderung ist aber auch eine Klageerweiterung nur während des erstinstanzlichen Verfahrens zulässig (vgl. dazu Sträuli/Messmer, 2. A. N. 10b zu § 61 ZPO). Schon aus diesem Grund ist auf die Anschlussberufung des Klägers nicht einzutreten.

ZR 86, Nr. 25: Vgl. § 54 ZPO.

5 **ZR 86, Nr. 65:** Das gehörige Beziffern der Klage, mit welcher ein vermögensrechtlicher Anspruch geltend gemacht wird, ist eine Prozessvoraussetzung. § 61 Abs. 2 ZPO gestattet es dem Kläger zwar, seinen Anspruch unter den dort ausgeführten Voraussetzungen spätestens nach dem Durchführen des Beweisverfahrens zu beziffern, enthebt ihn aber nicht von seiner Behauptungslast. Eine Auskunftspflicht der beklagten Partei, welche dem Kläger die Behauptungslast abnehmen soll, ist im hiesigen Prozessrecht unbekannt. Diese Bestimmung wurde geschaffen, um die Klageerhebung zu ermöglichen, wenn ziffernmässig nicht nachweisbarer Schaden oder solcher Schaden eingeklagt werden soll, der nicht strikt nachweisbar ist, sich aber nach den Umständen mit einer gewissen Überzeugungskraft aufdrängt, wie etwa bei Verletzungen in den persönlichen Verhältnissen, unlauterem Wettbewerb, Verletzung eines Alleinvertriebsrechts durch den Lieferanten oder eines Immaterialgüterrechts; sie enthebt den Kläger damit nicht seiner Behauptungslast. § 61 Abs. 2 ZPO ist nicht dazu da, das prozessuale Risiko des Klägers zu minimieren. Der Kläger hat entsprechend seiner Behauptungen die Klage zu beziffern, wenn und soweit immer ihm dies möglich ist, und gegebenenfalls die prozessualen Folgen seines Unterliegens, Bezahlung von Kosten und Entschädigungen zu tragen.

6 **ZR 87, Nr. 38:** Dem säumigen Beklagten ist nur dann Gelegenheit zur Stellungnahme bei einer Klageänderung einzuräumen, wenn der Kläger die Klage im Sinne von § 61 ZPO ändert. Im Befehlsverfahren ist der Richter auch ohne entsprechenden Antrag des Klägers dazu befugt, dem Beklagten Rechtsnachteile gemäss § 306 ff. ZPO anzudrohen. Das nachträgliche Begehren des Klägers um Erlass des Befehls gemäss Art. 292 StGB ist deshalb nicht klar geändert im Sinne von § 61 ZPO.

7 **ZR 89, Nr. 93:** Nachdem der Kläger in seinem Rechtsbegehren nur Leistungen an sich verlangt hatte, forderte er in der Replik neu eventualiter Leistungen an die Gesellschaft. Eine solche Klageänderung kann abgelehnt werden, wenn durch sie die Rechtsstellung der beklagten Partei wesentlich beeinträchtigt oder das Verfahren ungebührlich verzögert wird. Von letzterem ist auszugehen. Wollte der Kläger mit seinem Eventualbegehren durchdringen, wäre ein umfangreiches Beweisverfahren unumgänglich, da der grösste Teil der relevanten Tatsachenbehauptungen von den Beklagten bestritten wurde. Damit entstünde eine ungebührliche Verzögerung des ansonsten spruchreifen Prozesses.

8 **ZR 90, Nr. 23:** Die Ex-Frau hatte beim Bezirksgericht Affoltern auf Abänderung des Scheidungsurteils geklagt (Reduktion des Besuchsrechts des Ex-Manns gegenüber den Kindern); das Be-

zirksgericht hiess diese Klage gut. Dagegen erhob der Ex-Mann Berufung; beim Bezirksgericht Bülach klagte er seinerseits auf Abänderung des Scheidungsurteils mit dem Antrag, es sei die elterliche Gewalt über die Kinder der Parteien auf ihn zu übertragen. Auch wenn die beiden Klagen (Reduzierung des Besuchsrechts, Umteilung der elterlichen Gewalt), je für sich allein betrachtet, vor verschiedene Gerichte gehören würden (jeweils am Wohnsitz der beklagten Partei), ist vom Zeitpunkt an, an dem die Klage am zuständigen Bezirksgericht Affoltern auf Abänderung des Scheidungsurteils (Reduktion des Besuchsrechts) eingereicht war, dieses (bzw. die zweite Instanz bei einem Rechtsmittel gegen ihren Entscheid, da die Möglichkeit der Klageänderung besteht) bis zur Erledigung des damit eingeleiteten Prozesses auch für die Beurteilung der Klage betreffend Umteilung der elterlichen Gewalt zwingend zuständig. Die Einrede der Rechtshängigkeit gemäss § 107 Abs. 2 ZPO ist daher begründet. Hingegen hat die Frage der Höhe der Frauenrente und diejenige der Höhe der Kinderunterhaltsbeiträge zwar einen engen Zusammenhang, sie sind aber nicht zwei untrennbar verbundene Ansprüche.

ZR 91/92, Nr. 65: Vom Erfordernis des bestimmten Klageantrags kann abgesehen werden, wenn der Kläger aus entschuldbaren Gründen nicht in der Lage ist, die Höhe oder den Inhalt seines Anspruchs anzugeben (BGE 116 II 219). Dies ist etwa der Fall, wenn der Kläger mit seiner Forderungsklage auf die Erfüllung von Vorleistungspflichten des Beklagten, wie auf diejenigen der Rechnungslegung oder Auskunftserteilung, angewiesen ist. Diese sogenannte Stufenklage ermöglicht es, anstatt in einem ersten Prozess auf Auskunftserteilung zu klagen, um den Hauptanspruch beziffern zu können und dann eine zweite Forderungsklage anheben zu können, den Hauptanspruch direkt als unbestimmte Forderungsklage anhängig zu machen und mit einem für die Bezifferung der nötigen Hilfsanspruchs auf Auskunft oder Edition zu verbinden. In der zürcherischen Prozessordnung besteht jedoch kein Anspruch auf Unterteilung unter einem Vorentscheid. Die prozessrechtliche Edition setzt widersprechende Parteibehauptungen voraus. 9

Vergleichsverhandlung
§ 62. Das Gericht kann die Parteien jederzeit zu einer Vergleichsverhandlung vorladen. Diese soll in der Regel vor Anordnung des schriftlichen Verfahrens für Replik und Duplik durchgeführt werden.

ZR 91/92, Nr. 5: Vgl. § 66 ZPO.

Verweisung auf das Gerichtsverfassungsgesetz
§ 63. Im übrigen gelten die allgemeinen Verfahrensvorschriften des Gerichtsverfassungsgesetzes.

Dies ist eine Verweisung auf § 121 bis 200 GVG (Geschäftsleitung und allgemeine Vorschriften gemäss den §§ 121 bis 131 GVG; Gerichtssitzungen gemäss den §§ 132 bis 140 GVG; Protokollvorschriften gemäss den §§ 141 bis 154 GVG; den Regeln über die Akten gemäss den §§ 167 bis 172 GVG und den Bestimmungen über die Vorladungen gemäss den §§ 173 bis 183 GVG, die Regeln über die Mitteilungen der Entscheide gemäss den §§ 184 bis 192 GVG sowie die Vorschriften über die Fristwahrung und die Befolgung der Vorladungen gemäss den §§ 192 bis 200 GVG). 1

4. Abschnitt: Prozesskosten
A. Gerichtskosten und Prozessentschädigungen

Kosten
a) Grundsatz
§ 64. Die Gerichtskosten bemessen sich nach den Bestimmungen des Gerichtsverfassungsgesetzes.

Sie werden in der Regel der unterliegenden Partei auferlegt. Obsiegt keine Partei vollständig, werden die Kosten verhältnismässig verteilt.

Von dieser Regel kann insbesondere dann abgewichen werden, wenn die unterliegende Partei sich in guten Treuen zur Prozessführung veranlasst sah oder wenn dem Kläger die genaue Bezifferung seines Anspruchs nicht zuzumuten war und seine Klage grundsätzlich gutgeheissen wurde.

1 Die Kosten sind in § 201 bis 297 GVG geregelt.

Verordnung über die Gerichtsgebühren (vom 30. Juni 1993)

Das Obergericht des Kantons Zürich, in Anwendung des § 202 des Gerichtsverfassungsgesetzes vom 13. Juni 1976 verordnet:

1a *§ 1. Die Gerichtsgebühren im Sinne von § 201 Ziffer 1 GVG richten sich nach den folgenden Bestimmungen und berücksichtigen insbesondere den Zeitaufwand des Gerichts, die Schwierigkeit des Falles und das tatsächliche Streitinteresse.*

2 *§ 2. Im Sühnverfahren und im Erkenntnisverfahren vor Friedensrichter beträgt die Gebühr:*

Streitwert (in Franken)	Gebühr (in Franken)
bis 1'000	30-120
bis 10'000	120-200
bis 100'000	200-300
ab 100'000	300-600

In Ehescheidungsprozessen und anderen Prozessen ohne bestimmten Streitwert, namentlich in Ehrverletzungsprozessen, beträgt die Gerichtsgebühr Fr. 50 bis Fr. 400.
Im Erkenntnisverfahren kann die Gebühr um höchstens die Hälfte erhöht werden.

3 *§ 3. In Zivilsachen gilt für die Gerichtsgebühren folgender Tarif:*

Streitwert (in Franken)		Gebühr (in Franken)				
bis 1000		17.5% des Streitwerts, mind. Fr. 100.				
ab	1'000	175 zuzügl.	14%	des Fr.	1'000	übersteigenden Streitwerts
ab	5'000	735 zuzügl.	10%	des Fr.	5'000	übersteigenden Streitwerts
ab	20'000	2'235 zuzügl.	6%	des Fr.	20'000	übersteigenden Streitwerts
ab	80'000	5'835 zuzügl.	3%	des Fr.	80'000	übersteigenden Streitwerts
ab	300'000	12'435 zuzügl.	1.5%	des Fr.	300'000	übersteigenden Streitwerts
ab	1 Mio.	22'935 zuzügl.	0.75%	des Fr.	1 Mio.	übersteigenden Streitwerts
ab	10 Mio.	90'435 zuzügl.	0.375%	des Fr.	10 Mio.	übersteigenden Streitwerts

Die gemäss Abs. 1 berechnete Gebühr kann um höchstens einen Drittel, in Ausnahmefällen auch um mehr, über- oder unterschritten werden.
Sind periodisch wiederkehrende Leistungen, namentlich Unterhaltsbeiträge, im Streit, so kann die gemäss Abs. 1 und 2 berechnete Gebühr bis auf die Hälfte ermässigt werden.
In Mietstreitigkeiten gemäss § 18 Abs. 1 lit. a GVG kann die gemäss Abs. 1 und 2 berechnete Gebühr bis auf einen Drittel ermässigt werden.

4 *§ 4. Stehen keine vermögensrechtlichen Interessen im Streit, so beträgt die Gerichtsgebühr in Zivilprozessen in der Regel Fr. 200 bis Fr. 9'000.*
Ist zusätzlich über vermögensrechtliche Ansprüche von mehr als Fr. 400'000 zu entscheiden, so kann die Gebühr statt dessen nach den §§ 3 und 5 berechnet werden. Obliegt dem Gericht lediglich die Genehmigung einer Vereinbarung, so kann die Gerichtsgebühr wie bei vergleichsweiser Erledigung dieser Ansprüche angesetzt werden.

§ 5. Bei Erledigung eines Zivilprozesses ohne Anspruchsprüfung oder durch peremptorisches Urteil kann die gemäss §§ 3 und 4 berechnete Gebühr bis auf einen Drittel ermässigt werden.
In besonders umfangreichen Zivilprozessen kann die gemäss §§ 3 und 4 berechnete Gerichtsgebühr bis auf das Doppelte erhöht werden, ebenso wenn in Prozessen mit vermögensrechtlichen Interessen keine Partei Schweizer ist oder in der Schweiz Sitz oder Wohnsitz hat und der Streitgegenstand nicht ein in der Schweiz gelegenes Grundstück ist.
Wird in Zivilsachen auf die Begründung des Entscheids verzichtet, so ermässigt sich die Gerichtsgebühr auf die Hälfte.

§ 6. Im summarischen Verfahren sowie für prozessleitende Entscheide im Sinne von § 71 ZPO beträgt die Gerichtsgebühr einen Drittel bis zwei Drittel des Betrags, der sich in Anwendung der §§ 3 bis 5 ergibt.
Fehlt nach der Natur des Verfahrens eine beklagte Partei oder ist sie nicht anzuhören, so beträgt die Gerichtsgebühr Fr. 70 bis Fr. 5'000.

§ 7. In Strafsachen betragen die Gerichtsgebühren in der Regel:
1. Für Urteile der Bezirksgerichte und ihrer Einzelrichter bei Übertretungen Fr. 100 bis Fr. 1'200;
2. für Urteile der Einzelrichter über Verbrechen und Vergehen Fr. 150 bis Fr. 3'000;
3. für Urteile der Bezirksgerichte über Verbrechen und Vergehen Fr. 500 bis Fr. 15'000;
4. für Urteile des Geschworenengerichts und des Obergerichts als erster Instanz Fr. 700 bis Fr. 30'000.

Die gemäss Abs. 1 ermittelte Gerichtsgebühr kann um höchstens einen Drittel, in Ausnahmefällen auch um mehr, über- oder unterschritten werden. Eine Erhöhung kann überdies bei Adhäsionsverfahren in analoger Anwendung von § 3 dieser Verordnung erfolgen.

§ 8. Bei Erledigungsabschlüssen in Strafsachen kann die Gerichtsgebühr bis auf die Hälfte der Ansätze gemäss § 7 ermässigt werden.

§ 9. Im Rechtsmittelverfahren (gegen Endentscheide und gegen prozessleitende Entscheide) wird die Gerichtsgebühr grundsätzlich nach den für die Vorinstanz geltenden Regeln berechnet. Erfolgte der Weiterzug nur für einen Teil des Streitwerts, so ist dieser der Berechnung zugrunde zu legen. Sinngemäss gilt das auch für Strafprozesse und nicht vermögensrechtliche Fragen.
Für das Berufungsverfahren können die Gerichtsgebühren bis auf die Hälfte, bei Rückweisungen sowie für das Rekurs-, das Nichtigkeits- und das Revisionsverfahren bis auf einen Drittel der gemäss Abs. 1 berechneten Ansätze ermässigt werden. Im Nichtigkeitsverfahren gegen Entscheide von Schiedsgerichten sind die vollen Ansätze anzuwenden.
Wird ein Entscheid infolge Nichtigkeitsbeschwerde oder Wiederherstellungsbegehrens aufgehoben, so fällt die für ihn angesetzte Gerichtsgebühr dahin; wird er nur teilweise aufgehoben, so kann sie ermässigt werden. Auf Entscheide von Schiedsgerichten finden diese Bestimmungen keine Anwendung.

§ 10. (aufgehoben).

§ 11. Die Staatsgebühr für die Anwaltsprüfung und die Erteilung des Rechts zur Ausübung des Rechtsanwaltsberufes beträgt Fr. 2'000 bis Fr. 4'500, jene für die Bewilligung gemäss §§ 3 und 5 des Anwaltsgesetzes Fr. 200 bis Fr. 500.
Bei Festsetzung der Staatsgebühr ist den entstandenen Prüfungskosten Rechnung zu tragen. Mussten Teile der Prüfung wiederholt werden, so kann die Staatsgebühr bis auf das Doppelte des ordentlichen Höchstbetrags erhöht werden.
Bei Rückzug oder Abweisung von Gesuchen, bei Widerruf der Zulassung zur Prüfung sowie bei ganzem oder teilweisem Erlass der Prüfung kann die Staatsgebühr bis auf einen Zehntel herabgesetzt werden.

11	**§ 12.** *Die Staatsgebühr in Disziplinarverfahren gegen Rechtsanwälte und für Beschlüsse über das Dahinfallen des Rechts zur Ausübung des Rechtsanwaltsberufs beträgt Fr. 250 bis Fr. 3'000.* *In besonders umfangreichen Verfahren kann die Staatsgebühr bis auf das Doppelte des ordentlichen Höchstbetrags erhöht werden.* *Die Staatsgebühr für die Entbindung vom Berufsgeheimnis beträgt Fr. 200 bis Fr. 500.*
12	**§ 13.** *Im Moderationsverfahren gemäss § 34 Abs. 1 des Anwaltsgesetzes gelten die Gerichtsgebühren gemäss § 3 Abs. 1 und 2 dieser Verordnung.* *Für das Beschwerdeverfahren gemäss § 34 Abs. 2 des Anwaltsgesetzes findet § 9 Abs. 1 dieser Verordnung sinngemäss Anwendung.* *In beiden Verfahren dürfen die Gerichtsgebühren bis auf einen Drittel ermässigt werden.*
13	**§ 14.** *Die Staatsgebühr für die Notariatsprüfung und die Erteilung des Ausweises für Notarstellvertreter beträgt Fr. 2'000 bis Fr. 3'500, jene für die Erteilung des Wahlfähigkeitszeugnisses für Notare Fr. 200 bis Fr. 400.* *Bei Festsetzung der Staatsgebühr ist den entstandenen Prüfungskosten Rechnung zu tragen.* *Mussten Teile der Prüfung wiederholt werden, so kann die Staatsgebühr bis auf das Doppelte des ordentlichen Höchstbetrags erhöht werden.* *Bei Widerruf der Zulassung zur Prüfung, Rückzug oder Abweisung des Gesuches kann die Staatsgebühr bis auf einen Zehntel herabgesetzt werden.*
14	**§ 15.** *Soweit diese Verordnung für die Amtstätigkeit gerichtlicher Instanzen keine besonderen Gebühren vorsieht, und wenn gerichtliche Instanzen in der Justizverwaltung tätig werden, betragen die Staatsgebühren in der Regel Fr. 100 bis Fr. 3'000.*
15	**§ 16.** *Diese Verordnung wird nach Genehmigung durch den Kantonsrat von der Verwaltungskommission des Obergerichts in Kraft gesetzt (vom Kantonsrat am 3. Januar 1994 genehmigt. In Kraft gesetzt auf den 1. März 1994) und in die Gesetzessammlung aufgenommen.*
16	Gemäss § 157 Ziff. 9 GVG sind die Kosten- und Entschädigungsfolgen, welche von der allgemeinen Regel abweichen, zu begründen. Eine wesentliche Rolle für die Kosten spielt der Streitwert im Sinne von § 18 ff. ZPO.
17	Die Gerichte tragen heute wesentlich zu einer Zwei-Klassen-Gesellschaft bei. Das Prozessieren ist teuer; wer zudem auf die unentgeltliche Rechtspflege angewiesen wäre, hat zwei Einschränkungen: auf der einen Seite wird diese nur sehr zurückhaltend gewährt; wenn sie gewährt wird, dann stehen ihm nur Anwälte zur Verfügung, welche solche Mandate übernehmen; wenn der wenig bemittelte Bürger nicht bestimmte Beziehungen hat, wird er nur einen Anwalt finden, der anderweitig nicht ausgelastet ist, es sei denn, es liege ein spektakulärer Fall vor. Die Bezahlung für amtliche Rechtsvertreter ist ungenügend.
18	Das Vertrauen in den staatlichen Rechtsschutz schwindet; dieses Vertrauen ist aus vielen Gründen, teils wegen der Arroganz, teils wegen der Desinteresse der Gerichte, teils wegen der Ineffizienz, mitunter auch wegen dem tatsächlichen oder vermeintlichen sog. Justizfilz, schlicht aus einem schwierig zu beschreibenden Unbehagen grundlegend in Frage gestellt und schwindet. Im Wirtschaftsleben ist man heute infolge fehlender Diskretion der Gerichte (Öffentlichkeiten, Presse) zunehmend gezwungen, auf Schiedsgerichte auszuweichen; das Bundesgericht zögert nicht, die Parteien mit Namen und Vornamen aufzuführen; häufig stellt man aufgrund der Schilderungen im Sachverhalt auch in andern Fällen fest, wer wo involviert war. Im Vertragsrecht gilt heute zunehmend die Regel: Kein Vertrag ohne Einsetzung eines Schiedsgerichts.
19	Gemäss Art. 343 Abs. 3 OR gilt für arbeitsrechtliche Streitigkeiten bis zu einem Streitwert von Fr. 20'000 die Befreiung von den Gerichtskosten, nicht aber von der Parteientschädigung; vor der Schlichtungsstelle gemäss Art. 274d Abs. 2 OR ist das Verfahren kostenlos (und zwar zusätzlich

frei von Parteientschädigungen); Art. 12 Abs. 2 GlG schreibt Kostenlosigkeit im Diskriminierungsprozess, Art. 15 Abs. 3 Mitwirkungsgesetz für den Mitwirkungsprozess vor. Die Schlichtungsstelle im Diskriminierungsprozess darf keine Parteientschädigungen zusprechen (Art. 11 Abs. 4 GlG).

Besondere Regeln sehen Art. 706a Abs. 3 OR (Verfahren bei Anfechtung von Beschlüssen der Generalversammlung) und Art. 756 Abs. 2 OR (Verantwortlichkeitsklage) vor: der Richter kann die Gerichtskosten nach Ermessen auf den Kläger und die Gesellschaft verteilen. 20

Im summarischen Verfahren nach SchKG gilt der Gebührentarif zum SchKG, nicht die Gebührenverordnung des Kantons. 21

Die Parteien tragen die Gerichtskosten in der Regel nach Massgabe des Unterliegens; darüber ist von Amtes wegen zu befinden: 22

ZR 81, Nr. 30: Werden Gerichtskosten von keiner Partei verursacht, so sind sie in der Regel auf die Gerichtskasse zu nehmen. Das ist insbesondere dann der Fall, wenn die Rechtsmittelinstanz einen von keiner Partei beantragten Entscheid aufhebt, mit dem sich insbesondere auch der Rechtsmittelbeklagte nicht identifiziert. Materiell hat im vorliegenden Fall der Rekursgegner obsiegt, so dass die Kosten des Rekursverfahrens grundsätzlich dem Rekurrenten aufzuerlegen sind. Indessen hat die Vorinstanz das klägerische Rechtsbegehren fälschlicherweise abgewiesen, obwohl der Rekursgegner Nichteintreten beantragt hatte. Die dadurch im Rekursverfahren entstandenen Kosten sind auf die Gerichtskasse zu nehmen. 23

ZR 82, Nr. 55: Die Kosten sind grundsätzlich der unterliegenden Partei aufzuerlegen. Von der abweichenden Bestimmung gemäss § 64 Abs. 3 ZPO darf man nur zurückhaltend Gebrauch machen. Gerade im Bereich des Arrestrechts muss ein Arrestnehmer bei ungerechtfertigtem Arrest damit rechnen, mit allen Kosten belastet zu werden. 24

ZR 82, Nr. 93: Vgl. § 65 ZPO.

ZR 83, Nr. 82: Beweiserhebungen betreffend Nebenfolgen: Die zürcherische Praxis, wonach bei Prozesserledigung ohne Anspruchsprüfung über die Nebenfolgen (Kosten und Entschädigung) kein Beweisverfahren durchgeführt wird, leidet an keinem Nichtigkeitsgrund. Insbesondere bedarf es keiner beweismässigen Abklärung des effektiven Zeitaufwands des anwaltlichen Parteivertreters, weil bei der Bemessung der Prozessentschädigung im Rahmen der Anwaltsgebührenverordnung dieser Faktor höchstens von untergeordneter Bedeutung ist. 25

ZR 83, Nr. 94: Nichtbekanntgabe der neuen Wohnadresse durch den Beklagten in der Sühnverhandlung: Unterlässt es der Beklagte, in der Sühnverhandlung seine neue Wohnadresse bekanntzugeben, so wird er für das vor dem örtlich unzuständigen Gericht eingeleitete Verfahren kosten- und entschädigungspflichtig. 26

Der Beklagte gab anlässlich der Sühnverhandlung keine Kenntnis, dass er seinen Wohnsitz inzwischen verlegt hat, so dass die Klägerin am falschen Gericht klagte. Dies rechtfertigt in Anwendung des § 64 Abs. 3 in Verbindung mit dem § 66 und 50 ZPO eine Abweichung von der Regel, dass die Kosten der unterliegenden Partei aufzuerlegen sind.

Nach § 50 Abs. 1 ZPO haben alle am Prozess Beteiligten nach Treu und Glauben zu handeln. Aus diesem Grundsatz ergeben sich für die Parteien Mitwirkungspflichten bei der Abwicklung eines Rechtsstreits. Auch die Aufklärungs- und Auskunftspflicht ergibt sich aus dem erwähnten Grundsatz, und zwar nicht bloss während des Prozesses, sondern auch vorprozessual und vor dessen Anhängigmachung. Wie sich für die in Vertragsverhandlungen stehenden Parteien aus dem Grundsatz von Treu und Glauben eine Verpflichtung zur gegenseitiger Unterrichtung und Sorgfalt ergibt, so müssen auch im Rechtsstreitverhältnis gegenseitige Informationspflichten, sogenannte culpa in procedendo, gelten.

27 **ZR 84, Nr. 41:** Gemäss ständiger Rechtsprechung des Obergerichts sind die Kosten eines Prozesses auf Abänderung der Kinderzuteilung oder des Besuchsrechts unabhängig vom Ausgang des Verfahrens in der Regel den Parteien je zur Hälfte aufzuerlegen und die Prozessentschädigungen in einem solchen Verfahren wettzuschlagen, wenn die klagende Partei unter dem Gesichtspunkt des Kindsinteresses gute Gründe dafür hatte, die Klage einzuleiten, und die beklagte Partei aus der Sicht des Kindswohl ebenfalls gute Gründe dafür hatte, sich der Klage zu widersetzen.

28 **ZR 84, Nr. 62:** Um das Mass des Obsiegens bzw. Unterliegens einer Partei in einem Prozess, in dem Widerklage erhoben wurde, bestimmen zu können, ist die Summe der Streitwerte der Begehren, hinsichtlich deren die Partei obsiegt hat oder unterlegen ist, in Relation zur Summe der Streitwerte von Hauptklage und Widerklage zu setzen. Dies gilt auch für den Fall, dass sich Hauptklage und Widerklage gegenseitig ausschliessen.

29 **ZR 86, Nr. 56:** Hinsichtlich der Kosten- und Entschädigungsfolgen ist zu erwägen, dass der Kläger zu knapp 1/4 obsiegt. Im Grundsatz jedoch wurde seine Klage gutgeheissen. Eine genaue Bezifferung seines Anspruches ist, angesichts des in diesem Bereich ausschlaggebenden richterlichen Ermessens, schwierig. Es rechtfertigt sich daher, in Anwendung von § 64 Abs. 3 ZPO, die Kosten der Verfahren vor beiden Instanzen den Parteien je zur Hälfte aufzuerlegen und die Prozessentschädigung gegenseitig wettzuschlagen.

Dieser Entscheid vermag nicht zu überzeugen. Es ist stets das Kostenrisiko des Klägers, wieviel er einklagen will, wobei er die Kosten- und Entschädigungsfolgen zu tragen hat. Zudem hat der Kläger seine Forderung ja beziffert. Diese Schwierigkeit, die das Obergericht hier hervorhebt, ist sehr häufig im Bereiche von Schadenersatz und Genugtuung gegeben. Auch für Polizisten rechtfertigt sich an sich keine Ausnahme.

30 **ZR 87, Nr. 70:** Nach teilweise bestrittener Bundesgerichtspraxis wird bei einer ungerechtfertigten fristlosen Entlassung der gesamte Lohnanspruch für die Kündigungszeit sofort fällig. Es ist deshalb angezeigt, bei einer Klageeinleitung einen Vorbehalt bezüglich der anderweitig erworbenen Einkommen im Sinne von Art. 337 d Abs. 2 OR anzubringen. Aber auch wer dies unterlässt, hat das Unterliegen nicht im vollen Umfang zu tragen, wenn er die Klagereduktion vornimmt, sobald das anrechenbare Einkommen feststeht.

ZR 87, Nr. 137: Vgl. § 18 ZPO.

31 **ZR 88, Nr. 41:** Das Handelsgericht wirft der Beschwerdeführerin vor, sie habe einen Teil des Verfahrens durch ihre Prozessführung mitverursacht, weshalb sie für die erheblichen Mehraufwendungen des Gerichts und der Gegenpartei aufzukommen habe. Die Vorinstanz unterliess es aber anzugeben, worin dieser Mehraufwand ihrer Auffassung nach bestanden haben soll. Auf eine Vernehmlassung zur Nichtigkeitsbeschwerde hat die Vorinstanz verzichtet. Aus den vorinstanzlichen Akten ist nicht ersichtlich, wo ein solcher Mehraufwand liegen soll. Hätte sich die Beschwerdeführerin nämlich in ihrer Massnahmeantwort mit beiden Geräten befasst und diese klar auseinandergehalten, so wäre die Vorinstanz auch in diesem Fall nicht darum herum gekommen, der Beschwerdegegnerin Gelegenheit der Stellungnahme dazu einzuräumen, um ihr rechtliches Gehör zu wahren. Auch in diesem Fall wären der Beschwerdegegnerin zusätzliche Aufwendungen für eine Stellungnahme bzw. eine Besichtigung des zweiten Modells entstanden, welche hier ebenfalls im Rahmen des Massnahmeverfahrens aufgrund ihres Unterliegens nicht ersetzt worden wären. Auch in diesem Fall hätte sich die Vorinstanz im Massnahmebeschluss mit beiden Varianten des Geräts auseinandersetzen müssen, wie sie es im angefochtenen Beschluss getan hat. Der Mehraufwand ist daher nicht ersichtlich. Ausserdem ist darauf hinzuweisen, dass die Beschwerdegegnerin in ihrer Stellungnahme zur Massnahmeantwort ausdrücklich darauf verzichtet hat, die zweite Version des Geräts bereits heute zum Gegenstand des vorliegenden Prozesses zu machen. Es ist willkürlich und verletzt §§ 64 Abs. 3, 66 Abs. 1 und 68 Abs. 1 ZPO, der obsiegenden Beschwerdeführerin für den angeblichen Mehraufwand die Hälfte der Prozesskosten für das Massnahmeverfahren aufzuerlegen und die Entschädigung dafür wettzuschlagen, ohne gleichzeitig zu spezifizieren, worin dieser Mehraufwand bestanden haben soll. Demnach ist der Nichtigkeitsgrund von § 281 Ziff. 3 ZPO erfüllt.

ZR 90, Nr. 34: Gerichtskosten und Gebühren: Abgrenzung zivilprozessuale Rechtsmittel/Aufsichtsbeschwerde: Die zivilprozessualen Rechtsmittel gemäss dem V. Teil der ZPO sind zulässig, wenn es um die Auflage und Verteilung von Gerichtskosten nach den §§ 64 ff. ZPO geht. Hier geht es also um die Verteilung der Kosten unter den Parteien. Wenn jedoch die Höhe der Gerichtskosten bzw. die Frage der Kostenfreiheit nach den §§ 201 ff. GVG streitig ist, steht den Beschwerten einzig die Aufsichtsbeschwerde zur Verfügung. 32

ZR 91/92, Nr. 2: Aufhebung der Konkurseröffnung im Rekursverfahren: Infolge Nachweis der Tilgung sämtlicher im Konkursdekret genannter Beträge, wobei übersehen wurde, dass Fr. 70 nicht bezahlt waren; die Nichtigkeitsbeschwerde wird abgewiesen, da sie rechtsmissbräuchlich wäre (BGE 114 II 246; 114 II 356; 115 III 18; 115 III 88); die Kosten und Entschädigungsfolgen werden der obsiegenden Beschwerdegegnerin auferlegt, weil diese die Vorinstanz auf die nicht einwandfreie Begründung der erstinstanzlichen Konkurseröffnungsverfügung hätte aufmerksam machen müssen (sehr fragwürdiger Entscheid, da es Sache des Richters und nicht einer Partei ist, eine korrekte Konkurseröffnungsverfügung zu veranlassen). 33

ZR 91/92, Nr. 52: Alle gerichtlichen Verfahren, auch die, welche im Gebührentarif zum SchKG nicht ausdrücklich dessen Gebührenordnung unterstellt sind, unterstehen gemäss Art. 64 Abs. 3 BV den kantonalen Gebührenverordnungen; beim Verfahren zur Auferlegung einer Arrestkaution handelt es sich um ein selbständiges, bzw. von der Arrestbewilligung unabhängiges gerichtliches Verfahren; die Verpflichtung zur Sicherstellung der Prozesskosten und der Parteientschädigungen folgt daher kantonalem Recht (vgl. RB 1980 4; ZR 69, Nr. 111; ZR 77, Nr. 102). 34

b) bei Gegenstandslosigkeit und Vergleich
§ 65. Wird der Prozess gegenstandslos oder entfällt das rechtliche Interesse an der Klage, entscheidet das Gericht nach Ermessen über die Kostenfolge.

Bei einem Vergleich werden die Kosten in der Regel den Parteien je zur Hälfte auferlegt, wenn sie nichts anderes vereinbart haben. Solche Vereinbarungen sind für das Gericht nicht verbindlich, wenn dadurch die Gerichtskasse benachteiligt wird.

ZR 81, Nr. 129: Die Kostenfolge bei Gegenstandslosigkeit: Bei Bauuntersagungsprozessen ist regelmässig der Bauherr als Veranlasser des Prozesses zu betrachten (ZR 55, Nr. 65 und ZR 57, Nr. 67). 1

ZR 82, Nr. 8: Kostentragung bei Gegenstandslosigkeit eines Mieterstreckungsverfahrens: Wird das Erstreckungsbegehren eines Mieters gegenstandslos, weil er eine neue Wohnung gefunden hat, sind die Kosten den Parteien je zur Hälfte aufzuerlegen, wenn das Begehren des Mieters nicht ohnehin hätte abgewiesen werden müssen. 2

ZR 82, Nr. 87: Kostenauflage bei Gegenstandslosigkeit der Klage: Ist der Kläger vom Beklagten zur Klage provoziert worden, so wird der Beklagte für das gegenstandslos gewordene Verfahren kosten- und entschädigungspflichtig. Eine Provokation kann beispielsweise darin bestehen, dass der Beklagte trotz wiederholter Aufforderungen seitens des Stockwerkeigentümergemeinschaft nichts unternahm, um für die Einstellung des in seiner Stockwerkeinheit betriebenen Feinmassagesalons zu sorgen. 3

ZR 82, Nr. 93: Rechtliches Gehör bei der Kostenregelung: Es verletzt nicht klares Recht, die unterliegende Partei, die sich in guten Treuen zur Prozessführung veranlasst gesehen hat, gänzlich und nicht nur teilweise von Kosten zu befreien. Voraussetzung für die Anwendung von § 64 Abs. 3 ZPO ist aber, dass die klagende Partei durch ein fehlerhaftes Verhalten der Gegenseite zur Prozessführung veranlasst wurde. 4

ZR 83, Nr. 28: Gemäss ständiger Rechtsprechung gehören die Vorschriften über die Kosten- und Entschädigungsfolgen zum materiellen Recht, weshalb sich die Rüge im Rahmen von Ziff. 3 des 5

§ 281 ZPO beurteilt. Die Anrufung des unzutreffenden Nichtigkeitsgrunds schadet dem Beschwerdeführer nicht. Die Vorinstanzen haben die Kosten des Prozesses vollumfänglich dem Beschwerdeführer auferlegt, wobei sie auf den mutmasslichen Ausgang des Prozesses abstellten. Der Beurteilung des mutmasslichen Prozessausgangs haftet naturgemäss immer etwas bloss Wahrscheinliches an. Die Vorinstanz nennt gewisse Anhaltspunkte, die vom Beschwerdeführer nicht widerlegt werden und die jedenfalls die Annahme, der Beschwerdeführer wäre mit seiner Klage voraussichtlich unterlegen, nicht als willkürlich erscheinen lassen.

Dazu kommt, dass grundsätzlich unter der Voraussetzung, dass sich der mutmassliche Prozessausgang nicht ergründen liesse, ohnehin diejenige Partei, die das gegenstandslos gewordene Verfahren veranlasst hat, die Kosten zu übernehmen hätte, also wiederum der Beschwerdeführer. Dass es dabei um die Geltendmachung eines höchstpersönlichen Rechts ging, ändert an der Tatsache der Veranlassung nichts und entbindet daher nicht von der Kostenpflicht, ausser es wäre mit grosser Wahrscheinlichkeit davon auszugehen, dass der Kläger schliesslich obsiegt hätte.

Die Zusprechung einer Prozessentschädigung an die obsiegende Partei, verbunden mit der Auflage, diese direkt an deren Vertreter zu leiten, ist zulässig. Ein Nichtigkeitsgrund liegt im übrigen schon deshalb nicht vor, weil der Beschwerdeführer dadurch, dass er statt an die Gegenpartei an einen Dritten leisten muss, nicht beschwert ist.

Mit dem Prozesskostenvorschuss im Scheidungsverfahren soll der bedürftigen Partei die Rechtswahrung im Prozess ermöglicht werden, während der Anspruch auf Prozessentschädigung als Folge des Prozessausgangs und nach Massgabe der erforderlichen, bzw. ausgewiesenen Aufwendungen, aber unabhängig von der finanziellen Bedürftigkeit entsteht. Aus der Tatsache, dass die Ehefrau des Beschwerdeführers im Jahre 1977 die Anwaltskosten selbst decken konnte und ihr daher mangels Beistandsbedürftigkeit kein Prozesskostenvorschuss zugesprochen worden ist, kann nicht gefolgert werden, sie bzw. ihre Erben hätten die angefallenen Anwaltskosten nun definitiv zu tragen.

6   **ZR 85, Nr. 130:** Werden die Kosten- und Entschädigungsregelungen in einem Vergleich dem Gericht überlassen, wird damit die Regelung von § 65 Abs. 2 ZPO wegbedungen. Das Gericht entscheidet alsdann aufgrund des Obsiegens und Unterliegens jeder Partei. Dabei wird das Ergebnis der Vereinbarung mit den ursprünglichen Parteianträgen verglichen. Der ursprüngliche Antrag der Beklagten ist derjenige in der Klageantwort, nicht in der Duplik. An die Stelle der Parteivereinbarung treten die allgemeinen gesetzlichen Vorschriften (§ 64 Abs. 2 u. 3 und § 66 ZPO).

7   **ZR 86, Nr. 67:** Das Prozessrisiko liegt vorab bei der klagenden Partei, so dass diese auch die Gefahr trägt, bei Gegenstandslosigkeit des Verfahrens für dessen Nebenfolgen aufkommen zu müssen, falls sich andere Kriterien für die Regelung der Kosten- und Entschädigungsfolgen als nicht anwendbar erweisen. Besteht das Risiko, dass eine Partei sich für dieselbe Streitsache zweimal voll entschädigen lässt, so ist hier lediglich ein Zuschlag gemäss § 3 der Verordnung über die Anwaltsgebühren zuzusprechen.

8   **ZR 90, Nr. 61:** Die Anfechtung eines GV-Beschlusses wurde gegenstandslos, weil die Gesellschaft diesen Beschluss aufgehoben hatte. Die Gesellschaft wird kosten- und entschädigungspflichtig, wenn sie den angegriffenen Beschluss vor Prozessende aufhebt.

ZR 94, Nr. 19: Vgl. § 51 ZPO.

c) Unnötige Kosten
§ 66. Hat eine Partei unnötigerweise Kosten verursacht, werden sie ihr ohne Rücksicht auf den Ausgang des Prozesses auferlegt.

Kosten, welche keine Partei veranlasst hat, werden in der Regel auf die Gerichtskasse genommen.

Zeugen oder andern Dritten können die Kosten auferlegt werden, welche sie schuldhaft verursacht haben.

§ 99 GVG bestimmt, dass die Kosten- und Parteientschädigungen zu tragen hat, wer durch Verzögern des Begehrens solche unnötige Kosten verursacht.

ZR 81, Nr. 30: Vgl. § 64 ZPO.

ZR 82, Nr. 92: Kosten- und Entschädigungsregelung bei Anerkennung des Klagebegehrens vor Anhängigmachung der Klage: Wird das Begehren nach dem Sühnverfahren, aber noch vor Anhängigmachung der Klage durch den Beklagten vorbehaltlos anerkannt, so hat die klägerische Partei in der Regel nur dann ein schutzwürdiges Interesse an der Behandlung der Klage, wenn diese ein der Dispositionsbefugnis der Parteien entzogenes Rechtsverhältnis zum Gegenstand hat. Geht die klägerische Partei trotz Fehlens eines schutzwürdigen Interesses an der Verhandlung der Klage gegen den Beklagten vor, so hat sie die Gerichtskosten zu tragen und den Beklagten für die ihm unnötigerweise verursachten Kosten und Umtriebe zu entschädigen.

ZR 83, Nr. 94: Vgl. § 64 ZPO.

ZR 85, Nr. 129: Gemäss § 66 Abs. 3 ZPO werden Dritte für schuldhaft von ihnen verursachte Gerichtskosten ersatzpflichtig. Ob einen vollmachtlosen Stellvertreter generell ein solches Verschulden trifft, wie Sträuli/Messmer annehmen, kann offen bleiben, da jedenfalls der Beschwerdeführer dem betreffenden Vorwurf nicht entgeht. Ein Anwalt, der ohne schriftliche Vollmacht und direkte Instruktion einen ordentlichen Zivilprozess anhebt, handelt schuldhaft im Sinne der genannten Gesetzesbestimmungen.

ZR 86, Nr. 53: Der Kläger hat den Barvorschuss innert angesetzter Frist nicht bezahlt und dann Berufung fristkonform erhoben. Da der Kläger durch seine Säumnis im erstinstanzlichen Verfahren unnötigerweise die Kostenaufwendungen in zweiter Instanz verursacht hat, hat er diese zu tragen.

ZR 90, Nr. 61: Die Anfechtung eines GV-Beschlusses wurde gegenstandslos, weil die Gesellschaft diesen Beschluss aufgehoben hatte. Die Gesellschaft wird kosten- und entschädigungspflichtig, wenn sie den angegriffenen Beschluss vor Prozessende aufhebt.

ZR 91/92, Nr. 5: Eine Partei wird für eine Referentenaudienz mit Vergleichsverhandlung kosten- und entschädigungspflichtig, wenn sie dem Gericht nicht vorgängig mitteilt, dass sie nicht gewillt ist, die einzige für den Sachverhalt wirklich orientierte Person an die Verhandlung zu entsenden und/oder nicht gewillt ist, Vergleichsgespräche zu führen.

Dieser Entscheid ist fragwürdig. Die Referentenaudienz dient nur teilweise der Vergleichsverhandlung; häufig werden die Parteien gehalten, an derselben alle Angriffs- und Verteidigungsmittel mitzuliefern. Vergleichsgespräche führen und einen Vergleich abzuschliessen sind sodann zwei verschiedene Dinge.

d) Haftung

§ 67. Für die Bezahlung der Kosten haftet der Gerichtskasse jene Partei, der sie rechtskräftig auferlegt wurden.

Tritt der Erwerber des Streitgegenstands in den Prozess ein oder übernimmt ein Gläubiger, Intervenient oder Litisdenunziat die Fortsetzung des Prozesses, so haftet er für die bereits entstandenen Kosten solidarisch neben der früheren Partei, für künftige Kosten dagegen allein.

Von einer Partei, die eine Kaution im Sinne von § 76 zu leisten hatte oder wegen unbekannter Abwesenheit der Gegenpartei einen Säumnisentscheid erwirkte, können die Kosten auch im Fall ihres Obsiegens bezogen werden, unter Einräumung des Rückgriffs auf den unterliegenden Gegner.

Im summarischen Verfahren werden die Kosten der ersten Instanz in der Regel vom Kläger bezogen, unter Einräumung des Rückgriffs auf den unterliegenden Beklagten.

1 **ZR 85, Nr. 74:** Für die dem Beklagten auferlegten und gemäss § 67 Abs. 4 ZPO, unter Einräumung des Rückgriffs, von mehreren Klägern bezogenen Prozesskosten haften die Kläger solidarisch gegenüber der Gerichtskasse, wie wenn sie ihnen persönlich auferlegt worden wären. In casu leistete der Beklagte einen Vorschuss von Fr. 800, um Entschädigung der Zeugen sicherzustellen. Der Vorschuss ist daher entsprechend seiner Zweckbestimmung in erster Linie für diese Zeugengelder und die weiteren dem Beklagten auferlegten Prozesskosten des Vollstreckungsverfahrens zu verwenden, und nicht mit Forderungen der Gerichtskasse aus früheren Verfahren gegen den Beklagten zu verrechnen. Hierzu wäre die Gerichtskasse erst dann berechtigt, wenn sich nach Abzug sämtlicher Kosten des laufenden Verfahrens ein Überschuss ergeben hätte.

2 **ZR 89, Nr. 125:** Ausgangsgemäss werden die Beschwerdegegnerinnen kosten- und entschädigungspflichtig, wobei die Kosten in Anwendung von § 67 Abs. 3 ZPO in Verbindung mit § 76 ZPO aus der von den Beschwerdeführerinnen geleisteten Kaution zu beziehen sind, unter Einräumung des Rückgriffs auf die Beschwerdegegnerinnen. Dass die öffentliche Zuständigkeit vorliegendenfalls aus Art. 129 Abs. 2 IPRG und nicht – wie in § 76 ZPO vorgesehen – aus 10 ZPO hergeleitet wird, steht einer Kautionierung nach § 76 ZPO und dem Kostenbezug gemäss § 67 Abs. 3 ZPO nicht entgegen. Nach dem Sinn der Kautionsbestimmung muss es genügen, wenn die örtliche Zuständigkeit aus einer den §§ 9 Abs. 2 oder 10 bis 12 ZPO entsprechenden Bestimmung des Bundesrechts (insbesondere des IPRG) hergeleitet wird und das Bundesrecht die Kautionierung weder ausdrücklich noch sinngemäss verbietet.

Entschädigung
a) Grundsatz

§ 68. Jede Partei hat in der Regel die Gegenpartei im gleichen Verhältnis für aussergerichtliche Kosten und Umtriebe, einschliesslich Weisungskosten, zu entschädigen, wie ihr Kosten auferlegt werden. Diese Regelung gilt entsprechend für Dritte, welche nach § 66 Abs. 3 kostenpflichtig sind.

Bei einem Vergleich werden den Parteien keine Prozessentschädigungen zugesprochen, wenn sie nichts anderes vereinbart haben.

ZR 82, Nr. 92: Vgl. § 66 ZPO.

ZR 83, Nr. 28: Vgl. § 65 ZPO.

1 **ZR 84, Nr. 47:** Prozessentschädigung im Grundbuchbeschwerdeverfahren: Auch im Grundbuchbeschwerdeverfahren ist dem obsiegenden Privaten zulasten der unterliegenden Privatpartei eine Prozessentschädigung zuzusprechen.

2 **ZR 85, Nr. 118:** Entmündigungsverfahren: Zwar gilt auch im gerichtlichen Verfahren betreffend der Entmündigung die Offizialmaxime; die behauptungspflichtige Partei muss jedoch den Sachverhalt trotzdem substantiieren, damit darüber Beweis abgenommen werden kann. Bei mangeln-

der Substantiierung ist von der Fragepflicht nach § 55 ZPO Gebrauch zu machen, was mindestens in der Form der persönlichen Befragung zu geschehen hat. Gegebenenfalls hat die Vorinstanz Mängel der verwaltungsmässigen Untersuchung zu beheben. Dazu bedarf es der persönlichen Befragung des Beklagten unter Abnahme von Beweisen. In diesem Offizialverfahren wäre die Beweisabnahme selbst dann notwendig, wenn der Beklagte nichts bestritten hätte.

ZR 85, Nr. 129: Vgl. § 66 ZPO.

ZR 86, Nr. 67: Bei Gegenstandslosigkeit des Verfahrens entscheidet das Gericht nach Ermessen über die Kosten- und Entschädigungsfolgen, wobei die Parteien i.d.R. vorerst darüber anzuhören sind.

3

ZR 87, Nr. 37: Voraussetzungen und Bemessung einer Prozessentschädigung nach Rückzug des Rechtsmittels durch die Gegenseite bestimmen sich danach, ob infolge Fristansetzung begründeter Anlass zum Vorbereiten einer Rechtsschrift bestand, wobei sich die Entschädigungen in erster Linie nach dem Streitwert bemessen.

4

ZR 88, Nr. 41: Vgl. § 64 ZPO.

ZR 90, Nr. 46: Die Stellung des Drittansprechers im Rahmen vorsorglicher Massnahmen ist in der ZPO nicht ausdrücklich geregelt. Nachdem aber die geltende ZPO für die Vollstreckung gemäss § 305 ZPO die Eröffnung eines besonderen Verfahrens zur Geltendmachung von Drittansprüchen vorsieht, kann es sich bezüglich vorsorglicher Massnahmen nicht anders verhalten. Es stellt daher eine Verletzung klaren materiellen Rechts im Sinne von § 281 Ziff. 3 ZPO dar, wenn einem im Streit Obsiegenden deshalb keine Entschädigung zulasten des Unterliegenden zugesprochen wird, weil der Obsiegende hier nicht formell Partei war.

5

ZR 90, Nr. 70: Das Bezirksgericht hat die Entschädigung der unentgeltlichen Rechtsvertretung in einem Scheidungsverfahren auf Fr. 3'500 festgelegt. Für die Überprüfung und Korrektur eines solchen Entscheids steht lediglich eine Beschwerde im Sinne von §§ 180 ff. GVG zur Verfügung. Die Festsetzung der Entschädigung der unentgeltlichen Rechtsvertretung stellt einen Akt der Justizverwaltung dar. Das Gericht ist als Justizverwaltungsbehörde grundsätzlich an den Entscheid des erkennenden Gerichts gebunden.

6

b) Bemessung
§ 69. Die Prozessentschädigung wird nach Ermessen festgesetzt. Die Parteien können dem Gericht bis zur Fällung des Entscheides ihre Rechnung vorlegen.

ZR 82, Nr. 90: Bemessung der Prozessentschädigung bei Nichteintreten auf die Klage: Wird auf eine Klage nicht eingetreten, bevor die beklagte Partei Anlass hatte, die Klage materiell zu beantworten, so ist der beklagten Partei als Prozessentschädigung lediglich ein Zuschlag im Sinne von § 3 der Anwaltsgebührenverordnung zuzusprechen, dessen Höhe aufgrund der im Zeitpunkt des Erledigungsentscheids tatsächlich bereits entstandenen notwendigen Bemühungen zu bemessen ist.

1

ZR 83, Nr. 19: In einem Forderungsprozess über rund Fr. 700'000 gegen eine Witwe und ihre beiden Kinder bestritten die Kinder ihre Passivlegitimation. Das Gericht trennte die Klage gegen die Kinder vom Hauptprozess ab. Im abgetrennten Prozess anerkannte der Kläger das Fehlen der Passivlegitimation und zog die Klage gegen die Kinder zurück. Im Abschreibungsbeschluss auferlegte das Gericht dem Kläger die Kosten und verurteilte ihn zur Bezahlung einer vollen Prozessentschädigung an die beiden Kinder. Bei einem Streitwert von fast Fr. 700'000 betrug damals die Grundgebühr mindestens Fr. 12'000 und höchstens 4 % des Streitwerts, d.h. knapp Fr. 28'000. Der Vertreter der Beklagten hat ausserdem Anspruch auf eine Reihe von Zuschlägen, und zwar gestützt auf § 14 Gebührenverordnung für die Vertretung mehrerer Klienten im gleichen Verfahren und gestützt auf § 3 Gebührenverordnung für zwei Referentenaudienzen und für die Stellungnahmen zur Kosten- und Entschädigungsregelung.

2

Andererseits ist zu berücksichtigen, dass gemäss § 14 Gebührenverordnung eine angemessene Verteilung des Gesamthonorars auf die vertretenen Parteien stattfindet, wenn ein Anwalt mehrere Klienten im gleichen Verfahren vertritt. Das Honorar des Vertreters der Beklagten ist daher aufzuschlüsseln in einen Honoraranteil für seine Bemühungen vor der Abtrennung des vorliegenden Verfahrens, wo er auch die Mutter zu vertreten hatte, und einen voll berücksichtigenden Zuschlag für die Stellungnahme zur Kosten- und Entschädigungsregelung, der nur die Kinder betraf.

ZR 86, Nr. 67: Vgl. § 65 ZPO.

3 **ZR 87, Nr. 134:** Die obsiegende Partei hat Anspruch auf Ersatz der Kosten für die patentanwaltliche Beratung, soweit sie notwendig oder nützlich und angemessen war, aber nicht auf Ersatz der Kosten vom Privatgutachten.

4 **ZR 93, Nr. 82:** Die Entschädigung des unentgeltlichen Rechtsvertreters in Zivilsachen bildet im Gegensatz zu derjenigen des amtlichen Verteidigers keine reine Aufwandsentschädigung; es kann deswegen für einen Scheidungsprozess keine Mindestgebühr von Fr. 2'000 angenommen und dies je nach Komplikationen erhöht werden.

5 **ZR 95, Nr. 5:** Bemessung der Prozessentschädigung bei Nichteintreten auf die Klage: Der Fall der Prozesserledigung durch Nichteintreten ist in der Verordnung über die Anwaltsgebühren nicht geregelt; dagegen sieht § 5 der Verordnung über die Gerichtsgebühren vom 30. Juli 1993 bei Erledigung eines Zivilprozesses ohne Anspruchsprüfung eine Reduktion der Gerichtsgebühr bis auf 1/3 vor. Die Anwaltsgebühr ist gemäss § 14 Abs. 2 der Verordnung über die Anwaltsgebühren den Verhältnissen des Einzelfalls anzupassen.

Streitgenossen
§ 70. Bei Streitgenossenschaft bestimmt das Gericht die Anteile der Streitgenossen an den Kosten und Entschädigungen. Es kann anordnen, dass ein Streitgenosse für den Anteil des andern ganz oder teilweise subsidiär oder solidarisch mithafte.

Unterbleibt eine Aufteilung auf die Streitgenossen, so haben sie die ihnen auferlegten Kosten und Entschädigungen zu gleichen Teilen zu tragen, soweit nicht das zwischen ihnen bestehende Rechtsverhältnis Solidarhaftung begründet.

ZR 85, Nr. 74: Vgl. § 67 ZPO.

Zeitpunkt der Festsetzung
§ 71. Die Kosten- und Entschädigungsfolgen werden im Endentscheid festgesetzt. In Vor- und Teilentscheiden nach § 189 wird in der Regel über den entsprechenden Anteil an Kosten und Entschädigungen bestimmt. Aus zureichenden Gründen können auch in prozessleitenden Entscheiden Kosten und Entschädigungen auferlegt werden.

1 **ZR 81, Nr. 129:** Es ist unzulässig, in einem Endentscheid, hier bei Gegenstandslosigkeit, auf die Prozesskostenregelung zu verzichten.

2 **ZR 82, Nr. 35:** Bei anfänglicher Unzuständigkeit des Gerichts ist, auch wenn eine Prozessüberweisung im Sinne von § 112 ZPO in Frage kommt, über die Kosten- und Entschädigungsfolgen des Verfahrens definitiv zu befinden, während beim nachträglichen Dahinfallen der Zuständigkeit die Regelung der Kosten- und Entschädigungsfolgen dem Endentscheid des zuständigen Gerichts vorbehalten ist.

3 **ZR 83, Nr. 93:** In Vor- und Teilentscheiden nach § 189 ZPO wird in der Regel über den entsprechenden Anteil an Kosten und Entschädigung bestimmt (§ 71 ZPO). Nach § 64 Abs. 2 ZPO werden die Gerichtskosten in der Regel der unterliegenden Partei auferlegt. Als unterliegende Partei

ist auch der Kläger zu behandeln, auf dessen Klage wegen fehlender Prozessvoraussetzung nicht eingetreten wird. Bei einer Teilklage sind Gerichtskosten und Prozessentschädigung nur vom Wert des eingeklagten Teils zu berechnen.

ZR 83, Nr. 129: Im Rechtsbegehren der Unterlassungsklage müssen die zu unterlassenden Handlungen genau bezeichnet werden. Eine Klageänderung durch Erweiterung des Rechtsbegehren ist im Berufungsverfahren unzulässig. Im vorliegenden Fall war der Kläger im Zusammenhang mit einem Strafverfahren zur Bezahlung von Fr. 1,6 Mio. an die in diesem Verfahren als Beklagte auftretende Personen verurteilt worden. Die Beklagten als Geschädigte leiteten zuvor Betreibung gegen den Kläger im Betrage von Fr. 1,6 Mio. ein. In diesem Zeitpunkt war über den Kläger der Konkurs noch nicht abgeschlossen. 4

Mit dem Rechtsbegehren verlangte der Kläger, die Beklagten seien unter Strafandrohung wegen Ungehorsams zu verpflichten, weitere Verletzungen des Klägers zu unterlassen (Art. 28 ZGB). Dieses Rechtsbegehren genügt den Anforderungen, die an eine Unterlassungsklage gestellt werden. Eine solche muss nämlich die zu unterlassenden Handlungen genau bezeichnen, damit das im Falle der Gutheissung zu erlassende Urteilsdispositiv ohne neuen Zivilprozess vollstreckt, d.h. der Beklagte im Falle der Missachtung mit einer Sanktion belegt werden kann. Eine so allgemein gefasste Untersagung, wie der Kläger sie verlangt (weitere Verletzungen des Klägers zu unterlassen), entbehrt der notwendigen Bestimmtheit und ist daher rechtlich nicht zulässig (BGE 84 II 457).

Im Berufungsantrag hat der Kläger das Rechtsbegehren dadurch abgeändert, dass er nunmehr verlangt, es sei dem Beklagten zu verbieten, dem Kläger oder Dritten in irgendeiner Form das Strafurteil vorzuhalten. Dieses Berufungsbegehren geht eindeutig über das hinaus, was als Inhalt des Rechtsbegehrens der Klage verstanden werden konnte, falls man es aufgrund der im erstinstanzlichen Verfahren gegebenen Begründung auslegte. Denn Anlass der vorliegenden Klage war der Zahlungsbefehl, den der Kläger wiederholt als widerrechtlich bezeichnet und dessen Widerrechtlichkeit er im einzelnen darzulegen versucht. Im Rahmen des Rechtsbegehrens 1 kann daher nur geprüft werden, ob die Beklagten den Kläger durch diesen Zahlungsbefehl in seinen persönlichen Verhältnissen verletzt haben, und im Rahmen des Rechtsbegehrens 2 könnte nur geprüft werden, ob wegen dieses Zahlungsbefehls eine Genugtuungsforderung begründet sei. Demgemäss könnte das Rechtsbegehren 3 nur dahin verstanden werden, dass dem Beklagten zu untersagen sei, weitere gleichartige Zahlungsbefehle gegen den Kläger zu erlassen. So will der Kläger es aber, wie sein Berufungsantrag zeigt, nicht verstanden wissen. Da die Klageänderung, welche der Kläger mit seinem Berufungsantrag zu bewerkstelligen sucht, im Berufungsverfahren ausgeschlossen ist, bleibt es dabei, dass auf das Rechtsbegehren 3 nicht eingetreten werden kann.

Eine Verletzung in den persönlichen Verhältnissen kann von vornherein nur dann vorliegen, wenn die persönlichen Güter des Klägers betroffen sind, also z.B. sein Ansehen als Mensch; wenn eine Handlung Dritter dagegen nur seine Vermögensgüter betrifft, fällt eine Persönlichkeitsverletzung ausser Betracht. Deshalb berührt eine Forderungsklage auch dann, wenn sie sich als völlig unbegründet erweist, nicht die Persönlichkeitsrechte des Beklagten, sondern nur seine Vermögensrechte. Der im Forderungsprozess obsiegende Beklagte kann daher nicht gegen den unterliegenden Kläger wegen der Klageerhebung durch diesen noch Rechtsbehelfe aus Art. 28 ZGB geltend machen.

ZR 89, Nr. 70: Bemessung der Prozessschädigung, wenn auf die Widerklage vor deren Beantwortung, aber nach durchgeführter Referentenaudienz nicht eingetreten wird. Die Umstände des Falles rechtfertigen es aber, die Festsetzung der betreffenden Entschädigung erst im Endentscheid vorzunehmen. Angesichts der finanziellen Situation des Klägers besteht die Gefahr, dass er bei einem Unterliegen mit der Hauptklage nicht in der Lage wäre, den Beklagten die dann ihnen zustehende Prozessentschädigung zu bezahlen. Eine allfällige Zwangsvollstreckung müsste überdies aller Voraussicht nach im Ausland durchgeführt werden, was erfahrungsgemäss mit erheblichen Umtrieben verbunden ist. Diese möglichen Unzukömmlichkeiten können von vornherein vermieden oder wenigstens vermindert werden, wenn die Prozessentschädigung für das Unterliegen der Beklagten mit der Widerklage erst im Endentscheid festgesetzt wird. Hingegen kann die Kostenregelung für die Widerklage sofort erfolgen. 5

Kosten und Entschädigung im Sühnverfahren
§ 72. Die Kosten des Sühnverfahrens werden, wenn die Parteien nichts anderes vereinbaren, bei einem Vergleich jeder Partei zur Hälfte, bei Klageanerkennung dem Beklagten und in allen übrigen Fällen dem Kläger auferlegt.
Bei Klageanerkennung oder Klagerückzug kann der Gegenpartei für aussergewöhnliche Umtriebe eine Entschädigung zugesprochen werden.

Gemäss § 204 Abs. 4 GVG beziehen die Friedensrichter die Kosten selber.

B. Prozesskaution

Kautionspflicht für Kosten und Entschädigung
a) des Klägers
§ 73. Die Partei, welche als Kläger oder Widerkläger auftritt oder die gegen einen erstinstanzlichen Entscheid ein Rechtsmittel ergreift, hat für die Gerichtskosten und die Prozessentschädigung Kaution zu leisten,

1. wenn sie in der Schweiz keinen Wohnsitz hat. Vorbehalten bleiben allfällige Staatsverträge;
2. wenn innert der letzten fünf Jahre in der Schweiz oder im Ausland über sie der Konkurs eröffnet oder in einer Betreibung gegen sie die Verwertung angeordnet wurde oder wenn sie innert der genannten Zeit eine gerichtliche Nachlassstundung verlangt hat;
3. wenn auf sie provisorische oder definitive inländische oder ausländische Verlustscheine oder Pfandausfallscheine bestehen oder wenn sie sonst als zahlungsunfähig erscheint;
4. wenn sie aus einem erledigten und nicht mehr weiterziehbaren Verfahren vor einer zürcherischen Gerichts- oder Verwaltungsbehörde Kosten oder Bussen schuldet;
5. wenn sie eine juristische Person oder Handelsgesellschaft ist, die sich in Liquidation befindet oder welcher der Aufschub der Konkurseröffnung bewilligt wurde;
6. wenn sie ein Verein oder eine Stiftung und nicht im Handelsregister eingetragen ist;
7. wenn eine Konkurs- oder Nachlassmasse klagt.

1   Bei notwendiger Streitgenossenschaft ist nur dann Kaution zu leisten, wenn die Kautionsgründe bei allen Streitgenossen vorliegen.

1a Die Haager Zivilprozess-Übereinkunft von 1954 (SR 0.274.12) regelt in Art. 17–19 die Befreiung von der Prozesskaution. Die Befreiung umfasst nicht jede Sicherheitsleistung, sondern nur die Befreiung von der „Ausländerkaution". Die Befreiung gilt für natürliche und juristische Personen, und zwar für die Gerichts- und die Parteikosten. Befreit von der Kautionierung ist ein ausländischer Kläger, der gemäss der Haager Zivilprozess-Übereinkunft zwei Voraussetzungen kumulativ erfüllen muss: Staatsangehörigkeit eines Vertragsstaats und Wohnsitz in einem Vertragsstaat; der Aufenthalt ist unter bestimmten Voraussetzungen dem Wohnsitz gleichgestellt. Unter den Begriff Kläger fallen auch der Berufungskläger, Neben- und Hauptintervenient. Nicht als Kläger gelten Ausländer, die entweder nicht einem Vertragsstaat angehören oder deren Wohnsitz bzw. Aufenthalt nicht in einem Vertragsstaat liegt.

Dabei ist zu beachten, dass der Anspruch auf Befreiung von der Kaution gestützt auf Art. 4 BV gemäss bundesgerichtlicher Rechtsprechung auch Ausländern mit Wohnsitz im Ausland zusteht.

1b Die Haager Übereinkunft über den Zugang zur Rechtspflege (SR 0.274.133) revidierte die Zivilprozess-Übereinkunft von 1954; wesentlich ist dabei, dass Angehörige eines Nichtvertragsstaats mit Wohnsitz in einem Vertragsstaat von der Kaution auch befreit sind.

1c Befreiung greift analog dem Haager Uebereinkommen gegenüber Estland (SR 0.274.187.721), Griechenland (SR 0.142.113.721), Iran (SR 0.142.114.362), Australien und Neuseeland (SR 0.274.183.671). Stets sind die Abkommenstexte zu konsultieren. Die Liste ist nicht abschliessend.

Insbesondere besteht gegenüber Personen mit Wohnsitz in den USA für Prozesse gemäss Zürcher   1d
Prozessordnung Kautionspflicht. (Innerhalb der USA bestimmt sich die Kaution nach dem jeweiligen Bundesstaat, wobei für die Parteikosten keine Kaution zu leisten ist, da auch keine Parteikosten gesprochen werden).

Für einen engen Anwendungsbereich sehen das Übereinkommen über den Beförderungsvertrag   1e
(SR. 0.741.611, Art. 31, Ziffer 5), das Übereinkommen über den internationalen Eisenbahnverkehr (SR 0.742.403.1), das Abkommen über die Rechtsstellung der Flüchtlinge (SR 0.142.30, Art. 16), das Übereinkommen über die Rechtsstellung von Staatenlosen (SR 0.142.40, Art. 16) sowie das Europäische Übereinkommen über Staatenimmunität (SR 0.273.1, Art. 17) Befreiung von der Ausländerkaution vor.

Auch bei staatsvertraglicher Befreiung greifen die allgemeinen Kautionsgründe; es entfällt nur der   1f
Kautionsgrund aufgrund der Eigenschaft "Ausländer".

Zur Kautionspflicht der Konkursmasse führte BGE 105 Ia 252 aus: 2

BGE 105 Ia 252: "d) Die Frage, ob die Beschwerdeführerin als Konkursmasse zu behandeln und bezüglich der Kautionspflicht einer solchen gleichzustellen ist, kann auch im vorliegenden Verfahren offen gelassen werden, weil, wie zu zeigen sein wird, das Bundesrecht der kantonalrechtlichen Festsetzung einer Kautionspflicht für Konkursmassen nicht entgegen steht.

Die Frage der Sicherstellung von Gerichtskosten und Anwaltskosten der Gegenpartei ist eine solche des Prozessrechts und wird demnach im kantonalen Verfahren vom kantonalen Recht beherrscht. Das SchKG enthält selbst für Prozesse vollstreckungsrechtlichen Charakters keine entsprechenden Vorschriften. Beim vorliegenden Prozess handelt es sich zudem, ungeachtet der Tatsache, dass mit der Klage ein Arrest prosequiert wird und die Beklagte und Widerklägerin eine Konkursmasse sein mag, um einen normalen Forderungsprozess. Das SchKG enthält auch keine Vorschriften, welche sich auf die prozessuale Kautionspflicht von Konkursmassen beziehen. Die Beschwerdeführerin behauptet dies selber nicht; sie will die Unzulässigkeit der Kautionsauflage aus allgemeinen Grundsätzen des Konkursrechts ableiten. Wenn die konkursrechtlichen Verfahrensvorschriften die Konkursverwaltung verpflichten, für die Masse nur Prozesse zu führen, falls ausreichende Mittel zur Deckung der Kosten vorhanden sind, und wenn diesen Kosten der Charakter von Massaschulden zukommt, so wird damit nicht primär der Zweck verfolgt, das Gericht und die Gegenpartei in bezug auf diese Kosten sicherzustellen, sondern es soll ein geordnetes Konkursverfahren gewährleistet werden, was einschliesst, dass sich die Verfahrenskosten ganz allgemein im Rahmen der zur Deckung verfügbaren Mittel zu halten haben.

Darin liegt keine bundesrechtliche Regelung der Kostenhaftung für Prozesse, an welchen Konkursmassen als Parteien beteiligt sind, und auch keine Regelung der Kautionspflicht. Es kann deshalb nicht gesagt werden, dass für entsprechende kantonale Regelungen kein Raum mehr bliebe. Auch der Einwand vermag nicht durchzudringen, die Kautionspflicht von Konkursmassen verunmögliche die bestmögliche Verwertung der Aktiven zu Gunsten der Gesamtheit der Konkursgläubiger und widerspreche deshalb dem Bundesrecht. Zwar hat das Bundesgericht in BGE 85 I 147 ausgeführt, um eine gleichmässige Befriedigung aller Gläubiger zu ermöglichen, seien grundsätzlich auch bestrittene Rechte durch die Konkursmasse selber auf dem Prozessweg geltend zu machen.

Sei die Konkursmasse im Falle der Klageerhebung kautionspflichtig, so bestehe beim Fehlen liquider Mittel die Gefahr, dass sie selbst begründete Ansprüche nicht geltend machen könne und deren Abtretung nach Art. 260 SchKG anbieten müsse; dadurch würden die kleinen Gläubiger, die das Prozessrisiko nicht zu übernehmen wagten, benachteiligt. Das Bundesgericht erachtete aber als fraglich, ob im Hinblick auf diese für die ordnungsgemässe Liquidation unerwünschte Folge die Auferlegung einer Prozesskaution an eine Konkursmasse geradezu bundesrechtswidrig sei.

Entgegen der Argumentation des Kassationsgerichts ist dem zitierten bundesgerichtlichen Urteil darin beizupflichten, dass die Abtretung von Ansprüchen der Konkursmasse an die Gläubiger zur Geltendmachung gemäss Art. 260 SchKG die kleinen Gläubiger eher benachteiligt. Nur ein Gläubiger mit einer hohen Forderung wird in der Regel das Risiko auf sich nehmen, Prozesse mit grösseren Streitwerten zu führen, da das Prozessergebnis bis zur Deckung seiner Konkursforderung dem prozessierenden Gläubiger zugute kommt. Ein 'kleiner' Gläubiger wird kaum einen Prozess um Ansprüche führen, welche den Betrag seiner Konkursforderung erheblich übersteigen, liegt es doch nicht in seinem Interesse, für die übrigen Gläubiger die Kastanien aus dem Feuer zu holen. Diese Regelung wird indessen vom SchKG sanktioniert und ist damit geltendes Bundesrecht. Selbst wenn die Kautionspflicht im einen oder andern Falle eine Konkursverwaltung dazu veranlassen sollte, im Zweifel von der Prozessführung abzusehen und zur Abtretung gemäss Art. 260 SchKG zu schreiten, so könnte dieses Ergebnis nicht als dem Sinne des Bundesrechts widersprechend beurteilt werden.

Dazu kommt, dass die Gläubigerschaft, welche die Prozessführung namens der Masse wünscht, die Möglichkeit hat, einen Kostenvorschuss zu leisten, falls der Masse die liquiden Mittel fehlen. Vor allem aber ist zu beachten, dass die Prozessführungsmöglichkeiten von Konkursmassen nicht in erster Linie durch die Kautionspflicht, sondern durch die zur Verfügung stehenden Mittel beschränkt werden. Die Konkursverwaltung kann angesichts ihrer Aufgabe, für die Gesamtheit der Gläubiger eine möglichst hohe Dividende zu erzielen, nicht alle vorhandenen Mittel für die Führung riskanter Prozesse einsetzen. Sie wird schon aus diesem Grunde keine Prozesse führen, wenn zur Kostendeckung die liquiden Mittel nicht ausreichen. Die Kautionspflicht bringt deshalb keine ins Gewicht fallende Erschwerung der Prozessführung mit sich, sondern erleichtert es der Konkursverwaltung, das Kostenrisiko eines Prozesses abzuschätzen. Ferner trifft es zu, dass der Entscheid über die Prozessführung in der Regel so lange hinausgeschoben werden kann, bis aus der Liquidation der Aktiven die Mittel für die Kautionsleistung bereitstehen.

Aus diesen Gründen kann nicht gesagt werden, die Kautionspflicht von Konkursmassen gemäss § 73 Ziff. 7 der Zürcher ZPO laufe dem SchKG zuwider. Selbst wenn die Beschwerdeführerin – was offen bleiben kann – als Konkursmasse zu behandeln wäre, würde daher die auf dieser Bestimmung beruhende Kautionsauflage des Kassationsgerichts nicht gegen die derogatorische Kraft des Bundesrechts und damit nicht gegen Art. 2 ÜbBest. BV verstossen."

3 **ZR 81, Nr. 2:** Kautionsauflagen infolge Konkurseröffnung innerhalb der letzten fünf Jahre: Die fünfjährige Frist, während der eine als Kläger auftretende Partei für Gerichtskosten und Prozessentschädigung eine Kaution zu leisten hat, beginnt nicht mit der Eröffnung, sondern erst mit dem Abschluss des Konkurses zu laufen.

4 **ZR 81, Nr. 41:** Nicht mehr weiterziehbar im Sinne von § 73 Ziff. 4 ZPO ist ein Verfahren dann, wenn es nicht mehr mit einem kantonalen oder eidgenössischen, ordentlichen oder ausserordentlichen Rechtsmittel in einem Zug, d.h. innert einer bestimmten, ab Eröffnung oder Zustellung des zuletzt gefällten Entscheids laufenden Rechtsmittelfrist an die obere Instanz weitergezogen werden kann.

5 **ZR 81, Nr. 73:** Im Entmündigungsverfahren kann man keine Kaution auferlegen, wenn der zu Entmündigende nicht die zum Zahlen der Kaution nötigen Mittel hat oder wenn man ihm die Handlungsfähigkeit vorsorglich entzog und er deswegen nicht über seine Mittel verfügen kann.

6 **ZR 81, Nr. 135:** Kautionspflicht im Aberkennungsprozess: Die Pflicht zur Leistung einer allgemeinen Prozesskaution im Aberkennungsprozess zufolge Zahlungsunfähigkeit besteht dann, wenn für die Gegenstand des Aberkennungsprozesses bildende Forderung eine provisorische Pfändungsurkunde erstellt wurde, in welcher festgehalten wird, dass die Pfändung keine hinreichende Deckung für die strittige Forderung ergab.

7 **ZR 82, Nr. 67:** Jede Instanz entscheidet selbständig über die Kautionspflicht. Der Beklagte mit Wohnsitz im Ausland, der gegen einen ebenfalls im Ausland wohnenden Kläger ein Rechtsmittel ergreift, kann zur Kautionsleistung gemäss § 76 ZPO verpflichtet werden.

ZR 83, Nr. 95: Die vom Gesetz für bestimmte Fälle vorgesehene Kautionspflicht des Klägers besteht ungeachtet der Gründe, aus welchen dem Kläger diese Parteirolle zufällt. Auch der Aberkennungskläger ist kautionspflichtig. 8

ZR 83, Nr. 130: Von der Gerichtskasse für offene Kosten gewährte Zahlungserleichterungen (Stundungs- und Ratenzahlungsvereinbarungen) ändern nichts an der Kautionspflicht. 9

ZR 84, Nr. 35: Unmassgeblichkeit der Gründe für die Verwertung: Darauf, ob es in der Betreibung zur Verwertung kam, weil der Schuldner nicht zahlungsfähig oder weil er nur zahlungsunwillig war, kommt es nach § 73 Ziff. 2 ZPO nicht an. Diese Bestimmung soll die Gegenpartei auch gegenüber einem zahlungsunwilligen Prozessgegner schützen. 10

ZR 84, Nr. 65: Zahlungsunfähigkeit als Kautionsgrund: Zahlungsunfähigkeit einer Partei im Sinne von § 73 Ziff. 3 ZPO liegt nur vor, wenn sie sich aus betreibungsrechtlichen Akten ergibt. 11

ZR 84, Nr. 105: Fällt nach erfolgter Kautionsauflage der Kautionsgrund weg, so ist die Kautionsauflage aufzuheben, wenn mit dem Kautionsgrund auch die Gefahr der Nichteinbringlichkeit der Prozesskosten weggefallen ist. Dies ist der Fall, wenn eine Partei nach erfolgter Kautionierung ihren Wohnsitz bekannt gibt. 12

ZR 85, Nr. 64: Nach Literatur und Rechtsprechung wird die Kautionspflicht der klagenden Partei oder des Rechtsmittelklägers als solche, und nicht die Befolgung einer konkreten Kautionsauflage als Prozessvoraussetzung betrachtet, und zwar im Sinne, dass die hinsichtlich der Kautionspflicht erheblichen Tatsachen von Amtes wegen zu prüfen sind, sowie dass die Nichtbeachtung einer Vorschrift über Prozessvoraussetzungen auf dem Wege eines Rechtsmittels als Verletzung eines wesentlichen Verfahrensgrundsatzes angefochten werden kann. Das bedeutet, dass vor Erfüllung der betreffenden Prozessvoraussetzung auf die Klage nicht einzutreten ist, bzw. jedenfalls kein Sachurteil ergehen darf. Der Mangel der missachteten Kautionspflicht ist behebbar und kann selbst noch im Rechtsmittelverfahren behoben werden. Nach der Rechtsprechung des Zürcher Kassationsgerichts genügt für eine Partei, die sonst als zahlungsunfähig erscheint, die Unfähigkeit, fällige Verbindlichkeiten zu erfüllen. Aus der Vielzahl und praktisch ununterbrochenen Folge von Betreibungsbegehren muss geschlossen werden, der Kläger sei damals im jeweiligen Zeitpunkt der Fälligkeit der Forderungen über rund 2 Jahre hinweg regelmässig nicht imstande gewesen, die fälligen Verbindlichkeiten vertragsgemäss zu erfüllen. 13

Die Zahlungsunfähigkeit eines Klägers ist erstellt, wenn eine Lohnpfändung vorliegt, da diese erst vorzunehmen ist, wenn der Kläger über keine weiteren pfändbaren Vermögenswerte mehr verfügt. In casu wurde der Lohn bis zum Existenzminimum gepfändet.

ZR 85, Nr. 73: Werden die einer Partei auferlegten Gerichtskosten definitiv auf die Staatskasse genommen, so entfällt die Zahlungspflicht gegenüber dem Gericht. Damit liegt für ein späteres Verfahren der Kautionsgrund von § 73 Ziff. 4 ZPO nicht vor. Einstweilen abgeschriebene Gerichtskosten bleiben weiterhin von derjenigen Partei geschuldet, der sie auferlegt worden sind, sie werden aber erst mit der Zustellung der Rechnung durch die Gerichtskasse fällig. 14

ZR 85, Nr. 109: Annahme der Zahlungsunfähigkeit bei Lohnpfändung, wenn das Erwerbseinkommen offensichtlich, jedenfalls bis zum Notbedarf, im Sinne von Art. 93 SchKG gepfändet ist, wodurch die Zahlungsunfähigkeit des Klägers genügend erstellt ist, weshalb er gemäss § 73 Ziff. 3 ZPO eine Kaution zu leisten hat. 15

ZR 86, Nr. 28: Weder aus dem Bundesrecht noch aus dem kantonalen Recht kann ein Verbot der Kautionsauflage in Ehescheidungsprozessen abgeleitet werden. 16

ZR 86, Nr. 71: Mit der Aufsichtsbeschwerde gegen die Gerichtskasse kann man nicht rügen, die Kaution sei zu hoch angesetzt gewesen, und ebenfalls nicht, die Verrechnung sei paulianisch anfechtbar. 17

18 **ZR 88, Nr. 28:** Bei der bisherigen Auslegung von § 73 Ziff. 2 ZPO umfasst diese Bestimmung nur jene Fallgruppen von der Kautionspflicht, in denen ein Ausländer im Ausland in Konkurs geriet. Die Vorschrift, welche im Verhältnis zu Ziff. 1 von § 73 ZPO zu verstehen ist, soll den konkursiten Ausländer dennoch der Kautionspflicht unterwerfen, auch wenn dieser wegen seines ausländischen Wohnsitzes und eines Staatsvertrags grundsätzlich nicht mit einer Kaution belegt werden könnte. Eine unterschiedliche Behandlung des Aufrechtstehenden und des konkursiten Ausländers hält nicht nur vor staatsvertraglichen Vorschriften (Art. 17 der Haager Übereinkunft betreffend Zivilprozessrecht vom 1. März 1954) stand, sondern erscheint auch im Hinblick auf die Kostensicherheit mehr als sinnvoll. Sie weist nämlich entgegen der pauschalen Unterstellung der Ausländer unter die Kautionspflicht keine pönalen Züge auf. Zudem entspricht sie der Regelung, die auch für konkursite Inländer gilt. Der im Inland aufrechtstehende Inländer aber, der aus welchem Grund auch immer, z.b. mit einem Sondervermögen, nur im Ausland in Konkurs geraten ist, soll demgegenüber nicht schon deswegen eine Kaution leisten müssen. Es besteht nämlich allein gestützt darauf, zumindest vom Standpunkt des inländischen Vollstreckungsrechts aus, gegenüber dessen Zahlungsmoral und Zahlungsfähigkeit kein Vorbehalt. Demnach lässt sich auch die Annahme nicht rechtfertigen, er werde zukünftig seine inländischen Verbindlichkeiten nicht mehr rechtzeitig erfüllen.

19 **ZR 88, Nr. 35:** Aus einem Entscheid des Handelsgerichts: Da § 73 ZPO bei fehlendem Wohnsitz in der Schweiz keinen Unterschied zwischen In- und Ausländern macht, ist der Kläger grundsätzlich kautionspflichtig. Eine Ausnahme müsste sich aus dem Abkommen zwischen der Schweiz und Grossbritannien über Zivilprozessrecht vom 3. Dezember 1937 ergeben. Die Anwendbarkeit dieses Abkommens auf den vorliegenden Sachverhalt ist zwischen den Parteien streitig.

Bezüglich der Prozesskaution bestimmt das Abkommen in Art. 3 was folgt: Die Angehörigen eines hohen vertragschliessenden Teils, die im Gebiet des anderen wohnhaft sind, wo das Gerichtsverfahren durchgeführt wird, sollen nicht verpflichtet sein, Sicherheit für Prozesskosten in den Fällen zu leisten, in denen die Angehörigen dieses anderen.... Teils unter ähnlichen Umständen nicht verpflichtet sind;

Die Angehörigen eines hohen vertragschliessenden Teils, die ausserhalb des Gebiets des andern, wo das Gerichtsverfahren durchgeführt wird, wohnhaft sind, sollen zur Sicherheitsleistung... dann verpflichtet sein, wenn.....

Dabei gelten als Angehörige einerseits alle Schweizer Bürger, andrerseits alle wo immer wohnhaften Untertanen Seiner Majestät und alle unter Ihren Schutz gestellten Personen (Art. 1 des Abkommens). Durch die Rechtsprechung ist klargestellt, dass Ausländer mit Wohnsitz in Grossbritannien nicht schon dadurch im Sinne des Abkommens unter den Schutz des Königs stehen; diese Formulierung betrifft lediglich Angehörige britischer Protektorate und Mandatsgebiete (ZR 76, Nr. 12).

Demnach ist ein britischer Staatsbürger, der in der Schweiz Wohnsitz hat, von der allgemeinen Kautionspflicht befreit (Art. 3 lit. a), ebenso, wenn sein Wohnsitz in seinem Heimatstaat oder in irgendeinem Drittstaat liegt (Art. 3 lit. b). Vom klagenden Schweizer Bürger ist im Abkommen ebenfalls nur die Rede, wenn er a) in England wohnt und dort klagt, oder b) wenn er in England klagt, ohne dort zu wohnen. Nicht geregelt ist der Fall, dass ein Angehöriger eines Vertragsstaats, der im Gebiet des andern wohnt, in seinem Heimatstaat klagt. Das ist in der hier zu beurteilenden Konstellation der Fall, wo der Kläger, Schweizer Bürger, in London wohnt und in der Schweiz klagt. Da der Staatsvertrag mindestens nach dem Wortlaut keine Ausnahme macht, ist dieser Kläger also nach § 73 Ziffer 1 ZPO grundsätzlich kautionspflichtig.

Es fragt sich, ob die Auslegung des Staatsvertrags eine andere Beurteilung erfordert, oder ob das Prozessrecht eine Lücke enthält, die allenfalls zugunsten des Klägers geschlossen werden sollte. Zur Auslegung: Nach allgemeinen Gepflogenheiten sollen Staatsverträge nicht ausdehnend interpretiert werden. Der Wortlaut des sorgfältig redigierten Vertrags ist klar und lässt für Zweifel an seinem Sinngehalt keinen Raum. Man könnte auch nicht sagen, dass der aus dem Wortlaut hervorgehende Inhalt allgemein anerkannten Grundsätzen widerspreche und darum, falls Zweifel bestünden, im Lichte dieser Grundsätze zu verstehen sei. Die Haager Übereinkunft von 1905, in der Fassung von 1954, die gegenwärtig für immerhin 28 Staaten Geltung hat, regelt die Frage der Kaution zwar einfacher: Angehörige eines der Vertragsstaaten, die in irgendeinem dieser Staaten wohnen, sind in allen Vertragsstaaten von der allgemeinen Kautionspflicht befreit (Art. 17). Danach wäre der Kläger im vorliegenden Verfahren zwar begünstigt. Andrerseits geht die Haager Übereinkunft aber weniger weit, als sie nämlich zur Staatsangehörigkeit hinzu in jedem Fall Wohnsitz in einem (beliebigen) Vertragsstaat verlangt; demgegenüber privilegiert das Abkommen mit Grossbritannien die Bürger des einen Staats, die im anderen klagen, auch dann, wenn sie in irgendeinem Drittland wohnen (Art. 3 lit. b). Die Rechtsprechung zur Haager Übereinkunft ist sodann recht restriktiv (vgl. z.B. die Entscheide SJZ 37, S. 283; VEB 1939, S. 66; ZR 53, Nr. 113). Unter diesem Aspekt besteht kein Anlass, vom klaren Wortlaut des Abkommens abzugehen.

Das fragliche Abkommen wurde von der Schweiz und Grossbritannien abgeschlossen, um den eigenen Staatsbürgern das Prozessieren im andern Staate zu erleichtern. Um das zu erreichen, machte jeder auch dem anderen Konzessionen. Die Schweiz dürfte aber nicht beabsichtigt haben, die Prozessführung von Schweizern in der Schweiz zu erleichtern, und ebensowenig dürfte der britischen Seite daran gelegen gewesen sein, auf ihrem Territorium wohnende Ausländer zu begünstigen. Von da her ist das Bestehen einer Lücke zu verneinen, da der hier streitige Fall gar nicht unter das fällt, was die Parteien regeln wollten.

Eine andere Frage ist es, ob das Zürcher Prozessrecht in § 73 Ziff. 1 ZPO eine Lücke enthält. In der Tat ist auf den ersten Blick erstaunlich, dass ein Ausländer besser gestellt sein soll als ein Auslandschweizer mit gleichem Wohnsitz. Im innerschweizerischen Verhältnis gilt nach dem Konkordat betreffend die Befreiung von der Verpflichtung zur Sicherheitsleistung für die Prozesskosten vom 5./20. November 1903 (SF 273.2) folgendes: Der Schweizer, der in irgendeinem Kanton Wohnsitz hat, darf nicht kautioniert werden, wenn er in irgendeinem anderen Kanton als Kläger auftritt. Das gleiche gilt gemäss Art. 2 dieses Konkordats auch für Schweizer Bürger, die in einem Vertragsstaat der Haager Übereinkunft wohnen und in einem Konkordats-Kanton klagen. Der Kanton Zürich gehörte 1903 zu den ersten Kantonen, die das Konkordat unterzeichneten (BS 3/653). Bei Abschluss des schweizerisch–britischen Abkommens wurde das Konkordat nicht angepasst. Es ist aber kein Grund ersichtlich, weshalb die Vereinfachung, die für Schweizer mit Wohnsitz in einem Vertragsstaat der Haager Übereinkunft getroffen wurde, nicht ebenso für Schweizer mit Wohnsitz im Vertragsstaat Grossbritannien gelten solle. Mit dem Konkordat sollte die oben erwähnte Eigentümlichkeit ausgeschaltet werden, dass der Ausländer vor schweizerischen Gerichten in einer besseren Position ist als der Auslandschweizer. Es ist anzunehmen, dass der Gesetzgeber damals (1937), aber auch bei der Revision des Prozessrechts 1976 den Punkt übersah (BGE 100 Ib 157 f.). Die so gefundene Lücke ist in der Weise auszufüllen, dass Schweizer mit Wohnsitz in Grossbritannien entsprechend dem Gedanken des Konkordats von 1903 nicht schlechter gestellt sein sollen als Untertanen Seiner Majestät. Sie sind demnach nicht völlig von der Kautionspflicht befreit, wie wenn sie in einem Vertragsstaat der Haager Übereinkunft wohnten, können sich aber (immerhin) auf Art. 3 lit. b) des Abkommens von 1937 berufen.

Sollte sich ergeben, dass der Kläger seinen Wohnsitz nicht wie behauptet in der Schweiz hat, ist er demnach nach den Bestimmungen des schweizerisch–britischen Abkommens kautionspflichtig.

Zur Frage, ob der Anteil des Klägers an der Liegenschaft "Im Acker" im Sinne des Abkommens als Sicherheit gelten kann, (...):

Das Abkommen verlangt für die Befreiung von der Kautionspflicht unbewegliches oder nicht ohne weiteres übertragbares Eigentum des Klägers im Prozessstaat. Grundeigentum ist in der Schweiz zwar nur unter Einhaltung der gesetzlichen Formen, aber grundsätzlich jederzeit ohne behördliche Bewilligung und innert kürzester Frist veräusserlich oder belastbar. Dennoch kann es entgegen der Meinung der Beklagten nicht darum gehen, dass dieses Eigentum mittels einer Grundbuchsperre oder einer Vormerkung noch weiter zu immobilisieren wäre. Davon steht in dem Abkommen nichts. Die Auffassung der Beklagten bedeutete in praktisch allen Fällen, wo namentlich auch das im Abkommen genannte Grundeigentum vorhanden ist, volle Kautionspflicht, was nicht Sinn der Formulierung sein kann. Diese ist vielmehr so zu verstehen, dass der Kläger sich über Vermögenswerte ausweisen kann, die in der Regel nicht ohne weiteres veräussert werden. In der Rechtsprechung ist der Anteil an Wertschriften aus einem Erbanfall als in diesem Sinne nicht leicht veräusserlich bezeichnet worden (SJZ 56, 1960, S. 333). Die Titel selbst lagen in Verwahrung bei einer Bank (vergleichbar dem Grundstück, das als solches nur mittels öffentlicher Beurkundung beim Notar veräussert werden kann). Wie hier hätte der Erbe aber seinen Anteil grundsätzlich jederzeit veräussern oder belasten können; dazu hätte es keiner öffentlichen Beurkundung wie bei einem Grundstück, sondern lediglich der einfachen Schriftlichkeit bedurft (Art. 653 ZGB). In der Bestätigung der Praxis ist daher davon auszugehen, der (Erb-)Anteil des Klägers an der Liegenschaft in A. bilde nicht leicht veräusserliches Vermögen im Sinne des Abkommens von 1937.

20 **ZR 91/92, Nr. 3:** Offene Kosten aus anderen Verfahren: Der Kautionsgrund entfällt erst im Zeitpunkt des tatsächlichen Zahlungseingangs; erfolgt die Kautionierung vor diesem Zeitpunkt, so bleibt sie trotz der Zahlung bestehen.

21 **ZR 91/92, Nr. 33:** Entscheide des Ober- und des Handelsgerichts betreffend Kautionierung oder Nichtkautionierung sind mittels Nichtigkeitsbeschwerde anfechtbar. Nach der Praxis der Zürcher Gerichte bedarf es zum Nachweis sonstiger Zahlungsunfähigkeit entsprechender betreibungsrechtlicher Akte, bzw. Handlungen, aus denen ausschliesslich die Unfähigkeit, fällige Verbindlichkeiten zu erfüllen, hervorgeht. Ein Durchgriff durch die AG auf die hinter ihr stehende Einzelperson kommt im Bereich der Kautionsbestimmungen wenn überhaupt nur sehr restriktiv in Betracht; die Tatsache, dass die natürliche Person als Aktionär den Kauf der eingeklagten Forderung der AG finanziert und damit die Beschwerdegegnerin in seine wirtschaftliche Abhängigkeit getrieben habe, stellt keinen derartigen Sachverhalt dar.

22 **ZR 91/92, Nr. 36:** Offene Kosten aus anderen Verfahren: Der Kautionsgrund wird gesetzt, wenn die Kosten nicht binnen der in der Rechnung genannten Frist bezahlt werden. Er entfällt demnach erst im Zeitpunkt des tatsächlichen Zahlungseingangs. Erfolgt die Kautionierung vor diesem Zeitpunkt, so bleibt sie trotz der Zahlung bestehen.

23 **ZR 94, Nr. 24:** Die Klägerin verlangt bei der Vorinstanz Rechtsöffnung, gestützt auf ein Urteil des Supreme Court of New York. Die Vorinstanz auferlegte dem Kläger eine Prozesskaution auf den kantonalen Gebührenverordnungen sowie nach dem Gebührentarif zum SchKG. Die Höhe der Kaution wird wesentlich beeinflusst von der Frage, ob sie sich allein auf dem Gebührentarif zum SchKG bemisst oder ob dann eben die kantonalen Verordnungen betreffend die Gerichts- und Anwaltsgebühren massgebend sind. Dazu liegen widersprüchliche Entscheide vor. Die III. Zivilkammer des Obergerichts hatte in einem Entscheid aus dem Jahre 1978 gefunden, es sei allein der Gebührentarif anwendbar (ZR 77, Nr. 102), während die II. Zivilkammer in einem Entscheid aus dem gleichen Jahr die Auffassung vertrat, es sei die kantonale Gebührenordnung massgebend (ZR 78, Nr. 29). Die III. Zivilkammer kam zu ihrem Entscheid im wesentlichen mit der Begründung, über die Frage der Vollstreckung sei nur vorfrageweise zu entscheiden, am rein betreibungsrechtlichen Charakter des Rechtsöffnungsverfahrens und damit an der Anwendbarkeit der bundesrechtlichen Verfahrensvorschriften werde nichts geändert. An dieser Auffassung kann nicht festgehalten werden. Wie die II. Zivilkammer in ihrem Entscheid zu Recht festhält, liegt zwar verfahrensrechtlich eine Einheit vor. Inhaltlich liegen zwar zwei verschiedene Fragen zum Beurteilen vor, was einen Niederschlag in der Formulierung des Dispositivs findet sowie darin, dass die Frage der Vollstreckbarkeit separat mittels Rekurs angefochten werden kann, während gegen den Entscheid hinsichtlich der Rechtsöffnungsvoraussetzungen nur die Nichtigkeitsbeschwerde zur Verfügung steht. Es ist somit nicht zu beanstanden, dass die Vorinstanz in ständiger Praxis die Kaution in solchen Fällen sowohl nach dem Gebührentarif zum SchKG als auch nach den kantonalen Gebührenverordnungen bemisst.

b) bei verheimlichtem Wohnsitz
§ 74. Weigert sich eine Partei, ihren Wohnsitz oder ihren Aufenthaltsort dem Gericht bekanntzugeben, hat sie Kaution zu leisten.

ZR 83, Nr. 60: Die Parteien sind nicht berechtigt, ihren Wohnsitz lediglich dem Gericht bekanntzugeben, wenn für die Verheimlichung ihres Wohnsitzes gegenüber der Gegenpartei keine schützenswerten Interessen bestehen. Wer seinen Wohnsitz verheimlicht, wird unabhängig davon, ob die Verheimlichung gerechtfertigt oder ungerechtfertigt ist, kautionspflichtig. Verlangt eine wegen ungerechtfertigter Verheimlichung ihres Wohnsitzes mit Kaution belegte Partei die unentgeltliche Prozessführung, so ist ihr Begehren rechtsmissbräulich, dies jedenfalls insoweit, als damit die Befreiung von der auferlegten Kaution verlangt wird. Der Umstand, dass die Partei ihren Wohnsitz ungerechtfertigt verheimlicht, ist auch bei der Frage, ob ihr ein unentgeltlicher Rechtsvertreter zu bestellen sei, zu berücksichtigen.

c) im Nichtigkeits- und Revisionsverfahren
§ 75. Jede Partei, die Nichtigkeitsbeschwerde erhebt oder die Revision eines Entscheids verlangt, hat Kaution zu leisten.

Diese Pflicht entfällt, wenn die Nichtigkeitsbeschwerde damit begründet wird, dem Beschwerdeführer sei zu Unrecht die unentgeltliche Prozessführung verweigert worden.

ZR 83, Nr. 54: Nach § 75 Abs. 2 ZPO entfällt die Kautionspflicht, wenn die Nichtigkeitsbeschwerde damit begründet wird, der Beschwerdeführerin sei zu Unrecht die unentgeltliche Prozessführung verweigert worden. Der vorliegende Rechtsstreit dreht sich um die Frage, ob der Beschwerdegegner verpflichtet sei, der Beschwerdeführerin einen weiteren Prozesskostenvorschuss zu leisten, was die Vorinstanz verneinte. Es liegt insoweit ein § 75 Abs. 2 ZPO analoger Sachverhalt vor, als es gleichfalls um die Frage geht, ob der Beschwerdeführerin wegen ihrer Mittellosigkeit die Kosten für die weitere Prozessführung vorzuschiessen sind.

Der Umstand, dass es beim gesetzlich geregelten Sachverhalt um die Vorschusspflicht des Staats in Form des Armenrechts geht, während vorliegend die Vorschusspflicht des Prozessgegners zur Diskussion steht, rechtfertigt aus der Sicht der beschwerdeführenden Partei keine unterschiedliche Regelung. In der analogen Anwendung von § 75 Abs. 2 ZPO ist die Verfügung aufzuheben, und es ist der Beschwerdeführerin die Kaution zu erlassen.

ZR 91/92, Nr. 2: Vgl. § 64 ZPO.

ZR 91/92, Nr. 52: Vgl. § 64 ZPO.

Kautionspflicht für Kosten
§ 76. (alte Fassung). In Prozessen gegen eine Person im Ausland kann der Kläger, Widerkläger oder Rechtsmittelkläger verpflichtet werden, für die Gerichtskosten Kaution zu leisten, sofern die örtliche Zuständigkeit aus §§ 9 Abs. 2 oder 10 bis 12 hergeleitet wird.

Kautionspflicht für Kosten
§ 76. (neue Fassung, 24.9.95). In Prozessen gegen eine Person im Ausland kann der Kläger, Widerkläger oder Rechtsmittelkläger verpflichtet werden, für die Gerichtskosten der von ihm angerufenen Instanz Kaution zu leisten.

ZR 84, Nr. 13: Im Prozess gegen eine Person im Ausland kann auch die im Ausland wohnende beklagte Partei zur Kautionsleistung für die Gerichtskosten verpflichtet werden, wenn sie ein Rechtsmittel ergreift. Der Ausschluss der Kautionspflicht gemäss Art. 17 Abs. 1 der Haager Übereinkunft gilt für den Kautionsgrund nach § 76 ZPO nicht, hingegen für den Kautionsgrund nach § 73 Ziff. 1 ZPO.

Die Haager-Übereinkunft betreffend Zivilprozessrecht vom 1. März 1954 verbietet den Signatarstaaten die prozessuale Schlechterstellung der Ausländer gegenüber den Angehörigen des Gerichtsstaats. Kautionspflichtig ist auch der im Ausland wohnende Beklagte, der ein Rechtsmittel ergreift, entgegen dem Wortlaut von § 76 ZPO. Könnte nämlich der im Ausland wohnende Beklagte, der als Rechtsmittelkläger gegen einen Schweizer auftritt, nicht zu einer Kaution nach § 76 ZPO verpflichtet werden, so würde er gegenüber einer inländischen Partei, welche als Rechtsmittelkläger einen Ausländer zum Gegner hat, besser gestellt, was der Gesetzgeber offensichtlich nicht gewollt hat.

Jede Instanz prüft die Kautionspflicht für ihre Verfahren selbständig. Für den Nachweis der Zahlungsunfähigkeit im Sinne von § 73 Ziff. 2 u. 3 ZPO genügt eine blosse Äusserung des Parteivertreters im Rahmen von Vergleichsgesprächen nicht.

ZR 89, Nr. 125: Vgl. § 67 ZPO.

Kautionspflicht bei notwendiger Streitgenossenschaft
§ 77. Bei notwendiger Streitgenossenschaft ist nur dann Kaution zu leisten, wenn die Kautionsgründe bei allen Streitgenossen vorliegen.

Verfahren ohne Kautionspflicht
§ 78. (alte Fassung). Im Verfahren vor Friedensrichter und vor Mietgericht gemäss § 18 Abs. 1 lit. a GVG, in der Berufung nicht unterliegenden Streitigkeiten aus dem Arbeitsverhältnis, aus unlauterem Wettbewerb und aus Verträgen zwischen Letztverbrauchern und Anbietern, in Streitigkeiten aus unlauterem Wettbewerb mit nach der Natur der Sache nicht schätzbarem Streitwert sowie im Eheschutzverfahren werden keine Kautionen auferlegt.

Verfahren ohne Kautionspflicht
§ 78. (neue Fassung, 24.9.95). Keine Kautionen werden auferlegt:
1. in Prozessen über den Personenstand und in familienrechtlichen Prozessen;
2. im einfachen und raschen Verfahren;
3. im Verfahren vor Friedensrichter;
4. im Verfahren betreffend Gegendarstellung.

1   **ZR 82, Nr. 21:** Die Befreiung von der Kautionspflicht in Mietstreitigkeiten gemäss § 18 Abs. 1 lit. a GVG gilt auch für das Rechtsmittelverfahren.

2   **ZR 94, Nr. 20:** Im Rahmen einer von der Beschwerdegegnerin gegen die Beschwerdeführer angestrengten Feststellungs- und Unterlassungsklage, gestützt auf das UWG, beantragten die Beschwerdeführer, die Beschwerdegegnerin sei gemäss § 73 Ziff. 3 ZPO zu kautionieren. Während das Bezirksgericht das Begehren mangels Nachweis der Zahlungsunfähigkeit gemäss § 73 Ziff. 3 ZPO abwies, qualifizierte das Obergericht die Klage als Streitigkeit aus unlauterem Wettbewerb mit nach der Natur der Sache nicht schätzbarem Streitwert im Sinne von § 78 ZPO, weshalb keine Kaution auferlegt werden dürfe. Das Kassationsgericht stellte fest, dass von Bundesrechts wegen das Auferlegen von Prozesskautionen im Bereich des einfachen und raschen Verfahrens nicht ausgeschlossen sei und dass auch das Einführen des einfachen und raschen Verfahrens den Ausschluss von Prozesskautionen grundsätzlich nicht erheische. Es sei anzufügen, dass die Kostenlosigkeit bzw. als weniger weitgehende Massnahme der Verzicht auf Kautionen im kantonalen Recht verankert werden könnte, was zu einer, wenn auch geringfügigen Verkürzung und Vereinfachung des Verfahrens beitragen möge. Eine bundesrechtliche Notwendigkeit hierzu bestehe nicht. Die vom Regierungsrat des Kt. Zürich mit Beschluss vom 7. März 1990 für nicht der Berufung unterliegende Streitigkeiten aus unlauterem Wettbewerb und für Streitigkeiten aus unlauterem Wettbewerb mit nach der Natur der Sache nicht schätzbarem Streitwert angeordnete Kautionsfreiheit stelle daher keine für das Ausführen des Bundesrechts notwendig zu erlassende Ergänzung kantonalen Rechts dar. Der Regierungsrat habe in diesem Punkt die ihm abgeleitete aus Art. 52 Abs.

2 SchlT ZGB zustehende Befugnis zum Anpassen kantonalen Rechts auf dem Verordnungsweg überschritten und damit das Prinzip der Gewaltenteilung verletzt. Daran ändere nichts, dass es im Hinblick auf eine einheitliche Regelung des einfachen und raschen Verfahrens sinnvoll wäre, auch für das im UWG bundesrechtlich vorgesehene Verfahren die gleiche Regelung zu treffen, wie sie kantonalrechtlich schon für das Konsumentenverfahren und bestimmte arbeits- und mietrechtliche Verfahren gelte. Solche lediglich wünschbaren Ergänzungen kantonalen Rechts seien auf dem Weg der ordentlichen Gesetzgebung durchzuführen und nicht gestützt auf Art. 52 Abs. 2 SchlT ZGB auf dem Verordnungsweg. § 78 ZPO ist daher das Anwenden zu versagen, soweit sich die Norm auf Streitigkeiten aus unlauterem Wettbewerb bezieht. Da sich der angefochtene Entscheid auf eine von einer unzuständigen Behörde erlassene Bestimmung stütze, erweise sich der Vorwurf der Verletzung eines wesentlichen Verfahrensgrundsatzes als begründet; die Nichtigkeitsbeschwerde gestützt auf § 281 Ziff. 1 ZPO sei gutzuheissen, und der angefochtene Entscheid sei aufzuheben. Der in § 78 enthaltene Begriff der Streitigkeit mit nach der Natur der Sache nicht schätzbarem Streitwert finde sich in verschiedenen Bestimmungen des kantonalen Prozessrechts (§ 259 Ziff. 1, § 271 ZPO, § 31 Ziff. 2 GVG). Er stehe im Gegensatz zu den Streitigkeiten vermögensrechtlicher Natur, deren Streitwert mindestens bestimmbar sei und auf welchen sich die §§ 18 ff. ZPO bezögen. Die Tatsache, dass keine Geldforderung erhoben und der Streitwert allenfalls schwierig zu ermitteln oder zu schätzen sei, genüge für die Annahme einer nicht vermögensrechtlichen Streitigkeit nicht. Massgeblich sei vielmehr die Natur des Rechtsstreits und damit die Frage, ob der Rechtsgrund des streitigen Anspruchs letzten Endes im Vermögensrecht ruhe.

Kautionsleistung
a) Höhe und Art der Kaution
§ 79. Die Höhe der Kaution wird auf Grund des Streitwertes und nach dem Umfang des Prozesses für die angerufene Instanz nach Ermessen festgesetzt. Sie kann nachträglich erhöht oder herabgesetzt werden.

Die Kaution kann in bar, durch Hinterlegung solider Wertschriften oder durch hinreichende Garantie einer im Kanton Zürich niedergelassenen Bank geleistet werden.

ZR 87, Nr. 31: Barkautionen sind nicht zinstragend anzulegen. In einem Beschwerdeverfahren nach § 108 GVG wurde von einer kautionspflichtigen Prozesspartei geltend gemacht, dass das mit der Sache befasste Gericht verpflichtet sei, die auf Postscheckkonto eingezahlten Kautionsbeträge umgehend auf ein Sparheft der Zürcher Kantonalbank zinsbringend anzulegen. Die Verwaltungskommission des Obergerichts wies die Beschwerde daher ab. Die Parteien haben gemäss § 113 die Streitverhältnisse im Hauptverfahren darzustellen. Dort stehen ihnen je zwei Rechtsschriften bzw. Vorträge zu. Weitere Vorbringen stehen ihnen nach Abschluss des Hauptverfahrens allenfalls unter den Voraussetzungen von § 115 ZPO zu. Wenn die Parteien beliebig Kopien ihrer Korrespondenz, vorliegend nicht nur untereinander, sondern auch an und von Dritten einreichen, dann werden damit Behauptungen der Parteien und Dritter in derart ungeordneter, unübersichtlicher und teils nicht zurechenbarer Weise in den Prozess eingebracht, dass damit die Anforderungen, die § 113 ZPO an die Vorträge der Parteien stellt, in keiner Weise erfüllt sind.

ZR 89, Nr. 107: Die Frage, ob eine längere Zahlungsfrist einzuräumen oder Ratenzahlungen zu bewilligen seien, darf man nicht mit der Frage der Klageaussichten verknüpfen.

b) Säumnisfolgen
§ 80. Leistet der Kläger, Widerkläger oder Rechtsmittelkläger die ihm auferlegte oder nachträglich erhöhte Kaution nicht fristgerecht, so wird auf seine Klage oder sein Rechtsmittel nicht eingetreten.

Ist der Beklagte oder Widerbeklagte säumig und hat er die Klage oder Widerklage noch nicht beantwortet, so gilt § 130. Im übrigen wird sein Vorbringen berücksichtigt, soweit es unbestritten geblieben oder durch die Akten bewiesen ist.

1   **ZR 84, Nr. 36:** Nach Fristansetzung zur Leistung einer Prozesskaution, Verweigerung der unentgeltlichen Prozessführung: Die Ansetzung einer Nachfrist kann unterbleiben, wenn das Begehren um Bewilligung der unentgeltlichen Rechtspflege als Rechtsmissbrauch zu betrachten ist. Rechtsmissbräuchlich ist das Armenrechtsgesuchs beispielsweise dann, wenn der Gesuchsteller dessen Aussichtslosigkeit zum vornherein erkennen konnte.

c) Verwendung der Kaution
§ 81. Erweist sich die Kaution als unzureichend, wird sie zunächst für die Prozessentschädigung und sodann für die Gerichtskosten verwendet.

Vorsorgliche Massnahmen
§ 82. Vorsorgliche Massnahmen können schon vor der Kautionsleistung erlassen werden.

C. Vorschuss für Barauslagen

Vorschuss für Barauslagen
§ 83. Jede Partei hat für Auslagen, die durch gerichtliche Handlungen in ihrem Interesse veranlasst werden, einen vom Gericht festgesetzten Vorschuss zu leisten. Bei Säumnis unterbleibt die Handlung zu ihrem Nachteil.

In den Verfahren nach § 78 und ausnahmsweise auch in anderen Verfahren kann der Vorschuss ganz oder teilweise erlassen werden.

Offene Kosten aus anderen Verfahren: Der Kautionsgrund entfällt erst im Zeitpunkt des tatsächlichen Zahlungseingangs; erfolgt die Kautionierung vor diesem Zeitpunkt, so bleibt sie trotz der Zahlung bestehen.

1   Wenn bundesrechtlich die Untersuchungsmaxime gilt, darf das Gericht die Beweisabnahme nicht vom Leisten eines Kostenvorschusses abhängig machen.

2   **ZR 78, Nr. 127:** Das gesetzliche Gebot, den Sachverhalt von Amtes wegen zu erforschen, besagt nicht allein, dass Parteierklärungen (vorbehältlich einer Anerkennung der Vaterschaftsklage) für den Richter keine bindenden Wirkungen haben (Botschaft des Bundesrats zum neuen Kindesrecht, BBl 1974 II S. 26), dass somit erforderlichenfalls auch über unbestrittene oder anerkannte Behauptungen Beweis zu erheben ist, sondern namentlich auch, dass die Beweiserhebung nicht durch eine ordnungsgemässe Beweisantretung seitens der Parteien bedingt ist, dass der Richter auch nicht anerbotene Beweise erheben und Tatsachen berücksichtigen kann, die, ohne dass zuvor im Prozess entsprechende Behauptungen aufgestellt worden wären, sich aus den Akten oder erst aus dem Beweisverfahren ergeben (Sträuli/Messmer, N. 18 zu § 45 und N. 1/2 zu § 143 ZPO). Hat der Richter die näheren Verhältnisse von Amtes wegen abzuklären, so wird ihn auch der Ablauf der Novenfrist nicht hindern dürfen, entsprechend zu handeln, wenn prozesswesentliches Material vorgelegt oder angeboten wird (Walder a.a.O. S. 44, § 267 Abs. 3 in Verbindung mit § 115 Ziff. 4 ZPO). Als weitere Folge aus dem Gebot des Gesetzgebers, den Sachverhalt von Amtes wegen zu erforschen, ist festzuhalten, dass die Beweiserhebung nicht mehr von der Erbringung eines Kostenvorschusses seitens der beweisbelasteten Partei wird abhängig gemacht werden dürfen, und zwar auch dann nicht, wenn sowohl die Voraussetzungen für unentgeltliche Prozessführung (§ 84 ZPO) als auch diejenigen für einen Erlass des Kostenvorschusses nach § 83 ZPO an sich fehlen würden (Walder a.a.O. S. 36/37; Sträuli/Messmer, N. 5 zu § 142 ZPO). Wie Walder mit Recht ausführt, würde das Gebot der Sachverhaltserforschung von Amtes wegen seines Sinnes weitgehend entkleidet, wenn durch Säumnis einer Partei dem Richter wesentliches Prozessmaterial vorenthalten bliebe. Insbesondere wäre es mit dem erwähnten Gebot nicht vereinbar, zu einer gerichtlichen Feststellung des Kindsverhältnisses mit all ihren Konsequenzen für die Parteien und Dritte nur deshalb zu gelangen, weil der Beklagte, aus Liederlichkeit oder aus welchen Gründen auch im-

mer, die Frist zur Leistung der Beweiskautionen verpasst oder weil er beispielsweise trotz tatsächlicher Unfähigkeit zur Erbringung der gewöhnlich in die Tausende von Franken gehenden Kostenvorschüsse für Abstammungsgutachten es versäumt hat, ein Armenrechtsgesuch oder ein Kautionserlassgesuch zu stellen. In Übereinstimmung mit der Empfehlung von Walder (a.a.O. S. 37) ist daher in Fällen, wo die Beweise von Amtes wegen zu erheben sind, von Anfang an auf Kostenvorschüsse der beweispflichtigen Partei zu verzichten.

Merkwürdig und nicht sachgerecht ist die gegenteilige Meinung in

BGE 109 II 195 ff.: "3. Im kantonalen Verfahren ist die Regelung der Prozesskosten ganz dem kantonalen Recht anheimgestellt. Das Bundesrecht kennt keine ausdrückliche Vorschrift, welche die Parteien in Fällen, in denen der Sachverhalt von Amtes wegen festzustellen ist, von der Leistung von Kostenvorschüssen für die Durchführung von Beweismassnahmen befreit bzw. umgekehrt den Ausschluss des betreffenden Beweismittels zur Folge hat, wenn der verlangte Kostenvorschuss nicht rechtzeitig geleistet wird. Das stellt auch Walder (a.a.O. S. 36) fest. Anderseits kann entgegen der Auffassung des Zürcher Obergerichts nicht gesagt werden, dass die Erforschung des Sachverhalts von Amtes wegen logisch zwingend einer kantonalen Kostenvorschusspflicht entgegensteht. Auch verlangt die Durchsetzung des Bundesprivatrechts keineswegs immer, dass die nicht bedürftige Partei von der Leistung von Kostenvorschüssen für das Beweisverfahren befreit werde.

3

Weshalb die Öffentlichkeit für die Kosten der säumigen, nicht bedürftigen Partei einspringen sollte, ist sicher dort nicht einzusehen, wo es wie hier um die Entkräftung der Vaterschaftsvermutung geht. Auch im neuen Kindesrecht macht der Gesetzgeber die Begründung des Kindesverhältnisses nicht vom Nachweis der biologischen Abstammung abhängig. Er nimmt es vielmehr in Kauf, dass eine Vaterschaft allein gestützt auf die Vaterschaftsvermutung (Art. 262 ZGB) festgestellt wird. Es bleibt dem Vaterschaftsbeklagten unbenommen, sich gegen diese Vermutung nicht zur Wehr zu setzen, so gut wie er das Kind ohne Vaterschaftsnachweis anerkennen kann, sei es vor dem Zivilstandsbeamten oder vor dem Richter (Art. 260 Abs. 3 ZGB). Eine Überprüfung der tatsächlichen Abstammung erfolgt gegenüber einer gerichtlichen oder ausserhalb einer solchen erfolgten Anerkennung erst dann, wenn diese angefochten wird, was zeitlich nur beschränkt möglich ist (Art. 260c ZGB). Kann sich der Vaterschaftsbeklagte aber trotz der Offizialmaxime der Vaterschaftsklage unterziehen, ohne dass die biologische Abstammung überprüft wird, so kann nicht gesagt werden, diese Maxime verbiete es, ihm für die Erbringung des negativen Vaterschaftsbeweises einen Kostenvorschuss aufzuerlegen.

Ob sich der Verzicht auf Kostenvorschüsse der beweispflichtigen Partei aufgrund einer kantonalen 'erweiterten' (so Walder, a.a.O. S. 36) Offizialmaxime aufdränge, kann im vorliegenden Fall dahingestellt bleiben, da die Anwendung des thurgauischen Prozessrechts nicht beanstandet wird."

ZR 81, Nr. 93: Wird im Scheidungsprozess derjenigen Partei, der das Gericht einen Barvorschuss auferlegt hat, zulasten der Gegenpartei ein entsprechender Prozesskostenvorschuss zugesprochen, so kann in einem gegen den letzteren erhobenen Rekurs die Höhe des Barvorschusses nicht überprüft werden.

4

ZR 84, Nr. 18: Für Vorladungen darf kein Barvorschuss verlangt werden. Für Übersetzungskosten erst dann, wenn der Anfall dieser Kosten feststeht.

5

ZR 85, Nr. 74: Vgl. § 67 ZPO.

6

ZR 86, Nr. 73: Die Festsetzung eines zu niedrigen Barvorschusses ändert an der Pflicht zur Erstattung der gesamten Expertisekosten durch die belastende Partei nichts. Ein Gesuchsteller kann dementsprechend nichts daraus ableiten, wenn solche Absprachen mit dem Experten unterbleiben und sich der eingeforderte Kostenvorschuss zur Deckung der Honorarrechnung als ungenügend erweist. Weder die Berechtigung des in Rechnung gestellten Expertenhonorars, noch

7

der sich aus § 201 Ziff. 2 GVG ergebende Anspruch der Gerichtskasse auf Ersatz der ausgewiesenen Entschädigung ist von der Höhe des Barvorschusses abhängig. Dieser hat nicht die Funktion eines Kostenvoranschlags. Selbst der Erlass des Vorschusses nach § 83 Abs. 2 ZPO belässt dem Gericht die Möglichkeit, die Kosten im Endentscheid trotzdem der betreffenden Partei aufzuerlegen. Eine Reduktion der mit der Erledigungsverfügung in Rechnung gestellten Barauslagen für die Begutachtung kann somit nach diesen Gesichtspunkten ebensowenig in Frage kommen.

D. Unentgeltliche Prozessführung

Unentgeltliche Prozessführung
a) Voraussetzungen
§ 84. Parteien, denen die Mittel fehlen, um neben dem Lebensunterhalt für sich und ihre Familie die Gerichtskosten aufzubringen, wird auf Gesuch die unentgeltliche Prozessführung bewilligt, sofern der Prozess nicht als aussichtslos erscheint.

Das Gericht kann vom Gesuchsteller Ausweise verlangen, ihn über seine Verhältnisse sowie seine Angriffs- und Verteidigungsmittel einvernehmen und auch den Prozessgegner anhören.

Juristischen Personen und Handelsgesellschaften, Sondervermögen, Konkurs- und Nachlassmassen wird die unentgeltliche Prozessführung nicht bewilligt.

1   **ZR 83, Nr. 21:** Die Pflicht des Staats zur Gewährung der unentgeltlichen Prozessführung geht der Beistandspflicht aus Familienrecht nach. Wer freiwillig auf die Unterstützung durch die Ehefrau verzichtet, kann nicht den Staat für die Prozessführung in Anspruch nehmen.

2   **ZR 83, Nr. 60:** Vgl. § 74 ZPO.

3   **ZR 83, Nr. 108:** Einer aus einem einzigen Gesellschafter bestehenden Handelsgesellschaft ist in Abweichung von § 84 Abs. 3 ZPO die unentgeltliche Prozessführung und Rechtsvertretung zu bewilligen, wenn sowohl sie selbst als auch ihr alleiniger Gesellschafter mittellos sind und die weiteren Voraussetzungen für die Gewährung des Armenrechts erfüllt sind.

4   **ZR 85, Nr. 79:** Wenn ein Beweisnotstand besteht, ob ein bestimmter Devisentransfer aus einem Staat mit Devisenbewirtschaftung möglich ist, besteht eine richterliche Abklärungspflicht, und es darf nicht einfach zu ungunsten der betreffenden Partei entschieden werden. Dies ist namentlich der Fall, wenn trotz Abklärungsversuchen durch die antragstellende Partei Unklarheit über die Möglichkeit eines Devisentransfers besteht.

5   **ZR 85, Nr. 97:** Aussichtslos ist ein Verfahren nach gefestigter Rechtsprechung dann, wenn die Gewinnaussichten erheblich geringer sind als die Verlustgefahren und daher kaum mehr als ernsthaft bezeichnet werden können. Massgebend ist, ob eine Partei, die über die nötigen Mittel verfügt, sich bei vernünftiger Überlegung zu einem Prozess entschliessen oder davon absehen würde. Denn eine Partei soll einen Prozess, den sie auf eigene Rechnung und Gefahr nicht führen würde, nicht deshalb anstrengen können, weil er nichts kostet. Konkret wurde aufgrund der beiden Gutachten auf Aussichtslosigkeit in einem Entmündigungsverfahren geschlossen. Dem Antrag auf Bestellung eines unentgeltlichen Rechtsbeistands ist trotz Offizialmaxime gemäss den allgemeinen Regeln zu entsprechen.

6   **ZR 90, Nr. 57:** Für die unentgeltliche Prozessführungen und Rechtsvertretungen gilt die beschränkte Offizialmaxime: die Beschränkung ergibt sich aus dem Antragsprinzip gemäss § 84 Abs. 1 und § 87 ZPO sowie aus der in § 84 Abs. 2 ZPO vorgesehenen Mitwirkungspflicht der Parteien.

7   **ZR 90, Nr. 82:** Die Pflicht des Staats zur Gewährung der unentgeltlichen Prozessführung und Rechtsvertretung geht der Unterhalts- und Beistandspflicht aus Familienrecht nach. Dies wird auf Grund der Unterhaltspflicht von Art. 163 ZGB und nicht mehr wie bisher auf Grund von Art. 159

ZGB beurteilt. Die angemessenen Prozesskosten sind in erster Linie in der erweiterten Bedarfsrechnung zu berücksichtigen. In zweiter Linie ist zu prüfen, ob die um das Armenrecht nachsuchende Partei über eigenes Vermögen verfügt. Erst in dritter Linie ist der Gesuchsteller auf die allgemeine eheliche Beistandspflicht zu verweisen.

b) Wirkungen
§ 85. Die unentgeltliche Prozessführung befreit die Partei von der Pflicht zur Bezahlung der Gerichtskosten und zur Leistung von Kautionen und Barvorschüssen.

Die Bewilligung kann auch nur teilweise erteilt werden und sich insbesondere auf eine Befreiung von Kautionen und Barvorschüssen beschränken.

Der Sinn der Bestimmung von § 140 Abs. 1 GVG, wonach die gesetzlichen richterlichen Fristen während den Gerichtsferien stillstehen, besteht darin, dass den Prozessparteien die Vornahme von Prozesshandlungen während dieser Zeitspanne erspart werden soll.   1

c) im Sühnverfahren
§ 86. Die unentgeltliche Prozessführung kann auch für das Sühnverfahren bewilligt werden.

Unentgeltlicher Rechtsvertreter
a) Voraussetzungen
§ 87. Auf besonderes Gesuch wird, auch ohne Bewilligung der unentgeltlichen Prozessführung, unter den Voraussetzungen von § 84 ein unentgeltlicher Rechtsvertreter bestellt, falls die Partei für die gehörige Führung des Prozesses eines solchen bedarf.

Die Bestellung eines unentgeltlichen Rechtsvertreters hängt von verschiedenen Faktoren ab – neben der Bedürftigkeit der Partei und der Nichtaussichtslosigkeit des Prozesses gelten folgende Gesichtspunkte: fehlende Rechtskenntnis der Partei (in bezug auf die streitigen Probleme) oder der Grundsatz der Waffengleichheit, wenn die Gegenpartei anwaltlich vertreten ist. Zu beachten ist, dass ein unentgeltlicher Rechtsbeistand in Zürich nicht von der Parteientschädigung an die Gegenpartei im Fall von deren Obsiegen befreit.   1

BGE 112 Ia 12: "b) Entgegen der Auffassung des Regierungsrats kann der Beschwerdeführer seinen von der Verfassung gewährleisteten Anspruch auf unentgeltliche Verbeiständung nicht schon deswegen einbüssen, weil sein Vormund Jurist mit Hochschulabschluss ist. Es lässt sich nicht behaupten, der Beschwerdeführer sei rechtskundig und ausreichend vor Gericht unterstützt aufgrund des Umstandes, dass sein Vormund eine juristische Ausbildung genossen hat; insbesondere ist dadurch nicht a priori Waffengleichheit mit der durch einen Rechtsanwalt vertretenen Gegenpartei hergestellt. Wie der Beschwerdeführer zutreffend darlegt, setzt eine sachkundige Vertretung im Scheidungsprozess nicht nur theoretische Kenntnisse des materiellen Scheidungsrechts voraus, die sich mit entsprechendem Zeitaufwand allenfalls aneignen liessen (wobei es sich freilich fragt, ob das, wie der Regierungsrat ohne weiteres annimmt, noch zum Aufgabenbereich eines aus anderem Grunde bestellten Vormundes gehöre). Vonnöten ist vielmehr auch eine minimale praktische Erfahrung im Umgang mit zivilprozessualen Problemen, über welche man nicht schon deshalb verfügt, weil man ein juristisches Studium abgeschlossen hat. Der Vormund erklärt selber, dass er in seiner bisherigen Tätigkeit nie mit Fragen des Familien- und insbesondere des Scheidungsrechts befasst war.   2

Es spricht für das Verantwortungsbewusstsein des Vormunds gegenüber dem Mündel, dass er sich ausserstande fühlt, dessen persönliche Interessen in einem so wichtigen Verfahren, wie es der Scheidungsprozess für die Betroffenen ist, fachkundig wahrzunehmen."

3 **BGE 110 Ia 27 (im Scheidungsverfahren):** "2. Nach der ständigen Rechtsprechung des Bundesgerichts hat eine bedürftige Person in einem für sie nicht aussichtslosen Zivilprozess unmittelbar aufgrund von Art. 4 BV Anspruch auf unentgeltliche Rechtspflege und auf Ernennung eines unentgeltlichen Rechtsbeistandes, sofern sie eines solchen zur gehörigen Wahrung ihrer Interessen bedarf (BGE 104 Ia 32 E. 2 und 73 E. 1, 99 Ia 327 E. 2, mit Hinweisen). Ob dieser Anspruch verletzt sei, prüft das Bundesgericht in rechtlicher Hinsicht frei (BGE 105 Ia 113).

Dass der Beschwerdeführer bedürftig und sein Prozessstandpunkt nicht aussichtslos ist, bestreitet der Regierungsrat nicht. Er ist jedoch der Auffassung, der Beschwerdeführer bedürfe zur Führung des Scheidungsprozesses keines Rechtsbeistands. Zwar könne es für ihn schwierig sein, die Zumutbarkeit der Fortsetzung der Ehe zu belegen und gleichzeitig die Persönlichkeit der Ehefrau zu respektieren. Doch werde ihm die Achtung vor der Partnerin bei der Wahl seiner Beweisofferten und der Darlegung seines Parteistandpunkts den rechten Weg weisen. Im Kanton Appenzell seien reine Laiengerichte tätig, und in den ländlichen, leicht überschaubaren Verhältnissen nehme der Instruktionsrichter im Untersuchungsverfahren recht weitgehende Abklärungen von Amtes wegen vor und sei unbeholfenen Parteien behilflich. Aus dem Protokoll der in Abwesenheit der Anwälte durchgeführten Instruktionsverhandlung vor dem Kantonsgericht ergebe sich, dass beide Parteien ihren Standpunkt selbst hinreichend darzulegen vermöchten.

Hinsichtlich des Beschwerdeführers sei festzustellen, dass dessen Ausführungen und Beweisanträge zum Verlauf der Ehe wie auch die Darstellung der finanziellen Situation den Richter durchaus instand setzten, die erforderlichen weiteren Untersuchungen und Abklärungen vorzunehmen. Eine Benachteiligung des Beschwerdeführers gegenüber der Klägerin sei nicht ersichtlich. Auch der Umstand, dass der von ihm frei ernannte Rechtsbeistand verschiedene Eingaben verfasst habe, begründe noch nicht die Notwendigkeit der Prozessführung durch einen Anwalt. Der Instruktionsrichter hätte die nötigen Informationen ohne weiteres durch eine Einvernahme des Beschwerdeführers beschaffen können, zumal keine komplexen Rechtsfragen streitig seien. Ebensowenig vermöge die Ergreifung einer Rechtsverweigerungsbeschwerde gegen den Massnahmerichter an die Justizaufsichtskommission des Obergerichts die Notwendigkeit der Bestellung eines unentgeltlichen Rechtsbeistands zu begründen.

Diese Begründung ist mit der bundesgerichtlichen Rechtsprechung nicht vereinbar. Danach schliesst der Umstand, dass ein Prozess im Untersuchungsverfahren durchgeführt wird, die Beigabe eines unentgeltlichen Rechtsbeistandes nicht zum vornherein aus. Ob ein Anspruch auf unentgeltliche Verbeiständung besteht, hängt auch da, wo die Offizialmaxime gilt, davon ab, wie leicht die sich im Prozess stellenden Fragen zu beantworten sind, ob die gesuchstellende Partei rechtskundig ist und ob sich die Gegenpartei ihrerseits von einem Anwalt vertreten lässt; eine gewisse Zurückhaltung ist am Platz, wenn es in einem familienrechtlichen Prozess nur noch um die finanziellen Nebenpunkte geht (BGE 104 Ia 77, präzisiert in BGE 107 Ia 8). Im vorliegenden Fall drängt sich die unentgeltliche Verbeiständung schon unter dem Gesichtspunkt der 'Waffengleichheit' auf, steht doch fest, dass die Klägerin von Anfang an durch einen Rechtsanwalt vertreten war. Die Gewährung eines unentgeltlichen Rechtsbeistands ist aber auch deswegen gerechtfertigt, weil offensichtlich ist, dass es angesichts der weit auseinanderliegenden Standpunkte der Parteien zu einer Kampfscheidung kommen dürfte, in der nicht einfach zu lösende Fragen zu regeln sind, und weil der Prozess für den Beschwerdeführer in persönlicher Hinsicht von grosser Bedeutung ist. Dazu kommt, dass der Beschwerdeführer über keinerlei Rechtskenntnisse verfügt. Selbst unter der Herrschaft der Offizialmaxime wäre er daher überfordert, wenn er sich ohne Rechtsbeistand zu den sich stellenden Fragen der Zerrüttung und der Zumutbarkeit der von ihm angestrebten Weiterführung der Ehe äussern müsste. Auch zeigt der bisherige Verlauf des Verfahrens, dass bereits vorsorgliche Massnahmen, namentlich die Kinderzuteilung, zu Schwierigkeiten geführt haben. Der Beschwerdeführer weist zu Recht darauf hin, dass er als Mann von einfacher Herkunft und Schulbildung kaum in der Lage ist, die gerichtliche Praxis bezüglich solcher Massnahmen selbst zu überblicken, die zweckdienlichen Eingaben und Abänderungsanträge zu formulieren und allfällige Rechtsmittel einzulegen.

Mit seinem Entscheid verletzte der Regierungsrat somit den unmittelbar aus Art. 4 BV fliessenden Anspruch des Beschwerdeführers auf Beigabe eines unentgeltlichen Rechtsbeistands, weshalb die Beschwerde insoweit gutzuheissen ist. Ob er darüber hinaus auch die Bestimmungen der kantonalen Zivilprozessordnung über das Armenrecht in willkürlicher Weise anwandte, braucht unter diesen Umständen nicht geprüft zu werden."

BGE 118 III 29: "aa) Die Bestimmungen über die Kosten im Konkursverfahren machen keinerlei Vorbehalt zugunsten der unentgeltlichen Rechtspflege. Das Bundesgericht ist in seiner Rechtsprechung denn auch immer davon ausgegangen, dass ein solcher Anspruch in Betreibungsverfahren (BGE 55 I 366) und dabei insbesondere im Rechtsöffnungsverfahren (BGE 85 I 139 mit Hinweisen) nicht bestehe. Die Verweigerung der unentgeltlichen Rechtspflege im Verfahren der Insolvenzerklärung ist bisher nicht als willkürlich beurteilt worden (nicht veröffentlichtes Bundesgerichtsurteil i.S. S. c. Richteramt IV Bern vom 2. Juni 1978, E. 2). Die Frage, ob eine verfassungsmässige Auslegung der Art. 68 SchKG und 54 Abs. 2 GebTSchKG dazu führe, einen Anspruch auf unentgeltliche Rechtspflege auch im Bereich der Schuldbetreibung anzuerkennen, hat das Bundesgericht in BGE 114 III 69 E. c erstmals wieder neu aufgeworfen, aber nicht beantwortet.

4

bb) Einen Anspruch auf unentgeltliche Rechtspflege hat das Bundesgericht in jüngster Zeit nicht nur für den Zivil- und Strafprozess (BGE 112 Ia 15 E. 3a mit Hinweisen), sondern auch für das Verwaltungsbeschwerde- und das Verwaltungsgerichtsverfahren unmittelbar aus Art. 4 BV abgeleitet (BGE 112 Ia 17 E. 3c); in gewissen zeitlichen und sachlichen Grenzen ist dieser Anspruch in der Folge auf das nichtstreitige IV-Abklärungsverfahren gemäss Art. 65 ff. IVV ausgedehnt (BGE 114 V 234 E. 5) und neuerdings auch im nichtstreitigen Verwaltungsverfahren betreffend Rückversetzung in den Massnahmenvollzug bzw. Vollzug der aufgeschobenen Strafe anerkannt worden (BGE 117 Ia 279 E. 5a).

cc) Dem grundsätzlichen Ausschluss des Anspruchs auf unentgeltliche Rechtspflege im Schuldbetreibungsverfahren ist in der neueren Literatur Kritik erwachsen. Unter Hinweis auf die Entwicklung in der Rechtsprechung wird angeregt, diese Ansprüche wenigstens in rein betreibungsrechtlichen Streitigkeiten sowie im Beschwerdeverfahren gemäss Art. 17 ff. SchKG anzuerkennen (vgl. Adrian Staehelin, Die betreibungsrechtlichen Streitigkeiten, in: FS 100 Jahre SchKG, Zürich 1989, S. 81 f.; Piermarco Zen-Ruffinen, Assistance judiciaire et administrative: Les règles minimales imposées par l'art. 4 de la Constitution fédérale, in: JdT 137/1989 I S. 58 f.).

b) Die Kosten, für die der antragstellende Gläubiger gemäss Art. 169 SchKG haftet, umfassen sowohl die Gebühren und Auslagen des Konkursamts bis zur ersten Gläubigerversammlung als auch jene des Gerichts für das Konkurserkenntnis (vgl. Gilliéron, a.a.O., S. 266; Hans-Ulrich Walder, SchKG, 12. A. Zürich 1990, Verweise/Anmerkungen zu Art. 169 SchKG; Werner Baumann, Die Konkurseröffnung nach dem Bundesgesetz über Schuldbetreibung und Konkurs, Diss. Zürich 1979, S. 94). Nach der bundesgerichtlichen Rechtsprechung bewirkt die Missachtung der gestützt auf Art. 169 Abs. 2 SchKG angesetzten Zahlungsfrist, dass der Konkurs nicht eröffnet werden darf (BGE 113 III 118 E. 3b), d. h. auch im Konkursrecht ist die rechtzeitige Hinterlegung eines vom Richter einverlangten Kostenvorschusses Voraussetzung dafür, dass die geforderte Amtshandlung vorgenommen werden kann (BGE 97 I 612 f. mit Literaturhinweisen).

c) Nach dem klaren Wortlaut des Gesetzes gilt die Kostenvorschusspflicht gemäss Art. 169 SchKG auch für 'die ohne vorgängige Betreibung erfolgten Konkurseröffnungen' (Art. 194 SchKG), so dass dem Schuldner, der sich beim Konkursgerichte nach Art. 191 SchKG zahlungsunfähig erklärt, die Konkurseröffnung verweigert werden darf, wenn er den festgesetzten Kostenvorschuss nicht leistet. Die Zulässigkeit, auch bei Insolvenzerklärung einen Kostenvorschuss zu verlangen, wird in Art. 35 der bundesgerichtlichen Verordnung über die Geschäftsführung der Konkursämter (KOV) ausdrücklich bestätigt und ist im übrigen nach der herrschenden Lehre unbestritten (vgl. die Literaturhinweise bei Beat Lanter, Die Insolvenzerklärung als Mittel zur Abwehr von Pfändungen, Diss. Zürich 1976, S. 45 Fn 2; ebenso: Kurt Amonn, Grundriss des Schuldbetreibungs- und Konkursrechts, 4. A. Bern 1988, N 33 zu § 38; Gilliéron, a.a.O., S. 266 und 269; a. M. Ernst Blumenstein, Handbuch des Schweizerischen Schuldbetreibungsrechts, Bern 1911, S. 604 Anm. 26).

d) Die Bestimmungen über die Tragung der Kosten und deren Bevorschussung, wie sie in den Art. 68 und 169 SchKG festgeschrieben sind, waren bereits im ersten Gesetzesentwurf des Bundesrats enthalten. In seinen Erläuterungen führte er diesbezüglich aus: 'Es ist die Absicht des Entwurfes, dem Gläubiger die Durchführung einer Betreibung auch ausserhalb seines Wohnorts, Betreibungskreises oder Kantons ohne Zuhülfenahme eines Vertreters zu ermöglichen. Darum enthält der Entwurf (Art. 53) die Vorschrift, dass der Gläubiger von Bestellung einer Kaution enthoben sei, dagegen für die vom Beamten ohne Begehren des Gläubigers vorzunehmenden Betreibungshandlungen die Kosten vorzuschiessen habe, ... ' (BBl 1886 II 59). In seinem umgearbeiteten Entwurf für die zweite Beratung in den Kammern strich der Bundesrat das Verbot, dem Gläubiger eine Sicherheitsbestellung aufzuerlegen, da das Bundesgesetz alle vom Gläubiger zu erfüllenden Bedingungen in erschöpfender Weise aufzähle (BBl 1888 I 359). Die nachmaligen Art. 68 und 169 SchKG wurden in der Folge nicht mehr geändert.

e) Aus dem klaren Wortlaut des Gesetzes sowie den Materialien ergibt sich somit lediglich, dass der Gesetzgeber das Zwangsvollstreckungsverfahren nach SchKG grundsätzlich nicht kostenfrei gestalten und der Kostenvorschusspflicht keine andere Bedeutung beimessen wollte als die, die ihr allgemein zukommt: die Vorausleistung der Verfahrenskosten für diejenigen Handlungen, die im Interesse einer Partei vorgenommen werden sollen. In Anbetracht der zahlreichen Lücken im SchKG, die durch die Rechtsprechung geschlossen werden mussten (Amonn, a.a.O., N 17 zu § 3), erscheint die seinerzeitige Annahme des Bundesgerichts, der Gesetzgeber habe durch sein Schweigen die unentgeltliche Rechtspflege im Schuldbetreibungs- und Konkursverfahren ausdrücklich ausschliessen wollen (vgl. BGE 55 I 366), 'reichlich gewagt' (Max Guldener, Zwangsvollstreckung und Zivilprozess, in: ZSR 74/1955 I S. 32).

3. Bei Entscheidung der Frage, ob im Konkursverfahren zufolge Insolvenzerklärung gestützt auf Art. 4 BV ein Anspruch auf unentgeltliche Rechtspflege (unentgeltliche Prozessführung, unentgeltlicher Rechtsbeistand) bestehe, ist demnach allein von der Rechtsnatur der Zwangsvollstreckung im allgemeinen und des Konkurses gemäss Art. 191 SchKG im besonderen auszugehen.

a) Die Zwangsvollstreckung nach dem Bundesgesetz über Schuldbetreibung und Konkurs unterscheidet sich wesentlich von derjenigen des Zivilprozessrechts, zumal sie einerseits auf die Vollstreckung von Geldforderungen und Ansprüchen auf Sicherheitsleistung in Geld beschränkt ist, und andererseits auf einfaches Begehren des Gläubigers hin, ohne vorheriges Gerichtsurteil, regelmässig ohne richterliche Ermächtigung und oftmals auch ohne jegliche Mitwirkung einer Gerichtsbehörde stattfinden kann. Die Schuldbetreibung ist daher kein Bestandteil des eigentlichen Zivilprozesses; sie ist ein besonderer Zweig des schweizerischen Rechtssystems, der dem Verwaltungsrecht angehört und der besonderen Verwaltungsbehörden, nicht Gerichten, anvertraut ist (vgl. BGE 96 III 98; Antoine Favre, Droit de poursuite, 3. A. Fribourg 1974, S. 10 f.; Gilliéron, a.a.O., S. 28; Blumenstein, a.a.O., S. 2 ff.; Amonn, a.a.O., N 11 und N 14 ff. zu § 1).

b) Ist der verwaltungsrechtliche Charakter des Konkursverfahrens bis zur ersten Gläubigerversammlung (Inventaraufnahme, Sicherungsmassnahmen usw.) offenkundig, mag dies für das Konkurseröffnungsverfahren vor dem Richter zweifelhaft scheinen. Nach der herrschenden Lehre bildet die Konkurseröffnung indes keine richterliche Tätigkeit im Sinne eines Erkenntnisverfahrens; das Konkursgericht wird vielmehr als Organ des Vollstreckungsrechts tätig, und sein Entscheid ist Teil des Konkursverfahrens (Gilliéron, a.a.O., S. 66; Favre, a.a.O., S. 81; Hans Fritzsche, Schuldbetreibung und Konkurs nach schweizerischem Recht, Bd. 2, 2. A. Zürich 1968, S. 14; Blumenstein, a.a.O., S. 110). Diese rein betreibungsrechtlichen Charakter aufweisende Verfügung wurde nur wegen der besonderen Tragweite der Entscheidung sowie im Interesse der Rechtssicherheit dem Richter als Betreibungsorgan übertragen (Amonn, a.a.O., N 46 zu § 4). Auch das Konkurseröffnungsverfahren, für dessen Kosten die gesuchstellende Partei vorschusspflichtig ist, erweist sich somit seinem Wesen nach als verwaltungsrechtlicher Natur.

c) Die Erwägungen, die im Verwaltungsbeschwerde- und Verwaltungsgerichtsverfahren sowie in bestimmten Bereichen des nichtstreitigen Verwaltungsverfahrens zur Anerkennung eines Anspruchs auf unentgeltliche Rechtspflege geführt haben (E. 2a/bb hiervor), sprechen dem Grundsatze nach für die Gewährung eines ebensolchen Anspruchs im Verfahren der Konkurseröffnung zufolge Insolvenzerklärung und des Konkurses bis zur ersten Gläubigerversammlung. Die unentgeltliche Prozessführung befreit dabei ganz oder teilweise von der Bezahlung der Verfahrenskosten und damit auch von der Bezahlung eines Kostenvorschusses, sofern die ersuchende Partei bedürftig ist, ihr Rechtsbegehren nicht zum vornherein aussichtslos erscheint und die verlangten Prozesshandlungen nicht unzulässig sind (BGE 112 Ia 18 mit Hinweisen).

d) Die Bestellung eines unentgeltlichen Rechtsbeistands, wie sie der Beschwerdeführer für das Einreichen der Insolvenzerklärung verlangt, drängt sich indes nicht auf. Fragen, die sich nicht leicht beantworten liessen, stellen sich dabei keine, und auch eine besondere Rechtskunde zur Abgabe der Insolvenzerklärung, die einen Anspruch auf Beigabe eines unentgeltlichen Rechtsbeistands rechtfertigte, ist nicht erforderlich (vgl. BGE 115 Ia 105; 112 Ia 18, je mit Hinweisen). Das diesbezügliche Verfahren ist denn auch einfach ausgestaltet: Der Schuldner, der über sein Vermögen die Generalexekution herbeiführen will, hat beim zuständigen Richter mündlich oder schriftlich zu erklären, er sei nicht mehr zahlungsfähig. Seine Insolvenz braucht er weder zu beweisen noch glaubhaft zu machen, und der Konkursrichter darf solches auch nicht fordern (Carl Jaeger, Schuldbetreibung und Konkurs, 2 Bde., 3. A. Zürich 1911, N 3 zu Art. 191 SchKG; Gilliéron, a.a.O., S. 266). Der blosse Antrag an den Richter genügt; ein Parteiverfahren, in welchem die Gläubiger des Antragstellers ihre Einwendungen vorbringen könnten, ähnlich wie dies im Rechtsöffnungs- und im Konkursverfahren auf Begehren eines Gläubigers für den Schuldner zulässig ist, findet nicht statt (Amonn, a.a.O., N 28 f. zu § 36, N 27 und N 32 zu § 38).

e) Seinen Rekursentscheid vom 9. Oktober 1991 hat der Appellationshof des Kantons X. nicht nur mit der bisherigen Rechtsprechung des Bundesgerichts begründet, sondern auch mit der Überlegung gestützt, dass durch die Kostenvorschusspflicht, angesichts der beschränkten Prüfungsmöglichkeit des Konkursrichters im Verfahren nach Art. 191 SchKG, nicht zuletzt rechtsmissbräuchlichen Insolvenzerklärungen entgegengewirkt werden könne (Amonn, a.a.O., N 27 f. und N 33 zu § 38). Die unbedingte Aufrechterhaltung der Kostenvorschusspflicht und damit gegebenenfalls die Verweigerung des verfassungsmässigen Anspruchs auf unentgeltliche Rechtspflege lässt sich indes auch mit dieser Begründung nicht rechtfertigen. Ob eine Verletzung der sich aus Art. 2 ZGB ergebenden Grundsätze, die auch im Zwangsvollstreckungsrecht zu beachten sind (BGE 113 III 3 E. a mit Hinweis), vorliege, hat der Richter nämlich in jedem Einzelfall von Amtes wegen unter Würdigung sämtlicher Umstände zu prüfen und zu entscheiden (BGE 115 II 339; 104 II 101 E. 2 und 3 mit Hinweisen)."

BGE 116 II 651: "2. Anspruch auf unentgeltliche Rechtspflege hat nach Art. 152 OG die bedürftige Partei, deren Rechtsbegehren nicht aussichtslos erscheint. Die Regelung ist nach der Rechtsprechung auf natürliche Personen zugeschnitten; juristische Personen sind vom Anspruch ausgeschlossen (BGE 88 II 386 Nr. 54). Diese können sich ausserhalb des Regelungsbereichs des Bundesprozessrechts auch nicht auf die verfassungsmässige Garantie der unentgeltlichen Rechtspflege nach Art. 4 BV berufen (nicht publ. Entscheid vom 11. März 1987 i.S. S. AG c. M.). Bisher nicht entschieden wurde die Frage, ob und unter welchen Voraussetzungen parteifähige Rechtsgebilde – insbesondere Kollektiv- und Kommanditgesellschaften –, welchen keine oder keine volle Rechtsfähigkeit als juristische Personen zukommt, Anspruch auf unentgeltliche Rechtspflege haben; verneint wurde sie lediglich für die Konkursmasse (BGE 61 III 170 Nr. 49).

a) Die bundesgerichtliche Rechtsprechung entspricht herrschender schweizerischer Auffassung (Haefliger, Der bundesrechtliche Anspruch auf unentgeltliche Rechtspflege im Zivilprozess, FS 500 Jahre Solothurn im Bund, S. 375 ff., 378; derselbe, Alle Schweizer sind vor dem Gesetze gleich, S. 162/3; Kummer, Grundriss des Zivilprozessrechts, 4. Aufl. 1984,S. 253; VOGEL, Grundriss des Zivilprozessrechts, 2. Aufl. 1988, S. 231, Rz 62; LEUCH, N 2 zu Art. 77 ZPO BE). Abweichende Meinungen haben sich nicht durchzusetzen vermocht (vgl. etwa GULDENER, Schweizerisches Zivilprozessrecht, 3. Aufl. 1979, S. 410 Fn 30 lit. c; CHRISTIAN FAVRE, L'assistance judiciaire gratuite en droit suisse, Diss. Lausanne 1988, S. 98 ff. mit weiteren Hinweisen in Fn 2, S. 101).

Von der bisherigen Rechtsprechung abzuweichen, besteht keine Veranlassung, auch nicht mit Blick auf die europäische Menschenrechtskonvention. Art. 6 Abs. 3 lit. c EMRK beschränkt den Anspruch auf Verbeiständung ausdrücklich auf den Bereich des Strafverfahrens. Die Rechtsprechung hat es bisher abgelehnt, aus den Verfahrensgarantien dieser Bestimmung einen allgemeinen Anspruch der bedürftigen Partei auf unentgeltliche Zivilrechtspflege abzuleiten (BERGER, Jurisprudence de la Cour européenne des droits de l'homme, 2e éd. 1984, S. 110 Nr. 227; zum Gesamten auch Patrick Wamister, Die unentgeltliche Rechtspflege, die unentgeltliche Verteidigung und der unentgeltliche Dolmetscher unter dem Gesichtspunkt von Art. 4 BV und Art. 6 EMRK, Diss. Basel 1983, S. 62 ff. und 72 f.).

Die Antinomie zwischen natürlichen und juristischen Personen wird der Kollektiv- und der Kommanditgesellschaft allerdings nicht gerecht und erlaubt daher für sich allein deren feste Zuordnung unter den einen oder andern Begriff nicht. Ob sie Anspruch auf unentgeltliche Rechtspflege haben, ist daher aus systematischen und namentlich teleologischen Erwägungen zu ermitteln.

b) Die Bestimmungen der Kantone zur hier interessierenden Frage lassen sich im wesentlichen in vier Kategorien einteilen.

aa) Eine erste Gruppe von Kantonen gewährt die unentgeltliche Rechtspflege der bedürftigen, unvermögenden oder armen Partei, ohne ausdrücklich nach der Art der Rechtspersönlichkeit zu unterscheiden (§ 305 ZPO LU, Art. 94 ZPO UR, § 75 ZPO SZ, § 173 ZPO BS, § 71 ZPO BL, NE Art. 2 loi sur l'assistance judiciaire et administrative). Ausdrücklich zugelassen oder befürwortet wird die unentgeltliche Rechtspflege für Kollektiv- und Kommanditgesellschaften in den Kantonen Luzern (SJZ 27/1930/31, S. 103 Nr. 86; Walter Düggelin, Das zivilprozessuale Armenrecht im Kanton Luzern, S. 33) und Basel-Stadt (Haberthür, Praxis zur Basler Zivilprozessordnung, Band II, S. 728).

bb) Eine zweite Gruppe beschränkt den Anspruch auf natürliche Personen, ohne sich über die Zuordnung der Personengesellschaften ausdrücklich auszusprechen (§ 106 Abs. 3 ZPO SO, § 125 ZPO AG, § 80 ZPO TG, Art. 155 ZPO TI, VD Art. 1 loi sur l'assistance judiciaire en matière civile, GE Art. 143A loi sur l'organisation judiciaire). Zugelassen zur unentgeltlichen Rechtspflege scheinen die Kollektiv- und Kommanditgesellschaften namentlich in den Kantonen Aargau (Eichenberger, Beiträge zum aargauischen Zivilprozessrecht, S. 91; derselbe, N 2 zu § 125 ZPO AG) und Thurgau zu sein (vgl. Bundesgerichtsentscheid vom 8. September 1989 i.S. C. c. S.).

cc) Damit verwandt sind die Regelungen einer dritten Gruppe, wonach die Prozessarmut davon abhängig ist, dass die Partei die Prozessmittel neben dem Lebensunterhalt für sich und ihre Familie nicht aufbringen kann, was ebenfalls bloss auf natürliche Personen zugeschnitten sein dürfte (Art. 77 ZPO BE, Art. 98 ZPO OW, Art. 51 GG NW, Art. 53 ZPO GL, § 46 ZPO ZG, FR Art. 1 des Gesetzes betreffend die unentgeltliche Rechtspflege, Art. 127 ZPO SH, Art. 98 ZPO AI, Art. 156 ZPO SG, Art. 76 ZPO JU, VS Art. 4 des Gesetzes zur Verminderung der Ausgaben an Gerichtskosten und zum Zwecke der Abänderung einiger Artikel der Prozessordnung). Befürwortet wird die unentgeltliche Rechtspflege für Kollektiv- und Kommanditgesellschaften namentlich in den Kantonen Bern (LEUCH, N 2 zu Art. 77 ZPO BE), Glarus (Thomas Nussbaumer, Ausgewählte Rechtsbehelfe der Glarner Zivilprozessordnung, Diss. Zürich 1980, S. 41) und Zug (Kurt Meyer, Das zivilprozessuale Armenrecht im Kanton Zug, Diss. Freiburg 1952,S. 81).

dd) Eine vierte Gruppe schliesslich nimmt die Handelsgesellschaften vom Anspruch auf unentgeltliche Rechtspflege ausdrücklich aus (§ 84 Abs. 3 ZPO ZH, Art. 87 Abs. 2 ZPO AR allerdings beschränkt auf den Regelfall, Art. 42 Abs. 5 ZPO GR).

c) In der schweizerischen Literatur wird im allgemeinen die Auffassung vertreten, den Kollektiv- und Kommanditgesellschaften sei bei eigener Prozessarmut und solcher ihrer unbeschränkt haftenden Gesellschafter für nicht aussichtslose Vorkehren das Recht der unentgeltlichen Rechtspflege zu gewähren (vgl. neben den zu den einzelnen kantonalen Regelungen aufgeführten Autoren namentlich SONTAG, SAG 21/1948/49, S. 94/5; Fritz von Steiger, SAG 23/1950/51, S. 161 ff.; Wamister, a.a.O., S. 73; FAVRE, a.a.O., S. 102).

Die deutsche (§ 116 Ziff. 2) und die österreichische (§ 63 Abs. 2) ZPO ermöglichen die Bewilligung der unentgeltlichen Rechtspflege auch an juristische Personen und parteifähige Vereinigungen (DZPO) oder Gebilde (AZPO), wenn die erforderlichen Mittel weder von ihnen noch von den am Rechtsstreit wirtschaftlich Beteiligten aufgebracht werden können.

d) Den Kollektiv- und den Kommanditgesellschaften geht nach schweizerischer Auffassung die Rechtspersönlichkeit ab (BGE 95 II 549 E. 2). Sie erscheinen als Gesamthandgemeinschaften, die allerdings in bestimmten Hinsichten wie juristische Personen behandelt werden (Meier-Hayoz/Forstmoser, Grundriss des schweizerischen Gesellschaftsrechts, 6. Aufl. 1989, S. 205 Rz 15 und S. 223 Rz 14; Werner von Steiger, SPR VIII/1, S. 244/5, 528 ff. und 589/90; Bucher, N 110 zu Art. 11 ZGB). BUCHER spricht von der geläufigen Formel, diese Gesellschaften im Innenverhältnis als Gesamthandschaften, im Aussenverhältnis dagegen als juristische Personen zu bezeichnen (N 49 zu Art. 11 ZGB).

Das Bundesgericht hat in BGE 88 II 388 (E. 3) die juristischen Personen vom Anspruch auf unentgeltliche Rechtspflege nach Art. 152 OG ausgenommen, weil sie im Sinne des Gesetzes nicht 'bedürftig' oder nach dem französischen Gesetzestext nicht 'dans le besoin' sein könnten. Dem Gesetzgeber habe vorgeschwebt, den armen wie den reichen Mann gleichermassen zur Rechtsverfolgung zuzulassen. Die Rechtsgleichheit könne aber im hier interessierenden Bereich zwischen natürlichen und juristischen Personen nicht angerufen werden. Auf die Verhältnisse der weiteren Beteiligten, namentlich der Mitglieder der juristischen Person, könne nichts ankommen, da nicht ihr Prozess geführt werde.

Vieles spricht dafür, diese Erwägungen auch gegenüber Kollektiv- und Kommanditgesellschaften anzuwenden und sie entsprechend vom Anspruch auf unentgeltliche Rechtspflege nach Art. 152 OG auszuschliessen. Nach deutschem Recht werden die parteifähigen Vereinigungen in dieser Hinsicht den juristischen Personen gleichgesetzt (§ 116 Ziff. 2 DZPO), was namentlich damit begründet wird, dass die für natürliche Personen geltenden Kriterien der Prozessarmut auf sie nicht anwendbar seien (Rosenberg/Schwab, Zivilprozessrecht, 14. Aufl. 1986, S. 522). Demgegenüber ist nicht zu übersehen, dass die Kollektiv- und Kommanditgesellschaften namentlich in vermögensrechtlicher Hinsicht Gesamthandverhältnisse sind, die zwar selbständig Vermögensrechte unter eigener Firma erwerben können (Werner von Steiger, a.a.O., S. 529), dieses Sondervermögen aber in Wirklichkeit nicht der Gesellschaft, sondern den Gesellschaftern zu gesamter Hand zusteht und diese Träger der Rechte und Pflichten sind (Meier-Hayoz/Forstmoser, a.a.O., S. 205 Rz 16). Ein gegen die parteifähige Gesellschaft ergehendes Urteil berührt daher unmittelbar auch die Gesellschafter persönlich, entfaltet ihnen gegenüber formelle und materielle Rechtskraftwirkung, soweit nicht ausschliesslich persönliche Einreden in Frage stehen (BGE 71 II 40). Ein gegen die Gesellschaft ergangenes Urteil gibt daher einen Rechtsöffnungstitel – nach herrschender Auffassung allerdings bloss einen provisorischen – auch gegen die unbeschränkt haftenden Gesellschafter ab (SIEGWART, N 12 zu Art. 562 OR; HARTMANN, N 16 zu Art. 562 OR; Werner von Steiger, a.a.O., S. 533). Sie haften für die Gesellschaftsschulden solidarisch und mit ihrem ganzen Vermögen (Art. 568 Abs. 1 und 594 Abs. 1 OR). Diese materielle Rechtsträgerschaft der Gesellschafter aber unterscheidet die Personengesellschaften entscheidend von den juristischen Personen, auch von der Konkursmasse (BGE 61 III 170), so dass sich nicht rechtfertigen, sie grundsätzlich vom Anspruch auf unentgeltliche Rechtspflege auszuschliessen. Insbesondere ist auch zu beachten, dass die Gesellschafter – im Gegensatz zu den Konkursgläubigern – keine Möglichkeit haben, einen Prozess an Stelle der Gesellschaft in eigenem Namen oder in Prozessstandschaft zu führen, insbesondere nicht auf der Passivseite. Die Personengesellschaften sind daher insoweit den natürlichen und nicht den juristischen Personen gleichzusetzen.

Damit ist gleichzeitig gesagt, dass die Gewährung des Rechts zur unentgeltlichen Prozessführung an Kollektiv- und Kommanditgesellschaften nur in Frage kommt, wenn die Prozessarmut sowohl der Gesellschaft wie aller unbeschränkt haftenden Gesellschafter erstellt ist (statt vieler LEUCH, a.a.O.). Sind ein oder mehrere unbeschränkt haftende Gesellschafter in der Lage, für die Prozesskosten aufzukommen, obliegt ihnen als materielle Rechtsträger auch die Vorschusspflicht. Die Bedürftigkeit bloss einzelner Gesellschafter gibt keinen Anspruch auf unentgeltliche Rechtspflege, da im Gesellschaftsprozess keine Streitgenossenschaft vorliegt (vgl. BGE 115 Ia 193). Die unentgeltliche Rechtspflege kann entzogen werden, wenn die Gesellschaft oder einer ihrer unbeschränkt haftenden, bisherigen oder neu eingetretenen Gesellschafter zur Bevorschussung zusätzlicher Prozesskosten in die Lage kommt. Über ihre Solidarhaftung unterstehen sodann auch die Kollektivgesellschafter und die Komplementäre dem Rückforderungsvorbehalt von Art. 152 Abs. 3 OG."

6 **BGE 119 Ia 268 (für alle Verfahrensarten):** "c) Die aus Art. 4 BV fliessenden Anspruchsvoraussetzungen auf unentgeltliche Rechtsverbeiständung prüft das Bundesgericht mit freier Kognition (BGE 117 Ia 277 E. 5b). Dabei ist davon auszugehen, dass in der jüngeren Rechtsprechung der Anspruch ausgedehnt und namentlich auch in nichtstreitigen Verwaltungsverfahren gewährt wurde (E. 3a hievor). Im Lichte dieser Entwicklung ist die Auffassung nicht haltbar, das mietrechtliche Schlichtungsverfahren sei der unentgeltlichen Rechtsverbeiständung grundsätzlich nicht zugänglich. Insoweit relativiert die jüngere Rechtsprechung auch BGE 111 Ia 5, wonach im Verwaltungsverfahren ein Anspruch auf unentgeltliche Verbeiständung grundsätzlich nicht besteht, wenn der Administrativentscheid an eine gerichtliche Instanz mit umfassender Überprüfungsbefugnis weitergezogen und diese dort beansprucht werden kann. Von Verfassungs wegen ist vielmehr jedes Verfahren bzw. jeder Verfahrensabschnitt derart zu gestalten, dass er den aus Art. 4 BV fliessenden Grundsätzen genügt (BGE 114 V 228 E. 5c). Dies gilt namentlich dort, wo sich zwei Parteien verfahrensmässig in ähnlicher Weise gegenüberstehen wie im Zivilprozess, auch wenn sich das Verfahren vor einer Verwaltungsbehörde abspielt (BGE 112 Ia 14 E. 3b). Auf das mietrechtliche Schlichtungsverfahren treffen diese Voraussetzungen jedenfalls dort uneingeschränkt zu, wo der Behörde eine Entscheidkompetenz zukommt. Mithin kann auch dieses Verfahren vom Anspruch auf einen unentgeltlichen Rechtsbeistand nicht grundsätzlich ausgenommen werden. Ob dasselbe auch für das reine Schlichtungsverfahren gilt, kann im vorliegenden Fall offenbleiben. Dagegen rechtfertigen die Besonderheiten des Verfahrens vor der Schlichtungsbehörde, namentlich seine primäre Ausrichtung auf die Herbeiführung einer Einigung (Art. 259i Abs. 1, Art. 273 Abs. 4 und Art. 274e Abs. 1 OR), die es beherrschende Untersuchungsmaxime (Art. 274d Abs. 3 OR), die paritätische Zusammensetzung der Behörde (Art. 274a Abs. 2 OR) und die vornehmlich bloss formelle Bedeutung des Entscheids für das nachfolgende Justizverfahren, an die sachlichen Voraussetzungen einer Verbeiständung einen strengen Massstab anzulegen (vgl. BGE 114 V 228 E. 5b). Die Mitwirkung eines Rechtsanwalts in einem vom Untersuchungsgrundsatz beherrschten Verfahren wird sich in aller Regel als nicht erforderlich erweisen. Ausnahmen sind indessen ausdrücklich vorzubehalten. Zu denken ist etwa an die Verbeiständung einer verhandlungsunfähigen oder mit der Verhandlungssprache oder den mietrechtlichen Gepflogenheiten vollends unvertrauten Partei. Entscheidend bleiben jedenfalls stets die Verhältnisse des konkreten Falls.

d) In einer Eventualerwägung verneint das Obergericht im vorliegenden Fall, in welchem die Mieter nach erfolgloser Wohnungssuche ein zweites Erstreckungsbegehren stellten, die sachlichen Voraussetzungen für eine unentgeltliche Rechtsverbeiständung. Die Beschwerdeführer halten diese Begründung weder formell noch materiell für ausreichend.

Aus dem Anspruch auf rechtliches Gehör leitet die Rechtsprechung die Pflicht der Behörden ab, ihre Entscheide zu begründen. Die Begründung eines Entscheids ist so abzufassen, dass der Betroffene ihn gegebenenfalls sachgerecht anfechten kann. Dies ist nur möglich, wenn sowohl er wie auch die Rechtsmittelinstanz sich über die Tragweite des Entscheids ein Bild machen können. In diesem Sinne müssen wenigstens kurz die Überlegungen genannt werden, von denen sich die Behörde hat leiten lassen und auf welche sich ihr Entscheid stützt (BGE 117 Ia 1 E. 3a, 117 Ib 64 E. 4 S. 86, 481 E. 6b/bb, 114 Ia 233 E. 2d mit Hinweisen).

Die Begründung des angefochtenen Entscheids ist zwar knapp, aber verfassungsmässig ausreichend. Das Obergericht meint offensichtlich, die Beschwerdeführer seien über die Voraussetzungen, die Ausgestaltung und die Tragweite einer Mieterstreckung bereits durch das vorangegangene erste Verfahren hinreichend orientiert, und die zusätzliche Voraussetzung einer zweiten Erstreckung, dass zur Abwendung der Härte alles Zumutbare unternommen worden sei (Art. 272 Abs. 3 OR), stelle keine sachlichen Anforderungen, welche die Beiordnung eines Rechtsanwalts verlangten. Dem ist nach dem Gesagten beizupflichten. Das zweite Mieterstreckungsverfahren knüpft mit weitgehend unveränderter Fragestellung an das erste an, setzt dieses gleichsam fort. Im Regelfall stellen sich keine neuen tatsächlichen und rechtlichen Probleme, welche infolge besonderer materieller oder prozessualer Schwierigkeiten eine unentgeltliche Rechtsverbeiständung als erforderlich erscheinen liessen. Dabei ist zu beachten, dass das Erfordernis der Verbeiständung sich auf die rechtliche, nicht auf die persönliche Betreuung bezieht. Zutreffend hält denn auch das Obergericht dazu fest, die persönliche Betreuung im Verfahren vor der Schlichtungsbehörde sei ohne weiteres durch den Beizug von Verwandten, Bekannten oder andern Vertrauensleuten gewährleistet. Auch die Beschwerdeführer vermögen denn keine Gründe zu nennen, welche die Notwendigkeit einer amtlichen Verbeiständung aufzuzeigen vermöchten. Das Erfordernis, die erfolglosen Suchbemühungen um eine Ersatzwohnung zusammenzustellen, oder die Landesabwesenheit eines der Beschwerdeführer im Zeitpunkt der Schlichtungsverhandlung reichen dazu jedenfalls nicht aus.

Namentlich ist auch zu beachten, dass der Schlichtungsbehörde eine über die allgemeine richterliche Fragepflicht hinausgehende, eigentliche Beratungsfunktion zukommt."

BGE 119 Ia 340: Weder Art. 4 BV noch Art. 14 EMRK verlangen, dass juristischen Personen unentgeltliche Rechtspflege in gleicher Weise wie natürlichen Personen gewährt wird. In casu liess das Bundesgericht die Frage offen, ob unter bestimmten Voraussetzungen juristischen Personen unentgeltliche Rechtspflege zu bewilligen ist.

7

BGE 120 Ia 218 (Ausländer): "1. Der Appellationshof stützt seinen Entscheid in erster Linie auf Art. 77 Abs. 3 ZPO/BE ab. Danach wird Ausländern mit Wohnsitz im Ausland das Recht der unentgeltlichen Prozessführung in der Regel nur dann erteilt, wenn ihr Heimatstaat bernischen Staatsangehörigen die Gleichbehandlung gewährt oder zusichert.

8

Staatsverträge bleiben vorbehalten. Diese Voraussetzungen zur Erteilung der unentgeltlichen Rechtspflege sind im vorliegenden Fall unstreitig nicht gegeben. Der Beschwerdeführer hat indessen bereits im kantonalen Verfahren geltend gemacht, der grundsätzliche Anspruch eines Ausländers mit Wohnsitz im Ausland auf Gewährung der unentgeltlichen Rechtspflege ergebe sich unmittelbar aus Art. 4 BV.

In BGE 76 I 111 E. 2 S. 116 ist diese Frage noch offengelassen worden. In jenem Entscheid wurde zwar ausgeführt, es liege nahe, den Anspruch auch dem im Ausland wohnenden Ausländer zuzugestehen.

9

Zur Begründung wurde darauf hingewiesen, schon das Wesen des modernen Rechtsstaats erfordere die grundsätzliche Gleichstellung des Ausländers mit dem Inländer auf dem Gebiete der Rechtspflege. Dagegen sprach allerdings nach damaliger Auffassung die soziale Funktion des Armenrechts, die mit jener der Armenunterstützung vergleichbar sei, auf die ein Ausländer in der Schweiz unter dem Gesichtspunkt der Rechtsgleichheit keinen Anspruch habe. Mit der damals nicht entschiedenen Frage hat sich das Bundesgericht in späteren veröffentlichten Entscheiden nicht mehr ausdrücklich beschäftigt. Einem Urteil vom 17. August 1982 (BGE 108 Ia 108 ff.), auf das sich der Beschwerdeführer beruft, liegt indessen eindeutig die Auffassung zugrunde, der aus Art. 4 BV abgeleitete Anspruch auf unentgeltliche Rechtspflege stehe auch einem Ausländer mit Wohnsitz im Ausland zu. Das kommt denn auch in den Regesten zum Ausdruck, wo unter Bezugnahme auf Art. 4 BV ausgeführt wird, es sei unzulässig, einem in seinem Heimatstaat lebenden Ausländer, der in der Schweiz nicht über genügend Mittel verfügt, die unentgeltliche Rechtspflege zu verweigern. Festzuhalten ist in diesem Zusammenhang, dass die Unterstützungsfunktion des Armenrechts, die im zitierten BGE 76 I 111 ff. noch als massgebend betrachtet wurde, in der jetzigen Rechtsprechung des Bundesgerichts in den Hintergrund getreten ist. Betont wird heute vielmehr das Prinzip der 'Waffengleichheit', nach dem jede Partei grundsätzlich ohne Rücksicht auf ihre finanzielle Situation unter den durch die Rechtsprechung festgelegten Voraussetzungen Zugang zu den Gerichten und Anspruch auf die Vertretung durch einen Rechtskundigen haben soll (BGE 119 Ia 134 E. 4 S. 135 mit Hinweis). Von diesem Gesichtspunkt aus lässt sich indessen eine unterschiedliche Behandlung je nach Staatsangehörigkeit und Wohnsitz des Gesuchstellers nicht mit sachlichen Gründen rechtfertigen.

In der Literatur wird denn auch mehrheitlich die Meinung vertreten, aus Art. 4 BV ergebe sich, dass auch ein Ausländer mit Wohnsitz im Ausland grundsätzlich Anspruch auf Gewährung unentgeltlicher Rechtspflege habe (STAEHELIN/SUTTER, Zivilprozessrecht, S. 193 Rz 20; PATRICK WAMISTER, Die unentgeltliche Rechtspflege, die unentgeltliche Verteidigung und der unentgeltliche Dolmetscher unter dem Gesichtspunkt von Art. 4 BV und Art. 6 EMRK, Diss. Basel 1983, S. 74 f.; JÖRG PAUL MÜLLER, Die Grundrechte der schweizerischen Bundesverfassung, 2. Aufl., S. 288; HAEFLIGER, Alle Schweizer sind vor dem Gesetze gleich, S. 163 f.: mit eventueller Einschränkung auf Länder mit Gegenrecht). Zum Teil wird dieser Anspruch auch aus Art. 6 Ziff. 1 EMRK abgeleitet (CHRISTIAN FAVRE, L'assistance judiciaire gratuite en droit suisse, Diss. Lausanne 1988, S. 95; vgl. dazu GEORG MÜLLER, Kommentar BV, N 124 zu Art. 4 BV).

In Übereinstimmung mit diesen Ausführungen ist davon auszugehen, dass der Appellationshof mit der Verweigerung des Armenrechts im vorliegenden Fall gegen Art. 4 BV verstossen hat, soweit er seinen Entscheid mit dem Hinweis auf den Wohnsitz des Beschwerdeführers und auf das Fehlen eines Staatsvertrags mit Libyen sowie einer Zusicherung der Gleichbehandlung durch diesen Staat begründet hat."

10 **BGE 109 Ia 9**
(Zur Frage der fehlenden Aussichtslosigkeit des Prozesses);

11 **BGE 104 Ia 34**
(Auch bei selbstverschuldeter Bedürftigkeit);

12 **BGE 106 Ia 82**
(Bedürftigkeit kann auch vorliegen, wenn das Einkommen über dem Existenzminium liegt);

13 **BGE 119 Ia 134**
(Primär muss der Ehegatte kraft Beistandspflicht bezahlen).

Es besteht eine Nachzahlungspflicht, falls die unbemittelte Person später zu Vermögen kommt; die unentgeltliche Prozessführung und der unentgeltliche Rechtsbeistand werden entzogen, sobald die Partei während eines Prozesses nicht mehr darauf angewiesen ist.

Gegen die Nichtgewährung der unentgeltlichen Prozessführung oder des unentgeltlichen Rechtsbeistands steht nur die staatsrechtliche Beschwerde offen. Das Bundesgericht prüft zweistufig. Die bundesrechtlichen Minimalgarantien gemäss Art. 4 BV prüft es rechtlich frei, in tatsächlicher Hinsicht nur auf Willkür; die Verletzung des kantonalen Rechts (Prozessrechts) erfolgt nur auf Willkür, d.h. wenn der Entscheid nur falsch ist, wird er nicht aufgehoben; das Bundesgericht hebt ihn nur auf, wenn er offensichtlich falsch ist.

14 **BGE 115 Ia 194 = Praxis 79 Nr. 49:** "Am 29. Mai 1978 erhob X. bei der II. Zivilkammer des Tessiner Appellationsgerichts Klage gegen die Y. SA, mit der er aus Erfindungspatenten abgeleitete Geldforderungen geltend machte. Nach dem Tode von X. traten die Ehefrau Z. und zwei Töchter als dessen Erben in den Prozess ein. Am 19. Dezember 1989 ersuchten die drei Erbinnen um unentgeltliche Rechtspflege und einen unentgeltlichen Rechtsbeistand. Ihr Gesuch wurde mit Entscheid des Kantg vom 18. April 1989 abgewiesen. Dieser Entscheid wurde damit begründet, die Töchter seien mit Hilfe ihrer Ehegatten in der Lage, für die Prozesskosten aufzukommen. Und weil jene für sämtliche Kosten aufzukommen in der Lage seien, rechtfertige es sich auch nicht, die Witwe davon zu befreien, dies um so mehr, als sie bestimmte Nachlasswerte zu Eigentum beanspruche und daher nicht bedürftig erscheine. Ausserdem hätte die Witwe nicht allein namens der Erbengemeinschaft den Prozess führen können; sie könne sich ohne weiteres an den Anwalt der Töchter wenden, wenn sie eines Rechtsbeistands bedürfe. Die Vi verzichtete dementsprechend

darauf, die finanzielle Lage von Z. und deren Erfolgsaussichten im Prozess zu prüfen. Gegen diesen Entscheid führt Z. staatsrechtliche Beschwerde. Sie beantragt die Aufhebung des kant. Entscheids wegen Verletzung von BV 4. Das Bg heisst die Beschwerde gut.

2. Nach ständiger Rechtsprechung hat die Partei Anspruch auf unentgeltliche Rechtspflege, der die finanziellen Mittel fehlen, um in einem nicht aussichtslosen Zivil-, Straf- oder Verwaltungsverfahren zu klagen oder sich gegen eine Klage zur Wehr zu setzen. Wird es diesbezüglich angerufen, muss das Bg zunächst überprüfen, ob die geltenden kant. Verfahrensbestimmungen willkürlich angewandt worden sind. Ist dies nicht der Fall, prüft es frei, ob das direkt aus BV 4 fliessende Recht auf unentgeltliche Rechtspflege verletzt ist (BGE 114 Ia 101 = Pr 77 Nr. 241 Erw. 2 mit Hinweisen; BGE 112 Ia 15 = Pr 75 Nr. 132 Erw. 3).

a) ZPO/TI 155 räumt den natürlichen Personen, die nachweisbar ausserstande sind, für die Prozesskosten aufzukommen, einen Anspruch auf unentgeltliche Rechtspflege ein. Deren Umfang hängt von der finanziellen Situation des Gesuchstellers ab und kann die Befreiung von den Prozesskosten und -gebühren, die Bestellung eines unentgeltlichen Rechtsbeistands (vorbehältlich des Anspruchs auf Prozessentschädigung gegenüber der unterliegenden Partei) sowie die Bevorschussung der Kosten des Beweisverfahrens durch den Staat (ZPO/TI 159 I) beinhalten. Die unentgeltliche Rechtspflege wird verweigert, 'wenn der Prozess keine Aussichten auf Erfolg hat' (ZPO/TI 157). Im übrigen sieht das Tessiner Recht keine Einschränkungen vor, insbesondere nicht für den Fall einer Streitgenossenschaft. Gegenteils beschränkt es sich nicht darauf, dem Begünstigten in dem Sinne eine bloss provisorische Befreiung von den Kosten einzuräumen, dass der Staat später teilweise oder vollständig deren Ersatz verlangen könnte (wie etwa OG 152 III es vorsieht). Vorbehältlich eines (allenfalls auch von Amtes wegen möglichen: ZPO/TI 158 I) Widerrufes wird die unentgeltliche Rechtspflege definitiv erteilt. Unter diesem Aspekt geht das Tessiner Recht mithin – in Übereinstimmung mit anderen kantonalen Regelungen (MÜLLER, Kommentar BV, N. 128 zu BV 4 mit Hinweisen; HÄFLIGER, Alle Schweizer sind vor dem Gesetze gleich, Bern 1985, S. 160) – weiter als BV 4 (und EMRK 6).

b) Die Bf macht geltend, die Vorinstanz habe ZPO/TI 155ff. willkürlich angewendet. Denn es verletze BV 4, einen Streitgenossen der Gefahr auszusetzen, für die einen anderen treffenden Kosten aufkommen zu müssen; auch im Falle der notwendigen Streitgenossenschaft müsse jede Partei bloss die auf sie entfallenden Kosten tragen und nicht die Beistandspflichten der öffentlichen Hand übernehmen. Ihrer Ansicht nach ist die von der deutschen Lehre und Rechtsprechung angewendete gegenteilige Lösung willkürlich; zudem widerspreche sie der Rechtsprechung des Bg, die dazu neige, Streitgenossen zu bevorzugen und nicht zu benachteiligen. Aus dieser Begründung ergibt sich, dass die Bf nicht ausdrücklich die Anwendung eines Grundsatzes oder einer Bestimmung des Tessiner Rechts beanstandet, sondern die willkürliche Nichtbeachtung der aus BV 4 fliessenden Mindestgarantie rügt. Man könnte sich zwar fragen, ob es im Rahmen des Tessiner Rechts nicht willkürlich sei, eine bedürftige Partei dem Risiko auszusetzen, für Kosten aufkommen zu müssen, die auf Handlungen der Streitgenossen zurückgehen (ZPO/TI 640), während der Staat einer einzelnen Partei unter gleichen Bedingungen den definitiven Erlass der Kosten zusichert. Diese Frage wurde indessen in der Beschwerde nicht aufgeworfen und kann offenbleiben. Zu prüfen ist hingegen, ob die von der kant. Behörde getroffene Lösung die Mindestgarantien von BV 4 beachtet.

3. Der direkt aus BV 4 fliessende Anspruch auf unentgeltliche Rechtspflege garantiert jedem Bürger, unbesehen seiner finanziellen Lage, einen Prozess zu führen. Es wäre mit dem Gleichheitsprinzip und mit dem Gebot eines fairen Verfahrens unvereinbar, wenn eine Partei nur aus Bedürftigkeit auf ihre Ansprüche verzichten oder sich darauf beschränken müsste, ihre Rechte weniger effizient als die finanziell stärkere Gegenpartei durchzusetzen (MÜLLER, a.a.O., N.123 zu BV 4 und dort erwähnte Autoren). Die Voraussetzung der Bedürftigkeit ist aufgrund der eigenen Mittel des Gesuchstellers und allenfalls der ihm gegenüber unterstützungspflichtigen Personen (Ehegatte oder Eltern) zu prüfen; darüber hinaus könnten – was allerdings umstritten ist – auch die Mittel berücksichtigt werden, die eine vom Gesuchsteller völlig beherrschte Aktiengesellschaft beizubringen in der Lage wäre (BGE 108 Ia 9ff. = Pr 71 Nr. 120 Erw. 3). Nicht in Betracht fallen

hingegen nach ständiger Rechtsprechung die finanziellen Mittel von Verwandten, deren Unterstützung der Gesuchsteller gemäss ZGB 328 und 329 beanspruchen könnte (BGE 67 I 70 = Pr 30 Nr. 86 Erw. 3; HÄFLIGER, a. a. O., S.166). Bei der Prüfung der Bedürftigkeit muss der Begriff 'Unterstützungspflichten' mithin eng interpretiert werden.

b) Das Bg hatte bisher keine Gelegenheit, sich darüber zu äussern, unter welchen Voraussetzungen einem Streitgenossen die unentgeltliche Rechtspflege zu gewähren sei. Nicht zweifelhaft ist jedenfalls, dass für nicht aussichtslose Forderungen jede bedürftige Einzelperson Anspruch auf diese Rechtswohltat hat (LEUCH, Die Zivilprozessordnung für den Kanton Bern, 3. A., N. zu Art. 77; STRÄULI/MESSMER, Kommentar zur Zürcherischen Zivilprozessordnung, 2. A., N. 2 zu § 84). Gewiss kann das Prozessrecht unabhängig davon, ob es sich um eine freiwillige oder notwendige Streitgenossenschaft handelt, die Streitgenossen solidarisch für die Kosten haftbar erklären (für den Tessin: ZPO 148 II und Art. 10 I des Gesetzes über die Gerichtsgebühren = LTG; vgl. auch OG 156 VII). Dies räumt dem Staat auch die Möglichkeit ein, von einer einzelnen Person die Bevorschussung oder Sicherstellung sämtlicher Kosten zu verlangen und dieser den Rückgriff auf die übrigen Streitgenossen einzuräumen. Sollte in diesem Fall einer der Streitgenossen in Not geraten, müsste die zur Zahlung aufgeforderte Partei anstelle des Staats unentgeltliche Rechtspflege leisten, weil sie die zugunsten des bedürftigen Streitgenossen bevorschussten Kosten nur im Falle des Obsiegens wieder erhalten könnte. Trotzdem könnte sie die Bevorschussung nicht verweigern, würde dies doch die Abschreibung des Verfahrens, für welches die Bevorschussung oder Sicherstellung verlangt wird, nach sich ziehen (LTG 12 I; vgl. OG 150 IV und 151 II). Ein derartiges Ergebnis ist mit BV 4 unvereinbar. Vor allem benachteiligt es grundlos die Person, die durch unglückliche Umstände an die Seite eines bedürftigen Streitgenossen gerät. Des weiteren zwingt es dieselbe Person dazu, jenem die unentgeltliche Rechtspflege zu gewähren, zu der nur die öffentliche Hand verpflichtet werden kann, da – wie bereits ausgeführt – nicht einmal ZGB 328 und 329 zur Deckung der Prozesskosten einer bedürftigen Partei herangezogen werden können. Das geschilderte Ergebnis benachteiligt aber auch die bedürftige Partei. Dies einmal deshalb, weil sie ihre Rechte nicht wahrnehmen könnte, sollten die Streitgenossen nicht an ihrer Stelle die Bevorschussung oder Sicherstellung leisten. Eine Benachteiligung läge sodann darin, dass die bedürftige Partei sich an den Vertreter eines Streitgenossen wenden müsste, wenn sie des rechtlichen Beistands bedürfte; im Innenverhältnis einer Streitgenossenschaft decken sich aber die Interessen der einzelnen Streitgenossen nicht immer; es besteht daher keine Gewähr, dass die bedürftige Partei mit der gleichen Effizienz klagen oder sich zur Wehr setzen könnte wie die übrigen Streitgenossen oder die Gegenpartei.

c) Im Falle der notwendigen Streitgenossenschaft hat das Bg bereits festgehalten, dass von einer Sicherstellung einer allfälligen Parteientschädigung abzusehen ist, wenn die Voraussetzungen dafür bei einem Streitgenossen fehlen (BGE 109 II 271 Erw. 2). Die kant. Behörde erwähnt diesen Grundsatz, um damit vorliegend die Verweigerung der unentgeltlichen Rechtspflege zu begründen. Zu Unrecht; der erwähnte Grundsatz schützt die Streitgenossen höchstens in dem Sinne, dass eine Bevorschussung, zu der sie solidarisch verpflichtet sind, ihnen nur auferlegt werden kann, wenn jeder Streitgenosse die Voraussetzungen für die Bevorschussungspflicht erfüllt. Es ist nicht ersichtlich, weshalb dieser Grundsatz sich so zum Nachteil eines Streitgenossen auswirken sollte, dass diesem die unentgeltliche Rechtspflege verweigert wird, obwohl er darauf Anspruch hätte, wenn er als Einzelner klagen würde.

d) Das Kantg verweist auf die deutsche Rechtsprechung, die – mit einzelnen Autoren – dem Streitgenossen die unentgeltliche Rechtspflege verweigert, wenn er sich vom Rechtsbeistand eines anderen Streitgenossen vertreten lassen kann (BAUMBACH/LAUTERBACH/HARTMANN, Zivilprozessordnung, 47. A., S. 328 für die Erbengemeinschaft; STEIN/JONAS, Zivilprozessordnung, 20. A., N. 17 zu § 114). Aus den bereits genannten Gründen hält diese Ansicht vor BV 4 nicht stand. Die Partei, die nicht nur die Prozesskosten, sondern sogar die Vertretungskosten eines bedürftigen Streitgenossen übernehmen muss, kann sich dadurch noch eher veranlasst sehen, auf einen Prozess zu verzichten, und zwar auch dann, wenn die bedürftige Person (beispielsweise durch ihren grösseren Anteil an der Erbschaft) sogar stärker am Prozess interessiert wäre, diesen jedoch im Falle notwendiger Streitgenossenschaft nicht ohne den Streitgenossen führen kann. Unter solchen Umständen würde dem bedürftigen Streitgenossen mithin sogar verunmöglicht, den Richter anzurufen."

BGE 109 Ia 7: "1. Der angefochtene Entscheid stützt sich auf §106 ZPO/SO, der die Gewährung der unentgeltlichen Rechtspflege vom Nachweis abhängig macht, dass der Gesuchsteller vermögenslos ist und sein Einkommen ohne sein Verschulden nicht ausreicht, um nicht nur den notwendigen Lebensunterhalt für sich und seine Familie bestreiten, sondern auch für die Kosten der Prozessführung aufkommen zu können (Abs. 1); erforderlich ist ferner, dass der Prozess nicht als aussichtslos oder mutwillig erscheint (Abs. 2).

Das Obergericht hat diese Bestimmungen, wie aus seinen Hinweisen auf die Rechtsprechung erhellt, gemäss den vom Bundesgericht aus Art. 4 BV abgeleiteten Grundsätzen angewendet. Der Beschwerdeführer wirft ihm denn auch nicht willkürliche Anwendung kantonalen Rechts vor; er macht vielmehr geltend, das Obergericht habe den unmittelbar aus Art. 4 BV fliessenden Anspruch auf unentgeltliche Prozessführung missachtet (BGE 105 Ia 113 E. 2, 104 Ia 73 E. 1 mit Hinweisen). Wie es sich damit verhält, kann das Bundesgericht in rechtlicher Hinsicht frei, in tatsächlicher dagegen nur unter dem Gesichtspunkt der Willkür prüfen (BGE 104 Ia 33 und 326, 103 Ia 100).

2. Das Obergericht will dem Beschwerdeführer, der den Schadenersatzprozess gegen die beklagte Genossenschaft nach dem Verzicht der Konkursmasse und der Gläubiger selbständig führen will, das Armenrecht schlechthin versagen. Es beruft sich auf Fritzsche (Schuldbetreibung und Konkurs II S. 47 N. 70), der die Praxis der Zürcher Gerichte, dem Gemeinschuldner in Fällen wie hier den Anspruch auf unentgeltliche Rechtspflege grundsätzlich zuzubilligen, für sehr fragwürdig hält; nach diesem Autor gehe es nicht an, dass der Gemeinschuldner nach dem Verzicht der Masse, die das Armenrecht nicht verlangen könne, den ihr verfallenen Anspruch mit Hilfe öffentlicher Mittel für sich durchzusetzen versuche.

Dem kann nicht beigepflichtet werden. Es ist dem Gemeinschuldner nicht verwehrt, nach dem Verzicht der Masse und der Gläubiger seinen Anspruch persönlich geltend zu machen, wie wenn es nicht zum Konkurs gekommen wäre. Dagegen ist mit den Gründen, aus denen ein Armenrecht zugunsten der Konkursmasse abzulehnen ist, zum vorneherein nicht aufzukommen. Reichen die Aktiven der Masse für einen Prozess nicht aus, so ist es Sache der Gläubiger, ihn zu finanzieren, wenn sie an dessen Fortführung interessiert sind (BGE 61 III 172). Diesfalls kann aber ein Gläubiger, der sich streitige Rechte der Masse gemäss Art. 260 SchKG abtreten lässt, die unentgeltliche Prozessführung beanspruchen, wenn er bedürftig und der Prozess nicht aussichtslos ist (BGE 62 I 215 mit Hinweisen). Das muss in Fällen wie hier sinngemäss auch für den Gemeinschuldner gelten. Die gegenteilige Auffassung des Obergerichts wird daher vom Beschwerdeführer zu Recht angefochten.

3. Das Obergericht hält die Bedürftigkeit des Beschwerdeführers nicht für erwiesen. Es findet, bei einem Nettoeinkommen von Fr. 2'500 und einem Existenzminimum von Fr. 2'072 im Monat ergebe sich ein Überschuss von Fr. 428, mit dem der ledige und alleinstehende Gesuchsteller die Kosten für die Prozessführung jedenfalls ratenweise finanzieren könne; dies sei ihm um so mehr zuzumuten, als er eine allzu grosse und teure Wohnung für Fr. 875 gemietet und sich durch einen Auto-Leasing-Vertrag zu monatlichen Zahlungen von Fr. 249 verpflichtet habe, 'im Blick auf das anbegehrte Armenrecht' aber gehalten wäre, übermässige Belastungen so bald als möglich zu beseitigen.

a) Der Beschwerdeführer hält dem Obergericht entgegen, bei einem Streitwert von Fr. 500'000 sei mit Gerichtskosten zwischen Fr. 1'800 und 20'000, mit eigenen Anwaltskosten von Fr. 12'000 bis 15'000 und zudem mit einem gleichen Betrag für die Sicherstellung einer allfälligen Parteientschädigung zu rechnen; aus einem monatlichen Überschuss von Fr. 428 könne er aber unmöglich innert angemessener Zeit gegen Fr. 30'000 aufbringen. Die Rüge ist begründet. Die Ausführungen des Obergerichts zur Wohnungsmiete und zum Leasing-Vertrag beruhen nicht auf Abklärungen; sie vermögen an seiner eigenen Berechnung um so weniger etwas zu ändern, als dem angefochtenen Urteil nicht zu entnehmen ist, dass der Beschwerdeführer die monatlichen Verpflichtungen aus diesen Vertragsverhältnissen in kurzer Zeit erheblich vermindern könnte. Verfügt der Beschwerdeführer monatlich aber nur über Fr. 428, um die namhaften Vorschüsse für Gerichts- und Anwaltskosten aufzubringen und die Kosten der Beklagten gemäss deren Gesuch vom 8. Januar 1982 sicherzustellen, so lässt sich im Ernst auch nicht sagen, dass ihm dies in absehbarer Zeit, das heisst hier innert einiger Monate möglich wäre; unter den gegebenen Umständen hat er vielmehr als bedürftig zu gelten (unveröffentlichte Urteile der I. öffentlichrechtlichen Abteilung i. S. Würgler vom 8. Juli 1981 und Hommes vom 4. November 1981).

b) Unter Hinweis auf Urkunden, die er nachgereicht hat, macht der Beschwerdeführer geltend, dass er inzwischen seine Stelle verloren habe und von Fr. 1'617.15 Arbeitslosenunterstützung im Monat lebe. Damit verkennt er, dass in staatsrechtlichen Beschwerden gegen letztinstanzliche kantonale Entscheide weder neue rechtliche oder tatsächliche Einwände erhoben noch neue Beweismittel vorgebracht werden dürfen (BGE 104 Ia 26, 104 II 254). Im vorliegenden Verfahren kommt darauf übrigens nichts an, weil die Bedürftigkeit des Beschwerdeführers so oder anders zu bejahen ist. Da die augenblicklichen Verhältnisse massgebend sind (BGE 99 Ia 442/43), stünde es ihm zudem frei, ein neues Gesuch zu stellen.

4. Das Obergericht hat dem Beschwerdeführer die unentgeltliche Rechtspflege ferner verweigert, weil es dessen Schadenersatzklage für aussichtslos hält. In Übereinstimmung mit der Rechtsprechung nimmt es an, dass ein Rechtsbegehren dann als aussichtslos anzusehen ist, wenn die Gewinnaussichten erheblich geringer sind als die Verlustgefahren und daher kaum mehr als ernsthaft bezeichnet werden können. Massgebend ist, ob eine Partei, die über die nötigen Mittel verfügt, sich bei vernünftiger Überlegung zu einem Prozess entschliessen oder davon absehen würde; denn eine Partei soll einen Prozess, den sie auf eigene Rechnung und Gefahr nicht führen würde, nicht deshalb anstrengen können, weil er sie nichts kostet (BGE 105 Ia 113/114 und 100 Ia 113 mit Hinweisen).

a) Das Obergericht geht zu Recht davon aus, dass die Gewinnaussichten zugunsten des Gemeinschuldners vom Richter unbekümmert darum zu prüfen sind, ob die Masse und die Gläubiger auf den Prozess verzichten. Es gibt dann die Sachbehauptungen und die Rechtsauffassung des Beschwerdeführers wieder, der die beklagte Genossenschaft für Schaden belangen wolle, weil sie ihn beim Abschluss des Vertrags wider besseres Wissen im Glauben gelassen habe, mit dem Parktheater einen leistungsfähigen CY Betrieb zu übernehmen; sie habe ihm zudem verschwiegen, dass sein unmittelbarer Vorgänger grosse Verluste erlitten habe und ein weiterer wegen des Parktheaters in Konkurs gefallen sei. Die Beklagte hafte ihm aus culpa in contrahendo nicht nur für den Konkursverlust, sondern auch für die Folgeschäden; durch positive Vertragsverletzungen habe sie den Schaden noch vermehrt. Über das Ausmass des Schadens habe er sich angeblich erst bei Abschluss des Konkurses Rechenschaft geben können, weshalb er seinen Anspruch auf Schadenersatz nach Art. 60 OR nicht für verjährt halte. Das Obergericht findet sodann, der Beschwerdeführer habe bisher nicht dargetan, worin seine Schadenersatzansprüche wegen Verletzung des Vertrags während des Pachtverhältnisses bestehen sollen; dadurch habe er eine Beurteilung der Erfolgsaussichten verunmöglicht, weshalb in diesem nur nebensächlichen Klagepunkt derzeit Aussichtslosigkeit anzunehmen sei. Der Beschwerdeführer wendet dagegen nichts ein. Das angefochtene Urteil ist daher insoweit nicht zu überprüfen.

b) Ansprüche aus culpa in contrahendo infolge Verletzung der Aufklärungspflicht während Vertragsverhandlungen sind, wie das Obergericht richtig annimmt, wie Schadenersatzansprüche wegen absichtlicher Täuschung zu behandeln (BGE 105 II 79/80 und 81 E. 3 mit Hinweisen). Das Obergericht meint indes, der Beschwerdeführer habe sich nicht innert der Jahresfrist des Art. 31 Abs. 1 OR auf Täuschung berufen und damit auch Ersatzansprüche aus Art. 41 ff. OR verwirkt. Der Vorbehalt des Art. 31 Abs. 3 OR sei mit Vorsicht und nur dann anzuwenden, wenn dem Getäuschten aus der Vertragsanfechtung weitere unzumutbare Nachteile erwachsen würden, was hier weder ersichtlich noch behauptet sei. Der Beschwerdeführer will dagegen auf Anfechtung nur verzichtet haben, weil das Pachtverhältnis bereits aufgelöst gewesen sei, als er die Täuschung erkannt habe; sein Verhalten lasse sich schon deshalb nicht als Genehmigung ausgeben und stände einem Schadenersatzanspruch ohnehin nicht entgegen, weil er den früheren Rechtszustand auch durch Anfechtung nicht hätte wiederherstellen können.

Nach Art. 31 Abs. 3 OR schliesst die Genehmigung eines Vertrags, der wegen Täuschung unverbindlich ist, den Anspruch des Getäuschten auf Schadenersatz nicht ohne weiteres aus. Damit sind Ansprüche aus unerlaubter Handlung gemäss Art. 41 ff. OR vorbehalten (BGE 66 II 159, 47 II 186 E. 4), die jedoch ganz oder teilweise entfallen, wo der Getäuschte den Schaden durch Anfechtung des Vertrags hätte vermeiden oder doch vermindern können; das ist der Sinn von BGE 89 II 249 und 40 II 43 und entspricht auch der herrschenden Lehre (Oser/Schönenberger, N. 32/33 zu Art. 31 OR; Becker, N. 14/15 dazu; von Tuhr/Peter, OR I S. 340; Guhl/Merz/Kummer, OR S. 130, Bucher, OR Allg. Teil S. 196). Der Beschwerdeführer hat den Pachtvertrag weder in Kenntnis der Täuschung erfüllt noch hätte er durch dessen Anfechtung den inzwischen entstandenen Schaden vermindern können, da das Pachtverhältnis aufgelöst worden ist, bevor er nach Ansicht des Obergerichts die Täuschung erkannt hat. Indem das Obergericht den Schadenersatzanspruch als durch Genehmigung des Vertrags verwirkt erklärt, verkennt es Art. 31 Abs. 3 OR. Unter diesem Gesichtspunkt erscheint daher das Schadenersatzbegehren des Beschwerdeführers nicht als aussichtslos, und zwar unbekümmert darum, von welchem Zeitpunkt an die Jahresfrist des Art. 31 Abs. 1 OR zu berechnen wäre (BGE 108 II 105 und 107).

c) Wann der Getäuschte vom Schaden Kenntnis erhalten hat, ist dagegen für die einjährige Verjährungsfrist des Art. 60 OR von Bedeutung. Der Beschwerdeführer will das Ausmass des Schadens erst bei Abschluss des Konkursverfahrens am 10. August 1981 erkannt und daher mit seiner Eingabe vom 10. Dezember 1981 die Frist gewahrt haben. Das Obergericht nimmt zwar an, er habe von der Täuschung schon Kenntnis gehabt, als er die Schadenersatzansprüche von der Konkursverwaltung am 27. Oktober 1980 vormerken liess; es schliesst die Möglichkeit, dass er die schädlichen Auswirkungen der Täuschung erst später überblicken konnte und rechtzeitig geklagt hat (BGE 93 II 502 E. 2, 92 II 4, 89 II 404 und 417 mit weiteren Hinweisen), aber ausdrücklich nicht aus. Es begründet die Aussichtslosigkeit der Klage denn auch nicht mit der Verjährung.

5. Die Begründung des Obergerichts reicht somit unter keinem der massgebenden Gesichtspunkte aus, um den bundesrechtlichen Anspruch des Beschwerdeführers auf unentgeltliche Prozessführung verneinen zu können. Der angefochtene Entscheid ist daher aufzuheben. Bei diesem Ergebnis ist das Gesuch des Beschwerdeführers um Bewilligung des Armenrechts für das Beschwerdeverfahren gegenstandslos. Die Kosten sind auf die Gerichtskasse zu nehmen (Art. 156 Abs. 2 OG), und der durch einen Anwalt vertretene Beschwerdeführer hat für das bundesgerichtliche Verfahren Anspruch auf eine Prozessentschädigung, die dem Kanton Solothurn aufzuerlegen ist (Art. 159 Abs. 2 OG)."

ZR 81, Nr. 133: Bei Zweifeln über die Aussichtslosigkeit der Klage ist die gesuchstellende Partei gemäss § 84 Abs. 2 ZPO einzuvernehmen; kann die Aussichtslosigkeit darauf nicht bejaht werden, ist dem Gesuch um unentgeltliche Prozessführung und unentgeltliche Rechtsvertretung einstweilen zu entsprechen. Prozesshandlungen sind auf den erkennbaren Sinn hin auszulegen. 16

ZR 83, Nr. 60: Vgl. § 74 ZPO. 17

ZR 83, Nr. 110: Ist der Vormund oder Beistand in der Lage, die Interessen des Vertretenen zu wahren, so ist kein unentgeltlicher Rechtsvertreter zu bestellen. Es besteht auch kein Anlass, den Vormund oder Beistand als unentgeltlichen Rechtsvertreter zu bestellen und aus der Gerichtskasse zu entschädigen. 18

ZR 85, Nr. 97: Vgl. § 84 ZPO. 19

ZR 90, Nr. 57: Vgl. § 84 ZPO. 20

ZR 90, Nr. 82: Vgl. § 84 ZPO. 21

22 ZR 91/92, Nr. 26: Im Rekursverfahren ist das Gesuch, einen unentgeltlichen Rechtsvertreter im Rekursverfahren zu ernennen, zu behandeln und kann nicht vom Vorliegen einer Rekursbegründung abhängig gemacht werden.

b) vor Prozessbeginn
§ 88. **Unter den gleichen Voraussetzungen kann der Präsident des Obergerichts vor Prozessbeginn einen unentgeltlichen Rechtsvertreter mit Wirkung bis zum Eintritt der Rechtshängigkeit bestellen.**

c) Honorierung
§ 89. **Obsiegt die unentgeltlich vertretene Partei, wird die Prozessentschädigung dem Rechtsvertreter im Umfang seiner Bemühungen zugesprochen.**

Wird keine Prozessentschädigung zugesprochen oder ist sie von der Gegenpartei nicht erhältlich, so werden dem Rechtsvertreter nach Erledigung des Prozesses aus der Gerichtskasse die Barauslagen ersetzt; ferner wird ihm eine Entschädigung für seine Bemühungen entrichtet.

Der Anspruch auf die unerhältliche Prozessentschädigung geht an die Gerichtskasse über. Was sie über ihre Auszahlung an den Rechtsvertreter hinaus später erhältlich macht, wird diesem ausbezahlt.

Diese Bestimmungen gelten auch für den vom Gericht nach §§ 28 und 29 bestellten Vertreter, wenn sein Honorar von der vertretenen Partei nicht erhältlich ist.

1 ZR 84, Nr. 91: Bemessung der Prozessentschädigung: Der vormundschaftlich bestellte Beistand einer Prozesspartei, der zugleich Inhaber des Rechtsanwaltspatents ist, hat bei Obsiegen Anspruch auf eine Entschädigung seitens der Gegenpartei im Rahmen der Ansätze der Verordnung über die Anwaltsgebühren.

2 ZR 85, Nr. 62: Die Entschädigung eines unentgeltlichen Rechtsvertreters aus der Gerichtskasse und deren Bemessung im Falle eines offensichtlich übersetzten Klagebegehrens: Nach ständiger Praxis richtet sich die Höhe der Entschädigung, soweit der Zeitaufwand von Belang ist, nicht nach dem effektiven, sondern nach den vom Gericht aufgrund seiner Aktenkenntnis als notwendig erachteten Aufwendungen. Für übertriebenen Aufwand kann somit keine Entschädigung beansprucht werden. Macht der Kläger sachlich nicht gerechtfertigte offensichtlich übersetzte Forderungen geltend, kann das Rechtsbegehren nicht massgebend sein, da dieses zu einem objektiv nicht gerechtfertigten Honorar führen würde. Andererseits ist die Prozessentschädigung, welche die überklagende Partei einem obsiegenden Beklagten zu zahlen hat, aufgrund der ganzen übersetzten Forderung zu bestimmen, da sich die Bemühungen des Beklagten auf Abweisung der Klage, mit der die ganze übersetzte Forderung geltend gemacht wird, richten.

3 ZR 90, Nr. 70: Vgl. § 68 ZPO.

4 ZR 91/92, Nr. 88: Entschädigung des unentgeltlichen Rechtsbeistands bei einer Scheidung: Vermögensrechtliche Ansprüche über Fr. 300'000 führen nicht zu einer Erhöhung der Grundgebühr über den Höchstbetrag von damals Fr. 12'000, wenn der grosse Aufwand betreffend vorsorgliche Massnahmen bzw. prozessleitende Entscheide angeführt wird; dafür sind die Zuschläge zur Grundgebühr zu gewähren (in casu 141 %).

5 ZR 93, Nr. 82: Vgl. § 69 ZPO.

6 ZR 94, Nr. 38: Nur der Rechtsvertreter persönlich, nicht aber die Partei sei zum Anfechten der gemäss § 89 Abs. 2 ZPO zugesprochenen Entschädigungen legitimiert. Die Verwaltungskommission des Obergerichts bilde ein unabhängiges Gericht im Sinne von § 6 Ziff. 1 EMRK; deshalb sei

es zulässig, der Verwaltungskommission, nicht einer Rekurskammer, das Überprüfen der Entschädigungsfrage auf dem Beschwerdeweg zu übertragen.

Gemeinsame Bestimmungen
a) Zeitpunkt des Gesuches
§ 90. Das Gesuch um Bewilligung der unentgeltlichen Prozessführung oder Vertretung kann jederzeit bis zur Erledigung des Prozesses gestellt werden.

Die Rechtsmittelinstanz kann für ihr Verfahren einen selbständigen Entscheid treffen.

ZR 83, Nr. 30: Über ein Gesuch betreffend Bestellung eines unentgeltlichen Rechtsvertreters muss sofort entschieden werden. Das Verfahren darf nicht weitergeführt werden, bevor über die Bestellung des unentgeltlichen Rechtsvertreters entschieden ist. Auch die Abschreibung des Verfahrens aufgrund des Rückzugs der Scheidungsklage stellt eine unzulässige Fortführung des Verfahrens dar, sofern sie erfolgt, bevor der unentgeltliche Rechtsvertreter bestellt ist.

b) Entzug der Bewilligung
§ 91. Fallen die Voraussetzungen für die Bewilligung der unentgeltlichen Prozessführung oder Vertretung im Lauf des Prozesses dahin, kann das Gericht die erteilte Bewilligung zurückziehen.

ZR 86, Nr. 94: Nach der Rechtsprechung kann die Gewährung der unentgeltlichen Prozessführung davon abhängig gemacht werden, dass der Gesuchsteller die streitigen Ansprüche bis zu einem Höchstbetrag dem Staate abtritt oder verpfändet. Mit einer solchen Abtretung soll sichergestellt werden, dass der Staat seinen gegenüber der im Armenrecht prozessierenden Partei bestehenden Rückforderungsanspruch durchsetzen kann. Dieser Rückforderungsanspruch steht dem Staat allerdings nur in dem von § 92 ZPO gezogenen Schranken zu, d.h. er besteht nur dann, wenn die Partei durch den Ausgang des Prozesses oder auf anderen Wegen in günstige wirtschaftliche Verhältnisse kommt. Eine Abtretung von streitigen Ansprüchen im Zusammenhang mit der Bewilligung der unentgeltlichen Prozessführung muss daher unter der Bedingung erfolgen, dass das Gericht mit Beendigung des Prozesses in einem Beschluss gemäss § 92 ZPO feststellt, die abtretende Partei sei durch den Prozessausgang in günstige wirtschaftliche Verhältnisse gekommen und deshalb zur Rückzahlung eines bestimmten Betrags verpflichtet. Das Interesse des Staats auf Durchsetzung seines Rückforderungsanspruchs gegen die im Armenrecht prozessierende Partei besteht während der gesamten Prozessdauer in gleicher Weise, so dass es grundsätzlich keine Rolle spielen darf, in welchem Verfahrensstadium sich der Staat das Sicherungsmittel der Abtretung verschafft. Eine Abtretung erst nach gewährtem Armenrecht, bzw. im weiteren Verlauf des Prozesses, wirkt sich einzig auf die Höhe der Abtretungssumme aus, indem diese in einem solchen Fall, entsprechend dem Rückwirkungsverbot des Bewilligungsentzugs, lediglich noch die vom Zeitpunkt der Abtretung an auflaufenden Kosten umfassen darf.

c) Nachzahlungspflicht
§ 92. Kommt die Partei, der die unentgeltliche Prozessführung oder Vertretung bewilligt wurde, durch den Ausgang des Prozesses oder auf anderem Wege in günstige wirtschaftliche Verhältnisse, so kann sie das Gericht zur Nachzahlung der ihr erlassenen Gerichtskosten und der Auslagen für die Vertretung verpflichten.

ZR 86, Nr. 94: Vgl. § 91 ZPO.

ZR 91/92, Nr. 9: Unentgeltliche Prozessführung: Wenn eine Partei durch den Prozessausgang in günstige wirtschaftliche Verhältnisse gelangt, ist erst nach Rechtskraft des Urteils mit separatem Beschluss darüber zu entscheiden, ob sie zur Nachzahlung der Kosten der unentgeltlichen Prozessführung und Rechtsvertretung verpflichtet ist.

2   ZR 91/92, Nr. 90: Wenn eine Partei durch den Ausgang eines Prozesses in günstige wirtschaftliche Verhältnisse kommt, so ist erst nach Inkrafttreten des entsprechenden Urteils mit separatem Beschluss darüber zu entscheiden, ob sie zur Nachzahlung der Kosten der unentgeltlichen Prozessführung und Rechtsvertretung verpflichtet werden kann. Im vorliegenden Fall erhielt die Klägerin eine güterrechtliche Ausgleichszahlung von über Fr. 900'000, die jedoch nicht in Rechtskraft erwuchs, da beide Parteien je eine selbständige Berufung erhoben.

II. Teil: Ordentliches Verfahren
1. Abschnitt: Prozesseinleitung
A. Sühnverfahren

Grundsatz
§ 93. Dem ordentlichen Verfahren geht das Sühnverfahren vor dem Friedensrichter voraus, soweit nichts anderes bestimmt ist.

1   Gemäss Vogel, S. 287, entscheidet der Friedensrichter nicht nach Rechtskenntnissen, sondern nach dem "gesunden Menschenverstand". Das Problem besteht darin, dass sich dieser Menschenverstand als unterschiedlich gesund erweist. (Es wird mitunter die Meinung vertreten, vollamtliche Friedensrichterposten seien gut bezahlte Parteipfründen für verdiente Parteifunktionäre, die nun relativ gut verdienen wollten, was hier nicht beurteilt werden kann).

2   ZR 94, Nr. 35: Forderungsklagen aus Mietverhältnisse über Wohn- und Geschäftsräume seien gemäss bundesgerichtlicher Rechtsprechung von Bundesrechtswegen immer zuerst der Schlichtungsbehörde zum Schlichten zu unterbreiten. Örtlich zuständig sind die Schlichtungsbehörde und die Gerichte der am Ort gelegenen unbeweglichen Mietsache. Sowohl der Einzelrichter wie der ordentliche Richter sind an deren Stelle zum Schlichten sachlich und funktionell unzuständig.

Verfahren
a) Einleitung und Mündlichkeit
§ 94. Das Begehren um Durchführung des Sühnverfahrens kann schriftlich oder mündlich gestellt werden.

Es findet eine mündliche Sühnverhandlung statt. Wer sich vor dem Friedensrichter vertreten lassen darf, kann sich statt dessen rechtzeitig vor der Sühnverhandlung in einer schriftlichen Eingabe äussern.

1   Die Ladung zu einem amtlichen Sühnversuch unterbricht gemäss Art. 135 Abs. 2 OR die Verjährung. Postaufgabe genügt bereits.

2   BGE 65 II 166: "Der Kläger hat von der in Frage stehenden Auskunft nach der das Bundesgericht bindenden Feststellung der Vorinstanz frühestens am 16. April 1935 Kenntnis erhalten. Da eine unerlaubte Handlung in Frage steht, wäre gemäss Art. 60 Abs. 1 OR die Verjährung mit dem Ablauf des 16. April 1936 eingetreten. An diesem Tage hat indessen der Kläger durch Zuschrift an das zuständige Vermittleramt die Abhaltung eines Vermittlungsvorstandes nach Massgabe von Art. 56 ff. ZPO für den Kanton Appenzell A. Rh. verlangt. Die Vorinstanz hat jedoch den Eintritt der Verjährung angenommen, weil die Ladung durch das Vermittleramt, auf die es ankomme, erst am 17. April 1936 ergangen sei. Zu dieser Auffassung ist die Vorinstanz durch wörtliche Auslegung der Bestimmung von Art. 135 OR gelangt, dass die Verjährung unterbrochen werde 'durch Ladung zu einem amtlichen Sühneversuch'; laden, d. h. eine Vorladung erlassen, könne aber nur die Behörde (so auch BECKER, N. 7 zu Art. 135 OR, sowie OSER- SCHÖNENBERGER, N. 16 zU Art. 135 OR). Diese Auslegung erweist sich jedoch als zu eng. Wie in der Aufzählung der übrigen verjährungsunterbrechenden Handlungen in Art. 135 Ziffer 2 OR zum Ausdruck kommt, ist

für die Unterbrechung der Verjährung stets ein Handeln der Partei entscheidend. Schuldbetreibung, Klage, Einrede setzen alle ein Tätigwerden des Trägers des von der Verjährung bedrohten Anspruchs voraus. Es ist daher innerlich durch nichts gerechtfertigt, im Gegensatz zu diesen Fällen bei der Ladung zum Sühneversuch nicht das Handeln der Partei, sondern die Verfügung einer Amtsstelle als massgebend anzusehen, insbesondere wenn man in Betracht zieht, dass im Zeitpunkt des Erlasses des OR von 1881 nach einer Anzahl von Prozessrechten unter dem Einfluss einer auf die Spitze getriebenen Verhandlungsmaxime die Ladung durch den Kläger selbst vorzunehmen war (vgl. ENDERLIN, Das Sühneverfahren im schweizerischen Recht, S. 64). Die von der Vorinstanz vertretene Auffassung würde überdies zu dem äusserst stossenden Ergebnis führen, dass unter Umständen die Nachlässigkeit eines Sühnebeamten eine Anspruchsverjährung bewirken könnte. Ferner müsste im Anwendungsgebiet des einheitlichen schweizerischen OR eine Partei zur Unterbrechung der Verjährung je nach der schnelleren oder langsameren Ladungsmöglichkeit unter Umständen schon geraume Zeit vor Ablauf der Jahresfrist des Art. 60 OR tätig werden, was vom Gesichtspunkt der einheitlichen Rechtsanwendung aus als unhaltbar bezeichnet werden muss. Alle diese Gründe drängen dazu, als Ladung im Sinne von Art. 135 OR auch dort, wo die Vorladung nicht Sache der Partei selber ist, das Begehren an den Friedensrichter zu betrachten (in diesem Sinne auch LEUCH, Komm. zur bernischen Zivilprozessordnung, 2. Aufl., Art. 144 Anm. 1).

Bei der Benützung der Post gilt, entsprechend der für die Verjährungsunterbrechung durch Klageanhebung getroffenen Regelung (vergl. hierüber BGE 49 II 42), die Aufgabe des Parteibegehrens um Erlass einer Ladung; denn damit hat der Kläger alle ihm obliegenden erforderlichen Schritte getan, um eine Sühneverhandlung in die Wege zu leiten. Das am 16. April 1936 zur Post gegebene Begehren um Ladung zum Sühneversuch bewirkte daher die Unterbrechung der Verjährung für allfällige Ansprüche des Klägers aus der Auskunfterteilung durch den Beklagten."

Zum Begriff und zur Bedeutung der Klageanhebung, vgl. dazu die Ausführungen unter § 102 ZPO.

BGE 98 II 181: "10. Die Kläger haben am 17. März 1965, 5. Januar 1966 und 2. Januar 1967 das Vermittleramt um Ladung zum Sühneversuch über ihr Begehren auf Ungültigerklärung der streitigen Testamente ersucht. Innert der Geltungsdauer des Leitscheins, der ihnen nach dem Scheitern des am 2. Januar 1967 verlangten Sühneversuchs ausgestellt wurde, machten sie die vorliegende Klage beim Bezirksgericht anhängig. Bei diesem Sachverhalt könnte, wenn auf die in Art. 521 ZGB vorgesehene 'Verjährung' die Vorschriften des OR über die Unterbrechung der Verjährung von Forderungen (insbesondere die Art. 135 Ziff. 2 und 137 Abs. 1 OR) anzuwenden wären, nicht angenommen werden, die Ungültigkeitsklage sei vor Einleitung des vorliegenden Prozesses bereits verjährt gewesen. (Unter dem in Art. 135 Ziff. 2 OR verwendeten Ausdruck 'Ladung zu einem amtlichen Sühneversuch' ist nach BGE 65 II 166 ff. das Begehren an den Friedensrichter (Vermittler) zu verstehen.)

Es fragt sich jedoch, ob die in Art. 521 und 533 ZGB geregelte 'Verjährung' der Ungültigkeits- und der Herabsetzungsklage eine eigentliche Verjährung sei, auf welche nach Art. 7 ZGB die erwähnten Vorschriften des OR sinngemäss angewendet werden könnten, oder ob man es in Wirklichkeit mit einer Verwirkung des Klagerechts zu tun habe, wie das nach der Rechtsprechung in mehreren andern Fällen zutrifft, wo das Gesetz von Verjährung spricht (vgl. namentlich BGE 65 II 101 f., bes. 103/04; 68 II 274; 69 II 347; 84 II 595 und 95 II 267 zu Art. 127 137 Abs. 2 und 138 Abs. 2 ZGB, BGE 65 II 103 zum Randtitel von Art. 251 OR, BGE 76 II 240 ff. Erw. 3 zu Art. 21 des BG vom 22. März 1888 betr. den Geschäftsbetrieb der Auswanderungsagenturen und BGE 95 II 266 ff. Erw. 9 zu Art. 14 Abs. 1 Satz 2 EHG).

Das Bundesgericht hat in BGE 86 II 344 Erw. 4 erklärt, die Frage, ob und wieweit sich die entsprechende Anwendung von Art. 135 und 137 OR auf die Ungültigkeits- und die Herabsetzungsklage sachlich rechtfertige, lasse sich beantworten, ohne dass zu prüfen wäre, ob es dogmatisch richtig sei, die Rechtsfolge, welche die Art. 521 und 533 ZGB an den unbenützten Ablauf der hier festgesetzten Fristen knüpfen, als Verjährung (besonderer Art) zu bezeichnen, oder ob besser von einer Verwirkung des Klagerechts gesprochen würde (wie es die Vorinstanz im Gegensatz zu der

bis dahin vorherrschenden, auch vom Bundesgericht vertretenen Auffassung getan hatte). Sodann hat es in Erw. 5 im wesentlichen ausgeführt, der durch eine Verfügung von Todes wegen Benachteiligte könne, falls er die ihm nach seiner Auffassung zukommenden Erbschaftswerte noch nicht besitzt, nach dem klaren Sinne des Gesetzes nur durch gerichtliche Klage geltend machen, die Verfügung sei mit einem Ungültigkeitsgrund behaftet oder verletze seinen Pflichtteil; solange kein Gerichtsurteil ergangen sei, stünden ihm die Ansprüche, welche die Verfügung ihm abgesprochen hat, nicht zu, sondern besitze er nur ein durch Klage auszuübendes Anfechtungsrecht; darin unterscheide sich seine Stellung wesentlich von derjenigen des Gläubigers einer Geldforderung, die diese schon vor dem Gerichtsurteil innehabe und nicht immer ein solches erstreiten müsse, um sie zur Geltung zu bringen; wenn das Gesetz vorschreibe, dass die Ungültigkeits- und die Herabsetzungsklage mit dem Ablauf bestimmter Fristen verjähren, könne das also nur heissen, der nicht besitzende Benachteiligte müsse bei Gefahr des Verlusts des Klagerechts innert dieser Fristen die gerichtliche Klage einleiten; hieraus folge, dass Art. 135 OR auf die Ungültigkeits- und die Herabsetzungsklage jedenfalls insoweit nicht angewendet werden könne, als er eine Unterbrechung der Verjährung durch andere Mittel als durch gerichtliche Klage (oder Einrede vor Gericht) vorsieht; die Ladung zu einem amtlichen Sühneversuch (Art. 135 Ziff. 2 OR) könne zur Wahrung der Fristen von Art. 521 und 533 ZGB nur genügen, wenn die Voraussetzungen gegeben seien, unter denen nach der Rechtsprechung des Bundesgerichts (BGE 85 II 537 mit Hinweisen) die Anrufung des Sühnebeamten als Klageanhebung gilt; andersseits genüge eine zuständigenorts und in gehöriger Form eingeleitete Klage, um den Kläger gegen einen durch Zeitverlust bewirkten Verlust der Befugnis zu schützen, die Ungültigerklärung oder Herabsetzung der ihn benachteiligenden Verfügung zu verlangen, nach vorschriftsmässiger Ausübung des Klagerechts könne von einer Verjährung der Klage, 'womit hier eben nur dieses durch den einmaligen Akt der Klageeinleitung auszuübende Recht... gemeint sein' könne, nicht mehr die Rede sein; die Vorschriften von Art. 137 Abs. 1 und 138 Abs. 1 OR seien somit auf die Verjährung der Ungültigkeits- und der Herabsetzungsklage im Sinne von Art. 521 bzw. 533 ZGB nicht anwendbar. Mit diesen Ausführungen hat das Bundesgericht zwar nicht dem Worte, aber der Sache nach entschieden, dass die Fristen der Art. 521 und 533 ZGB in Wirklichkeit nicht Verjährungs-, sondern Verwirkungsfristen seien. Das ergibt sich namentlich daraus,
- dass festgestellt wurde, die in Frage stehenden Klagen seien 'bei Gefahr des Verlusts des Klagerechts' innert dieser Fristen einzuleiten,
- dass bei Umschreibung der Voraussetzungen, unter denen die Ladung zu einem Sühneversuch zur Wahrung dieser Fristen genügt, auf die Regeln abgestellt wurde, welche die Rechtsprechung für die bundesrechtlichen Klagefristen aufgestellt hat (vgl. hiezu ausser BGE 85 II 537 mit Hinweisen auch den diese Praxis bestätigenden Entscheid BGE 89 II 307 Erw. 4, und
- dass als Gegenstand der Klageverjährung im Sinne von Art. 521 und 533 ZGB das 'durch den einmaligen Akt der Klageeinleitung auszuübende' Klagerecht bezeichnet und entschieden wurde, Art. 137 Abs. 1 OR, wonach die Verjährung mit der Unterbrechung von neuem beginnt, sei auf die Verjährung im Sinne von Art. 521 und 533 ZGB nicht anwendbar.

Der Entscheid BGE 86 II 347 ff. ist denn auch von PICENONI (der ihn kritisiert) im angegebenen Sinne verstanden worden (SJZ 1967 S. 101 ff., S. 103/04), wogegen MERZ (der den Entscheid billigt) sich nicht darüber ausspricht, welcher Charakter den Fristen von Art. 521 und 533 nach diesem Entscheide zuzuschreiben sei (ZBJV 1961 S. 370 f.).

An der Auffassung über das Wesen der in Art. 521 und 533 ZGB vorgesehenen 'Verjährung', zu der sich das Bundesgericht in diesem Entscheide implicite bekannt hat, ist aus den dort angegebenen Gründen festzuhalten. Neben der in diesem Entscheide gekennzeichneten Natur des Rechts, das es die Art. 521 und 533 ZGB einer 'Verjährung' unterwerfen, spricht für diese Auffassung auch der Zweck der genannten Vorschriften. Das Gesetz will mit diesen Bestimmungen unverkennbar dafür sorgen, dass eine allfällige Ungültigkeits- oder Herabsetzungsklage im Regelfalle (– wenn nicht die Sonderbestimmung von Art. 521 Abs. 2 ZGB eingreift –) innert einer verhältnismässig kurzen Frist vom Bekanntwerden der massgebenden Tatsachen an erhoben und der fragliche Streit im so eingeleiteten Verfahren erledigt wird. Die durch die betreffende Verfügung Bedachten, unter denen sich betagte Personen wie z.B. der überlebende Ehegatte des Erblassers befinden können, haben hieran ein berechtigtes Interesse. Den durch die Verfügung Benachteiligten ist die Ausübung ihres Klagerechts innert der Jahresfrist von Art. 521 bzw. 533 ZGB unter Vorbehalt des erwähnten Sonderfalls um so eher zuzumuten, als sie nach Art. 559 ZGB die Auslieferung der Erbschaft an die eingesetzten Erben dadurch verhindern können, dass sie deren Berechtigung innert eines Monats seit der in Art. 558 ZGB vorgeschriebenen Mitteilung der Verfügung ohne Grundangabe (vgl. BGE 98 Ib 99 Abs. 2 am Ende) bestreiten.

Die praktische Tragweite der Art. 521 Abs. 1 und 533 Abs. 1 ZGB wird freilich, worauf PICENONI (a.a.O. 104 ff.) hinweist, dadurch beschränkt, dass Personen, die sich im Besitz oder Mitbesitz der Erbschaft befinden, nicht auf die Ungültigkeits- oder Herabsetzungsklage angewiesen sind, sondern die Ungültigkeit oder Herabsetzbarkeit einer Verfügung gemäss Art. 521 Abs. 3 bzw. 533 Abs. 3 jederzeit einredeweise geltend machen können, und zwar gegebenenfalls auch im Erbteilungsprozess (BGE 58 II 404 ff. Erw. 3, 86 II 462 f.). Das hindert aber keineswegs, die erwähnten Bestimmungen so auszulegen, dass sie dort, wo sie zur Anwendung kommen, ihren Zweck erfüllen.

Sind die hier festgesetzten Fristen Verwirkungsfristen, so kommen eine Unterbrechung ihres Laufs nach Art. 135 und ein Neubeginn nach Art. 137/38 OR nicht in Frage, sondern muss unter allen Umständen innert dieser Fristen geklagt werden und richten sich die Anforderungen an die Klageerhebung nach den für die bundesrechtlichen Klagefristen geltenden Grundsätzen.

11. Die Kläger sind vor Ablauf der Jahresfrist von Art. 521 Abs. 1 ZGB (22. März 1966) nicht an das Gericht gelangt, sondern haben bloss zwei Vermittlungsbegehren gestellt.

Die Anrufung des Sühnebeamten genügt nach ständiger Rechtsprechung des Bundesgerichts zur Wahrung einer bundesrechtlichen Klagefrist nur dann, wenn der Sühnebeamte die Streitsache gemäss kantonalem Prozessrecht mangels Aussöhnung von Amtes wegen an das Gericht weiterzuleiten hat oder wenn zwischen dem Sühne- und dem eigentlichen Prozessverfahren nach kantonalem Prozessrecht ein Zusammenhang wenigstens in dem Sinne besteht, dass der Kläger den Streit innert einer gewissen Frist nach Abschluss des Sühneverfahrens vor den urteilenden Richter bringen muss, um die Verwirkung des Klagerechts oder andere Rechtsnachteile zu vermeiden, und der Kläger diese Frist im konkreten Falle auch wirklich eingehalten hat (BGE 74 II 16 f. Erw. 1b mit Hinweisen; 81 II 538; 82 II 590; 85 II 315 und 537; 89 II 307 Erw. 4).

In Graubünden besteht zwischen dem Vermittlungsverfahren und dem gerichtlichen Verfahren ein solcher Zusammenhang (vgl. BGE 89 II 307). Die Nichteinhaltung der Frist von 20 Tagen seit Ausstellung des Leitscheins, die nach Art. 96 ZPO für die Einreichung des Leitscheins des Vermittleramts (und der Prozesseingabe) beim Gericht gilt, bewirkt zwar nicht etwa den Verlust des im materiellen Recht begründeten Klagerechts (vgl. hiezu BGE 93 II 371 Erw. 5 mit Hinweisen), macht aber den Leitschein unwirksam und führt, wenn dieser gleichwohl eingereicht wird, nach Art. 97 ZPO zur Abschreibung der Klage, was genügt, um den nach der Rechtsprechung erforderlichen Zusammenhang zwischen Vermittlungs- und Gerichtsverfahren herzustellen.

Die Kläger haben jedoch den im ersten Vermittlungsverfahren ausgestellten Leitschein vom 31. Mai 1965 überhaupt nicht und den Leitschein aus dem zweiten Vermittlungsverfahren, der am 19. November 1966 ausgestellt wurde, erst am 14. Dezember 1966 eingereicht, was nach der im Berufungsverfahren nicht überprüfbaren Auslegung des kantonalen Prozessrechts durch die Vorinstanz zu spät war. Daher stellt weder das erste noch das zweite der innert der Jahresfrist von Art. 521 Abs. 1 ZGB gestellten Vermittlungsbegehren eine Klageanhebung im Sinne der bundesgerichtlichen Praxis dar. Die vorliegende Klage könnte deshalb selbst dann nicht als innert dieser Frist angehoben gelten, wenn es sich dabei um die im Anschluss an das zweite Vermittlungsverfahren beim Gericht eingereichte Klage handeln würde. Das ist im übrigen nicht der Fall, sondern die vorliegende Klage beruht auf dem Leitschein aus dem dritten Vermittlungsverfahren, das erst am 2. Januar 1967 und damit lange nach Ablauf der Jahresfrist von Art. 521 Abs. 1 ZGB eingeleitet wurde.

> Vergeblich machen die Kläger geltend, das Testamentsanfechtungsverfahren sei seit dem 17. März 1965 (Datum des ersten Vermittlungsbegehrens) oder doch jedenfalls seit dem 5. Januar 1966 (Datum des zweiten, ebenfalls noch vor Ablauf der Frist von Art. 521 Abs. 1 ZGB gestellten Vermittlungsbegehrens) 'ohne jeden Unterbruch rechtshängig'. Beim Entscheid darüber, ob die Klagefrist von Art. 521 Abs. 1 ZGB eingehalten worden sei, kommt es nicht auf die Rechtshängigkeit, die sich nach kantonalem Recht bestimmt (BGE 74 II 69; 90 II 216 Erw. 2), sondern allein darauf an, wann die zu beurteilende Klage im Sinne der für die bundesrechtlichen Klagefristen geltenden Regeln des Bundesrechts angehoben wurde, und das ist eben im vorliegenden Falle erst lange nach Ablauf jener Frist geschehen. Im übrigen hat die Vorinstanz auf Grund des kantonalen Prozessrechts, dessen Anwendung das Bundesgericht als Berufungsinstanz nicht zu überprüfen hat, festgestellt, dass das mit dem Vermittlungsbegehren vom 5. Januar 1966 eingeleitete Verfahren bereits am 10. Dezember 1966, d.h. an dem auf den letzten Tag der Leitscheinfrist folgenden Tage, nicht mehr hängig war und dass mehrere aufeinanderfolgende Vermittlungsbegehren nicht dazu taugen, die Streithängigkeit ohne Unterbruch aufrechtzuerhalten. Indem die Vorinstanz ausführte, die Streithängigkeit falle mit dem unbenützten Ablauf der Leitscheinfrist ohne weiteres dahin und der Beschluss vom 29. Dezember 1966 über die Abschreibung der Klage nach Art. 97 ZPO stelle den Hinfall der Rechtshängigkeit rein deklaratorisch fest, hat sie implicite auch erklärt, dass die aufschiebende Wirkung, die den Rechtsmitteln gegen den Abschreibungsbeschluss erteilt wurde, nach kantonalem Recht keinen Einfluss auf die Rechtshängigkeit der Streitsache haben konnte (sondern nur die Vollstreckung des Kostenspruchs hinderte). Ob der Abschreibungsbeschluss während der kantonalen Gerichtsferien erlassen werden durfte, ist unerheblich, da beim Entscheid über die Rechtzeitigkeit der vorliegenden Klage auf diesen Beschluss überhaupt nichts ankommt, und stellt im übrigen eine Frage des kantonalen Prozessrechts dar, mit der sich das Bundesgericht im Berufungsverfahren nicht befassen kann. Art. 139 OR, der in der Berufungsschrift angerufen wird, hilft den Klägern nicht. Diese Vorschrift, die unter den Bestimmungen über die Verjährung eine Sonderstellung einnimmt (BGE 89 II 309), ist zwar nach der Rechtsprechung des Bundesgerichts auf die Klagefristen des Bundeszivilrechts entsprechend anzuwenden (BGE 89 II 307 ff. Erw. 6 mit Hinweisen, 93 II 369 Erw. 3, 96 III 95 Erw. 2). Sie greift grundsätzlich auch dann ein, wenn eine Klage an einem Fehler scheitert, der nicht bei Einleitung des Vermittlungsverfahrens, sondern erst bei Anrufung des Gerichts unterlief. Dem Kläger, der in diesem Stadium des Verfahrens einen Fehler begeht, kommt die Nachfrist von Art. 139 OR aber nur zugute, falls er innert der Frist, die nach kantonalem Prozessrecht für die Einreichung der Klage beim Gericht gilt, etwas – wenn auch nicht das Richtige – vorkehrt. Einem Kläger, der diese Frist unbenützt verstreichen lässt, ist die Nachfrist des Art. 139 OR dagegen nicht zu gewähren (BGE 89 II 311 f. Erw. 7 93 II 370 f. Erw. 4). So verhält es sich im vorliegenden Falle. Die Kläger sind innert der Frist von 20 Tagen seit Ausstellung der Leitscheine vom 31. Mai 1965 und 19. November 1966, innert der sie nach Art. 96 ZPO den Leitschein und die Prozesseingabe hätten einreichen sollen, untätig geblieben und können daher eine Nachfrist im Sinne von Art. 139 OR nicht beanspruchen.
>
> Soweit die vorliegende Klage eine Ungültigkeitsklage im Sinne von Art. 519 ZGB darstellt, ist sie also wegen Versäumung der Klagefrist von Art. 521 Abs. 1 ZGB abzuweisen."

4   Klagefristen des Bundesrechts sind Verwirkungsfristen, dies gilt beispielsweise für die Ungültigkeitsklage gemäss Art. 521 ZGB oder die Herabsetzungsklage gemäss Art. 533 ZGB, wobei es sich entgegen dem Wortlaut nicht um unterbrechbare Verjährungsfristen, sondern um Verwirkungsfristen handelt. Eine Verwirkungsfrist bildet weiter die aktienrechtliche Anfechtungsklage von Generalversammlungsbeschlüssen gemäss Art. 706a Abs. 1 OR; die Klagen des SchKG unterliegen Verwirkungsfristen, insbesondere die Aberkennungsklage, wobei in gewissen Kantonen die kantonalen Gerichtsferien gelten, in andern, wie Zürich, aber nicht (die Hinweise gemäss GVG für den Fristenlauf in den Gerichtsferien sollen nicht notwendig sein, da es sich um eine bundesrechtliche Frist handle, die nicht dem GVG unterliege, was nicht überzeugt).

5   Die Wiederherstellung bundesrechtlicher Verwirkungsfristen ist nicht mittels des kantonalen Prozessrechts, sondern allenfalls analog über Art. 139 OR möglich.

BGE 119 II 435: "2. a) En vertu de l'art. 961 al. 3 CC, le juge qui ordonne l'inscription provisoire 6
d'un droit réel au registre foncier doit en déterminer la durée, éventuellement en fixant au requérant un délai pour faire valoir son droit en justice. Si aucune action n'est introduite avant l'échéance de celui-ci, l'inscription provisoire devient caduque (art. 76 al. 1 ORF, RS–211–432–1; ATF 60 I 298). Selon la jurisprudence et la doctrine, lorsque le droit fédéral prévoit une telle disposition, la question de l'ouverture de l'action ne relève pas des règles cantonales, quand bien même la loi ne fixe pas elle-même le délai dans lequel le demandeur doit invoquer son droit en justice, mais laisse au juge le soin d'y procéder; la conséquence de l'inobservation du délai est dès lors la même que quand il est déterminé par la loi, à savoir la péremption du droit (ATF 82 II 587 consid. 2 p. 590; Homberger, n. 34 ad art. 961 CC; R. SCHUMACHER, Das Bauhandwerkerpfandrecht, 2e éd., no 760, p. 221; Sträuli/Messmer, Kommentar zur Zürcherischen Zivilprozessordnung, 2e éd., n. 85 ad art. 215 let. d ZPO/ZH, p. 414).

Un délai péremptoire de droit fédéral ne saurait être ni interrompu ni suspendu. Il ne peut pas non plus être prolongé ou restitué en vertu des seules règles cantonales de procédure (ATF 101 II 86 consid. 2 p. 88; O. Vogel, Grundriss des Zivilprozessrechts, 3e éd., no 110 p. 220 et no 23 pp. 274/275); tout au plus peut-il l'être par décision du juge, dans la mesure où il ne s'agit pas d'un délai légal (ATF 97 I 209 consid. 2 p. 215, 66 II 105 consid. 1 p. 108).

La durée de validité de l'inscription provisoire au registre foncier dépend parfois, comme c'est le cas en l'espèce, de l'ouverture du procès en inscription définitive. Lorsque celui-ci a été introduit dans le délai fixé, l'annotation effectuée à titre provisoire reste valable jusqu'à droit connu sur le fond (ATF 112 II 496 consid. 2 p. 498, 101 II 63 consid. 4 p. 67, 99 II 388 consid. 3 p. 391, 98 Ia 241 consid. 2a p. 244). Dès lors, la sécurité juridique commande également que cette question ne dépende pas de l'application du droit cantonal de procédure.

b) En l'occurrence, il n'est pas contesté que la décision impartissant au recourant un délai de trois mois pour faire valoir son droit a été notifiée aux parties le 6 juin 1991 et reçue par elles le lendemain. Pour les motifs exposés ci-dessus, les dispositions du droit cantonal de procédure, en particulier concernant les féries judiciaires, ne peuvent en aucune manière influencer le cours du délai litigieux. Par conséquent, l'action introduite le 22 octobre 1991 par le recourant se révèle tardive. L'autorité cantonale n'a donc pas méconnu la portée de l'art. 961 al. 3 CC, ni appliqué à tort le droit fédéral au lieu du droit cantonal, en estimant que le demandeur devait être débouté de son action, en l'espèce périmée. Au demeurant, il n'est pas établi que le recourant ait demandé en temps utile au juge une prolongation du délai que celui-ci lui avait imparti."

b) Streitwert
§ 95. **Der Friedensrichter hält die Parteien zur Bezifferung des Streitwerts an.**

c) Beweis
§ 96. **Die Parteien sollen die Urkunden, welche sie im Prozess einreichen wollen, schon im Sühnverfahren vorlegen.**

Der Friedensrichter erhebt keine Beweise, kann aber den Streitgegenstand in Gegenwart der Parteien besichtigen.

d) Sühnversuch
§ 97. **Der Friedensrichter trachtet danach, die Parteien auszusöhnen. Er sucht sie davon abzuhalten, offenbar unbegründete Klagen zu erheben oder begründete Rechtsbegehren zu bestreiten.**

Aus zureichenden Gründen kann er eine zweite Sühnverhandlung anordnen.

Abschluss des Verfahrens
a) allgemein
§ 98. Soweit das Verfahren durch Vergleich, Rückzug oder Anerkennung der Klage hinfällig wird, schreibt es der Friedensrichter als erledigt ab.

Im übrigen bringt er, falls dies noch nicht geschehen ist, das Rechtsbegehren in bestimmte Form und stellt dem Kläger unverzüglich von Amtes wegen die Weisung zu.

b) ohne Sühnverhandlung
§ 99. Bleibt der Kläger der Sühnverhandlung ohne genügende Entschuldigung fern, schreibt der Friedensrichter die Klage als einstweilen zurückgezogen ab.

Bleibt der Beklagte ohne genügende Entschuldigung aus, stellt der Friedensrichter dem Kläger die Weisung zu.

Der Friedensrichter stellt dem Kläger ohne Durchführung einer Sühnverhandlung die Weisung zu, wenn der Beklagte unbekannt abwesend ist oder sich im Ausland aufhält, ohne in der Schweiz einen Vertreter zu haben.

c) Inhalt der Weisung
§ 100. Die Weisung enthält:

1. die Bezeichnung des Gerichts, an welches sie gerichtet wird;
2. die Bezeichnung der Parteien mit Namen oder Firma und Adresse, bei natürlichen Personen zudem mit Vornamen, Geburtsdatum, Heimatort und Beruf;
3. den Namen und die Adresse der allfälligen Vertreter;
4. das klägerische Rechtsbegehren, die Stellungnahme des Beklagten dazu und eine allfällige Widerklage;
5. die Angaben beider Parteien über die Höhe des Streitwerts;
6. das Datum der Klageeinleitung;
7. Angaben über die Durchführung und das Ergebnis des Sühnverfahrens;
8. die Angabe, welche Urkunden vorgelegt wurden und ob die Vorlegung bestimmter Urkunden verweigert wurde;
9. den Hinweis auf § 101;
10. die Unterschrift des Friedensrichters sowie die Angabe, wann die Weisung ausgestellt und an den Kläger versandt wurde.

Verfall der Weisung
§ 101. Macht der Kläger den Rechtsstreit nicht innert drei Monaten seit Ausstellung der Weisung beim Gericht rechtshängig, gilt die Klage als einstweilen zurückgezogen.

1 *§ 140 GVG: Gerichtsferien*

[1] *In der Zeit vom 10. Juli bis und mit 20. August sowie vom 20. Dezember bis und mit 8. Januar finden keine Verhandlungen statt; die gesetzlichen und die richterlichen Fristen stehen still.*

[2] *Vorbehalten bleiben dringende Fälle und vorsorgliche Massnahmen, das Verfahren vor Friedensrichter, das einfache und rasche Verfahren, das summarische Verfahren sowie Verhandlungen und Fristansetzungen im Einvernehmen mit den Parteien. (24.9.95)*

[3] *Den Parteien wird angezeigt, wenn eine Frist während den in Abs. 1 genannten Zeiten läuft.*

ZR 85, Nr. 66: Das Gesetz regelt die Frage, ob im Zivilprozess die Frist von drei Monaten für die Einreichung der Weisung an das Gericht während den Gerichtsferien stillstehe, nicht ausdrücklich. § 140 GVG sagt nur, dass die Gerichtsferien nicht für das Verfahren vor Friedensrichter gelten. Es ist jedoch zu berücksichtigen, dass das friedensrichterliche Verfahren mit der Ausstellung der Weisung abgeschlossen ist.

ZR 89, Nr. 77: Die dreimonatige Frist zur Einreichung der Weisung des Friedensrichters beginnt am Tag der Ausstellung der Weisung zu laufen, und nicht am Tag der Zustellung derselben, und endet an jenem Tag des letzten Monats, der durch seine Zahl dem Zeitpunkt des Fristbeginns entspricht. Während den Gerichtsferien steht die Frist still. Nach den Gerichtsferien beginnt die Frist am 9. Januar bzw. 21. August zu laufen, falls die Weisung innerhalb der Gerichtsferien ausgestellt wird. Bei Ausstellung der Weisung vor den Gerichtsferien, verlängert sich die Frist um die Dauer der Gerichtsferien, d. h. im Winter um 20 Tage und im Sommer um 42 Tage. Im konkreten Beispiel verhält es sich wie folgt: Die Frist zum Einreichen der Weisung begann mit deren Ausstellungsdatum am 29. Juli 1989 zu laufen und wäre bei Vernachlässigen der Gerichtsferien am 29. September 1989 abgelaufen. Diese Frist verlängerte sich um 42 Tage Sommergerichtsferien und endete somit am 10. November 1989.

ZR 95, Nr. 39: II. 2. Gemäss § 101 ZPO ist die Gültigkeit der Weisung auf drei Monate seit Ausstellung begrenzt. Gemäss klarem Wortlaut beginnt der Fristenlauf mit Ausstellung der Weisung und nicht erst mit deren Zustellung (vgl. Sträuli/Messmer, Kommentar zur Zürcherischen Zivilprozessordnung, 2. A. Zürich 1982, N 3 zu § 101). § 191 GVG bestimmt, dass bei der Fristberechnung der Tag der Eröffnung einer Frist oder der Tag der Mitteilung eines Entscheids nicht mitgezählt werde. Der gesetzgeberische Grund für diese Regelung lag und liegt darin, dass bei Mitzählung des Tages, an dem das den Fristenlauf auslösende Ereignis eintritt, der Partei nicht der ganze erste Tag zur Verfügung stünde und sie daher um einen Teil der Frist gebracht würde (Hauser/Hauser, Erläuterungen zum Gerichtsverfassungsgesetz des Kantons Zürich, Zürich 1978, N 1. IV. zu § 211 a GVG). Bei der Fristberechnung nach § 101 ZPO können die Bestimmungen von Art. 77 OR analog herangezogen werden. Gemäss Art. 77 Abs. 1 Ziff. 3 OR endigt eine Frist, die sich nach Monaten berechnet, an dem Tag des letzten Monats, der durch seine Zahl dem Tag des Vertragsabschlusses, d. h. dem Tag fristauslösenden Ereignisses entspricht. Auch hier wird bei der Fristberechnung – wie es § 191 GVG für die Fristen des kantonalen Prozessrechts vorschreibt – der Tag, auf den das fristauslösende Ereignis fällt, nicht mitberechnet (vgl. Weber, Berner Kommentar zu Art. 68–96 OR, Bern 1983, N 12 und 24 ff. zu Art. 77). Bei einer Monatsfrist wird dem Anliegen von § 191 GVG bereits durch die Berechnung nach Art. 77 Abs. 1 Ziff. 3 OR Rechnung getragen. Der Vorinstanz ist zuzustimmen, dass bei der Berechnung einer Monatsfrist § 191 GVG nicht zusätzlich zur Fristberechnung gemäss Art. 77 Abs. 1 Ziff. 3 OR zur Anwendung kommt (vgl. auch Erw. III. 3.).

3. Gemäss den vorstehenden Ausführungen berechnet sich die Frist zur Einreichung der Weisung vorliegend wie folgt: Fristauslösendes Ereignis ist die Ausstellung der Weisung, diese erfolgte am 7. April 1994. Die Frist endet nach drei Monaten am 7. Juli 1994. Der 8. Juli 1994 wäre bereits der erste Tag des 4. Monats seit Ausstellung der Weisung.

Da der Beschwerdeführer die Weisung unbestrittenermassen erst am 8. Juli 1994 der Post übergeben hat, ist die Vorinstanz zu Recht davon ausgegangen, dass die Frist gemäss § 101 ZPO abgelaufen war. Die Nichtigkeitsbeschwerde ist somit abzuweisen.

III. 1. Der vorliegende Fall bietet die Gelegenheit, die Fristberechnung zur Einreichung der Weisung – auch unter Berücksichtigung der Gerichtsferien – sowie die zu dieser Frage publizierten neueren Entscheide ZR 85, Nr. 66 und ZR 89, Nr. 77 zu überprüfen.

2. a) In ZR 47, Nr. 82, wo das Gericht in den Gerichtsferien eine Frist von 10 Tagen angesetzt hatte, erwog das Obergericht, dass die Gerichtsferien gemäss § 153 Abs. 1 alt GVG mit dem zweiten Sonntag im Monat Juli beginnen und mit dem Samstag der 6. Woche (i. c. dem 23. August 1947) zu Ende gehen (so auch ein Entscheid des Kassationsgerichts vom 13. Oktober 1950 in SJZ 47

S.128). Es bleibe, da es sich weder um eine vertragliche noch um eine "prozessuale" Frist handle, kein Raum für eine analoge Anwendung von Art. 77 OR oder § 211 alt GVG, wonach der Tag, an dem sich die Tatsache verwirkliche, die den Fristenlauf auslöse, bei der Berechnung nicht mitgezählt werde. In der Folge zählte das Obergericht den 24. August 1947 bei der Fristberechnung mit, weshalb die vom Gericht angesetzte Frist von 10 Tagen bereits am 2. September 1947 endete (ZR 47, Nr. 82).

i) Fällt der Anfang der Frist in die Gerichtsferien, so beginnt gemäss § 223 Abs. 1 dt. ZPO der Lauf der Frist mit dem Ende der Ferien. Der Tag nach dem Ende der Gerichtsferien zählt bei der Fristberechnung mit (Stein/Jonas, Kommentar zur Zivilprozessordnung, 20. A. Tübingen 1984, N 14 zu § 223 dt. ZPO). Diese logische Fristberechnung deckt sich mit dem in ZR 47, Nr. 82 publizierten Entscheid, wonach der auf das Ende der Gerichtsferien folgende Tag bei der Berechnung einer richterlichen Frist mitgezählt wird. Sie entspricht ebenfalls dem Sinn von § 140 Abs. 1 neu GVG und § 191 neu GVG.

k) Bei gesetzlichen und richterlichen Fristen sind damit § 140 Abs. 1 neu GVG und § 191 neu GVG nicht nebeneinander anzuwenden.

3. An der in ZR 85, Nr. 66 und ZR 89, Nr. 77 publizierten Rechtsprechung kann nach dem Gesagten nicht mehr festgehalten werden. Die Frist von drei Monaten nach § 101 ZPO ist dabei wie folgt zu berechnen:

a) Wird die Weisung während den Gerichtsferien ausgestellt, ist die Frist nach § 101 ZPO vorerst ohne Berücksichtigung der Gerichtsferien zu berechnen. Sie würde an demjenigen Tag des dritten Monats enden, der durch seine Zahl dem Tag der Ausstellung der Weisung entspricht. Die so berechnete Frist verlängert sich um die Anzahl Tage, die in die Gerichtsferien fallen; der in die Gerichtsferien fallende Tag der Ausstellung der Weisung zählt dabei nicht mit. Wird die Weisung während den Gerichtsferien ausgestellt, läuft damit die Frist nach § 101 ZPO jeweils am 8. April bzw. am 20. November ab (entgegen ZR 85, Nr. 66 Ziff. 3.c und ZR 89, Nr. 77 Ziff. 2.a). § 192 GVG bleibt dabei vorbehalten.

Wird die Weisung einen Tag vor den Gerichtsferien, am 19. Dezember bzw. am 9. Juli, ausgestellt, liefe die Frist bereits ab dem 19. Dezember bzw. 9. Juli und würde ohne Berücksichtigung der Gerichtsferien am 19. März bzw. am 9. Oktober enden. Verlängert um die Dauer der Gerichtsferien (20 bzw. 42 Tage), endet die Frist damit ebenfalls am 8. April bzw. am 20. November, wobei wiederum § 192 neu GVG vorbehalten bleibt. Diese Übereinstimmung mit der Ausstellung während den Gerichtsferien ist die logische Konsequenz daraus, dass während den Gerichtsferien die Funktion von § 191 GVG durch § 140 Abs. 1 GVG übernommen wird.

b) Für den Fall, dass die Weisung vor den Gerichtsferien ausgestellt wird, ergibt sich keine Änderung der in ZR 89, Nr. 77 Ziff. 2.b und 2.c publizierten Praxis. Wird die Weisung vor den Gerichtsferien ausgestellt, ist die Frist vorerst ohne Berücksichtigung der Gerichtsferien zu berechnen und sodann um 20 bzw. 42 Tage zu verlängern (vgl. ZR 89, Nr. 77 Ziff. 2.c und 2.d).

B. Rechtshängigkeit der Klage

Einreichung der Weisung
§ 102. (alte Fassung). Bestimmt das Gesetz nichts anderes, wird der Rechtsstreit durch Einreichung der Weisung beim Gericht rechtshängig gemacht.

Hat der Beklagte im Sühnverfahren Widerklage erhoben, wird sie durch Einreichung der Weisung ebenfalls rechtshängig.

Einreichung der Weisung
§ 102. (neue Fassung, 24.9.95). Wo nichts anderes bestimmt ist, wird der Rechtsstreit durch Einreichung der Weisung beim Gericht rechtshängig gemacht.

Hat der Beklagte im Sühnverfahren Widerklage erhoben, wird sie durch Einreichung der Weisung ebenfalls rechtshängig. Im Fall von Art. 9 Abs. 2 IPRG wird die vor dem Friedensrichter erhobene Widerklage sofort rechtshängig.

Gemäss BGE 98 II 182 bestimmt sich die Frage der Rechtshängigkeit zutreffend nach kantonalem Recht; daher hat die Rechtshängigkeit nur prozessuale Wirkungen. Die materiellrechtlichen Wirkungen bestimmen sich, soweit es sich um bundesrechtliche Ansprüche handelt, allein nach Bundesrecht. Die Klageeinleitung erfolgt in Zürich in der Regel beim Friedensrichter; die Klageanhebung geschieht an sich mit der Klageeinleitung beim Friedensrichter, unter der Voraussetzung, dass die Weisung innert der für Zürich massgebenden Frist von drei Monaten beim Gericht eingereicht wird, was etwa für die Frage des Wahrens einer Verwirkungsfrist massgebend sein kann (vgl. BGE 74 II 15). Danach ist die Klageanhebung im Gegensatz zur Rechtshängigkeit ein Begriff des Bundesrechts; unter Klageanhebung versteht man jene Handlung des Klägers, mit der er erstmalig in der vom kantonalen Prozessrecht bestimmten Form den Richter anruft, um den vom Kläger behaupteten Anspruch geltend zu machen und durchzusetzen. Gemäss BGE 110 II 387 genügt ein Begehren um Erlass vorsorglicher Massnahmen innert der Verwirkungsfrist nicht, um diese zu wahren (a.M. Vogel, N 29 a S. 290, ZBJV 1986,493 f., mit eher vertretbarer Begründung). 1

Im internationalen Verhältnis hat man vor allem die Bestimmungen von Art. 9 Abs. 2 IPRG und Art. 21 LugÜ zu berücksichtigen. So greifen auch hier die "perpetuatio fori" im Sinne von § 16 ZPO und die Regeln betreffend die beschränkte Klageänderung gemäss § 61, 107 Ziff. 1 und § 115 ZPO und die sogenannten Fortführungslast gemäss § 107 Ziff. 4 ZPO, d.h. der Kläger kann über die Klage nicht mehr frei verfügen, indem ein Klagerückzug die gleiche materielle Rechtskraft entfaltet wie ein Urteil, sofern sie nicht auf prozessualen Mängeln oder mit Zustimmung der Gegenpartei erfolgt; aber für die Frage der "Litispendenz", d.h. im Falle einer zweiten identischen Klage gilt **Art. 9 IPRG**, welcher wie folgt lautet: 2

"Ist eine Klage über denselben Gegenstand zwischen denselben Parteien zuerst im Ausland hängig gemacht worden, so setzt das schweizerische Gericht das Verfahren aus, wenn zu erwarten ist, dass das ausländische Gericht in angemessener Frist eine Entscheidung fällt, die in der Schweiz anerkennbar ist.

Zur Feststellung, wann eine Klage in der Schweiz hängig gemacht worden ist, ist der Zeitpunkt der ersten, für die Klageeinleitung notwendigen Verfahrenshandlung massgebend. Als solche genügt die Einleitung des Sühnverfahrens.

Das schweizerische Gericht weist die Klage zurück, sobald ihm eine ausländische Entscheidung vorgelegt wird, die in der Schweiz anerkannt werden kann."

Für die Länder des LugÜ ist Art. 21 LugÜ zu beachten: 3

"Werden bei Gerichten verschiedener Vertragsstaaten Klagen wegen desselben Anspruchs zwischen denselben Parteien anhängig gemacht, so setzt das später angerufene Gericht das Verfahren von Amts wegen aus, bis die Zuständigkeit des zuerst angerufenen Gerichts feststeht.

Sobald die Zuständigkeit des zuerst angerufenen Gerichts feststeht, erklärt sich das später angerufene Gericht zugunsten dieses Gerichts für unzuständig."

Der EuGH hält für das Brüsseler Abkommen den Zeitpunkt des Eintritts der Rechtshängigkeit für eine teilautonome Frage: Das nationale Recht bestimmt nur, wann eine Endgültigkeit der Klageerhebung vorliegt. Für Zürich genügt das Einleiten beim Friedensrichter und Einreichen der 4

Klage innert Frist. Womit den Kläger die sogenannte Fortsetzungslast trifft; denn damit ist die Klage endgültig rechtshängig (Slg. 1984, IV, 2409).

5   **ZR 86, Nr. 60:** Die Rechtshängigkeit tritt nur dann nicht ein, wenn die Klage zu Unrecht überhaupt ohne Durchführung eines Sühneverfahrens eingereicht wird, nicht jedoch wegen blosser Mängel desselben. Dies gilt auch im Falle der Notwendigkeit einer Rückweisung an den Friedensrichter gemäss § 109 ZPO.

6   **ZR 90, Nr. 56:** Gemäss Art. 9 Abs. 2 IPRG ist zum Feststellen, wann eine Klage in der Schweiz hängig gemacht wurde, der Zeitpunkt der ersten für die Klageeinleitung notwendigen Verfahrenshandlung massgebend. Angesichts der Vielfalt der unterschiedlichen Regelungen in der kantonalen Zivilprozessordnung bezüglich des Eintritts der Rechtshängigkeit drängt sich im internationalen Verhältnis eine Vereinheitlichung auf, die ihren Niederschlag in Art. 9 Abs. 2 IPRG fand. Zur Klageeinleitung genügt die Einleitung des Sühneverfahrens. Das bedeutet, dass für internationale Verhältnisse, wo es um den Zeitpunkt der Rechtshängigkeit gegenüber einem im Ausland angehobenen Prozess geht, seit dem Inkrafttreten des IPRG am 1.1.89 eine einheitliche eidg. bestimmte Rechtshängigkeit gibt. Nach dieser neuen Norm im internationalen Zivilprozessrecht wird eine Klage in der Schweiz bei notwendigen Sühneverfahren mit dessen Einleitung rechtshängig. Im Kanton Zürich stellt das Begehren um Durchführung des Sühneverfahrens die erste für die Einleitung der Scheidungsklage notwendige Verfahrenshandlung dar (§ 94 ZPO i.V.m. § 103 bis 105 ZPO). Mit dem Eingang des Gesuchs der Klägerin um Durchführung des Sühneverfahrens beim Friedensrichteramt wurde somit im internationalen Verhältnis die Scheidungsklage beim Bezirksgericht Zürich anhängig gemacht. Es handelt sich hierbei um eine sogenannt beschränkt wirksame Rechtshängigkeit, die wieder entfällt, wenn die Weisung nicht innert der dreimonatigen Frist gemäss § 101 ZPO beim Bezirksgericht eingereicht wird.

7   **ZR 93, Nr. 85:** Vgl. § 60 ZPO.

8   **ZR 94, Nr. 34:** Beim direkten Klageeinreichen ohne vorgängig durchgeführtes Sühnverfahren komme § 109 ZPO nicht zum Zuge. Dagegen dürfte eine direkte Klageeinreichung ohne vorgängig durchgeführtes Sühneverfahren nicht ohne weiteres zum Nichteintreten auf die Klage führen, sondern dem Kläger sei i.d.R. gemäss § 108 ZPO Frist zum Beheben des Mangels anzusetzen und somit Gelegenheit zur nachträglichen Einreichung einer Weisung zu geben; eine Ausnahme von diesem Fristansetzen sei nur für Fälle gegeben, in denen die direkte Klageeinreichung als rechtsmissbräuchlich zu beurteilen sei.

Direkte Klageerhebung
a) fakultativ
§ 103. Der Kläger kann die Klage ohne Sühnverfahren schriftlich beim Gericht rechtshängig machen,
1. wenn das Handelsgericht nach § 61 GVG zuständig ist;
2. wenn das Obergericht als einzige kantonale Instanz entscheidet.

b) im beschleunigten Verfahren oder bei kurzer Klagefrist
§ 104. (alte Fassung). Eine Klage, die im beschleunigten Verfahren zu beurteilen ist oder innerhalb einer Frist von weniger als 30 Tagen erhoben werden muss, ist ohne Sühnverfahren schriftlich beim Gericht rechtshängig zu machen.

b) im beschleunigten Verfahren, im Verfahren betreffend fürsorgerische Freiheitsentziehung oder bei kurzer Klagefrist
§ 104. (neue Fassung, 12.3.95). Eine Klage, die im beschleunigten Verfahren zu beurteilen ist, die fürsorgerische Freiheitsentziehung betrifft oder innerhalb einer Frist von weniger als 30 Tagen erhoben werden muss, ist ohne Sühnverfahren schriftlich beim Gericht rechtshängig zu machen.

Das beschleunigte Verfahren ist bundesrechtlich in Art. 25 Ziff. 1 SchKG sowie kantonal in § 22 GVG umschrieben.

§ 22 GVG: Die Einzelrichter: b) beschleunigtes Verfahren

¹ Der Einzelrichter entscheidet im beschleunigten Verfahren ohne Rücksicht auf den Streitwert die nachstehenden Betreibungs- und Konkursstreitigkeiten:
1. Klagen auf Aufhebung von Arresten mangels eines Arrestgrundes (Art. 279 SchKG) und auf Anfechtung der Ansprüche Dritter an Arrestgegenständen;
2. Klagen auf Rückschaffung von Retentionsgegenständen (Art. 284 SchKG) und Klagen Dritter, welche auf Grund von Art. 273 OR die Herausgabe von Retentionsgegenständen verlangen;
3. Widerspruchsklagen (Art.107, 109 SchKG) sowie Klagen über die Lasten auf einer zu versteigernden Liegenschaft (Art. 140 Abs. 2 SchKG);
4. Klagen über den Anschluss von Ehegatten, Kindern, Mündeln, Verbeiständeten und Pfründern an eine Pfändung (Art. 111 SchKG, Art. 334 ZGB, Art. 529 OR) sowie Einsprachen des Ehegatten und von Kindern des Schuldners gegen die Pfändung ihres Erwerbs und der Erträgnisse ihres Vermögens;
5. Klagen über die Anfechtung des vom Betreibungsamt entworfenen Kollokationsplans (Art. 148, 157 SchKG);
6. Klagen über die Feststellung neuen Vermögens (Art. 265 SchKG);
7. Klagen über Eigentumsansprachen und Anfechtung des Kollokationsplans im Konkurs und im Verfahren betreffend Nachlassvertrag mit Vermögensabtretung (Art. 242, 250, 251, 316g SchKG).
² Die Entscheide im beschleunigten Verfahren sind endgültig, wenn der Streitwert Fr. 8'000 nicht übersteigt. (7.12.86)

(Vgl. Änderungen des § 22 GVG per 1.1.1997 im Anhang)

Gemäss rev. SchKG gilt das beschleunigte Verfahren für die Klage auf Feststellung des Nichtbestehens einer Schuldverpflichtung gemäss Art. 85a Abs. 4 revSchKG, für die Widerspruchsklagen gemäss Art. 109 Abs. 4 revSchKG, für Klagen auf privilegierte Anschlusspfändung gemäss Art. 111 Abs. 3 revSchKG, für Klagen betr. neues Vermögen gemäss Art. 265a Abs. 4 SchKG (vgl. Vogel, S. 323).

Gemäss Art. 15 Abs. 2 der Verordnung betreffend das Verfahren bei der Gewährleistung im Viehhandel vom 14. November 1911 (SR 221.211) gilt das beschleunigte Verfahren auch für den Gewährleistungsprozess, der kaum je vorkommt.

Eine Klage, die innert weniger als 30 Tagen erhoben werden muss, ist beispielsweise die Aberkennungsklage gemäss Art. 83 SchKG; der fürsorgerische Freiheitsentzug ist in den Bestimmungen von §§ 203a ff. ZPO geregelt.

Besonderheiten des beschleunigten Verfahrens, welche vom ordentlichen Verfahren abweichen:
- Der Einzelrichter ist ohne Rücksicht auf den Streitwert gemäss § 22 GVG zuständig.
- Kein Sühnverfahren (oben § 104 ZPO)
- Säumnisfolgen werden gemäss § 129 Abs. 2 Ziff. 1 ZPO mit der ersten Vorladung zur Hauptverhandlung angedroht.
- Erstinstanzlich ist gemäss § 119 Ziff. 1 ZPO das Verfahren mündlich.
- Urteile im beschleunigten Verfahren gemäss SchKG werden materiell rechtskräftig, gemäss Bundesgericht aber nur für die streitige Frage im betreffenden Betreibungs- oder Konkursverfahren.

BGE 98 II 318: "4. Nicht gefolgt werden kann dem Obergericht dagegen darin, die Beklagte habe für die weggefallene Verpfründung in der fünften Klasse einen Betrag von Fr. 21'300 zuzulassen, obwohl die Klägerin dafür bloss eine Forderung von Fr. 20'000 angemeldet hat. Gegenstand

> eines Kollokationsprozesses ist nicht der Bestand oder Nichtbestand einer Forderung, sondern bloss die Frage, inwieweit angemeldete Gläubigeransprüche bei der Liquidation der Aktivmasse zu berücksichtigen sind. Der Prozess dient ausschliesslich der Bereinigung des Kollokationsplans und hat so wenig wie dieser eine über das Konkursverfahren hinausgehende Rechtswirkung. Dasselbe ergibt sich aus der Natur der Kollokationsklage, die ihrem Sinn und Zweck nach ein Rechtsmittel gegen die Kollokationsverfügung der Konkursverwaltung ist (BGE 65 III 30/31, 81 III 76).
>
> Die Klägerin durfte daher mit der Kollokationsklage eine nochmalige Überprüfung ihrer Forderungen verlangen, die sie im Konkurse ihres verstorbenen Sohnes angemeldet hatte; dagegen durfte sie die nur teilweise zugelassene Forderung für die weggefallene Verpfründung nicht mit der Klage von Fr. 20'000 auf Fr. 21'300 erhöhen."

7   Die letzte kantonale Instanz hat gemäss Art. 25 SchKG im Sinne einer Ordnungsvorschrift innert 6 Monaten das Haupturteil zu fällen; daher wird notgedrungen die Berufungsverhandlung kurzfristig angesetzt.

c) in arbeitsrechtlichen Streitigkeiten und beim Mietgericht
§ 105. (alte Fassung). Ohne Sühnverfahren wird die Klage mündlich oder schriftlich rechtshängig gemacht
1. beim Arbeitsgericht und beim Mietgericht, sofern ein Begehren gemäss § 18 Abs. 1 lit. a GVG gestellt wird;
2. beim Einzelrichter und beim Bezirksgericht in nicht der Berufung unterliegenden Streitigkeiten aus dem Arbeitsverhältnis.

c) beim Arbeits- und Mietgericht
§ 105. (neue Fassung, 24.9.95). Ohne Sühnverfahren wird die Klage mündlich oder schriftlich rechtshängig gemacht:
1. beim Arbeitsgericht;
2. beim Mietgericht.

1   **Arbeitsrechtliche Prozesse:** Gerichtsstand am Wohnsitz des Beklagten und am Ort des Betriebs gemäss Art. 343 Abs. l OR; der Gerichtsstand am Ort des Betriebs kann nicht im voraus wegbedungen werden. Gemäss Art. 115 IPRG gelten Gerichtsstände am Wohnsitz des Beklagten oder am Ort der gewöhnlichen Arbeitsverrichtung sowie am schweizerischen Wohnsitz oder gewöhnlichen Aufenthaltsort des Arbeitnehmers als nicht zwingende Gerichtsstände. Art. 2 LugÜ und Art. 5 LugÜ sehen neben dem Gerichtsstand am Wohnsitz des Beklagten einen Gerichtsstand am Erfüllungsort, d.h. jenem Ort vor, an welchem der Arbeitnehmer gewöhnlich seine Arbeit verrichtet; diese Gerichtsstände für die Arbeitnehmer sind nicht im voraus wegbedingbar.

2   Für Streitigkeiten bis Fr. 20'000 gilt ein einfaches, rasches und kostenloses Verfahren; die Widerklage zählt nicht zum Streitwert hinzu. Die Parteientschädigung regelt sich allein nach kantonalem Prozessrecht. Das Gericht ist nicht an die Beweisanträge gebunden, kann und muss die erforderlichen Beweise von Amtes wegen erheben, nicht behauptete, aber aktenkundige Tatsachen von Amtes wegen berücksichtigen; die Parteien müssen hingegen das Tatsächliche vorbringen und Beweismittel bezeichnen; gemäss BGE 118 II 52 kann das kantonale Prozessrecht den Parteien die Behauptungslast und Rügelast auferlegen. Die Kantone müssen gemäss BGE 107 II 237 kein Novenrecht im Rechtsmittelverfahren zulassen, was in einem nicht geklärten Spannungsverhältnis, ja Widerspruch zur beschränkten Untersuchungsmaxime steht. Zudem hat das Bundesgericht in diesem Bereich die Fragepflicht des Richters auf das in § 55 ZPO Enthaltene beschränkt. Arbeitnehmervertreter sind als Rechtsvertreter zugelassen; die Parteien müssen persönlich erscheinen. Bundesrechtlich ist eine vorgängig vereinbarte Gerichtsstandsklausel unzulässig; das Einsetzen eines Schiedsgerichts gilt bundesrechtlich als zulässig, kann jedoch kantonalrechtlich in Zürich gemäss § 13 Abs. 3 GVG erst nach Entstehen des Rechtsstreits vereinbart werden. Diese Lösung des Kantons Zürich ist bedenklich, bieten die staatlichen Gerichte doch keine Gewähr für Diskretion.

In Zürich sind die Arbeitsgerichte unabhängig vom Streitwert zuständig. Massgebend ist dabei der 3
vom Kläger behauptete Anspruch und dessen Begründung; die Einwände der Gegenpartei sind
für die sachliche und örtliche Zuständigkeit des Arbeitsgerichts nicht zu prüfen (BGE 119 II 68).

Für den Fall der Anspruchskonkurrenz hat das Gericht auch die andern Rechtsgründe, die an sich
nicht in seine Zuständigkeit fallen, zu prüfen.

BGE 91 II 66: "2. La jurisprudence récente a posé le principe que l'autorité cantonale est tenue 4
elle aussi d'appliquer le droit fédéral d'office, en vertu de la loi fédérale d'organisation judiciaire
(arrêts précités). En effet, dans l'application du droit fédéral concernant le fond du litige, la cognition des tribunaux cantonaux ne saurait être plus étroite que celle de la cour fédérale de réforme. Les juridictions cantonale et fédérale doivent donner une juste appréciation juridique des
faits articulés par les parties. Ni l'une ni l'autre ne sont liées par les motifs inexacts ou incomplets
invoqués par les plaideurs. Elles ont le pouvoir et le devoir d'appliquer le droit fédéral dans sa plénitude. L'art. 63 OJ limite sur ce point la souveraineté cantonale en matière de procédure civile.
Une loi cantonale de procédure qui serait en contradiction avec cette règle n'aurait donc aucune
validité, vu l'art. 2 Disp. trans. Cst.

3. La décision de la Cour de justice genevoise, qui déclare la demande irrecevable dans la mesure
où elle est fondée sur l'art. 328 CO et ne l'examine quant au fond que sous l'angle de la responsabilité aquilienne, est incompatible avec l'art. 63 OJ. Elle est en effet contraire au principe que la
jurisprudence rappelée ci-dessus a déduit de cette disposition. En divisant l'examen de la prétention litigieuse en deux questions soumises à deux ordres de juridiction parallèles, elle empêche chacune des autorités cantonales d'appliquer d'office le droit fédéral dans toute son étendue aux faits
établis par l'instruction, de manière à en donner une juste appréciation juridique.

Assurément, le présent litige diffère de celui qui a donné lieu à l'arrêt Chesini Hagen (RO 89 II
337 ss.) en ceci que la Cour de justice ne s'est pas estimée liée par les motifs invoqués par les parties, mais qu'elle a déduit la limitation de sa cognition d'une disposition légale de la procédure cantonale. Toutefois, cette différence n'a aucune importance. Le point décisif est que les règles
fédérales d'organisation judiciaire contraignent l'autorité cantonale d'appliquer d'office le droit
fédéral dans sa totalité aux réclamations dont elle est saisie. Il est ainsi contraire au droit fédéral
d'imposer à une partie, en cas de concours d'actions, la division d'une seule et même prétention
en deux actions parallèles portées devant deux juridictions distinctes, chacune se bornant à examiner le mérite de l'une des actions. En pareille éventualité, l'organisation judiciaire fédérale exige qu'une seule autorité cantonale se saisisse de tout le litige et juge le mérite de la prétention contestée en appliquant d'office le droit matériel fédéral dans toute son étendue.

Dès lors, la Cour de justice devait ou bien se saisir du litige en examinant tous ses aspects ou bien
décliner entièrement sa compétence et renvoyer la partie demanderesse à se pourvoir devant le
Tribunal des prud'hommes pour faire juger l'intégralité de sa réclamation."

Das Arbeitsgericht hat über Widerklagen nur zu befinden, wenn es dafür zuständig ist. Bei Ver- 5
rechnungseinrede des Beklagten, gestützt auf einen Anspruch, für welchen das Arbeitsgericht
nicht zuständig ist, erfolgt Fristansetzung an den Beklagten; die Vollstreckbarkeit des arbeitsgerichtlichen Urteils ist bis zum rechtskräftigen Entscheid über die Gegenforderung aufgeschoben.

BGE 85 II 106 = Praxis 48 Nr. 122: "Nach der Rechtsprechung des Bg können die Kantone die 6
Zulässigkeit einer Verrechnungseinrede nicht von der Voraussetzung abhängig machen, dass der
mit der Hauptklage befasste Richter zur Beurteilung der Gegenforderung auch sachlich oder örtlich zuständig wäre, wenn diese Gegenstand einer selbständigen Klage bilden würde (BGE 63 II
141 = Pr 26 Nr. 117). Gemäss BGE 76 II 44 = Pr 39 Nr. 84 genügt es aber, wenn der Richter der
Hauptklage dem Beklagten zur Geltendmachung seiner Forderung vor dem zuständigen Gericht
Frist ansetzt und inzwischen sein Urteil für den Betrag der zur Verrechnung verstellten Forderung
als nicht vollstreckbar erklärt.

Dieser letztere Entscheid betraf jedoch einen Fall, wo die örtliche Zuständigkeit des Richters der Gegenforderung mit derjenigen des Richters der Hauptforderung übereinstimmte. Hier verhält es sich dagegen anders. Um seinen Anspruch mit einer selbständigen Klage geltend zu machen, müsste sich F. an die Gerichte am Wohnsitz des K., d. h. an die waadtländischen Gerichte wenden. Die durch BGE 76 II 44 = Pr 39 Nr. 84 begründete Rechtsprechung lässt sich daher auf den vorliegenden Fall nicht ohne nähere Prüfung anwenden.

b) Die Verrechnung bringt die beiden entgegengesetzten Forderungen bis zum Betrage der niedrigeren von ihnen zum Erlöschen, und sie wirkt von dem Zeitpunkt an, in welchem die beiden Forderungen einander zur Verrechnung geeignet gegenüberstanden (OR 124 II). Diese Wirkung tritt selbst dann ein, wenn die Forderungen oder eine derselben bestritten sind (OR 120 II). Prozessual ist die Verrechnung somit ein Verteidigungsmittel, mit welchem der Beklagte den Bestand des vom Kläger behaupteten Rechts bestreitet. Infolgedessen ist es grundsätzlich Sache des mit der Beurteilung der Hauptforderung beauftragten Richters, sich auch über den Bestand der zur Verrechnung verstellten Forderung auszusprechen: Der Richter der Klage ist auch der Richter der Einrede (vgl. BGE 2 S. 207; 63 II 142 = Pr 26 Nr. 117; GULDENER, Schweiz. Zivilprozessrecht, 2. Aufl. S. 286; GARSONNET/CÉZAR-BRU, Traité théorique et pratique de procédure, 3. Aufl. II No. 479; STEIN/JONAS/SCHÖNKE, Komm. zur ZPO 18. Aufl. § 145 N. VI 3a; ROSENBERG, Lehrbuch des deutschen Zivilprozessrechts 4. Aufl. S. 454). Vom Zeitpunkt an, in welchem der Schuldner seinen eigenen Anspruch verrechnungsweise geltend zu machen erklärt, ist dieser denn auch in entsprechendem Umfang erloschen und kann insoweit nicht mehr Gegenstand eines selbständigen Prozesses bilden.

Unter Vorbehalt der Vorschriften des Bundesrechts sind jedoch die Kantone zur Gesetzgebung auf dem Gebiete des Prozessrechts befugt. Die Bundesbehörden können auf diesem Gebiet nur eingreifen, wenn die kant. Bestimmungen gegen das Bundesprivatrecht verstossen, insbesondere wenn sie dessen Anwendung nicht ausreichend sicherstellen oder gar hindern (BGE 84 II 495 = Pr 48 Nr. 1).

c) In der Organisation ihres Verfahrens können die Kantone grundsätzlich einen Prozess in mehrere Teile zerlegen und deren Beurteilung verschiedenen Instanzen zuweisen. Das gilt selbst wenn ein einziger Anspruch in Frage steht. Es steht ihnen z.B. frei, mit der Beurteilung gewisser Inzidentstreitigkeiten eine besondere Instanz zu betrauen, wenn auch eine solche Regelung wenig rationell ist.

Im Falle der Verrechnung können daher die Kantone dem Richter der Klage die Beurteilung der Gegenforderung entziehen, wenn er zur Entscheidung über sie nicht zuständig wäre, falls sie Gegenstand eines selbständigen Prozesses bilden würde. Aber das ändert nichts daran, dass die beiden Verfahren in Wirklichkeit eine Einheit darstellen. Weder der Richter der Klage noch derjenige der Einrede kann vorbehaltlos über den Punkt entscheiden, mit dem er befasst ist und z. B. den Schuldner schlechtweg zur Erfüllung der Verpflichtung verurteilen, deren Bestand der Richter angenommen hat. Die beiden Ansprüche sind nämlich auf Grund von OR 120 ff. gegenseitig voneinander abhängig, da der Bestand der einen durch den Nichtbestand der andern bedingt ist. In einem solchen Falle muss daher der Richter der Klage entweder seinen Entscheid aussetzen, bis der Richter der Einrede über die Gegenforderung entschieden hat, oder er muss, wie dies die ZPO von Basel-Stadt und St. Gallen vorsehen, die Vollstreckbarkeit seines Urteils bis zum genannten Zeitpunkt aufschieben.

Anderseits können die Kantone ein Verfahren nur im Rahmen ihrer Gerichtsbarkeit dergestalt aufteilen. Fällt eine Klage in den Bereich ihrer Gerichte, so müssen sie den Rechtsuchenden die Richter zur Verfügung stellen, die zur Beurteilung aller durch den Fall aufgeworfenen Streitpunkte notwendig sind. Sie können die Beurteilung von Einreden, die mit einer vor ihren Gerichten hängigen Klage zusammenhängen, nicht einem andern Kanton zuweisen. Eine solche Regelung würde einen unstatthaften Eingriff in das Verfahren der anderen Kantone darstellen. Diese wären nicht gehalten, dazu Hand zu bieten und könnten die Beurteilung solcher Fragen ablehnen. Dasselbe gilt, in noch verstärktem Masse, wenn ein Kanton die Beurteilung einer Einrede einem ausländischen Gericht zuweisen wollte.

Wenn also im Gebiete der Verrechnung ein Kanton es ablehnt, die Beurteilung der Gegenforderung des Schuldners seinen Spezialgerichten zu übertragen, sofern sie nicht in deren sachliche Zuständigkeit fällt, so darf er nicht den Schuldner schlechtweg darauf verweisen, beim ordentlichen Richter des Gläubigers der Hauptforderung, d.h. bei dessen Wohnsitzrichter, Klage zu erheben. Der Kanton kann die Beurteilung der Einrede nur einer seiner Instanzen übertragen, die er zu bezeichnen hat. Die Rechtsprechung der Genfer Gewerbegerichte wie auch ZPO 218 von Basel-Stadt und 321 von St. Gallen sind daher mit dem Bundesrecht unvereinbar, insoweit der 'zuständige Richter', an den sie den die Verrechnungseinrede erhebenden Schuldner verweisen, eine ausserkantonale oder ausländische Instanz ist.

d) Dieses Ergebnis drängt sich noch aus einem weiteren Grunde auf. Die kant. Prozessordnung muss, wie dargelegt wurde, die Anwendung des Bundeszivilrechts erlauben und gewährleisten. Gemäss OR 120 ff. muss sie dem Schuldner die Möglichkeit einräumen, sich durch Geltendmachung der Verrechnung zu verteidigen, selbst wenn seine eigene Forderung bestritten ist. Dieser Möglichkeit wäre er aber, mindestens wenn die in Frage stehenden Beträge nicht sehr erheblich sind, praktisch beraubt, wenn man ihn verpflichten wollte, den Bestand seiner Forderung durch die Gerichte eines anderen Kantons oder gar eines anderen Landes als des Kantons, wo die Hauptklage hängig ist, feststellen zu lassen. In Fällen dieser Art wären nämlich die mit einem solchen Verfahren verbundenen Kosten häufig so hoch, dass es der Schuldner vorziehen müsste, sich nicht auf die Verrechnung zu berufen.

e) Es verstiesse schliesslich auch gegen BV 59, den die Verrechnungseinrede erhebenden Schuldner auf die Klage beim Richter eines andern Kantons zu verweisen. Nach der genannten Vorschrift muss ein Schuldner, der in der Schweiz Wohnsitz hat, für persönliche Ansprachen in seinem Wohnsitzkanton belangt werden. Vor den Gerichten dieses Kantons muss er daher auch alle seine Verteidigungsmittel vorbringen und beurteilen lassen können. Diese Gerichte müssen infolgedessen sich auch selber mit einer Verrechnungseinrede befassen, die er allenfalls erheben kann (BURCKHARDT, Komm. zur BV, 3. Aufl. S. 559; ROGUIN, L'Art. 59 de la CF, S. 145).

f) In BGE 69 II 23 = Praxis 32 Nr. 38 wurde allerdings entschieden, der mit einer Schadenersatzklage des Mündels gegen den Vormund befasste Richter sei nicht zuständig zur Festsetzung der dem Beklagten allenfalls nach ZGB 416 geschuldeten Entschädigung. Wenn der Vormund vom Kläger die Begleichung seiner Entschädigung verlangen wolle, so müsse er ihre Höhe durch die Vormundschaftsbehörde festsetzen lassen (die im genannten Falle nicht diejenige des Kantons war, in welchem der Vormund belangt wurde).

Diese Rechtsprechung stützt sich jedoch auf ZGB 416, der ausdrücklich vorschreibt, die Entschädigung des Vormunds sei durch die Vormundschaftsbehörde festzusetzen. Dabei handelt es sich um eine bundesrechtliche Zuständigkeitsvorschrift, die der Richter selbst dort anwenden muss, wo sie von BV 59 und OR 120 ff. abweicht (BGE 82 I 84 E. 4 = Pr 45 Nr. 146 und Zitate). Im vorliegenden Fall verhält es sich anders. Das Bundesrecht sieht keine besondere Instanz vor, die zur Beurteilung von Forderungen der von F. geltend gemachten Art zuständig wäre, sondern diese Frage muss ausschliesslich auf Grund von OR 120 ff. und BV 59 beurteilt werden. Der erwähnte Entscheid präjudiziert somit den vorliegenden Fall in keiner Weise.

3. Im vorliegenden Fall hat das Genfer Gewerbegericht nicht einmal die Vollstreckbarkeit seines Entscheids für solange aufgeschoben, bis F. ein Urteil über den Bestand seiner zur Verrechnung verstellten Forderung erwirkt hat. Damit hat sie ihn unter Verletzung von OR 120 ff. der Möglichkeit der Verrechnung seiner Schuld mit seiner Forderung beraubt. Die Vollstreckbarkeit des angefochtenen Entscheids muss daher bis zur Entscheidung über die von F. erhobene Gegenforderung aufgeschoben werden. Es geht jedoch nicht an, dem Beklagten die Wahl des Zeitpunkts zu überlassen, in welchem er seine Klage erheben will, da die Gefahr bestünde, dass die Vollstreckbarkeit des Entscheids über die Forderung des K. auf unbegrenzte Zeit hinaus aufgeschoben bliebe. Wenn das Gewerbegericht darauf beharrt, dass es für die Beurteilung der Verrechnungseinrede nicht zuständig sei, so hat es F. eine Frist von einem Monat anzusetzen, um vor einer andern Instanz Klage zu erheben. Diese andere Instanz kann aber nur ein Genfer Gericht sein. Dessen Bezeichnung wird, wenn nötig, durch den Kanton vorzunehmen sein."

7   **Mietrechtliche Prozesse:** Gemäss BGE 120 II 117 gelten die bundesrechtlichen Verfahrens- und Zuständigkeitsvorschriften für alle vertraglichen, quasivertraglichen und ausservertraglichen Streitsachen im Zusammenhang mit dem Benützen der Mietsache. Gemäss Art. 274d Abs. 1 OR gilt ohne Streitwertgrenze ein einfaches und rasches Verfahren, das vor der Schlichtungsbehörde kostenlos und frei von Parteientschädigungen ist (Art. 274d Abs. 2 OR). Für die Dauer des Prozesses kann der Richter gemäss Art. 274f Abs. 2 OR bundesrechtlich vorsorgliche Massnahmen treffen. Keine selbständige Bedeutung hat die Editionspflicht (Art. 274d Abs. 3 OR), die an sich kantonalrechtlich ohnehin besteht, im Mietprozess jedoch bundesrechtlichen Charakter hat, und deren Verletzung mit bundesrechtlicher Berufung gerügt werden kann, während die kantonale Statutierung nur die staatsrechtliche Beschwerde öffnen würde.

8   Das Verfahren vor der Schlichtungsbehörde ist ein summarisches mit einer Beweismittelbeschränkung auf formfreie Parteibefragung, Augenschein und Urkunden. Zeugnis, förmliches Parteiverhör und Gutachten sind dem Gericht vorbehalten.

9   Die Schlichtungsbehörde ist kein Gericht, einem Vergleich vor demselben kommt jedoch der Charakter eines gerichtlichen Vergleichs (Rechtsöffnungstitel, res iudicata) zu. Bei Nichtzustandekommen einer Einigung kann die klagende Partei innert 30 Tagen den Richter gemäss Art. 274f OR anrufen.

10 In Zürich bestehen analog zum Arbeitsgericht paritätisch zusammengesetzte Mietgerichte.

11 Die Schlichtungsbehörden entscheiden über hinterlegte Mietzinse bei unbeweglichen Sachen (Art. 259i OR), über die Anfechtung der Kündigung und die Erstreckung der Miet- und Pachtverhältnisse bei der Miete/Pacht von Wohn- und Geschäftsräumen. Kommt keine Einigung zustande, unterbreitet die Schlichtungsbehörde einen Urteilsvorschlag, der rechtskräftig wird, wenn die unterlegene Partei nicht innert 30 Tagen den Richter anruft. Die Parteien können die Schlichtungsbehörde als Schiedsgericht einsetzen.

12 Bei Abweisung einer Klage auf Anfechtung der Kündigung hat der Richter von Amtes wegen die Frage der Mieterstreckung im Sinne der Offizialmaxime zu prüfen, allenfalls (bundesrechtlich) über die richterliche Fragepflicht.

13 Bei Vorliegen einer ausserordentlichen Kündigung überweist die Schlichtungsbehörde das Begehren an den Ausweisungsrichter; dieser hat auch über Erstreckungsbegehren – ohne Beweismittelbeschränkung – zu befinden (sog. Kompetenzattraktion); unerheblich ist, ob das Ausweisungsbegehren oder das Erstreckungsbegehren zuerst hängig war.

14 **BGE 119 II 141:** "4. Der Beschwerdeführer macht geltend, das Obergericht verletze die bundesrechtliche Verfahrensordnung von Art. 274g OR, indem es das Nichteintreten der Audienzrichterin wegen Illiquidität der Streitsache schütze. Dem Ausweisungsrichter sei es von Bundesrechts wegen verwehrt, die Ausweisung wegen Kündigungsanfechtung für illiquid zu erklären. Es liege damit formelle Rechtsverweigerung vor. Soweit das Nichteintreten mit kantonalem Recht begründet werde, liege zudem eine Verletzung des Grundsatzes der derogatorischen Kraft des Bundesrechts nach Art. 2 ÜbBest. BV vor.

a) Ficht der Mieter eine ausserordentliche Kündigung an und ist ein Ausweisungsverfahren hängig, so ist nach Art. 274g Abs. 1 OR der Ausweisungsrichter auch zuständig, über die Gültigkeit dieser Kündigung zu entscheiden, wenn der Vermieter ausserordentlich gekündigt hat wegen Zahlungsrückstands des Mieters (Art. 257d OR), schwerer Verletzung der Pflicht des Mieters zu Sorgfalt und Rücksichtnahme (Art. 257f Abs. 3 und 4 OR), wegen wichtiger Gründe (Art. 266g OR) oder Konkurses des Mieters (Art. 266h OR). Ist die Kündigung gültig ausgesprochen worden, so hat der Ausweisungsrichter im Falle der ausserordentlichen Kündigung aus wichtigen Gründen (Art. 266g OR) ausserdem über ein allfälliges Erstreckungsbegehren des Mieters zu entscheiden (Art. 274g Abs. 2 OR; BGE 117 II 556 E. 2).

Grundsätzlich bleiben die Kantone auch unter dem neuen Mietrecht zuständig, die Behörden zu bezeichnen und das Verfahren auszugestalten (Art. 274 OR). Diese Zuständigkeit wird jedoch durch die zwingende Ordnung von Art. 274g OR eingeschränkt. Sie verpflichtet Kantone, die wie der Kanton Zürich das Ausweisungs- und das Anfechtungsverfahren verschiedenen Behörden zuweisen, dafür zu sorgen, dass der Ausweisungsrichter in Fällen, wo neben dem Ausweisungsbegehren eine Kündigungsanfechtung hängig ist, auch über die Gültigkeit der Kündigung entscheidet. Die Kompetenzattraktion vor dem Ausweisungsrichter soll verschiedene Verfahren vor dem Ausweisungs- und Anfechtungsrichter sowie widersprüchliche Urteile vermeiden (BGE 118 II 305 E. 4a mit Hinweisen). Damit die Mieterrechte in einem summarischen oder beschleunigten Verfahren nicht verkürzt werden, ist der von Bundesrechts wegen zum Entscheid über Kündigungsanfechtungen zuständige Ausweisungsrichter sodann unbekümmert um die Ausgestaltung des Ausweisungsverfahrens verpflichtet, die angefochtene Gültigkeit der Kündigung sowohl in tatsächlicher wie in rechtlicher Hinsicht umfassend zu prüfen. Das ergibt sich einerseits aus der Offizialmaxime (Art. 274d Abs. 3 OR) und anderseits aus dem Grundsatz, dass ein definitiver, der materiellen Rechtskraft teilhaftiger Entscheid über einen bundesrechtlichen Anspruch eine erschöpfende Abklärung der tatsächlichen wie rechtlichen Grundlagen voraussetzt (BGE 118 II 306 E. a, 117 II 558 E. d mit Hinweisen).

In der Literatur ist unbestritten, dass der Ausweisungsrichter sowohl in tatsächlicher als auch rechtlicher Hinsicht die Gültigkeit der angefochtenen Kündigung zu überprüfen hat (etwa ZIHLMANN, Das neue Mietrecht, S. 112 f.; LACHAT/STOLL, Das neue Mietrecht für die Praxis, 3. Aufl. 1992, S. 391 Ziff. 32.8.3). Uneinigkeit herrscht indessen über den Umfang der Überprüfungspflicht. VOGEL (Der Mietrechtsprozess, recht 1993, S. 32) scheint der zitierten Rechtsprechung zuzustimmen; soweit innerhalb des summarischen Ausweisungsverfahrens mit voller Kognition über Anfechtungs- und Erstreckungsbegehren entschieden werde, handle es sich allerdings nicht mehr um ein summarisches Verfahren im eigentlichen Sinn, sondern nur um ein dem Namen nach summarisches Verfahren oder ein unechtes Summarverfahren. Nach LACHAT/STOLL (a.a.O., S. 43 f. Ziff. 5.4.1.3 i. V. m. S. 391 Ziff. 32.8.3) hat der Ausweisungsrichter auch vorfrageweise über zivilrechtliche Fragen zu entscheiden (Art. 274f Abs. 2 OR). Zu denken sei hier insbesondere an gemischte Verträge, bei denen sowohl mietrechtliche Bestimmungen wie Vorschriften aus anderen Rechtsbereichen (z. B. das Arbeitsrecht beim Hauswartvertrag) Gegenstand der Auseinandersetzung seien.

Nach anderer Ansicht kann der Ausweisungsrichter nur im Rahmen seiner Kognition und im Rahmen der zulässigen Beweiserhebungen entscheiden, ob der geltend gemachte Kündigungsgrund sich verwirklicht habe (SVIT-Kommentar Mietrecht, N 6 zu Art. 274g OR). Problematisch ist die Voraussetzung der liquiden Verhältnisse insbesondere dann, wenn der Vermieter dem Mieter schwere Verletzung der Pflicht zu Sorgfalt und Rücksichtnahme vorwerfe. An unüberwindlichen Beweisschwierigkeiten dürfe ein berechtigter Ausweisungsanspruch indessen nicht scheitern (SVIT-Kommentar Mietrecht, n 8 zu Art. 274g OR). Für eine restriktive Anwendung der Offizialmaxime im Befehlsverfahren spricht sich Heiner Eiholzer aus (Anfechtung von ausserordentlichen Kündigungen im Mietrecht, SJZ 88/1992, S. 325 ff., 327). Er will insbesondere nur ausnahmsweise vom Grundsatz der rasch verfügbaren Beweismittel abweichen. Nach ALFRED KOLLER (Zwei neueste Grundsatzentscheide des Bundesgerichts zur Mieterausweisung, AJP 1992, S. 1584 ff., 1586) ist der zürcherische Ausweisungsrichter gemäss Art. 274g OR lediglich nicht befugt, eine Prozessüberweisung an den für Kündigungsanfechtungen zuständigen Richter vorzunehmen. Er bejaht aber, dass jener gegebenenfalls auf Illiquidität schliessen und den Vermieter auf den ordentlichen Ausweisungsprozess verweisen dürfe, da es dem Vermieter offenstehe, das Verfahren nach § 222 Ziff. 2 ZPO/ZH einzuleiten oder direkt das Ausweisungsbegehren beim ordentlichen Richter zu stellen. KOLLER (a.a.O., S. 1587) will denn auch die bundesgerichtliche Rechtsprechung nur auf Fälle der ausserordentlichen Kündigung wegen Zahlungsverzugs des Mieters angewendet wissen. ROLAND GMÜR (Kündigungsschutz – Prozessuales rund um den 'Entscheid' der Schlichtungsbehörde, mp 1990, S. 121 ff., 135) schliesslich zeigt die beiden verfahrensrechtlichen Möglichkeiten (umfassende Prüfung durch den Ausweisungsrichter oder Überweisung ins ordentliche Verfahren) auf, ohne sich jedoch für eine Variante zu entscheiden.

b) Das Bundesrecht schreibt die beförderliche Behandlung von Kündigungsanfechtungen nach Art. 274g OR vor (BGE 118 II 307 E. b). Um diesem Beschleunigungsgebot hinreichend Rechnung zu tragen, beinhaltet Art. 274g OR folglich zweierlei: Einerseits verbietet er eine Beweisbeschränkung, d. h. eine Beweisstrenge- und Beweismittelbeschränkung, anderseits begründet er die Pflicht des Ausweisungsrichters, auf das Ausweisungs- und Kündigungsschutz- evtl. auch auf ein Erstreckungsbegehren einzutreten und diese materiell zu behandeln. Weiterhin aber bleibt Sache der Kantone, die nach Art. 274g OR zuständige Ausweisungsbehörde zu bezeichnen. Den Kantonen steht es frei, ob sie damit den ordentlichen oder summarischen Richter, das Mietgericht oder den ordentlichen Ausweisungsrichter oder eine andere Behörde beauftragen wollen. Gefordert wird von Bundesrechts wegen einzig, dass die Bezeichnung des Ausweisungsrichters klar erfolgt in dem Sinne, dass für den Rechtsuchenden ohne weiteres ersichtlich ist, wer für die Beurteilung des Ausweisungs- und Kündigungsschutzbegehrens nach Art. 274g OR zuständig ist.

Die in BGE 117 II 554 ff. und BGE 118 II 302 ff. entwickelte Praxis ist dahin zu verdeutlichen, dass die Behörde, welche für die Ausweisung nach ausserordentlicher Kündigung auch zur Beurteilung eines Kündigungsschutzbegehrens zuständig ist, die Streitsache mit voller Kognition zu prüfen und sie unbesehen deren Liquidität an die Hand zu nehmen hat. Dies gebietet das im Mietrecht geltende Beschleunigungsgebot. Will man das Verfahren vor dem Ausweisungsrichter nicht zu einem unergiebigen und verzögerlichen Zwischenspiel degradieren (ROLAND GMÜR, a.a.O., S. 135), hat dieser den Sachverhalt von Amtes wegen abzuklären und ist er daher mit umfassender Kognition auszustatten. Er hat auch bei nicht liquider Sachlage auf das Begehren einzutreten, die tatsächlichen und rechtlichen Verhältnisse umfassend zu prüfen, zivilrechtliche Vorfragen abzuklären sowie die zur Klärung der Sachlage erforderlichen Beweise abzunehmen. Geht dem Ausweisungsentscheid bzw. dem Entscheid über die Gültigkeit der ausserordentlichen Kündigung eine umfassende Prüfung der Sach- und Rechtslage voraus, besteht für eine Verkürzung der Mieterrechte keine Gefahr. Das Verfahren ist diesfalls ein eigentliches Erkenntnis- und kein reines Vollstreckungsverfahren, da Gegenstand der Entscheidung der materielle Bestand des geltend gemachten Anspruchs und nicht alleine seine Vollstreckbarkeit ist (BGE 103 II 251 E. a mit Hinweisen).

c) Das Zürcher Befehlsverfahren verlangt nach dem Wortlaut von § 222 Ziff. 2 ZPO/ZH klares Recht bei nicht streitigen oder sofort beweisbaren tatsächlichen Verhältnissen. Diese Voraussetzungen sind nach dem Gesagten im Ausweisungsverfahren bei ausserordentlichen Kündigungen jedoch von Bundesrechts wegen zu mildern und dem Verfahren von Art. 274g OR anzupassen. Danach hat der Ausweisungsrichter die Pflicht zur umfassenden Prüfung der Sach- und Rechtslage. Seinem Urteil kommt nach zürcherischem Recht unbeschränkte Rechtskraftwirkung zu (§ 212 Abs. 1 ZPO/ZH). Es hat damit endgültigen Charakter und ist berufungsfähig (BGE 103 II 252 E. 1; vgl. auch VOGEL, a.a.O., S. 32).

d) Indem das Obergericht ausführt, die oben dargestellte bundesgerichtliche Praxis sei vorliegend nicht massgebend, missachtet es den zwingenden Charakter von Art. 274g OR. Es zitiert zwar in diesem Zusammenhang die Rechtsprechung des Bundesgerichts, doch lässt es die sich daraus für die Zuständigkeit des Ausweisungsrichters ergebenden Konsequenzen unbeachtet und will das Befehlsverfahren gemäss § 222 Ziff. 2 ZPO/ZH weiterhin nur bei Vorliegen klaren Rechts und liquider Verhältnisse zur Anwendung bringen. Es räumt dem Ausweisungsrichter nur beschränkte Kognition ein. Dies aber widerspricht Bundesrecht, da dieses nach der aufgezeigten Rechtsprechung die umfassende Prüfung des Ausweisungs- und Kündigungsschutzbegehrens verlangt. Das Obergericht verkennt zudem, dass die Offizialmaxime gemäss Art. 274d Abs. 3 OR auch in den Fällen der Kompetenzattraktion von Art. 274g OR gilt. Es wendet die Vorschrift von § 222 Ziff. 2 ZPO/ZH an, ohne den Besonderheiten des mietrechtlichen Ausweisungsverfahrens nach ausserordentlicher Kündigung Rechnung zu tragen, und missachtet damit die derogatorische Kraft des Bundesrechts, wenn es der kantonalrechtlichen Verfahrensregelung den Vorzug gegenüber dem Bundesrecht gibt. Der angefochtene Entscheid ist daher aufzuheben. Die übrigen, in diesem Zusammenhang vorgebrachten Rügen des Beschwerdeführers zu den Erwägungen 4b und c des angefochtenen Entscheids werden damit gegenstandslos."

Der Richter, der gegen den Entscheid der Schlichtungsbehörde angerufen wird, ist gemäss BGE 117 II 506 die erste und untere Instanz; gegen dessen Urteil ist bei Erreichen des Streitwerts (momentan gemäss Art. 41 Abs. 1 lit. b OG) bundesrechtlich die kantonalrechtliche Berufung an die obere Instanz zulässig, um die bundesrechtliche Berufungsmöglichkeit nicht zu vereiteln. 15

d) Form

§ 106. Bei der mündlichen oder schriftlichen Klageerhebung sind die Parteien, ihre allfälligen Vertreter und das Rechtsbegehren zu nennen. Der Streitwert soll beziffert und das Rechtsbegehren kurz begründet werden.

Ist der Prozess nach § 125 im schriftlichen Verfahren zu behandeln, so ist eine schriftliche Klagebegründung einzureichen, die den Erfordernissen von § 113 genügt.

Hat eine Behörde Frist zur Klage angesetzt, ist diese Anordnung einzureichen.

Erfüllt der Kläger die Anforderungen von Abs. 1 bis 3 nicht, setzt ihm das Gericht unter der Androhung, dass sonst auf die Klage nicht eingetreten werde, eine kurze Frist zur Behebung des Mangels an.

Zur Frage der Zuständigkeit hat der Beklagte gemäss § 111 mit der Klageantwort Stellung zu nehmen; gemäss § 189 sind Vorfragen und Einreden in der Regel durch den Endentscheid zu erledigen. Wenn es die Umstände rechtfertigen, kann ein Vor- oder Teilentscheid gefällt werden. 1

Bis zum Zeitpunkt des Fällens des Sachurteils müssen die Prozessvoraussetzungen eingetreten sein; gemäss BGE 116 II 13 und BGE 116 II 211 können die Anknüpfungskriterien für die Zuständigkeit des Gerichts sich auch erst im Laufe des Prozesses verwirklichen; nur im Scheidungsprozess haben diese Zuständigkeiten bereits bei Anhängigmachen der Klage vorzuliegen (BGE 90 II 215, BGE 91 II 322). 2

Beim Fehlen einer Prozessvoraussetzung erfolgt ein Prozessurteil durch Nichteintreten (BGE 115 II 191). Über die Frage der Zuständigkeit bzw. Unzuständigkeit ist gemäss § 111 mit einem Zwischenurteil zu befinden. 3

Sachlegitimation: Wenn der angebliche Anspruch des Klägers diesem nicht zusteht oder wenn der angebliche Anspruch dem Kläger nicht gegenüber dem Beklagten zusteht, spricht man von fehlender Sachlegitimation, was zur Abweisung der Klage führt. Die Sachlegitimation des Klägers nennt man Aktivlegitimation, jene des Beklagten bezeichnet man als Passivlegitimation. 4

Von dieser Regel gibt es verschiedene Ausnahmen: So besteht ein Klagerecht der Behörde gemäss Art. 78 ZGB (Auflösung eines Vereins infolge Widerrechtlichkeit), Art. 89 ZGB (Aufhebung einer Stiftung), Art. 121 ZGB (Nichtigerklärung der Ehe), Art. 260a ZGB (Heimat- und Wohnsitzgemeinde des anerkennenden Vaters) sowie Art. 482 ZGB (Vollziehung von Auflagen bei Testamenten). In Fällen der oben erwähnten Art. 89 ZGB und Art. 260a ZGB sind die "Interessierten" aktivlegitimiert; dies gilt weiter nach Art. 108 ZGB (Einspruch gegen die Eheschliessung). 5

Eine besondere Bedeutung kommt dem Klagerecht von sogenannten Berufsverbänden zu, die allerdings nicht klagen können, um Geldforderungen eines einzelnen Verbandsmitglieds einzutreiben. Gemäss BGE 114 II 347 und BGE 86 II 21: Der Verband nimmt statutarisch die wirtschaftlichen Interessen seiner Mitglieder wahr, die Klage soll der Interessenwahrnehmung der ganzen Berufsgruppe, nicht bloss der Verbandsmitglieder dienen, und vor allem müssen die Mitglieder zur gleichen Klage aktivlegitimiert sein. 6

In der neueren Gesetzgebung hat das Klagerecht der Berufs- und Wirtschaftsverbände zunehmende Bedeutung, so gemäss Art. 8 Abs. 2 KG, gemäss Art. 52 und Art. 55 Abs. 1 MSchG, Art. 9 Abs. 1 + 2 UWG, Art. 15 Abs. 2 Mitwirkungsgesetz; gemäss Art. 7 Abs. 1 Gleichstellungsgesetz 7 sollen Organisationen statutarisch die Gleichstellung von Mann und Frau fördern oder solche, die Interessen von Arbeitnehmern wahren, aktivlegitimiert sein zur Klage, dass eine Diskriminierung besteht, sofern der Ausgang des Verfahrens sich voraussichtlich auf eine grössere Anzahl von Arbeitsverhältnissen auswirkt. Ferner hat man auch noch in Art. 56 MSchG und in Art. 10 Abs. 2 UWG die Aktivlegitimation Konsumentenschutzorganisationen zugewiesen. Eine weitere Ausnahme besteht für die Fälle der Prozessstandschaft, vgl. dazu Ausführungen zu § 27 ZPO.

Wirkungen der Rechtshängigkeit
§ 107. (alte Fassung). Die Rechtshängigkeit hat folgende Wirkungen:

1. Klageänderung ist nur noch gemäss § 61 sowie zur Verdeutlichung des Rechtsbegehrens, zum Nachbringen von Nebenpunkten und zur Berichtigung von Rechnungsirrtümern zulässig;
2. wird die Sache später anderweitig rechtshängig gemacht, kann die Gegenpartei die Einrede der Rechtshängigkeit erheben; auf die zweite Klage wird nicht eingetreten, wenn die erste Klage bei einem zuständigen Gericht erhoben wurde;
3. der Streitgegenstand darf nicht ohne Bewilligung des Gerichts zum Nachteil der Gegenpartei, insbesondere zur Erschwerung des Beweises, verändert werden;
4. die Klage kann nicht unter Vorbehalt der Wiedereinbringung zurückgezogen werden, ausser zur Verbesserung bei fehlerhafter Klageeinleitung.

Wirkungen der Rechtshängigkeit
§ 107. (neue Fassung, 24.9.95). Die Rechtshängigkeit hat folgende Wirkungen:

1. Klageänderung ist nur noch gemäss § 61 sowie zur Verdeutlichung des Rechtsbegehrens, zum Nachbringen von Nebenpunkten und zur Berichtigung von Rechnungsirrtümern zulässig;
2. ist die Sache bei einem zuständigen Gericht rechtshängig, wird auf weitere Klagen in der gleichen Sache nicht eingetreten;
3. die Klage kann nicht unter Vorbehalt der Wiedereinbringung zurückgezogen werden, ausser zur Verbesserung fehlerhafter Klageeinleitung.

Die Rechtshängigkeit im Sühnverfahren (Art. 9 Abs. 2 IPRG und § 102 Abs. 2 Satz 2 ZPO) hat nur die Wirkung gemäss Abs. 1 Ziff. 2. Die übrigen Wirkungen treten mit der Einreichung der Klage beim Gericht ein.

1 § 107 bestimmt in Ziff. 3 ZPO die sogenannte Fortführungslast, d.h. dem Kläger ist die freie Verfügung über die Klage entzogen, und ein Klägerückzug zieht regelmässig die Wirkungen der materiellen Rechtskraft nach sich; Ziff. 2 schliesst das Einbringen einer zweiten identischen Klage aus, da in diesem Fall ein Rechtsschutzinteresse im Sinne von § 51 ZPO fehlt. Schliesslich ist eine Klageänderung grundsätzlich nur noch im Rahmen von § 61 ZPO gemäss § 107 Ziff. 1 ZPO zulässig. Die Ausschlusswirkung bedingt, dass das zuerst angerufene Gericht zuständig ist. Art. 21 Abs. 1 LugÜ bestimmt für das internationale Verhältnis für Staaten, die diesem Abkommen beigetreten sind, dass das zweite angerufene Gericht das Verfahren aussetzt, bis zuerst angerufene Gericht seine Zuständigkeit geprüft hat. Das zweite Gericht befindet also nicht vorfrageweise über die Zuständigkeit des ersten. Art. 28 Abs. 3 und Abs. 4 LugÜ bestimmen, dass das Gericht oder die Behörde des Staats, in dem die Anerkennung geltend gemacht wird, bei der Prüfung, ob eine der in den vorstehenden Absätzen aufgeführten Zuständigkeiten gegeben ist, an die tatsächlichen Feststellungen gebunden ist, aufgrund deren das Gericht des Ursprungsstaats seine Zuständigkeit angenommen hat. Dabei darf die Zuständigkeit der Gerichte des Ursprungsstaats durch den Zweitstaat nicht nachgeprüft werden.

Instruktiv ist BGE 105 II 233:

2 **BGE 105 II 233:** "Dass die Gutheissung einer negativen Feststellungsklage einer späteren Leistungsklage gegenüber abgeurteilte Sache darstellt, bedeutet nicht zugleich schon Identität in bezug auf die Frage der Rechtshängigkeit. Ein Urteil, das über eine Vorfrage zu einer andern Klage

entscheidet, kann für diese res iudicata bewirken, während eine entsprechende Klage nicht die Einrede der Rechtshängigkeit begründet (Leuch, N. 4 zu Art. 160 ZPO; Sträuli/Messmer, N. 12 zu § 107 ZPO, beide unter Berufung auf BGE 38 I 542). So wird diese Einrede mangels Identität versagt, wenn die erste Klage auf negative Feststellung, die zweite auf Leistung geht (GULDENER, IZP, S. 178 und S. 174, Anm. 2; SCHNEIDER, a.a.O., S. 308; LEUCH, a.a.O.; Sträuli/Messmer, a.a.O., N. 13; sinngemäss auch HABSCHEID, Droit judicaire privé suisse, S. 251, Ziff. 2c). Gleich verhält es sich, ebenfalls abweichend von den Rechtskraftregeln, im deutschen Recht (Baumbach-Lauterbach-Albers-Hartmann, a.a.O., N. 3B und 6C zu § 261; Rosenberg-Schwab, Zivilprozessrecht, 12. Aufl., S. 541). Weil die Feststellungsklage durchaus nicht zu einem Urteil führen muss, das dann tatsächlich der Leistungsklage gegenüber Rechtskraftwirkung entfaltet, ist die unterschiedliche Behandlung von Rechtskraft und Rechtshängigkeit hinsichtlich der Identität auch sachlich gerechtfertigt. Die Vorinstanz durfte daher ohne Verletzung von Bundesrecht die Identität der beiden Klagen vereinen und die Einrede der Beklagten verwerfen."

Art. 9 Abs. 1 IPRG macht die Litispendenz an einem ausländischen Forum von der Anerkennbarkeit des ausländischen Urteils gemäss Art. 25 ff. IPRG abhängig; um eine Partei nicht einem ausländischen Gericht gewissermassen zu verkaufen, setzt Art. 9 Abs. 1 IPRG ausdrücklich voraus, dass zu erwarten ist, dass das ausländische Gericht in angemessener Frist eine Entscheidung fällt. Diese Bestimmung ist sinnvoll. Sie ist jedoch für die Länder des LugÜ in Art. 26 Abs. 1 LugÜ nicht ausdrücklich enthalten, da dort eine Anerkennungsvermutung besteht, die aber ihrerseits interpretierungsbedürftig ist, so dass für eine solche Auslegung in Art. 9 Abs. 1 IPRG durchaus Raum besteht. Gemäss § 107 Ziff. 2 ZPO ist die Frage der Litispendenz von Amtes wegen zu beachten. Die Ausschlusswirkung der Rechtshängigkeit für die zweite Klage tritt nicht deswegen ein, wie in der Lehre teilweise vorgebracht wird, weil ein Rechtsschutzinteresse fehlt, sondern weil die entsprechende gesetzliche Regelung einem Eintreten auf die zweite Klage entgegensteht. Das Rechtsschutzinteresse besteht nämlich sehr häufig weiter; denn das Prozessieren im Ausland ist häufig fragwürdig, um nicht zu sagen unzumutbar. 3

ZR 89, Nr. 58 ist nur unter den dort obwaltenden speziellen Umständen vertretbar: 4

"Zwar sieht Art. 9 Abs. 1 IPRG in der Tat, wie von den Klägern richtig dargelegt, vor, dass das schweizerische Gericht, wenn eine Klage über denselben Gegenstand zwischen denselben Parteien zuerst im Ausland hängig gemacht worden ist, das Verfahren aussetzt, wenn zu erwarten sei, dass das ausländische Gericht in angemessener Frist eine Entscheidung fällt, die in der Schweiz anerkennbar ist. Indes kann diese Regelung, wie Oscar Vogel überzeugend darlegt (Oscar Vogel, Rechtshängigkeit und materielle Rechtskraft im internationalen Verhältnis, SJZ 86 (1990) 77 ff., namentlich 83 f.), nicht als vollständig betrachtet werden, sondern es ist vielmehr davon auszugehen, dass das zweite Gericht den Prozess nur solange einstellt, bis die Zuständigkeit des ersten angerufenen Gerichts feststeht, um dann auf die Zweitklage nicht einzutreten. Vorliegend stehen die Klageidentität, die Ersthängigkeit im Ausland und die Anerkennbarkeit des ausländischen Urteils ausser Frage. Das Hamburger Gericht ist auch auf die Klage eingetreten, und es besteht – wenn man dieses Erfordernis nicht im Sinne von Vogel (loc. cit.) überhaupt ausser acht lassen will – Anlass zur Erwartung, dass das ausländische Gericht in angemessener Frist entscheiden wird, nachdem sich der Prozess bereits im Beweisverfahren befindet. Damit sind alle Voraussetzungen gegeben, um auf die Klage hier wegen Rechtshängigkeit im Ausland nicht einzutreten."

Unter diesen Umständen kann man daher dem Entscheid ZR 61, Nr. 83 nicht folgen: 5

"Der Kläger behauptet und bietet dafür den Beweis an, dass Margrit B. ihre Klage nicht vorbehaltlos zurückgezogen habe; in der Hauptverhandlung vom 22. März 1960 habe das Gericht ihr geraten, die Klage zurückziehen, um ihren Anspruch hierauf an einem Dritten abzutreten und in einem vom Zessionar neu angestrengten Prozesse als Zeugin aussagen zu können; diesen Rat habe sie nach der ihr eingeräumten Bedenkzeit befolgt und die Klage deshalb nur angebrachtermassen zurückgezogen.

Nach dem Protokoll der Vorinstanz vom 22. März 1960 hat Margrit B. an ihren Klagerückzug keinen Vorbehalt geknüpft. Sie hat bisher auch kein Begehren um Berichtigung des Protokolls gestellt, und obwohl sie aus dem Abschreibungsbeschluss vom selben Tage ersehen konnte, dass die Vorinstanz den Prozess als durch vorbehaltlosen Rückzug erledigt abschrieb, hat sie nicht wegen Irrtums an das Obergericht rekurriert. Der Beschluss ist damit in Rechtskraft erwachsen, und da der Kläger heute unbestrittenermassen wieder den gleichen Forderungsanspruch geltend macht, steht seiner Klage die Einrede der abgeurteilten Sache entgegen.

Aber auch wenn Margrit B. einen solchen Vorbehalt tatsächlich angebracht hätte, vermöchte dieser Umstand dem Kläger nicht zu helfen, weil dieses Vorgehen prozessual unstatthaft wäre. Nach § 127 Ziff. 4 ZPO ist die klagende Partei verpflichtet, entweder den angehobenen Prozess fortzuführen oder anzuerkennen, dass der Anspruch zur Zeit oder in der Art, wie er erhoben wurde, nicht bestehe; vorbehalten bleibt nur der Rückzug einer Klage wegen fehlerhafter Einleitung zum Zwecke der Verbesserung und sofortigen Wiedereinbringung. Der Kläger scheint sich auf diese Ausnahmeregel zu berufen; allein die Klageeinleitung durch Margrit B. war seinerzeit nicht fehlerhaft im Sinne dieser Gesetzesbestimmung erfolgt; insbesondere war ihre Aktivlegitimation damals gegeben. Wenn sie in der Folge die Klage zurückzog, um ihren vermeintlichen Anspruch an einen Dritten zu zedieren und in dessen Prozess als Zeugin aufzutreten, so waren für dieses Vorgehen rein prozesstaktische Erwägungen massgebend und war damit keineswegs irgend ein Fehler der Klageeinleitung zu beheben. Damit hilft dem Kläger die Berufung auf die angeführte Ausnahmeregel nichts. Der Rückzug der Klage durch Margrit B. mit dem ausdrücklichen oder stillschweigenden Vorbehalte, dass später über die nämliche Streitfrage und unter den gleichen Umständen wieder ein Entscheid erwirkt werde, war unzulässig, weshalb sich die Abnahme der angebotenen Beweise erübrigt. Der Klagerückzug ist deshalb entsprechend der gesetzlichen Regelung als Zugeständnis dafür auszulegen, dass der Anspruch überhaupt oder zur Zeit oder so, wie er angehoben wurde, nicht bestand. Demzufolge steht dem Beklagten im heutigen neuen Prozesse über den gleichen Anspruch die Einrede der abgeurteilten Sache zu (Sträuli/Hauser, Komm. N.7 zu §127 ZPO)."

6   Anmerkung: Wenn man die Genauigkeit bzw. Ungenauigkeit der Protokollierung beachtet, ist die Behauptung der Klägerin, sie habe auf Anraten des Gerichts die Klage zurückgezogen, nicht ohne weiteres unglaubhaft. Die Zürcher Gerichte neigen mitunter dazu, einen Fall einfach irgendwie zu erledigen; zudem haben diese teilweise die Eigenschaft, Auskünfte zu erteilen und nachher konsequent zu bestreiten, solche erteilt zu haben. Ein typischer Vorfall bildet etwa die Auskunft des Bezirksgerichts Horgen, die auf telefonische Anfrage ausdrücklich erteilt wurde, wonach die Frist der Aberkennungsklage in den Gerichtsferien nicht laufe, was glaubhaft schien, zumal auch im entsprechenden Rechtsöffnungsentscheid, gemäss § 140 GVG, nichts anderes stand. Das Gericht stellte sich auf den Standpunkt, es wisse davon nichts. Da bei Gerichten mitunter, ohne dies zu verallgemeinern, eine negative Auswahl von Personen im Festbestand arbeitet, empfiehlt es sich vor allem auch im internationalen Verhältnis, auf Auskünfte von Gerichten grundsätzlich nicht abzustellen, sondern diese immer eingeschrieben vorerst zu bestätigen.

7   Insbesondere kann die Zustimmung der Gegenpartei zu einem Rückzug und dem Vorbehalt des Wiedereinbringens, d.h. ohne Rechtskraft, auch konkludent geschehen. ZR 61, Nr. 83 wirkt formalistisch, zumal daraus nicht ersichtlich ist, aus welchem Motiv denn die Klägerin die Klage sonst hätte zurückziehen sollen. Jedenfalls läge dann eine grobe Verletzung der richterlichen Fragepflicht gemäss § 55 ZPO im Erstprozess vor.

8   **ZR 82, Nr. 94:** Bundesrechtliche Voraussetzungen für den Erlass vorsorglicher Massnahmen: Der Erlass von Sicherungsmassnahmen ohne Glaubhaftmachung des behaupteten materiellen Anspruchs widerspricht ungeschriebenem Bundesverfassungsrecht. In casu beantragt im Prozess betreffend Herausgabe von verpfändeten Pelzen der Kläger beim Erlass vorsorglicher Massnahmen, wonach dem Beklagten je die Verfügung über die Pelze bis zur rechtskräftigen Entscheidung über die Gültigkeit der Pfandbestellung zu verbieten sei. Die Klage wies das Handelsgericht ab. Es trifft zu, dass gemäss § 107 Ziff. 3 ZPO der Streitgegenstand nicht ohne Bewilligung des Gerichts zum Nachteil der Gegenpartei, insbesondere zur Erschwerung des Beweises, verän-

dert werden darf. Ferner trifft es auch zu, dass grundsätzlich das Gericht in diesem Sinn vorsorgliche Massnahmen anordnen kann, weil das gesetzliche Verbot mit keiner Sanktion versehen ist. Indessen ist gerade in der angefochtenen Verweigerung der Anordnung vorsorglicher Massnahmen die vom Gesetz vorgesehene gerichtliche Bewilligung zur Veräusserung des Streitgegenstandes zu erblicken.

Eine Verweigerung dieser Bewilligung ist nicht zulässig, wenn feststeht, dass die Voraussetzungen zum Erlass der verlangten vorsorglichen Massnahmen fehlen, weil der behauptete materielle Anspruch nicht glaubhaft gemacht ist. Nach der in neueren Schriften vertretenen Auffassung widerspricht der Erlass einer Sicherungsmassnahme ohne Glaubhaftmachung des behaupteten materiellen Anspruchs dem ungeschriebenen Bundesverfahrensrecht und kann daher nicht durch kantonales Verfahrensrecht vorgesehen werden.

ZR 83, Nr. 20: Eine Scheidungsklage ist vor dem schweizerischen Gericht trotz einer zuvor von der Gegenpartei vor dem zuständigen italienischen Gericht erhobenen Trennungsklage zuzulassen und die Einrede der Rechtshängigkeit der identischen Klage abzuweisen, weil die in der Schweiz erhobene Scheidungsklage ausschliesslich nach schweizerischem Recht beurteilt und eine Widerklage auf Scheidung vor dem italienischen Gericht von vornherein aussichtslos wäre, weil sie nach italienischem Recht entschieden würde und die nach diesem Recht für eine Scheidung erforderliche Voraussetzung einer fünfjährigen Trennung der Eheleute nicht erfüllt ist.

9

ZR 83, Nr. 112: Der Kläger war Eigentümer einer Liegenschaft. Die Beklagte hatte gemäss Dienstbarkeitsvertrag ein Nutzniessungsrecht an dieser Liegenschaft. Darauf lagen Namensschuldbriefe im ersten und zweiten Rang. Im Rahmen des Scheidungsprozesses stellte der Kläger das Begehren, es sei dem Grundbuchamt im Sinne einer vorsorglichen Massnahme die Bewilligung zu erteilen, die Erhöhung des Namensschuldbriefes an erster Pfandstelle, unter Löschung des Schuldbriefs auf dem zweiten Rang, im Rang der Dienstbarkeit der Beklagten vorübergehend einzutragen.

10

Der Kläger behauptet, gegenüber der Beklagten eine Forderung des Inhalts zu haben, dass diese zu einem Tun, nämlich zur Abgabe einer bestimmten Erklärung, verpflichtet sei. Diesen Anspruch hat er mittels Klage auf Abgabe dieser Willenserklärung zu verfolgen, d.h. er muss mit einer Leistungsklage gegen die Beklagte vorgehen. Solange kein entsprechender Prozess hängig ist, kann keine vorsorgliche Massnahme gestützt auf § 110 ZPO verlangt werden; der Kläger kann seinen Leistungsanspruch auf keinen Fall bloss mittels einer vorsorglichen Massnahme definitiv durchsetzen.

Die Rechtsstellung des Klägers ist nicht gefährdet; es besteht kein drohender, nicht leicht wiedergutzumachender Nachteil. Der Kläger führt zwar aus, wenn die Eintragungsermächtigung nicht erteilt werde, erwachse den Parteien erheblicher Schaden, da die Liegenschaft im heutigen Zustand weder verkauft noch vermietet werden könne. Überdies müsse nächstens mit der Eintragung von Bauhandwerkerpfandrechten sowie mit Betreibungen gerechnet werden; erfolge weder die Zustimmung der Beklagten, noch die richterliche Anweisung, werde die Liegenschaft binnen kurzem zur Verwertung gelangen. Dem Kläger gelang es jedoch nicht, diese Vorbringen glaubhaft darzutun.

Der Kläger könnte zudem ohne Einwilligung der nutzniessungsberechtigten Beklagten auf seiner Liegenschaft Pfandrecht errichten, die der Nutzniessung im Range nachgehen.

ZR 86, Nr. 51: Der Beklagte erhebt die Einrede der Rechtshängigkeit, welche bewirkt, dass auf die zweite identische Klage nicht eingetreten wird, wenn die erste bei einem zuständigen Gericht erhoben wurde. Der Beklagte wies darauf hin, in Jugoslawien sei ein Prozess gegen ihn anhängig gemacht worden. Der Rechtsvertreter der Klägerin führte aus, dies sei möglich, es sei jedoch offensichtlich, dass die jugoslawischen Gerichte inkompetent seien, um für Kinder im Ausland, im konkreten Fall in der Schweiz, Unterhaltsbeiträge festzulegen, die auch nur einigermassen den Verhältnissen angepasst seien. Diese Auffassung findet zwar eine Stütze in Art. 4 Abs. 2 des Haager-

11

Übereinkommens (SR 0.211.213.01), wonach dann, wenn der Unterhaltsberechtigte seinen gewöhnlichen Aufenthalt wechselt, vom Zeitpunkt des Aufenthaltswechsels das innerstaatliche Recht am neuen gewöhnlichen Aufenthalt anzuwenden ist. Indessen übersieht die Klägerin den allgemein anerkannten Grundsatz der Fortdauer der Zuständigkeit. Dieser besagt, dass nach Eintritt der Rechtshängigkeit die Zuständigkeit des angerufenen Gerichts durch Veränderung der Verhältnisse, welche die Zuständigkeit begründet haben, nicht mehr hinwegfällt. Die Zuständigkeit der jugoslawischen Gerichte in der Zeit, als die Klägerin noch in Jugoslawien wohnte, ist nicht zum vornherein zu verneinen. Entscheidend ist indessen, dass die Einrede der Rechtshängigkeit, um rechtswirksam zu sein, gemäss § 267 ZPO spätestens in der Berufungsbegründung hätte erhoben werden müssen, was nicht der Fall war. Wird die Ausnahmebestimmung von § 115 Ziff. 2 ZPO in Betracht gezogen, so fehlt es daran, dass die Einrede nicht sofort durch eine neu eingereichte Urkunde bewiesen wurde. Aus der eingereichten Vorladung ist, auch i.V.m. der vagen Darstellung der Klägerin, auf welche sich der Beklagte beruft, keineswegs ersichtlich, dass sie sich auf einen vor Einleitung des vorliegenden Verfahrens rechtshängig gemachten Prozess bezieht und dass dieser heute noch hängig ist. Auch die Identität der Klage wird durch die Vorladung nicht belegt, ist doch der Prozessgegenstand darin nicht bezeichnet. Selbst wenn in beiden Fällen eine Unterhaltsklage vorliegen sollte, müsste im übrigen davon ausgegangen werden, dass die jugoslawischen Gerichte nach jugoslawischen Verhältnissen urteilen und bei der Bemessung der Alimente den Unterhaltsbedarf eines in der Schweiz lebenden Kinds nicht berücksichtigen, was eine Klageidentität ebenfalls ausschliesst. Da keine der Voraussetzungen von § 115 ZPO erfüllt sind, erweist sich die Einrede der Rechtshängigkeit als verspätet.

12 **ZR 87, Nr. 38:** Vgl. § 61 ZPO.

13 **ZR 91/92, Nr. 51:** Beachtung der Rechtshängigkeit ex officio: der zürcherische Richter muss von Amtes wegen die Rechtshängigkeit eines Prozesses zwischen den gleichen Parteien an einem anderen in- oder ausländischen Gericht beachten.

14 **ZR 95, Nr. 22:** Vgl. § 59 ZPO.

2. Abschnitt: Hauptverfahren

A. Allgemeine Vorschriften

Prüfung der Prozessvoraussetzungen
§ 108. Nach Eingang der Klage werden die Zuständigkeit des angerufenen Gerichts, die Berechtigung der Parteien und ihrer Vertreter zur Prozessführung, die gehörige Einleitung des Prozesses und die Zulässigkeit der gewählten Prozessart von Amtes wegen geprüft. Zur Verbesserung allfälliger Mängel wird das Geeignete angeordnet.

1 Grundsätzlich prüft das Gericht die Prozessvoraussetzungen von Amtes wegen. Im internationalen Verhältnis ist insbesondere **Art. 9 IPRG** zu beachten:

> *"Ist eine Klage über denselben Gegenstand zwischen denselben Parteien zuerst im Ausland hängig gemacht worden, so setzt das schweizerische Gericht das Verfahren aus, wenn zu erwarten ist, dass das ausländische Gericht in angemessener Frist eine Entscheidung fällt, die in der Schweiz anerkennbar ist.*
> *Zur Feststellung, wann eine Klage in der Schweiz hängig gemacht worden ist, ist der Zeitpunkt der ersten, für die Klageeinleitung notwendigen Verfahrenshandlung massgebend. Als solche genügt die Einleitung des Sühneverfahrens.*
> *Das schweizerische Gericht weist die Klage zurück, sobald ihm eine ausländische Entscheidung vorgelegt wird, die in der Schweiz anerkannt werden kann."*

2 Wie unten, in ZR 88, Nr. 43 aufgezeigt wird, ist die Frage der Rechtshängigkeit und der materiellen Rechtskraft von Amtes wegen zu prüfen. Wenn die Parteien hingegen die Zuständigkeit des

angerufenen Gerichts durch Einlassung bewirken können, darf das Gericht seine Zuständigkeit nur auf Unzuständigkeitseinrede des Beklagten hin überprüfen. Grundsätzlich sind daher Gerichtsstandsvereinbarungen und Schiedsabreden nicht "ex officio" zu berücksichtigen. Streitig ist die Frage, ob sich der Beklagte dieser Frage bewusst sein muss. Nach richtiger Auffassung greift hier die richterlicher Fragepflicht nach § 55 ZPO, wenn nicht klar ist, dass sich der Beklagte eindeutig auf das Verfahren einlassen will.

Von Amtes wegen hat das Gericht sodann zu prüfen, ob es zuständig ist (vorbehältlich der Einlassung), ob dem Beklagten Immunität zukommt (BGE 120 II 400 = Praxis 84, Nr. 247, BGE 111 I a 52; Wiener Übereinkommen über diplomatische Beziehungen vom 18. April 1961, SR 0.191.01; Wiener Übereinkommen über konsularische Beziehungen vom 24. April 1963, SR 0.191.02, Europäisches Übereinkommen über Staatenimmunität vom 16. Mai 1972, SR 0.273.1).

Praxis 84 Nr. 247: "5. a) Gemäss allgemeiner Praxis ist das Vorrecht der diplomatischen Immunität kein absoluter Grundsatz. Der fremde Staat zieht daraus nur Vorteile, wenn er Kraft seiner Souveränität handelt (iure imperii). Er kann sich dagegen nicht darauf berufen, wenn er sich auf die gleiche Stufe stellt wie eine Privatperson, insbesondere wenn er als Träger eines privaten Rechts handelt (iure gestionis).

Die Handlungen iure imperii oder Hoheitsakte unterscheiden sich von den Handlungen iure gestionis oder rechtsgeschäftlichen Handlungen nicht durch ihr Ziel, sondern durch ihr Wesen. Um eine gegebene Handlung näher zu bezeichnen, kann die zur Entscheidung angerufene Behörde sich auch an die äusseren Merkmale dieser Handlung wenden. Sie wird also in jedem Einzelfall einen Vergleich zwischen dem Nutzen des fremden Staats, von der Immunität zu profitieren, demjenigen des Gerichtsstaats, seine gerichtliche Rechtshoheit auszuüben, und demjenigen des Klägers, einen gerichtlichen Schutz seiner Rechte zu erhalten, anstellen müssen. Die schweizerische Rechtsprechung wurde seit jeher durch eine Neigung, den Bereich der Immunität einzuschränken, gekennzeichnet (für die Gesamtheit dieser Grundsätze vgl. BGE 113 Ia 172 E. 2 m. w. H.).

b) Die Rechtsprechung zum Arbeitsvertrag lässt zu, dass die sich im Bereich der Botschaft eines Entsendestaats befindlichen Angestellten, welche sich in übergeordneten Funktionen befinden, nicht vor ein fremdes Gericht gestellt werden, falls ein wichtiges Staatsinteresse an den Streitsachen, die ihnen entgegengestellt werden, vorliegt. Die Umstände sind nicht dieselben, wenn es sich um untergeordnete Angestellte handelt. Jedenfalls wenn der Angestellte kein Staatsangehöriger des Entsendestaats ist und er im Gerichtsbezirk der Botschaft angeworben und daraufhin angestellt wurde, kann die Gerichtsbarkeit des Gerichtsstaats in der Regel anerkannt werden. Der Entsendestaat ist also nicht berührt in der Ausübung der Aufgaben, die ihm in seiner Eigenschaft als Rechtsinhaber der staatlichen Gewalt obliegen (BGE 110 II 261 E.4 = Pr 74 Nr. 1).

Um zu entscheiden, ob die geleistete Arbeit einer im Dienst des Entsendestaats stehenden Person der Ausübung der staatlichen Gewalt untersteht oder nicht, muss man von den unabhängigen Feststellungen des letzten kantonalen Gerichts ausgehen, die die strittige Tätigkeit darstellen, wie sie im konkreten Fall ausgeführt wurde, ohne die gegenteiligen oder neuen Behauptungen der Parteien in dieser Sache zu berücksichtigen (Art. 63 Abs. 2 OG). Die Bezeichnung des ausgeführten Amtsgeschäfts kann, für sich allein, mangels einschlägiger Festlegung, welche Amtsgeschäfte dem Entsendestaat erlauben, sich hinsichtlich seiner Beamten auf die Wirkung seiner Immunität zu berufen, kein Entscheidungskriterium sein. Folglich wird der eine Angestellte nach den Aufgaben, die ihm anvertraut sind, wie ein Werkzeug der Staatsgewalt erscheinen, während ein anderer, den man dafür hält, eine ebenso bedeutende Stellung innezuhaben, in die Kategorie der untergeordneten Angestellten eingeteilt wurde. Die Tätigkeit des Dolmetschers entgeht dieser Richtlinie nicht, ungeachtet der Versuche, die hier und da gemacht wurden, um sie, in abstracto, an eine der zwei dargestellten Kategorien anzugliedern (in dieser Beziehung vgl. PH. CAHIER, Le droit diplomatique contemporain, 2. A., S. 313/314 m. w. H.; siehe auch BGE 110 II 264 E. 4d = Pr 74 Nr. 1 in limine, wo das Bundesgericht die Übersetzer in die Kategorie des Büropersonals eingliedert).

c) Im vorliegenden Fall wurde der Kläger, der nicht ein Staatsangehöriger des beklagten Staats ist, mit Hilfe eines Inserats, das die Beklagte in einer Genfer Wochenzeitung erscheinen liess, angeworben und in der Botschaft beschäftigt. Er erledigte für ein bescheidenes Gehalt die Übersetzung der gesamten die Botschaft betreffenden Dokumente vom Arabischen ins Französische und umgekehrt, fasste selbst einige Briefe ab und nahm als Dolmetscher an Besprechungen und Empfängen teil, die in den Lokalitäten der Botschaft veranstaltet wurden. Ausser diesen Wirksamkeiten half er den Kindern des Botschafters bei ihren Schulaufgaben. Diese letzte Arbeit stellte sicherlich keine Handlung iure imperii dar. Die gleiche Schlussfolgerung drängt sich hinsichtlich der Tätigkeit des Übersetzers im eigentlichen Sinn auf, auch wenn man hier einem Grenzfall gegenübersteht. Tatsächlich nimmt der Übersetzer in der Regel nicht an der Willensbildung desjenigen teil, der ihn beschäftigt, sondern bemüht sich nur darum, die wahrheitsgetreueste Bedeutung desjenigen wiederzugeben, das er liest oder hört. Sicher kann eine solche Tätigkeit einen besonderen, vertraulichen Charakter annehmen, je nach Inhalt der zu übersetzenden Schriftstücke oder der zu verdolmetschenden Äusserungen. Das ist indessen hier kein entscheidender Faktor, um die fragliche Tätigkeit zu bewerten, da wohl auch andere Personen, die im Dienst des Entsendestaats arbeiten, herbeigezogen werden, sei es, um vertrauliche Aufgaben zu erfüllen oder um Angaben oder Informationen dieser Art zur Kenntnis zu nehmen, auch wenn sie untergeordnete Posten bekleiden, wie die Sekretäre, die Stenotypisten, die Archivare, die Chauffeure, die Mitglieder des Sicherheitsdiensts, usw. Folglich unterscheidet diese Tätigkeit im vorliegenden Fall, ausser dem geistigen Gesichtspunkt der dem Kläger anvertrauten Arbeit, vom Gesichtspunkt der Entscheidungsbefugnis aus nichts von derjenigen, die durch das administrative und technische Personal der Botschaft erfüllt wird. Dass der Dolmetscher überdies selbst gewisse Briefe abgefasst hat, ändert daran nichts, denn es ist weder bewiesen noch behauptet, dass diese Arbeit die üblichen Grenzen überschritten habe, das heisst die Formulierung der Gedanken der andern nach Vorgabe und unter Kontrolle der Unterzeichnenden der besagten Briefe. Unter diesen Umständen ist es nicht möglich, in der strittigen Tätigkeit etwas anderes als die Ausübung einer untergeordneten Funktion zu sehen.

Dieser Umstand genügt jedoch nicht für sich allein, dass die Schweiz für die Streitfrage zuständig ist. Obwohl das private Rechtsgeschäft durch einen ausländischen Staat getätigt wird, kann zu Massnahmen für Gerichtsverfahren in der Schweiz kein Anlass bestehen. Zusätzlich ist erforderlich, dass das Rechtsgeschäft enge Verbindungen mit dem schweizerischen Territorium hat ('Binnenbeziehung'), das heisst, dass es hier entstanden sei oder hier ausgeführt wurde oder mindestens, dass der Schuldner bestimmte Realakte erfüllt habe, um hier einen Erfüllungsort zu begründen (BGE 106 Ia 142 E. 3b = Pr 69 Nr. 238; EGLI, L'immunité de juridiction et d'exécuté des Etats étrangers et de leurs agents dans la jurisprudence du Tribunal fédéral, in: FS 100 Jahre SchKG/Centenaire de la LP, S. 208 m. w. H.). Im vorliegenden Fall wurde der Kläger, der sich seit 1983 in der Schweiz aufhielt, in Genf angeworben und angestellt, der Stadt, in der er seine Tätigkeit ausübte. Die Verbindung mit der Schweiz ist also unbestreitbar.

Daraus folgt zum Abschluss dieser Überprüfung zwingend der Schluss, dass die Einrede der Immunität, die von der Beklagten erhoben wurde, entgegen der Ansicht der Genfer Gerichte unbegründet ist, was die Gutheissung der Berufung zur Folge hat, ohne dass es nötig ist, die erhobene Rüge der Verletzung von Art. 6 Abs. 1 EMRK zu überprüfen."

5   Weiter prüft das Gericht von Amtes wegen, ob die Parteien partei- und prozessfähig sind, ob allenfalls eine gesetzliche Vertretung notwendig ist, ob einer Partei ein Rechtsbeistand beizugeben ist, ob ein Rechtsschutzinteresse besteht (Rechtshängigkeit einer identischen Klage oder "res iudicata"), Zulässigkeit einer allfälligen Klageänderung gemäss § 61 ZPO, das Vorliegen eines Kautionsgrunds für Gerichts- und Parteikosten und ob der Prozess ordnungsgemäss eingeleitet ist (Weisung des Friedensrichters, Rechtsbegehren).

Nicht zu den Prozessvoraussetzungen gehört die Frage, ob ein Anspruch verjährt oder verwirkt ist; dies bildet Gegenstand des Sachurteils.

In terminologischer Hinsicht nennt man jene Voraussetzungen, die von Amtes wegen zu prüfen sind, **Prozessvoraussetzungen** und jene, die auf Einrede hin zu untersuchen sind, **Prozesshindernisse**. Auch wenn eine Prozessvoraussetzung fehlt, tritt die Rechtshängigkeit der Klage im Sinne von § 102 ZPO ein. 6

ZR 81, Nr. 103: Hält die klagende Partei im Behauptungsverfahren daran fest, der Beklagte sei passivlegitimiert, obschon dieser seine Passivlegitimation bestreitet, so kann die Berichtigung der Parteibezeichnung des Beklagten nicht mehr zugelassen werden, wenn die Passivlegitimation des Beklagten aufgrund des Beweisverfahrens zu verneinen ist. 7

ZR 81, Nr. 134: Die Parteifähigkeit ist Prozessvoraussetzung. Ob sie vorliegt, ist gemäss § 108 ZPO nach Eingang der Klage von Amtes wegen zu prüfen. Die Vorinstanz nahm diese Prüfung nicht eigentlich vor und entschied insbesondere auch nicht ausdrücklich über den Nichteintretensantrag des Beklagten. Sie nahm vielmehr, und erst noch durch blosse Präsidialverfügung, lediglich davon Vormerk, dass, entgegen dem ursprünglichen Rubrum, die Miteigentümer als Kläger auftreten. Sie machte sich damit ohne nähere Prüfung der Frage die nachträglich vom Vertreter der Klägerschaft aufgestellte These zu eigen, Klagepartei sei nicht die nicht parteifähige Miteigentümergemeinschaft, vielmehr seien die einzelnen Miteigentümer als Kläger zu betrachten. Die Unhaltbarkeit dieser These stellte die Vorinstanz offenbar im Zeitpunkt der Urteilsfällung fest, weshalb sie zur Konstruktion der Parteifähigkeit der Miteigentümergemeinschaft schritt. 8

ZR 82, Nr. 47: Abgrenzung der Zivilgerichtsbarkeit von der Verwaltungsrechtspflege: Die Trafostation war im vorliegenden Fall zwar im Einvernehmen der Parteien erstellt worden. Dagegen lag bis anhin keine Einigung über die Frage einer Beitragspflicht der Beklagten nach dem Reglement vor. Dieser im Prozess allein streitige Anspruch ist als solcher öffentlichrechtlicher Natur. Die Klägerin kann bezüglich der Beitragsfrage den Erlass einer weiterziehbaren Verfügung des Werkes verlangen. 9

ZR 84, Nr. 138: Der Richter prüft von Amtes wegen, ob die Partei, die ein Rechtsmittel ergreift, durch den angefochtenen Entscheid beschwert ist. 10

ZR 85, Nr. 121: Ein Zurückkommen auf die durch unangefochtenen Vorbeschluss entschiedene Zuständigkeitsfrage im Endentscheid ist dem Gericht dann nicht verwehrt, wenn die Zuständigkeit durch das Gesetz zwingend geregelt und damit von Amtes wegen zu prüfen ist. Dadurch wird ZR 83, Nr. 114 präzisiert. 11

ZR 86, Nr. 65: Gemäss § 108 ZPO sind nach dem Eingang der Klage die Prozessvoraussetzungen zu prüfen. Fehlt es an einer solchen, ordnet das Gericht zur Verbesserung das Geeignete an, sofern der Mangel überhaupt behoben werden kann. Die gehörige Bezifferung einer Klage, mit welcher ein vermögensrechtlicher Anspruch geltend gemacht wird, ist eine Prozessvoraussetzung. Bleibt das Vorbringen einer Partei unbestimmt, unklar oder unvollständig, so ist ihr Gelegenheit zur Behebung des Mangels zu geben (§ 55 ZPO). 12

ZR 88, Nr. 43: Vgl. § 191. 13

ZR 88, Nr. 51: Der Grundsatz der perpetuatio fori gilt auch für die sachliche Zuständigkeit. 14

ZR 88, Nr. 89: Vgl. § 16 ZPO. 15

ZR 88, Nr. 91: Die Prüfung der Zuständigkeit in einem späten Verfahrensstadium (etwa nach durchgeführtem zweitem Schriftwechsel) begründet nicht die Zuständigkeit einer an sich nicht zuständigen Instanz. Diese Verspätung der Prüfung der Zuständigkeit kann ein an sich unzuständiges Gericht nicht zuständig machen, sind doch Entscheide, die in Verletzung von Vorschriften über Prozessvoraussetzungen ergehen, mit Berufung, Rekurs und Nichtigkeitsbeschwerde wegen Verletzung eines wesentlichen Verfahrensgrundsatzes anfechtbar, zumal sich der Beklagte nicht vorbehaltlos auf die Klage eingelassen hat. 16

17	**ZR 93, Nr. 75:** Das Durchführen des administrativen Vorverfahrens gemäss § 22 ff. des Haftungsgesetzes stellt eine Prozessvoraussetzung dar; vor dem Abschluss des Vorverfahrens durch Ablehnung des Anspruchs oder Stillschweigen besteht keine Zuständigkeit der Zivilgerichte. Der Beschwerdeführer macht geltend, gemäss § 108 ZPO habe das Gericht von Amtes wegen die Verbesserung allfälliger Mängel anzuordnen, ist unzutreffend. Aus der Zweckbestimmung des Vorverfahrens folgt, dass zunächst der Verwaltung Gelegenheit gegeben werden soll, die Berechtigung des Haftungsanspruchs ausserhalb eines Gerichtsverfahrens zu prüfen, so dass auch eine allfällige Heilung des Mangels im Sinne von § 108 letzter Satz ZPO ausser Betracht fällt.
18	**ZR 94, Nr. 34:** Vgl. § 102 ZPO.
19	**ZR 95, Nr. 7:** Im Bereich des IPRG bleibt das schweizerische Gericht, das die Scheidung aussprach, auch für Abänderungsklagen zuständig. Die Gerichtsstände gemäss Art. 59 und 60 IPRG gelten für diesen Fall nicht.
20	**ZR 95, Nr. 38:** Bei Einreichen einer Rechtsschrift mittels eines Telefax und damit ohne Originalunterschrift ist eine Nachfrist gemäss § 108 ZPO i.V.m. § 131 Abs. 2 GVG zu setzen; es fehlt an einer rechtsgenügenden Eingabe.

Bemerkungen: Die vom Zürcher Obergericht und vom Kassationsgericht vorgegebene Begründung vermag in der Sache nicht zu überzeugen. Sie ist formalistisch und operiert mit der Rechtssicherheit, die weder durch eine Telefaxunterschrift noch durch eine Nichtunterschrift gefährdet ist. Die wenigen Tage Verzögerung, die hier zur Diskussion stehen, stehen in keinem Verhältnis zur Prozessdauer, wie sie in diesen Instanzen üblich ist. Der Eindruck kann nicht übersehen werden, dass diese Praxis in erster Linie formalistischen Zielen, jedoch nicht der Verwirklichung des materiellen Rechts dient.

Mängel des Sühnverfahrens
§ 109. Ist die Klage rechtshängig, so wird die Sache wegen Mängeln des Sühnverfahrens nur dann zurückgewiesen, wenn Aussicht besteht, ein gehöriger Sühnversuch führe zur gütlichen Erledigung.

Dem Kläger wird mit der Rückweisung Frist zur Einreichung einer neuen Weisung, eines Vergleichs oder einer Klageanerkennung angesetzt unter der Androhung, dass bei Säumnis auf seine Klage nicht eingetreten werde.

1	**ZR 86, Nr. 60:** Als Aussicht auf eine gütliche Erledigung im Sinne dieser Bestimmung kann bei einer Scheidungsklage nur die Aussicht auf Wiedervereinigung und Fallenlassen der Scheidungsklage qualifiziert werden, nicht aber die blosse Aussicht auf Erzielung einer Einigung über die Nebenfolgen, denn nur damit würde der Zweck des Sühnverfahrens, eine endgültige Streiterledigung ohne Inanspruchnahme der Gerichte zu fördern, erreicht.

Vorsorgliche Massnahmen
§ 110. Das Gericht trifft die geeigneten vorsorglichen Massnahmen, wenn glaubhaft gemacht wird, dass einer Partei ein nicht leicht wiedergutzumachender Nachteil, besonders durch Veränderung des bestehenden Zustands, drohe.

In Fällen besonderer Dringlichkeit wird auf Antrag sofort eine vorläufige Anordnung getroffen, über deren Aufrechterhaltung als vorsorgliche Massnahme nach Anhörung der Gegenpartei entschieden wird. Dieser kann statt dessen eine Frist von höchstens zehn Tagen zur Einsprache angesetzt werden unter der Androhung, dass es im Säumnisfall bei der vorläufigen Anordnung sein Bewenden habe; die Einsprache soll kurz begründet werden.

Die Massnahmen fallen mit der Rechtskraft des Endentscheids dahin, wenn das Gericht nichts Abweichendes anordnet. Für die Änderung und Aufhebung solcher Massnahmen, die Sicherstellung und die Schadenersatzpflicht gelten §§ 227 bis 230.

Vergleiche zu den vorsorglichen Massnahmen die Ausführungen vor § 204 ZPO. Man muss unterscheiden, ob der Prozess rechtshängig ist oder nicht. Wenn er rechtshängig ist, folgen die vorsorglichen Massnahmen § 110 ZPO, wenn er noch nicht rechtshängig ist, richten sie sich gemäss § 222 ZPO. Das Schiedsgericht kann, ausdrückliche Zustimmung der Parteien nach Rechtshängigkeit beim Schiedsgericht vorbehalten, keine vorsorglichen Massnahmen erlassen, wenn das Konkordat massgebend ist; im internationalen Verhältnis hingegen steht dem Schiedsgericht gemäss Art. 183 IPRG die Kompetenz zu vorsorglichen Massnahmen zu, wenn und soweit die Parteien nichts anderes vereinbaren. Bei binnenschiedsgerichtlicher Kompetenz ist der ordentliche Richter für vorsorgliche Massnahmen zuständig; daher ist auch bei Vereinbaren eines Schiedsgerichts eine Gerichtsstandswahl nicht überflüssig. 1

Man unterscheidet vier Arten von vorsorglichen Massnahmen, nämlich Regelungsmassnahmen, Sicherstellungsmassnahmen, Beweissicherungsmassnahmen und Leistungsmassnahmen; sie können einzeln oder kombiniert vorkommen. Vogel (S. 324) definiert die vorsorglichen Massnahmen als Anordnungen des Gerichts, mit denen einer Partei vor oder während des ordentlichen Prozesses vorläufiger Rechtsschutz gewährt werde. 2

Vorsorgliche Massnahmen haben folgende Voraussetzungen, nämlich ein drohender, nicht leicht wieder gutzumachender Nachteil (es ist eine Nachteilsprognose für den Gesuchsgegner und den Gesuchsteller zu treffen) liegt vor; das Hauptbegehren ist wahrscheinlich ausgewiesen (sog. Hauptsacheprognose), wobei beides nicht nachzuweisen, sondern nur glaubhaft zu machen ist. Zur Nachteilsprognose führt BGE 118 II 380 aus: 3

BGE 118 II 380: "b) Diese Rüge ist begründet. Art. 178 ZGB, welche Vorschrift auch im Schiedungsverfahren im Rahmen von vorsorglichen Massnahmen im Sinne von Art. 145 ZGB zumindest sinngemäss anwendbar ist, räumt dem Richter die Befugnis ein, die Verfügung über bestimmte Vermögenswerte auf Gesuch eines Ehegatten von dessen Zustimmung abhängig zu machen (Abs. 1). Vorausgesetzt ist einzig, dass die Sicherung der wirtschaftlichen Grundlagen der Familie oder die Erfüllung einer vermögensrechtlichen Verpflichtung aus der ehelichen Gemeinschaft dies erfordert. Der Zweck dieser neu als Eheschutzbestimmung eingeführten Vorschrift dient der Sicherung u. a. von güterrechtlichen Ansprüchen, die in schweren Ehekrisen durch Vermögensverschiebungen gerade im Hinblick auf eine Auflösung der Ehe gefährdet werden können (Botschaft des Bundesrats über die Änderung des schweizerischen ZGB vom 11. Juli 1979, BBl 1979 II S. 1281; HAUSHEER/REUSSER/GEISER, N 5 zu Art. 178 ZGB). Allerdings ist es Sache der solche Sicherungsmassnahmen begehrenden Ehefrau, glaubhaft darzulegen, dass eine ernsthafte und aktuelle Gefährdung vorliege. Der Richter darf keinen strikten Beweis verlangen, wie das der Appellationshof zu tun scheint, sondern er hat sich im summarischen Verfahren mit der blossen Glaubhaftmachung einer Gefährdung zu begnügen (HAUSHEER/REUSSER/GEISER, N 8 zu Art. 178 ZGB mit Verweisungen). Die Gefährdung muss aufgrund objektiver Anhaltspunkte als wahrscheinlich erscheinen, und zwar in nächster Zukunft (HAUSHEER/REUSSER/GEISER, a.a.O., N 8). 4

Derartige objektive Anhaltspunkte hat die Beschwerdeführerin angeführt, indem sie darauf hingewiesen hat, dass ihr Ehemann seit Jahren keinen Wohnsitz mehr in der Schweiz habe, dass sie angesichts des grossen Vermögens ihres Mannes mit güterrechtlichen Ansprüchen von mehreren Millionen Franken rechne, dass er ihr mit dem Wegschaffen von Vermögenswerten gedroht und bereits ein auf ihren Namen lautendes Safe in Liechtenstein geräumt habe, was vom Beschwerdegegner indirekt zugegeben wurde, sowie eine Wohnung in Fort L. verkauft habe. Zur Stützung ihrer Behauptung, der Ehemann habe gedroht, 'alles verschwinden zu lassen', hat sie im kantonalen Verfahren auch auf Firmenliquidationen in Amerika sowie auf Neugründungen hingewiesen, die jedenfalls als nicht zum vornherein unerheblich für die Bejahung einer Gefährdung betrachtet werden können.

Der Appellationshof hat – wie bereits der Massnahmerichter – demgegenüber lediglich auf die in der Gesuchsantwort vom Beschwerdegegner gemachten Angaben abgestellt, ohne sich ernsthaft mit den Vorbringen der – sich beweismässig in schwieriger Lage befindlichen – Beschwerdeführerin auseinanderzusetzen und ohne die auf dem Spiele stehenden gegensätzlichen Interessen der Ehegatten in einem offenbar bereits Jahre dauernden Scheidungsverfahren auch nur in Betracht zu ziehen. Indem der Appellationshof einerseits die völlig nichtssagenden Ausführungen in der Verfügung des Massnahmerichters als richtig bezeichnet und damit willkürfrei übernimmt und anderseits sich nicht ernsthaft mit Sinn und Zweck von Art. 178 ZGB sowie den Argumenten und Tatsachen auseinandersetzt, die die Beschwerdeführerin zur Glaubhaftmachung der Gefährdung ihrer güterrechtlichen Ansprüche vorgetragen hat, ihr vielmehr geradezu eine Beweispflicht auferlegt, verletzt er Art. 4 BV. Wie die Beschwerdeführerin zutreffend ausführt, könnte die Betrachtungsweise der kantonalen Instanzen dazu führen, dass sich die Schutzbestimmung des Art. 178 ZGB praktisch überhaupt nie anwenden liesse – selbst nicht in einem Fall wie dem vorliegenden, wo es dem Ehemann ein Leichtes ist, sein Vermögen so zu manipulieren, dass sich letztlich die güterrechtlichen Ansprüche der Ehefrau überhaupt nicht mehr durchsetzen liessen. Zu beachten ist schliesslich auch, dass die angestrebte Verfügungs- und Belastungssperre kaum in schützenswerte Interessen des Beschwerdegegners eingreift."

5   **BGE 104 Ia 412 (Glaubhaftmachen der tatsächlichen Behauptungen oder auch der rechtlichen Begründung):** "Nach den vorstehenden Ausführungen hängt der Entscheid über die staatsrechtliche Beschwerde davon ab, ob das Kassationsgericht ohne Willkür annehmen durfte, die Art der Auslegung des Begriffs des 'Glaubhaftmachens' in einem bestimmten Rechtsstreit um vorsorgliche Massnahmen bedeute die Anwendung eines wesentlichen Verfahrensgrundsatzes, oder ob es – wie dies die Beschwerdeführer behaupten – in Wirklichkeit materielles Recht angewendet habe, jedoch ohne zu prüfen, ob es sich dabei um klares Recht handle.

Das Kassationsgericht stützte sich im angefochtenen Entscheid sowohl auf Art. 31 MSchG als auch aut §222 Ziff. 3 ZPO. Zu Recht; denn Art. 31 MSchG enthält die materiellrechtliche Grundlage für den Erlass vorsorglicher Massnahmen auf dem Gebiete des Markenrechts, und §222 Ziff. 3 ZPO bestimmt in prozessualer Hinsicht, dass solche Massnahmen generell und unabhängig davon, wo sich ihre materiellrechtliche Grundlage befinde, schon vor der Hängigkeit eines ordentlichen Prozesses vom Einzelrichter im summarischen Verfahren erlassen werden können. Der Begriff des 'Glaubhaftmachens' findet sich ausdrücklich weder in der einen noch in der andern der genannten Bestimmungen. Indessen ist unbestritten, dass vorsorgliche Massnahmen, die auf eine Vorwegnahme des Vollzuges des eingeklagten oder einzuklagenden Anspruchs hinauslaufen, dessen Glaubhaftmachung voraussetzen. Für das materielle Markenrecht wird dies aus der Parallele zum Patentrecht abgeleitet, dessen Art. 77 Abs. 2 die Voraussetzung des Glaubhaftmachens ausdrücklich nennt (vgl. dazu TROLLER, Immaterialgüterrecht, 2. Aufl., Basel 1971, Band II, S. 1201 f. und 1204; MATTER, Komm. zum MSchG, Zürich 1939, S. 261, N. II/3 zu Art. 31 MSchG). Unter 'Glaubhaftmachen' wird im Immaterialgüterrecht ebenso wie bei der Prüfung von Gesuchen um vorsorgliche Massnahmen aus anderen Rechtsgebieten ein Wahrscheinlichkeitsbeweis verstanden (vgl. für das Immaterialgüterrecht: TROLLER, a.a.O. S. 1202). Das Bundesgericht hat in einem Entscheid zum bernischen Recht, das sich in diesem Punkt nicht vom zürcherischen unterscheidet, ausgeführt, Glaubhaftmachen heisse, dass der Richter nicht von der Richtigkeit der aufgestellten tatsächlichen Behauptungen überzeugt zu werden brauche, sondern dass es genüge, ihm aufgrund objektiver Anhaltspunkte den Eindruck einer gewissen Wahrscheinlichkeit des Vorhandenseins der in Frage stehenden Tatsachen zu vermitteln, ohne dass er dabei die Möglichkeit ausschliessen müsse, dass die Verhältnisse sich anders gestalten könnten. Sodann fährt das Gericht fort (BGE 88 I 14 f.):

'Ob sich die 'Glaubhaftmachung' auch auf die rechtliche Begründetheit des Anspruchs beziehe, ist umstritten. Während LEUCH (N. 3 zu Art. 326 bern. ZPO) die Annahme vertritt, der Richter habe 'restlos' abzuklären, ob der Anspruch unter den glaubhaft gemachten tatsächlichen Voraussetzungen Bestand habe, neigt die Praxis dazu, um der erforderlichen Raschheit des Verfahrens willen sich (wenigstens in schwierigen Rechtsfragen) auf eine summarische Prüfung zu beschränken (vgl. ZR 47 Nr. 96 S. 214).'

Im vorliegenden Fall muss zu dieser Frage nicht Stellung genommen werden. Es genügt, festzustellen, dass der Begriff des 'Glaubhaftmachens' notwendigerweise zwei Aspekte aufweist: einerseits ist dem Richter die Wahrscheinlichkeit des Vorliegens der anspruchsbegründenden Tatsachen darzulegen, und anderseits muss dieser entweder abschliessend oder doch zum mindesten summarisch prüfen, ob sich aus diesen Tatsachen der geltend gemachte Anspruch ergibt. Das erste ist offensichtlich eine prozessuale, das zweite eine materiellrechtliche Frage.

5. Geht man hiervon aus, so ergibt sich für den vorliegenden Fall folgendes:

Der angefochtene Entscheid des Kassationsgerichts bezieht sich nicht auf Beweisfragen. Es handelte sich nicht darum, zu prüfen, ob der Einzelrichter bestimmte zusätzliche Erhebungen etwa über die Verwechselbarkeit der streitigen Marken oder über deren Gebrauch hätte anstellen müssen (vgl. STRÄULI/ MESSMER, a.a.O., N 34 zu §281 ZPO). Vielmehr ging das Kassationsgericht von den vorliegenden Akten aus, die es in Übereinstimmung mit dem Einzelrichter mindestens für das Massnahmeverfahren als ausreichend betrachtete. Überprüft und nicht gebilligt hat das Kassationsgericht einzig die Feststellung des Einzelrichters, die nicht nur glaubhaft gemachten, sondern sich – soweit hier wesentlich – klar aus den Akten ergebenden Tatsachen liessen wenigstens bei summarischer Prüfung den Schluss auf eine Markenrechtsverletzung zu. Es hat sich somit nicht mit der prozessualen, sondern mit der materiellrechtlichen Seite des Glaubhaftmachens befasst. Zwar wird im Entscheid ausgeführt, Gesuche um vorsorgliche Massnahmen der hier in Frage stehenden Art stellten tatsächlich eine vorweggenommene Vollstreckung des behaupteten Verbotsanspruchs dar, weshalb an die Glaubhaftmachung strenge Anforderungen zu stellen seien. Das ändert aber nichts daran, dass das Kassationsgericht nicht die Beweiserhebung durch den Einzelrichter als ungenügend betrachtete, sondern die materiellen Voraussetzungen für die angestrebte Massnahme.

Denkbar wäre allenfalls, dass das Kassationsgericht der Auffassung war, der zürcherische Gesetzgeber habe den Entscheid des Sachrichters über vorsorgliche Massnahmen ganz allgemein als einen reinen Verfahrensentscheid betrachtet; zurzeit nur wenn dies zuträfe, könnte die Behauptung, eine solche Massnahme sei aus materiell unzureichenden Gründen erlassen worden, als Rüge der Verletzung 'eines wesentlichen Verfahrensgrundsatzes' aufgefasst werden. Es ist fraglich, ob ein solcher Standpunkt mit dem Bundesrecht vereinbar wäre (BGE 56 II 324). Vor allem aber liefe er darauf hinaus, der Kassationsinstanz im Rechtsmittelverfahren gegenüber dem Handelsgericht und seinem Einzelrichter praktisch die nämliche Stellung einzuräumen, wie sie einer Rekursinstanz zukommt. Das widerspricht aber klarerweise dem Willen des zürcherischen Gesetzgebers, der anlässlich der Revision von GVG und ZPO vom 13. Juni 1976 den Rekurs gegenüber solchen Entscheidungen ausdrücklich fallen gelassen hat (vgl. Protokoll der kantonsrätlichen Kommission S. 291/292, 694 und 709; Protokoll des Kantonsrats 1974/1975, S.7319).

Hatte das Kassationsgericht somit offensichtlich eine materiellrechtliche Frage zu beurteilen, bei der ihm nach §281 Ziff. 3 ZPO lediglich beschränkte Überprüfungsbefugnis zustand, so ist es in Willkür verfallen, wenn es sie als verfahrensrechtliche Frage behandelte und gemäss §281 Ziff. 1 ZPO freier Prüfung unterwarf. Dies führt zur Aufhebung des angefochtenen Entscheids. Dem Kassationsgericht obliegt es, die Verfügung des Einzelrichters unter dem Gesichtswinkel von §281 Ziff. 3 ZPO, d. h. mit beschränkter Kognitionsbefugnis, neu zu überprüfen."

Gemäss Vogel (N. 216 f., S. 331) ist die Frage umstritten, ob der Gesuchsteller bestimmte Massnahmen beantragen müsse oder es genüge, die geeigneten Massnahmen zu verlangen; der Richter ist an die Anträge der Parteien nicht gebunden, was die Sache nicht vereinfacht, zumal ein Teil der Richter überfordert ist.

Sicherungsmassnahmen unterliegen einer wesentlichen Einschränkung: Bundesrechtlich regelt der Arrest gemäss SchKG (und andern Gesetzen, insbesondere Steuergesetzen, die auf das SchKG verweisen) die künftige Vollstreckung einer Geldforderung abschliessend. Ein verkappter Arrest ist bundesrechtswidrig:

8 **BGE 86 II 294:** "1. Die Nichtigkeitsbeschwerde ist nach Art. 68 OG zulässig in Zivilsachen, die nicht dem umfassenderen Rechtsmittel der Berufung unterliegen. So verhält es sich hier. Eine anlässlich eines Zivilrechtsstreits getroffene provisorische Massnahme ist als Zivilsache zu betrachten (BGE 74 II 51; 78 II 89). Sodann unterliegen Entscheide über solche Massnahmen nicht der Berufung; denn man hat es dabei weder mit Endentscheiden im Sinne des Art. 48 OG zu tun (vgl. BGE 74 II 177; 77 II 281) noch mit Vor- oder Zwischenentscheiden im Sinne des Art. 50 OG, die unter Umständen mit Berufung angefochten werden können, um (bei gegenteiliger Beurteilung der betreffenden Vor- oder Zwischenfrage) durch einen den Rechtsstreit beendigenden Entscheid des Bundesgerichts ersetzt zu werden (vgl. BGE 71 II 250; 81 II 398; 82 II 170; 84 II 231). Etwas derartiges kommt hier nicht in Frage, da der Entscheid des Obergerichts gar nicht die mit der Klage geltend gemachten Ansprüche oder eine gegen die Klage erhobene Einrede betrifft. Endlich entspricht die Beschwerdebegründung dem Art. 68 OG, denn es wird im Sinne der lit. a daselbst die Anwendung kantonalen statt des nach Ansicht des Beschwerdeführers massgebenden Bundesrechts gerügt.

2. Enthielte die Klage nur das auf Zahlung eines Geldbetrags gehende Begehren, wie es als eventuelles gestellt ist, so wäre die vom Obergericht getroffene vorsorgliche Massnahme zweifellos unzulässig. In welcher Weise die Vollstreckung von Geldforderungen gesichert werden kann, ist eine Frage des Bundesrechts (Art. 64 Abs. 1 BV, Art. 38 und 271 SchKG). Neben dem bundesrechtlich geregelten, an bestimmte Voraussetzungen gebundenen und in bestimmter Weise zu vollziehenden und zu prosequierenden Arrest (Art. 271 ff. SchKG) ist kein Raum für eine zu solcher Sicherung zu treffende einstweilige Verfügung des kantonalen Prozessrechts (BGE 41 I 204; 78 II 92; 79 II 285; JAEGER/DAENIKER, Einleitende Bemerkungen zu Art. 271 SchKG; BLUMENSTEIN, Handbuch S. 829; FRITZSCHE II S. 195; GULDENER, Schweizerisches Zivilprozessrecht, S. 328, Bem. 2a).

Dies räumt auch das Obergericht ein. Es hält aber für entscheidend, dass hier nur in eventuellem Sinn auf Geldzahlung geklagt wird und das Hauptbegehren auf Herausgabe der vom Beklagten hinterlegten und im Depot gesondert aufbewahrten 18 Banknoten zu Fr. 1'000 lautet. Der behauptete Anspruch gehe also auf eine Sache, somit sei eine vorsorgliche Massnahme zur Aufrechterhaltung des tatsächlichen Zustands des Streitgegenstands gemäss §131 der zürcherischen ZPO möglich.

Der Wortlaut der Klagebegehren lässt in der Tat als Gegenstand des Streits in erster Linie das Eigentum an den erwähnten Banknoten erscheinen. Wenigstens ist solches Eigentum ausgedrückt in der Wendung 'unbeschwert zu Eigentum herauszugeben', obschon das Begehren nicht etwa die einzelnen Banknoten mit Nennwert und Nummer angibt, sondern als herauszugebende Sache 'die Summe von Fr. 18'000' bezeichnet, die der Beklagte in zwei Teilbeträgen von Fr. 10'000 und Fr. 8'000 bei der Bezirksanwaltschaft ins Depot gelegt habe. Allein auch wenn man das Begehren um unbeschwerte Herausgabe der 'Summe von Fr. 18'000 zu Eigentum' als Vindikation der betreffenden Banknoten auffasst, wie es offenbar gemeint ist, kann nach dem Inhalt der Klage, d.h. nach dem ihr zu Grunde liegenden Tatbestand, und namentlich nach dem Sinn und Zweck der bei der Bezirksanwaltschaft erfolgten Hinterlegung, nicht ernstlich in Frage kommen, dass diese Banknoten an die Klägerin zu Eigentum übertragen worden seien oder ihr auch nur ein Pfandrecht daran bestellt worden sei. Unter diesem Gesichtspunkt war im Zwischenverfahren über das Gesuch um eine vorsorgliche Massnahme die materielle Sachlage bereits im Sinn einer unvorgreiflichen Vorprüfung, einer sog. prima-facie-Entscheidung, ins Auge zu fassen. Nur so lässt sich vermeiden, dass eine Partei, der es in Wirklichkeit nur um die Sicherung einer Geldforderung geht, durch Formulierung eines nach dem unbestrittenen oder aus den Akten klar hervorgehenden Tatbestand haltlosen Vindikationsbegehrens die bundesrechtlichen Arrestvoraussetzungen zu umgehen vermöge, wodurch die Gegenpartei ohne zureichenden Grund für die Dauer des Rechtsstreits in der Verfügung über ihr Vermögen gehindert wäre.

Wie sich aus den insoweit übereinstimmenden Darlegungen beider Parteien und aus den Strafuntersuchungsakten ergibt, lag der Hinterlegung weder ein Vertrag zwischen ihnen selbst noch ein Vertrag des Beklagten mit der Bezirksanwaltschaft zu Gunsten der Klägerin oder des Hans Meier im Sinne von Art. 112 Abs. 2 OR zu Grunde. Ebensowenig beruhte die Hinterlegung auf gerichtlicher Anordnung, wonach sie – wie etwa bei Sicherheitsleistung für Prozesskosten – als Zahlung auf Recht hin zu gelten hätte und dem Begünstigten gesichert wäre, also vom Hinterleger nicht frei widerrufen werden könnte (vgl. BGE 42 III 360 ff; OSTERTAG, Die Hinterlegung zu Gunsten Dritter, SJZ 19 S. 353 ff.; LEUCH, N. 2 zu Art. 75 der bernischen ZPO). Vielmehr hat der Beklagte die beiden Beträge, ohne dazu vertraglich verpflichtet zu sein, unter dem Druck des gegen ihn angehobenen Strafverfahrens hinterlegt, dessen Auswirkungen ihm, wie das Bezirksgericht hervorhebt, durch die polizeiliche Vorführung eindringlich vor Augen geführt worden waren. Es lag ihm anscheinend daran, auf diese Weise das Vorhandensein des angeblich ertrogenen oder veruntreuten Gelds und seine Bereitschaft zu der ihm allenfalls obliegenden Ersatzleistung kundzutun, um eben den betreffenden Anschuldigungen zu begegnen. Diesem Zweck entsprechend wurde die Hinterlegung hinfällig mit der rechtskräftigen Sistierung des Strafverfahrens, wie sie auch hinfällig geworden wäre mit einem rechtskräftigen Freispruch. Es mag dahingestellt bleiben, ob die Strafuntersuchungsbehörden die Hinterlegung lediglich als freiwillige Handlung des Beklagten (des damaligen Beschuldigten) zur Kenntnis nahmen und unterstützten oder als von ihm auf sich genommene Beschlagnahme gemäss §83 oder 96 der zürcherischen StrPO, d.h. als eine konservatorische Massnahme von wesentlich strafprozessualer Natur, betrachteten. Wie dem auch sein mag, haben sie die Hinterlage dem Beklagten durch rechtskräftige Verfügung anlässlich der Sistierung des Strafverfahrens frei gegeben. Daraus ergibt sich, dass sie der Hinterlegung keine Bedeutung ausserhalb des Strafverfahrens beimassen. Eine abweichende Willensmeinung des Beklagten selbst lässt sich nicht etwa aus den Quittungen der Bezirksanwaltschaft herleiten, welche die beiden Geldbeträge 'als Depot bis zur Erledigung der zivilrechtlichen Auseinandersetzung mit Hans Meier' in Empfang nahm. Diese Art der Quittierung erklärt sich daraus, dass die Strafuntersuchungsorgane wie auch der Beklagte mit einer dem Abschluss des Strafverfahrens vorausgehenden Erledigung der zivilrechtlichen Streitigkeit rechneten. Dagegen lag ihnen fern, die – bei der Bezirksanwaltschaft, nicht bei einer zivilgerichtlichen Hinterlegungsstelle befindliche – Hinterlage auch nach Sistierung des Strafverfahrens fortbestehen zu lassen. Wenn die Klägerin sich dennoch mit der rechtskräftigen Freigabe der Hinterlage an den Beklagten nicht abfinden wollte, sondern mit ihrer Zivilklage das Gesuch verband, die Kasse der Bezirksanwaltschaft sei anzuweisen, das von ihm dort hinterlegte Geld, 'sobald im Strafprozess die Aufhebung des Depots bei der Bezirksanwaltschaft rechtskräftig angeordnet ist', zu weiterer Aufbewahrung an die Kasse des Bezirksgerichts zu leiten, so zielte sie auf eine neue Beschlagnahme auf zivilprozessualer Grundlage ab. Angesichts der im Strafprozess ergangenen Freigabeverfügung stand jedoch fest, dass das in Umschlägen hinterlegte Geld im Eigentum des Beklagten geblieben und der Klägerin bzw. dem Hans Meier daran auch kein Pfandrecht bestellt worden war, was allenfalls durch entsprechende Anweisung an die Hinterlegungsstelle, also die Bezirksanwaltschaft, mit Zustimmung der begünstigten Person hätte geschehen können.

Bei der gegebenen Sachlage war die Hinterlage gemäss ihrer auf die Dauer des Strafverfahrens beschränkten Zweckbestimmung in der Tat frei geworden, so dass sich aus der ihr zu Grunde liegenden Verfügung des Beklagten nichts mehr herleiten liess (vgl. OSER/SCHÖNENBERGER, N. 4 zu Art. 480 OR). Daher erweist sich vorweg das dem Zahlungsbegehren der Klage vorangestellte Vindikationsbegehren als gänzlich grundlos; denn von einem andern Akt der Eigentumsübertragung auf die Klägerin oder auf Hans Meier ist nicht die Rede. Kann aber das Eigentum an den seinerzeit im Strafverfahren hinterlegten Banknoten nicht ernstlich als Streitgegenstand in Betracht kommen, sondern muss das Vindikationsbegehren nach dem Gesagten als blosser Vorwand für das Gesuch um vorsorgliche (Neu-)Beschlagnahme betrachtet werden, so geht dieses Gesuch nach seinem wahren Inhalt auf Erwirkung einer Sicherungsmassnahme des kantonalen Prozessrechts für den den einzigen wahren Streitgegenstand bildende Mäklerprovision. Somit ist die von der Vorinstanz in Anwendung kantonalen Prozessrechts getroffene Massnahme nichts anderes als ein verschleierter Arrest, der vor der ausschliesslichen bundesrechtlichen Ordnung der Art. 271 ff. SchKG nicht zu Recht bestehen kann.

Der angefochtene Entscheid ist deshalb aufzuheben und die Sache nach Art. 73 Abs. 2 OG zu neuer Entscheidung (nach eidgenössischem statt kantonalem Recht) an die Vorinstanz zurückzuweisen (was wohl zur Abweisung des nicht zugleich gemäss Art. 271 SchKG begründeten Gesuchs führen wird)."

9   **Sicherungsmassnahmen** gibt es in Art. 168 Abs. 3 OR (Anordnung der Hinterlegung im Prätendentenstreit), in Art. 982 und 1072 OR (Zahlungsverbot bei Kraftloserklärung von Wertpapieren), Art. 172 ZGB (Beschränkungen der Verfügungsbefugnis über Gegenstände und Grundstücke in ehelichen Auseinandersetzungen), Art. 282 ZGB (Hinterlegung im Unterhaltsprozess des Kindsrechts), Art. 598 Abs. 2 ZGB (Sicherstellung bei einer Erbschaftsklage), in Art. 960 bzw. 961 ZGB (Vormerkung von Verfügungsbeschränkungen bzw. vorläufige Eintragungen im Grundbuch, insbesondere von Bauhandwerkerpfandrechten).

Gemäss Praxis 82, Nr. 140: Art. 178 ZGB ist auch im Scheidungsverfahren im Rahmen von vorsorglichen Massnahmen sinngemäss anwendbar, wobei kein strikter Beweis notwendig ist, sondern es genügt vielmehr, dass die Ansprecherin eine ernsthafte und aktuelle Gefährdung der güterrechtlichen Ansprüche anhand objektiver Anhaltspunkte glaubhaft macht.

10   **Beweissicherungsmassnahmen** gehören je nach Umschreibung zu den vorsorglichen Massnahmen; für eine Beweissicherungsmassnahme ist jedoch nicht die wahrscheinliche Begründetheit des Hauptbegehrens darzulegen, sondern der Antragsteller muss nur den drohenden Verlust des Beweismittels geltend machen (vgl. Vogel, N 202 f. S. 327).

11   Leistungsmassnahmen: Sie sind von den Sicherungsmassnahmen zu unterscheiden, auch wenn diese im weiteren Sinn auch eine Leistung beinhalten. Sie dienen verschiedenen Zwecken:

12   a) zur vorläufigen Vollstreckung glaubhaft gemachter behaupteter Ansprüche, etwa wenn der eingeklagte Anspruch während des Prozesses untergeht, wie dies bei einem Konkurrenzverbot gemäss Art. 340a Abs. 1 OR zutrifft, das in der Regel höchstens drei Jahre dauert; oder wenn bei einem Unterlassungsanspruch die Wiederholungsgefahr infolge der langen Prozessdauer wegfällt und damit das Rechtsschutzinteresse entfällt; instruktiv ist dafür BGE 95 II 500:

13   **BGE 95 II 500:** "11. Die in Art. 28 Abs. 1 ZGB vorgesehene Klage auf Beseitigung der Störung umfasst dem Sinne nach zugleich die Klage auf Unterlassung drohender (bevorstehender oder erneuter) Störung (Botschaft zum Entwurf des ZGB S. 18; BGE 78 II 292 Erw. 3 Abs. 1 am Ende, mit Verweisungen). Der dahingehende Antrag der Klägerin auf Verbot erneuter Veröffentlichung oder anderweitiger Verwendung des beanstandeten Presseerzeugnisses entbehrt jedoch eines zureichenden Grundes.

Auf Unterlassung unbefugter Eingriffe in persönliche Verhältnisse (mit Androhung der Überweisung an den Strafrichter gemäss Art. 292 StGB) ist nur zu erkennen, wenn das Verhalten des Beklagten einen solch rechtswidrigen zukünftigen Eingriff ernstlich befürchten lässt. Im vorliegenden Falle hat die beklagte Zeitungsunternehmung oder deren Redaktionsstab nichts getan, was darauf schliessen liesse, es bestehe die Absicht, die satirische erste Seite der Wochenausgabe TA 7 vom 8. Juli 1967 nochmals zu veröffentlichen oder auf andere Weise zu verwenden. Weder ist davon die Rede, dass in der Zwischenzeit etwas derartiges geschehen wäre, noch besteht ein begründeter Verdacht für die Zukunft. Die Beklagte wird die Widerrechtlichkeit des erfolgten Eingriffs zur Kenntnis nehmen und, wie anzunehmen ist, sich einer erneuten gleichartigen Rechtsverletzung enthalten. Andernfalls bliebe der Klägerin eine neue Klage auf Beseitigung wie auch gegebenenfalls auf Unterlassung vorbehalten.

Es ist nicht gerechtfertigt, das Anwendungsgebiet der Unterlassungsklage dahin zu erweitern, dass eine Wiederholungsgefahr ohne weiteres angenommen würde, solange der Beklagte die Widerrechtlichkeit des begangenen Eingriffes bestreitet. Denn diese Stellungnahme lässt für sich allein nicht auf die Absicht weiterer Eingriffe schliessen. Um zu vermeiden, dass eine ursprünglich begründete Unterlassungsklage, welche im Laufe des Prozesses wegen Wegfalls der Wiederholungsgefahr ihre Berechtigung verliert, nun ohne Rücksicht auf das Interesse des Klägers an der Feststellung der Widerrechtlichkeit der erfolgten und fortbestehenden Störung abgewiesen werden muss (ein von JÄGGI, S. 192 a Anm. 148 erörtertes Problem), erscheint vielmehr als einwandfreies Mittel die grosszügige Zulassung einer Klageänderung (Ersetzung des Unterlassungs- durch ein Beseitigungsbegehren)."

b) Typische Leistungsmassnahmen sind Gegendarstellungen gemäss Art. 28g ff. ZGB. Wenn es wahrscheinlich erscheint, dass die Voraussetzungen für das Aufheben der Kündigung vorliegen, kann das Gericht gemäss Art. 10 Abs. 3 GlG bei Anfechtung einer Kündigung die provisorische Wiedereinstellung der Arbeitnehmerin (des Arbeitnehmers) verfügen. Ausserhalb der öffentlichen Hand dürfte dies regelmässig mit einer faktischen Freistellung verbunden sein, indem dieser Arbeitnehmerin infolge Fehlens des Vertrauensverhältnisses in gehobenen Positionen keine Arbeit mehr zugewiesen wird.

c) vorläufige Leistungsmassnahmen auf Geldzahlungen sind im Regelfall unzulässig (verkappter Arrest), es sei denn, es bestehe im Einzelfall eine ausdrückliche gesetzliche Grundlage, bei Teilrechtskraft im Scheidungspunkt für Zahlungen des Ex-Mannes an die Ex-Frau, wofür als Grundlage der streitige Anspruch gestützt auf Art. 151/152 ZGB dient.

BGE 111 II 312: "3. Dem angefochtenen Entscheid lässt sich nicht eindeutig entnehmen, ob das Obergericht den Bestand bzw. die Anordnung einer vorsorglichen Massregel im Sinne von Art. 145 ZGB mit dem Eintritt der Rechtskraft der Scheidung als solcher in jedem Fall, d. h. auch bei einer Weiterführung des Scheidungsprozesses bezüglich der Unterhaltsbeiträge nach den Art. 151 und 152 ZGB, für ausgeschlossen hält. Es fragt sich ernsthaft, ob eine solch strenge Auffassung nicht dem klaren Sinn des Bundesprivatrechts in völlig unhaltbarer Weise widersprechen würde. Gewiss findet die eheliche Unterhaltspflicht mit der Rechtskraft im Scheidungspunkt ihr Ende. Richtig ist auch, dass ein nachehelicher Unterhaltsbeitrag gestützt auf Art. 151 bzw. 152 ZGB von besonderen Voraussetzungen abhängig ist und eine geschiedene Ehefrau unter Umständen letztlich gar keinen Unterhaltsbeitrag zugesprochen erhält. Indessen kann nicht darüber hinweggesehen werden, dass vor allem dort, wo ein Anspruch nach Art. 151 bzw. 152 ZGB tatsächlich begründet ist und ein derartiger Unterhaltsbeitrag für die Ansprecherin einer Lebensnotwendigkeit gleichkommt, der Bundesgesetzgeber die Möglichkeit einer vorsorglichen Massnahme bejahen wollte. Für den Fall der Unterhaltsklage des Kinds gegen die Eltern ist in Art. 281 ZGB beispielsweise generell vorgesehen, dass der Richter auf Begehren des Klägers für die Dauer des Prozesses die nötigen vorsorglichen Massregeln trifft, sobald die Klage eingereicht ist (Abs. 1), und dass der Beklagte verpflichtet werden kann, angemessene Beiträge zu hinterlegen oder vorläufig zu zahlen, falls das Kindsverhältnis feststeht (Abs. 2). Es entspricht denn auch dem ureigensten Zweck einer vorsorglichen Massnahme, dass sie vorweg auf rechtlich abzusichernde Bedürfnisse eingeht, deren Berechtigung erst noch zu klären bleibt. Die Berechtigung einer vorsorglichen Massnahme liegt gerade in ihrer Eigenständigkeit gegenüber dem endgültigen Entscheid in der Sache selbst. Der endgültige Entscheid betreffend Unterhaltsbeiträge gemäss Art. 151 bzw. 152 ZGB wird möglicherweise erst längere Zeit nach Eintritt der Rechtskraft im Scheidungspunkt gefällt, so dass die geschiedene Ehefrau in der Zwischenzeit unter Umständen der wirtschaftlichen Not preisgegeben wäre. Von Bundesrechts wegen dürfen daher vorsorgliche Massnahmen im Sinne von Art. 145 ZGB in Fällen, da die Rechtskraft einstweilen erst im Scheidungspunkt eingetreten ist, nicht grundsätzlich und von vornherein ausgeschlossen werden.

4. Im vorliegenden Fall gilt es freilich nur zu prüfen, ob das Obergericht Art. 4 BV verletzt habe, indem es dem Befehlsentscheid des Gerichtspräsidiums ... vom 7. März 1983 die Eigenschaften eines definitiven Rechtsöffnungstitels bezüglich der von der Beschwerdeführerin in Betreibung gesetzten Unterhaltsforderung absprach. Für den Standpunkt der kantonalen Beschwerdeinstanz lässt sich anführen, dass mit der Scheidung die eheliche Unterhaltspflicht gemäss Art. 160 Abs. 2 ZGB entfällt und die wirtschaftliche Versorgung der geschiedenen Frau von da an anderweitig, gegebenenfalls durch Zusprechung eines scheidungsrechtlichen Unterhaltsbeitrages im Sinne von Art. 151 bzw. 152 ZGB, sicherzustellen ist. Die Auffassung, dass dort, wo ein Scheidungsurteil einstweilen erst im Scheidungspunkt in Rechtskraft erwachsen ist, hinsichtlich der Unterhaltsbeiträge dagegen noch Gegenstand eines Rechtsmittelverfahrens bildet, die im Verfahren gemäss Art. 145 ZGB (bzw. wie hier gemäss den Art. 169 ff. ZGB) festgesetzten Unterhaltsbeiträge in jedem Fall einer neuen Überprüfung zu unterziehen seien und dass der betreffende Massnahmenentscheid somit nicht über den Eintritt der erwähnten Teilrechtskraft hinaus wirksam bleiben könne, verstösst nach dem Gesagten jedenfalls nicht gegen Art. 4 BV. Es ist in der Tat nicht zu übersehen, dass mit dem Eintritt der Rechtskraft im Scheidungspunkt sich die für die vorsorgli-

che Zusprechung von Unterhaltsbeiträgen massgebenden Kriterien verändern: Der Gesichtspunkt, dass die eheliche Unterhaltspflicht trotz Auflösung des gemeinsamen Haushalts erst mit der Scheidung endet, wird abgelöst durch den in den Art. 151 und 152 ZGB konkretisierten Gedanken der nachehelichen Solidarität, was sich in der Regel in einer Herabsetzung der Unterhaltsbeiträge niederschlägt."

17   Eine gesetzliche Grundlage für vorläufige Vollstreckung besteht sodann für vorläufige Kinderalimente bei Verdacht auf Vaterschaft (Art. 283 ZGB) oder bei der Verwandtenunterstützungspflicht (Art. 329 Abs. 3 ZGB).

18   d) Im Bereiche immaterieller Güter (Art. 65 Abs. 2 URG, Art. 13 KG, Art. 59 Abs. 2 MSchG, Art. 77 PatG, Art. 14 UWG) und verwandter Gebiete (Persönlichkeitsrechte, Art. 28c ff. ZGB). Instruktiv betr. Vollstreckung eines Konkurrenzverbots ist **ZR 71, Nr. 105:**

"Die Klägerin hat ihr Massnahmebegehren damit begründet, dass sie nach Bundesrecht berechtigt sei, die Aufhebung bzw. Beseitigung des vertragswidrigen Zustands zu verlangen, dass dieser Anspruch aber illusorisch wäre, wenn das Bundesrecht nicht vorsorgliche Massnahmen zu seiner vorläufigen Sicherung gewährte; das kantonale Prozessrecht müsse einen von Bundesrechts wegen bestehenden Anspruch sichern. Sie verweist in diesem Zusammenhang auf BGE 91 II 382.

Es trifft zu, dass die Klägerin, falls ihr ein Anspruch auf Beseitigung des vertragswidrigen Zustandes zusteht, diesen nicht ausreichend durchsetzen kann, wenn sie dem Beklagten die unerlaubte Konkurrenztätigkeit nicht im Rahmen vorsorglicher Massnahmen durch den Richter verbieten lassen kann. Ob die Kantone von Bundesrechts wegen verpflichtet seien, eine solche vorsorgliche Massnahme zu erlassen, wenn der Anspruch auf Beseitigung des vertragswidrigen Zustandes glaubhaft gemacht wird – BGE 91 II 382 will eine solche Massnahme offenbar nur nach Massgabe des kantonalen Rechts zulassen (anders aber Guldener, Schweizerisches Zivilprozessrecht, 2. Aufl., S. 384/85) –, kann offenbleiben, da die anbegehrte Massnahme vor dem zürcherischen Prozessrecht standhält.

Nach § 131 ZPO sind zur Aufrechterhaltung des tatsächlichen Zustandes des Streitgegenstandes die erforderlichen Massnahmen zu treffen. Dem Wortlaute dieser Bestimmung entspricht allerdings, dass Massnahmen, die auf eine vorläufige Vollstreckung des streitigen Rechtsbegehrens hinauslaufen, grundsätzlich unzulässig sind. Davon ist indessen die vorläufige Vollstreckung von Unterlassungsansprüchen auszunehmen. Ist jemand von einer schädigenden Handlung, die als unrechtmässig erscheint, bedroht – was insbesondere dann der Fall ist, wenn wie hier in den als rechtsgültig erscheinenden Zustand bereits eingegriffen wurde und andauernd weitere Eingriffe erfolgen –, so rechtfertigt sich eine einstweilige Vollstreckung von Unterlassungsansprüchen, da hier nicht die vorzeitige Vollstreckung, sondern die Überlegung in den Vordergrund zu treten hat, dass ein bestehender, präsumtiv rechtmässiger Zustand nicht eigenmächtig soll gestört werden dürfen (Guldener, a.a.O. S. 382 f., insbes. N. 7).

Das Konkurrenzverbot zu Lasten des Beklagten besteht grundsätzlich zu Recht, auch wenn die Frage, ob es im vereinbarten Umfange verbindlich sei, noch ungeklärt ist. Ob allerdings die schriftliche Abrede, dass die Klägerin bei Verletzung des Verbots neben der Rückerstattung der unter dem Titel Entschädigung für das Konkurrenzverbot empfangenen Leistungen und dem Ersatz allfälligen weiteren Schadens die Aufhebung des vertragswidrigen Zustands verlangen dürfe, von den strengen Voraussetzungen, die das Gesetz an den Beseitigungsanspruch knüpft, standhalte, ist eine noch offene Frage. Dieses Recht kann dem Arbeitgeber nur zugestanden werden, wenn die Bedeutung seiner durch die Übertretung des Verbots verletzten oder bedrohten Interessen und das Verhalten des Arbeitnehmers dies rechtfertigen (Art. 359 Abs. 3 alt OR, 340 b Abs. 3 neu OR). Immerhin erscheint auf Grund der heutigen Aktenlage als glaubhaft, dass die Klägerin durch die weitere Konkurrenztätigkeit des Beklagten einen wesentlich grösseren Schaden erleiden könnte, als mit der ihr zustehenden Konventionalstrafe von Fr. 7'350 abgegolten werden kann. Das Verhalten des Beklagten rechtfertigt die Geltendmachung des Beseitigungsanspruchs. Somit ist das Begehren der Klägerin begründet."

Regelungsmassnahmen sollen bei Dauerschuldverhältnissen eine vorläufige Friedensordnung schaffen; sie umfassen auch Leistungsmassnahmen, etwa Unterhaltsbeiträge an die Ehefrau (theoretisch auch an den Ehemann), regeln das Getrenntleben, indem etwa die Wohnung zugewiesen, die Kinder (in der Regel der Ehefrau) zugeteilt, das Besuchsrecht geregelt wird; Regelungsmassnahmen können auch für ein Konkurrenzverbot getroffen werden; entsprechende Massnahmen können in den seltenen Fällen einer Auflösung einer AG nach Art. 643 Abs. 2 OR oder nach Art. 625 Abs. 2 OR vorkommen (analog bei Art. 831 Abs. 2 OR für die Genossenschaft bzw. die Kollektivgesellschaft gemäss Art. 574 Abs. 3 OR).

Nach bundesgerichtlicher Auffassung ist das kantonale Recht für die Massnahmen zum Aufrechterhalten des bestehenden Zustands massgebend; vorbehalten sind abweichende bundesrechtliche Spezialregeln; nach Bundesrecht richten sich jene Massnahmen, die für die Dauer des Prozesses subjektive Rechte zuerkennen oder absprechen.

BGE 97 II 190: "2. Art. 706 OR regelt das Recht der Verwaltung und der Aktionäre, Beschlüsse der Generalversammlung beim Richter mit Klage gegen die Gesellschaft anzufechten. Von einer Befugnis oder Pflicht des Richters, vor oder nach Einreichung einer solchen Klage dem Handelsregisterführer einstweilen die Eintragung des anzufechtenden oder angefochtenen Beschlusses zu verbieten, ist hier nicht die Rede. Sie ergibt sich auch nicht durch Auslegung dieser Bestimmung. Die Möglichkeit, nach Bundeszivilrecht zu klagen, gibt nicht allgemein von Bundesrechts wegen auch Anspruch darauf, vorsorgliche Massnahmen zum Schutze des geltend gemachten Anspruchs zu verlangen. Das widerspräche dem zugunsten des kantonalen Verfahrensrechts bestehenden Vorbehalt des Art. 64 Abs. 3 BV und dem Art. 1 ZGB. Wo das Bundesrecht ausnahmsweise ein Recht auf solche Massnahmen gewährt, sieht es sie ausdrücklich vor. Mangels einer bundesrechtlichen Regelung bestimmt ausschliesslich das kantonale Prozessrecht, ob und unter welchen Voraussetzungen ein einstweiliger Rechtsschutz möglich ist (BGE 56 II 323; 63 II 400).

Ein bundesrechtlicher Anspruch auf vorsorgliche richterliche Untersagung von Handelsregistereinträgen ergibt sich auch nicht aus Art. 32 Abs. 2 HRegV. Diese Bestimmung, die im Hinblick auf BGE 59 I 239 ff. erlassen wurde, enthält nur eine Anweisung an den Registerführer, wie er sich verhalten solle, wenn gegen eine noch nicht vollzogene Eintragung ein privatrechtlicher Einspruch erhoben wird. Er hat vor der Eintragung dem Einsprechenden durch Ansetzung einer Frist Gelegenheit zu geben, beim Richter eine vorsorgliche Verfügung zu erwirken. Die Frist muss 'nach dem kantonalen Prozessrecht' genügen. Art. 32 Abs. 2 HRegV geht also davon aus, dass kantonales Prozessrecht anwendbar sei. Im gleichen Sinne hat das Bundesgericht schon am 31. Januar 1940 i.S. Zubler c. S.A. Macchine additionatrici e classificatrici entschieden, und gleich legt E. STEINER (Die Schweizerische Aktiengesellschaft, Bd. 13 S. 14 f.) Art. 32 Abs. 2 HRegV aus. Auch F. VON STEIGER, Das Recht der Aktiengesellschaft in der Schweiz, 4. Auflage, S. 208 führt aus, man werde wohl diese Auffassung als massgebend ansehen müssen. Seine Meinung, die gegenteilige Stellungnahme des bernischen Appellationshofes in einem Entscheid aus dem Jahre 1938 entspreche mehr den im Rechtsleben tatsächlich vorhandenen Bedürfnissen, ändert nichts. Art. 929 und 936 OR, auf die sich die Verordnung über das Handelsregister stützt, berechtigen denn auch den Bundesrat nicht, einen bundesrechtlichen Anspruch auf vorsorgliche Untersagung von Handelsregistereintragungen zu gewähren. Die Nichtigkeitsbeschwerde ist daher abzuweisen."

BGE 114 II 435 (vorsorgliche Massnahmen und die Beweissicherung gemäss Art. 77 Abs. l PatG gelten nur für Defensivansprüche, entgegen Vogel, N. 207, S. 329, mit überzeugender die Verfassung respektierender Begründung):

BGE 114 II 435: "3. Der Obergerichtspräsident hält die Anordnung vorsorglicher Massnahmen nach Ablauf der patentrechtlichen Schutzdauer nicht mehr für möglich. Die Beschwerdeführerinnen bezeichnen diese Auffassung unter Hinweis auf die auch nach Erlöschen des Patents noch durchsetzbaren Feststellungs- und Schadenersatzansprüche sowie die hierfür gebotene Beweissicherung als willkürlich.

a) Vorsorgliche Massnahmen können zur Beweissicherung, zur Aufrechterhaltung des bestehenden Zustands oder zur vorläufigen Vollstreckung streitiger Unterlassungs- oder Beseitigungsansprüche verfügt werden (Art. 77 Abs. 1 PatG). Dabei bedarf keiner weiteren Erörterung, dass vorsorgliche Massnahmen zum Schutz patentrechtlicher Defensivansprüche vom Bestand eines materiellen Schutzrechts abhängig sind, ist der Rechtsbestand des angeblich verletzten Patents doch Voraussetzung des Rechtsschutzes schlechthin. Nichtige oder erloschene Patente lassen sich nicht durch vorsorgliche Massnahmen schützen (BRINER, Vorsorgliche Massnahmen im schweizerischen Immaterialgüterrecht, SJZ 78/1982 S. 157 ff., 159 bei Fn 25).

Selbstverständlich ist weiter, dass – vorbehältlich eines Forderungsuntergangs zufolge Verjährung, Verwirkung oder aus andern Gründen – Schadenersatzansprüche aus Patentverletzung auch nach Ablauf der Schutzdauer noch geltend gemacht werden können, sofern die rechtswidrige Handlung in die Zeit des Patentschutzes fällt. Folglich muss dem Belangten ebenfalls die Möglichkeit gewahrt sein, sich in dieser Auseinandersetzung auf die Nichtigkeit des Schutzrechts zu berufen. Sein Feststellungsinteresse ist unbesehen der abgelaufenen Patentdauer zu bejahen, wenn die Frage der Patentgültigkeit die künftigen Beziehungen und Auseinandersetzungen der Parteien zu beeinflussen vermag (BGE 109 II 167 ff.). Streitgegenstand bildet diesfalls nicht mehr der reale Schutz des Patents, sondern allein noch der Ausgleich wirtschaftlicher Beeinträchtigungen durch Schutzrechtsverletzungen. Zu prüfen ist daher, ob hierfür, insbesondere zur Sicherung der die Ansprüche stützenden Beweise, der vorsorgliche Rechtsschutz nach Bundesrecht ebenfalls zur Verfügung steht.

b) Nach dem Wortlaut von Art. 77 Abs. 1 PatG kann die vorsorgliche Massnahme zur Beweissicherung schlechthin beansprucht werden, ohne dass zwischen den zu sichernden Ansprüchen unterschieden wird. In der Literatur wird die Beweissicherung im allgemeinen weder näher erörtert noch nach Massgabe der einzelnen Ansprüche differenziert, sondern als Zweck der Massnahme bloss erwähnt (TROLLER, Immaterialgüterrecht, 3. Aufl., Band II, S. 1065 lit. a), als unproblematisch bezeichnet (PEDRAZZINI, Patent- und Lizenzvertragsrecht, 2. Aufl., S. 178 Ziff. 17.9.2) oder dazu unter anderem ausgeführt, dass sie geeignet sei, patentverletzende Erzeugnisse vor dem drohenden Untergang zu bewahren (BLUM/PEDRAZZINI, Anm. 2 zu Art. 77 PatG; vgl. auch S. 659/1 Anm. 2A zu Art. 77 PatG; HANS PETER MING, Die vorsorglichen Massnahmen im gewerblichen Rechtsschutz und Urheberrecht, Diss. Zürich 1969, S. 19). Einzelne Autoren lehnen die vorsorgliche Massnahme als Mittel zur Feststellung und zum Ausgleich bereits eingetretenen und nicht unter Anwachsungsgefahr stehenden Schadens unter dem Kriterium der Nachteilsvoraussetzung ausdrücklich ab (TROLLER, a.a.O., S. 1066 lit. c; differenziert MING, a.a.O., S. 34 f.).

c) Art. 64 Abs. 3 BV belässt die Organisation der Gerichte und das gerichtliche Verfahren der Regelungskompetenz der Kantone. Bundesrechtliche Vorschriften, welche in diese Rechtssetzungshoheit eingreifen, sollen dort eine einheitliche Anwendung des Bundesrechts gewährleisten, wo die Vielfalt der kantonalen Ordnungen die Gefahr ungenügenden oder unterschiedlichen prozessualen Schutzes gleichgerichteter Ansprüche in sich birgt. Als Prinzip der verfassungskonformen Interpretation hat jedoch zu gelten, dass die bundesrechtlichen Prozessvorschriften ihrem beschränkten Sinn entsprechend auszulegen und die kantonalen Zuständigkeiten nicht unnötig einzuengen sind. Im Bestreben, die vorsorglichen Massnahmen des gewerblichen Rechtsschutzes zu vereinheitlichen (BB1 1950 I 1062), wurden die Vorschriften des Patentgesetzes über den vorsorglichen Rechtsschutz bewusst denjenigen des Bundesgesetzes vom 30. September 1943 über den unlauteren Wettbewerb (Art. 9 bis 12 a UWG) angeglichen. Diese wettbewerbsrechtlichen Vorschriften ihrerseits bezweckten, die schädlichen Auswirkungen unlauteren Wettbewerbs möglichst frühzeitig zu verhindern, drohenden Schaden zu verhüten oder den eingetretenen Schaden wenigstens nach Möglichkeit einzudämmen (Botschaft des Bundesrats an die Bundesversammlung vom 3. November 1942 zum Entwurf eines Bundesgesetzes über den unlauteren Wettbewerb, BBl 1942 S. 665 ff., 681). Sie wurden im geltenden UWG im wesentlichen durch einen allgemeinen Hinweis auf die entsprechenden Regelungen des zivilrechtlichen Persönlichkeitsschutzes ersetzt, erneut im Bestreben, die vorsorglichen Massnahmen des Bundesrechts zu vereinheitlichen (Art. 13 UWG). Auch im Persönlichkeitsrecht aber ging der Bundesgesetzgeber von der grundsätzlichen Gesetzgebungshoheit der Kantone auf dem Gebiete des Prozessrechts aus und strebte eine bundesrechtliche Vereinheitlichung nur insoweit an, als sie für die Verwirklichung des zu regelnden

Instituts des Privatrechts unerlässlich schien (Botschaft vom 5. Mai 1982 über die Änderung des Schweizerischen Zivilgesetzbuches, BB1 1982 II 636 ff., 642 Ziff. 133). Eine Rechtsvereinheitlichung wird dabei als geboten erachtet, um Angriffe auf die Persönlichkeit wirksam zu verhindern oder Störungen zu beseitigen (BB1 1982 II 644). Daraus ist zu schliessen, dass nach der Regelungsabsicht des Gesetzgebers und namentlich in Berücksichtigung seiner Tendenz zur materiellen Vereinheitlichung möglichst aller bundesrechtlichen Vorschriften über den vorläufigen Rechtsschutz – wobei die Zuständigkeit der Kantone soweit wie möglich zu wahren ist – die vorsorglichen Massnahmen lediglich zum Schutz von Defensivansprüchen vereinheitlicht werden sollten. Der prozessuale Rechtsschutz im Ausgleichsverfahren nach abgeschlossener Schädigung hingegen wurde grundsätzlich dem kantonalen Recht belassen. Auch in der neueren Literatur wird die Meinung vertreten, die vorsorglichen Massnahmen des Bundesrechts ständen zur Sicherung von Entschädigungsforderungen nicht zur Verfügung (TERCIER, Le nouveau droit de la personnalité, S. 149 Rz 1110; vgl. auch L. DAVID, Supplement zum Kommentar von H. DAVID zum schweizerischen Markenschutzgesetz, S. 86, N 5 zu Art. 31 MSchG). Dieser Autor ist der Ansicht, die vorsorgliche Massnahme könne insbesondere zur Beweissicherung angeordnet werden, damit der Markeninhaber in den Stand gesetzt werde, Klage zum Schutze seines behaupteten Rechts anhängig zu machen. Sie überzeugt ebenfalls im Bereich des Patentrechts. Soweit das Bundesgericht sich in seiner jüngeren Praxis mit solchen Massnahmen zu befassen hatte, betrafen sie denn alle auch den Schutz von Defensivansprüchen (BGE 94 I 8 ff.; 99 II 344 ff.; 103 II 287 ff.; 106 II 66 ff.; nicht veröffentlichte Urteile vom 27. Mai 1986 i.S. A. S.. und vom 13. Februar 1987 i.S. I. SA).

Die Beweissicherung ist nach Sinn und Zweck von Art. 77 PatG nicht als selbständiges Institut zum Schutz aller beliebigen patentbezogenen Forderungen, sondern lediglich als besondere Gewähr zur Sicherung des Defensivansprüche zu betrachten. Das steht in Einklang mit der Auffassung, dass die Beweissicherung ohnehin nicht zu den eigentlichen vorsorglichen Massnahmen zählt (ISAAK MEIER, Grundlagen des einstweiligen Rechtsschutzes, S. 48 f.; demgegenüber GULDENER, Schweizerisches Zivilprozessrecht, 3. Aufl., S. 576 Ziff. 3) und zudem in sämtlichen kantonalen Prozessvorschriften bereits vorgesehen ist (Nachweise bei VOGEL, Grundriss des Zivilprozessrechts, S. 193 Rz 91), was eine umfassende bundesrechtliche Regelung entbehrlich macht.

d) Mit Ablauf der Schutzdauer des Patents begrenzte die Auseinandersetzung der Parteien sich auf den Schadensausgleich aus behaupteter, zwangsläufig abgeschlossener Patentverletzung. Die Fragen nach der Gültigkeit des Patents während laufender Schutzdauer und nach derjenigen seiner Verletzung sind allein noch im Hinblick auf die beanspruchte Wiedergutmachung von Bedeutung, aber nicht mehr hinsichtlich allfälliger Defensivansprüche. Damit ist der Entscheid des Präsidenten des Obergerichts, den Erlass einer bundesrechtlichen Massnahme gemäss Art. 77 PatG abzulehnen, im Lichte von Art. 4 BV nicht zu beanstanden."

Die Doktrin vertritt mit unterschiedlicher (und unterschiedlich überzeugender) Begründung im Ergebnis die Auffassung, der einstweilige Rechtsschutz unterstehe undifferenziert dem Bundesrecht (vgl. Guldener, ZSR, Band 80, Band II, S. 51, Voyame, ZSR 80, Band II, 108; Vogel, SJZ, l980, S. 89, u.a.), was gegen die triftig begründeten bundesgerichtlichen Ausführungen kaum aufkommen kann.

Rechtsmittel des Bundes: Gemäss dem Bundesgericht soll mangels eines Endentscheids die Berufung nach Art. 48 OG unzulässig sein; dies war zutreffend in BGE 97 II 187 für die dortige Fallkonstellation begründet; entgegen dem Bundesgericht sind jedoch vorläufige Leistungsmassnahmen für die Dauer des Prozesses, aber immerhin für diese Zeit, endgültig; daher müsste die Berufung zugelassen werden, was das Bundesgericht bis jetzt noch verneint.

BGE 97 II 187: "1. Nur Endentscheide können mit der Berufung angefochten werden (Art. 48 OG). Ein solcher liegt unter anderem dann nicht vor, wenn der Richter nur um vorläufigen Rechtsschutz angegangen wurde, der streitige Anspruch also zum Gegenstand eines neuen Verfahrens gemacht werden kann (BGE 71 II 250; 72 II 55/57; 72 II 190; 72 II 323; 74 II 178; 75 II 95; 77 II 281; 81 II 85; 85 II 195; 88 II 59; 93 II 285; 94 II 59 Erw. 3; 95 II 71; 96 II 427).

2. Die Gesuchstellerin hat den Gerichtspräsidenten III von Bern nicht ersucht, endgültig darüber zu entscheiden, ob die beschlossene Fusion der Gesuchsgegnerin mit der Nestlé-Alimentana AG gültig sei und in das Handelsregister eingetragen werden dürfe oder nicht. Sie hat das Verbot der Eintragung nur als einstweilige Verfügung im Sinne von Art. 326 Ziff. 3 bern. ZPO anbegehrt, um vorläufig zu verhindern, dass ein Zustand geschaffen werde, der, wie sie geltend machte, auch im Falle ihres Obsiegens mit der in Aussicht gestellten Klage auf Feststellung der Nichtigkeit oder auf Anfechtung der Generalversammlungsbeschlüsse vom 5. Mai 1971 nicht rückgängig gemacht werden könnte und diese Klage angeblich 'undurchsetzbar' machen würde. Es besteht denn auch kein Zweifel, dass mit der Abweisung des Gesuches durch den Gerichtspräsidenten und durch den Appellationshof der Streit um die Gültigkeit der beschlossenen Fusion und damit um die Pflicht des Handelsregisterführers, die Auflösung der Gesuchsgegnerin einzutragen, nicht erledigt ist. Die Gesuchstellerin ist berechtigt, diesen Streit im ordentlichen Verfahren nach Art. 144 ff. bern. ZPO auszutragen (Art. 330 ZPO; LEUCH N. 3 zu Art. 326 ZPO). Dass der Appellationshof ein solches nicht ausdrücklich vorbehalten hat, ist unerheblich, insbesondere weil die beantragte einstweilige Verfügung nicht getroffen wurde und daher zu einem Vorbehalt des ordentlichen Verfahrens kein Anlass bestand. Der Hinweis der Gesuchstellerin auf BGE 90 II 463 hilft nicht. Dieses Präjudiz und andere gleiche Entscheide (BGE 82 II 562; 94 II 108) betreffen Befehlsverfahren 'zur schnellen Handhabung klaren Rechts bei nicht streitigen oder sofort herstellbaren tatsächlichen Verhältnissen' im Sinne des zürcherischen Prozessrechts. In BGE 82 II 562 wurde ausdrücklich auf den Unterschied eines solchen Verfahrens und desjenigen auf Erlass einer einstweiligen Verfügung im Sinne von Art. 326 Ziff. 3 bern. ZPO hingewiesen. Die Auffassung der Gesuchstellerin, mangels Vorbehalts des ordentlichen Verfahrens liege ein Endentscheid vor, ist umso weniger zu verstehen, als sie selber behauptet, sie habe bereits den – zum ordentlichen Verfahren gehörenden – Aussöhnungsversuch austragen lassen. Nur auf die rechtliche Zulässigkeit oder Unzulässigkeit der Beurteilung des Streits im ordentlichen Verfahren kommt es an, nicht darauf, ob die Gesuchstellerin nach der Eintragung des Fusionsbeschlusses voraussichtlich aus irgendwelchen Gründen von der Einreichung der Klage in einem solchen Verfahren absehen würde (BGE 86 II 123). Die Auffassung der Gesuchstellerin, es liege 'praktisch' ein Endentscheid vor, weil der Hauptprozess nach der Eintragung dieses Beschlusses 'ins Leere' stiesse, hilft somit nicht.

Diese Auffassung hält zudem nicht stand. Eintragungen in das Handelsregister können rückgängig gemacht werden. Das Bundesgericht hat denn auch schon mit Entscheid vom 31. Januar 1940 i.S. Zubler c. S.A. Macchine addizionatrici e classificatrici Powers die Berufung gegen die richterliche Ablehnung eines vorsorglichen Verbots der Eintragung anfechtbarer Generalversammlungsbeschlüsse als unzulässig erklärt. Der Fall der Fusion von Aktiengesellschaften rechtfertigt keine Ausnahme von dieser Rechtsprechung. Auf den Fusionsbeschluss hin kann die Aktiengesellschaft, deren Aktiven und Passiven übernommen werden, im Handelsregister nicht ohne weiteres gelöscht werden. Eingetragen wird zunächst nur ihre Auflösung (Art. 748 Ziff. 7 OR), worauf die übernehmende Gesellschaft nach den für die Liquidation geltenden Vorschriften einen Schuldenruf zu erlassen und das Vermögen der aufgelösten Gesellschaft so lange getrennt zu verwalten hat, bis deren Gläubiger befriedigt oder sichergestellt sind (Art. 748 Ziff. 1 und 2). Für die Dauer der getrennten Vermögensverwaltung bleibt der bisherige Gerichtsstand der aufgelösten Gesellschaft bestehen (Art. 748 Ziff. 4) und gilt im Verhältnis der Gläubiger der beiden Gesellschaften das übernommene Vermögen als Vermögen der aufgelösten Gesellschaft (Art. 748 Ziff. 5). Diese darf erst gelöscht werden, wenn ihre Gläubiger befriedigt oder sichergestellt sind (Art. 748 Ziff. 7). Erweist sich die Eintragung der Auflösung nachträglich als ungerechtfertigt, weil der Richter den Fusionsbeschluss nichtig erklärt oder aufhebt, so lässt sich diese Eintragung ohne Nachteile für die Gläubiger der aufgelösten Gesellschaft löschen, gleich wie z.B. auch der Widerruf eines Konkurses zur Folge hat, dass die Eintragung der durch den Konkurs bewirkten Auflösung zu löschen ist (Art. 939 Abs. 2 OR). Ist die inkorporierte Gesellschaft ungerechtfertigterweise gelöscht worden, so kann sie wieder eingetragen werden, ähnlich wie nach der Rechtsprechung (BGE 78 I 454 und dort zitierte Entscheide, ferner BGE 87 I 303) eine als liquidiert gelöschte Gesellschaft wieder einzutragen ist, wenn sich die Liquidation nachträglich als nicht durchgeführt oder nicht beendet erweist. Interessen von Gläubigern der zu Unrecht als inkorporiert erachteten Gesellschaft werden durch die Wiedereintragung nicht verletzt. Die Auseinandersetzung zwischen der übernehmenden und der wiedereingetragenen Gesellschaft sodann hat nach zivilrechtlichen

Grundsätzen zu erfolgen und ist nicht schwieriger als in andern Fällen, in denen zwei Vermögen ohne gültigen Grund oder aus einem nicht verwirklichten oder nachträglich weggefallenen Grunde verschmolzen wurden. Die Verschmelzung ist zudem nicht die rechtliche Folge der Eintragung des Fusionsbeschlusses, sondern setzt ein tatsächliches Verhalten der Organe der fusionierenden Gesellschaften voraus, das durch die Nichteintragung des Fusionsbeschlusses an sich nicht verunmöglicht werden kann.

Der Entscheid des Appellationshofs kann daher nicht mit der Berufung angefochten werden."

Mit der bundesrechtlichen Nichtigkeitsbeschwerde kann man nur rügen, der Richter habe anstelle des Bundesrechts kantonales Recht angewendet (Art. 68 Abs. 1 lit. a OG); es besteht keine Streitwertgrenze. 25

Die staatsrechtliche Beschwerde wegen Verletzung von Art. 4 BV ist gegen letztinstanzliche vorsorgliche Massnahmen (unter allen Einschränkungen der Willkürbeschwerde) nach Art. 87 OG zulässig. Praxis 84, Nr. 135: Ein Richter handelt willkürlich, wenn er Eheschutzmassnahmen verweigert mit der Begründung, die Ehegatten lebten seit geraumer Zeit getrennt. 26

BGE 116 Ia 447: "2. Die Beschwerdegegnerin beantragt, auf die Beschwerde nicht einzutreten, weil der für die Anfechtbarkeit eines Zwischenentscheids gemäss Art. 87 OG verlangte nicht wiedergutzumachende Nachteil vorliegend nicht gegeben sei. Dem ist nicht so, denn die Begriffe des Nachteils als materielle Voraussetzung des vorsorglichen Rechtsschutzes und als formell-prozessuale Voraussetzung der Beschwerde nach Art. 87 OG sind nicht identisch. Die vorsorgliche Massnahme will die vorläufige Beurteilung und antizipierte Vollstreckung zum Zwecke der Sicherung des fälligen Anspruchs ermöglichen und ist gegeben, wenn das Zuwarten bis zum Entscheid im ordentlichen Verfahren dem Kläger wirtschaftlichen oder immateriellen Schaden brächte. Der Nachteil ist hier Anspruchsvoraussetzung. Fehlt er, ist das Begehren abzuweisen. Der Nachteil nach Art. 87 OG ist demgegenüber Beschwerdevoraussetzung; fehlt er, wird auf die Beschwerde nicht eingetreten. Erforderlich ist dabei nicht eine materiellrechtliche Beeinträchtigung im Falle des Zuwartens. Es genügt auch ein bloss formeller Rechtsnachteil (BGE 115 Ia 314 und 319), welcher namentlich darin bestehen kann, dass eine spätere Anfechtung des Massnahmeentscheids zufolge dessen Wegfalls mit dem Hauptentscheid nicht mehr möglich ist (BGE 108 II 71, 103 II 122). Der Nachteil liegt nicht in der Beeinträchtigung des Beschwerdeführers in seiner materiellen Rechtsstellung, sondern in der Verweigerung der Verfassungskontrolle, d.h. in der Beeinträchtigung seiner formellen Rechtsstellung. Letztinstanzliche Massnahmeentscheide sind deshalb gemäss der bisherigen Praxis stets beschwerdefähig, und es kann offenbleiben, ob der angefochtene Beschluss, der nicht an eine andere kantonale Behörde weitergezogen werden konnte, als End- oder bloss als Zwischenentscheid im Sinne von Art. 87 OG anzusehen sei (BGE 114 II 369 E. 2a, 108 II 71 mit Hinweisen). Auf die Beschwerde ist demnach einzutreten." 27

BGE 114 II 369: "2. Die Beschwerdeführerin wirft dem Obergericht eine willkürliche Anwendung von Art. 31 MSchG und Art. 52 und 53 Ziff. 1 URG vor. Sie macht sinngemäss insbesondere geltend, die vom angefochtenen Entscheid vermisste Wahrscheinlichkeit eines Nachteils ergebe sich schon daraus, dass die vom Beschwerdegegner wiedergegebene Skulptur vom Original deutlich abweiche; die Wiedergabe sei eine Verunstaltung des Werkes und schade daher nicht nur dem Ansehen des berühmten Künstlers, sondern auch ihren eigenen Interessen, was sie sich entgegen der Annahme des Obergerichts nicht bis zum Abschluss eines Prozesses im ordentlichen Verfahren durch ein rechtskräftiges Sachurteil gefallen lassen müsse. Der drohende Schaden sei zudem nur sehr schwer nachweisbar. 28

a) Ob das angefochtene Urteil, das nicht an eine andere kantonale Behörde weitergezogen werden konnte, als End- oder bloss als Zwischenentscheid im Sinne von Art. 87 OG anzusehen sei, kann offenbleiben. Trifft der Vorwurf zu, der Beschwerdegegner habe die streitige Skulptur nicht nur eigenmächtig wiedergegeben, sondern sogar abgeändert und dadurch insbesondere Urheberrechte verletzt, so droht der Beschwerdeführerin jedenfalls ein nicht leicht wieder gutzumachender Nachteil gemäss Art. 87 OG, wenn der Beschwerdegegner mit der Herstellung und dem

Vertrieb der Gedenkmedaille nach Belieben fortfahren darf. Der Nachteil könnte diesfalls auch durch einen für die Beschwerdeführerin günstigen Sachentscheid nicht mehr behoben werden. Er ist zudem rechtlicher Natur, was zur Anfechtung eines Zwischenentscheids genügt (BGE 108 II 71 mit Hinweisen).

Fragen kann sich daher bloss, ob das Obergericht Art. 53 Ziff. 1 URG willkürlich angewandt habe, indem es annahm, es sei der Beschwerdeführerin nicht gelungen, einen nicht leicht ersetzbaren Nachteil, der ausserdem nur durch eine vorsorgliche Massnahme abgewendet werden könnte, glaubhaft zu machen. Die Frage ist zu bejahen, liegt doch schon nach dem eigenmächtigen Vorgehen des Beschwerdegegners nahe, dass Urheberrechte des Künstlers beeinträchtigt worden sind und der Beschwerdeführerin, die angeblich deren rechtmässige Inhaberin geworden ist, deshalb nicht leicht ersetzbare Nachteile drohen, wenn sie die unbefugte Wiedergabe der Skulptur 'La Biche' samt deren unverkennbaren Veränderungen weiterhin hinzunehmen hat. Das Obergericht verkehrt die Rechtslage ins Gegenteil, wenn es der Gesuchstellerin vorhält, dem Beschwerdegegner keine Gelegenheit gegeben zu haben, von ihrem Standpunkt Kenntnis zu nehmen. Sich über die Zulässigkeit seines Vorgehens Gewissheit zu verschaffen, bevor er die streitigen Münzen in Gold und Silber herzustellen und zu vertreiben begann, war Sache des Beschwerdegegners. Ebenso unhaltbar ist der Vorhalt, die Gesuchstellerin habe auch nicht dargetan, dass sie selber eine Gedenkmünze herausgeben wolle oder sonstwie in ihren Gewinnabsichten beeinträchtigt sei; darüber schuldet sie dem Beschwerdegegner zum vornherein keine Auskunft, wenn sie als rechtmässige Inhaberin der Urheberrechte anzusehen ist, wofür sie glaubhafte Belege beigebracht hat.

29 In BGE 108 II 230/231, wo es um Kartell- und Wettbewerbsrecht ging und auf staatsrechtliche Beschwerde hin ebenfalls über die Ablehnung einer vorsorglichen Massnahme zu entscheiden war, ist es zwar als haltbar bezeichnet worden, dass ein nicht leicht ersetzbarer Nachteil verneint werde, wenn dem Gesuchsteller die Möglichkeit gewahrt bleibe, Schadenersatz zu verlangen und der Gesuchsgegner zahlungsfähig sei. Das Obergericht hat das Gesuch der Beschwerdeführerin aber nicht mit solchen Überlegungen, sondern mit einer unhaltbaren Begründung abgelehnt. Dazu kommt, dass im Urheberrecht meistens immaterielle Ansprüche, die nur schwer in Geld abzuschätzen sind, im Vordergrund stehen. Sein Schutz bezieht sich auch auf das Urheberpersönlichkeitsrecht, das unabhängig von vermögensrechtlichen Ansprüchen einen absoluten Anspruch auf Unterlassung gegenüber dem gewährt, der das Werk ohne Erlaubnis in irgendeiner Weise abändert, gleichviel ob das Werk dadurch entstellt oder verstümmelt, verbessert oder gar wertvoll ergänzt wird (BGE 113 II 311 E. 4a mit Hinweisen). Es kommt deshalb nichts darauf an, ob das Ansehen des Künstlers durch die Herausgabe der streitigen Gedenkmünze gehoben wird, wie das Obergericht annimmt, und ob der Beschwerdegegner gutgläubig gehandelt hat und eher an eine Ehrung des Künstlers als an einen Gewinn gedacht haben will.

b) Für eine willkürliche Anwendung von Art. 31 MSchG durch das Obergericht ist der Beschwerde dagegen nichts zu entnehmen. Die Beschwerdeführerin schweigt sich insbesondere darüber aus, inwiefern wegen der Verwendung des international hinterlegten Zeichens 'Le Corbusier' auf der Medaille eine Markenrechtsverletzung vorliegen soll. Auf die Beschwerde ist daher insoweit nicht einzutreten (BGE 110 Ia 3 E. 2a und 107 Ia 114 mit Hinweisen)."

30 Betreffend das internationale Verhältnis für Massnahmen ausserhalb des Hauptprozesses: Vgl. Bemerkungen bei § 222 ZPO.

31 Internationales Verhältnis: Bei Rechtshängigkeit des Hauptprozesses ist indirekt gestützt auf Art. 10 IPRG und Art. 24 LugÜ der Sachrichter des Hauptprozesses für vorsorgliche Massnahmen zuständig.

32 **Praxis 83 Nr. 276:** "2. a) Da der Beklagte unbestrittenermassen seinen Wohnsitz in Frankreich hat, liegt ein internationaler Sachverhalt vor, so dass sich die Zuständigkeit der zürcherischen Gerichte nach dem IPRG richtet.

b) [...] Das Obg hat IPRG 20 I a nach den zu ZGB 23 I entwickelten Grundsätzen ausgelegt. Die Klägerin sieht darin eine Bundesrechtsverletzung. Nach ihrer Ansicht stellt das IPRG an die Wohnsitzverlegung weniger strenge Anforderungen als das ZGB. [...]

Die Abweichungen zum Zivilgesetzbuch ergeben sich nur dadurch, dass die übrigen Wohnsitzbestimmungen, namentlich jene über den abgeleiteten (ZGB 25) und den fortgesetzten Wohnsitz (ZGB 24), nicht anwendbar sind. Damit wird die Aufgabe eines einmal begründeten Wohnsitzes im internationalen Verhältnis wesentlich einfacher als im innerstaatlichen. Daraus ergibt sich aber nicht auch eine leichtere Bejahung der Wohnsitzverlegung, die ja nicht nur die Aufgabe des bisherigen, sondern auch die Begründung eines neuen Wohnsitzes erfordert. [...]

Dass sich aus praktischen Gründen eine Wohnsitzverlegung über die Grenzen verzögern kann, ist hinzunehmen. Eine gewisse Erleichterung besteht nur insoweit, als der frühere Wohnsitz nicht perpetuiert wird, sondern dass an die Stelle des einmal aufgegebenen Wohnsitzes der gewöhnliche Aufenthalt tritt (IPRG 20 II).

c) + d) (Ablehnen eines Wohnsitzes und eines gewöhnlichen Aufenthalts in der Schweiz aufgrund der konkreten Umstände).

3. Die Klägerin macht sodann geltend, die Zuständigkeit der zürcherischen Gerichte sei auch durch Einlassung zustande gekommen.

a) Gemäss IPRG 6 begründet in vermögensrechtlichen Angelegenheiten die vorbehaltlose Einlassung die Zuständigkeit des angerufenen schweizerischen Gerichts. Indessen darf aufgrund des klaren Gesetzestextes das Gericht seine Zuständigkeit ablehnen, wenn keine Partei ihren Wohnsitz oder ihren gewöhnlichen Aufenthalt (oder ihre Niederlassung, was im vorliegenden Zusammenhang ohne Bedeutung ist) im entsprechenden Kanton hat und wenn nicht schweizerisches Recht anwendbar ist (IPRG 5 III), wobei beide Voraussetzungen erfüllt sein müssen.

aa) Es hat sich gezeigt (vorn E. 2), dass die Klägerin weder Wohnsitz noch gewöhnlichen Aufenthalt in Zürich gehabt hat. Dass dies auch für den Beklagten zutrifft, ist unbestritten. Die in IPRG 5 III a vorgesehene Voraussetzung für eine Pflicht zur Anhandnahme in Zürich ist somit nicht erfüllt.

bb) Mit Bezug auf das anwendbare Recht IPRG 5 III b ist zwischen den Unterhaltsfragen und den übrigen ehelichen Rechten und Pflichten zu unterscheiden. Während für erstere das Haager Übereinkommen vom 2. Oktober 1973 gilt (IPRG 49), richtet sich das anwendbare Recht bei letzteren nach IPRG 48.

Art. 4 des Übereinkommens über das auf Unterhaltspflichten anzuwendende Recht [SR 0.211.213.01] erklärt das innerstaatliche Recht am gewöhnlichen Aufenthalt des Unterhaltsberechtigten als anwendbar. Wie sich gezeigt hat, gelangt damit das französische und nicht das schweizerische Recht zur Anwendung. Dass die Klägerin nach französischem Recht keinen Unterhalt erhalten könnte und deshalb nach Art. 5 des gleichen Abkommens das schweizerische Heimatrecht anwendbar wäre, ist weder behauptet noch bewiesen. Auf die Unterhaltsfragen gelangt somit nicht schweizerisches Recht zur Anwendung.

IPRG 48 I verweist für die übrigen ehelichen Rechten und Pflichten auf das gemeinsame Wohnsitzrecht der Parteien. Auch nach dieser Bestimmung ist somit nicht schweizerisches Recht anwendbar.

Schliesslich sieht IPRG 48 III die Anwendung des schweizerischen Rechts vor, sofern eine Heimatzuständigkeit nach IPRG 47 gegeben ist. Dass es in Frankreich unmöglich wäre, eine Eheschutzklage zu erheben, behauptet die Klägerin nicht. Sie macht jedoch geltend, dies sei ihr nicht zuzumuten, weil der Kläger wesentliche Einkommensteile dem französischen Fiskus verschwiegen habe. Daraus vermag sich indessen keine Unzumutbarkeit i.S. von IPRG 47 zu ergeben. [...]

cc) Die Klägerin will schliesslich schweizerisches Recht angewendet haben, weil eine entsprechende Rechtswahl vorliege. Sie übersieht dabei, dass weder das gemäss IPRG 49 auf den Unterhalt anwendbare Übereinkommen noch IPRG 48 für den übrigen Bereich der Wirkungen der Ehe im allgemeinen die Möglichkeit einer Rechtswahl vorsehen. Eine solche ist aber grundsätzlich nur möglich, wenn das Gesetz sie vorsieht (vgl. SCHWANDER, Einführung in das int. Privatrecht, AT, St. Gallen 1990, Rz 234).

Eine Rechtswahl könnte sich somit höchstens auf das Güterrecht beziehen. Die Klägerin macht denn auch geltend, die Parteien hätten einen Ehevertrag nach schweizerischem Recht abgeschlossen, als sie noch in der Schweiz wohnten, was zu einer Weiterführung des schweizerischen Rechts auch nach dem Wohnsitzwechsel nach Frankreich geführt habe (IPRG 55 II).

Es ist indessen unbestritten, dass Ausgangspunkt des vorliegenden Verfahrens ein Eheschutzgesuch der Klägerin bildet. Der Gesetzgeber hat zwar vorgesehen, dass innerhalb des Eheschutzverfahrens eine Gütertrennung angeordnet werden kann, wenn es um die Regelung des Getrenntlebens geht (ZGB 176 I3). Die Voraussetzungen für die Aufhebung des bisherigen Güterstandes sind gegenüber ZGB 185 sogar erleichtert (HAUSHEER/REUSSER/GEISER, Komm. zum Eherecht, Bern 1988, N 38 zu ZGB 176). Das Begehren um Auflösung des Güterstandes bleibt aber immer nur ein Nebenpunkt der Eheschutzmassnahmen. Es vermag insbesondere nicht einen Gerichtsstand für Eheschutzmassnahmen zu begründen, wenn dieser ohne das Begehren auf Gütertrennung nicht gegeben wäre. [...]

b) [...]

4. Schliesslich versucht die Klägerin die Zuständigkeit der zürcherischen Gerichte auf das 'Übereinkommen über die gerichtliche Zuständigkeit und die Vollstreckung gerichtlicher Entscheidungen in Zivil- und Handelssachen' vom 16. September 1988 Lugano-Übereinkommen [0.275.11] zu stützen.

a) [...]

b) Die Klägerin sieht die zürcherischen Gerichte aber auch aufgrund von Art. 18 Lugano-Übereinkommen für zuständig an, der die Einlassung regelt. Wie indessen bereits das Obg festgestellt hat, ist das Abkommen auf den vorliegenden Rechtsstreit gar nicht anwendbar. LugÜ 1 II nimmt von seinem Anwendungsbereich ausdrücklich 'den Personenstand, die Rechts- und Handlungsfähigkeit sowie die gesetzliche Vertretung natürlicher Personen, die ehelichen Güterstände, das Gebiet des Erbrechts einschliesslich des Testamentsrechts' aus. Dabei ist in der Lehre anerkannt, dass diese Ausnahme insofern weit zu verstehen ist, als sie das ganze Ehe- und Kindsrecht – allerdings ohne das Unterhaltsrecht – erfasst (JAMETT/ GREINER, Überblick zum Lugano-Übereinkommen, ZBJV 128 (1992) S. 46; VOLKEN, Entstehungsgeschichte und Regelungsbereich, in: SCHWANDER [Hrsg.], Das Lugano-Übereinkommen, St. Gallen 1990, S. 48 f., Rz 41).

[...] Der Streit dreht sich somit um ein umfassendes Eheschutzbegehren, d.h. um die Regelung des Getrenntlebens mit allen Aspekten, die sich dabei stellen. Der Umstand, dass mit einem umfassenden Eheschutzbegehren auch noch Unterhaltsforderungen erhoben werden, kann nicht dazu führen, dass die zürcherischen Gerichte nach LugÜ 18 zuständig werden."

33 **BGE 116 II 98:** "4. b) Selon son art. 1 al. 1, la loi fédérale sur le droit international privé régit notamment, en matière internationale, la compétence des autorités judiciaires et administratives suisses (let. a) et le droit applicable (let. b). Les art. 59 à 65 LDIP ont trait à la compétence, à la loi applicable et à la reconnaissance de décisions étrangères en matière de divorce et de séparation de corps. La compétence pour connaître d'une action en divorce ou en séparation de corps est réglée par les art. 59 et 60 LDIP et la loi applicable à une telle action par l'art. 61 LDIP. La loi traite, dans deux dispositions spéciales, de la compétence et de la loi applicable en matière de mesures provisoires (art. 62 LDIP) et d'effets accessoires (art. 63 LDIP) dans le cadre d'une action en divorce ou en séparation de corps. L'art. 64 LDIP détermine la compétence (al. 1) et la loi applicable (al.

2) à une action en complètement ou en modification d'un jugement de divorce ou de séparation de corps. Contrairement à ce qui est le cas pour l'action en divorce ou en séparation, cette disposition ne régit pas spécialement la compétence et la loi applicable en matière de mesures provisoires. On ne saurait toutefois en déduire, comme le fait le recourant, que le législateur a ainsi exclu des mesures provisoires dans le cadre d'une action en complètement d'un jugement de divorce. En effet, le renvoi de l'art. 64 al. 1 LDIP aux art. 59 et 60 a pour objet la compétence de principe pour juger de la nouvelle action. Si elle est ainsi donnée, la disposition spéciale (cf. art. 10 LDIP) de l'art. 62 al. 1 devient aussi applicable, qui a trait aux exigences réduites s'agissant du pouvoir d'ordonner des mesures provisoires. Toutefois, le droit applicable au mérite de la requête – et d'abord au droit de la former – n'est pas déterminé par les art. 64 al. 1, 59, 60 et 62 al. 1, mais par l'alinéa 2 de cette dernière disposition: "Les mesures provisoires sont régies par le droit suisse."

5. Le recourant se plaint d'une application arbitraire de l'art. 145 CC: cette disposition ne saurait être appliquée par analogie dans le cadre d'une action en complètement d'un jugement de divorce.

a) L'art. 145 CC permet au juge de prendre, après l'introduction d'une action en divorce ou en séparation de corps, les mesures provisoires nécessaires, notamment en ce qui concerne l'entretien de la famille. Selon la jurisprudence, lorsque le principe du divorce n'est plus litigieux mais que le jugement qui l'a prononcé n'est pas encore définitif en ce qui concerne les effets accessoires en raison d'un recours interjeté sur ce point, il n'est pas exclu que des mesures provisoires soient ordonnées pendant la procédure de recours sur les points encore litigieux (ATF 111 II 312 consid. 3). A ce jour, le Tribunal fédéral ne s'est pas prononcé sur la question de savoir si de telles mesures peuvent également être ordonnées dans le cadre d'une action tendant à faire compléter un jugement de divorce en ce qui concerne les effets accessoires.

b) Le recourant se réfère à l'ATF 111 II 308 ss précité. Contrairement à ce qu'il soutient, il ne ressort pas de cet arrêt qu'il n'y aurait place pour des mesures provisoires que pour autant qu'elles aient déjà été ordonnées dans le cadre de la procédure de divorce et qu'il ne s'agirait donc que de leur permettre de continuer à déployer leurs effets. En revanche, il est vrai que l'on est, en l'espèce, en présence d'une procédure différente de celle du divorce, introduite devant un autre juge d'un autre pays. La cour cantonale ne l'a pas méconnu; elle le dit expressément. Mais elle a considéré que, comme dans le cas de l'ATF 111 II 308 ss, le but est le même: il s'agit de prendre provisoirement des mesures en attendant que les effets accessoires du divorce soient définitivement réglés; pour ce motif, elle a estimé qu'il se justifiait d'appliquer l'art. 145 CC par analogie.

Le recourant n'entreprend aucune critique de l'arrêt attaqué sur ce point.
Au demeurant, que ce soit en raison d'un recours ou de l'introduction d'une action en complètement d'un jugement de divorce, le juge ainsi appelé à se prononcer sur les effets accessoires, au sujet desquels il n'a pas été statué définitivement ou pas encore été statué, peut être amené à régler provisoirement certaines questions, notamment en ce qui concerne l'entretien de la famille. Les motifs de l'arrêt cité sont aussi pertinents en l'espèce. L'interprétation selon laquelle l'entrée en force de chose jugée du prononcé du divorce lui-même exclurait la possibilité d'ordonner des mesures provisoires, même lorsque les effets accessoires, notamment en ce qui concerne la contribution d'entretien, n'ont pas été réglés, contredirait de manière insoutenable le sens du droit privé fédéral. Certes, le devoir d'entretien prend fin avec le prononcé du divorce et il est possible que, suivant les circonstances, une contribution fondée sur l'art. 151 ou 152 CC ne soit en définitive pas allouée. Mais l'on ne saurait perdre de vue que, lorsqu'une prétention fondée sur ces dispositions paraît se justifier en fait et correspondre à un besoin de l'époux qui y prétend, le législateur a voulu que des mesures provisoires puissent être ordonnées. L'art. 281 CC, par exemple, le prévoit expressément dans le cadre de l'action en entretien de l'enfant.

Le but d'une mesure provisoire est aussi d'assurer a priori la couverture de certains besoins dont le bien-fondé reste à éclaircir. Sa justification réside précisément dans son indépendance par rapport au prononcé sur le fond. La décision définitive en ce qui concerne la contribution selon l'art. 151 ou 152 CC ne sera peut-être rendue qu'après l'écoulement d'un temps relativement long depuis l'entrée en force du prononcé du divorce, de sorte que, dans l'intervalle, le conjoint qui y prétend peut se trouver dans le besoin. En vertu du droit fédéral, des mesures provisoires au sens de l'art. 145 CC ne sont donc pas exclues d'emblée et par principe dans un tel cas. Cette formulation ne signifie pas, comme le soutient le recourant, que ces mesures ne pourraient être ordonnées qu'exceptionnellement. Comme dans la présente espèce, le Tribunal fédéral devait examiner la question sous l'angle de l'arbitraire, dans le cadre d'un recours de droit public. C'est pourquoi il s'est borné à dire qu'il n'est 'pas exclu' ou insoutenable d'ordonner des mesures provisoires.

Enfin, ainsi qu'il ressort du considérant 2 dudit arrêt (cf. ATF 111 II 310/311), plusieurs jurisprudences cantonales partagent le point de vue selon lequel il y a encore place pour des mesures provisoires après qu'un jugement est entré en force sur le seul principe du divorce.

Rien ne semble donc s'opposer, en principe, à une application analogique de l'art. 145 CC dans le cadre d'une action en complètement d'un jugement de divorce. Il n'était en tout cas pas insoutenable de l'admettre. Le fait qu'une partie puisse ainsi se voir astreinte à verser une contribution à son ex-conjoint alors qu'un temps relativement long a pu s'écouler depuis le prononcé définitif du divorce n'est que la conséquence de la possibilité d'introduire une action en complètement d'un jugement de divorce. Le grief doit donc être rejeté."

34   **ZR 81, Nr. 31:** Im Rahmen einer Grundpfandverwertung bestimmt der Präsident der Nachlassbehörde, gestützt auf ein Gesuch um Nachlassstundung, im Sinne einer vorsorglichen Massnahme gemäss § 110 ZPO, das Aussetzen der Grundpfandverwertung bis zur Verhandlung über die Bewilligung der Nachlassstundung. Das Nachlassverfahren werde in erster Linie durch die Art. 293 ff. SchKG geregelt. Die kantonale ZPO gelte höchstens subsidiär. Die Rechtsmittel seien abschliessend im SchKG geregelt und daher sei nur weiterziehbar der ablehnende Entscheid über die Bewilligung der Nachlassstundung (Art. 294 SchKG), der Entscheid über einen Widerruf der Stundung (Art. 298 Abs. 2 i.V.m. Art. 307) sowie in den Fällen von Art. 315, Art. 316, Art. 317 SchKG. Die vorsorgliche Massnahme betreffe keinen dieser Fälle, sondern es handle sich um einen prozessleitenden Entscheid, gegen den kein Rechtsmittel bundesrechtlich zulässig sei (ZR 48, Nr. 113).

Gegen die Bewilligung der Nachlassstundung rekurrierte der Rekurrent erneut, wobei das Obergericht auf den Rekurs nicht eintrat: Dem Gläubiger komme im Bewilligungsverfahren einer Nachlassstundung keine Parteistellung zu. Da das SchKG dem Gläubiger gegen die Bewilligung der Nachlassstundung kein Rechtsmittel gebe, könne man nicht annehmen, der Gläubiger könne vorsorgliche Massnahmen, die im Rahmen eines Stundungsverfahrens erlassen würden, anfechten. Die vorsorgliche Massnahme sei zudem gegenstandslos, da sie nur bis zum Beginn der Wirkungen der Nachlassstundung die Verwertung aussetze, und diese Wirkungen traten bereits ein. Die angefochtene vorsorgliche Massnahme sei an dem Tag, an dem die Bewilligung der Nachlassstundung rechtskräftig wurde, dahingefallen.

35   **ZR 81, Nr. 83:** In dem der Scheidung nachfolgenden Prozess betreffend die güterrechtliche Auseinandersetzung sind vorsorgliche Massnahmen zulässig. Die Anordnung einer kantonalrechtlichen Kanzleisperre ist zulässig. In Fällen, in denen eine Verfügungsbeschränkung im Sinne von Art. 960 Abs. 1 Ziff. 1 ZGB nicht möglich ist, weil Gegenstand der Verfügungsbeschränkung nicht ein obligatorischer, direkt auf das Grundstück gehender Anspruch ist, stellt die Kanzleisperre das einzig taugliche Mittel zur Sicherung der güterrechtlichen Ansprüche der Ehefrau dar.

36   **ZR 82, Nr. 70:** Zulässigkeit der Sicherstellung der Abfindungsforderung des ausscheidenden Kollektivgesellschafters: Eine Sicherstellung der Abfindungsforderung des ausscheidenden Kollektivgesellschafters ist nur zu leisten, wenn eine solche zum vornherein vereinbart wurde. Andernfalls kann die Forderung nur durch Arrest sichergestellt werden, während der Erlass vorsorglicher Massnahmen gestützt auf das kantonale Recht nicht zulässig ist. Es ist nämlich nicht zulässig, Geldforderungen durch andere vorsorgliche Massnahmen sicherzustellen als durch die nach SchKG abschliessend vorgesehenen Rechtsbehelfe.

37   **ZR 82, Nr. 94:** Vgl. § 107 ZPO.

ZR 83, Nr. 39: Vorliegend stehen sich Befehls- und Vollstreckungsanordnungen des erkennenden Gerichts (des Schiedsgerichts) und Vollzug bzw. Verwirklichung der Anordnung durch den Vollstreckungsrichter (Einzelrichter im summarischen Verfahren) gegenüber. Im Vollstreckungsverfahren sind nur Einwendungen gegen die Vollstreckung möglich, nicht jedoch die Begründetheit des zu vollziehenden Entscheids, d.h. allfällige Mängel des schiedsgerichtlichen Verfahrens und des Schiedsspruchs bleiben unbeachtlich.

38

§ 304 Abs. 1 ZPO sieht vor, dass Entscheide über andere Verpflichtungen als auf Geldzahlung oder Sicherheitsleistung im Befehlsverfahren vollstreckt werden, soweit nicht schon das erkennende Gericht Vollstreckungsanordnungen getroffen hat. Auszugehen ist davon, dass der Schiedsrichter zwar zum Erlass vorsorglicher Massnahmen ermächtigt ist (§ 248 ZPO), jedoch nach allgemeinen Grundsätzen keinen Zwang ausüben darf. Der Vollzug vorsorglicher Massnahmen erfolgt also durch das Bezirksgericht. Es fragt sich, ob der Vollstreckungsrichter nur das vollstrecken darf, was vom Massnahmerichter angedroht wurde. Diese Frage kann generell weder bejaht noch verneint werden.

Vorliegend sind zwei besondere Umstände zu berücksichtigen: Der Rekurrent beantragt ein anderes bzw. weiteres Vollzugsmittel (Ersatzvornahme und Zwangsvollzug aus direktem physischen Zwang), nachdem sich der Rekursgegner vom ersten Vollzugsmittel (Ungehorsamsstrafe aus indirektem, psychischem Zwang) nicht beeindrucken liess. Es soll also nicht der Befehlsinhalt, d.h. das befohlene und verbotene Tun, auch nicht die vom Schiedsrichter getroffene Vollstreckungsanordnung (nämlich die Ungehorsamsstrafe) geändert werden, sondern eine neue Vollzugsmassnahme hinzukommen. Für die Anordnung einer solchen Massnahme muss jedoch vorliegend gerade im Sinne der Prozessökonomie und einer schnellen Durchsetzung superprovisorischer Massnahmen auch der Vollstreckungsrichter als kompetent betrachtet werden. Es handelt sich hierbei, entgegen der Vorinstanz, nicht um eine Änderung der vorsorglichen Massnahme gemäss § 229 ZPO, wofür bei Rechtshängigkeit des Prozesses nur der mit der Hauptsache befasste Richter zuständig wäre.

Die Argumentation der Vorinstanz würde im übrigen in letzter Konsequenz dazu führen, dass auch der Schiedsrichter kein anderes Vollzugsmittel androhen könnte, weil sich die von ihm angeordnete Ungehorsamsstrafe weder als nachträglich ungerechtfertigt erweist noch sich die Umstände geändert haben (§ 229 ZPO). Wenn sogar die Konkretisierung der Leistung durch den Vollstreckungsrichter denkbar ist, dann umso mehr auch die Konkretisierung des Vollzugsmittels, insbesondere dann, wenn sich ein erstes als erfolglos erwiesen hat. Es ist unbillig, wenn derjenige, welcher eine bestimmte Anordnung beim erkennenden Richter erwirkt hat (wie vorliegend), gegenüber demjenigen, bei dem keine Massnahmen angeordnet wurden, in der Weise schlechter gestellt wird, dass er für die Erwirkung eines anderen Vollzugsmittels zuerst wieder den erkennenden Richter anrufen muss, der als Schiedsrichter ohnehin lediglich androhen, aber nicht vollziehen darf.

Nach der Regelung des interkantonalen Konkordats kann das Schiedsgericht keine vorsorglichen Massnahmen ohne Zustimmung der Parteien erlassen.

ZR 83, Nr. 53: Im Hinblick auf die dem Kassationsgericht zukommende Kognitionsbefugnis stellt sich die Frage, ob sich die Zulässigkeit einstweiligen Rechtsschutzes nach materiellem oder nach prozessualem Recht beurteilt; im ersten Fall kommt eine Gutheissung der Beschwerde nur bei Verletzung klaren Rechts in Frage, während dem Kassationsgericht auf dem Gebiet des Verfahrensrechts freie Prüfungsbefugnis zusteht. Ob bzw. in welchem Umfang der einstweilige Rechtsschutz seine Grundlage im bundesrechtlichen Privat- oder Prozessrecht oder im kantonalen Verfahrensrecht hat, ist umstritten. Nach älterer Auffassung des Bundesgerichts und herrschender Doktrin ist der einstweilige Rechtsschutz, soweit nicht ausdrücklich vom Bundesgericht geregelt, Frage des kantonalen Prozessrechts. Demgegenüber teilen allerdings Walder und Vogel die Materie dem Bundesrecht zu. Dazwischen stehen die vermittelnden Ansichten von Sträuli und der neuesten bundesgerichtlichen Rechtsprechung, wonach der einstweilige Rechtsschutz insoweit eine Frage des Bundesprivatrechts darstelle, als er für die Prozessdauer subjektive Privatrechte zuspreche oder aberkenne.

39

Schliesst man sich der neuen bundesgerichtlichen Rechtsprechung an, so ist die hier zu beurteilende Rüge unter dem Gesichtspunkt der Verletzung klaren materiellen Rechts zu prüfen. Mit der Verpflichtung der Beschwerdeführerin, den Beschwerdegegner vorläufig als Verwaltungsrat zu wählen, hat die Vorinstanz nicht über die Aufrechterhaltung des bestehenden Zustands, sondern über ein subjektives Privatrecht des Beschwerdegegners entschieden. Dies bedarf auch als vorsorgliche Massnahme der Grundlage im Bundesprivatrecht (BGE 103 II 5, BGE 104 II 179).

Die Auffassung, wonach die Sicherung der Vollstreckung nicht im Effekt auf die vorzeitige Vollstreckung selber hinauslaufen dürfe, wurde vom Obergericht in einigen Entscheiden nicht mehr in absoluter Form vertreten (ZR 79, Nr. 115; ZR 80, Nr. 43). Dass von der vorläufigen Vollstreckung von Leistungsansprüchen nur zurückhaltend und unter Berücksichtigung der beidseitigen Parteiinteressen Gebrauch gemacht werden soll, betrifft nicht die Frage der grundsätzlichen Zulässigkeit. Aus dem Umstand, dass bei bereits eingetretener Verletzung eines Aktionärsbindungsvertrags dem Berechtigten kein Erfüllungsanspruch, sondern nunmehr ein Schadenersatzanspruch zusteht, folgt keineswegs, dass erst bei drohender Verletzung eines solchen Vertrags keine Erfüllungsklage möglich ist. Vielmehr hat der Berechtigte, solange keine Verletzung vorliegt, einen einklagbaren Anspruch auf dessen Erfüllung durch den Verpflichteten.

40 **ZR 83, Nr. 128:** Das Bezirksgericht verbot im Sinne einer vorsorglichen Massnahme für die Dauer des Prozesses dem Vorstand des Beklagten, einem Verein, in seiner gegenwärtigen Zusammensetzung zu tagen, Beschluss zu fassen, nach aussen im Namen des Beklagten aufzutreten, über dessen Vermögen zu verfügen sowie Vereinsversammlungen einzuberufen. Ferner überwies es die Akten der Vormundschaftsbehörde der Stadt Zürich zur Bestellung eines Beistands für den Beklagten. Schliesslich liess es die vom Verein benützten Räumlichkeiten versiegeln. Das Begehren des Vereins, es sei der Kläger zur Leistung der Sicherheit anzuordnen, wies es ab.

Nach glaubhafter Angabe des Klägers wurde Zuspätkommenden für die Generalversammlung, obwohl sie ihre Mitgliedskarten vorweisen konnten, der Zutritt zur Vereinsversammlung mit der Begründung verweigert, sie seien nicht im Besitze einer der vor Beginn der Versammlung abgegebenen Teilnehmerkarten. Dieser Umstand lässt die gefassten Beschlüsse und die damals erfolgte Vorstandswahl als anfechtbar erscheinen, da kein sachlicher Grund bestand, die betreffenden Personen zur Vereinsversammlung nicht zuzulassen.

Die Mitglieder des Vereins erhielten an der Vereinsversammlung vom Vorstand nicht umfassend Auskunft über die rechtlichen Beziehungen zwischen dem Verein und einer bestimmten AG. Auch wurde ihnen keine vollständige und damit eine nicht aussagekräftige Jahresrechnung vorgelegt. Schliesslich wurde ihnen die Erklärung der Revisoren darüber, weshalb sie ihr Amt als Revisoren niedergelegt hätten, nicht zur Kenntnis gebracht. Dadurch wurde die Vereinsversammlung an der Ausübung ihres Rechts auf Aufsicht über die Tätigkeit des Vorstandes weitgehend gehindert.

41 **ZR 84, Nr. 14:** Auch die Frist zur Einsprache gegen einen provisorischen Befehl oder gegen eine vorläufige vorsorgliche Massnahme darf nicht mehr nach Stunden bemessen werden.

42 **ZR 84, Nr. 40:** Grundbuch- (Kanzlei-) Sperre: Entgegen der im BGE 108 II 509 ff. geäusserten Ansicht ist es zulässig, zur Sicherstellung der güterrechtlichen Ansprüche der Ehefrau im Rahmen des Scheidungs- bzw. Trennungsprozesses eine Kanzleisperre gestützt auf Art. 145 ZGB anzuordnen.

43 **ZR 84, Nr. 43:** Beschwerdefrist bei Massnahmeentscheiden: Für die Anfechtung von Entscheiden über vorsorgliche Massnahmen gilt die zehntägige Beschwerdefrist gemäss § 287 Abs. 2 ZPO. Gleiches gilt für die Anfechtung eines Rekursentscheids betr. Sicherstellung im Hinblick auf eine vorsorgliche Massnahme.

44 **ZR 85, Nr. 38:** In der Lehre ist die Meinung vorherrschend, dass wohl Unterlassungs- und Beseitigungs-, nicht jedoch Leistungsansprüche vorläufig vollstreckt werden dürfen. Die einstweilige Vollstreckung eines Leistungsanspruchs wird höchstens in Ausnahmefällen als zulässig erachtet. Dieser Auffassung liegt eine Interessenabwägung zugrunde, welche darin besteht, die Folgen, die ein-

treten würden, wenn die einstweilige Anordnung nicht erginge, der Hauptantrag aber Erfolg hätte, mit den Nachteilen zu vergleichen, die entstünden, wenn man die begehrte einstweilige Verfügung erlassen würde, der Hauptanspruch aber abgewiesen würde. Als drohender, nicht leicht wiedergutzumachender Nachteil kommt nicht bloss vermögensrechtlicher Schaden, sondern auch die Beeinträchtigung der Rechtsstellung des Klägers in Betracht, also namentlich auch die Störung in Herrschaftsrechten, die noch keine Schadenersatz- oder Genugtuungspflicht auslöst. Dass dem Kläger ein Vermögensschaden droht, wenn der Beklagte nicht im Sinne einer vorsorglichen Massnahme aus der Villa X ausgewiesen wird, ist nicht glaubhaft gemacht, da nicht geltend gemacht wird, dass der Beklagte den Mietzins nicht bezahlen würde.

ZR 85, Nr. 105: Begehren um Verbot einer Generalversammlung: Die Durchführung der Generalversammlung unter Ausschluss einzelner Personen, deren Mitgliedschaft umstritten ist, bildet für diese Personen keinen nicht leicht wiedergutzumachenden Nachteil. Namentlich kann in der allfälligen Notwendigkeit, einen Anfechtungsprozess zu führen, kein nicht leicht wiedergutzumachender Nachteil gesehen sehen. 45

ZR 90, Nr. 7: Nachdem rechtskräftig feststeht, dass das schweizerische Scheidungsgericht auf die Scheidungsklage nicht eintreten kann, weil ein ausländisches Gericht die Scheidung schon ausgesprochen hat, dürfen diese Massnahmen nicht bis zum Abschluss des ausländischen separaten Prozesses über die güterrechtliche Auseinandersetzung ausgedehnt werden. Dafür ist der Einzelrichter zuständig, an welchen die Überweisung des Begehrens beantragt werden kann. 46

ZR 90, Nr. 46: Vgl. § 68 ZPO. 47

ZR 90, Nr. 82: Für die Obhutszuteilung der Kinder im Rahmen der vorsorglichen Massnahmen eines Scheidungsverfahrens gilt der Grundsatz des Freibeweises. Für die vorläufige und die definitive Kinderzuteilung gilt bundesrechtlich eine unbeschränkte Offizialmaxime. Der Richter ist nicht an das kantonale Beweismittelsystem gebunden, das in der Zivilprozessordnung ausdrücklich vorgesehen ist. Die Kinder sind in möglichst schonender Weise in das Verfahren miteinzubeziehen; die formlose und gemeinsame Anhörung mehrerer Kinder unter Ausschluss der Parteien ist nach dem Grundsatz des Freibeweises zulässig. Die nachträgliche Anhörung der Parteien gewährleistet das rechtliche Gehör. Das kinderpsychiatrische Kurzgutachten ist im Rahmen vorsorglicher Massnahmen in der Regel nicht das geeignete und erforderliche Beweismittel, um abzuklären, bei welchem Elternteil die Kinder für die Dauer des Scheidungsprozesses besser aufgehoben sind. 48

Bei vorsorglichen Massnahmen für die Dauer des Scheidungsprozesses ist bei starken Schwankungen, nicht aber bei kontinuierlichem Steigen des Einkommens, zulässig, das erzielbare Einkommen anhand der in den letzten Jahren erzielten Durchschnittseinkommen zu bestimmen.

ZR 94, Nr. 92: Vgl. § 55 ZPO. 49

Einrede der Unzuständigkeit
§ 111. Der Beklagte soll die Einrede, das Gericht sei örtlich oder sachlich unzuständig, vor der Verhandlung über die Sache selbst erheben; er ist damit nach der Klageantwort ausgeschlossen. Das Gericht entscheidet nach Anhörung der Gegenpartei sofort über seine Zuständigkeit.

Wird die Einrede im mündlichen Verfahren verworfen, so kann der Beklagte, auch wenn er den Entscheid anfechten will, sofort zur Verhandlung über die Sache selbst angehalten werden. Im schriftlichen Verfahren wird die Frist für die Äusserung zur Sache nach der rechtskräftigen Abweisung der Einrede neu eröffnet.

Das nicht rechtzeitige Erheben der Unzuständigkeitseinrede bringt dem Beklagten die Einlassungslast; den Kläger trifft umgekehrt nach Rechtshängigkeit die Fortführungslast. 1

2   **ZR 82, Nr. 34:** Im Anfechtungsprozess nach Art. 578 ZGB kann im Sinne einer vorsorglichen Massnahme die amtliche Verwaltung des Erbschaftsvermögens angeordnet werden. Die nicht in den Prozess einbezogenen Erben brauchen vor der Anordnung der Erbschaftsverwaltung nicht angehört zu werden.

3   **ZR 83, Nr. 114:** Der die Zuständigkeit bejahende Entscheid gemäss § 111 ZPO ist ein Vorentscheid im Sinne von § 189 ZPO. Ein Zurückkommen auf die durch unangefochten gebliebenen Vorbeschluss entschiedene Zuständigkeitsfrage im Endentscheid ist damit dem Gericht verwehrt.

4   **ZR 85, Nr. 121:** Vgl. § 108 ZPO.

5   **ZR 89, Nr. 86:** Der Beklagte hat die Einrede der Unzuständigkeit spätestens mit der Klageantwort zu erheben. Der Kläger ist aber deswegen für die Frage der Zuständigkeit mit neuen, in der Klagebegründung nicht vorgebrachten Behauptungen nicht ausgeschlossen. Bringt der Kläger in seiner Stellungnahme zur Unzuständigkeitseinrede neue Behauptungen vor, ist ein weiterer Schriftenwechsel zu verfügen.

6   **ZR 90, Nr. 23:** Vgl. § 61 ZPO.

7   **ZR 90, Nr. 65:** Die Konkursmasse ist an die vom Gemeinschuldner abgeschlossene Schiedsabrede gebunden. Der Beklagte braucht die Einrede der Unzuständigkeit erst vor der Verhandlung über die Sache selbst zu erheben, nicht jedoch früher. Er kann bis zu diesem Zeitpunkt seine Meinung auch revidieren.

8   **ZR 95, Nr. 47:** Dem Beklagten, der die Einrede der Unzuständigkeit erhebt, steht kein Anspruch zu, zur Stellungnahme des Klägers zu dieser Einrede nochmals eine Eingabe machen zu können.

Prozessüberweisung
§ 112. Erklärt sich das angerufene Gericht als unzuständig, so wird der Prozess auf Antrag des Klägers dem von ihm als zuständig bezeichneten Gericht überwiesen, wenn dieses nicht offensichtlich unzuständig ist.

Überweist ein ausserkantonales Gericht einen Prozess dem zuständigen zürcherischen Gericht, so entscheidet dieses, inwiefern das Verfahren zu wiederholen ist.

Überweisungen dieser Art unterbrechen die Rechtshängigkeit nicht.

1   Die unrichtige Klageeinleitung genügt zur Fristwahrung; denn § 112 ZPO lässt die Rechtshängigkeit bis zur nachträglich korrekten Klageeinleitung bestehen; dies gilt in der Regel auch bei Überweisung in einen andern Kanton, wenn das dortige Prozessrecht dieses Institut kennt oder durch Lückenfüllung seinerseits schafft (vgl. ZWR 17, S. 92 ff.).

2   **ZR 81, Nr. 90:** Wird eine Arrestprosequierungsklage bei einem unzuständigen Gericht anhängig gemacht, so hat dieses dem Kläger, wenn eine Überweisung des Prozesses an das zuständige Gericht unter Aufrechterhaltung der Rechtshängigkeit nicht möglich ist, in analoger Anwendung von Art. 139 OR eine auf zehn Tage zu bemessene Nachfrist anzusetzen, um die Klage beim zuständigen Gericht einzuleiten.

3   **ZR 82, Nr. 35:** Mit der Möglichkeit der Prozessüberweisung gemäss § 112 Abs. 3 ZPO wird der Kläger in die Lage versetzt, eine allenfalls bestehende Klagefrist auch bei Anrufung des unzuständigen Gerichts zu wahren, so dass er in Zweifelsfällen die Klage nicht bei mehreren Gerichten gleichzeitig anhängig machen muss. Eine Prozessüberweisung gemäss § 112 ZPO unterscheidet sich wesentlich von anderen Fällen der Überweisung gemäss § 22 Abs. 3, § 60 Abs. 1 und § 221 ZPO. In § 60 Abs. 1 und § 221 ZPO tritt die Unzuständigkeit erst im Laufe des Verfahrens ein, wobei in diesen Fällen die klagende Partei an die zuständige Instanz gelangte, deren Zuständigkeit durch Er-

heben einer Widerklage im Falle des § 60 Abs. 1 ZPO bzw. weil sich im summarischen Verfahren gemäss § 221 herausstellt, dass die tatsächlichen Verhältnisse mit den Mitteln dieses summarischen Verfahrens nicht hinreichend klärbar sind (Illiquidität). Die gesetzliche Zuweisung von Geschäften aufgrund des OR oder ZGB in summarische Verfahren, legt eine ausschliessliche sachliche Zuständigkeit fest, die nur über § 221 ZPO aufhebbar ist. In den Überweisungsfällen gemäss § 61 Abs. 1 und § 221 ZPO erfolgt die Prozessüberweisung von Amtes wegen und wird weder der einen noch der anderen Partei als Misserfolg angelastet und daher nicht zum Anknüpfungspunkt für Kosten- und Entschädigungspflicht genommen. Im Fall der Prozessüberweisung gemäss § 112 ZPO hat die klagende Partei den Prozess beim unzuständigen Richter rechtshängig gemacht, was zu einem Nichteintretensentscheid führen müsste, sei dies von Amtes wegen gemäss § 108 ZPO, sei es auf Unzuständigkeitseinrede des Beklagten gemäss § 111 ZPO. Ein Entscheid, auf Klage und Widerklage infolge sachlicher Unzuständigkeit nicht einzutreten, entscheidet die Frage der Zuständigkeit zum Nachteil beider Parteien. Es handelt sich um einen Endentscheid im Sinne von § 71 ZPO, und daher werden die unterliegenden Parteien in Abweichung von § 71 ZPO sogleich kosten- und entschädigungspflichtig.

ZR 90, Nr. 72: Das Bezirksgericht Zürich trat infolge fehlender sachlicher Zuständigkeit auf eine Aberkennungsklage nicht ein und setzte der Aberkennungsklägerin gleichzeitig eine Frist von 20 Tagen, um einen Antrag auf Überweisung des Prozesses an das zuständige Handelsgericht zu stellen, unter Androhung, dass es bei Säumnis beim Nichteintretensentscheid bleibe. Dieser Beschluss wurde am 14. März 1992 zugestellt. Am 27. März 1992 reichte die Aberkennungsklägerin die Klageschrift beim Handelsgericht Zürich ein. Die Frist des Bezirksgerichts in Anwendung von § 112 ZPO liess die Aberkennungsfrist unbenützt verstreichen, so dass nach Ablauf der 10-tägigen Rekursfrist am 24. März 1992 dieses rechtskräftig erledigt war. Die Klageschrift beim Handelsgericht vom 27. März 1992 erfolgte lange nach Ablauf der 10-tägigen Verwirkungsfrist für die Aberkennungsklage. Die Aberkennungsklägerin hätte spätestens am 24. März die Klage beim Handelsgericht einreichen müssen. Indem sie dies erst am 27. März 1992 tat, erfolgte ihre Eingabe ans Handelsgericht auch unter Berücksichtigung von Art. 139 OR (vgl. 109 III 52) verspätet.

4

Behauptungslast
§ 113. Im Hauptverfahren ist das Streitverhältnis darzustellen und das Begehren zu begründen. Die Parteien haben ihre Behauptungen bestimmt und vollständig aufzustellen und sich im einzelnen über das Vorbringen des Gegners auszusprechen. Beweismittel sollen schon im Hauptverfahren vorgelegt oder bezeichnet werden.

Vgl. die Ausführungen betr. Substantiierung bei § 136 sowie BGE 118 II 486 (wiedergegeben nach § 130 ZPO).

1

ZR 81, Nr. 100: Eine Klage ist nur dann als ungenügend begründet anzusehen, wenn die Gegenpartei nicht in der Lage ist, sie zu beantworten. Ist eine Beantwortung möglich, so ist, selbst wenn die Klagebegründung Lücken hat, auf die Klage einzutreten. Die Vorinstanz war auf die Klage nicht eingetreten mit der Begründung, auch die von ihr, Kläger noch nach Fristansetzung gemäss § 130 ZPO eingereichte Klageschrift genüge nicht den Erfordernissen von § 113 ZPO. Weder seien daraus die rechtsbegründenden Tatsachen ersichtlich, die der Kläger im einzelnen behaupten wolle, noch spreche sich die Klageschrift über das Quantitativ der Forderung aus. Die Anforderungen an die Ausgestaltung einer Klageschrift gemäss § 113 ZPO sind mithin nur beschränkt Erfordernisse, deren Fehlen das Nichteintreten auf die Klage im Säumnisfall zur Folge hat, nämlich nur insoweit, als die verbesserte Rechtsschrift noch immer keine Weiterführung des Hauptverfahrens ermöglicht.

2

In seinem weiteren Umfang ist § 113 ZPO eine blosse Ordnungsvorschrift, deren Nichtbeachtung zufolge der möglichen nachträglichen Verbesserung und Vervollständigung der Klagebegründung durch weitere Vorträge oder die Ausübung der richterlichen Fragepflicht, abgesehen von den Kostenfolgen von § 66 Abs. 1 ZPO, keine Rechtsfolgen haben kann. Gemäss § 126 ZPO hat bereits die schriftliche Klagebegründung den Erfordernissen des § 113 ZPO zu entsprechen. Diese

Verweisung erweckt den Anschein, als ob im schriftlichen Verfahren die Klagebegründung bereits all das zu enthalten habe, was bis zum Ende des Hauptverfahrens vorgebracht werden muss. Indessen lässt § 113 ZPO als allgemeine Vorschrift über das Hautverfahren die Darstellung des Streitverhältnisses, die Begründung des Begehrens, das Aufstellen von Behauptungen und das Vorlegen bzw. Nennen von Beweismitteln bis zum Ende des Hauptverfahrens zu.

Auch im schriftlichen Verfahren bildet das Hauptverfahren eine Einheit (§ 128 in Verbindung mit § 121 ZPO). Die Parteien sind deshalb befugt, in Replik und Duplik ihre eigenen Ausführungen der ersten Vorträge in tatsächlicher und rechtlicher Hinsicht zu ergänzen und zu berichtigen und zwar selbst dann, wenn ihre neuen Vorbringen nicht als Stellungnahme zu neuen Behauptungen in der Klageantwort bzw. Replik zu werten sind. Es muss deshalb genügen, wenn der Kläger in der Klageschrift die Rechtsbegehren und seine wesentlichen Prozessstandpunkte in tatsächlicher und rechtlicher Hinsicht anführt, so dass der Beklagte in der Lage ist, auf die Klage zu antworten. Allfällige Lücken können durch den weiteren Verlauf des Verfahrens, namentlich durch Ausführungen in der Klageantwort, Replik und Duplik oder durch Ausübung des richterlichen Fragerechts gefüllt werden. Das Fehlen der Anforderungen, welche § 130 in Verbindung mit § 113 ZPO an die Ausgestaltung einer Klageschrift stellt, hat ein Nichteintreten auf die Klage deshalb nur dann zur Folge, wenn auch die verbesserte Rechtsschrift eine Fortführung des Hauptverfahrens nicht ermöglicht. Zu berücksichtigen ist in diesem Zusammenhang auch, dass durch § 113 ZPO nicht ein faktischer Anwaltszwang eingeführt werden soll. Macht der Kläger später in der Replik Ausführungen, die er schon in der Klageschrift hätte machen können, und erfährt das Verfahren dadurch Weiterungen, so besteht die Möglichkeit, ihm ohne Rücksicht auf den Prozessausgang die unnötigerweise entstandenen Kosten sowie einen Teil der Gerichtsgebühr aufzuerlegen.

3   **ZR 86, Nr. 25:** Vgl. § 54 ZPO.

4   **ZR 88, Nr. 2:** Im zürcherischen Zivilprozess gilt die Eventualmaxime; die Parteien haben im Hauptverfahren das Streitverhältnis darzustellen und das Begehren zu begründen. Mit nachträglichen Anträgen zur Sache, Tatsachenbehauptungen, Einreden und Bestreitungen sind sie grundsätzlich unter dem Vorbehalt von § 115 ZPO ausgeschlossen. Dies gilt gemäss § 204 ZPO auch im summarischen Verfahren und insbesondere im Verfahren betreffend Arrestbewilligung. Der Kläger hat in seinem Rekursbegehren grundsätzlich zu allen wesentlichen Gesichtspunkten Stellung zu nehmen und ist mit nachträglichen Vorbringen grundsätzlich ausgeschlossen (§ 278 i.V.m. § 267 ZPO).

5   **ZR 90, Nr. 3:** Vgl. § 54 ZPO.

6   **ZR 91/92, Nr. 84:** Substantiierungspflicht des Schadens aus Vermögensverwaltung: Wenn man richterliche Schadenschätzung verlangt, entbindet dies die fordernde Partei nicht, soweit möglich und zumutbar alle Umstände zu nennen, welche die Abschätzung des Schadens erlauben. Ausgangspunkt muss dabei sein, dass als Schaden die Differenz zweier Vermögensstände anzusehen ist, zwischen demjenigen nach der Sorgfaltspflichtverletzung und demjenigen, der sich aus den Dispositionen eines Anlageberaters ergeben würde, der eine im Zeitpunkt der Anlage den Zielsetzungen des Kunden entsprechenden Disposition vorgenommen hätte, was ziffernmässig zu substantiieren ist. In bezug auf den Crash von 1987 bedeutet dies, dass der Kläger hätte angeben müssen, welcher Wert ein normal verwaltetes Depot vor und unmittelbar nach dem Crash gehabt hätte.

7   **ZR 93, Nr. 19:** Gemäss § 113 ZPO ist die Darstellung des Streitverhältnisses und die Begründung des Begehrens bis zum Ende des Hauptverfahrens zulässig; das Gericht darf auf eine ungenügend substantiierte Klageschrift gemäss § 130 ZPO nur dann nicht eintreten, wenn auch die verbesserte Rechtsschrift die Fortführung des Hauptverfahrens nicht ermöglicht. Für die Fälle missbräuchlicher, böswilliger oder mutwilliger Prozessführung ist mittels §§ 50 Abs. 3 und 66 Abs. 1 ZPO zu begegnen.

8   **ZR 95, Nr. 12:** Vgl. § 54 ZPO.

ZR 95, Nr. 14: 2. Der Beschwerdeführer rügt als erstes, die Vorinstanzen seien zu Unrecht von ungenügendem Substantiieren der Klage ausgegangen. Zur Begründung weist er darauf hin, dass dem seinerzeitigen Beschluss des Bezirksgerichts, womit das Begehren um Bewilligung der unentgeltlichen Rechtspflege abgewiesen wurde, bereits die gleiche Klage mit der gleichen Begründung zugrunde gelegen habe, wie dem hier angefochtenen Entscheid; damals hätten die kantonalen Instanzen jedoch dieser Klagebegründung nicht den Vorwurf ungenügenden Substantiierens entgegengehalten. Im Gegenteil ergebe sich aus dem Beschluss des Bezirksgerichts vom 8. Januar 1992, dass dieses das Klagefundament geradezu perfekt verstanden habe, wie zuvor der Regierungsrat und nachher das Kassationsgericht und das Bundesgericht. Die Justiz kenne mithin die Sache (d. h. das dem Rechtsbegehren zugrunde liegende Klagefundament); danach sei der Beschwerdeführer am 30. September 1988, 28. Mai und 17. Dezember 1990 verhaftet und – in Verletzung von Art. 5 Ziff. 3 EMRK – nicht unverzüglich dem zuständigen Richter vorgeführt worden. Weiterer, namentlich rechtlicher Ausführungen bedürfe es nicht.

a) In seiner Klageschrift vom 22. Oktober 1991 an das Bezirksgericht hatte der Beschwerdeführer zur Begründung seines Rechtsbegehrens auf den – als Beilage eingereichten – Regierungsratsentscheid vom 24. April 1991 verwiesen; zudem wurden ausdrücklich die beiden ebenfalls beigelegten Gesuche vom 7. Dezember 1990 und 2. April 1991 an den Regierungsrat zum Bestandteil der Klage erklärt. In der nachträglich eingereichten Kopie des Gesuchs vom 7. Dezember 1990 wurde als Adressat (zusätzlich und neu) das Bezirksgericht vermerkt.

Im angefochtenen Entscheid wird – unter Hinweis auf die entsprechenden Kommentarstellen – die Auffassung vertreten, es könne nicht Sache des Gerichts und des Prozessgegners sein, die für das eigentliche Klagefundament erheblichen Tatsachen praktisch vollständig aus den beigelegten Urkunden – und seien es auch solche eines Vorverfahrens – zusammenzusuchen; vielmehr seien die entsprechenden Fakten in der Klageschrift als solche darzulegen. Daran vermöge auch nichts zu ändern, wenn die Urkunden, auf die verwiesen werde, anzahlmässig beschränkt und verhältnismässig übersichtlich seien, denn es liessen sich keine zuverlässigen Grenzen zwischen noch zumutbaren Verweisen und solchen Verweisen ziehen, die das vertretbare Mass überschreiten; aus prinzipiellen Überlegungen und aus Gründen der Rechtssicherheit sei daran festzuhalten, dass jedenfalls diejenigen Tatsachen, welche die substantielle Klagegrundlage bilden, in allen Fällen in der Klagebegründung selbst vorgetragen werden müssten.

b) Gemäss § 126 ZPO hat der Kläger im schriftlichen Verfahren eine Klagebegründung einzureichen, die den Erfordernissen von § 113 ZPO entspricht. Nach dieser Bestimmung haben die Parteien "ihre Behauptungen bestimmt und vollständig aufzustellen und sich im einzelnen über das Vorbringen des Gegners auszusprechen". Nach konstanter Rechtsprechung darf dabei eine Partei nicht einfach auf weitere umfangreiche Eingaben aus einem anderen Verfahren verweisen, denn es ist nicht Sache des Gerichts oder der Gegenpartei, die rechtserheblichen Tatsachen zusammenzusuchen (vgl. Sträuli/Messmer, Kommentar zur Zürcherischen Zivilprozessordnung, 2. Auflage, Zürich 1982, N4 zu § 113, mit Hinweisen). Ob der Vorinstanz allerdings darin gefolgt werden kann, dass eine Verweisung auf andere Eingaben schlechthin ausgeschlossen ist (vgl. immerhin ZR 81, Nr. 100), muss hier nicht entschieden werden, weil die Beschwerde schon aus anderen Gründen gutzuheissen ist.

Entscheidend ist, dass es sich bei der Eingabe, auf welche der Beschwerdeführer vor Bezirksgericht zur Begründung seiner Klage verwies, nicht um diejenige eines "anderen Verfahrens" handelte, sondern um diejenige aus dem nach § 22 HG vorgeschriebenen administrativen Vorverfahren vor Einleitung des gerichtlichen Verfahrens zur Geltendmachung von Ansprüchen aus Staatshaftung; dieses Vorverfahren und das allenfalls anschliessende gerichtliche Verfahren sind jedoch im Hinblick auf die Identität der Parteien und des Streitgegenstands als ein und dasselbe Verfahren zu betrachten. Das administrative Vorverfahren nach § 22 HG stellt von seiner Funktion her nichts anderes dar als das in Zivilprozessen im allgemeinen vorgeschriebene Sühnverfahren, indem hier dem eingeklagten Gemeinwesen Gelegenheit gegeben werden soll, die Berechtigung des Haftungsanspruchs ausserhalb eines Gerichtsverfahrens zu prüfen und gegebenenfalls anzuerkennen (vgl. H. R. Schwarzenbach, Die Staats- und Beamtenhaftung in der Schweiz, mit Kommentar zum zürcherischen Haftungsgesetz, 2. Auflage, Zürich 1985, S. 88 f.). Damit kann offensichtlich keine Rede davon sein, dass die entsprechenden Eingaben an die Verwaltung – hier an den Regierungsrat – ein anderes Verfahren betreffen. Da der Streitgegenstand des administrativen Vorverfahrens und des gerichtlichen Verfahrens derselbe ist- nämlich die Begründetheit des geltend gemachten Anspruchs – und sich der Inhalt des Gesuches an die Verwaltung folglich mit dem Inhalt der Klage an das Gericht deckt (anders als etwa im Falle der Begründung eines ausserordentlichen Rechtsmittels, wo der Streitgegenstand ein anderer ist als im Verfahren vor dem Sachrichter), kommt die Nichtzulassung der Verweisung einem überspitzten Formalismus und damit einer Gehörsverweigerung gleich, die vor Art. 4 BV keinen Bestand hat. Darin liegt die Verletzung eines wesentlichen Verfahrensgrundsatzes (§ 281 Ziff. 1 ZPO).

c) Ob das Verhalten der Vorinstanzen im vorliegenden Fall überdies gegen den Grundsatz von Treu und Glauben (§ 50 ZPO) verstösst, nachdem im Rahmen der Prüfung der Voraussetzungen für die Bewilligung der unentgeltlichen Rechtspflege sämtliche kantonale Instanzen die Klage zwar als (materiell) aussichtslos bezeichneten, ohne aber in diesem Zusammenhang jemals von ungenügender Substantiierung zu sprechen, kann bei diesem Ausgang offengelassen werden. Immerhin ist dem Beschwerdeführer darin zu folgen, dass sämtliche kantonalen Instanzen wie auch das Bundesgericht im Rahmen der Prüfung des Gesuches um unentgeltliche Rechtspflege offensichtlich keine Mühe bekundeten, das Klagefundament zu verstehen.

3. Der Beschwerdeführer beanstandet weiter, dass bis jetzt keine öffentliche Anhörung seiner Sache stattgefunden habe, was eine Verletzung von Art. 6 Ziff. 1 EMRK darstelle.

a) Das Obergericht hat zur Frage der Öffentlichkeit im angefochtenen Entscheid ausgeführt, grundsätzlich habe der Beschwerdeführer ohne weiteres Anspruch darauf, dass die vorliegende Sache öffentlich gehört werde. Es hat aber darauf hingewiesen, dass der Grundsatz der Öffentlichkeit im Hinblick auf das Verfahren als Ganzes und nicht nur auf einen Abschnitt oder eine Instanz zu verstehen sei; daher genüge es, wenn das Gericht mindestens einmal eine öffentliche Verhandlung durchführe. Daraus folge, dass das Verfahren gemäss §§ 125 ff. ZPO, welches für die beiden ersten Vorträge das schriftliche Verfahren, für die nachfolgende Vorträge (Replik und Duplik) jedoch das mündliche und in der Regel öffentliche vorsehe, dem Grundsatz der Öffentlichkeit gemäss Art. 6 Ziff. 1 EMRK genüge. Dieser Rechtsauffassung ist zu folgen; dass die teilweise Schriftlichkeit des Verfahrens gemäss §§ 125 ff. ZPO mit Art. 6 EMRK vereinbar ist, hat das Kassationsgericht bereits in einem Entscheid vom 5. Mai 1990 in Sachen K. (Erw. II. 5) festgehalten.

Damit kann darin, dass bis heute in der vorliegenden Sache noch keine öffentliche Anhörung des Beschwerdeführers stattgefunden hat, kein Nichtigkeitsgrund erblickt werden. Das Bezirksgericht wird aber bei der Durchführung des Hauptverfahrens für Replik und Duplik das mündliche Verfahren gemäss § 128 Satz 1 ZPO anzuordnen haben.

10 ZR 95, Nr. 62: Vgl. § 281 ZPO.

Verspätetes Vorbringen
a) Grundsatz
§ 114. Die Parteien sind mit Anträgen zur Sache, Tatsachenbehauptungen, Einreden und Bestreitungen ausgeschlossen, die sie mit ihrem letzten Vortrag oder in ihrer letzten Rechtsschrift nicht vorgebracht haben.

ZR 95, Nr. 62: Vgl. § 281 ZPO.

b) Ausnahmen
§ 115. Von der vorstehenden Bestimmung sind ausgenommen:
1. Anträge, die erst im Laufe des Prozesses veranlasst werden;
2. Behauptungen, Bestreitungen und Einreden, deren Richtigkeit sich aus den Prozessakten ergibt oder die durch neu eingereichte Urkunden sofort bewiesen werden können;
3. Tatsachen, von denen die Partei glaubhaft macht, dass sie trotz angemessener Tätigkeit nicht rechtzeitig angerufen werden konnten;
4. Tatsachen, die das Gericht von Amtes wegen zu beachten hat;
5. Behauptungen und Bestreitungen nach gerichtlichen Anordnungen gemäss § 55.

ZR 86, Nr. 51: Vgl. § 107 Ziff. 2 ZPO.

ZR 86, Nr. 54: Vgl. § 267 ZPO.

ZR 86, Nr. 81: Der Vaterschaftsbeklagte ist auch dann im Berufungsverfahren mit Vorbringen unbeschränkt zuzulassen, und zwar grundsätzlich bis zur Urteilsfällung, wenn er sich in erster Instanz nicht geäussert hat. 1

ZR 87, Nr. 29: In den Bestimmungen über das Säumnisverfahren wird ausdrücklich zwischen dem Säumnis im mündlichen (§ 129 ZPO) und im schriftlichen Verfahren (§ 130 ff. ZPO) unterschieden. Danach ist, was nicht nur für das beschleunigte Verfahren, sondern auch für das Verfahren vor Mietgericht sowie für das Berufung nicht unterliegende Streitigkeiten aus dem Arbeitsverhältnis gilt, im Unterschied zum mündlichen Verfahren gemäss § 130 ZPO dem Beklagten, der keine Klageantwort einreicht, zur Behebung des Mangels Frist anzusetzen, unter der Androhung, dass bei erneuter Säumnis Anerkennung der tatsächlichen Klagegründe und Verzicht auf Einreden angenommen wird. Im schriftlichen Verfahren ist die Peremptorisierung des Beklagten erst nach Ansetzen einer Nachfrist zulässig. Dabei macht es keinen Unterschied, ob das schriftliche Verfahren von Gesetzes wegen einzuhalten war oder ob es nach § 124 ZPO vom Gericht ausnahmsweise angeordnet wurde. Die Peremptorisierung einer Partei bedeutet eine schwerwiegende Beschränkung der Parteirechte. Sie darf nur vorgenommen werden, wenn sie das Gesetz eindeutig vorsieht. Eine ausdehnende Interpretation des Gesetzes rechtfertigt sich in diesem Punkt nicht. 2

ZR 88, Nr. 56: Vgl. § 133. 3

ZR 95, Nr. 62: Vgl. § 281 ZPO. 4

Beschränkung des Prozessthemas
§ 116. Das Gericht kann das Hauptverfahren zunächst auf einzelne Fragen beschränken, wenn anzunehmen ist, der Prozess lasse sich dadurch vereinfachen. Erweist sich die Beschränkung als unbegründet, wird das Hauptverfahren ergänzt.

Dagegen hat das Gericht über die Zuständigkeit gemäss § 111 ZPO separat einen Vorentscheid zu erlassen. 1

Vgl. Bemerkungen zu § 108, 189 ZPO.

ZR 84, Nr. 6: Zahl der Vorträge bei Beschränkung des Prozessthemas: Auch bei einer Beschränkung des Hauptverfahrens auf einzelne Vorfragen hat jede Partei Anspruch auf zwei Vorträge dazu, denn es besteht keine Verpflichtung, sich schon im ersten Vortrag abschliessend zu äussern. 2

Widerklage
§ 117. Die Widerklage ist mit der Klageantwort zu erheben und zu begründen. Mit Zustimmung des Klägers oder unter den Voraussetzungen von § 115 wird sie auch noch in einem späteren Zeitpunkt zugelassen.

Referentenaudienz
§ 118. Das Gericht kann zur Vorbereitung oder Vereinfachung des Hauptverfahrens Referentenaudienzen anordnen, in denen die Parteien unter Androhung von Ordnungsstrafe gehalten sind, ihre sämtlichen Angriffs- und Verteidigungsmittel vorläufig bekanntzugeben.

Eine Referentenaudienz kann auch angeordnet werden, um eine Partei zu veranlassen, ihr Vorbringen zu verdeutlichen, zu ergänzen, zu berichtigen oder zu vereinfachen, insbesondere im Sinne von § 55.

1 Die Referentenaudienz kann mit einem Augenschein und mit einer Vergleichsverhandlung verbunden werden.

2 **ZR 91/92, Nr. 5:** Vgl. § 66 ZPO.

3 **ZR 87, Nr. 65:** Anlässlich der Referentenaudienz darf die Stellungnahme einer Partei zur letzten Rechtsschrift der Gegenpartei nur kurz, d.h. zwischen 5 und 10 Minuten ausfallen.

ZR 95, Nr. 40: Das Kassationsgericht hat in ZR 68, Nr. 92 Obergerichtssekretären, die für Rekurse zu Referenten bestellt worden waren, die Durchführung von Referentenaudienzen zugestanden, was auch für Bezirksgerichtssekretäre gelte. Im summarischen Verfahren sei das Durchführen einer mündlichen Instruktionsverhandlung nicht vorgeschrieben, auch wenn eine solche üblich sei. Das rechtliche Gehör verlange nicht, dass eine mündliche Verhandlung mit einem Richter durchgeführt werden müsse. Ein erfahrener Gerichtssekretär könne dem Spruchkörper einen allenfalls wichtigen persönlichen Eindruck vermitteln.

(Bemerkung: Das Problem dürfte beim Wort "erfahren" liegen; Gerichtssekretäre sind in der Regel nur kurze Zeit an einem Gericht als Sekretäre tätig).

B. Mündliches Verfahren

Anwendungsbereich
§ 119. (alte Fassung). Das Verfahren ist mündlich
1. vor dem Einzelrichter;
2. vor dem Arbeitsgericht und dem Mietgericht im Prozess über Begehren gemäss § 18 Abs. 1 lit. a GVG sowie in andern Prozessen, deren Streitwert bei Eintritt der Rechtshängigkeit Fr. 12'000 nicht übersteigt;
3. vor dem Bezirksgericht im Prozess über den Personenstand und über die in §§ 196 bis 203 besonders geregelten familienrechtlichen Klagen, in den nicht der Berufung unterliegenden Streitigkeiten aus dem Arbeitsverhältnis und in anderen Prozessen, deren Streitwert bei Eintritt der Rechtshängigkeit Fr. 12'000 nicht übersteigt, sowie in Streitigkeiten wegen unlauteren Wettbewerbs, deren Streitwert der Natur der Sache nach nicht geschätzt werden kann;
4. vor dem Obergericht im Verfahren über gerichtliche Beurteilung von Entscheidungen des Bezirksrates im Personen- und Familienrecht.

Anwendungsbereich
§ 119. (neue Fassung, 24.9.95). Das Verfahren ist mündlich
1. vor dem Einzelrichter;
2. vor dem Arbeitsgericht und dem Mietgericht;
3. vor dem Bezirksgericht im einfachen und raschen Verfahren;

4. in Prozessen über den Personenstand und über die in §§ 196–203 besonders geregelten familienrechtlichen Klagen;
5. vor dem Obergericht im Verfahren über gerichtliche Beurteilung von Entscheidungen des Bezirksrats im Personen- und Familienrecht.

ZR 93, Nr. 85: Vgl. § 60 ZPO.

Hauptverhandlung
a) Ansetzung
§ 120. Steht dem Eintreten auf die Klage nichts entgegen, wird zur Hauptverhandlung vorgeladen.

ZR 87, Nr. 120: Gemäss dem Kassationsgericht beträgt bei Rückweisungen im Berufungsverfahren die Beschwerdefrist 10 Tage.

b) Durchführung
§ 121. In der Hauptverhandlung hat der Kläger den ersten und dritten Vortrag (Begründung und Replik), der Beklagte den zweiten und vierten Vortrag (Antwort und Duplik).

Weitere Vorträge werden nur aus zureichenden Gründen gestattet. Das Gericht kann sie auf das in der Duplik oder in späteren Vorträgen neu Vorgebrachte beschränken.

Die Vorträge sind so zu halten, dass sie ohne Schwierigkeit protokolliert werden können.

ZR 84, Nr. 6: Gemäss § 121 und § 128 ZPO haben Kläger und Beklagter in der Hauptverhandlung je zwei Vorträge, nämlich Begründung und Replik, bzw. Antwort und Duplik. Die Parteien sind somit mit Anträgen zur Sache, Tatsachenbehauptungen, Einreden und Einwendungen ausgeschlossen, die sie mit ihrem letzten Vortrag oder ihrer letzten Rechtsschrift nicht vorgebracht haben (§ 114 ZPO). Die Parteien sind berechtigt, bis zum Abschluss ihrer Vorträge, Anträge zur Sache, Tatsachenbehauptungen, Einreden und Einwendungen vorzubringen. Die Parteien sind somit nicht verpflichtet, sämtliche Angriffs- und Verteidigungsmittel auf einmal, d.h. in ihrem ersten Vortrag vorzubringen. Sie dürfen vielmehr in Replik und Duplik nicht nur zu nahen Behauptungen Stellung nehmen, sondern auch ihre Ausführungen im ersten Vortrag in tatbeständlicher und rechtlicher Hinsicht ergänzen und berichtigen. Diese Grundsätze gelten auch, wenn das Gericht das Hauptverfahren im Sinne von § 116 ZPO zunächst auf einzelne Fragen beschränkt. Die Beschränkung erfolgt nämlich nur bezüglich des Prozessthemas, nicht jedoch hinsichtlich des Rechts, die dieses Thema betreffenden Angriffs- und Verteidigungsmitteln auch noch in einer Replik und Duplik zu ergänzen.

c) Ergänzung
§ 122. Lässt sich die Hauptverhandlung nicht in einem Zug zu Ende führen, wird eine neue Verhandlung angeordnet oder den Parteien Frist zur Einreichung schriftlicher Eingaben angesetzt.

Fakultative Schriftlichkeit
a) Belieben der Parteien
§ 123. Der Kläger kann mit der Weisung eine schriftliche Klagebegründung einreichen, welche an die Stelle der mündlichen Begründung tritt. Eine Ausfertigung und ein Verzeichnis der eingereichten Urkunden werden dem Beklagten zugestellt.

Darauf kann der Beklagte eine schriftliche Klageantwort einreichen, welche die mündliche Beantwortung ersetzt. Eine Ausfertigung und ein Verzeichnis der eingereichten Urkunden werden dem Kläger zugestellt.

Der Beklagte kann, muss aber nicht, eine schriftliche Klageantwort einreichen. Immerhin kann das Gericht gemäss § 124 Schriftlichkeit anordnen.

b) Anordnung des Gerichts
§ 124. Lässt sich eine Sache im mündlichen Verfahren voraussichtlich nicht genügend darlegen, kann das Gericht das schriftliche Verfahren anordnen.

Wohnt eine Partei weit entfernt und ist ihr das Erscheinen zur Hauptverhandlung oder der Beizug eines Vertreters nicht zuzumuten, so kann das Hauptverfahren für sie schriftlich durchgeführt werden.

Abs. 1 kommt vor allem in Abrechnungsprozessen zum Zuge.

ZR 81, Nr. 8: Dass die Peremptorisierung im schriftlichen Verfahren erst nach Ansetzung einer Nachfrist zulässig ist, gilt unabhängig davon, ob das schriftliche Verfahren von Gesetzes wegen einzutreten hatte oder ob es nach § 124 ZPO vom Gericht ausnahmsweise angeordnet wurde. Dies gilt auch im beschleunigten Verfahren.

C. Schriftliches Verfahren

Anwendungsbereich
§ 125. (alte Fassung). Das Verfahren ist schriftlich
1. vor Bezirksgericht und Mietgericht in Prozessen, für die nicht das mündliche Verfahren vorgeschrieben ist;
2. vor Handelsgericht;
3. vor Obergericht, wenn es als einzige kantonale Instanz entscheidet.

Anwendungsbereich
§ 125. (neue Fassung, 24.9.95). Das Verfahren ist schriftlich
1. vor Bezirksgericht in Prozessen, für die nicht das mündliche Verfahren vorgeschrieben ist;
2. vor Handelsgericht;
3. vor Obergericht, wenn es als einzige kantonale Instanz entscheidet.

Klagebegründung
§ 126. Der Kläger hat eine schriftliche Klagebegründung einzureichen, die den Erfordernissen von § 113 entspricht. Dieser sollen die Urkunden samt einem Verzeichnis beigelegt werden.

1   **ZR 81, Nr. 100:** Vgl. § 113 ZPO.

2   **ZR 87, Nr. 38:** Vgl. § 61 ZPO.

3   **ZR 93, Nr. 85:** Das Verfahren vor Handelsgericht ist schriftlich, so dass zur gehörigen Einleitung der Klage grundsätzlich die Einreichung einer schriftlichen Klagebegründung gehört (§ 125 Ziff. 2 und § 126 ZPO). Reicht der Kläger keine solche ein, ist ihm gemäss § 130 ZPO Frist zur Behebung des Mangels anzusetzen. Der Vizepräsident des Handelsgerichts stützte seine Verfügung, mit welcher er dem Beschwerdegegner Frist zur schriftlichen Klagebegründung ansetzte, auf § 130 ZPO. Im vorliegenden Fall lautet die Hauptklage auf Fr. 3'496.65, weshalb die Klage nicht am Handelsgericht, sondern beim im Zeitpunkt der Klageerhebung zuständigen Einzelrichters im ordentlichen Verfahren durch blosse Einreichung der Weisung anhängig zu machen wäre, da das Hauptverfahren vor Einzelrichter mündlich geführt wird (§ 102 Abs. 1 ZPO, § 119 Ziff. 1 ZPO). Der Beschwerdegegner ist in diesem Sinne korrekt vorgegangen, und die Klage ist vom Einzelrichter an die Hand genommen worden. Erst durch die Erhebung der Widerklage durch den Beschwerdeführer in der einzelrichterlichen Hauptverhandlung ist die Zuständigkeit des Einzel-

richters dahingefallen und diejenige des Handelsgerichtes begründet worden. Dies ändert nichts daran, dass bezüglich der Hauptklage die Prozessvoraussetzung der gehörigen Einleitung erfüllt ist.

ZR 95, Nr. 14: Vgl. § 113 ZPO.

Klageantwort
§ 127. Steht dem Eintreten auf die Klage nichts entgegen, so stellt das Gericht dem Beklagten eine Ausfertigung der Klagebegründung sowie ein Verzeichnis der Urkunden zu und setzt ihm Frist an zur Einreichung der Klageantwort, die den Erfordernissen von § 113 zu entsprechen hat. Der Klageantwort sollen die Urkunden samt einem Verzeichnis beigelegt werden.

ZR 87, Nr. 65: Vgl. § 113 ZPO.

Replik und Duplik
§ 128. Das Gericht stellt eine Ausfertigung der Klageantwort sowie ein Urkundenverzeichnis dem Kläger zu und verfährt für Replik, Duplik und weitere Vorträge wie im mündlichen Verfahren. Ausnahmsweise kann auch dafür das schriftliche Verfahren angeordnet werden.

ZR 84, Nr. 6: Vgl. § 121 ZPO.

ZR 87, Nr. 38: Vgl. § 61 ZPO.

D. Säumnisverfahren

Säumnis im mündlichen Verfahren
§ 129. (alte Fassung). Bleibt eine Partei der Hauptverhandlung ohne genügende Entschuldigung fern, wird eine neue Verhandlung angesetzt. Zu dieser wird unter der Androhung vorgeladen, dass bei erneutem Ausbleiben des Klägers oder beider Parteien Rückzug der Klage, bei erneutem Ausbleiben des Beklagten Anerkennung der tatsächlichen Klagegründe und Verzicht auf Einreden angenommen werde.

Diese Säumnisfolgen werden schon mit der ersten Vorladung zur Hauptverhandlung angedroht
1. im beschleunigten Verfahren, vor Mietgericht im Prozess über Begehren gemäss § 18 Abs. 1 lit. a GVG und bei nicht der Berufung unterliegenden Streitigkeiten aus dem Arbeitsverhältnis, aus unlauterem Wettbewerb und aus Verträgen zwischen Letztverbrauchern und Anbietern sowie bei Streitigkeiten wegen unlauteren Wettbewerbs, deren Streitwert der Natur der Sache nach nicht geschätzt werden kann;
2. dem Beklagten, welcher der Sühnverhandlung ohne genügende Entschuldigung fernblieb;
3. einer Partei, die der Referentenaudienz ohne genügende Entschuldigung fernblieb.

Säumnis im mündlichen Verfahren
§ 129. (neue Fassung, 24.9.95). Bleibt eine Partei der Hauptverhandlung ohne genügende Entschuldigung fern, wird eine neue Verhandlung angesetzt. Zu dieser wird unter der Androhung vorgeladen, dass bei erneutem Ausbleiben des Klägers oder beider Parteien Rückzug der Klage, bei erneutem Ausbleiben des Beklagten Anerkennung der tatsächlichen Klagegründe und Verzicht auf Einreden angenommen werde.

Diese Säumnisfolgen werden schon mit der ersten Vorladung zur Hauptverhandlung angedroht
1. vor dem Einzelrichter sowie im einfachen und raschen Verfahren;
2. dem Beklagten, welcher der Sühnverhandlung ohne genügende Entschuldigung fernblieb;
3. einer Partei, die der Referentenaudienz ohne genügende Entschuldigung fernblieb.

Säumnis im schriftlichen Verfahren
§ 130. (alte Fassung). *Reicht der Kläger keine Klagebegründung ein, genügt diese den Erfordernissen von § 113 nicht oder reicht der Beklagte keine Klageantwort ein, so wird der säumigen Partei zur Behebung des Mangels Frist angesetzt unter der Androhung, dass bei erneuter Säumnis des Klägers auf die Klage nicht eingetreten und bei erneuter Säumnis des Beklagten Anerkennung der tatsächlichen Klagegründe und Verzicht auf Einreden angenommen werde.*

Säumnis im schriftlichen Verfahren
§ 130. (neue Fassung, 24.9.95). *Reicht der Kläger keine Klagebegründung ein, genügt diese den Erfordernissen von § 113 nicht oder reicht der Beklagte keine Klageantwort ein, so wird der säumigen Partei zur Behebung des Mangels Frist angesetzt unter der Androhung, dass bei erneuter Säumnis des Klägers auf die Klage nicht eingetreten und bei erneuter Säumnis des Beklagten Anerkennung der tatsächlichen Klagegründe und Verzicht auf Einreden angenommen werde.*

Diese Säumnisfolgen werden schon bei der ersten Aufforderung zur Einreichung der Klagebegründung oder Klageantwort angedroht:
1. *dem Beklagten, welcher der Sühneverhandlung ohne genügende Entschuldigung fernblieb;*
2. *einer Partei, die der Referentenaudienz ohne genügende Entschuldigung fernblieb.*

1 Man spricht von Säumnis einer Partei, wenn sie einer prozessualen Last nicht innert Frist nachkommt. Die meisten Prozesshandlungen einer Partei kann das Gericht nicht erzwingen; bei Säumnis sieht die ZPO daher die Säumnisfolgen im Rahmen bundesrechtlicher Schranken vor.

Dem kantonalen Zivilprozessrecht bleibt es untersagt, bei prozessualer Säumnis einer Partei den materiellen Anspruch, das Klagerecht, untergehen zu lassen. Das kantonale Prozessrecht kann aber Folgen an nicht fristgerecht vorgenommene Bestreitungen, Substantiierungen, Aufführen der Beweismittel etc. knüpfen, die materiellrechtliche Wirkungen haben. Bleibt der Kläger nach einer Vorladung unter der Androhung, dass bei erneutem unentschuldigtem Ausbleiben der Rückzug der Klage angenommen werde, so hat dieses Urteil die Wirkung einer res iudicata. Im schriftlichen Verfahren gemäss § 130 ZPO erfolgt lediglich ein Nichteintreten auf die Klage, was keine res iudicata schafft.

2 **BGE 118 II 483:** "f) Zu prüfen bleibt, ob das kantonale Prozessrecht die Verwirkung eines vom Bundesprivatrecht beherrschten Anspruchs überhaupt vorsehen kann. Die Entwicklung der bundesgerichtlichen Rechtsprechung auf dem Gebiete der Anspruchs- und Klagerechtsverwirkung kann unter Bezugnahme auf MATTMANN (a.a.O., S. 33 ff.) und VEIT (a.a.O., S. 85 ff.) wie folgt skizziert werden: Die bis 1928 gehandhabte Praxis ging im wesentlichen von einer Trennung zwischen prozessualem Klagerecht und materiellem Anspruch aus. Hatte der Kläger im Prozess eine kantonalrechtliche Frist mit Präklusionsandrohung versäumt, verlor er dadurch zwar die Möglichkeit zur selbständigen Klage, doch musste ihm das Recht gewahrt bleiben, seinen Anspruch verteidigungsweise oder auf dem Wege der Verrechnung oder unter Umständen bei Wegzug des Schuldners in einen anderen Kanton durch neue Klage bis zum Ablauf der bundesrechtlichen Verwirkungs- oder Verjährungsfrist zu verfolgen (BGE 18 S. 1, 24 I 654, 47 I 77 und 303, 51 I 84, 54 II 134). Im Jahre 1941 änderte das Bundesgericht seine Auffassung und sprach sich gegen eine Trennung von Rechtsschutzanspruch und materiellem Recht aus. Das Gericht bezeichnete es als doktrinäre Überspannung, als Gegenstand des Prozesses nicht den eingeklagten Anspruch, sondern den darauf bezüglichen Rechtsschutzanspruch als solchen anzusehen. Vom Standpunkt des Bundesrechts aus sei dagegen nichts einzuwenden, dass ein Prozessgesetz den Hinfall eines Anspruchs an den blossen Ablauf einer zur Fortsetzung des einmal angehobenen Verfahrens bestimmten Frist knüpfe, gleich als ob der Anspruch vom Richter abgewiesen oder vom Kläger durch Abstand aufgegeben worden wäre. Da rechtskräftige Erledigung der materiellen Ansprüche vorliege, sei die Einrede der abgeurteilten Sache auch in anderen Kantonen, wo allenfalls neu geklagt werde, zu berücksichtigen (BGE 67 II 70). BGE 86 II 41 und 87 I 61 bestätigten diese Praxis. In einem Urteil vom 16. November 1967 (BGE 93 II 367) führte das Bundesgericht demgegenüber allgemein aus, die Nichtbeachtung einer prozessualen Frist durch eine Partei könne zwar den Verlust des Pro-

zesses zur Folge haben, nicht aber den Verlust des Anspruchs nach Zivilrecht; das kantonale Verfahrensrecht könne nicht einen durch das Bundesprivatrecht geordneten Anspruch untergehen lassen. Diese Auffassung wurde in BGE 104 Ia 105 bestätigt.

g) Mochte eine Trennung zwischen prozessualem Klagerecht und materiellem Anspruch rein theoretisch auch der Abgrenzung zwischen kantonalem Prozessrecht und materiellem Bundesprivatrecht Genüge tun, so ist sie doch zu Recht mit der im Jahre 1941 eingeleiteten Praxis als doktrinär überspannt abgelehnt worden. § 85 Abs. 1 ZPO/BL beinhaltet indes ohnehin nebst dem prozessrechtlichen Verlust auch die materielle Anspruchsverwirkung. In bezug auf diese materiellrechtliche Seite hat das Bundesgericht nun aber in BGE 93 II 367 festgehalten, das kantonale Prozessrecht könne nicht vorschreiben, dass ein vom Bundesprivatrecht beherrschter Anspruch allein deswegen, weil der Kläger einer Ladung zum Sühneversuch oder einem Leitschein nicht Folge gab oder weil diese Akte mit einem Formfehler behaftet sind, verwirkt werde, d. h. erlösche. Wie FISCHLI (Notfrist und Nachfrist, in BJM 1969 S. 110) zu Recht feststellt, ist damit ohne die geringste Zweideutigkeit ausgesprochen, dass solche kantonalen Prozedurregeln, wie denn auch § 85 ZPO/BL gehört, bundesrechtswidrig und damit nichtig sind. Denn zuständig zur Regelung des Untergangs privater Rechte infolge Zeitablaufs und Untätigseins des Berechtigten ist allein der Zivilgesetzgeber. Entsprechend werden die Verjährungs- und Verwirkungsfristen des materiellen Rechts durch das Bundesrecht in Art. 127 ff. OR abschliessend geregelt. Lässt es der Kläger infolge Säumnis nicht zum Sachurteil kommen, so hat das materielle Recht daher unberührt zu bleiben, bis die bundesrechtliche Verjährungs- oder Verwirkungsfrist abgelaufen ist (vgl. VOYAME, Droit privé fédéral et procédure civile cantonale, in ZSR 80/1961 II S. 103 ff.; MATTMANN, a.a.O., S. 28 ff.). Da der Klageanspruch mit dem materiellen Anspruch verknüpft ist, kann das kantonale Prozessrecht somit bei einer Fristversäumnis vor ergangenem Sachurteil nur Verwirkung in bezug auf das begonnene Prozessverfahren selbst vorsehen, ohne dass der Berechtigte damit des Klagerechts und des materiellen Anspruchs verlustig ginge.

h) Hingewiesen werden kann in diesem Zusammenhang auch auf die Entwicklung in den einzelnen Kantonen. Sahen im letzten Jahrhundert zahlreiche Zivilprozessordnungen Verlust des Klagerechts vor, wenn der Kläger nicht binnen einer bestimmten Frist nach dem Vermittlungsversuch den Weisungsschein einreichte, so waren es 1960 noch deren sechs (Appenzell A. Rh., Basel-Landschaft, Glarus, Obwalden, Schwyz und Uri), die an den einmaligen Nichtgebrauch der Weisung eo ipso den Verlust des Klagerechts knüpften. In den Kantonen Basel-Landschaft und Schwyz kam als weitere Folge der vollständige Verlust des materiellen Anspruchs hinzu (MATTMANN, a.a.O., S. 65 ff.). Demgegenüber sieht heute nur noch die Zivilprozessordnung des Kantons Basel-Landschaft Klage- und Anspruchsverwirkung bei Säumnis vor. Die Prozessordnungen der fünf andern Kantone wurden alle dahin abgeändert, dass sich die Säumnisfolgen nun auf das betreffende Verfahren selbst beschränken (s. Art. 131 f. ZPO/AR, Art. 86 ZPO/GL, Art. 115 ZPO/OW, § 90 ZPO/SZ und Art. 124 ZPO/UR). Auch die BGE 93 II 367 zugrunde liegende Bestimmung von Art. 477 (heute Art. 32) ZPO/GE, wonach der Ablauf der vom Gesetz für die Ausübung eines Rechts gewährten Frist dessen Verwirkung nach sich zieht, wird heute dahingehend ausgelegt, dass mit dieser Vorschrift nur die Verwirkung des Rechts zur Vornahme eines bestimmten Verfahrensakts gemeint ist (BERTOSSA/GAILLARD/GUYET, N 1 zu Art. 32 ZPO/GE).

i) Dass der Entscheid 93 II 367 gerade im Hinblick auf § 85 ZPO/BL in der Rechtslehre kritisiert worden ist, trifft zu (vgl. FISCHLI, a.a.O., S. 110 ff.; HASENBÖHLER, a.a.O., S. 25; VEIT, a.a.O., S. 86 ff.; LAGGER, a.a.O., S. 235 Fn 22a; SPIRO, Die Begrenzung privater Rechte durch Verjährungs-, Verwirkungs- und Fatalfristen, Band I, 1975, S. 573 f.). Wie das Bundesgericht indes bereits in BGE 104 Ia 105 festgehalten hat, ist die Kritik nur insoweit berechtigt, als sich das Urteil aus dem Jahre 1967 auf BGE 67 II 70 beruft, in dem das Bundesgericht in bezug auf die Frage, ob ein kantonales Prozessgesetz den Hinfall eines Anspruchs an den blossen Ablauf einer zur Fortsetzung des einmal angehobenen Verfahrens knüpfen dürfe, noch gegenteilig entschieden hat. Ansonsten aber schlägt die Kritik nicht durch. Die von FISCHLI (a.a.O., S. 111) und von GULDENER (Schweizerisches Zivilprozessrecht, 3. Auflage, 1979, S. 70) in Anlehnung an BGE 67 II 70 vertretene prozessuale Fiktion, der Kläger habe mit seiner Säumnis ein für allemal auf sein Klagerecht und damit verbunden auf seinen materiellen Anspruch verzichtet, lässt sich im Lichte der neueren Rechtsprechung allgemein nicht halten. Sie ist geeignet, ohne hinreichenden zwingenden Grund die Verfolgung materieller Ansprüche aus Bundesrecht zu vereiteln. Der Einwand, die vom Bundesgericht geübte repressive Normenkontrolle verkrüpple das betreffende Gesetz durch Schlagung von Lücken (FISCHLI, a.a.O., S. 114), ist ebensowenig begründet wie die Befürchtung des Beklagten, im Falle einer Unzulässigkeit von § 85 Abs. 1 ZPO/BL müssten konsequenterweise die gesamten Säumnisfolgen der kantonalen Zivilprozessordnung als bundesrechtswidrig erklärt werden. Einerseits bleiben nämlich die Folgen prozessualer Säumnisse in jenen Verfahren unberührt, die durch ein Sachurteil erledigt werden, und andererseits kann ohnehin nicht gesagt werden, alle übrigen Säumnisbestimmungen der ZPO/BL liessen sich ohne Änderung nicht bundesrechtskonform auslegen.

j) Darf somit aus dem von der Klägerin zu verantwortenden Prozessmangel nur der Verlust des entsprechenden Verfahrens, nicht aber der Verlust des Anspruchs aus Zivilrecht folgen, erweist sich § 85 Abs. 1 ZPO/BL als bundesrechtswidrig. Der Klägerin blieb entsprechend das Recht erhalten, bis zum Ablauf der bundesrechtlichen Verjährungs- bzw. Verwirkungsfrist ihren Anspruch in einem neu einzuleitenden Verfahren geltend zu machen. Insoweit die Vorinstanz die Einrede der res iudicata geschützt hat und auf die Klage nicht eingetreten ist, verletzt ihr Entscheid Bundesrecht.

3. Der Beklagte macht für den Fall der Annahme einer res non iudicata zufolge Bundesrechtswidrigkeit von § 85 Abs. 1 ZPO/BL geltend, es könne insbesondere der am 19. Januar 1987 beim Friedensrichteramt Therwil erhobenen Klage keine verjährungsunterbrechende Wirkung zukommen; damit seien sämtliche allfälligen Ansprüche der Klägerin seit dem 21. Januar 1987 verjährt. Gemäss Art. 135 Ziff. 2 OR wird die Verjährung durch Klageanhebung unterbrochen. Darunter fällt jede prozesseinleitende oder vorbereitende Handlung, mit welcher der Gläubiger zum ersten Mal in bestimmter Form den Schutz des Richters anruft (BGE 114 II 336, 101 II 79 mit Hinweisen). Die Klägerin erhob mit Eingabe vom 19. Januar 1987 Klage beim zuständigen Friedensrichter. Diese Handlung wirkte in jedem Fall verjährungsunterbrechend (VEIT, a.a.O., S. 66), und zwar unabhängig davon, ob die Klägerin den Akzessschein später rechtzeitig weiterleitete oder nicht. Mit der am 19. Januar 1987 erfolgten Unterbrechung begann die Verjährung gemäss Art. 137 Abs. 1 OR von neuem. Der Einwand des Beklagten erweist sich folglich als unbegründet."

3   **ZR 81, Nr. 8:** Vgl. § 124 ZPO.

4   **ZR 81, Nr. 100:** Vgl. § 113 ZPO.

5   **ZR 89, Nr. 29:** Vgl. § 124 ZPO.

6   **ZR 93, Nr. 19:** Vgl. § 113 ZPO.

Besondere Bestimmungen bei Säumnis des Beklagten
§ 131. Ist der Beklagte säumig, so kann das Gericht den Beweis unbestritten gebliebener Behauptungen des Klägers verlangen, wenn es ernsthafte Zweifel an ihrer Richtigkeit hat.

Handelt es sich um Rechtsverhältnisse, über welche die Parteien nicht frei verfügen können, gelten bei Säumnis des Beklagten die §§ 54 Abs. 3 und 142 Abs. 1.

Ändert der Kläger im mündlichen Verfahren in Abwesenheit des säumigen Beklagten die Klage, wird diesem trotz der Säumnis Gelegenheit zur Stellungnahme gegeben.

ZR 87, Nr. 38: Vgl. § 61 ZPO.

Säumnis mit Replik und Duplik
§ 132. Eine Partei, welche der Verhandlung für Replik oder Duplik oder für weitere Vorträge fernbleibt oder die Frist für eine entsprechende Rechtsschrift versäumt, ist mit ihrem Vortrag oder ihrer Rechtsschrift ausgeschlossen.

3. Abschnitt: Beweisverfahren
A. Allgemeine Vorschriften

Beweisgegenstand
§ 133. (alte Fassung). Beweis wird erhoben über erhebliche streitige Tatsachen, über fremdes Recht und Gewohnheitsrecht sowie über Handelsübungen und Ortsgebräuche. Hat der Richter davon sichere Kenntnis, ist der Beweis nicht abzunehmen.

Beweisgegenstand
§ 133. (neue Fassung, 24.9.95). Beweis wird erhoben über erhebliche streitige Tatsachen, über Gewohnheitsrecht sowie über Handelsübungen und Ortsgebräuche. Hat das Gericht davon sichere Kenntnis, ist der Beweis nicht abzunehmen.

Zu beweisen sind Tatsachen. Man unterscheidet äussere Tatsachen (z.B. eine Urkunde) und innere Tatsachen (Wollen und Wissen von jemandem). Indizien lassen auf Tatbestandsmerkmale schliessen, ohne selber Tatbestandsmerkmal zu sein. Die Übergänge sind fliessend. Handelsgebräuche haben keine objektive Geltung, sondern sind als Vertragsinhalt Gegenstand von Beweisen. Unbestrittene Tatsachen und offenkundige Tatsachen sind nicht zu beweisen. BGE 117 II 323: "Unbegründet ist die Rüge der Klägerin, das Kantonsgericht habe Art. 8 ZGB verletzt, weil es seinem Urteil, ohne Beweise zu erheben, die bestrittene Behauptung der Beklagten zugrunde gelegt habe, Mineralwasser sei ein Naturprodukt, dessen Qualität von der Bodenbeschaffenheit abhänge. Dass die Bodenbeschaffenheit auf die Eigenschaften von Quellwasser einen massgebenden Einfluss hat, ist allgemein bekannt. Über allgemein bekannte Tatsachen braucht nicht Beweis geführt zu werden." 1

Für die Prozesshandlungen des Gerichts und der Parteien bildet das Protokoll gemäss Art. 9 ZGB den Beweis.

Für den Nachweis des Kausalzusammenhangs kann in der Regel kein direkter Beweis geführt werden. Bei genügender Wahrscheinlichkeit eines Kausalverlaufs zwischen einer Handlung und einem Schaden gilt dieser als erbracht. Dies gilt auch bei einer Unterlassung und dem Eintritt eines Schadens. 2

ZR 83, Nr. 82: Vgl. § 64 ZPO. 3

ZR 86, Nr. 63: Vgl. § 136 ZPO. 4

ZR 87, Nr. 113: Wenn der Richter für einen Beweisgegenstand sichere Kenntnis hat, ist im Sinne von § 133 ZPO eine Beweiserhebung überflüssig. Allgemein bekannte Umstände und solche, die der Richter aus seiner Amtstätigkeit kennt, darf er ohne weiteres im Prozess als bekannt voraussetzen. Diese Regel gilt auch im summarischen Verfahren. In der Nichtabnahme der angebotenen Beweise liegt deshalb keine Verletzung des rechtlichen Gehörs. In casu war es nicht willkürlich, ohne weitere Abklärungen über die Arbeitsmarktlage anzunehmen, dass eine 55jährige Frau mit Wirtepatent, im Zürcher Oberland wohnhaft, eine Stelle im Gastgewerbe oder in einer anderen, dem Gastgewerbe verwandten Branche (z.B. Lebensmittel) finden könnte. Unter diesen Umständen konnte die Frage offengelassen werden, ob eine telefonisch eingeholte Auskunft anstelle einer im Sinne von § 168 ZPO schriftlich beantragten das rechtliche Gehör verletze. Im übri- 5 gen sei bemerkt, dass derartige mündliche Auskünfte wenigstens im summarischen Verfahren nicht generell als unzulässig, sondern in gewissen Fällen vielmehr als zweckmässig erscheinen dürften.

6   **ZR 88, Nr. 56:** Die Vorinstanz war nicht verpflichtet, das vom Bezirksgericht durchgeführte Beweisverfahren zu wiederholen. Bereits abgenommene Beweise müssen von der oberen Instanz grundsätzlich nicht noch einmal abgenommen werden, es sei denn, es bestünden konkrete Anhaltspunkte dafür, dass eine erneute Abnahme zu einem anderen Beweisergebnis führen könnte. Vielmehr greift hier die freie richterliche Beweiswürdigung nach § 148 ZPO. Eine andere Frage ist es demgegenüber, ob allenfalls zusätzliche Beweismittel am Beweisergebnis etwas ändern könnten und daher von der Rechtsmittelinstanz in Ergänzung des vorinstanzlichen Beweisverfahrens abzunehmen sind.

Grundsätzlich haben die Parteien Anspruch auf Abnahme der beantragten Beweise. Der Anspruch auf Beweisführung ist Teil des Anspruchs auf rechtliches Gehör (Sträuli/Messmer, N. 6 zu § 56 ZPO und N. 2 vor § 133 ZPO): Hingegen besteht kein Anspruch der Parteien auf Beweisaussage. Das Gesetz stellt es vielmehr ins Ermessen des Richters, ob er einem Antrag der Parteien zur Beweisaussage über ein bestimmtes Beweisthema entsprechen will. Gemäss § 155 Abs. 1 ZPO kann das Gericht eine der Parteien zur Beweisaussage über bestimmte Beweissätze anhalten, wenn dies nach dem Ergebnis der persönlichen Befragung und des übrigen Beweisverfahrens geboten scheint. Eine Nichtigkeitsbeschwerde, welche die Verletzung dieser Verfahrensbestimmung rügt, kann sich nur auf Ermessensmissbrauch oder Ermessensüberschreitung stützen (vgl. Sträuli/Messmer, N. 40a zu § 281 ZPO). Da die Beweisaussage aber nur als ultima ratio, wenn andere Beweismittel fehlen oder versagen, zum Zuge kommen kann (Sträuli/Messmer, N. 2 zu § 150 ZPO), ist eine Ermessensüberschreitung des Gerichts bei der Ablehnung dieses Beweismittels nicht leichthin anzunehmen. Eine Partei kann nur dann zur Beweisaussage zugelassen werden, wenn dieses Beweismittel aufgrund der persönlichen Befragung und der anderen Beweisabnahmen als nötig und angebracht erscheint. Das kann zutreffen, wenn mit ihr ein noch nicht voll erbrachter Beweis zu ergänzen oder ein noch nicht voll gescheiterter Beweis zu widerlegen ist (Sträuli/Messmer, N. 2 zu § 150 ZPO; Guldener, Schweizerisches Zivilprozessrecht, 3. A., S. 353).

Entscheidend kann aber auch sein, ob durch die Zulassung zur Beweisaussage die Chance, die Wahrheit zu ermitteln, erhöht wird bzw. dass die Beweisaussage möglicherweise den Weg zu einem richterlichen Urteil eröffnet (ZR 84, Nr. 19, E. 2c mit Hinweisen und E. 3; Walder, Zivilprozessrecht, § 29 Rz 19 und FN 18). Der Umstand, dass eine noch nicht ganz gelungene Beweiskette durch die Beweisaussage einer Partei allenfalls geschlossen werden kann, genügt jedoch für sich allein noch nicht, um zu sagen, dass der Richter bei korrekter Ermessensbetätigung dieses Beweismittel abzunehmen hätte. Ebensowenig genügt es, dass der betreffende Sachverhalt nicht durch unmittelbare Beweismittel wie Urkunde oder Augenschein bewiesen werden kann. Auch dass bei der Gegenpartei Zeugen vorhanden sind, welche am Ausgang des Prozesses nicht minder interessiert sind als der Beschwerdeführer selber, begründet an sich noch keine Pflicht zur Zulassung des Beschwerdeführers zur Beweisaussage, obschon es in solchen Fällen – je nach dem Ergebnis der übrigen abgenommenen Beweise – denkbar wäre, durch die Zulassung zur Beweisaussage einen prozessualen Ausgleich unter den Parteien zu schaffen. Wenn Organe juristischer Personen als Zeugen einvernommen werden, so ist ihr Interesse am Prozessausgang insbesondere im Rahmen der freien richterlichen Beweiswürdigung zu berücksichtigen.

Voraussetzung für die Zulassung einer Partei zur Beweisaussage ist einerseits die vorgängige persönliche Befragung und die Abnahme aller übrigen Beweismittel zum betreffenden Beweisthema, andererseits aber auch die Würdigung der bereits abgenommenen Beweise sowie die Aussagen in der persönlichen Befragung. In diesem Sinn ist die Beweisaussage kein normales Beweismittel, sondern ihr hat von Gesetzes wegen eine Art antizipierte Beweiswürdigung vorauszugehen. Stehen den Aussagen der einen Partei in der persönlichen Befragung Aussagen von Zeugen mit eigenem Interesse am Prozessausgang entgegen, so wird der Richter unter Einbezug des sonstigen Beweisergebnisses zu beurteilen haben, welche der Aussagen für ihn die grössere bzw. grösste

Überzeugungskraft besitzt. Diesbezüglich fällt die Rüge, die Beweisaussage sei zu Unrecht unterblieben, mit dem Beschwerdegrund der willkürlichen Beweiswürdigung nach § 281 Ziff. 2 ZPO zusammen.

Zeitpunkt der Beweiserhebungen
§ 134. Das Beweisverfahren wird nach dem Hauptverfahren durchgeführt. Das Gericht kann jedoch schon während des Hauptverfahrens Beweise erheben, wenn sich damit das Verfahren vereinfachen lässt.

Aus zureichenden Gründen kann das Beweisverfahren in verschiedene Abschnitte aufgeteilt werden.

Beweissicherung
§ 135. Zur Sicherstellung gefährdeter Beweise trifft das Gericht nach Eintritt der Rechtshängigkeit auf Antrag einer Partei die geeigneten Vorkehren.

ZR 85, Nr. 45: Beweissicherungsmassnahmen: Gegen die Verweigerung einer Beweissicherungsmassnahme nach § 135 ZPO ist die Nichtigkeitsbeschwerde nach Massgabe von § 282 Ziff. 1 ZPO zulässig. Allgemeine Hinweise auf das Alter und die Gefahr schwindender Erinnerungsfähigkeit von Zeugen genügen nicht zur Begründung eines Antrags auf Beweissicherung: Es muss eine konkrete Gefährdung dargelegt werden. 1

Beweisauflage
a) Beweisauflagebeschluss
§ 136. (alte Fassung). Das Beweisverfahren wird durch den Beweisauflagebeschluss eröffnet. Dieser enthält:
1. die genaue Bezeichnung der einzelnen zu beweisenden Tatsachen, Rechtssätze oder Übungen;
2. die Bestimmung, welcher Partei der Haupt- bzw. der Gegenbeweis obliegt;
3. die Frist, innert welcher die Beweismittel einzureichen oder genau zu bezeichnen sind.

Wird einer Partei der Hauptbeweis auferlegt, steht der andern Partei ohne weiteres der Gegenbeweis offen. Dieser ist innert der gleichen Frist wie der Hauptbeweis anzutreten.

Beweisauflage
a) Beweisauflagebeschluss
§ 136. (neue Fassung, 24.9.95). Das Beweisverfahren wird unter Vorbehalt von § 141 durch den Beweisauflagebeschluss eröffnet. Dieser enthält:
1. die genaue Bezeichnung der einzelnen zu beweisenden Tatsachen, Rechtssätze oder Übungen;
2. die Bestimmung, welcher Partei der Haupt- bzw. der Gegenbeweis obliegt;
3. die Frist, innert welcher die Beweismittel einzureichen oder genau zu bezeichnen sind.

Wird einer Partei der Hauptbeweis auferlegt, steht der andern Partei ohne weiteres der Gegenbeweis offen. Dieser ist innert der gleichen Frist wie der Hauptbeweis anzutreten.

Bemerkungen zum Beweisrecht: Die subjektive Beweisführungslast antwortet auf die Frage: wer muss Beweis führen? Diese Frage stellt sich bei unbeschränkter Untersuchungsmaxime nicht; die Beweisabnahme hängt (bei Untersuchungsmaxime) nicht von einem Kostenvorschuss ab. 1

Die objektive Beweisführungslast antwortet auf die Frage: Wer trägt die Folgen der Beweislosigkeit? Diese entfällt bei unbeschränkter Offizialmaxime, etwa bei der Frage der Kinderzuteilung.

2   Die Folgen der Beweislosigkeit sind bundesrechtlich geregelt. Jene Partei hat die Folgen zu tragen, für die es der Gesetzgeber für weniger unbillig gehalten hat. Bei der unerlaubten Handlung im Sinne von Art. 41 OR ist dies der Geschädigte, bei einem Vertrag muss sich hingegen der Vertragspartner exkulpieren; wichtig und bedeutsam ist, dass der Richter eine erhebliche Korrekturmöglichkeit über das Mass der Haftung hat (Art. 43 f. OR), was allerdings wiederum Richterpersönlichkeiten voraussetzen würde, welche sich in der Justiz nicht immer finden lassen.

3   Für rechtsbegründende und rechtsaufhebende, rechtshindernde Tatsachen trägt die Beweislast, wer sie behauptet. Wer den Abschluss eines Kaufvertrags (rechtsbegründend) behauptet, hat dies zu beweisen; wer die Zahlung des Kaufpreises behauptet (rechtsaufhebend), hat dies zu beweisen. Der Vertragspartner muss beweisen, dass ihn kein Verschulden an der nicht gehörigen Erfüllung trifft. Er muss somit einen bestimmten negativen Beweis erbringen, indem er Tatsachen nachweist, aus denen das Gericht die negative Tatsache folgern kann.

4   Die Gesetze kennen eine ganze Anzahl von Beweislastregeln und Vermutungen:
    – Art. 3 Abs. 1 ZGB: der gute Glaube wird vermutet.
    – Art. 32 Abs. 2 ZGB: Kommorientenvermutung als Folge von Beweislosigkeit
    – Art. 101 ZGB: Beweislast für die Auflösung der früheren Ehe
    – Art. 154 Abs. 2 ZGB: gesetzliche Vermutung betr. Nichterbberechtigung des Ehegatten nach der Scheidung; sie kann durch eine ausdrückliche testamentarische Anordnung umgestossen werden.
    – Art. 200 Ab. 1 ZG: "wer behauptet ... muss beweisen"
    – Art. 200 Abs. 2 ZGB: Vermutung von Miteigentum unter Ehegatten bei der Errungenschaftsbeteiligung

5   **BGE 118 II 28:** "Gemäss Art. 207 Abs. 1 ZGB sind Errungenschaft und Eigengut jedes Ehegatten nach ihrem Bestand im Zeitpunkt der Auflösung des Güterstands auszuscheiden. In die Vorschlagsberechnung sind somit grundsätzlich nur jene Vermögenswerte einzubeziehen, welche die Ehegatten im Zeitpunkt der Auflösung des Güterstands gehabt haben, auch wenn für die Bewertung ein anderer Zeitpunkt massgebend ist, nämlich jener, zu dem die güterrechtliche Auseinandersetzung abgeschlossen wird (Art. 214 Abs. 1 ZGB). Wer somit eine Beteiligungsforderung geltend macht, hat nachzuweisen, dass die entsprechenden Vermögenswerte zum Zeitpunkt der Auflösung des Güterstands vorhanden gewesen sind (Art. 8 ZGB). Daran ändern auch die besonderen im Güterrecht enthaltenen Beweislastregeln nichts. Art. 200 Abs. 3 ZGB bestimmt, dass bei der Errungenschaftsbeteiligung die Zugehörigkeit eines Vermögenswerts zur Errungenschaft vermutet wird, solange nicht die Zugehörigkeit zum Eigengut bewiesen ist. Nach dem ersten Absatz der gleichen Bestimmung ist zudem Miteigentum unter den Ehegatten anzunehmen, wenn nicht die alleinige Berechtigung des einen oder andern Ehegatten nachgewiesen ist. Dieser Artikel behandelt jedoch nicht die Beweislast, wenn streitig ist, ob ein bestimmter Vermögenswert überhaupt vorhanden gewesen ist oder nicht, so dass diesbezüglich wiederum auf Art. 8 ZGB zurückzugreifen ist (HAUSHEER/REUSSER/GEISER, Berner Kommentar, 1992, N 16 zu Art. 200 ZGB; LEMP, Berner Kommentar, 1968, N 3 zu Art. 196 aZGB).

3. Das Obergericht hat nun aber aus Art. 170 und 208 ZGB geschlossen, es müsse genügen, wenn ein Ehegatte beweise, dass ein Errungenschaftswert einmal vorhanden gewesen sei. Dann sei es nämlich am andern Ehegatten nachzuweisen, wofür er ihn verwendet habe, um den Verdacht zu entkräften, dass er die fraglichen Vermögenswerte im Sinne von Art. 208 ZGB verwendet oder zu seinen Gunsten verschwinden lassen habe. Diese Umkehr der Beweislast lässt sich aber weder Art. 170 ZGB noch Art. 208 ZGB entnehmen.

a) Wohl sieht Art. 170 ZGB eine umfassende, gegenseitige Auskunftspflicht der Ehegatten in wirtschaftlichen Belangen vor, die – soweit dies für das Beurteilen und Geltendmachen von Ansprüchen nötig ist – vom Richter auch durchgesetzt werden kann. Dass im Rahmen der güterrechtlichen Auseinandersetzung ein Anspruch darauf besteht, Auskunft über den Verbleib von Errungenschaftswerten im einzelnen zu erhalten, kann nicht bestritten werden. Eine Beschränkung auf allgemeine Auskünfte rechtfertigt sich nur ausserhalb eines konkreten Rechtsstreits (vgl. DE-

SCHENAUX/STEINAUER, Le nouveau droit matrimonial, Bern 1987, S. 121). Es besteht deshalb durchaus ein Anspruch, gegebenenfalls im einzelnen und genau über die Verwendung jedes Betrags Auskunft zu erhalten. Allerdings ist kein Ehegatte verpflichtet, alle Belege aufzubewahren, um in einem späteren Rechtsstreit lückenlos Auskunft über deren Verbleib geben zu können. Er ist aber nicht berechtigt, mit seinem Wissen und mit vorhandenen Belegen im Streitfall zurückzuhalten.

Kommt ein Ehegatte seiner Auskunftspflicht nicht freiwillig nach, so kann der andere neben der Auflösung des Güterstands (Art. 185 Abs. 2 Ziff. 4 ZGB) beim Richter die Durchsetzung des Auskunftsanspruchs verlangen. Dem Richter stehen die Anordnung von Ungehorsamsstrafe nach Art. 292 StGB und die vom kantonalen Recht vorgesehenen Zwangsmittel zur Verfügung, wenn der Ehegatte auch vor Gericht die Auskunft verweigert. Zudem ist analog zu Art. 581 Abs. 2 ZGB eine Haftung für den durch die Verweigerung entstandenen Schaden denkbar, sofern ein solcher nachgewiesen werden kann (HAUSHEER/REUSSER/GEISER, Kommentar Eherecht, Bern 1988, N 25 zu Art. 170 ZGB). Eine Auskunftsverweigerung kann der Richter schliesslich auch bei der Beweiswürdigung berücksichtigen. Das bedeutet aber nicht, dass sie zu einer Umkehr der Beweislast führt. Die Auskunftsverweigerung kann nur zur Folge haben, dass das Gericht die Überzeugung gewinnt, die Behauptungen des die Auskunft verweigernden Ehegatten seien ganz oder teilweise falsch beziehungsweise, dass es den Angaben des andern Ehegatten glaubt.

b) Gemäss Art. 208 Abs. 1 ZGB sind Errungenschaftswerte, die im Zeitpunkt der Auflösung des Güterstands nicht mehr vorhanden sind, unter bestimmten Voraussetzungen zur Errungenschaft hinzuzurechnen. Aus Art. 8 ZGB folgt, dass jener Ehegatte, der die Hinzurechnung verlangt, deren Voraussetzungen beweisen muss. Namentlich hat der anspruchsberechtigte Ehegatte nachzuweisen, dass der andere eine unentgeltliche Zuwendung in den letzten fünf Jahren vor Auflösung des Güterstands gemacht hat oder die Vermögensentäusserung erfolgt ist, um den Beteiligungsanspruch des andern Ehegatten zu schmälern (HAUSHEER/REUSSER/GEISER, Berner Kommentar, N 66 zu Art. 208 ZGB). Auch diese Bestimmung erlaubt es somit nicht, einen bestimmten Vermögenswert zur Errungenschaft hinzuzurechnen, bloss weil er einmal zu dieser gehört hat."

Das Datenschutzgesetz hat in Art. 15 Abs. 2 folgende Sonderregel: "Kann weder die Richtigkeit noch die Unrichtigkeit von Daten bewiesen werden, so kann der Kläger verlangen, dass bei den Daten ein entsprechender Vermerk angebracht wird." (Da der Kläger die Verwendung von Daten nicht kontrollieren kann, glaubt immerhin der Gesetzgeber trotzdem, eine solche Norm sei nützlich). 6

Zahlreiche gesetzliche Vermutungen sind Richterrecht: Gemäss BGE 116 II 6 muss der Betroffene einer Gegendarstellung innert 20 Tagen den Richter anrufen; andernfalls ist gemäss dem fragwürdigen Entscheid davon auszugehen, der Betroffene habe kein schützenswertes Interesse an einer Gegendarstellung mehr. Im Scheidungsrecht haben sich sodann verschiedene gesetzliche Vermutungen durch Richterrecht ergeben. Wenn im Zeitpunkt der Klageeinleitung auf Änderung der Rentenverpflichtung das Konkubinat 5 Jahre gedauert hat, trägt die Exfrau die Beweislast dafür, dass sie nicht wegen des Rentenverlusts sich nicht wiederheiratet (BGE 114 II 298, 109 II 190). Dies ist eine Folge der Rechtsprechung, welche dem Exmann teilweise recht hohe Rentenverpflichtungen auferlegte. Die Exfrau kann darlegen, dass der Freund nicht heiraten will oder nicht heiraten kann. 7

Man unterscheidet verschiedene Arten von Beweisen; in der Regel kann ein Zeuge nur zu einem Sachverhalt befragt werden, den er **unmittelbar** wahrnahm, weil er beispielsweise bei den Vertragsverhandlungen anwesend oder bei einem Unfall dabei war. Der **mittelbare** Beweis, auch Indizienbeweis genannt, gibt Hinweise auf die beweisbedürftige Tatsache. 8

Mit dem Hauptbeweis hat die beweisbelastete Partei die Richtigkeit bestimmter Tatsachenbehauptungen darzulegen; mit dem Gegenbeweis versucht die Gegenpartei den Hauptbeweis scheitern zu lassen. Der Hauptbeweis gilt als nicht erbracht, wenn Zweifel daran entstehen, dass die 9

Sachdarstellung der beweisbelasteten Partei richtig ist; der Gegenpartei hat die Beweisführung der beweisbelasteten Partei zu erschüttern, sofern diese ihn erbracht hat. Ein Hauptbeweis ist auch der Beweis des Gegenteils, wenn es darum geht, eine gesetzliche Vermutung umzustossen.

10 **BGE 120 II 393:** "b) Streitig ist dagegen das Vorliegen der materiellen Voraussetzungen. In diesem Zusammenhang macht die Beklagte geltend, die Justizkommission habe bundesrechtliche Beweisanforderungen missachtet, indem sie an den Hauptbeweis der Kläger einen anderen, tieferen Massstab angelegt habe als an den Gegenbeweis; während sie beim Hauptbeweis statt des gesetzlich geforderten Glaubhaftmachens blosses Behaupten habe genügen lassen, habe sie von der Beklagten einen eigentlichen Beweis des Gegenteils verlangt. Nach der Rechtsprechung des Bundesgerichts ergibt sich aus Art. 8 ZGB nicht nur das Recht zum Beweis, sondern auch das Recht zum Gegenbeweis. Der Gegner der beweisbelasteten Partei hat einen Anspruch darauf, zum Beweis von Umständen zugelassen zu werden, die beim Richter Zweifel an der Richtigkeit der Gegenstand des Hauptbeweises bildenden Sachbehauptungen wachhalten und diesen dadurch vereiteln sollen (BGE 115 II 305). Für das Gelingen des Gegenbeweises ist mithin bloss erforderlich, dass der Hauptbeweis erschüttert wird, nicht aber auch, dass der Richter von der Schlüssigkeit der Gegendarstellung überzeugt wird (BGE 76 II 188 E. 3 S. 194). Insoweit unterscheidet sich der Gegenbeweis vom Beweis des Gegenteils, der sich gegen eine gesetzliche Vermutung richtet und seinerseits ein Hauptbeweis ist (KUMMER, Berner Kommentar, N 107 f. zu Art. 8 ZGB), für welchen das entsprechende Beweismass gilt.

Ob die vom Gegenbeweis erfassten Tatsachen geeignet sind, den Hauptbeweis zu erschüttern, ist eine Frage der Beweiswürdigung, die vom Bundesgericht im Berufungsverfahren nicht geprüft wird. Das gilt auch im Fall, dass das Beweismass für den Hauptbeweis – wie hier – bundesrechtlich festgesetzt ist. Bundesrechtliche Beweisvorschriften sind dagegen dann verletzt, wenn der kantonale Sachrichter den Hauptbeweis als erschüttert betrachtet, aber dennoch auf die Sachdarstellung der beweisbelasteten Partei abstellt mit der Begründung, die Gegendarstellung des Beweisgegners sei ihrerseits unbewiesen geblieben. Davon kann jedoch im vorliegenden Fall keine Rede sein. Aus dem angefochtenen Urteil ergibt sich vielmehr, dass die Justizkommission in Würdigung der im kantonalen Verfahren erhobenen Beweise zum Ergebnis gekommen ist, die Kläger hätten glaubhaft gemacht, dass der Verwaltungsrat gesetzwidrig gehandelt und dadurch die Aktionäre oder die Gesellschaft geschädigt habe. Eine Verletzung von Art. 8 ZGB scheidet damit aus.

c) In den soeben erwähnten Plausibilitätsvoraussetzungen liegt der Angelpunkt des Sonderprüfungsrechts, da es einerseits bei übertriebenen Anforderungen toter Buchstabe bleiben könnte, und andererseits bei grosszügiger Handhabung ein Widerspruch zum Regelungsgedanken des Gesetzgebers entstünde, wonach die zwangsweise Sonderprüfung nicht leichthin zuzulassen sei (HIRSCH, a.a.O., S. 418). Zu berücksichtigen ist in diesem Zusammenhang, dass das Glaubhaftmachen sowohl Tat- wie Rechtsfragen betrifft. In tatsächlicher Hinsicht sind bestimmte Handlungen oder Unterlassungen von Gründern oder Organen und der damit zusammenhängende Schaden glaubhaft zu machen. Es braucht somit nicht die volle Überzeugung des Gerichts vom Vorhandensein dieser Tatsachen herbeigeführt zu werden, sondern es genügt, wenn eine gewisse Wahrscheinlichkeit dafür spricht, auch wenn das Gericht noch mit der Möglichkeit rechnet, dass sie sich nicht verwirklicht haben könnten (GULDENER, Schweizerisches Zivilprozessrecht, 3. Aufl., S. 323 Fn 27; KUMMER, Grundriss des Zivilprozessrechts, 4. Aufl., S. 135). Das Gericht darf weder blosse Behauptungen genügen lassen noch einen stringenten Beweis verlangen. Es hat vielmehr in wertender Abwägung der sich gegenüberstehenden Interessen die von den Gesuchstellern behaupteten Verdachtsmomente auf ihre Wahrscheinlichkeit hin zu prüfen. Das Gericht hat sich dabei vor Augen zu halten, dass es die mit Hilfe des Gesuchs im allgemeinen mittelbar angestrebte Haftung von Organen oder Gründern nicht antizipiert zu beurteilen, sondern bloss die Möglichkeit zu gewähren hat, deren tatbeständliche Voraussetzungen durch den Sonderprüfer abklären zu lassen. Zu beachten ist im übrigen, dass die Sonderprüfung der Verbesserung der Information der Gesuchsteller zu dienen bestimmt ist und das Gericht deshalb von ihnen nicht diejenigen Nachweise verlangen darf, welche erst der Sonderprüfer erbringen soll (CASUTT, a.a.O., S. 94).

Entsprechendes gilt in bezug auf die sich stellenden Rechtsfragen, namentlich jene im Zusammenhang mit den behaupteten Pflichtverletzungen von Organen oder Gründern. Auch hier hat das Gericht die Frage nach dem rechts- oder statutenwidrigen Verhalten und damit nach der Verantwortlichkeit nicht abschliessend zu beantworten, sondern es darf sich mit einer summarischen Prüfung begnügen (CASUTT, a.a.O., S. 99). Zu weit ginge allerdings, die Rechtsprechung des Bundesgerichts zum vorsorglichen Rechtsschutz uneingeschränkt zu übernehmen, wonach einem Begehren bereits zu entsprechen ist, wenn es sich nach einer summarischen Prüfung der massgebenden Rechtsfragen nicht als aussichtslos erweist (BGE 108 II 69 E. 2a S. 72). Dem Gesuch auf Einsetzung eines Sonderprüfers ist aber jedenfalls dann zu entsprechen, wenn sich die rechtlichen Vorbringen zu den Anspruchsvoraussetzungen von Art. 697b Abs. 2 OR bei summarischer Prüfung als einigermassen aussichtsreich oder doch zum mindesten als vertretbar erweisen (vgl. in diesem Sinne für den vorsorglichen Rechtsschutz: DAVID, Schweizerisches Immaterialgüter- und Wettbewerbsrecht, Bd. I/2, S. 189 f.).

aa) Die Justizkommission hält für glaubhaft gemacht, dass der Verwaltungsrat der Beklagten die von der Sonderprüfung betroffenen Veräusserungs- und Erwerbsgeschäfte pflicht- und kompetenzwidrig selbst beschlossen habe, anstatt sie der Generalversammlung zu unterbreiten. Diese Auffassung ist im Lichte der bundesgerichtlichen Rechtsprechung zu Art. 649a OR (BGE 100 II 384 E. 2b S. 390 f.) und des von der Justizkommission – jedenfalls im Rahmen einer summarischen Prüfung – zutreffend ausgelegten statutarischen Zweckartikels der Beklagten vertretbar. Dass die Generalversammlung von den einzelnen Geschäften gewusst haben soll, schliesst im übrigen die Annahme einer Pflichtwidrigkeit durch Kompetenzanmassung nicht aus. Ebensowenig steht der Gesuchsgutheissung eine allfällig dem Verwaltungsrat erteilte Décharge entgegen, selbst wenn sie unter anderem durch die am vorliegenden Verfahren beteiligten Aktionäre erfolgt wäre, denn einerseits ist die gesetzliche Kompetenzordnung bereits hinsichtlich der Behandlung und Beschlussfassung im zuständigen Organ zwingend, und anderseits sollen mit der Sonderprüfung nicht nur die Interessen der einzelnen Aktionäre, sondern auch jene der Gesellschaft selbst gewahrt werden (vgl. CASUTT, a.a.O., S. 93 Rz 27). Der gegen die Justizkommission erhobene Vorwurf einer Bundesrechtsverletzung erweist sich somit als unbegründet.

Unter diesen Umständen kann sodann offenbleiben, ob der Verwaltungsrat auch darum gesetzes- oder statutenwidrig gehandelt hat, weil bestimmte Mitglieder nicht in den Ausstand getreten sind. Auf die mit der Berufung in diesen Zusammenhang erhobenen Einwände braucht deshalb nicht eingegangen zu werden.

bb) Nach Auffassung der Justizkommission ist – wie bereits erwähnt – auch das Vorliegen eines Schadens von den Klägern glaubhaft gemacht worden. Im Berufungsverfahren gilt die Regel, dass die Ermittlung des Schadens grundsätzlich eine vom kantonalen Richter abschliessend zu beurteilende Tatfrage ist. Rechtsfrage und vom Bundesgericht in einem solchen Verfahren zu prüfen ist nur, ob der kantonale Richter den Rechtsbegriff des Schadens verkannt oder Rechtsgrundsätze der Schadensberechnung verletzt hat (BGE 119 II 249 E. 3a S. 251 mit Hinweisen). Solche Rügen werden mit der Berufung indessen nicht erhoben. Was die Beklagte vorbringt, erschöpft sich vielmehr in einer unzulässigen Kritik an der Beweiswürdigung der Justizkommission. Insoweit ist deshalb auf die Berufung nicht einzutreten."

In der Regel muss die beweisbelastete Partei den vollen Beweis erbringen; für den Kausalzusammenhang genügt der Beweis, wonach ein bestimmter **Kausalzusammenhang überwiegend wahrscheinlich ist**. 11

Hypothetischer Kausalzusammenhang zwischen einer unterlassenen Handlung und dem Schaden: 12

BGE 115 II 447: "5. a) Die I. Zivilabteilung des Bundesgerichts geht im Gegensatz zum Kassationshof in ständiger Praxis davon aus, dass auch bei einer Unterlassung zwischen natürlichem und adäquatem Kausalzusammenhang unterschieden werden kann und muss (vgl. z.B. BGE 108 II 53 E. 3, 103 II 244 E. 4, 102 II 263 E. 3, 93 II 29 E. 6). In einem unveröffentlichten Urteil vom 6. März 1984, das von SCHUBARTH (Berufung und staatsrechtliche Beschwerde, BJM 1985 S. 78 ff.) aus- 13 zugsweise zitiert wird, ist sodann darauf hingewiesen worden, dass der natürliche Kausalzusammenhang bei einer Unterlassung auf der hypothetischen Annahme beruhe, der Schaden wäre bei rechtmässigem Handeln nicht eingetreten; die natürliche Kausalität müsse deshalb nicht mit wissenschaftlicher Genauigkeit und in zwingender Weise nachgewiesen werden.

Nach überwiegender und richtiger Auffassung handelt es sich bei der Frage, ob eine Unterlassung natürliche Ursache einer Wirkung oder eines Erfolges sein kann, um einen blossen Streit um Worte, da Einigkeit darüber besteht, dass es nur um den hypothetischen Zusammenhang zwischen der unterlassenen Handlung und dem Erfolg gehen kann (STRATENWERTH, Schweiz. Strafrecht, Allg. Teil I, S. 384; KRAMER, a.a.O., S. 295; Appellationshof des Kantons Bern in ZBGR 67/1986 S. 147 f.). Daraus ergibt sich aber gegenüber dem Fall der Handlung die Besonderheit, dass der Sachrichter bereits bei der Feststellung dieses Zusammenhangs in der Regel auch auf die allgemeine Lebenserfahrung abstellt und damit bestimmte, nach dieser Erfahrung unwahrscheinliche Geschehensabläufe von vornherein ausser Betracht lässt. Die wertenden Gesichtspunkte, welche sonst erst bei der Beurteilung der Adäquanz zum Tragen kommen, spielen deshalb schon bei der Feststellung der hypothetischen Kausalität eine Rolle. Aus diesem Grunde ist es im allgemeinen nicht sinnvoll, den festgestellten oder angenommenen hypothetischen Geschehensablauf auch noch auf seine Adäquanz zu prüfen, da ein solcher Vergleich den beabsichtigten Zweck einer vernünftigen Begrenzung der Haftung (BGE 107 II 276, 96 II 396 E. 2 mit Hinweisen) nicht zu erfüllen vermag. Anders kann es sich aber verhalten, falls aufgrund von tatsächlich festgestellten Anhaltspunkten angenommen werden muss, der hypothetische Geschehensablauf hätte sich nicht so abgespielt, wie nach der allgemeinen Lebenserfahrung zu erwarten ist. Die Unterscheidung zwischen natürlicher und adäquater Kausalität ist im weitern auch dann von Bedeutung, wenn es nicht mehr um hypothetische Verläufe geht, sondern um daran anschliessende, direkt feststellbare Folgen (vgl. dazu KRAMER, a.a.O., S. 296 Fn 27).

Die zitierte Rechtsprechung zur Unterscheidung zwischen natürlichem und adäquatem Kausalzusammenhang ist demnach im Sinne der vorangehenden Erwägungen einzuschränken.

b) Damit stellt sich die Frage, ob in bezug auf die Kausalität von Unterlassungen und die damit verbundenen hypothetischen Annahmen an der in ständiger Rechtsprechung befolgten Regel festgehalten werden kann, dass Feststellungen der Vorinstanz über den natürlichen Kausalzusammenhang für das Bundesgericht gemäss Art. 63 Abs. 2 OG verbindlich sind (BGE 113 II 56 mit Hinweisen).

Das Bundesgericht hat sich bereits in BGE 86 II 187 E. 3d zu dieser Frage geäussert und festgehalten, Annahmen der Vorinstanz über hypothetische Geschehensabläufe seien verbindlich, da sie, gleich wie die Feststellung dessen, was sich tatsächlich ereignet habe, auf dem Wege der Beweiswürdigung getroffene Schlussfolgerungen aus konkreten Anhaltspunkten darstellten. Im späteren BGE 87 II 373/374 scheint diese Auffassung mit Hinweis auf die abweichende Rechtsprechung einer anderen Abteilung des Bundesgerichts angezweifelt worden zu sein. Es wurde aber eingeräumt, dass Hypothesen jedenfalls nur mit Zurückhaltung überprüft werden dürften, da sie naturgemäss weitgehend durch die Beweiswürdigung der Vorinstanz präjudiziert seien. Das Bundesgericht dürfte von derartigen Vermutungen höchstens dann abweichen, wenn schwerwiegende Gründe gegen sie sprächen, insbesondere wenn sie mit einer Erfahrungsregel unvereinbar seien. Diese Betrachtungsweise liegt im wesentlichen auch dem unveröffentlichten Urteil vom 6. März 1984 zugrunde, in dem ausgeführt wurde, wenn der kantonale Richter einen behaupteten Kausalverlauf gestützt auf Zeugenaussagen oder andere Beweismittel bejahe oder verneine, so liege Beweiswürdigung vor, die nicht überprüft werden könne; vorbehalten blieben nur Schlussfolgerungen, die ausschliesslich auf allgemeiner Lebenserfahrung beruhten. Daran ist trotz der Kritik von SCHUBARTH (a.a.O., S. 79) für den vorliegenden Fall festzuhalten. Ebenfalls von Bedeutung sind sodann die Erwägungen in BGE 107 II 274 E. 2b, wo klargestellt wurde, dass Schlüsse aus allgemeiner Lebenserfahrung auch bei der Beweiswürdigung eine Rolle spielen, dieser Umstand aber nicht zur Aufhebung der für das Berufungsverfahren vom Gesetz vorgeschriebenen Kognitionsbeschränkung führen darf.

c) Eine Prüfung der von der Klägerin angefochtenen vorinstanzlichen Feststellungen ergibt, dass keine davon im erwähnten Sinne ausschliesslich auf allgemeiner Lebenserfahrung beruht.

Das gilt zunächst für die Feststellung, das gemeindeinterne Bewilligungsverfahren dauere erfahrungsgemäss fünf bis sieben Monate, welche das Obergericht auf den Bericht der Baupolizeikommission stützt. Die Beweiswürdigung betreffen aber auch die Einwände, welche die Klägerin in bezug auf die Ausschöpfung des Rechtsmittelwegs und den Zeitbedarf für das gesamte Verfahren erhebt. Die entsprechenden Feststellungen hat das Obergericht vor allem aufgrund der Aussagen der als Zeugen einvernommenen Eigentümerin eines Nachbargrundstücks und ihres Sohns getroffen. Alle diese Feststellungen hat die Klägerin denn auch mit der staatsrechtlichen Beschwerde wegen willkürlicher Beweiswürdigung angefochten; sie ist damit aber nicht durchgedrungen.

6. Mit der Berufung erhebt die Klägerin auch die Rüge einer Verletzung von Art. 8 ZGB. Zur Begründung bringt sie vor, das Obergericht habe an den Beweis des Kausalzusammenhangs zwischen der Vertragsverletzung und dem behaupteten Schaden zu hohe Anforderungen gestellt und von ihr beantragte erhebliche Beweise nicht abgenommen sowie die Beweislast falsch verteilt.

a) Nach Auffassung der Klägerin durfte die Vorinstanz an den Beweis des Kausalzusammenhangs keine hohen Anforderungen stellen, weil hypothetische Geschehensabläufe zu beurteilen waren. Damit will sie offenbar rügen, die Vorinstanz hätte aufgrund des richtigen Beweismasses andere als die angenommenen Hypothesen für wahrscheinlicher halten müssen. Das Bundesgericht hat im unveröffentlichten Urteil vom 6. März 1984 festgehalten, in Fällen hypothetischer Kausalität genüge es, wenn der Richter die Überzeugung gewinne, dass die überwiegende Wahrscheinlichkeit für einen bestimmten Kausalverlauf spreche. Diese mit Lehre und Rechtsprechung übereinstimmende Ansicht (KUMMER, N. 211 zu Art. 8 ZGB; OFTINGER, a.a.O., S. 90 mit Nachweis der Rechtsprechung) liegt indessen auch dem angefochtenen Urteil zugrunde. Das Obergericht spricht zwar in der theoretischen Einleitung von einem hohen Grad der Wahrscheinlichkeit, der beim Nachweis des Kausalzusammenhangs erforderlich sei, wendet aber dieses Beweismass dann in Wirklichkeit nicht an, wie die nachfolgenden Erwägungen zeigen. Das gleiche ergibt sich auch aus den Ausführungen im Zusammenhang mit der Frage, ob gegen einen positiven Entscheid der Gemeinde an den Regierungsrat rekurriert worden wäre. Aus Art. 8 ZGB oder sonst aus dem Bundesprivatrecht abgeleitete Anforderungen an das Beweismass sind somit vom Obergericht nicht verkannt worden.

b) Kein Verstoss gegen Art. 8 ZGB liegt auch darin, dass die Vorinstanz nicht alle von der Klägerin beantragten Beweise abgenommen hat. Wie im Entscheid über die staatsrechtliche Beschwerde dargelegt worden ist, beruht die Verweigerung der Beweisabnahme auf antizipierter Beweiswürdigung. In einem solchen Fall ist der aus Art. 8 ZGB abgeleitete Beweisanspruch nach ständiger Rechtsprechung nicht verletzt (BGE 114 II 291 mit Hinweisen).

Ebenfalls unbegründet ist schliesslich die Rüge einer Verletzung von Art. 8 ZGB durch falsche Verteilung der Beweislast. Gemäss der Praxis des Bundesgerichts ist die Frage der Beweislastverteilung gegenstandslos, wenn der kantonale Richter – wie hier – in Würdigung von Beweisen zur Überzeugung gelangt ist, eine Tatsachenbehauptung sei bewiesen oder widerlegt (BGE 114 II 291 mit Hinweisen)."

In bestimmten Fällen muss die beweisbelastete Partei ihre Behauptungen nur glaubhaft machen. Dies ist insbesondere bei vorsorglichen Massnahmen der Fall; nach Art. 82 Abs. 2 SchKG genügt es, wenn der Betriebene Tatsachen glaubhaft macht, welche die Schuldanerkennung entkräften. Bei der Vaterschaftsklage, wenn der gemeinsame Haushalt aufgehoben ist, genügt es nach Art. 256b Abs. 2 ZGB, dass der behauptete Vater mit der Mutter geschlafen hat; bei Klage auf Aberkennung einer bestimmten Vaterschaft müssen Mutter und Kind nur nachweisen, dass der Anerkennende nicht der Vater ist, wenn der Anerkennende glaubhaft macht, dass er mit der Mutter geschlafen hat (Art. 260a Abs. 2 ZGB). Über die vorläufige Eintragung eines dinglichen Rechts

13a

entscheidet der Richter auf blosses Glaubhaftmachen (Art. 961 Abs. 3 ZGB). Art 12 Abs. 2 MSchG lautet: "Wer den Nichtgebrauch der Marke nach Absatz l geltend macht, hat ihn glaubhaft zu machen; der Beweis des Gebrauchs obliegt sodann dem Markeninhaber."

13b Glaubhaft machen ist mehr als behaupten, aber weniger als beweisen. Die Behauptungen sind nicht völlig überzeugend nachgewiesen, der Richter hält sie jedoch für wahr. Derartige komplexe Überlegungen und Vorgänge sachgerecht zu werten, sind nur Richterpersönlichkeiten in der Lage; solche sind nicht immer anzutreffen.

14 **BGE 88 I 14:** "Die kantonalen Instanzen haben sich im vorliegenden Fall auf Art. 326 Ziff. 3 lit. a ZPO gestützt. Danach kann der Richter 'als vorsorgliche Massnahme eine einstweilige Verfügung treffen, sofern ihm glaubhaft gemacht wird, dass der Erlass einer solchen sich aus einem der folgenden Gründen rechtfertigt: ... (3.) zum Schutze von andern als auf Geld- oder Sicherheitsleistung gerichteten fälligen Rechtsansprüchen, wenn bei nicht sofortiger Erfüllung (a) ihre Vereitelung oder eine wesentliche Erschwerung ihrer Befriedigung zu befürchten ist'. Diese Vorschrift begnügt sich demnach damit, dass der Anspruch und dessen Gefährdung glaubhaft gemacht wird. Das heisst einmal, dass der Richter nicht von der Richtigkeit der aufgestellten tatsächlichen Behauptungen überzeugt zu werden braucht, sondern dass es genügt, ihm auf Grund objektiver Anhaltspunkte (ZBJV 80 S. 416) den Eindruck einer gewissen Wahrscheinlichkeit für das Vorhandensein der in Frage kommenden Tatsachen zu vermitteln, ohne dass er dabei den Vorbehalt preisgeben müsste, dass die Verhältnisse sich auch anders gestalten könnten (vgl. GULDENER, a.a.O., S. 342 A. 24; JAEGER, N. 11 zu Art. 82 SchKG; STEIN/ JONAS/SCHÖNKE/POHLE, 18. Aufl., N. III/2 zu §294 dt-ZPO). Ob sich die 'Glaubhaftmachung' auch auf die rechtliche Begründetheit des Anspruchs beziehe, ist umstritten. Während LEUCH (N. 3 zu Art. 326 ZPO) die Annahme vertritt, der Richter habe 'restlos' abzuklären, ob der Anspruch unter den glaubhaft gemachten tatsächlichen Voraussetzungen Bestand habe, neigt die Praxis dazu, um der erforderlichen Raschheit des Verfahrens willen sich (wenigstens in schwierigen Rechtsfragen) auf eine summarische Prüfung zu beschränken (vgl. ZR 47 Nr. 96 S. 214).

b) Der als verletzt bezeichnete Art. 8 ZGB findet nur Anwendung auf die dem Bundesprivatrecht unterstehenden Rechte und Rechtsverhältnisse (BGE 79 II 405. Im Bereich ihres eigenen Rechts können die Kantone frei über die Beweislast befinden (BGE 82 II 127. Das gilt insbesondere für prozessrechtliche Entscheidungen wie den Erlass einstweiliger Verfügungen (KUMMER, N. 56 zu Art. 8 ZGB). Dass der bernische Gesetzgeber die in Art. 8 ZGB niedergelegten Grundsätze über die Folgen der Beweislosigkeit sinngemäss auch auf diesem Gebiet angewendet wissen wollte, hat die Beschwerdeführerin nicht geltend gemacht.

Entgegen ihren Einwendungen schliessen die Art. 930 ff. ZGB richterliche Sicherungsmassnahmen von der Art der einstweiligen Verfügung nicht aus. Die Eigentumsvermutung des Art. 930 ZGB ist wie die Vermutung des guten Glaubens beim Erwerb einer beweglichen Sache (Art. 3 Abs. 1 714 Abs. 2 933 ZGB) widerlegbar. Dem kantonalen Prozessrecht ist es nicht versagt, dafür vorzusorgen, dass das Eigentum des Ansprechers im Falle des Unterliegens des Besitzers nicht gefährdet sei.

c) (Ausführungen darüber, dass die Annahme, der Anspruch des Beschwerdegegners sei glaubhaft gemacht, nicht willkürlich ist.)

6. Die Beschwerdeführerin wirft den kantonalen Instanzen vor, sie hätten den Bestand der einstweiligen Verfügung entgegen Art. 330 Abs. 1 ZPO nicht davon abhängig gemacht, dass der Beschwerdegegner innert bestimmter Frist den Hauptprozess um das Eigentum an der Zeichnung anhebe. Das Plenum des Appellationshofs hat die entsprechende Einwendung mit der Begründung abgewiesen, der Beschwerdeführerin laufe eine Frist zur Einreichung einer Schadenersatzklage; in diesem Verfahren habe sie Gelegenheit, ihre Rechte am streitigen Bild darzutun; ausserdem stehe es ihr frei, gegen den Beschwerdegegner auf Feststellung ihres Eigentums an der Zeichnung zu

klagen. Die Beschwerdeführerin ficht diese Stellungnahme als willkürlich an. Sie macht geltend, die Eigentumsvermutung der Art. 930 ff. ZGB wolle gerade diese prozessuale Schlechterstellung des Besitzers verhindern.

Diese Rüge ist begründet. Die Beschlagnahmung einer Sache beim Besitzer auf Grund der blossen Glaubhaftmachung des Eigentums des Gesuchstellers lässt sich nur rechtfertigen, wenn dafür gesorgt wird, dass dieser seinen Anspruch beförderlich vor dem ordentlichen Richter geltend macht (vgl. GULDENER, a.a.O., S. 388 A. 29). Art. 330 Abs. 1 der bernischen ZPO bestimmt in diesem Sinne, bei Erlass der einstweiligen Verfügung sei dem Gesuchsteller 'gegebenenfalls' eine angemessene Frist anzusetzen, um den Hauptprozess anzuheben, ansonst die vorsorgliche Massnahme dahinfalle. Der Vorbehalt 'gegebenenfalls' bringt nicht zum Ausdruck, dass es im freien Belieben des Richters stehe, ob er die Klagefrist ansetzen wolle oder nicht; er weist vielmehr auf Sonderfälle hin. Wie LEUCH (N. 1 zu Art. 330 ZPO) betont, ist die Klagefrist auch ohne Parteiantrag in allen Fällen anzusetzen 'wo der Hauptprozess zur definitiven Entscheidung über den Anspruch des Gesuchstellers geboten erscheint und seitens des Gesuchsgegners erwartet werden darf'; eine Ausnahme ist nur dann zu machen, wenn es sich nicht mehr darum handeln kann, die durch die einstweilige Verfügung geschaffene Sachlage zu ändern, sondern der unterlegene Gesuchsgegner praktisch bloss noch Schadenersatz verlangen kann.

Ein solcher Ausnahmefall liegt hier nicht vor. Die III. Zivilkammer des Appellationshofs erklärt im Dispositiv ihres Entscheids, das Bild werde im gerichtlichen Gewahrsam behalten 'bis zum rechtskräftigen Entscheid über die Klage gegen die Erben des Fernand Léger auf Verschaffung des Eigentums an dieser Zeichnung'. Dass dem Beschwerdegegner nicht gleichzeitig Frist zur Erhebung der Eigentumsklage angesetzt worden ist, hat zur Folge, dass der gerichtliche Gewahrsam unbestimmt lange aufrecht erhalten werden müsste oder die Beschwerdeführerin gezwungen wäre, ihrerseits den ordentlichen Prozess einzuleiten. Die erste Alternative verträgt sich schlechthin nicht mit der Natur einer vorsorglichen Massnahme, die stets zeitlich begrenzt sein muss; die zweite Alternative aber führt zu einer Vertauschung der Parteirollen, die der Eigentumsvermutung zuwiderläuft, auf welche die Beschwerdeführerin sich als Besitzerin des Bilds berufen kann. Da die Vermutung für ihr Eigentum an der Zeichnung spricht, hat sie Anspruch darauf, ihr Recht im Prozess verteidigen zu können; die Klage ist daher gegen sie zu richten. Im Verlauf des Hauptprozesses wird sich zeigen, ob zur Klärung präjudizieller Vorfragen gegen die Erben Léger vorgegangen werden müsse und ob der Hauptprozess bis zum Ausgang dieses Verfahrens zu sistieren sei."

BGE 116 II 362: "3. Die Beklagte rügt weiter eine Verletzung von Art. 67 Abs. 2 PatG im wesentlichen mit der Begründung, die Klägerin habe die Verletzung ihrer Patente nicht glaubhaft machen können.

a) Nach Art. 8 Abs. 3 PatG erstreckt sich der Schutz eines Verfahrenspatents auch auf die unmittelbaren Erzeugnisse dieses Verfahrens. Die Bestimmung von Art. 67 Abs. 2 PatG mindert die Beweisführungslast des Klägers, der bei streitiger Verletzung eines Verfahrenspatents zur Herstellung eines bekannten Erzeugnisses bloss glaubhaft zu machen hat, dass das Erzeugnis der Gegenpartei nach seinem Verfahren hergestellt worden sei (BLUM/PEDRAZZINI, a.a.O., Anm. 3 zu Art. 67 PatG; TROLLER, a.a.O., S. 1058).

b) Das Handelsgericht hat festgestellt, die Verfahren nach den drei Patenten der Klägerin seien allen anderen im massgebenden Zeitpunkt bekannten Verfahren zur Herstellung von Doxycyclin technisch und wirtschaftlich überlegen gewesen, was als glaubhaft erscheinen lasse, dass der von der Beklagten – bis zur behaupteten Eigenproduktion – verwendete Wirkstoff patentverletzend hergestellt worden sei. Die Vermutung spreche alternativ für eines der Patente, nach Wegfall des Giftpatents für die beiden verbleibenden, die ihrerseits jenem überlegen seien.

Die Feststellungen der Vorinstanz zur Überlegenheit der einzelnen Verfahren sind tatsächlicher Natur und werden mit der Berufung nicht beanstandet. Die Beklagte gibt auch nicht als bundesrechtswidrig aus, dass die technische und wirtschaftliche Überlegenheit eines bestimmten Verfahrens für ein bekanntes Erzeugnis die Herstellung nach diesem Verfahren indiziere und damit als glaubhaft erscheinen lasse. Sie wendet aber ein, es sei letztlich offengeblieben, nach welchem Verfahren der verwendete Wirkstoff hergestellt worden sei, weshalb der Anscheinsbeweis einer bestimmten Patentverletzung nicht erbracht worden sei. Dabei übersieht sie, dass alle in Frage kommenden Patente der Klägerin zustanden und diese während der jeweiligen Schutzdauer aus allen geschützten Verfahren Unterlassungsansprüche ableiten konnte. War aber die Klägerin so oder anders berechtigt, war es prozessökonomisch durchaus zu vertreten, nicht weiteren Beweis über die Verletzungshandlungen innerhalb des Gesamtschutzbereichs der Klägerin zu erheben, zumal diese Abklärungen die einzelnen Ansprüche im Ergebnis nicht beeinflusst hätten. Das Handelsgericht hat daher kein Bundesrecht verletzt, wenn es bei gegebener Wiederholungsgefahr das Unterlassungsgebot auf die beiden noch geschützten Patente erstreckte, auch wenn zwangsläufig im Einzelfall nur eines der beiden verletzt werden kann. Dass allenfalls die Verletzung des einen Patents näher liegt als jene des andern, schliesst nicht aus, bei alternativer Verletzungsgefahr, aber identischer Rechtszuständigkeit, das Unterlassungsgebot auf beide Verfahren zu beziehen.

4. Das Handelsgericht hat der Beklagten untersagt, Doxycyclin oder diesen Wirkstoff enthaltende pharmazeutische Präparate, ebenso Doxycyclin-Hyclat oder Doxycyclin-Monohydrat und diese oder andere Formen des Doxycyclins enthaltende pharmazeutische Präparate, die nicht von der Klägerin oder einer ihrer Gesellschaften oder affilierten Betriebe oder Betriebsstätten stammen, feilzuhalten oder zu verkaufen oder bei derartigen Handlungen in irgendeiner Form mitzuwirken, es sei denn, der Wirkstoff Doxycyclin sei nachweisbar nach einem patentfreien Verfahren hergestellt worden (Dispositivziffer 1). Nach den zugehörigen, für das Verständnis des Urteilsdispositivs heranzuziehenden Erwägungen soll mit dieser Formulierung der Beklagten die Beweislast für die zukünftige Unterlassung von Patentverletzungen auferlegt werden, womit 'dem Grundgedanken des Art. 67 Abs. 2 (in Verbindung mit Absatz 1) PatG' Geltung verschafft werde. Die Beklagte erblickt darin eine Verletzung von Art. 67 Abs. 2 PatG und Art. 8 ZGB.

a) Betrifft die Erfindung ein Verfahren zur Herstellung eines neuen Erzeugnisses, so gilt bis zum Beweis des Gegenteils jedes Erzeugnis von gleicher Beschaffenheit als nach dem patentierten Verfahren hergestellt (Art. 67 Abs. 1 PatG). Die Bestimmung findet entsprechende Anwendung bei der Herstellung eines bekannten Erzeugnisses, wenn der Patentinhaber eine Patentverletzung glaubhaft macht (Art. 67 Abs. 2 PatG). Diese bundesrechtliche Beweisvorschrift regelt trotz dem einheitlichen Marginale 'Umkehr der Beweislast' zwei verschiedene Tatbestände in unterschiedlicher Weise. Gemeinsam ist den beiden Vorschriften bloss, dass sie auf Überlegungen der Beweisnot beruhen, weil einem Erzeugnis oft nicht anzusehen ist, in welchem Verfahren es hergestellt worden ist, und daher der Offenbarungspflicht billigerweise dem Hersteller des Produkts aufzuerlegen ist. Während die Vermutung des ersten Absatzes zu einer Umkehr der Beweislast hinsichtlich der Vermutungsfolgen führt, bewirkt der zweite Absatz von Art. 67 PatG keine Umkehr der Beweislast, sondern er beschränkt sich auf die bundesrechtliche Festsetzung der Beweisanforderungen, indem er das Glaubhaftmachen der Patentverletzung genügen lässt (BLUM/PEDRAZZINI, a.a.O., Anm. 3 zu Art. 67 PatG; vgl. auch BGE in SMI 1981 S. 45 E. 3). Dem Beklagten obliegt dann der Nachweis, dass er nach einem nicht vom Patent erfassten Verfahren hergestellt hat. Diese Regelung betrifft demnach richtig betrachtet nicht die objektive Beweislast, die beim Patentinhaber verbleibt, sondern die Beweisführungslast und damit die grundsätzlich der Prozesshoheit der Kantone vorbehaltene Beweiswürdigung, in welche das Bundesrecht mit Art. 67 Abs. 2 PatG eingreift (vgl. BLUM/PEDRAZZINI, a.a.O.; ungenau MÜLLER, Beweisrechtliche Aspekte im Patentprozess, in Kernprobleme des Patentrechts, S. 313). Der Gegenbeweis ist nach der Praxis des Bundesgerichts im ordentlichen Prozess streng zu erbringen, im Verfahren des vorsorglichen Rechtsschutzes genügt dagegen ein Glaubhaftmachen der behaupteten Tatsachen (nicht publ. Urteil des Bundesgerichts vom 19. April 1989 i.S. X. AG; vgl. auch BGE 103 II 290).

Aufgrund der erörterten Beweiserleichterung im Fall der Herstellung eines bekannten Erzeugnisses hat der Patentinhaber die Übernahme seines patentrechtlich geschützten Verfahrens durch den Beklagten nicht streng zu beweisen. Es genügt, wenn er Anhaltspunkte nachweist, so dass eine gewisse Wahrscheinlichkeit für die widerrechtliche Benutzung spricht (BLUM/PEDRAZZINI, a.a.O.). Da die Beweiserleichterung vom Bundesrecht vorgeschrieben wird, ist auch nach diesem Recht zu beurteilen, ob im Einzelfall das festgesetzte Beweismass erreicht worden ist (BGE 101 II 14 E. 1; KUMMER, N. 73 zu Art. 8 ZGB). Bundesrecht ist sodann ebenfalls betroffen, wenn der Sachrichter den Patentinhaber vom Anscheinsbeweis befreit und damit die Beweislast im Ergebnis dem Beklagten überbindet.

b) Die nach Art. 67 Abs. 2 PatG glaubhaft gemachte Patentverletzung rechtfertigt im allgemeinen den Schluss auf eine Wiederholungsgefahr, wie bereits dargelegt worden ist. Sie begründet jedoch nicht gleichzeitig eine gesetzliche Vermutung, wonach jedem späteren Inverkehrbringen eines im Sinne von Art. 67 Abs. 2 PatG bekannten Erzeugnisses die Verletzung des angerufenen Verfahrenspatents zugrunde liegt. Mangels gesetzlicher Vermutung lässt sich aber auch eine Umkehr der Beweislast nicht halten, wonach nicht der Patentinhaber die Verletzung seiner Schutzrechte, sondern der angebliche Verletzer die Rechtmässigkeit seines Handelns zu beweisen hat. Anders entscheiden, hiesse den Unterschied zwischen Abs. 1 und Abs. 2 von Art. 67 PatG verkennen. Dass die ins Recht gefasste Partei zufolge ihrer Sachnähe im Regelfall besser in der Lage ist, das Verfahren zur Gewinnung des von ihr in Verkehr gebrachten Erzeugnisses offenzulegen, als der möglicherweise Verletzte, rechtfertigt keine Umkehr der Beweislast. Den allfälligen Beweisschwierigkeiten trägt Art. 67 Abs. 2 PatG durch Herabsetzung der Beweisanforderungen abschliessend Rechnung. Diese Regelung kehrt nach dem Gesagten nicht die Beweislast um, sondern erschöpft sich in der Frage der Beweiswürdigung, unter welche auch die Mitberücksichtigung des prozessualen Verhaltens des Beweisgegners bzw. des Trägers des strengen Gegenbeweises im Verletzungsprozess fällt (vgl. KUMMER, N. 188 zu Art. 8 ZGB).

Demzufolge ändert sich auch aufgrund eines Unterlassungsgebots die gesetzliche Verteilung der Beweislast nicht. Der Richter ist daher nicht befugt, dem Beklagten im Verletzungsprozess die Beweislast für künftig rechtmässiges Verhalten aufzuerlegen; vielmehr hat auch im Vollstreckungsverfahren der Patentinhaber die Verletzung seiner Schutzrechte glaubhaft zu machen, wogegen dem Vollstreckungsgegner der Gegenbeweis offen steht. Misslingt aber bereits der Anscheinsbeweis des Patentinhabers, entfällt auch die Möglichkeit einer Vollstreckungsmassnahme zum Unterlassungsurteil. Diese Rechtslage verkennt der angefochtene Entscheid. Insoweit ist die Berufung gutzuheissen."

Eine **Beweislastumkehr** kann sich ergeben, wenn die Gegenpartei einen Beweis, den die beweisbelastete Partei zu erbringen hat, vereitelt. Art. 13a UWG sieht unter bestimmten Voraussetzungen eine bestimmte Beweislastumkehr vor, wonach der Werbende beweisen muss, dass die in der Werbung enthaltenen Tatsachenbehauptungen vorliegen; auch solche Vorschriften, wonach der Richter über Sein oder Nichtsein entscheiden kann, würden stets eigentliche Richterpersönlichkeiten voraussetzen. 16

Die Frage nach der Beweislast ist gleichbedeutend mit der Frage, wer die Folgen der Beweislosigkeit zu tragen hat. Dabei ist nicht entscheidend, dass die beweisbelastete Partei einen Beweis erbracht hat, sondern dass er erbracht ist, sei es von Amtes wegen, sei es über die richterliche Fragepflicht, sei es infolge Anerkennung. 17

BGE 107 II 272: "b) Nach der allgemeinen Regel des Art. 8 ZGB hat der Geschädigte, der einen Halter bzw. dessen Haftpflichtversicherung nach Art. 58 Abs. 1 SVG belangen will, insbesondere zu beweisen, dass der Schaden durch den Betrieb eines Motorfahrzeuges verursacht worden ist. Beruft er sich auf Art. 58 Abs. 2 SVG, so hat er neben den in der Bestimmung ausdrücklich erwähnten Beweisen namentlich darzutun, dass ein Verkehrsunfall vorliegt und zwischen den haftungsbegründenden Tatsachen und dem Schaden ein Kausalzusammenhang besteht (OFTINGER, II/2 S. 520 ff. und 545 ff.). 18

Die Anforderungen an den Beweis des natürlichen Kausalzusammenhangs im Haftpflichtrecht des Motorfahrzeughalters unterscheiden sich nicht von denjenigen, die nach dem übrigen Schadenersatzrecht zu erfüllen sind (BGE 79 II 396/397). Weder im einen noch im andern Bereich braucht der Geschädigte den Kausalzusammenhang zwischen dem schädigenden Ereignis und dem Unfall mit wissenschaftlicher Genauigkeit nachzuweisen. Das Bundesgericht hat dies von jeher abgelehnt, würde damit der Geschädigte doch oft überfordert. Es kann ihm nicht zugemutet werden, die Kausalität stets in zwingender Weise darzutun. Auch darf die Gewissheit über den Eintritt eines Ereignisses, die der Beweis einem Richter verschaffen soll, nicht mit dem absoluten Ausschluss jeder anderen Möglichkeit gleichgesetzt werden. Es muss vielmehr genügen, wenn der Richter in Fällen, wo der Natur der Sache nach ein direkter Beweis nicht geführt werden kann, die Überzeugung gewinnt, dass die überwiegende Wahrscheinlichkeit für einen bestimmten Kausalverlauf spricht. Anders verhält es sich, wenn nach den besonderen Umständen des Falls weitere Möglichkeiten bestehen, die neben der behaupteten Ursachenfolge ebenso ernst in Frage kommen oder sogar näher liegen (BGE 90 II 232; 67 II 122 E. 3; 57 II 208/209; 53 II 425/426; 45 II 97/98; 32 II 674).

2. Nach dem angefochtenen Urteil steht die unmittelbare Ursache des Unfalls ausser Frage. Mehr wurde von der aufspringenden Ladewand überrascht und an der linken Hand, mit der er sich gegen die Ladebrücke stützte, getroffen und verletzt. Sicher fest steht ferner, dass Mehr mit der rechten Hand mehrmals an der Ladewand zog und der Motor des Lastwagens während des ganzen Vorgangs lief. Immer noch umstritten ist dagegen, ob der Unfall im Sinne von Art. 58 Abs. 1 SVG durch den Betrieb eines Motorfahrzeugs verursacht worden ist.

a) Die Klägerin machte bereits im kantonalen Verfahren geltend, die Ladewand sei durch einen dynamischen Vorgang des Lastwagens, insbesondere durch Erschütterungen der Ladung während der Fahrt, blockiert worden und beim Öffnungsversuch infolge weiterer Erschütterungen durch den laufenden Motor mehrmals an der Ladewand oder durch ein Vorziehen des Fahrzeugs plötzlich heruntergeschnellt. In der Berufung vertritt sie 'aufgrund aller Umstände und der allgemeinen Lebenserfahrung' die Auffassung, das Vorziehen des Lastwagens sei für das Aufspringen der Ladewand und damit für den Unfall adäquat kausal gewesen.

Das Obergericht hat sich nicht nur mit dem behaupteten Kausalverlauf, sondern auch mit weiteren Möglichkeiten einlässlich auseinandergesetzt, weil für den Ablauf des Geschehens auch andere, ebenso einleuchtende Erklärungen beständen. Es hielt der Klägerin insbesondere entgegen, dass die Ladewand schon wegen sperriger Teile der Ladung (Steine, Holzstücke, Balken und dgl.) oder weil Mehr daran zunächst einseitig zog, blockiert sein konnte und erst nach längerem Ziehen plötzlich nachgab; diese Möglichkeiten seien jedenfalls wahrscheinlicher als der von der Klägerin behauptete Unfallhergang. Dass Eckert den Lastwagen nach eigenen Angaben vor dem Unfall um 0,50–1 m vorgezogen hat, um Mehr den vermeintlich zu knappen Raum zu erweitern, schloss die Vorinstanz nicht aus. Sie fügte aber bei, den wiederholten Aussagen des Verunfallten lasse sich nicht entnehmen, dass das Fahrzeug im Verlaufe seiner Bemühungen, die Ladewand zu lösen, sich in Bewegung setzte; Mehr habe vielmehr erklärt, der Wagen müsse während dieser Zeit stillgestanden sein, da ihm das Gegenteil nicht hätte entgehen können. Die Vorinstanz fand daher, der Klägerin sei der Beweis, dass der Unfall durch das Vorziehen des Lastwagens verursacht wurde, nicht gelungen; eine betrieblich bedingte Verursachung rücke im Vergleich zu anderen Möglichkeiten gegenteils stark in den Hintergrund. Ähnlich verhalte es sich mit ihrer Behauptung, der Fahrer habe allenfalls die Ladebrücke bereits leicht angehoben; dafür böten die Aussagen von Mehr, Eckert und Meyer ebenfalls keine Anhaltspunkte.

b) Diese Feststellungen des Obergerichts zum Unfallgeschehen samt den Schlussfolgerungen, die es daraus zieht, lassen sich entgegen den Einwänden der Klägerin nicht als blosse Vermutungen oder Unfallhypothesen ausgeben, welche das Bundesgericht nicht bänden. Sie stützen sich auf Beweise, welche teils vom Kantonsgericht, teils vom Kompagniekommandanten oder vom militärischen Untersuchungsrichter erhoben und von der Vorinstanz einlässlich gewürdigt worden sind. Ob der Unfall, wie behauptet, einem Betriebsvorgang des Lastwagens oder eher betriebsfremden Einwirkungen auf die Ladewand zuzuschreiben sei, ist in erster Linie eine Tatfrage (BGE 101 II 73 E. 3 und 98 II 290 E. 3 mit Hinweisen); ihre blosse Beantwortung ist noch keine rechtliche Beurteilung einer Tatsache, mag sie noch so schwierig sein, eine angeblich irrtümliche Beantwortung der Frage folglich noch keine Verletzung eines rechts- oder allgemeinen Erfahrungssatzes. Hält der kantonale Richter einen behaupteten Kausalverlauf gestützt auf Zeugenaussagen nicht für bewiesen, so liegt vielmehr freie Beweiswürdigung vor, die das Bundesgericht im Berufungsverfahren nicht überprüfen darf. Vorbehalten bleiben bloss Schlussfolgerungen, die ausschliesslich auf allgemeiner Lebenserfahrung beruhen (BGE 99 II 84, 95 II 124 E. 4 und 88 II 469 E. 5 je mit weiteren Hinweisen). Von solchen Folgerungen kann hier jedoch im Ernst keine Rede sein.

Gewiss beruht auch jede Beweiswürdigung weitgehend auf allgemeiner Lebenserfahrung. Diese vermag den einer Partei im Einzelfall obliegenden Tatsachennachweis aber nicht zu ersetzen, weil Erfahrungssätze sich nicht auf den Tatbestand des konkreten Falles beschränken, sondern wie die Rechtssätze Massstab für die Beurteilung der im Prozess festgestellten Tatsachen sind. Indem die Klägerin die Auffassung des Obergerichts über den behaupteten Kausalverlauf mit Berufung auf die allgemeine Lebenserfahrung als bundesrechtswidrig anzufechten sucht, setzt sie sich genau gesehen denn auch bloss über Beweisschwierigkeiten hinweg, die an ihrer Beweislast aber nichts ändern; sie verkennt vielmehr, dass der Richter bei nicht bewiesenen Sachbehauptungen gegen die beweispflichtige Partei zu entscheiden, diese also die Folgen der Beweislosigkeit zu tragen hat (BGE 102 II 119 E. 4 b, 81 II 124 und 155, 77 II 268/9, 55 II 192; KUMMER, N. 20 zu Art. 8 ZGB).

Das ist auch ihrem Versuch entgegenzuhalten, die Feststellungen des Obergerichts über das Vorziehen des Lastwagens und über die Unmöglichkeit, die wahre Ursache für das plötzliche Aufspringen der Ladewand nachträglich genau abzuklären, als Versehen gemäss Art. 63 Abs. 2 OG oder 'Verstoss gegen die Denkgesetze' rügen zu wollen. Das Obergericht hat die Aussage Eckerts, den Wagen vor dem Unfall leicht vorgezogen zu haben, nicht übersehen; es hat sie vielmehr gewürdigt, aber nicht in dem von der Klägerin gewünschten Sinne. Die Rüge erschöpft sich in unzulässiger Kritik an der Beweiswürdigung und ist daher nicht zu hören. Die Erwägung der Vorinstanz, dass auch andere Einwirkungen auf die Ladewand denkbar seien und sogar näher lägen, ergibt ebenfalls nichts für ein Versehen oder einen Widerspruch; sie kann nur dahin verstanden werden, dass ein Fall von Beweislosigkeit vorliegt, weil nach dem Ergebnis des Beweisverfahrens sehr verschiedene Erklärungen möglich sind.

c) Das Bundesgericht hat somit davon auszugehen, dass die Vorinstanz weder einen zeitlichen Zusammenhang zwischen dem Vorziehen des Lastwagens und dem Unfall, noch einen funktionellen zwischen dem Aufspringen der Ladewand und einem andern Betriebsvorgang für bewiesen hält. Damit ist einer Haftung der Beklagten gemäss Art. 58 Abs. 1 SVG, der ausdrücklich einen durch den Betrieb des Fahrzeugs verursachten Schaden voraussetzt, die Grundlage entzogen, und die Frage nach einem adäquaten Kausalzusammenhang ist gegenstandslos. Dass das Obergericht den Betriebsbegriff dieser Bestimmung verkannt oder die Anforderungen an den Nachweis des natürlichen Kausalzusammenhanges überspannt habe, lässt sich nicht sagen. Seine grundsätzlichen Erwägungen zu diesem Zusammenhang und zur Auslegung der streitigen Norm decken sich im wesentlichen vielmehr mit der hiervor angeführten Rechtsprechung, von der abzuweichen kein Anlass besteht.

Nach dem, was in tatsächlicher Hinsicht feststeht, ergibt sich eine Haftung der Beklagten auch nicht aus Art. 58 Abs. 2 SVG, da der Unfall Mehrs selbst in seiner Gesamtheit betrachtet, nicht als Verkehrsunfall zu werten ist. Einen solchen setzt die Vorschrift aber voraus (OFTINGER, II/2 S. 547; SCHLEGEL/GIGER, S. 109 oben). Der Unfall ereignete sich ausserhalb irgendwelcher Verkehrsvorgänge, als Mehr auf der Ablagestelle die Ladewand des stillstehenden Fahrzeuges öffnen wollte. Bei dieser Sachlage lässt sich der Verunfallte nicht als anderer Verkehrsteilnehmer ausgeben noch sagen, der Lastwagen habe sich zur Zeit des Unfalls im Verkehr befunden (KELLER, Haftpflichtrecht im Privatrecht, 3. Aufl. S. 235). Die Vorinstanz konnte daher offen lassen, ob den Fahrer gemäss Art. 58 Abs. 2 SVG ein Verschulden treffe und das Klemmen der Ladewand auf fehlerhafte Beschaffenheit des Lastwagens zurückzuführen sei.

3. Die Klägerin wirft dem Obergericht ferner eine Verletzung von Art. 41 ff. OR vor, weil es ein 'kausales' Verhalten des Fahrers verneint, sich aber zu Unrecht nicht dazu geäussert habe, ob ein adäquates Verschulden Eckerts als Ursache oder Mitursache des Unfalls in Frage komme. Sie ist der Meinung, das Bundesgericht dürfe das eine wie das andere frei überprüfen. Damit vermengt die Klägerin erneut zwei Begriffe miteinander. Gewiss ist Rechtsfrage, ob ein schädigendes Er-

eignis (auch) als adäquate Ursache eines Unfalls angesehen werden kann. Die Frage stellt sich indes erst und nur dann, wenn bereits der natürliche Kausalzusammenhang zwischen dem Ereignis und den Unfallfolgen zu bejahen ist; denn der adäquate ist bloss ein Korrektiv zum naturwissenschaftlichen Ursachenbegriff, der vom Recht als natürliche Kausalität übernommen worden ist, unter Umständen aber der Einschränkung bedarf, um für die rechtliche Verantwortlichkeit tragbar zu sein und eine vernünftige Begrenzung der Haftung zu ermöglichen (BGE 96 II 396 E. 2 mit Zitaten).

Im vorliegenden Fall liess sich die eigentliche Ursache dafür, dass die Ladewand plötzlich herunterschnellte, nicht mehr abklären, weil es nach Auffassung der Vorinstanz neben dem behaupteten Kausalverlauf noch andere, ebenso einleuchtende Erklärungen für den Unfallhergang gibt. Daran scheitert auch der Einwand, die Ladebrücke sei wegen der gewählten Entriegelungsart unsachgemäss ausgerüstet gewesen, weshalb ein kausales und adäquates Verschulden des Fahrers vorliege. Dafür ist dem angefochtenen Urteil nichts zu entnehmen. Der Vorwurf wurde zudem im kantonalen Verfahren einzig damit begründet, der Fahrer habe die Ladebrücke, als Mehr die Ladewand öffnen wollte, bereits leicht angehoben. Dies war nach der verbindlichen Feststellung des Obergerichts aber gerade nicht der Fall. Das Bundesgericht darf daher weder von einer gegenteiligen Feststellung ausgehen, noch die Vorinstanz anhalten, zu den Behauptungen der Klägerin über ein Verschulden des Fahrers und über eine fehlerhafte Beschaffenheit des Fahrzeugs Stellung zu nehmen."

19   **BGE 118 II 146:** "3. Eine Verletzung von Bundesrecht erblickt der Beklagte ausserdem darin, dass das Obergericht die Rechtzeitigkeit der Mängelrüge bejaht hat. Das Obergericht führt dazu aus, der Kläger habe die im Winter 1985/86 aufgetretenen Schäden an den Holzfassaden erst nach seiner Rückkehr aus den Skiferien (17. Januar 1986) festgestellt, worauf er sie mit Schreiben vom 24. Februar 1986 gerügt habe; etwas anderes sei vom Beklagten nicht nachgewiesen worden. Nach Auffassung des Beklagten beruht diese Feststellung auf einer unzulässigen Umkehr der Beweislast hinsichtlich der Rechtzeitigkeit der Mängelrüge. Er macht zudem geltend, die Rüge sei jedenfalls zu spät erfolgt, weil der Kläger gemäss Art. 370 Abs. 3 OR die Mängel sofort nach ihrer Entdeckung hätte anzeigen müssen.

a) Werden vom Besteller Sachgewährleistungsansprüche geltend gemacht, so obliegt es dem Unternehmer zu behaupten, das Werk sei infolge verspäteter Mängelrüge genehmigt worden (BGE 107 II 54). Die Beweislast für die Rechtzeitigkeit der Mängelrüge liegt jedoch nach der allgemeinen Regel beim Besteller (BGE 107 II 176; GAUCH, a. a. O., S. 413 Rz 1581). Entgegen der Auffassung von BUCHER (ZSR 1983 II 343) ist die Verspätung der Rüge nicht eine rechtshindernde, sondern ihre Rechtzeitigkeit eine rechtsbegründende Tatsache. Die Rechtzeitigkeit der Mängelrüge gehört zu den Anspruchsvoraussetzungen, die vom Besteller zu beweisen sind (HONSELL, Schweiz. Obligationenrecht, Besonderer Teil, S. 201). Das Erfordernis sofortiger Mängelrüge gemäss Art. 370 Abs. 3 OR unterscheidet sich von anderen Verwirkungsfristen des Gesetzes nur dadurch, dass die Frist nicht absolut, das heisst zum Beispiel in einer bestimmten Anzahl von Tagen angegeben, sondern durch einen auslegungsbedürftigen Begriff umschrieben wird. Für die Einhaltung einer Verwirkungsfrist trägt jedoch stets der das Recht Ausübende die Beweislast (KUMMER, N 151 und 312 ff. zu Art. 8 ZGB).

Liegt die Beweislast für die Rechtzeitigkeit der Mängelrüge beim Besteller, so gehört dazu auch der Nachweis, wann er den gerügten Mangel entdeckt hat (BGE 107 II 176; a. M. GAUCH, a. a. O., S. 413 Rz 1581). Die Entdeckung eines Mangels ist eine innere Tatsache, von der im allgemeinen nur der Besteller selbst Kenntnis hat. Er hat deshalb den Nachweis zu erbringen, in welchem Zeitpunkt dies der Fall war. Wendet demgegenüber der Unternehmer ein, der Besteller habe den gerügten Mangel schon früher entdeckt, so hat der Unternehmer seinerseits seine Behauptung zu beweisen (KUMMER, N 316 zu Art. 8 ZGB).

Nach ständiger Praxis des Bundesgerichts ist die Frage der Beweislastverteilung indessen gegenstandslos, wenn die Vorinstanz – wie im vorliegenden Fall – aufgrund eines Beweisverfahrens zum Ergebnis gelangt ist, bestimmte Tatsachenbehauptungen seien bewiesen oder widerlegt (BGE 114

II 291 mit Hinweisen). Die Frage, ob das Obergericht von einer anderen als der erörterten Beweislastverteilung ausgegangen ist, kann deshalb offenbleiben. Die obenstehenden Erwägungen zur Beweislastfrage behalten jedoch ihre Gültigkeit für den Fall, dass die Streitsache zu neuer Entscheidung an die Vorinstanz zurückgewiesen werden muss.

b) Aufgrund des angefochtenen Urteils ist unklar, wann genau der Kläger die Mängel entdeckt hat. Die Feststellung des Obergerichts kann entweder bedeuten, der Kläger habe die Mängel am 17. Januar 1986 entdeckt. Sie kann aber auch so verstanden werden, dass die Entdeckung in einem unbestimmten Zeitpunkt im Zeitraum zwischen dem 17. Januar und dem 24. Februar 1986 erfolgt sei. Im ersten Fall wäre die Mängelrüge gemäss der Praxis des Bundesgerichts zu spät erhoben, denn in BGE 107 II 176 f. E. 1b ist für den jedenfalls bezüglich des allgemeinen zeitlichen Rahmens vergleichbaren Fall eines Wassereinbruchs in einem Gebäude die rund drei Wochen nach der Entdeckung des Mangels mitgeteilte Rüge als verspätet betrachtet worden. Bei der Beurteilung, ob eine Rüge rechtzeitig erfolgt ist, muss zwar auf die konkreten Umstände des Einzelfalles, insbesondere die Art der Mängel abgestellt werden. Entscheide in anderen Fällen sind deshalb nur mit Zurückhaltung heranzuziehen. Allgemein kann aber gesagt werden, dass die Rügefrist kurz zu bemessen ist, wenn es sich um einen Mangel handelt, bei dem die Gefahr besteht, dass ein Zuwarten zu einem grösseren Schaden führen kann (PEDRAZZINI, in SPR Bd. VII/1, S. 528). Dem Besteller ist auch eine Erklärungsfrist zuzubilligen, die jedoch ebenfalls kurz zu bemessen ist (GAUCH, a. a. O., S. 403 Rz 1541 und S. 410 f. Rz 1571). In Berücksichtigung all dieser Gesichtspunkte erscheint eine Mängelrüge, die erst fünf Wochen nach der Entdeckung der Schäden an den Holzfassaden erfolgt wäre, als verspätet.

Wäre die Feststellung des Obergerichts dagegen im zweiten Sinne zu verstehen, so genügte sie nicht, um die Rechtzeitigkeit der Mängelrüge zu überprüfen. Auch die Akten enthalten keine Anhaltspunkte, die es dem Bundesgericht ermöglichen würden, die Tatbestandsfeststellung in diesem Punkt gemäss Art. 64 Abs. 2 OG zu ergänzen. Das angefochtene Urteil muss deshalb aufgehoben und die Streitsache zur allfälligen Vervollständigung des Sachverhalts und zu neuer Entscheidung an die Vorinstanz zurückgewiesen werden.

Das Obergericht wird im Fall einer Ergänzung des Sachverhalts zu beachten haben, dass ein Mangel erst mit dessen zweifelsfreier Feststellung entdeckt ist (BGE 107 II 175 E. 1a). Der Besteller muss vom Mangel solche Kenntnis erlangt haben, dass er eine genügend substantiiert Rüge erheben kann (TERCIER, La partie spéciale du Code des obligations, S. 334 Rz 2572 und 2574). Bei Mängeln, die nach und nach zum Vorschein kommen, weil sie in ihrer Ausdehnung oder Intensität wachsen, genügen dafür noch nicht die ersten Anzeichen. Es ist vielmehr erforderlich, dass der Besteller die Bedeutung und Tragweite dieser Mängel erfassen kann (GAUCH, a. a. O., S. 411 Rz 1573; im gleichen Sinne GIGER, N 7 zu Art. 200 OR). Die strengen Rügevorschriften würden sonst dazu führen, dass der Besteller bereits jede Bagatellerscheinung anzeigen muss, um nicht für den Fall einer ungünstigen weiteren Entwicklung seiner Mängelrechte verlustig zu gehen. Bei nach und nach zum Vorschein kommenden Mängeln darf deshalb eine Entdeckung erst angenommen werden, wenn der ernsthafte Charakter des Zustands deutlich wird."

BGE 119 III 104: "1. La règle de droit fédéral sur le fardeau de la preuve (art. 8 CC) n'interdit pas de retenir un fait d'office. Lorsque le fait est ainsi établi d'office, ou par la partie qui n'assumait pas le fardeau de la preuve, la règle de répartition précitée devient sans objet (ATF 118 II 142 consid. 3a p. 147; J.-F. POUDRET, Commentaire de la loi fédérale d'organisation judiciaire, vol II, Berne 1990, p. 160).

En l'espèce, le moyen de preuve, savoir le contrat de prêt du 13 juillet 1989, a été produit par la recourante elle-même, à la requête de l'autorité cantonale de surveillance. Il a permis à celle-ci de constater l'absence de toute disposition expresse stipulant que le gage était uniquement destiné à garantir le crédit consenti aux trois sociétés immobilières; son appréciation l'a au contraire convaincue de l'existence d'un prêt hypothécaire – c'est-à-dire, dans le langage courant, un prêt garanti par un gage sur un immeuble – accordé aux quatre débiteurs solidaires (les trois sociétés immobilières et D.).

Le grief de violation de la règle sur le fardeau de la preuve est donc dépourvu de consistance."

20

21	Beweislast bedeutet nicht, dass die Gegenpartei nichts beitragen muss: **BGE 81 II 54 = Praxis 44 Nr. 100** führt aus: "Was die Frage der Beweislast angeht, ist es zunächst Sache des Käufers, das Bestehen eines Deckungskaufs nachzuweisen. Bestreitet der Verkäufer, dass diese Vereinbarung in guten Treuen abgeschlossen worden sei, so liegt ihm der Beweis dafür ob (Art. 3 ZGB). Da es sich aber um den Nachweis des Nichtbestehens einer Tatsache handelt, kann die Gegenpartei angehalten werden, bei der Ermittlung der Wahrheit mitzuwirken (BGE 66 II 147). In dieser Beziehung kann die Ausführung eines Deckungskaufs ein Indiz für den ernsthaften Charakter der getroffenen Vereinbarung abgeben. Nachdem im vorliegenden Fall die Vorinstanz die Anwendung von Art. 191 Abs. 2 von der Ausführung des abgeschlossenen Deckungskaufs abhängig machte, hat sie das Bundesrecht unrichtig angewendet."
22	Eine **präsumptio iuris et de iure** (eine unwiderlegbare Vermutung) liegt bei Art 156 OR vor, wonach eine Bedingung als erfüllt gilt, wenn ihr Eintritt von dem einen Teil wider Treu und Glauben verhindert worden ist.
23	Eine **präsumptio hominis** (Tatsachenvermutung, natürliche Vermutung) bewirkt keine Umkehr der Beweislast, sondern beschlägt die Beweiswürdigung. So begründet das gemeinsame Übernachten eines Paares (Art. 137, Art. 262 Abs. l ZGB) die Vermutung, sie hätten miteinander Sex gemacht (BGE 95 II 81, sog. violenta präsumptio fornicationis). Dabei sind stets die Umstände mit zu berücksichtigen, bedeutet doch ein gemeinsames Übernachten nicht automatisch Sexualverkehr. Bei der Kinderzeugung lässt sich heute naturwissenschaftlich die Vaterschaft nachweisen, so dass solche Vermutungen gegenstandslos sind; im Scheidungsrecht ist der Ehebruch als Scheidungsgrund von untergeordneter Bedeutung; nicht selten indiziert ein Ehebruch auch ein Verschulden des andern Ehepartners, etwa weil die sexuellen Verpflichtungen nicht hinreichend erfüllt werden.
24	**BGE 111 II 162:** "a) Selon une jurisprudence constante du Tribunal fédéral, qu'il n'y a pas licu de remettre en cause, la réduction de prix, tant dans le contrat de vente (art. 205 CO) que dans le contrat d'entreprise (art. 368 CO), doit s'effectuer selon la méthode relative, c'est-à-dire que le rapport entre le prix réduit et le prix convenu correspond au rapport entre la valeur objective de la chose avec défaut et sa valeur objective sans défaut (ATF 88 II 414; 81 II 210). Cette jurisprudence se fonde sur la considération que le prix convenu peut être inférieur ou supérieur à la valeur objective de la chose vendue et que, après la réduction du prix, il devrait subsister le même rapport entre les prestations réciproques des parties (ATF 81 II 210 et les références citées).

b) Quant à l'application de cette règle, lorsqu'une différence entre le prix et la valeur objective de la chose n'est pas prouvée, le Tribunal fédéral admet qu'on peut se fonder sur la présomption que le prix correspond à la valeur de la chose (arrêts non publiés WURLOD c. DE HALLER, du 8 mai 1984, relatif à l'art. 205 CO, et GUGGIARI c. BAKKER, du 5 mars 1984, concernant l'art. 368 CO, ce dernier arrêt se référant à l'opinion de GAUCH, in Droit de la construction, 1980, p. 46; voir aussi PALANDT, BGB, 44e éd. n. 3e, p. 496). Il n'y a pas non plus de raison de s'écarter de cette jurisprudence; elle se fonde sur la considération que, d'ordinaire, le prix est l'expression de la valeur marchande (cf. aussi GAUTSCHI, n. 16b ad art. 368, et elle permet de tenir compte équitablement des intérêts en présence.

Au cas particulier, la cour cantonale a donc appliqué à juste titre la méthode relative en se fondant sur la présomption – non renversée – que le prix correspondait à la valeur objective de la chose.

c) La différence entre la valeur objective de la chose sans défaut et sa valeur avec défaut ne coïncide pas nécessairement avec le coût de la réparation, mais elle lui correspondra le plus souvent (cf. GAUTSCHI, n. 16b ad art. 368 STAUDINGER-HONSELL, 12e éd., §472 n. 5), soit chaque fois que, pour fixer la valeur dépréciée, l'on déduit exactement de la valeur non dépréciée le coût de la remise en état.

Aussi, en l'absence de toute indication contraire, le juge pourra-t-il également se fonder sur la présomption que la dépréciation correspond au coût de la remise en état, chacune des parties in- |

téressées ayant la faculté d'établir qu'elle serait moindre – la réparation coûtant davantage que la dépréciation – ou plus importante – la réparation laissant subsister un facteur de dépréciation.

En l'espèce, le jugement attaqué n'indique et la défenderesse n'invoque aucun élément permettant de penser que le montant de la dépréciation différerait de celui de la réparation. Au contraire, la cour cantonale admet implicitement que – sous réserve d'une incidence éventuelle d'une différence entre le prix et la valeur objective – la dépréciation équivaut en l'occurrence au coût de la réparation. La cour cantonale n'a dès lors pas violé l'art. 205 CO en prenant le coût de la réparation comme élément de dépréciation."

Die Behauptungslast ist ein kantonalrechtliches Institut, das sich nach den bundesrechtlichen Beweislastregeln (wenn und soweit Ansprüche aus Bundesrecht streitig sind) regelt. Das Bundesgericht führte dazu aus: 25

BGE 97 II 218: "1. Nach Art. 42 OR hat, wer Schadenersatz beansprucht, den Schaden zu beweisen (Abs. 1); der nicht ziffermässig nachweisbare Schaden ist nach Ermessen des Richters mit Rücksicht auf den gewöhnlichen Lauf der Dinge und auf die vom Geschädigten getroffenen Massnahmen abzuschätzen (Abs. 2). 26

Abs. 2 ist im Verhältnis zu Abs. 1 eine Ausnahmebestimmung, die anwendbar ist, wenn ein sicherer Beweis für die Höhe oder das Vorhandensein eines Schadens nicht erbracht werden kann (BGE 81 II 55 Erw. 5). Sie enthebt den Geschädigten nicht der Pflicht, dem Richter die Tatsachen, die als Anhaltspunkte für die Entstehung und die Höhe des geltend gemachten Schadens in Betracht kommen, anzugeben und dafür Beweise anzubieten. Das gilt umsomehr, als die Behauptungs- und Substantiierungspflicht sich nicht aus Art. 8 ZGB ergibt, sondern dem kantonalen Recht angehört, dieses folglich darüber zu bestimmen hat, wieweit die Parteien die ihre Ansprüche begründenden Tatsachen vorzubringen haben und wieweit der Richter nicht vorgebrachte Tatsachen von sich aus berücksichtigen darf (BGE 78 II 98; 87 II 141; 89 II 121; 95 II 451). Eine genaue Substantiierung des Schadens darf in Fällen, für die Art. 42 Abs. 2 OR gilt, jedoch auch nach dem kantonalen Recht nicht verlangt werden, da dadurch der Zweck der bundesrechtlichen Bestimmung vereitelt würde (BGE 77 II 187/188). Wenn die Nachteile nicht im einzelnen und ziffermässig erfasst werden können, die Akten aber genügend Anhaltspunkte für eine Schädigung enthalten, hat der Richter den Schaden vielmehr nach den in Art. 42 Abs. 2 OR aufgestellten Grundsätzen durch Schätzung zu ermitteln (BGE 74 II 81; 81 II 55 Erw. 5; 93 II 458)."

Grundsätzlich müssen die Parteien die rechtserheblichen Tatsachen umfassend und deutlich darlegen. Dazu führte das Bundesgericht aus: 27

BGE 115 II 2: "Diese Betrachtungsweise wird von der Klägerin zu Recht als Verletzung von Art. 8 ZGB beanstandet. Wer Schadenersatz beansprucht, hat nach Art. 42 Abs. 1 OR, der gemäss Art. 99 Abs. 3 OR auch für die Haftung aus Vertrag gilt, den Schaden zu beweisen. Gewiss hat das Bundesgericht im Entscheid 105 II 146 ausgeführt, dass vom Belangten je nach dem Gegenstand und der Lage des Prozesses verlangt werden könne, eine Bestreitung tunlichst zu substantiieren, dass es aber von vornherein nicht angehe, an diese Substantiierung die gleichen Anforderungen zu stellen wie bei Sachbehauptungen, welche die Beurteilung des daraus abgeleiteten Anspruchs erlauben sollen; es müsse vielmehr genügen, wenn die Bestreitung ihrem Zweck entsprechend konkretisiert werde, um den Behauptenden zu der ihm obliegenden Beweisführung zu veranlassen. Eine solche 'Pflicht' des nicht mit dem Beweis Belasteten, an der Beweisführung mitzuwirken, ist von KUMMER (in ZBJV 117/ 1981 S. 161/62) mit Recht als höchst fragwürdig bezeichnet worden; sie sei, wenn überhaupt, nur dort zu erwägen, wo der ein Recht Behauptende sich im Beweisnotstand befinde und der Belangte näher am Beweis stehe. 28

Von einer solchen Ausnahme kann hier schon deshalb keine Rede sein, weil es um Schaden aus angeblich entgangenem Gewinn geht. Beweispflichtig dafür ist ausschliesslich der Geschädigte, dessen Sachvorbringen vom Belangten nicht zu widerlegen sind, liefe dies doch auf eine Umkehr der Beweislast hinaus und damit Art. 8 ZGB stracks zuwider. Diese Bestimmung verbietet dem

> Richter, Behauptungen einer Partei unbekümmert darum, dass sie von der Gegenpartei bestritten worden sind, als richtig hinzunehmen oder über rechtserhebliche Tatsachen überhaupt nicht Beweis führen zu lassen (BGE 105 II 145 mit Hinweisen). Dass die Beklagte die behauptete Gewinnmarge bloss mit Nichtwissen bestritten hat, schadet ihr daher nicht. Dies gilt umso mehr, als es sich dabei um eine wesentliche Berechnungsgrundlage des Schadens handelt und das Handelsgericht entschieden hat, ohne ein Beweisverfahren durchzuführen. Wie in BGE 105 II 146 beigefügt worden ist, kann es dem Belangten gerade dort, wo es um das Mass und die Berechnung von Schadenersatz geht, nicht verwehrt werden, vom Geschädigten den rechtsgenüglichen Nachweis zu verlangen, sich folglich mit blossem Bestreiten zu begnügen. Durfte das Handelsgericht die Beklagte aber von diesem Nachweis nicht entbinden, ohne Art. 8 ZGB zu verletzen, so ist das angefochtene Urteil insoweit aufzuheben und die Sache zu neuer Entscheidung an die Vorinstanz zurückzuweisen."

29   Das Bundesrecht bestimmt, inwieweit die Parteien den Sachverhalt darlegen müssen; das kantonale Recht kann die Substantiierungsobliegenheit der Parteien noch im Beweisverfahren zulassen oder es auf das Behauptungsverfahren beschränken. Instruktiv BGE 108 II 339:

30   **BGE 108 II 339:** "a) Die Klägerin behauptet, ihre Klage genügend substantiiert zu haben. Sie habe schon mit der Klageerhebung geltend gemacht, alle von E. ausgeführten und mit den Rapporten belegten Arbeiten hätten zur fachmännischen Betreuung gemäss Vertrag gehört. Die Rechnung wie die näher substantiierenden Arbeitsrapporte seien angerufen und zu den Akten gegeben worden. Eine weitere Substantiierung habe ihr nicht zugemutet werden dürfen, ohne die bundesrechtlichen und kantonalrechtlichen Anforderungen an ihre Substantiierungspflicht zu überziehen. Für die Beklagten sei völlig klar gewesen, welche Forderung geltend gemacht werde und wie sich diese zusammensetze. Ebenso sei das Obergericht in ausreichendem Mass in die Lage versetzt worden, über die Forderung Beweis abzunehmen.

b) Das Bundesgericht geht in seiner jüngeren Rechtsprechung davon aus, es entscheide sich nicht nach kantonalem Prozessrecht, sondern nach materiellem Bundesrecht, ob ein danach zu beurteilender Anspruch durch die Sachvorbringen einer Partei ausreichend substanziert sei. Es leitet diesen Grundsatz daraus ab, dass nach Bundesprivatrecht jede sich darauf gründende Rechtsbehauptung bei hinreichendem Interesse zum Urteil zuzulassen sei, weshalb Bundesrecht auch darüber entscheide, ob die form- und fristgemäss vorgebrachten Tatsachenbehauptungen erlauben, die Rechtsbehauptung einer Partei zu beurteilen (BGE 98 II 117, 95 II 266). Diese Rechtsprechung beruft sich auf einen ungeschriebenen Satz des materiellen Bundesrechts und die Ausführungen namentlich von KUMMER (Das Klagerecht und die materielle Rechtskraft im schweizerischen Recht, S. 20 ff. bzw. 60; vgl. auch GULDENER und VOYAME in ZSR 80/1961 II S. 24 und 70). Zu Recht bemerkt freilich DRESSLER im Anschluss an BGE 98 II 116, die Rechtsprechung werde diesen Grundsatz noch klarstellen müssen (in ZSR 94/1975 II S. 58); auch HUGUENIN-DUMITTAN (Behauptungslast, Substantiierungspflicht und Beweislast, Diss. Zürich 1980, insbesondere S. 12 ff. und 33 ff.) unterzieht diesen Entscheid deutlicher Kritik, obschon er ihm im Ergebnis zustimmt (S. 40).

c) Es stellt sich die Frage, ob die Geltung des Bundesrechts für die Anforderungen an die Substantiierung statt dergestalt aus dem materiellen Klageanspruch nicht eher aus Art. 8 ZGB hergeleitet werden muss. Wenn sich nach der Rechtsprechung aus Art. 8 ZGB ergibt, dass der Richter nicht ohne Beweiserhebung über eine erhebliche Tatsachenbehauptung hinweggehen darf (BGE 102 II 12), so darf er das auch nicht mit der Begründung, es fehle an ausreichender Substantiierung. Deshalb ist in Urteilen, die sowohl vor wie nach BGE 98 II 117 ergangen sind, die Frage der Substantiierung ausdrücklich im Lichte von Art. 8 ZGB behandelt worden (BGE 90 II 224, 95 II 480, 105 II 144 E. 6aa). So oder anders ist das Bundesgericht nur befugt einzugreifen, falls die Sachvorbringen und Beweisangebote nach kantonalem Prozessrecht form- und fristgemäss erfolgt sind. Dabei kann im folgenden von den Fällen abgesehen werden, wo durch die falsche Verteilung der Behauptungslast gegen Art. 8 ZGB verstossen wurde. Zu prüfen ist vielmehr, welches die inhaltlichen Anforderungen sind, die an die Substantiierung durch die unstreitig behauptungsbelastete Partei gestellt werden dürfen.

d) Nicht das Bundesrecht, sondern das kantonale Prozessrecht bestimmt, ob und wie weit die Verhandlungsmaxime Platz greift, es sei denn, aus dem Bundesrecht ergebe sich die Offizialmaxime (BGE 95 II 451, 78 II 97). Schreibt das kantonale Recht vor, der Richter dürfe seinem Urteil nur behauptete Tatsachen zugrunde legen, so kann es grundsätzlich auch die Anforderungen festlegen, welchen die Behauptung zu genügen hat. Und an ihm liegt auch, ob es die Behauptungslast mildern will, etwa durch richterliche Fragepflicht zur Ergänzung unvollständiger Parteivorbringen (KUMMER, N. 40 zu Art. 8 ZGB). Indes gilt für das Prozessrecht allgemein wie für die Handhabung der Verhandlungsmaxime, dass die Durchsetzung des materiellen Bundesrechts nicht vereitelt werden darf (BGE 101 II 43; GULDENER UND VOYAME in ZSR 80/1961 II S. 24 f. und 70). Auch das schliesst jedoch nicht aus, dass nach kantonalem Prozessrecht unsorgfältige Prozessführung den Verlust des materiellen Anspruchs nach sich ziehen darf (GULDENER, in ZSR 80/1961 II S. 57).

3. Mit diesen allgemeinen Ausführungen ist die hier entscheidende Frage noch nicht beantwortet, wann durch kantonalrechtliche Anforderungen an die Substantiierungspflicht die Anwendung des materiellen Bundesrechts verunmöglicht oder übermässig erschwert wird. Dabei ist zu beachten, dass die Substantiierung nicht nur die Anwendung des Bundesrechts auf den konkreten Sachverhalt erlauben, sondern überdies die beweismässige Abklärung ermöglichen muss (vgl. HUGUENIN, a.a.O., S. 19). Die zitierte Rechtsprechung berücksichtigt nur ersteres, wenn sich aus dem materiellen Bundesrecht schlechthin ergeben soll, wann genügend substantiiert ist. Im weitern soll nach Ansicht der Vorinstanz, die auch in der Lehre vertreten wird, das Beweisverfahren nicht dazu dienen, ungenügende Parteivorbringen zu vervollständigen (STRÄULI/MESSMER, Kommentar zur Zürcherischen Zivilprozessordnung, 2. Aufl., N. 5 zu §113 ZPO; LEUCH, N. 1 zu Art. 89 ZPO; BIRCHMEIER, Bundesrechtspflege, S. 92; vgl. auch die Genfer Praxis: Sem. jud. 1976 S. 100/1, 1974 S. 120, 1961 S. 387).

In BGE 98 II 117 E. 4b scheint das Bundesgericht weiter gegangen zu sein, heisst es doch, es liege keine mangelnde Klagebegründung darin, dass der Klägerin die im Zeitpunkt des Vertragsrücktritts noch ausstehenden Arbeiten nicht im einzelnen bezeichnet habe, weil die Beweisführung darüber ohne weiteres Klarheit bringen könne. Freilich wird aus dem Zusammenhang nicht klar, wieweit eher angenommen wurde, es genügten die Behauptungen bereits an sich. Jedenfalls ist es nicht angängig, von Bundesrechts wegen die Kantone zu zwingen, ein Sachvorbringen auch dann als ausreichend substanziert gelten zu lassen, wenn die bestehenden Lücken erst noch durch das Beweisverfahren geschlossen werden müssen. Eine solche Forderung läuft weitgehend darauf hinaus, durch eine Hintertüre ein Offizialverfahren einzuführen, und verstösst gegen die Verfahrenshoheit der Kantone, ohne dass dies zur Gewährleistung des materiellen Rechts erforderlich wäre. Anders verhält es sich, wenn das Bundesrecht selbst eine Sachverhaltsermittlung von Amtes wegen vorschreibt oder wenn es sich z.B. um einen ziffernmässig nicht nachweisbaren Schaden handelt, der nach Art. 42 Abs. 2 OR zu schätzen ist (vgl. dazu BGE 97 II 218; GULDENER, Zivilprozessrecht, 3. Aufl., S. 167).

Im Ergebnis bleibt es demnach beim Grundsatz, dass das materielle Bundesrecht bestimmt, wieweit ein Sachverhalt zu substantiieren ist, damit er unter die Bestimmungen des Bundesrechts subsumiert werden kann, das heisst die Beurteilung einer Rechtsbehauptung zulässt. Dagegen bleibt dem kantonalen Prozessrecht vorbehalten, ob es eine Ergänzung der Substantiierung im Beweisverfahren zulassen will oder diese bereits im Hauptverfahren in einer Weise verlangt, welche die Überprüfung der Sachvorbringen im Beweisverfahren erlaubt.

4. Auf den vorliegenden Fall angewandt, führen diese Überlegungen zum Ergebnis, dass das Obergericht ohne Verletzung von Bundesrecht eine ungenügende Substantiierung feststellen durfte. Die Klägerin begründet den geltend gemachten Schadensbetrag ausschliesslich mit der Verweisung auf die Rechnung E.s und die Arbeitsrapporte, die jedoch keinerlei Aufschluss darüber geben, welche Arbeiten ausgeführt wurden, namentlich wieviele Bäume gefällt wurden und was die verschiedenen Arbeiten kosteten.

a) Es kann offen bleiben, ob dieses Vorgehen genügt hätte, wenn der Klägerin in Übereinstimmung mit ihrer Vertragsauslegung ein umfassender Ersatzanspruch zustünde. Denn nach richtiger Auslegung besteht ein Anspruch insoweit nicht, als es sich bei den Arbeiten E.s um eine eigentliche Sanierung gehandelt hat und nicht nur um ordnungsgemässe Baumpflege. Die Klägerin durfte sich in dieser Situation nicht damit begnügen, pauschal einen Schaden von Fr. 9'275.10 zu behaupten, sondern hätte ihn entsprechend aufteilen müssen. Statt dessen hat sie keinerlei Anhaltspunkte dafür geliefert, wie weit die Arbeiten E.s und die Gesamtkosten auf die vertragsgemässe Baumpflege entfielen. Dabei wären der Klägerin konkrete Angaben darüber, welche Arbeiten ausgeführt worden waren und wie sich die Gesamtkosten verteilt hatten, ohne weiteres möglich gewesen, selbst wenn es dafür einer Rückfrage bei E. bedurft hätte.

b) Das Sachvorbringen der Klägerin war unter diesen Umständen schon nach Bundesrecht ungenügend substanziert, denn es wurde mit ihm geltend gemacht, es habe sich ein Schaden von Fr. 9'275.10 ergeben, weil die Beklagten eine vollständige Sanierung des Baumgartens versäumt hätten; das erlaubt auch rechtlich keine Beurteilung des Schadens, den die Klägerin wegen ungenügender ordentlicher Baumpflege erlitten haben will. Diese Lücke hätte nach ihrer Meinung durch das Beweisverfahren geschlossen werden müssen. Wie aufgezeigt, war das Obergericht indessen berechtigt, aufgrund des kantonalen Rechts von einer Beweiserhebung abzusehen.

c) Die Erklärung für das unzulängliche Sachvorbringen der Klägerin liegt auf der Hand: Sie hat sich vor allen Instanzen auf ihre eigene Vertragsauslegung versteift und deshalb eine Substantiierung für den Fall, dass sie damit nicht durchdringe, völlig unterlassen. Wo wie im Zürcher Verfahren die Eventualmaxime gilt, ist indes gleichzeitig, also schon im Behauptungsverfahren, auch ein allfälliger Eventualanspruch gehörig zu begründen und insbesondere zu substanzieren (STRÄULI/MESSMER, N. 6 zu § 113; KUMMER, Grundriss des Zivilprozessrechts, 3. Aufl., S. 82). Bundesrecht steht dem nicht entgegen (GULDENER, in ZSR 80/1961 II S. 56/7). Dabei bestimmt wiederum das kantonale Recht, wieweit die Eventualmaxime allenfalls zu mildern und eine Partei zur gehörigen Substantiierung eines solchen Eventualanspruchs aufzufordern ist. Die Klägerin erhebt in dieser Hinsicht zu Recht keine Rüge, die im Berufungsverfahren ohnehin nicht zulässig wäre (Art. 55 Abs. 1 lit. c OG). Im übrigen bestreitet sie gar nicht, dass sie vom Bezirksgericht erfolglos zu einer ergänzenden Substantiierung aufgefordert worden ist und dazu aufgrund des erstinstanzlichen Urteils sogar noch vor Obergericht Gelegenheit gehabt hätte."

31 Bedenklich an dieser Rechtsprechung ist der Umstand, dass das Bundesgericht rein formalistisch entscheidet; die materielle Wahrheit ist dem Bundesgericht anscheinend weniger bedeutsam; gerade deswegen ist eine strenge richterliche Fragepflicht gemäss § 55 ZPO zu fordern, was allerdings auf einem andern Rechtsmittelweg (kantonale Nichtigkeitsbeschwerde, staatsrechtliche Beschwerde) zu rügen gewesen wäre. Die Aufteilung des Bundesgerichts betr. bundesrechtliche Beweislastregeln als kantonalrechtliches Institut wie auch der Substantiierungspflicht vermag nicht in allen Punkten zu überzeugen.

32 In zivilrechtlichen Rechtsverhältnissen, welche von der Dispositionsmaxime beherrscht werden, können die Parteien Beweislastverträge schliessen.

33 **BGE 85 II 504:** "b) Les demandeurs se plaignent enfin de l'art. 80 al. 4 de la convention collective, en vertu duquel les constatations de fait figurant dans les rapports d'enquête de Fidhor avaient, jusqu'à preuve du contraire, force probante pour les Délégations réunies et le Tribunal arbitral. Cependant, cette disposition ne les frappait pas de façon excessive dans leurs intérêts personnels: l'entreprise à laquelle une contravention était reprochée pouvait apporter la preuve contraire et il appartenait en définitive au Tribunal arbitral d'apprécier la valeur probante du rapport de Fidhor et celle des éléments invoqués par le fabricant en cause, puis de donner la préférence à l'une ou à l'autre des thèses en présence."

34 Der Rechtsanspruch einer Partei, Beweise zu beantragen für jene Tatsachen, welche für den Ausgang eines Prozesses bedeutsam sein könnten, ergibt sich bundesrechtlich aus Art. 4 BV und Art. 8 ZGB und kantonalrechtlich aus § 56 ZPO; vgl. zum rechtlichen Gehör, vorne § 56 ZPO und den dort wiedergegebenen BGE 108 Ia 294.

Das Recht auf Abnahme von Beweismitteln entfällt in drei Fällen, nämlich bei antizipierter Be- 35
weiswürdigung, bei bereits erfolgtem Beweis oder bei erfolgter Widerlegung. Das Verletzen des
Rechts auf den Beweis bildet eine Verletzung von Art. 8 ZGB; sie ist wie die antizipierte Beweiswürdigung mit Berufung zu rügen, Willkür in der Beweiswürdigung, Verweigerung des rechtlichen
Gehörs sind jedoch mit staatsrechtlicher Beschwerde zu rügen. BGE 114 II 290 fasst die Rechtsprechung zusammen:

BGE 114 II 290: "2. Der Beklagte wirft dem Kantonsgericht eine Verletzung von Art. 8 ZGB vor, 36
weil es seinen Beweisantrag, X. zu seinem Sachvorbringen über Gegenforderungen als Zeugen einzuvernehmen, nicht beachtet habe. Sein Schaden aus der späten Erfüllung des Vorvertrags könne nicht nur in den Nachteilen übermässiger Darlehenszinse, sondern auch in den Vorteilen von
Kreditgeschäften erblickt werden, die er wegen Verzugs der Klägerin nicht habe abschliessen können.

a) Wo das Gesetz es nicht anders bestimmt, hat gemäss Art. 8 ZGB derjenige das Vorhandensein
einer behaupteten Tatsache zu beweisen, der aus ihr Rechte ableitet. Damit sind einerseits für den
ganzen Bereich des Bundeszivilrechts neben der Beweislastverteilung auch die Folgen der Beweislosigkeit geregelt (BGE 105 II 144). Art. 8 ZGB gibt anderseits der beweispflichtigen Partei
in allen Zivilstreitigkeiten einen bundesrechtlichen Anspruch darauf, für rechtserhebliche Sachvorbringen zum Beweise zugelassen zu werden, wenn ihr Beweisantrag nach Form und Inhalt den
Vorschriften des kantonalen Rechts entspricht (BGE 97 II 196/197 mit Hinweisen).

Die allgemeine Beweisvorschrift des Bundesrechts ist daher insbesondere verletzt, wenn der kantonale Richter Behauptungen einer Partei unbekümmert darum, dass sie von der Gegenpartei bestritten worden sind, als richtig hinnimmt oder über rechtserhebliche Tatsachen überhaupt nicht
Beweis führen lässt (BGE 105 II 145). Dies heisst nicht, dass die Beweisführung vom Richter beliebig begrenzt werden dürfe, der allgemeinen Vorschrift selbst eine beschränkte Abnahme von
Beweisen stets genüge (vgl. SCHUBARTH, in BJM 1985 S. 69/70). Art. 8 ZGB setzt der Annahme einer Beweislosigkeit ebenfalls Schranken. Er ist auch dann verletzt, wenn der Richter taugliche und formgültig beantragte Beweise zu rechtserheblichen Tatsachen nicht abnimmt, obwohl
er die Sachvorbringen dazu weder als erstellt noch als widerlegt erachtet.

Diese Unklarheit ist nicht mit Beweislosigkeit oder Beweisschwierigkeiten zu verwechseln, berechtigt den Richter folglich auch nicht, gegen die beweispflichtige Partei zu entscheiden (BGE
109 II 294, 107 II 275; SCHUBARTH, a.a.O. S. 73). Ähnlich verhält es sich, wenn er eine Klage
zu Unrecht mit der Begründung abweist, sie sei ungenügend substanziert; denn damit bringt er
auch ihre Beweisanträge zu Fall (BGE 108 II 340, 105 II 144/145). Wo der Richter dagegen in Würdigung von Beweisen zur Überzeugung gelangt, eine Tatsachenbehauptung sei bewiesen oder
widerlegt, ist die Beweislastverteilung gegenstandslos (BGE 109 II 251 unten und 105 II 145 E.
6bb). Diesfalls liegt freie Beweiswürdigung vor, die bundesrechtlich nicht geregelt ist, auch nicht
durch Art. 8 ZGB. Diese Bestimmung schreibt dem Richter nicht vor, mit welchen Mitteln der
Sachverhalt abzuklären und wie das Ergebnis davon zu würdigen ist (BGE 112 II 179); sie schliesst
selbst vorweggenommene Beweiswürdigung und Indizienbeweise nicht aus (BGE 109 II 31 E. 3b
und 344/45). Eine beschränkte Beweisabnahme verletzt Art. 8 ZGB daher nicht, wenn der Richter schon nach deren Ergebnis von der Sachdarstellung einer Partei überzeugt ist, gegenteilige Behauptungen also für unbewiesen hält. Eine andere Frage ist, ob die Beschränkung allenfalls gegen Art. 4 BV verstösst, sei es durch Willkür in der Beweiswürdigung oder in der Anwendung kantonalen Rechts, sei es durch Verweigerung des rechtlichen Gehörs, weil einem Beweismittel zum
vornherein jede Erheblichkeit oder Tauglichkeit abgesprochen wird, ohne dass dafür sachliche
Gründe angegeben werden können (BGE 109 II 31 E. 3b, 106 II 171 E. 6b). Solche Verstösse sind
mit der staatsrechtlichen Beschwerde zu rügen, die gemäss Art. 84 Abs. 2 OG aber auch vorbehalten bleibt, wenn die Berufung insbesondere mangels des erforderlichen Streitwerts ausgeschlossen ist."

| 37 | BGE 115 II 305 betr. Recht zum Gegenbeweis:

| 38 | **BGE 115 II 305:** "Das Bundesgericht ergänzt die in BGE 114 II 290 f. zusammengefasste bisherige Rechtsprechung zu Art. 8 ZGB wie folgt:

"Art. 8 ZGB gewährleistet nach der Rechtsprechung ebenfalls das Recht zum Gegenbeweis (BGE 88 II 190 mit Hinweisen), d. h. er gibt dem Gegner des Beweisbelasteten einen Anspruch darauf, zum Beweis von konkreten Umständen zugelassen zu werden, die beim Richter Zweifel an der Richtigkeit der Gegenstand des Hauptbeweises bildenden Sachbehauptung wachhalten und diesen dadurch vereiteln sollen (KUMMER, N 107 zu Art. 8 ZGB; EGGER, N 18 zu Art. 8 ZGB). Auch dieser Beweisführungsanspruch schliesst aber die vorweggenommene Beweiswürdigung nicht aus, verbietet also dem Richter nicht, einem beantragten Beweismittel die Erheblichkeit oder Tauglichkeit abzusprechen. Zudem wird Art. 8 ZGB auch hinsichtlich des Gegenbeweises gegenstandslos, wenn das dem Hauptbeweis unterstellte Tatbestandsmerkmal beweismässig bereits feststeht (vgl. LEUCH, N 1 zu Art. 215 ZPO/BE). Erforderlich ist dabei allerdings, dass der Richter aufgrund einer Würdigung der erhobenen Beweise zur festen Überzeugung gelangt, der Hauptbeweis sei unumstösslich bereits erbracht. Wo er dagegen bloss auf die allgemeine Lebenserfahrung, auf allgemeine tatsächliche Vermutungen oder auf Indizien abstellt, darf er prozesskonform zum Gegenbeweis angebotene, erhebliche und taugliche Mittel nicht mit der Begründung ablehnen, die Beweislastregel sei bereits gegenstandslos geworden; damit würde er den bundesrechtlichen Anspruch des Beweisgegners auf Führung des konkreten Gegenbeweises verletzen."

BGE 98 II 245 im Falle des Zeitablaufs:

| 39 | **BGE 98 II 245:** "Mit diesen Ausführungen bleibt das Handelsgericht im Gebiete der Beweiswürdigung. Das Bundesgericht ist an sie gebunden, und zwar auch insoweit, als die Vorinstanz als ausgeschlossen erachtet, dass man heute durch weitere Beweismassnahmen noch Näheres in Erfahrung bringen könnte, denn diese Auffassung beruht auf vorweggenommener Beweiswürdigung (BGE 56 II 203 oben, 63 II 101; 90 II 310). Das verkennt die Klägerin, indem sie das Bundesgericht ersucht, 'die in Zürich in ständiger Praxis angewendeten Beweisvorschriften auch seinerseits anzuwenden'. Es bestehen keine bundesrechtlichen Vorschriften darüber, wie der Richter in Haftpflichtprozessen gegen Luftfrachtführer den Beweis zu würdigen habe. Die erwähnten Feststellungen beruhen auch nicht offensichtlich auf Versehen. Insbesondere spricht nichts dafür, dass das Handelsgericht den Bericht Miranda versehentlich nicht beachtet habe. Indem die Klägerin ihn als eine beweisrechtlich unverdächtige Urkunde bezeichnet und der Vorinstanz vorwirft, sie schenke den darin 'zeitgerecht dokumentierten Erklärungen' keinen Glauben, sondern begnüge sich mit Hypothesen, ficht sie unzulässigerweise die Beweiswürdigung an. Die Bezugnahme auf Art. 63 Abs. 2 OG und die Behauptung offensichtlicher Versehen und Aktenwidrigkeit ändern nichts. Es bleibt dabei, dass ungewiss ist und nicht bewiesen werden kann, ob die fünf Pakete am 18. Februar 1968 im J. F. Kennedy-Flughafen geblieben oder mit dem Flug 901 nach Mexico befördert worden sind.

Die Beklagte haftet daher für den Verlust nur dann, wenn sowohl unter dem Gesichtspunkt der einen als auch unter dem der anderen Möglichkeit gesagt werden muss, er sei von den Organen oder Leuten (Hilfspersonen) der Eastern Airlines durch ein subjektiv unter Art. 10 LTR und Art. 25 WA fallendes Verhalten verursacht worden. Wenn diese Voraussetzung nur bei dem einen der beiden möglichen Sachverhalte erfüllt ist, entfällt die Haftung, weil eben auch der andere Sachverhalt möglich bleibt, die Klägerin den ihr obliegenden Beweis der Voraussetzungen unbeschränkter Haftung also nicht erbracht hat."

| 40 | BGE 90 II 310 im Fall hinreichender Klärung des Beweisthemas:

BGE 90 II 310: "c) Die Beklagte macht geltend, das Handelsgericht habe die bundesrechtlichen Vorschriften über den Beweis (Art. 8 ZGB) dadurch verletzt, dass es den von ihr angebotenen Gegenbeweis betreffend die in den Kreisen der Fachleute herrschenden Auffassungen nicht abgenommen habe. Diese Rüge ist unbegründet. Das Handelsgericht kam auf Grund der Ausführun-

gen der einvernommenen fachkundigen Zeugen zum Schluss, dass die Behauptungen der Klägerin hinsichtlich der in den Fachkreisen allgemein herrschenden Ansicht zuträfen. Die von der Beklagten verlangte Einvernahme weiterer Fachleute bezeichnete es als unnötig, weil es das Beweisthema durch die Aussagen der bereits angehörten Fachleute als hinlänglich abgeklärt erachtete. Der Beweisantrag der Beklagten wurde somit auf Grund vorweggenommener Beweiswürdigung abgelehnt. Dieses Vorgehen war mit Art. 8 ZGB vereinbar; dieser ist nur verletzt, wenn ein Beweisantrag ohne solche Prüfung und Begründung verworfen wird..."

BGE 109 II 31 zur willkürlichen Beweiswürdigung: 41

BGE 109 II 31: "Kann der Verkäufer die Sache abholen, weil er weiss, dass der Käufer sie ihm bedingungslos zur Verfügung stellt, und finden auch die Art. 938 bis 940 ZGB keine Anwendung (BGE 84 II 377 E. 4), so ist nicht einzusehen, warum der Käufer noch gehalten sein soll, die Sache sorgfältig aufzubewahren. Will der Käufer die Sache hingegen nur bei gleichzeitiger Rückzahlung des Kaufpreises herausgeben, weil er ein Retentionsrecht beansprucht oder Leistung Zug um Zug verlangt, trifft ihn eine Sorgfaltspflicht, die jedoch entgegen der Meinung der Beklagten nicht den Regeln über die Haftung des Geschäftsführers ohne Auftrag (Art. 420 OR) untersteht, sondern analog der Sorgfaltspflicht des Pfandgläubigers gegenüber der Pfandsache in seiner Hand zu beurteilen ist (Art. 890 ZGB; OFTINGER, N. 159 zu Art. 895 ZGB; GIGER, N. 17 zu Art. 208 OR). Nachdem die Kläger die Rückgabe der Grabenmaschine gegen Leistung des bezahlten Kaufpreises angeboten haben, haften sie daher grundsätzlich für den aus der Wertverminderung der Maschine entstandenen Schaden, sofern sie nicht nachweisen, dass dieser ohne ihr Verschulden eingetreten ist.

Bei diesem Ergebnis erscheint es fraglich, ob die Vorinstanz die Haftung der Kläger mit dem Argument verneinen durfte, die Beklagte hätte keine haftungsbegründenden Anhaltspunkte vorzubringen vermocht. Das Bundesgericht braucht der Haftungsfrage indes nicht weiter nachzugehen, hält doch das Obergericht gestützt auf die Vorbringen der Beklagten die Maschine auch samt den fehlenden Teilen für einen 'Nonvaleur'. An diese Feststellung tatsächlicher Natur über den wirtschaftlichen Wert der Kaufsache ist das Bundesgericht im Berufungsverfahren gebunden, es sei denn, die Feststellung beruhe auf einem offensichtlichen Versehen oder sei unter Verletzung bundesrechtlicher Beweisvorschriften zustande gekommen (Art. 63 Abs. 2 OG). Den ersten Einwand erhebt die Beklagte nicht, mindestens nicht in den von Art. 55 OG vorgeschriebenen Formen.

b) Dagegen wirft sie dem Obergericht vor, es habe ihre Äusserungen vor dem Einzelrichter über den 'Nonvaleur' der Maschine willkürlich ausgelegt und damit Art. 8 ZGB verletzt. Der Einwand ist nicht stichhaltig. Art. 8 ZGB bestimmt nicht, mit welchen Mitteln Beweise zu führen sind und wie diese zu würdigen sind (BGE 107 II 429 E. b, 106 II 52 oben, 102 II 279, 98 II 79, 95 II 452; KUMMER, N. 58 ff. zu Art. 8 ZGB). Er schliesst insbesondere die vorweggenommene Beweiswürdigung nicht aus (BGE 90 II 224 E. b mit Verweisungen). Die Vorinstanz hat Art. 8 ZGB auch nicht dadurch verletzt, dass sie den Beweis über die fehlenden Teile der Maschine nicht zuliess; er erübrigte sich, nachdem feststand, dass die Maschine auch samt den fehlenden Teilen wertlos ist.

Wenn die Beklagte einwendet, die Feststellung über den Wert der Maschine sei in Verletzung von Art. 4 BV zustande gekommen, übersieht sie, dass Verstösse gegen Art. 4 BV, namentlich auch willkürliche Beweiswürdigungen, nicht mit Berufung, sondern mit staatsrechtlicher Beschwerde zu rügen sind (Art. 43 Abs. 1 OG; BGE 107 II 429 E. b, 103 II 200 E. 1, 95 II 40 E. 3, 94 II 156). Im übrigen hat bereits das Kassationsgericht des Kantons Zürich in seinem Entscheid vom 7. Dezember 1982 über die Nichtigkeitsbeschwerde gegen den hier angefochtenen Beschluss einen ähnlichen Vorwurf abgewiesen, wogegen die Beklagte keine staatsrechtliche Beschwerde eingereicht hat.

Die Vorinstanz durfte daher ohne Bundesrecht zu verletzen annehmen, das Schreiben der Kläger vom 8. November 1977 an die Beklagte habe ein in sachlicher Hinsicht vollständiges Angebot zur Rückgabe der Maschine enthalten."

42   BGE 106 II 171 zur staatsrechtlichen Beschwerde, Verletzung des rechtlichen Gehörs:

BGE 106 II 171: "Das Obergericht stellt nicht in Frage, dass der Beschwerdeführer die Beweisanträge rechtzeitig und formrichtig vorbrachte, es verneint jedoch ihre Beweistauglichkeit. Angesichts der Sachlage ist das unhaltbar. Für die Höhe der Landerwerbskosten waren keinerlei Belege vorhanden. Die vier Gutachten kamen zu derart unterschiedlichen Schätzungen, dass sie nach der vom Obergericht bestätigten Auffassung des Gerichtspräsidenten keine vernünftige Berechnungsgrundlage ergaben. Demgegenüber wollte der Beschwerdeführer mit den Erhebungen bei Grundbuch- und Steuerämtern feststellen lassen, welche Kaufpreise bei den Handänderungen bezahlt wurden, die dem Erwerb des Grundstückes durch die Beschwerdegegnerin vorgingen. Es ist schwer verständlich, warum das Obergericht ausführt, von diesen Abklärungen seien keine zuverlässigeren Ergebnisse zu erwarten als von den Gutachten der Fachleute, denn diese verfügten offensichtlich nicht über die vom Beschwerdeführer verlangten Angaben. Erst recht unhaltbar ist die Feststellung des Obergerichts, der vom Beschwerdeführer behauptete Landpreis von Fr. 70 pro Quadratmeter stehe beweislos da und finde in den Akten keine Stütze, nachdem es selbst die Beweisanträge als untauglich abtat. Zu den verlangten Weiterungen hätte um so mehr Anlass bestanden, als es grundsätzlich Sache der Beschwerdegegnerin gewesen wären, die von ihr behaupteten Anlagekosten zu belegen (BGE 103 II 48, 102 Ia 21 E. 4b).

c) Nach dem angefochtenen Urteil genügt es, einen Landerwerbspreis zu ermitteln, der nicht als 'offensichtlich übersetzt' erscheine. Diese Auffassung widerspricht indessen sowohl dem Wortlaut wie dem Sinn von Art. 15 Abs. 1 lit. c BMM. Danach sind bei neueren Bauten in der Regel nicht missbräuchlich, wenn sie sich im Rahmen der kostendeckenden Bruttorendite halten, die aufgrund der Anlagekosten zu berechnen ist. Es ist eindeutig von den tatsächlichen Anlagekosten auszugehen, die nur dann ausser Betracht fallen, wenn sie offensichtlich übersetzt sind. In diesem Fall wird der Grundsatz, dass auf die wirklichen Anlagekosten abzustellen ist, zugunsten des Mieters eingeschränkt (GMÜR/CAVIEZEL, Mietrecht – Mieterschutz, 2. Aufl. 1979, S. 67). Die Vorinstanz verkehrt das ins Gegenteil, wenn sie unbekümmert um die effektiven Kosten einfach einen Erwerbspreis zugrunde legt, der nicht gerade als offensichtlich übersetzt bezeichnet werden kann. Erst wenn die wirklichen Anlagekosten ermittelt sind, können sie allenfalls aufgrund der von den Vorinstanzen zitierten Faustregel darauf geprüft werden, ob sie als offensichtlich zu hoch herabzusetzen sind.

Das Obergericht verweigerte demnach dem Beschwerdeführer die Beweisabnahme ohne sachlich haltbare Gründe und verletzte damit seinen Anspruch auf rechtliches Gehör. Das muss zur Gutheissung der Beschwerde und zur Aufhebung des Urteils des Obergerichts führen."

43   **ZR 85, Nr. 78:** Beweisverfahren: Im erstinstanzlichen Beweisverfahren wurden die Zeugen entgegen § 165 ZPO nicht über ihre persönlichen Beziehungen zu den Parteien befragt, was allenfalls Anlass zum Hinweis auf ein Zeugnisverweigerungsrecht gemäss § 164 ZPO hätte geben können, welcher Hinweis denn auch durchwegs unterblieben ist. Die Unterlassung dieses Hinweises führt nach Abs. 2 dieser Bestimmung nur dann nicht zur Ungültigkeit des Zeugnisses, wenn auszuschliessen ist, dass sich der Zeuge auf ein Zeugnisverweigerungsrecht berufen hätte. Bei fehlendem Hinweis beurteilt sich die Gültigkeit der Aussage nicht danach, ob der Richter zur Belehrung Veranlassung hatte, sondern ausdrücklich danach, ob ein Weigerungsrecht tatsächlich bestanden hätte. Zu belehren ist daher, wo ein Weigerungsrecht überhaupt in Betracht kommen kann.

Die Vorinstanz hat zudem dem Beklagten die Möglichkeit, das Beweisverfahren voll auszuschöpfen, abgeschnitten, indem sie dieses nicht, wie es § 136 ZPO vorschreibt, durch einen Beweisauflagebeschluss eröffnet hat. Diese Gültigkeit und den Wert des durchgeführten Beweisverfahrens betreffenden Erwägungen beschlagen die Frage der Rechtsanwendung, die dem Gericht von Amtes wegen obliegt und daher auch dann, wenn die Parteien insoweit keine Einwendungen erheben, zu beachten ist.

ZR 86, Nr. 63: Für ein Beweisauflagebeschluss ist die genaue Bezeichnung der einzelnen zu beweisenden Tatsachen, Rechtssätze oder Übungen vorab notwendig. Dem hat das Handelsgericht offensichtlich nicht Rechnung getragen, indem es pauschal wie summarisch den Beweis dafür verlangte, dass eine Vereinbarung für das Alleinvertriebsrecht für Europa in 19 solcher Verträge für Frankreich und die Bundesrepublik bestünden. Es glaubte damit wohl den Auflagen des ersten Entscheids des Kassationsgerichts nachzuleben, übersah jedoch, dass die Formulierung des Beweisbescheids nicht Sache des Kassationsgerichts war. Es liess auch völlig unberücksichtigt, dass der Bestand derartiger Alleinvertriebsverträge weitgehend Rechtsfrage ist, deren Beantwortung indes vom Beweissatz etlicher Behauptungen abhing, die das Handelsgericht genau hätte bezeichnen müssen. Weil Beweis nur über erhebliche streitige Tatsachen abzunehmen ist (§ 133 ZPO), wäre dabei alles ausgeschieden worden, was nicht beweisbedürftig war. Entscheidend ist, dass die Unterbeweissätze ausnahmslos Mängel aufwiesen, welche vermieden worden wären, wenn das Handelsgericht die Beweisauflage gesetzeskonform formuliert hätte. 44

Der Beweisauflagebeschluss ist abänderbarer prozessleitender Entscheid, der nicht mit Rekurs anfechtbar ist. Das Gericht ist an die Auffassung, die es im Beweisauflagebeschluss und im Beweisabnahmebeschluss zum Ausdruck bringt, nicht gebunden.

b) Beweisantretung
§ 137. (alte Fassung). In der Beweisantretungsschrift haben die Parteien sämtliche Beweismittel unter genauer Bezugnahme auf den Beweisauflagebeschluss zu bezeichnen; soweit die Beweismittel im Gewahrsam der Parteien liegen oder ohne gerichtliche Hilfe beigebracht werden können, sind sie beizulegen.

b) Beweisantretung
§ 137. (neue Fassung, 24.9.95). In der Beweisantretungsschrift haben die Parteien sämtliche Beweismittel unter genauer Bezugnahme auf den Beweisauflagebeschluss zu bezeichnen. Im einfachen und raschen Verfahren sind die Beweismittel mit dem letzten Vortrag an der Hauptverhandlung zu bezeichnen. Soweit die Beweismittel im Gewahrsam der Parteien liegen oder ohne gerichtliche Hilfe beigebracht werden können, sind sie beizulegen.

Dass im einfachen und raschen Verfahren die Beweismittel mit dem letzten Vortrag an der Hauptverhandlung zu nennen sind, könnte den Eindruck erwecken, dass der Gesetzgeber an materiell richtigen Entscheiden wenig interessiert sei; diese Bestimmung ist nicht von Praktikern gemacht worden; häufig wird erst durch das Vorbringen der Gegenpartei deutlich, dass neue Beweismittel zu suchen sind; diese können nicht ohne weiteres aus dem Ärmel geschüttelt werden. Es stellt sich die Frage, ob eine solche Bestimmung überhaupt gesetzes- und verfassungskonform ist, was hier nicht zu untersuchen ist. Die Untersuchungsmaxime gemäss Art. 343 Abs. 4 OR bei Streitwerten bis Fr. 20'000 hilft wenig. 1

ZR 87, Nr. 126: Der Beweisführer kann in der Beweiseingabe Unterbeweissätze formulieren, wobei auch neu indizierende Tatsachen vorgebracht werden dürfen. 2

c) nachträgliche Beweisantretung
§ 138. Die nachträgliche Bezeichnung und Beibringung von Beweismitteln ist nur unter den Voraussetzungen des § 115 zulässig.

ZR 85, Nr. 126: Dem Kläger war der Beweis dafür auferlegt, dass ihm der Zeuge B ausdrücklich eine hervorragende Isolation zugesichert habe. Der Kläger hat auf seine eigene Ehefrau als Zeugin sowie auch auf seine eigene persönliche Befragung und Beweisaussage sich berufen. Der Kläger hat andere Zeugen genannt, wonach allen Käufern eine aussergewöhnlich gute Schalenisolation zugesichert wurde. Diese Nennung von Unterbeweissätzen war zulässig, da damit ja nur neu indizierende Tatsachen vorgebracht wurden. Indizien sind auch in die Beweiswürdigung einzubeziehen, wenn direkte Beweismittel fehlen. 1

d) Beweiseinwendungen
§ 139. Eine Ausfertigung der Beweisantretungsschrift wird der Gegenpartei zugestellt. Ein weiterer Schriftenwechsel findet in der Regel nicht statt.

Einwendungen gegen die Zulässigkeit von Beweismitteln sollen vor Beginn der Beweisabnahme vorgebracht werden.

Unklar ist, was sich der Gesetzgeber und das in das Gesetzgebungsverfahren involvierte Obergericht gedacht haben, als sie Absatz 2 erliessen. Häufig wird direkt zur Beweisabnahme geschritten, ohne dass man sich zu den Beweismitteln der Gegenpartei äussern kann.

Beweisabnahme
§ 140. Das Gericht erlässt den Beweisabnahmebeschluss. Es bezeichnet darin die zugelassenen Beweismittel und trifft die für die Abnahme der Beweise nötigen Anordnungen.

1 Für die interkantonale Rechtshilfe besteht ein Konkordat (Konkordat über die Gewährung gegenseitiger Rechtshilfe in Zivilsachen vom 26. April/ 8./9. November 1974, SR 274) und international das Haager Übereinkommen über die Beweisaufnahme im Ausland in Zivil- und Handelssachen vom 18. März 1970; eine einseitige Regelung schafft Art. 11 IPRG. Diese Bestimmung lautet wie folgt: "Rechtshilfehandlungen werden in der Schweiz nach dem Recht des Kantons durchgeführt, in dem sie vorgenommen werden.

2 Auf Begehren der ersuchenden Behörde können auch ausländische Verfahrensformen angewendet oder berücksichtigt werden, wenn es für die Durchsetzung eines Rechtsspruchs im Ausland notwendig ist und nicht wichtige Gründe auf seiten des Betroffenen entgegenstehen.

Die schweizerischen Gerichte oder Behörden können Urkunden nach einer Form des ausländischen Rechts ausstellen oder einem Gesuchsteller die eidesstattliche Erklärung abnehmen, wenn eine Form nach schweizerischem Recht im Ausland nicht anerkannt wird und deshalb ein schützenswerter Rechtsanspruch dort nicht durchgesetzt werden könnte."

Kantonal ist die Rechtshilfe in den §§ 114 bis 120 GVG geregelt:

3 *§ 114 GVG: Rechtshilfe: a) durch Bewilligung selbständiger Amtshandlungen*

¹ Behörden anderer Kantone haben für Amtshandlungen auf dem Gebiet des Kantons Zürich in Zivilsachen eine Bewilligung des Obergerichtspräsidenten einzuholen. In Strafsachen erteilt der Obergerichtspräsident den Gerichten und der erste Staatsanwalt den Untersuchungs- und Strafvollzugsbehörden anderer Kantone die Bewilligung nach Art. 355 StGB.

² Mit Zustimmung der zuständigen Bundesbehörde können auch Amtshandlungen ausländischer Behörden bewilligt werden, wenn wichtige Gründe es erfordern und nicht schutzwürdige Interessen der Betroffenen entgegenstehen. Vorbehalten bleibt überdies § 116.

4 *§ 115 GVG: Rechtshilfe: b) durch Mitwirkung zürcherischer Behörden*

¹ Ordnungsgemässen Rechtshilfebegehren wird entsprochen, wenn die Rechtshilfehandlung in den Aufgabenbereich der zürcherischen Gerichte und Untersuchungsbehörden fällt. Ausländischen Behörden gegenüber bleibt § 116 vorbehalten.

² Die Rechtshilfe kann von der Leistung eines Kostenvorschusses oder einer Kostengutsprache abhängig gemacht werden. Vorbehalten bleibt Art. 354 StGB.

§ 116 GVG: Rechtshilfe: c) besondere Bestimmungen bei ausländischen Gesuchen 5

[1] *Ausländischen Behörden wird die Rechtshilfe in der Regel verweigert, wenn sie in fiskalischen, militärischen oder politischen Angelegenheiten nachgesucht wird oder wenn ihre Gewährung gegen wesentliche Grundsätze der schweizerischen Rechtsordnung verstösst.*

[2] *Die Rechtshilfe kann verweigert werden, wenn feststeht, dass der ausländische Staat nicht Gegenrecht hält. Sie kann unter Bedingungen und Auflagen bewilligt werden, insbesondere unter der Auflage, dass die Ergebnisse der Erhebungen in der Schweiz von den Behörden des ersuchenden Staats nur insoweit verwendet werden dürfen, als die Rechtshilfe bewilligt wurde.*

§ 117 GVG: Rechtshilfe: Verfahrensformen 6

[1] *Bei den Amtshandlungen nach § 114 und den übrigen Rechtshilfemassnahmen nach § 115 ist zürcherisches Recht anzuwenden. Auf Verlangen der ersuchenden Behörde und mit dem Einverständnis des Betroffenen werden auswärtige Verfahrensformen angewandt oder bewilligt, soweit dem nicht wichtige Gründe entgegenstehen.*

[2] *Zwangsmassnahmen dürfen nur nach Massgabe des zürcherischen Rechts und von zürcherischen Behörden angeordnet und vollzogen werden.*

[3] *Ausländische Behördemitglieder sind auf Verlangen der Betroffenen auszuschliessen, bis festgestellt ist, dass das Verfahren ohne Preisgabe geheimzuhaltender Tatsachen weitergeführt werden kann.*

§ 118 GVG: Rechtshilfe: e) besondere Vereinbarungen 7

Zwischenstaatliche Vereinbarungen bleiben vorbehalten. Soweit diese nichts anderes bestimmen, wird der Verkehr mit ausländischen Behörden durch die Bundesbehörden vermittelt.

§ 119 GVG: Unterstützung privater auswärtiger Rechtsverfolgung: a) Eid 8

Der Einzelrichter nimmt einem Gesuchsteller den Eid oder die eidesstattliche Erklärung ab, die zur Rechtsverfolgung ausserhalb des Kantons notwendig sind. Verlangt das auswärtige Recht die Abnahme vor einem höheren Richter, ist der Obergerichtspräsident zuständig.

§ 120 GVG: Unterstützung privater auswärtiger Rechtsverfolgung: b) gerichtliche Übersetzung 9

Wenn es für die Rechtsverfolgung ausserhalb des Kantons erforderlich ist, lässt der Einzelrichter richterliche Entscheide und andere Urkunden auf Antrag eines Beteiligten in eine fremde Sprache übertragen.

BGE 118 II 267 betr. interkantonales Konkordat: 10

BGE 118 II 267: "2. Die Beschwerdeführer bringen vor, das Kreisamt Oberengadin habe das Konkordat über die Gewährung gegenseitiger Rechtshilfe in Zivilsachen vom 26. April und 8./9. November 1974 (SR–274; im folgenden: Konkordat) verletzt. Die vom Kreisamt Oberengadin erlassenen und an Personen ausserhalb des Kantons Graubünden gerichteten Verfügungen seien 'andere prozessleitende Handlungen' im Sinne von Art. 9 des Konkordats und fielen deshalb in die ausschliessliche Zuständigkeit der Behörden am Wohnsitz der Verfügungsadressaten. Sowohl nach zürcherischem als auch nach luzernischem Prozessrecht seien aber die ergangenen Verfügungen nicht zulässig.

a) Die angefochtenen Verfügungen verpflichten die Beschwerdeführer unter Strafandrohung, Auskünfte zu geben. Diese Auskünfte sind am Wohnort der Verfügungsadressaten zu erteilen. Da diese nicht im Prozesskanton wohnen, handelt es sich um Prozesshandlungen in einem andern Kanton. Sie sind damit nur rechtmässig, soweit auf Grund des Konkordats solche auswärtigen Handlungen zulässig sind.

b) Das Konkordat sieht vor, dass Zustellungen an Adressaten in einem Konkordatskanton direkt durch die Post erfolgen können (Art. 6). Zudem haben Zeugen und Sachverständige, die den ihnen erteilten Auftrag angenommen haben, der Vorladung Folge zu leisten. Sie sind dem Recht der ladenden Behörde unterstellt (Art. 7). Überdies können Behörden in einem anderen Kanton Sitzungen abhalten und Augenscheine oder Einvernahmen durchführen, wobei sie ihr eigenes Recht anwenden (Art. 8). Die Vornahme anderer prozessleitender Handlungen, wie die Zustellung gerichtlicher Akten durch den Gerichtsboten oder die Inanspruchnahme polizeilicher Hilfe, fällt demgegenüber in die ausschliessliche Zuständigkeit der Behörden am Vollzugsort (Art. 9). Es stellt sich damit die Frage, ob die angefochtenen Verfügungen zu den in Art. 7 und 8 des Konkordats aufgeführten Handlungen gehören, die dem Recht des Prozesskantons unterstehen, oder ob sie den anderen prozessleitenden Handlungen nach Art. 9 des Konkordats zuzurechnen sind, die nur von den Behörden am Vollzugsort vorgenommen werden dürfen.

Das Konkordat erlaubt es einem Gericht, Personen in einem anderen Kanton zu Aussagen zu zwingen, sei es, dass sie in den Prozesskanton geladen und dort befragt werden oder dass sich das Gericht in den Wohnsitzkanton der betreffenden Personen begibt und diese dort einvernimmt. Zudem kann das Gericht das sich mit der Sache befasst, dort auch einen Augenschein durchführen. Die Zulässigkeit all dieser Handlungen wie auch die Pflichten der betroffenen Personen bestimmen sich nach dem Recht des Prozesskantons. In welcher Form die Einvernahme durchzuführen ist und ob die zu befragende Person zur Aussage verpflichtet ist oder diese verweigern kann, richtet sich somit nach dem Recht des Prozesskantons. Dieses Recht bestimmt auch, ob die betreffende Person als Zeuge oder Sachverständiger oder aber in einer anderen Weise (z. B. als Auskunftsperson) einzuvernehmen ist. Während bei Vorladungen die Pflicht, sich in den Prozesskanton zu begeben, nur Zeugen und Sachverständige trifft – letztere zudem nur, wenn sie den erteilten Auftrag angenommen haben –, fehlt diese Einschränkung mit Bezug auf die auswärtigen Einvernahmen. Das Ersuchen um Auskunftserteilung am Wohnsitz der ersuchten Person kann ohne weiteres als eine besondere Form einer auswärtigen Einvernahme im Sinne von Art. 8 des Konkordats angesehen werden. Von daher ist nichts dagegen einzuwenden, wenn das Kreisamt Oberengadin die Verfügungen nach seinem eigenen Prozessrecht erlassen und direkt mit der Post den Beschwerdeführern zugestellt hat (Art. 6 Konkordat). Die Rüge der Konkordatsverletzung erweist sich damit als unbegründet.

4. b) Die Beschwerdeführer rügen im weiteren, den Verfügungen liege eine willkürliche Auslegung des Zivilrechts zugrunde. Eine allfällige Auskunftspflicht dürfe nicht mit Zwangsmassnahmen wie einer Strafandrohung durchgesetzt werden. Aus Art. 581 Abs. 2 ZGB ergebe sich, dass eine Auskunftsverweigerung nur Haftpflichtfolgen haben könne. Zudem erfasse das Inventar nach Art. 553 ZGB nur die Vermögensverhältnisse am Todestag, nicht auch Zuwendungen unter Lebenden, selbst wenn diese der Herabsetzung oder Ausgleichung unterlägen. Deshalb könne auch keine Auskunftspflicht über solche Vorgänge bestehen."

11 Häufig wäre es wichtig, dass das Gericht einen direkten Eindruck von den Zeugen erhält. Bei rechtshilfeweiser Einvernahme fehlt dieser unmittelbare Eindruck dem Gericht oder den nicht anwesenden Richtern bei Einvernahme durch den Referenten. Da Richter unterschiedlich gerne arbeiten und sich häufig auf Überlastung berufen, besteht die Gefahr, dass eine Partei gezwungen wird, die Zeugen rechtshilfeweise einvernehmen zu lassen, um einen Prozess voranzubringen.

12 Die Aufnahme von Telefongesprächen mit PTT-Bewilligung ist zulässig und bildet gemäss Bundesgericht keine widerrechtlich erlangten Beweismittel. Ebenso darf Material, das in einem Strafverfahren beschlagnahmt wurde, im Zivilprozess verwertet werden.

Die derzeitige Rechtslage führt dazu, dass der Strafprozess häufig herhalten muss, damit eine 13
Behörde das Beweismaterial für den Zivilprozess einsammelt. Damit wird verdeckt eine Art Untersuchungsmaxime eingeführt, wo immer man einen Straftatbestand mehr oder weniger konstruieren kann, an welchem die Partei an sich überhaupt kein Interesse hat. Derartige Regelungen sind im Ergebnis mehr als fragwürdig. Die immer zahlreicheren Strafnormen führen zu einem andauernden Beschaffen der Beweismittel über das Strafverfahren, zumal diese Strafverfolgungsbehörden gratis arbeiten (sog. Verlagerung des Zivilprozesses ins Strafrecht).

ZR 81, Nr. 121: Der Aktenbeizug aufgrund eines Parteiantrags mit dem Zweck der Aufklärung 14
eines streitigen Sachverhalts ist den Parteien bekanntzugeben; auch ist ihnen Gelegenheit einzuräumen, sich zu den beigezogenen Akten auszusprechen.

ZR 82, Nr. 33: Im Offizialverfahren (in casu Erforschung der materiellen Wahrheit in einem Fall, 15
in dem es um das Kindswohl geht) kann die Verwertung widerrechtlich erlangter Tonaufnahmen gerechtfertigt sein.

ZR 94, Nr. 36: Verwertung illegal erlangter Beweismittel im Zivilprozess: Die Klägerin drang lan- 16
ge nach Rechtshängigkeit des Streits in die vormalige eheliche Wohnung ein und hatte zahlreiche Unterlagen über Vermögenswerte des Beklagten sowie sonstige persönliche Papiere mitgenommen, die sie in der Folge zu den Gerichtsakten gab. Die Unterlagen über Vermögenswerte reichte die Klägerin ein, um zu beweisen, dass der Beklagte, entgegen seiner vorgespiegelten völligen Mittellosigkeit, über erhebliche Vermögenswerte verfüge. Selbst wenn man die Beschaffen dieser Beweismittel als strafbare Handlungen ansehen wolle, wögen diese jedenfalls leicht. Lediglich die Wegnahme des Testaments des Beklagten sei als schwere Verletzung von dessen Persönlichkeit zu werten. Anderseits hatte der Beklagte keinerlei Anspruch auf Geheimhaltung seiner Vermögensverhältnisse, sondern wäre gegenteils gesetzlich zum Erteilen der erforderlichen Auskünfte und Vorlage der notwendigen Urkunden über seine finanziellen Verhältnisse verpflichtet gewesen (Art. 170 ZGB). Diese Verpflichtung begründet ein gewichtiges Interesse der Klägerin an der Vorlage der entsprechenden vom Beklagten verheimlichten Beweismittel, das die Schwere der Beschaffungshandlung bei weitem überwiegt, weshalb die Unterlagen, die über die finanziellen Verhältnisse des Beklagten Auskunft geben, ohne Einschränkung als Beweismittel verwertbar sind. Nicht anders verhält es sich mit den von der Klägerin zum Scheidungspunkt selbst eingereichten Unterlagen. Zwar befinden sich darunter Dokumente, namentlich ein psychiatrisches Gutachten über den Beklagten aus dem Jahre 1966, deren Einreichung durch die Klägerin gegen den Willen des Beklagten dessen Privat- und Geheimsphäre empfindlich verletzt. Indessen erfolgt die Einreichung im Zusammenhang mit den überaus schwerwiegenden Vorwürfen der Klägerin an den Beklagten; dieser soll die Klägerin während der ganzen Dauer des Zusammenlebens auf menschenverachtende, entwürdigende und persönlichkeitszerstörende Art und Weise behandelt, ihr die Freiheit geraubt, sie regelmässig und brutal verprügelt haben, ihr zu wenig Nahrung gegeben und sie nicht schlafen lassen haben, wobei sich all diese Handlungen naturgemäss nicht vor Zeugen abgespielt haben sollen. Die von Amtes wegen gebotene Abklärung dieser Vorwürfe und die wenigen zur Verfügung stehenden Beweismittel rechtfertigen trotz der Schwere der Persönlichkeitsverletzung, bei der Einreichung der dem Beklagten weggenommenen Dokumente, namentlich des Gutachtens, liegt, deren uneingeschränkte Zulassung zur der freien richterlichen Würdigung unterliegende Beweismittel. Insbesondere hielt das Gericht fest, strafrechtliche Bestimmungen, welche das Auswerten von Beweismitteln, die durch Hausfriedensbruch und/oder Vermögensverschiebungsdelikte beschafft würden, verbieten würden, würden nicht existieren. Gemäss Meinung des Bezirksgerichts Zürich seien in Verletzung des Persönlichkeitsrechts beschaffte Beweismittel im Zivilprozess aufgrund einer Interessenabwägung zu entscheiden.

Bemerkungen: Eine derartige Beschaffung von Beweismitteln im Zivilprozess mittels Wild-West- 17
Methoden und teilweise auf strafbare Art und Weise kann nicht Sinn und Zweck eines ordnungsgemässen Verfahrens sein. Wenn die Auffassung des Bezirksgerichts Zürich richtig wäre, könnte mittels Einbrüche ("Watergate") Material beschafft und für irgendwelche Zwecke im Zivilprozess verwendet werden. Daran vermag m.E. BGE 109 Ia 244 ff. nichts zu ändern, der grundsätzlich ebenfalls die Verwertung auf welche Weise auch immer erlangter Beweismittel akzeptiert. Im

vorliegenden krassen Fall wäre allenfalls auch mittels einer Beweislastumkehr eine sachgerechte Lösung zu erzielen gewesen, um den Bedenken gegen die Beweismittelverwendung Rechnung zu tragen.

18 ZR 95, Nr. 62: Vgl. § 281 ZPO.

Direkter Beweisabnahmebeschluss
§ 141. (alte Fassung). Erklären die Parteien, dass sie zum ganzen Prozessstoff oder zu einzelnen Fragen sämtliche Beweismittel bezeichnet haben, so kann das Gericht sofort den Beweisabnahmebeschluss erlassen. Dieser hat in der Regel den Anforderungen von § 136 Abs. 1 Ziffern 1 und 2 sowie von § 140 zu entsprechen.

Direkter Beweisabnahmebeschluss
§ 141. (neue Fassung, 24.9.95). Im einfachen und raschen Verfahren oder wenn die Parteien erklären, dass sie zum ganzen Prozessstoff oder zu einzelnen Fragen sämtliche Beweismittel bezeichnet haben, kann das Gericht sofort den Beweisabnahmebeschluss erlassen. Dieser hat in der Regel den Anforderungen von § 136 Abs. 1 Ziffern 1 und 2 sowie von § 140 zu entsprechen.

Beweiserhebung von Amtes wegen
§ 142. Handelt es sich um Rechtsverhältnisse, über welche die Parteien nicht frei verfügen können, so stellt das Gericht den Sachverhalt von Amtes wegen fest.

Das Gericht kann ausnahmsweise auch in anderen Fällen von Amtes wegen Beweise erheben.

Änderung von Beweisbeschlüssen
§ 143. Das Gericht ist an die den Beweisbeschlüssen zugrunde liegende Auffassung nicht gebunden. Bis zum Erlass des Endentscheids kann es andere Beweise auferlegen und die Beweislast ändern. Die Änderung ist zu begründen.

Delegation
§ 144. Die persönliche Befragung im Sinne von § 149, der Beizug schriftlicher Auskünfte, die Instruktion von Sachverständigen, die Einvernahme kranker Personen und die Beweiserhebungen für prozessleitende Entscheide oder im Rekursverfahren können einer Abordnung des Gerichts übertragen werden. Im Einverständnis mit den Parteien ist dies auch für die Abnahme weiterer Beweise zulässig.

Schutzmassnahmen
§ 145. Werden durch die Beweisabnahme schutzwürdige Interessen einer Partei oder Dritter gefährdet, ordnet das Gericht das zu ihrem Schutz Geeignete an.

1 ZR 84, Nr. 57: § 145 ZPO erlaubt im Sinne der materiellen Wahrheitserforschung insbesondere Massnahmen zum Schutze Dritter, welche das rechtliche Gehör der Parteien beschränken. Aus dem Gutachten ergeben sich zusammengefasst sämtliche Drittaussagen, wobei gerade infolge der zumindest im wesentlichen übereinstimmenden Schlussfolgerungen dieser Expertise mit den Zeugenaussagen, deren Schwachstellenanalyse und dem vorinstanzlich eingeholten Gutachten keinerlei Vermutungen auf nicht objektive Abklärungen und deren nicht objektive Verwertung durch den Experten vorliegen.

Diese Feststellungen, die Parteien hatten eingehend Gelegenheit, zum Gutachten Stellung zu nehmen und ihren Anspruch auf rechtliches Gehör wahrzunehmen, sowie die Überzeugung, dass angesichts der dem Gericht eingehend bekannten Umstände in hohem Mass gerechtfertigte Interessen zur Wahrung der Geheimsphäre dem Anspruch auf vollständiges rechtliches Gehör gegenüberstehen, lassen die Massnahmen auch bei der notwendigen strengen Interessenabwägung als gerechtfertigt erscheinen.

Dabei ist darauf hinzuweisen, dass die Geheimhaltung anonymer Auskunftspersonen ausdrücklich möglich ist. Aufgrund der Zusammenfassung im Gutachten zuhanden der Parteistellungnahmen wurde auch § 147 ZPO hinreichend Rechnung getragen. Logischerweise muss es sich auch die vorliegende Urteilsbegründung versagen, geheimzuhaltende Einzelheiten wiederzugeben.

Bemerkung: Dieses Urteil ist fragwürdig, kann doch eine Partei nur dann eine Stellungnahme zu einer Zeugenaussage vernünftigerweise vorbringen, wenn sie weiss, wer diese Zeugenaussage gemacht hat. Einer Partei ist es überlassen, welche Sachverhalte sie in einem Prozess einbringen will und welche nicht. Sie hat daher auch die Konsequenzen zu tragen, wenn sie bestimmte Geheimhaltungen wünscht. Dies kann nicht zulasten der Gegenpartei gehen.   1a

ZR 86, Nr. 25: Eine Partei mag ein Interesse haben, bestimmte Beweismittel unter der Anordnung von Schutzmassnahmen im Sinne von § 145 ZPO zu den Akten zu geben und sie, wenn das Gericht diesem Antrag nicht folgt, zurückzuziehen. Vgl. die Ausführung zu diesem Entscheid in § 54 ZPO.   2

ZR 86, Nr. 98: Beantragt eine Partei bezüglich einer von ihr eingereichten Urkunde den Erlass von Schutzmassnahmen nach § 145 ZPO, ohne dies näher zu begründen, so darf sich das Gericht das Begehren nicht allein wegen mangelhafter Substantiierung ablehnen, sofern sich aus dem Inhalt der Urkunde ohne weiteres ergibt, inwiefern die Frage solcher Massnahmen aktuell ist. Gemäss § 145 ZPO ordnet das Gericht die erforderlichen Schutzmassnahmen an, wenn durch die Beweisabnahme schutzwürdige Interessen einer Partei oder Dritter gefährdet werden. Derartige Eingriffe sind erforderlich und von Amtes wegen vorzunehmen. Schon daraus ergibt sich, dass die Abweisung des Antrags allein mit der Begründung mangelhafter Substantiierung unzulässig ist. Zu Recht beanstandet aber die Beschwerdeführerin, dass die Vorinstanz die Stellung des Antrags im Zusammenhang mit der konkret bezeichneten Urkunde als ungenügend erachtet hat. Tatsächlich darf erwartet werden, dass in einem solchen Fall das Gericht den Inhalt der bezeichneten Urkunde, die hier bereits auf der ersten Seite als "confidential" qualifiziert ist, zur Kenntnis nimmt, und sich selbst ein Bild davon macht, ob Anlass für Schutzmassnahmen besteht oder nicht. Dies gilt zumindest dann, wenn es sich wie hier um ein relativ knapp abgefasstes Dokument von drei Schreibmaschinenseiten Text handelt. Allgemein ist zu berücksichtigen, dass gerade durch eine zu extensive Substantiierung eines Antrags auf Geheimhaltung die zu schützenden Interessen gefährdet werden könnten. Auch in diesem Zusammenhang kommt daher der angefochtene Entscheid einer Gehörsverweigerung gleich.   3

ZR 87, Nr. 59: Identität von Zeugen: Für die Parteien ist es von wesentlicher Bedeutung, schon im Beweisabnahmebeschluss die vollständigen Personalien der zu befragenden Zeugen zu erfahren. Sollen zum Schutz der Zeugen deren Personalien nach aussen geheim gehalten werden, so bedarf dies in formeller Hinsicht einer konkreten Begründung; in materieller Hinsicht muss bei den Zeugen ein besonderer Grund vorliegen, der über die üblichen Unannehmlichkeiten hinaus geht, welche mit der Zeugnispflicht verbunden sind.   4

ZR 87, Nr. 60: Beschränkung des rechtlichen Gehörs und des Rechts auf Akteneinsichtnahme sind nach sorgfältiger Interessenabwägung und bei Wahrung des Grundsatzes der Verhältnismässigkeit zulässig, wobei das Kassationsgericht frei prüft, ob und in welchem Umfang Schutzmassnahmen anzuordnen sind. Bei polizeilich beschlagnahmten Akten ist vorerst abzuklären, inwieweit sich die den Beizug beantragende Partei auf diese berufen will. In diesem Umfang können Schutzmassnahmen im Sinne einer eingeschränkten Ausübung des Einsichtsrechts der Gegenseite angeordnet werden.   5

ZR 91/92, Nr. 4: Beweisverfahren, Edition: Eine Bank ist als Dritte verpflichtet, ihren Schätzungsbericht für eine durch sie belehnte Liegenschaft, nachdem der Bankkunde sie von Bankge-   6

heimnis befreit hat, offenzulegen; die Liegenschaftenschätzung durch eine Bank kann nicht als eigentliches Geschäftsgeheimnis betrachtet werden, jedenfalls kann den Bedenken der Bank dadurch Rechnung getragen werden, dass den Parteien nur persönlich Akteneinsicht gewährt wird, mit der Auflage, die dabei gewonnenen Erkenntnisse nicht einem weiteren Personenkreis zugänglich zu machen, alles unter Androhung gemäss StGB 292.

7   **ZR 93, Nr. 36:** Das Gericht kann Schutzmassnahmen unabhängig vom Verfahrensstand anordnen, sofern ein Schutzinteresse besteht. Der Schutzanspruch einer Partei kann sich auf die Namen der Lieferanten, auf Hinweise auf diese sowie auf die Bezugskonditionen erstrecken, nicht aber auf die in den eingereichten Rechnungen aufgeführten Artikelumschreibungen, Stückzahlen und Nettopreise, welche die Partei in den Rechtsschriften bereits offengelegt hat. Falls sich eine Partei im Hauptverfahren weigert, die von ihr verschlossen eingereichten Urkunden der Gegenpartei in dem gerichtlich festgelegtem Umfang offenzulegen, sind diese Urkunden für das Hauptverfahren auch seitens des Gerichts nicht zu berücksichtigen; die Aufrechterhaltung der Weigerung im Beweisverfahren ist gemäss §§ 148 und 183 ZPO zu würdigen.

8   **ZR 95, Nr. 62:** Vgl. § 281 ZPO.

Beweisverhandlung
§ 146. Bleiben die Parteien oder eine von ihnen der Beweisverhandlung fern, findet die Beweisabnahme gleichwohl statt. Das Gericht darf den Akteninhalt nicht zum Nachteil der ausgebliebenen Partei ausser acht lassen.

Stellungnahme der Parteien
§ 147. Nach durchgeführtem Beweisverfahren wird den Parteien Gelegenheit gegeben, mündlich oder schriftlich zum Beweisergebnis Stellung zu nehmen.

ZR 81, Nr. 117: Vgl. § 56 ZPO.

ZR 83, Nr. 55: Vgl. § 56 ZPO.

Beweiswürdigung
§ 148. Das Gericht würdigt die Beweise nach freier Überzeugung. Es berücksichtigt dabei das Verhalten der Parteien im Prozess, namentlich die Verweigerung der Mitwirkung bei der Beweiserhebung.

1   Der Satz "Das Gericht würdigt die Beweise nach freier Überzeugung" ist ein grosses Wort, das gelassen ausgesprochen und vielfach noch gelassener gehandhabt wird. Auch wenn man nicht verallgemeinern darf, lässt sich nicht übersehen, dass nicht selten bei schriftlicher Urteilseröffnung der Referent oder der Kanzleibeamte den Prozessstoff studiert. Der Referent oder juristische Sekretär (nicht selten ziemlich unerfahren) stellt einen schriftlichen Antrag und die übrigen Richter des Kollegialgerichts stimmen diesem zu oder allenfalls nicht. Dabei bilden sich mitunter teilweise eigenartige Bräuche: Wenn dem Antrag des Richters 1 durch den Richter 2 zugestimmt wird, stimmt im nächsten Fall der Richter 1 dem Antrag des Richters 2 zu.

2   Sachgerecht wäre folgendes Vorgehen: alle Mitglieder des Kollegialgerichts haben einen schriftlich begründeten Antrag vorzulegen, ohne den Antrag der Mitrichter zu kennen. Dann müsste zwangsläufig jeder Richter den Prozessstoff studieren. Dann wäre die Diskussion möglich und sinnvoll. Aber wie will ein Richter eigenständig zu einem Antrag Stellung nehmen, wenn er den Prozessstoff nicht kennt? Wie will er dazu Stellung nehmen, wenn er die Rechtsfragen nicht selber nachgelesen und selber studiert hat? Die Gerichte können auch das, was wiederum indiziert, wie es teilweise mit diesen bestellt ist. Denn wenn drei über die gleiche Sache nachgedacht haben, und sie kommen zum gleichen Ergebnis, dann hat meist nur einer gedacht. Eine freie Würdigung

der Beweise setzt sowohl das Studium des Prozessstoffs wie auch der Rechtsfragen voraus. Daran fehlt es teilweise, zumal es sich bei einem Teil der Richter um eine negative Auswahl handelt, was man nicht verallgemeinern darf. Mündliche Gerichtsverhandlungen, bei denen die Richter ihre Referate vorgängig absprechen, sind teilweise Realität, gehören aber eher zum Theatralischen.

(Exkurs: Ein Beispiel für viele, wobei zu betonen ist, dass man dieses nicht verallgemeinern darf: Am sog. Gerichtstag einer Abteilung an einem Bezirksgericht herrschten folgende Bräuche oder Missbräuche: Der Präsident war häufig ahnungslos und schlief nicht selten an einer Verhandlung ein, einmal auch in Anwesenheit einer Schulklasse, worauf einer der Richter merkte: "Kannst Du besser schlafen mit Zuschauern? Aber du solltest jeweils nicht so laut schnarchen." Zum Mittagessen wurde nicht nur ordentlich Wein getrunken, sondern einer der Referenten brauchte, um am Nachmittag Urteile effizienter beraten oder Beweise besser würdigen zu können, jeweils einen oder zwei "Grappa". (Der Alkoholismus im Justizapparat bildet ein weiteres Tabu). Dieser Präsident hatte die eigentümliche Eigenschaft, dass er immer genau gleicher Meinung war, wie der eine von seinen zwei Referenten; vor Urteilseröffnung hatte einer der Referenten die Idee, damit die Parteien von der nicht öffentlichen Beratung des Gerichts einen besseren Eindruck hätten, solle das Gericht etwas länger Pause machen. Wenn man bedenkt, dass Gerichte häufig über Sein oder Nichtsein entscheiden, müsste man sich bei solchen Vorfällen schon Gedanken machen. Es ist zu betonen, dass es nicht nur oder überwiegend negative Vorfälle gibt, aber man kann diese nicht als Einzelfälle abtun, zumal das Gericht immer über Einzelfälle befindet. Bei einem Einzelrichter des gleichen Gerichts hatte die Sekretärin jeweils um 07.30 Uhr die Storen hochzuziehen und das Licht anzumachen; im Laufe des Vormittags erschien der Richter jeweils, ausgenommen an seinem Sitzungstag; über seine Fälle hatte er kaum eine Ahnung, was ihn an keinem arroganten Auftritt hinderte; Arroganz, Machtbewusstsein und Selbstüberschätzung soll ein besonders verbreitetes Problem zürcherischer Gerichte zu sein, wobei man auch dies nicht verallgemeinern darf. 3

Ein weiteres Problem der freien Beweiswürdigung sind latente Interessenkonflikte. Einen mit Vorsicht zu lesenden Teilaspekt zeigt der Artikel einer nicht juristischen Zeitschrift auf (Richter und ihre Nebenämter: Der Filz gedeiht, in: Beobachter, 16.8.1996, S. 20 ff.). Man muss dabei bedenken, dass sich Journalisten, ohne den Verfassern etwas unterschieben zu wollen, nicht nur der Objektivität, sondern hin und wieder auch der Auflage und der Story verbunden fühlen können; man muss den Artikel mit Vorsicht lesen; er ist nicht die ratio scripta, gibt aber einen Teilaspekt der Problematik im Zusammenhang mit der freien Beweiswürdigung – Stichwort: Interessenlage – wieder, jedenfalls wenn man die teilweise polemischen Töne überliest. 4

Der Umstand allein, dass jemand einem Verwaltungsrat angehört, lässt wohl nicht generell auf Befangenheit schliessen; sehr viel problematischer ist der Umstand, dass ein Richter am Gericht als Richter und in andern Fällen am gleichen Gericht als Anwalt auftreten kann. Hier erzielt ein Anwalt, der zugleich Richter ist, dank seinen Insiderkenntnissen, für sich und seine Kanzlei Marktvorteile, die mit den Grundsätzen der Rechtsgleichheit und jenem der Wettbewerbsneutralität wohl schwerlich zu vereinbaren sind. Allerdings kann sich dies auch nachteilig auswirken, da auch unter den Richtern eine gewisse Konkurrenz herrschen kann. Noch gefährlicher sind dort persönliche enge private Beziehungen, sei es aus einem Verein, einer Zunft, einem Club, aus der Studienzeit oder was auch immer, welche keine offensichtlichen Ausstandsgründe bilden. Auch hier darf man nicht verallgemeinern, aber man muss der Justiz entgegenhalten, dass sie stets über Einzelfälle befindet, und sich daher auch am Einzelfall messen lassen muss. 5

Die Justizbeamten haben teilweise gerade mit den Ausstandsbestimmungen ihre Mühe: Einem Mitglied des Handelsgerichts, Dr. F., war vorgeworfen worden, er habe eine Verhandlung emotionsgeladen und ausfällig geführt; so habe er zweimal eine Partei als kindisch bezeichnet. Die Verwaltungskommission des Obergerichts wies 1996 ein Ausstandsbegehren ab; Dr. F. habe ausgeführt, er könne sich nicht daran erinnern, dass er bestimmte Qualifikationen verwendet habe. Beachtlich ist, dass Dr. F. die fraglichen Äusserungen nicht etwa bestritten hatte, sondern sich bloss nicht mehr daran erinnern zu können glaubte. Es genügt also das blosse Nicht-Mehr-Erinnern- 6

Können, um der Befangenheit zu entgehen. Wie will ein solcher Richter sich den Prozessstoff im Überblick erhalten, wenn er – angesichts der jahrelangen Prozesse – nach wenigen Wochen sich bereits nicht mehr erinnern kann? Ob sich der Vorwurf halten lässt, die Verwaltungskommission des Obergerichts sei von einem Korpsgeist beseelt, und würde primär die Mitrichter schützen, lässt sich aufgrund dieses und anderer Fälle nicht beurteilen, wäre dazu doch eine eingehende Untersuchung notwendig. Es sei also nicht etwa notwendig, dass ein Oberrichter entgleisende Äusserungen bestreite, es genüge offenbar, um seine Unbefangenheit darzulegen, wenn er sich nicht mehr daran erinnern könne. Ob es sich hier um einen Einzelfall handelt oder der Entscheid der Verwaltungskommission des Obergerichts die repräsentative Haltung der Verwaltungskommission wiedergibt, kann man nicht ohne weiteres beurteilen und bedürfte eingehender Untersuchungen.

Die Verwaltungskommission des Obergerichts hat in Sachen Dr. F vorgebracht, im Protokoll stehe über den Verlauf der Vergleichsverhandlung nichts. Als Konsequenz wird das Verhalten der Verwaltungskommission es mit sich bringen, dass die eine oder andere Partei künftig verlangen wird, alle Äusserungen des Gerichts seien zu protokollieren; § 144 Abs. 2 GVG bezieht sich nämlich nach dem klaren Randtitel nur auf Äusserungen der Parteien, nicht auf solche des Gerichts.

8   Der Grundsatz der freien Beweiswürdigung setzt ausserordentliche Anforderungen an die Richterpersönlichkeit; in der Praxis fehlen den Richtern teilweise die erforderlichen Qualitäten. Wie wollen Richter beispielsweise in Wirtschaftsstreitigkeiten aus der Lebenserfahrung schöpfen, wenn sie in diesem Bereichen keine haben, sondern stets in einer Art staatlich geschützter Werkstatt arbeiteten? Man kann im Rahmen dieser Arbeit nicht auf diese Probleme eingehen, man kann nur am Rande darauf hinweisen.

9   Die Problematik besteht nicht nur darin, dass Richter entsprechend den Parteiausweisen gewählt werden, sondern vor allem darin, dass die Richter teilweise über sehr viele Jahre am gleichen Ort tätig sind, was allerhand für Beziehungsgeflechte undurchschaubarer Art schafft. Weiterbildung halten etwelche Richter für weniger nötig. Ein Gerichtspräsident in einem Nachbarkanton konnte noch 1995 ausführen, dass er getrost auch angetrunken im Kanton herumfahren dürfe, da ihm nichts passieren könne, er sei zu mächtig...

10 Die Tätigkeit der gleichen Anwälte an bestimmten Gerichten, teilweise als Anwalt, teilweise als Richter, vermag schwerlich zu überzeugen. Gefährlich bei der freien Beweiswürdigung sind heute kaum mehr eigentliche Ausstandsgründe wie Verwandtschaft, sondern die verdeckte Beziehungskorruption ("man kennt sich ...").

11 Die Sache wird nicht dadurch einfacher, dass der Richterberuf zu den seltenen Tätigkeiten gehört, ohne jede persönliche Verantwortung, dafür mit sicherer Pension im Falle der Nichtwiederwahl, und vielleicht macht gerade die fehlende persönliche Verantwortung die Verhaltensweisen vieler Richter teilweise mitunter welt- und wirtschaftsfremd, was hier nicht weiter untersucht werden kann.

12 Der Hauptgrund, warum man in einem fremden Kanton selten prozessiere, liege nicht darin, so wird argumentiert, dass das Prozessrecht fremd sei, sondern dass man die örtlichen Interessensphären, Beziehungsgeflechte, etc. nicht oder zuwenig kenne. Die Justiz neige dazu, sich selbst nicht aus Distanz betrachten zu können; dies führe zur erwähnten Arroganz der Gerichte: Fehlentscheide führten zu keiner persönlichen Verantwortlichkeit des Richters; im Grunde genommen existiere keinerlei persönliche tatsächliche Verantwortlichkeit des Richters. Gerichte seien in der Lage, Bürger strafrechtlich zu verurteilen oder wirtschaftlich zu vernichten, weil sie dies oder jenes übersehen hätten; mit sich selbst gehe die Justiz kaum im Gericht, sei sehr kritikempfindlich, und vermöge die Fassade einer Art höherer Weihen zu erhalten. Die Begründetheit solcher Beobachtungen kann hier nicht beurteilt werden und bedürfte differenzierter Analysen.

13 Das schwindende Vertrauen in den staatlichen Justizapparat führt zunehmend dazu, dass sich Parteien Schiedsgerichten zuwenden; in einen Vertrag, der schiedsgerichtsfähig ist, keine solche Klau-

sel aufzunehmen, gilt teilweise heute als Kunstfehler. Doch ist zu beachten, dass ein privates Gericht nicht per se besser sein muss, als ein staatliches, zumal die staatlichen Richter in der Schiedsgerichtsbarkeit eine wichtige ergänzende Einkommensquelle erkannt haben, die ihr ordentliches Einkommen wesentlich ergänzen kann. Obwohl diese Richter keine anwaltliche Infrastruktur benötigen, sondern kostenlos die staatliche benützen können, erhalten und behalten sie in der Regel ohne Abgeltungspflicht an den Staat die volle Entschädigung.

Man darf diese Umstände nicht verallgemeinern; zu beachten bleibt, dass Gerichtstätigkeit keine mathematische Grösse ist; Gerechtigkeit und Justiz sind kaum verwandte Begriffe; es kann daher auch keine perfekte Justiz geben. Es geht nicht um eine Entweder-Oder, sondern um eine Gradfrage; die Tätigkeit der Gerichte kann besser oder weniger gut sein; fraglich bleibt, inwieweit das derzeitige System des internen richterlichen Werdegangs geeignet ist; der zitierte Entscheid der Verwaltungskommission des Obergerichts betreffend Ausstand zeigt eine problematische Haltung der Justiz; inwieweit der Entscheid repräsentativ ist, muss hier offen bleiben, auch wenn Beobachter diese Haltung als nicht untypisch ansehen, was zutreffendenfalls bedenklich wäre. 14

Insgesamt ist zweifellos anzuerkennen, dass sich die Richter Mühe geben, zu leisten, was sie können. Dabei trägt das Kassationsgericht – trotz beschränkter Kognition – ungewöhnlich viel zur Qualitätssteigerung in der Zürcher Justiz weit über die Grenzen des Kantons Zürich bei. Seine Abschaffung, die immer wieder diskutiert wird, ob dies gezielt aus Kreisen um Richter von Vorinstanzen bewirkt wird, lässt sich nicht beurteilen, wäre daher einem gezielten Qualitätsabbau gleichzustellen.

Während bei grösseren Gerichten sich verschiedene vollamtliche Richter die Macht teilen und deren gelegentliche Wechsel zu einem System einer Art "Change and Balance" führen können, herrschen vor allem in ländlichen Kantonen teilweise wenig durchschaubare Zustände. Deutlicher Kritik, ob berechtigt oder nicht, kann hier nicht beurteilt werden, begegnet die Justizstruktur beispielsweise eines Nachbarkantons, dessen Zivilprozessordnung teilweise identisch ist mit jener des Kantons Zürich: Die Bezirksgerichte sollen eine Art "Regionalfürstentümer" bilden, beherrscht von je einem Präsidenten, von denen einzelne gleichzeitig in der Advokatur tätig sein sollen, wobei jeder Kritik gleich mit Androhung von Disziplinarmassnahmen begegnet würde; diese "Fürstentümer" sollen relativ grosszügig von einer Art "König" auf kantonaler Stufe kontrolliert werden, der seinerseits nicht von einem eher kritischen Kassationsgericht (wie etwa im Kanton Zürich) eingebunden sei, sondern faktisch (nicht rechtlich) jeweils auf Lebenszeit bzw. bis er sich zurückzöge, eine fast unbegrenzte Macht geniessen solle; nur umfassende Analysen, die in einem scheinbar fast geschlossenen System subtiler Repression und kollektiven Schweigens unter Umständen sich nicht einfach gestalten würden, so machen Kritiker geltend, könnten solche Positionen klären. Auch wenn die Kritik nicht sachgerecht wäre, der Substantiierung und eingehender Untersuchung bedürfte, und man unterstellt, sie sei weit übertrieben, gibt die Aussage eines ortsansässigen Rechtsberaters zu denken, der eine ortsfremde Partei für ein Vertragswerk beriet und der sich gegen eine Gerichtsstandsklausel in jenem Kanton kategorisch wehrte und erklärte, er könnte sich für die ortsfremde Partei noch eher einen Gerichtsstand in Burkina Faso oder Lima vorstellen; solche Begebenheiten würden mit weiteren Umständen ein tief sitzendes qualifiziertes Unbehagen, ein eigentliches Justizmalaise indizieren. Diese Bemerkungen können hier nicht überprüft, sondern nur unkommentiert erwähnt werden, und bedürften ihrerseits einer kritischen Hinterfragung, wenn man sich, etwa gestützt auf Einzelfälle, unzulässigen Verallgemeinerungen entziehen will. Um den Vorwurf des Justizfilzes abzubauen, wird es längerfristig wohl unumgänglich sein, das Justizsystem in solchen Kantonen zu reformieren. Ob die Kantone eine Amtszeitbeschränkung für Gerichtspräsidenten, ein Kassationsgericht nach Zürcher Art oder eine andere Lösung treffen wollen, ist deren Sache. Ohne Änderungen dürfte sich das negative Image, ob dieses begründet ist oder nicht, kann hier nicht beurteilt oder untersucht werden, die Rechtspflege in jenem Kanton sei zu einem nicht ganz unerheblichen Teil auch ein Beziehungsgeschäft, nicht leichthin wirksam beheben lassen, auch wenn sich dieses Image zu einem erheblichen Teil oder ganz als sachlich unbegründet herausstellen würde. So soll etwa der Vorfall nicht ganz untypisch sein, dass ein Untersuchungsrichter auf Bezirksebene einem Angeschuldigten in einer geringfügigen UWG-Sache gesagt haben soll, er müsse den ausserkantonalen Anwalt zuerst durch 14a eine bestimmte kantonsinterne Person ersetzen; dann könne das Verfahren problemlos geschlossen werden.

Wie es sich wirklich verhält, darüber könnte nur eine umfassende Analyse Auskunft geben; man kann daher an dieser Stelle dieses System nicht in diese oder jene Richtung einstufen, sondern muss alle Fragen offen lassen. Interessant ist zudem der Umstand, dass bundesgerichtlich nicht mehr Urteile aufgehoben werden als anderswo; dabei ist allerdings zu beachten, dass das Bundesgericht in den hier aufgeworfenen Fragen aus dem Bereich der Beweiswürdigung nur eine Willkürkognition hat, so dass man diesbezüglich aus der bundesgerichtlichen Rechtsprechung wenig herleiten kann.

Soweit der Exkurs in diesem weder rechtlich noch tatsächlich erschlossenen, aber wesentlichen Bereich der freien Beweiswürdigung, einem eigentlichen Tabubereich der Rechtspflege, wobei man fast nicht hinreichend betonen kann, dass in diesem Themenbereich spezifisch differenzierende Erörterungen und Untersuchungen notwendig wären).

15   Die Auswirkungen der Art der richterlichen Fragestellung beispielsweise bei einer Zeugen- oder Parteibefragung, der Tonfall und der ganze Bereich der nonverbalen Kommunikation können unter Umständen von kaum zu unterschätzender Bedeutung für einen Prozessausgang sein.

16   Der Grundsatz der freien Beweiswürdigung gehört dem kantonalen Recht an. Bundesrechtlich ist er in bestimmten Fällen vorgeschrieben, so im Scheidungsrecht (Art. 158 Ziff. 4 ZGB), im Kindsrecht (Art. 254 Ziff. 1 ZGB betr. Vaterschaft und Art. 280 ZGB betr. Unterhalt), im Mietrecht (Art. 274d Abs. 3 OR), im Arbeitsrecht (Art. 343 Abs. 4 OR), bei der paulianischen Anfechtung (Art. 289 SchKG).

Das kantonale Recht kann bestimmte Beweismittel beschränken: Im Kanton Zürich darf zur Parteiaussage nur eine Partei zugelassen werden (§ 150 ZPO); dies ist eine rein kantonale Norm, deren Verletzung nicht mit bundesrechtlicher Berufung oder bundesrechtlicher Nichtigkeitsbeschwerde zu rügen ist.

17   Das kantonale Recht kann die Beweiskraft von Beweismitteln regeln: So sind gemäss § 149 ZPO Aussagen in der Parteibefragung zugunsten der eigenen Partei nicht zu berücksichtigen. Bundesrechtlich erbringen öffentliche Urkunden vollen Beweis bis zum Nachweis der Unrichtigkeit; Gerichtsprotokolle sind solche Urkunden. Die Wirkung ist jedoch auf die beurkundeten Erklärungen beschränkt; über den Erklärungsinhalt, was eine Person unter einer bestimmten Erklärung verstanden hat, sagen sie nichts.

Die freie Beweiswürdigung wird zusätzlich erschwert, da ein Richter häufig, beispielsweise bei der Zeugen- oder Parteibefragung, nicht anwesend ist, und es daher an der hier wichtigen Unmittelbarkeit fehlt; dies gilt auch für die übergeordnete Instanzen. Es kommt bei Zeugenbefragungen häufig nicht nur auf die Frageformulierung, sondern auch auf die Art an, wie gefragt, geantwortet und protokolliert wird.

18   **ZR 87, Nr. 125:** Antizipierte Beweiswürdigung: Eine antizipierte Beweiswürdigung ist zulässig, wenn man mit Sicherheit sagen kann, dass die Abnahme des Beweismittels an der richterlichen Überzeugung nichts ändern könnte, wenn das Ergebnis die geltend gemachten Behauptungen stützen würde. Man kann eine offensichtliche Unrichtigkeit im Sinne von Art. 28h Abs. 2 ZGB annehmen, wenn die Gegendarstellung unverkennbar und eindeutig falsch ist. Im Unterschied zum Normalfall muss es im Ermessen des Richters sein, den Beweis einer offensichtlichen Tatsache bereits an geringfügigen Zweifeln scheitern zu lassen; im Normalfall gilt der Beweis als erbracht, wenn erhebliche Zweifel als ausgeschlossen erscheinen.

19   **ZR 89, Nr. 118:** Beweisführungsverträge sind nicht zulässig: In diesen Bereich der Abänderung des Prozessrechts gehören die sog. Beweisverträge. Für ihre Zulässigkeit haben Literatur und Rechtsprechung von jeher grosse Zurückhaltung geübt. Dabei ist zunächst zu unterscheiden zwischen Beweisführungsverträgen, welche zum voraus die Beweismittel oder die Beweiswürdigung regeln,

und Beweislastverträgen, welche vertragliche Abreden darüber sind, welche Partei den Nachteil der Beweislosigkeit zu tragen hat (Kummer, Berner Kommentar, Art. 8 ZGB, N. 369–377). Im Rahmen solcher Beweislastverträge kann beispielsweise vereinbart werden, dass eine Schadenersatzpflicht im Falle der Nichterfüllung oder nicht richtigen Erfüllung abweichend von Art. 97 OR nur bestehen solle, sofern ein Verschulden des Schuldners vom Gläubiger nachgewiesen werde. Bereits die Zulässigkeit solcher Beweislastverträge ist umstritten (Guldener, Beweiswürdigung und Beweislast, Zürich 1995, S. 70/71; Kummer, a.a.O., N. 375–377; Vogel, Grundriss des Zivilprozessrechts, 2. A., S. 198 N. 57). Die Zulässigkeit von Beweisführungsverträgen, bei denen die Parteien die Beweisführung auf bestimmte Beweismittel (z.B. nur Urkunden oder nur durch eine Mehrzahl von Zeugen) beschränken oder einem Beweismittel zum voraus ein bestimmtes Gewicht zuordnen, wird mehrheitlich verneint (Guldener, a.a.O., S. 71; Kummer, a.a.O., N. 371; Walder, Zivilprozessrecht, 3. A., § 30 N. 1-4), weil sie einerseits dem tragenden Grundsatz der freien (und damit umfassenden) richterlichen Beweiswürdigung widersprechen (§ 148 ZPO) und anderseits die prozessuale Bewegungsfreiheit der Parteien im Sinne von Art. 27 ZGB verletzen, indem nicht lediglich auf einen bestimmten, überblickbaren Anspruch im prozessualen Bereich verzichtet wird, sondern letztlich auf das rechtliche Gehör im Rahmen des Beweisverfahrens und in einem Ausmass, welches im Zeitpunkt des Verzichts noch nicht beurteilt werden kann.

B. Parteibefragung

Persönliche Befragung
§ 149. Die Parteien werden auf Antrag oder von Amtes wegen persönlich befragt.

Die Partei wird vor der Befragung unter Androhung disziplinarischer Ahndung zur Wahrheit ermahnt und darauf aufmerksam gemacht, dass sie zur Beweisaussage angehalten werden kann.

Aussagen, welche zugunsten der befragten Partei lauten, bilden keinen Beweis.

Beweisaussage
§ 150. Das Gericht kann eine der Parteien zur Beweisaussage über bestimmte Beweissätze anhalten, wenn dies nach dem Ergebnis der persönlichen Befragung und des übrigen Beweisverfahrens geboten scheint.

Vor der Beweisaussage wird die Partei erneut zur Wahrheit ermahnt sowie auf die Folgen der Aussageverweigerung und auf die Straffolgen einer falschen Beweisaussage nach Art. 306 StGB aufmerksam gemacht.

Das Gericht würdigt die Beweisaussage nach freier Überzeugung.

Die einfache Parteibefragung erfolgt gemäss § 149 ZPO; Aussagen zu eigenen Gunsten bilden keinen Beweis. Zur Beweisaussage lässt die Zürcher Prozessordnung nur eine Partei zu. Dieses Beweismittel ist problematisch. Eine Partei kann auch zu eigenen Gunsten aussagen, in der Überzeugung, dass diese Aussage richtig ist, obwohl sie objektiv falsch ist; in diesem Fall fehlt es an einem Straftatbestand. 1

Zuerst ist grundsätzlich die Parteibefragung nach § 149 ZPO durchzuführen; erst in einem zweiten Schritt kommt mangels anderer Beweismittel die Beweisaussage gemäss § 150 ZPO zum Zuge. Solche Befragungen setzen Fähigkeiten voraus, welche Richtern mehr oder weniger abgehen. 2

BGE 112 Ia 369: "1. Das Kantonsgericht stellt entscheidend auf das Ergebnis der Beweisaussage des Beschwerdegegners ab. Es stellt fest, dass der Zeuge B. wegen schwerer Erkrankung nicht mehr befragt werden könne und deshalb für den Beschwerdegegner ein Beweisnotstand bestehe. Der Beschwerdegegner erscheine als glaubwürdig, und es sprächen auch Indizien für seine Darstellung. Es bestehe kein Anlass, auch den Beschwerdeführer zur Beweisaussage anzuhalten, da 3 dieser Antrag erst vor Kantonsgericht gestellt worden sei. Auf dieser Grundlage kommt das Kantonsgericht zum Schluss, der Beschwerdeführer habe dem Beschwerdegegner die Übernahme der Kosten der Malerarbeiten versprochen, wie sie vom Beschwerdegegner bezahlt worden seien.

2. Nach Art. 201 ZPO/GR kann das Gericht von Amtes wegen oder auf Antrag eine Partei zur Beweisaussage anhalten, wenn dies nach dem Ergebnis der formfreien Befragung und des übrigen Beweisverfahrens geboten und die zu befragende Person unverdächtig erscheint; vor der Beweisaussage wird die Partei zur Wahrheit ermahnt und auf die Straffolgen des Art. 306 StGB hingewiesen. Nach Art. 208 ZPO/GR sind die gestellten Fragen und deren Beantwortung genau zu protokollieren. Soweit das Kantonsgericht gegen den Wortlaut dieser Bestimmungen verstossen hat, liegt darin Willkür, es sei denn es sprächen triftige Gründe dafür, dass der Wortlaut nicht den wahren Sinn des Gesetzes wiedergebe (BGE 108 Ia 297 mit Hinweisen).

a) Der Beschwerdeführer beanstandet, dass der Beweisaussage keine formfreie Parteibefragung vorausgegangen sei, bei der auch er hätte befragt werden müssen. Die Rüge trifft offensichtlich zu. Sachliche Gründe sprechen klar für und nicht gegen das gesetzlich geforderte Vorgehen. Dass eine Partei ihre Darstellung mit ihrer eigenen Beweisaussage voll beweisen darf, kann zwar ausnahmsweise zur Abwendung eines Beweisnotstands gerechtfertigt sein; im Verfahren muss aber dem offenkundigen Interessenkonflikt und der Bedeutung dieser Aussage Rechnung getragen werden, was an sich schon eine genaue Beachtung der Prozessvorschriften verlangt. Wenn wie im vorliegenden Fall nur eine der beiden Parteien zur Beweisaussage zugelassen wird, erscheint eine vorausgehende formlose Befragung beider Parteien erst recht als unerlässlich, weil nur danach in Verbindung mit weiteren Umständen entschieden werden kann, welche der Parteien als glaubwürdiger erscheint (vgl. zur entsprechenden Regelung nach § 150 ZPO/ZH STRÄULI/MESSMER N. 2 und 4).

b) Der Beschwerdeführer rügt sodann, dass nur die Antworten des Beschwerdegegners, nicht aber die Fragen protokolliert worden sind. Auch das ist unbestritten. Dass dergestalt die Fragen in die Antworten verwoben und nicht selbständig protokolliert werden, entspricht zwar dem Vorgehen bei Zeugenbefragung (Art. 182 ZPO/GR); für die Beweisaussage gilt aber ausdrücklich eine andere Regelung. Das hat seinen guten Sinn, weil damit nicht nur eine gewisse Förmlichkeit des Verfahrens unterstrichen, sondern auch die Würdigung der Aussagen erleichtert wird (vgl. in diesem Sinn STRÄULI/MESSMER N. 6 zu § 150 ZPO/ZH). Auch diesbezüglich hat deshalb das Kantonsgericht gegen Wortlaut und Sinn des Gesetzes verstossen. Dass der Beschwerdeführer nicht sofort gegen diese Art der Protokollführung remonstriert hat, kann ihm nicht zum Nachteil gereichen, weil das Gericht sich auch im Einvernehmen mit den Parteien nicht über diese Prozessformen hinwegsetzen kann und gerade derartige spezielle überdies erst kurz zuvor revidierte Regelungen einem Anwalt nicht sofort bewusst werden müssen. Die Beschwerde ist daher auch insoweit gutzuheissen.

c) Zutreffend beanstandet der Beschwerdeführer sodann, dass das Kantonsgericht auch hinsichtlich der erfolgten Zahlung der Malerrechnung durch den Beschwerdegegner ausschliesslich auf dessen Beweisaussage abstellt. Das Kantonsgericht geht selbst davon aus, dass die Beweisaussage nur zur Abwendung eines Beweisnotstands gegeben sei. Dass ein solcher hinsichtlich dieser Zahlung des Beschwerdegegners an das Malergeschäft F. gegeben wäre, wird im angefochtenen Urteil nicht dargelegt und ist auch nicht erkennbar. Insoweit erweist sich die Beschwerde daher ebenfalls als begründet.

3. Dem Kantonsgericht kam die freie Beweiswürdigung auch hinsichtlich der Beweisaussage des Beschwerdegegners zu (Art. 158 ZPO/GR). Dabei stand ihm zwar ein erheblicher Ermessensspielraum zu (BGE 101 Ia 306 E. 5 mit Hinweisen); doch ist eine Beweiswürdigung, welche einseitig einzelne Beweise berücksichtigt, als willkürlich untersagt (BGE 100 Ia 127). Besonders sorgfältig ist vorzugehen, wenn nach den Umständen zu prüfen ist, ob sich eine Beweisaussage rechtfertigt und welche Partei dazu zuzulassen ist (Art. 201 ZPO/GR). In diesem Sinn rügt der Beschwerdeführer willkürliche Beweiswürdigung. Dass es sich dabei um Rechtsanwendung handle, die im Berufungsverfahren zu beurteilen sei, wie der Beschwerdegegner meint, trifft nicht zu..."

ZR 82, Nr. 89: Voraussetzung für die Beweisaussage ist gemäss § 150 ZPO, dass sie aufgrund der persönlichen Befragung und des übrigen Beweisergebnisses geboten ist. In formeller Hinsicht ist vorerst erforderlich, dass die übrigen Beweise mit Bezug auf die streitige Frage erhoben worden sind und sodann, dass vorerst eine formelle persönliche Befragung im Sinne von § 149 ZPO stattgefunden hat. Materiell muss die Beweisaussage geboten sein. Das bedeutet erstens einmal, dass andere Beweismittel nicht genügen, sei es, weil keine vorhanden sind oder dass die vorhandenen nicht überzeugend sind. Zum zweiten ist erforderlich, dass andere Indizien für das Vorhandensein der zu beweisenden Tatsachen sprechen, der Beweis aber durch sie noch nicht voll erbracht ist. Die Beweisaussage soll in diesem Fall der Ergänzung eines nicht völlig gelungenen Beweises oder der Entkräftung eines nicht völlig misslungenen Beweises dienen. Dritte Voraussetzung ist eine unbillige Beweislastverteilung oder das Erfordernis der Herstellung eines prozessualen Gleichgewichts der Kräfte. Eine unbillige Beweislastverteilung kann z.B. dann gegeben sein, wenn Beweismittel der Natur der Sache nach kaum gegeben sein können bzw. schwer zugänglich sind, wie Beweismittel über sexuelle Probleme in der Ehe (ZR 80, Nr. 88). Das ist allerdings nicht der Fall, wenn die Beweissicherung ohne weiteres möglich gewesen wäre, die Beweismittel aber aus Nachlässigkeit oder Unsorgfalt nicht gesichert wurden. Das prozessuale Gleichgewicht herzustellen, drängt sich z.B. in jenen Fällen auf, wenn auf der einen Seite ein am Prozessausgang wie eine Partei interessierter Zeuge auftritt.

Vierte Voraussetzung für eine Beweisaussage ist sodann, dass die Partei, welche zur Aussage zugelassen wird, aufgrund der persönlichen Befragung und des übrigen Beweisverfahrens als glaubwürdig erscheint. Im vorliegenden Zusammenhang ist insbesondere auch zu beachten, dass es um die Durchsetzung einer zwingenden Norm geht (Lohnanspruch während den Ferien). Die Beweisaussage soll möglichst nicht dazu dienen, die Verwirklichung einer zwingenden Norm zu verhindern.

ZR 84, Nr. 19: Eine Partei kann auch dann zur Beweisaussage zugelassen werden, wenn sie ihren Beweisnotstand selbst zu vertreten hat. Die Beweisaussage dient nicht nur der Ergänzung eines noch nicht völlig gelungenen oder der Entkräftung eines nicht völlig misslungenen Beweises; sie kann auch zugelassen werden, um als alleiniges Beweismittel einen Beweisnotstand abzuwenden.

Die Beweisaussage rechtfertigt sich immer dann, wenn sie aufgrund der persönlichen Befragung und der anderen Beweisabnahmen als nötig und angebracht erscheint. Sie setzt nicht eine unbillige Beweislastverteilung oder das Erfordernis der Herstellung eines prozessualen Gleichgewichts der Kräfte voraus. Eine Partei kann auch dann, wenn sich aufgrund der persönlichen Befragung und des übrigen Beweisverfahrens nicht beurteilen lässt, ob sie glaubwürdig ist, zur Beweisaussage zugelassen werden. Erscheint jedoch alles zum vornherein unglaubwürdig, so ist sie zur Beweisaussage nicht zuzulassen.

Gemeinsame Bestimmungen
  a) besondere Parteien
§ 151. Die prozessunfähige Partei kann befragt werden, soweit sie urteilsfähig ist.

Ist eine Kollektiv- oder Kommanditgesellschaft Partei, kann der unbeschränkt haftende Gesellschafter befragt werden.

Ist eine Konkursmasse Partei, kann das Gericht den Gemeinschuldner befragen.

  b) auswärtige Parteien
§ 152. Eine ausserhalb des Kantons wohnende Partei kann das Gericht durch den Richter ihres Wohnorts befragen lassen. Der Gegenpartei soll von der Verhandlung rechtzeitig Kenntnis gegeben werden.

c) Verhinderung
§ 153. Ist eine Partei aus zureichenden Gründen verhindert, persönlich vor Gericht zu erscheinen, so kann sie an ihrem Aufenthaltsort befragt werden.

d) Säumnisfolgen
§ 154. Bleibt eine Partei ohne zureichende Gründe aus, obschon sie zur Parteibefragung vorgeladen war, oder verweigert sie die Aussage, so würdigt das Gericht dieses Verhalten nach freier Überzeugung gemäss § 148.

e) Form der Befragung
§ 155. Die Befragung erfolgt mündlich. Die Fragen werden durch das Gericht gestellt.

Die Parteien können Ergänzungsfragen beantragen oder sie mit Bewilligung des Gerichts selbst stellen.

Der Befragte darf nur mit Bewilligung des Gerichts schriftliche Unterlagen benützen.

Strafanzeige
§ 156. Eine Partei, die der falschen Beweisaussage zur Sache dringend verdächtig ist, wird der zuständigen Untersuchungsbehörde verzeigt und nötigenfalls durch das Gericht verhaftet.

C. Zeugnis

Zeugnisfähigkeit und Zeugnispflicht
§ 157. Jedermann ist fähig und verpflichtet, Zeugnis abzulegen, soweit dieses Gesetz nichts anderes bestimmt.

Ist eine juristische Person Partei, können ihre Organe als Zeugen einvernommen werden.

Das Gericht bestimmt nach Ermessen, inwiefern Personen unter 18 Jahren zum Zeugnis befähigt und verpflichtet sind.

1   Die Zeugnisfähigkeit von Organen juristischer Personen vermag nicht zu überzeugen; diese Bestimmungen sind denn auch in der Zürcher ZPO einzigartig und wurden von den Schwyzern rezipiert. Die Zeugeneinvernahme setzt ausserordentliche Fähigkeiten voraus, und diese fehlen teilweise.

2   Die meisten Zeugnisverweigerungsgründe lassen sich über ein Strafverfahren aufheben, und dann kann man die Aussagen im Strafrecht indirekt im Zivilprozess verwerten.

3   **ZR 85, Nr. 78:** Der Beweisführer kann in der Beweiseingabe Unterbeweissätze formulieren, wobei auch neu indizierende Tatsachen vorgebracht werden dürfen.

4   **ZR 89, Nr. 75:** Wenn ein zivilrechtliches Rechtshilfegesuch während zwei Jahren trotz ordentlicher Mahnung nicht behandelt wird und vom ersuchten Richter auch keine Reaktion erfolgt, ist zu schliessen, das Zeugnis sei nicht erhältlich.

5   **ZR 90, Nr. 82:** Vgl. § 110 ZPO.

Zeugnisverweigerungsrecht
a) für alle Aussagen
§ 158. Das Zeugnis können verweigern:

1. die Blutsverwandten und Verschwägerten beider Parteien in gerader Linie und bis zum zweiten Grad der Seitenlinie; dasselbe gilt für das Stief- und Adoptivverhältnis oder ein diesem ähnliches Pflegeverhältnis;

2. der Ehegatte und die geschiedenen Ehegatten einer Partei, letztere aber nur, sofern sich das Zeugnis auf die Zeit vor der Scheidung bezieht;

3. der Vormund oder Beistand einer Partei.

b) für besondere Aussagen
§ 159. Verweigert werden können überdies:

1. Aussagen, die zur Schande oder zum unmittelbaren Nachteil des Zeugen oder der in § 158 Ziffern 1 und 2 genannten Personen gemacht werden müssten;

2. Aussagen über Amtsgeheimnisse, solange die zuständige Behörde den Zeugen nicht zur Aussage ermächtigt hat. Der Zeuge hat den entsprechenden Entscheid einzuholen; das Gesuch kann auch vom Gericht gestellt werden. Die zuständige Behörde wägt das öffentliche Interesse und jenes privater Beteiligter an der Geheimhaltung gegen das Interesse an der Wahrheitsfindung im Prozess ab; sie kann die privaten Beteiligten vor ihrem Entscheid anhören.

3. Aussagen über Tatsachen, welche dem Zeugen in seiner Stellung als Seelsorger, Arzt, Anwalt oder als deren Hilfsperson anvertraut worden sind oder die er in dieser Stellung wahrgenommen hat. Wird der Zeuge von der Pflicht zur Geheimhaltung befreit, so ist er zur Aussage verpflichtet, wenn nicht gemäss seiner gewissenhaften Erklärung ein höheres Interesse trotz der Befreiung die Geheimhaltung gebietet. Die Erklärung ist vor Gericht mündlich abzugeben, nachdem dem Zeugen das Beweisthema bekanntgegeben worden ist.

c) Geheimnisschutz
§ 160. Bei andern Berufen, die mit einer Schweigepflicht verbunden sind oder ein besonderes Vertrauensverhältnis voraussetzen, erlässt das Gericht die Zeugenaussage, wenn Schutzmassnahmen nach § 145 nicht ausreichen und wenn das Interesse des Zeugen an der Geheimhaltung dasjenige des Beweisführers an der Offenbarung überwiegt.

Sinngemäss gilt dies auch für Fabrikations- und Geschäftsgeheimnisse.

ZR 91/92, Nr. 4: Vgl. § 145 ZPO.

Ausschluss von den Verhandlungen
§ 161. Wer als Zeuge in Frage kommt, kann von den Verhandlungen ausgeschlossen werden.

Zeugenvorladung
§ 162. Das Gericht kann den Gegenstand der Einvernahme in der Zeugenvorladung kurz umschreiben und dem Zeugen aufgeben, bestimmte Urkunden und Gegenstände zur Verhandlung mitzubringen.

Säumnisfolgen
§ 163. Bleibt der Zeuge der Einvernahme fern, ohne dass er sich innert Frist genügend entschuldigt, so hat er die durch seine Säumnis verursachten Kosten und Entschädigungen zu tragen. Überdies kann er mit Ordnungsbusse bestraft oder, nach ergangener Androhung, polizeilich vorgeführt werden.

Verweigert der Zeuge unbefugt die Aussage, wird er nach ergangener Androhung durch das erkennende Gericht mit Busse bis Fr. 500 oder mit Haft bis zu zehn Tagen bestraft. Wenn er die Weigerung fortsetzt, wird er dem Strafrichter zur Bestrafung wegen Ungehorsams überwiesen. Die zivilrechtliche Schadenersatzpflicht des Zeugen gegenüber dem Beweisführer bleibt vorbehalten.

Form der Einvernahme
a) Ermahnung
§ 164. Vor der Einvernahme wird der Zeuge zur Wahrheit ermahnt und auf die strafrechtlichen Folgen des falschen Zeugnisses nach Art. 307 StGB aufmerksam gemacht.

Der Zeuge wird auf das Zeugnisverweigerungsrecht hingewiesen, wenn nicht auszuschliessen ist, dass er sich darauf berufen kann. Ist dieser Hinweis unterblieben, obwohl der Zeuge die Aussage hätte verweigern dürfen, so ist das Zeugnis ungültig.

ZR 85, Nr. 78: Vgl. § 136 ZPO.

b) Gegenstand der Einvernahme
§ 165. Der Zeuge wird einvernommen

1. über Namen, Geburtsdatum, Heimat, Wohnort und Beruf;

2. über seine persönlichen Beziehungen zu den Parteien sowie über andere Umstände, die seine Glaubwürdigkeit beeinflussen können;

3. über seine Wahrnehmungen zur Sache; ist er sachverständig, kann er auch als Sachverständiger befragt werden.

ZR 85, Nr. 78: Vgl. § 136 ZPO.

ZR 87, Nr. 59: Vgl. § 145 ZPO.

c) Konfrontation
§ 166. Der Zeuge kann den Parteien und andern Zeugen gegenübergestellt und von neuem einvernommen werden, sofern dies als notwendig erscheint.

Verweisung auf Parteibefragung
§ 167. Auf die Zeugeneinvernahme finden §§ 152, 153, 155 und 156 entsprechende Anwendung

ZR 86, Nr. 53: Die säumige Partei hat die Beweismittel innert der zweitinstanzlichen Novenfrist unter Berufung auf die massgeblichen Beweissätze des erstinstanzlichen Beweisabnahmebeschlusses bzw. zu einem neuen beschränkten Beweisthema im einzelnen abschliessend zu bezeichnen. Die versäumte Leistung des Kostenvorschusses muss nach neueren Entscheiden nicht innert der Novenfrist nachgeholt werden. Da der Kläger in der Berufungsbegründung das nunmehr beschränkte Beweisthema umschrieben und die dazu angerufenen Beweismittel innert der Novenfrist des § 267 ZPO im einzelnen abschliessend angeführt hat, braucht zu der von ihm vorgelegten Auffassung nicht Stellung genommen zu werden, die Berufungsinstanz könne ohnehin, unbekümmert um die Abweisung des Wiederherstellungsbegehrens und des Nichtanfechtens dieses Beschlusses, durch ein selbständiges Rechtsmittel im Rahmen der Berufung auf die nicht abgenommenen Beweise zurückkommen, offenbar in Anlehnung an § 269 ZPO, wonach die Berufungsinstanz Verfahren und Entscheide der ersten Instanz im Rahmen der Berufungsanträge überprüft. Mit dieser Bestimmung steht jedenfalls das Vorgehen einer Partei im Einklang, welche die Beweisabnahme in erster Instanz infolge Versäumens einer zerstörlichen Frist vereitelt hat und die betreffenden Beweismittel unter Hinweis auf die massgeblichen Beweissätze innerhalb der zweitinstanzlichen Novenfrist neu und genau bezeichnet, wie es der Kläger getan hat. (Hinweis: Änderungen der ZPO betreffend neue Tatsachen im Berufungsverfahren beachten).

Schriftliche Auskünfte
§ 168. **Das Gericht kann von Amtsstellen und ausnahmsweise auch von Privatpersonen schriftliche Auskünfte beiziehen. Es befindet nach Ermessen, ob sie zum Beweis tauglich sind oder der Bekräftigung durch gerichtliches Zeugnis bedürfen.**

D. Augenschein

Voraussetzung und Durchführung
§ 169. **Zur unmittelbaren Wahrnehmung erheblicher Tatsachen führt das Gericht einen Augenschein durch. Wenn die Umstände es rechtfertigen, wird der Augenschein einem Sachverständigen übertragen.**

Kann ein Gegenstand ohne Nachteil vor Gericht gebracht werden, ist er wie eine Urkunde einzureichen.

Duldungspflicht
§ 170. **Eine Partei hat den Augenschein an ihrer Person und an den Sachen in ihrem Gewahrsam zu dulden. Ihre Weigerung würdigt das Gericht nach § 148.**

Ein Dritter hat den Augenschein an seiner Person und an den Sachen in seinem Gewahrsam zu dulden, sofern er nicht bei sinngemässer Anwendung von §§ 158 bis 160 zur Weigerung berechtigt ist. Unbefugte Weigerung zieht die in § 163 Abs. 2 genannten Folgen nach sich.

Der Einlass in Liegenschaften kann überdies polizeilich erzwungen werden.

Diese Duldungspflicht braucht eine gesetzliche Grundlage, muss verhältnismässig sein, im öffentlichen Interesse liegen und darf den Kerngehalt des Grundrechts auf persönliche Freiheit nicht entleeren. 1

BGE 99 Ia 411: "3. Im Zivilprozessverfahren sind die Parteien berufen, das Ihre zur Erarbeitung eines spruchreifen Prozessmaterials beizutragen (KUMMER, Grundriss des Zivilprozessrechts, S. 7). Sie sind insbesondere gehalten, an der Wahrheitsfindung mitzuwirken, zu gerichtlichen Terminen zu erscheinen, auszusagen und Beweiserhebungen zu dulden. In den meisten Prozessordnungen trifft sie keine Pflicht zur Vornahme der ihnen obliegenden Prozesshandlungen, sondern lediglich eine prozessuale Last, d.h. die Parteien können weder unmittelbar (z.B. durch polizeiliche Vorführung), noch mittelbar (z.B. durch Strafdrohung) zu Prozesshandlungen gezwungen werden; ihr Untätigsein hat bloss zur Folge, dass ihnen prozessuale Nachteile entstehen (vgl. KUMMER, a.a.O., S. 76 und 77). So verhält es sich in der aargauischen Zivilprozessordnung mit der Obliegenheit, an einem Augenschein oder an einer Verhandlung von Sachverständigen, die ohne Anwesenheit der Parteien nicht erfolgen kann, teilzunehmen. Die aargauische Zivilprozessordnung (ZPO) schreibt dem Richter vor, nach den § 85 und 86 ZPO zu verfahren, falls eine Partei trotz erhaltener Vorladung zu einer solchen Verhandlung nicht erscheint (§ 211 und 220 ZPO). Während § 86 ZPO das unentschuldigte Ausbleiben beider Parteien regelt, ordnet § 85 an: 'Wenn 2 eine Partei der Vorladung keine Folge gibt, ohne ihre Säumnis genügend rechtfertigen zu können, so wird sie zu den Tageskosten und zu einer Ordnungsbusse von Fr. 10 bis 40 verfällt. In der zweiten Vorladung sind die Rechtsbegehren der erschienenen Partei anzugeben und die Säumnisfolgen gemäss Absatz 3 anzudrohen. Gibt eine Partei auch der zweiten Vorladung keine Folge, so soll der anwesenden Partei ihr Rechtsbegehren zugesprochen werden, sofern dasselbe nach den Akten nicht als ein offenbar ungerechtfertigtes erscheint.'

Die Parteien können demnach weder unmittelbar noch mittelbar zum Erscheinen gezwungen werden. In diesem Sinne trifft der Hinweis des Obergerichts auf EICHENBERGER (Beiträge zum Aargauischen Zivilprozessrecht, S. 192) zu, wonach das Gesetz keine prozessuale Pflicht zur Duldung eines Augenscheins statuiere. Sowohl die Obliegenheit, an einem Augenschein teilzunehmen, als auch jene, einer Verhandlung der Sachverständigen beizuwohnen, bildet indessen eine prozessuale Last. EICHENBERGER (a.a.O., S. 192) schreibt denn auch:

'Verweigert die beweisführende Partei den Augenschein, so geht sie damit zu ihrem Nachteil der Benutzung dieses Beweismittels verlustig. Ist es die andere Partei, so kann der Richter ihre Weigerung (z.B. den Zutritt zu einem Lokal zu gestatten, eine Sache dem Richter vorzulegen, sich einer ärztlichen Untersuchung zu unterziehen, sich zu einer Blutentnahme für die Blutgruppenuntersuchung zu stellen), bei der Beweiswürdigung berücksichtigt werden...'

Im gleichen Sinne führte das Obergericht Aargau in einem Urteil vom 28. November 1945 (Vierteljahresschrift für Aargauische Rechtsprechung 1945–46, Nr. 25, S. 92/93) selbst aus:

'Bleibt eine Partei bei einer Beweisverhandlung aus, so besteht die Präklusion in der Regel lediglich darin, dass sie gemäss § 146, 211 Abs. 1 und 220 Abs. 1 ZPO in ihrer Abwesenheit durchgeführt wird. Ist ihre Anwesenheit im Sinne der §211 Abs. 2 und 220 Abs. 2 ZPO nötig (z.B. weil die vorzulegenden Bücher zu erläutern sind, bei einem Augenschein der Zutritt zu einem Lokal zu gestatten ist, die Partei sich einer ärztlichen Untersuchung zu unterziehen oder die Parteiversicherung abzugeben hat u.dgl.), so fällt die betreffende Beweisabnahme, sofern sie von der säumigen Partei beantragt war, dahin; war sie indessen vom Gegner beantragt, so ist die Säumnis bei der Beweiswürdigung (§ 147) in dem für den Gegner günstigen Sinne auszulegen (...).'

Die Autoren KELLER/PFISTERER (Die Zivilprozessordnung für den Kanton Aargau, S. 123) haben die Erwägungen dieses Urteils kritiklos in ihren Kommentar übernommen. § 211 bietet demnach die gesetzliche Grundlage, um eine Partei, die ohne stichhaltigen Grund zu einer ärztlichen Untersuchung trotz erhaltener Vorladung nicht erscheint, unter Androhung der Säumnisfolgen erneut vorzuladen und, wenn sie der Vorladung wiederum keine Folge leistet, ihr das unbegründete Nichterscheinen zu ihren Ungunsten auszulegen.

4. Nach der Rechtsprechung des Bundesgerichts (BGE 90 I 34 Erw. 3 mit Hinweisen und 97 I 50) sind Eingriffe in die persönliche Freiheit nur dann zulässig, wenn sie auf gesetzlicher Grundlage beruhen, im öffentlichen Interesse liegen und wenn sie das Grundrecht überdies weder völlig unterdrücken noch seines Gehalts als fundamentale Institution unserer Rechtsordnung entleeren. Das Bundesgericht stellt an die gesetzliche Grundlage umso strengere Anforderungen, je schwerer der Eingriff ist (BGE 90 I 39 und 110). Es hat entschieden, dass sogar ein verhältnismässig harmloser und wenig schmerzhafter Eingriff wie die Entnahme von Blut für eine Blutgruppenuntersuchung einen Eingriff in die persönliche Freiheit darstelle, der einer ausdrücklichen gesetzlichen Grundlage bedürfe (BGE 82 I 238, 89 I 100 und 90 I 110). Demgegenüber hat es in BGE 84 I 220 und 89 I 163 festgestellt, dass bei einer anthropologisch-erbbiologischen Begutachtung von einem Eingriff in die körperliche Unversehrtheit nicht die Rede sein könne. Es handle sich lediglich darum, sich vom Experten besichtigen und photographieren zu lassen, was nicht wesentlich über das persönliche Erscheinen hinausgehe, zu dem eine Partei bei der Parteibefragung (BGE 84 I 221) bzw. ein Zeuge bei der Zeugeneinvernahme (BGE 89 I 163) verhalten werden könne. In BGE 90 I 34 ff Erw. 3 hat es seine Rechtsprechung über die persönliche Freiheit präzisiert; es hat die frühere Praxis jedoch nicht widerrufen. In einem spätern Entscheid (BGE 90 I 110/111) hat es dann jedoch offengelassen, ob eine anthropologisch-erbbiologische Begutachtung einen Eingriff in die

persönliche Freiheit darstelle. Zu dieser Frage braucht auch im vorliegenden Fall nicht Stellung bezogen zu werden. § 211 in Verbindung mit § 85 ZPO würde nämlich für einen derart geringen Eingriff in die persönliche Freiheit, wie er in der anthropologisch-erbbiologischen Begutachtung allenfalls erblickt werden könnte, eine hinreichende gesetzliche Grundlage bilden. Sodann würde das öffentliche Interesse das Interesse der Kläger an der Wahrung ihrer Persönlichkeitsrechte bei weitem überwiegen; denn die aus der Begutachtung entstehenden Unannehmlichkeiten, die mit keinen besonders peinlichen Prozeduren verbunden sind, müssten insbesondere den das Verfahren auslösenden Klägern im Interesse der Wahrheitsfindung in jedem Falle zugemutet werden (vgl. dazu GROSSEN in ZSR 1960 II S. 66 a). Da das Grundrecht auf persönliche Freiheit durch das Zulassen einer anthropologisch-erbbiologischen Begutachtung überdies keineswegs seines Gehalts entleert werden könnte, wäre diese nach der angeführten bundesgerichtlichen Rechtsprechung somit selbst dann zulässig, wenn sie als Eingriff in die persönliche Freiheit betrachtet würde. Die Aufforderung zur Duldung eines AEG kann somit auch nicht gegen Art. 19 der Staatsverfassung des Kantons Aargau verstossen, wie es das Obergericht im angefochtenen Urteil zu befürchten scheint.

5. Die Androhung von Säumnisfolgen in dem Sinne, dass im Falle der Weigerung einer Partei, sich einer Begutachtung zu unterziehen, dieser angedroht wird, der Richter werde bei der Beweiswürdigung die vom Beweisgegner behauptete Tatsache als bewiesen erachten, führt dann nicht zum Ziel, wenn das eidgenössische oder kantonale Recht dem Richter derartige Beweispräsumtionen verbietet. Nach Bundesrecht ist dies wohl beim Ehelichkeitsanfechtungsprozess (BGE 82 II 511), nicht aber beim auf blosse Vermögensleistungen gerichteten Vaterschaftsprozess des Art. 307 ZGB der Fall (BGE 57 II 136 und 97 II 301; HEGNAUER, N. 17 zu Art. 310 ZGB). Nach aargauischem Zivilprozessrecht steht diesem Vorgehen bei gewöhnlichen Vaterschaftsprozessen ebenfalls nichts entgegen (§ 54 des aarg. EG zum ZGB; KELLER-PFISTERER, a.a.O., S. 6 sub i VIII und S. 119 N. 7; Obergericht Aargau in SJZ 1946, S. 26, Nr. 4; EICHENBERGER, a.a.O., S. 192).

6. Zusammenfassend ist festzuhalten, dass der angefochtene Entscheid Art. 4 BV verletzt, da es das Obergericht in willkürlicher Weise ablehnte, die Kläger entsprechend den massgebenden Bestimmungen der aargauischen Zivilprozessordnung unter Androhung der Säumnisfolgen des § 85 Abs. 3 ZPO zur Untersuchung durch den Gutachter aufzubieten. "

E. Gutachten

Voraussetzungen
§ 171. Bedarf es zur Beweiserhebung besonderer Kenntnisse, über die weder das Gericht noch einzelne seiner Mitglieder verfügen, so wird ein Sachverständiger beigezogen.

Privatgutachten haben nur die Bedeutung von Parteibehauptungen; sie können jedoch zur Substantiierung einer Klage sehr wohl bedeutsam sein. Im Unterschied zum Kanton Aargau (§ 263 AG-ZPO) sind Parteigutachten in Zürich nicht ohne weiteres Beweismittel; wenn die Untersuchungsmaxime gilt, kann sie der Richter grundsätzlich auch in Zürich berücksichtigen. Der Richter hat gemäss § 55 ZPO darauf hinzuweisen, damit die Partei eine Expertise offerieren kann. 1

BGE 86 II 134 (von den Parteien gemeinsam eingeholtes Privatgutachten im Vaterschaftsprozess): 2

BGE 86 II 134: "3. Das vorliegende Gutachten Dr. Hässigs ist nicht von einem Gericht eingeholt worden. Es darf jedoch unbedenklich einem gerichtlichen Gutachten gleichgestellt werden, da die Parteien Dr. Hässig gemeinsam mit seiner Ausarbeitung beauftragt haben und kein Zweifel daran bestehen kann, dass Dr. Hässig, der sehr oft als gerichtlicher Sachverständiger zu amten hat, es nach bestem Wissen und Gewissen und im Geiste strengster Unparteilichkeit (vgl. Art. 59 BZP) abgegeben hat.

Ein weiteres Gutachten einzuholen, wie die Klägerinnen dies in der Klageschrift beantragt haben, wäre unter diesen Umständen nur dann geboten, wenn an der Autorität Dr. Hässigs zu zweifeln wäre. Hierfür besteht jedoch kein Grund. Dr. Hässig ist (was festzustellen das Bundesgericht schon früher Gelegenheit hatte, vgl. BGE 83 II 103 84 II 673) auf diesem Gebiet ein anerkannter Fachmann, der über umfassende Kenntnisse und eine reiche Erfahrung verfügt. Er erscheint daher als befähigt, sowohl die grundsätzliche Frage, welcher Beweiswert einem Vaterschaftsausschluss auf Grund der Bestimmung des Blutfaktors Kell im allgemeinen zukommt, in zuverlässiger Weise zu beantworten, als auch im Einzelfalle die nötigen Untersuchungen mit der erforderlichen Sorgfalt durchzuführen und ihr Ergebnis zutreffend zu würdigen. Dass im vorliegenden Falle bei der Bestimmung des Faktors Kell alle zur Vermeidung eines Fehlresultats notwendigen Vorsichtsmassnahmen angewendet worden sind, wird im übrigen von den Klägerinnen nicht bestritten. Sie verweisen zwar darauf, dass die Bestimmungstechnik sehr schwierig und die Gefahr unsachgemässer Entnahme oder Behandlung des Bluts sehr gross sei, behaupten aber nicht, dass Dr. Hässig den erwähnten Schwierigkeiten nicht gewachsen sei oder dass im vorliegenden Falle mit einem unsachgemässen Vorgehen bei der Durchführung der Untersuchung gerechnet werden müsse. Im Gegenteil anerkennen sie vorbehaltlos, dass der Beklagte (die Brauchbarkeit der angewendeten Ausschlussmethode vorausgesetzt) auf Grund der von Dr. Hässig vorgenommenen Bestimmung des Faktors Kell als Vater des Kinds Rita auszuschliessen sei (Vereinbarung vom. 10. Dezember 1959, Ziff. 2; Klageschrift S. 5 Ziff. 4: 'Die Parteien haben die Resultate der erwähnten Gutachten anerkannt'), und machen in Wirklichkeit nur geltend, ein solcher Ausschluss genüge für sich allein grundsätzlich nicht, um erhebliche Zweifel im Sinne von Art. 314 Abs. 2 ZGB zu begründen, weil dadurch die Vaterschaft eines Mannes, welcher der Mutter in der kritischen Zeit beigewohnt hat, nicht mit an Sicherheit grenzender Wahrscheinlichkeit ausgeschlossen werden könne. Nach alledem besteht kein Anlass, einen weitern Sachverständigen beizuziehen. Die Klägerinnen scheinen dies schliesslich selber eingesehen zu haben; denn sie haben von der ihnen bei Abschluss des Vorbereitungsverfahrens bekanntgegebenen Möglichkeit, Beweisergänzungsanträge zu stellen, wie schon gesagt, keinen Gebrauch gemacht."

3   Juristische Personen können nicht Sachverständige sein. Die Frage, ob die Lösung zulässig ist, die natürliche Person eines Instituts als verantwortlich zu bezeichnen, dem Auftrag aber dem Institut zu geben, ist zu verneinen; denn verantwortlich ist das Institut oder die Institution; diese erhalten das Honorar; diese sind daher zivilrechtlich verantwortlich. Bei Gutachten von öffentlichrechtlichen Institutionen müsste der Gutachter regelmässig eine Bewilligung einholen.

4   Nicht unproblematisch ist der sog. sachverständige Richter. Am Handelsgericht in Zürich sind u.a. die Treuhandgesellschaften und Banken vertreten, aber wer vertritt beispielsweise den Bankkunden? Bei Prozessen gegen Banken wird daher in Zürich, sofern ein Bankkunde klagt, regelmässig nicht das Handelsgericht angerufen; denn dort sind die Banken vertreten, nicht aber die Bankkunden.

5   Die Sachverständigen werden durch das Gericht bestellt; die Parteien können solche vorschlagen; das Gericht stellt an diese die Ergänzungsfragen. Die Parteien können Ergänzungsfragen stellen.

6   Die Gutachten können mündlich oder schriftlich erstattet werden.

7   **ZR 85, Nr. 35:** Auch bei komplizierten technischen Sachverhalten kommt der Begründungspflicht des Experten im Hinblick auf die Ausübung der Parteirechte grosse Bedeutung zu. Bestehen erhebliche Zweifel an der Richtigkeit der Schlussfolgerungen, z.B. aufgrund eines Parteigutachtens, so ist eine weitere Begutachtung durch das Gericht anzuordnen.

Die Beschwerdeführerin rügte, das Gutachten von X beruhe auf Computerrechnungen, die der Gutachter zur Verfügung zu stellen bzw. bekannt zu geben sich geweigert habe, und das Gutachten sei deshalb nicht entsprechend den Anforderungen der ZPO begründet worden. Es trifft zu, dass dem Gutachten bzw. seinen Nachträgen zwar zu entnehmen ist, dass der Gutachter X seine Schlussfolgerungen auf Computerberechnungen stützt, dass der Gutachter aber nicht darlegt, was für Berechnungen vom Computer gemacht worden sind. Insbesondere fehlen Angaben, was für ein Computerprogramm verwendet worden ist und die dazugehörige Dokumentation. Die Rüge, das Gutachten ermangle einer genügenden Begründung, ist deshalb begründet, was zur Gutheissung der Nichtigkeitsbeschwerde führen muss. Nachdem Privatgutachter zu ganz anderen Feststellungen gelangt sind, hätte die Vorinstanz einen weiteren Sachverständigen beiziehen müssen, d.h. eine sogenannte Oberexpertise anordnen müssen. Durch die Ablehnung des entsprechenden Antrags der Beschwerdeführerin hat die Vorinstanz dieser das rechtliche Gehör verweigert, so dass die Nichtigkeitsbeschwerde auch unter diesem Gesichtspunkt gutzuheissen ist.

Ernennung der Sachverständigen
§ 172. Das Gericht bestimmt Zahl und Person der Sachverständigen. Es kann den Parteien Gelegenheit geben, Vorschläge zu unterbreiten.

Die Parteien erhalten Gelegenheit, gegen die Ernennung der Sachverständigen Einwendungen zu erheben.

Annahmepflicht und Ausstand
§ 173. Niemand ist verpflichtet, einen Auftrag als Sachverständiger anzunehmen, ausgenommen die vom Staat für bestimmte Zwecke bestellten Experten.

Für den Sachverständigen gelten die Ausstandsgründe von §§ 95 und 96 GVG.

Ermahnung
§ 174. Der Sachverständige hat nach bestem Wissen und Gewissen zu amten und ist zur Verschwiegenheit verpflichtet. Auf diese Pflichten wird er bei der Ernennung aufmerksam gemacht, unter Hinweis auf die strafrechtlichen Folgen eines falschen Gutachtens und der Verletzung des Amtsgeheimnisses.

Instruktion
§ 175. Das Gericht erläutert dem Sachverständigen seine Aufgabe schriftlich oder in mündlicher Verhandlung.

Das Gericht kann den Parteien Gelegenheit geben, sich zur Fragestellung an den Sachverständigen zu äussern und Änderungs- oder Ergänzungsanträge zu stellen.

Dem Sachverständigen werden die zur Erfüllung seines Auftrags notwendigen Akten zur Verfügung gestellt.

ZR 93, Nr. 81: (Ziff. III/3): Im Zusammenhang mit dem fürsorgerischen Freiheitsentzug sind dem Gutachter die notwendigen Akten zuzustellen, die Parteien können bei Erteilung des Auftrags konkret die Ergänzung der zur Verfügung gestellten Akten verlangen, ebenso in der Stellungnahme zum Gutachten.

Erhebungen
§ 176. Das Gericht kann den Sachverständigen ermächtigen, einen Augenschein vorzunehmen, Urkunden beizuziehen und Parteien und Dritte zu befragen. Die Ermächtigung kann nötigenfalls mit besonderen Auflagen verbunden werden.

Das Gericht erhebt diese Beweise nach den Regeln des Beweisverfahrens,
1. wenn es die Erhebungen des Sachverständigen nicht für den Beweis tauglich hält;
2. wenn sich die Betroffenen dem Vorgehen des Sachverständigen widersetzen.

Duldungspflicht
§ 177. Parteien und Dritte haben die zur Abklärung der Abstammung erforderlichen Untersuchungen zu dulden und dabei mitzuwirken, soweit ihnen dies nach den Umständen zugemutet werden darf.

Das Gericht würdigt die Weigerung einer Partei nach § 148. Die unberechtigte Weigerung Dritter zieht die in § 163 Abs. 2 genannten Folgen nach sich.

Erstattung des Gutachtens
§ 178. Das Gericht bestimmt, ob das Gutachten mündlich oder schriftlich abzugeben sei. Das Gutachten ist zu begründen.

Sind mehrere Sachverständige uneinig, erstattet jeder von ihnen ein Gutachten.

Säumnisfolgen
§ 179. Für die Abgabe eines schriftlichen Gutachtens kann dem Sachverständigen eine Frist angesetzt werden. Bleibt sie unbeachtet oder wird der Auftrag sonst nicht gehörig erfüllt, so kann das Gericht dem Sachverständigen eine Ordnungsbusse auferlegen und den Auftrag widerrufen.

Die zivilrechtliche Schadenersatzpflicht des Sachverständigen gegenüber den Parteien bleibt vorbehalten.

Stellungnahme der Parteien
§ 180. Die Parteien erhalten Gelegenheit, zum Gutachten Stellung zu nehmen und seine Erläuterung oder Ergänzung oder die Bestellung eines andern Sachverständigen zu beantragen.

1   ZR 81, Nr. 117: Vgl. § 56 ZPO.

Behebung von Mängeln
§ 181. Das Gericht lässt ein unvollständiges, unklares oder nicht gehörig begründetes Gutachten von Amtes wegen ergänzen oder erläutern.

Es bestellt einen neuen Sachverständigen, wenn es das Gutachten für ungenügend hält.

Teilnahme am Verfahren
§ 182. Der Sachverständige kann zu den Verhandlungen beigezogen werden.

F. Urkunden

Einreichungspflicht
a) Parteien
§ 183. Eine Partei hat die in ihrem Gewahrsam befindlichen Urkunden auf gerichtliche Aufforderung einzureichen.

Weigert sich die Partei, eine Urkunde vorzulegen, gibt sie über deren Verbleib keine Auskunft oder hat sie die Urkunde beseitigt, so würdigt das Gericht ihr Verhalten nach § 148.

1   Man unterscheidet zwischen Dispositivurkunden, die eine Rechtshandlung beinhalten (z. B. Vertrag), und Zeugnisurkunden, die Aufzeichnungen über das Wissen einer Person beinhalten.

Da das Gericht Zeugen zu befragen hat, bilden solche Zeugnisurkunden ausserhalb des Untersuchungsverfahrens keine tauglichen Beweismittel. Die wichtigsten Urkunden sind regelmässig die Geschäftsbücher. 2

Gemäss Art. 963 OR gilt: "Wer zur Führung kaufmännischer Bücher verpflichtet ist, kann bei Streitigkeiten, die das Geschäft betreffen, angehalten werden, Geschäftsbücher, Geschäftskorrespondenz und Buchungsbelege vorzulegen, wenn ein schutzwürdiges Interesse nachgewiesen wird und der Richter diese Unterlagen für den Beweis als notwendig erachtet." 3

BGE 93 II 62 (Beurteilung der Editionspflicht als zivilprozessrechtliches Institut des Bundesrecht, daher keine Berufung): 4

BGE 93 II 62: "2. Der angefochtene Entscheid greift in die Rechtsstellung der Berufungsklägerin ein. Diese Rechtsstellung bildet aber nicht Gegenstand einer Zivilrechtsstreitigkeit. Bezirksgericht und Obergericht haben die Pflicht der Berufungsklägerin zur Vorlegung der Buchhaltung nicht deshalb bejaht, weil Frau Fischer gegen die Berufungsklägerin auf Erfüllung dieser Pflicht geklagt hätte, sondern weil sie als Richter im Scheidungsprozess der Eheleute Fischer die Einsichtnahme des Sachverständigen in die Buchhaltung der Berufungsklägerin und ihrer Rechtsvorgängerin als Beweismassnahme für geboten halten. Das Kassationsgericht sagt zutreffend, das Obergericht habe nicht über einen privatrechtlichen Anspruch eines Privaten gegen einen anderen Privaten entschieden, sondern über den prozessrechtlichen Anspruch der Obrigkeit (Gericht) gegenüber einem Untertan auf Vorlegung von Geschäftsbüchern zwecks Erfüllung einer staatlichen Aufgabe. Dass das Obergericht die Vorlegungspflicht der Berufungsklägerin in erster Linie aus Art. 963 OR ableitet, ändert nichts. Schon in BGE 71 II 244 Nr. 55 wurde ausgeführt, dies sei eine prozessrechtliche Bestimmung und der Richter, der sie gegen einen Dritten anwendet, fälle gegen diesen nicht ein Urteil, sondern tue nichts grundsätzlich anderes, als wenn er jemanden als Zeugen vorladet. Er macht von einer öffentlichrechtlichen Befugnis Gebrauch (vgl. BGE 62 II 355). Dadurch unterscheidet sich der vorliegende Fall von dem in BGE 82 II 555 f. veröffentlichten, wo (in einem Befehlsverfahren) auf Vorlegung von Akten geklagt worden war und das Bundesgericht unter Hinweis auf die materiellrechtliche Natur des beurteilten Anspruchs das Vorliegen einer Zivilrechtsstreitigkeit bejahte.

3. § 228 zürch. ZPO, wonach die Pflicht, Urkunden vorzulegen, sich nach den Bestimmungen des Privatrechts richtet, hilft der Berufungsklägerin schon deshalb nicht, weil er über die Natur der bundesrechtlichen Editionspflicht aus Art. 963 OR nichts sagen kann.

Zudem widerlegt § 228 ZPO nicht, dass auch das zürcherische Recht eine prozessuale Editionspflicht kennt. Er hat nur den Sinn, sie gehe nicht weiter als die privatrechtliche. So hat das Bundesgericht diese Norm schon in BGE 82 II 564 verstanden, wo es sie als Beispiel dafür anführte, dass das Prozessrecht sich damit begnügen könne, eine Editionspflicht nur gemäss den im materiellen Recht begründeten Vorlegungspflichten vorzusehen. Der weitere Satz, aus dieser Vorschrift des Prozessgesetzes sei zu ersehen, dass der zürcherische Gesetzgeber die Pflicht zur Vorlegung von Urkunden als privatrechtliche betrachte, entsprang nur der Begründung der Auffassung, dass es materiellrechtliche Vorlegungspflichten gebe. Das Bundesgericht wollte damit nicht sagen, das zürcherische Prozessrecht kenne keine Editionspflicht Dritter im Prozess. Dass der Kanton Zürich eine solche bejaht, ergibt sich aus den § 231 ff. ZPO. Von § 231 wurde schon in BGE 82 II 565 gesagt, er stelle sie in das freie Ermessen des Richters, binde sie also anscheinend nicht streng an die dafür geltenden materiellrechtlichen Normen.

4. Das Bundesgericht ist am 28. Oktober 1947 auf eine staatsrechtliche Beschwerde der Solothurner Handelsbank eingetreten, mit der die ausserhalb eines Prozesses stehende Beschwerdeführerin eine richterliche Editionsverfügung wegen willkürlicher Auslegung des Art. 963 OR anfocht (BGE 73 I 358 ff.). Das Kassationsgericht folgert daraus, das Bundesgericht habe damals die Berufung als unzulässig erachtet. Dieser Schluss ist angesichts des Art. 84 Abs. 2 OG zwingend, womit aber nicht feststeht, aus welchen Gründen die Berufung als ausgeschlossen galt. Denkbar wäre, dass der Streitwert nicht hoch genug war. Der erwähnte Entscheid spricht sich darüber nicht aus.

Dagegen ist die I. Zivilabteilung des Bundesgerichts am 20. Oktober 1947 auf zwei Nichtigkeitsbeschwerden der Solothurner Handelsbank mit der Begründung nicht eingetreten, die Editionsverfügung des Richters an einen Dritten sei nicht Zivilsache, sondern Zivilprozesssache, möge auch der Prozess, in dem sie ergehe, Zivilsache sein."

5 BGE 82 II 564 (Das Bundesgericht stellt zuerst fest, vor Prozessbeginn könne man ein Editionsbegehren im Befehlsverfahren stellen, gegen welches die bundesrechtliche Berufung möglich ist, und führt dann aus):

BGE 82 II 564: "4. Hat man es also mit einem Endentscheid (der letzten kantonalen Instanz) zu tun, so bleibt zu prüfen, ob der streitige Anspruch ein zivil- oder aber ein prozessrechtlicher war. Nur im ersten Falle liegt eine 'Zivilrechtsstreitigkeit' vor, die auf dem Wege der Berufung hätte weitergezogen werden können, sofern ihr Gegenstand keiner vermögensrechtlichen Schätzung unterlag oder einen Streitwert von mindestens Fr. 4000.– hatte (Art. 44 und 46 OG). In dem von der Vorinstanz angeführten Entscheide des zürcherischen Obergerichts vom 26. Mai 1951 (BlZR 55 Nr. 12, S. 22 ff.) wird das Recht auf 'Einsicht in Privaturkunden zur eigenen Aufklärung über eine Rechtslage', soweit es nicht im Rahmen eines sonstigen Prozesses geltend gemacht wird, aus einer 'vorprozessualen Editionspflicht' hergeleitet, die ebenso wie die prozessuale Editionspflicht ihrem Wesen nach zum Prozessrecht gehöre.

Diese Ansicht entspricht der römisch–rechtlichen Zuweisung der 'actio ad exhibendum' zu den sog. präparatorischen Klagen, denen auch die Klagen auf Rechnungslegung, z.B. auf Grund eines Mandatsverhältnisses, eines Gesellschaftsverhältnisses usw., zugezählt wurden (vgl. DERNBURG, System des römischen Rechts, 8. Auflage, I S. 258/9, §125 Ziff. 2; JOH. ALB. AFFOLTER, Die actio ad exhibendum und ihre Bedeutung für das heutige Prozessrecht, S. 5; GUSTAV DEMELIUS, Die Exhibitionspflicht, S. 87 ff.). Im geltenden schweizerischen Rechte gibt es aber Ansprüche auf Vorlegung von Urkunden (und auf Vorzeigung anderer beweglicher Sachen), die richtigerweise dem materiellen Rechte zuzuweisen sind. Es mag hier dahingestellt bleiben, wie es sich mit der speziellen Editionspflicht im Prozess verhält, wie sie manche Prozessgesetze im Rahmen des Beweisverfahrens vorsehen (vgl. z.B. Art. 50, 54 BZP). Auch wenn man hiebei und ebenso bei einer vorsorglichen Beweissicherung ('Beweis zu ewigem Gedächtnis') von einer prozessualen Vorlegungspflicht (der Parteien und auch dritter Personen) sprechen will und allenfalls muss, besteht daneben eine nicht aus prozessualen Normen abzuleitende Vorlegungspflicht, die nicht notwendig an dieselben Voraussetzungen gebunden ist, sich vielmehr nur nach materiell-rechtlichen Grundsätzen sachgemäss rechtfertigen lässt. Zu denken ist dabei an Vorlegungspflichten, die ohne jede Bezugnahme auf ein gegenwärtiges oder künftiges Prozessverfahren geltend gemacht werden. In solchen Fällen brauchen die Urkunden, die jemand einzusehen wünscht, nicht notwendig als Beweismittel für Ansprüche ins Auge gefasst zu werden. Es kann auch einfach eine Orientierung im Rahmen einer privatrechtlichen Beziehung in Frage stehen, dazu bestimmt, das geschäftliche oder sonstige persönliche Verhalten desjenigen, der sie verlangt, zu beeinflussen.

Ein solcher Fall liegt vor, wenn, wie hier, jemand ausserhalb eines Hauptprozesses oder Beweissicherungsverfahrens nur gerade die Vorlegung von Urkunden verlangt und sich dabei auf ein materiellrechtliches Verhältnis beruft, das ihm, wie er annimmt und behauptet, Anspruch auf solche Orientierung ohne Rücksicht auf eine allfällige künftige Prozessführung gibt. Ob ihm ein derartiger nicht auf prozessuale Grundsätze gestützter Anspruch wirklich zustehe, ist eine Frage des materiellen Rechts, d.h. der das geltend gemachte materiellrechtliche Verhältnis beherrschenden Normen. Selbst das Prozessrecht kann sich übrigens damit begnügen, eine Editionspflicht nur gemäss den im materiellen Recht begründeten Vorlegungspflichten vorzusehen. So heisst es gerade in § 328 der zürcherischen Zivilprozessordnung: 'Die Pflicht, Urkunden vorzulegen, richten sich nach den Bestimmungen des Privatrechts.' Damit wird sowohl auf Vorschriften des eidgenössischen (z.B. Art. 963 OR) wie auch auf solche des kantonalen Rechts (§ 232 des EG zum ZGB) hingewiesen (vgl. STRÄULI-HAUSER, N. 3 zu § 328 ZPO). Aus jener Vorschrift des Prozessgesetzes ist zu ersehen, dass der zürcherische Gesetzgeber die Pflicht zur Vorlegung von Urkunden und insbesondere auch die Vorschriften von § 232 des EG zum ZGB als privatrechtliche betrachtet.

Dem steht nicht entgegen, dass § 231 der zürcherischen ZPO die Editionspflicht Dritter im Prozess in das freie Ermessen des Richters stellt, also anscheinend nicht streng an die dafür geltenden materiellrechtlichen Normen bindet. Auch der Grundsatz, dass die Editionspflicht im Prozess im interkantonalen Verhältnis durch allfällige im Wohnsitzkanton des Urkundebesitzers geltende Weigerungsgründe beschränkt ist (BGE 47 I 87), tut der materiellrechtlichen Natur der ausserprozessualen Vorlegungspflicht keinen Abbruch. Jener Grundsatz lässt sich nur auf besondere prozessuale Editionspflichten beziehen, die nicht oder doch nicht in vollem Umfange als materiellrechtliche Vorlegungspflichten bestehen. An das materielle Recht ist dagegen jedermann gebunden. Und wenn es sich um ein vom Bundesrecht beherrschtes Rechtsverhältnis handelt, kann die Vorlegungspflicht nicht von Kanton zu Kanton verschieden sein."

Allgemeine Auskunftspflichten hat das ZGB in Art. 170 (Auskunftspflicht unter Ehegatten), Art. 607 Abs. 3 und Art. 610 Abs. 2 (beide betreffend Auskunftspflicht der Erben).   6

ZR 83, Nr. 24: Die Klägerin beantragte, der Kanton als Beklagter sei zu verpflichten, alle Akten   7
der Gesundheitsdirektion in dieser Sache zu edieren. Die Direktion des Gesundheitswesens des Kantons Zürich teilte der Klägerin mit, es könnten ihr keine genauen Unterlagen über die erfolgte Verbrennung der beanstandeten Zahl herausgegeben werden. Derartige angebliche Verweigerungen des Akteneinsichtsrechts gemäss § 8 und § 9 VRG sind auf dem Wege des Verwaltungsrekurses, nicht aber mittels einer Haftungsklage oder i.V.m. einer solchen vorzubringen. Die Klägerin hätte gegen die Verweigerung des Akteneinsichtsrechts durch die Gesundheitsdirektion innert 20 Tagen Rekurs an den Regierungsrat erheben müssen. Soweit es sich beim Akteneditionsbegehren um ein selbständiges Begehren handelt, ist die Klage nicht abzuweisen, sondern mangels sachlicher Zuständigkeit durch Nichteintreten zu erledigen. Anders stellt sich die Frage, soweit es sich um ein Akteneditionsverfahren im Zusammenhang und zur Begründung der Haftungsklage handelt. Von einer Gegenpartei oder von Dritten zu edieren sind nur die erheblichen Akten. An dieser Voraussetzung fehlt es aber im vorliegenden Fall. Selbst die Gewährung eines uneingeschränkten Akteneditionsrechts, insbesondere betreffend das Verfahren der Gesundheitsdirektion gegen eine Firma K AG würde nicht zum Ziele führen, bzw. kein anderes Ergebnis zur Folge haben. Soweit es sich um ein Akteneditionsbegehren im Zusammenhang mit und zum Begründen der Haftungsklage handelt, ist dieses abzuweisen.

ZR 91/92, Nr. 65: Vgl. § 61 ZPO.   8

ZR 95, Nr. 62: Vgl. § 281 ZPO.   8

b) Dritte

§ 184. Ein Dritter ist verpflichtet, die in seinem Gewahrsam befindlichen Urkunden dem Gericht einzureichen, sofern er nicht bei sinngemässer Anwendung von §§ 158 bis 160 zur Weigerung berechtigt ist.

Unbefugte Weigerung zieht die in § 163 Abs. 2 genannten Folgen nach sich. Bestreitet der Dritte den Besitz, kann er über den Verbleib der Urkunde als Zeuge einvernommen werden.

Akten von Verwaltungsbehörden sind unter sinngemässer Anwendung von § 159 Ziffer 2 einzureichen. In Abwägung der Interessen kann die zuständige Behörde die Herausgabe an die Bedingung knüpfen, dass bestimmte Schutzmassnahmen nach § 145 getroffen werden, oder, statt der Akten, Kopien oder Auszüge vorlegen oder über den für den Prozess erheblichen Inhalt eine schriftliche Auskunft nach § 168 erteilen.

ZR 91/92, Nr. 4: Vgl. § 145 ZPO.

ZR 95, Nr. 62: Vgl. § 281 ZPO.

Form der Urkunde
§ 185. Die Urkunde ist im Original oder in Kopie einzureichen. Das Gericht kann die Vorlage des Originals oder einer amtlich beglaubigten Kopie verlangen.

Zu fremdsprachigen Urkunden hat der Beweisführer auf Anordnung des Gerichts oder auf Verlangen der Gegenpartei eine Übersetzung einzureichen.

Vollständigkeit
§ 186. Jede Urkunde muss vollständig vorgelegt werden. Bei grösseren Urkunden hat der Beweisführer die Beweisstellen genau zu bezeichnen.

Bezieht sich eine Urkunde auf andere Urkunden, wie Nebenverträge oder Rechnungsbeilagen, sind auch diese einzureichen.

Stellen, welche für den Prozess unerheblich sind, dürfen mit Bewilligung des Gerichts unzugänglich gemacht werden.

Prüfung der Echtheit
§ 187. Wird die Echtheit einer handschriftlich verfassten privaten Urkunde bestritten, so kann das Gericht den angeblichen Aussteller anhalten, ein Diktat niederzuschreiben.

Bei Weigerung einer Partei wird nach § 148, bei Weigerung eines Dritten nach § 163 Abs. 2 verfahren.

4. Abschnitt: Erledigung des Prozesses

Endentscheid
§ 188. Sobald der Prozess spruchreif ist, fällt das Gericht den Endentscheid. Es legt ihm unter Vorbehalt rechtzeitiger Geltendmachung den Sachverhalt zugrunde, wie er in diesem Zeitpunkt besteht.

Der Endentscheid in der Sache selbst erfolgt durch Urteil. Alle andern Erledigungen des Prozesses, insbesondere bei Fehlen einer Prozessvoraussetzung, bei Rückzug, Anerkennung, Vergleich oder Gegenstandslosigkeit, erfolgen durch Beschluss oder Verfügung.

Auf Grund einer Parteierklärung, insbesondere eines Vergleichs, wird der Prozess erst erledigt, wenn die Erklärung zulässig und klar ist.

1 Bei Absatz 1 ist zu beachten, dass es eine rein kantonalrechtliche Frage ist, auf welchen Zeitpunkt das Urteil abzustellen hat. Man kann daher nicht mit bundesrechtlicher Nichtigkeitsbeschwerde oder Berufung rügen, das Gericht habe nicht auf die Verhältnisse zur Zeit des Urteils abgestellt. So hat das Bundesgericht in BGE 116 II 393 ausgeführt:

2 **BGE 116 II 393:** "Von einer Bundesrechtsverletzung kann auch deshalb nicht die Rede sein, weil bei der Beurteilung der Zerrüttung nicht auf die Verhältnisse zur Zeit des Urteils abgestellt worden ist. Für diese Frage ist das kantonale Recht massgebend, dessen Anwendung der Überprüfung des Bundesgerichts jedenfalls im vorliegenden Verfahren entzogen bleibt."

BGE 116 II 90 führt dazu aus:

3 **BGE 116 II 90:** "Dass die fehlende Begrenzung der Rentendauer in Ziffer 9b des erläuterten Urteils eine erläuterungsbedürftige Lücke darstellt, nimmt das Kantonsgericht in Anwendung des kantonalen Prozessrechts an, welches der Überprüfung im Berufungsverfahren entzogen ist."

Ob die Ausnahme gemäss BGE 41 III 158 noch gültig ist, wonach im Aberkennungsprozess streitig ist, ob der Zahlungsbefehl begründet war, d.h. ob im Moment seines Erlasses die in Betreibung gesetzte Forderung und das Recht bestand, sie auf dem Betreibungsweg geltend zu machen, d.h. die Forderung zur Zeit der Betreibung fällig und nicht gestundet war, bleibt zweifelhaft; in BGE 41 III 158 fehlt dazu eine triftige Begründung.   4

Zu Abs. 2 sei auf die Bemerkungen zu § 189 ZPO hingewiesen. Nach Abs. 2 wirken Vergleich, Anerkennung und Klagerückzug erst durch einen gerichtlichen Erledigungsentscheid, und nicht ipso iure. Bei Willensmängeln ist nach § 293 Abs. 2 ZPO vorzugehen. Bei einem Vergleich auf gegenseitige Leistungen ist ein Rücktritt gemäss Art. 107 OR nach einem Teil der Lehre ausgeschlossen (vgl. Vogel, N. 77, S. 228).   5

Nach Abs. 3 hat das Gericht die Zulässigkeit (im Rahmen der Dispositionsmaxime), die Vollständigkeit und Klarheit des Vergleichs ex officio zu überpüfen. Ein gerichtlicher Vergleich bildet einen Rechtsöffnungstitel für definitive Rechtsöffnung, d.h. er ist einem gerichtlichen Urteil gleichgestellt. Materielle Rechtskraft greift in der Regel auch bei Klagerückzug; eine Ausnahme von der materiellen Rechtskraft bildet in der Zürcher Praxis der Fall des Nichteinreichens der Weisung, das zulässige Wiedereinbringen der verbesserten Klage und schliesslich der Fall der Zustimmung der Gegenpartei.   6

Den Vorgang einer seriösen Urteilsfindung hat mit kaum mehr zu überbietender Prägnanz Guldener, S. 156, festgehalten: "Rechtsanwendung geht nicht so vor sich, dass das Gericht zunächst den Tatbestand feststellt und sodann die Rechtssätze auf ihn zur Anwendung bringt. Das Gericht muss darnach trachten, nur diejenigen Tatsachen herauszugreifen, die von rechtlicher Bedeutung sind. Welches diese Tatsachen sind, ergibt sich aufgrund der Rechtssätze. Um die in Betracht fallenden Rechtssätze zu finden, muss das Gericht von den Tatsachenbehauptungen ausgehen. Es findet also einerseits die Rechtssätze anhand der behaupteten Tatsachen und anderseits die rechtlich bedeutsamen Tatsachen anhand der Rechtssätze. Es muss daher in jedem Stadium des Verfahrens Tatbestand und Rechtssätze vor Augen halten und sie einander annähern, bis sich die Entscheidung ergibt."   7

Ein solcher Vorgang würde ein genaues Studium des Prozessstoffes in den verschiedenen Verfahrensstadien voraussetzen, was häufig allein durch den Referenten oder den juristischen Sekretär geschieht. Grundsätzlich wäre zu fordern, dass alle Richter ihre Stellungnahmen unabhängig voneinander abgeben müssen. Sonst kommt eben auch in der Justiz teilweise die erwähnte Regel zum Zug: Wenn zwei oder drei über die gleiche Frage nachgedacht haben, und sie kommen alle zum gleichen Ergebnis, so hat nur einer gedacht.   8

Im Zeitpunkt, in welchem das Gericht ein Sachurteil fällt, müssen die Prozessvoraussetzungen noch vorliegen oder bis zu diesem Zeitpunkt sich verwirklicht haben. Dazu führte das Bundesgericht in BGE 116 II 211 aus: 9

BGE 116 II 211: "bb) Nach allgemeinen Grundsätzen des Zivilprozessrechts müssen die Prozessvoraussetzungen im Zeitpunkt der Fällung des Sachurteils noch gegeben sein, wobei es genügt, wenn sie bis zu diesem Zeitpunkt eintreten (GULDENER, Schweizerisches Zivilprozessrecht, Zürich 1979, S. 229; KUMMER, Grundriss des Zivilprozessrechts, Bern 1984, S. 87; VOGEL, Grundriss des Zivilprozessrechts, Bern 1988, S. 149 Rz. 85). Allerdings bleibt die einmal begründete örtliche Zuständigkeit während der ganzen Rechtshängigkeit bestehen, auch wenn ihre tatsächlichen Voraussetzungen nachträglich dahinfallen. Daraus darf aber nicht geschlossen werden, dass sie von Anfang an bestehen müssen. Es genügt vielmehr, dass sie – wie die andern Prozessvoraussetzungen – im Zeitpunkt des Sachurteils gegeben sind. Nach der bundesgerichtlichen Rechtsprechung gilt jedoch bei Scheidungsklagen eine Ausnahme: Hier muss die Zuständigkeit schon im Zeitpunkt der Anhängigmachung der Klage gegeben sein, um zu verhindern, dass die Parteien durch spätere Wohnsitzverlegung auf die Beurteilung der Zuständigkeit Einfluss nehmen können (BGE 91 II 322 E. 3, 90 II 215 E. 2 mit Hinweisen; bestätigt in BGE 116 II 13 f. E. 5). Diese Ausnahme bezieht sich indessen nur auf die tatsächlichen Voraussetzungen der Wohnsitznahme, nicht auch auf das anwendbare Recht. Auf dieses haben die Parteien keinen Einfluss, so dass die befürchteten Machenschaften hier nicht möglich sind. Entsprechend hat das Bundesgericht in einem Scheidungsfall die schweizerische Zuständigkeit bejaht, obwohl diese für den Zeitpunkt der Anhängigmachung der Klage nicht nachgewiesen war, aber durch die Rechtsentwicklung in Spanien später eintrat (BGE 116 II 14).

Von daher steht nichts im Weg, eine schweizerische Zuständigkeit nach IPRG zu bejahen, selbst wenn der Prozess noch vor dessen Inkrafttreten angehoben wurde (zur Anwendung neuer Bestimmungen über Prozessvoraussetzungen vgl. SUSANNE SCHOCH, Das intertemporale Zivilprozessrecht, Diss. Zürich 1959, S. 46 ff.). Wäre für die Zuständigkeit immer nur jenes Recht massgeblich, welches im Zeitpunkt der Klageeinreichung galt, so wäre Art. 197 Abs. 1 IPRG überflüssig. Diese Norm setzt vielmehr voraus, dass für die Frage der Zuständigkeit schweizerischer Gerichte das neue Recht grundsätzlich sofort mit dessen Inkrafttreten anwendbar ist (SCHWANDER, a. a. O., S. 31). Absatz 1 sieht eine Ausnahme von diesem Grundsatz vor. In Absatz 2 wird sodann festgehalten, dass die Zurückweisung einer Klage infolge Unzuständigkeit nach altem Recht nicht hindert, nach neuem Recht in der Schweiz ein zweites Mal zu klagen. Mit Art. 197 IPRG will der Gesetzgeber die schweizerische Zuständigkeit fördern, nicht beschränken. War ein Prozess im Zeitpunkt rechtshängig, in dem das neue Recht in Kraft trat, so sind die schweizerischen Gerichte somit immer zuständig, wenn das alte oder das neue Recht einen schweizerischen Gerichtsstand vorsah bzw. vorsieht.

Wäre eine durch das neue Recht begründete Zuständigkeit nicht beachtlich, wenn die Klage noch unter altem Recht eingereicht wurde und damals kein Gerichtsstand in der Schweiz gegeben war, so hätte dies zur Folge, dass zuerst der Prozess über die Zuständigkeit nach altem Recht zu Ende geführt werden müsste. Würde die Zuständigkeit schliesslich verneint, so könnte der Kläger beim bisher unzuständigen Gericht sofort nach neuem Recht eine neue Klage einreichen und der Prozess müsste dennoch durchgeführt werden. Dieses Vorgehen widerspräche dem Gebot einer ökonomischen Prozessführung.

cc) Man kann sich indessen fragen, ob der Rechtswechsel auch beachtlich sei, wenn er erst nach dem letzten kantonalen Entscheid und nach Einreichung der Berufung eintritt. Die Artikel 197 und 199 IPRG stellen für die Anwendbarkeit des neuen Rechts auf die Rechtshängigkeit ab. Diese besteht vom Zeitpunkt der Einreichung der Klage bis zu deren rechtskräftigen Beurteilung. Auch wenn dem Bundesgericht im Berufungsverfahren nur eine beschränkte Kognition zusteht, handelt es sich bei der Berufung dennoch um ein ordentliches Rechtsmittel. Durch zulässige Berufung und Anschlussberufung wird der Eintritt der Rechtskraft im Umfange der Anträge gehemmt (Art. 54 Abs. 2 OG). Wohl können vor Bundesgericht grundsätzlich keine neuen Tatsachen vorgebracht werden (Art. 55 Abs. 1c und 63 Abs. 2 OG); das Gericht ist aber in bezug auf die rechtliche Würdigung der Tatsachen frei (Art. 63 Abs. 3 OG) und wendet das Recht von Amtes wegen an. Es ist deshalb nicht einzusehen, warum die Rechtsänderung nicht auch noch vor Bundesgericht zu berücksichtigen wäre.

Etwas anderes ergibt sich auch nicht aus BGE 115 II 301. Dort ging es um die Frage, nach welchem Recht sich die Rechtsmittel und das entsprechende Verfahren richten. Während mit bezug auf diese Fragen ein Prozess ohne weiteres in verschiedene Phasen aufgeteilt und damit auch nach verschiedenen Rechten beurteilt werden kann, trifft dies für die Frage der örtlichen Zuständigkeit nicht zu. Über diese muss für den ganzen Prozess nach einheitlichem Recht entschieden werden.

3. Im vorliegenden Fall ist somit Art. 59 IPRG anwendbar. Nach dieser Bestimmung sind die schweizerischen Gerichte am Wohnsitz des Klägers oder des Beklagten für Scheidungsklagen zuständig. Der Wohnsitz des Klägers genügt allerdings nur, wenn sich dieser seit mindestens einem Jahr in der Schweiz aufgehalten hat oder Schweizer Bürger ist. Ob ein Wohnsitz vorliegt, richtet sich nach Art. 20 IPRG. Es steht ausser Zweifel, dass sowohl die Klägerin als auch der Beklagte seit Jahren ihren Wohnsitz im Sinne dieser Bestimmung in der Schweiz haben. Damit steht auch die Zuständigkeit der schweizerischen Gerichte fest, und die Berufung ist gutzuheissen."

Wenn eine Prozessvoraussetzung fehlt, ergeht ein Prozessurteil auf Nichteintreten (BGE 115 II 191). Art. 9 Abs. 3 IPRG braucht für diesen Fall den Begriff Rückweisung und Art. 21 Abs. 2 LugÜ nennt für einen Sonderfall des Fehlens von Prozessvoraussetzung die Unzuständigkeitserklärung. 10

Demgegenüber entscheidet das Gericht durch Sachurteil die Frage der Sachlegitimation. Die Sachlegitimation ist zu verneinen, wenn nicht der Kläger, sondern eine andere Person den Anspruch hat (der Kläger macht eine Forderung geltend, die seiner AG zusteht) oder, wenn sie zwar dem Kläger zusteht, aber nicht gegenüber dem Beklagten (der Kläger klagt den Aktionär ein, der Anspruch steht ihm aber gegenüber dessen AG zu). Grundsätzlich gilt der Träger eines Rechts als aktivlegitimiert und jener, der damit belastet wird, als passivlegitimiert. Gesetz und Rechtsprechung kennen jedoch zahlreiche Ausnahmen. In bestimmten Fällen steht jedem Interessierten ein Klagerecht zu, so bei Aufhebung einer Stiftung wegen Widerrechtlichkeit im Sinne von Art. 88 f. ZGB, beim Eheeinspruch gemäss Art. 108 ZGB, bei der Klage auf Nichtigkeit der Ehe gemäss Art. 121 ZGB, die Anerkennung eines Kindsverhältnisses durch den Vater gemäss Art. 260a ZGB sowie den Vollzug einer Auflage einer letztwilligen Verfügung gemäss Art. 482 ZGB. In den vorerwähnten Fällen von Art. 88 f., 121 und 260a ZGB sowie die Auflösungsklage beim Verein gemäss Art. 78 ZGB steht einer Behörde ein Klagerecht zu. 11

Von besonderer Bedeutung sind in neuerer Zeit die Klagerechte von Verbänden, sei es kraft gesetzlicher Grundlage, sei es kraft Rechtsprechung. Gemäss Art. 52 und 55 Abs. 1 des Markenschutzgesetzes sowie von Art. 9 Abs. 1 und Abs. 2 des Gesetzes über unlauteren Wettbewerb sowie nach Art. 15 Abs. 2 des Mitwirkungsgesetzes sind bestimmte Verbände klageberechtigt. Art. 56 Markenschutzgesetz und Art. 10 Abs. 2 UWG geben auch den Konsumentenschutzorganisationen ein Klagerecht. Schliesslich bestimmt Art. 7 Abs. 1 des Gleichstellungsgesetzes zur Klage auf Feststellung, dass eine Diskriminierung vorliege, seien auch Organisationen legitimiert, die statutarisch die Gleichstellung von Frau und Mann fördern oder die Interessen der Arbeitnehmerinnen und Arbeitnehmer wahren, wenn der Ausgang des Verfahrens sich voraussichtlich auf eine grössere Anzahl von Arbeitsverhältnissen auswirken werde. Art. 8 Abs. 2 des Kartellrechtsgesetzes kennt ein kartellrechtliches Klagerecht der Berufs- und Wirtschaftsverbände. 12

Kraft Rechtsprechung steht die Verbandsklage offen, wenn kumulativ folgende Voraussetzungen erfüllt sind: Der Verband nimmt statutarisch die wirtschaftlichen Interessen seiner Mitglieder wahr, die Klage dient den Interessen der ganzen Berufsgruppe, nicht nur jenen der Verbandsmitglieder, die einzelnen Mitglieder wären ihrerseits aktivlegitimiert, und schliesslich steht in negativer Hinsicht die Verbandsklage nicht für Geldforderungen der einzelnen Verbandsmitglieder zur Verfügung: 13

BGE 114 II 347 = Praxis 78 Nr. 84: "Nach der Rechtsprechung hängen Aktiv- und Passivlegitimation von den materiellrechtlichen Voraussetzungen des eingeklagten Anspruchs ab (BGE 108 II 217 E. 1 mit Hinw. = Pr 71 Nr. 301). Sie gehören zur Begründetheit des Klagebegehrens, und ihr Fehlen führt zur Abweisung der Klage (BGE 107 II 85 E. 2 mit Hinw.), und zwar ungeachtet des Vorhandenseins der objektiven Voraussetzungen des eingeklagten Anspruchs (BGE 74 II 216 E.1 = Sp 38 Nr. 46). Die Bejahung der Passivlegitimation bedeutet bloss, dass der Anspruch des Klägers gegen den Beklagten richten kann (BGE 107 II 85 E.2). Die Bejahung der Aktivlegitimation bedeutet demnach, dass der Kläger berechtigt ist, diesen Anspruch geltend zu machen. Anders gewendet, stellt sich mit der Frage nach der Aktivlegitimation die Frage, wem das Recht zusteht (KUMMER, ZBJV 112/1976, S. 167, 'Die Rechtsprechung des Bundesgerichts 1984'; gleicher Autor, Grundriss des Zivilprozessrechts, 4. A., S. 66 ff.), in eigenem Namen (GULDENER, Schweiz. Zivilprozessrecht, 3. A. S.139; STRÄULI/MESSMER, Kommentar zur Zürich. ZPO, 2. A., N. 19 § 27/28) einen Anspruch geltend zu machen. Daher ist mit der Bejahung der Aktiv- oder Passivlegitimation noch nicht entschieden, ob der Anspruch des Klägers überhaupt und in dem behaupteten Umfang bestehe (BGE 107 II 86 E.2). 14

Die Rechtsprechung hat die Legitimation von Berufsverbänden bejaht, wenn sie ein Kollektivinteresse vertreten, welches nicht nur das persönliche Interesse der Mitglieder umfasst, sondern auch dasjenige von Personen, die den betreffenden Beruf ohne Verbandsmitglied zu sein ausüben. Aber auch in diesem Fall hängt die Legitimation der Verbände von der Bedingung ab, dass sie durch ihre Statuten ermächtigt sind, die wirtschaftlichen Interessen ihrer Mitglieder zu wahren, und dass diese selbst klagelegitimiert sind (BGE 86 II 21 E.2 = Pr 49 Nr. 50, 73 II 65 = Pr 36 Nr. 147). Obwohl sie vor Gericht auftreten können, um die gemeinsamen Interessen einer Berufsgruppe zu schützen, ist es ihnen umgekehrt verwehrt, mit dieser Berechtigung für eines ihrer Mitglieder einen Schadenersatz einzuklagen (BGE 86 II 23 = Pr 49 Nr. 50). Diese Grundsätze wurden in einem Fall im Kartellrecht bestätigt, wo sie analog zur Anwendung kamen (BGE 103 II 299 ff. E. 2 bis 5 = Pr 67 Nr. 30). Insbes. in bezug auf den Persönlichkeitsschutz, gestützt auf ZGB 28, verhält es sich auch nach der Revision von 1983 nicht anders (TERCIER, Le nouveau droit de la personalité, N. 809 ff.).

Nachdem die Vi beschlossen hatte, den Streit in der Sache auf die Prüfung der Aktivlegitimation der Klägerin zu beschränken, stellte sie fest, dass deren Statuten (Art.) vorsehen, dass sie die Gesellschafts-, die Berufs- und die materiellen Interessen ihrer Mitglieder zu schützen hat, vor allem, wenn es um die Arbeitsbedingungen und um den Schutz der Arbeitnehmer geht. Sie hielt es für erstellt, dass einige Arbeitnehmer des Unternehmens des Beklagten Mitglieder des SMUV waren und es noch sind. Schliesslich stellte sie fest, dass diese persönlich berechtigt wären, Klage auf Beseitigung einer Störung zu erheben. Dennoch hat sie es abgelehnt, den behaupteten Eingriff in die Persönlichkeit 'wegen der Schwere dieses Eingriffs als einen Präzedenzfall' zu betrachten und verweigerte daher der Klägerin die Berechtigung, ein Kollektivinteresse, das über die individuellen Interessen ihrer Mitglieder hinausgeht, geltend zu machen.

Die Klägerin wirft der Vi vor, nicht geprüft zu haben, ob die Interessen der Arbeitnehmer auf diese Weise überhaupt hätten verletzt werden können, so dass ihr Berufsverband sie schützen kann. Das angefochtene Urteil – so die Berufungsklägerin – verletzt Bundesrecht, indem es das Vorhandensein eines Kollektivinteresses verneint, mit der Begründung, dass die streitige Einrichtung gar keinen Eingriff in die Persönlichkeit der Arbeitnehmer darstelle. Auf diese Weise würden jedoch die Legitimation eines Berufsverbands auf jene Fälle beschränkt, in denen die Begründetheit des Falles von vornherein erstellt ist.

Aus den oben dargestellten Grundsätzen geht hervor, dass die Vi bei der Beurteilung der Aktivlegitimation allein zu prüfen hatte, ob die Klägerin als Berufsverband in eigenem Namen den Anspruch auf Beseitigung der Störung geltend machen konnte. Die streitige Einrichtung stellte nach ihrer Meinung einen Eingriff in die Persönlichkeitsrechte der Arbeitnehmer dar, wie sie sich aus OR 328 I und ZGB 28 ff. ergeben. Die Vi hatte in diesem Stadium des Verfahrens nicht zu prüfen, ob die fragliche Einrichtung einen solchen Eingriff darstelle, und wenn ja, wie schwer diese Verletzung sei. Die Vi stellt richtig fest, dass die Arbeitnehmer zur Klage legitimiert gewesen wären. Nachdem sie zum Schluss gekommen war, dass die Statuten der Klägerin die erste der von der Rechtsprechung gestellten Anforderungen erfüllten, hätte sie nur noch prüfen müssen, ob die zweite – das Vorhandensein eines Kollektivinteresses, das über das persönliche Interesse der Mitglieder hinausgeht- auch verwirklicht war. Die Klägerin beantragte, die Beklagte sei anzuweisen, die Video- Überwachungseinrichtungen in den Werkstätten zu entfernen oder ausser Betrieb zu setzen, mit der Behauptung, solche Einrichtungen, die es erlauben, auf den Kontrollschirmen nicht nur die Maschinen, sondern auch die Arbeitnehmer wahrzunehmen, stellten einen Eingriff in deren Persönlichkeitsrechte dar. Damit macht sie ein Interesse geltend, das über dasjenige ihrer Mitglieder hinausgeht und das offensichtlich jede Person betrifft, die den gleichen Beruf ausübt. Da dieses Interesse nicht von den anderen materiellen Voraussetzungen des eingeklagten Anspruchs abhängt, hat die Vi zu Unrecht das Vorhandensein eines Kollektivinteresses und daher die Aktivlegitimation der Klägerin verneint. Indem sie diese Legitimation von der Schwere der Verletzung und von ihrem Präzedenzfallcharakter abhängig macht, hat sie Bedingungen aufgestellt, die weder von Gesetz noch von der Rechtsprechung verlangt sind. Gewiss ging auch die Klägerin vom gleichen Erfordernis einer qualifizierten Verletzung aus. Dieser Umstand kann ihr nicht schaden, da die Aktivlegitimation vom Bg von Amtes wegen zu prüfen ist (BGE 108 II 217 = Pr 71 Nr. 301).

Die Vi beschränkte den Streit ausdrücklich auf die Frage der Aktivlegitimation des SMUV. Daher kann sie die anderen Hauptstreitpunkte vor Einleitung eines neuen Verfahrens nicht prüfen. Die Berufung ist gutzuheissen und die Sache an die Vi zurückzuweisen, damit sie nach erforderlicher Ergänzung des Dossiers ein neues Urteil fälle."

ZR 81, Nr. 7: Tritt der Richter auf eine Klage nicht ein, bezüglich eines Teils des Klagebegehrens wegen Fehlens einer bestimmten Prozessvoraussetzung, bezüglich der übrigen Klagebegehren wegen Fehlens einer anderen Prozessvoraussetzung, so setzt sich sein Entscheid, auch wenn einheitlich formuliert, aus zwei getrennt anfechtbaren Nichteintretensentscheiden zusammen.

15

ZR 83, Nr. 4: Bei der Ausfällung von Vor- und Teilentscheiden erscheint Zurückhaltung geboten, insbesondere dann, wenn damit die Gefahr einer Komplizierung des weiteren Verfahrens besteht, weil der Weiterzug ans Bundesgericht einstweilen unmöglich ist. Im zürcherischen Prozessrecht gilt nach wie vor der Grundsatz der Gesamterledigung aller Vorfragen und Einreden im Endentscheid. Ein Teilentscheid wird zugelassen, sofern es die Umstände erlauben, insbesondere, wenn ein Teilurteil dem Anspruch der Parteien auf beförderliche Prozesserledigung entspricht. Auch ein Vorurteil ist zulässig, insbesondere dann, wenn auf diese Weise ein bedeutender Aufwand an Zeit und Kosten erspart werden kann.

16

Ob sich im Einzelfall ein Vor- oder Teilentscheid rechtfertigt, ist somit vorwiegend eine Frage der Prozessökonomie. Allerdings kann die Fällung eines Vor- oder Teilurteils einen Prozess häufig eher komplizieren als rationalisieren. Missbräuchlich ausgefällte Vor- oder Teilurteile sind von der Rechtsmittelinstanz unter Rückweisung zur Ausfällung eines gesamthaften Endentscheids aufzuheben.

Im vorliegenden Fall ging es darum, dass in einem Erbteilungsprozess das Bezirksgericht durch Vorurteil festgestellt hat, der Kläger 1 und die Beklagten 1 – 3 seien Erben eines bestimmten Nachlasses, während den Klägern 3–6 und dem Beklagten 4 keine Erbenstellung zukomme. Dieses Vorgehen führte nicht zu einer Prozessbeschleunigung im Sinne von § 53 Abs. 1 ZPO, sondern es besteht vielmehr die Gefahr einer unnötigen Hinauszögerung des Endentscheids im Jahre. Das Bundesgericht tritt nämlich regelmässig auf Berufungen gegen Teilurteile nicht ein (BGE 100 II 429 und 104 II 287). Zwar macht das Bundesgericht in Erbstreitigkeiten gewisse Ausnahmen, jedoch nur dann, wenn ein Teilurteil vorliegt, das einen Anspruch betrifft, der für sich allein hätte eingeklagt werden können und dessen Beurteilung für die übrigen Begehren präjudiziell ist. Vorliegend geht es aber nicht um die Beurteilung eines Anspruchs, der für sich allein hätte eingeklagt werden können. Ohne ausdrückliche Praxisänderung des Bundesgerichts würde dieses somit auf eine Berufung gegen ein Obergerichtsurteil in der vorliegenden Sache, soweit es sich dabei notwendigerweise um ein Teilurteil handelt, nicht eintreten. Damit wird aber durch ein Teilurteil nichts gewonnen, im Gegenteil, es besteht die Gefahr, dass im Rahmen des vorliegenden Erbteilungsprozesses die ganze Teilung prozessual zweimal durchgeführt werden müsste. Die Vorinstanz kam in diesem Punkt offensichtlich zu einem unrichtigen Schluss, da sie fälschlicherweise davon ausging, ihr Entscheid stelle ausschliesslich ein Vorurteil dar, und dabei übersah, dass sie zumindest teilweise einen Teilentscheid fällte.

ZR 84, Nr. 132: Anfechtung eines Vergleichs wegen Willensmängeln: Im Hinblick auf § 285 ZPO kann das Kassationsgericht in berufungsfähigen Fällen nicht auf die Frage eintreten, ob ein Vergleich wegen Willensmängeln unverbindlich ist.

17

Lehre und Rechtsprechung gehen seit jeher davon aus, dass der gerichtliche Vergleich hinsichtlich seiner materiellrechtlichen Seite den Regeln des Vertragsrechts untersteht und daher materiellrechtlichen Anfechtungsgründen unterliegt. Ist der erforderliche Streitwert gegeben oder kommt es auf den Streitwert nicht an, so kann daher gegen den Entscheid des oberen, kantonalen Gerichts über die Frage, ob ein zivilrechtlicher Anfechtungsgrund vorliegt, die Berufung an das Bundesgericht ergriffen werden; unter diesen Umständen kann gemäss § 285 ZPO nicht auf die vorliegende Rüge eingetreten werden.

18 **ZR 86, Nr. 38:** Nach § 188 Abs. 2 ZPO hätte die Vorinstanz darüber einen Beschluss fassen müssen, wogegen das Rechtsmittel des Rekurses gegeben wäre. Die Vorinstanz bezeichnet die Frage der Zulässigkeit der Umwandlung der bisherigen Inhaberaktien in vinkulierte Namenaktien als dadurch gegenstandslos geworden, dass die Beklagte am 20. September 1984 auf diese Vinkulierung verzichtet habe, und verneint ein Rechtsschutzinteresse des Klägers, was zur gerichtlichen Abschreibung infolge Gegenstandslosigkeit führe. Die gewählte Erledigungsart wurde von den Parteien nicht angefochten. Insoweit ist aber das erstinstanzliche Urteil ebenfalls aufzuheben. Blieb es bei der Rechtsauffassung, wie sie darin vertreten wird, so wäre die Sache allenfalls an die Vorinstanz zur korrekten Beschlussfassung mit Rekursmöglichkeit zurückzuweisen.

19 **ZR 88, Nr. 74:** Eine Parteierklärung ist bis zur Erledigung des Prozesses in der gegebenen Instanz zulässig, und zwar auch noch nach Fällung des Urteils, jedoch nur bis zu dessen Eröffnung. Da die Vorinstanz, wie sich aus der Protokollnotiz ergibt, das Urteil nicht mündlich eröffnet hatte, hätte sie somit eigentlich den Klagerückzug nicht als Berufungserklärung entgegennehmen, sondern das Verfahren als durch Klagerückzug erledigt abschreiben müssen. Da aber in der Regel vor erster Instanz ein Urteil unmittelbar im Anschluss an die Hauptverhandlung mündlich eröffnet wird, wurde übersehen, dass im Falle der Parteien ausnahmsweise die Urteilseröffnung noch nicht stattgefunden hatte; die Vorinstanz wollte offenbar abwarten, ob das Urteil begründet werde müsse und redigierte den Urteilstext erst, nachdem die Klägerin ihr am 1. Juni 1989, noch bevor sie die Klage zurückgezogen hatte, mitteilte, sie benötige ein begründetes Urteil.

Es rechtfertigt sich jedoch nicht, den Prozess zur Abschreibung an die Vorinstanz zurückzuweisen; auch wenn die Rückzugserklärung als Berufungserklärung entgegengenommen wurde, ist das Verfahren als durch Klagerückzug erledigt abzuschreiben. Auch im Rechtsmittelverfahren kann nämlich eine Klage noch zurückgezogen werden. Es entspricht sodann der ständigen Praxis der Kammer, im Interesse der Aufrechterhaltung der Ehe den Weiterzug eines Urteils trotz fehlender Beschwer zuzulassen, um den Rückzug der Scheidungsklage zu ermöglichen (Sträuli/Messmer, N. 12 zu § 200 ZPO), sogar ohne von den Parteien zu verlangen, dass sie zunächst noch eine Begründung des Urteilsdispositivs bei der ersten Instanz anfordern. In Kenntnis dieser Praxis hat denn auch die Vorinstanz die Rückzugserklärung vom 11. Juli 1989 als Berufungserklärung zum Zwecke des Klagerückzugs interpretiert. Der Prozess kann daher auch von der beschliessenden Kammer als durch Rückzug erledigt abgeschrieben werden.

Allerdings kann dem Antrag der Klägerin, auf diesen Klagerückzug zurückzukommen und statt des Klagerückzugs einen Berufungsrückzug vorzumerken, nicht entsprochen werden. Unabhängig davon, dass das Verfahren bereits vor erster Instanz hätte erledigt werden können, ist es den Parteien so oder so nicht mehr möglich, nach dem Rückzug der Klage noch prozessuale Handlungen vorzunehmen, selbst dann, wenn der Abschreibungsbeschluss noch nicht ergangen ist; dies wurde bereits wiederholt mit Bezug auf eine Widerklage entschieden, die von einer beklagten Partei nach Klagerückzug der Gegenpartei noch anhängig gemacht werden wollte (ZR 58, Nr. 170; ZR 78, Nr. 138). Das gleiche muss für diejenige Partei gelten, die ihrerseits den – vorbehaltlosen – Rückzug ihrer Klage erklärt hat. Ob das Verfahren vor erster oder zweiter Instanz hängig war, ist dabei ohne Bedeutung.

20 **ZR 90, Nr. 6:** Die Aberkennungsklage nach Art. 83 SchKG bezweckt nicht im Sinne eines Rechtsmittels die Aufhebung des Rechtsöffnungsentscheids. Während bei Gutheissung der Klage die provisorische Rechtsöffnung und mit ihr die ganze Betreibung einfach dahinfällt, wird bei Abweichung der Klage die provisorische Rechtsöffnung von Gesetzes wegen eine endgültige. Die Aberkennungsklage ist eine Feststellungsklage, welche eine ungewisse Rechtslage und die sich daraus ergebende Rechtsgefährdung zu beseitigen bezweckt. Das Verfahren darf nicht als gegenstandslos abgeschrieben werden, wenn die Forderung durch einen Dritten (Solidarbürgen) getilgt wird, sondern ist durch ein gutheissendes Urteil zu erledigen.

21 **ZR 90, Nr. 68:** Vgl. § 191 ZPO.

Vor- und Teilentscheid
§ 189. Vorfragen und Einreden werden in der Regel durch den Endentscheid erledigt. Wenn es die Umstände rechtfertigen, kann ein Vor- oder Teilentscheid gefällt werden.

Man unterscheidet prozessleitende Entscheide (sie führen das Verfahren fort, wie etwa Auferlegung einer Kaution, Durchführen eines Beweisverfahrens etc.) und prozesserledigende Entscheide (Endentscheide oder Zwischenentscheide). 1

Mit einem Prozessurteil entscheidet das Gericht über Existenz oder Nichtexistenz von Prozessvoraussetzungen; bei einem Nichteintretensentscheid liegt ein Prozessurteil im Sinn eines Endurteils vor; mit einem Zwischenurteil hingegen wird eine Prozesseinrede, wie etwa die Einrede der "res iudicata", verworfen. Das Prozessurteil basiert auf einer Entscheidung des Gerichts oder erfolgt durch eine Parteierklärung, etwa den Rückzug der Klage unter Vorbehalt des Wiedereinbringens. Gemäss bundesgerichtlicher Rechtsprechung entscheidet darüber nicht der Wortlaut, sondern der Gehalt des Dispositivs. So führte das Bundesgericht in BGE 115 II 191 aus: "Ob sodann ein Sach- oder ein Prozessurteil vorliegt, entscheidet sich nicht nach der Bezeichnung des Entscheids, sondern allein nach dessen Gehalt. Ein Prozessurteil ändert seinen Charakter nicht, wenn im Dispositiv eine Klage fälschlicherweise abgewiesen, anstatt – wegen Fehlens einer Prozessvoraussetzung – auf sie nicht eingetreten wird (BGE 101 II 378 f.). Ebensowenig führt ein Sachurteil, mit dem ein ungenügend substantiierter Anspruch als unbegründet erklärt wird, zum Prozessurteil, bloss weil das Urteil des Gerichts es als solches bezeichnet. BGE 115 II 191: "Die Erwägungen im Urteil vom 11. Dezember 1979 lassen weiter keinen Zweifel darüber offen, dass nach Auffassung des Landgerichts der beweisbelastete Kläger seine Behauptungen nicht genügend substantiiert vorgetragen hatte, um über Bestand oder nicht Bestand des im übrigen ausreichend individualisierten Anspruchs die notwendigen Entscheidungsgrundlagen abzugeben. Insoweit liegt nach dem Gesagten inhaltlich ein Sachentscheid vor. Dessen Bezeichnung als Prozessurteil in der Rechtsmittelbelehrung ist unerheblich, da die Qualifikation – wie dargelegt – nach dem Inhalt und nicht nach der äusseren Form vorzunehmen ist. Aus den selben Gründen ist für den Ausgang des vorliegenden Verfahrens bedeutungslos, dass das Obergericht gegen das Urteil des Landgerichts kantonalrechtlich nur einen Rekurs, d.h. das Rechtsmittel gegen ein Prozessurteil zuliess. Zudem vermöchte auch eine unrichtige prozessuale Beurteilung des erstinstanzlichen Entscheids durch das Obergericht die materielle Rechtskraft als Institut des Bundesrechts nicht zu beeinflussen." Im Ergebnis ebenso BGE 116 II 745. 2

Prozesse werden nur selten gegenstandslos. Etwa der Ehescheidungsprozess bei Tod eines Ehegatten, der Forderungsprozess durch Konfusion (Erwerb der Forderung durch den Beklagten), eine Eigentumsklage bei Untergang der Sache. Zutreffend hält Vogel, Rz. 110, S. 197 fest, dass bei Bezahlung nach Eintritt der Rechtshängigkeit eine Klageanerkennung vorliege, und bei Löschung einer Kapitalgesellschaft im Handelsregister entfällt die Parteifähigkeit, was einen Nichteintretensentscheid nach sich ziehen müsste. Bei tatsächlicher Gegenstandslosigkeit ist über die Kosten- und Entschädigungsfolgen gemäss § 65 Abs. 1 ZPO nach Ermessen zu entscheiden. 3

Ein Sachurteil kann ein Endurteil oder ein Vor- oder Teilurteil sein. Bei einem Teilurteil wird über einen Teil des Rechtsbegehrens (beispielsweise bei einer angeblichen Forderung von 1 Mio. Fr. hat der Kläger nur 100'000 Fr. eingeklagt) entschieden, in einem Vorurteil über eine Vorfrage wie die Verjährung. Die Parteien selber können ein Sachurteil durch Vergleich, Anerkennung oder Rückzug der Klage bewirken; Sachurteile ergehen sodann durch einen materiellen Entscheid des Gerichts. 4

ZR 83, Nr. 114: Vgl. § 111 ZPO. 5

ZR 89, Nr. 112: Die Vorinstanz hatte in einem Prozess über die strittige Liquidation einer einfachen Gesellschaft ein unbestrittenes Feststellungsbegehren und die streitige Bestellung eines Liquidators zum Gegenstand eines Vorurteils gemacht; sie liess die Streitfrage, ob sich die Parteien über eine Aufteilung der Liegenschaften, den Hauptstreitpunkt zwischen den Gesellschaften, geeinigt hätten, jedoch offen. Zur Frage der Zulässigkeit eines Vor- und Teilurteils wurde folgendes 6 ausgeführt: Es trifft zu, dass § 189 ZPO das Prinzip der Gesamterledigung eines Prozesses vorschreibt; Teilentscheide oder Vorentscheide sind im Sinne von Ausnahmen zu dieser Regel aus prozessökonomischen Gründen zulässig, wenn ein Urteil über einen Teil der Rechtsbegehren dem Anspruch auf beförderliche Prozesserledigung entspricht oder über eine Rechtsfrage vorweg entschieden werden kann und durch einen Vorentscheid ein wesentlicher Aufwand an Zeit und Kosten erspart werden kann. Es liegt jedoch in der Natur einer Ausnahmeregelung, dass sie nur unter diesen ganz speziellen Voraussetzungen und mit Zurückhaltung anzuwenden ist.

7   **ZR 93, Nr. 79:** Obergerichtliche Teilurteile können von Bundesrecht wegen nicht in Rechtskraft erwachsen, solange die Möglichkeit ihrer Anfechtung zusammen mit dem Endentscheid besteht. Aus Art. 323 b Abs. 2 OR kann nichts Gegenteiliges hergeleitet werden.

Rechtskraft
a) formelle Rechtskraft
§ 190. Die Endentscheide eines endgültig entscheidenden Gerichts werden mit der Fällung rechtskräftig.

Ist Berufung oder Rekurs zulässig, so tritt die Rechtskraft auf den Zeitpunkt ein, da die Rechtsmittelfrist unbenützt abgelaufen oder das Rechtsmittel zurückgezogen worden ist. Erklären die Parteien nach der mündlichen oder schriftlichen Eröffnung den Verzicht auf das Rechtsmittel, so wird der Entscheid auf diesen Zeitpunkt rechtskräftig; stellen sie in den Fällen von § 158 Abs. 1 GVG innert Frist kein Begehren um schriftliche Begründung, so tritt der Entscheid mit Fristablauf in Rechtskraft.

Wird im Rechtsmittelverfahren ein prozessleitender Entscheid aufgehoben, so werden die auf ihm beruhenden späteren Entscheide von Amtes wegen aufgehoben.

Unter formeller Rechtskraft versteht man ein Erkenntnis, das mit ordentlichen Rechtsmitteln (in Zürich Berufung und Rekurs) nicht mehr anfechtbar ist; kantonale nicht mehr ans Bundesgericht weiterziehbare Entscheide sind mit dem Ausfällen rechtskräftig. Entscheide, die mit einem ordentlichen Rechtsmittel weitergezogen werden, sind mit dem unbenützten Ablauf der Rechtsmittelfrist rechtskräftig. Die gleiche Regelung gilt gemäss Art. 54 Abs. 2 OG für Entscheide, die mit bundesrechtlicher Berufung weiterziehbar sind. Bei einem Rückzug wird der Entscheid mit dem Eintreffen des Rückzugs des Rechtsmittels beim Gericht rechtskräftig. Formelle Rechtskraft bedeutet unmittelbare Vollstreckbarkeit.

b) materielle Rechtskraft
§ 191. (alte Fassung). Die Anordnungen und Feststellungen im Dispositiv eines Urteils binden die Gerichte in einem späteren Prozess zwischen den gleichen Parteien oder ihren Nachfolgern in die beurteilten Rechte oder Pflichten.

Die nämliche Rechtskraft kommt den Erledigungsentscheiden zu, welche auf Grund eines Klagerückzuges, einer Klageanerkennung oder eines Vergleichs ergehen. Der Klagerückzug im Sühnverfahren und der Rückzug wegen fehlerhafter Klageeinleitung zur Verbesserung sind davon ausgenommen.

Entscheide ausländischer Gerichte in Zivilsachen stehen hinsichtlich der Rechtskraft den schweizerischen Entscheiden gleich, sofern die Voraussetzungen für die Vollstreckung gegeben sind.

Das Vorliegen eines rechtskräftigen Entscheides wird nur auf Antrag einer Partei berücksichtigt.

b) materielle Rechtskraft
§ 191. (neue Fassung, 24.9.95). Die Anordnungen und Feststellungen im Dispositiv eines Urteils binden die Gerichte in einem späteren Prozess zwischen den gleichen Parteien oder ihren Nachfolgern in die beurteilten Rechte oder Pflichten.

Die nämliche Rechtskraft kommt den Erledigungsentscheiden zu, welche auf Grund eines Klagerückzuges, einer Klageanerkennung oder eines Vergleichs ergehen. Der Klagerückzug im Sühnverfahren und der Rückzug wegen fehlerhafter Klageeinleitung zur Verbesserung sind davon ausgenommen.

(Abs. 3 und 4 aufgehoben, 24.9.95)

Die materielle Rechtskraft schafft für spätere identische Klagen die Einrede der res iudicata; diese steht auch einer Klage des Beklagten im Erstprozess auf Aufhebung jenes Erkenntnisses entgegen, wenn er etwa mit einer Klage das Gegenteil dessen beantragt, was im Erstprozess entschieden wurde. Vorfragen des Zweitprozesses, welche im Erstprozess entschieden wurden, binden den Richter des Zweitprozesses. Wenn im Erstprozess die Frage der einseitigen Unverbindlichkeit eines Vertrags infolge einseitiger Täuschung abgewiesen wird, bindet diese Entscheidung das Gericht im Zweitprozess, falls der Kläger einen Forderungsbetrag einklagt und vorfrageweise verlangt, das Gericht habe die Unverbindlichkeit des Vertrags festzustellen (BGE 116 II 739). 1

Für bundesrechtliche Rechtsansprüche entscheidet sich die Frage der Klageidentität nach Bundesrecht (BGE 105 II 231, summarisches Verfahren gemäss BGE 119 II 91 vorbehalten). Mit der bundesrechtlichen Berufung (bei zu geringem Streitwert mit der bundesrechtlichen Nichtigkeitsbeschwerde) kann man rügen, das Urteil habe die Rechtskraft zu Unrecht bejaht oder zu Unrecht verneint. 2

Gemäss BGE 101 II 378 ist über die Identitätsfrage das Urteilsdispositiv unter Berücksichtigung der Urteilsbegründung des Erkenntnisses, das die Einrede der res iudicata begründet, heranzuziehen; die Rechtsbegehren der neuen Klage sind nach allgemeinen Grundsätzen (etwa BGE 105 II 152) auszulegen. Massgebend ist zwar nur das Dispositiv, aber wenn eine begründete Klage abgewiesen wird, weil die Gegenpartei ebenfalls erfolgreich die Einrede der Verrechnung erhebt, so bezieht sich die materielle Rechtskraft auch auf die verrechnete Forderung; auch ein Entscheid, der die Verrechnungseinrede abweist, ist der materiellen Rechtskraft betr. die versuchsweise zur Verrechnung gebrachte Forderung fällig, wie etwa Art. 71 Abs. 2 BZP deutlich formuliert. 3

Der Rechtskraft zugänglich sind nur Sachurteile, sei es, dass sie aufgrund des Richterspruchs oder infolge von Rückzug, Vergleich oder Anerkennung (d.h. Parteierklärungen) erfolgen, nicht aber prozessleitende Entscheide und Prozessurteile. Gemäss § 212 Abs. 1 ZPO sind Entscheide im summarischen Verfahren für den ordentlichen Richter bindend; eine Ausnahme macht § 212 Abs. 3 ZPO für Entscheide, die nur ein Glaubhaftmachen voraussetzen; an diese ist der ordentliche Richter nicht gebunden. Fraglich ist, ob für den Scheidungsprozess besondere Regeln gelten (so Vogel, N. 77 f. S. 215); bei der vom Bundesgericht zutreffend entwickelten Auslegung des Begriffs Identität gelten für den Scheidungsprozess keine Sonderregeln: neue Tatsachen, die vom Gericht im Erstprozess nicht beurteilt wurden, schliessen Identität nach allgemeiner Regel aus; fehlende Identität – wiederum nach allgemeiner Regel – liegt vor, wenn neue Tatsachen, die zusammen mit jenen, die mit Erstprozess beurteilt wurden, ein Mass erreichen, das auf Zerrüttung der Ehe schliessen lässt. 4

Eine differenzierende, in der Sache und im Ergebnis zutreffende (und die Verfassung respektierende) Ausnahme hat das Bundesgericht für das Befehlsverfahren in BGE 119 II 91 anerkannt:

BGE 119 II 91: "Im Bereich der Summarentscheide kommt den Kantonen in bestimmter Hinsicht eine Regelungsfreiheit auch in bezug auf die materielle Rechtskraftwirkung zu. Diese Freiheit besteht einzig dort nicht, wo das kantonale Recht einen bundesrechtlichen Anspruch ausschliesslich einem Summarverfahren unterstellt, soweit dies bundesrechtlich zulässig ist (BGE 94 II 108 E. b), oder das Bundesrecht eine Kompetenzattraktion vorschreibt und diese ein kantonales Summarverfahren erfasst. Hier entfaltet der Summarentscheid kraft Bundesrechts materielle Rechtskraft. Das Bundesrecht untersagt den Kantonen zumindest nicht, einen bundesrechtlichen Anspruch vorerst im Summarverfahren vorläufig zu beurteilen und die endgültige Bereinigung einem ordentlichen Verfahren vorzubehalten. Daraus folgt, dass allein das kantonale Prozessrecht – unter 5

Vorbehalt von allfälligen bundesrechtlichen Vorschriften (Messmer/Imboden, Die eidgenössischen Rechtsmittel in Zivilsachen, S. 114 N 83 und Anm. 17; Habscheid, Schweizerisches Zivilprozess- und Gerichtsorganisationsrecht, 2. Aufl. 1990, N 54) – bestimmt, ob einem Entscheid im Befehlsverfahren beschränkte oder definitive Rechtskraft zukommt (vgl. auch Elisabeth Roth-Grosser, Das Wesen der materiellen Rechtskraft und ihre subjektiven Grenzen, Diss. Zürich 1981, S. 26 f.). Anderer Ansicht ist Guldener (Schweizerisches Zivilprozessrecht, 3. Aufl. 1979, S. 590); es widerspreche dem materiellen Bundesrecht, wenn das kantonale Prozessrecht einem Anspruch, der in das summarische Verfahren verwiesen werde, die materielle Rechtskraft verweigere. Dieser Ansicht ist nicht beizupflichten, will doch der Autor nicht nur das Institut der materiellen Rechtskraft als solches, sondern auch dessen Ausgestaltung und Regelung dem materiellen Recht unterstellen. Er trägt der Kompetenzausscheidung hinsichtlich der Legiferierung im Zivil- und Zivilprozessrecht zwischen Bund und Kantonen nicht hinreichend Rechnung. Dem Einwand ist auch entgegenzuhalten, dass die Möglichkeit des Berechtigten, über seinen bundesrechtlichen Anspruch einen definitiven Entscheid zu erlangen, durch die unterschiedliche Ausgestaltung in den kantonalen Zivilprozessordnungen keineswegs beeinträchtigt wird, da ihm offensteht, das ordentliche Verfahren einzuleiten (Isaak Meier, Grundlagen des einstweiligen Rechtsschutzes, S. 128).

Nach dem Gesagten steht den Kantonen die Hoheit zu, über Verfahren und Gerichtsorganisation zu legiferieren. Ebenfalls obliegt ihnen, das kantonale Recht anzuwenden und über dessen richtige Anwendung zu wachen. Das Bundesgericht kann im Berufungsverfahren die Anwendung kantonalen Prozessrechts nicht überprüfen und darüber befinden, ob die kantonale Vorinstanz die Bestimmungen über die materielle Rechtskraft, soweit sie nicht bundesrechtlicher Natur sind, richtig auslegt. Würde es dies tun, griffe es in unzulässiger Weise in die kantonale Prozessrechtshoheit ein. Mit ihrer Rüge macht die Beklagte somit nicht eine Bundesrechtsverletzung, sondern vielmehr eine Verletzung kantonalen Rechts geltend (Art. 43 Abs. 1 OG; BGE 117 II 288 E. c, 116 II 135 E. 5, 114 II 336 E. 3a). Das Bundesgericht aber kann im Berufungsverfahren die Anwendung kantonalen Rechts selbst dann nicht überprüfen, wenn daran bundesrechtliche Folgen zu knüpfen sind (BGE 117 II 288 E. c mit Hinweisen). Kantonalrechtliche Entscheidungen werden auch dadurch nicht zu bundesrechtlichen, dass sie sich auf allgemeine Grundsätze des materiellen Rechts, insbesondere über Treu und Glauben (Art. 2 ZGB), Ermessen und Billigkeit (Art. 4 ZGB) oder die Vertragsauslegung stützen (BGE 111 II 66 E. 3). Überdies behauptet die Beklagte zu Recht nicht, eine solche Regelung, wie sie das kantonale Recht vorsehe, verunmögliche oder erschwere die Verwirklichung des Bundeszivilrechts (dazu BGE 116 II 218 E. 3, 110 II 48 E. c). Die Rüge ist daher als unbegründet abzuweisen. Offenbleiben kann die Frage, ob ein im st. gallischen Befehlsverfahren ergangener Entscheid als Endentscheid nach Art. 48 Abs. 1 OG zu betrachten ist."

6   An sich wirkt die Rechtskraft nur zwischen den Parteien und ihren Rechtsnachfolgern, nicht aber gegenüber Dritten; Gestaltungsurteile wirken begriffswesentlich gegenüber jedermann; die Gutheissung einer Kollokationsklage des Gläubigers, dessen Forderung im Kollokationsplan nicht Aufnahme fand, ist auch für die übrigen Gläubiger verbindlich und wirksam; Entscheide gegen Kollektiv- und Kommanditgesellschaften als Beklagte sind auch gegenüber solidarisch haftenden Gesellschaftern wirksam; Urteile im Zusammenhang mit einer Prozessstandschaft gelten für die Berechtigten und Verpflichteten, andernfalls diese häufig wenig sinnvoll wären.

7   Die Klageidentität ist vor allem aus drei Gründen bedeutsam: weil das Gericht über eine identische Klage nicht nochmals befinden kann, wenn der Erstprozess rechtskräftig entschieden ist, weil bei Rechtshängigkeit einer Klage eine spätere identische Klage zwischen den Parteien und ihren Rechtsnachfolgern ausgeschlossen ist, und schliesslich weil bei Rechtshängigkeit eine Klageänderung nur im Rahmen von §§ 61, 107 und 115 ZPO möglich ist. Für die Frage der Identität ist die Identität der Parteien und die Identität des Streitgegenstands zu prüfen. Parteiidentität liegt vor, wenn sich die gleichen Parteien oder ihre Rechtsnachfolger gegenüberstehen, unabhängig von der Rollenverteilung; mehr Schwierigkeiten bereitet die Frage der Identität des Streitgegenstands. Man unterscheidet Klagen mit individualisierten Rechtsbegehren (d.h. solche, die nicht auf eine blosse Geldzahlung lauten und daher im Rechtsbegehren die streitigen Rechte und Rechtsverhältnisse genau formulieren) und nicht individualisierten Rechtsbegehren, die auf das Bezahlen

einer Geldsumme lauten und bei denen man regelmässig auf die Klagebegründung zurückgreifen muss, um die Identität zu prüfen.

Für die Frage der Identität nicht individualisierter Rechtsbegehren gibt es vor allem drei Theorien: Antragstheorie (der Antrag allein ist massgebend; wie soll man die Identität bei blosser Geldforderung abgrenzen?), Theorie des Lebensvorgangs (gestützt auf denselben Lebensvorgang wird dasselbe Rechtsbegehren ganz oder teilweise geltend gemacht; wie weit versteht man den Begriff Lebensvorgang?), die materiellrechtliche Theorie (konkurrierende Ansprüche aus Vertrag, unerlaubter Handlung oder sonstiger Rechtsgründe bilden je einen eigenen Streitgegenstand, BGE 98 II 158, vgl. unten, entspricht teilweise dieser Auffassung). Diese Theorien sind stark interpretationsbedürftig. 8

Das Bundesgericht hat in BGE 117 II 413 dazu ausgeführt:

BGE 117 II 413: "2. Es steht ausser Zweifel, dass in allen Fällen, in welchen ein Mieter eine unter die Übergangsbestimmung fallende Kündigung weder angefochten noch eine Mieterstreckung verlangt hat, am 1. Juli 1990 neue Fristen von 30 bzw. 60 Tagen im Sinne von Art. 273 OR zu laufen begonnen haben. 9

Fraglich ist indessen, ob das auch dann gilt, wenn im Anschluss an die Kündigung ein Anfechtungs- oder Erstreckungsverfahren angehoben und vor dem 1. Juli 1990 rechtskräftig erledigt worden ist. In diesen Fällen gerät die Übergangsbestimmung mit den Wirkungen der materiellen Rechtskraft in Konflikt. GMÜR (Vom alten zum neuen Mietrecht, S. 20 f.) und Lachat/Micheli (Le nouveau droit du bail, S. 54) schliessen daraus, in einem solchen Falle könne eine rechtskräftige Streiterledigung nicht mehr in Frage gestellt werden. Etwas differenzierter argumentiert BARBEY (Commentaire du droit du bail, III/1, N 267 Introduction). Danach ist eine Klage dann nicht verwirkt, wenn es sich nach neuem Recht um ein vom alten Recht verschiedenes Streitobjekt handelt. Indessen lässt auch dieser Autor die Wirkungen der materiellen Rechtskraft dort eintreten, wo der Sachverhalt und die vom Kläger geltend gemachten Ansprüche nach altem und neuem Recht vollständig identisch sind. Dieser Auffassung ist zuzustimmen.

Vorliegend ist die Identität gegeben. Der Sachverhalt, auf den die Klägerin ihre Begehren stützt, ist nach altem und neuem Recht identisch, ebenso die von ihr erhobenen Ansprüche. Mit dem Begehren vom 6. April 1990 hat sie einerseits verlangt, die Kündigung sei nichtig zu erklären, weil sie im Zusammenhang mit einer Mietzinserhöhung erfolgt sei. Damit rief sie den Nichtigkeitsgrund von Art. 18 Abs. 3 BMM an. Nach neuem Recht ist eine derartige Kündigung nicht mehr nichtig, sondern bloss anfechtbar (Art. 271 und Art. 271a lit. b in Verbindung mit Art. 273 OR); der neurechtliche Anspruch geht somit etwas weniger weit. Anderseits sind auch die beiden Erstreckungsbegehren identisch; dass nach neuem Recht eine Erstreckung für eine längere Dauer verlangt werden kann, rechtfertigt es nicht, von einem anderen Streitgegenstand zu sprechen und deswegen ein neues Erstreckungsbegehren zuzulassen.

3. An den Wirkungen der materiellen Rechtskraft ändert auch der Umstand nichts, dass das frühere Verfahren nicht durch rechtskräftiges Sachurteil, sondern durch Abschreibung infolge Rückzugs des Begehrens erledigt worden ist. Einem vorbehaltlosen Klägerückzug und der gestützt darauf ergangenen Abschreibungsverfügung kommt sowohl nach Bundesrecht (BGE 105 II 151; vgl. BGE 117 II 414 auch Art. 73 BZP) wie nach dem massgebenden Zivilprozessrecht des Kantons Thurgau materielle Rechtskraft zu, die zur Einrede der abgeurteilten Sache führt. Das wird an sich mit der Berufung auch nicht bestritten. Dagegen macht die Klägerin geltend, es wäre stossend, wenn ihr zufolge des Klägerückzugs die Einrede der abgeurteilten Sache entgegengehalten werden könnte, während das nicht der Fall gewesen wäre, wenn sie es, statt die Klage zurückzuziehen, auf einen Nichteintretensentscheid wegen Versäumnis der Frist von Art. 267a Abs. 3 OR hätte ankommen lassen; diesfalls hätte ein prozessualer Erledigungsentscheid vorgelegen, dem keine materielle Rechtskraft zugekommen wäre. Diese Argumentation ist bereits im Ansatz verfehlt. Sofern das Erstreckungsbegehren vom 6. April 1990 verspätet war, hätte das Verfahren nicht zu einem prozessualen Erledigungsbeschluss, sondern zu einem materiellen Sachentscheid, das heisst

zur Abweisung des Erstreckungsbegehrens, geführt, der materielle Rechtskraft zugekommen wäre und die zur Einrede der abgeurteilten Sache geführt hätte.

4. Ebensowenig verfängt der Einwand, der im summarischen Verfahren ergangenen Abschreibungsverfügung komme nur provisorischer Charakter und somit keine materielle Rechtskraft zu. Wie das Obergericht im angefochtenen Entscheid zutreffend ausführt, stellt der Entscheid über ein Erstreckungsbegehren ein materielles und abschliessendes Sachurteil über einen bundesrechtlichen Anspruch dar; das gilt im Falle eines Klagerückzugs folgerichtig auch für die gestützt darauf ergangene Abschreibungsverfügung.

5. Abwegig ist schliesslich auch der Einwand der Klägerin, auf diese Weise werde ihr das Recht abgeschnitten, die mit dem neuen Mietrecht (Art. 271 und 271a OR) eingeführte Anfechtbarkeit einer Kündigung geltend zu machen. Wie bereits dargelegt, will die Klägerin mit ihrer neuen Klage die Kündigung mit der Begründung anfechten, sie sei im Zusammenhang mit einem Versuch der Vermieter, eine Mietzinserhöhung durchzusetzen, erfolgt. Das aber ist, wie bereits dargelegt (E. 2 hievor), nichts anderes als die mit der ersten Klage angerufene Nichtigkeit der Kündigung gemäss Art. 18 Abs. 3 BMM.

6. Steht somit der Klage die Einrede der abgeurteilten Sache entgegen, so ist nicht mehr zu prüfen, ob die Kündigung für die Klägerin eine unzumutbare Härte zur Folge hätte."

Zuvor hatte das Bundesgericht in BGE 97 II 396 bemerkt:

BGE 97 II 396: "Die erwähnten Autoren unterscheiden zwischen individualisierten und nicht individualisierten Rechtsbegehren und sind der Ansicht, gleichlautende individualisierte Rechtsbegehren (z.B. Feststellungsklagen) seien identisch (GULDENER, a.a.O. S. 167; KUMMER, a.a.O. S. 71). Das Bundesgericht hat sich mit dieser Auffassung, die nicht unbestritten geblieben ist (vgl. z. B. THORENS, L'objet du litige dans le procès civil, Mémoires publiés par la faculté de droit de Genève, Nr. 24, S. 33 ff.), bis jetzt nicht auseinandergesetzt. Nach seiner Rechtsprechung ist der eingeklagte Anspruch mit einem früher beurteilten dann identisch, wenn die Parteien des Vorprozesses dem Richter den gleichen Anspruch aus gleichem Entstehungsgrund erneut zur Beurteilung unterbreiten. Der blosse Wortlaut der Rechtsbegehren ist nicht entscheidend. Massgebend ist vielmehr, ob auch dieselben Tatsachen und rechtlich erheblichen Umstände, mit denen der Kläger den Anspruch begründet, schon im Vorprozess zum Klagegrund gehörten (vgl. BGE 71 II 284). Dieser Ansicht ist auch LEUCH (Die Zivilprozessordnung für den Kanton Bern, 3. Aufl., N. 11 lit. d zu Art. 192 S. 213/14), auf den sich die Beklagte zu Unrecht für ihre These beruft. LEUCH erwähnt an der angeführten Stelle auch die Patentnichtigkeitsklagen, deren Identität oder Nichtidentität nach den gleichen Grundsätzen zu beurteilen sei, während KUMMER (a.a.O. S. 85) eine Wiederholung solcher Klagen mit einem andern als dem früher angerufenen Nichtigkeitsgrund für unzulässig hält.

Zu dieser Streitfrage braucht nicht abschliessend Stellung genommen zu werden. Die zu vergleichenden Rechtsbegehren stimmen nämlich inhaltlich nicht überein. Während die Klägerin im Vorprozess auf Feststellung der einseitigen Unverbindlichkeit (wegen Willensmängel) von Art. 3 des Vergleichs vom 22. Juni 1891 geklagt hat, will sie im neuen Prozess die Ungültigkeit jener Bestimmung feststellen lassen. Die Ungültigkeit umfasst als Oberbegriff die unvollendeten, nichtigen und anfechtbaren Rechtsgeschäfte (VON TUHR/SIEGWART, OR 1 S. 13 f.). Aber in diesem juristisch-technischen Sinne ist das neue Rechtsbegehren der Klägerin nicht zu verstehen. Der Antrag, Art. 3 des Vergleichs sei 'mindestens seit dem 1. Dezember 1963 ungültig' zu erklären, schliesst eine Klage auf Feststellung der Nichtigkeit oder einseitiger Unverbindlichkeit des Energielieferungsvertrags aus; denn die Nichtigkeit oder Unverbindlichkeit wirkt ex tunc, d. h. seit Vertragsschluss. Die Klägerin hat somit durch ein neues Rechtsbegehren die Identität der Klage verändert, nicht bloss, wie die Beklagte behauptet, das Klagebegehren des Vorprozesses durch eine 'Zeitangabe' beschränkt. Die Identität einer Klage ist auch dann ausgeschlossen, wenn seit dem Vorprozess neue erhebliche Tatsachen eingetreten sind (vgl. BGE 95 II 640; 85 II 59; 78 II 403; 71 II 285).

Nach Auffassung der Beklagten hat sich der Sachverhalt seit dem Vorprozess nicht wesentlich verändert, weil einzig der Zeitablauf hinzugekommen sei. Wohl trifft zu, dass die Parteien den Energielieferungsvertrag zeitlich nicht befristet haben. Ob die Lieferpflicht der Klägerin auf unbegrenzte Dauer begründet oder nach einem gewissen Zeitablauf aufgehoben werden konnte, ist eine im Berufungsverfahren zu überprüfende Rechtsfrage. Die Klägerin hat sich in diesem Zusammenhang namentlich auf die lange Dauer der Lieferungen und auf das Missverhältnis zwischen den Leistungen der Beklagten und dem Gesamtwert dieser Lieferungen, also auf Tatsachen berufen, die nach dem Vorprozess eingetreten sind."

Identität wird verneint bei Geltendmachen von konkurrierenden Ansprüchen, so BGE 98 II 159:

BGE 98 II 159: "Bei Beurteilung der Frage der Identität von Ansprüchen ist massgebend, worauf der Ansprecher die Ansprüche stützt. Im Aberkennungsprozess beruft sich der Beklagte ausschliesslich auf den vor Abschluss des Vergleichs vom 4. September 1968 errichteten und neu ausgestellten Schuldbrief. Gegenüber dem Einwand der Klägerin, mit dem Abschluss dieses Vergleichs seien die Ansprüche aus dem Schuldbrief untergegangen, macht er geltend, der Vergleich berühre seine Ansprüche aus dem Schuldbrief nicht. Anderseits stützt er seine Forderung im Arrestforderungsprozess ausschliesslich auf die erwähnte Vergleichsklausel und die Abzahlung des Schuldbriefs. Auf die im Schuldbrief verurkundeten Ansprüche konnte er sich im Arrestforderungsprozess nicht berufen, weil nach Art. 271 Abs. 1 SchKG ein Arrest nur für eine nicht durch ein Pfand gedeckte Forderung erwirkt werden kann. Der Beklagte macht also mit getrennten Klagen konkurrierende Ansprüche auf die gleiche Leistung geltend, die sich nach den von ihm angerufenen Entstehungsgründen deutlich voneinander unterscheiden, so dass von Identität der Ansprüche nicht die Rede sein kann.

Da im Arrestforderungsprozess für eine Auseinandersetzung über die Ansprüche aus dem Schuldbrief kein Raum ist, würde der Klägerin durch die Bestätigung des angefochtenen Entscheids die Möglichkeit entzogen, Einwendungen gegen die Gültigkeit des Schuldbriefs und gegen das vom Beklagten beanspruchte Recht zu erheben, sich trotz der güterrechtlichen Auseinandersetzung ihm gegenüber auf diesen Pfandtitel zu berufen. Dadurch würde die Klägerin in ihren Verteidigungsrechten empfindlich beschränkt. Sie hat auch unter der Voraussetzung, dass sie dem Beklagten gemäss der güterrechtlichen Vereinbarung den Betrag von Fr. 43'317.-- schulden sollte, ein berechtigtes Interesse daran, dass sie die Eintreibung dieses Betrags auf dem Wege der Grundpfandbetreibung und damit den Eintritt der in Art. 806 ZGB vorgesehenen Rechtsfolgen verhindern kann, wenn der Schuldbrief ungültig oder der Beklagte aus einem andern Grunde nicht berechtigt sein sollte, seine Forderung gestützt auf diesen Titel geltend zu machen. Dieses Interesse kann die Klägerin nur mittels der Aberkennungsklage wahrnehmen.

Die Klägerin hat es bei Erhebung des Rechtsvorschlags gegen den Zahlungsbefehl in der Grundpfandbetreibung freilich unterlassen, das Pfandrecht als solches zu bestreiten, wozu nach Art. 85 Abs. 1 VZG eine entsprechende Erklärung nötig gewesen wäre. Das hindert sie aber nicht, gegenüber dem Beklagten die Einwendung zu erheben, der Schuldbrief sei ungültig oder der Vergleich vom 4. September 1968 verbiete dem Beklagten, seine Forderung auf den Schuldbrief zu stützen.

Dringt sie damit durch, so entfällt auch das mit der Schuldbriefforderung akzessorisch verbundene Pfandrecht. Die erwähnten Einwendungen kann sie aber nur im Aberkennungsprozess geltend machen, was ihr durch den angefochtenen Entscheid verunmöglicht würde. Auch aus diesen Gründen ist die Identität der Ansprüche, die Gegenstand der beiden Prozesse sind, zu verneinen."

Interessant ist weiter BGE 116 II 740:

BGE 116 II 740: "In bezug auf den gleichen Gegenstand gilt eine Sache als abgeurteilt, wenn im ersten wie im zweiten Prozess die Parteien in der gleichen Eigenschaft und im gleichen Verfahren dem Richter den gleichen Anspruch unterbreitet haben, indem sie sich auf die gleichen Tatsachen stützen (BGE 105 II 151 f. E. mit Hinw. = Pr 68 Nr. 212); die Streitfrage in der neuen Klage hat auf dem gleichen Grund zu beruhen wie diejenige im Vorprozess, welche in einem rechtskräftigen Urteil in der Sache entschieden wurde, ohne dass neue erhebliche Tatsachen behauptet worden sind. Umgekehrt sind die Ansprüche nicht identisch, wenn der Rechtsgrund des Anspruchs zwar gleich bleibt, der Kläger jedoch wichtige Tatsachen geltend macht, die seither eingetreten sind (d.h. seit dem Zeitpunkt, in dem nach kant. Recht der Sachverhalt definitiv festgestellt wurde), welche einen Anspruch begründen, der zum Gegenstand des zweiten Prozesses wird. In diesem Fall stützt sich die neue Klage auf rechtsbegründende oder rechtsverändernde Tatsachen, die im früheren Prozess nicht zu beurteilen waren (BGE 105 II 270 E.2 am Anfang mit Hinw. = Pr 69 Nr. 26; vgl. auch BGE 109 II 29 E. 2a, 112 II 272 E. l/lb = 72 Nr. 113, 76 Nr. ; 24). Übereinstimmend mit der allgemeinen Regel von ZGB 8 trägt diejenige Partei die Beweislast, welche diese Tatsachen behauptet, um daraus Rechte abzuleiten (BGE 112 II 272 E. V1b = Pr 76 Nr. 24).

Es ist unerheblich, ob der Kläger seine Anträge erweitert oder ergänzt, solange sie nur Folge der ursprünglichen sind und den Wesensgehalt der Tatsachen im oben umschriebenen Sinne nicht verändern. Erfährt der Kläger nachträglich neue erhebliche Tatsachen oder triftige Beweise – Tatsachen und Beweise, die zwar bereits existierten, die er aber im früheren Verfahren nicht beibringen konnte (vgl. OG 137 b) – steht ihm der Weg der Revision offen (GULDENER, Schweiz. Zivilprozessrecht, 3. A., S. 380; HABSCHEID, Droit judiciaire privé suisse, 2. A., S. 317 N.3; vgl. BGE 105 II 271 E. 2b in initio = Pr 69 Nr. 26).

Obwohl die Rechtskraft der abgeurteilten Sache nur an das Dispositiv gebunden ist (vgl. BGE 99 II 174 E. 2 am Schluss = Pr 63 Nr. 32; GULDENER, a.a.O., S. 365 f.; HABSCHEID, a.a.O., S. 313), sind zuweilen die Motive des Ersturteils heranzuziehen, um dessen Bedeutung und genaue Tragweite zu ermitteln (BGE 71 II 284 = Pr 35 Nr. 28). Auf diese Weise wird man den 'Grund' der Klage erfahren (d.h. der ihr zugrunde liegende Sachverhalt) und wie der Richter vorgegangen ist, der das Recht von Amtes wegen auf die behaupteten Tatsachen anzuwenden hat.

Der Sachverhalt umschreibt den Rahmen der Tatsachen, die beurteilt werden müssen und können. In einem Verfahren, das wie im Kanton Genf durch die Verhandlungsmaxime bestimmt ist, müssen die Parteien diese Tatsachen behaupten und die Beweismittel beibringen. Bringen sie die Tatsachen nicht innert der Frist und in den Formen, wie sie vom Gesetz vorgeschrieben sind, vor, werden diese vom Richter für seinen Entscheid nicht berücksichtigt. Nichtsdestoweniger wird sich die Rechtskraft der abgeurteilten Sache auf alle im Klagegrund eingeschlossenen Tatsachen erstrecken, denn das rechtskräftige Urteil hat die dem Streit zugrunde liegende Sachlage endgültig dargelegt.

Daher ist es nicht möglich, erneut eine Klage einzureichen, die mit der bereits beurteilten Klage identisch ist, mit der Begründung, dass im früheren Verfahren nicht alle entscheidenden Tatsachen hätten vorgebracht werden können: die Rechtskraft der abgeurteilten Sache zieht den Ausschluss der Tatsachen mit sich, die nicht geltend gemacht worden sind (vgl. GULDENER, a.a.O., S. 379 f.; HABSCHEID, a.a.O., S. 316 f.).

Im vorliegenden Fall ist die Klage auf Bezahlung nicht identisch mit derjenigen, die am 30. Januar 1987 von der Vi beurteilt worden ist. Ihre Begründetheit setzt jedoch die Beantwortung einer Vorfrage voraus, welche zum Gegenstand hatte, über die Frage der Wichtigkeit des Gütertrennungsvertrags zu urteilen (und daher die Güterverbindung der Ehegatten vor der Scheidung), die aufgrund der Ausübung des Gestaltungsrechts gestützt auf Irrtum oder Täuschung (OR 31) geltend gemacht wurde und in beiden Verfahren zu einem negativen Entscheid geführt hat. Der Umstand, dass die Einrede der abgeurteilten Sache abgewiesen wurde, lässt diese Frage nun offen, sie kann somit beurteilt werden. Daraus folgt, dass der Ausgang des zweiten Verfahrens vollständig davon abhängt, ob die abgeurteilte Sache dem Gegenstand der vorgängigen Rechtsbegehren in der Ergänzungsklage vom 14. Januar 1988 entgegensteht, und damit, ob der Richter auf die Behauptungen im Zusammenhang mit der H. S.A. eintreten kann, die darauf abzielen, die Ungültigkeit des Gütertrennungsvertrags wegen Irrtums oder Täuschung feststellen zu lassen (BGE 105 II 159 f. E. 4 = Pr 68 Nr. 212; BZP 22 und OG 40). Ist die Sache abgeurteilt – und darin liegt die positive Wirkung ihrer Rechtskraft – wird die Güterverbindung gemäss Vertrag über die Gütertrennung liquidiert.

Die streitigen Rechtsbegehren stellen die gleichen Parteien in der gleichen Eigenschaft einander gegenüber; in der Substanz sind sie in beiden Verfahren identisch. Es bleibt nun zu prüfen, ob sie im zweiten Verfahren im Vergleich zum ersten auf anderen neuen Tatsachen beruhen; es scheint, dass es sich dabei nur um die Scheidung handeln kann, die in der Frage der Gültigkeit des Vertrags vom 12. Juli 1977 keinerlei Rolle spielt. Auf jeden Fall kann es auch nicht der Entscheid vom 30. Januar 1987 sein, im Gegensatz zur Behauptung der Beklagten in ihrer Eingabe vom 14. Januar 1988.

Die Vi hatte damals die Klage als 'unzulässig' erklärt, soweit sie die Aktien der H. S.A. betraf. Dies ist jedoch nicht der Sinn ihres Entscheids, der das klägerische Begehren abweist. In der Tat ist es der Vi nicht entgangen, dass die diesbezüglichen Tatsachen vor der ersten Instanz geltend gemacht worden sind. Sie ging jedoch davon aus, infolge des in der ZPO/GE herrschenden Grundsatzes der Konzentration der Parteivorbringen oder der Eventualmaxime darauf nicht eingehen zu können. Indem sie die Gesamtheit der behaupteten Tatsachen berücksichtigte, hat sie dennoch in der Sache geurteilt. Mit anderen Worten war das Begehren, d.h. die Klage, zulässig; indessen konnte es aufgrund gewisser Umstände, die dem Gericht zwar zur Kenntnis gebracht worden sind, nur unter Berücksichtigung des kant. Verfahrens beurteilt werden. Die Klägerin ist somit endgültig ausgeschlossen und es liegen keine neuen Tatsachen vor, die im zweiten Prozess zulässig wären, d.h. die seit dem im früheren und für den früheren Prozess entscheidenden Zeitpunkt eingetreten waren.

Schliesslich nützte es der Beklagten nichts, das Urteil vom 30. Januar 1987 als einen teilweise ungültigen Entscheid anzusehen, welchem sodann nur eine 'relative' Rechtskraft zukommen würde: die Rechtskraft der abgeurteilten Sache würde die Einreichung einer neuen Klage nur verhindern, wenn der Verweigerung, darauf einzutreten, aufschiebende Wirkung zukäme und wenn die Hindernisse, welche die Unzulässigkeit begründeten, aufgehoben worden wären (Bertossa/Gaillard/Guyet, Commentaire de la loi de procédure civile genevoise du 10 avril 1987, N. 3 zu Art. 99)."

In BGE 110 II 49 wird ausgeführt:

BGE 110 II 49: "Es verstösst daher nicht gegen Bundesrecht und insbesondere nicht gegen Art. 31 OR, wenn die Vorinstanz aufgrund des zürcherischen Prozessrechts eine nachträgliche Anfechtungsklage nicht zugelassen hat. Die Berufung erweist sich daher als unbegründet. Bei dieser Sachlage kann offen bleiben, ob die Vorinstanz zu Recht die Einrede der abgeurteilten Sache verworfen hat oder richtigerweise auch aus diesem Grund die neue Klage nicht hätte zulassen dürfen. Das ist vor Bundesgericht unangefochten geblieben, wäre indes von Amtes wegen zu prüfen (Art. 63 Abs. 1 Satz 2 OG). Das angefochtene Urteil begründet die Verneinung der abgeurteilten Sache mit der fehlenden Identität zwischen der Mieterstreckungsklage des ersten und der Rückforderungsklage des zweiten Prozesses, was nach dem Kassationsentscheid als Frage des Bundesrechts der Überprüfung durch das Bundesgericht unterliegt. Das trifft im Grundsatz zu (BGE 105 II 151 E. 1 mit Hinweisen). Freilich geht es vorliegend um die Frage, ob die Vorinstanz zu Recht nur den Rückzug der Erstreckungsklage, nicht auch die vereinbarte Zahlung von Fr. 50'000 an der materiellen Rechtskraft teilnehmen lässt. Wenn schon das Prozessrecht darüber befindet, ob ein Prozessvergleich zu einem materiell rechtskräftigen Entscheid führt (vgl. BGE 105 II 151 E. 1 zum Klagerückzug), kann es wohl auch festlegen, ob Vergleichsbestimmungen, die über den Streitgegenstand hinausgehen, ebenfalls daran teilhaben, (dazu GULDENER, Zivilprozessrecht, S. 393; Sträuli/Messmer, § 188 N. 21). Wird jedoch die Überprüfung der Identität nach Bundesrecht auch darauf erstreckt (in diesem Sinn BGE 101 II 377 f. E. 1), müsste die Einrede der abgeurteilten Sache bejaht werden; es ginge jedenfalls nicht an, zwar den Nachteil der einen Partei einen Rückzug der Erstreckungsklage als res iudicata zu betrachten, die als Gegenleistung vereinbarte Geldzahlung der andern Partei daran aber nicht teilhaben zu lassen. Auch der Grundsatz, dass für die Rechtskraftwirkung zwar das Dispositiv des ersten Urteils massgebend, zum Verständnis aber auch die Begründung beizuziehen ist (BGE 84 II 140 mit Hinweisen), führt zum nämlichen Resultat: indem der Prozess im Dispositiv als durch Vergleich erledigt abgeschrieben und dieser vollumfänglich in die Begründung aufgenommen wurde, ist davon klar auch das Zahlungsversprechen umfasst.

13

> Da das angefochtene Urteil aus andern Gründen standhält, braucht auf diesen Aspekt nicht näher eingegangen zu werden. Er kann indes auch nicht ganz übergangen werden, weil die Klägerin behauptet, die Verneinung der Identität führe ohne weiteres bereits zur Zulassung ihrer Klage und damit zur Gutheissung der Berufung. Dass im zürcherischen Verfahren die neue Klage unzulässig erklärt werden darf, ist nicht zuletzt eine Folge der einer Prozessabschreibung aufgrund Vergleichs beigemessenen materiellen Rechtskraft. Aus dieser folgt, dass nur auf dem Rechtsmittelweg auf den Entscheid zurückgekommen werden darf; das entspricht denn auch der eigenen Argumentation der Vorinstanz und den von ihr zitierten Äusserungen GULDENERS (Zivilprozessrecht, S. 388 und 398, ferner ZSR 80/1961 II S. 69/70 und schon BGE 56 I 224 f.; in diesem Zusammenhang auch H. U. WALDER, a.a.O., S. 484 Anm. 65 a und Sträuli/Messmer, §191 N. 15). Das angefochtene Urteil erweist sich deshalb in sich als widersprüchlich, doch gibt das nicht zu einer Aufhebung und Rückweisung Anlass, weil es im Ergebnis vor Bundesrecht standhält."

14 Der Begriff der Klageidentität ist an sich schon schwierig, und wird durch das LugÜ kaum befriedigender gelöst, das einen Markstein des Internationalismus im Prozessrecht mit nicht absehbaren Folgen bildet, sofern man bei Art. 21 LugÜ auf die umstrittene Rechtsprechung zu Art. 21 EuGVÜ abstellen möchte, wozu Kropholler, S. 316 f., ausführt: "Die wichtigste Urteilswirkung, die anzuerkennen ist, liegt in der **materiellen Rechtskraft** (Feststellungswirkung). Diese bedeutet, dass der Inhalt der Entscheidung für die Parteien massgeblich ist. Mit der französischen Theorie lässt sich zwischen der positiven und der negativen Wirkung der materiellen Rechtskraft unterscheiden. Die positive Wirkung bedeutet, dass sich die Parteien nach der Entscheidung richten müssen. Die negative Wirkung liegt darin, dass über den Streitgegenstand gerichtlich nicht erneut verhandelt und entschieden werden darf. Ist also zwischen den Parteien über den gleichen Streitgegenstand bereits eine gemäss Art. 25 ff. anzuerkennende rechtskräftige ausländische Entscheidung ergangen, so ist eine erneute Klage im Inland als unzulässig abzuweisen. Zur Durchsetzung seines Anspruchs steht dem Gläubiger das Verfahren der Vollstreckbarerklärung nach Art. 31 ff. EuGVU offen, das eine erneute Leistungsklage ausschliesst (Art. 25 Rz. 7).

15 Auch Entscheidungen, welche eine Klage als **unzulässig** abweisen, sind anerkennungspflichtig. Erklärt sich ein deutscher Richter für unzuständig, so kann ein belgisches Gericht seine eigene Zuständigkeit nicht mit der Begründung leugnen, der deutsche Kollege sei in Wirklichkeit doch zuständig gewesen. Deutsche Prozessurteile entfalten aber selbstverständlich in Belgien keine Bindung zur Sache. Der belgische Richter kann, (wenn er nach Erlass des deutschen Prozessurteils angerufen wird) der Klage jederzeit stattgeben (oder sie aus sachlichen Gründen abweisen).

16 Zu den Wirkungen der ausländischen Entscheidung, die durch die Anerkennung auf das Inland erstreckt werden, gehört auch die sog. **Präklusionswirkung**. Sie bedeutet, dass die Parteien bei Identität des Streitgegenstandes oder Präjudizialität der Vorentscheidung mit jedem tatsächlichen Vorbringen ausgeschlossen sind, das im Widerspruch zu den Feststellungen der anzuerkennenden rechtskräftigen ausländischen Entscheidung steht, wozu auch solche Tatsachen zählen, die im massgebenden Zeitpunkt des Vorprozesses schon vorhanden waren, dort aber nicht vorgetragen wurden.

17 Bei rechtsgestaltenden Entscheidungen erstreckt sich die Anerkennung auf die **Gestaltungswirkung**. Dass nach dem IPR des Zweitstaats u. U. ein anderes materielles Recht anzuwenden gewesen wäre und dass dieses Recht die Gestaltung möglicherweise nicht oder nur in abweichendem Umfang billigt, darf die Anerkennung der im Erststaat eingetretenen Gestaltungswirkung nach dem System des EuGVU nicht hindern (vgl. oben Rz. 4).

18 Die **Interventions- und Streitverkündungswirkungen** sind in einer Anerkennung inbegriffen. Wie Art. V Abs. 2 des Protokolls klarstellt, müssen Entscheidungen, die in einem anderen Vertragsstaat aufgrund einer Gewährleistungs- oder Interventionsklage ergangen sind, in der Bundesrepublik Deutschland anerkannt werden. Entsprechendes gilt für deutsche Urteile in den anderen Vertragsstaaten hinsichtlich der deutschen Interventionswirkung (siehe Art. 6 Rz. 15 ff.).

Ob eine ausländische Entscheidung statt der an sich gemeinten inländischen eine **Tatbestands-** 19
wirkung im materiellen Recht auslöst, ist keine Frage des Internationalen Zivilprozessrechts oder
des Internationalen Privatrechts, sondern eine Frage des materiellen Rechts. Es handelt sich um
das Problem der sog. Substitution. Die nach IPR anwendbare Rechtsordnung hat über den Eintritt der Tatbestandswirkung zu befinden. Das EuGW gibt darüber keine Auskunft.

Massgebend ist weniger, was in Brüssel entschieden wird, sondern letztlich führt Brüssel aus, was 20
ein Einzelrichter in einer spanischen, portugiesischen und wohl bald türkischen Provinz beispielsweise über einen Sachverhalt befindet, der sich im Kanton Uri ereignete, von dem sein
"Staatsangehöriger" betroffen ist. Ob in der Favorisierung des Gerichtsstands des Klägers der gepriesene Fortschritt liegt, wird sich weisen oder eben nicht.

ZR 83, Nr. 23: Vgl. § 50 ZPO. 21

ZR 88, Nr. 43: Gemäss § 51 ZPO ist auf eine Klage nur dann einzutreten, wenn ein rechtliches In- 22
teresse an ihrer Beurteilung besteht. Mithin ist das Vorliegen eines Rechtsschutzinteresses auch
nach zürcherischer Prozessordnung als Prozessvoraussetzung grundsätzlich von Amtes wegen zu
prüfen. Hiezu steht § 191 Abs. 4 ZPO, wonach die res iudicata nur auf die Einrede hin berücksichtigt wird, deshalb im Widerspruch, weil dem Kläger – gemäss vorstehend zitierter bundesgerichtlicher Praxis – ja gerade beim Vorliegen einer abgeurteilten Sache das Rechtsschutzinteresse fehlt.

Ein Teil der Lehre setzt sich über diesen offensichtlichen Widerspruch mit der Erklärung hinweg,
dass mangelndes Rechtsschutzinteresse zwar allgemein amtsmässig überprüft werde, demgegenüber erfordere aber – als Ausnahme von der Regel – die bundesrechtliche Praxis nur, dass ein
aus dem Bundesprivatrecht abgeleiteter Anspruch, der Gegenstand eines formell rechtskräftigen
kantonalen Urteils bilde, jedenfalls nicht von einer Partei gegen den Willen der anderen von neuem gerichtlich geltend gemacht werde (BGE 95 II 643; zit. bei Sträuli/Messmer N. 5 zu § 51 ZPO).
Durch den vorstehend genannten neueren bundesgerichtlichen Entscheid (BGE 112 II 171/2), der
sowohl die materielle Rechtskraft als auch die Bindungswirkung der res iudicata als Ausfluss des
Rechtsschutzinteresses anspricht, wurde die bloss einredeweise Berücksichtigung der abgeurteilten Sache schlicht bundesrechtswidrig, weil auch das Rechtsschutzinteresse vom Bundesgericht
von Amtes wegen geprüft wird (BGE 112 II 272 letzter HS des ersten Absatzes). Demzufolge ist
der älteren Argumentation, die sich einzig auf die mit BGE 112 II 271/2 überholte bundesgerichtliche Praxis gestützt hatte und der andere stichhaltige Gründe fehlen, der Boden entzogen.

Mit der älteren, nun überholten Betrachtungsweise war zudem übersehen worden, dass die Bindungswirkung der materiellen Rechtskraft und damit auch das Rechtsschutzinteresse der Parteidisposition entzogen ist, es mithin nicht im Belieben der Parteien stehen kann, einen rechtskräftig entschiedenen Anspruch von neuem der gerichtlichen Entscheidung zu unterwerfen. Dem steht
einerseits der Grundsatz der Rechtssicherheit entgegen. Das Bundesgericht hatte anderseits –
vorerst allerdings nur im interkantonalen Verhältnis – schon in BGE 95 II 644 entschieden, dass
eine Zivilsache, in welcher ein rechtskräftiges kantonales Urteil vorliegte, nach BV 61 in einem
anderen Kanton grundsätzlich nicht nochmals beurteilt werden dürfe. BV 61 gewähre formell
rechtskräftigen Urteilen eines anderen Kantons auch materielle Rechtskraft. Es war nun in der
Tat nicht einzusehen, weshalb dieser allgemeine Grundsatz nicht auch im innerkantonalen Verhältnis gelten soll. Der vermeintlich noch anderslautende Entscheid in BGE 92 II 109/110 bezog
sich auf das Verhältnis von Leistungs- und Feststellungsklage, lässt sich mithin mangels Vorentscheid nicht auf das Rechtsschutzinteresse im Zusammenhang mit der Bindungswirkung der res
iudicata übertragen.

Im Ergebnis ist nun mit dem Bundesgericht und der neueren Lehre davon auszugehen, dass es
nicht angehen kann, dass sich das erkennende Gericht – mangels Einrede – über ein eigenes früheres Urteil hinwegsetzt oder gezwungen wird, immer wieder dieselbe Frage zum selben Lebenssachverhalt zu entscheiden.

23 ZR 89, Nr. 94: Wenn ein Schiedsgericht bereits ein rechtskräftiges Urteil gefällt hat, ist es entgegen von § 191 Abs. 4 ZPO von Amtes wegen zu berücksichtigen, weshalb darüber nicht mehr zu befinden wäre (ZR 88, Nr. 43).

24 ZR 89, Nr. 123: Es ist grundsätzlich zulässig, zunächst den Anspruch gemäss Art. 337 c Abs. 1 OR und später denjenigen gemäss Art. 337 c Abs. 3 OR einzuklagen. Mit Urteil vom 11. Oktober 1989 wurde die Beklagte verurteilt, dem Kläger infolge unrechtmässiger fristloser Entlassung Lohnersatz in der Höhe von Fr. 5'410 zu bezahlen. Heute beantragt der Kläger aus demselben Sachverhalt eine Entschädigung in der Höhe von Fr. 11'950.

Der Vertreter des Klägers stellt sich auf den Standpunkt, die von der Beklagten ausgesprochene Kündigung sei einerseits als ungerechtfertigte fristlose Entlassung im Sinne von Art. 337 c OR, andererseits aber auch als missbräuchliche Kündigung im Sinne von Art. 336 lit. c und d OR zu werten. Deshalb stehe dem Kläger sowohl gestützt auf Art. 336a OR als auch gestützt auf Art. 337c II OR eine Entschädigung zu.

Für Ansprüche aus Art. 336 OR gilt eine 180tägige Verwirkungsfrist nach Beendigung des Arbeitsverhältnisses (Art. 336b II OR). Der Kläger versäumte es, während dieser Frist eine Klage anhängig zu machen. Sein Anspruch ist somit nur unter dem Gesichtspunkt von Art. 337c III OR zu prüfen.

Der Vertreter der Beklagten macht indessen geltend, auf die vorliegende Klage sei nicht einzutreten, da sie auf dem nämlichen Lebensvorgang basiere wie das am 11. Oktober 1989 ergangene Urteil. Der Kläger habe damals lediglich den Lohnausfall eingeklagt. Eine Nachklage sei jedoch nicht vorbehalten worden. Damit sei das Problem der Kündigung des Arbeitsverhältnisses in jenem Prozess abschliessend beurteilt worden. Die erhobene Einrede der materiellen Rechtskraft verbiete es dem Gericht, auf die vorliegende Klage einzutreten.

Das Institut der materiellen Rechtskraft soll verhindern, dass nacheinander über den gleichen Gegenstand mehrere, vielleicht widersprüchliche Urteile ergehen (Sträuli/Messmer, N. 1 zu § 191 ZPO). Die materielle Rechtskraft setzt abgesehen von einer Übereinstimmung der Parteien, Anspruchsidentität zwischen dem früheren Urteil und der neuen Klage voraus. Diese Anspruchsidentität beurteilt sich bei bundesrechtlichen Ansprüchen nach Bundesrecht und ist gegeben, wenn der gleiche Anspruch aus gleichem Entstehungsgrund neuerdings geltend gemacht wird (BGE 97 II 396).

Schon aus dem Wortlaut der Definition ergibt sich, dass in diesem Fall die Einrede der abgeurteilten Sache nicht gutgeheissen werden kann. Wurde die fristlose Kündigung mit Urteil vom 11. Oktober 1989 unter dem Gesichtspunkt des Lohnersatzanspruchs im Sinne von Art. 337c I OR beurteilt, so ist heute der Entschädigungsanspruch, wie Art. 337c III OR ihn statuiert, zu prüfen. Es handelt sich dabei nicht um gleiche Ansprüche, wie sie die Einrede materieller Rechtskraft verlangt. Während der Lohnersatzanspruch ein Schadenersatzanspruch ist, hat der heute zu beurteilende Entschädigungsanspruch Straf- und Genugtuungscharakter (vgl. unten Ziff. II. 2. a). Die Ansprüche bestehen unabhängig voneinander, und die Gefahr sich widersprechender Urteile ist nicht gegeben. Die Einrede der res iudicata vermag somit ein Eintreten auf die Klage nicht zu verhindern.

Der Vertreter der Beklagten behauptet zudem, das Arbeitsgericht hätte schon im damaligen Prozess die Entschädigungsfrage beurteilen müssen, da das Arbeitsgericht das Recht von Amtes wegen anwende. Auch sei die Klage rechtsmissbräuchlich, weil es dem Kläger möglich gewesen wäre, die Entschädigung im ursprünglichen Prozess einzuklagen.

Gemäss Art. 343 IV OR stellt der Richter in arbeitsrechtlichen Streitigkeiten den Sachverhalt von Amtes wegen fest. Damit wird für Verfahren bei einem Streitwert unter Fr. 20'000 die sog. Offizialmaxime eingeführt. Die aus der Offizialmaxime fliessende Pflicht hat das Gericht im damaligen Urteil erfüllt. Hingegen tangiert Art. 343 IV OR nicht die Gültigkeit der Dispositionsmaxime

(Sträuli/Messmer, N. 15 zu § 54 ZPO). Danach bleibt es auch im Geltungsbereich von Art. 343 IV OR Sache der Parteien, die verschiedenen Ansprüche geltend zu machen. Nach dem Grundsatz "Wo kein Kläger, da kein Richter" konnte das Arbeitsgericht im damaligen Prozess nicht über einen allfälligen Entschädigungsanspruch befinden.

In dem Umstand, dass der Kläger im 1. Prozess die Entschädigungsforderung nicht einklagte, lässt sich auch kein Verzicht des Klägers auf die Forderung erblicken. Wann und in welchem Verfahren der Gläubiger einer Forderung diese durchsetzen will, bleibt seiner freien Entscheidung überlassen.

In der heutigen Geltendmachung der Entschädigung kann auch kein rechtsmissbräuchliches Verhalten seitens des Klägers erblickt werden. Der Kläger war im damaligen Hauptverfahren noch nicht anwaltlich vertreten. Als juristischem Laien kann ihm deshalb nicht unterstellt werden, er habe von seinem Anspruch gewusst und diesen bewusst nicht erhoben. Ob überhaupt ein solches Verhalten als rechtsmissbräuchlich zu qualifizieren wäre, kann offenbleiben, wäre aber wohl zu verneinen.

ZR 90, Nr. 68: Anspruchsidentität zwischen dem früheren Urteil und der neuen Klage ist gegeben, wenn der gleiche Anspruch aus gleichem Entstehungsgrund neuerdings geltend gemacht wird, wobei es genügt, dass die früher beurteilte Streitfrage nunmehr die Bedeutung einer blossen Vorfrage besitzt. Die Kläger stellten in ihrer Widerklageduplik den Antrag, es sei vorzumerken, dass der Beklagte das Rechtsbegehren durch weitgehende Erfüllung anerkannt habe, worauf das Bezirksgericht mit Beschluss und Urteil dieses Rechtsbegehren als gegenstandslos geworden abschrieb. Ob eine abgeurteilte Sache vorliegt, ist eine Frage des Bundesrechts. Gemäss Bundesgericht stellte sich hier das Problem der Gegenstandslosigkeit nicht, weil die Kläger im Vorverfahren ihre Begehren der Sache nach zurückgezogen hätten. Da das Bezirksgericht das Begehren zufolge Gegenstandslosigkeit, und nicht wegen Rückzugs, abgeschrieben habe, stehe dieser Beurteilung nichts entgegen, da hier nicht auf die Bezeichnung, sondern auf den Gehalt des Entscheids abzustellen sei (vgl. BGE 115 II 187 f., 101 II 378 f., 110 II 49 f., 105 II 151 f.).

25

Anmerkung: Meines Erachtens übersieht dieses Erkenntnis, dass das Verfahrensrecht nicht dem Verfahrensrecht als solchem dient, sondern der Verwirklichung des materiellen Rechts. Dieser Entscheid vermag im Ergebnis in keiner Art und Weise zu befriedigen, und das Gericht wäre, ohne gegen Vorschriften der Prozessordnung zu verstossen, ohne weiteres in der Lage gewesen, sachgerecht zu entscheiden. Ebensowenig vermochte das obergerichtliche Urteil zu befriedigen, das ausführte, Gegenstandslosigkeit sei anzunehmen, wenn die eingeklagte Forderung im Verlaufe des Prozesses erfüllt werde; in diesem Fall handle es sich beim Abschreibungsbeschluss um ein Sachurteil, welches in materielle Rechtskraft erwachse. Richtigerweise liegt in der Bezahlung nicht Gegenstandslosigkeit, sondern eine Klageanerkennung.

26

ZR 91/92, Nr. 53: Die rechtskräftig entschiedene Patentgültigkeit ist von Amtes wegen zu berücksichtigen, so dass die Beklagte nicht noch einmal auf die Nichtigkeit wegen mangelnder Patentfähigkeit klagen kann und die Nichtigkeit auch nicht einredeweise gegen die Verletzungsklage geltend machen darf. Ein Beklagter könne sich erfolgreich mit dem Hinweis auf den Stand der Technik einer Verurteilung wegen Patentverletzung entziehen, wenn er bei seiner Ausführungsform vom Wortlaut des Patentanspruchs abweichende Lösungsmittel einsetzt; jene Ausführungsform bleibe eine Patentverletzung, die wortlautgemäss verwirklicht werde.

27

5. Abschnitt:
Besondere Vorschriften für das Erkenntnisverfahren vor dem Friedensrichter

Einleitung und Verhandlung
§ 192. Die Klage wird beim Friedensrichter mündlich oder schriftlich rechtshängig gemacht.

Steht dem Eintreten auf die Klage nichts entgegen, wird zur Hauptverhandlung vorgeladen.

Behandlung im Sühnverfahren
§ 193. (alte Fassung). Beziffert eine Partei den Streitwert auf mehr als Fr. 200 oder wird vom Beklagten eine Widerklage erhoben, deren Streitwert mit dem bestrittenen Teil der Hauptklage zusammen Fr. 200 übersteigt, so kommen die Vorschriften über das Sühnverfahren zur Anwendung.

Behandlung im Sühnverfahren
§ 193. (neue Fassung, 24.9.95). Beziffert eine Partei den Streitwert auf mehr als Fr. 500 oder wird vom Beklagten eine Widerklage erhoben, deren Streitwert mit dem bestrittenen Teil der Hauptklage zusammen Fr. 500 übersteigt, kommen die Vorschriften über das Sühnverfahren zur Anwendung.

Parteivorbringen und Beweisantretung
§ 194. Ist der Friedensrichter zuständig, hält er die Parteien an, ihre Rechtsbegehren vorzubringen, sie zu begründen und die Beweismittel vorzulegen oder zu bezeichnen.

Bedarf das Vorbringen einer Partei der Ergänzung oder kann sie die Beweismittel nicht erschöpfend bezeichnen, so setzt ihr der Friedensrichter dazu Frist an. Die Ergänzungen können schriftlich erfolgen oder zu Protokoll gegeben werden.

Beweisabnahme
§ 195. Für die Abnahme von Beweisen, die nicht schon in der Hauptverhandlung erhoben werden konnten, wird eine Beweisverhandlung durchgeführt.

Der Friedensrichter fällt wenn möglich in dieser Verhandlung den Entscheid.

6. Abschnitt:
Besondere Vorschriften für Prozesse über den Personenstand und für familienrechtliche Prozesse

Vorbemerkungen:

1 Um einen effektiven Rechtsschutz zu gewährleisten, sind die vorsorglichen Massnahmen bundesrechtlich geregelt. Die vorsorglichen Massnahmen nehmen häufig de facto das Prozessergebnis vorweg, müsste doch andererseits das Gericht über den eigenen Schatten springen. Die Dispositionsbefugnis der Parteien ist stark eingeschränkt.

2 Ehescheidungs- und Ehetrennungsklagen (und von geringfügiger Bedeutung die Eheungültigkeitsklage) sind Gestaltungsklagen; im inländischen Verhältnis gilt der Wohnsitzgerichtsstand des Klägers (Art. 144 ZGB; der Vorentwurf sieht den Gerichtsstand am Wohnsitz eines der Ehegatten gemäss Art. 140 VE). Für Abänderungsklagen gilt gemäss BGE 46 II 333 der allgemeine Gerichtsstand am Wohnsitz des Beklagten. Art. 146, 156 und 158 Ziff. 3 ZGB schränken die Dispositionsmaxime ein. Die vorsorglichen Massnahmen sind weitreichend, insbesondere Sicherungsmassnahmen wie Grundbuchsperre; die Vereinbarung über die Nebenfolgen der Scheidung ist gerichtlich zu genehmigen; in der Tat verlangen die Zürcher Gerichte mitunter – eher nach zufälligen Gesichtspunkten – unter Umständen eine vorgängige Abänderung; andernfalls sie die Verweigerung der Genehmigung androhen.

Die Widerklage ist bundesrechtlich auch in 2. Instanz zulässig (nachträglicher Eintritt des Scheidungsgrunds oder ein Ehegatte macht ihn aus triftigen Gründen, beispielsweise um die Ehe allenfalls noch zu retten, erst zweitinstanzlich geltend); während die Klageänderung von Trennungs- und Scheidungsklage nur nach den Regeln des kantonalen Prozessrechts zulässig ist, kann man in jedem Verfahrensstadium eine Scheidungsklage in eine Trennungsklage ändern.

Die Öffentlichkeit ist ausgeschlossen, und zwar zum Schutz der Parteien. 3

Das neue Scheidungsrecht sieht eine Erweiterung der Gerichtsstände auf den Wohnsitz jeweils ei- 4
nes Ehegatten vor; den Ausschluss von Ehe- und Familienberatern sowie Vermittlern als Zeugen;
Kinder sind bei der Frage der Kinderzuteilung anzuhören; die Kantone sollen Vermittler bestellen; die Kantone können Familiengerichte als Sondergerichte einsetzen; die Einkommens- und
Vermögensverhältnisse jedes Ehegatten sind aufzuführen, um die Unterhaltsbeträge an die Kinder und den andern Ehegatten (de facto an die Frau) zu bestimmen.

Für die fürsorgerische Freiheitsentziehung verlangt das Bundesgericht gemäss BGE 115 II 134 ei- 5
ne mündliche Anhörung der betroffenen Person vor dem Gericht in ordentlicher Besetzung, nicht
bloss vor dem Referenten.

Beim Vaterschaftsprozess soll nach ungeschriebenem Bundesrecht Art. 158 Ziff. 3 ZGB insoweit 6
gelten, als eine Anerkennung der Anfechtungsklage ausgeschlossen ist. Unterhaltsvereinbarungen sind gerichtlich zu genehmigen (Art. 287 Abs. 3 ZGB); Gerichtsstand im inländischen Verhältnis ist der Wohnsitz einer der Parteien zur Zeit der Geburt oder zur Zeit der Klage; gemäss
den Bestimmungen von Art. 66, 71 und 78 IPRG bildet der Ort am gewöhnlichen Aufenthalt des
Kinds, des Vaters oder der Mutter den Gerichtsstand für Abstammungsklagen; für die Wirkungen des Kindsverhältnisses kommen die Gerichte am gewöhnlichen Aufenthalt des Kinds oder des
Beklagten (subsidiär an dessen gewöhnlichen Aufenthaltsort) in Frage.

Direkte Klageerhebung
a) beim Bezirksgericht
**§ 196. Ohne Sühnverfahren werden beim Bezirksgericht durch schriftliche Eingabe rechtshängig
gemacht:**
1. **Klagen auf Untersagung des Eheabschlusses und auf Nichtigerklärung der Ehe (Art. 111 und
121 ZGB).**
2. **(aufgehoben, 17.3.93)**
3. **Klagen auf Feststellung des Personen- und Familienstandes sowie auf Anfechtung des Kindesverhältnisses;**
4. **(Änderung vom 7.12.77). Klagen auf Ergänzung oder Änderung von Entscheiden betreffend
Scheidung, Trennung oder Ungültigerklärung der Ehe in bezug auf die Unterhaltsbeiträge
oder die Elternrechte (Art. 153 Abs. 2 und 157 ZGB) sowie auf Änderung von Entscheiden
über den Unterhaltsbeitrag an das Kind (Art. 286 Abs. 2 ZGB).**

ZR 95, Nr. 12: Vgl. § 54 ZPO

b) beim Obergericht
§ 196a. (Änderung vom 17.3.93). Ohne Sühnverfahren werden beim Obergericht durch schriftliche Eingabe Begehren um gerichtliche Beurteilung von Entscheidungen des Bezirksrates im Personen- und Familienrecht (§§ 39–41 und 58–117 EG zum ZGB, Art. 420 ZGB) rechtshängig gemacht.

Zivilstandsurkunden
§ 197. Mit der Klage sind die erforderlichen Zivilstandsurkunden (Familienschein, Geburtsurkunde usw.) einzureichen.

Verfahren
a) Parteibefragung
§ 198. Die Parteien werden ungeachtet des Beizugs von Vertretern in der Regel persönlich befragt, wenn möglich schon in der Hauptverhandlung.

Bleibt eine Partei nach Vorladung zur persönlichen Befragung oder Beweisaussage ohne genügende Entschuldigung aus, so kann sie nach entsprechender Androhung polizeilich vorgeführt werden, wenn der Sachverhalt von Amtes wegen abgeklärt werden muss.

ZR 85, Nr. 118: Vgl. § 68 ZPO.

b) Duldung von Untersuchungen
§ 199. Die Parteien haben die für eine Begutachtung erforderlichen Untersuchungen zu dulden und dabei mitzuwirken, soweit ihnen dies nach den Umständen zugemutet werden darf.

Das Gericht würdigt die Weigerung einer Partei nach freier Überzeugung gemäss § 148. Ist jedoch eine psychiatrische Begutachtung unerlässlich und steht fest, dass sie ambulant nicht durchgeführt werden kann und dass die Partei einen freiwilligen Klinikaufenthalt ablehnt, so ist die Partei zur Begutachtung in ein geschlossenes Krankenhaus für psychisch Kranke einzuweisen. Im Beschluss des Gerichts wird die Einweisung für eine bestimmte Zeit verfügt; Verlängerungen sind zulässig, wenn sie unumgänglich sind. Die Leitung des Krankenhauses entlässt den Eingewiesenen unter Mitteilung an das Gericht jedoch schon vor Ablauf einer solchen Frist, sobald seine Anwesenheit für die Begutachtung nicht mehr nötig ist.

c) Novenrecht
§ 200. Klageänderung und Widerklage sind auch im Berufungs- und Rekursverfahren nach Massgabe von §§ 267 und 278 zulässig.

1   ZR 83, Nr. 79: Mit Rekurs ersuchte die Beklagte im Scheidungsverfahren um Erhöhung der im Rahmen vorsorglicher Massnahmen für die Dauer des Scheidungsprozesses festgelegten Unterhaltskostenbeiträge, wobei sie als Novum ausdrücklich auch den ihr abgetretenen Unterhaltsanspruch des mündigen Sohnes geltend machte. In prozessualer Hinsicht steht der Zulässigkeit der Klageerweiterung im Rekursverfahren mit Blick auf den § 200 ZPO, welche für alle familienrechtlichen Prozesse gilt, nichts entgegen. Zwar entbindet die genannte Bestimmung in der Regel nicht von der Rechtsmittelvoraussetzung der Beschwer; davon kann jedoch abgesehen werden, wenn das neue Begehren sich auf eine nach dem angefochtenen Entscheid eingetretene Tatsache stützt.

Der neue Rekursantrag basiert in casu auf der nach dem vorinstanzlichen Beschluss erfolgten Abtretung des Unterhaltsanspruchs an die Beklagte. Diese neue Tatsache legitimiert die Klageerweiterung im Rekursverfahren.

2   ZR 86, Nr. 81: Der Vaterschaftsbeklagte ist auch dann im Berufungsverfahren mit Vorbringen unbeschränkt zuzulassen, und zwar grundsätzlich bis zur Urteilsfällung, wenn er sich in erster Instanz nicht geäussert hat.

3   ZR 89, Nr. 78: Vgl. § 260 ZPO.

4   ZR 90, Nr. 23: Vgl. § 61 ZPO.

5   ZR 90, Nr. 60: Für familienrechtliche Prozesse ist die Erhebung einer Widerklage noch in zweiter Instanz zulässig, auch wenn die Vorinstanz mit Beschluss darauf nicht eingetreten ist. Dies ist auch möglich, wenn der Nichteintretensbeschluss, der separat mit Rekurs hätte angefochten werden müssen, unangefochten geblieben ist.

Ehesachen
a) Klagen Dritter
§ 201. Im Prozess auf Ungültigerklärung der Ehe, welcher durch Klage eines Dritten eingeleitet wird, kann jeder Ehegatte gegen den andern selbständig Rechtsbegehren stellen.

b) Nebenfolgen
§ 202. Mit dem Entscheid über Scheidung, Trennung oder Ungültigkeit der Ehe werden auch die Nebenfolgen geregelt.

Die güterrechtliche Auseinandersetzung der Parteien kann getrennt und gesondert beurteilt werden, wenn sie mit erheblichen Weiterungen verbunden ist und die Ordnung der anderen Nebenfolgen nicht davon abhängt.

ZR 81, Nr. 83: In dem der Scheidung nachfolgenden Prozess betreffend die güterrechtliche Auseinandersetzung sind vorsorgliche Massnahmen zulässig. Die Anordnung einer kantonalrechtlichen Kanzleisperre ist zulässig. In Fällen, da eine Verfügungsbeschränkung im Sinne von Art. 960 Abs. 1 Ziff. 1 ZGB nicht möglich ist, weil Gegenstand der Verfügungsbeschränkung nicht ein obligatorischer, direkt auf das Grundstück gehender Anspruch ist, stellt die Kanzleisperre das einzig taugliche Mittel zur Sicherung der güterrechtlichen Ansprüche der Ehefrau dar.

Vaterschafts- und Unterhaltssachen
§ 203. (Änderung vom 7.12.77). Wird die Vaterschaftsklage vom Beklagten anerkannt, so stellt das Gericht durch Beschluss die Vaterschaft fest.

Wird die Unterhaltsklage anerkannt, so nimmt das Gericht davon Vormerk und verpflichtet die beklagte Partei zu den anerkannten Leistungen.

Ebenso verfährt das Gericht, wenn es einen von den Parteien geschlossenen Unterhaltsvertrag genehmigt (Art. 287 Abs. 3 und 288 Abs. 2 Ziffer 1 ZGB).

7. Abschnitt: (Änderung vom 12.3.95).
Besondere Vorschriften für das Verfahren betreffend fürsorgerische Freiheitsentziehung.

Verfahrensleitung
§ 203a. Das Gericht zieht sofort nach Eingang des Begehrens die Akten bei. Es stellt das Begehren unverzüglich den Verfahrensbeteiligten zu und gibt ihnen den Termin der Hauptverhandlung bekannt. Es kann den Verfahrensbeteiligten eine kurze Frist zur Stellungnahme ansetzen. Das Verfahren darf dadurch nicht verzögert werden.

Das Gericht entscheidet nach Eingang der Akten unverzüglich über Begehren betreffend vorsorgliche Massnahmen und aufschiebende Wirkung sowie von Amtes wegen über die Bestellung eines Rechtsbeistands.

Wirkung des Gesuchs auf die Behandlung
203b. Wer bei der Einweisung ein Gesuch um gerichtliche Beurteilung ankündigt oder nach der Einweisung ein solches einreicht, darf grundsätzlich nicht gegen seinen Willen behandelt werden. Ist in Notfällen, insbesondere bei Selbst- oder Fremdgefährdung, eine Behandlung unumgänglich, muss sie verhältnismässig sein und umgehend dokumentiert werden.

Offizialmaxime
203c. Das Gericht stellt den Sachverhalt von Amtes wegen fest.

Es holt das psychiatrische Gutachten gemäss Art. 397e Ziffer 5 ZGB vor der Hauptverhandlung ein.

Persönliche Befragung und Hauptverhandlung
203d. Spätestens vier Arbeitstage nach Eingang des Gesuchs befragt das Gericht die betroffene Person persönlich und führt in der Regel die Hauptverhandlung durch.

Kann die betroffene Person aus gesundheitlichen Gründen nicht persönlich befragt werden oder verweigert sie die Aussage, entscheidet das Gericht aufgrund der Akten. Es würdigt die Aussageverweigerung nach freier Überzeugung gemäss § 148.

Entscheid. Verfahrensbeteiligte
§ 203e. Das Gericht fällt unmittelbar nach der Hauptverhandlung den Entscheid, sofern keine dringenden Beweise abzunehmen sind. Es berücksichtigt dabei die Vorbringen der Verfahrensbeteiligten.

Als Verfahrensbeteiligte gelten:
1. die betroffene Person;

2. die Anstaltsleitung, sofern die Einweisung durch einen Arzt erfolgt ist;

3. die Vormundschaftsbehörde, wenn sie die Einweisung verfügt hat oder wenn sie vormundschaftliche Massnahmen, die über die Vermögensverwaltung hinausgehen, angeordnet oder das Verfahren für solche Massnahmen eingeleitet hat;

4. nahe Angehörige, die mit der gesuchstellenden Person im gemeinsamen Haushalt leben oder sich am Einweisungsverfahren wesentlich beteiligt haben.

Prozessentschädigung
§ 203f. Wird das Gesuch gutgeheissen, kann das Gericht der gesuchstellenden Person eine Prozessentschädigung aus der Gerichtskasse zusprechen.

III. Teil: Summarisches Verfahren

1. Abschnitt: Allgemeine Vorschriften

Verweisung
§ 204. Die Verfahrensvorschriften der vorstehenden Teile dieses Gesetzes gelten sinngemäss für das summarische Verfahren, soweit dieser Teil oder andere Gesetze nichts anderes bestimmen.

Kennzeichen des summarischen Verfahrens ist die Beweiseinschränkung.

1a

Das summarische Verfahren gilt für bestimmte Geschäfte des SchKG, des ZGB, des OR, dem Befehlsverfahren ausserhalb eines rechtshängigen Prozesses, für Vollstreckungen, welche nicht nach SchKG erfolgen, als abgekürztes Erkenntnisverfahren zur Handhabung klaren Rechts im Einzelfall oder als Erkenntnisverfahren für das Verfügen privatrechtlicher Allgemeinverbote, für den Erlass einstweiliger Verfügungen ausserhalb des Prozesses sowie für die Beweissicherung ausserhalb des Prozesses.

Für Verfahren mit Beweisbeschränkung sind folgende Punkte zu beachten: 2a

Die Beweisbeschränkung kann verschieden ausgestaltet sein:

- als Beweisstrengebeschränkung (Vogel, S. 317); bei vorsorglichen Massnahmen, die auf blossem Glaubhaftmachen (mehr als behaupten, weniger als beweisen) beruhen; (Für die Verweigerung der provisorischen Rechtsöffnung muss der Schuldner nur Einwendungen gemäss Art. 82 Abs. 2 SchKG glaubhaft machen).

- als Beweismittelbeschränkung (Vogel, S. 317) z.b. gemäss SchKG 80 und 81 ist ein Urkundenbeweis unabdingbar, andernfalls die Rechtsöffnung scheitern muss.

Bei Beweisbeschränkungen erwächst ein Entscheid des summarischen Verfahrens für den ordentlichen Richter nicht in materielle Rechtskraft. Materielle Rechtskraft liegt jedoch auf derselben Erkenntnisstufe, also für Richter in summarischen Verfahren unter bestimmten Umständen vor: Gemäss BGE 100 III 51 gilt, dass bei Abweisen eines Rechtsöffnungsbegehrens einem zweiten Rechtsöffnungsbegehren, wenn dieses in derselben Betreibung erfolgt (also nicht bei neuer Betreibung), die Einrede der abgeurteilten Sache entgegensteht. 3a

Weil diese Entscheide im summarischen Verfahren bei Beweisbeschränkung nur vorläufig sind, liegt kein Endentscheid im Sinne von Art. 48 OG vor; dies schliesst die bundesrechtliche Berufung gegen solche Entscheide im summarischen Verfahren aus. 4a

Summarische Verfahren ohne Beweisbeschränkung: Diese erwachsen in materielle Rechtskraft, was bei blossem Glaubhaftmachen und Beweismittelbeschränkung gemäss BGE 117 II 559 ausgeschlossen ist. Ist im summarischen Verfahren die Klärung nicht möglich, erfolgt gemäss § 221 ZPO die Überweisung an das ordentliche Gericht von Amtes wegen. So ist gemäss BGE 120 II 355 über die Einsichtsrechte des Aktionärs gemäss Art. 697h Abs. 2 OR ohne Beweisbeschränkung zu befinden 5a

Wichtige vorsorgliche Massnahmen mit Teilregelung im Bundesrecht: 6a

- Das wichtigste summarische Verfahren ist das Eheschutzverfahren, für welches gemäss § 216 ZPO die Überweisung an den ordentlichen Richter ausgeschlossen ist, obwohl für die Dauer des Eheprozesses bestimmte Rechte endgültig und definitiv zugesprochen werden; trotzdem ist dagegen zivilrechtliche Berufung ausgeschlossen, weil nach Meinung des Bundesgerichts wegen der Beweismittelbeschränkung ein summarisches Verfahren vorliegt, es an einem Endentscheid fehlt, obwohl die Zusprechung der dort festgelegten Beträge – zeitlich beschränkt – endgültig ist und den definitiven Prozessausgang in der Unterhaltsfrage weitgehend präjudiziert.

- Im **Gleichstellungsprozess** ist bundesrechtlich im Rahmen vorsorglicher Massnahmen die provisorische Wiedereinstellung möglich (vgl. Art. 10 GlG). Diese Massnahme wirkt sich für die Verfahrensdauer definitiv (und wohl auch faktisch präjudizierend) aus, müsste doch das Gericht sonst einräumen, es habe eine falsche Prognose über die Aufhebung der Kündigung gemacht. Die bundesrechtliche Berufung ist aber mangels eines Endentscheids ausgeschlossen.

- Vorsorgliche Massnahmen im **Mietprozess** führen definitiv zu einer Zuerkennung oder Aberkennung subjektiver Rechte, zwar nur für die Dauer des Verfahrens, aber dies kann lange dauern.

- Demgegenüber entscheidet der Richter im **Gegendarstellungsprozess** gemäss Art. 28l Abs. 3 ZGB unverzüglich aufgrund der verfügbaren Beweismittel, d.h. es sind an sich alle Beweismittel zulässig, wenn und soweit sie unverzüglich beschaffbar sind oder schon vorliegen; solche Entscheide gelten gemäss BGE 112 II 193 als Endentscheide im Sinne von Art. 48 OG und sind daher der Berufung zugänglich.

- Bundesrechtlich geordnet sind die vorsorglichen Massnahmen im **Immaterialgüter- und Wettbewerbsrecht**: Art. 59 MSchG, Art. 65 URG, Art. 77 ff. PatG, Art. 14 UWG, Art. 13 KG und Art. 15 Abs. 1 DSG. Die Bestimmungen von Art. 14 UWG, Art. 13 KG und Art. 15 Abs. 1 DSG verweisen auf die Bestimmungen des Persönlichkeitsschutzes von Art. 28c ff. ZGB.

Vgl. im übrigen dazu die Ausführungen zu § 110 und 222 ZPO.

1 *§ 23 GVG*
¹ Der Einzelrichter behandelt die im summarischen Verfahren zu erledigenden Geschäfte sowie die Rechtshilfebegehren in Zivil- und Ehrverletzungssachen.

² Bei Verhinderung des Einzelrichters kann der Gerichtsschreiber dringliche Verfügungen erlassen.

2 Das Rekursrecht ist auf Erledigungsverfügungen beschränkt und zudem nur in Fällen zulässig, in welchen der Streitwert die Berufung an das Bundesgericht erreicht. Im übrigen ist die Nichtigkeitsbeschwerde gemäss § 281 ZPO zulässig. Die Kosten der ersten Instanz werden gemäss § 67 Abs. 4 ZPO in der Regel vom Kläger bezogen, der allenfalls ein Rückgriffsrecht gegen den Beklagten hat.

§ 213 ZPO führt die Geschäfte des SchKG auf, für die das summarische Verfahren gilt. Darunter fällt namentlich auch die Anerkennung eines ausländischen Konkursdekrets, ausländischen Kollokationsplans und ausländischen Nachlassverfahrens.

3 Weiter sind nicht weniger als 25 Geschäfte aus dem OR und 47 aus dem ZGB dem summarischen Verfahren in den § 215 bis 219 ZPO zugewiesen. Das häufigste ist das Eheschutzverfahren gemäss § 216 ZPO.

Zentral ist die Bestimmung von § 221 ZPO, wonach bei streitigen Verhältnissen, ausgenommen Gegendarstellungsbegehren, Eheschutzmassnahmen sowie Mietausweisverfahren, eine Überweisung an das ordentliche Gericht erfolgt, wenn die tatsächlichen Verhältnisse im summarischen Verfahren nicht genügend abgeklärt werden können.

4 Zum summarischen Verfahren gehört sodann das **Befehlsverfahren**, insbesondere die **Vollstreckung** von nicht auf Geldzahlungen oder Stellung von Sicherheiten gerichteten Leistungen (also Leistungen ausserhalb des SchKG, Übergabe von Sachen, Urteile auf ein Unterlassen, Tun etc.); das Befehlsverfahren ist auch ein **abgekürztes Erkenntnisverfahren** zum Handhaben klaren Rechts, insbesondere zur Ausweisung von Mietern und Pächtern, sei es im Einzelfall, sei es für allgemeine Verbote gemäss § 225 ZPO. Eine Leistung Zug um Zug im Befehlsverfahren setzt die Liquidität des Hauptanspruchs und des Gegenanspruchs voraus (zutreffend ZR 85, Nr. 108). Gemäss ZR 80, Nr. 20 kann ein rechtshängiges Befehlsverfahren noch im Rekursverfahren wegen Illiquidität zurückgezogen werden; es liegt eine fehlerhafte Klageeinleitung vor, und es fehlt daher eine Prozessvoraussetzung für einen Entscheid im summarischen Verfahren, welcher der materiellen Rechtskraft zugänglich ist.

Falls der Richter das Begehren für unbegründet hält, darf er es nicht abweisen, sondern nur darauf nicht eintreten, weil der Kläger es sonst im ordentlichen Verfahren nicht einbringen könnte.

5 Ein **allgemeines Verbot**, wie Parkieren auf einem bestimmten Grundstück, beseitigt Rechte Dritter nicht. Dieser muss sich mittels einer Feststellungsklage oder im Strafverfahren, allerdings hier unter unverhältnismässigem Aufwand, wehren. Das Befehlsverfahren dient schliesslich auch dazu, ausserhalb eines rechtshängigen Prozesses vorsorgliche Massnahmen zur Abwehr nicht leicht wiedergutzumachender Nachteile durchzusetzen (§ 222 Ziff. 3 ZPO). Erfolgt die Massnahme ohne Anhörung der Gegenpartei, so ist sie superprovisorisch.

Nur vorläufigen Charakter haben von Bundesrechts wegen (BGE 113 II 243, 94 II 353) Begehren auf Besitzesschutz im Sinne von Art. 927 bis 929 ZGB, weshalb die Berufung ausgeschlossen ist. 6

Weiter erfolgt im summarischen Verfahren die **Abnahme von Beweisen vor Rechtshängigkeit** des Prozesses, wenn geltend gemacht wird, ein solches Beweismittel könnte verlorengehen. Zuständig ist dafür der Richter am ordentlichen Gericht oder jener, welcher in der Lage ist, den Beweis am schnellsten abzunehmen. Diese Formel ist wenig hilfreich, zumal der Richter am nicht ordentlichen Gerichtsstand sich mitunter nicht zusätzliche Arbeit beschaffen möchte. Die Beweisaussage ist bei der vorläufigen Beweissicherung gemäss § 231 ZPO nicht zulässig. 7

ZR 83, Nr. 55: Vgl. § 56 ZPO. 8

Einleitung des Verfahrens
§ 205. Das Begehren wird beim Einzelrichter mündlich oder schriftlich rechtshängig gemacht und soll kurz begründet werden.

Verhandlung
§ 206. Steht dem Eintreten auf das Begehren nichts entgegen, so wird eine mündliche Verhandlung angeordnet oder dem Beklagten Gelegenheit zur schriftlichen Antwort gegeben.

ZR 84, Nr. 23: Vgl. unten § 208.

ZR 94, Nr. 92: Vgl. § 55 ZPO: Dem Gesuchsteller fehlt ein absoluter Anspruch auf Durchführen einer mündlichen Verhandlung, wenn sich das Massnahmebegehren als unbegründet erweist und daher sofort abgewiesen werden kann. 1

Säumnisfolgen
a) Kläger
§ 207. Bleibt der Kläger der Verhandlung fern, wird auf Grund der Akten entschieden. Ist seine Anwesenheit nötig, kann ihn der Richter unter der Androhung vorladen, dass bei Ausbleiben auf das Begehren nicht eingetreten werde.

b) Beklagter
§ 208. Bleibt der Beklagte der Verhandlung ohne genügende Entschuldigung fern oder beantwortet er das Begehren nicht auf erste Aufforderung hin, so wird Anerkennung der Sachdarstellung des Klägers und Verzicht auf Einreden angenommen.

ZR 84, Nr. 23: Teilnahme des Beklagten an der Rechtsöffnungsverhandlung: Es steht nicht im Belieben der Parteien, ihr Erscheinen zur Rechtsöffnungsverhandlung durch eine schriftliche Eingabe zu ersetzen. Bleibt eine Partei ohne genügende Entschuldigung der Verhandlung fern, so ist sie als säumig zu betrachten und eine ohne richterliche Ermächtigung eingereichte schriftliche Beantwortung des Rechtsöffnungsgesuchs ist als unzulässig zu erklären. 1

ZR 85, Nr. 116: Der Beklagte ficht mit seinem Rekurs die in einem Säumnisverfahren ergangene Erledigungsverfügung des Einzelrichters an. Gemäss § 278 ZPO i.V.m. § 267 Abs. 2 ZPO hat eine Partei, die vor erster Instanz ausgeblieben ist oder sich nicht geäussert hat, das Novenrecht grundsätzlich verwirkt. Neue Vorbringen sind nur zulässig, wenn die Voraussetzungen der §§ 115 u. 138 ZPO erfüllt sind. Im übrigen kann die erstinstanzlich als säumig behandelte Partei im Rechtsmittelverfahren Tatsachen vorbringen, die dartun, dass sie zu Unrecht als säumig bezeichnet wurde. Ferner kann sie die rechtliche Würdigung des Sachverhalts durch die Vorinstanz kritisieren. Der säumige Beklagte kann den gestützt auf § 222 Ziff. 2 ZPO erlassenen Herausgabebefehl des Einzelrichters anfechten: Der Beklagte ist im Rekursverfahren prozessual verpflichtet, 2 sämtliche Einwendungen gegen die Klage vorzubringen, auch wenn er eventuell die Wiederherstellung der versäumten Tagfahrt vor dem Einzelrichter verlangt, da die Rekursinstanz grundsätzlich den neuen Sachentscheid fällt. Mit der blossen Behauptung der Illiquidität, ohne diese auf irgendwelche Tatsachen zu stützen, kann der Beklagte den Befehl nicht mit Erfolg anfechten. Mangels substantiierter tatsächlicher Einwendungen des Beklagten ist der Herausgabeanspruch ausgewiesen.

Beweismittel
a) Zulässigkeit
§ 209. Als Beweismittel sind die persönliche Befragung der Parteien nach § 149, schriftliche Auskünfte, Augenschein und Urkunden zulässig.

Andere Beweismittel werden nur zugelassen, wenn der Kläger nicht nach §§ 221 und 226 auf das ordentliche Verfahren verwiesen werden kann oder wenn sie das Verfahren nicht wesentlich verzögern.

1   **ZR 79, Nr. 88:** Verfahrensrechtlich ist vorweg zu bemerken, dass der Eheschutz dem summarischen Verfahren zuzurechnen ist. Die solche Verfahren kennzeichnende Beschränkung der Beweismittel ist allerdings in der revidierten ZPO für das Eheschutzverfahren beseitigt worden. In der Praxis hat dies zur Folge, dass in steigendem Masse Beweise nur noch offeriert, nicht mehr direkt eingelegt werden, und dass vielfach der ohne weiteres mögliche Urkundenbeweis nicht einmal mehr offeriert wird, sondern aufwendig, durch die Verhältnisse keineswegs geforderte Beweisverfahren verlangt werden. Im erstinstanzlichen Verfahren mag ein solches Vorgehen sich auf die §§ 209 Abs. 2 und 216 ZPO abstützen; im Rekursverfahren, das die sofortige Einreichung aller beschaffbaren Beweismittel mit doppelter Begründung (gestützt auf den summarischen Charakter des Eheschutzes und auf die Regeln des Rekursverfahrens, vgl. Sträuli/Messmer, N. 2 zu § 278 ZPO) fordert, drängt sich solche Toleranz nicht auf, sondern ist der summarische Charakter des Eheschutzes zu beachten. Vorliegendenfalls hat nun die Klägerin am 23. August 1979 für ihre Behauptung, sie lasse sich im September operieren, als Beweis ausschliesslich die Zeugenaussage eines Arztes offeriert. Es ist schlechterdings unerfindlich, weshalb die Klägerin den (bescheidenen) Anforderungen an die Glaubhaftmachung ihrer Behauptung nicht durch eine schriftliche Bescheinigung dieses Arztes genügen könnte.

Gleiches hat auch zu gelten, wenn die Klägerin zum Beweis dafür, dass sie beim Tennisclub kein Fixum beziehe, nur die Zeugenaussage offeriert. Im einen wie im anderen Fall ist die Rekursinstanz befugt, aus der offensichtlichen Unverhältnismässigkeit der Beweisofferten und aus dem Umstand, dass die Klägerin durch einen Anwalt vertreten ist und diesem insgesamt zwanzig Tage zur Erstellung der Rekursantwort und Beschaffung allfälliger Bestätigungen zur Verfügung standen, gewisse Rückschlüsse zu ziehen und gegebenenfalls auch ohne Abnahme dieser Beweise anzunehmen, die Klägerin habe ihre Behauptungen nicht glaubhaft gemacht.

Anmerkung: Dieser Entscheid ist mit § 210 ZPO unvereinbar. Aus dem Umstand der anwaltlichen Vertretung ergibt sich nichts anderes. Dies ist umso weniger anzunehmen, als der Anwalt davon ausgehen durfte, dass Frist zur Beweiseinreichung angesetzt wird. Der Aufwand für einen solchen Beschluss ist geringfügig, und der Zeitverlust steht in keinem Verhältnis zur Verfahrensdauer von solchen Rechtsmittelverfahren. Zielsetzung des Prozesses ist dabei nicht primär dessen Erledigung, sondern das Ermitteln der materiellen Wahrheit.

b) Bezeichnung
§ 210. Die Beweismittel sind mit dem Begehren oder der Antwort einzureichen oder, wenn dies nicht möglich ist, zu bezeichnen. Der Richter kann zur Beibringung von Beweisen eine Frist ansetzen.

Verfahren auf einseitiges Vorbringen
§ 211. Fehlt nach der Natur des Begehrens eine beklagte Partei oder ist sie nicht anzuhören, so entscheidet der Richter auf einseitiges Vorbringen. Er stellt den Sachverhalt von Amtes wegen fest. Eine Überweisung ins ordentliche Verfahren erfolgt nicht.

Besteht kein anderer Gerichtsstand, ist der Richter am Wohnsitz oder gewöhnlichen Aufenthaltsort des Gesuchstellers zuständig.

Der Gesuchsteller trägt in der Regel die Gerichtskosten.

Rechtskraft
§ 212. Die Entscheide im summarischen Verfahren stehen hinsichtlich der Rechtskraft denjenigen im ordentlichen Verfahren gleich.

Ein zurückgezogenes Vollstreckungsbegehren kann erneuert werden, bis es erfüllt ist.

Ist die Berechtigung des Begehrens lediglich glaubhaft zu machen, ist das ordentliche Gericht an den Entscheid im summarischen Verfahren nicht gebunden.

Fehlerhafte Anordnungen, die auf einseitigen Antrag ergangen sind, können aufgehoben oder abgeändert werden, wenn nicht gesetzliche Vorschriften oder Gründe der Rechtssicherheit entgegenstehen.

2. Abschnitt: Schuldbetreibungs- und Konkurssachen

Zuständigkeit des Einzelrichters
§ 213. (alte Fassung). Der Einzelrichter entscheidet im summarischen Verfahren über:
1. die Zulassung eines nachträglichen Rechtsvorschlags (Art. 77 SchKG);
2. die Rechtsöffnung (Art. 80–84 und 278 SchKG);
3. die Aufhebung und Einstellung einer Betreibung (Art. 85 SchKG);
4. die Aufnahme eines Güterverzeichnisses und die Anordnung vorsorglicher Massnahmen (Art. 83, 162, 170, 183 SchKG);
5. die Konkurseröffnung (Art. 166, 188, 190–192 und 309 SchKG);
6. die Bewilligung des Rechtsvorschlages in der Wechselbetreibung (Art. 181 SchKG);
7. die Anordnung und Einstellung der Liquidation einer Verlassenschaft (Art. 193 und 196 SchKG)
8. den Widerruf des Konkurses (Art. 195 und 317 SchKG);
9. die Einstellung des Konkursverfahrens und die Anordnung des summarischen Konkursverfahrens (Art. 230 und 231 SchKG);
10. den Schluss des Konkursverfahrens (Art. 268 SchKG);
11. die Bewilligung eines Arrestes (Art. 272 SchKG) und die Auferlegung oder Änderung einer Arrestkaution (Art. 273 SchKG).

Zuständigkeit des Einzelrichters
§ 213. (neue Fassung, 24.9.95). Der Einzelrichter entscheidet im summarischen Verfahren über:
1. die Zulassung eines nachträglichen Rechtsvorschlags (Art. 77 SchKG);
2. die Rechtsöffnung (Art. 80–84 und 278 SchKG);
3. die Aufhebung und Einstellung einer Betreibung (Art. 85 SchKG);
4. die Aufnahme eines Güterverzeichnisses und die Anordnung vorsorglicher Massnahmen (Art. 83, 162, 170, 183 SchKG);
5. die Konkurseröffnung (Art. 166, 188, 190–192 und 309 SchKG);
5a. die Anerkennung eines ausländischen Konkursdekrets und die Anordnung sichernder Massnahmen (Art. 167 Abs. 1, 168 IPRG);
5b. die Anerkennung eines ausländischen Kollokationsplans (Art. 173 Abs. 2 IPRG);

6. die Bewilligung des Rechtsvorschlags in der Wechselbetreibung (Art. 181 SchKG);
7. die Anordnung und Einstellung der Liquidation einer Verlassenschaft (Art. 193 und 196 SchKG);
8. den Widerruf des Konkurses (Art. 195 und 317 SchKG);
9. die Einstellung des Konkursverfahrens und die Anordnung des summarischen Konkursverfahrens (Art. 230 und 231 SchKG);
10. den Schluss des Konkursverfahrens (Art. 268 SchKG);
11. die Bewilligung eines Arrestes (Art. 272 SchKG) und die Auferlegung oder Änderung einer Arrestkaution (Art. 273 SchKG);
12. die Anerkennung eines von einer ausländischen Behörde genehmigten Nachlassverfahrens oder eines ähnlichen Verfahrens (Art. 175 IPRG).

Fassung voraussichtlich ab 1. Januar 1997:

§ 213. Der Einzelrichter entscheidet im summarischen Verfahren über:
1. die Zulassung des nachträglichen Rechtsvorschlages bei Gläubigerwechsel (Art. 77 SchKG);
2. die Rechtsöffnung (Art. 80-84 und Art. 279 SchKG);
Ziffer 3: unverändert;
4. die Aufnahme eines Güterverzeichnisses und die Anordnung vorsorglicher Massnahmen (Art. 83, 162, 170, 183 und 341 SchKG);
Ziffern 5, 5a, 5b und 6 unverändert;
7. Die Anordnung und Einstellung der konkursamtlichen Liquidation einer ausgeschlagenen oder überschuldeten Erbschaft (Art. 193 und 196 SchKG);
8. den Widerruf des Konkurses (Art. 195 und 332 SchKG);
Ziffern 9-12 unverändert;
13. die Bewilligung des Rechtsvorschlages bei der Feststellung des neuen Vermögens (Art. 265 a SchKG);
14. die Einsprache gegen den Arrestbefehl (Art. 278 SchKG);
15. die Bewilligung und Durchführung sowie den Widerruf der Nachlassstundung und des Nachlassvertrages (Art. 293 ff. SchKG);
16. die Durchführung einer einvernehmlichen privaten Schuldenbereinigung (Art. 333 ff. SchKG);
17. die Bewilligung und Durchführung sowie den Widerruf der Notstundung (Art. 338 ff. SchKG);
18. die Anordnung der Gütertrennung (Art. 68 b Abs. 5 SchKG);
19. die Beseitigung von Einreden gegen ausserkantonale Entscheide (Art. 79 Abs. 2 SchKG).

1 ZR 81, Nr. 22: Strengt der Arrestgläubiger nach Arrestlegung einer Arrestforderungsklage oder der Arrestschuldner eine Arrestaufhebungsklage an, so geht mit der Hängigmachung dieser Klagen die Zuständigkeit zur Auferlegung oder Änderung einer Arrestkaution vom Einzelrichter im summarischen Verfahren auf den mit diesen Klagen befassten Richter über.

2 ZR 83, Nr. 46: Zulässigkeit des Rekurses gegen Verfügungen des Einzelrichters im summarischen Verfahren, die ein im § 213 ZPO aufgezähltes SchKG-Geschäft betreffen: Das Bundesrecht schreibt den Kantonen vor, Konkursbegehren im summarischen Verfahren zu behandeln (Art. 25 Ziff. 2 SchKG). Es regelt in den Art. 166-176 SchKG einlässlich das Verfahren in der ordentlichen Konkursbetreibung. So hat nach Eingang des Konkursbegehrens gemäss Art. 168 SchKG eine Verhandlung stattzufinden, die den Parteien wenigstens drei Tage vorher schriftlich anzuzeigen ist. Gemäss anwendbarem kantonalem Recht hat auch im summarischen Verfahren eine förmliche Parteiverhandlung stattzufinden, damit das Verfahren nicht in ein verbotenes Berichten abgleitet; sie ist vor dem Richter und nicht vor einem Kanzleibeamten durchzuführen. Der Vorwurf des Rekurrenten erscheint daher grundsätzlich als berechtigt, da der ihm zugrunde liegende Sachverhalt durch die Akten erstellt ist. Die Mängel können jedoch im Rekursverfahren behoben werden. Es ist indessen nicht ausser acht zu lassen, dass der Konkursrichter keinen Endentscheid fällte.

Gemäss Art. 173 a SchKG kann der Richter das Konkurserkenntnis aussetzen, wenn der Schuldner nachweist, dass er ein Gesuch um Bewilligung einer Nachlassstundung oder einer Notstundung anhängig gemacht hat. Die Konkursaussetzung ist somit für beide Fälle nicht zwingend vorgeschrieben, wie dies noch in der bundesrätlichen Botschaft vorgesehen war, sondern der Richter soll gegenüber erkennbar aussichtslosen und missbräuchlichen Gesuchen freie Hand behalten. Das Obergericht hat dieses richterliche Ermessen in zwei Rekursentscheiden genauer umschrieben (ZR 64, Nr. 170; SJZ 46 Nr. 91 und SJZ 50 Nr. 1). Danach hat der Konkursrichter der Pendenz eines Stundungsgesuchs Rechnung zu tragen, sofern es sich nicht um ein offenbar trölerisch eingereichtes handelt, mit dem der Schuldner lediglich Zeit zu gewinnen sucht, obgleich es keine Erfolgsaussichten hat.

ZR 84, Nr. 87: Vollstreckung eines Wandelungsurteils: Macht ein Urteil die Zahlungspflicht des Schuldners von einer Gegenleistung des Gläubigers abhängig, so bestimmt das kantonale Recht, in welchem Verfahren der die Vollstreckung begehrende Gläubiger die Erfüllung seiner Gegenleistung beweisen kann. Gelangt der Gläubiger an den Rechtsöffnungsrichter, so kann dieser ohne Beweismittelbeschränkung vorfrageweise über die Erfüllung der vom Gläubiger zu erbringenden Gegenleistung befinden. Zu einem solchen Entscheid zuständig ist aber auch der Befehlsrichter, wenn der Gläubiger ihm die Frage, ob die Vollstreckungsvoraussetzung erfüllt sei, gesondert zur Beurteilung vorlegt. Auch der Befehlsrichter entscheidet hier ohne Beweismittelbeschränkung.

3

Rechtsöffnung bei öffentlich-rechtlichen Entscheiden
§ 214. Die auf Geldzahlung oder Sicherheitsleistung gerichteten rechtskräftigen Entscheide der Verwaltungsinstanzen des Kantons Zürich, seiner Gemeinden und seiner andern öffentlich-rechtlichen Körperschaften stehen hinsichtlich der Rechtsöffnung vollstreckbaren gerichtlichen Urteilen gleich (Art. 80 Abs. 2 SchKG, ab 1.1.1997, Ziffer 3).

3. Abschnitt:
Geschäfte auf Grund des Zivilgesetzbuches und des Obligationenrechts

Geschäfte auf Grund des ZGB
a) Zuständigkeit des Einzelrichters
§ 215. Der Einzelrichter entscheidet im summarischen Verfahren aufgrund des Zivilgesetzbuches über:

a) Personenrecht:
1. das Begehren um Gegendarstellung (Art. 28 I ZGB);(24.9.95)
1a. die Verschollenerklärung (Art. 35 ZGB);
2. die Berichtigung einer Eintragung im Zivilstandsregister (Art. 45 Abs. 1 ZGB);
3. die Feststellung von Leben und Tod einer Person (Art. 49 Abs. 2 ZGB);

b) Familienrecht:
4. die Abkürzung der Wartefrist für die Eingehung einer neuen Ehe (Art. 103 und 104 ZGB);
5. die Aufforderung zur Rückkehr an den abwesenden Ehegatten (Art. 140 ZGB);
6. (aufgehoben 14.12.88)
6a. die Ermächtigung eines Ehegatten zur Vertretung der ehelichen Gemeinschaft (Art. 166 ZGB); (9.12.87)
6b. die Ermächtigung eines Ehegatten zum Verkauf sowie zur Kündigung oder sonstigen Beschränkung der Rechte an der Wohnung der Familie (Art. 169 ZGB); (9.12.87)
6c. die Verpflichtung eines Ehegatten oder eines Dritten zur Auskunfterteilung (Art. 170 ZGB); (9.12.87)
7. Massnahmen zum Schutz der ehelichen Gemeinschaft (Art. 172–179 ZGB); (9.9.87)
7a. Streitigkeiten unter Eheleuten über die Barauszahlung von Austrittsleistungen der Vorsorgeeinrichtungen gemäss Art. 5 des Freizügigkeitsgesetzes; (24.9.95)
7b. Streitigkeiten unter Eheleuten über den Vorbezug oder die Verpfändung der Freizügigkeitsleistungen für Wohneigentum gemäss Art. 331d Abs. 5 und 331e Abs. 5 OR; (24.9.95)
7c. Streitigkeiten unter Eheleuten über die Veräusserung eines landwirtschaftlichen Gewerbes gemäss Art. 40 des Bundesgesetzes über das bäuerliche Bodenrecht; (24.9.95)

8. die Anordnung der Gütertrennung und die Wiederherstellung des früheren Güterstandes (Art. 185, 187, 189 und 191 ZGB); (9.9.87)
9. die Verpflichtung eines Ehegatten zur Mitwirkung bei der Aufnahme eines Inventars (Art. 195a ZGB); (9.9.87)
10. das Festsetzen von Zahlungsfristen und Sicherheitsleistungen zwischen Ehegatten (Art. 203, 218, 235, 250 ZGB und 11 Schlusstitel ZGB); (9.9.87)
11. die Zuweisung von Vermögenswerten sowie die Zuteilung von Wohnung und Hausrat, sofern sich das Begehren gegen einen Ehegatten richtet (Art. 205, 244 Abs. 3, 245 und 251 ZGB); (9.9.87)
12. die Ermächtigung eines Ehegatten zur Ausschlagung oder Annahme einer Erbschaft (Art. 230 ZGB); (9.9.87)
13. die Anweisung an die Schuldner (Art. 291 ZGB) und die Sicherstellung der Unterhaltsbeiträge für das Kind (Art. 292 ZGB); (7.12.77)
14. die Fristansetzung zur Genehmigung von Rechtsgeschäften eines Unmündigen oder Entmündigten (Art. 410 ZGB);

c) Erbrecht:
15. (aufgehoben, 9.9.87)
16. die Anordnung des Inventars und die Sicherstellung bei Nacherbeneinsetzung (Art. 490 ZGB);
17. die Entgegennahme der von Zeugen übermittelten letztwilligen mündlichen Verfügung und der Weiterleitung an den Notar zur Aufbewahrung (Art. 507 ZGB);
18. Massregeln zur Sicherung des Erbganges (Art. 551 ZGB), insbesondere Siegelung und Inventarisation, soweit dies nicht Sache der Vormundschaftsbehörde ist (Art. 552 und 553 ZGB, § 125 EG zum ZGB), sowie die Anordnung von Erbschaftsverwaltung und Erbenaufruf (Art. 554 und 555 ZGB);
19. die Eröffnung von letztwilligen Verfügungen und Erbverträgen sowie die Benachrichtigung des Willensvollstreckers (Art. 556–558 und 517 ZGB);
20. die Ausstellung des Erbscheines an gesetzliche und eingesetzte Erben (Art. 559 ZGB);
21. die Entgegennahme von Ausschlagungserklärungen und die erforderlichen Anordnungen (Art. 570 und 574–576 ZGB);
22. die Anordnung des öffentlichen Inventars (Art. 580, 585 Abs. 2 und 587 ZGB) sowie des Rechnungsrufs, wenn die Erbschaft an das Gemeinwesen fällt (Art. 592 ZGB);
23. die Anordnung der amtlichen Liquidation (Art. 595 ZGB);
24. die Bestellung eines Vertreters für die Erbengemeinschaft (Art. 602 Abs. 3 ZGB);
25. die Verschiebung der Erbteilung und die Sicherung der Ansprüche der Miterben gegenüber zahlungsunfähigen Erben (Art. 604 ZGB);
26. die Mitwirkung bei der Teilung der Erbschaft und die Losbildung (Art. 609 und 611 ZGB);
27. die Versteigerungs- oder Teilungsart vor Anhebung des Erbteilungsprozesses (Art. 612 und 613 ZGB);
28. die Beauftragung der Schätzungskommission mit der Feststellung des Anrechnungswerts von Grundstücken (Art. 618 ZGB, § 22 Abs. 3 EG zum ZGB);
29. die Fristansetzung an die Erben zur Anerkennung des vom Willensvollstrecker aufgestellten Teilungsplans oder zur Teilungsklage, sofern der Willensvollstrecker oder ein Erbe dies verlangt;

d) Sachenrecht:
30. Massnahmen zur Erhaltung der Sache bei Miteigentum (Art. 647 ZGB);
31. die Bewilligung der Durchleitung und Verlegung von Brunnen, Röhren, Leitungen und dergleichen durch ein fremdes Grundstück (Art. 691–693 ZGB);
32. die Einräumung eines Notwegs oder Notbrunnens (Art. 694 und 710 ZGB);
33. die Eintragung von Grundeigentum bei ausserordentlicher Ersitzung (Art. 662 ZGB);
34. Einsprachen gegen die Verfügung über ein Stockwerk (Art. 712c ZGB) sowie die Ernennung und Abberufung des Verwalters bei Stockwerkeigentum (Art. 712q und 712r ZGB);
35. die Ablösung und Verlegung von Grunddienstbarkeiten (Art. 736 und 742 ZGB);

36. die vorläufige Eintragung eines Bauhandwerkerpfandrechts, die Beurteilung hinreichender Sicherheit und die Hinterlegung der Forderungssumme (Art. 839 ZGB) sowie entsprechende Anordnungen beim Stockwerkeigentum und beim Baurecht (Art. 712i und 779k ZGB);
37. die Fristansetzung zur Sicherstellung bei Nutzniessung, den Entzug des Besitzes und die Anordnung des Inventars (Art. 760, 762 und 763 ZGB);
38. die Anordnung der Liquidation des Nutzniessungsvermögens und der Abtretung von Nutzniessungsforderungen (Art. 766 und 775 ZGB);
39. Massnahmen zur Sicherung des Grundpfandgläubigers (Art. 808 Abs. 1 und 2 und Art. 809–811 ZGB);
40. Anordnungen über die Stellvertretung und die Hinterlegung von Zahlungen bei Schuldbrief und Gült (Art. 860 und 861 ZGB);
41. die Kraftloserklärung von Grundpfandtiteln (Art. 870 und 871 ZGB);
42. die Vormerkung von Verfügungsbeschränkungen und vorläufigen Eintragungen im Grundbuch (Art. 960, 961 und 966 ZGB).

ZR 84, Nr. 87: Vgl. § 213 ZPO.

ZR 84, Nr. 90: Testamentseröffnungsverfügungen und Erbschein: Der Erbschein stellt eine rekursfähige Verfügung dar. Wenn der Einzelrichter bereits in der Testamentseröffnungsverfügung festlegt, wem, vorbehältlich der ausdrücklichen Bestreitung der Berechtigung durch andere Erben, ein Erbschein zusteht, ist die Verfügung mit Bezug auf den in Aussicht gestellten Erbschein mit Rekurs anfechtbar.

ZR 85, Nr. 33: Gemäss § 215 Ziff. 13 ZPO entscheidet der Einzelrichter im summarischen Verfahren neben der Anweisung an die Schuldner über die Sicherstellung der Unterhaltsbeiträge für das Kind nach Art. 292 ZGB. Grundsätzlich handelt es sich dabei um eine ausschliessliche Zuständigkeit des Einzelrichters. Allerdings kann ein solches Begehren auch direkt in einem hängigen ordentlichen Verfahren angebracht werden, wenn es sich sinngemäss um eine vorsorgliche Massnahme handelt oder wenn es als ein Nebenbegehren im Sinne von § 25 ZPO erscheint. In casu steht das als Hauptantrag gestellte Begehren des Klägers um Sicherstellung mit seiner Klage auf Unterhaltsleistungen in engem Zusammenhang im Sinne von § 25 ZPO; der ordentliche Richter ist infolgedessen auch zur Behandlung dieses Sicherstellungsbegehrens zuständig.

ZR 87, Nr. 21: International privatrechtlich kann der Einzelrichter im summarischen Verfahren die Ausschlagung einer Erbschaft nur entgegennehmen und darauf eintreten, wenn er örtlich zuständig ist. Bei einer Person mit letztem Wohnsitz in Panama und Liegenschaften in der Schweiz bestimmt sich die Zuständigkeit für die Ausschlagung einer Erbschaft nach panamesischen Recht.

ZR 89, Nr. 104: Während unter der Herrschaft der alten ZPO von 1913 im Bereich der sogenannten nichtstreitigen Rechtssachen, zu denen auch das Anordnen der Erbschaftsverwaltung gehörte, die Nichtigkeitsbeschwerde ausgeschlossen war, ist sie gemäss heutiger ZPO, die kein selbständiges Verfahren für sogenannte nichtstreitige Rechtssachen mehr kennt, allgemein und in Voraussetzung von § 281 f. ZPO zulässig. Von einem Willensvollstrecker kann Unparteilichkeit nicht in einer Art, wie dies für den Richter zutrifft, verlangt werden. Gemäss Art. 518 Abs. 2 ZGB hat der Willensvollstrecker den Willen des Erblassers zu vertreten. Wo der Erblasser seine letztwillige Verfügung hinterlassen hat, die einzelne Erben gegenüber anderen gesetzlichen Erben bevorzugt oder benachteiligt, ist Unparteilichkeit des Willensvollstreckers im Verhältnis zu den verschiedenen Erben wegen dem Willen des Erblassers ausgeschlossen. Ein gewisser Anschein der Befangenheit ist ferner in solchen Fällen immer dann gegeben, wenn der Willensvollstrecker zuvor den Erblasser im Zusammenhang mit diesem Testament beraten hat. Dies gilt umso mehr, wenn der Erblasser eine letztwillige Verfügung hinterlässt, die sogar der Pflichtteil eines gesetzlichen Erben verletzt wird oder möglicherweise verletzt wird. Über die Wirksamkeit des Willens des Erblassers hat dann aber der Richter und nicht der Willensvollstrecker zu entscheiden, und es braucht daher zwar einen unparteilichen Richter, nicht aber einen unparteilichen Willensvollstrecker.

b) Eherechtliche Verfahren

§ 216. (9.9.87). Verfahren gemäss § 215 Ziffern 6–12 werden nicht in das ordentliche Verfahren überwiesen. Art. 158 ZGB findet sinngemäss Anwendung.

1   ZR 79, Nr. 88: vgl. § 209 ZPO.

2   ZR 84, Nr. 59: Ziffernmässige Bestimmtheit des definitiven Rechtsöffnungstitels, besonders hinsichtlich Vorgängen vor seinem Erlass: Eine definitive Rechtsöffnung verstösst gegen klares materielles Recht:
– Wenn der vorgelegte Titel die Forderung nicht bestimmt beziffert, sondern zunächst der Auslegung bedarf und alsdann zu Berechnungen Anlass gibt, welche aufgrund der Akten nicht einfach und sicher vorzunehmen sind;
– wenn der Richter über Tilgungsvorgänge vor jenem Zeitpunkt befindet, bis zu dem solche im zum Rechtsöffnungstitel führenden Verfahren berücksichtigt werden konnten, weshalb ein Eheschutzentscheid, soll er nicht auf eine verbotene Überweisung ins ordentliche Verfahren hinauslaufen, um eine klare Festlegung von Unterhaltsbeiträgen keineswegs herumkommt;
– wenn sie Kinderzulagen gewährt, obgleich im Rechtsöffnungstitel keine Rede davon ist.

3   ZR 91/92, Nr. 93: Wenn ein Entscheid auf einem Vergleich beruht, liegt eine formelle Beschwerde nur vor, wenn der Vergleich wegen Willensmängeln angefochten wird und sich als zivilrechtlich ungültig erweist (verneint betreffend einer Vereinbarung wie im Eheschutzverfahren, wonach der Ehemann der Ehefrau einen Unterhaltsbeitrag von Fr. 4'500 leistete).

c) Mitwirkung in erbrechtlichen Sachen

§ 217. Der Einzelrichter beauftragt den Notar mit der Durchführung seiner Anordnungen, insbesondere mit der Inventarisation (Art. 490, 553 und 580 ZGB), der Siegelung (Art. 552 ZGB), dem Rechnungsruf (Art. 592 ZGB), der amtlichen Liquidation (Art. 595 ZGB), der Vertretung der Erbengemeinschaft (Art. 602 ZGB), der Mitwirkung bei der Erbteilung (Art. 609 ZGB), der Losbildung (Art. 611 ZGB) und der Erbschaftsverwaltung, soweit diese nicht dem Willensvollstrecker obliegt (Art. 554 ZGB).

Mit der Erbschaftsverwaltung, der amtlichen Liquidation und der Vertretung der Erbengemeinschaft können auch andere geeignete Personen betraut werden.

1   ZR 85, Nr. 56: Nach dem zürcherischen Prozessrecht beauftragt der Einzelrichter grundsätzlich den Notar mit der Vertretung der Erbengemeinschaft. Er kann aber auch andere geeignete Personen damit betrauen.

d) Aufsicht des Einzelrichters

§ 218. Der Einzelrichter beaufsichtigt die von ihm Beauftragten.

Er beurteilt Beschwerden und Anzeigen gegen die Willensvollstrecker.

Auf diese Personen findet das Gesetz betreffend die Ordnungsstrafen Anwendung.

Der Einzelrichter setzt die Entschädigung der von ihm beauftragten Personen fest.

1   ZR 94, Nr. 8: Aufsicht über die Willensvollstrecker: Nach ständiger Praxis steht der Aufsichtsbehörde – und damit auch der Rekursinstanz – nur eine beschränkte Kognition zu, weshalb auch auf konkrete Beanstandung Ermessensentscheide nur auf ihre Vertretbarkeit hin überprüft werden (ZR 76, Nr. 101 S. 265/266; ZR 91/92, Nr. 46 S. 176; Lob, Les pouvoirs de l'exécuteur testamentaire en droit suisse, Diss. Fribourg 1952, S. 107 ff.). Immerhin ist die Aufsicht nicht eine einheitliche Tätigkeit, sondern abhängig von den jeweiligen Gegebenheiten: Sie kann straffer sein in Fällen rechtsunkundiger, unerfahrener Willensvollstrecker oder im Falle latenter Interessenkolli-

sionen, während sie anderseits den rechtskundigen, berufsmässigen Vertreter in der Regel nicht von seiner mit der Mandatsübernahme eingegangenen Verantwortung entbinden und an deren Stelle – besonders in Grenzfällen – die Staatshaftung treten lassen kann (vgl. ZR 91/92, Nr. 46 S. 175 f. unter Erw. 1b).

Vorab stellt sich im vorliegenden Fall die Frage, ob überhaupt der Mandatsinhaber selbst sich einer konkreten aufsichtsbehördlichen Anordnung unterstellen kann bzw. die Aufsichtsbehörde auf seinen Antrag hin tätig zu werden hat. Gemäss § 218 Abs. 1 ZPO beaufsichtigt der Einzelrichter die von ihm Beauftragten (wozu der als Erbschaftsverwalter tätige Willensvollstrecker gehört) von Amtes wegen. Diese schliesst selbstverständlich ein, dass die Aufsichtsbehörde auch auf Anzeige von mittelbar oder unmittelbar Betroffenen oder gar Dritter hin tätig zu werden hat; es bestehen insoweit Parallelen zu den verwaltungsrechtlichen Befehlen von Anzeige und Aufsichtsbeschwerde, welche weitgehend formlose Rechtsbehelfe ohne Erledigungs- und Teilnahmeanspruch der an einem bestimmten Verfahren nicht ohnehin Beteiligten darstellen (vgl. Knapp, Grundlagen des Verwaltungsrechts, 4. A., Basel 1993, Bd. II, Rz 1785 ff. bzw. 1795 ff.). Zwar wird sich die Aufsichtsbehörde in einem solchen Fall mit den Vorbringen auseinandersetzen, doch bleibt ihr überlassen, die ihr gut scheinenden Anordnungen zu treffen oder auch nicht, wenn sich diese nach ihrem Dafürhalten nicht aufdrängen.

Als direkt Betroffener ist wohl auch der Amtsinhaber selbst nicht zum vornherein aus dem Kreis der zur Anzeige Legitimierten auszuschliessen (so zwar nur Bracher, Der Willensvollstrecker, insbesondere im zürcherischen Zivilprozessrecht, Diss. Zürich 1966, 148, mit Hinweis auf den allerdings anders gelagerten Fall in ZR 60, Nr. 84). Lob (a.a.O., S. 103) nimmt wie andere Autoren die Legitimation nur an, wo einer von mehreren Willensvollstreckern sich bei Differenzen im Gremium an die Aufsichtsbehörde wendet. Immerhin wäre etwa denkbar, dass er in einer unter den Erben bestehenden Kontroverse, von der die Aufsichtsbehörde nicht Kenntnis hat und welche dieser von den Erben auch nicht zur Kenntnis gebracht wird, ein Interesse an aufsichtsrechtlicher Klärung hätte; ebenso – wie erwähnt –, wenn mehrere Amtsinhaber unter sich nicht einig werden. Indes werden solche Fälle doch Ausnahmen bilden, da andernfalls der Grundsatz aufsichtsbehördlicher Zurückhaltung (oben Erw. 2) durch ein – auch vom Erblasser nicht gewolltes – Entscheiden von Amtes wegen statt durch den Amtsinhaber ersetzt würde.

Fest steht damit, dass das vorliegende Verfahren zu behandeln und das Anliegen der Gesuchsteller auf Grund der materiellrechtlichen Gegebenheiten zu prüfen ist.

Stellung und Aufgaben des Erbschaftsverwalters und des Willensvollstreckers decken sich, soweit die laufende Nachlassverwaltung betreffend, weitgehend. Die Erbschaftsverwaltung ist vorab auf Erhaltung und Verwaltung des Nachlasses unter Wahrung der Gesamtheit der schutzwürdigen Interessen aller Beteiligter gerichtet, wobei der Erbschaftsverwalter – und damit auch der als solcher handelnde Willensvollstrecker – vorab eine optimale Überbrückung des Interregnums anzustreben hat (Druey, Grundriss des Erbrechts, 3.A., Bern 1992, § 14 N 56). Dementsprechend hat nach Druey der Erbschaftsverwalter nicht nur den Wert des Nachlasses, sondern möglichst dessen Objekte in natura zu erhalten (a.a.O.). Wenn mithin zwar mithaften in den Dispositionen geboten erscheint, ist im Rahmen einer gesamthaften Interessenwürdigung (Druey, a.a.O., § 14 N 52) neben dem Prinzip der Nachlasserhaltung in natura immerhin auch eine wirtschaftliche optimale Verwaltung des Nachlasses während des Interregnums miteinzubeziehen, weshalb das Anliegen der Gesuchsteller – trotz der gerade auch einem Willensvollstrecker bei Liegenschaftengeschäften obliegenden Einschränkungen (BGE 97 II 11; BGE 108 II 535; ZR 91/92, Nr. 64 S. 245) – unter den gegebenen Verhältnissen nicht als zum vornherein verfehlt erscheint (nachfolgend Erw. 5). Es ist nämlich auch zu beachten, dass die Tätigkeit des Willensvollstreckers von jener des blossen Erbschaftsverwalters immerhin darin sich unterscheidet, dass der Willensvollstrecker dereinst die Teilung vorzubereiten haben wird, was weitergehende Disposition erfordert, als sie dem Erbschaftsverwalter zustehen, der aber den konkreten Sicherungszwecken der Erbschaftsverwaltung im jeweiligen Einzelfall Rechnung zu tragen hat. Während die Gesuchsteller erstinstanzlich auf ihre willensvollstreckerlichen Befugnisse Bezug nahmen – in welchem Rahmen ihnen fraglos die Handlungsmacht zur grundbuchlichen Abwicklung eines Liegenschaftenverkaufs für die Erbschaft zukommt (Deschenaux, SPR V/3, I, § 15 B I2. a., S. 272, § 20 B III 2, S. 415 f.; Lob, a.a.O., S. 62 ff.; Piotet, SPR IV 71 § 24 III. A, S. 160 f.), berufen sie sich im Rekursverfahren auf BGE 95 I 392, wonach der Erbschaftsverwalter nicht befugt sei, einen Verkauf ohne aufsichtsbehördliche Ermächtigung durchzuführen bzw. ein solcher Verkauf ohne ausdrückliche Ermächtigung vom Grundbuchführer nicht eingetragen werden dürfte. – Dazu ist zweierlei zu bemerken: Zum einen können die Gesuchsteller vorliegendenfalls – gestützt auf das Willensvollstreckerzeugnis – von ihrer willensvollstreckerlichen Handlungsbefugnis Gebrauch machen; zum andern besagt BGE 95 I 392 nicht, dass im Rahmen blosser Erbschaftsverwaltung die Aufsichtsbehörde gehalten wäre, eine Ermächtigung zum Verkauf einer Liegenschaft auszustellen – jedenfalls soweit nicht eine absolute Notwendigkeit hierfür besteht, sondern – wie hier – der Verkauf lediglich wünschbar erscheint (dazu nachfolgend Erw. 5). Fragen könnte man sich immerhin, ob die Anordnung einer Erbschaftsverwaltung den Handlungsspielraum des damit beauftragten Willensvollstreckers derart einschränkt, dass der Grundbuchverwalter – wie etwa bei einer Massnahme gemäss Art. 386 Abs. 2 ZGB – im Rahmen der Prüfung nach Art. 15 GBV den beschränkten Tätigkeitsbereich zu berücksichtigen hätte, was allerdings bereits an der fehlenden Veröffentlichung (bzw. dem Fehlen eines Widerrufs oder einer Einschränkung des Willensvollstreckerzeugnisses) scheitert (Piotet, a.a.O., S. 161 bei und mit Anm. 36; Bracher, a.a.O., 68). Dieser Aspekt kann aber offen bleiben: Gegebenenfalls wären von Betroffenen die grundbuchlichen Behelfe oder verantwortlichkeitsrechtliche Schritte gegen den Willensvollstrecker zu ergreifen.

Die bisherigen Ausführungen machen deutlich, dass die Interessenabwägung sich regelmässig innerhalb einer Bandbreite pflichtgemässer Ermessensbetätigung bewegen kann, welche sich sowohl aufsichtsbehördlicher Überprüfung (Erw. 2) und damit auch konkreter aufsichtsbehördlicher Anleitung entzieht, soweit nicht Anhaltspunkte für aufsichtsrechtliches Eingreifen gegen die erwogenen Schritte bestehen.

Im konkreten Fall stehen sich die Interessen der bekannten Erben an einer kostengünstigen Verwaltung bzw. einem möglichst hohen Verkaufserlös einerseits und andererseits das Interesse allfälliger unbekannter Erben auf Erhaltung der Nachlassobjekte in natura gegenüber. Werden diese Interessen gegeneinander abgewogen, so erscheint auf Grund der Akten wenig wahrscheinlich, dass sich überhaupt noch gesetzliche (und wohl kaum pflichtteilsgeschützte) Erben melden werden, während die Einsetzung der testamentarisch bzw. erbvertraglich am Nachlass einstweilen Berechtigten als klar erscheint und Anhaltspunkte für eine erfolgreiche Anfechtung dieser Anordnung durch die bekannten oder erst noch festzustellenden Erben auf Grund von Art. 519 ff. ZGB nicht ersichtlich sind. Damit stehen im vorliegenden Fall die auf die Nachlassabwicklung insgesamt gerichteten willensvollstreckerlichen Aspekte der Erbschaftsverwaltung gegenüber den ausschliesslich konservierenden eher im Vordergrund.

Die beabsichtigte Veräusserung der von der Erblasserin bewohnten Eigentumswohnung bewegt sich damit zwangsläufig im Spannungsfeld zwischen willensvollstreckerlichem Können (Erw. 4b) und Dürfen (Erw. 4a), ohne aber zu aufsichtsrechtlichem Einschreiten Anlass zu bieten, weshalb – wie die Vorinstanz zutreffend erwogen hat – der den Gesuchstellern obliegende Entscheid nicht von der Aufsichtsbehörde getroffen werden kann.

Wie zu entscheiden wäre, wenn nicht die Willensvollstrecker mit der Erbschaftsverwaltung betraut wären – sei es, dass keiner bestellt wurde oder die Erbschaftsverwaltung nicht ihnen übertragen worden wäre –, kann offen bleiben; von besonderen Gründen abgesehen wäre wohl unvermeidlich, in einem solchen Fall mit Rücksicht auf die beschränktere Befugnis des blossen Erbschaftsverwalters solche Geschäfte aufzuschieben (oben Erw. 4c), wie dies im Prinzip in der Natur der Sache liegt und von den Erben hinzunehmen ist, um den Erbenruf nicht seines Sicherungszwecks (der grundsätzlich nicht bloss die wertmässige Erhaltung des Nachlasses gebietet: oben Erw. 4a) zu berauben.

Im Anschluss an den Entscheid der Vorinstanz, welche das Gesuch abgewiesen hat, bleibt lediglich zu fragen, ob die dispositivmässige Abweisung nicht im Ergebnis als Verweigerung der Zustimmung zum Verkauf zu deuten sei, worüber auf Grund der konkreten Umstände aber gerade nicht zu befinden sei. Es sei dazu erläuternd lediglich festgehalten, dass das Gesuch mangels konkreter beschwerdefähiger Gesichtspunkte abgewiesen wird, womit den Gesuchstellern überlassen bleibt, wie sie sich verhalten wollen. Mit dieser Klarstellung ist der Rekurs indes abzuweisen.

ZR 91/92, Nr. 46: Die Absetzung eines Willensvollstreckers durch die Aufsichtsbehörde nach § 218 ZPO fällt bei grober Pflichtverletzung in Betracht, aber auch im Falle der Unmöglichkeit gehöriger Erfüllung des Mandats (Krankheit, Konkurs, Abwesenheit) sowie bei einer in der Person des Willensvollstreckers liegenden unüberbrückbaren Interessenkollision, wenn diese Massnahme zur Sicherung eines ordnungsgemässen Erbgangs notwendig ist.

2

Geschäfte auf Grund des Obligationenrechts
a) Zuständigkeit des Einzelrichters
§ 219. Der Einzelrichter entscheidet im summarischen Verfahren auf Grund des Obligationenrechts über:

a) Allgemeine Bestimmungen:
1. die Hinterlegung und den Verkauf der geschuldeten Sache bei Gläubigerverzug (Art. 92 und 93 OR);
2. die Fristansetzung zur Vertragserfüllung (Art. 107 OR);

b) Einzelne Vertragsverhältnisse:
3. das Vorverfahren bei Gewährleistung im Viehhandel (Art. 202 OR);
4. den Verkauf bei Beanstandung übersandter Kaufgegenstände (Art. 204 OR);
5. die Gewährung von Zahlungserleichterungen und die Rücknahme des Kaufgegenstandes beim Abzahlungs- und Vorauszahlungsvertrag (Art. 226k und 228 OR);
6. die Bezeichnung des Sachverständigen zur Nachprüfung des Geschäftsergebnisses oder der Provisionsabrechnung (Art. 322a und 322c OR);
7. die Fristansetzung bei vertragswidriger Ausführung eines Werks (Art. 366 OR);
8. die Fristansetzung zur Herstellung der neuen Auflage eines literarischen oder künstlerischen Werkes (Art. 383 OR);
9. den Verkauf und die Versteigerung von Kommissionsgut (Art. 427 und 435 OR);
10. den Verkauf und die Hinterlegung von Frachtgut (Art. 444, 445 und 453 OR);
11. die Beurteilung der Deckung des Bürgschaftsgläubigers durch Pfandrechte (Art. 496 Abs. 2 OR) und die Einstellung der Betreibung gegen den Bürgen bei Leistung von Realsicherheit (Art. 501 Abs. 2 OR);

c) Handelsgesellschaften und Genossenschaft:
12. den vorläufigen Entzug der Vertretungsbefugnis (Art. 565 Abs. 2, 603, 767, 814 Abs. 2 OR);
13. die Bestellung des Sachverständigen zur Prüfung der Gewinn- und Verlustrechnung der Kommanditgesellschaft (Art. 600 Abs. 3 OR) und zur Sonderprüfung bei der Aktiengesellschaft (Art. 697a–g OR); (24.9.95)
14. die Abberufung von Mitgliedern der Verwaltung und der Kontrollstelle der Genossenschaft sowie anderer von der Generalversammlung gewählter Bevollmächtigter und Beauftragter, die Durchführung einer Neuwahl und die danach erforderlichen Massnahmen (Art. 890 Abs. 2 OR);
14a. die Ernennung, Abberufung und Ersetzung von Revisoren bei der Aktiengesellschaft (Art. 727e Abs. 3 und 727f. OR); (24.9.95)
15. die Bestimmung, Abberufung und Ersetzung von Liquidatoren (Art. 583 Abs. 2, 619, 740, 741, 770, 823 und 913 OR), den Verkauf zu einem Gesamtübernahmepreis und die Art der Veräusserung von Grundstücken (Art. 585 Abs. 3 und 619 OR); (24.9.95)
16. die Anordnung der Auskunfterteilung an Aktionäre und Gläubiger einer Aktiengesellschaft, an Mitglieder einer Gesellschaft mit beschränkter Haftung und Genossenschafter (Art. 697 Abs. 4, 697h, 819 Abs. 2 und Art. 857 Abs. 3 OR) sowie die Anordnung der Auskunfterteilung gemäss Art. 22 des Bundesgesetzes über die Anlagefonds; (24.9.95)

17. die Einberufung der Generalversammlung einer Aktiengesellschaft und einer Genossenschaft sowie der Gesellschafterversammlung einer Gesellschaft mit beschränkter Haftung (Art. 699 Abs. 4, 809 Abs. 3 und 881 Abs. 3 OR);
18. die Bezeichnung eines Vertreters der Gesellschaft oder Genossenschaft bei Anfechtung von Generalversammlungsbeschlüssen durch die Verwaltung (Art. 706a Abs. 2, 808 Abs. 5 und 891 Abs. 1 OR); (24.9.95)
19. die Hinterlegung von Forderungsbeträgen bei der Liquidation (Art. 744, 770, 823 und 913 OR);
20. *(alte Fassung). die Verteilung des Gesellschaftsvermögens vor Ablauf eines Jahres seit dem dritten Schuldenruf (Art. 745, 770, 823 und 913 OR)*
20. (aufgehoben, 24.9.95).

d) Wertpapiere:
21. die Kraftloserklärung von Wertpapieren und Versicherungspolicen (Art. 971, 977, 981–988, 1072–1080, 1098 und 1143 OR; Art. 13 des Bundesgesetzes über den Versicherungsvertrag);
22. die Hinterlegung der Wechselsumme mangels Vorlegung des Wechsels zur Zahlung (Art. 1032 OR);
23. das Verbot der Bezahlung eines abhanden gekommenen Wechsels und die Hinterlegung der Wechselsumme (Art. 1072 OR);
24. das Erlöschen der einem Vertreter von der Gläubigerversammlung erteilten Vollmacht im Fall der Gläubigergemeinschaft bei Anleihensobligationen und die erforderlichen Massnahmen (Art. 1162 Abs. 3 und 4 OR) sowie die Einberufung einer Gläubigerversammlung auf Gesuch der Anleihensgläubiger (Art. 1l65 Abs. 3 OR).

e) unlauterer Wettbewerb
25. Begehren um Anordnung vorsorglicher Massnahmen (Art. 14 UWG). (24.9.95)

1   **ZR 82, Nr. 35:** Für Klagen auf Bestimmung der Art der Veräusserung eines Grundstücks im Rahmen der Liquidation einer einfachen Gesellschaft ist ausschliesslich der Einzelrichter im summarischen Verfahren sachlich zuständig.

2   **ZR 95, Nr. 68:** 5. Die Räume eines Gerichts sind – entgegen der Klägerin – weder bestimmt noch geeignet zur Lagerung von Elektronik bzw. Ware, welche Dritten gehört, auch wenn sie in einer halben Obstharrasse Platz haben sollte. Hinterlegungsstelle kann bei einem Gericht einzig dessen Kasse sein, für Bargeld und dergleichen, aber nicht für Gegenstände, die als Waren zu qualifizieren sind.

Der Hinterlegungsrichter bestimmt die Hinterlegungsstelle nach seinem Ermessen. Sie muss sich nicht notwendigerweise am Erfüllungsort befinden (OR-Bernet, N 8 zu Art. 92 OR). Es ist jedoch keineswegs Sache des Gerichts, gleichsam von Amtes wegen abzuklären, wo und zu welchen Bedingungen und Kosten eine Hinterlegung bzw. Lagerung möglich ist, sondern es obliegt den Parteien, dem Gericht das Tatbeständliche darzulegen (Verhandlungsmaxime) und entsprechende Anträge zu stellen (Dispositionsmaxime), was im vorliegenden Verfahren noch nachzuholen ist. Es liegt – je nach Ausgang eines späteren ordentlichen Prozesses – im Interesse sowohl der Klägerin als auch des Beklagten, einen möglichst geeigneten und preisgünstigen Aufbewahrer zu finden. Zur Wahrung des diesbezüglich beiden Parteien noch zu gewährenden rechtlichen Gehörs und des Instanzenzugs ist daher das Verfahren an die Vorinstanz zurückzuweisen.

Gemäss § 219 lit. a Ziff. 1 ZPO entscheidet der Einzelrichter im summarischen Verfahren über die Hinterlegung und den Verkauf der geschuldeten Sache bei Gläubigerverzug (Art. 92 und 93 OR). Abgesehen von diesen Fällen, bewilligt er die Hinterlegung beweglicher Sachen, wenn hinreichende Gründe glaubhaft gemacht werden (§ 220 ZPO). Zwar wird in § 219 ZPO im Gegensatz zu § 220 ZPO das Glaubhaftmachen der Hinterlegungsgründe nicht erwähnt, aber aus der Entstehungsgeschichte lässt sich nichts zugunsten der klägerischen Interpretation ableiten. § 392 Abs. 1 aZPO, dessen Wortlaut mit § 220 ZPO im wesentlichen identisch ist, regelte allgemein sämtliche gerichtlichen Hinterlegungen, insbesondere auch diejenigen bei Verzug des Gläubigers nach Art.

92 OR (§ 392 Abs. 2a ZPO). Demnach bewilligte der Hinterlegungsrichter die gerichtliche Hinterlegung, falls hinreichende Gründe dafür glaubhaft gemacht wurden (§ 392 Abs. 1a ZPO), was der Gerichtspraxis in den meisten Kantonen entsprach und nach Biedermann zwar nicht notwendig, aber dennoch zweckmässig war, insbesondere zur Vorbeugung vor unbegründeten Hinterlegungen (a.a.O., S.123 ff.). Wenn der mit der Revision neu hinzugefügte § 219 ZPO in lit. a Ziff. 1 den Einzelrichter im summarischen Verfahren als zuständig zum Entscheid sowohl über die Hinterlegung als auch den Verkauf der geschuldeten Sache bei Gläubigerverzug bezeichnet, so ist zu beachten, dass der Verkauf nach Art. 93 OR in jedem Fall die richterliche Bewilligung voraussetzt, da nach den Materialien von einer Änderung der bisherigen Regelung nicht die Rede war (Prot. Kantonsrat 1971-1975 S. 7290 f.), und weil nach Auffassung Guldeners ohnehin schon auf Grund von Art. 92 OR eine vorfrageweise Prüfung der Hinterlegungsgründe zu erfolgen hatte. Das Obergericht entschied seither in konstanter Rechtsprechung, auch bei Hinterlegungen nach Art. 92 OR die Glaubhaftmachung der Hinterlegungsgründe zu verlangen, indem § 220 ZPO als allgemeine Regelung der Voraussetzungen der Hinterlegung (entsprechend dem umfassenden § 392 aZPO) herangezogen wurde (in ZR 90, Nr. 79; ZR 87, Nr. 54 S. 135 E. 6.b betr. Art. 96 OR, welcher auf Art. 92 OR verweist; ebenso: Weber, N 99 zu Art. 92 OR und BGE 105 II 276; R. Bussien, Die gerichtliche Hinterlegung nach Zürcher Zivilprozessrecht, Diss. Zürich 1981, S.134; gleiche Praxis auch in Basel-Stadt: BJM 1972 S. 229). Von dieser bewährten und konstanten Rechtsprechung abzuweichen, besteht – wie sich an den jüngsten Beispielen erneut gezeigt hat – kein Anlass. Wenn der Schuldner schon den Richter bemühen will, um die Hinterlegungsstelle zu bestimmen, dann muss dem Richter auch eine vorfrageweise Überprüfung der Berechtigung offenstehen. Entgegen der Klägerin ist somit die Hinterlegung davon abhängig zu machen, ob sie ihre Berechtigung dazu glaubhaft gemacht hat, wobei das Hinterlegungsgesuch nur dann abgewiesen werden darf, wenn es offensichtlich unbegründet ist (BGE 105 II 276).

Es ist glaubhaft gemacht worden, dass die Klägerin ihre Leistung gehörig angeboten und der Beklagte ihre Annahme verweigert hat (Art. 91 OR). Im folgenden ist daher noch zu prüfen, ob die Klägerin das Bestehen eines Vertrags glaubhaft zu machen vermochte. (Diese Frage wurde in E. 4b bejaht.).

b) Hinterlegung

§ 220. Abgesehen von den angeführten Fällen bewilligt der Einzelrichter die Hinterlegung von Geld, Wertpapieren und andern beweglichen Sachen, wenn hinreichende Gründe glaubhaft gemacht werden.

Er erlässt die für die Herausgabe erforderlichen Verfügungen.

ZR 85, Nr. 17: Das Begehren der Klägerin um Einräumung eines von der Hinterlegungsstelle auszuübenden Retentionsrechts hat die Vorinstanz im wesentlichen mit der Begründung abgewiesen, im Verfahren betreffend Bewilligung einer Hinterlegung nach Art. 168 OR sei eine derartige Anordnung ausgeschlossen; der Schuldner wisse in diesem Fall nicht, an wen er leisten solle und überlasse den Entscheid dem Richter im ordentlichen Verfahren; erst und nur dieser sei befugt, definitiv über Leistung und Gegenansprüche zu entscheiden und die endgültigen Modalitäten der Herausgabe festzusetzen. In einem allfälligen Prätendentenstreit kann es nur darum gehen, die Berechtigung der beiden Beklagten an der Hinterlage abzuklären. Die Klägerin ist an diesem Verfahren nicht beteiligt und entsprechend auch nicht in der Lage, ihre Ersatzansprüche für Auslagen und Verwendungen geltend zu machen. Die materielle Rechtskraft des im Prätendentenstreit ergehenden Entscheids erstreckt sich gemäss § 191 Abs. 1 ZPO nur auf die beiden Beklagten, bzw. ihre Rechtsnachfolger. Die Aufgabe des Hinterlegungsrichters im summarischen Verfahren beschränkt sich darauf, vorfrageweise das Vorliegen von Hinterlegungsgründen zu prüfen und im Falle der Gutheissung des Begehrens die Hinterlegungsstelle zu bezeichnen und einem der Prätendenten Frist zur Anhebung der Klage auf Herausgabe der Hinterlage anzusetzen. Über den Gegenanspruch des Hinterlegers kann der Einzelrichter hingegen nicht befinden, und er ist nicht gehalten, diesen behaupteten Anspruch in die Bewilligungsverfügung aufzunehmen.

2   **ZR 87, Nr. 54:** Gemäss Art. 96 und Art. 168 OR kann bei unverschuldeter Ungewissheit über die Person des Gläubigers sich der Schuldner durch gerichtliche Hinterlegung befreien. Gemäss § 220 ZPO ist dabei das Bestehen von Hinterlegungsgründen vorfrageweise zu prüfen, wobei nicht mehr als blosse Glaubhaftmachung verlangt und das Hinterlegungsgesuch nur dann abgewiesen werden kann, wenn es offensichtlich unbegründet ist. Ansonsten würde der Schuldner ernsthaft benachteiligt, weil das Verweigern der Hinterlegung ihn dieser Befreiungsmöglichkeit endgültig beraubt, währenddem der Gläubiger auch nach erfolgter Hinterlegung weiterhin den Schuldner auf Erfüllung belangen kann. In casu konnte sich eine Bank für ein bei ihr geführtes Gemeinschaftsdepot auf Gläubigerungewissheit berufen, als nach dem Tod beider Depotinhaber sowohl der Alleinerbe des Zweitverstorbenen als auch die Erben des Erstverstorbenen Anspruch auf die Vermögenswerte erhoben.

3   **ZR 90, Nr. 79:** Der Hinterlegungsanspruch nach § 220 ZPO muss sich aus dem materiellen Recht ergeben und ist vom Gesuchsteller glaubhaft zu machen. Es kann schlechthin nicht Zweck der Hinterlegung nach Art. 92 OR sein, privat hinterlegte Testamente dort, wo sich wegen unzureichender Vorkehren zur Identifikation des Testators oder aus anderen Gründen während der Hinterlegungsdauer Schwierigkeiten ergeben, durch einseitige Auflösung des Vertrags seitens des Aufbewahrers auf die mit der Entgegennahme letztwilliger Verfügungen nach Art. 505 Abs. 2 ZGB betrauten öffentlichen Stellen abzuschieben.

4   **ZR 95, Nr. 61:** Der Kläger hat in seinem Rechtsbegehren die "Verpflichtung der Beklagten zur Abgabe einer ausdrücklichen Verzichtserklärung auf jeglichen Anspruch" verlangt.

Dieser Teil des Rechtsbegehrens ist auszulegen: Da nicht behauptet wird, die Beklagte habe sich zu einer solchen Erklärung verpflichtet, kann darin sinngemäss nur die Klage auf eine Feststellung, wonach der Beklagten kein Anspruch aus den abgetretenen Rechten gegenüber den beiden Lebensversicherungsgesellschaften zustehe, liegen. Dem haben die Parteien in der Befragung vom 8. Juni 1995 durch den Kammerreferenten auch beigepflichtet.

In diesem Sinne liegt hier ein Prätendentenstreit über die – an sich bei beiden Versicherungen mögliche (Spirig, Komm. zum OR, N26 zu Art. 168) und wohl sinngemäss erklärte – Hinterlegung der Versicherungsleistungen (Art. 96 OR) vor. Aus deren Erklärungen geht denn auch hervor, dass sie die zurückbehaltenen Versicherungsleistungen nach Bereinigung des Besitzes an den Policen bzw. auf Grund einer Doppelunterschrift auszahlen werden, wobei eine solche Parteierklärung grundsätzlich durch ein Urteil ersetzt werden kann. – Mangels richterlicher Fristansetzung zur Klage auf Herausgabe der Versicherungssummen an eine der vorliegenden Parteien (§ 220 ZPO) kann indessen kein zwangsvollstreckungsrechtlich durchsetzbarer Anspruch gegenüber den Versicherungsgesellschaften zuerkannt werden.

5   **ZR 95, Nr. 68:** Vgl. § 219 ZPO.

Illiquidität
§ 221. (alte Fassung). Können die tatsächlichen Verhältnisse nicht genügend abgeklärt werden, überweist der Richter das Begehren dem ordentlichen Gericht.

Illiquidität
§ 221. (neue Fassung, 24.9.95). Können die tatsächlichen Verhältnisse nicht genügend abgeklärt werden, überweist das Gericht das Begehren dem ordentlichen Gericht. Begehren um Gegendarstellung werden nicht überwiesen.

Diese Bestimmung gilt insbesondere nicht für Eheschutzmassnahmen gemäss § 216.

4. Abschnitt: Befehlsverfahren

Zulässigkeit
§ 222. Das Befehlsverfahren vor dem Einzelrichter im summarischen Verfahren ist zulässig

1. zur Vollstreckung rechtskräftiger gerichtlicher Entscheide;

2. zur schnellen Handhabung klaren Rechts bei nicht streitigen oder sofort beweisbaren tatsächlichen Verhältnissen, insbesondere zur Ausweisung von Mietern und Pächtern (Art. 282 SchKG);

3. zur Abwehr eines drohenden, nicht leicht wiedergutzumachenden Nachteils, besonders durch Veränderung des bestehenden Zustandes, falls diese Voraussetzungen glaubhaft gemacht werden und der Prozess noch nicht rechtshängig ist.

Fassung voraussichtlich ab 1. Januar 1997:

§ 222. Das Befehlsverfahren vor dem Einzelrichter im summarischen Verfahren ist zulässig
Ziffer 1 unverändert;
2. zur schnellen Handhabung klaren Rechts bei nicht streitigen oder sofort beweisbaren tatsächlichen Verhältnissen;
Ziffer 3 unverändert.

Grundsätzlich sei auf die Bemerkungen vor § 204 ZPO verwiesen. § 222 Abs. 4 ZPO regelt die vorsorglichen Massnahmen vor Rechtshängigkeit des Prozesses; nach Rechtshängigkeit gilt § 110 ZPO; sofern die Konkordatsregeln bei einem Schiedsgericht gelten, ist hierfür nicht das Schiedsgericht, sondern der ordentliche Richter zuständig. Demgegenüber kann ein Schiedsgericht im internationalrechtlichen Verhältnis gemäss Art. 183 IPRG auch vorsorgliche und sichernde Massnahmen erlassen.

Gemäss Art. 46 und Art. 51 lit. c IPRG sind Massnahmen des Eheschutzes und des Güterrechts ausserhalb des Hauptprozesses am Wohnsitz oder gewöhnlichen Aufenthalt jedes Ehegatten möglich; nach Art. 89 IPRG ordnen bei letztem Wohnsitz eines Erblassers im Ausland, der Vermögen in der Schweiz hatte, die Behörden am Ort der gelegenen Sache einstweilige Sicherungsmassnahmen an.

Ganz allgemein bestimmt Art. 10 IPRG, dass die schweizerischen Gerichte oder Behörden vorsorgliche Massnahmen treffen können, auch wenn sie für den Hauptprozess nicht zuständig sind. Soweit bundesrechtliche Gerichtsstandsnormen fehlen, bestimmt sich die innerstaatliche Zuständigkeit nach kantonalem Recht. Teilweise wird die Auffassung vertreten, die Zulässigkeit solcher vorsorglicher Massnahmen sei nicht nur vor dem Hauptprozess, sondern auch während des Hauptprozesses (Rechtshängigkeit im Ausland) in der Schweiz möglich (Vogel, N 217, S. 332), was in dieser Allgemeinheit nicht überzeugt. Die problematischen Auswirkungen von Art. 24 LugÜ, wonach man die in dem Recht eines Vertragsstaats vorgesehenen einstweiligen Massnahmen einschliesslich solcher, die auf eine Sicherung gerichtet sind, bei den Gerichten dieses Staats auch dann beantragen kann, wenn für die Entscheidung in der Hauptsache das Gericht eines andern Vertragsstaats aufgrund dieses Übereinkommens zuständig ist, kann man noch nicht überblicken. Dies bedeutet, dass sich die Nachteilsprognose, das Beweismass und der Inhalt vorsorglicher Massnahmen nach dem Recht irgendeines Vertragsstaats bestimmen. Was heisst hier Recht? Massgebend für die Nachteilsprognose ist die subjektive Meinung eines Richters (meist Einzelrichters) in irgendeinem Vertragsstaat, und sei er noch so unfähig. Die Schadenersatzpflicht aufgrund vorsorglicher Massnahmen ist zwar als milde Kausalhaftung ausgestaltet (§ 230 ZPO); dem Geschädigten hilft dies wenig, bleibt doch der effektive Schadensnachweis häufig schwierig.

ZR 81, Nr. 30: Die Vorinstanz hält dafür, dass die Voraussetzungen für das Befehlsverfahren im Sinne von § 222 Ziff. 2 ZPO nicht erfüllt seien, weil die Frage, ob eine bestimmte Vertragsdauer vereinbart wurde, nicht genügend geklärt sei. Dem kann nicht beigepflichtet werden. Es trifft zwar zu, dass der Rekurrent geltend machen liess, es sei bezüglich der Dauer der Überlassung nichts vereinbart worden, während der Rekursgegner der Auffassung ist, es sei insofern über die Dauer gesprochen worden, als vereinbart worden sei, der Rekursgegner solle die Siegel zwecks Veröffentlichung behalten, und die Dauer sei somit durch den Zweck der Überlassung bestimmt.

Dass in diesem Punkt keine liquiden Verhältnisse vorliegen, spielt indessen keine Rolle. Selbst wenn nämlich davon ausgegangen wird, die Sachdarstellung des Rekursgegners treffe zu, liegt keine bestimmte Vertragsdauer vor. Eine solche braucht zwar nicht in jedem Fall nach Zeiteinheiten bemessen zu sein. Es genügt vielmehr auch, wenn die Beendigung des Vertragsverhältnisses vom Eintritt eines bestimmten Ereignisses abhängig gemacht wird, sofern dieses nur mit Sicherheit nicht die erst in völlig unabsehbarer Zeit erwartet werden kann. Hier würde dieses bestimmte Ereignis in der Vollendung des Katalogbunds durch den Rekursgegner bestehen. Im Zeitpunkt des Vertragsschlusses, und nur auf diesen kommt es an, konnte keine Partei mit Sicherheit voraussehen, ob dieses Werk jemals vollendet werden würde. Das Vertragsende hängt immer vom Willen des Rekursgegners ab. Unter diesen Umständen wäre das Vertragsende, hätte man es in der behaupteten Weise festlegen wollen, unabsehbar und zeitlich unbestimmbar gewesen. Es muss also unabhängig davon, wessen Sachdarstellung zutrifft, davon ausgegangen werden, es sei keine bestimmte Vertragsdauer vereinbart worden.

Im vorliegenden Fall kann von bewährter Auslegung betreffend Dauer der Gebrauchsleihe nicht die Rede sein, zumal weder eine Kündigung aus wichtigem Grund vorliegt noch eine Verletzung von Art. 2 oder Art. 27 ZGB geltend gemacht wird. Es fehlt daher in Bezug auf die Kündigungsmöglichkeit an klarem Recht. Aus diesen Gründen kann dem Begehren des Rekurrenten gestützt auf § 222 Ziff. 2 ZPO im Befehlsverfahren nicht stattgegeben werden, weshalb der Rekurs in diesem Punkt abzuweisen ist. Gemäss § 226 ZPO ist auf Begehren im Sinne von § 222 Ziff. 2 ZPO nicht einzutreten, wenn es an sofort beweisbaren tatsächlichen Verhältnissen fehlt. Indem die Vorinstanz das Begehren stattdessen abgewiesen hat, hat sie diese Vorschrift verletzt. Der Rekurs ist somit in diesem Punkte gutzuheissen, der vorinstanzliche Entscheid insoweit aufzuheben, und auf das Klagebegehren ist nicht einzutreten.

5   **ZR 81, Nr. 34:** Vgl. § 275 ZPO.

6   **ZR 82, Nr. 10:** Eine Bank kündigte den Mietvertrag betreffend des Schrankfaches mit sofortiger Wirkung und machte dem Inhalt ein Retentionsrecht gemäss Art. 895 Abs. 1 und 2 ZGB geltend. Die Bank erhob ferner beim Einzelrichter im summarischen Verfahren Klage auf Zahlung der Schuld des Klägers. Sodann verlangte der Kläger, es sei der Bank zu befehlen, ihm den ungehinderten Zugriff zum Schrankfach zu gewähren und ihr zu verbieten, ihn an der Entnahme der darin befindlichen Sachen und Sachwerte zu hindern. Der Einzelrichter trat auf Sistierungsgesuch sowie auf die von der Bank im Hinblick auf den beim Bezirksgericht anhängigen Forderungsprozess erhobenen Einreden der Rechtshängigkeit des Verbots der Veränderung des Streitgegenstandes nicht ein, sondern hiess das Befehlsverfahren gut und befahl der Beklagten unter Androhung von Zwangsvollzug gegen ihre verantwortlichen Organe wegen Ungehorsams gegen eine amtliche Verfügung im Sinne von Art. 292 StGB im Unterlassungsfall, dem Kläger umgehend den Zugang zum streitigen Schrankfach zu gewähren und ihn bei der Entnahme der darin sich befindlichen Sachen und Sachwerte nicht zu hindern.

Auf Art. 272 Abs. 1 OR kann sich die Bank nur zur Sicherung verfallener Mietzinse berufen. Ein Pfandrecht setzt den Abschluss eines Faustpfandvertrags voraus, der aber regelmässig nur für den Fall abgeschlossen zu werden pflegt, dass der Mieter den Schrankfachschlüssel nicht fristgemäss zurückgibt. Die in einem Kontokorrentvertrag vereinbarte Pfandklausel betrifft nur Werte, die der Bank selber für Rechnung des Kunden zur Aufbewahrung übergeben wurden, hingegen nicht solche, zu deren Verwahrung sie ihm ein Schrankfach zur Verfügung stellt. Einem allgemeinen sachenrechtlichen Retentionsrecht steht entgegen, dass es am Willen des Mieters fehlt, der Bank den Mitbesitz am Schrankfachinhalt einzuräumen. Das Mitverschlussrecht der Bank verschafft nur den Gesamtbesitz am leeren Fach. Mit Bezug auf dessen Inhalt ist die Bank lediglich Besitzdienerin des Kunden. Diese aufgrund gesicherter Auslegungen beruhende Auffassung ist klares Recht im Sinne von § 222 Ziff. 2 ZPO.

ZR. 82, Nr. 11: Solange ein Mieterstreckungsverfahren dem Ausweisungsverfahren parallel läuft, kann auf das Ausweisungsbegehren in der Regel nicht eingetreten werden.

ZR 83, Nr. 18: Ein ehemaliger Delegierter des internationalen Komitees vom Roten Kreuz verfasste ein Buch, dessen Publikation im Widerspruch zur Schweigepflicht eines IKRK-Delegierten stand. Das IKRK verlangte, der Beklagten sei durch eine vorsorgliche Massnahme zu verbieten, die Verlagsrechte am Buch in irgendeiner Weise auszuwerten, und es sei der Beklagten zu befehlen, sämtliche bereits an Buchhandlungen ausgelieferten Exemplare des Buchs zurückzuziehen.

Die Anordnung einer vorsorglichen Massnahme setzt voraus, dass einerseits das Bestehen eines materiellrechtlichen Anspruches und andererseits ein nicht leicht wiedergutzumachender Nachteil glaubhaft gemacht werden kann. Dabei hat der Kläger die Tatsachen, aus denen er seinen Anspruch ableitet, nicht strikte zu beweisen, sondern es genügt, dass aufgrund objektiver Anhaltspunkte eine gewisse Wahrscheinlichkeit für deren Vorliegen besteht. In rechtlicher Hinsicht ist dem Massnahmebegehren zu entsprechen, wenn der Anspruch aufgrund einer summarischen Prüfung als begründet erscheint.

Das Obergericht erblickte in der Publikation eine Verletzung der Ehre des IKRK, d.h. des Ansehens, das es geniesst und auf das es für seine Tätigkeit angewiesen ist, und damit eine Persönlichkeitsverletzung. Zudem liege auch eine Verletzung der Geheimsphäre des IKRK vor. Diese umfasst Tatsachen und Lebensvorgänge, die der Kenntnis aller anderen Leute, mit Ausnahme jener, denen sie besonders anvertraut werden, entzogen sein sollen.

Die Persönlichkeitsverletzung ist widerrechtlich, wenn kein Grund vorliegt, der die Persönlichkeitsverletzung zu rechtfertigen vermag, wobei die Praxis als solche Gründe die Einwilligung des Verletzten, die pflichtgemässe Ausübung eines Amtes, Notwehr, Notstand und angemessene Wahrung höherer Interessen nennt. Für das vorliegende Verfahren ist zudem zu beachten, dass bei vorsorglichen Massnahmen die Widerrechtlichkeit des Eingriffs grundsätzlich vermutet wird, sobald das Vorliegen einer Persönlichkeitsverletzung bejaht werden muss. Es belegt alsdann dem Verletzer, einen Rechtfertigungsgrund glaubhaft zu machen.

(Bemerkung: Die Interessenabwägung wurde hier im Ergebnis zugunsten des Roten Kreuzes vorgenommen, was mangels konkreter Begründung fragwürdig erscheint).

ZR 83, Nr. 84: Vorsorgliche Massnahmen zur Sicherung der Erfüllung einer aufschiebend bedingten mietvertraglichen Verpflichtung: Die Parteien vereinbarten, dass die Klägerin Räume in einer bestimmten Liegenschaft mietet, um dort einen Spielsalon zu betreiben, jedoch solle der Vertrag erst in Kraft treten, wenn alle baupolizeilichen und betriebsnotwendigen Bewilligungen erteilt seien. Gegen den negativen Stadtratsentscheid rekurrierte die Klägerin an die Baurekurskommission. Sie gelangt an den Einzelrichter im summarischen Verfahren mit dem Begehren, dem Vermietern sei mit sofortiger Wirkung zu untersagen, über das Mietobjekt tatsächliche oder rechtliche Verfügungen zu treffen, welche geeignet sind, die unverzügliche Erfüllung des zwischen den Parteien abgeschlossenen Mietvertrags nach Eintritt der Erfüllungsvoraussetzungen zu verhindern oder zu erschweren. Dem klägerischen Begehren konnte nicht stattgegeben werden, weil vieles dafür sprach, dass ihre Rücktrittserklärung nach dem negativen Entscheid des Stadtrats über das Baugesuch vertragsgemäss war. Dem klägerischen Begehren kann auch aus einem weiteren Grunde keine Folge gegeben werden. Gegenstand eines Unterlassungsbefehls kann nur eine genau umschriebene, bestimmte Handlung sein, deren Begehung dem Beklagten untersagt wird, und dementsprechend muss auch das Rechtsbegehren abgefasst sein. Der Verpflichtete muss durch den Befehl erfahren, was er nicht mehr tun darf, und die Vollstreckungsbehörden müssen wissen, welche Handlungen sie zu vollstrecken bzw. mit Strafe zu belegen haben. Auch diese Voraussetzung ist beim vorliegenden Begehren nicht erfüllt.

Dem Beklagten sollen alle Handlungen bzw. Verfügungen über das Mietobjekt untersagt werden, welche die Vertragserfüllung allenfalls verhindern oder erschweren könnten. Damit entbehrt das Begehren der erforderlichen Bestimmtheit in tatsächlicher Hinsicht. Die zu unterlassenden Handlungen müssen notwendigerweise durch Angabe tatsächlicher Merkmale bezeichnet werden. Ob eine Handlung vom Verbot betroffen sei, bestimmt sich gemäss dem Klagebegehren einzig aufgrund der Auswirkungen, welche sich daraus für die zukünftige Vertragserfüllung möglicherweise ergeben. Ein dementsprechend abgefasstes Verbot wäre rechtlich unzulässig; es liesse sich weder auf dem Vollstreckungsweg durchsetzen, noch könnte seine Missachtung von den Vollstreckungsbehörden mit Strafe belegt werden. Die Vorinstanz hätte daher auf das Begehren richtigerweise nicht eintreten sollen.

10 **ZR 84, Nr. 71:** Zuständigkeit zum Erlass vorprozessualer vorsorglicher Massnahmen nach Anhängigmachung des ordentlichen Prozesses: Mit der Anhängigmachung des ordentlichen Prozesses entfällt grundsätzlich die sachliche Zuständigkeit des Einzelrichters im summarischen Verfahren zum Erlass vorsorglicher Massnahmen und geht auf den ordentlichen Richter über. Ebenso entfällt damit die Zuständigkeit der Rechtsmittelinstanzen, wenn der ordentliche Prozess erst nach Ausfällung des einzelrichterlichen Entscheids anhängig gemacht wurde.

Eine Ausnahme gilt insofern, als es um die Anfechtung solcher Massnahmen geht, die in die Zeit vor Anhängigmachung des ordentlichen Prozesses zurückwirken und auf diese Periode beschränkt sind. Ebenso, wenn es um die Anfechtung der Nebenfolgen des vorprozessualen Massnahmenverfahrens geht. Der Richter hat im ordentlichen Verfahren anders als bei der echten Prozessüberweisung im Falle des Nichteintretens nicht die bisherigen Massnahmen weiterzuführen, sondern aufgrund der aktuellen Lage im Rahmen von § 229 ZPO sowie § 110 Abs. 1 ZPO vorzugehen.

11 **ZR 84, Nr. 95:** Im Befehlsverfahren machen Einreden und Einwendungen des Beklagten das Begehren illiquid, wenn sie vom Kläger nicht sofort als unzulässig oder unzutreffend widerlegt werden können. Gemäss Art. 928 ZGB kann jeder Besitzer, dessen Besitz durch verbotene Eigenmacht gestört wird, gegen den Störenden Klage auf Beseitigung der Störung und Unterlassung erheben, auch wenn der Beklagte ein Recht zu haben behauptet. Bei dieser Klage geht es grundsätzlich nur um den Besitz und nicht um das allenfalls dahinterstehende Recht. Allerdings wird die verbotene Eigenmacht ausgeschlossen, wenn der Besitzer in die Störung eingewilligt hat. Diesbezüglich ist der Störende beweispflichtig. Dessen behauptete Berechtigung kann sich jedoch gegenüber dem Anspruch des Besitzers nur durchsetzen, wenn sie sofort in liquider Weise dargetan wird, so dass das Verfahren durch die Einbeziehung dieses Einwandes keine wesentliche Verzögerung erfährt. Materiell betrachtet, hat der Besitzesschutzprozess durch die Wiederherstellung des früheren Zustands lediglich eine provisorische Regelung, ähnlich einer vorsorglichen Massnahme, zum Ziel, denn er schliesst einen späteren Prozess zur Klärung der Rechtslage nicht aus. Prozessual wird aber über den Anspruch auf die Wiederherstellung des Zustands vor der eigenmächtigen Störung definitiv entschieden, weshalb ein Befehl aufgrund von § 222 Ziff. 2 ZPO ausgesprochen werden kann.

12 **ZR 85, Nr. 65:** Die sachliche Legitimation eines Elternteils und der Vormundschaftsbehörde betreffend Vollstreckung eines Scheidungsurteils betreffend die Zuteilung der elterlichen Gewalt im summarischen Befehlsverfahren ist gegeben. Gemäss § 222 ZPO ist grundsätzlich der Einzelrichter im summarischen Verfahren zuständig, über das vorliegende Befehlsverfahren zu entscheiden, wonach die Tochter unverzüglich der Inhaberin der elterlichen Gewalt herauszugeben sei. Ziff. 1 von § 222 ZPO regelt das sogenannte Vollstreckungsverfahren und Ziff. 2 der genannten Norm das hiervon abweichende Erkenntnisverfahren. Das Verfahren zur Vollstreckung rechtskräftiger gerichtlicher Entscheide nach § 222 Ziff. 1 ZPO unterscheidet sich grundsätzlich vom sogenannten Erkenntnisverfahren zur schnellen Handhabung klaren Rechts bei nichtstreitigen oder sofort beweisbaren tatsächlichen Verhältnissen im Sinne von § 222 Ziff. 2 ZPO, weil nur Leistungs- oder Unterlassungsurteile nach Ziff. 1 vollzogen werden können. Bei der hier zu beurteilenden Zuteilung der elterlichen Gewalt an die Klägerin im Scheidungsurteil, welche Grundlage des vorliegenden Befehlsverfahrens der Klägerin bildet, handelt es sich, vom Inhalt und den Wirkungen her betrachtet, um ein Gestaltungsurteil. Es handelt sich demnach um ein Verfahren nach § 222 Ziff.

2 ZPO. Der Befehlsrichter im summarischen Verfahren muss daher vorerst das hier zu beurteilende Gestaltungsurteil durch eine vollstreckbare Verpflichtung zur Leistung oder Unterlassung insbesondere durch Befehl oder Verbot in Anwendung von § 222 Ziff. 2 ZPO konkretisieren, bevor Vollstreckung gemäss § 222 Ziff. 1 ZPO möglich ist. Dies setzt ein liquides Begehren voraus, andernfalls im Sinne von § 226 ZPO durch Nichteintreten vorzugehen ist. Dass illiquide Befehlsbegehren durch Nichteintreten und nicht durch Abweisung erledigt werden, hat zur Folge, dass der Richter in einem allenfalls folgenden ordentlichen Prozess der Parteien über den nämlichen Streitgegenstand nicht durch die Einrede der materiellen Rechtskraft an der Überprüfung des Streitgegenstandes gehindert wird. Illiquidität liegt vor, wenn die beklagte Partei Einreden und Einwendungen erhebt, die von der klägerischen Partei nicht als unerheblich oder unzutreffend entkräftet werden können. Dies liegt ferner vor, wenn der Sachverhalt weder erwiesen noch genügend glaubhaft gemacht oder aber widerlegt worden ist. Dereinst hatte der Befehlsrichter einen Augenschein, ein Gutachten und ein Ergänzungsgutachten eingeholt. Daraus ergab sich, dass sich eine erhebliche Gefährdung ergäbe, wenn das Kind zur Klägerin zurückkehren müsste, d.h. dass sich die tatsächlichen Verhältnisse zwischen dem Scheidungsurteil und dem Zeitpunkt des hier zu beurteilenden Befehlsbegehrens grundlegend geändert haben müssen. Folglich fehlt eine der kumulativ erforderlichen Voraussetzungen zur Erteilung eines Befehls nach § 222 Ziff. 2 ZPO, nämlich der nicht streitige oder sofort beweisbare Sachverhalt, so dass sich die Liquidität des Begehrens im Sinne von § 226 ZPO ergibt. Demzufolge ist darauf nicht einzutreten. Es ist nicht Aufgabe des Befehlsrichters, diese illiquiden Begehren direkt dem ordentlichen Richter zu überweisen, denn das Gesetz sieht im § 226 ZPO ausdrücklich und ausschliesslich die Erledigung durch Nichteintreten vor.

ZR 85, Nr. 21: Haftung des Vermögens nach Güterstandswechsel: Im Massnahmeverfahren genügt es, dass der Gläubiger aufgrund von Anhaltspunkten glaubhaft macht, dass die im Konkursinventar aufgeführten Gegenstände ihm gemäss Art. 188 Abs. 1 ZGB weiterhaften, d.h. dass sie nicht eingebrachtes Frauengut darstellen, wobei von ihm nicht verlangt werden kann, die weiterhaftenden Gegenstände im einzelnen zu bezeichnen.

13

ZR 85, Nr. 23: Die Klägerin stellte beim Einzelrichter im summarischen Verfahren das Begehren, der Beklagten sei durch Befehl jede Leistung an die Begünstigte aus einer Liefergarantie der Beklagten im Auftrag der Klägerin zu verbieten. Sie machte dazu u.a. geltend, die Beanspruchung der Liefergarantie nach Auflösung des Grundvertrags sei rechtsmissbräuchlich, weil diese Vertragsauflösung ohne Grund erfolgt sei. Die Frage, ob der Vertrag ohne zureichenden Grund aufgelöst worden sei, ist indes mit Rücksicht auf die abstrakte Natur des Sicherungsvertrags gerade nicht zu prüfen, und detaillierte Abklärung stände auch mit § 222 Ziff. 2 ZPO im Widerspruch. Es sei denn, es liege ein offenbarer Rechtsmissbrauch vor.

14

An die Annahme rechtsmissbräuchlicher Beanspruchung der Garantie sind strenge Voraussetzungen zu stellen, einmal aufgrund der Natur des vorliegenden Verfahrens (§ 222 Ziff. 2 im Gegensatz zu §§ 110 Abs. 1 und 222 Ziff. 3 ZPO), dann aber namentlich auch mit Rücksicht auf die abstrakte Natur des Garantieversprechens, die zwingt, an den Nachweis des behaupteten Rechtsmissbrauchs strenge Massstäbe zu legen, während für die sich auf das Grundverhältnis stützende Auseinandersetzung die gesetzlichen Regeln über die Leistungsstörung in der Vertragsabwicklung (Art. 97 ff. OR) gegenüber der Berufung auf Rechtsmissbrauch vorgehen. Dies ist in casu deshalb von besonderer Bewandtnis, weil die Struktur der indirekten Garantie den Tatbestand des Rechtsmissbrauchs nur dann eintreten lässt, wenn die Zweitbank als Begünstigte aus der Rückgarantie der Beklagten ihrerseits "soutient en fait des machinations frauduleuses de l'importateur". Dafür, dass die Bank in sicherer Kenntnis unberechtigter Inanspruchnahme der Garantie gehandelt hätte, bringt die Klägerin nichts vor. Der blosse Umstand, dass beide Firmen in Ägypten domiziliert sind und zumindest von der Begünstigten bekannt ist, dass es sich um ein staatliches oder gemischtwirtschaftliches Unternehmen handelt, erlaubt es nicht, auf Komplott der Firmen gegenüber der Klägerin zu schliessen.

Welche Voraussetzungen an den Nachweis eines Rechtsmissbrauchs im einzelnen zu stellen wären (rechtskräftige einstweilige Verfügung des zuständigen Gerichts oder sogar rechtskräftiges Urteil in der Sache selbst oder nach weniger restriktiver Auffassung, wenn durch Dokumente eindeutig bewiesen ist, dass der Garantiefall nicht eingetreten ist), kann in casu offenbleiben, da ein solcher Nachweis auch nicht im Ansatz vorliegt.

Die Klägerin verlangt im Eventualstandpunkt, der Beklagten sei eine Leistung über die Bank an die Begünstigte nicht nur aus dem Garantievertrag, sondern generell zu verbieten. Soweit sich ein solches Verbot auf eine Zahlung der Beklagten aus eigenen Mitteln mit der Gefahr allfälliger späterer Belastung der Klägerin bezieht, fehlt der Klägerin das erforderliche Rechtsschutzinteresse im jetzigen Zeitpunkt (§ 51 ZPO). Was die Beklagte unternimmt, um gegenüber ihrer Rückgarantiebegünstigten (Bank) den übernommenen Pflichten zu genügen, muss mit Rücksicht auf ihr internationales standing, das bedingt, selbst über ihre Zahlungen entscheiden zu können, allein ihrem Ermessen überlassen bleiben. Über einen allfälligen Rückgriff auf ihren Auftraggeber aus Art. 402 Abs. 2 OR (Klägerin) wird sie nach anderen Kriterien entscheiden müssen, als für die Beurteilung ihres Verhältnisses zur Zweitbank für sie massgeblich sind. Insbesondere sind auch die für die Beklagte mit möglichen Retorsionsmassnahmen der Zweitbank verbundenen Risiken eines Zwangs zur Zahlungsverweigerung in die Interessenabwägung mit einzubeziehen.

15 **ZR 85, Nr. 41:** Beurteilung im Rahmen vorsorglicher Massnahmen: Kompetenzen von Verwaltungsratsausschüssen, Delegierten und Direktoren vorbehältlich der konkreten Kontrolle durch die Generalversammlung bleiben beim Gesamtverwaltungsrat. Dieses Kontrollrecht des Verwaltungsrats schliesst als ultima ratio die Befugnis ein, einzelne Personen der Gremien einstweilen in ihren Funktionen einzustellen. Die Löschung eines in den Funktionen eingestellten Organs im Handelsregister ist zulässig. Eine privatrechtliche Einsprache gemäss Art. 32 der HR-Verordnung, womit das Fehlen der Unterschrift auf der Anmeldung des Handelsregisteramts bemängelt wird, ist unzulässig.

16 **ZR 85, Nr. 98:** Gemäss § 222 Ziff. 1 ZPO sind rechtskräftige gerichtliche Entscheide im Befehlsverfahren zu vollstrecken. Wie der Einzelrichter zu Recht feststellt, ist diese Voraussetzung hier erfüllt. Die Angemessenheit der im Massnahmenentscheid getroffenen Lösung für das Besuchsrecht ist im Vollstreckungsverfahren nicht zu prüfen; hierüber wäre im Rahmen eines allfälligen Abänderungsverfahrens zu entscheiden. Ausnahmsweise ist indes die Vollstreckung dennoch abzulehnen, wenn das Begehren aus besonderen Gründen als missbräuchlich erscheint. Die Ausübung des Besuchsrechts darf das Wohl des Kinds nicht beeinträchtigen. Besteht eine solche Gefahr, so kann das Besuchsrecht gemäss Art. 274 Abs. 2 ZGB verweigert oder entzogen werden.

Diese Bestimmung ist auch im Vollstreckungsverfahren zu beachten (BGE 107 II 302). Allerdings wäre die Ablehnung der Vollstreckung nicht über längere Zeit zulässig, weil die Aufhebung oder Einschränkung des Besuchsrechts Sache des Abänderungsverfahrens ist. Einer Vollstreckung des Ferienbesuchsrechts des Klägers steht somit nichts entgegen. Der Einzelrichter drohte vorinstanzlich sowohl Zwangsvollstreckung als auch Bestrafung wegen Ungehorsam im Sinne des Art. 292 StGB an. Überdies wies er das Jugendsekretariat an, die Beklagte bei der Vorbereitung des Kinds auf die Ferien beim Kläger zu unterstützen. Da die Ferien unmittelbar bevorstehen, ist diese Anweisung gegenstandslos geworden und daher aufzuheben.

Allgemein wird heute anerkannt, dass die Durchsetzung des Besuchsrechts durch unmittelbaren Zwang dem Zweck dieses Rechts und dem Kindsinteresse grundsätzlich zuwiderläuft und zu vermeiden ist. Das Bundesgericht wies deshalb eine staatsrechtliche Beschwerde ab und schützte den Entscheid der Vorinstanz, die mit Rücksicht auf die Interessen des Kinds die Zwangsvollstreckung des Besuchsrechts zur Zeit abgelehnt hatte (BGE 107 II 301). Es scheint daher angemessen, zunächst vom direkten Zwang abzusehen und lediglich Bestrafung wegen Ungehorsams gemäss Art. 292 StGB gegen eine amtliche Verfügung anzudrohen.

17 **ZR 85, Nr. 108:** Die Klägerin verlangte die Herausgabe von Filmduplikaten gegen Erstattung der Selbstkosten, welche der Beklagten durch die Herstellung der Duplikate entstehen. Bei einem solchen Begehren auf Leistung Zug um Zug hat das erkennende Gericht sowohl über Bestand und Inhalt des klägerischen Rechtsanspruchs wie auch über die vom Kläger dem Beklagten zu erbringende Gegenleistung endgültig zu entscheiden.

Im Befehlsverfahren gemäss § 222 Ziff. 2 ZPO kann eine Verpflichtung zur Leistung Zug um Zug demnach nur erfolgen, wenn sowohl der klägerische Anspruch als auch der Gegenanspruch des Beklagten liquid sind.

ZR 85, Nr. 116: Vgl. § 208 ZPO. 18

ZR 86, Nr. 34: Im Vollstreckungsverfahren bleibt dem Pflichtigen die Möglichkeit gewahrt, Einwendungen geltend zu machen, über die der Erkenntnisrichter nicht entschieden hat. Solche Einreden sind nur gegen die Vollstreckung möglich, nicht jedoch gegen die Begründetheit des zu vollziehenden Entscheids. Nebst Einreden formeller Art gegen das Vollstreckungsverfahren können in materieller Hinsicht anspruchshemmende oder anspruchsausschliessende Einwendungen wie Tilgung, Stundung, Erlassmöglichkeit der Erfüllung vorgebracht werden. Es ist Sache des Pflichtigen, den Nachweis für die von ihm erhobene Einredeunmöglichkeit zu erbringen. Einer solchen Einrede darf nicht gleich stattgegeben werden, denn sie schliesst die Realexekution endgültig aus. Der beweisführenden Partei stehen diesbezüglich alle Beweismittel offen. Erweist sich ein Erkenntnisbefehl als nicht vollstreckbar, so führt dies nicht zwingend dazu, den Beklagten von der Erfüllung seiner Leistung zu befreien. Im Rahmen des Inhalts und Zwecks der Leistungspflicht muss der Vollstreckungsrichter auch zu deren Konkretisierung befugt sein. (Im vorliegenden Fall wurde der Beklagte verpflichtet, beglaubigte Fotokopien zukommen zu lassen, was nach italienischem Recht nicht möglich war, hingegen erlaubten die italienischen Vorschriften das Ausstellen beglaubigter Abschriften). 19

ZR 87, Nr. 14: Nach Meinung des Obergerichts kann ein Mieter, der seine Konsensualpartnerin mit Zustimmung des Vermieters in die Wohnung einziehen lässt, dieser nach den Regeln der Gebrauchsleihe eine angemessene Frist für das Verlassen der Wohnung einräumen, wobei sich die Konsensualpartnerin nicht auf das Mietrecht berufen könne. Im vorliegenden Fall wurde eine Frist von 5 Tagen als angemessen beurteilt. 21

Anmerkung: Der Entscheid geht von lebensfremden Voraussetzungen aus. Wohl mag es zutreffen, dass die Fortsetzung der Partnerschaft nicht zumutbar ist, die Frage ist aber, wer die Folgen zu tragen hat. Man muss sich hier die Frage stellen, was hätten die Parteien für eine Lösung getroffen, wenn sie vor dem Einzug der Konsensualpartnerin das Problem geregelt hätten. Die Frage darf wohl verneint werden, dass die Partnerin in die Wohnung gezogen wäre und dabei einer Lösung zugestimmt hätte, wonach es möglich sei, sie innert fünf Tagen auszuweisen. Anstelle der mietrechtlichen ist eher auf längere Fristen zu schliessen oder dann, wenn das Zusammenwohnen unzumutbar ist, müsste auch der Konsensualpartner sich an den finanziellen Folgen eines solchen Umzugs beteiligen. Gerade im vorliegenden Fall ist nicht anzunehmen, dass die Partnerin eingezogen wäre, im Wissen, dass sie nach 6 Wochen innert 5 Tagen ausgewiesen werden könne.

ZR 87, Nr. 23: Wenn die vertragliche Leistungspflicht des Schuldners feststeht, nämlich die Lieferung eines Personenwagens der Marke Peugeot 205 GR 1400 samt Zubehör, kann der Gläubiger die Vollstreckung im summarischen Verfahren verlangen; der Gläubiger muss sich nicht mit Schadenersatz abfinden, solange die Erfüllung möglich ist. 22

ZR 88, Nr. 24: Im Januar 1988 brachte die Beklagte ihre beiden Kinder von 14 und 12 Jahren eigenmächtig aus England in den Kanton Zürich. Auf Antrag der Beklagten wurden die Kinder durch eheschutzrichterliche Verfügung im Februar 1988 im Sinne der vorsorglichen Anordnung unter die Obhut der Beklagten gestellt, und diese reichte in der Folge die Weisung mit dem Begehren um Ehescheidung ein. Die Vorinstanz hat das klägerische Begehren antragsgemäss im Befehlsverfahren nach § 222 ZPO behandelt, ihren Entscheid indes in Anwendung von § 222 Ziff. 2 gefällt und die Anordnung einer vorsorglichen Massnahme im Sinne von § 222 Ziff. 1 unter Hinweis auf Sträuli/Messmer mit der Begründung abgelehnt, dadurch würde ein Leistungsanspruch unzulässigerweise vorläufig vollstreckt. Die Frage bedarf mit Rücksicht auf die Rechtskraft des Rekursentscheids neuerlicher Prüfung. Ergeht der Entscheid im Sinne von § 222 Ziff. 2 ZPO zur schnellen Handhabung klaren Rechts, so wächst er in materielle Rechtskraft und unterliegt der Berufung an das Bundesgericht. Aber auch die Beurteilung durch drei ordentliche Instanzen widerspricht der Natur des einschlägigen Abkommens und den Anforderungen, die es an das lan- 23 desrechtliche Verfahren stellt. Indes erweist sich die Auffassung der Vorinstanz, die Anordnung einer vorsorglichen Massnahme auf Rückführen der Kinder sei nicht statthaft, als unzutreffend. Das Haager Übereinkommen vom 25. Oktober 1980 über die zivilrechtlichen Aspekte internationaler Kindsentführung schafft materielles Recht, aber keine materielle Beurteilung der Rechtslage. Es hat nicht einen Leistungs-, sondern einen Regelungsanspruch zum Inhalt (zur Terminologie Vogel, Probleme des vorsorglichen Rechtsschutzes, SJZ 76/1980, 89 ff.), nämlich die Wiederherstellung des status quo ante und damit der Zuständigkeit der Gerichte am vormaligen gewöhnlichen Aufenthalt. Eine vom Entführer bereits vorgenommene Veränderung des Streitgegenstands soll rückgängig gemacht werden, und die Verhinderung solcher Veränderungen ist auch nach Sträuli/Messmer N18 i.V.m. N16 zu § 110 ZPO selbst bei Leistungsklagen ohne weiteres zulässig. Zweck vorsorglicher Massnahmen ist das Vermeiden eines nicht leicht wiedergutzumachenden Nachteils, insbesondere durch Verändern des bestehenden Zustands (Sträuli/Messmer N15 zu § 110 ZPO). Genau dies bezweckt das Übereinkommen. Es geht nicht darum, eine bestimmte Obhutsregelung neu zu schaffen und insofern einen gerichtlichen Entscheid vorwegzunehmen, was zudem der anschliessende Bestätigung der Massnahme in einem ordentlichen Verfahren erfordern würde. Es obliegt gegebenenfalls dem Entführer, ein ordentliches Verfahren an einem Gerichtsstand herbeizuführen, den er umgehen wollte. Der vormalige Zustand wird als geltender Rechtszustand betrachtet und soll wiederhergestellt werden; es handelt sich dabei um die schwerwiegende Reaktion, die bei einer Gesetzesumgehung zur Verfügung steht (Keller/Siehr, Allgemeine Lehren des IPR, Zürich, 1986, 532), nicht aber um die Durchsetzung eines Leistungsanspruchs.

Fristansetzung für Klage nach § 228 ZPO erübrigt sich unter diesen Umständen, da eine gerichtliche Erledigung des Rechtsstreits in der Schweiz weder erforderlich noch möglich ist. Die gegenteilige Äusserung bei Sträuli/Messmer N1 zu § 228 ZPO, wonach stets und nicht nur in der Regel von Amtes wegen Klagefrist anzusetzen sei, beschlägt nicht die vorliegende Sachlage.

24   **ZR 88, Nr. 54:** Liquidität in rechtlicher und tatsächlicher Hinsicht ist eine besondere Voraussetzung des Befehlsverfahrens. Wird sie verneint, fehlt es an der sachlichen Zuständigkeit des Befehlsrichters. Soweit sich die Rüge dagegen richtet, dass auf das Begehren trotz Illiquidität eingetreten worden sei, ist sie daher der Überprüfung nach § 281 Ziff. 1 ZPO zugänglich. Auch wenn gegen den angefochtenen Entscheid die Berufung an das Bundesgericht zulässig ist, kann somit vorfrageweise die Anwendung von Bundesrecht durch das Kassationsgericht überprüft werden (ZR 79, Nr. 73; Sträuli/Messmer, Kommentar zur ZPO, 2. Aufl., N.6 zu § 226 und N. 17 zu § 281.

Der Beschwerdeführer macht geltend, die Vorinstanz habe seine Einwendungen gegen das Befehlsbegehren willkürlich ohne nähere Begründung als nicht hinreichend qualifiziert und überhaupt nicht geprüft, ob sie von der Beschwerdegegnerin entkräftet worden seien. So habe er vorgebracht, dass die Beschwerdegegnerin ihre Pflichten gegenüber dem Kind schwerwiegend vernachlässigt habe und dass bei einer Herausgabe des Kinds mit einer Gefährdung des Kindswohls ernsthaft gerechnet werden müsse. Es sei auch kein vernünftiger Grund ersichtlich, weshalb seine Einwendungen nicht geeignet sein sollten, die Befürchtungen um das Kindswohl zu belegen. Demgegenüber habe die Vorinstanz einseitig und ohne Prüfung der Glaubhaftigkeit auf die Darstellung der Beschwerdegegnerin abgestellt, wonach diese nun eine festere Bindung eingegangen sei, die es ihr ermögliche, den Beruf aufzugeben und sich ganz dem Kinde zu widmen. Auf Grund des bisherigen Verhaltens der Beschwerdegegnerin müssten an deren Darstellung hinsichtlich einer Stabilisierung des Lebenswandels aber erhebliche Zweifel geknüpft werden. Insbesondere sei zu berücksichtigen, dass den Vorbringen des Beschwerdeführers über konkrete Vorfälle in den vergangenen Monaten lediglich die Absichtserklärungen der Beschwerdegegnerin über ihre Zukunftsgestaltung gegenüberständen, was eine vertiefte Auseinandersetzung der Frage des Kindswohls erfordere.

Für die Frage der Illiquidität beruft sich der Beschwerdeführer auf die einschlägige Kommentarstelle, wonach vom Beklagten im Befehlsverfahren nicht verlangt werden könne, dass er seine Vorbringen – d.h. die Einreden und Einwendungen gegen das Klagebegehren – glaubhaft mache; es sei vielmehr Sache des Klägers, die Vorbringen des Beklagten als unerheblich oder unzutreffend zu entkräften. Auf der anderen Seite ist aber immerhin festzuhalten, dass Einwendungen der beklagten Partei dann unbeachtlich bleiben können, wenn sie sich als offensichtlich haltlos erweisen.

Im Lichte dieser Rechtsprechung könnte es zunächst in der Tat als fraglich erscheinen, ob die Vorinstanz von liquiden Verhältnissen ausgehen dürfe. Wenn sie dem Beschwerdeführer vorhält, er habe nicht hinreichend dartun können, dass das Kindswohl im Falle einer Zuführung in die Obhut der Mutter gefährdet sei, schiebt sie die Beweislast für das Vorhandensein anspruchshemmender Tatsachen dem Beschwerdeführer zu, was im Befehlsverfahren nach den dafür geltenden Regeln grundsätzlich unzulässig ist. Immerhin lässt sich dem angefochtenen Entscheid auch entnehmen, dass die Vorinstanz davon ausging, die Vorbringen der Beschwerdegegnerin seien derart überzeugend, dass dadurch die Einwendungen des Beschwerdeführers entkräftet würden, was allerdings in der Beschwerde wiederum als willkürlich gerügt wird. Wie es sich damit verhält, kann jedoch im weiteren offenbleiben, da sich die Frage nach der Zulässigkeit des Befehlsverfahrens im vorliegenden Fall ohnehin unter besonderen Vorzeichen stellt.

Wie bereits der Einzelrichter zutreffend festgehalten hat, steht die elterliche Gewalt bei unverheirateten Eltern von Gesetzes wegen der Mutter zu; sie hat damit auch den Aufenthaltsort des Kinds zu bestimmen, und sie kann im rechtlichen Sinn auf die Obhut über das Kind nicht verzichten (Hegnauer, Grundriss des Kindsrechts, 3. Aufl., Bern 1988, N. 26.06). Auch die Vorinstanz ist von diesem Punkt ausgegangen, hat aber zusätzlich geprüft, ob das Kindswohl, welches als oberste Richtschnur auch vom Befehlsrichter zu berücksichtigen sei, nicht dem Erlass des anbegehrten Befehls entgegenstehe, dies unter Berufung auf BGE 111 II 313 sowie die zürcherische Praxis. Was den genannten Entscheid des Bundesgerichts betrifft, so ging es dort allerdings um die Befugnis des Vollstreckungsrichters, allenfalls unter Berufung auf das Kindswohl die Elternrechte abweichend vom Scheidungsurteil zu ordnen (was das Bundesgericht nur unter bestimmten, eng umschriebenen Voraussetzungen für zulässig erklärte). Auch die zürcherische Praxis anerkennt im Grundsatz die Befugnis des Vollstreckungsrichters, bei der Durchsetzung der Elternrechte zur Vermeidung einer ernstlichen Gefährdung des Kindswohls vom Entscheid des erkennenden Richters abzuweichen. Zur Kognition des Befehlsrichters äussert sich der Entscheid ZR 85, Nr. 65, doch geht es dort letztlich ebenfalls um die Durchsetzung einer gerichtlich getroffenen Regelung der Elternrechte. Demgegenüber geht es im vorliegenden Fall nicht um die Vollstreckung einer gerichtlichen Entscheidung, sondern um den Erlass eines Befehls, unmittelbar gestützt auf die gesetzliche Regelung von Art. 298 Abs. 1 ZGB. Nach dieser Bestimmung kommt – wie erwähnt – der unverheirateten Mutter die Obhut über das Kind zu. Allerdings gilt auch hier, dass Schranke der elterlichen Gewalt und damit der Obhutsausübung immer das Kindswohl ist. Das Gesetz sieht vor, dass zum Schutze des Kindswohls die mütterliche Obhut aufgehoben oder sonstige geeignete Massnahmen zum Schutze des Kinds getroffen werden können. Sachlich zuständig dafür ist aber (abgesehen von den hier nicht interessierenden Ausnahmen gemäss Art. 315a ZGB) ausschliesslich die Vormundschaftsbehörde (Art. 307, 310 ZGB). Daraus folgt, dass der Richter, namentlich auch der Befehlsrichter, von vornherein nicht befugt ist, Erwägungen über das Kindswohl in den Entscheid einfliessen zu lassen, durch welche es zur Vorwegnahme einer der Vormundschaftsbehörde vorbehaltenen Änderung der rechtlichen Obhuts- bzw. Gewaltsverhältnisse kommt. Anders als beim Vollzug gerichtlicher Entscheidungen über die Elternrechte kommt hier dem erkennende Richter nach der klaren gesetzlichen Kompetenzausscheidung keinerlei Ermessensspielraum zu. Fragen kann man sich in diesem Zusammenhang allenfalls, ob er verpflichtet ist, ein Herausgabeverfahren zu sistieren im Hinblick auf den Ausgang eines bereits bei der Vormundschaftsbehörde eingeleiteten Verfahrens auf Änderung der Obhutsverhältnisse, denn in diesem Fall ist immerhin das vorgesehene Verfahren zur Aufhebung der Grundlage des Herausgabeanspruchs bereits im Gang, was insoweit die Voraussetzung klarer rechtlicher Verhältnisse als prekär erscheinen lassen mag. Tatsächlich hat denn auch der Beschwerdeführer bereits am 14. Juli 1989 ein Gesuch um Änderung eingereicht; mit Beschluss vom 25. Juli 1989 wies die Vormundschaftsbehörde den Antrag des Beschwerdeführers auf Aufhebung der Obhut der Beschwerdegegnerin und auf Erlass vorsorglicher Massnahmen jedoch ab, wobei ausdrücklich festgehalten wurde, eine Gefährdung des Kindswohls als Folge der verlangten Rückkehr des Kinds zur Beschwerdegegnerin sei nicht erkennbar. Selbst wenn der Beschwerdeführer diesen

Entscheid anzufechten gedenkt, steht damit aber hinreichend fest, dass im Zeitpunkt des angefochtenen Entscheids die Frage des Kindswohls von der sachlich zuständigen Behörde geprüft und entschieden war. Insoweit herrschten klare Verhältnisse und bestand für die Vorinstanz objektiv kein Anlass, sich mit dieser Frage überhaupt auseinanderzusetzen. Wenn sie es gleichwohl getan hat und dabei zum gleichen Ergebnis wie die Vormundschaftsbehörde gelangt ist, kann der Beschwerdeführer daraus nichts zu seinen Gunsten ableiten, denn die angefochtenen Erwägungen hätten bei gleichem Ausgang des Verfahrens unterbleiben können.

Es steht somit fest, dass die Vorinstanz ohne Verletzung wesentlicher Verfahrensgrundsätze von liquiden Verhältnissen im Sinne von § 226 ZPO ausgehen durfte, was zur Abweisung der Beschwerde führt.

25 **ZR 88, Nr. 60:** Die Klägerinnen schlossen mit einem Staat des Nahen Ostens einen Vertrag über das Errichten eines Verwaltungsgebäudes ab und hatten dafür eine Erfüllungsgarantie, einen sog. Performance Bond von über Fr. 2.2 Mio zu leisten. Zu diesem Zweck beauftragten sie eine Schweizer Grossbank (Beklagte), für eine solche Garantie besorgt zu sein. Diese erteilte daraufhin der R-Bank den Auftrag, zugunsten des ausländischen Staats als Bauherrin eine Erfüllungsgarantie in der vereinbarten Höhe zu stellen, wobei auch sie selber gegenüber der R-Bank ein Zahlungsversprechen (sog. Rückgarantie) zur Sicherung von deren Ansprüchen abgab. Mit einem Telex der R-Bank rief diese die Rückgarantie ab, und die Schweizerische Grossbank teilte den Klägerinnen mit, der Garantiebetrag werde ausbezahlt. Die Klägerinnen ersuchten darauf den Einzelrichter im summarischen Verfahren, vorsorgliche Massnahmen anzuordnen, um der beklagten Grossbank zu verbieten, die Rückgarantie zugunsten der R-Bank ganz oder teilweise zu bezahlen.

Im Rahmen eines Begehrens um Erlass eines vorsorglichen Zahlungsverbots gegen die belangte Bank schreibt schon das Gesetz vor, dass der behauptete (Unterlassungs-)Anspruch und dessen Gefährdung lediglich glaubhaft zu machen seien (§ 222 Ziff. 3 ZPO). Die Rechtsprechung hat daher vom Erfordernis eines im Regelfalle kaum zu erbringenden vollen Beweises abgesehen, um die Anordnung vorsorglicher Massnahmen in diesem Bereich nicht gänzlich zu verunmöglichen. Doch hat sich das Glaubhaftmachen immerhin auf das Vorliegen eines klaren Rechtsmissbrauchs zu beziehen; es genügt nicht, dass der Abruf der Garantie bloss unberechtigt erscheint. Entsprechend der vertraglichen Nachweisobliegenheit des Garantieauftraggebers gegenüber der Bank darf Glaubhaftmachung nicht leichthin angenommen werden (Dohm, Bankgarantien im internationalen Handel, Bern 1985, Rz. 364 ff) und es soll bei indirekten Garantien besonders streng verfahren werden, da nicht auszuschliessen sei, dass die Zweitbank, gestützt auf das von ihr abgegebene Garantieversprechen, bereits Zahlungen an den Begünstigten geleistet habe.

Die Klägerinnen lassen ausführen, sie hegten erhebliche Zweifel, ob der Garantieabruf überhaupt von der zuständigen Stelle des ausländischen Staats und nicht von einer anderen Behörde ausgegangen sei. Verhielte es sich so, läge wohl – ungeachtet der Frage des anwendbaren Rechts – ein offenbarer Rechtsmissbrauch seitens der R-Bank vor, der zur Zahlungsverweigerung berechtigen und verpflichten würde, hätte diese doch die Rückgarantie abgerufen, obgleich in ihrem Rechtsverhältnis zur Begünstigten der Garantiefall nicht eingetreten wäre. Doch lassen es die Klägerinnen in dieser Hinsicht beim blossen Behaupten bewenden. Jedenfalls ist mit dem mangelhaften Abrufen der Rückgarantie durch die R-Bank, worin zuerst die Garantiesumme falsch beziffert wurde bzw. die erforderliche Bestätigung, wonach der begünstigte Staat die Verzugserklärung abgegeben habe, nicht enthalten war, keineswegs glaubhaft gemacht, dass die Garantie noch nicht oder nicht von der Begünstigten abgerufen worden sei und die R-Bank sich deshalb missbräuchlich verhalte.

Das Rechtsverhältnis zwischen dem ausländischen Staat und der R-Bank untersteht deren Heimatrecht. Die Klägerinnen können sich deshalb nicht damit begnügen zu behaupten, dieses Recht kenne ebenfalls die Einrede des Rechtsmissbrauchs. Vielmehr hätte, um gegebenenfalls die notwendigen Beweise darüber abzunehmen (vgl. § 209 Abs. 2 ZPO), zumindest substantiiert behauptet werden müssen, diese Rechtsordnung berechtige (oder verpflichte sogar) die belangte Zweitbank, die Zahlung einer Garantie der vorliegenden Art bei missbräuchlicher Inanspruchnahme zu verweigern, und stelle an das Erfordernis des Rechtsmissbrauchs sowie an dessen Evidenz für die Garantin (R-Bank) bzw. an dessen Nachweis dieser gegenüber geringere, jedenfalls aber keine strengeren Anforderungen als das schweizerische Recht. Solches haben die Klägerinnen nicht vorgebracht, weshalb der behauptete Rechtsmissbrauch auch aus diesem Grund nicht genügend glaubhaft erscheint.

ZR 90, Nr. 15: Auf ein Vollstreckungsbegehren kann der zürcherische Richter nur eintreten, wenn sich aus dem Vollstreckungstitel klar und eindeutig ergibt, was dem Kläger inhaltlich und umfangmässig zugesprochen wurde und damit Gegenstand der Vollstreckung bildet. Ein allfälliger Mangel kann nicht über den Grundsatz von Treu und Glauben behoben werden. 26

ZR 90, Nr. 86: Wenn eine Scheidungskonvention die Indexanpassung der Unterhaltsbeiträge von einer Bruttoreallohnerhöhung beim Belasteten abhängig macht, ist die Verpflichtung zur Vorlegung von Lohnausweisen oder anderen zweckdienlichen Unterlagen als Nebenpflicht mitenthalten, auch wenn sie nicht ausdrücklich erwähnt ist, und kann im Befehlsverfahren durchgesetzt werden. 27

ZR 93, Nr. 2: In Befehlsverfahren nach § 222 Ziff. 2 ZPO klärt der Richter die tatsächlichen und rechtlichen Verhältnisse endgültig ab. Gemäss dem Wortlaut dieser Bestimmung ist das Befehlsverfahren vor dem Einzelrichter im summarischen Verfahren zulässig zur schnellen Handhabung klaren Rechts bei nichtstreitigen oder sofort beweisbaren tatsächlichen Verhältnissen; fehlt es an diesen Voraussetzungen, so hat ein Nichteintretensentscheid zu ergehen; der Vermieter kann gemäss § 226 ZPO im ordentlichen Verfahren klagen. Einreden und Einwendungen eines Mieters machen das Ausweisungsbegehren dann illiquid, wenn sie vom Kläger (Vermieter) nicht sofort als unerheblich oder unzutreffend entkräftet werden können. Vom Mieter zu verlangen, dass er seine Vorbringen glaubhaft zu machen habe, ist mit den Anforderungen vom § 222 Abs. 2 ZPO nicht vereinbar, zumal dem Entscheid des Ausweisungsrichters materielle Rechtskraft zukommt. Die prozessualen Möglichkeiten nach zürcherischem Zivilprozessrecht stehen dem bundesrechtlichen Beschleunigungsgebot von Art. 274g Abs. 1 OR nicht grundsätzlich entgegen; Bundesrecht darf nicht ohne Not in das kantonale Prozessrecht eingreifen. Dem Vermieter steht es frei, von Anfang an den ordentlichen Prozessweg einzuschlagen; es steht dem Kläger (Vermieter) frei, nach einem Nichteintretensentscheid des Ausweisungsrichters, nach § 222 Abs. 2 ZPO und nach der aufgrund der Rückweisung an die Schlichtungsbehörde dort durchgeführten Verhandlung innert 30 Tagen das Mietgericht nach Art. 273 Abs. 5 OR anzurufen. 28

ZR 93, Nr. 7: Der Begriff klares Recht hat im § 222 Ziff. 2 ZPO die gleiche Bedeutung wie in § 281 Ziff. 3 ZPO. Klares Recht liegt vor, wenn eine im Rahmen bewährter Auslegung sich bewegende Interpretation den Sinn eines Rechtssatzes oder Rechtsbegriffs deutlich ergibt. Auch wenn die genaue Bedeutung einer Gesetzesbestimmung dem Wortlaut nicht entnommen werden kann, kann sie doch klar sein im Hinblick auf den Sinn, der ihr nach bewährter Lehre und Überlieferung beigemessen wird; zur Verneinung der Liquidität genügt es, wenn das bestrittene Recht ernsthaft diskutiert werden kann. 29

Das Kassationsgericht prüft mit freier Kognition auch in berufungsfähigen Fällen die Rüge, dass die Vorinstanz zu Unrecht klares Recht gemäss § 222 Ziff. 2 ZPO angenommen habe. Da nämlich der Begriff des klaren Rechts Voraussetzung einer besonderen kantonalrechtlichen Verfahrensart ist, wird ihm auch dann kantonalrechtliche Bedeutung beigemessen, wenn allenfalls vorfrageweise Fragen bundesrechtlicher Natur zu prüfen sind. Daher verletzt das Ausfällen eines Sachentscheids im Befehlsverfahren trotz Illiquidität nach § 226 ZPO die Vorschriften über die sachliche Zuständigkeit und bildet damit einen Nichtigkeitsgrund nach § 281 Ziff. 1 ZPO.

Es besteht kein klares Recht, dass die Revisionsstelle einer Aktiengesellschaft oder eine mit Überprüfungen, Erarbeitung und Bewertung von Bilanzierungsrichtlinien und Prüfung von Jahresabschlüssen beauftragte Unternehmung ihrem Auftraggeber Einsicht in sämtliche Arbeitspapiere einschliesslich Korrespondenzen, Besprechungsprotokolle und Handnotizen zu gewähren hätte. Rein interne Dokumente sind von der auftragsrechtlichen Vorlagepflicht ausgenommen.

30 **ZR 94, Nr. 11:** Ein hängiger Scheidungsprozess hindert das Vollstrecken des Trennungsurteils nicht. Zur Durchsetzung der Regelung der elterlichen Gewalt im Befehlsverfahren macht das Obergericht folgende Ausführungen: Zunächst ist festzuhalten, dass die Hängigkeit des Scheidungsprozesses die Vollstreckbarkeit des Trennungsurteils nicht hindert, solange in der Obhutsfrage weder in einem (Scheidungs-)Massnahme- noch im Hauptverfahren rechtskräftig eine abweichende Ordnung getroffen wurde. Während der Trennungsdauer gilt das Trennungsurteil auch nach Einleitung eines Scheidungsprozesses weiter (Bühler/Spühler, Berner Komm., Ergänzungsband. 1991, N 38 zu Art. 145 ZGB); die Rechtskraft des seinerzeitigen Trennungsurteils wird durch den pendenten Scheidungsprozess nicht berührt, sondern könnte höchstens durch ein auf Abänderung des Trennungsurteils lautendes Begehren in Frage gestellt werden (SJZ 86/1990 12 f. Nr. 1; a.M. Bühler/Spühler, Ergänzungsband., N 39 zu Art. 145 ZBG). Die Frage kann offenbleiben, da hier ein Abänderungsverfahren bislang nicht eingeleitet wurde.

Dass es nicht willkürlich ist, die Vollstreckung eines Besuchsrechts während hängigem Abänderungsverfahren zu verweigern (BGE 118 II 393 Erw. 4.c), bedeutet umgekehrt nicht, dass die Vollstreckung deshalb (immer) abzulehnen wäre. Soweit hier im Scheidungsverfahren eine Neuüberprüfung der Obhutsregelung vorgenommen wurde, bleibt zudem unklar, ob der Scheidungsrichter – welcher die auf unbestimmte Dauer getrennte Ehe nur noch dem Bande nach zu scheiden hat – ohne triftigen Nachweis konkreter Abänderungsgründe die im Trennungsurteil rechtskräftig vorgenommene Obhutsregelung überhaupt in Wiedererwägung ziehen konnte; zum anderen käme der Aufschub der Vollstreckung wegen blosser Hängigkeit eines zwar allem Anschein nach unbegründeten, indes zwangsläufig zeitintensiven ordentlichen Abänderungsverfahrens bei klaren Verhältnissen faktisch einer (vorübergehenden) Rechtsverweigerung gleich.

Die Ausführungen der Vorinstanz zum Verfahren (unter Hinweis auf ZR 85, Nr. 65) blieben unbestritten. Es entspricht zwar seit ZR 67, Nr. 59 der Praxis (vgl. auch Sträuli/Messmer, N 2 zu § 304 ZPO), die Obhutsregelung als rechtsgestaltende und damit (anders als Leistungs- oder Unterlassungsklagen) nicht im Verfahren gemäss § 222 Ziff. 1 ZPO vollstreckbare Anordnung zu qualifizieren, weshalb im Erkenntnisverfahren nach § 222 Ziff. 2 ZPO vorzugehen sei (ebenso Bühler/Spühler, Ergänzungsband., N 125 zu Art. 156 ZGB; a.M. hingegen Sträuli/Messmer, N 4 zu § 222 ZPO, mit Hinweisen auf die ebenfalls abweichende ältere Praxis, hingegen in Widerspruch zu N 2 zu § 304 ZPO); es erscheint diese Sicht insofern als sachgerecht, weil das Erkenntnisverfahren eine summarische Prüfung des Umfelds ermöglicht und voraussetzt (was insbesondere mit Rücksicht auf den Sachverhalt von ZR 67, Nr. 59 – Vollstreckung eines ägyptischen Scheidungsurteils, mit welchem die elterliche Gewalt dem in Ägypten lebenden ägyptischen Vater übertragen wird und die zehnjährige Tochter, welche seit über sechs Jahren bei der schweizerischen Beklagten in Zürich lebte und hier die Schulen besuchte, diesem übergeben werden sollte – ohne weiteres nachvollziehbar ist). Ein die Obhutsfrage regelndes Gestaltungsurteil bedarf indes in der Regel nicht noch der weiteren Konkretisierung, um der Vollstreckung zugänglich zu sein, wie der Einzelrichter am Bezirksgericht Bülach in ZR 85, Nr. 65 Erw. 3.a (unter Hinweis auf die widersprüchlichen Äusserungen bei Sträuli/Messmer) entschieden hat. Insbesondere bleibt die Auswahl der zu treffenden Vollstreckungsanordnungen (im Sinne von § 223 Ziff. 1 bzw. § 306 ZPO) ohnehin dem Vollstreckungsrichter überlassen (Sträuli/Messmer, N 2 zu § 306 ZPO). Zu bedenken ist schliesslich auch, dass ein zu breit angelegtes, an das Gestaltungsurteil anschliessendes neuerliches Erkenntnisverfahren zu weiterer Verzögerung der Durchsetzung führt.

Auch wenn man im Sinne der publizierten Rechtsprechung davon ausgeht, es seien familienrechtliche Gestaltungsurteile nicht im eigentlichen Vollstreckungs-, sondern im Befehlsverfahren nach § 222 Ziff. 2 ZPO durchzusetzen, ändert dies nichts daran, dass (auch) im Befehlsverfahren dem Rechtszustand Geltung zu verschaffen ist, welcher sich aus der vom Richter angeordneten Gestaltung der Elternrechte ergibt (Zuteilung der elterlichen Gewalt im Scheidungs- oder Trennungsurteil, Obhutsregelung durch Anordnung des Eheschutzrichters oder durch vorsorgliche Massnahmen im Scheidungsprozess). Dies gilt im Prinzip selbst dann, wenn seit der richterlichen Anordnung eine Änderung der Verhältnisse eingetreten ist und deshalb allenfalls eine Neuregelung der Kinderzuteilung in Betracht fällt; denn eine solche ist notwendigerweise im Abänderungsverfahren durchzusetzen (wo zudem bei Dringlichkeit die Möglichkeit der Anordnung vorsorglicher Massnahmen zur Verfügung steht). – Bis zu einem solchen Abänderungsentscheid (und insbesondere in Fällen, wo ein solcher von der betreffenden Partei gar nicht angestrebt wird) ist die frühere Anordnung über die Regelung der Elternrechte rechtskräftig und die ihr zugrundeliegende Wertung für den Befehlsrichter verbindlich. Widersetzt sich ein Elternteil dieser Regelung, ist solch eigenmächtiges Vorgehen zum Nachteil des Obhutberechtigten nicht zu schützen, und zwar letztlich unabhängig davon, ob nach § 222 ZPO im Vollstreckungs– (Ziff. 1) oder im Befehlsverfahren (Ziff. 2) vorgegangen werde; dies insbesondere auch, weil vermieden werden soll, den vom Sachrichter bereits entschiedenen Konflikt vor dem Vollstreckungsrichter neu aufleben zu lassen (Bühler/Spühler, Ergänzungsband, N 32a zu Art. 156 ZGB). Was die einzelnen materiellen Rügen des Beklagten gegenüber der Zulässigkeit der Vollstreckung der im Trennungsurteil vorgesehenen Ordnung betrifft, sei lediglich daran erinnert, dass der Vollstreckungsrichter nach kantonaler Regelung zuständig ist (BGE 118 II 393 Erw. 4.a), soweit der zu vollstreckende Entscheid klar (und nicht im Abänderungsverfahren konkretisierungsbedürftig) ist sowie dem Kindswohl – soweit im Befehlsverfahren überprüfbar – nicht widerspricht. Während die Zuteilung der elterlichen Gewalt an die Klägerin im Trennungsurteil unbestritten blieb, ist das Kindswohl bezüglich der seinerzeitigen Anordnung des Trennungsrichters im Lichte der seitherigen Entwicklung und der heutigen Gegebenheiten zu prüfen, um missbräuchliche und dem Kindswohl schädliche Vollstreckungsanordnungen auszuschliessen. Diese Prüfung kann allerdings nur summarisch erfolgen, weil andernfalls eine – im Vollstreckungsverfahren verpönte und dem Abänderungsverfahren vorbehaltene – generelle Änderung der im zu vollstreckenden Entscheid getroffenen Anordnungen resultieren würde. Es besteht kein Anlass, die mit dem Befehlsverfahren beabsichtigte Vollstreckung eines Gestaltungsurteils länger als nur vorübergehend zu verweigern, wenn für die Abänderung der Gestaltungsanordnungen ein eigenes Verfahren besteht. Um die Vollstreckung im Befehlsverfahren zu verhindern, ist mithin der Nachweis einer ernstlichen Gefährdung des Kindswohls erforderlich (dazu – mutatis mutandis – Hegnauer, Berner Komm. 1991, N 166 ff. zu Art. 275 ZGB; mit weitern Nachweisen), weshalb blosse, mit jeder Umstellung verbundene Anpassungen und vorübergehende Schwierigkeiten ausser Betracht bleiben.

ZR 95, Nr. 19: Vgl. § 304 ZPO.

Androhungen
§ 223. Die Verfügungen im Befehlsverfahren können bestehen

1. **in Befehlen und Verboten gegen bestimmte Personen unter Androhung von Rechtsnachteilen im Sinne von §§ 306 ff.;**

2. **in Massnahmen, welche den Beklagten an der Verfügung über bestimmte Gegenstände hindern, wie in einer Beschlagnahme, der Sperrung öffentlicher Register oder der Beauftragung eines Dritten mit der Wahrung von Parteiinteressen;**

3. **in der Zusprechung dinglicher Rechte an Grundstücken gemäss Art. 665 und 963 ZGB.**

ZR 85, Nr. 54: Die Kläger werfen den Beklagten vor, sie hätten ihren Namen im Zusammenhang mit einer Reklame verwendet, die den falschen Eindruck erweckt, der Beklagte, der den gleichen Namen führt, gehöre der Familie der Kläger an. Die Kläger erwirkten ein Verbot gegen die Beklagten, den Namen in irgendeiner Weise gewerblich zu verwenden, ohne einen deutlich kennzeichnenden, unterscheidenden Zusatz in der Form des ausgeschriebenen Vornamens des Beklagten oder der Ortsangabe oder ohne einen deutlichen Hinweis, dass weder eine verwandtschaftliche noch eine geschäftliche Beziehung zur Familie der Kläger bestehe. Die Beklagten rügen, der Entscheid sei nicht vollstreckbar, da den Beklagten nicht genau gesagt werde, was genau sie wo auf– oder abzudrucken haben.

Es gibt nun aber Unterlassungsbegehren, die gar nicht völlig ermessensfrei umschrieben werden können. Alsdann muss und darf man sich mit einem etwas geringeren Präzisierungsgrad begnügen.

2   **ZR 86, Nr. 127:** Genügen bestimmte Verbote einem Unterlassungsbegehren: Entscheidend ist, dass die Beschwerdeführerin jedenfalls genügend genau weiss, was sie zu unterlassen hat. Das ist bei dieser gesellschaftsinternen Auseinandersetzung schon allein aufgrund ihrer eigenen Sachverhaltsfeststellungen in der Beschwerdeschrift zu bejahen.

3   **ZR 87, Nr. 41:** Das Obergericht hat drei Befehle mit der Androhung verknüpft, dass der Beschwerdeführer im Fall der Weigerung für jeden Tag bis zur Erfüllung mit einer Ordnungsbusse von Fr. 200 bestraft würde. Eine solche Vorwegnahme des Strafmasses durch den erkennenden Richter im Rahmen der Androhung widerspricht den gesetzlichen Bestimmungen. Zwar ist grundsätzlich denkbar, dass für bestimmte Bagatelldelikte sogar schon der Gesetzgeber die Strafzumessung ohne Berücksichtigung von individuellem Verschulden und weiteren Kriterien abstrakt vorwegnimmt. Hier kommen jedoch die Bestimmungen des Gesetzes betreffend die Ordnungsstrafen vom 30. Oktober 1968 zu Anwendung, welches im § 4 a bezüglich der Zumessung der Bussen auf Art. 48 Ziff. 2 und 3 StGB verweist. Beim Ausfällen der Busse ist somit das Verschulden des Täters zu berücksichtigen, was aber eine Vorwegnahme der Bussenbemessung im Rahmen der Androhung durch den erkennenden Richter zwingend ausschliesst. Im übrigen muss auch bei dieser Rechtsauffassung der Betroffene damit rechnen, dass im Extremfall eine Tagesbusse von Fr. 200 ausgefällt wird, so dass nicht gesagt werden kann, das Institut der Astreinte verliere damit an Schlagkraft.

Provisorische Befehle und Verbote
§ 224. Macht der Kläger die Berechtigung glaubhaft, kann dem Begehren auf seinen Antrag ohne Anhörung des Beklagten entsprochen werden.

Gleichzeitig wird dem Beklagten Frist angesetzt, um beim Richter Einsprache zu erheben, unter der Androhung, dass die Verfügung sonst vollstreckbar werde. Die Einsprache soll kurz begründet werden.

Wird Einsprache erhoben, fällt die provisorische Verfügung dahin, sofern der Richter nichts Gegenteiliges gemäss § 110 Abs. 2 anordnet, und es wird zur Verhandlung vorgeladen.

ZR 83, Nr. 39: Vgl. § 110 ZPO.

Allgemeine Verbote
§ 225. Verbote, welche sich gegen einen unbestimmten Personenkreis richten, besonders solche zum Schutz des Grundeigentums, werden erlassen, wenn der Kläger sein Recht und die Störung glaubhaft macht. Der Richter kann dem zuständigen Gemeinderat Gelegenheit geben, öffentliche Interessen geltend zu machen, die dem Verbot entgegenstehen.

Mit dem Verbot wird Zuwiderhandelnden, die kein besseres Recht nachzuweisen vermögen, Polizeibusse bis Fr. 200 angedroht. Der Richter lässt das Verbot und die Androhung durch Publikation und örtliche Hinweistafeln bekanntmachen. Er kann damit den Gemeindeammann beauftragen.

1   **ZR 85, Nr. 99:** Die an einem Flurweg berechtigte Gemeinde besitzt keine Legitimation, um gegen das von einzelnen Flurweggenossen erwirkte allgemeine Verbot für Motorfahrzeuge zu rekurrieren. Unter den Begriff des öffentlichen Interesses fallen hingegen nicht irgendwelche Wünsche und Interessen der Allgemeinheit oder der Gemeinde, wie etwa das verkehrspolizeiliche Bedürfnis, einen reibungslosen Verkehrsfluss beim Auftreten erschwerter Verkehrssituationen sicherzustellen. Das allgemeine Verbot greift daher auch unter dem Gesichtspunkt der Geltendmachung öffentlicher Interessen nicht unmittelbar in geschützte Rechte der Rekurrentin ein, weshalb sie nicht zur Ergreifung des Rekurses legitimiert ist.

ZR 87, Nr. 131: Das Polizeirichteramt bestrafte wegen Missachtung eines audienzrichterlichen Verbots mit einer Busse von Fr. 40 M, dem vorgeworfen wurde, er habe sein Auto auf einem Parkfeld im Hof einer Liegenschaft abgestellt, obschon ein allgemeines Verbot dies Unberechtigten untersage. M bringt vor, es fehle an einer gültigen Strafanzeige. Gemäss Art. 335 Ziff. 1 Abs. 1 StGB sind die Kantone befugt, die Übertretung kantonaler Verwaltungs- und Prozessvorschriften mit Strafe zu bedrohen. Bei der in § 225 ZPO vorgesehenen Polizeibusse handelt es sich um eine solche kantonalrechtliche Prozessstrafe. Auf kantonales Prozessstrafrecht findet das Gesetz über das kantonale Strafrecht und den Vollzug von Strafen und Massnahmen vom 30. Juli 1974 Anwendung, welches in § 2 Abs. 1 seinerseits die allgemeinen Bestimmungen des StGB über Verbrechen und Vergehen von Übertretungen für anwendbar erklärt. Das StGB geht stillschweigend von der grundsätzlichen Geltung des Offizialprinzips aus, also davon, dass die dazu bestimmten staatlichen Organe das Recht und auch die Pflicht haben, eine Strafverfolgung von sich aus einzuleiten und durchzuführen. Im besonderen Teil wird ausdrücklich festgelegt, in welchen Fällen für die Einleitung einer Strafverfolgung die Willenserklärung eines Dritten, ein Strafantrag, erforderlich ist.

Auch auf den Tafeln, auf denen das Verbot bekannt gemacht wird, ist nicht die Rede davon, dass eine Strafverfolgung nur auf Verlangen eines Berechtigten stattfinde. Es ist somit davon auszugehen, dass eine Bestrafung von Amtes wegen erfolgen kann, ohne dass ein Strafantrag oder auch nur die Verzeigung eines Berechtigten vorläge, dass die Prozessstrafbestimmungen von § 225 ZPO mithin als Offizialdelikt ausgestaltet wird. In Einklang mit dieser Betrachtungsweise steht die Antwort auf die Frage, welche Rechtsgüter durch die Prozessstrafnorm geschützt werden sollten. Wie erwähnt, wird das allgemeine Verbot erlassen, zum Schutz des Besitzes. Wird gegen das Verbot verstossen, dann liegt das Unrecht im Ungehorsam als solchem, d.h. in der Missachtung der Autorität des Verbot erlassenden Richters und nur mittelbar in der Verletzung von Besitzesrechten. Parallelen zum Straftatbestand des Ungehorsams gegen amtliche Verfügungen (Art. 292 StGB), der als Offizialdelikt ausgestaltet ist, sind unverkennbar. Der entscheidende Unterschied besteht allerdings darin, dass eine Bestrafung nach Art. 292 StGB nur bei Einzelverfügung, also bei konkreten Entscheiden einer Behörde in einem besonderen Fall gegenüber bestimmten Personen angedroht werden kann. Gerade aus diesem Grund ist die Androhung von Bestrafung bei Missachtung eines allgemeinen Verbots, also einer Allgemeinverfügung als Prozessstrafnorm auszugestalten. Eine Strafverfolgung bei einer Widerhandlung gegen das Verbot hat von Amtes wegen zu erfolgen, eine Verzeigung durch den Berechtigten ist nicht nötig, abgesehen davon, dass eine auf bestimmte, nicht mehr feststehende Kategorien Berechtigter beschränktes Anzeigerecht dem schweizerischen Strafrecht im allgemeinen und dem zürcherischen im besondern völlig fremd ist.

ZR 93, Nr. 26: Ein Begehren um Erlass eines allgemeinen Verbots gemäss § 225 ZPO entspricht nicht ohne weiteres einem der gemäss § 43 Abs. 2 Satz 2 GVG dem Einzelrichter im summarischen Verfahren am Obergericht zum Entscheid zugewiesenen Begehren im Sinne von § 222 Ziff. 2 und 3 ZPO; § 43 Abs. 2 Satz 2 GVG nennt ausdrücklich nur § 222 Ziff. 2 und 3 ZPO, und verweist nicht auf das Befehlsverfahren im weiteren Sinn, so dass in Urheberrechtssachen auch Vollstreckungsbegehren im Sinne von § 222 Ziff. 1 ZPO von der Zuweisung an den Einzelrichter im summarischen Verfahren am Obergericht ausgenommen sind und daher eine ausweitende Interpretation von § 43 Abs. 2 Satz 2 GVG nicht angezeigt ist.

Illiquidität
§ 226. Fehlt es im Fall von § 222 Ziffer 2 an klarem Recht oder sofort beweisbaren tatsächlichen Verhältnissen, so tritt der Richter auf das Begehren nicht ein. Dem Kläger steht die Klage im ordentlichen Verfahren offen.

ZR 81, Nr. 30: Der Rekursgegner überliess dem Rekurrenten verschiedene Siegel in Gebrauchsleihe. Der Rekurrent klagt im Befehlsverfahren gemäss § 222 Ziff. 2 ZPO auf Herausgabe. Der Einzelrichter wies das Begehren mangels unbestrittenen oder sofort beweisbaren tatsächlichen Verhältnissen ab. Da die Siegel dem Rekursgegner zur Erstellung eines Werks überlassen wurden, hing es allein von seinem Willen ab, wie lange er sie benötigte, und dies konnte von keiner Partei mit Sicherheit vorausgesehen werden. Demzufolge, so führte das Obergericht aus, müsste davon ausgegangen werden, es sei keine bestimmte Vertragsdauer vereinbart worden. Die Gebrauchsleihe endigt, sobald der Entleiher den vertragsgemässen Gebrauch gemacht hat oder hätte machen können (Art. 309 Abs. 1 OR). Da in Lehre und Rechtsprechung mit keinem Wort eine allgemeine über Art. 309 Abs. 2 und Art. 310 OR hinausgehende Kündigungsmöglichkeit erwähnt werde, könne nicht von einer bewährten Auslegung gesprochen werden, zumal weder eine Kündigung aus wichtigem Grund vorliege, noch eine Verletzung von Art. 22 und Art. 27 ZGB geltend gemacht werde, weshalb es für die Kündigungsmöglichkeit an klarem Recht fehle. Gemäss § 226 ZPO ist auf Begehren im Sinne von § 222 Ziff. 2 ZPO nicht einzutreten, wenn es an klarem Recht oder sofort beweisbaren tatsächlichen Verhältnissen fehlt. Indem die Vorinstanz das Begehren statt dessen abgewiesen habe, habe sie diese Vorschrift verletzt. Dies führe zur Aufhebung des vorinstanzlichen Entscheids, und auf das Klagebegehren sei nicht einzutreten.

2   **ZR 85, Nr. 65:** Vgl. § 222 ZPO.

3   **ZR 93, Nr. 2:** Vgl. § 222 ZPO.

Besondere Vorschriften für vorsorgliche Massnahmen
a) Sicherstellung
§ 227. Vorsorgliche Massnahmen, welche dem Beklagten Schaden zufügen können, werden auf sein Begehren von der Leistung einer angemessenen Sicherheit abhängig gemacht.

Der Richter kann von einer vorsorglichen Massnahme absehen oder die bereits getroffene Massnahme aufheben, wenn der Beklagte seinerseits angemessene Sicherheit leistet.

1   **ZR 83, Nr. 128:** Vgl. § 110 ZPO.

2   **ZR 84, Nr. 43:** Beschwerdefrist bei Massnahmeentscheiden: Für die Anfechtung von Entscheiden über vorsorgliche Massnahmen gilt die zehntägige Beschwerdefrist gemäss § 287 Abs. 2 ZPO. Gleiches gilt für die Anfechtung eines Rekursentscheids betreffend Sicherstellung im Hinblick auf eine vorsorgliche Massnahme.

b) Klagefrist
§ 228. Ist nach dem Erlass vorsorglicher Massnahmen eine gerichtliche Erledigung des Rechtsstreits erforderlich, wird dem Kläger Frist zur Einleitung des ordentlichen Prozesses angesetzt unter der Androhung, dass sonst die Massnahme dahinfalle.

1   **ZR 85, Nr. 25:** Bei einer Fristansetzung durch den Einzelrichter im summarischen Verfahren zur Anhängigmachung der Klage beim Richter im ordentlichen Verfahren ist im Falle einer Fristversäumnis der ordentliche Richter kompetent zur Behandlung des Wiederherstellungsgesuchs. Gleich verhält es sich, wenn das Obergericht in einem Rekursentscheid eine neue Frist ansetzt und diese versäumt worden ist. Nach § 112 ZPO ist eine beim unzuständigen Richter eingereichte Klage auf Antrag des Klägers an das von ihm als zuständig bezeichnete Gericht zu überweisen.

2   Der ordentliche Richter ist auch dann zuständig, wenn die Klagefrist im Rahmen eines Rechtsmittelverfahrens von der Rekursinstanz neu angesetzt worden ist.

ZR 88, Nr. 24: Vgl. § 222 ZPO.

c) Aufhebung und Änderung

§ 229. Vorsorgliche Massnahmen können aufgehoben oder geändert werden, wenn sie sich nachträglich als ungerechtfertigt erweisen oder wenn sich die Umstände geändert haben. Ist der Prozess rechtshängig geworden, ist der ordentliche Richter dafür zuständig.

ZR 81, Nr. 22: Vgl. § 213 ZPO. 1

ZR 88, Nr. 40: Zuständigkeit zum Erlass vorsorglicher Massnahmen nach Anhängigmachung des 2
ordentlichen Prozesses. Nach ständiger Rechtsprechung der zürcherischen Gerichte ist eine noch hängige vorprozessuale Massnahme dem ordentlichen Richter zu überlassen, wenn der Prozess inzwischen bei diesem anhängig gemacht wurde (Sträuli/Messmer, Kommentar zur zürcherischen ZPO, 2. Auflage, Zürich, 1982, N. 6 zu § 229 m. w. H.). Dies auch dann, wenn sich das Massnahmeverfahren bereits im Rekursstadium oder sogar im Beschwerdestadium befindet (vgl. ZR 78, Nr. 22, bestätigt in ZR 84, Nr. 71). Die Beschwerdeführerin äussert in ihrer Stellung indessen Zweifel an der Berechtigung dieses Vorgehens in denjenigen Fällen, wo bereits ein erstinstanzlicher Entscheid des Massnahmerichters oder sogar ein Rekursentscheid darüber vorliegt. In letzterem Fall führe das Nichteintreten durch das Kassationsgericht dazu, dass das Handelsgericht als Quasi-Kassationsinstanz gegenüber dem Obergericht fungiere; werde das Handelsgericht indessen durch die Überweisung nicht zur Behandlung der Nichtigkeitsbeschwerde verpflichtet, so verliere die beschwerdeführende Partei eine Instanz. Im weiteren führt die Beschwerdeführerin gegenüber der geltenden Praxis Argumente der Prozessökonomie, des Zeitablaufs, der Rechtssicherheit und des Anspruchs auf Rechtsschutz ins Feld. Die Beschwerdeführerin räumt indessen ein, dass dieser Rechtsschutz dadurch wieder eröffnet werden könnte, dass man ihr gestatte, dem Handelsgericht ein gleichlautendes Gesuch auf Aufhebung der vom Obergericht gutgeheissenen Massnahmen zu stellen, und sofern dann das Handelsgericht dieses Gesuch ohne Rücksicht auf die beschränkte Rechtskraftwirkung des obergerichtlichen Rekursentscheids frei zu überprüfen hätte. Diese umfassende Kognition müsse gefordert werden; sie sei aber weder durch das Gesetz noch durch die bisherigen einschlägigen Entscheide sichergestellt.

Durch die bisherige Praxis wird nicht etwa die beim Kassationsgericht erhobene Nichtigkeitsbeschwerde zur Behandlung dem ordentlichen Richter überwiesen, so dass also nicht die Rede davon sein kann, dieser habe als Quasi-Kassationsinstanz zu entscheiden. Vielmehr wurde festgehalten, es sei wegen untergegangener sachlicher Zuständigkeit des Massnahmerichters und seiner Rechtsmittelinstanzen auf die Nichtigkeitsbeschwerde nicht einzutreten. Im Entscheid ZR 78, Nr. 22 a.E. wurde ausdrücklich beigefügt, es sei damit Sache des Handelsgerichts (als ordentlichem Gericht), über die vorsorglichen Massnahmen zu entscheiden. Damit ist auch klargestellt, dass der ordentliche Richter nicht unter dem eingeschränkten Gesichtswinkel von § 281 ZPO, sondern im Rahmen von § 229 ZPO und insoweit mit freier Kognition über die Aufhebung oder Änderung des Rekursentscheids zu befinden hat (vgl. auch ZR 84, Nr. 71, Erw. 5). Dies steht auch mit dem Wortlaut von § 229 ZPO im Einklang: Diese Bestimmung ermöglicht nämlich nicht nur die Aufhebung oder Änderung, wenn sich die Umstände nachträglich ändern (d.h. bei verändertem Sachverhalt, mit welchem eine Nichtigkeitsbeschwerde wegen des Novenverbots nicht begründet werden könnte), sondern auch wenn sich die Massnahme nachträglich als ungerechtfertigt erweist, also wenn sich nachträglich die ursprüngliche Unrichtigkeit der Androhung ergibt (Sträuli/Messmer, a.a.O., N. 2 unter Hinweis auf ZR 78, Nr. 125). § 229 ZPO erfüllt also insoweit eine doppelte Funktion und ersetzt nach Anhängigmachung des ordentlichen Prozesses hinsichtlich der zweiten Variante (ursprüngliche Unrichtigkeit des Entscheids) die Nichtigkeitsbeschwerde. Es liegen somit keine Gründe vor, um von der bisherigen Rechtsprechung abzuweichen. Zum Argument der Prozessökonomie sei immerhin noch darauf hingewiesen, dass sich durch die Fällung eines Rechtsmittelentscheids nach Anhängigmachung des ordentlichen Prozesses nicht vermeiden liesse, dass anschliessend beim ordentlichen Richter nochmals ein Begehren nach § 229 ZPO gestellt würde. Der Gedanke der Prozessökonomie spricht daher nicht für, sondern eher gegen die weiter andauernde Zuständigkeit der Rechtsmittelinstanz. Weiter besteht ein Interesse daran, dass möglichst rasch durch den Entscheid des ordentlichen Richters eine einigermassen stabile Situation geschaffen wird; der ordentliche Richter wird nämlich in der Folge faktisch weniger leicht von seinem eigenen Entscheid abweichen als von jenem eines anderen Richters.

Auf die drei Nichtigkeitsbeschwerden ist somit nicht einzutreten. Einen Antrag gemäss § 112 Abs. 1 ZPO hat die Beschwerdeführerin nicht gestellt; es wird ihre Sache sein, beim ordentlichen Richter das Notwendige vorzukehren.

Nach der Praxis des Kassationsgerichts ist bei diesem Ausgang des Verfahrens der Entscheid über die Nebenfolgen des Beschwerdeverfahrens dem ordentlichen Richter vorzubehalten (RB 1985 Nr. 37).

ZR 94, Nr. 19: Vgl. § 51 ZPO.

d) Schadenersatzpflicht
§ 230. Wenn der Anspruch, für den die vorsorgliche Massnahme getroffen wurde, nicht bestand oder nicht fällig war, so hat der Kläger den durch die Massnahme verursachten Schaden zu ersetzen. Der Richter kann die Ersatzpflicht ermässigen oder gänzlich von ihr entbinden, wenn der Kläger beweist, dass ihn kein Verschulden trifft. Art. 42 bis 44 OR finden sinngemäss Anwendung.

Der Schadenersatzanspruch verjährt in einem Jahr ab Rechtskraft des Entscheids über den der Massnahme zugrundeliegenden Anspruch bzw. ab unbenütztem Ablauf der dafür angesetzten Klagefrist.

Wurde Sicherheit geleistet, setzt der Richter für die Einleitung der Schadenersatzklage Frist an unter der Androhung, dass sonst die Sicherheit freigegeben werde.

5. Abschnitt: Beweissicherung

Vorsorgliche Beweisabnahme
a) Zulässigkeit
§ 231. Bevor der Prozess rechtshängig wird, nimmt der Einzelrichter im summarischen Verfahren Beweise ab, soweit ein Anspruch auf rasche Feststellung des Tatbestandes besteht (besonders in den Fällen von Art. 204, 367, 427 und 445 OR) oder wenn glaubhaft gemacht wird, die Abnahme sei später erschwert oder unmöglich. Die Beweisaussage gemäss § 150 ist ausgeschlossen.

1   **ZR 79, Nr. 96:** Abgrenzung zwischen vorsorglicher Beweisabnahme und dem amtlichen Befund gemäss § 234:

"Das Gemeindeammannamt X hatte wegen eines bevorstehenden Bauvorhabens auf dem nachbarlichen Grundstück einen amtlichen Befund über den Zustand des Hauses der Beschwerdeführerin aufgenommen. Gegen diesen Befund wurde an das Bezirksgericht als untere kantonale Aufsichtsbehörde Aufsichtsbeschwerde geführt mit der Begründung, er enthalte unzutreffende Feststellungen. Das Gericht hiess die Beschwerde teilweise gut. Aus den Erwägungen:

II. Ein amtlicher Befund wird gemäss § 234 ZPO durch den Gemeindeammann aufgenommen. Dagegen ist vom Gesetz kein Rechtsmittel gegeben. Dagegen ist das Amt des Gemeindeammanns der gerichtlichen Aufsicht nach Massgabe des Gerichtsverfassungsgesetzes unterstellt (§ 87 des Gesetzes über das Gemeindewesen vom 6. Juli 1926). Es steht somit der Rechtsbehelf der Aufsichtsbeschwerde gemäss § 108 GVG offen. Mit dieser können Rechtsverweigerung und Rechtsverzögerung sowie andere Verletzungen einer Amtspflicht gerügt werden. Die Aufsichtsbehörde kann disziplinarische Massnahmen verfügen oder das Verfahren einem anderen Justizbeamten oder einer anderen Gerichtsabteilung zuweisen (§ 108 Abs. 1 GVG). Es ist also in der Regel nicht Aufgabe der Aufsichtsbehörde, Entscheide der unteren Instanz aufzuheben oder abzuändern (vgl. ZR 73, Nr. 6). In Ausnahmefällen jedoch, in denen kein Rechtsmittel zur Verfügung steht, der Weiterzug jedoch als eine dringende Notwendigkeit erscheint, kann es naheliegen, die Beschwerde zuzulassen, so dass sie den Charakter eines subsidiären Rechtsmittels für Sonderfälle annehmen kann (Guldener, 3. Aufl. S. 539; ZR 73, Nr. 6). Alsdann ist ausnahmsweise die Anfechtung von Entscheidungen mit der Aufsichtsbeschwerde möglich. Es fragt sich, ob hier ein solcher Fall vorliegt.

Die Frage ist zu bejahen, wenn man z.b. annimmt, es würden in den Befund mit den Tatsachen in offenkundigem Widerspruch stehende Feststellungen aufgenommen. Der amtliche Befund hat den Beweiswert einer öffentlichen Urkunde, d.h. die darin verbrieften Feststellungen gelten als wahr, solange nicht das Gegenteil bewiesen wird (Art. 9 ZGB). Dieser Gegenbeweis wird aber in einem allfälligen späteren Prozess oft nur schwer zu erbringen sein, liegt es doch in der Natur der Sache, dass in der Regel ein amtlicher Befund gerade dann aufgenommen wird, wenn eine Veränderung der tatsächlichen Verhältnisse bevorsteht. Alsdann wird sich die Unrichtigkeit des Befundes im Nachhinein nur schwer darlegen lassen. Damit kann gesagt werden, eine Weiterzugsmöglichkeit sei dringend notwendig.

Dies wird weiter erhärtet, wenn man sich folgendes vor Augen hält: Der amtliche Befund ist ein Mittel der Beweissicherung im Hinblick auf einen künftigen Prozess. Die Beweissicherung erfolgt in der Regel durch eine vorsorgliche Beweisabnahme durch den Audienzrichter gemäss §§ 231 ff. ZPO. Soweit es um die Feststellung eines tatsächlichen Zustands geht und besondere Fachkenntnisse nicht erforderlich sind, wird das einfachere Verfahren des amtlichen Befundes durch den Gemeindeammann angewendet (§ 234 ZPO). Dieser ist somit von seinem Zweck her der vorsorglichen Beweisabnahme durch den Richter eng verwandt. Gegen letztere gewährt die ZPO in gewissem Umfange Rechtsmittel. Der Rekurs ist zwar ausgeschlossen gegen Entscheide, mit denen eine Beweissicherung zugelassen wird (§ 272 Abs. 2 Ziff. 2 ZPO). Insoweit ist aber die Nichtigkeitsbeschwerde zulässig (Sträuli/Messmer N 6 zu § 233 ZPO). Im übrigen ist der Rekurs zulässig, wenn die Voraussetzungen des § 272 Abs. 1 ZPO erfüllt sind. Es wäre nun nicht einzusehen, weshalb bei der einen Form der Beweissicherung Rechtsmittel zulässig sein sollten, bei der anderen aber nicht. Der formale Unterschied, dass im einen Fall der Audienzrichter tätig geworden ist, im anderen aber der Gemeindeammann, erklärt dies nicht. Sind also gegen den amtlichen Befund keine eigentlichen Rechtsmittel gegeben, so rechtfertigt es sich, der Aufsichtsbeschwerde Rechtsmittelcharakter beizulegen. Somit ist auf die Aufsichtsbeschwerde der Beschwerdeführerin einzutreten.

III. a) Die an der Sache Beteiligten sind wenn möglich zur Aufnahme des Befundes beizuziehen (§ 234 ZPO). Diese Anforderung ist im vorliegenden Fall erfüllt. Bei der Befundsaufnahme am 22. April 1980 waren beide Parteien vertreten. Wenn die Beschwerdeführerin sinngemäss rügt, es sei ihr das rechtliche Gehör verweigert worden, so kann dem also nicht gefolgt werden. Der Anspruch auf rechtliches Gehör begründet keinen Anspruch, dass das Vorbringen einer Partei vollumfänglich in den Befund aufgenommen werden müsste.

b) Ein amtlicher Befund kann aufgenommen werden, wenn es um die Feststellung eines tatsächlichen Zustands geht und dieser ohne besondere Fachkenntnisse feststellbar ist (§ 234 ZPO). Andernfalls ist der Audienzrichter zur vorsorglichen Beweisabnahme zuständig (§§ 231 ff. ZPO).

Der vorliegende Befund konnte durchaus ohne besondere Fachkenntnisse aufgenommen werden, soweit es darum ging, bestehende äusserliche Risse festzustellen. Indessen ist den Beschwerdegegnern zuzugeben, dass die Frage, ob der Kamin nur äusserlich beschädigt oder aber stark zerstört sei und Risse bis in sein Inneres aufweise, nur von einem Fachmann beantwortet werden kann. Das geht schon aus der Formulierung im Befund hervor, wonach Risse 'wahrscheinlich' durch das ganze Mauerwerk ins Innere des Kamins gingen. Dabei durfte jedoch nicht, wie die Beschwerdegegner offenbar glauben, auf die Fachkenntnisse ihres Vertreters abgestellt werden. Vielmehr sind insoweit die Voraussetzungen des amtlichen Befunds nicht gegeben, womit der Audienzrichter zur vorsorglichen Beweisabnahme zuständig gewesen wäre. Die Beschwerde ist somit in diesem Sinne gutzuheissen. (Die Sache wird zur neuen Aufnahme des tatsächlichen Zustands, soweit er ohne Fachkenntnisse erkennbar ist, an das Gemeindeammannamt zurückgewiesen).

In bezug auf die Südwestfassade enthält der Befund reine Tatsachenfeststellungen und ist insofern nicht zu beanstanden. Die Beschwerdeführerin macht auch nicht geltend, er sei inhaltlich falsch, denn es ist im Befund mit keinem Wort die Rede davon, dass die festgestellten Risse nicht oberflächlich seien. Daher ist die Beschwerde im übrigen abzuweisen."

2   **ZR 91/92, Nr. 79:** § 231 ZPO will einen nachträglichen Beweisnotstand vermeiden helfen. Ein eigentliches Beweisverfahren findet nicht statt. Der Richter kann weder über die Erheblichkeit einer Behauptung für den Rechtsstandpunkt der Parteien noch über die Tauglichkeit eines Beweismittels befinden; jegliche Beweiswürdigung bleibt dem Richter des späteren Hauptprozesses vorbehalten. Will sich ein Gesuchsteller lediglich in eine bessere Position bringen im Hinblick auf eine Prozessverhinderung, ist das rechtliche Interesse in einer Beweissicherung (in der Regel) nicht als ausreichend zu betrachten. Der Einzelrichter wies ein Gesuch, wonach ein Gutachten zum ewigen Gedächtnis über den Verlauf einer Geisteskrankheit aufzuzeichnen, sowie der Zeitpunkt des Eintritts der Urteilsunfähigkeit und der Verfügungsunfähigkeit anzugeben sei, ab; dagegen spricht auch das Arztgeheimnis. Die Testierfähigkeit ist nur teilweise von der medizinischen Beurteilung abhängig.

3   **ZR 93, Nr. 21:** Gemäss § 231 ZPO nimmt vor Rechtshängigkeit eines Prozesses der Einzelrichter im summarischen Verfahren Beweise ab, soweit Anspruch auf rasche Feststellung des Tatbestands besteht, oder wenn glaubhaft gemacht wird, die Abnahme sei später erschwert oder unmöglich. Die objektiven Voraussetzungen, das Erschweren oder Verunmöglichen späterer Beweisabnahmen, sind glaubhaft zu machen. Der Natur der Sache nach muss ein gewisser Konnex zwischen den beanstandeten Mängeln und der Dringlichkeit der Beweisaufnahme bestehen, wie sich aus exemplifizierenden Hinweisen auf verschiedene Bestimmungen des OR in § 231 ZPO ergibt. Die vorsorgliche Beweisabnahme zum Zweck eines unabhängigen Gutachtens vor Klageerhebung ist unzulässig, denn das Institut darf dem Kläger nicht dazu dienen, Aufschlüsse über das Prozessrisiko oder die Grundlagen eines Klagefundaments zu verschaffen. Der vorgelegte Katalog von Expertenfragen dient nicht dem Zweck blosser Beweissicherung; es fehlt an jeglichem zeitlichen Konnex zwischen den Zahnschmerzen des Gesuchstellers bzw. der anstehenden Gebisssanierung und der anbegehrten Beweissicherung, weshalb keine Dringlichkeit im Sinne von § 231 ZPO besteht.

Die Natur des Anspruchs auf vorsorgliche Beweisabnahme schliesst aus, an die Glaubhaftmachung dieser Voraussetzungen strenge Anforderungen zu stellen, da der Beweissicherungsanspruch sonst in manchen Fällen vereitelt würde; der Natur der Sache nach muss ein gewisser Kontext zwischen den beanstandeten Mängeln und der Dringlichkeit der Beweisaufnahme bestehen, was sich aus dem beispielhaften Hinweis auf verschiedene Bestimmungen des OR in § 231 ZPO ergibt. Die vorsorgliche Beweisaufnahme zum Zwecke eines unabhängigen "Gutachtens" vor Klageerhebung fällt ausser Betracht, da dieses Institut nicht dazu dienen darf, dem Kläger Aufschlüsse über das Prozessrisiko oder die Grundlage seines Klagefundaments zu verschaffen. Die Dringlichkeit wurde verneint bezüglich Beanstandungen eines Gesuchstellers über eine auf seinen Wunsch 2 1/2 Jahre vor Einreichung des Gesuchs abgebrochene zahnärztliche Behandlung.

b) Zuständigkeit
§ 232. Zuständig ist nach der Wahl des Klägers der Richter am Ort des bevorstehenden Prozesses oder der Richter, welcher in der Lage ist, den Beweis am schnellsten abzunehmen.

c) Verfahren
§ 233. In der Regel entscheidet der Richter über das Begehren, ohne vorher die Gegenpartei anzuhören.

Die Vorschriften über die Beweisabnahme finden sinngemäss Anwendung. Die Gegenpartei ist soweit möglich zur Beweisabnahme vorzuladen.

1   **ZR 83, Nr. 50:** Zum Verfahren der vorsorglichen Beweisabnahme verweist die ZPO auf die Beweisabnahme im ordentlichen Prozess. Im ordentlichen Verfahren kennt der Richter den Prozessstoff und setzt im Beweisauflagebeschluss aufgrund der Behauptungen im Hauptverfahren Beweisthemen und Beweislast fest. Deshalb ist er in der Lage, die abzunehmenden Beweismittel zu bestimmen, meist aufgrund der Beweisofferten der Parteien, aber ausnahmsweise auch von Amtes wegen (§ 142 Abs. 2 ZPO). Er braucht Beweise, die er als untauglich erachtet, nicht abzuneh-

men. Demgegenüber wird dem Richter im summarischen Verfahren bei einer vorsorglichen Beweisabnahme der Prozessstoff nur skizziert, um darzutun, dass die Voraussetzungen gemäss § 231 ZPO erfüllt sind. Der Richter kann hier aber weder über die Notwendigkeit, eine gewisse Behauptung zu beweisen, noch über die Erheblichkeit einer Behauptung für den Rechtsstandpunkt der Parteien, noch über die Tauglichkeit eines Beweismittels befinden. Jegliche Beweiswürdigung bleibt dem Richter im späteren Hauptprozess vorbehalten (ZR 80, Nr. 99). Ausnahmen sind höchstens bei völlig absurden Beweisabnahmebegehren denkbar. Sonst aber hat sich der Richter an die von der Partei umschriebenen Beweisthemen und an die angebotenen Beweismittel zu halten; eine Abnahme anderer Beweismittel ist von vornherein nicht möglich. Die Mitwirkungsrechte des Gegners bei der Beweisabnahme sind bei der Beweissicherung dem Grundsatz nach zwar im gleichen Mass gewährleistet wie im ordentlichen Prozess, doch sind auch in dieser Beziehung gewisse Unterschiede zu beachten. So sind z.B. bei einem Gutachten die Parteien berechtigt, Begehren um Erläuterungen oder Ergänzungen der Expertise zu stellen und allenfalls die Einholung einer Oberexpertise zu verlangen (§ 180 ZPO, ZR 58, Nr. 97). Im ordentlichen Prozess dienen solche Begehren auf den Erlass prozessleitender Massnahmen gemäss § 181 ZPO, die der Richter erlässt, wenn er das Gutachten für erläuterungs-, bzw. ergänzungsbedürftig hält und die Weiterungen für notwendig und tauglich erachtet. Demgegenüber fällt bei der Beweissicherung die Anordnung einer Erläuterung, einer Ergänzung des bisherigen Gutachtens oder die Beauftragung eines neuen Experten ohne Antrag der Parteien ausser Betracht. Werden sie aber von den Parteien beantragt, so kommt es darauf an, wer dieses Begehren stellt. Da die Kosten der Beweissicherung vorläufig vom Gesuchsteller zu tragen sind, muss dessen Erläuterungs- und Ergänzungsbegehren stets nachgekommen werden (immer natürlich im Rahmen der Voraussetzungen von § 231 ZPO). Dasselbe gilt für Erläuterungsbegehren und geringfügige Ergänzungsanträge des Gesuchsgegners. Überschreitet das Ergänzungsbegehren des Gesuchsgegners einen gewissen Umfang, oder verlangt er gerade Anordnung einer neuen Oberexpertise, so ist dies vom Einzelrichter als selbständiges Beweissicherungsbegehren zu behandeln, dessen Kosten die antragstellende Partei einstweilen zu tragen hat (analog der Vorschusspflicht im ordentlichen Prozess). Der Rekurrentin geht es mit ihrem beim Einzelrichter sowie im Rechtsmittelverfahren gestellten Begehren nicht um eine blosse Ergänzung oder Erläuterung des von der EMPA St. Gallen erstellten Gutachtens; ihr Bestreben geht vielmehr dahin, es sei ein anderer Sachverständiger mit der Durchführung einer Oberexpertise zu beauftragen. Dies ist im Rahmen der von der Rekursgegnerin veranlassten Beweissicherung nicht zulässig. Die Rekurrentin hat jedoch, falls die Voraussetzungen von § 231 ZPO auf ihrer Seite gegeben sind, Anspruch auf Durchführung der beantragten Expertise im Rahmen eines eigenen Beweissicherungsbegehrens. Die Tatsache, dass der Einzelrichter eine weitere Expertise als nicht notwendig erachtet hat, steht diesem Anspruch nicht im Wege. Es fragt sich deshalb, ob die Eingabe der Rekurrentin der Vorinstanz zur Behandlung als selbständiges Beweissicherungsbegehren überwiesen werden soll. Das ist hier zu verneinen. Die Rekurrentin erleidet keinen Nachteil, wenn sie ein neues Gesuch an die Vorinstanz zu stellen hat. Andererseits kann sie aber so unter Berücksichtigung des Kostenrisikos neu entscheiden, ob sie an ihrem Begehren festhalten will.

Amtlicher Befund
§ 234. Der Gemeindeammann am Ort der gelegenen Sache nimmt auf Verlangen einen Befund über den tatsächlichen Zustand auf, soweit dieser ohne besondere Fachkenntnisse festgestellt werden kann. Die an der Sache Beteiligten werden wenn möglich zur Aufnahme des Befundes beigezogen. Im Bericht werden Zeit und Ort der Wahrnehmung sowie die Namen der Anwesenden erwähnt. Die Bestimmungen von §§ 147 und 149 GVG finden sinngemäss Anwendung.

ZR 79, Nr. 96: Vgl. § 231 ZPO.

Amtliche Zustellung von Erklärungen
a) Zulässigkeit
§ 235. Erklärungen in zivilrechtlichen Angelegenheiten, insbesondere Kündigungen, werden durch den Gemeindeammann auf Verlangen amtlich zugestellt.

Zuständig ist der Gemeindeammann am Wohnort oder Aufenthaltsort desjenigen, dem die Erklärung zugestellt werden soll.

b) Verfahren
§ 236. Der Gemeindeammann fertigt die Erklärung dreifach aus. Eine Ausfertigung stellt er innert zwei Tagen nach Eingang des Begehrens dem Adressaten persönlich zu. Auf der zweiten Ausfertigung lässt er vom Empfänger die Zustellung und deren Datum bescheinigen; diese Ausfertigung stellt er innert zwei weiteren Tagen dem Gesuchsteller zu. Die dritte Ausfertigung bleibt bei den Akten des Gemeindeammanns; er vermerkt darauf die genannten Zustellungen.

Im Einvernehmen mit dem Gesuchsteller kann die Zustellung an eine andere Person erfolgen, wenn der Adressat nicht erreichbar ist.

Der Gesuchsteller kann gegen doppelte Gebühr verlangen, dass die Zustellung schon am nächsten Tag erfolge.

c) Annahmepflicht
§ 237. Die Annahme einer amtlich zugestellten Erklärung darf nicht verweigert werden. Dem Empfänger steht es frei, dem Gesuchsteller auf demselben Weg eine Gegenerklärung zukommen zu lassen.

IV. Teil: Schiedsgerichte und Schiedsgutachten

Anwendung des Konkordats
§ 238. *(alte Fassung). Für die Schiedsgerichte findet das Konkordat über die Schiedsgerichtsbarkeit vom 27. März 1969 Anwendung.*

Anwendung des Konkordats
§ 238. *(neue Fassung, 24.9.95). Für die Schiedsgerichte findet unter Vorbehalt des Bundesgesetzes über das internationale Privatrecht (IPRG) das Konkordat über die Schiedsgerichtsbarkeit Anwendung.*

(Abs. 2 aufgehoben, 10.3.85)

1 *Konkordat über die Schiedsgerichtsbarkeit*

angenommen von der Konferenz kantonaler Justizdirektoren am 27. März 1969 vom Bundesrat genehmigt am 27. August 1969 (Stand am 1. Juli 1995)

Erster Abschnitt: Allgemeine Bestimmungen

Art. 1 Anwendungsbereich
1 Das Konkordat ist auf jedes Verfahren vor einem Schiedsgericht anwendbar, das seinen Sitz in einem Konkordatskanton hat.

2 Vorbehalten bleibt die Anwendung abweichender Schiedsordnungen privater oder öffentlichrechtlicher Körperschaften und Organisationen sowie von Schiedsabreden, soweit diese nicht gegen zwingende Vorschriften des Konkordates verstossen.

³ *Zwingend sind folgende Vorschriften des Konkordates: Artikel 2 Absätze 2 und 3, Artikel 4–9, 12, 13 und 18–21, 22 Absatz 2, 25–29, 31 Absatz 1, 33 Absatz 1 Buchstaben a–f, Absätze 2 und 3, 36–46.*

Art. 2 Sitz des Schiedsgerichts
¹ *Der Sitz des Schiedsgerichtsbefindet sich an dem Ort, der durch Vereinbarung der Parteien oder durch die von ihnen beauftragte Stelle oder in Ermangelung einer solchen Wahl durch Beschluss der Schiedsrichter bezeichnet worden ist.*

² *Haben weder die Parteien noch die von ihnen beauftragte Stelle oder die Schiedsrichter diesen Ort bezeichnet, so hat das Schiedsgericht seinen Sitz am Ort des Gerichtes, das beim Fehlen einer Schiedsabrede zur Beurteilung der Sache zuständig wäre.*

³ *Sind mehrere Gerichte im Sinne des vorstehenden Absatzes zuständig, so hat das Schiedsgericht seinen Sitz am Ort der richterlichen Behörde, die als erste in Anwendung von Artikel 3 angerufen wird.*

Art. 3 Zuständige richterliche Behörde am Sitz des Schiedsgerichts
Das obere ordentliche Zivilgericht des Kantons, in dem sich der Sitz des Schiedsgerichts befindet, ist unter Vorbehalt von Artikel 45 Absatz 2 die zuständige richterliche Behörde, welche

a. *die Schiedsrichter ernennt, wenn diese nicht von den Parteien oder einer von ihnen beauftragten Stelle bezeichnet worden sind;*
b. *über die Ablehnung und die Abberufung von Schiedsrichtern entscheidet und für deren Ersetzung sorgt;*
c. *die Amtsdauer der Schiedsrichter verlängert;*
d. *auf Gesuch des Schiedsgerichts bei der Durchführung von Beweismassnahmen mitwirkt;*
e. *den Schiedsspruch zur Hinterlegung entgegennimmt und ihn den Parteien zustellt;*
f. *über Nichtigkeitsbeschwerden und Revisionsgesuche entscheidet;*
g. *die Vollstreckbarkeit des Schiedsspruchs bescheinigt.*

Zweiter Abschnitt: Schiedsabrede

Art. 4 Schiedsvertrag und Schiedsklausel
¹ *Die Schiedsabrede wird als Schiedsvertrag oder als Schiedsklausel abgeschlossen.*

² *Im Schiedsvertrag unterbreiten die Parteien eine bestehende Streitigkeit einem Schiedsgericht zur Beurteilung.*

³ *Die Schiedsklausel kann sich nur auf künftige Streitigkeiten beziehen, die sich aus einem bestimmten Rechtsverhältnis ergeben können.*

Art. 5 Gegenstand des Schiedsverfahrens
Gegenstand eines Schiedsverfahrens kann jeder Anspruch sein, welcher der freien Verfügung der Parteien unterliegt, sofern nicht ein staatliches Gericht nach einer zwingenden Gesetzesbestimmung in der Sache ausschliesslich zuständig ist.

Art. 6 Form
¹ *Die Schiedsabrede bedarf der Schriftform.*

² *Sie kann sich aus der schriftlichen Erklärung des Beitritts zu einer juristischen Person ergeben, sofern diese Erklärung ausdrücklich auf die in den Statuten oder in einem sich darauf stützenden Reglement enthaltene Schiedsklausel Bezug nimmt.*

Art. 7 Zulassung von Juristen
Jede Bestimmung einer Schiedsklausel, welche die Beiziehung von Juristen im Schiedsverfahren als Schiedsrichter, Sekretär oder Parteivertreter untersagt, ist nichtig.

Art. 8 Zuständigkeit des Schiedsgerichts
[1] Werden die Gültigkeit oder der Inhalt und die Tragweite der Schiedsabrede vor dem Schiedsgericht bestritten, so befindet dieses über seine eigene Zuständigkeit durch Zwischen- oder Endentscheid.

[2] Die Einrede der Unzuständigkeit des Schiedsgerichts muss vor der Einlassung auf die Hauptsache erhoben werden.

Art. 9 Weiterziehung
Der Zwischenentscheid, in dem das Schiedsgericht sich für zuständig oder unzuständig erklärt, unterliegt der Nichtigkeitsbeschwerde im Sinne von Artikel 36 Buchstabe b.

Dritter Abschnitt: Bestellung und Ernennung der Schiedsrichter, Amtsdauer, Anhängigkeit

Art. 10 Anzahl der Schiedsrichter
[1] Das Schiedsgericht besteht aus drei Mitgliedern, sofern die Parteien sich nicht auf eine andere ungerade Anzahl, insbesondere auf einen Einzelschiedsrichter, geeinigt haben.

[2] Die Parteien können jedoch ein aus einer geraden Anzahl von Mitgliedern bestehendes Schiedsgericht vorsehen, das auch ohne Bestellung eines Obmanns entscheidet.

Art. 11 Bestellung durch die Parteien
[1] Die Parteien können den oder die Schiedsrichter in gegenseitigem Einvernehmen, sei es in der Schiedsabrede oder in einer späteren Vereinbarung, bestellen. Sie können den oder die Schiedsrichter auch durch eine von ihnen beauftragte Stelle bezeichnen lassen.

[2] Wird ein Schiedsrichter nicht namentlich, sondern lediglich der Stellung nach bezeichnet, so gilt als bestellt, wer diese Stellung bei Abgabe der Annahmeerklärung bekleidet.

[3] Beim Fehlen einer Vereinbarung oder einer Bezeichnung im Sinne von Absatz 1 bestellt jede Partei eine gleiche Anzahl von Schiedsrichtern; die so bestellten Schiedsrichter wählen einstimmig einen weiteren Schiedsrichter als Obmann.

[4] Weist das Schiedsgericht eine gerade Anzahl von Schiedsrichtern auf, so haben die Parteien zu vereinbaren, dass entweder die Stimme des Obmanns bei Stimmengleichheit den Ausschlag gibt oder dass das Schiedsgericht einstimmig oder mit qualifizierter Mehrheit entscheidet.

Art. 12 Ernennung durch die richterliche Behörde
Können die Parteien sich über die Bestellung des Einzelschiedsrichters nicht einigen, oder bestellt eine Partei den oder die von ihr zu bezeichnenden Schiedsrichter nicht, oder einigen die Schiedsrichter sich nicht über die Wahl des Obmanns, so nimmt auf Antrag einer Partei die in Artikel 3 vorgesehene richterliche Behörde die Ernennung vor, sofern nicht die Schiedsabrede eine andere Stelle hierfür vorsieht.

Art. 13 Anhängigkeit
[1] Das Schiedsverfahren ist anhängig:
a. von dem Zeitpunkt an, da eine Partei den oder die in der Schiedsklausel bezeichneten Schiedsrichter anruft;

b. *sofern die Schiedsklausel die Schiedsrichter nicht bezeichnet:* von dem Zeitpunkt an, da eine Partei das in der Schiedsklausel vorgesehene Verfahren auf Bildung des Schiedsgerichts einleitet;
c. *sofern die Schiedsklausel das Verfahren zur Bezeichnung der Schiedsrichter nicht regelt:* von dem Zeitpunkt an, da eine Partei die in Artikel 3 vorgesehene richterliche Behörde um die Ernennung der Schiedsrichter ersucht;
d. *beim Fehlen einer Schiedsklausel:* von der Unterzeichnung des Schiedsvertrages an.

² Wenn die von den Parteien anerkannte Schiedsordnung oder die Schiedsabrede ein Sühneverfahren vorsehen, so gilt die Einleitung desselben als Eröffnung des Schiedsverfahrens.

Art. 14 Annahme des Amtes durch die Schiedsrichter
¹ Die Schiedsrichter haben die Annahme des Amtes zu bestätigen.

² Das Schiedsgericht ist erst dann gebildet, wenn alle Schiedsrichter die Annahme des Amtes für die ihnen vorgelegte Streitsache erklärt haben.

Art. 15 Sekretariat
¹ Im Einverständnis der Parteien kann das Schiedsgericht einen Sekretär bestellen.

² Auf die Ablehnung des Sekretärs sind die Artikel 18–20 anwendbar.

Art. 16 Amtsdauer
¹ Die Parteien können in der Schiedsabrede oder in einer späteren Vereinbarung das dem Schiedsgericht übertragene Amt befristen.

² In diesem Falle kann die Amtsdauer, sei es durch Vereinbarung der Parteien, sei es auf Antrag einer Partei oder des Schiedsgerichts, durch Entscheid der in Artikel 3 vorgesehenen richterlichen Behörde jeweilen um eine bestimmte Frist verlängert werden.

³ Stellt eine Partei einen solchen Antrag, so ist die andere dazu anzuhören.

Art. 17 Rechtsverzögerung
Die Parteien können jederzeit bei der in Artikel 3 vorgesehenen richterlichen Behörde wegen Rechtsverzögerung Beschwerde führen.

Vierter Abschnitt: Ablehnung, Abberufung und Ersetzung der Schiedsrichter

Art. 18 Ablehnung der Schiedsrichter
¹ Die Parteien können die Schiedsrichter aus den im Bundesgesetz vom 16. Dezember 1943 über die Organisation der Bundesrechtspflege genannten Gründen für die Ausschliessung und Ablehnung der Bundesrichter sowie aus den in einer von ihnen anerkannten Schiedsordnung oder in der Schiedsabrede vorgesehenen Gründen ablehnen.

² Ausserdem kann jeder Schiedsrichter abgelehnt werden, der handlungsunfähig ist oder der wegen eines entehrenden Verbrechens oder Vergehens eine Freiheitsstrafe verbüsst hat.

³ Eine Partei kann einen von ihr bestellten Schiedsrichter nur aus einem nach der Bestellung eingetretenen Grund ablehnen, es sei denn, sie mache glaubhaft, dass sie damals vom Ablehnungsgrund keine Kenntnis hatte.

Art. 19 Ablehnung des Schiedsgerichts
¹ Das Schiedsgericht kann abgelehnt werden, wenn eine Partei einen überwiegenden Einfluss auf die Bestellung seiner Mitglieder ausübte.

² *Das neue Schiedsgericht wird in dem in Artikel 11 vorgesehenen Verfahren gebildet.*

³ *Die Parteien sind berechtigt, Mitglieder des abgelehnten Schiedsgerichts wiederum als Schiedsrichter zu bestellen.*

Art. 20 Frist
Der Ausstand muss bei Beginn des Verfahrens, oder sobald der Antragsteller vom Ablehnungsgrund Kenntnis hat, verlangt werden.

Art. 21 Bestreitung
¹ *Im Bestreitungsfalle entscheidet die in Artikel 3 vorgesehene richterliche Behörde über den Ausstand.*

² *Die Parteien sind dabei zur Beweisführung zuzulassen.*

Art. 22 Abberufung
¹ *Jeder Schiedsrichter kann durch schriftliche Vereinbarung der Parteien abberufen werden.*

² *Auf Antrag einer Partei kann die in Artikel 3 vorgesehene richterliche Behörde einem Schiedsrichter aus wichtigen Gründen das Amt entziehen.*

Art. 23 Ersetzung
¹ *Stirbt ein Schiedsrichter, hat er den Ausstand zu nehmen, wird er abberufen oder tritt er zurück, so wird er nach dem Verfahren ersetzt, das bei seiner Bestellung oder Ernennung befolgt wurde.*

² *Kann er nicht auf diese Weise ersetzt werden, so wird der neue Schiedsrichter durch die in Artikel 3 vorgesehene richterliche Behörde ernannt, es sei denn, die Schiedsabrede habe ihrem Inhalte nach als dahingefallen zu gelten.*

³ *Können die Parteien sich hierüber nicht einigen, so entscheidet die in Artikel 3 vorgesehene richterliche Behörde nach Anhörung des Schiedsgerichts, inwieweit die Prozesshandlungen, bei denen der ersetzte Schiedsrichter mitgewirkt hat, weitergelten.*

⁴ *Ist die Amtsdauer des Schiedsgerichts befristet, so wird der Lauf dieser Frist durch die Ersetzung eines oder mehrerer Schiedsrichter nicht gehemmt.*

Fünfter Abschnitt: Verfahren vor dem Schiedsgericht

Art. 24 Bestimmung des Verfahrens
¹ *Das Verfahren vor dem Schiedsgericht wird durch Vereinbarung der Parteien oder in Ermangelung einer solchen durch Beschluss des Schiedsgerichts bestimmt.*

² *Wird das Verfahren weder durch Vereinbarung der Parteien noch durch Beschluss des Schiedsgerichts festgelegt, so ist das Bundesgesetz vom 4. Dezember 1947 über den Bundeszivilprozess sinngemäss anwendbar.*

Art. 25 Rechtliches Gehör
Das gewählte Verfahren hat auf jeden Fall die Gleichberechtigung der Parteien zu gewährleisten und jeder von ihnen zu gestatten:
  a. das rechtliche Gehör zu erlangen und insbesondere ihre Angriffs- und Verteidigungsmittel tatsächlicher und rechtlicher Art vorzubringen;
  b. jederzeit im Rahmen eines ordnungsgemässen Geschäftsganges in die Akten Einsicht zu nehmen;

c. den vom Schiedsgericht angeordneten Beweisverhandlungen und mündlichen Verhandlungen beizuwohnen;
d. sich durch einen Beauftragten eigener Wahl vertreten oder verbeiständen zu lassen.

Art. 26 Vorsorgliche Massnahmen
[1] Zur Anordnung vorsorglicher Massnahmen sind allein die staatlichen Gerichte zuständig.

[2] Die Parteien können sich jedoch freiwillig den vom Schiedsgericht vorgeschlagenen vorsorglichen Massnahmen unterziehen.

Art. 27 Mitwirkung der richterlichen Behörde
[1] Das Schiedsgericht nimmt die Beweise selber ab.

[2] Ist die Durchführung einer Beweismassnahme der staatlichen Gewalt vorbehalten, so kann das Schiedsgericht die in Artikel 3 vorgesehene richterliche Behörde um ihre Mitwirkung ersuchen. Diese handelt dabei gemäss ihrem kantonalen Recht.

Art. 28 Intervention und Streitverkündung
[1] Intervention und Streitverkündung setzen eine Schiedsabrede zwischen dem Dritten und den Streitparteien voraus.

[2] Sie bedürfen ausserdem der Zustimmung des Schiedsgerichts.

Art. 29 Verrechnung
[1] Erhebt eine Partei die Verrechnungseinrede und beruft sie sich dabei auf ein Rechtsverhältnis, welches das Schiedsgericht weder auf Grund der Schiedsabrede noch auf Grund einer nachträglichen Vereinbarung der Parteien beurteilen kann, so wird das Schiedsverfahren ausgesetzt und der Partei, welche die Einrede erhoben hat, eine angemessene Frist zur Geltendmachung ihrer Rechte vor dem zuständigen Gericht gesetzt.

[2] Hat das zuständige Gericht seinen Entscheid gefällt, so wird das Verfahren auf Antrag einer Partei wieder aufgenommen.

[3] Sofern die Amtsdauer des Schiedsgerichts befristet ist, steht diese Frist still, solange das Schiedsverfahren ausgesetzt ist.

Art. 30 Kostenvorschuss
[1] Das Schiedsgericht kann einen Vorschuss für die mutmasslichen Verfahrenskosten verlangen und die Durchführung des Verfahrens von dessen Leistung abhängig machen. Es bestimmt die Höhe des Vorschusses jeder Partei.

[2] Leistet eine Partei den von ihr verlangten Vorschuss nicht, so kann die andere Partei nach ihrer Wahl die gesamten Kosten vorschiessen oder auf das Schiedsverfahren verzichten. Verzichtet sie, so sind die Parteien mit Bezug auf diese Streitsache nicht mehr an die Schiedsabrede gebunden.

Sechster Abschnitt: Schiedsspruch

Art. 31 Beratung und Schiedsspruch
[1] Bei den Beratungen und Abstimmungen haben sämtliche Schiedsrichter mitzuwirken.

[2] Der Schiedsspruch wird mit Stimmenmehrheit gefällt, sofern die Schiedsabrede nicht Einstimmigkeit oder eine qualifizierte Mehrheit verlangt (Art. 11 Abs. 4 bleibt vorbehalten).

³ *Das Schiedsgericht entscheidet nach den Regeln des anwendbaren Rechts, es sei denn, die Parteien hätten es in der Schiedsabrede ermächtigt, nach Billigkeit zu urteilen.*

⁴ *Das Schiedsgericht darf einer Partei nicht mehr oder, ohne dass besondere Gesetzesvorschriften es erlauben, anderes zusprechen, als sie verlangt hat.*

Art. 32 Teilschiedssprüche
Sofern die Parteien nichts anderes vereinbart haben, kann das Schiedsgericht durch mehrere Schiedssprüche entscheiden.

Art. 33 Inhalt des Schiedsspruches
¹ *Der Schiedsspruch enthält:*
a. die Namen der Schiedsrichter;
b. die Bezeichnung der Parteien;
c. die Angabe des Sitzes des Schiedsgerichts
d. die Anträge der Parteien oder, in Ermangelung von Anträgen, eine Umschreibung der Streitfrage;
e. sofern die Parteien nicht ausdrücklich darauf verzichtet haben: die Darstellung des Sachverhaltes, die rechtlichen Entscheidungsgründe und gegebenenfalls die Billigkeitserwägungen;
f. die Spruchformel über die Sache selbst;
g. die Spruchformel über die Höhe und die Verlegung der Verfahrenskosten und der Parteientschädigungen.

² *Der Schiedsspruch ist mit dem Datum zu versehen und von den Schiedsrichtern zu unterzeichnen. Die Unterschrift der Mehrheit der Schiedsrichter genügt, wenn im Schiedsspruch vermerkt wird, dass die Minderheit die Unterzeichnung verweigert.*

³ *Hat das Schiedsgericht lediglich Schiedsrichter zu ernennen, so ist Absatz 1 Buchstabe e nicht anwendbar.*

Art. 34 Einigung der Parteien
Das Vorliegen einer den Streit beendigenden Einigung der Parteien wird vom Schiedsgericht in der Form eines Schiedsspruches festgestellt.

Art. 35 Hinterlegung und Zustellung
¹ *Das Schiedsgericht sorgt für die Hinterlegung des Schiedsspruches bei der in Artikel 3 vorgesehenen richterlichen Behörde.*

² *Der Schiedsspruch wird im Original und im Falle von Absatz 4 in ebenso vielen Abschriften hinterlegt, als Parteien am Verfahren beteiligt sind.*

³ *Ist der Schiedsspruch nicht in einer der Amtssprachen der Schweizerischen Eidgenossenschaft abgefasst, so kann die Behörde, bei der er hinterlegt wird, eine beglaubigte Übersetzung verlangen.*

⁴ *Diese Behörde stellt den Schiedsspruch den Parteien zu und teilt ihnen das Datum der Hinterlegung mit.*

⁵ *Die Parteien können auf die Hinterlegung des Schiedsspruches verzichten. Sie können ausserdem darauf verzichten, dass ihnen der Schiedsspruch durch die richterliche Behörde zugestellt wird; in diesem Falle erfolgt die Zustellung durch das Schiedsgericht.*

Siebenter Abschnitt: Nichtigkeitsbeschwerde und Revision

I. Nichtigkeitsbeschwerde

Art. 36 Gründe
Gegen den Schiedsspruch kann bei der in Artikel 3 vorgesehenen richterlichen Behörde Nichtigkeitsbeschwerde erhoben werden, um geltend zu machen,
a. das Schiedsgericht sei nicht ordnungsgemäss zusammengesetzt gewesen;
b. das Schiedsgericht habe sich zu Unrecht zuständig oder unzuständig erklärt;
c. es habe über Streitpunkte entschieden, die ihm nicht unterbreitet wurden, oder es habe Rechtsbegehren unbeurteilt gelassen (Art. 32 bleibt vorbehalten);
d. eine zwingende Verfahrensvorschrift im Sinne von Artikel 25 sei verletzt worden;
e. das Schiedsgericht habe einer Partei mehr oder, ohne dass besondere Gesetzesvorschriften es erlauben, anderes zugesprochen, als sie verlangt hat;
f. der Schiedsspruch sei willkürlich, weil er auf offensichtlich aktenwidrigen tatsächlichen Feststellungen beruht oder weil er eine offenbare Verletzung des Rechtes oder der Billigkeit enthält;
g. das Schiedsgericht habe nach Ablauf seiner Amtsdauer entschieden;
h. die Vorschriften des Artikels 33 seien missachtet worden oder die Spruchformel sei unverständlich oder widersprüchlich;
i. die vom Schiedsgericht festgesetzten Entschädigungen der Schiedsrichter seien offensichtlich übersetzt.

Art. 37 Frist
[1] Die Nichtigkeitsbeschwerde ist binnen 30 Tagen nach der Zustellung des Schiedsspruches einzureichen.

[2] Sie ist erst nach Erschöpfung der in der Schiedsabrede vorgesehenen schiedsgerichtlichen Rechtsmittel zulässig.

Art. 38 Aufschiebende Wirkung
Die Nichtigkeitsbeschwerde hat keine aufschiebende Wirkung. Die in Artikel 3 vorgesehene richterliche Behörde kann ihr jedoch auf Gesuch einer Partei diese Wirkung gewähren.

Art. 39 Rückweisung an das Schiedsgericht
Die mit der Nichtigkeitsbeschwerde befasste richterliche Behörde kann, nach Anhörung der Parteien und wenn sie es als sachdienlich erachtet, den Schiedsspruch an das Schiedsgericht zurückweisen und ihm eine Frist zur Berichtigung oder Ergänzung desselben setzen.

Art. 40 Entscheidung
[1] Wird der Schiedsspruch nicht an das Schiedsgericht zurückgewiesen oder von diesem nicht fristgerecht berichtigt oder ergänzt, so entscheidet die richterliche Behörde über die Nichtigkeitsbeschwerde und hebt bei deren Gutheissung den Schiedsspruch auf.

[2] Die Aufhebung kann auf einzelne Teile des Schiedsspruches beschränkt werden, sofern nicht die andern davon abhängen.

[3] Liegt der Nichtigkeitsgrund des Artikels 36 Buchstabe i vor, so hebt die richterliche Behörde nur den Kostenspruch auf und setzt selber die Entschädigungen der Schiedsrichter fest.

[4] Wird der Schiedsspruch aufgehoben, so fällen die gleichen Schiedsrichter einen neuen Entscheid, soweit sie nicht wegen ihrer Teilnahme am früheren Verfahren oder aus einem andern Grunde abgelehnt werden.

II. Revision

Art. 41 Gründe
Die Revision kann verlangt werden:
a. wenn durch Handlungen, die das schweizerische Recht als strafbar erklärt, auf den Schiedsspruch eingewirkt worden ist; diese Handlungen müssen durch ein Strafurteil festgestellt sein, es sei denn, ein Strafverfahren könne aus anderen Gründen als mangels Beweisen nicht zum Urteil führen;
b. wenn der Schiedsspruch in Unkenntnis erheblicher, vor der Beurteilung eingetretener Tatsachen oder von Beweismitteln, die zur Erwahrung erheblicher Tatsachen dienen, gefällt worden ist und es dem Revisionskläger nicht möglich war, diese Tatsachen oder Beweismittel im Verfahren beizubringen.

Art. 42 Frist
Das Revisionsgesuch ist binnen 60 Tagen seit Entdeckung des Revisionsgrundes, spätestens jedoch binnen fünf Jahren seit der Zustellung des Schiedsspruches der in Artikel 3 vorgesehenen richterlichen Behörde einzureichen.

Art. 43 Rückweisung an das Schiedsgericht
[1] Wird das Revisionsgesuch gutgeheissen, so weist die richterliche Behörde die Streitsache zur Neubeurteilung an das Schiedsgericht zurück.

[2] Verhinderte Schiedsrichter werden gemäss den Vorschriften von Artikel 3 ersetzt.

[3] Muss ein neues Schiedsgericht gebildet werden, so werden die Schiedsrichter gemäss den Vorschriften der Artikel 10–12 bestellt oder ernannt.

[4] Im Falle der Rückweisung an das Schiedsgericht ist Artikel 16 sinngemäss anwendbar.

Achter Abschnitt: Vollstreckung der Schiedssprüche

Art. 44 Vollstreckbarkeitsbescheinigung
[1] Auf Gesuch einer Partei bescheinigt die in Artikel 3 vorgesehene richterliche Behörde, dass ein Schiedsspruch, der Artikel 5 nicht widerspricht, gleich einem gerichtlichen Urteil vollstreckbar ist, sofern:
a. die Parteien ihn ausdrücklich anerkannt haben;
b. oder gegen ihn binnen der Frist des Artikels 37 Absatz 1 keine Nichtigkeitsbeschwerde eingereicht worden ist;
c. oder einer rechtzeitig eingereichten Nichtigkeitsbeschwerde keine aufschiebende Wirkung gewährt worden ist;
d. oder eine erhobene Nichtigkeitsbeschwerde dahingefallen oder abgewiesen worden ist.

[2] Die Vollstreckbarkeitsbescheinigung wird am Schluss des Schiedsspruches angebracht.

[3] Die vorläufige Vollstreckung eines Schiedsspruches ist ausgeschlossen.

Neunter Abschnitt: Schlussbestimmungen

Art. 45 Verfahren
[1] Die Kantone regeln das Verfahren vor der in Artikel 3 vorgesehenen richterlichen Behörde. Der Entscheid über die Ablehnung, Abberufung und Ersetzung von Schiedsrichtern ergeht im summarischen Verfahren.

² Die Kantone sind befugt, die in Artikel 3 Buchstaben a–e und g umschriebenen Befugnisse ganz oder zum Teil an eine andere als die dort vorgesehene richterliche Behörde zu übertragen. Machen sie hiervon Gebrauch, so können die Parteien und die Schiedsrichter dennoch ihre Eingaben gültig dem oberen ordentlichen kantonalen Zivilgericht einreichen.

Art. 46 Inkrafttreten
Tritt das Konkordat in einem Kanton in Kraft, so werden damit unter Vorbehalt des Artikels 45 alle Gesetzesbestimmungen dieses Kantons über die Schiedsgerichtsbarkeit aufgehoben.
Das Konkordat ist heute verbindlich

für die Kantone:	*seit:*	
Zürich	1. Juli 1985	(AS 1986 700)
Bern	1. Juli 1973	(AS 1973 1011)
Luzern	1. Januar 1995	(AS 1995 31)
Uri	16. März 1978	(AS 1979 447)
Schwyz	5. Juni 1970	(AS 1970 732; 1971 464)
Obwalden	1. Januar 1974	(AS 1973 1259)
Nidwalden	18. Juni 1970	(AS 1971 1079)
Glarus	3. Mai 1987	(AS 1988 356)
Zug	4. August 1981	(AS 1981 984)
Freiburg	10. Juli 1971	(AS 1972 2355)
Solothurn	1. Juli 1971	(AS 1973 1757)
Basel-Stadt	31. Januar 1971	(AS 1971 1079)
Basel-Landschaft	1. November 1973	(AS 1973 1757)
Schaffhausen	1. Januar 1977	(AS 1976 2789)
Appenzell A. Rh.	28. April 1980	(AS 1980 857)
Appenzell I. Rh.	26. April 1981	(AS 1981 561)
St. Gallen	1. Januar 1973	(AS 1973 103)
Graubünden	1. Mai 1975	(AS 1975 604)
Aargau	1. Januar 1988	(AS 1988 47)
Thurgau	1. Januar 1989	(AS 1989 172)
Tessin	1. Januar 1972	(AS 1972 1749)
Waadt	5. Juni 1970	(AS 1971 464)
Wallis	1. Januar 1973	(AS 1981 984)
Neuenburg	24. November 1970	(AS 1971 464)
Genf	9. Januar 1971	(AS 1971 372)
Jura (Nachfolge)	1. Januar 1979	(AS 1979 252)

Internationale Schiedsgerichtsbarkeit (Auszug aus dem IPRG)

1. Geltungsbereich. Sitz des Schiedsgerichts.

Art. 176.
¹ Die Bestimmungen dieses Kapitels gelten für Schiedsgerichte mit Sitz in der Schweiz, sofern beim Abschluss der Schiedsvereinbarung wenigstens eine Partei ihren Wohnsitz oder ihren gewöhnlichen Aufenthalt nicht in der Schweiz hatte.

² Die Bestimmungen dieses Kapitels gelten nicht, wenn die Parteien schriftlich die Anwendung dieses Kapitels ausgeschlossen und die ausschliessliche Anwendung der kantonalen Bestimmungen über die Schiedsgerichtsbarkeit vereinbart haben.

³ Der Sitz des Schiedsgerichts wird von den Parteien oder der von ihnen benannten Schiedsgerichtsinstitution, andernfalls von den Schiedsrichtern bezeichnet.

II. Schiedsfähigkeit.

Art. 177.

¹ Gegenstand eines Schiedsverfahrens kann jeder vermögensrechtliche Anspruch sein.

² Ist eine Partei ein Staat, ein staatlich beherrschtes Unternehmen oder eine staatlich kontrollierte Organisation, so kann sie nicht unter Berufung auf ihr eigenes Recht ihre Parteifähigkeit im Schiedsverfahren oder die Schiedsfähigkeit einer Streitsache in Frage stellen, die Gegenstand der Schiedsvereinbarung ist.

III. Schiedsvereinbarung.

Art. 178.

¹ Die Schiedsvereinbarung hat schriftlich, durch Telegramm, Telex, Telefax oder in einer anderen Form der Übermittlung zu erfolgen, die den Nachweis der Vereinbarung durch Text ermöglicht.

² Die Schiedsvereinbarung ist im übrigen gültig, wenn sie dem von den Parteien gewählten, dem auf die Streitsache, insbesondere dem auf den Hauptvertrag anwendbaren oder dem schweizerischen Recht entspricht.

³ Gegen eine Schiedsvereinbarung kann nicht eingewendet werden, der Hauptvertrag sei ungültig oder die Schiedsvereinbarung beziehe sich auf einen noch nicht entstandenen Streit.

IV. Schiedsgericht. 1. Bestellung.

Art 179.

¹ Die Schiedsrichter werden gemäss der Vereinbarung der Parteien ernannt, abberufen oder ersetzt.

² Fehlt eine solche Vereinbarung, so kann der Richter am Sitz des Schiedsgerichts angerufen werden; er wendet sinngemäss die Bestimmungen des kantonalen Rechts über die Ernennung, Abberufung oder Ersetzung von Schiedsrichtern an.

³ Ist ein staatlicher Richter mit der Ernennung eines Schiedsrichters betraut, so muss er diesem Begehren stattgeben. es sei denn, eine summarische Prüfung ergebe, dass zwischen den Parteien keine Schiedsvereinbarung besteht.

2. Ablehnung eines Schiedsrichters.

Art. 180.

¹ Ein Schiedsrichter kann abgelehnt werden:
a. wenn er nicht den von den Parteien vereinbarten Anforderungen entspricht;
b. wenn ein in der von den Parteien vereinbarten Verfahrensordnung enthaltener Ablehnungsgrund vorliegt, oder
c. wenn Umstände vorliegen, die Anlass zu berechtigten Zweifeln an seiner Unabhängigkeit geben.

² Eine Partei kann einen Schiedsrichter, den sie ernannt hat oder an dessen Ernennung sie mitgewirkt hat, nur aus Gründen ablehnen, von denen sie erst nach dessen Ernennung Kenntnis erhalten hat. Vom Ablehnungsgrund ist dem Schiedsgericht sowie der anderen Partei unverzüglich Mitteilung zu machen.

³ Soweit die Parteien das Ablehnungsverfahren nicht geregelt haben, entscheidet im Bestreitungsfalle der Richter am Sitz des Schiedsgerichts endgültig.

V. Rechtshängigkeit.

Art. 181.
Das Schiedsverfahren ist hängig, sobald eine Partei mit einem Rechtsbegehren den oder die in der Schiedsvereinbarung bezeichneten Schiedsrichter anruft oder, wenn die Vereinbarung keinen Schiedsrichter bezeichnet, sobald eine Partei das Verfahren zur Bildung des Schiedsgerichts einleitet.

VI. Verfahren. 1. Grundsatz.

Art. 182.
^{1} Die Parteien können das schiedsrichterliche Verfahren selber oder durch Verweis auf eine schiedsgerichtliche Verfahrensordnung regeln; sie können es auch einem Verfahrensrecht ihrer Wahl unterstellen.

^{2} Haben die Parteien das Verfahren nicht selber geregelt, so wird dieses, soweit nötig, vom Schiedsgericht festgelegt, sei es direkt, sei es durch Bezugnahme auf ein Gesetz oder eine schiedsgerichtliche Verfahrensordnung.

^{3} Unabhängig vom gewählten Verfahren muss das Schiedsgericht in allen Fällen die Gleichbehandlung der Parteien sowie ihren Anspruch auf rechtliches Gehör in einem kontradiktorischen Verfahren gewährleisten.

2. Vorsorgliche und sichernde Massnahmen.

Art. 183.
^{1} Haben die Parteien nichts anderes vereinbart, so kann das Schiedsgericht auf Antrag einer Partei vorsorgliche oder sichernde Massnahmen anordnen.

^{2} Unterzieht sich der Betroffene nicht freiwillig der angeordneten Massnahme, so kann das Schiedsgericht den staatlichen Richter um Mitwirkung ersuchen; dieser wendet sein eigenes Recht an.

^{3} Das Schiedsgericht oder der staatliche Richter können die Anordnung vorsorglicher oder sichernder Massnahmen von der Leistung angemessener Sicherheiten abhängig machen.

3. Beweisaufnahme.

Art. 184.
^{1} Das Schiedsgericht nimmt die Beweise selber ab.

^{2} Ist für die Durchführung des Beweisverfahrens staatliche Rechtshilfe erforderlich, so kann das Schiedsgericht oder eine Partei mit Zustimmung des Schiedsgerichts den staatlichen Richter am Sitz des Schiedsgerichts um Mitwirkung ersuchen; dieser wendet sein eigenes Recht an.

4. Weitere Mitwirkung des staatlichen Richters.

Art. 185.
Ist eine weitere Mitwirkung des staatlichen Richters erforderlich, so ist der Richter am Sitz des Schiedsgerichts zuständig.

VII. Zuständigkeit.

Art. 186.
¹ Das Schiedsgericht entscheidet selbst über seine Zuständigkeit.

² Die Einrede der Unzuständigkeit ist vor der Einlassung auf die Hauptsache zu erheben.

³ Das Schiedsgericht entscheidet über seine Zuständigkeit in der Regel durch Vorentscheid.

VIII. Sachentscheid 1. Anwendbares Recht.

Art. 187.
¹ Das Schiedsgericht entscheidet die Streitsache nach dem von den Parteien gewählten Recht oder, bei Fehlen einer Rechtswahl, nach dem Recht, mit dem die Streitsache am engsten zusammenhängt.

² Die Parteien können das Schiedsgericht ermächtigen. nach Billigkeit zu entscheiden.

2. Teilentscheid.

Art. 188.
Haben die Parteien nichts anderes vereinbart, so kann das Schiedsgericht Teilentscheide treffen.

3. Schiedsentscheid.

Art. 189.
¹ Der Entscheid ergeht nach dem Verfahren und in der Form, welche die Parteien vereinbart haben.

² Fehlt eine solche Vereinbarung, so wird er mit Stimmenmehrheit gefällt oder, falls sich keine Stimmenmehrheit ergibt, durch den Präsidenten des Schiedsgerichts. Der Entscheid ist schriftlich abzufassen, zu begründen, zu datieren und zu unterzeichnen. Es genügt die Unterschrift des Präsidenten.

IX. Endgültigkeit, Anfechtung. 1. Grundsatz.

Art. 190.
¹ Mit der Eröffnung ist der Entscheid endgültig.

² Der Entscheid kann nur angefochten werden:
a. wenn der Einzelschiedsrichter vorschriftswidrig ernannt oder das Schiedsgericht vorschriftswidrig zusammengesetzt wurde;
b. wenn sich das Schiedsgericht zu Unrecht für zuständig oder unzuständig erklärt hat;
c. wenn das Schiedsgericht über Streitpunkte entschieden hat, die ihm nicht unterbreitet wurden, oder wenn es Rechtsbegehren unbeurteilt gelassen hat;
d. wenn der Grundsatz der Gleichbehandlung der Parteien oder der Grundsatz des rechtlichen Gehörs verletzt wurde;
e. wenn der Entscheid mit dem ordre public unvereinbar ist.

³ Vorentscheide können nur aus den in Absatz 2, Buchstaben a und b genannten Gründen angefochten werden; die Beschwerdefrist beginnt mit der Zustellung des Vorentscheides.

2. Beschwerdeinstanz.

Art. 191.
¹ Einzige Beschwerdeinstanz ist das schweizerische Bundesgericht. Das Verfahren richtet sich nach den Bestimmungen des Bundesrechtspflegegesetzes betreffend staatsrechtliche Beschwerde.

² *Die Parteien können vereinbaren, dass anstelle des Bundesgerichts der Richter am Sitz des Schiedsgerichts entscheidet: dessen Entscheid ist endgültig. Die Kantone bezeichnen hierfür eine einzige Instanz.*

X. Verzicht auf Rechtsmittel.

Art. 192.
¹ *Hat keine der Parteien Wohnsitz, gewöhnlichen Aufenthalt oder eine Niederlassung in der Schweiz, so können sie durch eine ausdrückliche Erklärung in der Schiedsvereinbarung oder in einer späteren schriftlichen Übereinkunft die Anfechtung der Schiedsentscheide vollständig ausschliessen; sie können auch nur einzelne Anfechtungsgründe gemäss Artikel 190 Absatz 2 ausschliessen.*

² *Haben die Parteien eine Anfechtung der Entscheide vollständig ausgeschlossen und sollen die Entscheide in der Schweiz vollstreckt werden, so gilt das New Yorker Übereinkommen vom 10. Juni 1958 über die Anerkennung und Vollstreckung ausländischer Schiedssprüche sinngemäss.*

XI. Vollstreckbarkeitsbescheinigung.

Art. 193.
¹ *Jede Partei kann auf ihre Kosten beim schweizerischen Gericht am Sitz des Schiedsgerichts eine Ausfertigung des Entscheides hinterlegen.*

² *Auf Antrag einer Partei stellt das Gericht eine Vollstreckbarkeitsbescheinigung aus.*

³ *Auf Antrag einer Partei bescheinigt das Schiedsgericht, dass der Schiedsspruch nach den Bestimmungen dieses Gesetzes ergangen ist; eine solche Bescheinigung ist der gerichtlichen Hinterlegung gleichwertig.*

XII. Ausländische Schiedssprüche.

Art. 194.
Für die Anerkennung und Vollstreckung ausländischer Schiedssprüche gilt das New Yorker-Übereinkommen vom 10. Juni 1958 über die Anerkennung und Vollstreckung ausländischer Schiedssprüche.

3

Die Schiedsgerichte bilden als Privatgerichte einen Teil der staatlichen Gerichtsorganisation (Vogel, N 2 ff., S. 374). Sie haben zunehmend erhebliche Bedeutung: Einmal besteht jedenfalls bei nicht institutionalisierten Gerichten (ad-hoc-Schiedsgerichten) eine sachliche "Kundenbeziehung" zwischen dem Gericht und den Parteien. Die häufig bei staatlichen Gerichten, namentlich im Kanton Zürich, anzutreffende Arroganz entfällt. Bei staatlichen Gerichten empfinden sich die Parteien häufig als "Ruhestörer". Schiedsgerichte sind relativ effizient, aber in der Regel scheinbar teurer als staatliche Gerichte; wenn man jedoch die Rechtsmittelverfahren mitberücksichtigt, sind die Schiedsgerichte allemal auch von der Gebührenseite her konkurrenzfähig. So können Schiedsgerichte überall in der Welt tagen, Zeugen einfach anfragen, ob sie bereit sind, auszusagen; Dokumente kann ein Schiedsgericht per Fax oder Internet zustellen. Während bei staatlichen Gerichten manchmal nur einer (meist die Gerichtssekretäre, Gerichtsschreiber, mitunter der Referent) die Arbeit im wesentlichen macht, pflegen die Schiedsrichter eingehend die Akten wie die Rechtsfragen selbständig zu studieren; diese umfassende Auseinandersetzung rechtfertigt einen weitgehenden Rechtsmittelausschluss, was bei staatlichen Gerichten entgegen der gesetzgeberischen Tendenz verheerend wäre, da für die Besetzung der Stellen von staatlichen Gerichten teilweise eine negative Auswahl vorherrschend ist (Parteiausweis und politische Tätigkeit ersetzen bei staatlichen Gerichten teilweise Fachkenntnisse, Weiterbildung und insbesondere privatwirtschaftliche Erfahrung, was man aber nicht verallgemeinern darf). Bei Schiedsgerichten herrschen Wettbewerbsverhältnisse, die nicht immer hinreichend transparent sind; so ist in Zürich die Ten-

4

denz unverkennbar, die Schiedsrichter institutionalisierter Schiedsgerichte teilweise unter bestimmten Anwaltsbüros aufzuteilen (sog. "Schiedsgerichtsmafia"); diese sind dann alternierend als Schiedsrichter und als Rechtsvertreter einer Partei tätig, wobei sie in beiden Fallkonstellationen die Fälle häufig nicht primär persönlich bearbeiten. Die Medien und – im internationalen Verhältnis – der (ausländische) Fiskus partizipieren bei Schiedsgerichten nicht an den Verfahrensakten. In negativer Hinsicht fehlt u.U. bei institutionalisierten Schiedsgerichten jede Kontrolle für die Partei, wenn sie keinen Schiedsrichter selber wählen kann.

Man konstatiert in zunehmender Weise eine Verpönung staatlicher Gerichte und institutionalisierter Schiedsgerichte, sofern die Partei keinen Schiedsrichter ernennen kann; die Tendenz geht zu Dreierschiedsgerichten, bei denen jede Partei frei von vorgegebenen Listen einen Schiedsrichter stellen kann. Institutionalisierten Schiedsgerichten wird mitunter vorgeworfen, sie neigten wie staatliche Gerichte zum Beamtentum. Beim Aufsetzen eines Vertrags gehört heute eine Schiedsgerichtsklausel schon beinahe zur Sorgfaltspflicht.

Die Vereinbarung einer Schiedgerichtsklausel nach Art. 178 IPRG ist ein Vertrag des Bundeszivilprozessrechts, jener gemäss Art. 4 ff. Konkordat ein Vertrag des kantonalen Prozessrechts, und zwar auch und gerade dann, wenn die Klausel Teil eines privatrechtlichen Vertrags oder von Statuten des Privatrechts ist. Probleme kann der Begriff "bestimmtes Rechtsverhältnis" und dessen Auslegung mit sich bringen. Die fehlende Kontrolle der Schiedsgerichte durch Instanzen mit voller Kognition ist nicht ohne Gefahr für die Beteiligten; gegenüber einem grundsätzlichen Favorisieren von Schiedsgerichten schlechthin ist Vorsicht geboten.

BGE 101 II 170 (also vor der Zeit des IPRG):

5 **BGE 101 II 170:** 1. "Schiedsabreden sind prozessualer Natur und unterstehen daher dem kantonalen Verfahrensrecht (BGE 41 II 537 ff., 59 I 179, 59 II 188, 60 II 60, 67 II 148, 71 II 116 und 179, 78 II 395, 85 II 150, 88 I 103). Dieses bestimmt insbesondere, unter welchen Voraussetzungen sie gültig sind. Da die Berufung an das Bundesgericht nur bei Verletzung von Bundesrecht und von Staatsverträgen des Bundes zulässig ist, kann deshalb mit ihr grundsätzlich nicht geltend gemacht werden, eine Schiedsabrede sei nicht gültig zustande gekommen. Das trifft auch dann zu, wenn die Abrede dem Konkordat über die Schiedsgerichtsbarkeit untersteht, denn auch interkantonale Konkordate enthalten kantonales Recht, nicht Bundesrecht im Sinne von Art. 43 Abs. 1 OG.

2. Im vorliegenden Fall wird die Gültigkeit der Schiedsklausel allerdings nur bestritten, weil Kajganovic als Stellvertreter der Generaldirektors der Beklagten nicht ermächtigt gewesen sei, den Weg des Schiedsverfahrens zu vereinbaren. Ob er diese Vertretungsmacht hatte, sei es als Organ der Beklagten, wie das Obergericht in erster Linie schliesst, sei es als rechtsgeschäftlich bestellter Vertreter, wie es subsidiär annimmt, mag man als Frage des materiellen Rechts betrachten. Jedenfalls handelt es sich aber um eine blosse Vorfrage zu der prozessualen Hauptfrage, ob die Beklagte sich auf das Schiedsverfahren einzulassen habe. Blosse Vorfragen zu kantonalrechtlichen Hauptfragen können indessen dem Bundesgericht auf dem Wege der Berufung nur unterbreitet werden, wenn die Vorfrage nach eidgenössischem Recht zu beurteilen ist und dieses dem kantonalen Gesetzgeber ausserdem gebietet, den Entscheid über die Vorfrage Rechnung zu tragen (BGE 80 II 183, 84 II 133, 85 II 364, 96 II 63)."

6 Bei Bestehen einer gültigen Schiedsabrede liegt für den staatlichen Richter ein Prozesshindernis im Sinne von § 108 ZPO vor, worüber er mittels eines Zwischenentscheids zu befinden hat. An die Schiedsabrede ist grundsätzlich auch der Rechtsnachfolger gebunden; bei der landesinternen Schiedsgerichtsbarkeit bestimmt das kantonale Prozessrecht, ob die Schiedsvereinbarung mit der Zession übergeht; das Bundesgericht hat in BGE 103 II 79 die Frage offen gelassen, ob der Übergang der Schiedsabrede auf den Erwerber wirklich ausschliesslich auf dem kantonalen Prozessrecht beruht:

BGE 103 II 79: "4. Ob der Übergang der Schiedsabrede auf den Erwerber der Forderung wirklich ausschliesslich auf dem kantonalen Prozessrecht beruhe, mag jedoch offen gelassen werden. Indem das Obligationenrecht in Art. 170 Abs. 1 die untrennbar mit der Person des Abtretenden verknüpften Vorzugs- und Nebenrechte nicht auf den Erwerber der Forderung übergehen lässt, stellt es nämlich in Fällen, in denen diese Verknüpfung sich aus dem Sinn einer Parteivereinbarung ergibt, auf den Parteiwillen ab und lässt damit dem kantonalen Recht den Vortritt, wenn die Vereinbarung diesem untersteht. Der gleichen Auffassung ist BECKER (a.a.O.). Er sagt, ob ein Vorzugs- oder Nebenrecht untrennbar an die Person des Abtretenden geknüpft sei, bestimme sich nach dem dieses Recht beherrschenden Gesetz; ob der Erwerber einer im Streite liegenden Forderung in den schwebenden Prozess eintreten könne, hange also vom Prozessgesetz ab (BECKER verweist hier auf ein in der Revue der Gerichtspraxis 19 Nr. 51 veröffentlichtes Urteil des Bundesgerichts), und ob die Fortsetzung einer Betreibung durch den Zessionar zulässig sei, bestimme das Betreibungsgesetz. Wenn der Übergang der Schiedsabrede überhaupt von Bundesrechts wegen dem Art. 170 Abs. 1 OR untersteht, kann somit jedenfalls nicht gesagt werden, diese Bestimmung schreibe ihn zwingend vor, d.h. der Richter müsse im vorliegenden Falle die Zuständigkeit des Schiedsgerichts bejahen. Vielmehr hängt der Übergang letzten Endes von einer Frage des kantonalen Prozessrechts ab. Indem der Beklagte geltend macht, die Schiedsabrede sei ausschliesslich mit Rücksicht auf sein enges Verhältnis zu Winiger getroffen worden und folglich untrennbar mit dessen Person verknüpft, mutet er dem Bundesgericht zu, eine vom kantonalen Recht beherrschte Vereinbarung auszulegen. Das ist im Berufungsverfahren nicht zulässig.

In BGE 76 II 251 hat die I. Zivilabteilung denn auch ausgeführt, ob der durch Verstaatlichung eines Unternehmens eingesetzte Rechtsnachfolger sich auf einen vom Vorgänger vertraglich ausbedungenen Gerichtsstand berufen könne, hänge vom Willen der Vertragsschliessenden ab, und diese Frage sei der Beurteilung durch das Bundesgericht als Berufungsinstanz entzogen."

BGE 110 Ia 108: Bestätigt die bisherige Praxis

BGE 110Ia 108: "a) Es trifft zu, dass der Schiedsvertrag als Prozessvertrag vom kantonalen Prozessrecht beherrscht wird (BGE 103 II 76 E. 1 mit Hinweis; Rüede/Hadenfeldt, S. 53). Das schliesst indes nicht aus, dass der Bundesgesetzgeber mit Art. 649a ZGB ins kantonale Verfahrensrecht eingreift, wie dies der Appellationshof annimmt. Weil die Norm indes dem materiellen Zivilrecht angehört, ist ein solcher Eingriff immerhin nicht zu vermuten.

b) Die Bedeutung von Art. 649a ZGB ist eindeutig und an sich unbestritten. Mit dem Erwerb von Stockwerkeigentum werden von Gesetzes wegen, auch ohne Anmerkung in Kaufvertrag und Grundbuch, die bestehende Nutzungs- und Verwaltungsordnung sowie früher gefasste Beschlüsse und ergangene richterliche Anordnungen für den Erwerber verbindlich. Das gilt in erster Linie für das Reglement der Gemeinschaft, und zwar unabhängig davon, ob der Erwerber dessen Existenz und Inhalt kennt. Der Appellationshof übersieht jedoch, dass dies keineswegs voraussetzungslos für den gesamten Inhalt des Reglements zutreffen muss. Soweit sich einzelne Bestimmungen als unverbindlich erweisen, handelt die Beschwerdeführerin keineswegs widersprüchlich und missbräuchlich, wenn sie sich im übrigen auf das unstreitig gültige Reglement stützt.

c) Die Bestimmung des Art. 649a ZGB gilt nur im Bereich der Nutzungs- und Verwaltungsordnung und nicht im gesamten Bereich der Beziehungen unter den Miteigentümern (Meier-Hayoz, N. 18 zu Art. 649a ZGB). Nach dem angefochtenen Urteil erfüllt das Schiedsgericht in einem weiteren Sinn eine Verwaltungsfunktion. Der Appellationshof kann sich dafür auf Friedrich (Das Stockwerkeigentum, N. 4 zu §8) stützen. Ob seine Ansicht richtig ist, erscheint fraglich, braucht indes nicht entschieden zu werden.

d) Die Gemeinschaft der Stockwerkeigentümer besitzt beschränkte Rechts- und Handlungsfähigkeit (Art. 712l ZGB). Im Hinblick auf neu eintretende Mitglieder wurde jedoch die Regelung von Art. 649a ZGB stark an die Verhältnisse bei juristischen Personen angenähert (Botschaft vom 7. Dezember 1962, in BBl 1962 II S. 1495 f.; Friedrich, in ZGBR 45/1964 S. 350); die Lösung entspricht dem, was für juristische Personen gilt (Liver, in Schweizerisches Privatrecht, Bd. V/1 S. 70; Meier-Hayoz, N. 12 zu Art. 649a ZGB). Daraus folgt, dass der Bundesgesetzgeber die Rechtsnachfolge in der Stockwerkeigentümer-Gemeinschaft keineswegs weitergehend als bei eigentlichen juristischen Personen erleichtern wollte.

e) Art. 6 Abs. 2 des Konkordats verlangt für die Gültigkeit einer statutarischen Schiedsabrede nebst der schriftlichen Beitrittserklärung eine ausdrückliche Bezugnahme auf die Schiedsabrede. Die Zweckmässigkeit einer solchen Vorschrift ist umstritten (vgl. Sträuli/Messmer/Wiget, Kommentar zur Zürcherischen Zivilprozessordnung, 2. Aufl., N. 18 zu §238; ferner Hinderling, Probleme der privaten Schiedsgerichtsbarkeit, in Ausgewählte Schriften, S. 322). Die Erschwerung ist indes zum Schutz vor übereilter Bindung bewusst in Kauf genommen worden und entspricht offensichtlich dem Willen des Konkordats (Panchaud, Concordat suisse sur l arbitrage, S. 40; Lanz, Das Konkordat über die Schiedsgerichtsbarkeit vom 27. März 1969, Diss. Zürich 1971, S. 21; Jolidon, Commentaire du Concordat suisse sur l arbitrage, S. 173). Der eigentlichen Schriftlichkeit (Art. 6 Abs. 1 des Konkordats) gegenüber enthält Absatz 2 immer noch eine Erleichterung.

f) Bundesrecht schreibt den Kantonen nicht vor, ob und unter welchen Voraussetzungen sie Schiedsklauseln in den Statuten von Körperschaften für nachträglich eintretende Mitglieder gelten lassen müssen. Die Ordnung, wie sie in Art. 6 Abs. 2 des Konkordats für juristische Personen getroffen ist, erweckt denn auch bundesrechtlich keine Bedenken. Mit Art. 649a ZGB wollte der Gesetzgeber sich wie erwähnt der Ordnung juristischer Personen annähern, keineswegs aber so weit in kantonales Prozessrecht eingreifen, dass bei der Rechtsnachfolge in Stockwerkeigentümer-Gemeinschaften Art. 6 Abs. 2 des Konkordats unanwendbar sein soll. Freilich erklärt Friedrich (Das Stockwerkeigentum, N. 4 zu §58), auf den der Appellationshof sich beruft, der Grundsatz von Art. 649a ZGB gelte auch für eine in der Gemeinschaftsordnung enthaltene Schiedsabrede, selbst wenn der Einzelrechtsnachfolger sich ihr nicht ausdrücklich unterzogen habe. Der Verfasser behält jedoch seinerseits zutreffend hinsichtlich der Verbindlichkeit solcher Abreden die einschlägigen kantonalen Prozessnormen vor (N. 2). Indem der Appellationshof die Beschwerdeführerin an das Schiedsgericht verwiesen hat, obwohl die Voraussetzungen von Art. 6 Abs. 2 des Konkordats nicht gegeben sind, hat er ihren Anspruch auf den verfassungsmässigen Richter verletzt. Die Beschwerde ist deshalb gutzuheissen."

9 Gemäss Art. 178 Abs. 2 IPRG bestimmt sich die Gültigkeit der Schiedsabrede für die internationale Schiedsgerichtsbarkeit primär nach dem von den Parteien gewählten oder nach dem auf den Streitfall anwendbaren und subsidiär nach schweizerischem Recht. Schliessen die Parteien einen aussergerichtlichen Vergleich, so ersetzt die darin enthaltene Gerichtsstandsvereinbarung die in einem früher abgeschlossenen Vertrag enthaltene Schiedsklausel und lässt diese dahinfallen, sofern sie im Vergleich keinen gegenteiligen Willen zum Ausdruck gebracht haben. Wenn das Schiedsgericht einen Zwischenentscheid im Sinne von Art. 186 Abs. 3 IPRG trifft, hat es ohne Einschränkung seine Zuständigkeit zu prüfen (BGE 121 II 495).

10 **BGE 117 II 97:** "a) Mit der Zuständigkeitsbeschwerde des Art. 190 Abs. 2 lit. b IPRG kann geltend gemacht werden, das Schiedsgericht habe sich zu Unrecht für zuständig oder unzuständig erklärt. Ob die Zuständigkeit zu Recht bejaht oder verneint worden ist, prüft das Bundesgericht im Verfahren der Zuständigkeitsbeschwerde mit freier Kognition (LALIVE et al., a.a.O., S. 424 N. 5b zu Art. 190 IPRG; BUCHER, a.a.O., S. 137 Rz 378; ROBERT BRINER, Die Anfechtung und Vollstreckung des Schiedsentscheids, in: Die internationale Schiedsgerichtsbarkeit in der Schweiz, S. 107 unten). Gegenüber der Ordnung des Schiedsgerichtskonkordats ist zwar die Anfechtung von Schiedsurteilen im Verfahren nach IPRG erheblich eingeschränkt worden, indem Art. 190 Abs. 2 IPRG nur noch wenige verfahrensrechtliche Beschwerdegründe vorsieht und die materielle Überprüfung auf die Frage begrenzt, ob der Schiedsspruch vor dem Ordre public standhält (BGE 115 II 291 f. E. 2b und E. 3a). Aus der unveränderten Übernahme von Art. 36 lit. b des Konkordats in Art. 190 Abs. 2 lit. b IPRG geht jedoch der klare Wille des Gesetzgebers hervor, dass der staatliche Richter die Zuständigkeitsfrage nach wie vor umfassend zu prüfen hat. Weiter hat das Bundesgericht in BGE 102 Ia 577 f. E. 5 erkannt, die freie Prüfung der Zuständigkeit des mit einer Beschwerde gemäss Art. 36 lit. b Konkordat befassten kantonalen Richters erstrecke sich auch auf materiellrechtliche Vorfragen, obgleich diese im Rahmen einer Beschwerde gegen den Sachentscheid nur auf Willkür hin zu überprüfen wären. Trotz der eingeschränkteren Anfechtungsmöglichkeiten kann unter der neuen Ordnung nichts anderes gelten. Auch das mit einer Zuständigkeitsbeschwerde gemäss Art. 190 Abs. 2 lit. b IPRG befasste Bundesgericht hat sämtliche Fragen zu untersuchen, welche die Zuständigkeit des Schiedsgerichts bestimmen. Setzt die Beurteilung der Zuständigkeit die Beantwortung materiellrechtlicher Vorfragen voraus, sind auch diese im Beschwerdeverfahren nach Art. 190 Abs. 2 lit. b IPRG frei zu prüfen. Denn nur eine vollumfängliche Abklärung mindestens der Zuständigkeit des Schiedsgerichts verringert die Gefahr, dass einer Partei die gerichtliche Beurteilung eines Anspruchs versagt bleibt, weil sowohl der Schiedsrichter wie der ordentliche Richter ihre Zuständigkeit verneinen. Auch wenn es nicht zu einem negativen Kompetenzkonflikt kommt, weil der ordentliche Richter im Gegensatz zum Schiedsgericht seine Zuständigkeit bejaht, rechtfertigt sich trotzdem eine eingehende Kontrolle eines schiedsrichterlichen Unzuständigkeitsentscheids; dem rechtsstaatlichen Bedürfnis nach einer voraussehbaren Zuständigkeitsordnung liefe es zuwider, wenn Schiedsgerichte ihre Zuständigkeit leichthin verneinen könnten mit der Folge, dass es den Parteien freigestellt wäre, ihre Streitsache beliebig dem ordentlichen Richter zu unterbreiten, obwohl sie sich freiwillig einem Schiedsgericht unterworfen haben. Dass umgekehrt auch ein rechtsstaatliches Bedürfnis besteht, zu vermeiden, dass sich Schiedsgerichte Kompetenzen anmassen und einer Partei den einschneidenden Verzicht auf ein rechtsstaatliches Verfahren vor dem ordentlichen Richter aufnötigen (RÜEDE/HADENFELDT, Schweizerisches Schiedsgerichtsrecht, S. 34), bedarf keiner weiteren Ausführungen.

b) Abgesehen von den Fragen der Schiedsfähigkeit (Art. 177 IPRG) und der zuständigkeitsbegründenden Einlassung (Art. 186 Abs. 2 IPRG) geht es bei der Zuständigkeitsbeschwerde um die Gültigkeit, den Inhalt und die Tragweite einer Schiedsvereinbarung (Bucher, a.a.O., S. 127 Rz 342). Die Frage nach der Gültigkeit umfasst auch diejenige nach den durch eine Schiedsvereinbarung verpflichteten Parteien (LALIVE et al., a.a.O., S. 322 N. 14 zu Art. 178 IPRG). Ob eine Schiedsvereinbarung gültig abgetreten worden ist, beurteilt sich nach dem in Art. 178 Abs. 2 IPRG bezeichneten, für die Gültigkeit der Schiedsvereinbarung günstigsten Recht (LALIVE et al., a.a.O., S. 325 N. 21 zu Art. 178 IPRG; BUCHER, a.a.O., S. 47 Rz 106). Gemäss Art. 178 Abs. 2 IPRG ist die Schiedsvereinbarung gültig, wenn sie entweder dem von den Parteien gewählten oder dem auf die Streitsache, insbesondere dem auf den Hauptvertrag anwendbaren, oder dem schweizerischen Recht entspricht. Dabei kommt die erste Alternative nur zum Tragen, wenn die Parteien für die Schiedsvereinbarung ein vom Hauptvertrag abweichendes Recht gewählt haben (LALIVE et al., a.a.O., S. 322 N. 15 zu Art. 178 IPRG; BUCHER, a.a.O., S. 45 Rz 103). In Art. 11 des Zusammenarbeitsvertrags haben die I. AB und die Erstbeklagte für die Schiedsklausel kein besonderes Recht gewählt, das vom Recht abweichen würde, welches auf den Hauptvertrag anwendbar ist. Das auf den Hauptvertrag anwendbare Recht ist kraft Rechtswahl das schweizerische. Die dritte Alternative verweist ebenfalls auf das schweizerische Recht. Damit beurteilt sich die streitige Gültigkeit des Übergangs der Schiedsklausel ausschliesslich nach diesem und nicht nach schwedischem Recht, wie die Klägerin meint.

c) Indem das Schiedsgericht in seiner ersten Begründung annimmt, die im Schiedsverfahren zu beurteilenden Schadenersatzansprüche seien wegen Fehlens der von Art. 165 Abs. 1 OR vorausgesetzten Zessionsurkunde nicht gültig an die Klägerin abgetreten worden, spricht es der Klägerin nicht die Aktivlegitimation ab. Denn ein solcher Entscheid hätte bedingt, dass das Schiedsgericht seine Zuständigkeit bejaht hätte und auf die Sachbehauptungen der Klägerin eingetreten wäre. Weil es aber lediglich Unzuständigkeitsentscheide fällt, kann es die Gültigkeit der Zession bloss als zivilrechtliche Vorfrage beurteilt haben (BGE 101 II 170 E. 2), um seine Zuständigkeit mit der Begründung zu verneinen, es fehle der Klägerin an der Berechtigung aus der Schiedsklausel.

aa) Ob das Schiedsgericht die Formgültigkeit der Zession zu Recht verneint hat, kann offenbleiben, da es aus einem anderen Grund an der Berechtigung der Klägerin aus der Schiedsklausel fehlt. Zu diesem Ergebnis führt die frei zu prüfende Auslegung von Art. 13.3 des Zusammenarbeitsvertrags vom 30. Januar 1980. In dieser Bestimmung waren die ursprünglichen Vertragsparteien nämlich übereingekommen, dass 'neither party shall assign or subcontract this Agreement without prior written permission of the other party'. Damit hatten die Parteien ein bedingtes Ab-

> tretungsverbot vereinbart, das sämtliche Ansprüche aus dem Zusammenarbeitsvertrag umfasste. Eine Ausnahme sollte nur dann Platz greifen, wenn sich der Vertragspartner schriftlich mit einer Abtretung einverstanden erklären würde. Mit der im Herbst 1987 vorgenommenen Abtretung der im Prozess geltend gemachten Schadenersatzansprüche von der I. AB an die Klägerin hat sich die Erstbeklagte jedoch unstreitig nie schriftlich einverstanden erklärt."

11 Man muss zwischen den sog. Binnenschiedsgerichten, die sich auf inländische Sachverhalte beziehen, und den internationalen Schiedsgerichten unterscheiden. Für die Binnenschiedsgerichte gilt das kantonale Prozessrecht, allenfalls das Konkordat (vgl. Text oben).

12 Den Schiedsgerichten zugänglich sind nur Bereiche, über welche die Parteien frei verfügen können, und Bereiche, welche der Gesetzgeber nicht der Schiedsgerichtsbarkeit entzogen hat (Mietrecht, Arbeitsrecht, Konsumentschutzrecht, Kartellrecht etc.).

13 Das Bundesrecht schafft nur, aber immerhin einen Minimalstandard für Binnenschiedsgerichte (Vollstreckung von Schiedssprüchen gemäss Art. 80 f. SchKG, Art. 61 BV betr. Rechtshilfe, Staatsverträge insbesondere Lugano-Übereinkommen; Unabhängigkeit der Schiedsgerichte im Rahmen von Art. 58 BV); der Rechtsschutz gegen letztinstanzliche Entscheide erfolgt eingeschränkt im Rahmen der beschränkten Rügemöglichkeiten der staatsrechtlichen Beschwerde. Nicht schiedsfähig sind Familienrechts- und Personenstandsprozesse, Betreibungs- und Konkursstreitigkeiten mit Ausnahme der Arrestprosequierungs- und Aberkennungsklage. Für den Abzahlungs- und Vorauszahlungsvertrag (Art. 226 l und 228 Abs. l OR), für die Miete von Wohnräumen (Art. 274c OR), für den Konsumentenvertrag (Art. 114 Abs. 2 IPRG), das Kartellgesetz (Art. 18) und das Handelsreisendengesetz (Art. 11 HRG); kantonalrechtlich sind in Zürich nur nicht im voraus vereinbarte Schiedsklauseln für den Einzelarbeitsvertrag zulässig (§13 Abs. 2 GVG; ZR 79, Nr. 45). Testamentarische Schiedsklauseln sind gemäss ZR 80, Nr. 10 nicht zulässig, weil dadurch Dritten ohne deren Willen der staatliche Richter entzogen würde; dieser Entscheid ist zweifelhaft; denn der Erbe kann die Erbschaft allenfalls ausschlagen; gerade im Erbfall hat der Erblasser ein Interesse an weniger Staat; massgebend ist, soweit keine Pflichtteile berührt werden, das Interesse des Erblassers. Jedenfalls nach Art. 177 Abs. l IPRG dürften sie im internationalen Verhältnis wohl zulässig sein.

14 Art. 5 Konkordat erklärt nur Rechte und Rechtsverhältnisse als schiedsfähig, über welche die Parteien frei verfügen können; demgegenüber ist gemäss Art. 177 Abs. l IPRG jeder vermögensrechtliche Anspruch schiedsfähig; die Schiedsfähigkeit hängt nach dieser Bestimmung nicht von der freien Verfügbarkeit ab, welche nach dem anwendbaren Recht zu prüfen wäre.

Instruktiv dazu ist:

15 **BGE 118 II 356:** "1. Comme les parties n'étaient pas domiciliées en Suisse au moment de la conclusion de la convention d'arbitrage et que le siège du Tribunal arbitral se trouve à Genève, les dispositions du chapitre 12 de la loi fédérale sur le droit international privé s'appliquent en l'espèce en l'absence d'une convention d'exclusion (art. 176 al. 1 et 2 LDIP).

2. La décision attaquée est une sentence partielle ou plus précisément, pour suivre la terminologie utilisée par le Tribunal fédéral (ATF 116 II 82 consid. 2b), une sentence incidente (Zwischenentscheid), soit une sentence qui tranche une question préalable de procédure, en l'occurrence celle de la compétence des arbitres. En principe, comme cela a été relevé dans l'arrêt cité, le recours de droit public de l'art. 85 let. c OJ n'est pas recevable contre une sentence partielle lato sensu (ATF 116 II 85 consid. 3b). La sentence incidente, par laquelle le Tribunal arbitral statue sur sa compétence (cf. art. 186 al. 3 LDIP, qui parle de 'décision incidente'), constitue une exception à la règle; elle peut – et doit – être attaquée directement devant le Tribunal fédéral (art. 190 al. 3 LDIP), lequel examine librement si c'est à bon droit que le Tribunal arbitral a admis ou nié sa compétence (ATF 117 II 97 consid. 5a).

3. a) L'arbitrabilité est une condition de validité de la convention d'arbitrage et, partant, de la compétence des arbitres (ATF 117 II 98 consid. 5b; A. BUCHER, Le nouvel arbitrage international en Suisse, p. 37, n. 86; LALIVE/POUDRET/REYMOND, Le droit de l'arbitrage interne et international en Suisse, p. 381, n. 4; LALIVE, Arbitrage international, FJS no 946, p. 7/8). Dans son sens objectif, ce terme désigne les causes susceptibles d'être tranchées par la voie de l'arbitrage (arbitrabilité ratione materiae par opposition à l'arbitrabilité ratione personae, c'est-à-dire à la capacité des parties de conclure une convention d'arbitrage). Pour résoudre le problème de l'arbitrabilité, le législateur suisse, renonçant consciemment à la solution reposant sur une règle de conflit (rattachement au droit applicable, au droit du siège des parties ou à la lex fori), a choisi d'édicter une règle matérielle de droit international privé, fondée sur l'objet du litige, en prévoyant la possibilité de soumettre à l'arbitrage 'toute cause de nature patrimoniale' (art. 177 al. 1 LDIP; Message du 10 novembre 1982 concernant une loi fédérale sur le droit international privé, FF 1983 I 445 ss; LALIVE/POUDRET/REYMOND, op. cit., p. 304/305, n. 1 ad art. 177 LDIP; LALIVE, op. cit., p. 8; BUCHER, op. cit., p. 38, n. 90; WALTER/BOSCH/BRÖNNIMANN, Internationale Schiedsgerichtsbarkeit in der Schweiz, p. 54). Il a voulu ainsi exclure toutes les difficultés liées à l'approche conflictuelle (BUCHER, op. cit., p. 38, n. 89 et 90), en particulier la nécessité de rechercher la loi applicable dans la détermination de l'arbitrabilité du litige (LALIVE, Ibid.). La solution retenue, qui ne réserve pas la compétence exclusive des tribunaux étatiques, contrairement au droit concordataire par exemple (cf. art. 5 CIA), manifeste, au demeurant, l'intention du législateur fédéral d'ouvrir largement l'accès à l'arbitrage international (LALIVE/POUDRET/REYMOND, op. cit., p. 305/306, n. 2; SCHLOSSER, Das Recht der internationalen privaten Schiedsgerichtsbarkeit, 2e éd., p. 211/212, n. 291).

b) Les recourantes ne contestent pas, avec raison, la nature patrimoniale, au sens de l'art. 177 al. 1 LDIP, de la cause en litige, qui porte sur le droit de l'intimé au paiement de provisions. En effet, tombent sous le coup de cette disposition toutes les prétentions qui ont une valeur pécuniaire pour les parties, à titre d'actif ou de passif, autrement dit les droits qui présentent, pour l'une au moins de celles-ci, un intérêt pouvant être apprécié en argent (BUCHER, op. cit., p. 38, n. 90; LALIVE/POUDRET/REYMOND, op. cit., p. 306, n. 2 ad art. 177 LDIP; LALIVE, Ibid.; WALTER/BOSCH/BRÖNIMANN, op. cit., p. 58/59). Pour le surplus, l'art. 177 al. 1 LDIP ne subordonne pas l'arbitrabilité d'une cause à la disponibilité du droit litigieux, de sorte qu'il est erroné d'assimiler la 'nature patrimoniale', au sens de cette disposition, à la liberté de disposer de l'art. 5 CIA, comme le fait WENGER (in Bulletin ASA 1992/1, p. 20; voir la critique pertinente de Poudret dans le même bulletin, p. 29/30). Il s'agit là de deux critères distincts. Le législateur a, volontairement, fait abstraction du second, lequel présuppose le choix d'une solution conflictuelle puisque, en matière internationale, l'appréciation du caractère disponible des rapports de droit soumis à l'arbitrage requiert l'examen du droit matériel qui les régit (WALTER/BOSCH/BRÖNNIMANN, op. cit., p. 57). Il faut dès lors admettre, sur le vu de l'art. 177 al. 1 LDIP, que la cause en litige peut faire l'objet d'un arbitrage au regard du droit suisse.

c) A l'appui de la conclusion inverse, les recourantes soutiennent que l'embargo commercial décrété par la communauté internationale à l'encontre de la République d'Irak exclut la possibilité même de faire valoir des prétentions découlant de contrats passés avec cet Etat et, par voie de conséquence, de soumettre ces prétentions à un tribunal arbitral. L'arbitrabilité du présent litige ne saurait donc être reconnue, de l'avis des recourantes, sous peine de violer l'ordre public déterminant, ce qui a pour effet d'exclure la compétence des arbitres indépendamment de l'art. 177 al. 1 LDIP. Le législateur ayant choisi un critère d'arbitrabilité dépendant de la nature de la cause et non du droit qui la régit, il n'y a, en principe, pas lieu de tenir compte des restrictions et prohibitions du droit étranger relatives à l'arbitrabilité de la cause (LALIVE/POUDRET/REYMOND, op. cit., p. 308, n. 5; LALIVE, Ibid.). Mais il est vrai que l'on trouve aussi, dans la doctrine, l'opinion selon laquelle un tribunal arbitral siégeant en Suisse, dans le cadre d'un arbitrage international, n'est pas compétent pour connaître d'une cause patrimoniale si le fait d'admettre l'arbitrabilité du litige est incompatible avec l'ordre public (BUCHER, op. cit., p. 41, n. 98 et 100; LALIVE/POUDRET/REYMOND, Ibid.; POUDRET, op. cit., p. 30, ch. 3; plus réservés: WALTER/BOSCH/BRÖNNIMANN, op. cit., p. 60, ch. 1, et LALIVE, Ibid.), cette dernière notion n'ayant d'ailleurs pas le même sens pour tous les auteurs (ordre public suisse ou étranger pour BU-

CHER, Ibid.; ordre public international de la Suisse uniquement pour POUDRET, Ibid., et LA-LIVE/POUDRET/REYMOND, Ibid.). Point n'est besoin, cependant, de pousser plus avant l'analyse de ces questions puisque aussi bien toute violation d'un quelconque ordre public peut être exclue en l'occurrence pour les motifs indiqués ci-après. Dans le contexte de la présente affaire, l'ordre public ne pourrait avoir de l'importance que s'il exigeait impérativement que la prétention litigieuse soit soumise à une autorité étatique. En revanche, le fait que ladite prétention touche à l'ordre public ne suffirait pas, en soi, à exclure l'arbitrabilité de la cause; il appartiendrait, dans ce cas, au Tribunal arbitral de tenir compte de cette circonstance et, le cas échéant, de refuser toute protection juridique à la prétention contestée, sa sentence pouvant alors être attaquée sur ce point pour le motif prévu à l'art. 190 al. 2 let. e LDIP (BUCHER, op. cit., p. 41, n. 99). L'arbitrabilité de la cause ne dépend donc pas de l'existence matérielle de la prétention litigieuse. Partant, elle ne saurait être niée pour la seule raison que des dispositions impératives ou tel ordre public matériel entraînent la nullité de la prétention visée ou l'impossibilité d'en poursuivre l'exécution. Elle ne pourrait l'être qu'à l'égard des prétentions dont le traitement aurait été réservé exclusivement à une juridiction étatique par des dispositions qu'il s'imposerait de prendre en considération sous l'angle de l'ordre public. On ne se trouve nullement dans une situation de ce genre en l'espèce. Les mesures commerciales prises à l'encontre de la République d'Irak soulèvent certes la question de la validité des contrats conclus avant leur adoption, voire celle de l'impossibilité subséquente d'exécution desdits contrats; mais il n'apparaît pas – et les recourantes ne le démontrent en tout cas pas – que cet état de choses doive déboucher sur la constatation de l'inarbitrabilité des prétentions déduites de ces contrats, et à plus forte raison de celles issues de contrats connexes comme le contrat d'agence sur lequel l'intimé assoit ses prétentions. On ne voit pas, en particulier, quels principes juridiques fondamentaux (ATF 116 II 636) établiraient un monopole de la juridiction étatique pour régler les différends portant sur des prétentions de nature civile influencées par des règles de droit international public. En pareille hypothèse, c'est en effet l'existence matérielle de la prétention litigieuse, et non pas son arbitrabilité, qui est mise en cause par ce type de règles. Dans ces conditions, il n'est pas nécessaire de rechercher si les mesures d'embargo s'appliquent rétroactivement aux contrats considérés et si, étant donné leur caractère universel, elles entrent dans la notion de l'ordre public, international ou autre. Enfin, vu l'art. 177 al. 2 LDIP, les recourantes, qui sont des sociétés nationalisées, ne peuvent pas invoquer d'éventuelles dispositions restrictives du droit italien en la matière pour contester l'arbitrabilité du litige.

d) Invoquant l'art. al. 2 de la Convention de New York du 10 juin 1958 (RS–0–277–12) pour la reconnaissance et l'exécution des sentences arbitrales étrangères, les recourantes fondent également leur exception d'incompétence sur l'impossibilité d'exécution d'une sentence rendue contre elles qui en résulterait. Selon cette disposition, l'exécution d'une sentence dans un Etat contractant peut être refusée si, d'après la loi de cet Etat, l'objet du différend n'est pas susceptible d'être réglé par voie d'arbitrage (let. a) ou que l'exécution de la sentence serait contraire à l'ordre public de cet Etat (let. b). En optant pour la réglementation matérielle de l'arbitrabilité, le législateur fédéral a choisi une solution qui n'exclut sans doute pas que des sentences rendues en Suisse ne seront pas exécutées dans tel ou tel pays. Il l'a fait cependant en toute connaissance de cause, laissant les parties seules juges du risque qu'elles encourent du fait d'une éventuelle non-reconnaissance de la sentence arbitrale (FF 1983 I 447 en haut), de sorte qu'il n'est pas possible de justifier une approche restrictive de l'arbitrabilité par l'existence de semblable risque (LALIVE/POUDRET/REYMOND, op. cit., p. 305, n. 1 ad art. 177 LDIP; LALIVE, Ibid.; WALTER/BOSCH/BRÖNNIMANN, op. cit., p. 55; plus réservé: SCHLOSSER, op. cit., p. 224, n. 305). Quoi qu'il en soit, l'art. 177 al. 2 LDIP restreint aussi à cet égard la possibilité pour les recourantes d'invoquer les dispositions topiques du droit italien.

4. Force est ainsi de constater, sur la base de ce libre examen de la question litigieuse, que le Tribunal arbitral a admis à bon droit sa compétence pour statuer dans la cause qui divise les parties. Les recourantes doivent, dès lors, être déboutées de toutes leurs conclusions."

16 Binnenschiedsgerichte (Konkordat) sind nicht für vorsorgliche Massnahmen zuständig. Nach Art. 183 IPRG kann das Schiedsgericht hingegen vorsorgliche Massnahmen treffen. Allerdings kann das Schiedsgericht nicht selber vollstrecken und ist insoweit auf den staatlichen Vollstreckungsapparat angewiesen.

Den Bestimmungen von Art. 176 bis 194 IPRG unterstehen Schiedsgerichte mit Sitz in der 17
Schweiz, wenn gemäss Art. 176 Abs. 1 IPRG wenigstens eine Partei ihren Wohnsitz, Sitz oder Aufenthalt im Ausland hatte, und (kumulativ) wenn die Parteien diese IPRG Bestimmungen nicht vertraglich ausgeschlossen und anstelle der IPRG Bestimmungen die kantonalen Regeln (für Zürich also das Konkordat) über die Schiedsgerichtsbarkeit vereinbart haben.

Falls die Parteien den staatlichen Richter am Sitz des Schiedsgerichts als Beschwerdeinstanz vereinbaren, gelten für diesen nicht kantonales Verfahrensrecht, sondern die Regeln der staatsrechtlichen Beschwerde, wenn und soweit die Parteien nichts von Art. 191 IPRG Abweichendes vereinbaren. Der staatliche Richter im Sitzkanton stellt die Bescheinigung über die Vollstreckbarkeit gemäss Art. 44 Konkordat bzw. Art. 193 IPRG aus; er ist zuständig für das Hinterlegen des Schiedsspruchs gemäss Art. 35 Konkordat bzw. Art. 193 IPRG; schliesslich behandelt der staatliche Richter die Rechtsmittel gemäss Art. 3 lit. f. Konkordat bzw. nach Art. 191 Abs. 2 IPRG, falls er anstelle des Bundesgerichts gemäss Vereinbarung zu amten hat. Mitunter ist der staatliche Richter mit der Bestellung eines Schiedsrichters betraut (Art. 179 Abs. 3 IPRG): er darf dieses Begehren nur abweisen, wenn die summarische Prüfung ergibt, dass die Schiedsvereinbarung den Streit nicht einschliesst oder dass gar keine gültige Schiedsvereinbarung besteht (BGE 118 Ia 20).

Die Zuständigkeit ergibt sich aus der Schiedsvereinbarung nach den allgemeinen Auslegungsre- 18
geln; instruktiv ist dafür:

BGE 118 II 196: "L'arbitrabilité d'une cause en matière internationale est traitée à l'art. 177 LDIP 19
qui constitue une règle matérielle de droit international privé (LALIVE/POUDRET/REYMOND, op. cit., p. 305, n. 1 ad art. 177; BUCHER, Le nouvel arbitrage international en Suisse, p. 38, n. 90). Elle est, en conséquence, régie par la lex arbitrii sans égard aux dispositions peut-être plus strictes de la lex causae ou de la loi nationale des parties, ce qui peut entraîner des conséquences quant à la reconnaissance à l'étranger d'une sentence rendue en Suisse. En rapport avec le grief fondé sur l'arbitrabilité de la question litigieuse, le recours ne discute toutefois pas les conditions posées par la disposition précitée; non seulement, il ne la cite pas – ce qui n'est pas encore décisif – mais encore il n'y fait même pas une lointaine allusion. Sur ce point, le moyen est ainsi irrecevable.

bb) La recourante fait aussi valoir que le juge et l'arbitre sont toujours compétents pour appliquer l'art. 85 par. 2 du Traité de Rome, même si la Commission a engagé une procédure pour constater la violation du paragraphe premier de cette disposition; seules les autorités nationales chargées d'appliquer le droit de la concurrence – ce qui n'est pas le cas d'un tribunal arbitral – seraient obligées, en vertu de l'art. 9 du Règlement 17 de 1962, de se dessaisir en faveur de la Commission lorsque celle-ci a commencé une procédure; la Commission ne déciderait, d'ailleurs, pas que les accords violant l'art. 85 par. 1 sont nuls, mais elle se bornerait à constater une violation de cette disposition ou l'existence d'une exception au sens de l'art. 85 par. 3. L'art. 85 du Traité du 25 mars 1957 instituant la Communauté économique européenne (Traité de Rome) dispose à son par. 1 que sont incompatibles avec le Marché commun et interdits tous accords entre entreprises, toutes décisions d'association d'entreprises et toutes pratiques concertées, qui sont susceptibles d'affecter le commerce entre Etats membres et qui ont pour objet ou pour effet d'empêcher, de restreindre ou de fausser le jeu de la concurrence à l'intérieur du Marché commun, et notamment un certain nombre d'entre eux qu'il énumère. Aux termes du par. 2, les accords ou décisions interdits en vertu du présent article sont nuls de plein droit. Le par. 3 permet de déclarer des exceptions aux dispositions du par. 1. Quant à l'art. 9 par. 1 du Règlement d'application n. 17, du 6 février 1962, du Conseil de la Communauté économique européenne, il dispose que, sous réserve du contrôle de la décision par la Cour de justice, la Commission a compétence exclusive pour déclarer les dispositions de l'art. 85, par. 1, inapplicables conformément à l'art. 85, par. 3, du Traité. Pour STOUFFLET/CHAPUT (Pratiques restrictives de concurrence, in Traité de droit européen, vol. 3, Collection des Juris-Classeurs), en présence d'une entente nouvelle, c'est-à-dire conclue postérieurement à l'entrée en vigueur du règlement 17/62, le 13 mars 1962 (op. cit., p. 4 n. 17, Fasc. 1430/164-G-4), l'absence de décision de la Commission ne saurait dispenser le juge de l'obligation de faire droit aux justiciables qui invoquent la nullité de plein droit, qu'il s'agisse des parties à l'entente ou de tiers (op. cit., p. 16, n. 130). La nullité d'une entente peut, en principe, être prononcée ou reconnue par voie d'exception sans qu'une infraction à l'art. 85 par. 1 du Traité par les autorités communautaires ait été constatée au préalable. Ces auteurs en voient le motif dans l'art. 1er du règlement n. 17, selon lequel les ententes et abus de position dominante sont interdits sans qu'une décision préalable soit nécessaire à cet effet; ils se fondent aussi sur l'art. 85 du Traité, qui déduit de l'interdiction une nullité de plein droit (p. 16, n. 132). Pour ces auteurs, les autorités nationales sont compétentes pour relever une contravention à l'art. 85, au moins tant qu'une procédure communautaire n'est pas engagée (loc. cit. et n. 142, p. 17). Ils mettent en doute la compétence des autorités communautaires pour déclarer la nullité, soulignant que si la déclaration de nullité est implicitement comprise dans la décision par laquelle la Commission du Marché commun constate l'irrégularité d'une entente, elle ne pourrait tirer les conséquences de la nullité et ordonner, par exemple, la restitution des prestations exécutées par les parties; et la Cour de justice n'est pas davantage compétente (op. cit., p. 17, n. 138). Ils reconnaissent, en revanche, la compétence des tribunaux nationaux et des juridictions arbitrales même si celles-ci n'ont pas la qualité d'autorités d'un Etat membre au sens de l'art. 9 par. 3 du règlement n. 17. Ils expliquent leur point de vue en précisant que cette disposition ne vise pas telle action ou telle exception, procédure de pur droit privé, mais une demande tendant à titre principal, comme la procédure devant la Commission, à faire reconnaître que les art. 85 et 86 sont applicables ou non (ibid., op. cit., p. 17, n. 140 et 141). Enfin, même en cas d'ouverture d'une procédure par la Commission, rien ne s'oppose à ce que le tribunal statue, le sursis à le faire ne s'imposant pas à lui (op. cit., p. 17, n. 143 et 144). KOCH (in GRABITZ, Kommentar zum EWG-Vertrag), s'exprime dans un sens analogue. La nullité d'une entente selon l'art. 85 par. 2 du Traité intervenant ipso jure dès que les conditions posées par cet article sont réalisées et, cette nullité étant absolue, les tribunaux doivent la constater d'office (op. cit., n. 138, ad art. 85). Pour cette constatation, les tribunaux nationaux sont exclusivement compétents, indépendamment d'une procédure ouverte par la Commission (op. cit., n. 141, ad art. 85). S'agissant d'une sentence arbitrale, elle violerait l'ordre public de la Communauté si elle devait se révéler incompatible avec l'art. 85 du Traité; il appartiendrait alors aux tribunaux d'exécution de veiller au respect de ce principe (op. cit., n. 293, ad art. 85). Quant à DOMINIQUE HAHN, elle n'émet pas un avis différent; elle admet aussi que l'arbitre doit constater la nullité de plein droit au sens de l'art. 85 par. 2 du Traité – sanction de nature civile – de tout ou partie d'un accord anticoncurrentiel, même en l'absence d'une décision préalable d'autorités administratives (L'arbitrage international en Suisse face aux règles de la concurrence de la CEE, Lausanne, 1983, p. 50/51, 134). Pour GOFFIN également, l'arbitre doit se prononcer si la nullité est invoquée devant lui par une des parties, alors même que la Commission n'a pas statué (L'arbitrage et le droit européen, in Revue de Droit international et de Droit comparé, tome LXVII, 1990, p. 227, ch. 12; cf. aussi dans le même sens, dans le cas d'un procès introduit par un tiers, p. 325 s., ch. 10). Ces opinions récentes sont convaincantes. Ni l'art. 85 du Traité, ni son règlement d'application ni 17 n'interdisent au juge national ou à l'arbitre saisi d'une cause ayant pour objet le règlement de comptes qui doit intervenir entre parties en relation avec l'exécution ou l'inexécution d'une convention d'en examiner la validité. A cet égard, le risque de décisions contradictoires n'est pas déterminant; ne l'est pas non plus le risque de voir l'autorité d'exécution ne pas accorder l'exequatur. L'examen par les arbitres de la conformité des conventions qui leur sont soumises à la réglementation communautaire s'impose si l'on veut éviter des décisions qui y seraient contraires. Aussi le Tribunal arbitral ne pouvait-il rendre sa sentence sans avoir examiné au préalable s'il devait le faire en fonction d'une convention valable ou non."

20 Bei Verrechnungseinrede ist deren Zulässigkeit zu prüfen; das Verfahren ist nur für den allenfalls zu verrechnenden Betrag im Sinne von Art. 29 Konkordat auszusetzen, wobei Frist zur Klage vor dem staatlichen Gericht anzusetzen ist:

21 **BGE 116 Ia 160:** c) "L'art. 29 CIA, qui prévoit la suspension de l'instance lorsque l'une des parties excipe de la compensation en se fondant sur un rapport de droit dont le tribunal arbitral ne peut connaître aux termes de la convention d'arbitrage, est une disposition singulière qui déroge au principe généralement admis en procédure ordinaire, selon lequel le juge de l'action est juge de l'exception (ATF 85 II 107 consid. 2b et les références; cf. l'édition annotée du CIA, publiée en 1974 par le COMITE SUISSE DE L'ARBITRAGE, Payot Lausanne, p. 22, note de pied ad art. 28 et

29; JOLIDON, op. cit., p. 409, ch. 32). Il se justifie, pour cette raison, d'interpréter de manière restrictive cette disposition, dont l'existence même n'échappe pas à certaines critiques (JOLIDON, op. cit., p. 406, ch. 21; BUDIN, ibid.; LALIVE/POUDRET/REYMOND, Le droit de l'arbitrage interne et international en Suisse, p. 382/383, ch. 8). La cour cantonale a annulé la décision de suspension de l'instance, jugée prématurée, afin que les arbitres examinent préalablement si les conditions de la compensation, telles que les fixe le droit iranien, sont réunies en l'espèce. Ce faisant, loin de méconnaître le sens et le but de l'art. 29 CIA, elle a, au contraire, opté pour une solution logique et raisonnable. La suspension de l'instance jusqu'à droit connu sur une créance invoquée en compensation n'a de sens que s'il s'agit d'une créance qui, une fois établie son existence, peut véritablement être opposée en compensation, en vertu de la loi ou du contrat, et avoir un effet compensatoire sur la créance principale, objet de l'arbitrage. Si le contrat fondant la créance principale exclut la compensation (cf. BUDIN, op. cit., p. 417 in fine/418), ou si la loi applicable ne la permet pas, la suspension de l'instance s'avère inutile. Il ne sert, en effet, à rien d'attendre que l'autorité compétente ait statué sur une créance qui ne peut avoir d'incidence sur la créance principale. Aussi est-ce à juste titre que la cour cantonale, en se référant à JOLIDON (op. cit., p. 412, ch. 521) – l'auteur précise qu'il n'appartient pas au tribunal arbitral d'examiner le bien-fondé de la créance invoquée en compensation, 'si les conditions de la compensation sont données' –, a exigé des arbitres qu'ils examinent si les conditions de la compensation sont données en l'espèce. C'est également à bon droit qu'elle a vu une limitation inadmissible de la compétence des arbitres dans le refus de ceux-ci de se prononcer sur l'impossibilité, alléguée par l'intimé, de procéder à la compensation en vertu du droit iranien. La Cour de justice n'a ainsi ni interprété ni appliqué erronément l'art. 29 CIA.

5. a) La cour cantonale, on l'a déjà relevé, a considéré que même s'ils avaient examiné et admis la possibilité de compenser les deux créances au regard du droit iranien, les arbitres n'en auraient pas moins dû poursuivre l'instruction de la demande principale, compte tenu de la flagrante disproportion existant entre l'importante demande principale et la créance opposée en compensation.
Dans un dernier moyen, le recourant rétorque que la solution retenue par les arbitres était tout aussi défendable, sinon meilleure, que celle préconisée par la Cour de justice. Comme l'autorité de recours ne jouissait, selon lui, que d'un pouvoir d'examen limité à l'arbitraire, elle n'aurait donc pas dû intervenir dans le cas particulier.

b) L'autorité cantonale de recours – on l'a déjà indiqué (cf. consid. 4b ci-dessus) – jouissait d'un plein pouvoir d'examen relativement au grief de violation de l'art. 29 CIA. Seul est, dès lors, décisif le point de savoir si elle a rejeté avec raison ledit grief, sans qu'importent les motifs qui l'ont conduite à ce résultat (cf. ATF 112 Ia 172 consid. 3f et les arrêts cités). C'est le lieu d'observer que, s'agissant d'une décision arbitrale assimilable à une décision sur la compétence, la cour cantonale a eu tort d'examiner le recours de l'intimé sous le seul angle de l'art. 36 let. f CIA, alors que cette partie avait également invoqué l'art. 36 let. b CIA en reprochant aux arbitres de n'avoir pas laissé la procédure suivre son cours. Or si, comme la cour cantonale aurait dû le faire, on examine librement le grief en question, on doit reconnaître que la solution adoptée par l'autorité intimée échappe à la critique. Il est non seulement raisonnable, mais en parfaite harmonie avec le sens et le but de l'art. 29 CIA, que le Tribunal arbitral ne suspende sa sentence que jusqu'à concurrence du montant opposé en compensation et qu'il poursuive, entre-temps, l'instruction de la demande principale (LALIVE/POUDRET/REYMOND, op. cit., p. 159). L'application automatique de la suspension, sans égard à l'ampleur de la créance invoquée en compensation, n'est propre, en effet, qu'à engendrer des abus. Au demeurant, on peut très sérieusement se demander si, comme le propose l'un des arbitres (RABE, dissenting opinion, p. 6), en se référant à l'avis de RÜEDE/HADENFELDT (Schweizerisches Schiedsgerichtsrecht, p. 253, ch. 2, let. a), la suspension prévue à l'art. 29 CIA ne devrait pas être exclue avant que la prétention principale ait été reconnue ou que les arbitres en aient admis l'existence. Ne devrait pas non plus être exclue a priori la possibilité, pour les arbitres, de se prononcer sur ce point par une sentence partielle et de ne suspendre l'instance que jusqu'à concurrence du montant invoqué en compensation, une sentence finale pouvant être rendue pour le surplus. Il n'y a toutefois pas lieu d'approfondir ces questions, puisque le sort des conclusions du recourant ne dépend pas des réponses qui pourraient leur être apportées."

22 Der Sitz des Schiedsgerichts bestimmt sich nach der Kaskadenregelung von Art. 2 Abs. 1 Konkordat bzw. für internationale Verhältnisse gemäss Art. 176 Abs. 3 IPRG. Wichtig ist, dass für die internationale Schiedsgerichtsbarkeit keine persönliche oder sachliche Beziehung zum Sitzort bestehen muss, um die Zuständigkeit zu begründen.

23 **BGE 115 II 390 = Praxis 79 Nr. 154:** 2. b) "Gemäss IPRG 176 II kommt das 12. Kapitel über die internat. Schiedsgerichtsbarkeit dann nicht zur Anwendung, wenn die Parteien schriftlich dessen Anwendung ausgeschlossen und die ausschliessliche Anwendung der kant. Bestimmungen über die Schiedsgerichtsbarkeit vereinbart haben. Indem sich die Bf auf diese Bestimmung beruft, behauptet sie, dass das BG dem Konkordat weichen müsse, wenn die Parteien dieses (ohne Hinweis auf das genannte Gesetz) mit einer formgültigen und vor dem 1. Januar 1989 geschlossenen Vereinbarung gewählt haben. Dieser Auffassung kann nicht beigepflichtet werden.

aa) Vorerst ist festzuhalten, dass die Lehre mehrheitlich die Auffassung der Bf ablehnt. Für LALIVE/POUDRET/REYMOND (Le droit de l'arbitrage interne et internat. en Suisse, S. 300, Z.15) muss die Ausschliessungsvereinbarung im Sinne von IPRG 176 II kumulativ drei Bedingungen genügen: sie muss ausdrücklich die Anwendung des BG ausschliessen; sie muss die kant. Regeln über die Schiedsgerichtsbarkeit als ausschliesslich anwendbar bezeichnen; schliesslich muss die Vereinbarung schriftlich sein. Bezüglich der ersten Bedingung unterstreichen die vorgenannten Autoren deren Wichtigkeit im Verhältnis zu den zahlreichen Schiedsklauseln, die eine Unterstellung des Schiedsgerichts unter das Recht des Gerichtsorts oder das Konkordat vorsehen. In der Tat macht sie die Frage, ob solche Klauseln genügen, die Anwendung des BG oder seines 12. Kapitels auszuschliessen, gegenstandslos, wenn eben diese negative Bestimmung in der Vereinbarung fehlt. Nicht anders verhält es sich mit den Vereinbarungen, die vor dem Inkrafttreten des BG abgeschlossen worden sind: auch wenn sie das Konkordat als anwendbar erklären würden, gälten sie nicht als Ausschliessungsabrede, wenn ein diesbezüglicher ausdrücklicher Hinweis fehlt (LALIVE/POUDRET/REYMOND, a. a. O., S. 301, Z. 17 und S. 350 Z. 1; vgl. schon P. LALIVE, Le chapitre 12 de la loi fédérale sur le droit internat. privé: L'arbitrage internat., in: Le nouveau droit internat. privé suisse, Lausanne 1988, S.212; POUDRET, Les voies de recours en matiere d'arbitrage internat. en Suisse selon le Concordat et la nouvelle loi fédérale, in: Revue de l'arbitrage, S.598). Andere Autoren teilen ebenfalls die Auffassung, dass die Wirksamkeit der durch IPRG 176 II vorbehaltenen Vereinbarung den ausdrücklichen und schriftlichen Ausschluss der Anwendbarkeit des 12. Kapitels des BG durch die Parteien voraussetzt (BLESSING, Das neue internat. Schiedsgerichtsrecht der Schweiz, in: Die internat. Schiedsgerichtsbarkeit in der Schweiz, Bd. I/II, S. 28 f.; DERS. The New Internat. Arbitration Law in Switzerland, in: Journal of Internat. Arbitration, 1988, S.20 f.; A. BUCHER, Le nouvel arbitrage internat. en Suisse, S.29 f., Z.60; KARRER/ARNOLD, Switzerland's Private Internat. Law Statue 1987, S.155, N.4 zu Art. 176). Dagegen fragt sich WENGER (Welchem Recht unterstehen die im Zeitpunkt des Inkrafttretens des IPR-Gesetzes hängigen Schiedsverfahren?, in: Bulletin de l'Association suisse de l'arbitrage [ASA], 1988, S. 316 f.), dessen Auffassung zu diesem Punkt in einem Entscheid der Zivilkammer des Kantg GE vom 12. Mai 1989 zusammengefasst ist (vgl. Bulletin ASA, 1989, S.190), ob nicht besser von dieser letzten Bedingung Abstand genommen werden sollte, wenn der Hinweis auf das Konkordat in der Schiedsklausel genügend stark ist, dass daraus der Wille der Parteien, die Anwendbarkeit des BG auszuschliessen, abgeleitet werden kann. E. SCHNEIDER seinerseits (Übergangsrecht: Vereinbarungen betreffend die Anwendung kant. Schiedsverfahrensrechts, in: Bulletin ASA, 1989, S. 142 ff.) kommt nach gründlicher Analyse der Frage, die sich vor allem auf die Materialien stützt, zum Schluss, dass die Vereinbarungen, die vor dem 1. Januar 1989 geschlossen worden sind und die die Anwendbarkeit des Konkordats vorsehen – wenn auch nur indirekt, durch die blosse Festsetzung des Gerichtsorts in einem Konkordatskanton – auch nach diesem Datum weiterhin gelten und daher genügen, die Anwendung des BG auszuschliessen, auch wenn dies nicht ausdrücklich verabredet wurde (a.a.O., S. 157 f., Z.19). Dieses letzte Erfordernis stellt für ihn nur eine Formvorschrift dar (a. a. O., S.155, Z.16).

bb) Das Gesetz ist in erster Linie nach seinem Wortlaut auszulegen (BGE 113 II 410 E.3 a, mit Hinweisen = Pr. 77 Nr. 201). Daher kann die rechtsanwendende Behörde nur dann vom klaren Text abweichen, wenn ernste Gründe zur Annahme bestehen, der Text entspreche nicht in allen Punkten dem wahren Sinn der entsprechenden Schiedsklausel. Solche Gründe können sich aus den Materialien ergeben, aus der Grundlage und dem Zweck der in Frage stehenden Vorschrift, sowie aus ihrem Verhältnis zu anderen Bestimmungen (BGE 108 Ia 196 = Pr 71 Nr. 234).

Im vorliegenden Fall ist der Text von IPRG 176 II völlig klar, wenigstens bezüglich des streitigen Punkts, so dass es nicht zulässig ist, seinen Sinn mittels einer auf äusseren Umständen beruhenden Auslegung abzuändern. Das Bindewort 'und' zeigt – von der Frage der Form abgesehen – klar den kumulativen Charakter der beiden Voraussetzungen, von denen die Gültigkeit der Parteivereinbarung abhängt, die in dieser Bestimmung vorgesehen ist, d. h., einerseits der Ausschluss der Anwendung des 12. Kapitels des BG und anderseits eine Vereinbarung, wonach ausschliesslich die kant. Verfahrensregeln über die Schiedsgerichtsbarkeit zur Anwendung kommen. Schliesslich würde der Vorschlag von SCHNEIDER (a.a.O., S. 256, Ziff. 18) dem Gesetzestext widersprechen, wonach die einfache Bezeichnung des Gerichtsorts in einem Konkordatskanton durch die Parteien genügen soll, die Ausschliessungsabrede wirksam werden zu lassen, obwohl es keinen Grund gibt, der eine Abweichung rechtfertigen würde. Entgegen der Meinung dieses Autors scheinen die Materialien in dieser Hinsicht nicht schlüssig zu sein. Es trifft zwar zu, dass IPRG 176 II – früher Art. 169 Ibis (vgl. Amtl. Bull. 1985 S.173, 1987 S.193) – in seiner ursprünglichen Fassung ('Die Bestimmungen dieses Kapitels gelten nicht, wenn die Parteien schriftlich die Anwendung der kant. Bestimmungen vereinbart haben') nicht die ausdrückliche Ausschliessung des Kapitels über die internat. Schiedsgerichtsbarkeit des BG verlangte. Immerhin hat das später vom Nationalrat eingeführte neue Element im Text dieser Bestimmung (Amtl. Bull. 1987 S. 1070) einen Ständerat zu einer Eingabe bewogen (HEFTI, Amtl. Bull. 1987 S. 509). Sein Antrag lautete dahingehend, dass die Bestimmung in ihrer ersten Version übernommen werden soll, weil er zweifellos davon ausging, dass die zweite Version die Möglichkeit, die Anwendung des BG auszuschliessen, stärker einschränken würde. Dass dieser Antrag in der Folge zurückgezogen wurde, weil der Sprecher der Kommission entgegenhielt, er sähe in der vom Nationalrat eingeführten Abänderung nichts als eine Verdeutlichung des Textes der betreffenden Bestimmung (GADIENT, Amtl. Bull. 1987 S. 509), ändert nichts daran, dass diese Abänderung als eine Erschwerung der Voraussetzungen zur Ausschliessung des BG aufgefasst werden konnte – und es auch wurde. Die Analyse der Materialien erlaubt daher keinen Schluss in dem einen oder anderen Sinn. Die von WENGER (a.a.O.) befürwortete Auffassung scheitert ebenfalls am Text von IPRG 176 II, der mehr als einen einfachen Verweis auf das Konkordat erfordert – sei er auch noch so deutlich –, um auf gültige Weise das BG auszuschliessen. Schliesslich ist diese Lösung nicht geeignet, dem Erfordernis der Rechtssicherheit zu genügen, weil sie voraussetzt, dass in allen Fällen nachgeforscht werden muss, ob die Parteien im Moment, in dem sie beschlossen hatten, das Konkordat und nicht das 12. Kapitel des BG anzuwenden, wenigstens die Möglichkeit des Ausschlusses des zukünftigen Gesetzes, die der Gesetzgeber ihnen einräumen wollte, kannten. Die Kenntnis oder die Unkenntnis eines Umstandes sind interne Phänomene und lassen sich nur schwer erfassen. Die genannte Lösung würde den Streit in limine litis auf die Ebene des Beweises verschieben, was zur ärgerlichen Folge hätte, dass das Schiedsgerichtsverfahren entgegen einem der Ziele des neuen Rechts in die Länge gezogen würde. Deshalb sollte das Problem nicht auf diese Weise gelöst werden. Vielmehr ist mit der herrschenden Lehre davon auszugehen, dass es keinen Grund gibt, vom klaren Wortlaut der in Frage stehenden Bestimmung abzuweichen, weil der Wille der Parteien, die Anwendung des 12. Kapitels des BG zugunsten des Konkordats auszuschliessen, deutlich erkennbar sein muss.

Somit setzt die Gültigkeit einer Ausschliessungsbestimmung im Sinne von IPRG 176 II das Vorhandensein einer schriftlichen Vereinbarung voraus, in der sich die Parteien nicht nur darauf einigen, ausschliesslich die Regeln des kant. Verfahrensrechts über die Schiedsgerichtsbarkeit anzuwenden – d. h., das Konkordat für die dem Konkordat angeschlossenen Kantone (bis zum 1. Januar 1989, alle Schweizer Kantone ohne Luzern als einzige Ausnahme; vgl. AS 1989 172) sondern auch die Anwendung des 12. Kapitels des BG auszuschliessen. Selbstverständlich kann den Parteien für diesen Ausschluss nicht die Verwendung einer Standardformel vorgeschrieben werden. Der gemeinsame Wille, das BG auszuschliessen, kann ohne weiteres über den Weg der Auslegung erkannt werden, muss jedoch klar aus der verwendeten Wortwahl hervorgehen, damit die Rechtssicherheit gewährleistet ist.

cc) Im vorliegenden Fall sucht man in den Akten vergeblich auch nur irgendeinen Verweis auf das BG und um so mehr auch den Ausdruck des Parteiwillens, zum voraus die Anwendung dieses Gesetzes auszuschliessen. Weil es sich um die Schiedsabrede handelt, ist dies leicht vorstellbar, denn die Verträge, die diese beinhalten, wurden, lange bevor die Frage der Ausschliessung des Gesetzes zur Debatte stand (vgl. Amtl. Bull. 1985 S.173), unterzeichnet, die beiden ersten sogar vor der Veröffentlichung der Botschaft des BR zu diesem Gesetz vom 10. November 1982 (BBl 1983 I 263). Folgt man der Auffassung der Bf, wonach die Parteien, ihre Berater und die Schiedsrichter den Umstand, dass das BG eine Woche später in Kraft treten würde, kennen mussten, erscheint es unverständlich, dass sich in der Vereinbarung vom 21. und 23. Dezember 1988 kein einziger Hinweis auf dieses Gesetz findet, wie die Beklagte in ihrer Antwort zutreffend hervorhebt. Wie dem auch sei, dieser Umstand macht die Ausschliessungsabrede unwirksam, die die Bf, wie sie behauptet, mit der Beklagten in der obgenannten Vereinbarung abgeschlossen habe. Es ist deshalb nicht notwendig, die Frage zu prüfen, ob eine derartige Abrede jederzeit abgeschlossen werden kann (LALIVE/POUDRET/REYMOND, a. a. O., S.301, Z.18), oder nur bis zum Zeitpunkt, in dem die eine der beiden Parteien die Konstituierung des Schiedsgerichts einleitet (BUCHER, a. a. O., S.30, Z.62).

c) Vor diesem Hintergrund kommt man zum Ergebnis, dass im vorliegenden Fall das BG anzuwenden ist. Demnach steht hier in Übereinstimmung mit IPRG 190 I und mit der Rechtsprechung zum Übergangsrecht allein der Weg der staatsrechtl. Beschwerde im Sinne von OG 85c offen. Da es sich ausserdem um einen Zwischenentscheid bezüglich der Zuständigkeit des Schiedsgerichts handelt, hat die Bf diesen schiedsrichterlichen Zwischenentscheid zu Recht innerhalb der Frist von 30 Tagen seit dessen Mitteilung angefochten (IPRG 190 III; OG 89 I in Beziehung mit IPRG 191 I)."

24 Kantonales Recht gilt gemäss Art. 179 Abs. II IPRG für das Ernennen, Ersetzen und Abberufen von Schiedsrichtern, wenn und soweit das Schiedsgericht den staatlichen Richter gemäss Art. 183 Abs. 2, 184 Abs. 2 und 185 IPRG für vorsorgliche Massnahmen, das Beweisverfahren, Vorladungen etc. beizieht, wenn und soweit für das Schiedsgericht eine kantonale Verfahrensordnung gemäss Art. 182 Abs. 2 und 3 IPRG gilt. In der Binnenschiedsgerichtsbarkeit bestimmt das Recht des Sitzkantons über Zulässigkeit und Gültigkeit der Schiedsabrede, mangels Parteiregelung auch über das anwendbare Verfahrensrecht.

25 Zur Fristwahrung, etwa bei der Aberkennungsklage, muss der Kläger innert Frist die notwendigen Schritte zum Bestellen des Schiedsgerichts vorkehren (BGE 112 III 123); Rechtshängigkeit tritt nach Art. 181 IPRG ein, "sobald eine Partei das Verfahren zur Bildung des Schiedsgerichts einleitet."

26 **Rechtsmittel:** Bei den Rechtsmitteln muss man wiederum zwischen der Binnenschiedsgerichtsbarkeit (nach Konkordat oder kantonalem Recht) und der internationalen Schiedsgerichtsbarkeit (nach IPRG) unterscheiden. An sich gibt es gegen Schiedsgerichtsentscheide keine bundesrechtlichen Rechtsmittel; es bestehen gemäss Bundesgericht weder obere kantonale Gerichte im Sinne von Art. 48 Abs. 1 OG noch im Sinne von Art. 68 Abs. 1 OG; nach Meinung des Bundesgerichts liegen keine kantonalen Entscheide im Sinne von Art. 84 OG vor, so dass auch die staatsrechtliche Beschwerde ausscheidet (BGE 119 II 190, 112 II 512).

27 In der Binnenschiedsbarkeit ist eine Nichtigkeitsbeschwerde an das Obergericht in den Fällen von Art. 36 Konkordat zulässig. Gegen diesen Entscheid ist eine staatsrechtliche Beschwerde möglich; dabei wird jedoch der Schiedsspruch nicht überprüft; hingegen prüft es alle Nichtigkeitsgründe, aber nur diese, frei (BGE 112 Ia 350).

28 **BGE 117 Ia 88 = Praxis 81 Nr. 196:** "3. a) Nach dem Wortlaut von OG 87 ist die staatsrechtliche Beschwerde wegen Verletzung von BV 4 erst gegen letztinstanzliche Endentscheide zulässig; gegen letztinstanzliche Zwischenentscheide nur, wenn sie für den Betroffenen einen nicht wiedergutzumachenden Nachteil zur Folge haben. BGE 116 II 80 ff. = Pr 79 Nr. 155, der die Voraussetzungen aufzählt, denen die Zulässigkeit einer staatsrechtlichen Beschwerde gegen einen Teilent-

scheid im weitern Sinne unterstellt ist, wurde in Anwendung von IPRG 190 ff. und OG 85 c gefällt. Es ist daher zu prüfen, ob das Verfahren im Bereich der Schiedsgerichtsbarkeit des Konkordats den in diesem Entscheid entwickelten Grundsätzen untersteht oder nicht.

b) Seit langer Zeit hält das Bg dafür, dass OG 87 anwendbar ist, wenn der Bf Bestimmungen des Konkordats geltend macht, die keine grössere Tragweite haben als jene von BV 4 (BGE 105 I b 431 = Pr 69 Nr. 282). Hier brauchen nicht noch einmal die Gründe aufgezählt zu werden, die dieser Rechtsprechung zugrunde liegen (BGE 105 I b 434 ff. E. 4 a = Pr 69 Nr. 282). Sie wurden in zwei neueren Entscheiden nochmals erwähnt, und es genügt, auf sie zu verweisen (BGE 116 II 81 f. E. 2 a, 115 II 291 f. E. 2 b = Pr 79 Nr. 155, 79 Nr. 80). Unter dem Blickwinkel von OG 87 gibt es keinen Grund, bei den staatsrechtlichen Beschwerden einen Unterschied zu machen, ob sie sich auf OG 84 c (Verletzung des IPRG) oder auf OG 84 b (Verletzung des Konkordats über die Schiedsgerichtbarkeit) stützen. Folglich sind die in BGE 116 II 80 ff. = Pr 79 Nr. 155 aufgezählten Grundsätze mutatis mutandis auf die Schiedsgerichtsbarkeit des Konkordats zu übertragen. Auf diese Weise allein kann die Vereinheitlichung der Praxis in diesem Bereich gefördert werden, die eines der vom Bg verfolgten Ziele darstellt (BGE 115 II 291 f. E. 2 b, 105 I b 436 E. 4 a = Pr 79 Nr. 80, 69 Nr. 282).

Sicherlich hätte im vorliegenden Fall, wie die Beschwerdegegnerin zu recht unterstreicht, die Unzulässigkeit der Beschwerde über den Teilentscheid zur Folge, dass die Akten nochmals an die Vi zurückzuweisen wären, wenn die hier durch die Bf vorgebrachten Rügen erst anlässlich der Prüfung des Endentscheids (vgl. dazu BGE 115 II 106 E. 3 a = Pr 79 Nr. 80) zugelassen würden. In dieser Optik würde das Eintreten zweifelsohne dem Geboten der Prozessökonomie entsprechen, die dem Institut des Teilentscheids zugrundeliegen (in diesem S.: POUDRET, La recevabilité du recours au Tribunal federal contre la sentence partielle de l'art. 188 LDIP, JdT 1990 I 354 ff, insbes. 358 in der Mitte). Dieser Umstand ist dann jedoch nicht entscheidend, wenn der gleiche, auf die Bundesrechtsmittel angewendete Grundsatz der Prozessökonomie will, dass das Bg im allgemeinen mit einem einzigen Entscheid über die Gesamtheit des Streits urteilt, was übrigens das Ziel von OG 87 ist (BGE 115 II 106 E. 3 a, 291 E. 2 b, 105 I b 435 mit zit. Entsch. = Pr 78 Nr. 152, 79 Nr. 80, 69 Nr. 282). Diese Lösung lässt es ausserdem zu, dass sich die Parteien über die Tragweite und die Wirkungen des Entscheides in seiner Ganzheit im Klaren sind, bevor sie den Entschluss fassen, eine staatsrechtliche Beschwerde zu erheben (BGE 116 II 81 f. E. 2 a = Pr 79 Nr. 155). Schliesslich würde die Möglichkeit, jeden Teilentscheid über eine Hauptfrage durch eine separate staatsrechtliche Beschwerde anfechten zu können, ein Vielfaches an Beschwerden mit sich bringen, was weder im Interesse der Parteien, noch im Interesse der Prozessökonomie läge. Dieses letzte Argument könnte überdies je nach den Fällen zu verschiedenen Lösungen führen. Sie zuzulassen würde bedeuten, dass Zug für Zug geurteilt würde, was im Widerspruch zur Rechtssicherheit und zur legitimen Sorge der Rechtsuchenden stände, wissen zu dürfen, ob und wann ihnen eine bestimmtes Rechtsmittel offensteht. Ausserdem werden die Gründe der Prozessökonomie oft weitgehend durch die mit einer möglichen sofortigen Beschwerde verbundenen Verzögerung abgeschwächt (LALIVE/POUDRET/REYMOND, Le droit de l'arbitrage interne et internationale en Suisse, 179, Ziff. 2); davon kann man sich im vorliegenden Fall leicht überzeugen: der Teilentscheid ist schon vor mehr als drei Jahren ergangen."

Dagegen gibt es im internationalen Verhältnis nur eine einzige Weiterzugsmöglichkeit, nämlich gemäss Art. 191 IPRG an das Schweizerische Bundesgericht, entsprechend den Regeln der Staatsrechtlichen Beschwerde; die möglichen Rügen sind in Art. 190 IPRG abschliessend aufgezählt. Unter den engen Voraussetzungen von Art. 87 OG sind auch Zwischenentscheide anfechtbar. Das Bundesgericht – es möchte sich nicht mit Arbeit zusätzlich belasten – legt die Beschwerdegründe eng aus: gemäss BGE 116 II 373 ist die fehlende Begründung gemäss Art. 190 Abs. 2 IPRG kein Beschwerdegrund, wohl aber nach Art. 36 lit. h i.V.m. Art. 33 Abs. 1 lit. c Konkordat; das Gleichbehandlungsgebot bei Schiedsgerichten gemäss IPRG ist nicht verletzt, wenn "nur" gerügt wird, die von den Parteien aufgestellten Verfahrensregeln seien verletzt (BGE 117 II 346); bei Schiedsverfahren nach IPRG sollen selbst klare Rechtsverletzungen und offensichtlich falsche Tatsachenfeststellungen für sich allein nicht genügen, um einen Schiedsspruch wegen Verletzung des ordre public aufzuheben (BGE 116 II 634, der nicht zu überzeugen vermag). Problematisch ist

29

auch die Regel, wonach Parteien ohne Binnenbeziehung zum voraus auf ein Rechtsmittel verzichten können (Art. 192 Abs. l, BGE 116 II 639; immerhin ist zu fordern, dass ein Verzicht in AGB kaum genügen kann). Art. 192 Abs. 2 IPRG schafft eine schwache Korrekturmöglichkeit in der Vollstreckung.

30 **ZR 85, Nr. 22:** Die Schiedsklausel stellt einen Vertrag des Prozessrechts dar und ist auch dann gültig, wenn sie der Form nach Bestandteil des materiellen Vertrags ist und strittig ist, ob das Vertragsverhältnis zwischen den Parteien zustande gekommen, später ungültig geworden oder durch Vereinbarung (Saldoklausel) aufgehoben worden ist. Voraussetzung ist, dass die Schiedsklausel nicht durch gegenseitige Übereinkunft der Parteien aufgehoben wurde.

Bei Abtretung von Ansprüchen aus dem Vertrag behält die Schiedsklausel auch für Streitigkeiten zwischen dem Schuldner und dem Zessionar ihre Gültigkeit, es sei denn, die Schiedsklausel sei damals mit Rücksicht auf ein enges persönliches Verhältnis zwischen Schuldner und Zedent vereinbart worden. Bei der Abtretung von Rechten in internationalen Verhältnissen sind für die Frage der Abtretbarkeit nach einhelliger Lehrmeinung jene Rechtsnormen, die für die zedierte Forderung Anwendung finden, der sogenannte Forderungsstatut oder Schuldstatut, anwendbar. Für die Form der Zession reicht nach Ansicht verschiedener Autoren die Beachtung des Rechts am Ort, an welchem die Abtretungserklärung abgegeben wurde, aus. In höherem Masse wird jedoch dem Gebot, dass der Schuldner durch die Zession nicht schlechter gestellt sein darf, dadurch Rechnung getragen, dass das Forderungsstatut auch hinsichtlich der Form der Zession angewendet wird. Die materiellen Erfordernisse der Zession beurteilen sich nach dem Forderungsstatut.

Zuständige Behörde
§ 239. (alte Fassung). Die Mitwirkung bei Beweismassnahmen gemäss Art. 3 lit. d des Konkordats wird dem Bezirksgericht am Sitz des Schiedsgerichts übertragen.

Die übrigen Befugnisse gemäss Art. 3 des Konkordats verbleiben beim Obergericht.

Zuständige Behörde
§ 239. (neue Fassung, 24.9.95). Die Amtshilfe an Schiedsgerichte gemäss Art. 3 lit. d des Konkordats, Art. 183 Abs. 2, Art. 184 und Art. 185 IPRG obliegt dem Bezirksgericht am Sitz des Schiedsgerichts.

Die übrigen Befugnisse in Schiedssachen fallen in die Zuständigkeit des Obergerichts.

§§ 240. – 257. (aufgehoben 10.3.85)

ZR 86, Nr. 55: Vgl. § 260 ZPO.

Schiedsgutachten
§ 258. Ein Schiedsgutachten kann vereinbart werden zur Feststellung von Tatsachen, die für ein Rechtsverhältnis erheblich sind, über das die Beteiligten frei verfügen können.

Das Schiedsgutachten ist verbindlich, es sei denn, dass der Gutachter als Schiedsrichter hätte ausgeschlossen oder abgelehnt werden können, dass einer Partei bei dessen Bestellung eine Vorzugsstellung eingeräumt wurde, dass das Schiedsgutachten nicht ordnungsgemäss zustande gekommen ist oder dass es sich als offensichtlich unrichtig erweist.

1 **ZR 93, Nr. 34:** Gemäss einer Vertragsbestimmung werden "die Veränderungen der für die Kaufpreisbestimmung massgebenden Bewertungen verbindlich von der X Treuhand AG festgestellt, wenn sich die Vertragsschliessenden darüber nicht einigen". Die X Treuhand AG kann entweder als Schiedsrichterin oder als Schiedsgutachterin eingesetzt worden sein; deren Aufgaben unter-

scheiden sich dadurch, dass der Schiedsrichter über den Bestand und Umfang von Rechtsverhältnissen urteilt, der Schiedsgutachter dagegen im Streit stehende Tatsachen feststellt. Der Schiedsgutachter erfüllt im Rahmen der Rechtsfindung nur eine Teilaufgabe; der Schiedsrichter beurteilt den Rechtsstreit als Ganzes und schliesst somit die staatliche Gerichtsbarkeit aus, während ein Schiedsgutachten den staatlichen Richter lediglich an die dort getroffenen Feststellungen bindet. Der Schiedsgutachterabrede ist im Gegensatz zum Sachverständigenauftrag eigen, dass das Gutachten für beide Parteien und den Richter verbindlich sein soll. Kraft Parteivereinbarung soll der Richter die im Schiedsgutachten festgestellten Tatsachen nicht mehr überprüfen können, sondern als bewiesen annehmen. Schiedsgutachten können jedoch die bindende Wirkung, auch bei schweren Verfahrens- oder inhaltlichen Mängeln, verlieren. Sie bleiben aber so lange zwischen den Parteien verbindlich, als eine Mangelhaftigkeit nicht von einer Partei nachgewiesen und vom Richter für unverbindlich erklärt wird (vgl. BGE 67 II 148). Schiedsgutachten werden nicht schon dann unverbindlich, wenn sie unrichtig sind, sondern erst wenn das Gutachten im erheblichen Umfang und in sofort erkennbarer Art und Weise von der wirklichen Sachlage abweicht (offensichtliche Unrichtigkeit).

ZR 94, Nr. 66: Zulässigkeit der Prozesseinleitung vor Abschluss des Schiedsgutachtens: Die Beklagte begründet die Unzuständigkeit des Handelsgerichts zum einen damit, dass erst ein Teil des Schiedsgutachtens vorliege und P. damit noch nicht alle im handelsgerichtlichen Prozess relevanten Punkte abgeklärt habe. Es könne deshalb im jetzigen Zeitpunkt nicht angehen, das Handelsgericht anzurufen. Sie beharrte darauf, dass P. sein Mandat zu Ende führe, und auch die Kläger hätten sich an die vertraglichen Abmachungen zu halten. Das Handelsgericht sei noch nicht zuständig. Diese Argumentation verkennt das Wesen eines Schiedsgutachtens. Mit der Abrede, einzelne für den klägerischen Anspruch relevante Tatsachen durch einen Schiedsgutachter feststellen zu lassen, wurde deren Anspruch weder gestundet noch das Recht, diesen Anspruch vor Gericht geltend zu machen, in irgend einer Art und Weise eingeschränkt. Obwohl das Schiedsgutachten bis heute nicht vollständig vorliegt, fehlt es der Klage vom 25. August 1993 weder an einem Rechtsschutzinteresse noch an einer materiellrechtlichen Anspruchsvoraussetzung. Es fehlt nur an einem von den Parteien zwingend vorgesehenen Beweismittel. Dieses braucht aber nicht schon bei Klageeinleitung vorzuliegen, sondern kann auch durchaus erst im Laufe des Prozesses fertiggestellt werden. Das Hauptverfahren wird dadurch nicht beeinträchtigt. Die Parteien können auch ohne Schiedsgutachten behaupten und bestreiten, was immer sie wollen. Sie brauchen kein Schiedsgutachten dazu und haben auch keinen prozessrechtlichen Anspruch, dass es ihnen schon im Hauptverfahren vorliegt. Die Klage vom 25. August 1993 ist zur Zeit also weder abzuweisen noch von der Hand zu weisen, das Verfahren nicht einmal zu sistieren, sondern wie üblich mit einer Referentenaudienz fortzusetzen. Und vor der Referentenaudienz besteht für das Handelsgericht auch keinen Anlass, P. eine Frist zur Erstattung des restlichen Gutachtens anzusetzen; ob und was die Parteien als Auftraggeber von P. bis dahin gegen ihn vorkehren wollen, bleibt ihnen überlassen. Das Handelsgericht erachtet es auf Grund der Unklarheit über dessen Leistungsbereitschaft und aufgrund des Instruktionsinteresses immerhin als sinnvoll, wenn P. in der Referentenaudienz als Zeuge einvernommen wird (§ 118 ZPO, § 134 ZPO; A. Bachmann, Der Schiedsgutachter, Zürich, 1949, S. 49 und S. 70). Die Beklagte begründet die Unzuständigkeit des Handelsgerichts zum andern damit, dass die Parteien im Schiedsgutachtervertrag vom 12. März 1991 vorgesehen hätten, im Falle P. im beidseitigen Einvernehmen auch zum Einzelschiedsrichter ernennen zu können. Es müsse deshalb davon ausgegangen werden, dass die Kläger für die Dauer des Schiedsgutachterverfahrens auf die Anrufung des Richters verzichtet hätten. Und dieses Recht wolle sie sich nicht nehmen lassen. Diese Argumentation geht an den Tatsachen vorbei. Ziffer 5 des Schiedsgutachtervertrags enthält nach Wortlaut und Systematik weder eine Schiedsabrede noch einen Verzicht des Klägers auf Klageeinleitung vor Abschluss des Schiedsgutachtens. Die Parteien sahen darin einzig die Möglichkeit vor, dass P. irgendwann einmal auch als Schiedsrichter eingesetzt werden könne. Die Beklagte hat aber weder nach dieser Klausel noch nach dispositivem Recht Anspruch darauf, dass sich diese Möglichkeit einmal realisieren lässt. Sie hat zu akzeptieren, dass sich die Kläger gegen diesen Weg entschieden haben (Art. 3 von SIA 150; Art. 4 des Schiedsgerichtsbarkeitskonkordats).

3   **ZR 94, Nr. 100**: Wie die Vorinstanz zutreffend erläutert hat, geht es vorliegend um das Honorar für ein von der Beklagten erstattetes Schiedsgutachten, haben doch die Parteien des Kaufvertrags vereinbart, die Bewertung der Gutachterin als verbindlich anzuerkennen. Das Institut des Scheidungsgutachters gehört dem materiellen Bundeszivilrecht an und untersteht bezüglich der Beziehungen zwischen Gutachter und Auftraggeber dem Auftragsrecht (Fellmann, Berner Kantonalbank, N 165 zu Art. 394 OR, auch zum folgenden). Die Besonderheit liegt darin, dass das Schiedsgutachten nach ständiger Praxis im späteren Prozess nur angefochten werden kann, wenn der Nachweis erbracht wird, dass es offenbar ungerecht, willkürlich, unsorgfältig, fehlerhaft oder in hohem Grade der Billigkeit widersprechend ist oder auf falscher tatsächlicher Grundlage beruht. Anfechtbar ist auch ein Gutachten, das durch Betrug, Irrtum oder Drohung zustande gekommen ist, weil ihm die sachliche Voraussetzung fehlt; jedoch genügt nicht jede sachliche Unrichtigkeit, vielmehr ist eine offenkundige, d.h. für jeden Sachverständigen bei sorgfältiger Prüfung sofort in die Augen springende Abweichung von der wirklichen Sachlage erforderlich. Ausgeschlossen ist die Anfechtung, wenn beim Richter nur Zweifel in die Richtigkeit des Gutachtens hervorgerufen werden können, nicht aber die Überzeugung, dass ein offenkundig grober Irrtum begangen worden sei (BGE 67 II 148; ferner BGE 71 II 295). In einem gewissen (beschränkten) Umfang kann der Schiedsgutachter aber auch beauftragt werden, zu Rechtsfragen Stellung zu nehmen (Sträuli/Messmer, N 2 zu § 258 ZPO; Guldener, ZPR 3. A., S. 597). Das Schiedsgutachten muss also in einem rechtsstaatlich einwandfreien Verfahren zustande gekommen sein; von der Natur der Sache her und angesichts der Tragweite der Abrede eines Schiedsgutachtens für die Parteien ist vor allem an das Gebot der Neutralität des Gutachters und an jenes der Gewährung des rechtlichen Gehörs an beide Parteien zu denken; mit der Verletzung dieser Grundsätze verfällt der Gutachter in Willkür, was im Auftragsrecht sowohl als positive Vertragsverletzung wie auch als Nichterfüllung gelten kann. Es sind dies die Voraussetzungen, wie sie auch der Kanton Zürich in § 258 ZPO für die Gültigkeit eines Schiedsgutachtens umschreibt und auf welche Bestimmung sich beide Parteien im Prozess ausdrücklich berufen, wobei offenbleiben mag, inwieweit eine kantonale prozessrechtliche Regelung eines ausserhalb des Prozessrechts stehenden Vorgangs überhaupt zulässig sein kann (Art. 64 BV; Art. 2 ÜbBBV; Art. 5 und 6 ZGB; Art. 51 SchlTZGB).

Zunächst ist auf den Einwand der Kläger einzugehen, wonach nur natürliche Personen als Schiedsgutachter in Betracht kämen. Es ist richtig, dass Sträuli/Messmer (N 6a zu § 258 ZPO) aus der Anwendbarkeit der für Schiedsrichter geltenden Ausstandsregeln zu diesem Schluss gelangen. Auch die erkennende Kammer hat schon, allerdings nur beiläufig, die gleiche Meinung vertreten (Rückweisungsbeschluss im Verfahren ZE90055 i.S.M. gegen G. und M. vom 6. Juni 1991). Bereits die Vorinstanz hat aber dargetan, dass das Erfordernis der Neutralität und Unbefangenheit auch auf juristische Personen sinnvoll angewendet werden kann, auf welche Erwägung hier verwiesen sei (§ 161 GVG). Vor allem fällt in Betracht, dass von der Sache her ohne weiteres auch juristische Personen mit Gutachten betraut werden können, was denn auch im Geschäftsleben ständiger Praxis entspricht. Ebenso ist es zulässig, Kontrollstellenmandate an juristische Personen zu übertragen, was weitgehend einer gutachterlichen Tätigkeit gleicht. Von Bundesrechts wegen und vom Grundsatz der Vertragsfreiheit her spricht auch deshalb nichts gegen eine Beauftragung einer juristischen Person mit einem Schiedsgutachten, weil die Erstattung eines solchen Gutachtens über die auftragsrechtliche Treuepflicht hinaus an keine spezielle Wahrheitspflicht gebunden ist, wie sie für den Gerichtsgutachter und den Zeugen in Art. 307 StGB verankert ist. In einem gerichtlichen Verfahren kann daher nur eine natürliche Person zum Experten ernannt werden, weil nur sie förmlich in Pflicht genommen werden kann. Für das Schiedsgutachten gilt dies nach dem Gesagten nicht, weil es nicht hoheitlich angeordnet, sondern kraft Parteiwillkür vereinbart ist.

Nach der Rechtsprechung ist es nicht nötig, dass der Schiedsgutachter von einer Partei abgelehnt wird. Es genügt schon der Umstand einer Befangenheit des Gutachters als solche, dass ein Schiedsgutachten als unverbindlich gilt (ZR 85, Nr. 89 S. 226). Hier jedoch haben die Kläger durch ihre Anwältin in ihrer Stellungnahme zum Zwischenbericht der Beklagten zum Ausdruck gebracht, dass ihr Vertrauen in die Neutralität und Objektivität der Gutachterin massiv geschwächt und unter das erforderliche Mindestmass gesunken sei, weshalb man schon früher auf den ursprünglich vereinbarten Verzicht auf einen Weiterzug (des Gutachtens) an die ordentlichen Gerichte habe zurückkommen müssen. Diese Haltung wurde bestätigt, als die Kläger ihre Anzahlung von Fr.

50'000 zurückforderten. Zu prüfen ist, ob die Kläger der Beklagten zu Recht mangelnde Neutralität bzw. Befangenheit vorwerfen können.

Befangenheit oder Parteilichkeit ist, wenn man die in Lehre und Praxis für den Ausstand von Justizbeamten entwickelten Grundsätze sinngemäss auf den Schiedsgutachter überträgt, dann anzunehmen, wenn vom Standpunkt der betroffenen Partei aus ausreichend objektive Gründe vorliegen, die auch in den Augen eines vernünftigen Menschen geeignet sind, Misstrauen an der Unparteilichkeit zu wecken (ZR 82, Nr. 43; Lebrecht, Der Ausstand von Justizbeamten nach zürcherischem Prozessrecht, SJZ 1990, 298). Befangenheit ist insbesondere gegeben, wenn der Gutachter (in der gleichen Sache) Rat gegeben, als Vermittler, Sachverständiger oder Zeuge gehandelt oder noch zu handeln hat, wenn ferner zwischen ihm und einer Partei ein Pflicht- oder Abhängigkeitsverhältnis besteht (§ 96 Ziff. 2 bis 4 GVG). Ist eine juristische Person mit dem Schiedsgutachten beauftragt worden, ist diese Befangenheit in zweierlei Hinsicht zu prüfen, nämlich einerseits betreffend die Beziehungen der juristischen Person selbst zu einer der Parteien und sodann auch betreffend die für die juristische Person handelnden natürlichen Personen in ihrem Verhältnis zu den Auftraggebern. Das macht die Erstattung eines Schiedsgutachtens für eine juristische schwieriger als für eine natürliche Person, und zwar desto schwieriger, je grösser sie ist und je unüberblickbarer demzufolge mögliche Interessenkollisionen werden.

Keine Befangenheit können die Kläger daraus ableiten, dass die Beklagte zunächst einen Zwischenbericht abgab und diesen zur Diskussion stellte, auch wenn sie das auf Wunsch der Käuferseite als Grundlage zur Führung von Vergleichsgesprächen getan hat. Grundsätzlich ist es in das Ermessen der Schiedsgutachterin gestellt, wie sie insbesondere wem und auf welchem Wege sie das rechtliche Gehör gewähren will. In diesem Sinne ist es vertretbar, zunächst einen vorläufigen Bericht zu erstellen und diesen den Parteien zur Stellungnahme zu unterbreiten (§ 147 ZPO). Es kann dem Schiedsgutachter auch nicht verwehrt sein, sowenig wie dem Richter, auf einen Vergleich hinzuarbeiten und entsprechende Vorschläge zu unterbreiten. Auf Grund solcher Verhaltensweisen könnte eine Ablehnung nicht begründet werden (Lebrecht, 301). Allerdings können aus solchen Meinungsäusserungen sehr wohl Schwierigkeiten entstehen, wobei solche beim Schiedsgutachter schwerer wiegen, da er ausschliesslich auf Grund des Vertrauens der Parteien eingesetzt ist und hinsichtlich seiner Unabhängigkeit vermehrtem Misstrauen begegnet.

Für die Kläger beunruhigend musste jedoch sein, dass der u.a. als Basis für Vergleichsgespräche und unter der Federführung von S. erstellte Zwischenbericht über die Prüfung der Warenvorräte in A. und B. auf Minderwerte von rund 5,3 Millionen Franken schloss und dabei die Warenvorräte in C. völlig ausser acht liess. Die Kläger rügten dieses Vergessen in ihrer Stellungnahme und tönten ein böswilliges Verhalten der Beklagten an, weil gerade in C. wesentliche Bewertungsreserven lagen. Tatsächlich stellte dann das endgültige Gutachten in C. einen Mehrwert von 1,878 Mio. Franken fest, was zu einem wesentlich besseren Endresultat führte. Gemäss einer internen Stellungnahme des Sachbearbeiters S. über die kritische Eingabe der Kläger zum Zwischenbericht will er die Pendenz C. in der Tat vergessen haben, mit dem Beifügen, die Anwälte der Kläger würden dies wohl kaum glauben. Mag dieses Zugeständnis auch der Wahrheit entsprechen, so war dieses Geschehen, das nicht anders als grob fehlerhaft zu Lasten der Kläger qualifiziert werden kann, aus deren Sicht doch geeignet, den Glauben an die Objektivität der Gutachterin zu erschüttern.

Die Neutralität der Beklagten wird weiter in Zweifel gezogen dadurch, dass der Beklagten bereits mit der Auftragserteilung von Käuferseite die Übertragung der Kontrollstellenmandate der Tochtergesellschaften der X-AG ab Geschäftsjahr 1989 (dem damals laufenden Geschäftsjahr) in Aussicht gestellt worden war. Tatsächlich übernahm die Beklagte das Kontrollstellenmandat der X-AG am 2. Mai 1989, was nach einer internen Notiz der Beklagten in einer weiteren Abhängigkeit geführt hat, weshalb dieses Mandat niederzulegen sei. Aus einer anderen von der Beklagten erstellten Notiz vom gleichen Tag folgt sogar, dass die Beklagte die Kontrollstellenmandate sowohl der X–AG als auch der Tochtergesellschaft Y übernommen hatte, und zwar rückwirkend für das Geschäftsjahr 1988, also betreffend jenen Abschluss, welcher auch Basis und Gegenstand des Schiedsgutachtens bilden sollte. Der Interessenkonflikt der Beklagten, die damit in ein spezielles und entschädigtes Vertrauensverhältnis zu den Gegenstand des Kaufvertrags bildenden Gesellschaften und somit in enge Beziehungen zur Käuferschaft getreten ist, ist offensichtlich und macht ihre Schiedsgutachtertätigkeit unmöglich. Es erstaunt denn auch keineswegs, dass D. am Schluss seiner Ausführungen die Niederlegung des Mandats empfahl, vordergründig zwar wegen objektiver Unmöglichkeit, aber auch wegen der fast völlig erodierten Vertrauensbasis der Kläger.

Zuletzt fällt entscheidend in Betracht, dass der für den Zwischenbericht noch federführende S. in einem gewissen Abhängigkeitsverhältnis zu Z. stand, welcher für die Kläger schlechtweg die Gegenseite verkörpert. In der bereits erwähnten Notiz D. heisst es dazu, die Optik der bei den Untersuchungen dominierenden Käuferpartei habe die Meinungsbildung von S. beeinflusst und sei im (Zwischen-) Bericht an dieser oder jener Stelle klar erkennbar. Zu Recht fühle sich die Verkäuferschaft übergangen, wenn dies möglicherweise in materieller Hinsicht auch nicht zutreffe. Einschränkungen der Neutralität der Beklagten könnten auch geltend gemacht werden wegen einer neuen Tätigkeit von S. im Einflussbereich des Z. S selber war diese ganze Problematik auch bewusst, führte er doch aus, bereits Ende April (1989) mit der Rechtsabteilung der Beklagten die Niederlegung des Mandats diskutiert zu haben. Er führte weiter aus, man könne ihm auch eine gewisse einseitige Parteinahme vorwerfen und er müsse zugestehen, dass der Zwischenbericht etliche Mängel aufweise. Es sei ihm auch klar geworden, dass er sich bezüglich der Durchführung aller Aufträge im Bereich der X-Gruppe übernommen und überschätzt habe.

Zusammenfassend ergibt sich, dass die Kläger mit gutem Grund die Beklagte wegen Parteilichkeit schon nach Vorliegen des Zwischenberichts ablehnten. Das endgültige Gutachten brauchen sie unter diesen Umständen nicht mehr abzuwarten, weshalb es keine Rolle spielt, ob dieses in der Sache fehlerhaft ist oder nicht. Aus den bereits zitierten internen Notizen der Beklagten, welche alle aus ihrer Geschäftsleitung stammen, folgt, dass die Auftragserteilung von Anfang an überschattet war vom Angebot der Übertragung von Kontrollstellenmandaten in Gegenstand des Schiedsgutachtens bildenden Firmen. Damit war bereits eine Interessenkollision gegeben, da aus der Sicht der Verkäuferschaft befürchtet werden musste, dass die Gutachterin um der Erhaltung des Kontrollstellenmandats willen tendenziell eher die Interessen des neuen Aktionariats vertreten würde, wenn auch innerhalb des gegebenen Ermessensspielraums. Dies ist um so gefährlicher, weil sachlich unanfechtbar. Es kommt hinzu, dass die rückwirkende Übernahme des Kontrollstellenmandats der X-AG schon für das Jahr 1988 eindeutig den Ablehnungsgrund von § 96 Ziff. 2 GVG geschaffen hat, da die Beklagte nun in der gleichen Sache auch anderweitig als Sachverständige Rat zu geben hatte (in diesem Sinne hat die Kammer schon im erwähnten Entscheid ZE90055 vom 6. Juni 1991 argumentiert). Das wurde in der Geschäftsleitung der Beklagten erkannt, ohne dass aber die sich aufdrängenden Konsequenzen gezogen worden wären. Überdies geriet der damalige Projektleiter S. auch persönlich in ein gewisses Abhängigkeitsverhältnis zu Z. Er konnte sich offenbar dieser Beeinflussung, wie er selber zugestelt, nicht in wünschbarem Masse entziehen. Vergegenwärtigt man sich weiter, dass der Zwischenbericht zusätzlich an einem schweren objektiven Mangel litt, weil die Resultate aus C. fehlten, so dass die Beklagte als Grundlage zu Vergleichsgesprächen ein Zahlenmaterial zur Verfügung stellte, welches zu Lasten der Verkäufer ein falsches Bild ergab, so erhellt ohne weiteres, dass es für die Kläger nicht mehr zumutbar war, die Arbeit der Beklagten weiterhin akzeptieren zu müssen.

In rechtlicher Hinsicht ist davon auszugehen, dass die Beklagte zufolge Befangenheit die ihr obliegende Treuepflicht verletzt und den ihr erteilten Schiedsgutachtensauftrag nicht erfüllt hat. Die Kläger schulden kein Honorar und können den geleisteten Vorschuss zurückfordern. Entsprechend ist die Hauptklage gutzuheissen und die Widerklage abzuweisen.

V. Teil: Rechtsmittel
1. Abschnitt: Berufung

Zulässigkeit
§ 259. (alte Fassung). Die Berufung ist zulässig gegen Vor-, Teil- und Endurteile
1. der Bezirksgerichte und der Arbeitsgerichte, wenn der Streitwert Fr. 12 000 übersteigt oder nach der Natur der Sache nicht geschätzt werden kann;
2. des Einzelrichters, wenn der Streitwert Fr. 8000 übersteigt;

der Mietgerichte unter den Voraussetzungen von Ziffer 1, wenn sie sich nicht ausschliesslich auf Begehren gemäss § 18 Abs. 1 lit. a und Abs. 2 GVG beziehen; bei zeitlicher Dringlichkeit hat die Berufungsinstanz über Begehren gemäss § 18 Abs. 1 lit. a und Abs. 2 GVG das Verfahren nach den Bestimmungen über den Rekurs durchzuführen.

Zulässigkeit
§ 259. (neue Fassung, 24.9.95). Die Berufung ist zulässig gegen Vor-, Teil- und Endurteile
1. der Bezirksgerichte, der Arbeitsgerichte und der Mietgerichte;
2. des Einzelrichters, wenn der Streitwert für die Berufung an das Bundesgericht erreicht wird oder wenn er eine Ehetrennung oder Ehescheidung ausgesprochen hat.

Im einfachen und raschen Verfahren wird das weitere Berufungsverfahren nach den Bestimmungen über den Rekurs durchgeführt. Die Erledigung erfolgt durch Beschluss.

ZR 82, Nr. 45: Auch in arbeitsrechtlichen Streitigkeiten kann mittels Widerklage der Berufungsstreitwert erreicht werden, sofern die Berufung nach § 259 ZPO zulässig ist. 1

Aufschiebende Wirkung
§ 260. (alte Fassung). Die Berufung hemmt Rechtskraft und Vollstreckbarkeit des Urteils, nach Stellung der Berufungsanträge jedoch nur in deren Umfang.

Rechtskraft und aufschiebende Wirkung
§ 260. (neue Fassung, 12.3.95). Die Berufung hemmt Rechtskraft und Vollstreckbarkeit des Urteils, nach Stellung der Berufungsanträge jedoch nur in deren Umfang.

Im Verfahren betreffend fürsorgerische Freiheitsentziehung kommt der Berufung keine aufschiebende Wirkung zu. Die entscheidende Instanz oder die Berufungsinstanz kann jedoch auf Antrag die aufschiebende Wirkung gewähren.

ZR 81, Nr. 127: In den Verfahren zur Beurteilung von missbräuchlich angefochtenen Mietzinsen ist lediglich der Rekurs zulässig. 1

ZR 86, Nr. 55: Nach § 260 und 275 ZPO werden erstinstanzliche Entscheide von Gesetzes wegen rechtskräftig und vollstreckbar, soweit sie nicht innert vorgeschriebener Frist durch Berufung oder Anschlussberufung oder Rekurs angefochten wurden. Nach den Berufungsanträgen blieb die Zusprechung der vier Namensaktien samt bezogenen Früchten durch das erstinstanzliche Urteil unangefochten, so dass mit Bezug auf sie jene Rechtskraftwirkung ohne weiteres eingetreten ist. Für die Vollstreckung ist eine amtliche Rechtskraftbescheinigung im allgemeinen nicht unerlässlich; die formelle Rechtskraft und Vollstreckbarkeit eines Urteils kann, zumal wenn es nicht um diejenige des ausländischen Urteils geht, auch auf andere Weise nachgewiesen werden. Das zürcherische Recht enthält seit der Revision des Prozessrechts seinen ausdrücklichen Anspruch auf eine Rechtskraftbescheinigung nur mit Bezug auf Schiedsgerichtsurteile. Nach § 257 ZPO ist diese vom Obergericht auszustellen, ohne dass jedoch über die Form der Bescheinigung etwas bestimmt wird. Zur Begründung wird angeführt, die Möglichkeit eine Rechtsbescheinigung einzuholen, sei zur Erleichterung der Vollstreckung, vor allem im Ausland und in anderen Kantonen, neu ge- 2 schaffen worden. Die Bescheinigung sei rein feststellender Natur, ihre Ausstellung nicht Voraussetzung für die Vollstreckbarkeit. Diese Gesichtspunkte treffen in gleicher Weise auf die Entscheide staatlicher Gerichte zu. Auch mit Bezug auf sie werden in der Praxis ohne weiteres solche Bescheinigungen durch die Gerichtsschreiber der zürcherischen Gerichte in ihrer Eigenschaft als Urkundspersonen ausgestellt. Handelt es sich um Vollstreckung eines ausländischen Urteils auf dem Betreibungsweg, so hat der Einzelrichter im summarischen Verfahren und im Rekursfall bei der Rekursinstanz das Kollegialgericht über die Vollstreckbarerklärung, die freilich auf Bundesrecht beruht, letztlich aber eine Rechtskraftbescheinigung zu entscheiden.

3   **ZR 89, Nr. 78:** Obwohl Frauenrente und Kinderunterhaltsbeiträge eng zusammenhängen, handelt es sich nicht um zwei untrennbar verbundene Ansprüche, ist doch eine zweitinstanzliche Überprüfung der Kinderregelung trotz § 200 ZPO möglich, und die Offizialmaxime ist ausgeschlossen, wenn die Scheidung selber nicht oder nur andere Nebenfolgen angefochten sind. Wenn im Berufungsverfahren nur die Frauenrente angefochten wird, kann eine Änderung der Kinderbelange, wie Kinderzuteilung, Besuchsrechtsregelung, Kinderunterhaltsbeiträge, nicht mehr im Berufungsverfahren, sondern nur noch auf dem Weg der Abänderungsklage erreicht werden.

4   **ZR 90, Nr. 23:** Die Ex-Frau hatte beim Bezirksgericht Affoltern auf Abänderung des Scheidungsurteils geklagt (Reduktion des Besuchsrechts des Ex-Mannes gegenüber den Kindern); das Bezirksgericht hiess diese Klage gut. Dagegen erhob der Ex-Mann Berufung; beim Bezirksgericht Bülach klagte er seinerseits auf Abänderung des Scheidungsurteils mit dem Antrag, es sei die elterliche Gewalt über die Kinder der Parteien auf ihn zu übertragen. Auch wenn die beiden Klagen (Reduzierung des Besuchsrechts, Umteilung der elterlichen Gewalt) je für sich allein betrachtet vor verschiedene Gerichte gehören würden (jeweils am Wohnsitz der beklagten Partei), ist vom Zeitpunkt an, an dem die Klage am zuständigen Bezirksgericht Affoltern auf Abänderung des Scheidungsurteils (Reduktion des Besuchsrechts) eingereicht war, dieses (bzw. die zweite Instanz bei einem Rechtsmittel gegen ihren Entscheid, da die Möglichkeit der Klageänderung besteht) bis zur Erledigung des damit eingeleiteten Prozesses auch für die Beurteilung der Klage betreffend Umteilung der elterlichen Gewalt zwingend zuständig. Die Einrede der Rechtshängigkeit gemäss § 107 Abs. 2 ZPO ist daher begründet. Hingegen hat die Frage der Höhe der Frauenrente und diejenige der Höhe der Kinderunterhaltsbeiträge zwar einen engen Zusammenhang, sie sind aber nicht zwei untrennbar verbundene Ansprüche.

Berufungserklärung
§ 261. Die Berufung ist innert zehn Tagen von der schriftlichen Mitteilung des Urteils an bei der ersten Instanz schriftlich zu erklären.

Diese stellt der Gegenpartei eine Ausfertigung der Berufungserklärung zu.

ZR 84, Nr. 83: Vgl. § 61 ZPO.

Überweisung an die Berufungsinstanz
§ 262. Innert zehn Tagen nach dem Eingang der Berufungserklärung stellt die erste Instanz sämtliche Prozessakten der Berufungsinstanz zu mit einem Bericht über die Wahrung der Berufungsfrist, die Berechnung des Streitwerts und die Kautionspflicht gemäss § 73.

ZR 82, Nr. 31: Der Endentscheid in Zivilsachen hat als Parteibezeichnung einer natürlichen Person nebst Namen, Vornamen und Adresse das Geburtsdatum, den Heimatort und den Beruf zu enthalten. Bei Fehlen dieser Angaben kann das Obergericht die Akten an die Vorinstanz zurückweisen.

Nichteintreten
§ 263. Ist die Berufung verspätet oder nicht zulässig, tritt die Berufungsinstanz ohne weiteres Verfahren darauf nicht ein.

Berufungsschrift
§ 264. Die Berufungsinstanz setzt dem Berufungskläger Frist an, um die Berufungsanträge schriftlich zu stellen und sie zu begründen; sie weist dabei auf das Novenrecht nach § 267 hin.

Enthält weder die Berufungserklärung noch die Berufungsschrift bestimmte Anträge, so wird auf die Berufung nicht eingetreten. Unterbleibt die Begründung, wird auf Grund der Akten entschieden.

ZR 85, Nr. 82: Gemäss § 264 Abs. 1 ZPO ist in den Berufungsanträgen bestimmt zu erklären, welche Änderung im Dispositiv des angefochtenen Urteils verlangt wird, damit Gegenpartei und Berufungsinstanz wissen, wieweit das erstinstanzliche Urteil rechtskräftig geworden, bzw. in welchem Umfang es zu überprüfen ist. Wenn der Kläger diesem Erfordernis nicht nachkommt, würde das ein Eintreten auf die Berufung freilich dann nicht hindern, wenn die verlangten Änderungen sich in Verbindung mit der Berufungsbegründung oder mit dem angefochtenen Urteil ohne weiteres ergäben.

Die Anträge lassen sich auch nicht in Zusammenhang mit dem vorinstanzlichen Urteil ohne weiteres ersehen. Der Tatbestand, dass bestimmte Anträge fehlen, grenzt sich eindeutig von demjenigen ab, bei dem unklare Anträge gestellt werden. Nur in den letztgenannten Fällen ist Frist anzusetzen, um die Anträge zu erläutern (ZR 62, Nr. 51). Unter dem geltenden Prozessrecht ist Nachholen der Anträge nicht mehr möglich und daher auf die Berufung nicht einzutreten.

ZR 86, Nr. 51: Der Beklagte stellte den Berufungsantrag, der im angefochtenen Urteil auf monatlich Fr. 300 festgesetzte Unterhaltsbeitrag sei auf einen symbolischen Betrag nach Ermessen des Gerichts herabzusetzen; gemäss § 264 ZPO hat die Berufung einen bestimmten Antrag, wie das angefochtene Urteil im Dispositiv abzuändern sei, zu enthalten; aus der Berufungsbegründung ergibt sich indessen der Standpunkt des Beklagten, dass er weder mit seinem Nettolohneinkommen noch mit der Arbeitslosenentschädigung das Existenzminimum erreiche, weshalb die Klage abzuweisen sei. Dies genügt den Anforderungen von § 264 ZPO.

Berufungsantwort
§ 265. Dem Berufungsbeklagten wird die Berufungsschrift zugestellt und Frist zur schriftlichen Antwort angesetzt. Es wird dabei auf die Möglichkeit der Anschlussberufung nach § 266 und auf das Novenrecht nach § 267 hingewiesen. Unterbleibt die Beantwortung, wird auf Grund der Akten entschieden.

Anschlussberufung
§ 266. Mit der Berufungsantwort kann Anschlussberufung erklärt werden, wobei gleichzeitig die Anträge zu stellen und zu begründen sind. Fehlen Anträge, wird auf die Anschlussberufung nicht eingetreten; unterbleibt die Begründung, wird über die Anschlussberufung auf Grund der Akten entschieden. Dem Berufungskläger wird Gelegenheit zur schriftlichen Beantwortung der Anschlussberufung unter Hinweis auf das Novenrecht nach § 267 gegeben.

Wird die Hauptberufung vor Schluss der Berufungsverhandlung oder des Schriftwechsels zurückgezogen oder wird darauf nicht eingetreten, so fällt die Anschlussberufung dahin.

ZR 85, Nr. 126: Gemäss § 272 Abs. 2 Ziff. 3 ZPO sind im summarischen Verfahren ergangene Erledigungsverfügungen nicht mit Rekurs anfechtbar, wenn sie die Rechtsöffnung betreffen, sofern nicht die Vollstreckung eines ausländischen Entscheids in Frage steht. Die Praxis legt diese Bestimmung dahin aus, dass das Rechtsmittel des Rekurses gegen Entscheid im Rechtsöffnungsverfahren nur zur Frage der Vollstreckbarkeit gegeben sei, dass hingegen der Entscheid hinsichtlich Bestand und Umfang der Forderung mit Nichtigkeitsbeschwerde anzufechten sei. In den neueren Rekursentscheiden hat die Rekursinstanz diese Rechtsprechung verdeutlicht, die nach Art. 81 Abs. 1 SchKG möglichen Einwendungen der Tilgung, Stundung und Verjährung der Schuld beträfen nicht die Frage der Vollstreckbarkeit des ausländischen Urteils, sondern die Begründetheit der in Betreibung gesetzten Forderung. Der Rekurrent macht Unzulässigkeit des ergangenen Säumnisurteils und Verletzung des schweizerischen ordre public geltend.

Alle diese Gesichtspunkte betreffen nicht die Begründetheit der in Betreibung gesetzten Forderung, sondern die Frage der Vollstreckbarkeit des ausländischen Urteils und aus deren blosser Folge die vom Einzelrichter erteilte definitive Rechtsöffnung. Bei dieser Sachlage ist der Rekurs auch gegen dieses zulässig und ist festzustellen, dass die aufschiebende Wirkung des vorliegenden Rekurses sich auf das gesamte Dispositiv der angefochtenen Verfügung erstreckt.

2   **ZR 95, Nr. 59:** Die Regelung von § 266 Abs. 2 ZPO, wonach die Anschlussberufung dahinfällt, wenn die Hauptberufung vor dem Abschluss der Berufungsverhandlung oder des Schriftenwechsels zurückgezogen oder darauf nicht eingetreten wird, gilt auch im Rekursverfahren nach § 278 ZPO sinngemäss. Das Rekursverfahren sieht jedoch nicht zwei Schriftenwechsel vor. In casu hatte der Kläger in seiner Anschlussrekursantwort noch diverse Noven vorgebracht. Es hätte der Beklagten daher noch Gelegenheit zur Stellungnahme eingeräumt werden müssen. Das vorliegende Rekursverfahren war somit beim Eingang des klägerischen Rekurses noch nicht abgeschlossen. Der Anschlussrekurs der Beklagten fällt mit dem Rückzug des Hauptrekurses durch den Kläger dahin (im Unterschied zur Berufung sieht der Rekurs im Regelfall nur einen Schriftenwechsel vor).

Novenrecht
§ 267. (alte Fassung). In der Begründung und in der Beantwortung von Berufung und Anschlussberufung können neue Tatsachenbehauptungen, Bestreitungen und Einreden erhoben und neue Beweismittel bezeichnet werden. Für die Kosten- und Entschädigungsfolgen gilt § 66 Abs. 1.

Eine Partei, die sich vor erster Instanz nicht geäussert hat, kann sich auf dieses Recht nicht berufen.

Unter den Voraussetzungen von §§ 115 und 138 ist neues Vorbringen in allen Fällen zulässig.

Novenrecht
§ 267. (neue Fassung 24.9.95). *Vor der Berufungsinstanz ist neues Vorbringen unter den Voraussetzungen von §§ 115 und 138 zulässig.*

ZR 82, Nr. 80: Zulassung von Noven im zweiten Berufungsverfahren: Im Falle der Rückweisung ist gegen den neuen Entscheid der ersten Instanz die Berufung ohne Einschränkung zulässig, und es sind daher auch Noven im Rahmen von § 267 ZPO unbeschränkt zulässig.

1   **ZR 85, Nr. 104:** Die Vorinstanz konnte die verfahrensrechtliche Frage offen lassen, ob der Kläger, der bereits an der Verhandlung eine gegenüber seiner schriftlichen Eingabe erweiterte, zweite Gegendarstellung eingereicht hatte, gehalten gewesen wäre, zunächst der Beklagten den abgeänderten Text vorzulegen, und ob er erst nach einer allfälligen Weigerung der Beklagten, den Text zu veröffentlichen, berechtigt gewesen wäre, den Richter anzurufen. Die Beklagte lehnte nämlich die Publikation des neuen, noch umfangreicheren Textes sogleich mit der gleichen Begründung wie die ursprüngliche Fassung ab. Nun hat der Kläger seine Gegendarstellung und damit sein Rechtsbegehren im Rekursverfahren erneut geändert; dies ist vor zweiter Instanz unzulässig, weshalb auf den Rekurs in diesem Punkt nicht einzutreten ist. Im übrigen weist die Beklagte zu Recht darauf hin, dass es stossend wäre, wenn man einem Medienunternehmen eine offensichtlich nicht gesetzeskonforme Gegendarstellung vorlegen dürfte, um nach der gerichtlichen Sanktionierung ihrer Ablehnung sogleich der zweiten Instanz eine bessere Fassung zu präsentieren.

ZR 86, Nr. 45: Gemäss Literatur und Rechtsprechung sind innert der Novenfrist des § 267 ZPO (d.h. mit Begründung oder Beantwortung der Berufung) auch solche Beweismittel neu anzurufen, mit denen die betreffende Partei vor erster Instanz wegen Versäumnis einer zerstörlichen Frist ausgeschlossen wurde. Wenn das Beweisthema wie im vorliegenden Fall durch den Beweisauflagebeschluss der Vorinstanz genau umschrieben ist, sind auch die Beweismittel zu den einzelnen Beweissätzen innert der Novenfrist abschliessend und vollständig zu nennen. Der Standpunkt, die Vorinstanz habe die Beweislast in entscheidenden Punkten zu Unrecht dem Beklagten statt dem Kläger auferlegt, vermag dem Beklagten dann nicht zu helfen, wenn die Berufungsinstanz zum Ergebnis gelangt, das Bezirksgericht habe die Beweislast richtig verteilt. Für diesen Eventualfall hätte der Beklagte, um im Berufungsverfahren Erfolg haben zu können, seine Beweismittel für Grund, Bestand und Umfang der im Darlehensvertrag zusammengefassten, verschiedenartigen Forderungen in der Berufungsbegründung einzeln nennen müssen, was nicht geschah. Er hat solche Beweismittel nicht einmal unter dem Gesichtspunkt eines Gegenbeweises bezeichnet.

2

ZR 86, Nr. 53: Die versäumte Leistung des Kostenvorschusses muss nach neuerem Entscheid nicht innert der Novenfrist nachgeholt werden. Da der Kläger in der Berufungsbegründung das beschränkte Beweisthema und die dazu angerufenen Beweismittel innert der Novenfrist des § 267 ZPO im einzelnen abschliessend angeführt hat, braucht zu der von ihm vorgelegten Auffassung nicht Stellung genommen zu werden, die Berufungsinstanz könne ohnehin, unbekümmert um die Abweisung des Wiederherstellungsbegehrens und die Nichtanfechtung dieses Beschlusses durch einseitig kündigendes Rechtsmittel im Rahmen der Berufung auf die nicht abgenommenen Beweise zurückkommen. Gemäss § 289 ZPO steht jedenfalls das Vorgehen einer Partei im Einklang, welche die Beweisabnahme in erster Instanz durch Versäumung einer zerstörlichen Frist vereitelt und die betreffenden Beweismittel unter Hinweis auf die massgeblichen Beweissätze innerhalb der zweitinstanzlichen Novenfrist neu und genau bezeichnet, wie es der Kläger getan hat. Dispositiv-Ziffer 1 (Vormerk der Klagereduktion) und die Regelung der Kosten- und Entschädigungsfolgen zulasten des Klägers infolge Saumseligkeit im erstinstanzlichen Verfahren stellen nun die Endentscheide dar, weshalb auf die Zulässigkeit der Nichtigkeitsbeschwerde hinzuweisen ist.

3

Hingegen im Rückweisungsentscheid ebenfalls mögliche Nichtigkeitsbeschwerde ist im Dispositiv, obwohl es sich um einen Zwischenentscheid handelt (BGE 106 Ia 228) und die Rechtsmittelbelehrung, die hier gesetzlich nicht vorgesehen ist (§ 188 GVG), ausnahmsweise ebenfalls zu erwähnen, weil sonst der Eindruck erweckt werden könnte, der diesbezügliche Entscheid sei unanfechtbar.

§ 287 Abs. 2 ZPO nach Art. 280 Abs. 2 ZGB gilt auch für die Klage auf Unterhaltsleistungen nach Anerkennung des Kindes vor dem Zivilstandsbeamten die Offizialmaxime. Die Vorinstanz durfte daher nicht infolge Säumnis des Beklagten auf der Anerkennung der tatsächlichen Klagegründe und Verzicht auf Einreden schliessen. Im Berufungsverfahren ist der Beklagte aufgrund der Offizialmaxime auf jeden Fall mit neuen Vorbringen zuzulassen, und zwar grundsätzlich bis zur Urteilsfällung (§ 267 Abs. 3 in Verbindung mit § 115 Ziff. 4 ZPO). Der die Vaterschaftsklage beurteilende Richter ist jedoch nicht zuständig, über ein allfälliges Besuchsrecht zu befinden, sondern der Beklagte hat sich an die Vormundschaftsbehörde des Wohnsitzes des Kinds zu wenden (Art. 275 Abs. 1 u. 3 ZGB), weshalb auf das diesbezügliche Begehren auch im Berufungsverfahren nicht eingetreten werden kann.

ZR 86, Nr. 54: In prozessualer Hinsicht ist zunächst festzuhalten, dass die vom Kläger in der Berufungsreplik, also nach Ablauf der allgemeinen Novenfrist des § 267 ZPO, vorgenommene geringfügige Einschränkung hinsichtlich der behaupteten Körpergrösse sich zu Gunsten des Standpunkts der Gegenpartei auswirkt. Zudem ist sie, zumal durch eine neu eingereichte Urkunde belegt, auch unter dem Gesichtspunkt ausserordentlicher Noven gemäss § 150 Ziff. 2 ZPO zulässig. Die seitens der Beklagten innert allgemeiner Novenfrist aufgestellte und belegte Behauptung, die Bettlänge habe nicht 180 cm sondern rund 188 cm betragen, war neu im Prozess, so dass sie der Kläger unter Berücksichtigung des Grundsatzes des rechtlichen Gehörs auch noch in der Berufungsreplik bestreiten und zu diesem Punkt Beweise beantragen konnte. Fraglich bleibt allerdings, wie die beantragte Expertise hinsichtlich der tatsächlichen Bettlänge Klarheit schaffen könnte.

4

5   **ZR 86, Nr. 81:** Der Vaterschaftsbeklagte ist auch dann im Berufungsverfahren mit Vorbringen unbeschränkt zuzulassen, und zwar grundsätzlich bis zur Urteilsfällung, wenn er sich in erster Instanz nicht geäussert hat.

6   **ZR 87, Nr. 29:** Für den Fall, dass die Beklagte ungehindert Noven im Sinne von § 267 vorbringen könne, beantragt die Klägerin, es sei ihr Frist anzusetzen, um zu den Vorbringen in der Klageantwort im einzelnen Stellung zu nehmen. Nach Erstattung des Berufungsantrags können Noven nur noch unter den Voraussetzungen von § 115 und § 138 ZPO zugelassen werden. Die Klägerin kannte das Gesuch aus der Berufungsbegründung, und sie musste insbesondere auch angesichts der Rechtsprechung (ZR 81, Nr. 8) ernsthaft damit rechnen, dass ihm entsprochen wird. Wollte die Klägerin im Hinblick auf diesen Eventualfall zur Klageantwort der Gegenpartei Stellung nehmen, so musste sie dies im Sinne der Eventualmaxime, eines unter dem Gesichtspunkt der Kassationsgründe wesentlichen Verfahrensgrundsatz, spätestens in der Berufungsantwort tun.

7   **ZR 90, Nr. 23:** Vgl. § 61 ZPO.

8   **ZR 93, Nr. 11:** Wenn aufgrund eines Rückweisungsentscheids ein zweites vorinstanzliches Urteil ergeht, so kann auch in der zweiten Berufungsbegründung der Kläger nach kassationsgerichtlicher Rechtsprechung Noven im Sinne von § 267 ZPO uneingeschränkt vorbringen (vgl. ZR 82, Nr. 80).

9   **ZR 93, Nr. 81:** Neue Tatsachen und Beweismittel sind in der Berufungsbegründung zu behaupten, bzw. zu bezeichnen. In der Berufungsbegründungsschrift kann er allfällige Versäumnisse korrigieren; zu einem späteren Zeitpunkt können im Berufungsverfahren keine neuen Tatsachen vorgebracht werden (die Vorschläge zur Revision der ZPO sehen vor, dass im Berufungsverfahren neue Tatsachen ausgeschlossen werden sollen).

Berufungsverhandlung
§ 268. Nach Ablauf der Frist zur Berufungs- oder Anschlussberufungsantwort werden die Parteien zur mündlichen Replik und Duplik vorgeladen. Die Berufungsinstanz kann auch dafür das schriftliche Verfahren anordnen.

Bleibt eine Partei der Verhandlung fern oder versäumt sie die Frist zur schriftlichen Eingabe, so ist sie mit ihrem Vortrag oder ihrer Rechtsschrift ausgeschlossen.

Hat der Berufungsbeklagte keine Antwort eingereicht oder auf die Akten verwiesen, wird keine Berufungsverhandlung durchgeführt.

Fürsorgerische Freiheitsentziehung
a) Berufungserklärung
§ 268a. (neu seit 12.3.95). Die Berufung gegen Entscheide über die fürsorgerische Freiheitsentziehung ist bei der Berufungsinstanz innert fünf Tagen seit der mündlichen Eröffnung oder, wenn eine solche nicht erfolgt, seit der schriftlichen Mitteilung des begründeten Entscheids einzureichen.

Wird der Entscheid mündlich eröffnet, kann die Berufung sogleich bei der ersten Instanz erklärt werden. Diese entscheidet umgehend über Begehren betreffend die aufschiebende Wirkung und reicht die Prozessakten bis Ende des folgenden Arbeitstages der Berufungsinstanz ein.

b) Berufungsverfahren
§ 268b (neu seit 12.3.95). Den Verfahrensbeteiligten wird, sofern für den Entscheid notwendig, die Berufungsschrift zugestellt. Die Frist zur schriftlichen Antwort beträgt 10 Tage. Für die Anschlussberufung und das Novenrecht gelten die §§ 266 und 267. Die Berufungsinstanz entscheidet ohne mündliche Hauptverhandlung.

Umfang der Überprüfung
§ 269. Die Berufungsinstanz überprüft Verfahren und Entscheid der ersten Instanz im Rahmen der Berufungsanträge.

Prozessleitende Entscheide werden nicht überprüft, wenn dagegen der Rekurs zulässig war.

ZR 81, Nr. 21: In Anlehnung an die von der Verwaltungskommission entwickelte Praxis, auferlegt sich das Obergericht bei der Beurteilung einer im Rahmen eines Berufungs- oder Rekursverfahrens vorgebrachten Beschwerde (im Sinne von § 206 GVG i.V.m. § 108 ff. GVG) gegen die Höhe der vorinstanzlichen Gerichtsgebühr Zurückhaltung und setzt diese nur dann herab, wenn sie vorschriftswidrig oder in Überschreitung des richterlichen Ermessens festgesetzt worden ist.

Berufungsentscheid
§ 270. Die Berufungsinstanz fällt im Rahmen der Berufungsanträge einen neuen Endentscheid. Statt dessen kann sie das erstinstanzliche Urteil aufheben und den Prozess zur Durchführung eines Beweisverfahrens, nötigenfalls auch zur Wiederholung und Ergänzung des Hauptverfahrens, und zur Neubeurteilung an die erste Instanz zurückweisen.

ZR 87, Nr. 120: Gemäss dem Kassationsgericht beträgt bei Rückweisungen im Berufungsverfahren die Beschwerdefrist 10 Tage.

ZR 89, Nr. 91: Für die Anfechtung von Rückweisungsentscheiden des Obergerichts gilt die zehntägige Beschwerdefrist. Nach der Praxis des Kassationsgerichts sind Rückweisungsentscheide im Berufungsverfahren prozessleitende Entscheide, für welche die zehntägige Beschwerdefrist gemäss § 287 Abs. 2 ZPO gilt (ZR 84, Nr. 137). Demgegenüber hat das Obergericht entschieden, es handle sich nach der zürcherischen Prozessordnung nicht um prozessleitende Entscheide, weshalb die Frist von 30 Tagen gemäss § 287 Abs. 1 ZPO gelte (ZR 86, Nr. 53; vgl. dazu auch R. Ottmann in: Mitteilungen aus dem Institut für zivilgerichtliches Verfahren in Zürich, Heft 5, S. 26/27). In einem weiteren Entscheid aus dem Jahre 1988 hat sich das Kassationsgericht nochmals eingehend mit der Frage – und insbesondere mit der abweichenden Rechtsauffassung des Obergerichts – auseinandergesetzt und ist dabei zur Bestätigung der bereits in ZR 84, Nr. 137 begründeten Rechtsauffassung gelangt (ZR 87, Nr. 120). Es besteht – namentlich auch mangels Vorbringens neuer, überzeugender Argumente – grundsätzlich kein Anlass, zu dieser Frage erneut Stellung zu nehmen, sondern es kann auf die in den zitierten Präjudizien dargelegte Begründung verwiesen werden. Immerhin drängt sich bei der vorliegenden Konstellation und im Hinblick auf die Vorbringen der Beschwerdeführer zu dieser Frage ergänzend folgende Bemerkung auf:

Auch wenn im Rückweisungsentscheid vom Obergericht, wie dies häufig oder sogar in der Regel (so auch vorliegend) zutrifft, eine materiellrechtliche Vor- oder Teilfrage beurteilt worden ist, kann dies an der Natur des prozessleitenden Entscheids und damit an der Beschwerdefrist nichts ändern, soweit nicht im Rückweisungsentscheid – neben der Rückweisung – urteilsmässig, d.h. formell ein Vor- oder Teilentscheid gefällt und dies im Dispositiv zum Ausdruck gebracht wird. Nur in diesem Fall läge insoweit ein das Verfahren vor der kantonalen Sachinstanzen abschliessender Entscheid vor, der nicht mehr prozessleitender, sondern prozesserledigender Natur wäre. Nur in diesem Fall – also bei Erlass eines formellen Vor- oder Teilentscheids – wäre es dem Obergericht im Rahmen einer neuerlichen Berufung auch verwehrt, auf seinen eigenen Entscheid zurückzukommen. Weist aber – wie im vorliegenden Fall – das Obergericht die Sache als Ganzes zurück, so liegt ein solcher Vor- oder Teilentscheid nicht vor, auch wenn in den Erwägungen eine bestimmte Rechtsfrage entschieden wird; es ist nämlich der Berufungsinstanz unbenommen, bei einer zweiten Berufung auf ihre im Rückweisungsbeschluss geäusserte Rechtsauffassung zurückzukommen (vgl. Sträuli/Messmer, Kommentar zur ZPO, 2. Auflage, Zürich 1982, N. 8 zu § 270). Dass die untere Instanz, an welche die Sache zurückgewiesen wird, an die den Erwägungen des Rückweisungsbeschlusses zugrundeliegende Rechtsauffassung gebunden ist (§ 104 Abs. 2 GVG), ist in diesem Zusammenhang ohne Bedeutung. Mit der verkürzten zehntägigen Beschwerdefrist erleiden sodann die Parteien auch keinen definitiven Rechtsverlust, denn es bleibt ihnen unbenommen, den späteren Endentscheid eines allfälligen zweiten Berufungsverfahrens mit Nichtigkeitsbeschwerde innerhalb der dann geltenden 30tägigen Beschwerdefrist umfassend anzufechten.

3   **ZR 90, Nr. 93**: Wenn eine Klage dem Grundsatz nach zu schützen wäre, indem man vom Zustandekommen eines Vertrags ausginge, könnte das Quantitativ ohne Beweisverfahren nicht beurteilt werden. Da der Beklagte vor Bezirksgericht das Quantitativ unsubstantiiert bestritten hatte, hätten die Vorderrichter ihre Fragepflicht nach § 55 ZPO ausüben müssen. Daher rechtfertigte es sich nicht, ein allfälliges Beweisverfahren – selbst wenn das vielleicht nur wegen hier eingebrachter Noven geschähe – zu den Fragen der Stellvertretung und der Vertragsentstehung in der Berufungsinstanz abzuhalten, um bei positiven Antworten die Sache wegen des Quantitativs dann doch zurückweisen zu müssen.

2. Abschnitt: Rekurs

Zulässigkeit
a) im ordentlichen Verfahren
§ 271. (alte Fassung). Im ordentlichen Verfahren ist der Rekurs zulässig bei Streitwerten über Fr. 12 000, im Verfahren vor dem Einzelrichter bei Streitwerten über Fr. 8000, bei Streitwerten, welche nach der Natur der Sache nicht geschätzt werden können, sowie bei Streitigkeiten aus dem Arbeitsverhältnis, die der Berufung unterliegen, gegen
1. Urteile der Mietgerichte, sofern ausschliesslich über Begehren gemäss § 18 Abs. 1 lit. a und Abs. 2 GVG entschieden worden ist;
2. Erledigungsbeschlüsse der Bezirksgerichte, der Arbeitsgerichte und der Mietgerichte sowie Erledigungsverfügungen der Einzelrichter;
3. Beschlüsse der Bezirksgerichte, der Arbeitsgerichte und der Mietgerichte sowie Verfügungen der Einzelrichter auf Grund von § 189;
4. Urteile der Bezirksgerichte, der Arbeitsgerichte und der Mietgerichte und der Einzelrichter, die nur in bezug auf die Kosten- und Entschädigungsfolgen angefochten werden;
5. prozessleitende Entscheide der Bezirksgerichte, der Arbeitsgerichte und der Mietgerichte sowie der Einzelrichter, womit eine Unzuständigkeitseinrede verworfen, die unentgeltliche Prozessführung verweigert, ein Verfahren eingestellt oder eine Anordnung nach § 199 Abs. 2 getroffen wird oder welche Prozess- und Arrestkautionen oder vorsorgliche Massnahmen betreffen.

Mit dem Rekurs nicht anfechtbar sind Anordnungen, die der Einsprache an das erkennende Gericht unterliegen.

Zulässigkeit
a) im ordentlichen Verfahren
§ 271. (neue Fassung, 24.9.95). Im ordentlichen Verfahren ist der Rekurs zulässig, wenn der Streitwert für die Berufung an das Bundesgericht erreicht wird oder wenn er nach der Natur der Sache nicht geschätzt werden kann, gegen
1. Erledigungsbeschlüsse der Bezirksgerichte, der Arbeitsgerichte und der Mietgerichte sowie Erledigungsverfügungen der Einzelrichter;
2. Beschlüsse der Bezirksgerichte, der Arbeitsgerichte und der Mietgerichte sowie Verfügungen der Einzelrichter auf Grund von § 189;
3. Urteile der Bezirksgerichte, der Arbeitsgerichte, der Mietgerichte und der Einzelrichter, die nur in bezug auf die Kosten- und Entschädigungsfolgen angefochten werden;
4. prozessleitende Entscheide der Bezirksgerichte, der Arbeitsgerichte und der Mietgerichte sowie der Einzelrichter, womit eine Unzuständigkeitseinrede verworfen, die unentgeltliche Prozessführung verweigert, ein Verfahren eingestellt oder eine Anordnung nach § 199 Abs. 2 getroffen wird oder welche Prozess- und Arrestkautionen oder vorsorgliche Massnahmen betreffen.

Mit dem Rekurs nicht anfechtbar sind Anordnungen, die der Einsprache an das erkennende Gericht unterliegen.

ZR 81, Nr. 127: In den Verfahren zur Beurteilung von missbräuchlich angefochtenen Mietzinsen ist lediglich der Rekurs zulässig.

ZR 82, Nr. 14: Vgl. § 51 ZPO.

ZR 84, Nr. 39: Rekurs gegen die Bewilligung der unentgeltlichen Prozessführung und gegen die Bestellung eines unentgeltlichen Rechtsbeistandes: Die Bewilligung der unentgeltlichen Prozessführung kann selbst dann, wenn sie den Gesuchsteller von der Pflicht zur Leistung einer allgemeinen Prozesskaution befreit, nicht mit Rekurs angefochten werden. Gegen die Bestellung eines unentgeltlichen Rechtsvertreters steht der Gegenpartei kein Rekursrecht zu.

Der Rekurs ist im ordentlichen Verfahren nur noch möglich bei Verweigerung der unentgeltlichen Prozessführung. Diesem Fall gleichgestellt sind die Fälle, in denen die Bewilligung entzogen oder der Entscheid über ein solches Gesuch verzögert wird. Möglich ist der Rekurs ferner in jenen Fällen, in denen Kautionen und Barvorschüsse nicht erlassen werden, wenn die darum ersuchende Partei einen Anspruch auf unentgeltliche Prozessführung geltend macht.

Der Ausschluss der Rekursmöglichkeit bei der Bewilligung der unentgeltlichen Prozessführung beraubt die Gegenpartei des Rechtsschutzes nicht; die Gegenpartei kann die Bewilligung mit Nichtigkeitsbeschwerde anfechten. Das Kassationsgericht hat denn auch in einem unveröffentlichten Entscheid unmissverständlich festgehalten, dass gegen die Gewährung der unentgeltlichen Prozessführung der Rekurs unter keinen Umständen gegeben sei, sondern der Gegenpartei nur die Möglichkeit der Nichtigkeitsbeschwerde offenstehe, wenn sie durch den Entscheid über die unentgeltliche Prozessführung beschwert sei.

Gemäss § 271 Ziff. 5 ZPO ist der Rekurs im ordentlichen Verfahren zulässig gegen prozessleitende Entscheide, die Prozess- und Arrestkautionen zum Gegenstand haben. Hieraus könnte geschlossen werden, Gegenstand eines Rekurses könne jeder Entscheid sein, der auf irgendeine Weise eine Prozesskaution betreffe. Es ist denn auch unbestritten, dass sowohl die Auflage wie auch die Nichtauflage einer Kaution mit dem Rechtsmittel des Rekurses anfechtbar ist. Das kann aber nicht für die Befreiung von der Kautionspflicht gelten. Während die Entscheide über Auflage oder Nichtauflage einer Kaution selbständige Entscheide sind, die aufgrund richterlicher Prüfung der Kautionsgründe ergehen, ist die Befreiung von der Kautionspflicht lediglich gesetzliche Wirkung der Gewährung der unentgeltlichen Prozessführung (§ 85 ZPO). Um diese Wirkung beseitigen zu können, müsste die Gewährung der unentgeltlichen Prozessführung aufgehoben werden können, was im Rekursverfahren nicht möglich ist, da gemäss § 271 Ziff. 5 ZPO der Rekurs gegen die Bewilligung der unentgeltlichen Prozessführung nicht offensteht. Gemäss ständiger Praxis besitzt die Gegenpartei kein schutzwürdiges Interesse, die Bestellung eines unentgeltlichen Rechtsvertreters zu verhindern.

ZR 90, Nr. 29: Gemäss § 53 ZPO ist die Förderung des Verfahrens die Regel, die Einstellung dagegen die Ausnahme. Der Grundsatz der beförderlichen Erledigung gilt von der Natur der Sache her und vom Bundesrechts wegen im beschleunigten Verfahren. Daher ist es folgerichtig, wenn für eine Sistierung als Abweichung vom Regelfall die Anfechtungsmöglichkeiten weiter gefasst werden (Rekurs ist zulässig) als für die Verweigerung der Sistierung, wogegen nur die Nichtigkeitsbeschwerde offen steht (vgl. ZR 82, 5; RB 1981, 16).

ZR 94, Nr. 38: Vgl. § 89.

b) im summarischen Verfahren
§ 272. (alte Fassung). *Im summarischen Verfahren ist der Rekurs nur gegen Erledigungsverfügungen zulässig und ausserdem nur dann, wenn der Streitwert Fr. 8000 übersteigt oder unbestimmbar ist.*

Mit dem Rekurs nicht anfechtbar sind jedoch Erledigungsverfügungen,
1. *womit ein provisorischer Befehl nach § 224 erteilt wurde;*
2. *womit eine Beweissicherung zugelassen oder ein Arrest bewilligt wurde;*
3. *welche die Zulassung eines nachträglichen Rechtsvorschlags und die Rechtsöffnung, sofern nicht die Vollstreckung eines ausländischen Entscheides in Frage steht, sowie die Konkurseröffnung in der Wechselbetreibung betreffen.*

b) im summarischen Verfahren
§ 272. (neue Fassung, 24.9.95). Im summarischen Verfahren ist der Rekurs nur gegen Erledigungsverfügungen zulässig und ausserdem nur dann, wenn der Streitwert für die Berufung an das Bundesgericht erreicht wird oder unbestimmbar ist.

Mit dem Rekurs nicht anfechtbar sind jedoch Erledigungsverfügungen,
1. womit ein provisorischer Befehl nach § 224 erteilt wurde;
2. womit eine Beweissicherung zugelassen oder ein Arrest bewilligt wurde;
3. welche die Zulassung eines nachträglichen Rechtsvorschlages und die Rechtsöffnung, sofern nicht die Vollstreckung eines ausländischen Entscheides in Frage steht, sowie die Konkurseröffnung in der Wechselbetreibung betreffen.

Fassung voraussichtlich ab 1.1.1997:

§ 272. Im summarischen Verfahren ist der Rekurs nur gegen Erledigungsverfügungen zulässig und ausserdem nur dann, wenn der Streitwert für die Berufung an das Bundesgericht erreicht wird oder unbestimmbar ist. Wird ein Entscheid über die Eröffnung des Konkurses (Art. 171 SchKG), über die Bewilligung des Rechtsvorschlages bei der Wechselbetreibung (Art. 181 SchKG) oder ein Einspracheentscheid des Arrestrichters (Art. 278 SchKG) angefochten, ist der Rekurs ohne Rücksicht auf den Streitwert zulässig.

Mit dem Rekurs nicht anfechtbar sind jedoch Erledigungsverfügungen,
Ziffer 1 unverändert;
2. womit eine Beweissicherung zugelassen wurde;
Ziffer 3 unverändert;
4. welche die Bewilligung des Rechtsvorschlages bei der Feststellung des neuen Vermögens betreffen;
5. welche gemäss Art. 278 SchKG der Einsprache unterliegen.

1 **ZR 79, Nr. 88:** Vgl. § 209 ZPO.

2 **ZR 81, Nr. 120:** Gegen den Entscheid über Revisionsbegehren gegen Rechtsöffnungsverfügungen ist der Rekurs ausgeschlossen. Die Revision nach § 299 ZPO setzt wie diejenige nach § 293 ZPO voraus, dass die angefochtene Entscheidung trotz sorgfältiger Prozessführung unrichtig zustandegekommen ist. Fällt dem Gesuchsteller ein Verschulden am rechtzeitigen Vorbringen von neuen tatsächlichen und rechtlichen Behauptungen sowie Einreden zur Last, kann der Revision kein Erfolg beschieden sein.

3 **ZR 85, Nr. 76:** Gemäss § 272 Abs. 2 Ziff. 3 ZPO sind jedoch im summarischen Verfahren ergangene Erledigungsverfügungen nicht mit Rekurs anfechtbar, wenn sie eine Rechtsöffnung betreffen, sofern nicht die Vollstreckung eines ausländischen Entscheids in Frage steht. Die Praxis legt diese Bestimmung dahin aus, dass das Rechtsmittel des Rekurses gegen Entscheide im Rechtsöffnungsverfahren nur zur Frage der Vollstreckbarkeit gegeben sei, dass hingegen der Entscheid hinsichtlich Bestand und Umfang der Forderung mit Nichtigkeitsbeschwerde anzufechten sei (ZR 76, Nr. 62). In einem neueren unveröffentlichten Rekursentscheid hat die Rekursinstanz diese Rechtsprechung daher verdeutlicht, die nach Art. 81 Abs. 1 SchKG möglichen Einwendungen der Til-

gung, Stundung und Verjährung der Schuld beträfen nicht die Fragen der Vollstreckbarkeit des ausländischen Urteils, sondern die Begründetheit der in Betreibung gesetzten Forderung. Der Rekurrent bestreitet die Zuständigkeit des ausländischen Gerichts, dessen Urteil nach dem Rechtsbegehren vollstreckt werden soll, und zwar auch unter dem Gesichtspunkt eines Verzichts auf den Wohnsitzrichter oder eines Übergangs der vereinbarten Gerichtsstandsklausel infolge Zession. Er macht Unzulässigkeit des ergangenen Säumnisurteils und Verletzung des schweizerischen ordre public geltend. Alle diese Gesichtspunkte betreffen nicht die Begründetheit der in Betreibung gesetzten Forderung, sondern die Frage der Vollstreckbarkeit des ausländischen Urteils, als deren blosse Folge die vom Einzelrichter erteilte definitive Rechtsöffnung. Bei dieser Sachlage ist der Rekurs auch gegen diese zulässig, und es ist festzustellen, dass die aufschiebende Wirkung des vorliegenden Rekurses sich auf das gesamte Dispositiv der angefochtenen Verfügung erstreckt.

ZR 86, Nr. 44: Die Legitimation (gestützt auf Art. 725 Abs. 4 in Verbindung mit Abs. 3 a OR), gegen ein ergangenes Konkursdekret ein Rechtsmittel (Berufung nach Art. 174 SchKG bzw. Rekurs gemäss § 272 Abs. 1 ZPO) zu ergreifen, kommt nach herrschender Lehre sowohl der Gesellschaft selbst bzw. deren Verwaltung wie auch Gesellschaftsgläubigern zu. Die Rekurslegitimation der Gläubiger ist nach verbreiteter Meinung grundsätzlich insoweit beschränkt, als die Einwendungen inhaltlich nicht umfassend sein können, sondern sich auf Beschwerdegründe wie Rechtsverweigerung bzw. Rechtsverzögerung oder mangelnde örtliche Zuständigkeit beschränken. 4

Im Falle der Insolvenzerklärung einer AG ist jedoch diese Umschreibung der Rekurslegitimation zu eng, da nämlich der Konkurs im Falle des Art. 192 SchKG in Verbindung mit Art. 725 Abs. 3 aOR aufgrund einer materiellen Prüfung der Vorbringen der schuldnerischen Gesellschaft ausgesprochen wird, der Konkursrichter hat sich nach einhelliger Auffassung von der Überschuldung zumindest insoweit zu überzeugen, dass sie ihm glaubhaft erscheint und daher ist im Rechtsmittelverfahren auch dieser materielle Aspekt relevant, den sowohl Gläubiger als auch überstimmte oder nicht befragte Verwaltungsratsmitglieder geltend zu machen legitimiert sind.

Ein Verwaltungsrat, der zurückgetreten, aber im HR noch nicht gelöscht ist, ist aktivlegitimiert. Der fristlos entlassene Geschäftsführer der AG ist ebenfalls legitimiert, da er als ehemaliger Geschäftsführer für die finanzielle Lage zumindest indirekt verantwortlich ist und dafür offenkundig auch verantwortlich gemacht wird. Gelänge es ihm, die Voraussetzungen für die Konkurseröffnung zu widerlegen, vermöchte er seine entsprechende Verantwortung entscheidend einzugrenzen.

ZR 87, Nr. 8: Der Rekurs wird auch gegen das Rechtsöffnungsdispositiv zugelassen, soweit er sich allein darauf stützt, dass es an der Vollstreckbarkeit des ausländischen Entscheides fehlt. 5

c) Berechtigung Dritter

§ 273. Drittpersonen, wie Zeugen, Sachverständige, Besitzer von Urkunden und ausgeschlossene Nebenintervenienten, können gegen jeden Entscheid, der in ihre Rechte eingreift, Rekurs erheben, auch wenn den Parteien selbst der Weiterzug nicht gestattet ist.

ZR 83, Nr. 104: Der nicht als Prozessvertreter zugelassene Dritte ist zum Rekurs legitimiert. Eine Verletzung von Art. 343 Abs. 2 u. 3 OR bildet die Verletzung klaren materiellen Rechts. 1

ZR 85, Nr. 99: Gemäss ständiger Praxis können von einem allgemeinen Verbot Betroffene grundsätzlich keinen Rekurs erheben, da sie nicht Partei des Verfahrens sind. Es handelt sich um ein Verfahren auf einseitiges Vorbringen, woran die Mitteilung der angefochtenen Verfügung an die Rekurrentin nichts ändert. Auf § 273 ZPO kann sich nur berufen, wer durch eine Massnahme unmittelbar in seinen Rechten verletzt wird (ZR 73, Nr. 103). Es ist Sache dessen, der das Verbot übertritt, im gegen ihn eröffneten Strafverfahren sein besseres Recht nachzuweisen; unter den allgemeinen Voraussetzungen ist überdies eine negative Feststellungsklage gemäss § 59 ZPO möglich. Im Verfahren nach § 225 ZPO stellt der Richter den Sachverhalt von Amtes wegen fest (§ 211 Abs. 1 ZPO). Dabei kann er dem zuständigen Gemeindeorgan Gelegenheit geben, öffentli- 2 che Interessen geltend zu machen, die dem Verbot entgegenstehen (§ 225 Abs. 1 ZPO). Das Gemeindeorgan wird durch eine Anhörung nicht Partei. Der Rekurrentin könnte daher nach § 273 ZPO nur dann ein Recht auf Rekurserhebung zustehen, wenn durch das allgemeine Verbot unmittelbar in ihre Rechte eingegriffen würde.

Flurwege stehen im Gesamteigentum ihrer Anstösser. Der Gesamteigentumsbegriff des Landwirtschaftsgesetzes entspricht dem bundeszivilrechtlichen Gesamteigentum nach Art. 652 ZGB. Die Beziehungen der Gesamteigentümer unter sich und zu Dritten sind privatrechtlicher Natur. Infolgedessen sind Streitigkeiten um die Rechte einzelner Flurgenossen oder Dritter an Flurwegen, die nicht öffentliche Sachen sind, als privatrechtliche Angelegenheiten durch die Zivilgerichte zu entscheiden (ZR 76, Nr. 67; ZR 45, Nr. 76; ZR 25, Nr. 87). Der Gemeinderat wird kraft seiner aufsichtsrechtlichen hoheitlichen Kompetenz in einem Besitzesschutzverfahren eines Flurgenossen weder Partei noch unmittelbar betroffener Dritter im Sinne des § 273 ZPO; soweit die Gemeinde damit sinngemäss geltend macht, das öffentliche Interesse, das dem allgemeinen Verbot entgegenstehe, ergäbe das öffentliche Recht, ist hier im vorliegenden Verfahren nicht zu hören. Streitigkeiten aus öffentlich-rechtlichen Verhältnissen unterliegen im allgemeinen nicht der Kognitionsbefugnis der Zivilgerichte, und es ist Sache der Verwaltungs- und Verwaltungsjustizbehörden, darüber zu befinden.

3   **ZR 85, Nr. 105:** Begehren um Verbot einer Generalversammlung: Die Durchführung der Generalversammlung unter Ausschluss einzelner Personen, deren Mitgliedschaft umstritten ist, bildet für diese Personen keinen nicht leicht wiedergutzumachenden Nachteil. Namentlich kann in der allfälligen Notwendigkeit, einen Anfechtungsprozess zu führen, kein nicht leicht wiedergutzumachender Nachteil gesehen werden

Die §§ 273 und 283 ZPO wollen nur jene Dritten zum Rekurs, bzw. zur Nichtigkeitsbeschwerde legitimieren, in deren Rechte ein Entscheid unmittelbar eingreift, nicht dagegen bloss mittelbar Betroffene, wie z.B. Aktionäre bei einem Entscheid gegen ihre AG. Die einzelnen Vereinsmitglieder sind daher nicht legitimiert, gegen das richterliche Verbot einer Generalversammlung des Vereins einen Rekurs oder eine Nichtigkeitsbeschwerde einzureichen.

4   **ZR 90, Nr. 41:** Kinder sind im Scheidungsprozess der Eltern nicht Partei; deshalb steht ihnen grundsätzlich gegen Entscheide, die unmittelbar in ihre Rechte eingreifen, ein Rekursrecht zu; wegen der offensichtlichen Interessenskollision können die Kinder nicht von einem der Elternteile vertreten werden, sondern der wirkliche Sachverhalt ist durch Erhebung aller erforderlichen Beweismittel von Amtes wegen zu erforschen, wozu auch die Anhörung der Kinder gehört; der Richter selber kann diese anhören.

5   **ZR 90, Nr. 45:** Beim Entscheid über die Anerkennung eines ausländischen Konkursdekrets handelt es sich um eine der Berufung nicht zugängliche vollstreckungsrechtliche Streitigkeit. Abgesehen von Art. 44 lit. a – f und 45 lit. b OG ist die Berufung nur in Zivilrechtsstreitigkeiten nach Art. 44 Abs. 1 und 46 OG zulässig. Ein Entscheid, ob ein ausländisches Konkursdekret in der Schweiz anzuerkennen sei, ist ebensowenig berufungsfähig wie der Entscheid über die Anerkennung und Vollstreckung eines ausländischen Zivilurteils (vgl. BGE 116 II 376 ff., BGE 115 II 239, BGE 113 II 14). Die Legitimation des Beschwerdeführers zum Rekurs ergibt sich aus § 305, 273 ZPO und bundesrechtlich direkt aus Art. 29 Abs. 2 IPRG.

6   **ZR 90, Nr. 85:** Gemäss § 273 können Drittpersonen gegen jeden Entscheid, der in ihre Rechte eingreift, Rekurs erheben, auch wenn den Parteien selbst der Weiterzug nicht gestattet ist. Da vorliegend mit der Anweisung an die Rekurrentin die Rückzahlung eines ihr gewährten Darlehens angeordnet wird, und nicht etwa nur die Auszahlung von Teilen des Einkommens des Beklagten an die Klägerin, liegt der Eingriff in die Rechte der Rekurrentin auf der Hand. Zudem handelt es sich bei der Rekurrentin um eine juristische Person mit eigener Rechtspersönlichkeit, womit ihrer Legitimation zum Rekurs nichts entgegen steht.

ZR 91/92, Nr. 35: Art. 57 Abs. 1 ZGB verleiht einer Gemeinde keine Rekurslegitimation als Dritte im Verfahren betreffend Nichtigerklärung einer Stiftung. 7

ZR 94, Nr. 27: In einem Verfahren zwischen T. und B. untersagt der Einzelrichter auf Begehren 8 von T. im Dispositiv einer superprovisorischen Verfügung der Bank X unter anderem, aus zu Gunsten von B. abgegebenen Bankgarantien irgendwelche Zahlungen zu leisten, unter Hinweis auf die Strafdrohung nach Art. 292 StGB. B. verzichtete auf eine Einsprache. Hingegen reichte die im einzelrichterlichen Verfahren nicht beteiligte Bank gegen die einzelrichterliche Verfügung einen Rekurs an das Obergericht ein. Dieses hiess den Rekurs gut und hob die angefochtene Verfügung insoweit auf, als dann der Bank verboten wurde, aus den Garantien irgendwelche Zahlungen zu leisten. Mit der Nichtigkeitsbeschwerde machte T. geltend, das Obergericht habe § 273 und damit verbunden § 51 Abs. 2 ZPO verletzt, weil es auf den Rekurs der Bank überhaupt eingetreten sei, obwohl diese durch die einzelrichterliche Verfügung gar nicht unmittelbar beschwert gewesen sei. Eine Bank ist als konkreter Adressat einer einzelrichterlichen Verfügung durch ein ihr damit auferlegtes mit einer Strafandrohung nach Art. 292 StGB verbundenes Zahlungsverbot gemäss § 51 Abs. 2 ZPO beschwert und muss gemäss § 273 ZPO zum Rekurs legitimiert sein. Die Bank wäre auch dann zum Rekurs berechtigt, wenn das einzelrichterlich ihr auferlegte Zahlungsverbot nicht mit einer Strafandrohung nach Art. 292 StGB verbunden worden wäre. Die Bank ist nämlich selber Schuldnerin aus den Bankgarantien. Als solche war, bzw. ist sie beim Erfüllen der in den Garantien genannten Voraussetzungen nicht nur verpflichtet, sondern auch berechtigt, die Leistungen daraus zu erbringen. Es ist zu beachten, dass nicht nur der Gläubiger ein Recht hat, die vertragsgemässe Erfüllung einer Obligation zu fordern, sondern auch der Schuldner berechtigt ist, die Obligation vertragsgemäss zu erfüllen, wenn er das will. Die Erfüllung bedeutet nicht nur für den Gläubiger den Inhalt eines Anspruchs, sondern auch für den Schuldner das Mittel zu seiner Befreiung. Der Schuldner hat ein rechtlich anerkanntes Interesse daran, sich durch Erfüllen von der Obligation zu befreien. Ein einem Schuldner auferlegtes Zahlungsverbot bedeutet somit durchaus einen unmittelbaren Eingriff in seine eigene Schuldnerrechte.

d) Ordnungsstrafen
§ 274. (17.3.93). Gegen Verweise und Ordnungsbussen ist der Rekurs einer Partei oder Dritter nicht zulässig, ausser gegen Ordnungsbussen gemäss § 306 Abs. 2 und Bussen gemäss § 163 Abs. 2.

e) Personen- und Familienrecht
§ 274a. Verfügungen der Direktion des Regierungsrates betreffend Ehemündigkeit und Namensänderung sind mit Rekurs anfechtbar.

Aufschiebende Wirkung
§ 275. (alte Fassung). Der Rekurs hemmt Rechtskraft und Vollstreckbarkeit des angefochtenen Entscheids im Umfang der Rekursanträge. Die Rekursinstanz kann die aufschiebende Wirkung entziehen oder deren Fortdauer von einer Sicherheitsleistung abhängig machen.

Rechtskraft und aufschiebende Wirkung
§ 275. (neue Fassung, 24.9.95). Der Rekurs hemmt die Rechtskraft und, unter Vorbehalt von Art. 281 ZGB, die Vollstreckbarkeit des angefochtenen Entscheids im Umfang der Rekursanträge. Die Rekursinstanz kann die aufschiebende Wirkung entziehen oder deren Fortdauer von einer Sicherheitsleistung abhängig machen.

Bei Massnahmen zum Schutze der ehelichen Gemeinschaft sowie bei vorsorglichen Massnahmen kann das urteilende Gericht in dringlichen Fällen einem Rekurs die aufschiebende Wirkung entziehen. Der Entscheid der Rekursinstanz bleibt vorbehalten.

1 **ZR 81, Nr. 34:** Ein Rekurs gegen die Anordnung einer vorsorglichen Massnahme im Sinne von § 222 Ziff. 3 ZPO bewirkt, dass auch die Fristansetzung zur Einleitung der ordentlichen Klage von der aufschiebenden Wirkung erfasst wird.

2 **ZR 85, Nr. 76:** Vgl. § 272 ZPO.

3 **ZR 86, Nr. 55:** Vgl. § 260 ZPO.

Frist und Form des Rekurses
§ 276. Der Rekurs ist innert zehn Tagen seit der schriftlichen Mitteilung des Entscheids der Rekursinstanz schriftlich einzureichen. Die erste Instanz kann in dringenden Fällen die Rekursfrist bis auf einen Tag abkürzen.

In der Rekursschrift sind die Rekursanträge zu stellen und zu begründen. Genügt die Rekursschrift diesen Anforderungen nicht, so wird dem Rekurrenten eine kurze Frist zur Behebung des Mangels angesetzt unter der Androhung, dass sonst auf den Rekurs nicht eingetreten werde. Der angefochtene Entscheid soll beigelegt werden.

Aus zureichenden Gründen kann die Rekursinstanz die Frist zur Ergänzung der Begründung erstrecken.

1 **ZR 81, Nr. 57:** Eine Erstreckung der Frist zur Ergänzung der Rekursbegründung ist im Beschwerdeverfahren nach Art. 17 SchKG ausgeschlossen.

2 **ZR 81, Nr. 82:** Rekurs gegen die Konkurseröffnung: Strebt der Schuldner die Aufhebung der erstinstanzlichen Konkurseröffnung an, so muss er binnen zehn Tagen seit der Mitteilung der Konkurseröffnung beweisen, dass die Schuld getilgt oder gestundet wurde. Ein nachträgliches Beibringen der Beweismittel ist nicht zulässig.

3 **ZR 82, Nr. 51:** Für die Sache der Zuständigkeit des Gerichts und die davon abhängige Verfahrensart kommt es auf das anhängig gemachte Rechtsbegehren und nicht auf das Prozessergebnis an. Ist die Berufung als Rekurs zu behandeln, so ist Frist zu dessen Begründung anzusetzen.

4 **ZR 84, Nr. 34:** Erstreckung einer abgekürzten Rekursfrist. Die von der ersten Instanz in dringenden Fällen abgekürzte Rekursfrist kann nachträglich bis auf insgesamt zehn Tage erstreckt werden. Bei der Rekursfrist handelt es sich somit um eine Frist, die zwar auf maximal zehn Tage begrenzt ist, im übrigen aber nach dem Ermessen des Gerichts festgesetzt werden kann.

Rekursantwort
§ 277. Erweist sich der Rekurs nicht sofort als unzulässig oder unbegründet, wird er der Gegenpartei zur Beantwortung innert zehn Tagen und der Vorinstanz zur freigestellten Vernehmlassung zugestellt. Die Frist kann aus zureichenden Gründen erstreckt oder abgekürzt werden.

Anschlussrekurs und Novenrecht
§ 278. Für den Anschlussrekurs und das Novenrecht gelten sinngemäss §§ 266 und 267.

1 **ZR 85, Nr. 104:** Der Kläger hat seine Gegendarstellung und damit sein Rechtsbegehren im Rekursverfahren erneut geändert; dies ist vor zweiter Instanz unzulässig, weshalb auf den Rekurs in diesem Punkt nicht einzutreten ist. Die Beklagte weist zu Recht darauf hin, dass es stossend wäre, wenn man einem Medienunternehmen eine offensichtlich nicht gesetzeskonforme Gegendarstellung vorlegen dürfte, um nach der gerichtlichen Sanktionierung ihrer Ablehnung sogleich der zweiten Instanz eine bessere Fassung zu präsentieren.

ZR 85, Nr. 116: Der Beklagte stellte in der Rekursschrift den Eventualantrag, es sei unter Rück- 2
weisung der Sache an die Vorinstanz die Verhandlung neu anzusetzen. Gemäss § 199 Abs.
1 GVG kann das Gericht auf Antrag der säumigen Partei eine Frist wiederherstellen oder eine Verhandlung neu ansetzen, bei grobem Verschulden allerdings nur mit Einwilligung der Gegenpartei. Auch
ein bereits ergangener Endentscheid kann auf diesem Wege aufgehoben werden. Ist das Verfahren bei einer oberen Instanz rechtshängig, entscheidet diese über die Wiederherstellung und Aufhebung (§ 200 GVG). Wiederherstellung im Rekursverfahren bedeutet, dass die Säumnisfolge des
Novenausschlusses entfällt, der Beklagte somit alle Einwendungen gegen die Klagebegründung
uneingeschränkt anbringen kann und dies prozessual auch tun muss. Dagegen besteht kein Anspruch darauf, dass die Sache zur Durchführung einer neuen Verhandlung an die Vorinstanz
zurückgewiesen wird. Der neue Sachentscheid ist grundsätzlich von der Rekursinstanz zu fällen.
Ausnahmegründe für eine Rückweisung gemäss § 280 Abs. 2 ZPO sind um so weniger gegeben,
wenn der Rekurrent ordnungsgemäss vorgeladen war und sich daher nicht auf eine Verweigerung
des rechtlichen Gehörs durch die Vorinstanz berufen kann.

ZR 87, Nr. 30: Gemäss ständiger Praxis der Rekursinstanz ist der Schuldner mit neuen Behaup- 3
tungen und Urkundenbeweisen und konkurshindernden Tatsachen im Sinne von Art. 172 Ziff. 3
SchKG zuzulassen, gleichgültig, ob diese sich vor oder nach dem erstinstanzlichen Entscheid ereignet haben. Es ist indessen nicht Sinn des Rekursrechts, dem säumigen Schuldner die Frist, um
zu zahlen oder sich mit seinen Gläubigern anderweitig zu einigen, zusätzlich zu verlängern. Das
Bundesgericht hat in konstanter Rechtsprechung die Berücksichtigung neuer konkurshindernder
Tatsachen von objektiven Voraussetzungen abhängig gemacht, insbesondere davon, ob der
Schuldner nur unter vorübergehenden finanziellen Schwierigkeiten leide und daher nicht offensichtlich zahlungsunfähig sei. Muss jedoch aufgrund der Umstände Zahlungsunfähigkeit angenommen werden, so kann der Schuldner nicht mehr damit rechnen, gestützt auf neue Tatsachen,
welche sich nach Erlass des vorinstanzlichen Entscheids ereignet haben, wiederum die Aufhebung
des Konkurses zu erreichen. Das Bundesgericht hat ausdrücklich erklärt, dass es sich in einem solchen Fall rechtfertige, nach entsprechender Androhung einem erneuten Rekurs des Konkursiten
keine Folge mehr zu geben. Über die Schuldnerin wurde im Juni, September, Oktober und Dezember 1986 der Konkurs eröffnet und jeweils im Rekursverfahren, gestützt auf Noven, aufgehoben. Im letzten Rekursentscheid drohte das Gericht der Schuldnerin an, dass aus seiner erneuten erstinstanzlichen Aussprechung des Konkurses auf Zahlungsunfähigkeit geschlossen und einem neuerlichen Rekurs keine Folge geleistet würde. Der Rekurs ist daher abzuweisen und die
angefochtene Konkurseröffnungsverfügung zu bestätigen.

Umfang der Überprüfung

**§ 279. Die Rekursinstanz überprüft Verfahren und Entscheid der ersten Instanz im Rahmen der
Rekursanträge. Prozessleitende Entscheide werden nicht überprüft, wenn gegen sie schon der Rekurs zulässig war.**

ZR 81, Nr. 93: Vgl. § 83 ZPO. 1

ZR 88, Nr. 2: Vgl. § 113 ZPO. 2

Erledigung

§ 280. Die Rekursinstanz fällt im Rahmen der Rekursanträge einen neuen Entscheid.

**Aus zureichenden Gründen kann sie den angefochtenen Entscheid aufheben und den Prozess zur
Ergänzung des Verfahrens und zur Neubeurteilung an die erste Instanz zurückweisen.**

ZR 81, Nr. 93: Vgl. § 83 ZPO. 1

ZR 85, Nr. 116: Gestützt auf seine Sachdarstellung stellt der Beklagte in der vorliegenden Re- 2
kursschrift den Eventualantrag, es sei unter Rückweisung der Sache an die Vorinstanz die Ver-

handlung neu anzusetzen. Gemäss § 199 Abs. 1 GVG kann das Gericht auf Antrag der säumigen Partei eine Frist für die Wiederherstellung einer Verhandlung neu ansetzen, bei grobem Verschulden allerdings nur mit der Einwilligung der Gegenpartei. Auch ein bereits ergangener Endentscheid kann auf diese Weise aufgehoben werden. Ist das Verfahren bei einer oberen Instanz rechtshängig, entscheidet diese über die Wiederherstellung und Aufhebung (§ 200 GVG). Wiederherstellung im Rekursverfahren bedeutet, dass die Säumnisfolge des Novenausschlusses entfällt, der Beklagte somit alle Einwendungen gegen die Klagebegründung uneingeschränkt einbringen kann und dies prozessual auch tun muss. Dagegen besteht kein Anspruch darauf, dass die Sache zur Durchführung einer neuen Verhandlung an die Vorinstanz zurückgewiesen wird. Der neue Sachentscheid ist grundsätzlich von der Rekursinstanz zu fällen. Ausnahmegründe für eine Rückweisung (§ 280 Abs. 2 ZPO) sind umso weniger gegeben, wenn der Rekurrent ordnungsgemäss vorgeladen war und er sich daher nicht auf eine Verweigerung des rechtlichen Gehörs durch die Vorinstanz berufen kann. Die Frage der Fristwiederherstellung kann offen bleiben, wenn sich der Kläger widersetzt, wenn der Rekurs auch im Falle der Zulässigkeit der Wiederherstellung abgewiesen werden müsste.

3. Abschnitt: Nichtigkeitsbeschwerde

Zulässigkeit
a) Endentscheide
§ 281. Gegen Vor-, Teil- und Endentscheide sowie gegen Rekursentscheide und Rückweisungen im Berufungsverfahren kann Nichtigkeitsbeschwerde erhoben werden, wenn geltend gemacht wird, der angefochtene Entscheid beruhe zum Nachteil des Nichtigkeitsklägers

1. auf der Verletzung eines wesentlichen Verfahrensgrundsatzes,

2. auf einer aktenwidrigen oder willkürlichen tatsächlichen Annahme oder

3. auf einer Verletzung klaren materiellen Rechts.

1   **ZR 81, Nr. 12:** Gegen Arrestbefehle ist die zürcherische kantonale Nichtigkeitsbeschwerde in der Fassung der Zivilprozessordnung unzulässig. Die Nichtigkeitsbeschwerde der neuen Zivilprozessordnung brachte gegenüber dem früheren Recht hinsichtlich der Rügemöglichkeit von Verfahrensmängeln eine wesentliche Ausweitung, die sich zudem nicht abschliessend bestimmen lässt. Die Erweiterung der Rügemöglichkeit von Verfahrensmängeln ist gerade auch bei Nichtigkeitsbeschwerden gegen Arrestbefehle von erheblicher Bedeutung, insbesondere bei der Bestreitung der Glaubhaftigkeit von Bestand, Fälligkeit oder Höhe der Forderung. Der Begriff des Glaubhaftmachens weist nämlich zwei Aspekte auf: Einerseits ist dem Richter die Wahrscheinlichkeit des Vorliegens der anspruchsbegründenden Tatsache darzulegen, und andererseits muss der Richter entweder abschliessend oder doch mindestens summarisch prüfen, ob sich aus diesen Tatsachen der geltend gemachte Anspruch ergibt. Das erste ist offensichtlich eine verfahrensrechtliche, das zweite eine materiellrechtliche Frage. Im Zusammenhang mit der prozessualen Frage wird vielfach gerügt, der Arrestrichter habe trotz Fehlens jeder Darlegung der Wahrscheinlichkeit des Vorliegens von Tatsachen die behaupteten Tatsachen als glaubhaft gemacht angesehen bzw., wie vorliegend, behauptete Tatsachen als wahrscheinlich vorhanden angenommen und dadurch wesentliche Grundsätze des Verfahrens verletzt. Trifft die Rüge zu, so ist nunmehr der Nichtigkeitsgrund der Verletzung eines wesentlichen Verfahrensgrundsatzes gegeben. Da zudem der Nichtigkeitsinstanz bei der Prüfung der prozessualen Rüge freie und umfassende Kognitionsbefugnis zusteht, kann nicht gesagt werden, die Nichtigkeitsbeschwerde nach der neuen zürcherischen Zivilprozessordnung erfülle auf kantonaler Ebene eine Funktion, die jene der staatsrechtlichen Beschwerde wegen Verletzung von Art. 4 BV gleich oder zumindest ähnlich sei.

Seitens des Bundesgerichts wird denn auch festgehalten, dass der zürcherischen Kassationsinstanz lediglich noch bei der Rüge der aktenwidrigen oder willkürlichen tatsächlichen Annahme und derjenigen der Verletzung klaren materiellen Rechts gemäss § 281 Ziff. 2 und 3 ZPO für ungefähr dieselbe beschränkte Kognitionsbefugnis wie diejenige des Bundesgerichts im staatsrechtlichen Beschwerdeverfahren wegen Willkür im Sinne von Art. 4 BV zusteht (BGE 104 Ia 411). Demgegenüber entspricht die Stellung der Kassationsinstanz hinsichtlich des prozessualen Nichtigkeitsgrundes zufolge der freien und umfassenden Kognitionsbefugnis derjenigen einer Rekursinstanz. Hinsichtlich der Verfahrensmängel läuft daher die Nichtigkeitsbeschwerde nach der neuen Zivilprozessordnung im Ergebnis auf ein ordentliches Rechtsmittel hinaus. Da nach dem klaren Willen des eidgenössischen Gesetzgebers ordentliche Rechtsmittel gegen Arrestbefehle ausgeschlossen sind, hat dies zur Folge, dass die Nichtigkeitsbeschwerde nach der neuen Zivilprozessordnung, die sich auch nicht mehr im Rahmen der staatsrechtlichen Beschwerde hält, gegen Arrestbefehle nicht mehr zugelassen werden kann.

ZR 81, Nr. 87: Vgl. § 302 ZPO.

ZR 81, Nr. 88: Kognition des Kassationsgerichts: Nach § 157 Ziff 9 GVG müssen Entscheide in Zivilsachen vorbehältlich § 158 GVG die Entscheidungsgründe unter Hinweis auf das angewendete Recht enthalten. Soweit die Berufung an das Bundesgericht zulässig ist, gilt Art. 51 Abs. 1 lit. c OG, wonach das Bundesgericht überprüft, ob der angefochtene Entscheid alle massgeblichen und rechtlichen Entscheidungsgründe enthält. Ist die Begründung lückenhaft, so weist das Bundesgericht die Sache nach Art. 52 OG an die kantonale Instanz zurück. Kann somit das Bundesgericht frei überprüfen, ob die vorinstanzlichen Erwägungen eine nachvollziehbare, schlüssige Begründung enthalten, so ist die Nichtigkeitsbeschwerde in diesem Punkt gemäss § 285 ZPO nicht zulässig. Die kantonale Nichtigkeitsbeschwerde wäre insofern nur zulässig, wenn geltend gemacht würde, es fehle im Hinblick auf eine kantonalrechtliche Frage eine hinreichende Begründung.

Der Beschwerdeführer beruft sich abschliessend unter Hinweis auf Art. 4 BV auch auf den Nichtigkeitsgrund der Verletzung klaren materiellen Rechts und sinngemäss auf die Bestimmungen nach § 285 Abs. 2 ZPO. Mit dieser Bestimmung wird aber kein selbständiger Kassationsgrund geschaffen, sondern nur das Verhältnis zwischen kantonaler Nichtigkeitsbeschwerde und staatsrechtlicher Beschwerde geregelt. Der Grund für die erleichterte Zulassung entfällt, wenn wie hier die Berufung an das Bundesgericht zulässig ist.

Der Beschwerdeführer rügt im weiteren in verschiedenen Punkten aktenwidrige oder willkürliche tatsächliche Annahmen im Sinne von § 281 Ziff 2 ZPO. Dazu ist festzuhalten, dass der Nichtigkeitsgrund der willkürlichen tatsächlichen Annahme im Sinne willkürlicher Beweiswürdigung nur vorliegt, wenn der vom Sachrichter gezogene Schluss für einen unbefangen Denkenden unhaltbar erscheint, während eine vertretbare Beweiswürdigung unanfechtbar ist, selbst wenn die Kassationsinstanz einen anderen Schluss gezogen hätte. Zur Begründung der Rüge gehört auch hier, dass gesagt wird, welcher tatsächliche Schluss auf Grund welcher Aktenstelle als willkürlich erscheint. Von der Willkürrüge zu unterscheiden ist die Aktenwidrigkeitsrüge; mit dieser kann geltend gemacht werden, eine Feststellung beruhe auf einem offensichtlichen Versehen, indem ein Bestandteil der Akten gar nicht oder nicht in seiner wahren Gestalt in die Beweiswürdigung einbezogen worden sei (ZR 55, Nr. 115). Aktenwidrig ist eine Feststellung daher dann, wenn sie den Inhalt der Akten unrichtig wiedergibt, willkürlich dann, wenn der richtige Akteninhalt offensichtlich unrichtig gewürdigt worden ist. Die Unterscheidung ist praktisch vor allem deshalb von Bedeutung, weil sich die kantonale Aktenwidrigkeitsrüge mit Art. 55 lit. c OG deckt, wonach beim Bundesgericht gerügt werden kann, die Feststellung einer nach Bundesrecht zu beurteilenden Tatsache durch die kantonale Instanz beruhe auf einem offensichtlichen Versehen. Demgemäss ist im Hinblick auf § 285 ZPO in denjenigen Fällen, in denen die Berufung an das Bundesgericht zulässig ist, die kantonale Aktenwidrigkeitsrüge ausgeschlossen.

ZR 81, Nr. 117: In Schiedsgerichtssachen ist die Nichtigkeitsbeschwerde wegen Verfahrensmängeln nur gegeben, wenn ein wesentlicher Verfahrensgrundsatz im eigentlichen Sinn verletzt wurde, d.h. wenn dadurch ein absoluter Nichtigkeitsgrund gesetzt wurde oder wenn gegen eine weniger wichtige Verfahrensregel verstossen wurde und eine realistische Möglichkeit dargetan wird, weshalb der Entscheid auf dem Mangel beruht. Im Schiedsgerichtsverfahren besteht keine Pflicht, den Parteien vor der Endentscheidung Gelegenheit zu geben, zum sachkundigen Wissen des Gerichts oder eines seiner Mitglieder Stellung zu nehmen.

Da für Art. 343 Abs. 2 OR vom gleichen Streitwertbegriff auszugehen ist, hat die Vorinstanz auch klares materielles Recht verletzt, indem sie Art. 343 Abs. 2 OR falsch und Art. 343 Abs. 3 OR nicht anwendete. Schliesslich hat die Vorinstanz durch die Verletzung von § 18 Abs. 1 ZPO und die daraus gefolgerte Unzulässigkeit der Vertretung des Klägers durch einen Angestellten einer Arbeitnehmerorganisation dem Kläger das rechtliche Gehör verweigert (§ 281 Ziff. 1 ZPO).

5   **ZR 83, Nr. 26:** Voraussetzungen und Inhalt der Arrestkaution werden ausschliesslich durch das Bundesrecht bestimmt. Ob die Voraussetzungen gegeben sind, hat der Richter von Amtes wegen im Rahmen seines pflichtgemässen Ermessens zu prüfen. Die Auferlegung einer Arrestkaution bei Fehlen der gesetzlichen Voraussetzungen stellt eine Verweigerung des rechtlichen Gehörs gegenüber dem Arrestkläger dar und kann unter § 281 Ziff. 1 ZPO gerügt werden.

Dementsprechend hat das Kassationsgericht aufgrund einer Nichtigkeitsbeschwerde zu prüfen, ob Zweifel am Bestand der Arrestforderung bestehen und ob die im Zusammenhang mit der Auferlegung der Sicherstellung erforderliche Möglichkeit einer Schädigung bzw. Gefahr einer Schädigung bestand.

In bezug auf die Höhe der zu leistenden Sicherheit ist die Kognition des Kassationsgerichts, da es sich um eine Ermessensfrage handelt, auf die Frage beschränkt, ob die Sicherheit offensichtlich übersetzt bzw. offensichtlich zu gering erscheint. Der Umstand, dass der Entscheid über die Sicherstellung eine vorsorgliche Massnahme darstellt, steht dabei im vorliegenden Fall dem Eintreten auf die Nichtigkeitsbeschwerde nicht entgegen, da der Beschwerdeführerin, die unter der Anordnung des Dahinfallens der Arreste zur Sicherstellung verhalten wurde, notwendig ein die Anforderung von § 282 Ziff. 1 ZPO erfüllender Nachteil droht.

6   **ZR 83, Nr. 104:** § 18 Abs. 2 ZPO und § 56 Abs. 1 ZPO gelten als wesentliche Verfahrensgrundsätze. Dadurch, dass die Vorinstanz den Streitwert mit dem sogenannten Streitwertinteresse verwechselte, verletzte sie zugleich § 18 Abs. 1 ZPO, wonach sich der Streitwert nach dem Rechtsbegehren richtet, und nicht nach irgendwelchen wirtschaftlichen Realitäten. Die Bestimmung des Streitwerts durch das Rechtsbegehren ist ein wesentlicher Verfahrensgrundsatz im Sinne von § 281 Ziff. 1 ZPO, weil sie für die sachliche Zuständigkeit und für die Zulässigkeit von Rechtsmitteln massgeblich ist.

7   **ZR 83, Nr. 115:** Das zu einem Entscheid nach Billigkeit ermächtigte Schiedsgericht ist von der Anwendung des strengen Rechts mit Einschluss des Verfahrensrechts befreit, ausser die Rechtsnormen betreffen den ordre public. Mit einem Nichtigkeitsgrund behaftet ist ein Billigkeitsentscheid nur dann, wenn er offensichtlich unbillig ist.

8   **ZR 84, Nr. 25:** Vgl. § 50 ZPO.

9   **ZR 84, Nr. 42:** In einem Rekursentscheid betreffend Eheschutzmassnahmen ging das Obergericht hinsichtlich der finanziellen Leistungsfähigkeit des Mannes davon aus, es habe eine schwere Pflichtverletzung dargestellt, dass mehrere Jahre zuvor sein Restaurant zu einem Preis von lediglich Fr. 350'000 verkauft wurde. Das Kassationsgericht stellte dazu fest: ein Abweichen vom Kriterium der tatsächlichen Leistungsfähigkeit wird in der Praxis dann als geboten erachtet, wenn der Ehemann aus bösem Willen oder grober Nachlässigkeit oder wegen fehlenden Arbeitseinsatzes keinen oder nur einen ungenügenden Verdienst erzielt oder ohne zureichenden Grund auf die Geltendmachung ihm zustehender Ansprüche verzichtet; er muss sich diesfalls anrechnen lassen, was er bei gutem Willen verdienen könnte.

Das selbstverschuldete Unvermögen zur Beitragsleistung ist jedoch dann zu berücksichtigen, wenn die Verbesserung der Leistungsfähigkeit nicht mehr vom Willen des Beitragspflichtigen abhängt. Diese nachträgliche Verbesserung kann naturgemäss nur in Zusammenhang mit den Einkommensverhältnissen in Betracht fallen, und die von der Rechtsprechung behandelten Beispiele beziehen sich denn auch ausnahmslos auf Fälle, in denen eine schuldhafte Verminderung des Einkommens zur Diskussion stand. Insofern erscheint es ohnehin als wenig sinnvoll, auf einen allenfalls möglich gewesenen Verkaufserlös abstellen zu wollen, wenn dieser nicht erzielt worden war. Auch die in ungetrennter Ehe lebende Ehefrau hätte einen derartigen Vermögensverlust hinzunehmen, und deshalb ist nicht einzusehen, weshalb die in Scheidung oder in Eheschutzmassnahmen stehende Ehefrau insofern bevorzugt sein sollte. Unter diesen Umständen verletzt der angefochtene Entscheid des Obergerichts klares materielles Recht und erfüllt damit den Nichtigkeitsgrund nach § 281 Ziff. 3 ZPO.

ZR 84, Nr. 59: Vgl. § 216 ZPO.

ZR 85, Nr. 46: Der Nichtigkeitsgrund der Verletzung klaren materiellen Rechts ist nur dann gegeben, wenn über die Bedeutung einer Rechtsnorm oder eines Rechtsgrundsatzes kein begründeter Zweifel bestehen kann, so dass die Rechtsauffassung der Vorinstanz geradezu unvertretbar erscheint. Das sogenannte Günstigkeitsprinzip erlaubt, zugunsten des Arbeitnehmers von zwingenden Vorschriften des Gesamtarbeitsvertrags abzuweichen (Art. 357 Abs. 2. Satz OR). Bei Beurteilung der Frage, ob die einzelvertragliche Abmachung gültig ist, muss nach der Lehre ein objektiver Massstab angewendet werden. Ein detaillierter Vergleich einzelner Vertragsbestimmungen wird dabei zwar nicht als erforderlich betrachtet. Als zulässig erscheint in der Lehre unter dem Gesichtspunkt des Gruppenvergleiches etwa die Begleichung einer Feriensentschädigung durch einen höheren Stundenlohn. Von einer klaren und allgemein anerkannten Methode zur Durchführung des Günstigkeitsvergleichs im Einzelfall kann nach all dem nicht die Rede sein. Die Auffassung der Vorinstanz, welche in casu eine Besserstellung der Beschwerdegegnerin auch bei einer gesamthaften Betrachtung der behaupteten Abrede über den Festlohn und der unbestrittenen Vereinbarung eines erhöhten Umsatzlohnes verneint hat, ist somit jedenfalls nicht unvertretbar.

ZR 85, Nr. 71: Auf eine erste Nichtigkeitsbeschwerde hin wurde eine Erwägung im Entscheid der Vorinstanz aufgehoben, und der Fall wurde zur neuen Entscheidung an die Vorinstanz zurückgewiesen. Soweit die übrigen Erwägungen des ersten Entscheids der Vorinstanz mit der ersten Nichtigkeitsbeschwerde nicht angefochten wurden, bzw. die erste Nichtigkeitsbeschwerde abgewiesen oder auf sie nicht eingetreten wurde und diese Erwägungen von der Vorinstanz unverändert für den zweiten Entscheid übernommen wurden, kann der zweite Entscheid der Vorinstanz heute nicht mehr angefochten werden.

ZR 86, Nr. 53: Vgl. § 287 ZPO.

ZR 87, Nr. 10: Gemäss Auffassung des Kassationsgerichts verletzt die Annahme, das Gesetz schliesse die blosse Feststellung der Widerrechtlichkeit im Rahmen vorsorglicher Massnahmen aus, nicht klares materielles Recht.

ZR 87, Nr. 60: Vgl. § 145 ZPO.

ZR 87, Nr. 120: Vgl. § 270 ZPO.

ZR 87, Nr. 125: Vgl. § 148 ZPO.

ZR 87, Nr. 137: Vgl. § 18 ZPO.

ZR 88, Nr. 40: Vgl. § 229 ZPO.

ZR 88, Nr. 56: Vgl. § 133 ZPO

ZR 89, Nr. 104: Vgl. § 285 ZPO.

ZR 91/92, Nr. 33: Art. 57 Abs. 1 ZGB verleiht einer Gemeinde keine Rekurslegitimation als Dritte im Verfahren betreffend Nichtigerklärung einer Stiftung.

23   **ZR 93, Nr. 7:** Vgl. § 222 ZPO.

24   **ZR 93, Nr. 29:** Abgrenzung der Zuständigkeit zwischen dem Kassationsgericht und dem Bundesgericht bei einer Rüge betreffend Verletzung der Begründungspflicht: Die bundesrechtliche Begründungspflicht ist angesprochen, wenn der Beschwerdeführer vor Kassationsgericht geltend macht, die Vorinstanz habe die Begründungspflicht mit Bezug auf das Anwenden von Bundesrecht verletzt, so dass das Kassationsgericht auf eine solche Rüge nicht einzutreten hat, falls das entsprechende bundesrechtliche Rechtsmittel zulässig ist. Eine weitere Verletzung von Bundesrecht muss nicht gleichzeitig gerügt werden.

Die im Hinblick auf das bundesrechtliche Berufungsverfahren in Zivilsachen und das Beschwerdeverfahren in Strafsachen statuierte Begründungspflicht dient dem Zweck, dem Bundesgericht die Überprüfung des angefochtenen Entscheids unter dem Gesichtspunkt einer behaupteten Verletzung von Bundesrecht zu ermöglichen; ist eine solche Überprüfung wegen mangelhafter Begründung des Entscheids nicht möglich, weist das Bundesgericht die Sache an den kantonalen Richter zurück. Aus der bundesrechtlichen Begründungspflicht ergibt sich, dass der kantonale Richter klar zum Ausdruck bringen muss, von welchem Sachverhalt er ausgeht (vgl. Art. 51 Abs. 1 c OG), und darlegen muss, wie er den zugrundegelegten Sachverhalt rechtlich qualifiziert (vgl. BGE 118 IV 15 E.2; BGE 118 IV 20 E.1). Die bundesrechtliche Begründungspflicht erstreckt sich grundsätzlich nicht darauf, wie bzw. weshalb der Richter zu bestimmten tatsächlichen Annahmen gelangt ist, da die Feststellung der tatsächlichen Verhältnisse weder Gegenstand des Berufungsverfahrens in Zivilsachen noch des Beschwerdeverfahrens in Strafsachen bildet. Die kantonalrechtliche Begründungspflicht geht insofern weiter, als sie sich schon im Hinblick auf den Nichtigkeitsgrund der willkürlichen tatsächlichen Annahme und die damit verbundene Substantiierungslast des Nichtigkeitsklägers auch auf Annahmen tatsächlicher Natur bezieht (ZR 83, Nr. 117).

Bringt der Beschwerdeführer vor Kassationsgericht vor, die Begründungspflicht sei insofern verletzt, als sich dem angefochtenen Entscheid nicht entnehmen lasse, wie die Vorinstanz zu bestimmten Annahmen tatsächlicher Natur gelange (indem sie sich z.B. im Rahmen der Beweiswürdigung nicht mit den einzelnen Beweismitteln auseinandersetze), so ist dies eine Frage, welche nur die kantonalrechtliche Begründungspflicht bzw. Art. 4 BV betrifft.

25   **ZR 93, Nr. 73:** Der Entscheid eines Gerichts über ein Protokollberichtigungsbegehren gehört der Zivilgerichtsbarkeit an. Da kein anderes Rechtsmittel zulässig ist, ist die Nichtigkeitsbeschwerde gegeben (§ 285 und 281 ZPO). Das Kassationsgericht ist jedoch an die Feststellungen der Vorinstanz gebunden. Da Gegenstand der Kassationsbeschwerde der Entscheid über das Protokollberichtigungsbegehren ist, kann auf Rügen über eine formell fehlerhafte Protokollführung durch die Vorinstanz im Hauptverfahren (also nicht im Protokollberichtigungsverfahren) nicht eingetreten werden; solche sind mit einer Beschwerde gegen den Endentscheid zu rügen. Ein wörtliches Protokoll ist nur auf Verlangen zu führen; im übrigen muss das Protokoll auch sinngemäss richtig sein. Auch rechtliche Ausführungen der Parteien sind gemäss § 144 Abs. 1 GVG richtig zu protokollieren; daran ändert der Umstand nichts, dass das Recht von Amtes wegen anzuwenden ist.

26   **ZR 94, Nr. 19:** Vgl. § 51 ZPO.

27   **ZR 95, Nr. 62:** 1. Gemäss der Praxis des Kassationsgerichts ist die Anfechtung von Beweisbeschlüssen mit der Nichtigkeitsbeschwerde nur beschränkt zulässig. So ist eine selbständige Anfechtung eines Beweisbeschlusses möglich, wenn durch denselben das Privat- oder Geschäftsgeheimnis des Nichtigkeitsklägers verletzt oder über eine bestrittene Editionspflicht entschieden wird (Sträuli/Messmer, Kommentar ZPO, N. 11 zu § 282 ZPO). Ebenso ist eine selbständige Anfechtung eines Beweisbeschlusses möglich, wenn er an bestimmten formellen Mängeln leidet, namentlich bei vorschriftswidriger Besetzung des Gerichts. Dagegen wird im Nichtigkeitsverfahren die materielle Begründetheit eines Beweisbeschlusses nicht selbständig überprüft. Dies ist in der Regel schon darum nicht möglich, weil Beweisbeschlüsse nicht begründet werden müssen. Dazu kommt, dass ein Beweisbeschluss bis zum Erlass des Endentscheids abgeändert werden kann; das Gericht kann auf die demselben zu Grunde liegende Auffassung zurückkommen (§ 143 ZPO). Erst

im Endentscheid steht somit fest, welche Bedeutung dem Beweisbeschluss endgültig zukommt. Diesem Entscheid des Sachrichters kann die Kassationsinstanz nicht vorgreifen. Eine allfällige Nichtigkeitsbeschwerde müsste sich daher gegen den Endentscheid richten (ZR 83 Nr. 100; RB KG 1982 Nr. 24; D. von Rechenberg, die Nichtigkeitsbeschwerde in Zivil- und Strafsachen nach zürcherischem Recht, 2. A. Zürich 1986, S. 6).

5. In weiteren Rügen macht die Nichtigkeitsbeschwerde geltend, die Vorinstanz habe eine zu weit gehende Editionsanordnung getroffen.

5.1. Dass gemäss der Praxis des Kassationsgerichts die Unterlassung einer Beweisabnahme erst bei Vorliegen eines Endentscheids überprüft wird, berührt den vorliegenden Fall nicht; es geht nämlich um eine andere Situation, wenn sich die Frage stellt, ob für die von der Vorinstanz beschlossene Durchführung einer Beweisabnahme die gesetzlichen Voraussetzungen erfüllt sind. Eine diesbezügliche Überprüfung, die erst nach Vorliegen des Endentscheids erfolgen würde, wäre nicht sinnvoll, da ein allfälliger gesetzwidriger Eingriff in die Privatsphäre in jenem Zeitpunkt nicht mehr rückgängig gemacht werden könnte und auch unnütze Arbeit sowie eine Verlängerung des vorinstanzlichen Verfahrens ebenfalls längst stattgefunden hätten und nicht mehr zu beheben wären.

5.2. Vorweg ist hinsichtlich des Bundesrechts in diesem Zusammenhang folgendes zu bemerken: Es geht vorliegend ausschliesslich um sogenannte prozessuale Editionspflicht. Die Vorinstanz hat Edition im Rahmen des Beweisverfahrens angeordnet. Die bundesrechtliche Frage des Bestehens einer materiellrechtlichen Editionspflicht (vgl. BGE 82 II 566), über die in einem besonderen Editionsprozess – sei es im ordentlichen Verfahren, sei es im summarischen Verfahren – zu entscheiden wäre, stellt sich in Zusammenhang mit der von der Vorinstanz im Beweisverfahren auf Grund des Prozessrechts angeordneten Edition nicht.

Hinsichtlich Art. 963 OR ist zu bemerken, dass, wie das Bundesgericht bereits in BGE 71 II 244 (bestätigt in BGE 73 I 360, 93 II 62 und 96 I 463) ausgeführt hat, Art. 963 OR eine prozessrechtliche Bestimmung keine privatrechtlichen Ansprüche eines Privaten gegen einen andern Privaten begründet. Eine Anwendbarkeit von Art. 963 OR setzt dabei voraus, dass der Richter gemäss dem kantonalen Prozessrecht Veranlassung hat, Urkunden beizuziehen. Art. 963 OR schränkt das kantonale Zivilprozessrecht in der Anwendung und Ausgestaltung der Verhandlungsmaxime nicht ein; die Bestimmung begründet keine Pflicht des kantonalen Richters, ausserhalb der formellen Voraussetzungen des kantonalen Prozessrechts Urkundeneditionen anzuordnen.

5.3. Der Zürcher Zivilprozess ist durch die Zweiteilung in Behauptungsverfahren und Beweisverfahren gekennzeichnet, wobei in beiden Bereichen – ausgenommen die Fälle, in denen Rechtsverhältnisse vorliegen, über welche die Parteien nicht frei verfügen können – die Verhandlungsmaxime gilt. Dazu bestimmt die ZPO in § 113/114, dass die Parteien im Behauptungsverfahren (Hauptverfahren) ihre Behauptungen "bestimmt und vollständig" vorzubringen haben. Gemäss der ZPO gilt auf dieser Grundlage als wesentlicher Verfahrensgrundsatz (§ 281 Ziff. 1 ZPO), dass eine Beweisabnahme das Vorliegen "bestimmter" Behauptungen voraussetzt, die von der Partei im vorangegangenen Hauptverfahren vorgebracht worden sein müssen. Solche bestimmten Behauptungen sind die notwendige Grundlage sowohl eines Beweisauflagebeschlusses wie auch eines Beweisabnahmebeschlusses. Es ist nicht Aufgabe des Beweisverfahrens, der Partei die Grundlage für die notwendigen Behauptungen zu verschaffen. Die Beweisabnahme ist dazu bestimmt, der Partei die Beweisführung zu ermöglichen, und bezweckt nicht, der Partei zusätzliche Informationen zu verschaffen, das auch dann nicht, wenn sie im Behauptungsverfahren gar nicht in der Lage war, solche vorzubringen. Nur im Sinne einer besonderen Ausnahme lässt § 115 ZPO in Ziff. 2 ein Nachbringen von Behauptungen zu, wenn sich direkt deren Richtigkeit im Beweisverfahren ergibt, was nichts daran ändert, dass ein Beweisverfahren gar nicht stattzufinden hat, wenn hinreichend "bestimmte" Behauptungen fehlen.

Im Zusammenhang mit der prozessrechtlichen Edition ist allgemein zu beachten, dass eine materiellrechtliche Editionspflicht dafür nicht Voraussetzung bildet; ferner aber ist hervorzuheben, dass die prozessrechtliche Editionspflicht nicht eine umfassende Editionspflicht für Bereiche einführt, wo das materielle Recht eine Editionspflicht verneint; es kann nicht Aufgabe des Prozessrechts sein, die vom materiellen Recht für Auskunftserteilung und Einsichtsgewährung festgelegten Grenzen schlechthin zu beseitigen. Auch der Zürcher Zivilprozess ist darauf ausgerichtet, Privatsphären zu schützen; ein Grundsatz, der u. a. in §145 ZPO zum Ausdruck kommt; nicht zu übersehen ist dabei, dass den in §145 ZPO vorgesehenen Schutzmassnahmen, wenn umfassend Buchhaltungen oder Korrespondenzen dem Gericht vorgelegt werden müssen, damit dieses die notwendigen Schutzmassnahmen vornehmen kann, bereits ein möglicherweise empfindlicher Eingriff in die Privatsphäre allein schon durch das Vorlegen gegenüber dem Gericht vorangehen würde. Sicher könnte eine im Beweisverfahren erfolgende umfassende Aktenedition in einzelnen Fällen der Ermittlung des wirklichen Sachverhalts dienen; dem stehen aber andere ebenfalls gewichtige Gesichtspunkte des Schutzes der Privatsphäre gegenüber, die hinsichtlich der prozessrechtlichen Editionspflicht Zurückhaltung nahelegen. Auch gilt es gerade da nicht zu übersehen, dass ein Zivilprozessrecht, das auf der Verhandlungsmaxime basiert, ohnehin der Ermittlung des wirklichen Sachverhalts Grenzen setzen muss.

Für im Beweisverfahren angeordnete Edition gilt, dass diese durch das Erfordernis der Beweiserbringung gerechtfertigt sein muss und nicht auf Ausforschung der Gegenpartei gerichtet sein darf. Inwieweit im Beweisverfahren Edition von Urkunden angeordnet werden darf, bestimmt sich dabei nach Inhalt des Beweissatzes, der aber seinerseits voraussetzt, dass die Parteibehauptungen, die dessen Grundlage bilden, genügend bestimmt sind (vgl. in diesem Zusammenhang bereits die Erwägungen des Kassationsgerichts in ZR 67, Nr. 56 S. 198 ff.). Auch muss der Beweissatz hinreichend konkret formuliert werden.

Geht es beim Beweisabnahmebeschluss um zahlreiche verschiedene Beweissätze, muss bei jedem einzelnen Beweissatz die dazu angeordnete Edition gerechtfertigt sein, soll nicht die Partei in ihrem Recht beschnitten werden, durch nachträgliches Zugeständnis eines Sachverhalts die Beweisabnahme und damit die Edition zu vermeiden, was gerade dann, wenn diese mit einem empfindlichen Eingriff in die Privatsphäre verbunden ist, durchaus in Betracht fallen kann.

Unter der aZPO galt, dass die als Beweismittel zur Edition verlangten Urkunden "genau bezeichnet werden müssen". So führte der Kommentar Sträuli/Hauser zu § 228 aZPO in N 2 aus:

"Die Pflicht besteht auf alle Fälle nur, wenn die als Beweismittel angerufenen Urkunden genau bezeichnet sind. Die Auflage zur Vorlegung der "gesamten Korrespondenz", der "sämtlichen Geschäftsbücher" ist unzulässig.

Der Beweisführer hat genügende Anhaltspunkte darzulegen dafür, dass zwischen dem Inhalt der Urkunde und dem konkreten Rechtsverhältnis ein objektiver, unmittelbarer Zusammenhang besteht. Völlig unstatthaft ist es, einer Partei die Möglichkeit zu verschaffen, das zur Begründung ihres Anspruchs noch fehlende Material aus einer allgemeinen Durchmusterung der Geschäfts- oder Handelsbücher oder der gesamten Korrespondenz des Beweisgegners oder des dritten Inhabers zu gewinnen."

Durchaus dem entsprechend wurde in ZR 50, Nr. 216 in einem Entscheid des Obergerichts ausgeführt, die Edition im Prozess dürfe nicht erst dazu dienen, dem Kläger seine Klagebegründung zu liefern, und habe nur dann zu erfolgen, wenn es sich um verhältnismässig wenige und bestimmt zu bezeichnende Aktenstücke handle: In ZR 60, Nr. 72 erklärte das Obergericht u. a. unter Berufung auf die vorstehend erwähnte Stelle bei Sträuli/Hauser, ein allgemeiner Antrag auf Vorlegung von Akten, die erst die Begründung des Prozesstandpunkts einer Partei ermöglichen sollen, sei nach feststehender Rechtsprechung nicht zulässig, und, führte das Obergericht aus, die Vorlegung von Urkunden im Prozess könne nur zum Beweis bestimmter Behauptungen verlangt werden. Auf der gleichen Grundlage wurde ferner in ZR 75, Nr. 77 vom Obergericht ausgeführt, Voraussetzung der prozessualen Editionsanordnung sei, dass die Partei behaupte, die Urkunde "genau zu kennen, um diese als Beweismittel bezeichnen zu können" (S. 198), und führt das Obergericht ferner aus, die Regelung des Editionsrechts könne dazu führen, dass die Partei im Prozess möglicherweise gar nicht in der Lage sein werde, das Beweisinteresse darzulegen (S. 206). Hinsichtlich der Entscheide ZR 41, Nr. 87 und ZR 76, Nr. 56 ist zu bemerken, dass diese in Scheidungsprozessen ergangen sind, wo die finanziellen Verhältnisse des Ehemanns abzuklären waren, wofür die Überprüfung der gesamten Buchhaltung seines bzw. des massgebenden Unternehmens natürlich notwendig war; die Frage konkreter Bezeichnung der Urkunden hat sich in diesen Zusammenhängen richtigerweise gar nicht gestellt.

Den Materialien zur geltenden ZPO ist nichts in dem Sinne zu entnehmen, dass an der vorstehend dargelegten Regelung der ZPO etwas geändert werden wollte. Wiederum ist der Grundsatz: "zuerst Behauptungsverfahren, dann Beweisverfahren" verwirklicht worden, und auch in der nZPO sind die diesbezüglichen Durchbrechungen der Verhandlungsmaxime (nZPO § 55 und § 115 Ziff. 2 entsprechend aZPO § 99 und § 136 Ziff. 2) nach wie vor klar eingegrenzte Ausnahmen. Die geltende ZPO will ferner weiterhin den Schutz der Privatsphäre der Parteien verwirklichen. Es ist anderseits aber nicht zu übersehen, dass bei der Revision der ZPO bereits in der ZPO unter § 99 enthaltenen Pflicht zur wahrheitsgemässen Prozessführung nun noch ausdrücklich die Verpflichtung, sich nach dem Grundsatz von Treu und Glauben zu verhalten, vorangestellt worden ist. Wenn auch bereits unter der ZPO die Parteien sich entsprechend dem Grundsatz von Treu und Glauben zu verhalten hatten (vgl. Guldener, Schweizerisches Zivilprozessrecht, 2. A. 1958, S. 238), ist diese Pflicht und damit die Pflicht der Parteien zu loyaler Prozessführung mit der ausdrücklichen Statuierung des Grundsatzes von Treu und Glauben in § 50 der ZPO stärker zu gewichten. Für das Editionsrecht muss dies bedeuten, dass für die Prozessparteien eine der gegnerischen Beweisführung dienende Offenbarungspflicht besteht; das Editionsrecht darf nicht derartig restriktiv sein, dass ein Beweisnotstand des Gegners ausgenützt wird (vgl. Guldener, Treu und Glauben im Zivilprozess, SJZ 39 S. 405 ff.). Edition von Urkunden kann nicht mehr zur notwendigen Voraussetzung haben, dass der beweispflichtigen Partei der Inhalt der Urkunden bereits bekannt ist und dass diese mit dem genauen Datum bezeichnet werden.

Auch unter der geltenden ZPO bildet aber Voraussetzung der Edition, dass die Edition beantragende Partei zuvor im Hauptverfahren Behauptungen hinreichend bestimmt vorgetragen hat; auch hat der Beweisauflagebeschluss konkrete Sachverhalte aufzuführen. Ferner müssen die Urkunden im Dispositiv des Beweisabnahmebeschlusses mit genügender Bestimmtheit bezeichnet werden. Die Anordnung von Urkundenedition ist nur so weit zulässig, als diese für den Beweis solcher konkret behaupteter Sachverhalte relevant sind. Es bleibt damit dabei, dass im Editionsrecht des Zürcher Zivilprozesses für die Ausforschung der Gegenpartei kein Raum ist. Hinsichtlich des Erfordernisses der Relevanz sind ferner strenge Anforderungen zu stellen; nur soweit deutlich ist, dass die Urkunden für die Beweiserbringung beim konkreten Beweissatz geeignet erscheinen, darf Edition angeordnet werden. Die Editionsanordnung muss dabei dergestalt formuliert werden, dass die zur Edition verpflichtete Partei ohne Schwierigkeit die Urkunde ermitteln bzw. die Urkunden zusammenstellen kann, die zum betreffenden Beweisthema zu edieren sind; die sich dabei ergebende Mitwirkungspflicht der zur Edition verpflichteten Partei darf nicht überspannt werden (vgl. ZR 73, Nr. 12 zur Bekanntgabe von Zeugen).

b) prozessleitende Entscheide
§ 282. Unter den vorstehenden Voraussetzungen dürfen prozessleitende Entscheide auch selbständig mit der Nichtigkeitsbeschwerde angefochten werden,

1. wenn ein schwer wiedergutzumachender Nachteil droht;

2. wenn damit ein bedeutender Aufwand an Zeit oder Kosten für ein weitläufiges Verfahren erspart werden kann.

Die Unterlassung der selbständigen Anfechtung eines prozessleitenden Entscheides schliesst die Anfechtung eines darauf beruhenden Endentscheides nicht aus.

1 **ZR 82, Nr. 5:** Gegen die Verweigerung der Sistierung ist die Nichtigkeitsbeschwerde im Rahmen von § 282 ZPO zulässig.

2 **ZR 83, Nr. 100:** Gemäss ständiger Praxis des Kassationsgerichts ist die Anfechtung von Beweisbeschlüssen mit der Nichtigkeitsbeschwerde nur beschränkt zulässig. So ist eine selbständige Anfechtung eines Beweisbeschlusses möglich, wenn durch denselben das Privat- oder Geschäftsgeheimnis des Nichtigkeitsklägers verletzt oder über eine bestrittene Editionspflicht entschieden wird. Ebenso ist eine selbständige Anfechtung eines Beweisbescheids möglich, wenn er an bestimmten formellen Mängeln leidet, namentlich bei vorschriftswidriger Besetzung des Gerichts. Dagegen wird im Nichtigkeitsverfahren die materielle Begründetheit eines Beweisbescheids nicht selbständig überprüft. Das ist in der Regel schon darum nicht möglich, weil Beweisbescheide nicht begründet werden müssen. Dazu kommt, dass ein Beweisbeschluss nicht in materielle Rechtskraft erwächst. Das Gericht kann auf die demselben zugrundeliegende Auffassung jederzeit zurückkommen. Erst im Endentscheid steht somit fest, welche Bedeutung dem Beweisentscheid endgültig zukommt. Diesem Endentscheid des Sachrichters kann die Kassationsinstanz nicht vorgreifen. Eine allfällige Nichtigkeitsbeschwerde muss sich daher gegen den Endentscheid richten.

3 **ZR 83, Nr. 104:** Ein schwer wiedergutzumachender Nachteil liegt bei der Auferlegung von Kosten und Barvorschüssen im kostenlosen arbeitsrechtlichen Prozess und bei der Nichtigerklärung von Prozesshandlungen eines Prozessvertreters vor.

4 **ZR 85, Nr. 45:** Die Zulässigkeit der Nichtigkeitsbeschwerde unter dem Gesichtspunkt eines drohenden, nur schwer wiedergutzumachenden Nachteils im Sinne von § 282 Ziff. 1 ZPO muss bejaht werden: Bei der Frage, ob die Voraussetzungen zu Beweissicherungen nach § 135 ZPO hier vorliegen, geht es der Natur der Sache nach um eine dringliche Angelegenheit, was die Zulässigkeit der unmittelbaren Anfechtung eines abweisendes Entscheids nahelegt. Der Einwand der Beschwerdegegnerin, es könne jederzeit ein neues, besser begründetes Begehren gestellt werden, geht an der Sache vorbei. Ob das vorliegende Begehren genügend begründet ist oder nicht, kann erst im Rahmen des Entscheids über die Begründetheit der Beschwerde entschieden werden und darf nicht bei der Eintretensfrage vorweggenommen werden. Sollte aber das Begehren genügend begründet und von der Vorinstanz zu Unrecht abgewiesen worden sein, so hätte die Beschwerdeführerin ein schützenswertes Interesse an der sofortigen Beweissicherung, und die Vertröstung auf die Möglichkeit, ein weiteres derartiges Begehren zu stellen, käme einer formellen Rechtsverweigerung gleich. Auf die Nichtigkeitsbeschwerde ist daher einzutreten.

5 **ZR 87, Nr. 93:** Nichtigkeitsbeschwerde gegen prozessleitende Entscheide: Ob gegen das Verweigern der verlangten superprovisorischen Anordnung überhaupt eine Einsprache möglich ist, kann offen bleiben; da eine superprovisorische Anordnung nach der Praxis immer nur als Teil des Verfahrens auf Erlass vorsorglicher Massnahmen verstanden wird, müssen auch nach Abweisen der superprovisorischen Anordnung notwendig die Anhörung des Gesuchsgegners und der ordentliche Entscheid über die Massnahme folgen, und einer Einsprache bedarf der Gesuchsteller demnach nicht. Es ist davon auszugehen, dass der von einer superprovisorischen Anordnung belastete Gesuchsgegner nur die Einsprache und nicht auch die Nichtigkeitsbeschwerde zur Verfügung hat; dieser gesetzliche Ausschlussgrund der Nichtigkeitsbeschwerde ist nicht auf die Fälle beschränkt, wo die Einsprache den Eintritt der Rechtskraft einer Anordnung hindert, wie beim Verfahren nach § 222 Ziff. 2 ZPO, sowohl nach dem umfassenden Wortlaut von § 285 Abs. 1 ZPO, als auch in den Fällen, wo die Anordnung trotz Einsprache in Kraft bleiben soll (die eigentlichen superprovisorischen Anordnungen nach § 110 Abs. 3 und § 224 Abs. 3 ZPO).

c) Berechtigung Dritter
§ 283. Zur Nichtigkeitsbeschwerde sind auch Dritte im Sinne von § 273 berechtigt.

6 **ZR 85, Nr. 105:** Die vorliegend als Beschwerdegegner 1–3 auftretenden drei Vereinsmitglieder lassen sich mit den in § 273 bzw. 283 ZPO aufgeführten Dritten und den dementsprechend durch die Praxis bis zum Rechtsmittel zugelassenen Personen nicht vergleichen. Sie können alle ihre von ih-

nen als verletzt angesehenen Rechte nur über den Verein ausüben und sind daher durch den fraglichen Entscheid nur betroffen, wenn und soweit auch der Verein betroffen ist, mithin nur mittelbar. Das Gesagte ergibt sich im übrigen aus dem materiellen Bundesrecht (Art. 60 ff. ZGB). Ergeht gegen den Verein eine gerichtliche Entscheidung, so ist es, ausser es handle sich um einen Prozess zwischen Verein und Mitglied, aufgrund der bundesrechtlichen Bestimmungen allein Sache des zuständigen Vereinsorgans, und nicht Sache der betroffenen einzelnen Mitglieder, als solche über die Frage des Weiterzugs zu entscheiden. In diese Ordnung dürfte das kantonale Prozessrecht gar nicht eingreifen.

ZR 88, Nr. 4: Das Handelsgericht fällte eine Ordnungsbusse gegen den Vertreter der unterliegenden Partei aus. Der Vertreter und die Partei erhoben Nichtigkeitsbeschwerde. Das Kassationsgericht hat die Legitimation der Partei, gegen die keine Busse ausgefällt worden ist, bejaht, im wesentlichen mit folgender Begründung: Das Aufrechterhalten der Ordnungsbusse würde es dem gebüssten Rechtsvertreter praktisch verunmöglichen, sich in einem Prozess zu Gunsten der beschwerdeführenden Partei zu äussern, und es sei anzunehmen, dass bei Aufrechterhalten der Ordnungsbusse sich kaum ein anderer zürcherischer Anwalt finden werde, der bereit sei, die Vertretung der Beschwerdeführerin in diesen Parallelprozessen zu übernehmen. Unter diesen Umständen lasse sich ein rechtliches Interesse der Beschwerdeführerin als Partei am Aufheben des angefochtenen Entscheids jedenfalls nicht ohne weiteres verneinen, weshalb auch ihre Beschwerdelegitimation als gegeben zu betrachten sei. 2

ZR 90, Nr. 45: Vgl. § 273 ZPO. 3

d) Ausschluss
§ 284. (alte Fassung). *Die Nichtigkeitsbeschwerde ist nicht zulässig gegen*

1. *Entscheide einer Kassationsinstanz;*
2. *Entscheide einer Aufsichtsbehörde;*
3. *Entscheide des Obergerichts gemäss Art. 3 lit. a und b des Konkordats über die Schiedsgerichtsbarkeit;*
4. *Entscheide des Obergerichts über Verweise und Ordnungsbussen, ausgenommen Ordnungsbussen gemäss § 306 Abs. 2 und Bussen gemäss § 163 Abs. 2;*
5. *Entscheide des Obergerichts gemäss § 196 a sowie gemäss § 45 a EG zum ZGB.*

d) Ausschluss
§ 284. (neue Fassung, 10.3.85). Die Nichtigkeitsbeschwerde ist nicht zulässig gegen

1. **Entscheide einer Kassationsinstanz;**
2. **Entscheide einer Aufsichtsbehörde;**
3. **Entscheide des Obergerichts gemäss Art. 3 lit. a und b des Konkordats über die Schiedsgerichtsbarkeit;**
4. **Entscheide des Obergerichts über Verweise und Ordnungsbussen, ausgenommen Ordnungsbussen gemäss § 306 Abs. 2 und Bussen gemäss § 163 Abs. 2;**
5. **Entscheide des Obergerichts gemäss § 196a sowie gemäss § 45a EG zum ZGB (17.3.93);**
6. **Entscheide betreffend fürsorgerische Freiheitsentziehung (12.3.95).**

ZR 87, Nr. 1: Allgemein genügen für die Substantiierung eines Gesuchs nach § 65 GVG Ausführungen darüber, dass bezüglich der einzuklagenden Personen Streitgenossenschaft vorliegt, und ferner, dass bezüglich einer Person die Zuständigkeit des Handelsgerichts, bezüglich der andern diejenige eines zürcherischen Bezirksgerichts gegeben ist. Die Klage selbst braucht im Rahmen von § 65 GVG noch nicht substantiiert zu sein. Gegen Akte der Justizverwaltung ist die Nichtigkeitsbeschwerde nach konstanter Rechtsprechung nicht zulässig. Beim Entscheid darüber, ob das Handelsgericht oder das Bezirksgericht als zuständig bezeichnet werden soll, handelt es sich um einen solchen Akt der Justizverwaltung. Insbesondere lassen sich der Prozessordnung keine sachlichen Kriterien dazu entnehmen, so dass das Obergericht diesbezüglich nach freiem Ermessen vorgehen kann. 1

2   **ZR 87, Nr. 102:** Gemäss § 284 Ziff. 1 ZPO ist die Nichtigkeitsbeschwerde nicht zulässig gegen Entscheide einer Kassationsinstanz. Das Obergericht hat im vorliegenden Fall als Kassationsinstanz gegenüber dem Einzelrichter entschieden, weshalb eine weitere Nichtigkeitsbeschwerde gegen seinen Entscheid ausgeschlossen ist. Der Beschwerdeführer irrt, wenn er die Auffassung vertritt, die Zulässigkeit der Nichtigkeitsbeschwerde lasse sich im vorliegenden Fall aus § 285 Abs. 2 Satz 2 ZPO begründen. Zwar sieht diese Bestimmung vor, dass die Nichtigkeitsbeschwerde stets zulässig sei, wenn eine Verletzung von Art. 84 oder Art. 58 BV geltend gemacht werde. Der Beschwerdeführer beruft sich bezüglich der Mitwirkung von Oberrichter X auf eine Verletzung von Art. 58 BV. § 285 ZPO regelt die Kompetenzausscheidung zwischen Bundesgericht und Kassationsgericht für Fälle, in welchen die Nichtigkeitsbeschwerde grundsätzlich, d.h. von der Art des angefochtenen Entscheids her, zulässig ist. Keinesfalls verfolgt diese Bestimmung den Zweck, in Fällen, wo die Nichtigkeitsbeschwerde nach dem klaren Gesetzestext von vornherein ausgeschlossen ist (d.h. in allen in § 284 ZPO genannten Fällen), eine solche zuzulassen, sofern eine Verletzung von Art. 4 oder 58 BV geltend gemacht wird. Mit anderen Worten geht § 284 ZPO als Ausschlussbestimmung vor und lässt für eine Anwendung von § 285 ZPO gar keinen Raum.

3   **ZR 88, Nr. 4:** In einem Verfahren vor Handelsgericht fällte dieses mit dem Urteil gegen den Vertreter der unterliegenden Partei eine Ordnungsbusse wegen mutwilliger Prozessführung aus. Das Kassationsgericht hiess eine entsprechende Nichtigkeitsbeschwerde gut. Gemäss § 284 Ziff. 4 ZPO ist die Nichtigkeitsbeschwerde nicht zulässig gegen Entscheide des Obergerichts über Verweise und Ordnungsbussen, von bestimmten Ausnahmen abgesehen. Gegen Ordnungsbussen, welche das Obergericht ausfällt, ist die Nichtigkeitsbeschwerde ausgeschlossen. Das Kassationsgericht hat das mit der Entstehungsgeschichte erklärt. Die Kommission zur Beratung der ZPO hatte das Problem aufgegriffen und gegen Astreinte-Entscheide sowie Ordnungsbussen nach dem heutigen § 143 Abs. 2 ZPO die Nichtigkeitsbeschwerde zugelassen.

e) Verhältnis zu andern Rechtsmitteln

§ 285. Gegen Entscheide, die der Berufung, dem Rekurs, der Einsprache an das erkennende Gericht oder dem Weiterzug an das Bundesgericht unterliegen, ist die Nichtigkeitsbeschwerde nur zulässig, wenn der Beschwerdeführer nachweist, dass er ohne Verschulden vom Nichtigkeitsgrund erst Kenntnis erhalten hat, als die genannten Rechtsmittel nicht mehr ergriffen werden konnten.

Der Weiterzug an das Bundesgericht im Sinne von Abs. 1 gilt als gegeben, wenn das Bundesgericht frei überprüfen kann, ob der geltend gemachte Mangel vorliege. Die Nichtigkeitsbeschwerde ist stets zulässig, wenn eine Verletzung von Art. 4 oder 58 der Bundesverfassung geltend gemacht wird.

Ist das Kassationsgericht auf eine Nichtigkeitsbeschwerde nicht eingetreten, weil es das Bundesgericht für die geltend gemachte Rüge als zuständig erachtete, und hat sich nachher das Bundesgericht als unzuständig erklärt, so kann der Beschwerdeführer innert zehn Tagen seit der Mitteilung des bundesgerichtlichen Entscheids mit schriftlicher Eingabe beim Kassationsgericht verlangen, dass es die Beschwerde behandle.

1   **ZR 81, Nr. 24:** Gegen Präsidialverfügungen ist die Einsprache an das Gericht immer zulässig, nicht nur in den in § 122 Abs. 3 GVG erwähnten Fällen. Die Nichtigkeitsbeschwerde gegen solche Verfügungen ist damit ausgeschlossen.

2   **ZR 81, Nr. 88:** Vgl. § 281 ZPO.

3   **ZR 82, Nr. 81:** Wenn die beschwerdeführende Partei aufgrund einer unzutreffenden Rechtsmittelbelehrung zunächst mit der Rüge der Verletzung materiellen Rechts an das Bundesgericht statt an das Kassationsgericht gelangt, so ist ihr in der Folge auf Antrag hin die Beschwerdefrist insoweit wiederherzustellen. Nach dem bundesgerichtlichen Urteil war vorliegend der für die Berufung erforderliche Streitwert von Fr. 8'000 (damals) nicht erreicht, das Bundesgericht trat daher auf die Berufung nicht ein. Der Beschwerdeführer hat das Begehren um Behandlung der Be-

schwerde durch das Kassationsgericht rechtzeitig gestellt, so dass insoweit die Voraussetzungen nach § 285 Abs. 3 ZPO gegeben sind.

ZR 82, Nr. 120: Die Ankündigung einer Praxisänderung ist dann unerlässlich, wenn der Rechtssuchende ohne sie einen Rechtsverlust erlitte. Ob die tatsächlichen Feststellungen über die technischen Verhältnisse in Patentstreitigkeiten zutreffen, und ob es zur Beurteilung der technischen Verhältnisse eines Gutachtens oder formeller Fachrichtervoten bedurft hätte, kann auf Berufung hin das Bundesgericht prüfen. Das Kassationsgericht tritt demgemäss auf die in diesem Zusammenhang erhobenen Rügen nicht ein.

ZR 83, Nr. 52: Macht ein Beschwerdeführer geltend, es sei als Folge einer falschen Auslegung von international-privatrechtlichen Kollisionsnormen zu Unrecht ausländisches anstelle von schweizerischem Recht angewendet worden, so ist die eidgenössische Nichtigkeitsbeschwerde und nicht die kantonale Nichtigkeitsbeschwerde zu ergreifen.

ZR 83, Nr. 101: Dadurch, dass sich die Entschädigung für den Anwalt nach der zürcherischen Verordnung über die Anwaltsgebühren oder die Gebührenverordnung des Vereins Zürcherischer Rechtsanwälte richtet, wird die Festsetzung des geschuldeten Honorars nicht zu einer Frage des kantonalen Rechts. Die entsprechenden Tarife sind bei der Bemessung der nach Art. 394 Abs. 3 OR geschuldeten Vergütung nur vorfrageweise anzuwenden. Hängt die Frage der Verletzung von Bundesrecht vorfrageweise von der Anwendung kantonalen Rechts oder eines privaten Gebührentarifs ab, hat das Bundesgericht auch diese Vorfragen zu überprüfen. Wenn also der Beschwerdeführer rügt, die Vorinstanz sei rechtlich von einer falschen Streitwertberechnung für die Bemessung der ihm zustehenden Vergütung ausgegangen, so ist das im Berufungsverfahren und nicht im kantonalen Nichtigkeitsbeschwerdeverfahren geltend zu machen.

ZR 84, Nr. 33: In Abänderung des Urteils ZR 83, Nr. 52 prüft das Bundesgericht auch, ob eine Feststellungsklage zu Unrecht zugelassen wurde.

ZR 84, Nr. 132: Vgl. § 188 ZPO.

ZR 85, Nr. 56: Gemäss § 284 ZPO ist die Nichtigkeitsbeschwerde u.a. ausgeschlossen gegenüber Entscheiden einer Aufsichtsbehörde. Ausgeschlossen ist sie sodann gegenüber Akten der Justizverwaltung. Im Entscheid ZR 78, Nr. 13 wurde im Zusammenhang mit einem Begehren um Bezeichnung eines gemeinsamen Gerichtsstands nach § 65 GVG ausgeführt, die Bezeichnung des zuständigen Gerichts erfolge nach völlig freiem Ermessen des Obergerichts und stelle einen Akt der Justizverwaltung dar, weshalb die Bezeichnung keiner Anfechtung auf dem Rechtsmittelweg unterliege. Anders verhalte es sich, soweit das Eintreten auf ein solches Gesuch streitig sei. Kontrovers ist im vorliegenden Fall nicht die Frage, ob überhaupt ein Erbenvertreter zu bezeichnen sei, sondern wer mit dieser Aufgabe zu betrauen sei. Bei der Bezeichnung der Person des Erbenvertreters kommt der zuständigen Behörde freie Wahl zu; es kann grundsätzlich jede handlungsfähige Person als amtlicher Erbenvertreter bestellt werden. Nach zürcherischem Prozessrecht beauftragt der Einzelrichter grundsätzlich den Notar mit der Vertretung der Erbengemeinschaft. Er kann aber auch andere geeignete Personen damit betrauen.

Obschon dem Richter nach dem Gesagten somit ein weiter Ermessensspielraum bei der Bezeichnung des Erbenvertreters zukommt, kann nicht gesagt werden, es handle sich dabei um einen Akt der Justizverwaltung; insbesondere geht es hier nicht wie im Falle der Bezeichnung eines gemeinsamen Gerichtsstands um die administrative Zuteilung eines Geschäfts an eines von mehreren in Frage kommenden Gerichten.

Sodann muss grundsätzlich den Betroffenen die Möglichkeit offenstehen, die Frage der Eignung im Sinne von § 217 Abs. 2 ZPO überprüfen zu lassen. Auch wenn kein Zweifel daran besteht, dass angesichts des erwähnten weiten Ermessensspielraums nur selten ein Nichtigkeitsgrund in der Bezeichnung des Erbenvertreters vorliegen wird, ändert dies nichts an der Bejahung der Zulässigkeit der Beschwerde aus den genannten Gründen.

10 **ZR 87, Nr. 94:** Der Beschwerdeführer rügt zuerst das Verletzen einer ganzen Reihe von Bestimmungen der Europäischen Menschenrechtskonvention (EMRK). Nach Art. 43 OG kann auch die Verletzung von Staatsverträgen des Bundes mit Berufung geltend gemacht werden; danach wäre in diesen Punkten auf die Nichtigkeitsbeschwerde nicht einzutreten. Andererseits bleibt nach Art. 43 Satz 2 OG wegen der Verletzung verfassungsmässiger Rechte die staatsrechtliche Beschwerde vorbehalten. Nach der Praxis des Bundesgerichts kommt den Menschenrechtsgarantien der EMRK ihrer Natur nach verfassungsrechtlicher Inhalt zu, weshalb es sie sowohl hinsichtlich ihrer Anwendbarkeit wie auch verfahrensmässig den verfassungsmässigen Rechten gleichstellt. Das Geltendmachen der Verletzung von Bestimmungen der EMRK hat daher vor Bundesgericht mittels staatsrechtlicher Beschwerde und damit namentlich unter Ausschöpfung des kantonalen Instanzenzugs (Art. 86 OG) zu erfolgen. Damit ist auf die Rügen im kantonalen Beschwerdeverfahren einzutreten.

11 **ZR 87, Nr. 102:** Vgl. § 284 ZPO.

12 **ZR 88, Nr. 67:** Es verletzt kein klares Recht, für das Bejahen des Kausalzusammenhangs zwischen fehlerhafter ärztlicher Behandlung und eingetretenem Schaden die überwiegende Wahrscheinlichkeit für einen ursächlichen Zusammenhang als hinreichend anzusehen. Das Gemeinwesen haftet für die Schädigung durch seine Funktionäre nur nach Massgabe des öffentlichen Rechts, es sei denn, es handle sich um gewerbliche Verrichtungen, welche eine Organ- oder Geschäftsherrenhaftung auszulösen vermögen (Art. 61 OR i.V.m. Art. 59 ZGB, Art. 55 ZGB und Art. 55 OR; BGE 111 II 151). Nach bundesgerichtlicher Rechtsprechung handelt es sich bei der Krankenbetreuung in öffentlichen Spitälern, die von Ärzten in amtlicher Eigenschaft ausgeübt wird, um eine hoheitliche und nicht um eine gewerbliche Tätigkeit im Sinne von Art. 61 Abs. 2 OR. Daraus folgt, dass im vorliegenden Falle nur eine Haftung nach kantonalem öffentlichem Recht in Frage kommt und somit keine berufungsfähige Zivilrechtsstreitigkeit vorliegt (Art. 44 OG; BGE 110 II 224). Die Berufung an das Bundesgericht ist somit ausgeschlossen, und daher kann das Kassationsgericht sowohl auf eine Aktenwidrigkeitsrüge als auch auf die Rüge der Verletzung klaren materiellen Rechts eintreten.

13 **ZR 89, Nr. 104:** Soweit sich im Hinblick auf die Zuständigkeit des Kassationsgerichts im Lichte von § 285 ZPO die Frage nach der Berufungsfähigkeit des angefochtenen Entscheids stellt, ist davon auszugehen, dass nach der bundesgerichtlichen Rechtsprechung der Entscheid über das Anordnen einer Erbschaftsverwaltung keine Zivilrechtsstreitigkeit gemäss Art. 46 OG betrifft und die Berufung an das Bundesgericht somit grundsätzlich ausgeschlossen ist (BGE 98 II 275). Zwar hat das Bundesgericht im zitierten Urteil unter Hinweis auf BGE 90 II 376 ausgeführt, unter bestimmten Voraussetzungen könne sich die Frage nach der Berufungsfähigkeit stellen, wobei es aber in BGE 90 II 376 um die Frage der Absetzung des Willensvollstreckers ging, welche hier nicht zur Diskussion steht (vgl. C. Wetzel, Interessenkonflikte des Willensvollstreckers, Diss. Zürich 1985). Auf die Nichtigkeitsbeschwerde kann daher auch unter dem Blickwinkel von § 281 Ziff. 3 ZPO (Verletzung von klarem Bundesrecht) eingetreten werden.

14 **ZR 91/92, Nr. 28:** Die Möglichkeit der nachträglichen Behandlung einer Nichtigkeitsbeschwerde durch das Kassationsgericht beschränkt sich auf den Fall, auf welchen das Bundesgericht auf die bei ihm erhobene Berufung insgesamt nicht eingetreten ist; die nachträgliche Abänderung durch das Kassationsgericht ist jedoch unzulässig, wenn vor Bundesgericht mehrere Rechtsfragen aufgeworfen werden und das Bundesgericht nur schon nach einzelnen Richtungen auf die Berufung eintritt und einen materiellen Entscheid trifft. Mit der Abweisung der Berufung trifft das Bundesgericht einen neuen Entscheid in der Sache, welcher an Stelle des obergerichtlichen Urteils tritt. Anders verhält es sich hingegen bei der analogen strafprozessualen Regelung (§ 430 b Abs. 3 StPO), weil in Strafsachen der Kassationshof des Bundesgerichts keinen Sachentscheid trifft und somit einer nachträglichen Behandlung der kantonalen Nichtigkeitsbeschwerde insoweit nicht entgegensteht.

15 **ZR 93, Nr. 15:** Begriff der Zivilrechtsstreitigkeit: Der Entscheid über die Anordnung einer Erbschaftsverwaltung ist keine Zivilrechtsstreitigkeit im Sinne von Art. 46 OG (BGE 98 II 275, 90 II

376). Es liegt eine Angelegenheit der sogenannten nichtstreitigen Gerichtsbarkeit vor. Die Absetzung eines Willensvollstreckers ist jedoch dann Gegenstand einer Zivilrechtsstreitigkeit, wenn sie nicht als eine dem mutmasslichen Willen des Erblassers entsprechende Ordnungsmassnahme mangels Eignung oder wegen pflichtwidrigen Verhaltens ergeht, sondern entgegen dem Willen des Erblassers wegen einer von diesem geschaffenen oder ihm wenigstens bekannt gewesenen Doppelstellung des Willensvollstreckers und einer daraus sich ergebenden schweren Interessenkollision verlangt wird. Die kantonale Nichtigkeitsbeschwerde ist ausgeschlossen, da anzunehmen ist, das Bundesgericht trete auf eine diesbezügliche Berufung ein.

ZR 94, Nr. 16: Gemäss Lehre ist davon auszugehen, dass gegen kantonale Entscheide über Klagen aus Art. 229a ZGB (Verantwortlichkeit aus fürsorgerischer Freiheitsentziehung) die Berufung an das Bundesgericht zulässig ist. Auf die Nichtigkeitsbeschwerde kann insoweit nicht eingetreten werden, als damit die Verletzung von Bundesrecht geltend gemacht wird (§ 285 ZPO). Da im übrigen die bundesrechtlichen Bestimmungen über die Verantwortlichkeiten dem kantonalen Haftungsrecht vorgehen (§ 5 HG), ist letzteres für die Zeit auf Inkrafttreten von Art. 429a ZGB insoweit nicht anwendbar, ebenso wie Art. 7 KV, der sich ausdrücklich nur auf den Fall der ungerechtfertigten strafprozessualen Verhaftung bezieht. Mit Bezug auf die Verantwortlichkeit des Kantons wegen medizinischer Behandlungsfehler (zu lange und zu hohe Medikation) richtet sich die Haftung demgegenüber nicht nach Art. 429a ZGB, sondern ausschliesslich nach kantonalem Haftungsrecht, d.h. hier nach § 10 HG, BGE 118 II 262 E. 6, AJP 1993, S. 88/89. In diesem Umfang der Klage bzw. des angefochtenen Urteils ist daher die Nichtigkeitsbeschwerde ohne Einschränkung zulässig.

ZR 95, Nr. 2: Mit der Berufung kann beim Bundesgericht geltend gemacht werden, dass der angefochtene Entscheid zu Unrecht festgestellt habe, die Ermittlung des ausländischen Rechts sei nicht möglich (Art. 43a Abs. 1 lit. b OG). Diese Bestimmung in Art. 43a Abs. 1 lit. b OG ist im Zusammenhang mit Art. 16 Abs. 1 IPRG zu sehen und will verhindern, dass der Richter unberechtigterweise auf das schweizerische Recht als Ersatzrecht zurückgreift (Poudret, commentaire, N 4 zu Art. 43a OG). Diese Auffassung liegt zumindest implizit auch BGE 119 II 93 zugrunde; das Bundesgericht erwog in diesem Zusammenhang, unter den Berufungsgrund von Art. 43a Abs. 1 lit. b OG falle auch die Rüge, die kantonale Instanz habe offensichtlich zu Unrecht festgestellt, der Inhalt des ausländischen Rechts sei nicht nachgewiesen (BGE 119 II 93).

Vorliegend hat das Handelsgericht indessen den Inhalt des deutschen Rechts von Amtes wegen ermittelt und nicht schweizerisches Recht als Ersatzrecht angewendet. Mit der eidgenössischen Berufung kann damit nicht geltend gemacht werden, der Inhalt des ausländischen Rechts sei nicht genügend ermittelt worden, wenn im konkreten Fall auch wirklich dasjenige ausländische Recht angewandt wurde, auf welches das schweizerische IPRG verweist. Würde man unter Art. 43a Abs. 1 lit. b OG die Rüge, es sei der Inhalt des ausländischen Rechts nicht genügend sorgfältig ermittelt worden, im Berufungsverfahren auch dann zulassen, wenn ausländisches Recht angewandt wird, würde dies im Ergebnis zu einer Kontrolle der Anwendung des ausländischen Rechts führen, was in Art. 43 Abs. 2 OG aber nur für nicht vermögensrechtliche Zivilrechtsstreitigkeiten vorgesehen ist. Nicht zugestimmt werden kann deshalb der Meinung von Keller/Girsberger, mit der eidgenössischen Berufung könne auch bei vermögensrechtlichen Ansprüchen eine Rechtsverletzung gerügt werden, wenn der Richter auf den Nachweis des ausländischen Rechts durch die Parteien verzichte und dessen Inhalt selbst bestimme bzw. den Nachweis der Partei ergänze und dabei das massgebende Recht falsch anwende (Keller/Girsberger, Kommentar IPRG, N 19 zu Art. 16 IPRG).

5.2. Auf diese Problematik weist denn auch Poudret im Zusammenhang mit der eidg. Nichtigkeitsbeschwerde in Zivilsachen hin (Poudret, commentaire, a.a.O., N 7 zu Art. 68 OG). Nach dem Wortlaut von Art. 68 Abs. 1 lit. d OG kann mit der eidgenössischen Nichtigkeitsbeschwerde gerügt werden, das nach schweizerischem internationalem Privatrecht anwendbare ausländische Recht sei nicht oder nicht genügend sorgfältig ermittelt worden (so auch Messmer/Imboden, Die eidgenössischen Rechtsmittel in Zivilsachen, Zürich 1992, N 132). Poudret hält diese Regelung in Art. 68 Abs. 1 lit. d OG für systemwidrig und verfehlt, da diese nicht dem Willen des Gesetzgebers entspreche und der Nichtigkeitsgrund von Art. 68 Abs. 1 lit. d OG über den entsprechenden Berufungsgrund in Art. 43a Abs. 1 lit. b OG hinausgehe. Der Wille des Ständerats war es, zwischen der Neufassung des OG (Art. 43a und Art. 68) und Art. 16 IPRG eine Übereinstimmung zu erzielen (vgl. Sten.Bull. Ständerat vom 13. März 1985, S.181). Der Nationalrat hat den Gedanken des Ständerats aufgenommen, dass mit der eidgenössischen Nichtigkeitsbeschwerde in Übereinstimmung mit Art. 43a Abs. 1 lit. a OG auch sollte gerügt werden können, es sei ein falsches ausländisches Recht angewendet worden (vgl. die vom Nationalrat eingefügte lit. c von Art. 68 Abs. 1; Sten.Bull. Ständerat 1985 S.183, Sten.Bull. Nationalrat 1986 S.1370). Die Auffassung, dass mit der eidgenössischen Nichtigkeitsbeschwerde auch die falsche Anwendung des nach dem IPRG anwendbaren ausländischen Rechts gerügt werden können soll, wurde weder im Nationalrat noch im Ständerat vertreten; vielmehr hat der Nationalrat die vom Ständerat beschlossene Fassung, abgesehen von der redaktionellen Änderung von Abs. 1 (erster Satz) in Art. 43a OG und der eingefügten lit. c von Art. 68 Abs. 1 OG, übernommen (Sten. Bull. Ständerat 1985 S. 179 ff., Sten.Bull. Nationalrat 1986 S. 1369).

Mit Poudret ist deshalb – bis das Bundesgericht seine Praxis zu Art. 43a Abs. 1 lit. b OG und Art. 68 Abs. 1 lit. d OG publiziert – anzunehmen, dass Art. 68 Abs. 1 lit. d OG die gleiche Bedeutung wie Art. 43a Abs. 1 lit. b zukommt, d. h. dass bei vermögensrechtlichen Zivilrechtsstreitigkeiten mit der Nichtigkeitsbeschwerde in Zivilsachen an das Bundesgericht, wenn der Richter den Inhalt des nach dem schweizerischen IPRG anwendbaren ausländischen Rechts selbst ermittelt und demzufolge nicht schweizerisches Recht als Ersatzrecht angewendet hat, nicht gerügt werden kann, der Inhalt des ausländischen Rechts sei nicht genügend sorgfältig ermittelt worden. Andernfalls würde auch hier auf Umwegen die richtige Anwendung des ausländischen Rechts überprüft, was – zumindest für vermögensrechtliche Ansprüche – nicht dem Willen des Gesetzgebers entspricht. Der Wortlaut von Art. 68 Abs. 1 lit. d OG steht der genannten Auffassung nicht entgegen (vgl. dazu die französische Fassung: ..."n'a pas été établi ou ne l'a pas été suffisamment."); er braucht nur im Zusammenhang mit Art. 16 IPRG verstanden zu werden, wonach ein unberechtigtes "Heimwärtsstreben" des schweizerischen Richters zum schweizerischen – materiellen – Recht verhindert werden soll.

5.3. Kann damit vorliegend die Rüge, der Inhalt des deutschen Rechts sei nicht genügend sorgfältig bzw. nicht umfassend ermittelt worden, weder mit der eidgenössischen Berufung noch mit der eidgenössischen Nichtigkeitsbeschwerde vorgebracht werden, ist die entsprechende Rüge im kantonalen Kassationsverfahren grundsätzlich zugelassen. Dass das Handelsgericht bei der Ermittlung und Anwendung des deutschen Rechts wesentliche Verfahrensgrundsätze verletzt habe (§ 56 ZPO i.V.m. Art. 4 BV, §§ 133), wurde bereits unter Erw. III. 4. verneint. Als mögliche Rüge im Kassationsverfahren verbleibt damit die Verletzung klaren materiellen (deutschen) Rechts nach § 281 Ziff. 3 ZPO, was die Beklagte auch rügt.

5.4. Die Beklagte beruft sich zur Begründung ihrer Rüge, das Handelsgericht habe den Inhalt des deutschen Rechts nur unvollständig ermittelt, auf einen Entscheid des deutschen Bundesgerichtshofs vom 12. März 1992.

5.4.1. Neue Tatsachen oder Beweismittel sind im kantonalen Kassationsverfahren grundsätzlich unzulässig (ZR 76, Nr. 26). Ermittelt nun aber das Gericht gestützt auf Art. 16 IPRG den Inhalt des ausländischen Rechts, ohne dabei die Mitwirkung der Parteien zu verlangen, so kann ein erst im Kassationsverfahren erbrachter – zusätzlicher – Nachweis ausländischer Rechtsinhalte konsequenterweise nicht als unzulässiges Novum behandelt werden. Anders vorzugehen hiesse, dass der Inhalt ausländischen Rechts vor dem Sachrichter als Rechtsfrage, vor der Kassationsinstanz dagegen als Tatfrage behandelt würde. Damit wird im kantonalen Recht bloss eine – von Art. 16 IPRG grundsätzlich gebotene – Gleichstellung mit der Ermittlung und Anwendung schweizerischen Rechts erreicht; das schweizerische Recht hat der Richter zu kennen und von Amtes wegen anzuwenden, weshalb im Kassationsverfahren die Verletzung klaren materiellen – schweizerischen – Rechts auch dann gerügt werden kann, wenn die als verletzt angerufene Bestimmung vor der Vorinstanz nicht angerufen wurde. Vgl. dazu auch die neue Fassung von § 133 ZPO, wonach "fremdes Recht" nicht mehr Beweisgegenstand bildet (Volksabstimmung vom 24. September 1995).

5.4.2. Allein die im Kassationsverfahren erhobene Behauptung, das deutsche Recht sei ungenügend ermittelt worden, führt noch nicht zur Gutheissung der Rüge der Verletzung klaren materiellen Rechts. Der Inhalt des deutschen Rechts kann gegebenenfalls unvollständig ermittelt worden sein, und dennoch braucht die Rechtsauffassung der Vorinstanz im Ergebnis nicht klares materielles Recht zu verletzen.

Die Beklagte bringt in ihrer Nichtigkeitsbeschwerde vor, die Klägerinnen hätten verschiedene Behauptungen aufstellen müssen, damit nach dem von ihnen zitierten Entscheid des deutschen BGH vom 12. März 1992 überhaupt eine "Bürgschaft auf erstes Anfordern" im Sinne der deutschen Rechtsprechung vorliegen könne. Diese Vorbringen, auch wenn sie zutreffen sollten, bedeuten aber noch nicht, dass das Handelsgericht auf Grund der im angefochtenen Entscheid festgehaltenen Tatsachen in Verletzung klaren – deutschen – materiellen Rechts von einer "Bürgschaft auf erstes Anfordern" ausgegangen ist. Vielmehr durfte die Vorinstanz davon ausgehen, dass die Beklagte über Erfahrungen auf dem Gebiet der Kreditsicherheiten im allgemeinen und in den Bereichen, in denen die "Bürgschaft auf erstes Anfordern" anzutreffen ist, im besonderen verfügte. Entsprechendes brauchten die Klägerinnen damit nicht zu behaupten. Ebenfalls nicht zu behaupten brauchten die Klägerinnen die Rechtsfrage, ob die Beklagte den Wortlaut der Bürgschaftserklärung nach Treu und Glauben und nach der Verkehrsanschauung nicht als persönliche, selbstschuldnerische, d. h. "normale Bürgschaft" verstehen durfte. Ob ferner für die Klägerinnen ein Bedürfnis nach Liquidität bestand, ist nicht das einzige Abgrenzungskriterium zwischen einer "Bürgschaft auf erstes Anfordern" und einer einfachen Bürgschaft. Im übrigen war in dem von der Beklagten angeführten Urteil des deutschen BGH vom 12. März 1995 der Bürge nicht im Kreditgewerbe tätig und lag ein – deutsches – Inlandgeschäft vor, was vorliegend beides nicht zutrifft. Jedenfalls stellt keine Verletzung klaren materiellen – deutschen – Bürgschaftsrechts dar, dass das Handelsgericht das strittige Sicherungsgeschäft als "Bürgschaft auf erstes Anfordern" qualifizierte. Der Rüge, es sei der Inhalt des massgebenden deutschen Bürgschaftsrechts ungenügend bzw. unvollständig ermittelt worden, kommt daneben keine selbständige Bedeutung mehr zu. Insoweit ist die Nichtigkeitsbeschwerde abzuweisen.

ZR 95, Nr. 69: 2. Der Beschwerdeführer erblickt im Vorgehen der Vorinstanz im weiteren auch eine Verletzung seines Anspruchs auf Zugang zu den Gerichten im Sinne von Art. 6 Ziff. 1 EMRK. Es stellt sich die Frage nach der Zulässigkeit dieser Rüge.

18

a) In ZR 87, Nr. 94 hatte das Kassationsgericht entschieden, auf die Rüge der Verletzung der EMRK sei im kantonalen Beschwerdeverfahren in Zivilsachen einzutreten, und zwar insbesondere auch in berufungsfähigen Angelegenheiten. Zur Begründung wurde darauf hingewiesen, dass vor Bundesgericht die Verletzung von Garantien der EMRK wegen ihres verfassungsrechtlichen Charakters immer mittels staatsrechtlicher Beschwerde und damit unter Ausschöpfung des kantonalen Instanzenzugs geltend zu machen sei.

Bei dieser Betrachtungsweise wurde allerdings ausser acht gelassen, dass dem Bundesgericht bei der Beurteilung von staatsrechtlichen Beschwerden wegen Verletzung der EMRK weitgehend freie Prüfungsbefugnis zukommt (vgl. Messmer/Imboden, Die eidgenössischen Rechtsmittel in Zivilsachen, Zürich 1992, Ziff. 156, insbes. bei Anm. 92). Soweit aber das Bundesgericht frei überprüfen kann, ob der geltend gemachte Mangel vorliegt, ist nach § 285 Abs. 2 Satz 1 ZPO die kantonale Nichtigkeitsbeschwerde grundsätzlich ausgeschlossen; dies gilt nicht nur im Verhältnis zum Berufungsverfahren vor Bundesgericht, sondern auch im Verhältnis zum Verfahren der staatsrechtlichen Beschwerde (vgl. Sträuli/ Messmer, a.a.O., N 20 zu § 285 mit Hinweisen).

b) Nach Abs. 2 Satz 2 von § 285 ZPO ist die Nichtigkeitsbeschwerde indessen "stets zulässig, wenn eine Verletzung von Art. 4 oder 58 der Bundesverfassung geltend gemacht wird".

Der Grund für die seinerzeitige Aufnahme dieser Sonderregelung in die ZPO lag darin, dass es im Anwendungsbereich der beiden genannten Verfassungsbestimmungen mitunter nicht einfach ist, festzustellen, ob das Bundesgericht die in Frage stehende Verletzung auf staatsrechtliche Beschwerde hin frei oder nur mit beschränkter Kognition prüfen werde. Wegen der damit verbundenen Unsicherheit sollte die Zulässigkeit der kantonalen Nichtigkeitsbeschwerde in diesem Zusammenhang nicht davon abhängig gemacht werden, ob dem Bundesgericht bei der Beurteilung einer staatsrechtlichen Beschwerde eine umfassende Prüfungsbefugnis zusteht oder nicht (Prot. EK S.1271; vgl. Sträuli/Messmer, a.a.O., N21/22 zu § 285 und darauf bezugnehmend BGE 104 Ia 401).

c) Damit stellt sich die Frage, ob die Gedanken, von denen sich der Gesetzgeber bei der Schaffung von § 285 Abs. 2 ZPO leiten liess, in analoger Weise auf die Frage anwendbar sind, ob die Rüge der Verletzung von Art. 6 EMRK im Beschwerdeverfahren zulässig ist.

Der sachliche Anwendungsbereich von Art. 4 BV deckt sich mit demjenigen von Art. 6 EMRK insofern, als es im weitesten Sinn hier wie dort um die grundlegende Garantie auf ein faires, prozessförmiges gerichtliches Verfahren geht (BGE 106 IV 87 E.2b, 116 Ia 302 E. 5a, 119 Ia 227 E. 5 je mit Hinweisen; vgl. Messmer/Imboden, a.a.O., Ziff. 156). Dazu gehört namentlich der Anspruch auf rechtliches Gehör, auf wirksame Verteidigung und unentgeltlichen Rechtsbeistand; ferner auf Schutz gegen Rechtsverweigerung und Rechtsverzögerung (Haefliger, Die EMRK und die Schweiz, Bern 1993, S. 111; vgl. auch Schürmann in AJP 1995, 796 ff.). In bestimmten Bereichen (namentlich im Strafverfahren) konkretisiert Art. 6 EMRK die in Art. 4 BV enthaltenen Rechte, ohne in seiner Tragweite über diese Bestimmung hinauszugehen (BGE 114 Ia 180 E. a). Hinsichtlich des Anspruchs auf mündliche Verhandlung und öffentliche Urteilsverkündung geht die Konvention hingegen teilweise über kantonales und eidgenössisches Verfahrensrecht hinaus (Messmer/Imboden, a.a.O., Ziff. 156 bei Anm. 98). Soweit in Zivilsachen Rügen prozessualer Art erhoben werden, bieten die Bestimmungen der Konvention, insbesondere deren Art. 5 und 6, im allgemeinen keinen weitergehenden Schutz als Art. 4 BV (Messmer/Imboden, a.a.O., bei Anm. 90).

d) Im Hinblick auf die teilweise Überschneidung von Art. 4 BV und Art. 6 EMRK behandelt das Bundesgericht in ständiger Praxis staatsrechtliche Beschwerden gegen Zwischenentscheide, mit denen (auch) die Verletzung von Art. 6 Ziff. 1 oder 3 EMRK geltend gemacht wird, mangels selbständiger Bedeutung gleich wie Beschwerden, mit denen ausschliesslich die Verletzung von Art. 4 BV gerügt wird und auf die gemäss Art. 87 OG nur im Falle eines nicht wiedergutzumachenden Nachteils eingetreten wird (BGE 102 Ia 200, 106 IV 87 E. 2b, 114 Ia 180, 115 Ia 314 E. 2b; vgl. auch Villiger, Handbuch der EMRK, Zürich 1993, S. 44 Rz 60 mit weiteren Hinweisen; Haefliger, a.a.O., S. 300; zur verfahrensrechtlichen Gleichstellung von EMRK-Beschwerde und Verfassungsbeschwerde und allgemein zum Verhältnis zwischen Garantien der Bundesverfassung und der EMRK, Kälin, Das Verfahren der staatsrechtlichen Beschwerde, 2. A., Bern 1994, S. 49/50, 337 f.; Haefliger, a.a.O., S. 38 ff., 111 ff.).

Dieser Analogieschluss von Art. 4 bzw. 58 BV auf Art. 6 EMRK drängt sich für die Frage der Zulässigkeit der kantonalzürcherischen Nichtigkeitsbeschwerde in Zivilsachen gleichermassen auf. In Betracht fällt hier insbesondere auch, dass die Praxis des Bundesgerichts zur Kognition bei EMRK-Beschwerden im einzelnen ebenfalls nicht leicht übersehbar ist: Zwar wird die Auslegung und Anwendung der EMRK-Garantie immer frei überprüft; ob indessen Gesetzesrecht im Rahmen einer solchen Beschwerde frei oder nur auf Willkür überprüft wird, hängt davon ab, ob es sich um einen schweren Eingriff handelt oder nicht. Tatsachenfeststellungen sowie Ermessensentscheide schliesslich werden im Ergebnis immer nur auf Willkür überprüft (BGE 120 II 387 E. 5b mit Hinweisen). Es ist somit nicht ohne weiteres voraussehbar, mit welcher Kognition das Bundesgericht eine solche Rüge beurteilt.

e) In diesem Zusammenhang spricht ein weiterer wesentlicher Gesichtspunkt dafür, § 285 Abs. 1 Satz 2 ZPO eine über den Gesetzeswortlaut hinausgehende Bedeutung zukommen zu lassen. Die EMRK trat für die Schweiz am 28. November 1974 in Kraft. Die Vorarbeiten zur geltenden ZPO vom 13. Juni 1976 gehen demgegenüber bis in die sechziger Jahre zurück; die Beratungen in der Expertenkommission und in der kantonsrätlichen Kommission fanden ihren Abschluss, bevor die EMRK für die Schweiz in Kraft trat, Weisung und Entwurf des Regierungsrats datieren vom 19. August 1971. Die Gesetzesberatungen des Kantonsrats wurden im März 1975 abgeschlossen (vgl. Sträuli/Messmer, a.a.O., Seite V.). Es ist ferner zu berücksichtigen, dass die konkrete Tragweite der

EMRK – namentlich ihrer verfahrensrechtlichen Garantien – weitgehend (vgl. immerhin schon BGE 98 Ia 235) erst nach dem Inkrafttreten und namentlich geprägt durch die bundesgerichtliche Rechtsprechung in den folgenden Jahren (etwa BGE 101 Ia 69, 102 Ia 381) und die allmählich einsetzende wissenschaftliche Bearbeitung (vgl. beispielsweise ZSR 1975 I, mit zahlreichen Beiträgen zur EMRK; sodann die Arbeiten von Wildhaber und Raymond, ZSR 1979 II) erkannt wurde (zur Entwicklung von Gerichts- und Verwaltungspraxis zur EMRK, Haefliger, a.a.O., S. 359 ff.). Demzufolge ist davon auszugehen, dass sich der historische Gesetzgeber bei der Formulierung von § 285 Abs. 2 ZPO nicht darüber bewusst war, dass sich die Problematik der ungewissen Kognition des Bundesgerichts mit Bezug auf die Anwendung von Art. 6 EMRK praktisch gleich stellt wie bei der Anwendung von Art. 4 BV, und es ist demzufolge weiter davon auszugehen, dass der Gesetzgeber nur aus diesem Grund in § 285 Abs. 2 Satz 2 ZPO einen ausdrücklichen Hinweis auf Art. 6 EMRK unterlassen hat.

Bei dieser Sachlage drängt es sich somit auf, im Sinne einer objektiv-geltungszeitlichen Auslegung § 285 Abs. 2 Satz 2 ZPO die Bedeutung beizulegen, dass auch dann, wenn eine Verletzung von Art. 6 EMRK geltend gemacht wird, die Nichtigkeitsbeschwerde stets zulässig ist. Dasselbe gilt für die Rüge der Verletzung von Art. 5 EMRK, die im allgemeinen keinen weitergehenden Schutz als Art. 4 BV bietet und die zivilrechtlich – wie im vorliegenden Fall – insbesondere im Bereich der fürsorgerischen Freiheitsentziehung von Bedeutung ist (Messmer/Imboden, a.a.O., Ziff. 156 bei Anm. 90 und 93).

Anders verhält es sich mit den anderen, materiellrechtlichen Garantien der EMRK (etwa Art. 3, 4, 8 ff. EMRK). Diese berühren in ihrer Tragweite den Anwendungsbereich von Art. 4 bzw. 58 BV nicht, weshalb hier eine entsprechende geltungszeitliche Auslegung ausser Betracht fällt. Da das Bundesgericht ihre Anwendung im Rahmen der staatsrechtlichen Beschwerde grundsätzlich frei überprüft, ist insoweit die kantonale Nichtigkeitsbeschwerde ausgeschlossen.

Aufschiebende Wirkung
§ 286. Die Nichtigkeitsbeschwerde hemmt Rechtskraft und Vollstreckbarkeit des angefochtenen Entscheids nicht, sofern die Kassationsinstanz nichts anderes anordnet. Die Erteilung der aufschiebenden Wirkung kann von einer Sicherheitsleistung abhängig gemacht werden.

Über die Anordnung oder Änderung vorsorglicher Massnahmen entscheidet das Gericht, welches den angefochtenen Entscheid gefällt hat.

ZR 83, Nr. 30: Wiederaufleben der aufschiebenden Wirkung: Wird eine staatsrechtliche Beschwerde gegen einen Entscheid des Kassationsgerichts gutgeheissen und der Entscheid des Kassationsgerichts aufgehoben, so lebt die für die Dauer des Kassationsverfahrens erteilte aufschiebende Wirkung wieder auf.

ZR 86, Nr. 98: Es verstösst weder gegen § 137 GVG noch gegen die einer Nichtigkeitsbeschwerde verliehene aufschiebende Wirkung, wenn die untere Instanz im Verlaufe des Beschwerdeverfahrens auf ihren eigenen prozessleitenden Entscheid zurückkommt und im Sinne einer vorweggenommenen Gutheissung der Beschwerde neu entscheidet, indem sie, wie in casu, einen Ausstand befindlichen Richter durch einen anderen Richter ersetzt.

Frist
§ 287. (alte Fassung). Die Nichtigkeitsbeschwerde ist innert 30 Tagen seit der schriftlichen Mitteilung des Entscheids oder, wenn diese entfällt, seit der mündlichen Eröffnung bei der Kassationsinstanz zu erheben. Später kann sie noch eingereicht werden, wenn der Beschwerdeführer nachweist, dass er ohne Verschulden vom Nichtigkeitsgrund erst innert 30 Tagen vor der Beschwerdeerhebung Kenntnis erhalten hat.

Gegen Entscheide im summarischen und im beschleunigten Verfahren, im Verfahren vor Mietgericht bei Prozessen über Begehren gemäss § 18 Abs. 1 lit. a GVG, in nicht der Berufung unterliegenden Streitigkeiten aus dem Arbeitsverhältnis sowie gegen prozessleitende Beschlüsse und Verfügungen kann die Beschwerde nur innert zehn Tagen nach der Mitteilung, der Eröffnung oder von der späteren Entdeckung des Nichtigkeitsgrundes an erhoben werden. Aus zureichenden Gründen kann die Kassationsinstanz die Frist zur Ergänzung der Begründung der Anträge um höchstens 20 Tage erstrecken.

Frist
§ 287. (neue Fassung, 24.9.95). Die Nichtigkeitsbeschwerde ist innert 30 Tagen seit der schriftlichen Mitteilung des Entscheids oder, wenn diese entfällt, seit der mündlichen Eröffnung bei der Kassationsinstanz zu erheben. Später kann sie noch eingereicht werden, wenn der Beschwerdeführer nachweist, dass er ohne Verschulden vom Nichtigkeitsgrund erst innert 30 Tagen vor der Beschwerdeerhebung Kenntnis erhalten hat.

(Abs. 2 aufgehoben, 24.9.95)

ZR 81, Nr. 52: Nach § 287 Abs. 2 ZPO kann die Beschwerde in bestimmten Fällen aus Gründen der Prozessbeschleunigung nur innert zehn Tagen erhoben werden. Dabei ist festzuhalten, dass die Bestellung eines Schiedsrichters oder Obmannes im Sinne von § 243 Ziff. 2 ZPO nicht zu den prozessleitenden Entscheiden im Sinne von § 287 Abs. 2 ZPO gehört, weil sie nicht der Weiterführung eines hängigen Verfahrens dient. Es handelt sich bei dieser Kategorie von Entscheidungen vielmehr um eine Art Zwangsvollstreckungsanordnung zur Erfüllung des Schiedsvertrags, wie das Kassationsgericht in einigen nicht veröffentlichten Entscheiden unter Hinweis auf Guldener ausgeführt hat. In der Tat liegt ein den Regelungen nach § 308 vergleichbarer Fall vor, wonach bei Weigerung des Beklagten zur Abgabe einer Willenserklärung, zu der er verpflichtet ist, seine Erklärung durch richterlichen Entscheid ersetzt wird. Somit ist Guldener auch darin zu folgen, dass es sich bei solchen Geschäften um ein summarisches Verfahren handelt, nämlich um ein Befehlsverfahren zur Vollstreckung einer nicht unter das SchKG fallenden Verpflichtung (§ 304 Abs. 1 in Verbindung mit § 221 Ziff. 1 ZPO), weshalb die zehntägige Frist nach § 287 Abs. 2 ZPO Anwendung findet.

ZR 84, Nr. 137: Rückweisungsentscheide sind keine Endentscheide, sondern prozessleitende Entscheide im Sinne von § 287 ZPO. Es gilt daher die zehntägige Beschwerdefrist nach § 287 Abs. 2 ZPO.

ZR 86, Nr. 53: Die Frist zur Einreichung der Nichtigkeitsbeschwerde beträgt grundsätzlich 30 Tage, für eine Beschwerde gegen die in § 287 Abs. 2 ZPO aufgeführten Entscheide, darunter die prozessleitenden, 10 Tage. Der Rückweisungsentscheid soll der beschwerten Partei nach der Rechtsprechung des Kassationsgerichts durch diese kürzere 10tägige Frist nach § 287 Abs. 2 ZPO zur Verfügung stehen, da es sich um einen prozessleitenden Entscheid im Sinne dieser Bestimmung handle. Mit dem Gesetz ist diese Auffassung indessen nicht vereinbar. Nach der von der ZPO im Abschnitt Nichtigkeitsbeschwerde verwendeten Terminologie gehören die Rückweisungsbeschlüsse nicht zu den prozessleitenden Entscheiden. Dies geht, verstärkt durch den entsprechenden Randtitel zu diesen Bestimmungen, aus § 281 und 282 ZPO hervor, wo den uneingeschränkt beschwerdefähigen Vorentscheiden, Teilentscheiden, Endentscheiden, Rekursentscheiden und Rückweisungen im Berufungsverfahren die nur unter bestimmten Umständen anfechtbaren prozessleitenden Entscheide gegenübergestellt werden. Im Dispositiv ist deshalb nicht nur bezüglich der Herabsetzung der eingeklagten Forderung unter Regelung der Kosten- und Entschädigungsfolgen, sondern generell, also auch bezüglich des Rückweisungsentscheids, die 30tägige Beschwerdefrist anzugeben.

ZR 87, Nr. 133: Wenn man die Nichtigkeitsbeschwerde binnen der 10tägigen Frist gemäss § 287 Abs. 2 ZPO nicht begründet, auch wenn die vorläufige Begründung nicht den Anforderungen von § 288 Ziff. 3 ZPO genügt, dann fehlt es an einer genügenden, der Ergänzung zugänglichen Begründung der Beschwerde, und auf die Nichtigkeitsbeschwerde kann man daher nicht eintreten.

ZR 87, Nr. 136: Über Ausstandsbegehren betreffend Schiedsrichter entscheidet gemäss ZPO 244 das Obergericht. Der entsprechende Entscheid des Obergerichts ist seiner Rechtsnatur nach kein Aufsichtsentscheid, sondern ein zivilrechtlicher Entscheid. Demgemäss ist gegen solche Entscheide des Obergerichts die Nichtigkeitsbeschwerde an das Kassationsgericht gegeben. Entscheide über Ausstandsbegehren sind prozessleitende Entscheide, und es gilt deshalb für die Nichtigkeitsbeschwerde gemäss § 287 Abs. 2 ZPO eine Frist von 10 Tagen.

ZR 89, Nr. 91: Vgl. § 270 ZPO.

Form der Beschwerde
§ 288. Die Nichtigkeitsbeschwerde ist schriftlich einzureichen und muss enthalten:

1. **die genaue Bezeichnung des angefochtenen Entscheids;**
2. **die Angabe, inwieweit der Entscheid angefochten wird und welche Änderungen beantragt werden;**
3. **die Begründung der Anträge unter Nachweis der Nichtigkeitsgründe.**

Der angefochtene Entscheid soll beigelegt werden.

ZR 87, Nr. 133: Vgl. § 287 ZPO:

Beantwortung
§ 289. Erweist sich die Nichtigkeitsbeschwerde nicht sofort als unzulässig oder unbegründet, wird sie der Gegenpartei zur schriftlichen Beantwortung innert Frist und der Vorinstanz zur freigestellten Vernehmlassung zugestellt.

Umfang der Überprüfung
§ 290. Die Kassationsinstanz überprüft nur die geltend gemachten Nichtigkeitsgründe.

Erledigung
  a) im allgemeinen
§ 291. Ist die Nichtigkeitsbeschwerde begründet, hebt die Kassationsinstanz den angefochtenen Entscheid auf. Sie kann einen neuen Entscheid in der Sache selbst fällen, wenn diese spruchreif ist. Andernfalls wird der Prozess zur Verbesserung des Mangels und zur Neubeurteilung an die Vorinstanz zurückgewiesen.

ZR 81, Nr. 45: Das Verbot der reformatio in peius ist im Gegensatz zur Strafprozessordnung (§ 399 StPO) in der ZPO nicht ausdrücklich enthalten. Es ergibt sich im Zivilprozess indirekt dadurch, dass im Rechtsmittelverfahren nicht über den Antrag der Parteien hinausgegangen werden darf und dass ein Entscheid, soweit er nicht angefochten ist, rechtskräftig wird.

Das gelte nicht, wenn ein Entscheid von der Kassationsinstanz aufgehoben und die Sache an die Vorinstanz zur Neubeurteilung zurückgewiesen werde. Wenn eine Partei das Aufheben eines vorinstanzlichen Entscheids und die Neuentscheidungen nach Beheben des Mangels geltend mache, so gehe das Kassationsgericht nicht über den im Kassationsverfahren gestellten Antrag hinaus, wenn es den angefochtenen Entscheid aufhebe und antragsgemäss nach dem Beheben des Mangels urteile und dabei gegebenenfalls zu Ungunsten des Beschwerdeführers vom angefochtenen Entscheid abweiche. Sinn der Kassation sei es, den gerügten Mangel zu beheben und das Verfahren in den Zustand zurückzuversetzen, in dem es vor Eintritt des gerügten Mangels gewesen sei. Der Grundsatz, wonach das Gericht nicht über die Anträge der Parteien hinausgehen dürfe, werde dadurch nicht verletzt.

2   **ZR 82, Nr. 56:** Wird ein altrechtliches Vaterschaftsurteil wegen Verfahrensmängeln Jahre später kassiert, so wird die Rechtshängigkeit des seinerzeitigen Verfahrens rückwirkend wiederhergestellt. Bei einer zur Zeit des Inkrafttretens des neuen Kindschaftsrechts hängigen Klage bestimmen sich die Wirkungen bis zu diesem Zeitpunkt nach altem, für die Zeit nach 1978 dagegen nach neuem Recht. Sie ist von da ab von Amtes wegen als Klage auf Feststellung des Kindsverhältnisses zu behandeln. Keine Verjährung der einfachen Vaterschaftsklage unter der Herrschaft des alten Rechts, auch wenn nach Ergehen des inzwischen aufgehobenen altrechtlichen Urteils vom 1971 während Jahren keine prozessualen Handlungen mehr erfolgten.

Eine Verjährung einzelner Unterhaltsbeiträge setzt voraus, dass diese vorgängig fällig geworden sind; denn die Verjährung beginnt erst mit der Fälligkeit der Forderung. Bevor ein rechtskräftiges Urteil ergangen ist, kann noch gar nicht gesagt werden, auf welche Termine gemäss Art. 285 Abs. 3 ZGB welche Unterhaltsbeiträge fällig geworden sind. Erst im Rahmen der künftigen Urteilsvollstreckung wird sich da allenfalls die Frage stellen, wieweit vom Recht für die Zeit ab Geburt des Kinds zugesprochene monatliche Unterhaltsbeiträge dannzumal als bereits verjährt zu betrachten sein werden.

3   **ZR 83, Nr. 57:** Auf den Antrag des Beschwerdeführers, es seien bestimmte Erwägungen der obergerichtlichen Begründung zuhanden des Bundesgerichts zu streichen, kann unter den hier vorliegenden Umständen zum vornherein nicht eingetreten werden. Der Beschwerdeführer übersieht, dass dieses Vorgehen nur in Betracht fällt, wenn verschiedene Begründungen der Vorinstanz vorliegen, die in einem Alternativverhältnis zueinander stehen. In diesem Fall ist es nach der Praxis des Kassationsgerichts zulässig, eine mit einem kantonalrechtlichen Nichtigkeitsgrund behaftete Stelle einer Begründung zu streichen, um dergestalt dem Bundesgericht zu ermöglichen, die weitere Begründung auf die allfällige Verletzung von Bundesrecht zu überprüfen.

Hingegen ist eine blosse Streichung von Erwägungen der Vorinstanz in anderen Fällen nicht zulässig, weil damit der Entscheid auf eine neue Grundlage gestellt würde, was durch die Kassationsinstanz erst nach vorgängiger Aufhebung des angefochtenen Entscheids im Rahmen eines neuen Sachentscheids erfolgen kann.

4   **ZR 85, Nr. 71:** Das Kassationsgericht kann im Falle einer späteren neuen Befassung mit der Sache nicht an seine früheren Erwägungen gebunden sein. Wäre ein Beschwerdeführer in den Fällen, da eine Rüge der Gehörsverweigerung allein daran scheiterte, dass die damalige Nichtigkeitsbeschwerde die massgebliche Aktenstelle nicht nannte, nunmehr, obwohl die Vorinstanz den Mangel nicht behoben hat, mit der Rüge der Gehörsverweigerung ausgeschlossen, müsste dies als stossend empfunden werden; das gleiche gilt unter dem Gesichtspunkt einer unvollständigen Rüge willkürlicher Beweiswürdigung in der seinerzeitigen ersten Nichtigkeitsbeschwerde, wenn der Beschwerdeführer nunmehr den Nachweis willkürlicher Beweiswürdigung erbringt.

b) Verhandlung
§ 292. Bei Nichtigkeitsbeschwerden gegen Urteile ordnet die Kassationsinstanz, bevor sie einen abweichenden Entscheid in der Sache selbst erlässt, eine mündliche Verhandlung an, in welcher die Parteien ihre Standpunkte zur Sache zusammenfassen können.

Diese Vorschrift findet keine Anwendung, wenn die Änderung nur die Kosten- und Entschädigungsbestimmungen betrifft.

4. Abschnitt: Revision

Zulässigkeit
§ 293. Die Revision kann verlangen, wer nach Fällung des rechtskräftigen Endentscheids Tatsachen oder Beweismittel entdeckt, welche den Entscheid für ihn günstiger gestaltet hätten und die er auch bei Anwendung der erforderlichen Sorgfalt nicht rechtzeitig hätte beibringen können.

Gegen einen Endentscheid, der auf Grund von Klageanerkennung, Klagerückzug oder Vergleich ergangen ist, kann Revision verlangen, wer nachweist, dass die Parteierklärung zivilrechtlich unwirksam ist.

Die Revision ist nur gegenüber Endentscheiden zulässig, die nicht oder nicht mehr mit Berufung oder Rekurs angefochten werden können.

Für das Geltendmachen von Willensmängeln gilt nicht die Frist von Art. 31 OR, sondern die kürzere prozessrechtliche Frist. 1

BGE 110 II 46: "4. Ein gerichtlicher Vergleich ist nicht nur ein Institut des Prozessrechts, sondern auch ein Vertrag des Privatrechts und als solcher wegen Willensmangels gemäss Art. 23 ff. OR anfechtbar (BGE 105 II 277 E. 3a, 56 I 224; GULDENER, Schweizerisches Zivilprozessrecht, 3. Aufl., S. 394 f.). Davon geht auch das angefochtene Urteil aus. Es legt sodann unangefochten dar, dass nach Zürcher Prozessrecht nicht der Vergleich als solcher, sondern erst der richterliche Erledigungsentscheid den Prozess abschliesst (§ 188 Abs. 2 ZPO), dass dieser Entscheid gleich einem Urteil in materielle Rechtskraft erwächst (§ 191 Abs. 2 ZPO), jedoch der Revision unterliegt, wenn der Vergleich zivilrechtlich unwirksam ist (§ 293 Abs. 2 ZPO). Die Vorinstanz verweist auf die gleiche Lösung in den Kantonen Schwyz und Obwalden und anerkennt, dass die Überprüfung auf Bundesrechtmässigkeit in andern Kantonen zu einem andern Ergebnis führen kann. 2

Das Bundesgericht hat sich demgemäss auf eine Überprüfung der zürcherischen Ordnung zu beschränken und nicht zu untersuchen, wie es sich verhält, wenn nach kantonalem Recht der Vergleich selbst unter Ausschluss von Rechtsmitteln den Prozess beendigt oder zwar ein Erledigungsentscheid erforderlich, aber kein Rechtsmittel vorgesehen ist; ebensowenig kann deshalb auf den vorliegenden Fall übertragen werden, was für das bundesgerichtliche Verfahren gilt (BGE 60 II 57).

a) Die I. Zivilabteilung des Bundesgerichts hat aus den genannten Besonderheiten des Zürcher Prozessrechts geschlossen, dass gegenüber einem Prozessvergleich ein Willensmangel grundsätzlich im Rechtsmittelverfahren geltend zu machen sei (BGE 105 II 277 E. 3a). Die Frage der Bundesrechtmässigkeit ist in diesem Entscheid sinngemäss bejaht, wenn auch nur mit einigen Literaturhinweisen begründet worden. Auch die I. öffentlichrechtliche Abteilung nimmt an, diese Auffassung werde in der neueren Literatur überzeugend vertreten (BGE 105 Ia 117). Die ehemalige staatsrechtliche Abteilung liess seinerzeit sogar dahingestellt, ob Bundesrecht verletzt wäre, wenn ein Kanton durch positive Gesetzesnorm die Geltendmachung materiellrechtlicher Nichtigkeits- und Anfechtungsgründe gegenüber Prozessvergleichen überhaupt ausschlösse; sie erklärte den allerdings für unbefriedigend und eine Anfechtungsmöglichkeit für unerlässlich (BGE 56 I 224 ff.). Später liess auch die II. Zivilabteilung offen, ob ein Kanton diese Anfechtung nicht völlig ausschliessen könne (BGE 60 II 83). Dass das Bundesrecht hinsichtlich der Rechtsgewährleistung des Verkäufers den gerichtlichen Vergleich nicht einem Urteil gleichstellt (BGE 100 II 27 f. zu Art. 193/4 OR), ist entgegen der Ansicht der Klägerin für die vorliegende Frage unerheblich.

b) In der Literatur bestehen widersprüchliche Auffassungen, die teils durch ein konkretes kantonales Prozessmodell bestimmt sein dürften. Während verschiedene Autoren zumindest die zürcherische Regelung als bundesrechtmässig beurteilen (GULDENER, a.a.O., S. 388, 398, 403; STRÄULI/MESSMER, § 188 N. 25; § 293 N. 14; H. U. WALDER, Zivilprozessrecht S. 484 Anm. 65 a; RUST, Die Revision im Zürcher Zivilprozess, Diss. Zürich 1981, S. 130 ff.), hält BECKER (N. 38 zu Art. 24 OR) es ganz allgemein für eine Frage des Prozessrechts, ob die Anfechtung durch

Rechtsmittel oder neue Klage zu erfolgen habe. WURZBURGER (La violation du droit fédéral dans le recours en réforme, ZSR 94/1975 II S. 100) meint ebenfalls, es sei dem kantonalen Prozessrecht überlassen, ob es einem Vergleich materielle Rechtskraft zugestehen wolle, und befürwortet für diesen Fall eine ausschließliche Anfechtung über den Rechtsmittelweg, weil eine blosse zivilrechtliche Unwirksamkeitserklärung Rechtsunsicherheit schüfe. Aus Überlegungen der Rechtssicherheit sah auch der Entwurf zu einem Bundesgesetz betreffend die Anpassung der kantonalen Zivilprozessverfahren an das Bundeszivilrecht von 1969 (Art. 73 Abs. 3; vgl. ZSR 88/1969 II S. 262) vor, dass Entscheide, die nicht auf gerichtlicher Beurteilung des Sachverhalts, sondern auf einem gerichtlichen Vergleich beruhen, der Revision unterliegen, wobei die privatrechtlichen Anfechtungsgründe der Nichtigkeit oder Unverbindlichkeit gemäss Art. 20 f. und Art. 23 ff. OR als Revisionsgründe vorgesehen waren. Der Entwurf bezweckt damit, die zwiespältige Rechtslage zu beseitigen, dass der Vergleich als Urteilssurrogat ungeachtet der geltend gemachten Mängel vollstreckbar bleibt, gleichzeitig will er mit der Revisionsfrist garantieren, dass die Angelegenheit nicht allzu lange in der Schwebe bleibt (BALMER, Erläuterungen zum genannten Gesetzesentwurf, ZSR 88/1969 II S. 447 f.). Demgegenüber stellt sich VOYAME (Droit privé fédéral et procédure civile cantonale, ZSR 80/1961 II S. 143) auf den Standpunkt, eine Gleichstellung des Vergleichs mit einem Urteil rechtfertige sich bloss für die Vollstreckbarkeit. Die Parteien dürften nicht daran gehindert werden, die Gültigkeit eines Vergleiches mit den im Zivilrecht und namentlich in Art. 20 ff. OR vorgesehenen Mitteln zu bestreiten. Ebensowenig hält Schüpbach (Les vices de la volonté en procédure civile, in Hommage à Raymond Jeanprêtre, 1982, S. 86 f.) die Kantone für befugt, die Geltendmachung eines Willensmangels gegenüber einem gerichtlichen Vergleich prozessual einer kürzeren Anfechtungsfrist als der in Art. 31 OR vorgesehenen Jahresfrist zu unterstellen, weil der gerichtliche Rahmen den Vergleich insoweit nicht zum Urteil mache. Nach KUMMER (Die privatrechtliche Rechtsprechung des Bundesgerichts im Jahre 1979, ZBJV 117/1981 S. 169 f. zu BGE 105 II 277 E. 3) liegt es von Bundesrecht wegen nahe, dass sich die Anfechtung wegen Willensmängeln ausschliesslich nach Art. 31 OR richte; jedenfalls lasse sich die Auffassung vertreten, die Anfechtung mit Rechtsmitteln widerspreche dem Bundesrecht, weil sie die Fristen des Art. 31 OR, die das Bundesrecht nun einmal einräumen wolle, missachte. Bereits früher hat KUMMER (Das Klagerecht und die materielle Rechtskraft im schweizerischen Recht, S. 78 f., S. 80) betont, auch gegenüber einem die Gültigkeit eines Vertrags bejahenden Urteil sei bei nachträglicher Entdeckung eines Willensmangels die Klage aus Art. 31 OR zuzulassen; hingegen hat er das bei Entdeckung des Mangels während des Prozesses verneint, weil dann Verzicht auf Geltendmachung Genehmigung bedeute. Letzteres vertreten auch von TUHR/PETER, unbekümmert um die daraus resultierende Verkürzung der Anfechtungsfrist (Allg. Teil OR Bd. I, S. 331, vgl. auch S. 300 N. 11).

c) Wegleitend ist, dass die Kantone im Rahmen ihres Prozessrechts keine Normen erlassen dürfen, welche die Verwirklichung des Bundeszivilrechts verunmöglichen oder seinem Sinn und Geist widersprechen (BGE 104 Ia 108). Es lässt sich durchaus mit Art. 31 OR vereinbaren, die Unverbindlichkeit eines Vertrags im Prozess nur dann zu berücksichtigen, wenn sie in den prozessual vorgeschriebenen Fristen und Formen geltend gemacht wird. Derartige prozessuale Schranken verstossen nicht gegen Bundesrecht, auch wenn im Ergebnis ein bundesrechtlicher Anspruch schutzlos bleibt (GULDENER, a.a.O., S. 70 und 74; derselbe in ZSR 80/1961 II S. 55 ff.; KUMMER, Klagerecht S. 24 f.; vgl. auch BGE 104 Ia 108 E. 4 sowie für die Verrechnungseinrede BGE 63 II 138 E. 2). Dem entspricht, dass eine Partei hinsichtlich eines streitigen Vertrags wie auch eines Prozessvergleichs das Anfechtungsrecht gemäss Art. 31 OR verwirkt, wenn sie einen entdeckten Willensmangel nicht prozessual frist- und formgerecht geltend macht; dem Postulat der Rechtsprechung, dass auf jeden Fall eine Anfechtung möglich sein muss (vgl. E. 4a), ist damit Genüge getan.

Wenn aber die Geltendmachung von Willensmängeln durch eine neue Klage ausgeschlossen werden kann, wo sie während des Prozesses, allenfalls im Rechtsmittelverfahren, möglich gewesen wäre, muss das auch gelten, wenn das Prozessrecht für die nachträgliche Entdeckung eines Willensmangels das Revisionsverfahren zur Verfügung stellt. Das trifft vorliegend zu, wie sich aus dem angefochtenen Urteil ergibt, das insofern vom Kassationsgericht überprüft worden ist. Wenn die Klägerin demgegenüber behauptet, es wäre in ihrem Fall nicht die Revision mit einer 90tägigen Frist, sondern der Rekurs mit einer nur 10tägigen Frist gegeben gewesen, rügt sie die Anwendung kantonalen Rechts, die der Überprüfung im Berufungsverfahren entzogen ist (Art. 55 Abs. 1 lit. c OG). Deshalb braucht auch nicht untersucht zu werden, ob es aus der Sicht des Bundesrechts einen Unterschied mache, dass die Rekursfrist erheblich kürzer wäre als die Revisionsfrist.c"

BGE 118 II 199: "2. a) La LDIP ne contient aucune disposition relative à la revision des sentences arbitrales. Ni le Message du Conseil fédéral (FF 1983 I p. 255 ss, spéc. 442 ss), ni les débats parlementaires n'abordent la question. Rien ne permet cependant d'admettre qu'il s'agit d'un silence qualifié du législateur, qui lierait le juge (Meyer-Hayoz, n. 255 ss ad art. 1er CC; voir aussi ATF 116 II 5 consid. 4a). Cette réserve du législateur tient moins à une absolue nécessité qu'à une certaine réticence à légiférer en matière d'arbitrage international eu égard à la constitutionnalité d'une telle réglementation par le droit fédéral (FF 1983 I p. 284; voir aussi EUGEN BUCHER, Die Regeln betreffend Schiedsgerichtsbarkeit im neuen IPRG und deren verfassungsrechtlicher Hintergrund, RJB 124bis/1988 p. 265 ss, spéc. 295). Cette intention du législateur de restreindre son intervention en matière d'arbitrage international, et notamment au niveau des voies et moyens de recours (ATF 116 II 374/375, 115 II 296 consid. 3), n'exclut pas l'existence d'une lacune de la loi. Et malgré cette restriction au niveau des possibilités de recours, la partie qui accepte de se soumettre à un arbitrage ne s'accommodera pas pour autant d'une sentence influencée par un crime ou un délit ou rendue dans l'ignorance de faits essentiels ou de preuves décisives. En définitive, aucun élément déterminant ne parle en faveur d'un silence qualifié du législateur.

b) Le comblement d'une lacune suppose qu'une règle est nécessaire pour apporter une solution à une question juridique (ATF 103 Ia 503 et l'arrêt cité; Deschenaux, Le titre préliminaire du code civil, p. 90). En l'occurrence, la revision d'une sentence arbitrale internationale ne peut donc être admise que dans la mesure où, à la lumière de l'ordre juridique déterminant, elle apparaît indispensable. aa) Sous l'empire de la loi d'organisation judiciaire du 27 juin 1874, le Tribunal fédéral a admis la revision de ses arrêts en l'absence de toute base légale, appliquant par analogie les dispositions de la loi fédérale du 22 novembre 1850 sur la procédure à suivre par devant le Tribunal fédéral en matière civile; il admettait ainsi l'annulation ou la modification d'arrêts entachés de graves irrégularités ATF 3, 52 consid. 1; 4, 632 consid. 1; 16, 745 consid. 1; voir aussi le Message du Conseil fédéral à l'Assemblée fédérale concernant le projet d'une nouvelle loi fédérale sur l'organisation judiciaire fédérale du 5 avril 1892, FF 1892 II 95 ss, 163). De même, en matière d'impôt fédéral, la revision d'une taxation définitive a été admise par la jurisprudence en l'absence de toute base légale (principe admis à l'ATF 70 I 170 et dans des arrêts plus récents: ATF 105 Ib 251, 103 Ib 88). De manière générale, les décisions administratives sont susceptibles de revision indépendamment de toute base légale, cela en particulier à la lumière des motifs prévus à l'art. 137 OJ ou de dispositions de procédure cantonales (ATF 86 I 173, 105 Ib 155 consid. 3a et les références; pour la procédure cantonale, voir, par exemple, ZBl. 1983, p. 141, LGVE 1988 II n. 11, SHOG 1982, p. 148); en procédure de poursuite également, un agissement délictueux peut constituer un motif de revision (ATF 75 III 43). Enfin, en droit administratif fédéral, notamment en droit fiscal et en droit des assurances sociales, doctrine et jurisprudence ont développé le principe selon lequel, à certaines conditions, l'autorité est obligée de réviser ses décisions même sans base légale (ATF 113 Ia 151 et les références). S'agissant du droit cantonal, le Tribunal fédéral y a déduit la même obligation directement de l'art. 4 Cst. (ATF 113 Ia 151/152). Par contre, le Tribunal fédéral a refusé de transposer sans autre cette jurisprudence à la procédure civile; en particulier, les mêmes principes ne sont pas valables pour l'autorité de la chose jugée des décisions administratives et pour celle des jugements civils. Il n'a donc pas admis que, indépendamment des possibilités de revision prévues par le droit cantonal de procédure, il en existe encore d'autres découlant directement de l'art. 4 Cst.; ainsi, dans le cadre d'une poursuite pour effets de change, il a considéré que la revision ne pouvait entrer en ligne de compte en raison de l'existence de l'action en répétition de l'indu, même si ce moyen ne pouvait pallier tous les inconvénients pouvant en résulter pour les parties (ATF 109 Ia 105 consid. 2 et 3). bb) En matière d'arbitrage international, les auteurs sans exception envisagent la possibilité d'une revision des sentences en l'absence de base légale par l'application analogique de l'art. 137 OJ (HINDERLING, Probleme der privaten Schiedsgerichtsbarkeit, SJZ 75/1979, p. 321 ss, 331; Knoepfler/Schweizer, L'arbitrage international et les voies de recours, in: Mélanges Guy Flattet, p. 491 ss, 504/505; HABSCHEID, Rechtsstaatliche Aspekte des internationalen Schiedsverfahrens mit Rechtsmittelverzicht nach dem IPR-Gesetz,

p. 16 ss; LALIVE, Le chapitre 12 de la loi fédérale sur le droit international privé: L'arbitrage international, in: Le nouveau droit international privé suisse, Travaux des Journées d'études organisées par le CEDIDAC, p. 209 ss, 226/227; BRINER, Die Anfechtung und Vollstreckung des Schiedsentscheids, in: Böckstiegel, Die internationale Schiedsgerichtsbarkeit in der Schweiz, vol. II, p. 99 ss, 109; Lalive/Poudret/Reymond, n. 5 ad art. 191 LDIP; WALTER, Die internationale Schiedsgerichtsbarkeit in der Schweiz – offene Fragen zu Kapitel 12 des IPR-Gesetzes, RJB 126/1990 p. 161 ss, 180/181). Seul Andreas Bucher paraît exclure la possibilité d'une revision en se fondant sur le silence de la loi (Das Kapitel 11 des IPR-Gesetzes über die internationale Schiedsgerichtsbarkeit, in: FS RUDOLF MOSER, p. 193 ss, 299; et aussi: Les voies de recours, Revue de droit des affaires internationales 1989, p. 771, note de pied 2; plus nuancé par contre in: Die neue internationale Schiedsgerichtsbarkeit in der Schweiz, p. 147 n. 409, où le droit à la revision pourrait découler de l'art. 6 par. 1 CEDH). cc) La loi fédérale d'organisation judiciaire (art. 137 OJ), de même que toutes les législations cantonales (voir Vogel, Grundriss des Zivilprozessrechts, 2e éd., p. 291, n. 96), permettent de corriger une décision en force reposant sur des constatations fausses ou influencées par un crime ou un délit. Le concordat suisse sur l'arbitrage, à son art. 41, prévoit également la revision des sentences arbitrales. Ce moyen constitue un compromis entre, d'une part, la sécurité du droit au niveau de la validité des décisions et, d'autre part, la justice à ne pas maintenir un jugement vicié dans ses fondements (KUMMER, Grundriss des Zivilprozessrechts, 4e éd., p. 209). La force de chose jugée rattachée à un jugement doit pouvoir être remise en cause lorsque, sans la faute des parties, les constatations de fait apparaissent fausses, et que la connaissance des faits exacts aurait conduit à une appréciation juridique différente. Mais la sécurité des relations juridiques doit aussi être prise en considération; la possibilité d'attaquer une décision entrée en force doit être limitée dans le temps. En définitive, une décision fondée sur un état de fait erroné ou incomplet, alors même que la responsabilité des parties ne peut être d'une façon ou d'une autre mise en cause, viole d'une manière grave le sentiment de la justice et réalise l'arbitraire au sens de l'art. 4 Cst. Le principe de la bonne foi en procédure, qui découle également de l'art. 4 Cst., ne permet pas non plus, en pareille hypothèse, d'exclure tout simplement la revision. Quant à l'ordre public en matière de procédure, il n'est pas transgressé, alors même qu'aucun contrôle de la décision arbitrale par une autorité de recours n'est aménagé (ATF 101 Ia 158; Hans Conrad Schulthess, Der verfahrensrechtliche ordre public in der internationalen Schiedsgerichtsbarkeit in der Schweiz, thèse Zurich 1981, p. 20). En revanche, si une sentence repose sur un état de fait faussé par un comportement délictueux ou constaté inexactement et en méconnaissance non fautive de la situation réelle, l'absence de tout réexamen consacrerait alors une violation claire de principes fondamentaux de procédure (dans le même sens Walter/Bosch/Brönimann, Internationale Schiedsgerichtsbarkeit in der Schweiz, p. 247). L'exécution d'une sentence affectée d'un vice aussi grave apparaîtrait, en effet, choquante.

D'ailleurs, comme cela a été relevé à juste titre en doctrine (Lalive/Poudret/Reymond, eod. loc.), un tel défaut affectant une sentence pourrait violer l'ordre public au sens de l'art. IV al. 2 let. b de la Convention de New York pour la reconnaissance et l'exécution des sentences arbitrales étrangères (RS-0-277-12). Enfin, les arrêts du Tribunal fédéral statuant sur recours de droit public sont, à certaines conditions, susceptibles de revision au sens de l'art. 137 OJ (ATF 107 Ia 191 consid. 2b); cela vaut également pour les arrêts pris en application de l'art. 85 let. c OJ. Dans les cas où le Tribunal fédéral jouit d'un libre examen (voir notamment ATF 117 II 94), il peut aussi revoir les constatations de fait, ce qui pourra conduire à la revision de l'arrêt et, le cas échéant, à une nouvelle sentence arbitrale.

Aussi, sans qu'elle puisse reposer sur des motifs objectifs, une différence pourrait-elle apparaître, au niveau des voies de recours, entre sentences arbitrales selon qu'elles auront ou non été attaquées par la voie du recours de droit public au sens de l'art. 85 let. c OJ.

c) Pour tous ces motifs, la revision des sentences arbitrales au sens de l'art. 176 ss LDIP s'impose comme une conséquence indispensable de l'état de droit. Il y a dès lors lieu de combler une lacune de la loi.

3. Doit cependant encore être résolue la question de la compétence. Moyen extraordinaire, la revision n'a pas, en droit judiciaire privé suisse, un effet dévolutif; la requête n'est pas portée devant une juridiction supérieure, mais elle est adressée à l'instance qui a statué (POUDRET, COJ, Titre VII n. 3; VOGELl, op. cit., p. 279 n. 31). Certains codes de procédure cantonaux admettaient cette même règle de compétence également pour la revision des sentences arbitrales (Lalive/Poudret/Reymond, n. 1 ad art. 42 CIA). En revanche, le concordat suisse sur l'arbitrage désigne l'autorité judiciaire compétente au siège du Tribunal arbitral (art. 42). La solution d'une instance étatique convainc. Les tribunaux arbitraux n'étant, en règle générale, pas institutionnalisés, leur mission prend fin au terme de la procédure. Dans certaines circonstances, il ne pourra plus être fait appel au tribunal arbitral initial, ses membres étant ou décédés ou inatteignables ou alors se refusant tout simplement à se saisir une nouvelle fois de la cause. Or, la juridiction étatique offre précisément cette garantie de rendre une décision sur demande de revision (JOLIDON, n. 25 ad art. 41–43 CIA). Cette solution est également celle qui respecte le mieux la règle de l'art. 1er al. 2 CC. Aussi, sous réserve de l'option de l'art. 191 al. 2 LDIP, se justifie-t-il de désigner le Tribunal fédéral comme autorité judiciaire compétente pour connaître de la revision, la doctrine préconisant, au demeurant, une telle solution (Habscheid, op. cit., p. 18; Lalive/Poudret/Reymond, n. 5 ad art. 191 LDIP; WALTER, op. cit., p. 181). La désignation du Tribunal fédéral tient notamment compte de la volonté du législateur de limiter les voies de recours; si une juridiction cantonale statuait comme instance de revision, ses décisions seraient alors susceptibles d'être attaquées au Tribunal fédéral par la voie du recours de droit public. De toute façon, en cas d'admission de la revision, il n'appartient pas au Tribunal fédéral de statuer lui-même à nouveau sur le fond. A l'exemple de l'art. 43 CIA, la cause doit être renvoyée au tribunal arbitral qui a statué ou à un nouveau tribunal arbitral à constituer.

4. S'agissant des motifs de revision et de la procédure, les art. 137 et 140 à 143 OJ doivent, respectivement, s'appliquer par analogie. Certes le motif de l'art. 137 let. b OJ aurait pu, comme en droit allemand, être exclu (voir HABSCHEID, op. cit., p. 18). Cependant un tel motif de revision est généralement reconnu en droit judiciaire suisse; il doit ainsi être maintenu, ne serait-ce déjà que parce que, s'agissant de combler un silence de la loi, il a été fait emprunt au droit en vigueur par le procédé de l'analogie (Knoepfler/Schweizer, eod. loc., et Lalive/Poudret/Reymond, n. 5 ad art. 191 LDIP, arrivent au même résultat). En revanche, les motifs de l'art. 136 OJ ne peuvent être retenus, contrairement à ce que paraissent préconiser Lalive/Poudret/Reymond (eod. loc.). Expressément prévus à l'art. 190 al. 2 LDIP, ces griefs doivent exclusivement être invoqués dans la procédure de recours.

5. A l'appui de sa demande de revision, P. fait seulement valoir qu'un des témoins entendus par l'arbitre avait un intérêt dans l'issue du litige, état de chose dont il aurait eu connaissance seulement après la clôture de la procédure. Indépendamment de savoir si le requérant ne l'a pas plutôt su déjà avant le début de la procédure, ainsi que le soutiennent tant l'arbitre que la partie intimée, la circonstance invoquée ne constitue pas un motif valable de revision. En effet, sont seuls importants au sens de l'art. 137 let. b OJ les faits qui, en tant que tels, sont propres à entraîner une modification de l'état de fait à la base du jugement; de même, peuvent être qualifiées de concluantes les preuves de nature à provoquer une modification du jugement dans un sens favorable au requérant; cela suppose qu'elles se rapportent à des faits décisifs et qu'elles soient propres à les établir (ATF 110 V 141 consid. 1 et l'arrêt cité). En revanche, de nouveaux faits ou moyens de preuve qui – comme en l'espèce – se rapportent seulement à l'authenticité d'un témoignage n'entrent pas dans la définition de l'art. 137 let. b OJ. Dès lors que le requérant ne peut invoquer qu'un fait se rapportant à la validité d'un témoignage pour tenter d'en faire modifier l'appréciation, sa requête ne peut qu'être rejetée. Au demeurant, seul l'art. 137 let. a OJ définit les conditions auxquelles les assertions d'un témoin peuvent conduire à une revision. Cette disposition n'est toutefois pas invoquée en l'occurrence."

ZR 81, Nr. 120: Gegen den Entscheid über Revisionsbegehren gegen Rechtsöffnungsverfügungen ist der Rekurs ausgeschlossen. Die Revision nach § 299 ZPO setzt wie diejenige nach § 293 ZPO voraus, dass die angefochtene Entscheidung trotz sorgfältiger Prozessführung unrichtig zustandegekommen ist. Fällt dem Gesuchsteller ein Verschulden am rechtzeitigen Vorbringen von neuen tatsächlichen und rechtlichen Behauptungen sowie Einreden zur Last, kann der Revision kein Erfolg beschieden sein.

5   **ZR 84, Nr. 133:** Die Tatsache, dass im Konkurseröffnungsverfahren nach Art. 190 SchKG die blosse Glaubhaftmachung des Anspruchs genügt, schliesst den späteren Gegenbeweis durch den Beklagten im Rahmen eines Revisionsverfahrens nicht aus. Ein nachträglich ergangenes Urteil, durch welches rechtskräftig festgestellt wird, dass der der Konkurseröffnung zugrundeliegende Vertrag wegen Täuschung des Konkursiten für diesen unverbindlich ist, stellt ein Beweismittel im Sinne von § 293 ZPO dar.

6   **ZR 85, Nr. 111:** Gegen einen aufgrund eines Vergleichs ergangenen Entscheid ist der Revisionsgrund von § 293 Abs. 1 ZPO (Entdeckung neuer Tatsachen und Beweismitteln nach Erledigung des Prozesses) nicht gegeben. Der Umstand, dass der Revisionskläger bei Kenntnis der inzwischen neu entdeckten Tatsachen und Beweismitteln keinen oder nur einen für ihn günstigeren Vergleich geschlossen hätte, stellt nur dann einen Revisionsgrund dar, wenn sich daraus die zivilrechtliche Unwirksamkeit der Zustimmung zum Vergleich ergibt (§ 293 Abs. 2 ZPO).

7   **ZR 87, Nr. 52:** Gegenstand des klägerischen Rechtsbegehrens ist eine Verzugszinsforderung auf Rechnungen für die stationäre Behandlung von Privatpatienten. Mit Verfügung vom 25. Februar 1985 trat der Einzelrichter in Zivilsachen mangels sachlicher Zuständigkeit nicht auf die Klage ein (ZR 85 Nr. 43). Die Klägerin reichte hierauf die gleiche Klage beim Schiedsgericht in Krankenversicherungsstreitigkeiten ein. Dieses hielt sich jedoch ebenfalls für unzuständig und trat mit Verfügung des Obmannes vom 8. Oktober 1986 nicht auf die Klage ein. Gleichzeitig ordnete es die Überweisung der Akten zur Behandlung der Klage an den Einzelrichter in Zivilsachen an. Mit Verfügung vom 1. Dezember 1986 stellte der Einzelrichter fest, dass die Überweisung durch das Schiedsgericht keine gültige Klageeinleitung darstelle. Vielmehr liege ein negativer Kompetenzkonflikt vor. Gegenüber dem rechtskräftigen Nichteintretensentscheid des Einzelrichters vom 25. Februar 1985 könne aber der Entscheid des Eidgenössischen Versicherungsgerichts vom 19. September 1986 (inzwischen publiziert in BGE 112 V 307), auf welchen sich das Schiedsgericht bei seinem Nichteintretensentscheid stütze, als Revisionsgrund im Sinne von § 293 ZPO betrachtet werden. Der Klägerin wurde deshalb Frist angesetzt, um allenfalls durch Einreichung eines Revisionsbegehrens die Fortsetzung des Prozesses zu verlangen. Mit Eingabe vom 10. Dezember 1986 hat die Klägerin hierauf die Fortsetzung des Prozesses verlangt.

Gemäss § 293 Abs. 1 ZPO kann Revision verlangen, wer nach Fällung des rechtskräftigen Endentscheids Tatsachen oder Beweismittel entdeckt, welche den Entscheid für ihn günstiger gestaltet hätten und die er auch bei Anwendung der erforderlichen Sorgfalt nicht rechtzeitig hätte beibringen können. Als neue Tatsache beruft sich die Klägerin auf den bereits erwähnten Entscheid des Eidgenössischen Versicherungsgerichts vom 19. September 1986 (BGE 112 V 307). Die Beklagte macht demgegenüber unter Hinweis auf Sträuli/Messmer, Nr. 4 zu ZPO 293, geltend, eine nachträgliche Praxisänderung falle als Revisionsgrund zum vornherein ausser Betracht.

In der Tat stellen Sträuli/Messmer in ihrem Kommentar zur ZPO fest, als neue Tatsachen im Sinne von § 293 ZPO seien nur Geschehnisse zu verstehen, die für den vom Gericht rechtlich zu beurteilenden Tatbestand von Bedeutung seien, nicht aber Tatsachen lediglich prozessualer Natur, die als solche dem Tatbestand nicht angehören (Nr. 4 zu ZPO 293). Diese Argumentation bezieht sich indessen auf Sachurteile, d.h. Urteile und andere Entscheide, welche in materielle Rechtskraft erwachsen. Das ist bei Unzuständigkeitsentscheiden nicht der Fall, da diese gemäss § 191 Abs. 2 ZPO als Prozessurteile der materiellen Rechtskraft nicht teilhaftig werden und daher gestützt auf § 190 ZPO nur formell rechtskräftig werden (Sträuli/Messmer, N. 20 zu ZPO 191).

Das Fehlen der materiellen Rechtskraft hat in erster Linie zur Folge, dass der Richter in einem späteren Prozess nicht an das frühere Prozessurteil gebunden ist (§ 191 Abs. 1 ZPO). Konkret bedeutet dies im vorliegenden Falle, dass die Klägerin ihre Klage, obwohl deren Identität nie geändert hat, erneut beim Einzelrichter in Zivilsachen anhängig machen könnte, ohne dass ihr von der Beklagten die Rechtskraft der Nichteintretensverfügung vom 25. Februar 1985 entgegengehalten werden könnte (vgl. dazu Walder, Prozesserledigung ohne Anspruchsprüfung, Zürich 1966, S. 62 f.). Das bedeutet aber auch, dass eine allfällige Revision der Verfügung vom 25. Februar 1985 nur deren formelle Rechtskraft beseitigen müsste, nicht aber eine irgendwie geartete materielle. Diese Folge ergibt sich nicht nur aus der gesetzlichen Regelung, sondern vor allem auch daraus, dass über den eingeklagten Anspruch im früheren Verfahren überhaupt nicht entschieden worden ist. Mit anderen Worten sind damals vom Gericht überhaupt keine den eingeklagten Anspruch begründende oder ihm entgegenstehende Tatsachen gewürdigt worden, ja, diese Tatsachen sind von den Parteien nicht einmal vollständig vorgetragen worden. Gewürdigt wurden vielmehr nur die für den Entscheid über die sachliche Zuständigkeit erheblichen Tatsachen und Rechtsnormen.

An den damals gewürdigten Tatsachen hat sich nichts geändert. Dagegen erscheinen die gewürdigten Rechtsnormen aufgrund des Entscheids des Eidgenössischen Versicherungsgerichts vom 19. September 1986 in einem neuen Lichte. Insbesondere steht nun aufgrund eines höchstrichterlichen Entscheids einer Abteilung des Bundesgerichts fest, dass die Schiedsgerichte gemäss Art. 25 KUVG nur dann zuständig sind, wenn die Streitigkeit zwischen den Krankenkassen einerseits und den Ärzten oder den andern in Abs. 1 erwähnten Medizinalpersonen oder Institutionen andrerseits die besondere Stellung der Medizinalpersonen oder Institutionen im Rahmen des KUVG betrifft, d.h. wenn die Streitigkeit Rechtsbeziehungen zum Gegenstand hat, die sich aus dem KUVG ergeben oder die aufgrund des KUVG eingegangen worden sind. Liegen der Streitigkeit keine solchen Rechtsbeziehungen zugrunde, dann ist sie nicht nach sozialversicherungsrechtlichen Kriterien zu beurteilen, mit der Folge, dass nicht die Schiedsgerichte gemäss Art. 25 KUVG, sondern allenfalls die Zivilgerichte zum Entscheid sachlich zuständig sind (vgl. nunmehr BGE 112 V 310 E. 3).

Wäre die aufgeführte Interpretation von Art. 25 KUVG bei der Fällung des Zuständigkeitsentscheids durch den Einzelrichter am 25. Februar 1985 bereits bekannt gewesen, so wäre die Zuständigkeit zur Vermeidung eines negativen Kompetenzkonflikts zweifellos bejaht worden, auch wenn eine formelle Bindung an das genannte Präjudiz nicht besteht. Zu betonen ist zudem, dass nicht etwa eine Praxisänderung zur Auslegung einer Norm des materiellen Rechts vorliegt, für die eine Rückwirkung nicht geltend gemacht werden könnte (Sträuli/Messmer, N. 4 zu ZPO 293, mit Verweisungen), sondern die erstmalige höchstrichterliche Interpretation der offensichtlich auslegungsbedürftigen Zuständigkeitsregelung von Art. 25 KUVG. Damit steht fest, dass gegenüber dem Prozessurteil vom 25. Februar 1985 eine neue prozessuale Tatsache vorliegt, welche damals nicht bekannt war und auch bei Anwendung der erforderlichen Sorgfalt nicht bekannt sein konnte. Damit ist aber auch ein Revisionsgrund im Sinne von § 293 ZPO gegeben.

Diesem Ergebnis steht auch nicht etwa die Möglichkeit der Anrufung des Kantonsrats aufgrund von Art. 31 Ziff. 4 KV entgegen. Im Gegenteil. Der Kantonsrat müsste den vorliegenden negativen Kompetenzkonflikt nämlich im Sinne des Urteils des Eidgenössischen Versicherungsgerichts entscheiden und sich erst noch zu Recht fragen, warum hierfür eine politische Instanz angerufen wird, wo doch das höchste Gericht die gestellte Frage bereits eindeutig und mit voller präjudizieller Wirkung beantwortet hat. Eine echte Wahl könnte er demnach gar nicht treffen.

Bleibt noch zu überlegen, ob der Klägerin nicht hätte zugemutet werden können, den Einzelrichter in Zivilsachen von sich aus nochmals anzurufen. Zweifellos wäre dieser Weg rechtlich gangbar gewesen, da wie erwähnt keine Bindung an das Prozessurteil vom 25. Februar 1985 besteht. Abgesehen davon, dass dieser Variante die Überweisung der Akten durch das Schiedsgericht direkt an den Einzelrichter in Zivilsachen entgegensteht, haftet ihr aber noch der weitere Nachteil an, dass die formelle Rechtskraft der Nichteintretensverfügung vom 25. Februar 1985 dadurch unangetastet geblieben wäre, mit der Folge, dass die Klägerin sich die dort getroffene Kosten- und Entschädigungsregelung vollumfänglich entgegenhalten lassen müsste. Diese Ungereimtheit wird bei einer Revision dieses Entscheids vermieden.

ZR 91/92, Nr. 43: Revision, Bevollmächtigung und Fristwahrung: Im Revisionsverfahren genügt es für einen Parteivertreter grundsätzlich nicht, sich auf alte Vollmachten in früheren Verfahren zu beziehen; materiellrechtlich kommt es darauf an, ob die Anfechtungserklärung von den Revisionsklägern selbst ausgeht; im weiteren ist wesentlich, ob die revisionsbeklagte Partei den Mangel der rechtsgenügenden Bevollmächtigung rügte und die Anfechtungserklärung zurückwies (Bemerkung: der Entscheid vermag nicht zu überzeugen, er erweckt einen überspitzt formalistischen Eindruck; das Prozessrecht darf nicht zum reinen Selbstzweck verkommen).

Aufschiebende Wirkung
§ 294. Das Revisionsbegehren hemmt Rechtskraft und Vollstreckbarkeit des angefochtenen Entscheids nicht. Das Gericht kann, allenfalls gegen Sicherheitsleistung, aufschiebende Wirkung erteilen und vorsorgliche Massnahmen treffen.

Frist
§ 295. Das Revisionsbegehren ist innert 90 Tagen seit der Entdeckung der Revisionsgründe bei dem Gericht zu stellen, welches in letzter Instanz in der Sache selbst entschieden hat.

Wurde durch ein Verbrechen oder Vergehen zum Nachteil des Revisionsklägers auf den Entscheid eingewirkt, läuft die Frist von der rechtskräftigen Erledigung des Strafverfahrens an.

ZR 91/92, Nr. 43: Vgl. § 293 ZPO.

Form des Begehrens
§ 296. Das Revisionsbegehren ist schriftlich einzureichen und muss enthalten:

1. die genaue Bezeichnung des angefochtenen Entscheids;
2. den bestimmten Antrag, in welchem Umfang der angefochtene Entscheid aufzuheben und wie statt dessen zu erkennen sei;
3. die einzelnen Revisionsgründe, unter Bezeichnung der entsprechenden Beweismittel;
4. den Nachweis, dass seit der Entdeckung der Revisionsgründe noch nicht 90 Tage verflossen sind.

Der angefochtene Entscheid soll beigelegt werden.

Beantwortung
§ 297. Erweist sich das Revisionsbegehren nicht sofort als unzulässig oder unbegründet, gibt das Gericht der Gegenpartei Gelegenheit zur schriftlichen Beantwortung.

Verfahren und Erledigung
§ 298. Erweist sich das Revisionsbegehren nach Erhebung der Beweise als begründet, ergänzt das Gericht soweit nötig das Verfahren in der Sache selbst, hebt den angefochtenen Entscheid auf und fällt einen neuen Entscheid.

Bei summarischem Verfahren
§ 299. Verfügungen im summarischen Verfahren, gegen welche der Rekurs nicht oder nicht mehr offensteht, und Rekursentscheide im summarischen Verfahren können mittels des Revisionsbegehrens innert 30 Tagen von der Entdeckung des Revisionsgrundes an angefochten werden, wenn die Voraussetzungen von § 293 vorliegen, wenn ihnen irrtümliche tatsächliche Annahmen zugrunde liegen oder wenn ihre formelle oder materielle Unrichtigkeit klar ist.

1 ZR 81, Nr. 120: Vgl. § 272 ZPO.

ZR 81, Nr. 134: Prozessüberweisung ist nur zulässig, wo das Gesetz sie vorsieht. Zwingende Natur des Prozessrechts: Auch mit Einverständnis der Parteien kann ein in die einzelrichterliche Zuständigkeit fallender Prozess nicht dem Kollegialgericht überwiesen werden.

Anhang: Die bundesrechtlichen Rechtsmittel

Die kantonalen Rechtsmittel muss man im Zusammenhang mit jenen des Bundes erfassen; wobei hier die zivilrechtliche Berufung, die zivilrechtliche Nichtigkeitsbeschwerde sowie die staatsrechtliche Beschwerde kurz zu erläutern sind, soweit es für die ZPO von Bedeutung ist.

1. Die bundesrechtliche Berufung

Die bundesrechtliche Berufung ist reformatorisch (das Bundesgericht fällt den neuen Entscheid gemäss Art. 64 f. OG), ist ein ordentliches Rechtsmittel mit Suspensivwirkung (Rechtskraft tritt nicht vor Ablauf der Berufungsfrist ein, und die Berufung hemmt die Rechtskraft im Rahmen der Berufungsanträge, Art. 54 Abs. 2 OG; Ausnahme: Berufung gegen den fürsorgerischen Freiheitsentzug hat von Gesetzes wegen keinen Suspensiveffekt, vgl. Art. 44 lit. f OG), ist ein unvollkommenes Rechtsmittel (die Kognition ist auf bestimmte Rechtsfragen beschränkt, nämlich solche in Verletzung von Bundesrecht); kein Novenrecht (Art. 55 Abs. l lit. e OG).

Die bundesrechtliche Berufung richtet sich gegen kantonale Endentscheide (Sachurteile), die letztinstanzlich sind und ein durch das Bundeszivilrecht geregeltes Rechtsverhältnis betreffen, das streitig ist; bei vermögensrechtlichen Streitigkeiten gilt ein Mindeststreitwert von Fr. 8'000. Unter Streitsache versteht das Bundesgericht ein kontradiktorisches Verfahren, das auf die endgültige dauernde Regelung bundeszivilrechtlicher Verhältnisse durch behördlichen Entscheid gerichtet ist. Prozessrechtliche und vollstreckungsrechtliche Streitigkeiten gelten nicht als Zivilsachen. Gemäss Art. 48 Abs. l bis OG ist die Berufung ausdrücklich gegen kantonale Beschwerdeentscheide in Schiedssachen gemäss Art. 191 Abs. 2 IPRG ausgeschlossen.

Nach Art. 43 Abs. l OG kann man mit Berufung die Verletzung von **materiellem Bundesprivatrecht** rügen. Jede unrichtige Auslegung oder Anwendung eines geschriebenen oder ungeschriebenen Rechtssatzes des Bundesprivatrechts gilt als Verletzung eidgenössischen Rechts. Bundesprivatrecht ist auch verletzt, wenn unzutreffenderweise kantonales Recht anstelle von Bundesrecht (BGE 110 II 156) oder anstelle von kantonalem Recht unrichtigerweise Bundesrecht angewendet wurde (BGE 110 II 222).

Beim **IPRG** prüft das Bundesgericht nur, ob das vom IPRG vorgeschriebene richtige ausländische Recht ermittelt wurde (Art. 43a Abs. l lit. a OG), also beispielsweise unrichtigerweise das deutsche anstatt das italienische Recht, welches nach dem IPRG anwendbar ist, dem Entscheid zugrunde liegt; die richtige Anwendung des ausländischen Rechts kann man nur bei nicht vermögensrechtlichen Streitigkeiten rügen. Bei vermögensrechtlichen Streitigkeiten kann man beispielsweise nicht mit Berufung rügen, der Vorderrichter habe das italienische Recht unrichtig ausgelegt; man kann rügen, dass der kantonale Entscheid zu Unrecht feststelle, das Ermitteln des ausländischen Rechts sei im Sinne von Art. 16 IPRG unmöglich (Art. 43a Abs. l lit. b OG).

Die **Verletzung von Staatsvertragsrecht** in einer Zivilsache ist gemäss Art. 43 Abs. l OG mit Berufung zu rügen. **Öffentliches Recht** des Bundes kann das Bundesgericht im Berufungsverfahren allerdings **vorfrageweise** überprüfen; ausgenommen ist die Verletzung verfassungsmässiger Rechte (Art. 43 Abs. l OG); dagegen ist nur die staatsrechtliche Beschwerde gegeben.

Schliesslich kann man mit Berufung die Verletzung bundesrechtlicher Beweisvorschriften rügen: dazu gehören die Beweislastregeln von Art. 8 ZGB, die zahlreichen bundesrechtlichen Gerichtsstandsvorschriften, weiter prozessuale Fragen, etwa ob eine notwendige Streitgenossenschaft, die Prozessfähigkeit oder die Parteifähigkeit vorliegt, sofern jeweils ein Anspruch aus Bundesrecht zu beurteilen ist, und schliesslich ungeschriebenes Bundesrecht, wie die Frage der materiellen Rechtskraft, Rechtshängigkeit, Feststellungsinteresse, Fristwahrung bei Eingaben am unrichti-

Ort (BGE 118 Ia 244), die Regel, wonach aus mangelhafter Eröffnung kein Rechtsnachteil erwachsen darf (117 Ia 423), Fristwiederherstellung gemäss Art. 35 OG (BGE 117 Ia 301). Beweisvorschriften des Bundesrechts sind verletzt, wenn das Gericht über rechtserhebliche Punkte nicht Beweis führen lässt, obwohl diese in prozessual ordnungsgemässer Form offeriert sind, oder wenn ein Gericht bestrittene Behauptungen ohne weiteres als richtig beurteilt (vgl. BGE 105 II 145).

7 **BGE 113 II 24:** Die ausserordentliche Ersitzung nach 662 Abs. 2 ZGB, gegen die sich kein Privater wendet, ist keine Streitsache; demzufolge ist die Berufung ausgeschlossen. Der Richter hatte den Eintrag ins Grundbuch verweigert, obwohl eine Gegenpartei fehlte.

8 **BGE 92 II 129:** (keine Zivilrechtsstreitigkeit bei Gesuch um Eintrag betr. Geschlechtsänderung im Zivilstandsregister)

9 **BGE 109 II 197:** Der Kostenvorschuss für ein Gutachten bildet Gegenstand eines öffentlichrechtlichen Streits (Prozesssache) und ist daher keine Zivilrechtssache, auch wenn eine Zivilsache streitig ist. Das Bundesgericht meint, prozessrechtliche Entscheide im Rahmen eines Zivilrechts seien keine Zivilsachen.

10 **BGE 116 II 94:** Die Sicherheitsleistung (bei Anfechtung eines Generalversammlungsbeschlusses von Nestlé) für den Erlass einer vorsorglichen Massnahmen ist keine Zivilsache, sondern eine öffentlichrechtliche Streitigkeit. Diese Unterscheidung vermag nicht zu überzeugen. Gegenpartei in diesem Verfahren war die Firma Nestlé; ein Zivilverfahren, das davon abhängig gemacht wird, dass der Kläger 0.5 Mio Fr. Kaution leistet, kann allein schon durch die Kaution vereitelt werden. Die Kaution ändert nichts daran, dass sie bei sachlicher Betrachtungsweise Teil einer Zivilrechtsstreitigkeit – entgegen der Meinung des Bundesgerichts – ist.

11 **BGE 103 II 350:** Die Ausweisung eines Mieters im Befehlsverfahren ist ein Erkenntnisverfahren, und daher ist die Berufung zulässig.

12 **BGE 120 II 271:** Vollstreckungsentscheide gestützt auf kantonales oder Bundesrecht (Staatsverträge, LugÜ, IPRG) sind nicht mit Berufung, sondern mit staatsrechtlicher Beschwerde zu rügen. Diese Rechtsprechung vermag nicht zu überzeugen; materiell geht es um einen Zivilanspruch, und um nichts anderes, der zudem streitig ist. Demgegenüber sind Umwandlungs bzw. Taxationsentscheide eine Zivilsache:

13 13Die Anweisung an den Arbeitgeber, bestimmte Zahlungen direkt an die Ehefrau bzw. den Inhaber der elterlichen Gewalt zu leisten, sollen gemäss BGE 110 II 13 keine Zivilsachen sein, obwohl es sich eindeutig um zivilrechtliche Schutznormen zum Schutze bestimmter Zivilparteien handelt.

14 **BGE 93 II 437:** Entscheide im Rechtsöffnungsverfahren sind nicht solche in Zivilsachen, sondern reine Vollstreckungserkenntnisse, und zwar auch dann, wenn vorfrageweise materielles Recht zu prüfen ist. Der Rechtsöffnungsrichter befindet nicht im letzten Fall nicht über den Bestand der in Betreibung gesetzten Forderung, sondern nur über deren Vollstreckbarkeit. Die Berufung ist daher gegen Rechtsöffnungsentscheide nach ständiger Rechtsprechung des Bundesgerichts nicht zulässig. Dies gilt auch für die Bewilligung des Rechtsvorschlags in der Wechselbetreibung. Zulässig ist nur die staatsrechtliche Beschwerde. Berufungsfähig sind jedoch Aussonderungs- und Widerspruchsklage, Arrestprosequierungs- und Anfechtungsklagen sowie die Kollokationsklagen.

15 Als vermögensrechtliche Streitigkeit beurteilte das Bundesgericht die Frage der Einsetzung eines Sonderprüfers gemäss Art. 697b OR (BGE 120 II 394), die Streitigkeiten über die Anfechtung von Generalversammlungsbeschlüssen einer AG (BGE 107 II 179) sowie solcher von Stockwerkeigentümerversammlungen (BGE 108 II 78); nicht vermögensrechtlich ist die Streitigkeit über eine Vereinsmitgliedschaft, was im konkret zu beurteilenden Fall zutreffend war, was aber nicht verallgemeinert werden darf, gibt es doch Vereinsmitgliedschaften vermögensrechtlicher Art (Golfklub etc.).

ZPO: Anhang zu § 299 543

Zulässig ist die Berufung gegen eine Abweisung der Klage zur Zeit (BGE 69 II 29); denn eine solche Abweisung gilt als Endentscheid. 16

In **BGE 80 III 152** entschied das Bundesgericht folgendes: wenn die letzte kantonale Instanz eine Unzuständigkeitseinrede verwirft, weil das Urteil, mit welchem sich das untere kantonale Gericht für zuständig erklärte, nicht angefochten wurde, sei die Berufung ans Bundesgericht nicht möglich, weil keine Entscheidung der letzten kantonalen Instanz über die Zuständigkeit vorliegt. Zutreffend stellt Guldener fest, eine Entscheidung einer letzten kantonalen Instanz liege auch vor, wenn diese ihre Zuständigkeit bejahte, weil der Beklagte das Urteil der unteren kantonalen Instanz über die Zuständigkeitsfrage nicht angefochten habe.

Streitig ist nicht selten, ob ein Endentscheid vorliegt. Das Bundesgericht bejahte dies betreffend einen Entscheid über das Einsichtsrecht des Aktionärs gemäss Art. 697h Abs. 2 OR (120 II 352), für den Gegendarstellungsentscheid gemäss Art. 28 l ZGB (BGE 112 II 193); als nicht endgültig gelten Entscheide über vorsorgliche Massnahmen, auch wenn sie während bestimmter Zeit endgültig über Unterhaltsbeiträge entscheiden, welche die Gütertrennung anordnen, oder einen Arbeitnehmer wieder nach dem Gleichstellungsgesetz gegenüber dem Arbeitgeber zwangsweise einstellen und damit definitiv bestimmte Rechte zu- oder aberkennen; keine zivilrechtliche Berufung gibt es daher gegen Eheschutzentscheide (BGE 115 II 298, 116 II 22), auch wenn gerade in diesem Bereich, wie vor allem auch in Streitigkeiten betreffend Immaterialgüterrechte mittels vorsorglicher Massnahmen der Endentscheid weitgehend faktisch präjudiziert wird; im summarischen Verfahren ist die Berufung nur zulässig im sog. Verfahren zur Handhabung klaren Rechts (BGE 104 II 219), sonst ist sie unzulässig; unzulässig ist sie auch gegen Entscheide in Besitzesschutzsachen (BGE 113 II 243). 17

Die Berufung ist gegen **Zwischenentscheide** oder **Vorentscheide** (Vorurteile) unzulässig. Ausnahmen, für welche die Berufung zulässig ist, bilden selbständige Vor- und Zwischenentscheide wegen Verletzung bundesrechtlicher Zuständigkeitsvorschriften im Sinne von Art. 49 OG; gegen andere **selbständige Zwischenentscheide** ist die Berufung nur gegeben, wenn man dadurch sofort einen Endentscheid bewirken und einen bedeutenden Aufwand an Zeit und Kosten im Sinne von Art. 50 OG sparen kann (BGE 118 II 92; 116 II 742). Ein selbständiger Zwischenentscheid setzt dabei voraus, dass ein Gericht ausdrücklich einen Zwischenentscheid (im Dispositiv) fällt, beispielsweise im Dispositiv eine bestrittene Aktivlegitimation bejaht oder eine Unzuständigkeitseinrede abweist. Andere Entscheide über die Aktivlegitimation, die nicht in einem Dispositiv sich niederschlagen, sind **unselbständige Zwischenentscheide**, die nur mit Berufung gegen den Endentscheid anfechtbar sind. Als selbständiger Zwischenentscheid (was ein entsprechendes ausdrückliches Dispositiv in einem Zwischenurteil voraussetzt) gilt das Abweisen einer Verjährungseinrede (BGE 97 II 137). Einen selbständigen Zwischenentscheid bildet ein Dispositiv in einem Zwischenentscheid, das den Scheidungsanspruch bejaht und eine Rückweisung für das Beurteilen der Nebenfolgen anordnet (BGE 105 II 221); als selbständiger Zwischenentscheid kann auch ein Beweisbeschluss gelten, der den Sachrichter bindet und welcher das Urteil präjudizert (BGE 107 II 382); so ist gemäss BGE 116 II 484 auch ein Entscheid ein selbständiges Zwischenurteil, das die Haftung nach dem Kernenergiehaftpflichtgesetz des Bundes bejahte. Diese Rechtsprechung, die einen formellen Zwischenentscheid voraussetzt, scheint fragwürdig. 18

Die Berufung gegen **Teilurteile** ist in der Regel unzulässig. Bei einfacher Streitgenossenschaft (sog. subjektive Klagenhäufung), beispielsweise bei einer aktienrechtlichen Verantwortlichkeit, wenn die Lage der im Prozess verbleibenden Streitgenossen vom (Nicht-)Ausscheiden der gemäss einem Teilurteil ausgeschiedenen Streitgenossen beeinflusst wird (BGE 107 II 353); ebenso im nachstehend wiedergegebenen Fall einer objektiven Klagenhäufung (Gegenstand des Teilurteils bildet die Frage, welche Objekt eines selbständigen Prozesses hätte sein können und sie den Entscheid über andere Anträge präjudiziert): BGE 104 II 287: 19

Da mit der Berufung nur **Rechtsfragen** rügbar sind, kommt der **Unterscheidung von Rechts- und Tatfrage** eine erhebliche Tragweite zu. Die bundesgerichtlichen Unterscheidungskriterien wirken teilweise gekünstelt. 20

An Tatsachenfeststellungen, die unter Verletzung bundesrechtlicher Beweisvorschriften zustande kamen, ist das Bundesgericht gemäss Art. 63 Abs. 2 OG nicht gebunden, vgl. dazu BGE 115 II 305 betreffend Recht zum Gegenbeweis, BGE 114 II 289 (Nichtabnahme von Beweismitteln). Ein offensichtliche Versehen (unrichtiges Lesen einer genau bestimmten Aktenstelle) wird sehr einschränkend ausgelegt (BGE 104 II 74). Im Patentprozess (Art. 67 OG) überprüft das Bundesgericht tatsächliche Feststellungen über technische Verhältnisse nur, wenn es an ihrer Richtigkeit und Vollständigkeit zweifelt; beim in der Regel fehlenden technischen Sachverstand der Gerichte kann dies zu wenig überzeugenden Ergebnissen führen.

21 Eine überzeugende Zusammenfassung der bundesgerichtlichen Rechtsprechung zur Abgrenzung von Tat- und Rechtsfrage findet sich bei **Vogel, S. 363 f.**, die nachstehend geringfügig ergänzt wiedergegeben wird.

Tatfrage	Rechtsfrage
Grundsatz	
Tatfrage ist, ob die rechtserheblichen Tatsachen sich verwirklicht haben.	Rechtsfrage ist die rechtliche Würdigung der Tatsachen, die Rechtsanwendung gestützt auf die festgestellten Tatsachen.
Beweiswürdigung, auch der Schluss aus Indizien (BGE 102 II 10: Die Vorinstanz schloss aus den gesamten Umständen, insbesondere aus der Höhe der Darlehenssumme und der Rolle der Beteiligten, die Briefmarken hätten im Zeitpunkt der Hingabe den Wert des Darlehens erreicht, jedoch nicht übertroffen. Dieser Schluss ist für das Bundesgericht verbindlich), ist Tatfrage.	Feststellungen auf Grund allgemeiner Lebenserfahrung sind Rechtsfragen, z.B. die Annahme, eine Scheidungsbeklagte lehne der Kläger seit langem ab: BGE 104 II 152; z.B. die Bestimmung der künftigen Aktivitätsdauer bei der Bemessung des Invaliditätsschadens: BGE 104 II 308 ("Nach Ansicht der Vorinstanz liesse sich das Abstellen auf Tafel 23 vertreten, doch sei es richtiger, mit der SUVA von Tafel 20 auszugehen. Wohl werde der Kläger mit einiger Wahrscheinlichkeit seine Erwerbstätigkeit mit 65 Jahren einstellen. Weil aber nach medizinischen Gutachten seine Lebenserwartung nicht eingeschränkt sei und weil er als Behinderter weniger Betätigungsmöglichkeiten habe, sei durchaus denkbar, dass er über dieses Alter hinaus arbeiten werde. Es sei deshalb angezeigt, auf die durchschnittliche Aktivität abzustellen. Nach Meinung des Klägers handelt es sich hier um eine das Bundesgericht bindende tatsächliche Feststellung. Das trifft dafür zu, dass die Lebenserwartung des Klägers durch den Unfall nicht beeinträchtigt wurde. Was die Wahrscheinlichkeit eines Rückzugs aus dem Erwerbsleben mit 65 Jahren und für die danach bestehenden geringeren Betätigungsmöglichkeiten betrifft, handelt es sich aber um die Würdigung der Umstände des vorliegenden Falls nach der allgemeinen Lebenserfahrung. Eine vom Bundesgericht zu prüfende Rechtsfrage ist es deshalb, auf welche Weise der dem Kläger erwachsene Erwerbsausfall zu kapitalisieren ist.")

Erfahrungssätze haben diesfalls die Funktion von Normen (BGE 111 II 74).

Bei der Urteilsfähigkeit
BGE 102 II 367: verminderte Urteilsfähigkeit eines 14jährigen Kinds, das wegen Verspätung auf den Zug aufspringt.

Tatfrage sind die Feststellungen über die geistigen Fähigkeiten und das Wissen einer Person über Krankheitszustände.	Rechtsfrage sind die Schlussfolgerungen aus den festgestellten Tatsachen auf die Urteilsfähigkeit.

Bei der Vertragsauslegung
BGE 116 II 263; BGE 116 II 696; BGE 119 II 176.

Tatfrage ist die Feststellung, was die Parteien beim Vertragsschluss dachten und wollten (auch ihr innerer Wille); ebenso Schlüsse auf den Vertragswillen aus dem späteren Verhalten der Parteien	Rechtsfrage ist die Auslegung nach dem Vertrauensgrundsatz, d.h. die Beantwortung der Frage, welche Bedeutung den Willensäusserungen der Parteien beim Vertragsschluss nach Treu und Glauben zukommt.

Bei der Auslegung letztwilliger Verfügungen
BGE 79 II 40; BGE 90 II 480; BGE 115 II 325

Tatfrage sind die tatsächlichen Feststellungen, aus denen der Wille des Erblassers erschlossen wird.	Rechtsfrage ist – im Gegensatz zur Vertragsauslegung – auch der innere Wille des Erblassers einschliesslich seiner Motive, weil sich hier von der Tatfrage die reine Rechtsfrage nicht trennen lässt, ob der ermittelte Wille auch einen genügenden Ausdruck in der gesetzlich vorgesehenen Form gefunden hat (BGE 79 II 40).

Bei Grundlagenirrtum
BGE 108 II 412

Tatfrage ist, ob überhaupt ein Irrtum vorlag.	Rechtsfrage ist, ob der Irrtum ein wesentlicher im Sinne des Gesetzes sei.

Kausalzusammenhang
BGE 107 II 274; BGE 116 II 311; BGE 116 II 524

Tatfrage ist der natürliche Kausalzusammenhang z.B. ein in freier Beweiswürdigung von - Zeugenaussagen festgestellter Kausalverlauf: BGE 107 II 274, BGE 116 II 311.	Rechtsfrage ist der adäquate Kausalzusammenhang, d.h. die Frage, ob der (verbindlich festgestellte) natürliche Kausalzusammenhang (bzw. das Ereignis!) nach dem gewöhnlichen Lauf der Dinge und der allgemeinen Lebenserfahrung geeignet ist, einen Erfolg von der Art des eingetretenen herbeizuführen oder zu begünstigen: BGE 107 II 243; BGE 116 II 524.

Schaden – Genugtuung
BGE 99 II 373; BGE 104 II 199; BGE 107 II 225; BGE 107 II 349; BGE 116 II 299; BGE 116 II 444

Tatfrage ist die Feststellung des Schadens: BGE 107 II 225 und BGE 116 II 444;	Rechtsfrage ist, ob der kantonale Richter den Rechtsbegriff des Schadens verkannt habe: BGE 104 II 199; BGE 116 II 444; BGE 119 II 251.
Tatfrage ist die Feststellung der Bedeutung der immateriellen Unbill: BGE 99 II 373.	Rechtsfrage ist die Bemessung von Schadenersatz und Genugtuung: BGE 107 II 349; BGE 116 II 299".

22 **Für die Berufung gilt in verfahrensrechtlicher Hinsicht folgendes:**

23 – Die Berufung ist beim iudex a quo (also beim kantonalen Richter) innert 30 Tagen seit Eröffnung mit den Anträgen und mit Begründung einzureichen, vgl. Art. 54 OG. Die Begründung muss darlegen, welche Bundesrechtssätze durch den angefochtenen Entscheid verletzt sein sollen; die Berufungsschrift hat ausdrücklich anzugeben, welche Punkte des angefochtenen Urteils angefochten und welche Änderungen beantragt werden. Bei Geldforderungen ist der verlangte Betrag im Rechtsbegehren ziffernmässig zu nennen (BGE 86 II 193); wenn eine Tatsachenfeststellung auf einem Versehen beruhen soll, ist genau anzugeben, zu welcher Aktenstelle sie in Widerspruch steht. Ebenso ist ein allfälliges Gesuch um Bewilligung der unentgeltlichen Rechtspflege zu stellen und zu begründen; der Streitwert ist zu beziffern, oder mindestens ist anzugeben, ob der Streitwert Fr. 8'000 bzw. Fr. 15'000 erreicht.

24 Gemäss Art. 53 OG sind die Parteien und Nebenparteien, die am kantonalen Verfahren teilnahmen, zur Berufung legitimiert; im Berufungsverfahren sind Streitverkündung und Nebenintervention nicht mehr möglich.

25 – Die Anschlussberufung ist vor Bundesgericht gemäss Art. 59 OG binnen einer Frist von 30 Tagen zulässig; diese ist im Gegensatz zur Hauptberufung direkt beim Bundesgericht einzureichen. Bei Rückzug der Berufung oder bei einem Nichteintretensentscheid fällt die Anschlussberufung dahin (Art. 59 Abs. 4, BGE 101 II 175).

26 – Nach Art. 58 OG sind vorsorgliche Massnahmen, solange die Berufung vor Bundesgericht hängig ist, vom kantonalen Gericht zu treffen, das gemäss der kantonalen Gerichtsorganisation dafür zuständig ist.

27 – Wenn und soweit Berufung erhoben wird, wird das angefochtene Urteil im Umfang der Berufungsanträge nicht rechtskräftig (Art. 54 Abs. 2 OG). Soweit mit der Berufung das kantonale Urteil nicht angefochten wird, erwächst es in Rechtskraft (d.h. das kantonale Urteil wird teilrechtskräftig).

28 – Vor Bundesgericht ist das Verfahren schriftlich (Art. 55, 59 OG); es findet in der Regel nur ein Schriftenwechsel statt; der Präsident kann ausnahmsweise eine mündliche Parteiverhandlung anordnen (Art. 62 OG). Heutzutage wird ein Grossteil der Fälle als „klar" im schriftlichen Zirkulationsverfahren, also ohne Sitzung, erledigt. Reichlich unklar ist mitunter, was das Bundesgericht für völlig klar hält.

29 – Das Bundesgericht darf nicht über die Anträge der Parteien hinausgehen, ausgenommen im Bereich der Offizialmaxime (vgl. BGE 96 II 74, Art. 63 OG); die Parteien dürfen keine neuen Sachanträge stellen und keine neuen Einreden vorbringen (Art. 55 lit. c OG). An die rechtliche Begründung der Parteianträge ist das Bundesgericht nicht gebunden (Art. 63 OG); hier gilt der Grundsatz iura novit curia. Wenn für die Entscheidung neben bundesrechtlichen Bestimmungen auch solche ausländischen oder kantonalen Rechts zugrunde zu legen sind, kann das

Bundesgericht die Bestimmungen des kantonalen oder ausländischen Rechts selber anwenden oder die Sache an die Vorinstanz zurückweisen (Art. 65 OG). Eine Rückweisung erfolgt allgemein, wenn die Sache nicht spruchreif ist, insbesondere wenn die Vorinstanz nicht beurteilt hat, ob bestimmte rechtserhebliche Tatsachen vorliegen. Bei Rückweisung ist die Vorinstanz an die bundesrechtlichen Erwägungen, welche die Rückweisung begründen, gebunden. Eine Rückweisung an die obere kantonale Instanz verbietet es dieser nicht, eine Rückweisung an eine untere Gerichtsbarkeit vorzunehmen (vgl. BJM 1988, S. 258 ff.); diesem Vorgehen kann allerdings das Beschleunigungsgebot im Wege stehen; von einer Rückweisung an die untere Instanz soll man nach Möglichkeit absehen, wenn diese ohnehin mit dem Fall überfordert ist.

- Die Zulässigkeit von Noven bestimmt sich nach kantonalem Prozessrecht. Gegen den neuen Entscheid ist die Berufung an das Bundesgericht ohne Rücksicht auf den Streitwert zulässig (Art. 66 OG). Dabei ist zu beachten, dass die im ersten Entscheid des Bundesgerichts beurteilten Fragen, nicht erneut vorgebracht werden können (BGE 98 II 328); vorbehalten bleiben Fragen im Bereich der Offizialmaxime. Gemäss BGE 83 II 545 kann man den Rückweisungsbeschluss des Bundesgerichts nicht dadurch unterlaufen, dass die eine Partei die kantonale Berufung zurückzieht. 30

- Das Urteil des Bundesgerichts wird mit dem Ausfällen rechtskräftig; gegen die Entscheidung des Bundesgerichts stehen unter den je besonderen Voraussetzungen die Revision und die Erläuterung offen. 31

- Wenn mit der Berufung gleichzeitig kantonal ein Rechtsmittel eingereicht wird (für Zürich Nichtigkeitsbeschwerde, Erläuterung, Revision), setzt das Bundesgericht den Entscheid aus, bis die kantonale Rechtsmittelinstanz entschieden hat. Für den Erlass vorsorglicher Massnahmen bleiben auch nach Erhebung der Berufung an das Bundesgericht die kantonalen Instanzen nach Massgabe der ZPO oder anderer kantonaler Gesetze zuständig. 32

- Falls gleichzeitig mit der Berufung eine staatsrechtliche Beschwerde erhoben wird, entscheidet das Bundesgericht zuerst über die staatsrechtliche Beschwerde; denn wenn die staatsrechtliche Beschwerde gutgeheissen wird, ist der angefochtene Entscheid kassiert; es fehlt ein Berufungsgegenstand und damit ein Anfechtungsobjekt für die Berufung. 33

- Streitwertberechnung: Gemäss Bundesgericht sind für die Berechnung des Streitwerts jene Ansprüche nicht zu berücksichtigen, die vor Bundesgericht nicht mehr streitig sind und mit den noch streitigen nicht konnex sind (BGE 99 II 126; zutreffend a.M. Guldener, a.a.O., S. 543, N 14). Im Unterschied zur Zürcher ZPO kann bundesrechtlich für die Berufung der Streitwert von Haupt- und Widerklage nicht zusammengerechnet werden; für die Zulässigkeit der Berufung muss daher jede Klage die Berufungssumme erreichen. Eine Ausnahme gilt nur für den Fall, dass sich Haupt- und Widerklage ausschliessen, oder für den Fall, dass die Gutheissung der Widerklage nur für den Fall beantragt wird, dass die Hauptklage gutgeheissen wird: Die Berufung ist in diesen Ausnahmefällen zulässig, wenn für eine Klage die Berufungssumme erreicht wird (vgl. BGE 95 II 283, 78 II 187). 34

- Hat die letzte kantonale Instanz über einen berufungsfähigen nicht vermögensrechtlichen Anspruch entschieden, der in einem engen rechtlichen und tatsächlichen Zusammenhang mit einem vermögensrechtlichen Anspruch steht, über den im gleichen Entscheid geurteilt wurde, ist die Berufung im vermögensrechtlichen Punkt ohne Rücksicht auf den Streitwert zulässig, wenn im nicht vermögensrechtlichen Punkt Berufung erhoben wird (BGE 80 II 30). 35

- Die Berufung ist nicht zulässig, wenn bloss die Gerichts- und Parteikosten angefochten werden (BGE 96 II 63, 85 II 291). 36

- Die bundesrechtliche Berufung setzt den Entscheid eines kantonalen Obergerichts oder eines diesem gleichgestellten kantonalen Gerichts voraus (z.B. Handelsgericht); unerheblich ist, ob dieses als erste oder zweite Instanz entschieden hat. Das kantonale Recht darf als letzte kan- 37 tonale Instanz ein dem Obergericht untergeordnetes Gericht nur bezeichnen, wenn es entweder als einzige kantonale Instanz zu entscheiden hat oder wenn dieses Gericht in einer Sache entscheidet, für die bundesrechtlich eine einzige kantonale Instanz vorgeschrieben ist. Das Zürcher Kassationsgericht ist keine solche letzte Instanz, weil die Nichtigkeitsbeschwerde gemäss § 281 ff. ZPO kein ordentliches Rechtsmittel ist; falls aber das Kassationsgericht Zürich einen Entscheid aufhebt und gemäss § 292 ZPO ein neues Sachurteil fällt, ist die Berufung gemäss BGE 93 II 284 gegen den Entscheid des Kassationsgerichts zulässig.

37a – Die Berufung ist zulässig, gegen selbständige Vor- und Zwischenentscheide betr. Verletzung von bundesrechtlichen Zuständigkeitsvorschriften gemäss Art. 49 OG oder wenn man mittels eines Endentscheids einen bedeutenden Aufwand an Zeit und Kosten einsparen kann, etwa betreffend Verjährungseinrede (97 II 137), ebenso bei Gutheissung des Scheidungsanspruchs und Rückweisung an die Vorinstanz, um über die Nebenfolgen zu befinden (BGE 107 II 382). Als selbständig gelten Vor- und Zwischenentscheide nur dann, wenn das Gericht sie ausdrücklich trifft, also etwa die Unzuständigkeitseinrede oder die Einrede der fehlenden Aktivlegitimation verwirft; diese Einschränkung vermag nicht zu überzeugen.

Nachstehend finden sich einige Entscheide des Bundesgerichts zur Berufung abgedruckt:

38 **BGE 82 II 123:** "1. Der Streitwert ist im kantonalen Verfahren nicht festgesetzt worden. Der Beschwerdeführer bemisst ihn auf Fr. 1'000 und beruft sich dabei auf eine übereinstimmende Angabe beider Parteien vor dem Augenscheinsrichter. Dem halten die Beschwerdegegner eine nur auf Nichtwissen gestützte Bestreitung entgegen. Es besteht indessen kein Grund zur Annahme, der Streitwert betrage ein Vielfaches von dem, was der Beschwerdeführer angibt. Wenn man bedenkt, dass nach den Ausführungen des ersten Urteils der Vorinstanz, S. 41 der kantonalen Akten, ein 'geführter Hand', Fuss-, Kirchen- und Schulwegrecht anerkannt und bloss das ausserdem beanspruchte Saumrecht, d.h. das Recht, den Weg zu Transporten mit Saumtieren zu benutzen (vgl. Art. 100 Abs. 2 des kantonalen EG zum ZGB), bestritten ist, dürfte der Wert des berechtigten und des belasteten Grundstückes sich bei weitem nicht um volle Fr. 4'000 verändern, je nachdem ob das Saumrecht bejaht oder verneint wird. Es darf somit nach freiem richterlichem Ermessen (Art. 36 Abs. 2 OG) von einem unter Fr. 4'000 liegenden Streitwert ausgegangen werden.

2. Nach der vom Beschwerdeführer angerufenen Bestimmung von Art. 68 Abs. 1 lit. a OG kann Nichtigkeitsbeschwerde erhoben werden wegen Anwendung kantonalen oder ausländischen statt des massgebenden eidgenössischen Rechtes. Ein Verstoss in umgekehrtem Sinne stellt dagegen keinen Nichtigkeitsgrund dar (während er im Berufungsverfahren zur Aufhebung des kantonalen Urteils führen kann, vgl. Art. 60 Abs. 1 lit. c OG). Das ergibt sich klar aus der Umschreibung des erwähnten Nichtigkeitsgrunds und entspricht auch der Entstehungsgeschichte des Art. 68 OG (wozu vgl. BIRCHMEIER N. 6, e, S. 258 Mitte). Nun geht es im vorliegenden Prozesse um den Bestand eines altrechtlichen Saumrechtes, was die Vorinstanz keineswegs verkannt hat. Ob diese Dienstbarkeit seinerzeit (vor dem Inkrafttreten des schweizerischen ZGB) gültig entstanden sei, ist nach der damaligen Rechtsordnung zu beurteilen (Art. 1 des Schlusstitels des ZGB), auf die das angefochtene Urteil sich denn auch stützt.

Hinsichtlich der an den Beweis zu stellenden Anforderungen ist freilich nicht altes Gewohnheitsrecht als solches, sondern Art. 106 Abs. 4 des kantonalen EG zum ZGB angewendet worden, das von der ordentlichen Landsgemeinde am 30. April 1911 angenommen, vom Bundesrat am 18. April und 8. Mai 1911 genehmigt worden und auf den 1. Januar 1912 in Kraft getreten ist. In dieser Bestimmung sieht der Beschwerdeführer neues (kantonales) Recht, dessen Anwendung auf den vorliegenden altrechtlichen Tatbestand nach dem in Art. 1 des SchlT des ZGB aufgestellten Grundsatz der Nichtrückwirkung des neuen Rechtes unzulässig sei. Entgegen dieser Ansicht stand es jedoch dem kantonalen Gesetzgeber frei, das kantonale Recht bis zum Inkrafttreten des schweizerischen ZGB noch abzuändern. Diese kantonale Gesetzgebungskompetenz bestand bis Ende 1911 und konnte auch in der Weise ausgeübt werden, dass Änderungen und Ergänzungen des bisherigen kantonalen Rechtes erst gerade auf den 1. Januar 1912 in Kraft gesetzt wurden (vgl. MUTZ-

NER, N. 29 der Vorbemerkungen zum 1. Abschnitt des SchlT des ZGB). Somit hat man es bei dem in Frage stehenden Art. 106 Abs. 4 des Einführungsgesetzes von Appenzell I. Rh. trotz dem auf den 1. Januar 1912 festgesetzten Zeitpunkt des Inkrafttretens noch mit altem Rechte zu tun, das der Kanton im Rahmen seiner bei Erlass des EG noch bestehenden Gesetzgebungsbefugnis erlassen hat. Es wäre denn auch ungereimt, eine im Jahre 1911 sofort in Kraft getretene Änderung des kantonalen Rechtes als altrechtliche gelten zu lassen, nicht aber eine erst gerade auf den 1. Januar 1912 in Kraft gesetzte. Der vom Beschwerdeführer angerufene Grundsatz des Art. 1 SchlT ist also durch die Anwendung der erwähnten Beweisregel des kantonalen EG auf die vorliegende altrechtliche Streitigkeit nicht verletzt worden.

Bedenken könnte es allenfalls erwecken, wenn ein Kanton durch eine neue Beweisvorschrift Ansprüche geschaffen hätte, die bisher gar nicht zu Recht bestanden hatten. Eine Beanstandung aus diesem Gesichtspunkte hätte aber mit Art. 1 des SchlT des ZGB nichts zu tun und würde den Nichtigkeitsgrund des Art. 68 Abs. 1 lit. a OG nicht begründen. Übrigens ist im vorliegenden Falle gar nicht dargetan, dass Art. 106 Abs. 4 EG sachlich irgendwie vom bisher geltenden Gewohnheitsrecht abgewichen sei, geschweige denn, dass er eine einschneidende materielle Änderung gebracht habe. Der Beschwerdeführer rügt nur die Anwendung formell neuen Rechtes, das aber, wie soeben dargetan, immer noch altes Recht im Sinne des intertemporalen Vorschriften des ZGB war, d.h. sich noch im Rahmen der bis Ende 1911 bestehenden kantonalen Rechtsetzungskompetenzen hielt.

3. Hält somit die angefochtene Entscheidung vor Art. 1 des SchlT des ZGB stand, so bleibt die weitere, vom Beschwerdeführer nur in eventuellem Sinn erhobene Rüge zu prüfen, statt Art. 106 Abs. 4 des kantonalen EG hätte Art. 8 ZGB angewendet werden sollen. Er geht dabei von der nach dem Ausgeführten nicht zutreffenden Ansicht aus, Art. 106 Abs. 4 EG sei 'neues' Recht, und hält es von diesem Ausgangspunkt aus für unzulässig, als neues Recht (sofern solches wegen Unklarheit des alten Gewohnheitsrechtes anzuwenden sein sollte) kantonales statt eidgenössischen Rechtes anzuwenden. Da aber in Wirklichkeit, und zwar zulässigerweise, kantonales Recht angewendet worden ist, könnte demgegenüber die in Art. 8 ZGB vorgesehene Beweislastverteilung nur zur Geltung kommen, wenn sie zu den Normen zu zählen wäre, die abweichend vom Grundsatze des Art. 1 des SchlT des ZGB auch in Streitigkeiten über altrechtliche Verhältnisse, insbesondere Grunddienstbarkeiten, nunmehr alleinige Geltung haben. Der Beschwerdegegner hält mit Unrecht dafür, diese Frage brauche hier nicht geprüft zu werden, denn der kantonale Richter habe Art. 8 ZGB 'nicht ausser acht gelassen'. Wenn man das angefochtene Urteil der Vorinstanz mit dem ihm vorausgegangenen vom 25. November 1954 vergleicht, so ist unzweifelhaft, dass das Saumrecht nur infolge der Anwendung der den Beweis erleichternden Vorschrift des kantonalen Rechtes bejaht wurde, bei strikter Anwendung von Art. 8 ZGB dagegen verneint würde. Auf die Frage der Anwendbarkeit der letzteren Beweisregel kommt es somit entscheidend an.

Sie ist indessen in Übereinstimmung mit MUTZNER (N. 77 zu Art. 1 des SchlT des ZGB) und gegen GIESKER (ZSR NF 34 S. 27) zu verneinen. Die allgemeinen Vorschriften der Einleitung des ZGB sind, soweit sich aus ihrem Inhalt nichts Abweichendes ergibt, nur eben für die Anwendung dieses Gesetzes aufgestellt worden. In diesem Sinne hat das Bundesgericht denn auch bereits in bezug auf Art. 2 ZGB entschieden (BGE 44 II 445. Dasselbe gilt nach dem nicht veröffentlichten Entscheidung vom 28. Februar 1951 i.S. Elsener gegen Neuheim (S. 9) für die hier in Frage stehende Beweisnorm des Art. 8 ZGB. Daran ist festzuhalten. Auch abgesehen davon, dass die Beweislastverteilung nach vorherrschender Ansicht, der sich die Rechtsprechung, immerhin nicht vorbehaltlos, angeschlossen hat (vgl. EGGER, N. 5 zu Art. 8 ZGB und BGE 20 S. 496/7), als dem materiellen Rechte zugehörig gilt, stellt sich Art. 8 ZGB nach seinem eigenen Wortlaut als eine nur für dieses geltende Rechtsnorm dar. Die darin aufgestellte Regel gilt nur, 'wo das Gesetz es nicht anders bestimmt'. Es sind also alle besonderen Regeln vorbehalten, welche die Beweislast im Sinne einer gegenteiligen Vermutung umkehren oder in irgendwelchem Sinne verteilen oder abschwächen, indem etwa statt vollen Beweises eine auf blosser Wahrscheinlichkeit beruhende Vermutung genügt. Behält sich aber dergestalt das ZGB für seinen eigenen Geltungsbereich jegliche Ausnahmen vom Grundsatze des Art. 8 vor, so muss es auch dem kantonalen Rechte vorbehalten sein, in den von ihm beherrschten privatrechtlichen Materien die Beweislast zu ordnen.

Art. 8 ZGB könnte daher, wenn überhaupt, so doch nur unter Vorbehalt besonderer Regeln auf das kantonale Privatrecht Anwendung finden. Das bedeutet, dass im Gebiete des kantonalen Rechtes letzten Endes dieses die Verteilung der Beweislast zu ordnen hat, mit Einschluss der Frage, in welchen Fällen ein gewisser Grad von Wahrscheinlichkeit die Vermutung der Richtigkeit begründet. Bei dieser Sachlage ist aber die Anwendbarkeit des Art. 8 ZGB auf kantonales Privatrecht überhaupt abzulehnen. Es muss diesem anheimgestellt bleiben, zu bestimmen, inwiefern einen Ansprecher die volle Beweislast trifft und unter welchen Voraussetzungen und in welchem Masse er von der Beweislast zu befreien ist. Insbesondere ist nicht einzusehen, weshalb im Bereiche fortgeltenden kantonalen Gewohnheitsrechtes nicht auch Beweisregeln zur Anwendung kommen sollten, die ebenfalls auf Gewohnheitsrecht, d.h. auf ständiger als rechtmässig betrachteter Übung beruhen. Da nichts Gegenteiliges dargetan ist, dürfte auch Art. 106 Abs. 4 des EG von Appenzell I. Rh. für die Wegrechte nichts anderes als altes Gewohnheitsrecht festlegen. Und wenn das angefochtene Urteil in Verbindung mit demjenigen vom 29. Mai 1953 den Zeugenbeweis dahin würdigt, dass 'mit grosser Wahrscheinlichkeit' ein Saumrecht bestehe, ohne dass etwas Näheres über die Art der Rechtsbegründung bekannt geworden war, so entspricht dies, da die Möglichkeit einer Ersitzung verneint wird, einigermassen der Anerkennung eines seit unvordenklicher Zeit vorhandenen Besitzstandes, der vermuten lasse, 'der betreffende Zustand sei ehemals rechtlich begründet worden, und es habe immer ein Recht bestanden, dessen Entstehung einzig durch die Länge der Zeit verdunkelt worden sei' (EUGEN HUBER, System und Geschichte des schweizerischen Privatrechtes III S. 203 und, speziell in bezug auf Grunddienstbarkeiten, S. 354 ff.). Es lag beim Erlass des schweizerischen ZGB fern, in solche Möglichkeiten eines mittelbaren und allenfalls auf blosser Wahrscheinlichkeit beruhenden Nachweises einzugreifen, wie sie sich in dem weitergeltenden alten Rechte begründet finden."

39   **BGE 117 Ia 82:** "1. Nach Art. 84 Abs. 2 OG ist die staatsrechtliche Beschwerde nur zulässig, wenn die behauptete Rechtsverletzung nicht sonstwie durch Klage oder Rechtsmittel beim Bundesgericht oder einer andern Bundesbehörde gerügt werden kann. Gegenstand des Prozesses zwischen den Parteien bildet die Frage, ob die mit Arrest belegten Vermögenswerte Eigentum der Beschwerdegegnerin und nicht der Arrestschuldnerin sind und deshalb aus dem Arrestbeschlag entlassen werden müssen. Es liegt somit eine Zivilrechtsstreitigkeit vor, die – obwohl es sich um ein blosses Zwischenverfahren im Rahmen der Arrestbetreibung handelt – grundsätzlich der Berufung unterliegt, wenn der erforderliche Streitwert gegeben ist, wie dies hier zutrifft (BGE 93 II 437, 86 III 137; vgl. z. B. BGE 114 II 45 ff., 102 III 165 ff.). Nach Art. 43 Abs. 1 OG kann mit der Berufung geltend gemacht werden, der angefochtene Entscheid beruhe auf Verletzung des Bundesrechts mit Einschluss der durch den Bund abgeschlossenen völkerrechtlichen Verträge. Dabei erfasst der Begriff des Bundesrechts nicht nur das private, sondern auch das öffentliche Recht des Bundes, und zwar auch solches, das in Staatsverträgen enthalten ist. In einzelnen Urteilen ist freilich ausgeführt worden, es könne mit der Berufung nur die Verletzung von privatrechtlichen Bestimmungen von Staatsverträgen gerügt werden (BGE 98 II 90, 81 II 79). Eine solche Einschränkung findet indessen im Gesetz keine Stütze und lässt sich namentlich auch nicht aus dem Wortlaut von Art. 84 Abs. 1 lit. c OG (zum Sinn dieser Bestimmung vgl. BGE 114 Ia 200 ff.) ableiten. Wenn dort gesagt wird, die Staatsvertragsbeschwerde sei bei Verletzung von zivilrechtlichen Bestimmungen von Staatsverträgen unzulässig, so will dies nicht heissen, bei Verletzung von öffentlichrechtlichen Bestimmungen von Staatsverträgen stehe die Staatsvertragsbeschwerde unabhängig von Art. 84 Abs. 2 OG auch in berufungsfähigen Fällen zur Verfügung (Botschaft des Bundesrats, BBl 1943 S. 118; GULDENER, Schweiz. Zivilprozessrecht, 3. Aufl., S. 545 Anm. 21; POUDRET, N 1.2.3 und 1.3.1 zu Art. 43 OG). Das Bundesgericht ist denn auch nicht nur auf Berufungen eingetreten, mit denen die Verletzung von staatsvertraglichen Gerichtsstandsbestimmungen – die an sich dem öffentlichen Recht angehören – gerügt wurde (BGE 111 II 62 ff., 110 II 56 E. 1a, 99 II 279 E. 1), sondern auch auf solche, die andere öffentlichrechtliche Bestimmungen eines Staatsvertrags bzw. Regeln des Völkerrechts betrafen. So wurde beispielsweise in BGE 105 II 57 ff. E. 3 im Rahmen eines Berufungsverfahrens die Rüge der Verletzung von – klarerweise öffentlichrechtlichen – Bestimmungen des Freihandelsabkommens zwischen der Schweiz und der Europäischen Wirtschaftsgemeinschaft geprüft, und in BGE 110 II 255 wurde auf eine Berufung eingetreten, in der aufgrund der allgemeinen Lehren über die Staatenimmunität zu beurteilen war, ob das Arbeitsverhältnis eines Botschaftsangestellten mit einer ausländischen Botschaft in der Schweiz der schweizerischen Gerichtsbarkeit unterliege.

2. Im vorliegenden Fall stellt sich die Beschwerdeführerin auf den Standpunkt, es ergebe sich aus dem Völkergewohnheitsrecht, das dem Staatsvertragsrecht gleichzusetzen sei, dass die Beschwerdegegnerin nicht als selbständige, vom libyschen Staat getrennte juristische Person angesehen werden dürfe. Sollte sich dem Völkergewohnheitsrecht tatsächlich eine solche Regel entnehmen lassen, was hier nicht zu untersuchen ist, so könnte deren Verletzung nach dem Gesagten mit der Berufung gerügt werden. Die staatsrechtliche Beschwerde ist daher ausgeschlossen."

BGE 92 II 129: "1. Aux termes de l'art. 49 OJ, le recours en réforme est recevable contre les décisions préjudicielles ou incidentes prises séparément du fond par les juridictions cantonales de dernière instance, pour violation des prescriptions de droit fédéral au sujet de la compétence à raison de la matière ou à raison du lieu.

Encore faut-il que la décision attaquée remplisse les conditions générales posées aux art. 44 ss. OJ. Hormis certains cas particuliers énumérés limitativement par la loi (art. 44 lettres a, b et c; 45 lettre b OJ) et non réalisés en l'espèce, le recours en réforme n'est recevable que dans les contestations civiles. La jurisprudence a défini cette notion, qui relève du droit fédéral. Elle entend par contestation civile une procédure qui vise à provoquer une décision définitive sur des rapports de droit civil et qui se déroule en contradictoire devant un juge ou toute autre autorité ayant pouvoir de statuer, entre deux personnes physiques ou morales agissant comme sujets de droits privés, voire entre une telle personne et une autorité à laquelle le droit civil confère la qualité de partie (RO 91 II 139 396 et les arrêts cités). S'agissant d'une condition de recevabilité qui appelle l'application uniforme de la loi fédérale d'organisation judiciaire, la qualité de partie doit être fondée sur une disposition fédérale (cf. par exemple art. 109 111, 121 al. 1 157, 256, al. 2 CC). Il ne suffit pas qu'une autorité agisse comme partie en vertu du droit cantonal (cf. RO 91 II 136 ss.).

Le Tribunal fédéral a jugé à plusieurs reprises que la requête invitant le juge à ordonner que le sexe d'une personne soit modifié dans les actes de l'état civil ressortit à la juridiction gracieuse. Peu importe que le droit cantonal permette ou même impose à une autorité, telle que le Ministère public, de prendre part à la procédure. Que l'on envisage la requête comme une demande de rectification au sens de l'art. 45 CC ou, supposé qu'elle soit admissible, comme une action d'état visant le titre juridique sur lequel repose l'inscription, le droit civil fédéral ne renferme aucune prescription qui donne à l'autorité cantonale la qualité de partie (arrêts non publiés M. c. Tessin, Tribunal d appel, du 11 février 1951; L. c. Bâle, office de l'état civil, du 8 avril 1952, C. contre Vaud, Ministère public, du 13 novembre 1958).

En l'espèce, le recourant a fondé ses conclusions sur l'art. 45 CC. Il a introduit la procédure contre le Ministère public de Genève en se référant à l'art. 446 PC gen. qui dispose: 'Sous réserve de l'art. 45 alinéa 2, du code civil, toute demande de rectification de l'état civil est soumise au tribunal qui statue en contradictoire du Ministère public et des parties intéressées, s'il y a lieu'. Cette prescription cantonale ne saurait conférer au Ministère public genevois la qualité de partie selon le droit fédéral. La cause n'est donc pas une contestation civile au sens des art. 44 ss. OJ et de la jurisprudence qui s'y rapporte, mais une affaire civile. Il s'ensuit que le recours en réforme est irrecevable comme tel. Sans doute est-il opportun qu'une autorité cantonale prenne part à la procédure en modification de l'inscription du sexe inscrit dans les actes de l'état civil, qui intéresse l'ordre public. Mais le droit fédéral en vigueur ne prévoit pas cette intervention. Le juge ne saurait l'imposer aux cantons en l'absence de toute disposition légale. De même, le contrôle de la juridiction fédérale peut paraître souhaitable, en vue de garantir l'application uniforme du droit en cette matière. La loi ouvre d'ailleurs le recours de droit administratif dans les cas moins importants visés à l'art. 45 al. 2 CC, qui permet à l'autorité de surveillance de prescrire la rectification des inexactitudes résultant d'une inadvertance ou d'une erreur manifestes (art. 99 I c OJ). La situation actuelle est toutefois une conséquence du système de la loi, à laquelle le juge ne saurait remédier (arrêt C. déjà cité).

2. Dans les affaires civiles qui ne peuvent être l'objet de recours en réforme, l'art. 68 lettre b OJ déclare le recours en nullité recevable contre les décisions de la dernière juridiction cantonale pour violation des prescriptions de droit fédéral relatives à la compétence des autorités à raison de la

matière ou à raison du lieu. En l'espèce, la Cour de justice a déclaré les tribunaux genevois incompétents pour statuer sur la requête de X. en invoquant l'art. 8 LRDC. Le recourant conteste cette maniere de voir. L'acte de recours remplit les conditions de forme énoncées à l'art. 71 OJ. Peu importe qu'il soit intitulé recours en réforme. Il est recevable comme recours en nullité en tant qu'il vise à faire annuler l'arrêt cantonal déclinant la compétence des tribunaux genevois.

3. La requête tendant à faire constater que le sexe d'une personne ne correspond pas à celui qui est indiqué dans les registres de l'état civil et à faire modifier l'inscription pour l'adapter au sexe véritable revendiqué par l'intéressé se distingue de la rectification judiciaire de l'art. 45 al. 1 CC. Elle ne vise pas à redresser une erreur matérielle qui affecterait l'inscription dès le moment où elle a été opérée, ni à faire rectifier une inscription qui, exacte à l'origine, ne l'est plus parce que l'état d'une personne s'est modifié en droit (cf. RO 86 II 441 87 I 468, mais à corriger une inscription dont le requérant prétend qu'elle ne correspond pas à la situation de fait réelle. La procédure n'est pas prévue expressément par la loi. Celle-ci ne désigne donc pas l'autorité compétente à raison du lieu. Alors que l'action en rectification relève de la juridiction du lieu où se trouve le registre ou le document de l'état civil renfermant l'erreur, éventuellement la première erreur à redresser (RO 86 II 444 5), l'état civil des personnes est soumis à la juridiction du lieu d'origine, en vertu de l'art, 8 LRDC, dont l'énumération n'est pas exhaustive (ibidem). Dans les rapports intercantonaux, l'art. 8 LRDC s'applique même si les lois cantonales concordent pour attribuer la compétence à une autre juridiction (RO 71 II 146, onsid. 2 65 II 240 41, 55 II 327.

Du moment que le recourant est originaire d'Y. (canton du Tessin), les tribunaux genevois ne sont pas compétents pour statuer sur la requête par laquelle il revendique un statut féminin. Le recours en nullité est dès lors mal fondé.

4. Vu les art. 156 al. 2 et 159 OJ, le Ministère public genevois nc saurait obtenir l'allocation de dépens (cf. BIRCHMEIER, Bundesrechtspflege, p. 528 en bas). Il n'en a du reste pas réclamé."

41 **BGE 93 II 62:** "2. Der angefochtene Entscheid greift in die Rechtsstellung der Berufungsklägerin ein. Diese Rechtsstellung bildet aber nicht Gegenstand einer Zivilrechtsstreitigkeit. Bezirksgericht und Obergericht haben die Pflicht der Berufungsklägerin zur Vorlegung der Buchhaltung nicht deshalb bejaht, weil Frau Fischer gegen die Berufungsklägerin auf Erfüllung dieser Pflicht geklagt hätte, sondern weil sie als Richter im Scheidungsprozesse der Eheleute Fischer die Einsichtnahme des Sachverständigen in die Buchhaltung der Berufungsklägerin und ihrer Rechtsvorgängerin als Beweismassnahme für geboten halten. Das Kassationsgericht sagt zutreffend, das Obergericht habe nicht über eine privatrechtlichen Anspruch eines Privaten gegen einen anderen Privaten entschieden, sondern über den prozessrechtlichen Anspruch der Obrigkeit (Gericht) gegenüber einem Untertan auf Vorlegung von Geschäftsbüchern zwecks Erfüllung einer staatlichen Aufgabe. Dass das Obergericht die Vorlegungspflicht der Berufungsklägerin in erster Linie aus Art. 963 OR ableitet, ändert nichts. Schon in BGE 71 II 244 Nr. 55 wurde ausgeführt, dies sei eine prozessrechtliche Bestimmung und der Richter, der sie gegen einen Dritten anwendet, fälle gegen diesen nicht ein Urteil, sondern tue nichts grundsätzlich anderes als wenn er jemanden als Zeugen vorladet. Er macht von einer öffentlichrechtlichen Befugnis Gebrauch (vgl. BGE 62 II 355). Dadurch unterscheidet sich der vorliegende Fall von dem in BGE 82 II 555 f. veröffentlichten, wo (in einem Befehlsverfahren) auf Vorlegung von Akten geklagt worden war und das Bundesgericht unter Hinweis auf die materiellrechtliche Natur des beurteilten Anspruchs das Vorliegen einer Zivilrechtsstreitigkeit bejahte.

3. § 228 zürch. ZPO, wonach die Pflicht, Urkunden vorzulegen, sich nach den Bestimmungen des Privatrechts richtet, hilft der Berufungsklägerin schon deshalb nicht, weil er über die Natur der bundesrechtlichen Editionspflicht aus Art. 963 OR nichts sagen kann."

42 **BGE 102 II 9:** "1. Ist die Herausgabe einer beweglichen Sache im zürcherischen Befehlsverfahren nicht erzwingbar, so kann der Berechtigte gemäss § 376 ZPO den Geldwert der Sache beanspruchen (Abs. 1). Der Wert ist auf Verlangen des Gläubigers im summarischen Verfahren, nötigenfalls durch Abnahme von Beweisen, zu ermitteln; seine Festsetzung hat die Wirkung eines rechtskräftigen Urteils (Abs. 2).

Die Beklagte bestreitet, dass ein im sog. Umwandlungs- oder Taxationsverfahren gemäss § 376 ZPO ergangener Entscheid mit der Berufung an das Bundesgericht weitergezogen werden kann. Diese Bestimmung stehe im Abschnitt über die Vollstreckung von Urteilen und erlaube dem Richter nur, den Geldwert einer Sache, die nicht mehr herausgegeben werden könne, festzustellen und zuzusprechen. Das Verfahren gleiche deswegen zwar einem Schadenersatzprozess, diene aber nur der Vollstreckung einer nicht mehr erfüllbaren Leistung; ein Schaden, der ausserhalb der gerichtlich zugesprochenen Sache liege, könne nicht geltend gemacht werden. Dem ist vorweg entgegenzuhalten, dass die kantonalen Instanzen im Taxationsverfahren kein Schadenersatzbegehren zu beurteilen, sondern eine geschuldete, aber nicht erzwingbare Sachleistung in eine Geldschuld umzuwandeln hatten. Dass sodann der Beschluss der letzten kantonalen Instanz über die Umwandlung mit der Berufung angefochten werden kann, hat das Bundesgericht schon im Entscheid 30 II 563 ff. angenommen. Es hielt das Rechtsmittel für zulässig, weil die im Taxationsverfahren festgesetzte Geldforderung auf dem gleichen Schuldgrund beruht wie die nicht erfüllbare Sachleistung, die bei der Umwandlung zu beachtenden Grundsätze ebenfalls dem materiellen Bundesrecht angehören und weil durch den Taxationsentscheid eine Zivilrechtsstreitigkeit endgültig erledigt wird. Dass der Entscheid nicht Urteil, sondern Beschluss genannt werde, sei unerheblich; ebenso ob er von einem ordentlichen oder besonderen Gericht und in welcher Prozessart er gefällt werde. Es hilft der Beklagten daher nicht, dass der Geldwert einer nicht erbringbaren Sachleistung seit 1913, als die heute noch geltende ZPO in Kraft getreten ist, im beschleunigten Verfahren festgesetzt wird (vgl. auch BGE 20 S. 79). Entgegen der Annahme der Beklagten anerkennen übrigens auch STRÄULI/HAUSER (Gesetze über die zürcherische Rechtspflege II, 2. Aufl. N. 4 zu § 376 ZPO), dass Taxationsentscheide mit der Berufung angefochten werden können.

Im gleichen Sinn hat das Bundesgericht mit Bezug auf Urteile entschieden, die im zürcherischen Befehlsverfahren gemäss § 292 ff. ZPO gefällt werden. Auch diesfalls genügt für die Zulässigkeit der Berufung, dass das summarische Verfahren zur endgültigen Beurteilung eines zivilrechtlichen Anspruches führte und kein ordentliches vorbehalten wurde (BGE 82 II 562 Erw. 3, 90 II 463 Erw. 1). Hier verhielt es sich nicht anders. Da auch die weiteren Voraussetzungen – Anfechtung eines Endentscheids und Streitwert von wenigstens Fr. 8'000 – erfüllt sind, ist auf die Berufung der Erben A. einzutreten."

BGE 116 II 376: "2. Die Berufung ist abgesehen von den in Art. 44 lit. a bis f und Art. 45 lit. b OG abschliessend aufgezählten Fällen nur in Zivilrechtsstreitigkeiten zulässig (Art. 44 Abs. 1 und Art. 46 OG; BGE 109 II 27 E. 1). Zu verstehen sind darunter Streitigkeiten, die in einem kontradiktorischen Verfahren ausgetragen werden, das die endgültige, dauernde Regelung zivilrechtlicher Verhältnisse zum Gegenstand hat (BGE 113 II 14 E. 2 mit Hinweisen). Streitigkeiten über die Anerkennung und Vollstreckung von Urteilen ausländischer Gerichte in der Schweiz sind nach konstanter Rechtsprechung selbst dann keine Zivilrechtsstreitigkeiten, wenn sich zivilrechtliche Vorfragen stellen. Denn diese Streitigkeiten haben die Anerkennung und Vollstreckung von Urteilen zum Gegenstand und nicht die Rechtsbeziehungen zwischen den Parteien (BGE 95 II 377 f. E. 1 mit Hinweisen).

Daran ändert auch der Umstand nichts, dass das im Zeitpunkt des Inkrafttretens des IPRG am 1. Januar 1989 hängige Anerkennungsverfahren nach den Voraussetzungen des neuen Bundesgesetzes zu beurteilen ist (Art. 199 IPRG). Ob sich die Voraussetzungen der Anerkennung wie vor dem 1. Januar 1989 nach kantonalem Prozessrecht oder nach der abschliessenden Anerkennungsordnung des IPRG richten (Botschaft zum IPRG vom 10. November 1982, BBl 1983 I 292; HANS ULRICH WALDER, Anerkennung und Vollstreckung ausländischer Urteile, in: Die allgemeinen Bestimmungen des IPRG, hrsg. von Y. HANGARTNER, S. 212; ANTON K. SCHNYDER, Das neue IPRG, S. 34), bleibt ohne Einfluss auf die Tatsache, dass es beim Anerkennungsverfahren um die Frage der Zulässigkeit der Durchsetzung ausländischer Entscheide in der Schweiz und nicht um materiellrechtliche Ansprüche geht, über die der ausländische Richter im zu vollstreckenden Urteil bereits entschieden hat.

3. Ist auf die Berufung nicht einzutreten, muss geprüft werden, ob diese in ein zulässiges anderes Rechtsmittel umgedeutet werden kann (BGE 112 II 516 E. 1d und e). Da auch die zivilrechtliche

Nichtigkeitsbeschwerde nicht gegen Anerkennungs- und Vollstreckungsentscheide offensteht (BIRCHMEIER, S. 252, N. 2c zu Art. 68 OG), fällt als Rechtsmittel einzig die staatsrechtliche Beschwerde in Betracht. ...

b) Zwischen der Schweiz und den U.S.A. besteht kein Abkommen über die Vollstreckung von Zivilurteilen, so dass die Staatsvertragsbeschwerde (Art. 84 Abs. 1 lit. c OG) zum vornherein ausgeschlossen ist. Ebenfalls ausgeschlossen ist die Zuständigkeitsbeschwerde (Art. 84 Abs. 1 lit. d OG); weder Art. 25 ff. IPRG noch Art. 94 ff. IRSG (SR-351-1) enthalten bundesrechtliche Zuständigkeitsvorschriften, die bestimmen, nach welchen Kriterien im Konfliktsfall die Anerkennung ausländischer Urteile durch den Strafrichter von der Anerkennung durch den Zivilrichter abzugrenzen ist (BGE 97 I 56 f.; KÄLIN, Das Verfahren der staatsrechtlichen Beschwerde, S. 123; MARTI, Die staatsrechtliche Beschwerde, 4. A. 1979, S. 45). Dass das von einem amerikanischen Zivilgericht aufgrund von englischem Zivilrecht gefällte, der Klägerin als Privatperson 'punitive damages' zuerkennende Urteil vom 10. Juni 1985 kein nach Art. 94 ff. IRSG zu vollstreckender Entscheid sein kann, ergibt sich im übrigen bereits aus Art. 94 Abs. 4 und Art. 95 Abs. 2 IRSG, wonach die Vollstreckung ausländischer Strafentscheide über Geldleistungen in der Schweiz auf Bussen einerseits und an den Staat zu zahlende Kosten anderseits beschränkt ist.

Als Beschwerdegrund bleibt die Verletzung verfassungsmässiger Rechte der Bürger (Art. 84 Abs. 1 lit. a OG). Da die Beklagte jedoch keine Verletzung eines verfassungsmässigen Rechts rügt, kommt mangels Begründung auch die Umdeutung in eine Verfassungsbeschwerde nicht in Frage (Art. 90 Abs. 1 lit. b OG)."

44 **BGE 104 II 287:** "1. b) Nach Art. 48 Abs. 1 OG ist die Berufung in der Regel erst gegen Endentscheide zulässig. Als Endentscheid gilt nach der Rechtsprechung nur ein Entscheid, durch den entweder über den materiellen Anspruch geurteilt oder dessen Beurteilung aus einem Grund abgelehnt wird, der es verbietet, dass der gleiche Anspruch zwischen den gleichen Parteien nochmals geltend gemacht wird (BGE 103 II 251 269, mit Hinweisen).

Teilurteile, d.h. Urteile, durch die nur über eines oder einzelne von mehreren in einem Prozess streitigen Rechtsbegehren entschieden wird, sind grundsätzlich keine Endentscheide und können daher nicht gesondert mit der Berufung ans Bundesgericht weitergezogen werden. Die Berufung soll nur einmal und darum erst in dem Stadium des Prozesses ergriffen werden können, in welchem die Streitsache dem Berufungsrichter in ihrem ganzen, an sich berufungsfähigen Umfang unterbreitet werden kann (BGE 100 II 429 91 II 60). Von diesem Grundsatz machte die Rechtsprechung ursprünglich nur insofern eine Ausnahme, als sie die Berufung gegen Entscheide, die nur einen Teil der streitigen Begehren erledigen, dann zuliess, wenn die nicht beurteilten Begehren von der kantonalen Instanz in einen andern, selbständigen Prozess verwiesen worden waren (BGE 100 II 429; 63 II 291, E. 2; 62 II 216, 227; 61 II 49 271; 60 II 361). In neuerer Zeit tritt das Bundesgericht jedoch aus Gründen der Prozessökonomie namentlich in Erbstreitigkeiten auch auf Berufungen gegen Urteile ein, durch die einzelne Begehren, die zum Gegenstand eines besonderen Prozesses hätten gemacht werden können und deren Beurteilung für den Entscheid über die andern Begehren präjudiziell ist, endgültig erledigt werden. So erachtete das Bundesgericht zum Beispiel in seinem Entscheid vom 11. November 1965 in Sachen Kläusli gegen Kleinert und Mitbeteiligte die Berufung gegen ein Urteil, das die in einem Erbteilungsprozess verlangte Zuweisung einer Liegenschaft zum Ertragswert nach Art. 620 ZBG ablehnte, als zulässig (vgl. auch BGE 89 II 185 ff., 188: Berufung gegen die Abweisung einer Widerklage auf Ungültigerklärung eines Erbvertrags; Entscheid vom 14. November 1968 in Sachen Buck gegen Buck: Berufung gegen ein Urteil über die in einem Erbteilungsprozess durch entsprechende Begehren aufgeworfene Frage, ob die Liegenschaft des Erblassers einem Lose zuzuscheiden oder zu versteigern sei; Entscheid vom 11. Juni 1970 in Sachen Steffen gegen Steffen: Berufung gegen ein Urteil, das in einem Erbstreit das Begehren auf Ungültigerklärung einer letztwilligen Verfügung vorweg behandelte und abwies; Entscheid vom 23. November 1972 in Sachen Häcki gegen Häcki: Berufung gegen ein Urteil, das in einem Erbteilungsprozess vorerst die Frage der Gültigkeit eines Vertrags im Sinne von Art. 636 ZGB behandelte).

Im vorliegenden Fall hat der Appellationshof nur über den Anspruch der Klägerin auf ungeteilte Zuweisung des landwirtschaftlichen Gewerbes zum Ertragswert bzw. die entsprechenden Gegenanträge der Beklagten befunden. Über die restlichen Klagebegehren (Feststellung des Nachlasses und Durchführung der Teilung unter Berücksichtigung des Ertrags- bzw. Verkehrswerts der Liegenschaften, der Vorempfänge, der Lidlöhne usw.) hat er noch nicht entschieden. Es liegt somit ein Teilurteil vor, das einen Anspruch, der für sich allein hätte eingeklagt werden können und dessen Beurteilung für die Behandlung der übrigen Begehren präjudiziell ist, in für das kantonale Verfahren endgültiger Weise materiell erledigt. Gegen ein solches Urteil ist die Berufung nach der angeführten neuern Rechtsprechung zulässig."

BGE 107 II 352: "Das Bundesgericht lässt seit langem Berufungen gegen Teilurteile, mit welchen nur einzelne von mehreren Rechtsbegehren erledigt werden, im Interesse der Prozessökonomie nicht zu, weil es sich nur einmal mit einem Prozess befassen will und deshalb die Rügen gegen den Teilentscheid mit der Berufung gegen den Endentscheid vorzubringen sind; ausgenommen wurden nur Fälle, in welchen die verbleibenden Rechtsbegehren in ein separates, von Anfang an neu beginnendes Verfahren verwiesen werden (BIRCHMEIER, S. 167; BGE 62 II 216, 100 II 429, 104 II 287 u.a.). Galt dieser Grundsatz vorerst nur für mehrere Rechtsbegehren zwischen den nämlichen Prozessparteien (objektive Klagenhäufung), nicht aber für Klagen gegen mehrere Beklagte (subjektive Klagenhäufung; BGE 63 II 348), so wurde er mit BGE 91 II 59 auch auf letztere ausgedehnt.

In der neueren Rechtsprechung wird die Frage der Prozessökonomie etwas anders beurteilt. Deshalb wird die Berufung gegen Teilurteile zugelassen, mit welchen über Begehren entschieden wird, die zum Gegenstand eines besonderen Prozesses hätten gemacht werden können und deren Beurteilung für den Entscheid über die verbleibenden Begehren präjudiziell ist (BGE 104 II 287 mit Hinweisen). Diese Rechtsprechung lässt sich zwar nicht ohne weiteres auf die subjektive Klagenhäufung übertragen, zeigt aber doch, dass der grundsätzliche Ausschluss der Berufung gegen Teilurteile Ausnahmen erfahren muss, wie dies Art. 50 Abs. 1 OG bei Vor- und Zwischenentscheiden zum Ausdruck bringt. In diesem Sinn verstand sich denn auch BGE 91 II 59 ausdrücklich nur als Regel, welche damals zur Verneinung der Berufung führte, weil keinerlei praktische Gründe für ihre Zulassung sprachen und mit ihr auch die Kosten des Beweisverfahrens nicht vermindert werden konnten (S. 62 E. 2). Vorliegend verhält es sich anders, da nach dem angefochtenen Urteil der Umfang des Beweisverfahrens über die Schadenshöhe in erheblichem Mass davon abhängt, ob alle sechs oder nur zwei der Beklagten zur Verantwortung gezogen werden. Auf die Berufung ist daher einzutreten, ohne dass im übrigen zu BGE 91 II 59 Stellung zu nehmen ist."

BGE 115 II 239: "b) Die Parteien halten die Berufung gemäss Art. 49 OG für zulässig, weil der Appellationshof die Klage mangels Zuständigkeit zurückgewiesen hat. Sie gehen somit von einem selbständigen Vor- oder Zwischenentscheid aus, der dem Begriff des Endentscheids gemäss Art. 48 OG gegenübersteht. Die beiden Arten unterscheiden sich namentlich dadurch, dass beim Endentscheid das Verfahren vor der angerufenen Instanz abgeschlossen ist, beim Vor- oder Zwischenentscheid dagegen fortgesetzt wird. Das Bundesgericht hat bisher Erledigungsentscheide, mit welchen kantonale Richter wegen Unzuständigkeit auf eine Klage nicht eingetreten sind oder sie zurückgewiesen haben, nicht einheitlich behandelt. Es scheint bald ohne jede Begründung (BGE 95 II 205 E. 1, 101 II 368 E. 1) oder ausdrücklich (BGE 100 II 263 E. 1, 102 II 391 E. 2) Art. 49 OG unterstellt, bald aber darauf ohne nähere Begründung Art. 48 OG angewendet (BGE 103 II 269 E. 1). Diese Unsicherheit, die allerdings nur in der Frage der Parteiverhandlung praktische Folgen hat (Art. 62 Abs. 2 OG), geht einerseits auf die Entstehung von Art. 49 OG zurück, mit dem die Möglichkeit, Vor- oder Zwischenentscheide sofort weiterzuziehen, eingeführt worden ist. Die Anfechtung des Endentscheids wegen Verletzung bundesrechtlicher Zuständigkeitsvorschriften sollte gemäss Art. 48 Abs. 3 OG nur ausgeschlossen sein, wenn diesem tatsächlich ein Entscheid über die Zuständigkeit vorausging (Botschaft zur Novelle, BBl 1943 S. 122). Anderseits ist die Unsicherheit, wie dies namentlich aus BGE 103 II 269 E. 1a und 71 III 194 E. 1 erhellt, mit dem Begriff des Endentscheids zu erklären, der aber nicht vorbehaltlos auf Nichteintretensentscheide übertragen werden darf.

Der eigentliche Anwendungsfall von Art. 49 OG ist entsprechend den Fällen von Art. 50 OG in einem Zwischenentscheid zu erblicken, mit dem der kantonale Richter eine Unzuständigkeitseinrede verwirft, seine Zuständigkeit also bejaht, um sodann das Verfahren bis zum Endentscheid weiterzuführen. Um solche Fälle ging es z.B. in BGE 97 II 182 E. 1, 96 II 86 E. 5, 94 II 295. Es widerspricht jedoch seinem Wortlaut und der Entstehungsgeschichte, wenn Art. 49 OG auch angewendet wird, wo nicht ein selbständiger Zwischenentscheid, sondern ein Erledigungsentscheid angefochten wird; diesem Fall entspricht vielmehr Art. 48 Abs. 1 OG. Die beiden Bestimmungen sind nach ihrem Sinn und Zweck daher wie folgt voneinander abzugrenzen: Verneint der kantonale Richter seine Zuständigkeit, so ist ein Endentscheid im Sinne von Art. 48 OG anzunehmen; wenn er sie bejaht, liegt entweder ein selbständiger oder ein unselbständiger Zwischenentscheid vor, der im ersten Fall nach Art. 49 OG, im zweiten dagegen gemäss Art. 48 Abs. 1 mit der Berufung gegen den Endentscheid angefochten werden kann (so auch LEUCH, N. 5 zu Art. 34 ZPO/BE). Ein Nichteintretensentscheid, der auf Verletzung bundesrechtlicher Zuständigkeitsvorschriften beruht, ist daher selbst dann nach Art. 48 OG berufungsfähig, wenn er nicht zu einem materiellen Rechtsverlust führt.

c) Zuständigkeitsvorschriften gehören an sich zum Verfahrensrecht, das gemäss Art. 64 Abs. 3 BV den Kantonen vorbehalten ist. Schranken dieses Vorbehalts zur Regelung der Zuständigkeit ergeben sich vereinzelt schon aus Sondervorschriften des materiellen Rechts, ferner aus dem Grundsatz der derogatorischen Kraft des Bundesrechts, wonach die Kantone mit ihren Verfahrensvorschriften die Wirksamkeit des Bundeszivilrechts nicht beeinträchtigen oder gar verunmöglichen dürfen; sie haben mit ihren Vorschriften vielmehr die Verwirklichung des materiellen Rechts zu gewährleisten, dem Rechtsuchenden bei hinreichendem Interesse ein Verfahren zur Verfügung zu stellen, in dem über sein Sachvorbringen durch Urteil, d.h. kraft staatlicher Autorität, entschieden wird (BGE 112 II 484/85, 111 Ia 174 E. 4c).

Für den Anspruch des Klägers fehlt, sofern er sich auf Bundeszivilrecht abstützen lässt, eine ausdrückliche eidgenössische Zuständigkeitsregel. Die kantonale Zuständigkeit hängt mittelbar indes so oder anders vom Bundesrecht ab, nämlich von der Vorfrage, ob der Anspruch privatrechtlicher oder öffentlichrechtlicher Natur ist. Eine solche Vorfrage kann gemäss Art. 43 OG dem Bundesgericht unterbreitet werden, wenn das eidgenössische Recht dem kantonalen gebietet, dem Entscheid über die Vorfrage Rechnung zu tragen (BGE 103 II 76 E. 1 und 102 II 393 E. 6 mit Hinweisen). Diese Voraussetzung ist hier erfüllt. Der Entscheid über die materiellrechtliche Qualifikation des Anspruchs beschlägt nicht bloss die innerkantonale Zuständigkeitsordnung, sondern gibt auch Antwort darauf, ob die Streitsache nach kantonalem Prozessrecht oder im Verfahren der verwaltungsrechtlichen Klage gemäss Art. 116 ff. OG zu beurteilen sei. Kann der Kläger sich aber auf Art. 56 OR berufen, so hat er auch einen bundesrechtlichen Anspruch darauf, dass die Vorinstanz seine Klage materiell beurteile (BGE 101 II 377 E. 1)."

Die Berufung ist nicht zulässig gegen Entscheide unterer kantonaler Gerichte (BGE 117 II 505):

47   **BGE 117 II 505:** "c) Hätte sodann das Bundesgericht auf Berufungen gegen Erstreckungsurteile unterer Gerichte einzutreten, denen bloss der Entscheid einer Schlichtungsbehörde vorausging, wäre die umfassende Beurteilung durch mindestens zwei kantonale Instanzen nicht gewährleistet. Denn für Entscheide von Schlichtungsbehörden sehen die Kantone ein summarisches Verfahren vor. Es ist insbesondere durch Beweismittelbeschränkungen gekennzeichnet (so auch Art. 13 der obwaldnerischen Ausführungsbestimmungen), ähnlich wie das Verfahren, in dem über vorläufigen Rechtsschutz aufgrund glaubhaft zu machender Ansprüche befunden wird (vgl. BBl und Amtl. Bull. je a. a. O.; ausführlich GMÜR, a. a. O., insbesondere S. 122, 125 f., 130 ff.). Entscheidet der ordentliche Richter im Anschluss an ein solches Verfahren endgültig, so wird sein Urteil auch nicht als zweitinstanzlicher Entscheid im Sinne von Art. 48 Abs. 2 lit. a OG betrachtet. Dementsprechend behandelt auch der Kassationshof richterliche Entscheide, denen ein Strafbefehl oder ein Entscheid einer Verwaltungsbehörde vorausgegangen ist, als Entscheide einziger kantonaler Instanzen und tritt nach Art. 268 Ziff. 1 Satz 2 BStP auf Nichtigkeitsbeschwerden nicht ein (BGE 116 IV 78 mit Hinweisen).

ZPO: Anhang zu § 299

3. Hat der Gerichtsausschuss somit als einzige kantonale Instanz entschieden, erweist sich die Berufung als unzulässig."

Ergänzung in **BGE 119 II 189** (Kantone, welche die Gerichtsorganisation so treffen, dass untere kantonale Gerichte endgültig entscheiden, verletzen den Grundsatz der derogatorischen Kraft des Bundesrechts):

BGE 119 II 189: "5. a) L'obligation ainsi faite aux cantons d'organiser la compétence de leurs autorités judiciaires de manière à ne pas exclure la recevabilité du recours en réforme dans les causes pouvant en faire l'objet resterait souvent lettre morte si l'on ne reconnaissait pas directement aux justiciables le droit d'en invoquer la violation. Il n'est donc plus possible d'admettre, comme par le passé, que semblable obligation ne consiste qu'en une simple invitation faite aux législateurs cantonaux. Il faut poser, au contraire, que le tribunal suprême du canton qui refuse – en application du droit de procédure cantonal – d'entrer en matière sur un recours ordinaire formellement recevable et de rendre un jugement au fond pouvant être attaqué par la voie du recours en réforme viole le principe de la force dérogatoire du droit fédéral. Cette violation peut être sanctionnée par le Tribunal fédéral, soit sur recours de droit public, dans le cadre de la procédure du contrôle abstrait des normes (WURZBURGER, op. cit., p. 174), soit sur recours en réforme interjeté dans un cas concret par celui qui la subit (POUDRET, COJ, n. 1.2.4 ad art. 48). Ce dernier moyen de droit permet donc au Tribunal fédéral d'obliger le tribunal suprême d'un canton à entrer en matière sur un recours ordinaire déposé contre un jugement rendu en instance unique par un tribunal inférieur dans l'une des causes visées aux art. 44 à 46 OJ.

b) Au vu de ce qui précède, il apparaît que le Tribunal cantonal valaisan s'est fondé sur des motifs contraires au droit fédéral pour déclarer irrecevable l'appel interjeté par la recourante. Le présent recours doit, en conséquence, être admis, ce qui entraîne l'annulation dudit jugement et le renvoi de la cause à la cour cantonale pour qu'elle examine les moyens soulevés par l'appelante. Il va de soi qu'elle ne le fera que si les conditions formelles de recevabilité sont remplies en l'espèce."

BGE 91 II 72: "4. Nach Art. 67 Ziff. 3 Abs. 1 Satz 1 OG sind Anträge auf Überprüfung der tatsächlichen Feststellungen der kantonalen Instanz über technische Verhältnisse und auf Anordnung von Beweismassnahmen im Sinne von Ziff. 1 sowie Anträge auf Zulassung neuer Tatsachen und Beweismittel im Sinne von Ziff. 2 Abs. 2 in der Berufungsschrift oder -antwort zu stellen und zu begründen. Anträge auf Zulassung neuer Tatsachen und Beweismittel sind gemäss Ziff. 3 Abs. 1 Satz 2 auch noch innert der auf Gesuch hin hiefür eingeräumten weitern Frist zulässig (vgl. BGE 86 II 197 unten). Falls vom Bundesgericht ein Gutachten angeordnet wurde, sind die Parteien gemäss Ziff. 3 Abs. 2 in Verbindung mit Art. 60 Abs. 1 BZP ausserdem befugt, innert der Frist, die ihnen nach der zuletzt genannten Bestimmung zu eröffnen ist, die Erläuterung oder Ergänzung des Gutachtens oder eine neue Begutachtung und die Zulassung neuer Tatsachen und Beweismittel zu beantragen. Diese Vorschriften bestimmen abschliessend, bei welchen Gelegenheiten die Parteien im Berufungsverfahren in Patentprozessen schriftliche Anträge mit Bezug auf die Anordnung von Beweismassnahmen und die Zulassung neuer Tatsachen und Beweismittel stellen dürfen. Hier nicht vorgesehene Eingaben zu diesen Gegenständen sind unzulässig. Die Parteien sind entgegen der Auffassung der Beklagten namentlich nicht berechtigt, binnen zehn Tagen, nachdem der Instruktionsrichter seine Beweiserhebungen als abgeschlossen erklärt hat, eine Ergänzung zu beantragen. Art. 67 BZP, auf den die Beklagte sich beruft, gilt für das Berufungsverfahren in Patentsachen nicht. Art. 67 Ziff. 4 OG erklärt für die Beweismassnahmen des Bundesgerichts in diesem Verfahren nur die Art. 36, 65 und 68 BZP als entsprechend anwendbar. Hätte der Gesetzgeber auch Art. 67 BZP angewendet wissen wollen, so hätte er diese Bestimmung in Art. 67 Ziff. 4 OG zweifellos neben Art. 68 BZP aufgeführt. Aus der Nichterwähnung des Art. 67 BZP ist also zu schliessen, dass er in diesem Verfahren nicht gelten soll. Dieser Schluss rechtfertigt sich um so eher, als die in Art. 67 Ziff. 4 OG genannten Bestimmungen des BZP für die Regelung der vom Bundesgericht gemäss Art. 67 OG allenfalls zu treffenden Beweismassnahmen durchaus genügen und Art. 67 Ziff. 3 OG den Parteien hinlänglich Gelegenheit bietet, ihre Anträge auf weitere Abklärung des Tatbestands schriftlich zur Geltung zu bringen.

> Den Parteien ist dagegen gestattet, in der Berufungsverhandlung die Anträge, die sie in der Berufungsschrift oder -antwort oder innert der Fristen gemäss Art. 67 Ziff. 3 Abs. 1 Satz 2 OG oder 60 Abs. 1 BZP gestellt haben, zu erneuern und sich mit den Verfügungen des Instruktionsrichters über diese Anträge auseinanderzusetzen. Sie haben jedoch keinen Anspruch darauf, dass das Gericht zu solchen Ausführungen vor der Verhandlung und Beratung über die Sache selbst Stellung nehme. Ob weitere Beweismassnahmen zu treffen und die im Berufungsverfahren vorgebrachten neuen Tatsachen und Beweismittel zuzulassen seien oder nicht, lässt sich in der Regel nur im Zusammenhang mit der Behandlung der Sache selbst zuverlässig entscheiden.
>
> Nach diesen Grundsätzen ist von den schriftlichen Äusserungen der Beklagten, die den Tatbestand und das Beweisverfahren betreffen, neben den bezüglichen Ausführungen in der Berufungsschrift nur die Eingabe vom 27. Oktober 1964 zu beachten, die innert der den Parteien gemäss Art. 60 Abs. 1 BZP eröffneten Frist einging. Die spätern Eingaben vom 21. Dezember 1964 und 11. Januar 1965 wurden vom Instruktionsrichter mit Recht als unzulässig bezeichnet. Dem heutigen Begehren der Beklagten, den in der Berufungsschrift und in der Eingabe vom 27. Oktober 1964 gestellten, heute mündlich wiederholten Antrag auf Bestellung eines neuen chemischen Sachverständigen vor der Verhandlung über die Sache selbst zu beurteilen, war nicht zu entsprechen."

2. Die bundesrechtliche Nichtigkeitsbeschwerde in Zivilsachen

50 Die bundesrechtliche Nichtigkeitsbeschwerde in Zivilsachen ist im Regelfall kassatorisch (in spruchreifen Gerichtsstandsfragen kann das Bundesgericht nach Art. 68 Abs. 1 lit. e OG reformatorisch entscheiden), ein unvollkommenes Rechtsmittel, weil es auf wenige Rügen beschränkt ist und Tatsachenfeststellungen nicht überprüfbar sind; es ist ein ausserordentliches Rechtsmittel ohne gesetzlichen Suspensiveffekt (dieser kann beantragt werden, vgl. Art. 70 OG) und ohne Novenrecht. Wie die Berufung dient die Nichtigkeitsbeschwerde dem Durchsetzen der derogatorischen Kraft des Bundesrechts. Gegenüber der Berufung ist sie subsidiär. Wie bei der Berufung muss es sich um eine Zivilsache handeln, nicht aber notwendigerweise um eine streitige Zivilsache. Entscheide im Bereich der freiwilligen Gerichtsbarkeit sind daher der Nichtigkeitsbeschwerde zugänglich (vgl. 107 II 506). Sie ist beim iudex a quo zu erheben; es gilt kein schriftliches Verfahren ohne mündliche Verhandlung (Art. 71 bis 73 OG); subsidiär gelten die Vorschriften über die Berufung sinngemäss (Art. 74 OG). Die Rügen sind wie folgt beschränkt:

51 – Die Vorinstanz lege kantonales Recht anstatt Bundesrecht zugrunde (Art. 68 Abs. 1 lit. a OG); nicht rügbar wäre, der Kanton habe das Bundesrecht zwar angewendet, dieses jedoch unrichtig ausgelegt. Dies wäre mit Berufung geltend zu machen; falls diese nicht möglich ist, hat man eine staatsrechtlichen Beschwerde (Willkür, Art. 4 Abs. 1 BV) zu führen.

52 – Die Vorinstanz habe ausländisches Recht statt Bundesrecht oder Bundesrecht statt ausländisches Recht angewendet (Art. 68 Abs. 1 lit. b OG).

53 – Die Vorinstanz habe nicht das durch das IPRG vorgeschriebene ausländische Recht zugrunde gelegt (Art. 68 Abs. 1 lit. c OG).

54 – Die Vorinstanz habe Art. 16 IPRG verletzt, indem sie das ausländische Recht überhaupt nicht oder nicht genügend sorgfältig ermittelt habe (Art. 68 Abs. 1 lit. d OG).

55 – Die Vorinstanz habe bundesrechtliche Zuständigkeitsvorschriften, einschliesslich solcher kraft Staatsverträgen, verletzt (Art. 68 Abs. 1 lit. e OG). Der Beschwerdeführer kann vorbringen, bundesrechtlich sei die erste und nicht die zweite Instanz für vorsorgliche Massnahmen zuständig oder anstelle des bundesrechtlich zuständigen Obergerichts habe nur dessen Präsident die vorsorglichen Massnahmen verfügt (vgl. BGE 104 II 56); ebenfalls mit Nichtigkeitsbeschwerde rügen kann man, die Vorinstanz habe zu Unrecht den Gerichtsstand am Sitz des beklagten Versicherungsunternehmens nach Art. 84 SVG verneint (BGE 112 II 367).

– Nicht mit eidgenössischer Nichtigkeitsbeschwerde ist die Verletzung von Art. 59 BV zu rügen; dafür bleibt nur die staatsrechtliche Beschwerde offen.   56

– Die inhaltlich unrichtige Anwendung und Auslegung von Bundesprivatrecht bildet keinen Beschwerdegrund (BGE 104 II 123). Hier ist nur die bundesrechtliche Berufung möglich; wenn diese beispielsweise mangels eines hinreichenden Streitwerts nicht greift, bleibt nur die staatsrechtliche Beschwerde (Willkürbeschwerde) wegen Verletzung von Art. 4 Abs. 1 BV.   57

Selbständige kantonal letztinstanzliche Zwischenentscheide über die sachliche und örtliche Zuständigkeit unterliegen der Berufung; die Rügen können bei der Berufung auch erst gegen den Endentscheid erhoben werden; sind sie der Berufung nicht zugänglich, weil der Streitwert nicht erreicht wird, so müssen selbständige kantonal letztinstanzliche Entscheide sofort, nicht erst mit dem Endentscheid durch Nichtigkeitsbeschwerde angefochten werden (Art. 68 Abs. 2 OG; vgl. BGE 80 III 154). Im Unterschied zur Berufung ist kein Mindeststreitwert und kein Endentscheid notwendig; sie ist daher gegen Entscheide über vorsorgliche Massnahmen zulässig, sofern die kantonalen Rechtsmittel erschöpft sind: 58

BGE 104 II 56: "4. Sobald der Hauptprozess hängig ist, ist nach Art. 11 Abs. 3 UWG ausschliesslich dessen Richter dafür zuständig, vorsorgliche Massnahmen zu erlassen oder aufzuheben. Die Beschwerdeführerin sieht im Umstand, dass nicht das für den Hauptprozess zuständige Obergericht, sondern dessen Präsident ihr vorsorgliches Massnahmebegehren behandelte, sowohl eine Anwendung von kantonalem Recht statt des massgebenden eidgenössischen Rechts im Sinne von Art. 68 Abs. 1 lit. a OG als auch eine Verletzung von Vorschriften des eidgenössischen Rechts über die Zuständigkeit der Behörden im Sinne von Art. 68 Abs. 1 lit. b OG.   59

Der Obergerichtspräsident beruft sich auf eine thurgauische Praxis, wonach in Fällen wie dem vorliegenden nicht 'das Obergericht als Plenum, sondern das Obergerichtspräsidium' für den Erlass vorsorglicher Massnahmen zuständig sei. Zu prüfen ist im folgenden nur, ob diese Praxis vor Art. 11 Abs. 3 UWG standhält. Da diese Bestimmung nach Eintritt der Rechtshängigkeit des Hauptprozesses dessen Richter für den Erlass vorsorglicher Massnahmen als zuständig erklärt, wäre es jedenfalls nicht zulässig, ein diesbezügliches Begehren losgelöst vom Hauptprozess in einem besonderen Verfahren zu befinden. Das trifft im vorliegenden Fall indes nicht zu; vielmehr handelte der Obergerichtspräsident offenkundig als Vorsitzender des erkennenden Gerichts. Auf die Frage, ob Art. 11 Abs. 3 UWG eine solche interne Delegation zulasse, geben weder Literatur noch Rechtsprechung eine Antwort; ebenso verhält es sich auch hinsichtlich des gleichlautenden Art. 78 Abs. 1 PatG. Hingegen erklärte der Bundesrat in seiner Botschaft vom 3. November 1942 zu Art. 12 Abs. 3 des Entwurfes, der dem Art. 11 Abs. 3 UWG entspricht, dass es sich nach dem kantonalen Prozessrecht bestimme, 'Ob der Entscheid im Einzelfall vom betreffenden Gesamtgericht, von dessen Präsidenten oder von einem allfälligen Instruktionsrichter auszugehen habe' (BBl 1942 S. 708). Eine solche Auslegung entspricht durchaus dem Sinn und Zweck des Gesetzes und rechtfertigt sich insbesondere auch deshalb, weil es praktische Gründe waren, die zur Vorschrift von Art. 11 Abs. 3 UWG führten (vgl. BBl 1942 S. 708). Je nach Organisation und Zusammensetzung des erkennenden Gerichts lässt sich eine solche Delegation nämlich nicht umgehen. Der Obergerichtspräsident beruft sich denn auch auf einen Entscheid des Obergerichtspräsidiums vom 21. Juli 1965, der auf einem Beschluss des Gesamtobergerichts beruht. Dort wird ausgeführt, dass das thurgauische Obergericht nicht jederzeit zusammentreten könne, um einstweilige Verfügungen mit der nötigen Raschheit zu treffen, da sich im Thurgau nur die drei erstgewählten Oberrichter ständig am Amtssitz aufhielten, die andern aber nur zu den Sitzungen erschienen. Im übrigen war im kantonalen Verfahren selbst die Beschwerdeführerin noch der Auffassung, dass gegebenenfalls der Obergerichtspräsident für den Erlass vorsorglicher Massnahmen zuständig wäre, führte sie doch in ihrer Eingabe an das Obergericht vom 26. April 1977 im Zusammenhang mit der Begründung ihres vorsorglichen Massnahmebegehrens wörtlich aus: 'Gemäss Art. 11 Abs. 3 UWG ist das Obergericht bzw. dessen Präsident zur Anordnung vorsorglicher Massnahmen nach Einleitung des Hauptprozesses zuständig.' Weshalb sie sich nun auf den gegenteiligen Rechtsstandpunkt stellt, legt sie in ihrer Eingabe an das Bundesgericht nicht dar."

60 **BGE 107 II 505:** "2. In erster Linie stellt sich die Frage, ob die Nichtigkeitsbeschwerde gegen die Bestellung des Vormunds überhaupt zulässig ist. Nach Egger, N. 6 zu Art. 388 ZGB, sind sowohl die Berufung als auch die Nichtigkeitsbeschwerde ausgeschlossen; nach seiner Meinung kann die Ernennung eines Vormunds lediglich mit der staatsrechtlichen Beschwerde beim Bundesgericht angefochten werden.

Gemäss Art. 68 Abs. 1 OG ist die Nichtigkeitsbeschwerde in Zivilsachen, die nicht der Berufung unterliegen, zulässig. Nach ständiger Rechtsprechung liegt eine Zivilsache schon dann vor, wenn das dem Streit zugrundeliegende Rechtsverhältnis dem Zivilrecht angehört (BGE 95 II 301, 85 II 288 E. 1b, 72 II 309 E. 2 und 334 E. 1). Auch wenn das Vormundschaftsrecht vom öffentlichen Recht in erheblichem Masse mitgeprägt wird, so stellen die vormundschaftlichen Massnahmen und insbesondere die Ernennung eines Vormunds doch eine Zivilsache im Sinne von Art. 68 Abs. 1 OG dar. Dass sich das kantonale Verfahren vor den Verwaltungsbehörden und nicht vor den Gerichten abgespielt hat, ist in diesem Zusammenhang ohne Bedeutung (BGE 79 II 248/9).

Hingegen handelt es sich nicht um eine Zivilrechtsstreitigkeit gemäss Art. 44 OG. Einer solchen liegt stets ein kontradiktorisches Verfahren, an dem zwei gleichgestellte Parteien beteiligt sind, zugrunde (BGE 104 II 164 E. 3b mit Hinweisen). Hier tritt die Vormundschaftsbehörde jedoch kraft ihres Amtes auf, und das Mündel ist ihr untergeordnet. Umstrittene vormundschaftliche Massnahmen sind denn auch der nichtstreitigen Gerichtsbarkeit zuzurechnen. Auch in solchen Fällen ist die Berufung ans Bundesgericht möglich, sofern einer der in Art. 44 lit. a-f OG abschliessend aufgezählten Berufungsgründe vorliegt. Dazu gehört die Ernennung des Vormunds nicht (BGE 91 II 176 oben). Insbesondere kann sie nicht unter Art. 44 lit. e OG subsumiert und der Entmündigung oder Anordnung einer Beistandschaft zugezählt werden. Ist die Berufung demnach im vorliegenden Fall ausgeschlossen, so sind die Voraussetzungen für die Zulässigkeit der Nichtigkeitsbeschwerde grundsätzlich zu bejahen.

3. Es ist indessen weiter zu prüfen, ob die allgemeine, für jedes Rechtsmittel geltende Voraussetzung des Eintretens, nämlich das Vorliegen eines rechtsschutzwürdigen Interesses der Beschwerdeführerin an der verlangten gerichtlichen Entscheidung gegeben sei (BGE 85 II 289; BIRCHMEIER, Handbuch des OG, N. 7 zu Art. 68 OG, S. 260).

Nach Art. 381 ZGB haben das Mündel oder dessen Vater oder Mutter das Recht, der Vormundschaftsbehörde eine Person ihres Vertrauens als Vormund vorzuschlagen. Sprechen nicht wichtige Gründe dagegen, so soll diesem Vorschlag Folge geleistet werden. Daraus darf aber nicht ein Anspruch auf die Wahl der vorgeschlagenen Person abgeleitet werden. Der Vorschlag ist für die Vormundschaftsbehörde keinesfalls bindend (KAUFMANN, N. 6 a zu Art. 381 ZGB; EGGER, N. 4 zu Art. 380/81 ZGB). Man kann sich allerdings fragen, ob nicht dem Mündel selber ein rechtlich geschütztes Interesse an der Wahl der von ihm vorgeschlagenen Person zuzuerkennen wäre, sofern keine wichtigen Gründe gegen diese Person sprechen. So kommt insbesondere den Wünschen des zu Bevormundenden bei Entmündigten stärkeres Gewicht zu als bei Unmündigen (EGGER, N. 11 zu Art. 380/81 ZGB). Indessen kann diese Frage hier offen gelassen werden. Es ist zum vorneherein klar, dass dasselbe nicht für Vater oder Mutter des Mündels gelten kann, die lediglich ein tatsächliches Interesse an der Person des vorzuschlagenden Vormunds haben können. Denn bei Art. 381 ZGB handelt es sich um eine Vorschrift, die ausschliesslich im öffentlichen Interesse und nicht im privaten der Eltern des Mündels aufgestellt worden ist. Die Vormundschaft ist eine öffentliche Angelegenheit, und ihre Ausgestaltung lässt die persönliche Rechtsstellung der Eltern des Mündels unberührt (nicht veröffentlichtes Urteil des Bundesgerichts i.S. St. gegen Regierungsrat Solothurn vom 30. Oktober 1944). Kommt den Eltern des Mündels aber lediglich ein tatsächliches oder mittelbares Interesse an der Person des Vormunds zu, so werden sie durch die Nichtwahl der vorgeschlagenen Person nicht in ihren rechtlich geschützten Interessen beeinträchtigt. Der Beschwerdeführerin als Mutter des Mündels ist daher die Legitimation zur Nichtigkeitsbeschwerde abzusprechen, weshalb auf ihre Beschwerde nicht eingetreten werden kann.

EGGER, N. 6 zu Art. 388 ZGB, hat demnach mit Recht sowohl die Berufung als auch die Nichtigkeitsbeschwerde im Zusammenhang mit Art. 381 ZGB ausgeschlossen. Die gleiche Ansicht vertritt auch Falb, Zum Vorrecht des nahen Verwandten bei der Bestellung des Vormunds (Art. 380 ZGB), ZVW 3/1948 S. 13."

Die bundesrechtliche Nichtigkeitsbeschwerde ist ausgeschlossen, wenn die bundesrechtliche Berufung zulässig ist. Da nach Art. 68 Abs. l bis OG kantonale Beschwerdeentscheide in Schiedssachen endgültig sind, ist die Nichtigkeitsbeschwerde unzulässig (in Frage kommt die staatsrechtliche Beschwerde). 60a

3. Die staatsrechtliche Beschwerde in Zivilsachen

Man unterscheidet die Verfassungsbeschwerde, die Konkordatsbeschwerde und die Staatsvertragsbeschwerde. Die staatsrechtliche Beschwerde ist nur gegen Endentscheide zulässig; sie ist subsidiär zur bundesrechtlichen Berufung und zur bundesrechtlichen Nichtigkeitsbeschwerde; nur bei der Rüge von Art. 59 BV geht die Verfassungsbeschwerde der Berufung vor. Die staatsrechtliche Beschwerde ist unter bestimmten Voraussetzungen auch gegen letztinstanzliche Zwischenentscheide zulässig (BGE 116 Ia 447). 61

Wenn man bei der letzten kantonalen Instanz nicht alle Rügen anbringen konnte, weil dieser nur eine beschränkte Kognition zukommt, kann man gleichzeitig noch den Entscheid der unteren kantonalen Instanz mit jenen Rügen anfechten, welche man infolge der beschränkten Kognition bei der letzten kantonalen Instanz nicht vorbringen konnte. Dies gilt auch dann, wenn die letzte kantonale Instanz nur eine Willkürprüfung hatte (BGE 111 Ia 354, 115 Ia 414, 94 I 462). Unzulässig ist eine staatsrechtliche Beschwerde wegen Verletzung zivilrechtlicher Bestimmungen von Staatsverträgen (Art. 84 Abs. l lit. c OG). 62

Verfassungsbeschwerden, dazu gehören u.a.: 63
– Willkürverbot (Art. 4 BV): dabei muss der Beschwerdeführer darlegen, der angefochtene Entscheid verstosse dadurch gegen das Willkürverbot, dass ... (eine eingehende Substantiierung und Begründung ist Eintretensvoraussetzung).
– Verletzung der Garantie des verfassungsmässigen Richters (Art. 58 BV)
– Verletzung der Garantie des Wohnsitzrichters (Art. 59 BV, diese Bestimmung wird zunehmend vor allem über Staatsverträge ihres Sinnes entleert, indem der Modegerichtsstand am Wohnsitz des Klägers ihn verdrängt);
– Verletzung des Anspruchs auf Gleichstellung zwischen Bürgern verschiedener Kantone im gerichtlichen Verfahren (und in der sonstigen Gesetzgebung), Art. 60 BV;
– Anspruch auf Vollstreckungshilfe (Rechtshilfe) im andern Kanton, Art. 61 BV

Die Legitimation zur staatsrechtlichen Beschwerde bestimmt sich ausschliesslich nach Bundesrecht (Art. 88 OG). Der letztinstanzliche kantonale Entscheid muss den Beschwerdeführer in seinen rechtlich geschützten eigenen Interessen beschweren, und zwar aktuell beschweren. Sogenannte Nachteile bloss tatsächlicher Natur sollen nicht genügen. So wurde etwa den Pflegeeltern die Legitimation abgesprochen, gegen einen Entscheid, der die Rückgabe des Kinds an die Eltern anordnete, staatsrechtliche Beschwerde zu führen (BGE 110 Ia 78). Eltern, welche die Ernennung eines Vormunds für ihr Kind mit staatsrechtlicher Beschwerde anfochten, sollen dazu nicht legitimiert sein (BGE 107 Ia 343). Die Rechtsprechung zur Anerkennung der Legitimation zur staatsrechtlichen Beschwerde ist wenig durchsichtig, wirkt gekünstelt und scheint stark von Zufälligkeiten abhängig. In der Regel kann der Beschwerdeführer keine neuen tatsächlichen oder rechtlichen Ausführungen und Einwendungen erst in der staatsrechtlichen Beschwerde vorbringen. Das Bundesgericht lässt unter bestimmten Voraussetzungen neue rechtliche Vorbringen ausnahmsweise zu, wenn dazu erst der angefochtene Entscheid veranlasst (BGE 113 Ia 339). Ausserhalb der Willkürbeschwerde sind ergänzende rechtliche Erörterungen nur zulässig, wenn die Vorinstanz freie Kognition besass und sie das Recht von Amtes wegen anwenden musste. 64

In BGE 99 Ia 122 heisst es:

65 **BGE 99 Ia 22:** "Neue Einwendungen, die in einer staatsrechtlichen Beschwerde wegen Willkür erhoben werden, sind grundsätzlich unzulässig, selbst wenn die letzte kantonale Instanz freie Kognition besass und das Recht von Amtes wegen anzuwenden hatte (BGE 94 I 144; 98 Ia 52 E. 1). Ausnahmen werden für Vorbringen gemacht, zu deren Geltendmachung erst die Begründung des angefochtenen Entscheids Anlass gab, und für Gesichtspunkte, die sich aufdrängen und daher von der kantonalen Instanz offensichtlich von Amtes wegen hätten berücksichtigt werden müssen (BGE 77 I 9; 94 I 144/145). Ob die Rüge, welche die Beschwerdeführerin aus der langen Dauer des kantonalen Verfahrens herleitet, unter eine dieser Ausnahmen falle, kann indessen offengelassen werden, da sie auf keinen Fall durchdringt."

66 **BGE 117 Ia 394:** "1. a) Das Bundesgericht prüft die Zulässigkeit der staatsrechtlichen Beschwerde von Amtes wegen und mit freier Kognition (BGE 116 Ia 79 E. 1; 114 Ia 81 E. 1, 223 E. 1b, 462 E. 1).

b) Die vorliegende Beschwerde richtet sich sowohl gegen das Urteil des Kassationsgerichts des Kantons Zürich vom 10. Oktober 1990 als auch gegen das Urteil des Obergerichts des Kantons Zürich vom 5. September 1989.

Mit der staatsrechtlichen Beschwerde kann – von hier nicht zutreffenden Ausnahmen abgesehen – nur ein letztinstanzlicher kantonaler Entscheid angefochten werden (Art. 86 f. OG). Der Entscheid einer unteren Instanz kann dann mitangefochten werden, wenn die letzte kantonale Rechtsmittelinstanz nicht alle Fragen, die Gegenstand der staatsrechtlichen Beschwerde bilden, beurteilen konnte, oder wenn sie die Rügen nur mit einer engeren Kognition, als sie dem Bundesgericht zukommt, zu überprüfen befugt war. In solchen Fällen kann ausnahmsweise auch das vorangegangene kantonale Sachurteil mitangefochten werden. War jedoch die Überprüfungsbefugnis der letzten kantonalen Behörde nicht beschränkter als diejenige des Bundesgerichts im Verfahren der staatsrechtlichen Beschwerde, so kann sich die Beschwerde nur gegen den letzten kantonalen Entscheid richten (BGE 115 Ia 414 f.; 114 Ia 311 E. 3a mit Hinweisen).

aa) Die Kognition, über die das Kassationsgericht bei der Beurteilung der Nichtigkeitsbeschwerde gemäss § 281 ff. ZPO/ZH verfügte, war nicht eingeschränkter als die Überprüfungsbefugnis, die dem Bundesgericht beim Entscheid über die Rüge der Verletzung von Art. 4 BV zukommt (vgl. STRÄULI/MESSMER, Kommentar zur zürcherischen Zivilprozessordnung, 2. Aufl., Zürich 1982, N 45 f. zu § 281; OSCAR VOGEL, Grundriss des Zivilprozessrechts, 2. Aufl., Bern 1988, S. 290 f.). Soweit mit der staatsrechtlichen Beschwerde auch das Urteil des Obergerichts als gegen Art. 4 BV verstossend gerügt wird, kann daher nicht darauf eingetreten werden.

bb) Demgegenüber überprüft das Bundesgericht die Anwendung von kantonalem Verfassungsrecht grundsätzlich frei (BGE 114 Ia 170 E. 2b; 112 Ia 342 E. 2 mit Hinweisen); ebenso besteht freie Kognition bei der Beurteilung von schwerwiegenden Eingriffen in die persönliche Freiheit (BGE 114 Ia 283 E. 3; 112 Ia 162 f. E. 3a mit Hinweisen). Soweit der Beschwerdeführer geltend macht, die kantonalen Instanzen hätten das Recht auf persönliche Freiheit, Art. 7 KV/ZH sowie Art. 3 und 5 EMRK, verletzt, reicht die Kognition des Bundesgerichts somit weiter als diejenige des Kassationsgerichts, war doch bei der Beurteilung der kantonalen Nichtigkeitsbeschwerde lediglich zu prüfen, ob die Vorinstanz gegen 'klares materielles Recht' verstossen hatte (§ 281 Ziff. 3 ZPO). Insofern könnte das Urteil des Obergerichts mitangefochten werden. Dem Eintreten auf die genannten Rügen stehen jedoch die nachfolgenden Gründe entgegen (E. 1c).

c) Weil das staatsrechtliche Beschwerdeverfahren nicht das vorangegangene kantonale Verfahren weiterführt, sondern als ausserordentliches Rechtsmittel ein selbständiges staatsgerichtliches Verfahren darstellt, das der Kontrolle kantonaler Hoheitsakte unter dem spezifischen Aspekt ihrer Verfassungsmässigkeit dient, prüft das Bundesgericht nur klar und detailliert erhobene Rügen (BGE 115 Ia 14 E. 2b, 30 und 100 E. 5a). Zur tatsächlichen und rechtlichen Substantiierung von staatsrechtlichen Beschwerden hat der Beschwerdeführer gemäss Art. 90 Abs. 1 lit. b OG ausser dem wesentlichen Sachverhalt nicht nur die als verletzt behaupteten Rechtssätze zu nennen, sondern auch darzulegen, inwiefern diese Rechtssätze bzw. Rechte verletzt sein sollen (BGE 115 Ia 14 E. 2; 110 Ia 3 E. 2a).

Diesen gesetzlichen Anforderungen vermag die Beschwerde nicht in allen Teilen zu genügen. Namentlich setzt sich der Beschwerdeführer mit der von ihm angerufenen verfassungsmässigen Garantie der persönlichen Freiheit bzw. mit Art. 3 und 5 EMRK und den Bestimmungen von Art. 7 KV/ZH sowie Art. 5 Ziff. 5 EMRK, welche bei rechtswidriger Festnahme einen Anspruch auf Schadenersatz und Genugtuung gewährleisten, nicht in einer den genannten Anforderungen genügenden Form auseinander. Er legt nicht dar, inwiefern die kantonalen Instanzen mit der – in erster Linie aus Beweisgründen erfolgten – Klageabweisung gegen die erwähnten verfassungsmässigen Individualrechte verstossen haben sollen. Mit Bezug auf jene Rügen kann daher auf die Beschwerde nicht eingetreten werden."

Die **Willkürbeschwerde** (Verletzung von Art. 4 BV) betr. Tatfragen ist auf willkürliche Sachverhaltsfeststellung und willkürliche Beweiswürdigung beschränkt; betr. Rechtsfragen geht es vor allem um die Verweigerung des aus Art. 4 BV abgeleiteten rechtlichen Gehörs, der unentgeltlichen Prozessführung sowie der willkürlichen Auslegung kantonalen Verfahrensrechts, insbesondere des kantonalen Prozessrechts. Schliesslich käme die staatsrechtliche Beschwerde zum Zug, soweit die bundesrechtliche Nichtigkeitsbeschwerde und die bundesrechtliche Berufung ausgeschlossen sind und der Beschwerdeführer willkürliche Anwendung von Bundesrecht behauptet. Zur Unterscheidung BGE 107 II 500: 67

BGE 107 II 500: "1. Ist ein kantonaler Entscheid beim Bundesgericht sowohl mit einer Berufung als auch mit einer staatsrechtlichen Beschwerde angefochten worden, so ist in der Regel die Entscheidung über die Berufung bis zur Erledigung der staatsrechtlichen Beschwerde auszusetzen (Art. 57 Abs. 5 OG). Nach Art. 84 Abs. 2 OG hat die staatsrechtliche Beschwerde indessen subsidiären Charakter, indem sie nur zulässig ist, wenn die behauptete Rechtsverletzung nicht sonstwie durch Klage oder Rechtsmittel beim Bundesgericht gerügt werden kann. 68

Im vorliegenden Fall beschwert sich der Berufungskläger darüber, dass ihm sein Besuchsrecht gegenüber seinem Sohn T. entzogen worden ist. Mit der Berufung behauptet er die Verletzung von Art. 273 und 274 ZGB, und mit der staatsrechtlichen Beschwerde rügt er die willkürliche Anwendung dieser Bestimmungen. Die staatsrechtliche Beschwerde ist daher nicht gegeben, sofern die Berufung zulässig ist. Es ist demnach – in Abweichung von der Regel – zunächst zu prüfen, ob auf die Berufung überhaupt eingetreten werden kann.

2. a) Nach Art. 273 ZGB haben die Eltern Anspruch auf angemessenen persönlichen Verkehr mit dem unmündigen Kind, das nicht unter ihrer Gewalt oder Obhut steht. Rechtliche Grundlage dieses Anspruchs, der in der Regel als Besuchsrecht ausgeübt wird, ist das Kindsverhältnis (Botschaft des Bundesrats zur Revision des Kindsrechts vom 4. Juni 1974, BBl 1974 II 52; HEGNAUER, Grundriss des Kindsrechts, S. 105). Das Recht auf persönlichen Verkehr kommt den Eltern zu, denen die elterliche Gewalt bzw. die Obhut vom Richter (Art. 170, 145, 156 und 133 ZGB) oder von der Vormundschaftsbehörde (Art. 310 bis 312 ZGB) entzogen worden ist oder denen sie von Gesetzes wegen nicht zusteht (Art. 296 Abs. 2 und 298 Abs. 1 ZGB). Der Vater, der mit der Mutter nie verheiratet war, hat das Recht auf persönlichen Verkehr mit dem Kind, wenn das Kindsverhältnis durch Anerkennung oder durch den Richter festgestellt worden ist (Art. 252 Abs. 2 ZGB). Dieses Recht steht den Eltern um ihrer Persönlichkeit willen zu (BGE 100 II 81 und 98 IV 37).

b) Anordnungen über den persönlichen Verkehr im Sinne von Art. 273 ZGB hat die Vormundschaftsbehörde am Wohnsitz des Kinds zu treffen (Art. 275 Abs. 1 ZGB). Im vorliegenden Fall stellt sich die Frage, ob diese Anordnungen der Vormundschaftsbehörde letztinstanzlich an das Bundesgericht weitergezogen werden können. Der Anspruch der Eltern auf persönliche Beziehungen mit ihrem Kind ist offensichtlich nicht vermögensrechtlicher Natur. In nicht vermögensrechtlichen Zivilsachen kann nach Art. 44 OG beim Bundesgericht nur Berufung erhoben werden, wenn eine Zivilrechtsstreitigkeit oder einer der in lit. a bis f abschliessend aufgezählten Fälle vorliegt.

Ein Zivilrechtsstreit im Sinne dieser Bestimmung besteht nach ständiger Rechtsprechung in einem kontradiktorischen Verfahren zwischen zwei oder mehreren natürlichen oder juristischen Personen als Trägerinnen privater Rechte oder zwischen solchen Personen und einer nach Bundesrecht die Stellung einer Partei besitzenden Behörde, das sich vor dem Richter oder einer andern Spruchbehörde abspielt und auf die endgültige, dauernde Regelung zivilrechtlicher Verhältnisse durch behördlichen Entscheid abzielt (BGE 104 II 164/65 E. 3b, 103 II 317 E. 2c, 101 II 359 und 368/69 E. 2a, je mit Hinweisen).

Werden diese Kriterien auf den vorliegenden Fall angewendet, so zeigt sich, dass die Vormundschaftsbehörde gestützt auf Art. 275 ZGB nicht über zivilrechtliche Beziehungen zwischen einer Person, welche die Anerkennung ihres Besuchsrechts verlangt (Eltern des Kinds oder Drittperson im Sinne von Art. 274a ZGB), und einer andern sich diesem Begehren widersetzenden Person (anderer Elternteil, Vormund, Pflegeeltern, etc.) entscheidet. Gegenstand des Verfahrens bildet vielmehr das Recht einer Person auf angemessenen persönlichen Verkehr mit ihrem Kind. Stehen sich aber von Bundesrechts wegen nicht zwei Personen als Kläger und Beklagter gegenüber, kann es auch nicht darauf ankommen, ob vor der kantonalen Behörde ein kontradiktorisches Verfahren stattgefunden habe oder nicht. Die Anerkennung oder Verweigerung des Besuchsrechts gehört vielmehr zur freiwilligen Gerichtsbarkeit und stellt keine Zivilrechtsstreitigkeit im Sinne von Art. 44 OG dar.

Zwar hat das Besuchsrecht auch Auswirkungen auf die Stellung derjenigen Person, welche die elterliche Gewalt oder die Obhut über das Kind besitzt. Diese muss das Besuchsrecht des andern Elternteils oder der Drittperson respektieren und darf dessen Ausübung nicht behindern (Art. 274 Abs. 1 ZGB). Anderseits hat sie auch der Vormundschaftsbehörde Anzeige zu erstatten, wenn das Wohl des Kinds durch den Verkehr mit dem andern Elternteil oder der Drittperson beeinträchtigt wird (Art. 274 Abs. 2 ZGB). Aber die elterliche Gewalt oder die Obhut wird durch das Besuchsrecht nicht eingeschränkt. Es kann daher auch kein Rechtsstreit entstehen zwischen den Inhabern dieser beiden Rechte. Auch daraus folgt, dass kein Zivilrechtsstreit vorliegt.

Dazu kommt, dass das Recht auf angemessenen persönlichen Verkehr mit dem Kind den Eltern zwar um ihrer Persönlichkeit willen zusteht. Doch handelt es sich dabei nicht um ein reines subjektives Recht (vgl. HEGNAUER, a.a.O. S. 129). Nicht das Interesse der Eltern steht im Vordergrund, sondern es geht in erster Linie um das Wohl des Kinds. Wenn das Wohl des Kinds es verlangt, muss das Recht auf persönlichen Verkehr verweigert oder entzogen werden (Art. 274 Abs. 2 ZGB). Entscheidend ist somit das Interesse des Kinds und nicht dasjenige der Eltern. Die Vormundschaftsbehörde hat über das Wohl des Kinds zu wachen und seine Interessen wahrzunehmen ohne Rücksicht auf die Stellungnahme der Eltern (Art. 275 Abs. 1 und 274 Abs. 2 ZGB). Diese Aufgaben der Vormundschaftsbehörde gehören aber ihrem Wesen nach zur freiwilligen Gerichtsbarkeit (zum Wesen der freiwilligen Gerichtsbarkeit vgl.: HABSCHEID, Droit judiciaire privé suisse, 2. Aufl., S. 84 ff.; GULDENER, Schweizerisches Zivilprozessrecht, 3. Aufl., S. 42 ff.; GULDENER, Grundzüge der freiwilligen Gerichtsbarkeit der Schweiz, S. 9 ff.). Es ist gerade ein Zeichen der nichtstreitigen Gerichtsbarkeit, dass eine Gegenpartei fehlt. Die Stellung der Vormundschaftsbehörde, welche über den persönlichen Verkehr der Eltern mit dem unmündigen Kind zu entscheiden hat, ist durchaus vergleichbar mit derjenigen der Behörden, welche die in Art. 44 lit. d und e OG aufgeführten Massnahmen zu treffen haben. Bei Entzug oder Wiederherstellung der elterlichen Gewalt (Art. 44 lit. d OG) und bei Entmündigung oder Anordnung einer Beistandschaft sowie bei Aufhebung dieser Massnahmen (Art. 44 lit. e OG) wird ebenfalls in der Regel die Vormundschaftsbehörde bzw. die vormundschaftliche Aufsichtsbehörde tätig. Dabei handelt es sich aber um Massnahmen, die der freiwilligen Gerichtsbarkeit angehören. Der Bundesgesetzgeber hat sie denn auch wie die in Art. 44 lit. a bis c und f OG aufgezählten Fälle ausdrücklich der Berufung an das Bundesgericht unterstellt, weil er sie nicht als Zivilrechtsstreitigkeiten betrachtet hat. Auch in diesen Fällen kann ein Streit zwischen zwei oder mehreren Personen entstehen. Trotzdem wickelt sich das Verfahren im Rahmen der freiwilligen Gerichtsbarkeit ab, und es liegt keine Zivilrechtsstreitigkeit vor. Die Berufung ist in diesen Fällen nur gegeben, weil der Gesetzgeber sie ausdrücklich als zulässig erklärt hat. Daraus folgt aber, dass die Berufung gegen die Entscheidungen der letztinstanzlichen kantonalen Behörden, die sich mit der Ausgestaltung oder den Schranken des persönlichen Verkehrs der Eltern mit ihrem unmündigen Kind (Art. 273 und 274 ZGB) befassen, mangels einer ausdrücklichen Regelung in Art. 44 OG nicht zulässig ist.

An diesem Ergebnis vermag auch die Tatsache nichts zu ändern, dass die Regelung des Besuchsrechts im Zusammenhang mit der Scheidung, Trennung oder Ungültigerklärung der Ehe (Art. 156 und 133 ZGB) bzw. die Abänderung dieser Regelung (Art. 157 ZGB) mit der Berufung beim Bundesgericht angefochten werden kann. Der Scheidungsrichter hat das Besuchsrecht desjenigen Elternteils, dem die Kinder nicht zugesprochen werden, festzulegen, weil dieses Recht unmittelbar mit der Auflösung oder der Trennung der Ehe zusammenhängt. Es erscheint daher als eine Nebenfolge eines nicht vermögensrechtlichen Zivilrechtsstreits vor einer richterlichen Behörde, weshalb die Berufung zulässig sein muss."

Zu den **verfassungsmässigen Rechten** gehört weiter die persönliche Freiheit, die durch Beweismassnahmen ohne gesetzliche Grundlage verletzt werden kann (BGE 89 II 98), sowie der Grundsatz: Bundesrecht bricht kantonales Recht (Art. 2 Übergangsbestimmung BV, BGE 104 Ia 108). 69

Mit der **Konkordatsbeschwerde** kann der Beschwerdeführer rügen, er sei durch den angefochtenen Entscheid in seinen persönlichen, durch das entsprechende Konkordat rechtlich geschützten Interessen verletzt worden; das Bundesgericht prüft dabei die Auslegung und Anwendung des Konkordats nicht bloss auf Willkür, sondern mit freier Kognition. 70

BGE 100 Ia 421: "2. a) Die Beschwerdeführer beklagen sich über die Verletzung eines Konkordats, aus dem sie das Recht auf Befreiung von Schulgeldbeiträgen herleiten. Der interkantonale Vertrag über das Technikum Rapperswil ist zweifellos ein Konkordat im Sinne des Art. 84 Abs. 1 lit. b OG. Ob er nur gegenseitige Rechte und Pflichten zwischen den Kantonen oder Rechte der Privaten begründet, ist für die Beantwortung der Eintretensfrage unwesentlich. In der Beschwerde werden Rechte aus dem Konkordat hergeleitet. Ob das zu Recht oder zu Unrecht geschieht, betrifft nicht die Frage der Legitimation, sondern die Frage, ob die Beschwerde materiell begründet ist (BGE 81 I 358/9, 96 I 644/5 Erw. 2a; vgl. auch AUBERT, Traité de droit constitutionnel suisse, I N 884 S. 332). Unter diesem Gesichtspunkt steht nichts entgegen, auf die Beschwerde einzutreten. 71

b) Das Bundesgericht hat sich in seiner älteren Praxis auf den Standpunkt gestellt, ein Bürger könne sich nicht über die Verletzung eines Konkordats beschweren, wenn er in dem Kanton Wohnsitz hat, dessen Behörden angeblich das Konkordat verletzten (BGE 1, 312; 2, 232; 3, 80; 6, 224; 7, 54; vgl. 96 I 645/6). Diese Praxis fusste auf der Überlegung, dass ein Konkordat gegenüber den Kantonsangehörigen als internes kantonales Recht zur Anwendung kommt, weshalb sie sich nicht wegen Verletzung des Konkordats (Art. 84 Abs. 1 lit. b OG), sondern nur wegen Verletzung verfassungsmässiger Rechte durch willkürliche Anwendung kantonalen Rechts beschweren könnten (Art. 84 Abs. 1 lit. a OG; vgl. AUBERT, a.a.O. N 893). Diese Rechtsprechung ist überholt. Nach dem Organisationsgesetz kann jeder Bürger wegen Verletzung eines Konkordats Beschwerde führen, sofern er dadurch in seinen persönlichen, rechtlich geschützten Interessen verletzt zu sein behauptet. Es ist zudem nicht einzusehen, weshalb die Rechtsgrundlage eines Entscheids eine andere sein soll, je nachdem, ob er gegenüber einem Kantonseinwohner oder einem Kantonsfremden getroffen wird. Das Bundesgericht hat denn auch diese Unterscheidung, freilich ohne es klar zu sagen, in der Folge aufgegeben (BGE 54 I 147 ff., 90 I 46 f., 93 I 215). Die Beschwerdeführer sind demnach, unbekümmert darum, dass sie im Kanton Schwyz wohnen, berechtigt, eine Verletzung des Konkordats zu rügen.

3. Es stellt sich die weitere Frage, welche Prüfungsbefugnis dem Bundesgericht zusteht, d.h. ob es die Anwendung des Konkordats frei oder nur unter dem Gesichtswinkel der Willkür prüfen kann. Nach ständiger Praxis prüft es die Auslegung der Konkordate frei (BGE 93 I 218 mit Verweisungen). In BGE 54 I 143 unterschied der Staatsgerichtshof zwischen Konkordaten, die bloss die Kan-

tone selbst verpflichten, und solchen, die zugleich allgemein verbindliches Recht enthalten. Soweit ein Konkordat allgemein verbindliches Recht enthält, soll nach diesem Urteil die Prüfungsbefugnis des Bundesgerichts auf Willkür beschränkt sein (AUBERT, a.a.O. N 882 und 893). Diese Praxis wurde von BURCKHARDT (ZBJV 65, 1929, S. 388) und FLEINER/GIACOMETTI (Schweizerisches Bundesstaatsrecht S. 901 Anm. 13) mit Recht kritisiert. Abgesehen davon, dass die vom Bundesgericht getroffene Unterscheidung, wie BURCKHARDT richtig ausführte, kaum durchführbar ist, will Art. 84 Abs. 1 lit. b OG eine einheitliche Anwendung des Konkordatsrechts durch das Bundesgericht gewährleisten, welches Ziel nur bei freier Prüfung in befriedigender Weise zu erreichen ist. Während bei Beschwerden wegen Verletzung verfassungsmässiger Rechte (Art. 84 Abs. 1 lit. a OG) das kantonale Verfassungsrecht die Entscheidungsnorm sind, ist es bei einer Beschwerde wegen Konkordatsverletzung (Art. 84 Abs. 1 lit. b OG) das Konkordatsrecht. Folgerichtig muss im einen wie im andern Fall die Anwendung dieser Norm frei geprüft werden.

4. Nach allgemein geltenden Rechtsgrundsätzen geht das Konkordatsrecht, als gemeinsam vereinbartes Recht, dem Rechte jedes einzelnen der am Konkordat teilnehmenden Kantone vor, ähnlich wie völkerrechtliche Verträge dem Landesrecht vorgehen (BGE 81 I 361; BURCKHARDT, Kommentar zur Bundesverfassung, 3. A. S. 78 Nr. 4a; vgl. auch FLEINER/GIACOMETTI, a.a.O., S. 162; AUBERT, a.a.O. I S. 333 N 885). Auf jeden Fall geht Konkordatsrecht dem kantonalen Rechte vor, das nicht auf Verfassungsstufe steht. Würde es das Konkordat ausschliessen, dass der Kanton Schwyz von den in seinem Gebiet wohnhaften, das Technikum Rapperswil besuchenden Studenten Schulgeldbeiträge erheben kann, dürften diese Beiträge unbekümmert um den Beitrittsbeschluss nicht erhoben werden.

5. a) Die entscheidende Frage ist demnach, ob das Konkordat den Vertragsparteien verbietet, von den in ihrem Kantongsebiet wohnhaften, das Technikum Rapperswil besuchenden Schülern Schulgeldbeiträge zu erheben. Die Beantwortung der Frage erfordert eine Auslegung des Konkordats. Hierbei steht dem Bundesgericht, wie ausgeführt, freie Prüfung zu (BGE 93 I 218; AUBERT, a.a.O. I S. 335 N 893). Auf interkantonale Verträge sind, soweit nicht nach Bundesrecht, Gewohnheitsrecht oder Vereinbarung etwas anderes gilt, die Grundsätze des Völkerrechts anwendbar (BGE 96 I 648). Nach der bundesgerichtlichen Rechtsprechung müssen für die Auslegung im einzelnen folgende Regeln beachtet werden: Ist der Wortlaut nicht eindeutig oder erscheint die durch den klaren Wortlaut vermittelte Bedeutung sinnwidrig, sind als Quelle zur Auslegung des Konkordats die Verhandlungen, die zum Abschluss des interkantonalen Vertrags geführt haben, heranzuziehen, soweit sie den Willen der vertragschliessenden Kantone klar erkennen lassen. Konkordate sind so auszulegen, dass der von den Parteien angestrebte Vertragszweck erreicht wird. Eine über den Wortlaut hinausgehende, ausdehnende Auslegung einer Bestimmung des Konkordats kommt nur in Frage, wenn aus dem Zusammenhang oder aber der Entstehungsgeschichte mit Sicherheit auf eine vom Wortlaut abweichende, darin versehentlich ungenau zum Ausdruck gebrachte Willensmeinung zu schliessen ist. Der Verzicht der Vertragspartner auf bestimmte Befugnisse, wie überhaupt eine staatsvertragliche Ausnahme von der sonst geltenden Ordnung, ist nicht ausdehnend, sondern einschränkend auszulegen (BGE 94 I 673, 90 I 48; missverständlich: 96 I 648).

b) Die Art. 21 und 22 finden sich in dem Abschnitt des Konkordats, der Regeln über den Betrieb des Technikums Rapperswil enthält, und im Unterabschnitt, der sich auf den Finanzhaushalt bezieht. Nach Art. 22 entrichten die Vertragskantone bestimmte Beiträge für die laufenden Ausgaben des Technikums. Art. 21 Abs. 1 schreibt vor, dass die Schüler Gebühren für die Benützung der Laboratorien und der Werkstätten, für die Prüfungen und dergleichen zu entrichten haben, und nach Art. 21 Abs. 2 haben Schüler ohne zivilrechtlichen Wohnsitz im Gebiet der Vertragskantone überdies ein Schulgeld zu entrichten. Die Vorschriften ordnen somit die Finanzierung des Technikumsbetriebs und bestimmen, von wem die Leitung des Technikums Beiträge, Gebühren oder Schulgelder erheben darf. Wenn Art. 21 Abs. 2 vorschreibt, dass Schüler ohne zivilrechtlichen Wohnsitz im Gebiet der Vertragskantone zu den im Absatz 1 genannten Gebühren hinzu ein Schulgeld zu entrichten haben, so ist damit nur gesagt, dass die Leitung des Technikums von Schülern, die in einem Vertragskanton wohnen, kein Schulgeld erheben darf. Die Vertragskantone wollten damit, wie anzunehmen ist, erreichen, dass die in ihrem Gebiet wohnhaften Schüler dem Technikum kein Schulgeld entrichten müssen, wohl aus der Überlegung heraus, dass sie als Träger des Technikums schon namhafte Beiträge an die Betriebsausgaben leisten und die aus ihrem Gebiet stammenden Schüler nicht noch zusätzlich mit Schulgeldern den Technikumsbetrieb mitfinanzieren sollen. Die Technikumsleitung verlangt denn auch von den Beschwerdeführern kein Schulgeld. Art. 21 Abs. 2 verbietet es dem Kanton Schwyz nicht, von den in seinem Gebiet wohnhaften, das Technikum Rapperswil besuchenden Schülern einen Beitrag an diejenigen Leistungen zu verlangen, die er jährlich für den Betrieb des Rapperswiler Technikums zu erbringen hat. Die Art. 21 und 22 des Konkordats beziehen sich auf die Finanzierung des Technikumsbetriebs und bestimmen, aus welchen Geldquellen der Betrieb finanziert wird. Damit haben die Schulgeldbeiträge, welche die Beschwerdeführer bezahlen müssen, insofern nichts zu tun, als es für die Finanzierung des Technikumsbetriebs ganz gleichgültig ist, ob diese Schulgeldbeiträge erhoben werden. Dem Technikum Rapperswil fliesst kein Rappen mehr oder weniger zu, ob nun der Kanton Schwyz die beanstandeten Schulgeldbeiträge erhebt oder nicht. Der Kanton verlangt nicht ein Schulgeld im Sinne des Art. 21 Abs. 2 des Konkordats, sondern nach dem Beitrittsbeschluss einen Schulgeldbeitrag 'an die jährlichen Betriebskosten gemäss Art. 22 der Vereinbarung', also einen Beitrag an den von ihm jährlich zu erbringende finanzielle Leistung. Das zeigt, dass der Art. 21 des Konkordats, welcher Teil der Finanzordnung des Technikums ist, nichts darüber aussagt, ob der Kanton Schwyz die beanstandeten Schulgeldbeiträge verlangen darf oder nicht. Es wäre denn auch, wie der Regierungsrat ausführte, ungewöhnlich, wenn die Kantone in dem Konkordat festgelegt hätten, aus welchen Mitteln sie die Kantonsbeiträge finanzieren dürfen, welche sie für den Betrieb des Technikums aufzubringen haben. Das hätte mit dem Zweck und Gegenstand des Konkordats nichts zu tun. Die Auffassung der Beschwerdeführer, wonach es das Konkordat dem Kanton Schwyz verbieten würde, die beanstandeten Schulgeldbeiträge zu erheben, lässt sich nur bei einer ausdehnenden, klar über den Wortlaut hinausgehenden Auslegung der interkantonalen Vereinbarung vertreten. Eine solche Interpretation ist nach früherer Erwägung unzulässig. Sie entspricht auch nicht dem Sinn des Konkordats. Der Regierungsrat verletzte demnach die interkantonale Vereinbarung nicht, wenn er annahm, sie verbiete ihm nicht, die beanstandeten Schulgeldbeiträge zu erheben."

BGE 107 Ib 65 = Praxis 70 Nr. 218: "Konkordat vom 27. März 1969 über die Schiedsgerichtsharkeit. Anfechtung von Schiedssprüchen gemäss Konkordat 36. Kognition des kantonalen Richters, je nachdem das Schiedsgericht nach strengem Recht oder nach Billigkeit zu entscheiden hatte. Kognition des Bg bei staatsrechtlichen Beschwerden gegen kant. Beschwerdeentscheide.

Zwischen der B. SA und dem Ingenieur T. kam es zu einem Streit über die dem T. als Generalunternehmer übertragene Überbauung von Grundstücken in Lugano. Sie vereinbarten, den Streit über das Honorar des T. durch ein aus einem Architekten und 2 Ingenieuren bestehendes Schiedsgericht entscheiden zu lassen, und ermächtigte dieses, 'de bono et aequo' zu urteilen. Das Schiedsgericht verurteilte die B. SA zur Zahlung von rund 2 Mio Fr. an T. Gegen diesen Schiedsspruch erhob die B. SA beim Appg Tessin Nichtigkeitsbeschwerde, wurde aber abgewiesen, wogegen sie erfolglos staatsrechtliche Beschwerde erhob.

1. Das Appg hat als Nichtigkeitsbeschwerdeinstanz i.S. von Konkordat 3 f. und 36 entschieden. Nur der Entscheid dieses kant. Gerichts ist und kann Gegenstand der staatsrechtlichen Beschwerde sein, unter Ausschluss des ihm vorausgegangenen Schiedsspruchs (BGE 103 Ia 357 = Pr 66 Nr. 218). Die zahlreichen Rügen der B. SA, die sich direkt gegen den Schiedsspruch richten, sind daher unzulässig, soweit sie nicht auch zur Begründung des Vorwurfs der Willkür gegenüber dem Appg dienen.

Das Bg überprüft die Auslegung und Anwendung der Konkordatsbestimmungen durch den kant. Richter frei (BGE 100 Ia 422 E. 3, 5 = Pr 64 Nr. 38); dagegen prüft es lediglich unter dem Gesichtswinkel der Willkür, auf welche Weise die kant. Instanz die ihr durch Konkordat 36 übertragene Aufgabe erfüllt hat (BGE 103 I a 358/9 E. 2, 3 = Pr 66 Nr. 218). Die rein appellatorischen Rügen der Beschwerde sind daher unzulässig.

2. a) Aus dem angefochtenen Entscheid, dem Schiedsspruch und den Schiedsgerichtsakten ergibt sich und ist unbestritten, dass die Schiedsrichter ermächtigt waren, nach Billigkeit zu urteilen

(Konkordat 31 III), als sog. 'Schlichter'. In Rechtsprechung und Lehre wird anerkannt, dass eine solche Klausel die Schiedsrichter ermächtigt, von der Anwendung des strengen Rechts, mit Einschluss des Verfahrensrechts und unter Vorbehalt nur der zum ordre public gehörenden Bestimmungen, abzusehen und sich von Billigkeitserwägungen leiten zu lassen (vgl. HABSCHEID, Droit judiciaire privé suisse, S.521; STEINBRÜCHEL, Rechtsanwendung oder Billigkeitsentscheid im privaten Schiedsgericht, S. 33 ff.; STRÄULI/MESSMER, Komm. zur zürch. ZPO, S.484/5 N.3; kritisch KUMMER, Grundriss des ZPR, S.283 N.2). Mögen auch die Ansichten über den Begriff der Billigkeit auseinandergehen, so ist doch sicher, dass die Schlichter über eine Entscheidungsfreiheit verfügen, die von den Parteien aufgrund ihrer Vertragsfreiheit gewollt ist und die viel weiter geht als diejenige des Schiedsrichters, der berufen ist, gemäss dem Recht zu entscheiden, und der nur dann von Billigkeitserwägungen Gebrauch machen darf, wenn ihn das Recht auf diese verweist (vgl. CAPREZ, Le concordat sur l'arbitrage, SJZ 72/1976, S. 235; POUDRET/WURZBURGER, Code de procédure civile vaudois et concordat sur l'arbitrage, 2.A., N.6 zu Konkordat 36f. und N.2 zu 31 III). Der grundsätzliche Unterschied zwischen der Schiedsgerichtsbarkeit nach Recht oder nach Billigkeit spiegelt sich in der Formulierung von Konkordat 36f. wider. Die Bestimmung spezifiziert, dass die Willkür als Nichtigkeitsgrund sowohl in einer offensichtlich aktenwidrigen Feststellung von Tatsachen als auch in einer offenbaren Verletzung des Rechts oder der Billigkeit bestehen kann. Während nun die Rüge der willkürlichen Tatsachenfeststellung gegen die beiden in Konkordat 31 III vorgesehenen Typen von Schiedssprüchen erhoben werden kann und diejenige der offenbaren Rechtsverletzung sich auf die nach Recht erlassenen Schiedssprüche bezieht, betrifft die Rüge der offenbaren Verletzung der Billigkeit nur die Schiedssprüche de bono et aequo sowie, im Falle des Schiedsspruchs nach Recht, die Anwendung von Rechtsnormen, die – wie z.B. OR 26 III – auf die Billigkeit verweisen (CAPREZ, a.a.O., POUDRET/WURZBURGER, a.a.O.; SJZ 75/1979, S. 134 N. 38).

b) Die Stellung der zur Beurteilung einer Nichtigkeitsbeschwerde gemäss Konkordat 36f. unter dem Gesichtswinkel der Willkür berufenen kant. Instanz (BGE 103 Ia 359 = Pr 66 Nr. 218) ist daher verschieden, je nachdem es sich um einen Schiedsspruch nach Recht oder einen solchen nach Billigkeit handelt. Während sie im ersten Falle Willkür annehmen kann, wenn das Schiedsgericht eine klare und unumstrittene Norm verletzt hat, kann sie im zweiten Falle nur dann auf Willkür erkennen, wenn der Schiedsspruch offensichtlich gegen die Billigkeit verstösst, d.h. offensichtlich unbillig ist. Dies braucht sogar dort nicht der Fall zu sein, wo sich ergibt, dass der Schiedsspruch eine klare Norm des zwingenden Rechts missachtet hat. In der Rechtslehre wird nämlich anerkannt, dass, wenigstens grundsätzlich, die den Schiedsrichtern erteilte Ermächtigung, als Schlichter zu entscheiden, sich ohne weiteres auch auf die Normen des zwingenden Rechts erstreckt; nicht nur, weil die Abgrenzung zwischen zwingendem und nicht zwingendem Recht fliessend sein kann, sondern auch, weil gerade die Anwendung zwingender Vorschriften, z.B. auf dem Gebiete der Fristen, unter bestimmten Umständen zu einem sachlich unbilligen Ergebnis führen kann (STRÄULI/MESSMER, a.a.O., S. 484 Nr. 3 ...).

c) Diese besondere Rechtslage wirkt sich notgedrungen auch auf die Stellung des Bg als Staatsgerichtshof aus. Wie schon allgemein ausgeführt wurde (BGE 103 Ia 358 E. 2 = Pr 66 Nr. 218), ist die Prüfungsbefugnis des Bg in bezug auf Konkordat 36f. doppelt beschränkt; war schon die kant. Instanz nur befugt, den Schiedsspruch auf Willkür hin zu überprüfen, so kann das Bg lediglich noch untersuchen, ob sie bei dieser Prüfung ihrerseits in Willkür verfallen sei. Für Schiedssprüche nach Billigkeit kommt noch hinzu, dass der Bereich der Willkür, auf den die Prüfung der kant. Nichtigkeitsinstanz beschränkt ist, sich überdies einengt auf die offenbare Verletzung der Billigkeit. Unter diesen Umständen kommt die Aufhebung des Entscheids einer kant. Instanz über einen Schiedsspruch de bono et aequo gemäss Konkordat 36f. nur in Betracht, wenn diese Instanz es in unhaltbarer Weise abgelehnt hat, anzunehmen, dass der Schiedsspruch offenbar nicht nur das Recht, sondern auch die Billigkeit verletze, d.h. in stossender Weise dem Gerechtigkeitsgedanken zuwider laufe (BGE 102 Ia 3/4, 90 I 139 = Pr 53 Nr. 134; FAVRE, ZSR 81 II, S. 587). (I. Öff.- recht. Abt., 8. April 1981 i.S. B. SA)."

Die **Staatsvertragsbeschwerde** hat betr. Verletzung von zivilprozessualen Bestimmungen durch letztinstanzliche kantonale Entscheide nur eine beschränkte Bedeutung: Solche Bestimmungen in Zivilsachen sind mit der bundesrechtlichen Berufung oder bundesrechtlichen Nichtigkeitsbeschwerde zu rügen: 73

BGE 117 Ia 82: "1. Nach Art. 84 Abs. 2 OG ist die staatsrechtliche Beschwerde nur zulässig, wenn die behauptete Rechtsverletzung nicht sonstwie durch Klage oder Rechtsmittel beim Bundesgericht oder einer andern Bundesbehörde gerügt werden kann. Gegenstand des Prozesses zwischen den Parteien bildet die Frage, ob die mit Arrest belegten Vermögenswerte Eigentum der Beschwerdegegnerin und nicht der Arrestschuldnerin sind und deshalb aus dem Arrestbeschlag entlassen werden müssen. Es liegt somit eine Zivilrechtsstreitigkeit vor, die – obwohl es sich um ein blosses Zwischenverfahren im Rahmen der Arrestbetreibung handelt – grundsätzlich der Berufung unterliegt, wenn der erforderliche Streitwert gegeben ist, wie dies hier zutrifft (BGE 93 II 437, 86 III 137; vgl. z. B. BGE 114 II 45 ff., 102 III 165 ff.). Nach Art. 43 Abs. 1 OG kann mit der Berufung geltend gemacht werden, der angefochtene Entscheid beruhe auf Verletzung des Bundesrechts mit Einschluss der durch den Bund abgeschlossenen völkerrechtlichen Verträge. Dabei erfasst der Begriff des Bundesrechts nicht nur das private, sondern auch das öffentliche Recht des Bundes, und zwar auch solches, das in Staatsverträgen enthalten ist. In einzelnen Urteilen ist freilich ausgeführt worden, es könne mit der Berufung nur die Verletzung von privatrechtlichen Bestimmungen von Staatsverträgen gerügt werden (BGE 98 II 90, 81 II 79). Eine solche Einschränkung findet indessen im Gesetz keine Stütze und lässt sich namentlich auch nicht aus dem Wortlaut von Art. 84 Abs. 1 lit. c OG (zum Sinn dieser Bestimmung vgl. BGE 114 Ia 200 ff.) ableiten. Wenn dort gesagt wird, die Staatsvertragsbeschwerde sei bei Verletzung von zivilrechtlichen Bestimmungen von Staatsverträgen unzulässig, so will dies nicht heissen, bei Verletzung von öffentlichrechtlichen Bestimmungen von Staatsverträgen stehe die Staatsvertragsbeschwerde unabhängig von Art. 84 Abs. 2 OG auch in berufungsfähigen Fällen zur Verfügung (Botschaft des Bundesrats, BBl 1943 S. 118; GULDENER, Schweiz. Zivilprozessrecht, 3. Aufl., S. 545 Anm. 21; POUDRET, N 1.2.3 und 1.3.1 zu Art. 43 OG). Das Bundesgericht ist denn auch nicht nur auf Berufungen eingetreten, mit denen die Verletzung von staatsvertraglichen Gerichtsstandsbestimmungen – die an sich dem öffentlichen Recht angehören – gerügt wurde (BGE 111 II 62 ff., 110 II 56 E. 1a, 99 II 279 E. 1), sondern auch auf solche, die andere öffentlichrechtliche Bestimmungen eines Staatsvertrags bzw. Regeln des Völkerrechts betrafen. So wurde beispielsweise in BGE 105 II 57 ff. E. 3 im Rahmen eines Berufungsverfahrens die Rüge der Verletzung von – klarerweise öffentlichrechtlichen – Bestimmungen des Freihandelsabkommens zwischen der Schweiz und der Europäischen Wirtschaftsgemeinschaft geprüft, und in BGE 110 II 255 wurde auf eine Berufung eingetreten, in der aufgrund der allgemeinen Lehren über die Staatenimmunität zu beurteilen war, ob das Arbeitsverhältnis eines Botschaftsangestellten mit einer ausländischen Botschaft in der Schweiz der schweizerischen Gerichtsbarkeit unterliege. 74

2. Im vorliegenden Fall stellt sich die Beschwerdeführerin auf den Standpunkt, es ergebe sich aus dem Völkergewohnheitsrecht, das dem Staatsvertragsrecht gleichzusetzen sei, dass die Beschwerdegegnerin nicht als selbständige, vom libyschen Staat getrennte juristische Person angesehen werden dürfe. Sollte sich dem Völkergewohnheitsrecht tatsächlich eine solche Regel entnehmen lassen, was hier nicht zu untersuchen ist, so könnte deren Verletzung nach dem Gesagten mit der Berufung gerügt werden. Die staatsrechtliche Beschwerde ist daher ausgeschlossen."

Für die Rügen betr. Anerkennung und Vollstreckung von Urteilen ist die Staatsvertragsbeschwerde bedeutsamer; dabei sind neue tatsächliche Vorbringen zulässig; **Tat- und Rechtsfragen sind einer freien Überprüfung zugänglich.** 75

BGE 115 Ib 198 = Praxis 79 Nr. 109: "4. Der Bf beklagt sich darüber, nur zur Gerichtsverhandlung vom 18. Febr. 1988 in Paris vorgeladen worden zu sein, jedoch weder zu derjenigen vom 16. März 1988 noch zur Sitzung vom 11. Mai 1988, bei welcher das Urteil gefällt worden ist. 76

a) Diese Unterlassung bilde einen Nichtigkeitsgrund kraft NCPC 114 II (nouveau code de procedure civile francais). Auf alle Fälle würde dieses Versäumnis gegen Art. 17 II des Vertrags zwischen der Schweiz und Frankreich über den Gerichtsstand und die Vollziehung von Urteilen in Zivilsachen vom 15. Juni 1869 (SR 0.276.193.491; anschliessend Vertrag genannt) verstossen, selbst wenn es nicht Rechtsbestimmungen des Urteilstaats verletzen würde. Die Verletzung von Vertrag 17 II bestünde darin, dass der Beklagte nicht für alle Sitzungen vorgeladen worden sei, insbesondere nicht an jene, die für den Fall entscheidend gewesen sei. In der Tat würde der Vertrag die Anforderung an eine ordentliche Vorladung nicht einzig auf die Einleitungssitzung beschränken; die auseinandergehenden Bestimmungen in vielen anderen Vereinbarungen zeigten, dass die Absicht der Unterzeichnerstaaten des französisch-schweiz. Vertrags, die auf diese Einschränkung verzichtet haben, darin liege, die ordentliche Vorladung zu allen Verhandlungen zu gewährleisten. Diese Anschauungsweise würde sich im vorliegenden Fall umso mehr rechtfertigen, als der Bf, dessen Wohnsitz unbekannt und der somit nicht für eine Vorladung erreichbar gewesen sei, im Abwesenheitsverfahren verurteilt worden sei. In seiner Appellation hat sich der Bf nicht auf die Tatsache berufen, dass er nicht zu den Verhandlungen vom 16. März und 11. Mai 1988 vorgeladen worden ist. Es handelt sich infolgedessen um eine neue Tatsache, die er zum ersten Mal in seiner staatsrechtlichen Beschwerde geltend macht. Er ist dennoch befugt, sie im Rahmen einer auf OG 84 Ic gestützten Beschwerde vorzubringen (BGE 107 Ia 191 E. 2b in fine = Pr 71 Nr. 3, 105 I b 40 E. 2), selbst wenn der kant. Instanzenzug nicht erschöpft worden ist (BGE 101 Ia 524 E. 1 b = Pr 65 Nr. 94, 98 Ia 553 E. l c); gemäss OG 86 III können die kant. Instanzen jedoch freiwillig ausgeschöpft werden. (Hinweis: Im revidierten OG fanden hier betreffend Ausschöpfung des Instanzenwegs Änderungen statt).

aa) Art. 15 ff. des angerufenen Vertrags werden ohne Berücksichtigung der rechtlichen Natur des Rechtsstreits (BGE 64 II 71 ff. = Pr 27 Nr. 100) oder der Nationalität der Parteien in beiden Vertragsstaaten auf alle gefällten Entscheide angewendet; sie beeinflussen somit auch die in Frankreich gegen Franzosen gefällten Urt. (BGE 58 I 185 = Pr 21 Nr. 138). Vertrag 17 II bestimmt, dass die Behörde, welche über das Vollstreckungsbegehren zu entscheiden hat, die Vollziehung verweigern kann, wenn das Urt. ohne gehörige Zitierung der Parteien und ohne gesetzliche Vertretung gefällt worden ist. Gemäss bundesgerichtlicher Rechtsprechung fordert der Vertrag die Verwirklichung einer Vorbedingung, falls es sich um ein kontradiktorisches oder um ein Kontumazialurteil handelt; nämlich die ordentliche Vorladung der Parteien (BGE 58 I 186 = Pr 21 Nr. 138). Eine Prozesspartei ist nur 'gehörig zitiert' i. S. v. Vertrag 17 II, wenn die Vorladung Form und Inhalt kraft der Bestimmungen des Urteilstaats genügt und wenn sie der Partei gemäss den Vorschriften ihres Wohnsitzes formell richtig und rechtzeitig zugestellt worden ist, damit sie ihre Interessen an der Verhandlung verteidigen kann (BGE 75 I 149 E. 4a und Hinweise = Pr 38 Nr. 148).

bb) Die Tatsache, dass die älteren Verträge über die Vollstreckung, insbes. der französisch-schweiz. Vertrag, im Gegensatz zu den neueren Abkommen nicht ausdrücklich die Anforderung an eine ordentliche Vorladung auf die Einleitungsverhandlung beschränken, erlaubt noch nicht, davon abzuleiten, dass die Unterzeichnerstaaten der älteren Verträge die Absicht gehabt hätten, diese Voraussetzung auf alle Sitzungen auszudehnen (BGE 105 Ib 46 f. = Pr 68 Nr. 156), wie dies der Bf behauptet. In diesem Entscheid hat das Bg hervorgehoben, dass die alten Verträge, namentlich der französisch-schweiz., verlangen, dass die Parteien gehörig vorgeladen werden müssen, die übrigen Abkommen dagegen präzisieren, dass diese Voraussetzung lediglich für die den Prozess einleitenden Verfügungen oder Ladungen gelte. Damit hat es betont, dass die übrigen Abkommen entgegen den älteren ausdrücklich vorsehen würden, dass die regelrechte Ladung der Parteien zur Einleitungsverhandlung genüge. Dabei hat es sich jedoch nicht darüber geäussert, ob bei Fehlen einer ausdrücklichen Beschränkung in den älteren Verträgen man davon ableiten müsse, dass die Parteien für alle Sitzungen gehörig zitiert werden müssten.

GULDENER, der sich auf mehrere ältere Abkommen, insbes. auf Vertrag 17 II bezieht, erachtet es als unnötig, dass eine Prozesspartei für jede Verhandlung während des Verfahrens vorgeladen werden müsse. Wenn eine Partei durch einleitende Vorladung oder Vfg von der Rechtshängigkeit eines Prozesses Kenntnis erhalten habe, dürfe angenommen werden, dass sie in der Lage sei, die ihr nach dem Recht des Urteilsgerichts zustehenden Rechtsmittel zu ergreifen, wenn im Verlauf des Verfahrens nicht alle vorgeschriebenen Zustellungen vollzogen würden. Auch im Bereich der (älteren) Abkommen, namentlich des französisch-schweiz. Vertrags (Art. 17 II), sei nicht anzunehmen, dass alle Ladungen während des Prozesses gehörig mitgeteilt werden müssten (Das internationale und interkant. Zivilprozessrecht der Schweiz, S. 149 f., lit. f Z. 1 und Fn, insbes. Nr. 108).

STRÄULI/MESSMER äussern sich nicht über diese spezielle Frage, verweisen aber, was die Vollstreckung von ausländischen Entscheiden aufgrund der Abkommen anbetrifft, auf das oben zitierte Werk von GULDENER sowie auf eine Publikation von KAUFMANN, der jedoch nicht dieses Problem behandelt (vgl. STRÄULI/MESSMER, ZPO, 2.A., Par. 302, S.609; H. KAUFMANN, Grundlinien und Entwicklungstendenzen der von der Schweiz geschlossenen zweiseitigen Abkommen über die Anerkennung und Vollstreckung ausländischer Gerichtsentscheidungen in Zivilsachen, in ZBJV 112 [1976] 361 ff.).

PETITPIERRE und LERESCHE, die beide einen besonderen Abschnitt der regelrechten Vorladung i. S. v. Vertrag 17 II widmen, behandeln auch nicht die besondere Frage (vgl. MAX PETITPIERRE, La reconnaissance et l'execution des jugements civils etrangers en Suisse, S. 109 ff., Par. 3; ARMAND LERESCHE, L'execution des jugements civils etrangers en Suisse et des jugements civils suisses dans quelques Etats etrangers, S. 34ff., Par. 8).

PROBST dagegen schneidet dieses Problem an. Er bezieht sich auf verschiedene ältere Abkommen, insbes. Vertrag 17 II, und erachtet als entscheidend, dass die Parteien gehörig zur Einleitungsverhandlung des Prozesses geladen worden sind; es kommt also gemäss PROBST nicht darauf an, ob sie zu einem vorausgegangenen Sühneversuch oder zu späteren Verhandlungen während des Verfahrens zitiert worden sind (vgl. RUDOLF PROBST, Die Vollstreckung ausländischer Zivilurteile in der Schweiz nach den geltenden Staatsverträgen, Diss., Bern 1936, S. 107 ff., insbes. Z. III. 1 in fine).

cc) Von dem oben Gesagten kann abgeleitet werden, dass der Bf, wenn er auch nicht zu den Verhandlungen vom 16. März und 11. Mai 1988 zitiert worden ist, gemäss Vertrag 17 II nicht hätte gehörig vorgeladen werden müssen, da er ja zur Einleitungsverhandlung vom 18. Febr. 1988 geladen worden ist.

Die Tatsache, dass dem Bf die Vorladung zur Einleitungsverhandlung nicht zugestellt werden konnte, da er seinen Wohnsitz verlassen hatte und mehr als einen Monat wegblieb, ohne die Adresse zu hinterlassen, ändert nichts an der Sache. Es steht ebenso fest, dass er sich seit seiner Abreise in den USA niedergelassen hat, wo er für immer bleiben wird. Insofern als er aber Generaldirektor der X S.A. war, konnte er nicht den Stand des Passivsaldos dieser Gesellschaft ignorieren, für welchen er am 4. Mai 1984 als Solidarbürge aufgetreten ist, und sich später, ohne seinen Verpflichtungen nachzukommen, davonmachte. Von da an musste er damit rechnen, dass er gesucht würde. Dass der Bf Frankreich verlassen hatte, ohne eine Adresse zu hinterlassen, und dass die Gesellschaft, für welche er bürgte, zu gleicher Zeit ohne bekannten Sitz wurde, ist bezeichnend. Der Bf kann somit nicht geltend machen, ohne Rechtsmissbrauch zu begehen, er sei zu den Sitzungen nach der Einleitungsverhandlung nicht 'gehörig zitiert' worden, zu welcher er erfolglos vorgeladen worden ist; denn er hat sich selbst zuzuschreiben, für die Vorladung nicht erreichbar gewesen zu sein. Die Partei, die sich selbst in eine solche Lage gebracht hat, kann sich nicht auf andere Gewährleistungen nachgiebiges Vertrags berufen, als auf jene, die von den Unterzeichnerstaaten gewollt sind. Der Zweck der regelrechten Vorladung besteht darin, jeder Prozesspartei die Garantie zu geben, dass sie von der Einleitung des gegen sie gerichteten Prozessverfahrens in einer Weise Kenntnis erhält, die ihr die Verteidigung vor dem Prozessgericht ermöglicht (BGE 105 Ib 46f. = Pr 68 Nr. 156, 58 I 187 = Pr 21 Nr. 138). Das Ziel besteht nicht darin, ihr zu erlauben sich auf Unregelmässigkeiten der Vorladungen zu späteren Verhandlungen zu berufen, wenn sie es selbst zu verantworten hat, für die Zitierung zur Einleitungsverhandlung nicht erreichbar gewesen zu sein. Würde das Gegenteil angenommen, käme dies einem Rechtsmissbrauch gleich. Die Rüge ist deshalb abzuweisen."

77 **BGE 105 Ib 39:** "1. L'acte de recours, rédigé par le recourant personnellement et déposé par lui le 11 février 1978 contre le jugement du Tribunal de première instance, soulève contre ce jugement le grief de violation d'un traité international. Il ne précise pas de quel traité il s'agit, mais le premier juge s'étant fondé sur la convention entre la Suisse et la Tchécoslovaquie relative à la reconnaissance et à l'exécution de décisions judiciaires, du 21 décembre 1926 (SR 12, p. 348), on peut considérer que le recourant a entendu se plaindre de la violation de cette convention. C'est d'ailleurs ce que confirme, dans son mémoire du 26 mai 1978, son avocat d'office.

a) Il résulte de l'art. 86 OJ que les recours de droit public formés pour violation de traités internationaux (art. 84 al. 1 let. c OJ) n'exigent pas l'épuisement préalable des moyens de droit cantonal]; si même il est loisible au recourant d'épuiser ces moyens avant de s'adresser au Tribunal fédéral (art. 86 al. 3 OJ; ATF 101 Ia 68). Le recourant pouvait donc, dans la mesure où il se plaint de la violation de la convention, déférer au Tribunal fédéral le jugement de première instance, sans qu'il ait été besoin pour lui, à cette fin, d'interjeter appel auprès de la Cour de justice de Genève conformément à l'art. 23 de la loi genevoise d'application de la LP, du 16 mars 1912, et à l'art. 339 de la loi genevoise de procédure civile, du 13 octobre 1920. Certes, le recourant a effectivement interjeté appel du jugement de première instance, mais il l'a fait tardivement, de sorte que son appel a été déclaré irrecevable par la Cour et qu'il se trouve dès lors dans la même situation que s'il n'avait pas appelé. En revanche, dans la mesure où le recourant entendait se plaindre de la violation de ses droits constitutionnels, et notamment de l'art. 4 Cst., il lui appartenait alors d'épuiser d'abord les moyens de droit cantonal qui se trouvaient à sa disposition (art. 86 al. 2 et art. 87 OJ), le recours n'étant recevable en pareil cas que s'il est dirigé contre une décision prise en dernière instance cantonale.

b) La jurisprudence a statué que dans le cas où le recourant entend invoquer à la fois un grief qui peut être soumis au Tribunal fédéral sans épuisement préalable des moyens de droit cantonal et un grief tiré de la violation de l art. 4 Cst., il est, pour ce dernier grief, fait abstraction de l'obligation d épuiser les instances cantonales lorsqu'il n'a pas de portée indépendante, mais tend à renforcer la motivation tirée du premier grief. Si au contraire tel n est pas le cas et que le grief de violation de l'art. 4 Cst. ait une portée indépendante, l'épuisement des instances cantonales est alors exigé (ATF 93 I 21, 83 I 105). Ainsi donc, si le recourant était autorisé à déférer au Tribunal fédéral le jugement de première instance dans la mesure où il allègue que ce jugement a violé la convention conclue entre la Suisse et la Tchécoslovaquie, la question de savoir si et dans quelle mesure il peut faire valoir dans le présent recours des griefs tirés d'une violation de l'art. 4 Cst. ne peut être résolue d'emblée; il y aura lieu d'examiner si les moyens qu'il allègue à l'appui de ce grief ont ou non une portée indépendante, ce qui ne pourra être fait que lors de l'examen concret des moyens présentés par le recourant.

2. Dans un recours de droit public formé pour violation d'un traité international, le Tribunal fédéral examine librement les questions de fait et de droit; il peut se saisir de moyens nouveaux, qui n'avaient pas été invoqués devant l'autorité cantonale, et de pièces nouvelles, qui sont produites pour la première fois dans l instance fédérale (ATF 101 Ia 531, 99 Ia 86, consid. 3b, 98 Ia 230, 541, 553). Mais, pour que le Tribunal fédéral puisse tenir compte de ces nouveaux moyens et de ces nouvelles pièces, il faut qu'ils lui aient été soumis dans le délai de 30 jours prévu pour le dépôt du recours par l'art. 89 OJ, sauf dans le cas où la production des moyens nouveaux a été rendue nécessaire en raison de moyens nouveaux présentés par l'intimé (ATF 101 Ia 531). Ainsi, si le recourant a été autorisé, par la décision de la Chambre de droit public du 13 avril 1978, à préciser ses griefs dans un mémoire complémentaire, il faut que les griefs ainsi 'précisés' aient déjà été énoncés, même sommairement, dans l'acte de recours, qui seul a été déposé dans le délai de l'art. 89 OJ, et que les pièces nouvelles communiquées par le recourant l'aient été avec cet acte. En effet, le mémoire du recourant du 26 mai 1978 et les pièces présentées avec ce mémoire n'ont pas été déposés à la suite d'une réponse de l'intimé, celui-ci n'ayant été appelé à présenter sa réponse qu'ultérieurement, soit le 1er septembre 1978. On ne saurait en aucun cas déroger à la règle de l'art. 89 OJ, même si, comme en l'espèce, l'avocat d'office a été désigné après le délai de recours.

3. Dans son mémoire complétif du 26 mai 1978, le recourant soutient que le Tribunal de première instance a commis des 'violations de forme' de la convention du 21 décembre 1926. Il se plaint de ce que, contrairement aux exigences de l'art. 4 ch. 4 de cette convention, aux termes duquel les pièces produites par la partie qui invoque en Suisse une décision rendue en Tchécoslovaquie doivent comprendre, avec une expédition de la décision, la traduction de celle-ci dans la langue de l'autorité requise, le tribunal se soit en l'espèce contenté d'une traduction en allemand et n'ait pas exigé une traduction en français. Mais il n'y a aucune trace dans l acte de recours de ce grief, de sorte qu'il est irrecevable. Il est au surplus de toute évidence mal fondé. La disposition conventionnelle visée permet en effet à l' autorité requise de dispenser le requérant de l'obligation de produire la traduction; une même dispense est d'ailleurs prévue par l'art. 17 al. 1 ch. 5 de la convention concernant la reconnaissance et l'exécution de décisions relatives aux obligations alimentaires, conclue à La Haye le 2 octobre 1973, et qui règle la matière dans les rapports entre la Suisse et la Tchécoslovaquie concurremment avec la convention de 1926 (RO 1976, 1559). Au surplus, la contestation est abusive, le recourant n'ayant pas contesté la régularité de la requête et des pièces présentées devant le premier juge et connaissant parfaitement le jugement, dont il a produit lui-même le texte et la traduction française avec son mémoire complétif (cf. ATF 97 I 253, 46 I 462).

4. Arguant de 'violations de fond' de la convention de 1926, le recourant soutient que cette dernière a été violée du fait qu'il aurait établi par titres qu'il s'est acquitté entièrement de son obligation jusqu'en septembre 1973, de sorte que le Tribunal de première instance aurait invoqué à tort le jugement de Prague pour permettre une nouvelle exécution d'un jugement déjà exécuté.

a) Il s'agit là d'un grief sur lequel le Tribunal fédéral peut entrer formellement en matière, le recourant ayant déjà allégué dans son acte de recours que, sur la demande écrite de son exfemme, il avait payé à cette dernière 37 fr. par mois, équivalant à 303.40 couronnes tchèques, et ayant produit à l'appui de son argumentation une lettre de Ruzena Ungrad du 27 janvier 1969.

b) Mais il convient d'examiner si, à supposer que le recourant puisse parvenir à rapporter la preuve de ce qu'il s'est acquitté de sa dette telle qu'elle était prévue par le jugement, le Tribunal de première instance aurait, en prononçant la mainlevée définitive de l'opposition formée par lui à la poursuite, violé la convention de 1926. Certes, en soumettant à un libre examen, dans le cadre d'un recours fondé sur la violation alléguée d'un traité international, les moyens de droit et de fait invoqués, le Tribunal fédéral peut examiner si l'état de fait qui lui est présenté est erroné (ATF 101 Ia 523, consid. 1b; cf. GIACOMETTI, Die Verfassungsgerichtsbarkeit des Schweizerischen Bundesgerichts, p. 70 n. 16; BIRCHMEIER, Bundesrechtspflege, ad art. 84, p. 319; ZUMSTEIN, Die Staatsrechtliche Beschwerde wegen Verletzung von Staatsverträgen, thèse Berne 1951, p. 112). Mais ce libre examen ne peut intervenir que dans la mesure où, précisément, c'est l'exécution du traité international qui, comme telle, est en cause et que, notamment, il s'agit de décider si les conditions mises par le traité à la reconnaissance de l'autorité d'une décision judiciaire étrangère sont réunies; c'est ainsi, par exemple, que le recourant pourrait, en invoquant l'erreur dans l état de fait, soutenir que la reconnaissance et l'exécution de la décision sont contraires à l'ordre public ou aux principes du droit public de l'Etat où la décision est invoquée (art. 1 al. 1 ch. 2 de la convention de 1926). Mais, dans l'espèce présente, le recourant ne soutient nullement que tel soit le cas. Il reconnaît l'autorité du jugement de divorce rendu à Prague et ne prétend pas que la reconnaissance de ce jugement soit contraire à l'ordre public suisse ou aux principes du droit public applicables en Suisse. Il se borne à soutenir qu'il a partiellement exécuté ce jugement.

c) Dès lors, les objections que présente le recourant ne constituent pas des objections dirigées contre l'exécution en Suisse de la convention internationale, et elles ne sauraient être de nature à permettre au Tribunal fédéral de constater une violation de cette convention. Si la convention de 1926, tout comme celle de La Haye de 1973, porte sur 'la reconnaissance et l'exécution' de décisions judiciaires, il importe de préciser que, lorsque ces textes se réfèrent à l'exécution de décisions, ils entendent par là 'le fait que l'autorité de l Etat requis déclare la décision exécutoire, une fois qu'elle a été reconnue selon la convention', mais il ne s'agit pas de l'exécution forcée proprement dite de la décision étrangère; dans cette procédure, les règles du droit interne de l'Etat requis continuent à s'appliquer (cf. message du Conseil fédéral du 27 août 1975, FF 1975 II 1415; cf. aussi PETITPIERRE, La reconnaissance et l'exécution des jugements civils étrangers en Suisse, p. 6/7, et Les conventions conclues par la Suisse avec l Allemagne, l'Autriche et la Tchécoslovaquie concernant la reconnaissance et l'exécution des jugements civils, publication n 31 de la Société suisse de droit international, p. 28). Or, dans le système de la législation suisse, les jugements étrangers comportant une condamnation pécuniaire sont, lorsqu'ils ont été rendus par l'autorité compétente d'un Etat dont les décisions doivent, en vertu d'un traité international, être reconnues et rendues exécutoires en Suisse, exécutés selon la procédure prévue par la loi sur la poursuite pour dettes et la faillite, conformément à l'art. 38 al. 1 LP; en cas d opposition à la poursuite, il est statué dans la procédure de mainlevée (art. 81 al. 3 LP; cf. ATF 101 Ia 522). En pareil cas, il n'y a pas de procédure spéciale d'exequatur; le juge de la mainlevée est chargé de statuer tant sur la reconnaissance et le caractère exécutoire du jugement étranger que sur le bien-fondé de la demande en paiement d'une somme d'argent qui lui est soumise. Ce faisant, s'il reconnaît l'autorité du jugement étranger et s'il rejette les moyens qui sont réservés dans la convention et que l'opposant peut faire valoir devant lui, il lui appartient encore d'examiner, le cas échéant, si les moyens d'opposition prévus spécialement par le droit suisse et qui ont leur origine dans un fait postérieur au jugement peuvent être valablement invoqués et sont de nature à mettre en échec la demande de mainlevée: il s'agit des exceptions énumérées par l art. 81 al. 1 LP et aux termes desquelles l'opposant peut prouver par titre que la dette a été éteinte ou qu'il a obtenu un sursis, postérieurement au jugement, ou peut se prévaloir de la prescription (ATF 98 Ia 536).

Dans l hypothèse où le juge cantonal nie à tort l'existence de faits entrant dans le cadre des exceptions autorisées par l art. 81 al. 1 LP, il ne commet pas par là une violation du traité international, car il s'agit d'un problème qui n'est pas régi par ce traité, mais bien par le droit interne (KALLMANN, Anerkennung und Vollstreckung ausländischer Zivilurteile und gerichtlicher Vergleiche, p. 350 et 354). Le recourant ne peut donc, quant aux griefs qu'il soulève, critiquer le jugement attaqué en vertu de l'art. 84 al. 1 let. c OJ, relatif au grief de violation d'un traité international, mais seulement au sens de l'art. 84 al. 1 let. a OJ, relatif au grief de violation des droits constitutionnels. Comme il ne fait état de la violation d'aucun autre droit constitutionnel, on peut admettre, à la lecture de son acte de recours, qu'il a entendu qualifier le jugement attaqué d'arbitraire et qu'il invoque, dès lors, implicitement une violation de l'art. 4 Cst. Mais, ainsi que cela a été relevé, il ne peut déférer au Tribunal fédéral, sans avoir épuisé les instances cantonales, une décision cantonale dont il entend faire constater le caractère arbitraire, alors que le grief qu'il invoque a une portée indépendante et ne peut être rattaché à la violation alléguée d'un traité international. Le Tribunal fédéral ne peut donc entrer en matière sur ce grief et il n'y a ainsi pas lieu de rechercher si et dans quelle mesure le recourant a prouvé avoir exécuté le jugement de divorce.

5. Le recourant critique encore dans son mémoire complétif le déroulement de la procédure de première instance, se plaignant du défaut de procès-verbal des débats et d'une motivation insuffisante du jugement. Ce grief lui aussi est irrecevable, d'abord parce que tardif, n'ayant pas été présenté dans l'acte de recours, et d'autre part parce que, s'agissant d'une violation alléguée de droits constitutionnels, le recourant ne pouvait invoquer ce grief devant le Tribunal fédéral qu'après l'avoir soumis à la Cour de justice par la voie de l appel. Dans ces circonstances, il est regrettable que cette juridiction n'ait pas eu à statuer sur ce point pour une question d'irrecevabilité formelle."

78 Für Rügen betr. Verletzung der EMRK steht regelmässig nur die Verfassungsbeschwerde offen, da die Verfahrensgarantien der EMRK nicht über Art. 4 BV hinausgehen:

79 **BGE 119 Ia 264:** "3. Ob das Billigkeits- als Rechtsgewährleistungsgebot in Art. 6 Ziff. 1 EMRK unter bestimmten Voraussetzungen auch einen Anspruch auf unentgeltliche Rechtspflege in Zivilverfahren beinhaltet, wird in Lehre und Rechtsprechung unterschiedlich beantwortet (verneinend BGE 116 II 651 E. 2a; FORSTER, Der Anspruch auf unentgeltliche Rechtsverbeiständung in der neueren bundesgerichtlichen Rechtsprechung, ZBl 93/1992, S. 457 ff., 459; bejahend Frowein/Peukert, N 6 zu Art. 6 EMRK, vgl. daselbst aber auch N 38 und 46 zu Art. 6 EMRK; Christian Favre, L'assistance judiciaire gratuite en droit suisse, Diss. Lausanne 1988, S. 42 ff.). Die Frage kann vorliegend offenbleiben, da die Konvention nach der Rechtsprechung jedenfalls keinen über

Art. 4 BV hinausreichenden Schutz gewährt, und ein weitergehender Anspruch auch von den Beschwerdeführern nicht geltend gemacht wird.

a) Nach ständiger Rechtsprechung des Bundesgerichts hat eine bedürftige Person in einem für sie nicht aussichtslosen Zivilprozess unmittelbar aufgrund von Art. 4 BV Anspruch auf unentgeltliche Rechtspflege und auf unentgeltlichen Rechtsbeistand, sofern sie eines solchen zur gehörigen Wahrung ihrer Interessen bedarf. Damit soll auch einem bedürftigen Rechtsuchenden der Zugang zum Gericht, allenfalls mit dem Beistand einer rechtskundigen Person, ermöglicht werden (BGE 118 Ia 369 E. 4). Seit BGE 112 Ia 14 gesteht die Rechtsprechung einer betroffenen Person diesen Rechtsschutz auch im Verfahren der Verwaltungsbeschwerde und der Verwaltungsgerichtsbeschwerde zu (vgl. BGE 119 Ia 134). Sie hat ihn weiter ausgedehnt auf das nichtstreitige Verwaltungsverfahren, etwa das sozialversicherungsrechtliche Abklärungs- (BGE 114 V 228 E. 5) oder Einspracheverfahren (BGE 117 V 408) sowie das Verfahren um strafrechtliche Rückversetzung in den Massnahmenvollzug (BGE 117 Ia 277), sodann auf Verfahren des Zwangsvollstreckungsrechts wie das Konkursbegehren des Schuldners durch Insolvenzerklärung (BGE 118 III 27; vgl. auch BGE 119 III 28) oder jenes des vorschusspflichtigen Gläubigers (BGE 118 III 33). Ob ein verfassungsmässiger Anspruch auf unentgeltliche Rechtspflege besteht, hängt mithin nach zeitgemässem Verfassungsverständnis weder von der Rechtsnatur der Entscheidungsgrundlagen noch von derjenigen des in Frage stehenden Verfahrens ab. Ihr ist vielmehr jedes staatliche Verfahren zugänglich, in welches der Gesuchsteller einbezogen wird, oder dessen er zur Wahrung seiner Rechte bedarf.

b) Anderseits besteht der verfassungsmässige Anspruch auf unentgeltliche Rechtspflege nicht voraussetzungslos. Er setzt in jedem Fall Bedürftigkeit, darüber hinaus im streitigen zivil- oder verwaltungsrechtlichen Verfahren fehlende Aussichtslosigkeit und in der Erscheinungsform der Rechtsverbeiständung deren Bedarf voraus. Die unentgeltliche Rechtsverbeiständung, die hier allein in Frage steht, muss sachlich geboten sein. Nach der Rechtsprechung sind dabei die konkreten Umstände des Einzelfalls und die Eigenheiten der anwendbaren Verfahrensvorschriften zu berücksichtigen (BGE 117 Ia 277 E. 5b/bb). Falls das in Frage stehende Verfahren besonders stark in die Rechtsstellung des Bedürftigen eingreift, ist die Verbeiständung grundsätzlich geboten, andernfalls bloss, wenn zur relativen Schwere des Falls besondere tatsächliche oder rechtliche Schwierigkeiten hinzukommen, denen der Gesuchsteller auf sich alleine gestellt nicht gewachsen ist. Entscheidend ist dabei allemal die sachliche Notwendigkeit der unentgeltlichen Rechtsverbeiständung im konkreten Fall (vgl. zum Gesamten FORSTER, a. a. O., S. 460 f. mit Hinweisen). Diese Voraussetzung wird im allgemeinen bloss bejaht, wenn die aufgeworfenen Fragen sich nicht leicht beantworten lassen und die gesuchstellende Partei oder ihr ziviler Vertreter selbst nicht rechtskundig ist (BGE 118 III 27 E. 3d, 116 Ia 459, 112 Ia 14 E. 3c). Dagegen wird die sachliche Notwendigkeit nicht bereits dadurch ausgeschlossen, dass das in Frage stehende Verfahren von der Offizialmaxime oder dem Untersuchungsgrundsatz beherrscht wird, mithin die beteiligte Behörde ihrerseits gehalten ist, an der Sammlung des Prozessstoffs mitzuwirken (BGE 117 Ia 277 E. 5b/bb; vgl. aber auch BGE 114 V 228 E. 5b)."

BGE 107 Ib 164: "b) Beim Verfahren, welches im vorliegenden Fall Anlass zu einer Schadenersatzforderung gegeben hat, handelt es sich um einen kantonalen Zivilprozess. Dieses Verfahren richtet sich grundsätzlich nach dem kantonalen Prozessrecht. Nach kantonalem Recht bestimmt sich im weiteren auch die Organisation der Gerichte, in welchen Zivilprozesse durchgeführt werden (Art. 64 Abs. 3 BV). Das kantonale Prozessrecht darf allerdings die Verwirklichung des Bundeszivilrechts nicht verunmöglichen und darf diesem nicht widersprechen. Das kantonale Prozessrecht findet im übrigen eine Schranke an den verfassungsmässigen Rechten der Bundesverfassung, insbesondere an den aus Art. 4 BV abgeleiteten Verfahrensgarantien. Eine Verletzung von Art. 4 BV liegt nach der bundesgerichtlichen Rechtsprechung unter anderem dann vor, wenn eine Gerichts- oder Verwaltungsbehörde ein Gesuch, dessen Erledigung in ihre Kompetenz fällt, nicht an die Hand nimmt und behandelt (BGE 103 V 193 E. 3 a mit Hinweisen, 102 Ib 237 f. E. 2 b, 87 I 246, vgl. auch den Bundesgerichtsentscheid in ZBl 81/1980, S. 266 E. 2 b). Ein solches Verhalten einer Behörde wird in der Rechtsprechung als formelle Rechtsverweigerung bezeichnet. Art. 4 BV ist aber auch verletzt, wenn die zuständige Behörde sich zwar bereit zeigt, einen Entscheid zu treffen, diesen aber nicht binnen der Frist fasst, welche nach der Natur der Sache und nach der Gesamtheit der übrigen Umstände als angemessen erscheint (sog. Rechtsverzögerung, vgl. BGE 103 V 194 f. E. 3 c, ZBl 81/1980, S. 266 E. 2 b). Einen Anspruch darauf, dass ein gerichtliches Verfahren ohne unnötige Verzögerung durchgeführt wird, steht dem Bürger im übrigen auch aufgrund von Art. 6 Abs. 1 EMRK zu. Nach dieser Bestimmung hat jedermann Anspruch darauf, dass seine Sache in billiger Weise öffentlich und innerhalb einer angemessenen Frist gehört wird. Nach der bundesgerichtlichen Rechtsprechung geht dieser Anspruch aber nicht über die aus Art. 4 BV abgeleitete Garantie hinaus (BGE 103 V 193 E. 2 b, vgl. auch 106 IV 88). Die geltend gemachte Widerrechtlichkeit der Leitung des Scheidungsverfahrens braucht daher nur unter dem Gesichtswinkel des aus Art. 4 BV abgeleiteten Rechtsverweigerungs bzw. Rechtsverzögerungsverbots beurteilt zu werden.

c) Das Rechtsverzögerungsverbot verpflichtet einerseits die Parlamente, die Gerichte in personeller und sachlicher Hinsicht mit Mitteln auszustatten, die es erlauben, über Klagen, Beschwerden, Gesuche usw. innerhalb von angemessenen Fristen zu entscheiden. Eine angemessene Entscheidungsfrist muss aber nicht nur in Zeiten eines durchschnittlichen Geschäftseinganges gewährleistet sein, sondern auch in Zeiten einer vorübergehenden Überbelastung eines Gerichts. Für solche Fälle hat das Parlament die Möglichkeit zu schaffen, ordentliche oder ausserordentliche Ersatzrichter und zusätzliches Personal beizuziehen. Die Gerichte andererseits sind aufgrund des Rechtsverzögerungsverbots gehalten, ihre Arbeit so zu organisieren, dass das Verfahren in allen ihnen vorgelegten Fällen innerhalb einer angemessenen Frist zum Abschluss gebracht werden kann. Ob eine gegebene Prozessdauer als angemessen zu betrachten ist, muss im Hinblick auf die Natur und den Umfang des Rechtsstreits beurteilt werden (BGE 103 V 195 E. 3 c, 94 I 101 E. 1 c).

In bezug auf den Scheidungsprozess ist die Angemessenheit der Dauer im Hinblick auf die Interessen, welche sich bei der Ehescheidung gegenüberstehen, zu bestimmen. Gemäss Art. 158 Ziff. 1 ZGB darf der Richter Tatsachen, die zur Begründung einer Klage auf Scheidung oder Trennung dienen, nur dann als erwiesen annehmen, wenn er sich von deren Vorhandensein überzeugt hat. Der Richter muss daher Gelegenheit haben, auch entgegen dem Willen der Parteien gewisse Beweismassnahmen anzuordnen, selbst wenn diese Zeit beanspruchen. Im Hinblick auf die eventuelle Anordnung einer Trennung ist der Richter ferner verpflichtet, abzuklären, ob Aussicht auf eine Wiedervereinigung der Ehegatten vorhanden ist (Art. 146 Abs. 3 ZGB). Es ist schliesslich nicht bundesrechtswidrig, wenn der Richter versucht, die Parteien zu versöhnen, und wenn ein kantonales Gesetz zu diesem Zweck die Anordnung einer Sperrfrist zwischen dem Aussöhnungsversuch und der Einreichung der Scheidungsklage vorsieht (BGE 96 II 437 f. E. 3 mit Hinweisen). In diesem Rahmen steht dem Scheidungsrichter in der Leitung des Verfahrens ein gewisser Ermessensspielraum zu.

Die beiden sich im Scheidungsprozess gegenüberstehenden Parteien sind jedoch auch daran interessiert, rasch ein rechtskräftiges Urteil zu erlangen. Für sie geht es um eine zentrale Frage ihrer menschlichen Existenz, denn vom Scheidungsurteil hängt der Weiterbestand ihrer Ehe, die rechtliche Auflösung der Lebensgemeinschaft sowie die Möglichkeit einer späteren Wiederverheiratung ab. Das Interesse der Parteien an einem raschen Verfahren ist auch gross, weil das Scheidungsurteil nur ex nunc wirkt und weil sich nicht wie bei einem reinen Forderungsstreit die Dauer des Verfahrens mit Verzugszinsen ausgleichen lässt. Die genannten Interessen sind gegeneinander abzuwägen, wenn im Einzelfall entschieden werden muss, ob die Dauer eines Scheidungsverfahrens noch als angemessen betrachtet werden kann oder ob sie eine Rechtsverzögerung beinhaltet.

d) Im weiteren ist zu prüfen, ob eine Verletzung des Rechtsverzögerungsverbots eine Widerrechtlichkeit im Sinne von Art. 3 Haftungsgesetz darstellt. Das Bundesgericht neigt dazu, die Haftung für Schäden, die aus fehlerhaften Urteilen, d.h. aus sog. Rechtsakten entstehen, auf schwerwiegende und offensichtliche Fehler zu beschränken (nicht veröffentlichtes Urteil Xintaras vom 18. Januar 1980 E. 3; die Haftung für Fehler des Richters wurde in etwas grösserem Umfang bejaht in BGE 79 II 438 f. mit Hinweisen). Auch § 5 Abs. 1 des schwyzerischen Haftungsgesetzes beschränkt die Haftung des Gemeinwesens für Verfügungen oder Entscheide, die im Rechtsmittelverfahren abgeändert werden, auf vorsätzliches oder grobfahrlässiges Handeln des Funktionärs.

Für Schäden, die nicht daraus entstanden sind, dass ein fehlerhafter Entscheid gefällt worden ist, sondern dass ein Gericht gar nicht oder nicht in einer angemessenen Frist gehandelt hat, wird in § 5 Abs. 1 Haftungsgesetz die Haftung des Gemeinwesens nicht beschränkt. Auch in der bundesgerichtlichen Rechtsprechung bestehen keine Hinweise darauf, dass bei solchen, auf sog. Realakte zurückgehenden Schäden die Haftung auf besonders schwerwiegende Rechtsverletzungen beschränkt sei. Es kann daher davon ausgegangen werden, dass auf das Untätigsein eines Gerichts oder die Verzögerung eines Verfahrens der allgemeine, aus § 3 Haftungsgesetz (bzw. aus Art. 3 VG) abgeleitete Begriff der Widerrechtlichkeit Anwendung findet. Widerrechtlich ist ein Untätigsein oder eine Verfahrensverzögerung folglich dann, wenn dadurch ein Gebot oder Verbot der Rechtsordnung verletzt wird, das dem Schutz des verletzten Rechtsguts dient. Das Untätigsein eines Gerichts oder die Verfahrensverzögerung kann, wie oben dargelegt, das Rechtsverweigerungs- bzw. Rechtsverzögerungsverbot (Art. 4 BV) verletzen. Im vorliegenden Fall dienen diese Verfahrensgarantien offensichtlich dem Schutz des Anspruchs des Klägers auf einen Entscheid innerhalb einer angemessenen Frist. Wenn im vorliegenden Fall somit eine Rechtsverzögerung vorliegen sollte, müsste darin eine Widerrechtlichkeit im Sinne von § 3 Haftungsgesetz erblickt werden.

e) (Eine Rechtsverzögerung lag bis zum Urteil der staatsrechtlichen Kammer vom 10. November 1977 nicht vor, wie das Bundesgericht damals feststellte. Dass das Kantonsgericht am 26. Januar 1978 in der Sache und am 27. Februar 1978 über die Parteikosten entschied, ist unter dem Gesichtspunkt des Rechtsverzögerungsverbots nicht zu beanstanden, denn den Richtern musste ein gewisser Zeitraum zum Studium der Akten und der Rechtslage zur Verfügung stehen. Obwohl die Zeit für die schriftliche Begründung des Urteils im Hinblick auf die beträchtliche Gesamtdauer des Verfahrens und die Zusicherung einer prioritären Behandlung als reichlich lang erscheint, liegt darin angesichts ausserordentlicher Umstände – weitere dringende Geschäfte und Präsidialfunktion des Gerichtsschreibers wegen Krankheit des Präsidenten – noch keine Rechtsverzögerung.)"

4. Die bundesrechtliche **Revision und Erläuterung** sind von geringer Bedeutung: Die sog. klassischen Revisionsgründe sind in Art. 137 OG aufgeführt. Nach Art. 139a OG ist eine Revision dann zugelassen, wenn der Europäische Gerichtshof für Menschenrechte oder das Ministerkomitee des Europarats eine Individualbeschwerde wegen Verletzung der EMRK gutheisst und die Wiedergutmachung nur mittels einer Revision geschehen kann. Schliesslich lässt das Bundesgericht durch Lückenfüllung die Revision von internationalen Schiedssprüchen zu. 81

BGE 118 II 197: Vgl. § 238 ZPO. 82

VI. Teil: Vollstreckung

Vorbemerkungen zu § 300 ZPO 1
Die Vollstreckungsregeln für Urteile sind mittlerweile recht kompliziert. Grundsätzlich sind die Kantone dafür zuständig, sofern es sich nicht um Geldzahlungen oder Sicherheitsleistung in Geld geht, was abschliessend im SchKG geregelt ist. Art. 61 BV gewährleistet das Vollstrecken von Urteilen aus andern Kantonen. Art. 39 OG verankert bundesrechtlich die Verpflichtung der Kantone, Entscheidungen der mit der Bundesrechtspflege beauftragten Behörden wie rechtskräftige kantonale Urteile zu vollstrecken. Der Bundesrat hat die Urteile von Direktprozessen vor Bundesgericht zu vollstrecken (Art. 77 BZP).

Für die Vollstreckung ausländischer Urteile gelten primär die Regeln von **Art. 25 bis 32 IPRG sowie Art. 194 IPRG**:

2

> *Art. 25*: I. Anerkennung, 1. Grundsatz
> Eine ausländische Entscheidung wird in der Schweiz anerkannt:
> a. wenn die Zuständigkeit der Gerichte oder Behörden des Staates, in dem die Entscheidung ergangen ist, begründet war;
> b. wenn gegen die Entscheidung kein ordentliches Rechtsmittel mehr geltend gemacht werden kann oder wenn sie endgültig ist und
> c. wenn kein Verweigerungsgrund im Sinne von Artikel 27 vorliegt.

3   **Art. 26**: *2. Zuständigkeit ausländischer Behörden*
     Die Zuständigkeit ausländischer Behörden ist begründet:
     a. wenn eine Bestimmung dieses Gesetzes sie vorsieht oder, falls eine solche fehlt, wenn der Beklagte seinen Wohnsitz im Urteilsstaat hatte;
     b. wenn in vermögensrechtlichen Streitigkeiten die Parteien sich durch eine nach diesem Gesetz gültige Vereinbarung der Zuständigkeit der Behörde unterworfen haben, welche die Entscheidung getroffen hat;
     c. wenn sich der Beklagte in einer vermögensrechtlichen Streitigkeit vorbehaltlos auf den Rechtsstreit eingelassen hat;
     d. wenn im Falle einer Widerklage die Behörde, die die Entscheidung getroffen hat, für die Hauptklage zuständig war und zwischen Haupt und Widerklage ein sachlicher Zusammenhang besteht.

4   **Art. 27**: *3. Verweigerungsgründe*
     ¹ Eine im Ausland ergangene Entscheidung wird in der Schweiz nicht anerkannt, wenn die Anerkennung mit dem schweizerischen Ordre public offensichtlich unvereinbar wäre.

     ² Eine im Ausland ergangene Entscheidung wird ebenfalls nicht anerkannt, wenn eine Partei nachweist:
     a. dass sie weder nach dem Recht an ihrem Wohnsitz noch nach dem am gewöhnlichen Aufenthalt gehörig geladen wurde, es sei denn, sie habe sich vorbehaltlos auf das Verfahren eingelassen;
     b. dass die Entscheidung unter Verletzung wesentlicher Grundsätze des schweizerischen Verfahrensrechts zustande gekommen ist, insbesondere dass ihr das rechtliche Gehör verweigert worden ist;
     c. dass ein Rechtsstreit zwischen denselben Parteien und über denselben Gegenstand zuerst in der Schweiz eingeleitet oder in der Schweiz entschieden worden ist oder dass er in einem Drittstaat früher entschieden worden ist und dieser Entscheid in der Schweiz anerkannt werden kann.

     ³ Im übrigen darf die Entscheidung in der Sache selbst nicht nachgeprüft werden.

5   **Art. 28**: *II. Vollstreckung*
     Eine nach den Artikeln 25-27 anerkannte Entscheidung wird auf Begehren der interessierten Partei für vollstreckbar erklärt.

6   **Art. 29**: *III. Verfahren*
     ¹ Das Begehren auf Anerkennung oder Vollstreckung ist an die zuständige Behörde des Kantons zu richten, in dem die ausländische Entscheidung geltend gemacht wird. Dem Begehren sind beizulegen:
     a. eine vollständige und beglaubigte Ausfertigung der Entscheidung;
     b. eine Bestätigung, dass gegen die Entscheidung kein ordentliches Rechtsmittel mehr geltend gemacht werden kann oder dass sie endgültig ist, und
     c. im Falle eines Abwesenheitsurteils eine Urkunde, aus der hervorgeht, dass die unterlegene Partei gehörig und so rechtzeitig geladen worden ist, dass sie die Möglichkeit gehabt hatte, sich zu verteidigen.

     ² Im Anerkennungs- und Vollstreckungsverfahren ist die Partei, die sich dem Begehren widersetzt, anzuhören; sie kann ihre Beweismittel geltend machen.

     ³ Wird eine Entscheidung vorfrageweise geltend gemacht, so kann die angerufene Behörde selber über die Anerkennung entscheiden.

7   **Art. 30**: *IV. Gerichtlicher Vergleich*
     Die Artikel 25-29 gelten auch für den gerichtlichen Vergleich, sofern er in dem Staat, in dem er abgeschlossen worden ist, einer gerichtlichen Entscheidung gleichgestellt wird.

Art. 31: *V. Freiwillige Gerichtsbarkeit* 8
Die Artikel 25-29 gelten sinngemäss für die Anerkennung und Vollstreckung einer Entscheidung oder einer Urkunde der freiwilligen Gerichtsbarkeit.

Art. 32: *VI. Eintragung in die Zivilstandsregister* 9
¹ Eine ausländische Entscheidung oder Urkunde über den Zivilstand wird aufgrund einer Verfügung der kantonalen Aufsichtsbehörde in die Zivilstandsregister eingetragen.

² Die Eintragung wird bewilligt, wenn die Voraussetzungen der Artikel 25-27 erfüllt sind.

³ Die betroffenen Personen sind vor der Eintragung anzuhören, wenn nicht feststeht, dass im ausländischen Urteilsstaat die verfahrensmässigen Rechte der Parteien hinreichend gewahrt worden sind.

Art. 194: *XII. Ausländische Schiedssprüche* 10
Für die Anerkennung und Vollstreckung ausländischer Schiedssprüche gilt das New Yorker-Übereinkommen vom 10. Juni 1985 (SR 0.277.12) über die Anerkennung und Vollstreckung ausländischer Schiedssprüche.

Die Regelungen gemäss IPRG gehen den staatsvertraglichen Regelungen vor. Derzeit bestehen folgende zweiseitigen Staatsverträge: 11

- mit Belgien	29.4.1959	SR 0.276.191.721
- mit dem Deutschen Reich	2.11.1929	SR 0.276.191.361
- mit Italien	3.1.1933	SR 0.276.194.541
- mit Liechtenstein	25.4.1968	SR 0.276.195.141
- mit Österreich	16.12.1960	SR 0.276.191.632
- mit Spanien	19.11.1896	SR 0.276.193.321
- mit Schweden	15.1.1936	SR 0.276.297.141
- mit der Tschechoslowakischen Republik	21.11.1926	SR 0.276.197.411

und die folgenden mehrseitigen multilateralen Staatsverträge:

New Yorker Übereinkommen betr. Schiedssprüche	10.6.1958	SR 0.277.12
Haager Übereinkommen Ehescheidung und -trennung	1.6.1970	SR 0.211.212.3
Haager Übereinkommen Unterhaltsentscheidungen	2.10.1973	SR 0.211.213.02
Luxemburger Übereinkommen Sorgerecht für Kinder	20.5.1980	SR 0.211.230.01
Lugano-Übereinkommen Zivil- und Handelssachen	16.9.1988	SR 0.275.11

Diese Staatsverträge werden überlagert durch das jüngere Lugano-Übereinkommen, soweit dieses anwendbar ist.

Wichtig ist, dass Geldzahlungen nicht nach den nachstehenden Bestimmungen der ZPO, sondern ausschliesslich nach SchKG zu vollstrecken sind.

Vollstreckung von Entscheiden über vorsorgliche Massnahmen haben entgegen einem Teil der Lehre in Art. 25 ff. IPRG keine Grundlage; als schwerwiegender Eingriff in verfassungsrechtlich 12 geschützte Positionen (Art. 59 BV) bedürfte dies einer ausdrücklichen und klaren gesetzlichen Grundlage. Daran fehlt es im IPRG. Das Lugano-Übereinkommen sieht keine Vollstreckung von vorsorglichen Massnahmen vor; dass derart gravierende Eingriffe, wie das Lugano-Übereinkommen, in die Grundordnung der Schweiz durch Auslegung von Brüsseler-Instanzen zum EuGVÜ eingeführt werden sollen, ist entschieden abzulehnen; dafür fehlt eine hinreichende rechtliche Grundlage; zudem gilt der Grundsatz der verfassungskonformen Auslegung (Art. 59 BV), weshalb nach anerkannten Auslegungsmethoden die Vollstreckung vorsorglicher Massnahmen (einschliesslich superprovisorischer Massnahmen), gestützt auf das Lugano-Übereinkommen, das dafür keine Grundlage enthält, abzulehnen ist. Anderer Meinung ist ein Teil der Lehre (vgl. etwa Volken, N 4 zu Art. 10 IPRG). Es besteht derzeit unter den Zivilprozessrechtlern eine Art Modetrend, sich über verfassungsrechtliche Grundlagen hinwegzusetzen und einseitig zugunsten des Klägers betreffend Gerichtsstand Position zu beziehen (vgl. Vogel, S. 395 f.). Nichts anderes ergibt sich aus der Anerkennungsvermutung für ausländische Urteile gemäss Art. 26 Abs. 1 LugÜ oder aus der Nichtüberprüfung der Zuständigkeit des Urteilsgerichts von Art. 28 Abs. 14 LugÜ: Diese strikten Rechtsfolgen verlangen eine klare und eindeutige Rechtsgrundlage; strenge Prüfungsvorschriften (Vogel, N 24c, S. 398) müssen gerade dazu führen, dass die Vollstreckungsvoraussetzungen einschränkend zu handhaben sind, und dies bedeutet, dass nach dem LugÜ und nach dem IPRG die Vollstreckung vorsorglicher Massnahmen keine hinreichende Rechtsgrundlagen haben.

13   **ZR 90 Nr. 35:** Kreisschreiben der Verwaltungskommission vom 13. November 1991 zur Anwendung des Titels II des Lugano-Übereinkommens (Anerkennung und Vollstreckung) an die Kammern des Obergerichts, die dem Obergericht angegliederten Gerichte und die Bezirksgerichte.

Das Lugano-Übereinkommen (LugÜ) über die gerichtliche Zuständigkeit und die Vollstreckung gerichtlicher Entscheidungen in Zivil- und Handelssachen vom 16. September 1988 (BBI 1990 II 265, 341) tritt in der Schweiz am 1. Januar 1992 in Kraft und gilt im Verhältnis zu den Vertragsstaaten, die das Übereinkommen bereits ratifiziert und ihre Ratifikationsurkunden hinterlegt haben, nämlich bis heute die Niederlande und Frankreich.

Das Lugano-Übereinkommen regelt in seinem Titel III (Art. 25 bis 49) unter der Überschrift "Anerkennung und Vollstreckung" die Voraussetzungen der Anerkennung (Art. 26 bis 30) und das Verfahren der Vollstreckbarerklärung (Art. 31 bis 45 unter dem Titel "Vollstreckung") für die Vollstreckung von Entscheiden aus Vertragsstaaten in einem anderen Vertragsstaat.

1. Ausgangspunkt: Das Abkommen ist direkt anwendbar (self-executing).

Das Abkommen ist direkt anwendbar, und es ist Staatsvertragsrecht des Bundes. Das bedeutet, dass es grundsätzlich keiner Ausführungsgesetzgebung bedarf und dass es entgegenstehendes oder nicht konformes kantonales Verfahrensrecht derogiert.

Das Zürcher Prozessrecht ist vom Grundsatz geprägt, ergänzendes oder derogierendes Bundesrecht nicht zu wiederholen, da es stillschweigend – oder in § 1 ZPO für das Gerichtsstandrecht ausdrücklich – vorbehalten ist.

Diesem Grundsatz folgend, konnte davon abgesehen werden, die Zürcher Prozessgesetze im Hinblick auf die Geltung des Lugano-Übereinkommens anzupassen. Es genügt daher, auf die Folgerungen für das zürcherische Verfahren aufmerksam zu machen.

2. Inzidente Vollstreckbarkeitserklärung

Im Zürcher Prozessrecht ging man bisher – wie in den meisten Schweizer Prozessrechten – bei der Vollstreckung ausländischer Urteile überwiegend von einer inzidenten Vollstreckbarkeitsprüfung aus.

Nach dieser Auffassung war bei der Vollstreckung von Urteilen auf Geldleistung nach SchKG im Rechtsöffnungsdispositiv stillschweigend der Exequaturentscheid enthalten. Ebenso geht

§ 302 Abs. 2 ZPO davon aus, der positive Vollstreckungsentscheid über die Vollstreckung anderer Leistungen enthalte den Exequaturentscheid; deshalb behält § 302 Abs. 2 ZPO als Ausnahme die Möglichkeit vor, über die Frage der Vollstreckbarkeit einen "besonderen Entscheid" zu fällen.

Die Doppelnatur eines einheitlichen Vollstreckungsentscheids enthüllte sich bisher erst im Rechtsmittelverfahren der Rechtsöffnung, weil gegen den eigentlichen Vollstreckungsentscheid (Rechtsöffnung) gemäss § 272 Abs. 2 Ziff. 3 ZPO nur die Nichtigkeitsbeschwerde gegeben war, gegen den darin mitenthaltenen Exequaturentscheid dagegen – oberhalb der für die Zulässigkeit des Rekurses gegebenen Streitwertgrenze – der Rekurs (Sträuli/Messmer, N. 15 zu § 272).

Es hätte sich fragen können, ob wegen der Sonderbehandlung des Exequaturs im Lugano-Übereinkommen von dieser Praxis abgewichen werden müsse. Nach den Ausführungen in der Botschaft (S. 63) herrschte indessen bei den übrigen Vertragsstaaten Einigkeit darüber, dass das ihnen dargelegte schweizerische Rechtsöffnungsverfahren den Zielsetzungen des Übereinkommens mehr als Genüge leiste. Das bisherige Verfahren kann daher grundsätzlich beibehalten werden. Die Gerichte haben lediglich die sich aus dem Übereinkommen ergebenden Besonderheiten zu beachten.

3. Vollstreckung für Geldleistungen

a) Sachliche Zuständigkeit: Zuständig ist nach Art. 32 Abs. 1 Lugano-Übereinkommen der "Rechtsöffnungsrichter", also wie bisher der Einzelrichter im summarischen Verfahren.

b) Begehren: Für die Stellung des Antrags ist nach Art. 33 Abs. 1 Lugano-Übereinkommen das Recht des Vollstreckungsstaats massgebend. Da unser Verfahren gebilligt wird, genügt auch in Zukunft ein "Rechtsöffnungsbegehren". Wird lediglich das Exequaturbegehren gestellt, so ist dieses allein nach den Regeln des Lugano-Übereinkommens zu behandeln.

c) Verfahren: Ist ein Rechtsöffnungsbegehren gestellt, so sind die Parteien nach Art. 84 SchKG anzuhören. Der Antragsgegner dürfte sich dabei gemäss Art. 34 Abs. 1 Lugano-Übereinkommen zur Vollstreckbarkeitsfrage nicht äussern. Das indessen nicht durchzuführen sein. Doch sind seine Einwendungen als solche beim Exequaturentscheid wohl nicht zu berücksichtigen. Er hat sie nach dem Übereinkommen im "Rechtsbehelf" vorzubringen.

d) Entscheid: Der Entscheid kann wie bisher in der Form der einheitlichen "Rechtsöffnung" ergehen, aber auch – wie vereinzelt gehandhabt in der Form eines voneinander getrennten Vollstreckbarerklärungs – und eines Rechtsöffnungsdispositivs (in der gleichen Verfügung). Ist nur die Vollstreckbarkeitserklärung verlangt, so ist nur sie zu erteilen.

e) Rechtsmittelbelehrung: So wie bisher wird die Rechtsmittelbelehrung auch künftig auf die Spaltung des Rechtsmittelwegs hinzuweisen haben.

Der "Rechtsbehelf" wird nach Art. 37 Abs. 1 Lugano-Übereinkommen nach den für das streitige Verfahren geltenden Vorschriften eingelegt. Das Zürcher Recht kennt dafür als Rechtsmittel im summarischen Verfahren den Rekurs, der indessen im Bereich des Übereinkommens ohne untere Streitwertgrenze, d.h. immer zulässig ist. Die Frist beträgt für den Schuldner nach Art. 36 Lugano-Übereinkommen einen oder zwei Monate, je nach seinem Wohnsitz. Für den Antragsteller kennt das Lugano-Übereinkommen in Art. 40 keine Frist, und es besteht kein Grund, im kantonalen Recht eine solche einzuführen. Rechtsmittelinstanz ist auch gemäss Art. 37 Abs. 1 Lugano-Übereinkommen das "Kantons-", d. h. das Obergericht.

Gegen den Rekursentscheid ist nach Art. 37 Abs. 2 bzw. Art. 41 Lugano-Übereinkommen einzig die staatsrechtliche Beschwerde gegeben, über deren Zulässigkeit nicht belehrt werden muss (§ 188 GVG).

Für den Vollstreckungsteil der Rechtsöffnung ist wie bisher die Nichtigkeitsbeschwerde an die III. Zivilkammer des Obergerichts gegeben.

Es kommen daher folgende Varianten von Rechtsmittelbelehrungen in Frage:

- Erteilung der Rechtsöffnung (und Vollstreckbarkeitserklärung)
- Eine Nichtigkeitsbeschwerde gegen die Rechtsöffnung kann innert 10 Tagen nach der Zustellung dieser Verfügung schriftlich und im Doppel unter Beilage dieser Ausfertigung beim Obergericht des Kantons Zürich, III. Zivilkammer, eingereicht werden. In der Beschwerde ist unter Nachweis der Nichtigkeitsgründe (§ 281 ZPO) anzugeben, inwieweit diese Verfügung angefochten wird und welche Abänderungen beantragt werden.
- Ein Rekurs gegen diese Verfügung kann, soweit die Vollstreckbarkeit der ihr zugrundeliegenden Entscheide angefochten wird, innert eines Monats nach der Zustellung der Verfügung (bei Wohnsitz des Gesuchsgegners in einem anderen Vertragsstaat: innert zwei Monaten, nachdem die Entscheidung dem Schuldner entweder in Person oder in seiner Wohnung zugestellt worden ist), unter Anführung der Gründe und unter Beilegung dieser Verfügung sowie allfälliger Belege, bei der II. Zivilkammer des Obergerichts des Kantons Zürich schriftlich im Doppel eingereicht werden.
- Abweisung des Begehrens (Bei der Rechtsmittelbelehrung für den Rekurs entfällt die Frist).

Der Schuldner hat zu beachten, dass die Frist für beide Rechtsmittel mit der Zustellung des Entscheids zu laufen beginnt. Die III. Zivilkammer wird gegebenenfalls den Entscheid über die Nichtigkeitsbeschwerde bis zum Ablauf der Rekurs-(Rechtsbehelfs-)Frist aussetzen.

4. Vollstreckung für andere Leistungen

a) Sachliche Zuständigkeit: Zuständig ist nach Art. 32 Abs. 1 Lugano-Übereinkommen der "kantonale Vollstreckungsrichter", also wiederum der Einzelrichter im summarischen Verfahren (§ 222 Ziff. 1 ZPO).

b) Begehren: Es gilt wie erwähnt das Recht des Vollstreckungsstaats. Gemäss § 205 ZPO kann das Verfahren also auch mündlich eingeleitet werden (mit Protokollierung des Begehrens auf der Gerichtskanzlei).

c) Verfahren und Entscheid: Bei der Vollstreckung für andere Leistungen steht nichts im Wege, auch bei einheitlichem Vollstreckungsbegehren zuerst nur den Exequaturteil zu behandeln und den Entscheid über die Vollstreckung als solche auszusetzen. Das ist dem Antragsteller im Entscheid mitzuteilen, z. B. in der folgenden Form:

"2. Der Entscheid über die Vollstreckung wird ausgesetzt bis zum Eintritt der Rechtskraft der Vollstreckbarkeitserklärung."

d). Rechtsmittelbelehrung: Es gelten die obigen Ausführungen für den Rekurs.

5. Zustellungsbevollmächtigter

Gemäss Art. 33 Abs. 2 Lugano-Übereinkommen hat der Antragsteller entweder im Bezirk des angerufenen Gerichts ein Wahldomizil zu begründen oder – wenn dies im Recht des Vollstreckungsstaats nicht vorgesehen ist (wie in der Schweiz) – einen Zustellungsbevollmächtigten zu bestellen. Als solcher genügt ein mit der Sache beauftragter schweizerischer Anwalt.

Im übrigen ist nach § 30 ZPO und mit der dortigen Androhung vorzugehen. Im Rechtsöffnungsverfahren kann die Aufforderung zur Bestellung des Zustellungsbevollmächtigten mit der Vorladung verbunden werden.

6. Arrest als Sicherungsmassnahme

Art. 39 Abs. 1 des Übereinkommens bestimmt, dass die Zwangsvollstreckung nicht über Massregeln zur Sicherung hinausgehen darf, solange die Frist für den Rechtsbehelf läuft oder über diesen nicht entschieden ist. Art. 39 Abs. 2 lautet sodann:

"Die Entscheidung, durch welche die Zwangsvollstreckung zugelassen wird, gibt die Befugnis, solche Massnahmen zu betreiben."

Die Bestimmung ist so zu verstehen, dass eine solche Sicherungsmassnahme zur Verfügung stehen muss. Das schweizerische Recht kennt nach definitiver Rechtsöffnung bzw. Vollstreckbarerklärung für ein auf Geldleistung lautendes Urteil keine Sicherungsmassnahme. Nach Auffassung des Bundesamts für Justiz – die Botschaft schweigt zu dieser Frage – muss als Sicherungsmassnahme bei der Geldvollstreckung der Arrest herangezogen werden (siehe Erläuterungen des Bundesamts für Justiz, in BBl 1991 IV 319). Sowohl bei einer ausserhalb der Betreibung beantragten Vollstreckungserklärung wie bei der inzidenten Vollstreckbarerklärung im Rechtsöffnungsverfahren hat diese als (neuer) Arrestgrund zu gelten. Er ist im ersteren Falle nach Art. 278 SchKG zu prosequieren.

Gemäss dem LugÜ ergeht der Entscheid über die Vollstreckbarkeit ohne Anhörung des Schuldners (Art. 34 Abs. l LugÜ) nach dem Recht des Vollstreckungsstaats (Art. 33 Abs. l LugÜ). In Zürich ist für die Vollstreckung und Anerkennung der Rechtsöffnungsrichter im summarischen Verfahren zuständig. Der Antragsgegner dürfte sich über den Vollstreckungsteil nicht äussern; gegen dessen Entscheid – beschränkt auf die Vollstreckbarkeit – ist ohne Streitwertgrenze der Rekurs zulässig. Gegen den Rekursentscheid ist einzig die staatsrechtliche Beschwerde gegeben. Gegen die Rechtsöffnung steht den Parteien nur die Nichtigkeitsbeschwerde ans Obergericht und dagegen die staatsrechtliche Beschwerde offen.

VI. Teil: Vollstrechung

Voraussetzungen
a) im allgemeinen
§ 300. Vollstreckbar sind rechtskräftige Entscheide. Vorbehalten bleiben besondere Anordnungen über die aufschiebende Wirkung von Rechtsmitteln.

ZR 83, Nr. 40: Die Einwendungen gegen die Vollstreckung sind beschränkt, können sich doch diese nur gegen die Vollstreckung als solche, und nicht gegen die Begründetheit des zu vollziehenden Entscheids (materieller Inhalt) richten. Sie können sich auf die eigentlichen Vollstreckungsvoraussetzungen und die allgemeinen Verfahrensvoraussetzungen, aber auch auf eine seit dem Entscheid eingetretene Änderung der Rechtslage beziehen.

Das Recht auf Beachtung gewisser Grenzabstände in Nachbarbepflanzungen ist ein Anwendungsfall des Rechts auf Abwehr ungerechtfertigter Eingriffe in das Eigentum. Dieses Recht ist keine verjährbare Forderung, sondern ein grundsätzlich unverjährbarer dinglicher Anspruch (ZR 30, Nr. 129). Die letztlich als Klageverwirkung zu betrachtende zeitliche Schranke, welche das zürcherische Einführungsgesetz zum Zivilgesetzbuch bezüglich der Klageerhebung auf Beseitigung zu nah gepflanzter Bäume vorsieht, darf nicht der grundsätzlichen Freiheit des Eigentums widersprechend ausgelegt werden. Wenn der Anspruch auf Beseitigung der Eigentumsstörung durch rechtskräftigen Entscheid geschützt wurde, rechtfertigt es sich nicht mehr, weiterhin irgendeine Verjährungsdauer laufen zu lassen. Die Einrede der Verjährung kann also auch aus diesem Grund nicht geschützt werden.

15 **ZR 86, Nr. 55:** Das zürcherische Recht enthält seit der Revision des Prozessrechts einen ausdrücklichen Anspruch auf eine Rechtskraftbescheinigung nur für Schiedsgerichtsurteile. Jedoch werden auch für die Entscheide staatlicher Gerichte in der Praxis ohne weiteres solche Bescheinigungen durch die Gerichtsschreiber der zürcherischen Gerichte in ihrer Eigenschaft als Urkundspersonen ausgestellt.

Handelt es sich um die Vollstreckung eines ausländischen Urteils auf dem Betreibungsweg, so hat der Einzelrichter im summarischen Verfahren und im Rekursfall die Rekursinstanz als Kollegialgericht über die Vollstreckbarerklärung zu entscheiden.

 b) vorsorgliche Massnahmen anderer schweizerischer Gerichte
§ 301. Vorsorgliche Massnahmen, welche von Gerichten anderer Kantone oder von inländischen Schiedsgerichten angeordnet worden sind, werden vollstreckt, soweit sie nach zürcherischem Recht zulässig sind.

 c) ausländische Entscheide
§ 302. (alte Fassung). Entscheide ausländischer Gerichte in Zivilsachen werden unter Vorbehalt staatsvertraglicher Vereinbarungen vollstreckt, wenn sie nach dem Recht des entscheidenden Staats rechtskräftig und vollstreckbar sind und wenn die Gerichtsbarkeit des ausländischen Staats nach dem Recht des Bundes oder des Kantons Zürich begründet war. Der Entscheid wird nicht vollstreckt, wenn er gegen wesentliche Grundsätze der schweizerischen Rechtsordnung (ordre public) verstösst oder unter Verletzung solcher Grundsätze zustande gekommen ist. Die Vollstreckung kann zudem versagt werden, wenn feststeht, dass der ausländische Staat kein Gegenrecht hält.

Auf Begehren einer Partei wird über die Frage der Vollstreckbarkeit im Befehlsverfahren ein besonderer Entscheid getroffen. Hat die Gegenpartei weder Wohnsitz noch Aufenthalt im Kanton Zürich, ist der Einzelrichter des Bezirkes Zürich zuständig.

 c) ausländische Entscheide
§ 302. (neue Fassung, 24.9.95). Auf Begehren einer Partei wird über die Frage der Vollstreckbarkeit eines ausländischen Entscheides im Befehlsverfahren ein besonderer Entscheid getroffen. Hat die Gegenpartei weder Wohnsitz noch Aufenthalt im Kanton Zürich, ist der Einzelrichter des Bezirksgerichts Zürich zuständig.

1 **ZR 81, Nr. 87:** Dass ein ausländischer Gerichtsentscheid nicht vollstreckt wird, wenn er gegen wesentliche Grundsätze der schweizerischen Rechtsordnung verstösst oder unter Verletzung solcher Grundsätze zustandegekommen ist, ist ein wesentlicher Verfahrensgrundsatz im Sinne von § 281 Ziff. 1 ZPO. Der ordre public gemäss § 302 ZPO braucht nicht notwendig mit dem Begriff des ordre public, wie er vom Bundesgericht zu den Staatsverträgen entwickelt wurde, übereinzustimmen, doch ist nicht ohne Not von der Umschreibung in den Staatsverträgen abzuweichen. Dass das zu vollstreckende Urteil nur aufgrund einer Glaubhaftmachung der Parteistandpunkte ergangen ist, also nicht voll den schweizerischen Regeln über die Auslegung von Vertragsbestimmungen nach dem Vertrauensprinzip entspricht, und dass bei Säumnis der beklagten Partei Anerkennung und Klage angenommen wird, bildet keine Verletzung der ordre public. Auch nicht jede Verweigerung des rechtlichen Gehörs verletzt den ordre public.

2 **ZR 88, Nr. 5:** Gemäss § 302 ZPO ist die Einrede der Rechtshängigkeit direkt mit Rechtsfolgen des ausländischen Rechts als Tatbestandsmerkmal des zürcher Prozessrechts verbunden. Wenn das zürcher Gericht dergestalt aufgrund von § 302 ZPO über die Vollstreckbarkeit eines ausländischen Entscheids im entscheidenden Staat zu urteilen hat, wendet es das ausländische Recht nicht im Sinne von § 57 Abs. 2 ZPO als anwendbares Recht an und kann entsprechend auch nicht, wenn die Parteien den Inhalt des fremden Rechts nachzuweisen vermögen, schweizerisches Recht oder Ersatzrecht anwenden. Das bedeutet, dass es Aufgabe der die Einrede der Rechtshängigkeit erhe-

benden Partei ist, die Vollstreckbarkeit des Entscheids im entscheidenden Stadium nachzuweisen; gelingt dieser Nachweis nicht, hat das Gericht die Einrede der Rechtshängigkeit zu verwerfen.

Verfahren
a) nach SchKG
§ 303. Die Vollstreckung einer Verpflichtung auf Geldzahlung oder auf Sicherheitsleistung richtet sich nach dem Bundesgesetz über Schuldbetreibung und Konkurs.

ZR 84, Nr. 87: Vgl. § 213 ZPO.

b) im übrigen
§ 304. Entscheide über andere Verpflichtungen werden im Befehlsverfahren vollstreckt, soweit nicht schon das erkennende Gericht Vollstreckungsanordnungen getroffen hat.

Macht der Entscheid die Pflichten einer Partei von einer Bedingung oder einer Gegenleistung abhängig, so wird im Befehlsverfahren entschieden, ob diese Voraussetzung der Vollstreckung erfüllt sei.

BGE 103 II 113: "c) Die Vorinstanz hat festgestellt, dass die Beklagten vor der Beurkundung auf eine Erhöhung des Kaufpreises wegen der baulichen Änderungen verzichtet haben. Wenn die Berufung dies nun beanstandet, so wendet sie sich nicht nur gegen eine das Bundesgericht bindende Feststellung, sondern auch gegen den beurkundeten Vertrag selbst, welcher den Kaufpreis auf Fr. 300'000 festsetzt. Wollten die Beklagten für die vorgesehenen baulichen Änderungen einen Mehrpreis beanspruchen, so hätten sie bei der Beurkundung einen entsprechenden Vorbehalt machen müssen. Eine solche Erhöhung des Kaufpreises bedarf nämlich der öffentlichen Beurkundung, nicht aber eine Vereinbarung über die Unentgeltlichkeit baulicher Veränderungen.

d) Die Klägerin hat somit zu Recht den Erfüllungsanspruch bezüglich der heute bestehenden Attikawohnung erhoben. Der Einwand der Beklagten, dass der Kaufvertrag unmöglich und damit nichtig sei, weil der von der Klägerin durchgeführte Umbau rechtswidrig gewesen sei, ist angesichts der zutreffenden Behandlung dieser Frage durch die Vorinstanzen und namentlich auch angesichts der tatsächlich erteilten Baubewilligung mutwillig. Das angefochtene Urteil ist in diesem Punkte zu bestätigen.

5. a) Für den Fall, dass die Vollstreckung der Eigentumsübertragung nicht möglich sein sollte, hat die Vorinstanz Wildbolz und Huber verpflichtet, der Klägerin Fr. 580'952.65 nebst Zinsen zu zahlen. Die Berufung hält dies für unzulässig. Das Bundesrecht schliesst indessen bei einem aufschiebend bedingten Anspruch ein Leistungsurteil mit entsprechender Bedingung nicht aus (GULDENER, Schweiz. Zivilprozessrecht, S. 192 und 253; STRÄULI/MESSMER, Kommentar zur zürcherischen ZPO, N. 4 zu §100 und N. 6 zu §188; HABSCHEID, Droit judiciaire privé suisse, S. 272; KUMMER, Das Klagerecht und die materielle Rechtskraft im schweizerischen Recht, S. 58). Dies ist denn auch in Art. 74 Abs. 2 BZP für den Bundeszivilprozess ausdrücklich vorgesehen. Im übrigen verlangt das Bundesrecht wohl, dass die Kantone einen bundesrechtlichen Anspruch bei Vorliegen eines Rechtsschutzbedürfnisses beurteilen, verbietet aber anderseits eine Beurteilung trotz mangelndem Interesse nicht, wie dies auch für die Feststellungsklage entschieden wurde (BGE 93 II 17 E. 2c 92 II 109 E. 3. Es ist somit ausschliesslich eine Frage des kantonalen Prozessrechts, ob die Vorinstanz ein bedingtes Schadenersatzurteil erlassen durfte. Die Rüge, dass eine solche bedingte Verurteilung unzulässig bzw. vorliegend nicht gerechtfertigt sei, ist deshalb nicht zu hören (Art. 55 Abs. 1 lit. c OG)."

ZR 84, Nr. 69: Verhältnis zwischen Rechtsöffnungsverfahren und Befehlsverfahren nach § 304 Abs. 2 ZPO: Bei der Vollstreckung der Geldleistung eines Urteils bzw. Urteilssurrogats, in welchem die Pflicht zur Zahlung einer Geldsumme vom Eintritt einer Bedingung oder von der gehörigen Erfüllung einer Gegenleistung abhängig ist, gibt der Rechtsöffnungstitel über die entscheidende Frage, ob die Forderung überhaupt entstanden sei, keinen Aufschluss, weshalb bei solchen Urteilen bzw. gerichtlichen Vergleichen die definitive Rechtsöffnung zu verweigern ist, sofern der Eintritt der Bedingung bzw. die gehörige Erbringung der Gegenleistung nicht einwandfrei feststeht. Bei einer bedingten Verurteilung, insbesondere zur Leistung Zug um Zug mit einer Gegenleistung, war früher im Streitfall durch einen neuen ordentlichen Prozess zu beurteilen, ob dem Vorbehalt Genüge getan wurde.

Die geltende ZPO sieht in § 304 Abs. 2 ein abgekürztes Verfahren vor, in Anlehnung an die Regelung von Art. 74 Abs. 2 BZP. Diese kantonale Bestimmung kann jedoch nichts an der ausschliesslich vom Bundesgesetzgeber im SchKG geregelten Zwangsvollstreckung der Forderungen auf Geldzahlung ändern, zumal das SchKG das Rechtsöffnungsverfahren auch in verfahrensrechtlicher Hinsicht ordnet, insbesondere welche Einwendungen zulässig sind und mit welchen Mitteln Beweis zu führen ist. Es kann daher nicht das Rechtsöffnungsverfahren bei entsprechendem Einwand des Schuldners der Geldforderung in ein Befehlsverfahren umgewandelt werden, da das Bundesrecht dem kantonalen Recht vorgeht.

Im Befehlsverfahren aufgrund von § 304 Abs. 2 ZPO ist ein Feststellungsbegehren zulässig, was sich auch aus dem Wortlaut der Bestimmung und der Anlehnung an die entsprechende Bestimmung der Bundeszivilprozessordnung ergibt. Bei einer bedingten Verurteilung im Streitfall ist durch den Befehlsrichter zu entscheiden, d.h. festzustellen, dass die Bedingung eingetreten bzw. die Gegenleistung erbracht worden ist. Dass für das Rechtsöffnungsverfahren und das Befehlsverfahren der Einzelrichter im summarischen Verfahren zuständig ist, kann wegen der verschiedener Natur der Verfahren nicht zu einer Vermischung führen, was sich im übrigen auch aus den gegen den jeweiligen Entscheid zulässigen Rechtsmitteln ergibt. Im Rechtsöffnungsverfahren ist, abgesehen von der Vollstreckung eines ausländischen Urteils, ausschliesslich die Nichtigkeitsbeschwerde gegeben, wogegen bei einem Entscheid im Befehlsverfahren je nach Streitwert der Rekurs nach § 272 Abs. 1 ZPO oder die Nichtigkeitsbeschwerde zulässig ist.

Für die Vollstreckung des gerichtlichen Vergleichs kann die Klägerin daher im vorliegenden Fall, wo die Erfüllung ihrer Leistung umstritten ist, einen Feststellungsentscheid im Befehlsverfahren gestützt auf § 304 Abs. 2 ZPO, das kein Nichteintreten wegen Illiquidität kennt und daher alle Beweismittel zulässt, erwirken. Denkbar ist auch, dass, gestützt auf den gerichtlichen Vergleich, über die Frage der nicht erfüllten Gegenleistung in einem neuen ordentlichen Verfahren entschieden werden kann, da sich die Rechtsprechung bisher über die Frage, ob der neue § 304 Abs. 2 ZPO einen neuen ordentlichen Prozess habe ausschliessen wollen, nicht ausgesprochen hat.

3   **ZR 84, Nr. 87:** Vgl. § 213 ZPO.

4   **ZR 86, Nr. 34:** Vgl. § 222 ZPO.

5   **ZR 89, Nr. 71:** Der Kläger wollte mittels Feststellungsklage beim Einzelrichter im summarischen Verfahren erreichen, dass er nicht verpflichtet sei, der Ehefrau weitere Unterhaltsbeiträge zu zahlen, weil sie mit einem anderen Mann zusammenlebe, was gemäss Scheidungskonvention das Dahinfallen der Unterhaltsbeiträge bewirke. Der Einzelrichter im summarischen Verfahren trat auf das Begehren mit der Begründung nicht ein, dass § 304 Abs. 2 ZPO – auf welchen der Kläger seinen im summarischen Verfahren erhobenen Antrag stützt – eine Ausnahmebestimmung sei, die ein selbständiges Feststellungsbegehren (losgelöst von einer Vollstreckungsklage) nicht zulasse. Der Kläger rekurrierte an das Obergericht. Dies erwog: "Es stellt sich im vorliegenden Verfahren ausschliesslich die Frage nach der Tragweite von § 304 Abs. 2 ZPO. Diese Bestimmung steht im VI. Teil der Zivilprozessordnung, der von der Vollstreckbarkeit handelt. Die §§ 300 ff. der ZPO befassen sich mit den Voraussetzungen der Vollstreckbarkeit im allgemeinen (insbes. der Rechtskraft: § 300), vorsorglichen Massnahmen und ausländischen Entscheiden (§§ 301 und 302), sodann unter spezifisch verfahrensrechtlichen Belangen zunächst mit einem Vorbehalt zugunsten des Schuldbetreibungsrechts für Verpflichtungen auf Geldzahlung bzw. Sicherheitsleistung (§ 303, Marginale: "Verfahren a) nach SchKG"); der hier interessierende § 304 schliesslich steht unter dem Marginale "(Verfahren:) b) im übrigen". Als Hauptregel statuiert § 304 ZPO in Abs. 1, dass Ver-

pflichtungen, die nicht im Sinne von § 303 auf Geldzahlung gehen, im Befehlsverfahren vollstreckt werden, soweit nicht schon das erkennende Gericht Vollstreckungsanordnungen getroffen hat. § 304 Abs. 2 sodann bestimmt für den Fall, dass der zu vollstreckende Entscheid die Pflichten einer Partei von einer Bedingung oder Gegenleistung abhängig macht, im Befehlsverfahren entschieden werde, ob die Bedingung – mithin die Voraussetzung der Vollstreckung – erfüllt sei.

Als Hauptregel statuiert § 304 ZPO in Abs. 1, dass Verpflichtungen, die nicht im Sinne von § 303 auf Geldzahlung gehen, im Befehlsverfahren vollstreckt werden, soweit nicht schon das erkennende Gericht Vollstreckungsanordnungen getroffen hat. § 304 Abs. 2 sodann bestimmt für den Fall, dass der zu vollstreckende Entscheid die Pflichten einer Partei von einer Bedingung oder Gegenleistung abhängig macht, im Befehlsverfahren entschieden werde, ob die Bedingung – mithin die Voraussetzung oder Vollstreckung – erfüllt sei.

Ohne Zweifel handelt es sich im vorliegenden Fall nicht um einen im Wege der Rechtsöffnung vollstreckbaren Anspruch, weshalb grundsätzlich die kantonalrechtliche Vollstreckungsordnung massgeblich ist. Damit diese aber überhaupt angewendet werden kann, bedarf es vorab eines vollstreckbaren Entscheids. In diesem Punkt gehen letztlich die Auffassungen des Rekurrenten und der Vorinstanz auseinander.

Der Rekurrent geht davon aus, dass die fragliche Klausel des Scheidungsurteils als aufhebende Bedingung ausgestaltet sei, deren Eintritt gewissermassen als Fall einer negativen Vollstreckung im summarischen Verfahren verifiziert werden könne. Die Vorinstanz vertritt im angefochtenen Entscheid demgegenüber die Ansicht, der Einzelrichter im summarischen Verfahren könne lediglich (ausnahmsweise) im Rahmen einer (nicht auf Geldzahlung gerichteten) Vollstreckungsklage vorfrageweise über den Eintritt einer Bedingung befinden, während vorliegend ein selbständiges Feststellungsbegehren vorliege.

Der Kläger und Rekurrent beruft sich für seinen Standpunkt insbesondere auf den Entscheid der III. Zivilkammer vom 8. Juli 1988 des Zürcher Obergerichts (ZR 87 Nr. 62), in welchem diese in einem analogen Fall resolutivbedingten Wegfalls einer Alimentenverpflichtung bei Zusammenleben der Berechtigten mit einem andern Mann entschieden hat, der Rechtsöffnungsrichter habe zu Unrecht über den Eintritt dieser nicht urkundlich nachgewiesenen Bedingung befunden; die III. Zivilkammer erwog im genannten Entscheid (allerdings nur obiter), dass in der Regel der Eintritt einer Bedingung, von welcher die einer Partei durch Urteil auferlegte Leistung abhängig ist, in einem separaten Prozess festzustellen ist, wobei im Kanton Zürich dafür das Befehlsverfahren vorgesehen ist (§ 304 Abs. 2 ZPO), (ZR 87 Nr. 62 E. 3, S. 162; unter Hinweis auf Gessler, Scheidungsurteile als definitive Rechtsöffnungstitel, SJZ 83/1987 249 ff., 251 bei und mit Anm. 25).

Was die Vorinstanz ausführt, um ihre einschränkende Auslegung von § 304 Abs. 2 ZPO zu begründen, vermag vor allem deshalb nicht zu überzeugen, weil damit auch in den Fällen, wo die Parteien durch die ausdrückliche Aufnahme einer entsprechenden Bedingung in ihre Scheidungsvereinbarung ein weitläufiges Abänderungsverfahren vermeiden wollten, ein ordentlicher Abänderungsprozess durchgeführt werden müsste (vgl. Gessler, a.a.O., 251 bei Anm. 21 ff.). Solche Abänderungsverfahren zu vermeiden bzw. durch prozessual einfacheres Vorgehen zu ersetzen, verträgt sich durchaus mit den Grundprinzipien des Scheidungsverfahrens und des nachehelichen Unterhaltsrechts.

Unbestreitbar kann bei der Festsetzung von Unterhalts- und Bedürftigkeitsrenten eine Anpassung (Erhöhung oder Herabsetzung) der Rente für den Fall des Eintritts bestimmter voraussehbarer Ereignisse vorgesehen werden (Hegnauer, Grundriss des Eherechts, 2.A., Bern 1987, Rz 11.28). Es ist nicht ersichtlich, warum dies nicht auch dort sollen soll, wo der (allenfalls vorübergehende) gänzliche Wegfall der Rente in einer gerichtlich genehmigten Konvention vereinbart wird. Immerhin geht auch die ständige bundesgerichtliche Rechtsprechung (zuletzt BGE 114 II 295) davon aus, ein stabilisiertes Konkubinat lasse – vorbehältlich besonderer, ernsthafter Gründe – nach fünfjähriger Dauer vermuten, eine Wiederverheiratung unterbleibe missbräuchlicherweise nur, um des Rentenanspruchs nicht verlustig zu gehen. Die vorliegend von den Parteien gewählte und vom Scheidungsgericht genehmigte Regelung trägt im übrigen den in der Doktrin geäusserten Bedenken gegenüber der bundesgerichtlichen Tatsachenvermutung der Gleichsetzung eines fünfjährigen Konkubinatsverhältnisses mit einer neuen Ehe im Sinne von Art. 153 Abs. 1 ZGB (vgl. dazu Schnyder in der Urteilsbesprechung zu BGE 109 II 188, ZBJV 121/1985 84 ff., mit weiteren Hinweisen) insofern Rechnung, als ein lediglich vorübergehender Rentenverlust für die Dauer des Zusammenlebens – eine blosse Suspension – vereinbart wurde, welche gegenüber der bundesgerichtlichen Rechtsprechung indes für den Kläger den Vorteil aufweist, die relativ lange Fünfjahresperiode nicht abwarten zu müssen, was insbesondere bei Übergangsersatzrenten mit möglicherweise gar kürzerer Laufzeit einem durchaus legitimen Interesse des Rentenpflichtigen entspricht.

Solche immer üblicher werdenden Konkubinatsklauseln, statt auf dem Wege der Abänderung des Scheidungsurteils im summarischen Verfahren zu überprüfen, steht auch nicht mit der Offizialmaxime des Art. 158 ZGB in Widerspruch, da zum einen die entsprechende Klausel bereits im Rahmen des Scheidungsurteils genehmigt (und damit auf ihre Angemessenheit überprüft) wurde und da überdies die nachträgliche Änderung der vermögens- und güterrechtlichen Folgen der rechtskräftigen Scheidung im freien Ermessen der Parteien liegt und keiner gerichtlichen Genehmigung bedarf (Hegnauer, a.a.O., Rz. 12.38; BGE 71 II 132).

Damit ist selbstverständlich noch nichts darüber gesagt, ob sich im Rahmen der materiellen Prüfung des Begehrens das Zusammenleben mit einem anderen Manne nachweisen lasse bzw. wie der in der Konvention gewählte Begriff des Zusammenlebens auszulegen sei. Indes handelt es sich beim Vorgehen nach § 304 Abs. 2 ZPO nicht um ein Verfahren nach § 222 Ziff. 2 ZPO, wo sich bei Illiquidität mit der Notwendigkeit nachträglicher Überweisung ins ordentliche Verfahren ergeben könnte, sondern um ein Vollstreckungsverfahren nach § 222 Ziff. 1 ZPO, in welchem alle Beweismittel zulässig sind (§ 209 Abs. 2 ZPO; Sträuli/Messmer, N. 2 zu § 222 ZPO), weshalb sich die Bedenken der Beklagten, es könne kein umfassendes Beweisverfahren durchgeführt werden, als unbegründet erweisen.

Dass es sich um ein gewissermassen negatives Vollstreckungsverfahren handelt (dass mithin nicht eine bislang unterbliebene Leistung durchgesetzt werden, sondern ein bislang erbrachte Leistung unterbrochen oder aufgehoben werden soll), ändert daran nichts.

6   **ZR 95, Nr. 19:** Gemäss § 304 Abs. 1 ZPO werden Entscheide, die nicht auf Geldzahlung oder Sicherheitsleistung gehen, im Befehlsverfahren vollstreckt (vgl. § 222 Ziff. 1 ZPO). Inhalt und Umfang der Vollstreckung richten sich nach dem zu vollstreckenden Entscheid, wobei dem Pflichtigen die Möglichkeit gewahrt bleibt, Einreden gegen das Vollstreckungsverfahren sowie anspruchshemmende oder ausschliessende Einwendungen zu erheben (ZR 86 Nr. 34). Vollstreckbar ist grundsätzlich nur ein Entscheid, aus welchem sich klar und eindeutig ergibt, was Gegenstand der Vollstreckung bilden soll (ZR 90 Nr. 15). Der Vollstreckungsrichter ist weder befugt, eine fehlende oder unvollständige Regelung zu ergänzen, noch das Urteil abzuändern oder sonstwie über dieses hinaus Anordnungen zu treffen (ZR 67 Nr. 13 S. 55); nach der neueren Rechtsprechung des Kassationsgerichts ist jegliche Konkretisierung oder Präzisierung des Entscheids durch den Vollstreckungsrichter ausgeschlossen (ZR 90 Nr. 15 S. 56 f.; vgl. aber RB 1979 Nr. 20, RB 1986 Nr. 20 und ZR 86 Nr. 34). Im Entscheid vom 6. Oktober 1986 (RB 1986 Nr. 20) erachtete es das Kassationsgericht immerhin als zulässig, im Vollstreckungsverfahren ein Nachholrecht für versäumte Besuchs- und Ferienbesuchstage anzuordnen, wenn das Besuchsrecht aus einem Grund nicht ausgeübt werden konnte, den der Inhaber der elterlichen Gewalt zu vertreten hatte, da ein Nachholrecht keine wesentliche Änderung des vom Scheidungsrichter festgelegten Besuchsrechts darstelle. Im Unterschied zu diesem Entscheid haben die Vorinstanzen jedoch im vorliegenden Verfahren kein Nachholrecht bezüglich verfallener Besuchstage angeordnet; von einer "Kompensation der bisher nicht durchgeführten Besuchstage" hat die Vorinstanz vielmehr, unter Berücksichtigung des Kindswohls, ausdrücklich abgesehen. Die im angefochtenen Entscheid getroffene Regelung betrifft ausschliesslich die künftige Ausübung des Besuchsrechts, mit Wirkung "bis zur rechtskräftigen Anpassung der im Massnahmebeschluss vom 21. Januar 1993 festgelegten Besuchsrechtsregelung durch den Scheidungsrichter". Bei dem von der Vorinstanz angeordneten Be-

suchsrecht handelt es sich nun aber klarerweise um eine inhaltliche Änderung der im Massnahmebeschluss vom 21. Januar 1993 getroffenen Besuchsrechtsregelung, welche die Vorinstanz, wie sie selbst einräumt, den veränderten Verhältnissen angepasst hat. Daran ändert nichts, dass die Vorinstanzen dem Beschwerdegegner mit der neuen Regelung rechnerisch nicht mehr Besuchstage zugestanden haben als im Massnahmebeschluss. Dass es sich nämlich nicht nur um eine (nach dem Gesagten im Vollstreckungsverfahren ebenfalls unzulässige) Konkretisierung der Besuchsrechtsregelung handelt, wird um so deutlicher, wenn vergegenwärtigt wird, dass durch den Entscheid der Vorinstanz der von ihr grundsätzlich vorbehaltene Gang zum Abänderungsrichter gerade obsolet wird, nachdem die Vorinstanz selbst das Besuchsrecht den neuen Aufenthaltsort der Parteien veränderten Verhältnissen angepasst und eine Besuchsrechtsregelung mit den dazugehörigen Anordnungen betreffend Reisekosten usw. getroffen hat, die diesen Verhältnissen Rechnung trägt. Dies kann nicht der Sinn des Vollstreckungsverfahrens sein. Bei der Abgrenzung der Vollstreckung von der Ergänzung bzw. Abänderung eines Entscheids geht es denn auch nicht allein um die Zuständigkeit des Vollstreckungsrichters, sondern auch um den Anspruch auf das rechtliche Gehör. Wie bereits erwähnt, sind im Vollstreckungsverfahren nur noch bestimmte Einreden und Einwendungen zulässig. Der Vollstreckungsrichter soll, wie die Vorinstanz ebenfalls festhält, gerade nicht den vom Sachrichter bereits entschiedenen Konflikt wieder aufleben lassen (Bühler/Spühler, Berner Kommentar, Ergänzungsband, N 32a zu § 156 ZPO; vgl. auch BGE 111 II 316); machen veränderte Verhältnisse eine Abänderung des zu vollstreckenden Entscheids notwendig, ist der diesbezügliche Entscheid dem Abänderungsrichter zu überlassen. Dies bedeutet nicht, dass unter solchen Umständen die Vollstreckung verweigert werden muss (vgl. aber BGE 111 II 315 ff.); denkbar wäre immerhin eine teilweise Vollstreckung (vorliegend etwa des Ferienbesuchsrechts 1993), soweit es auch unter den veränderten Verhältnissen möglich ist. Der Betroffene darf aber nicht mit einer "Konkretisierung" eines den Verhältnissen nicht (mehr) gerecht werdenden Entscheids im Vollstreckungsverfahren in den ihm im Abänderungsverfahren in weiterem Umfang zustehenden Parteirechten verkürzt werden.

c) **Einsprache Dritter**
§ 305. Über die Einsprache eines Dritten, welcher behauptet, die Vollstreckung verletze seine Rechte, wird im Befehlsverfahren entschieden.

Der Richter kann die vorläufige Einstellung der Vollstreckung anordnen.

ZR 85, Nr. 110: Einsprache Dritter gegen Vollstreckung: Die aus dem Mietvertrag fliessenden obligatorischen Rechte des Mieters stehen der Vollstreckung eines beschränkten dinglichen Rechts nicht entgegen. Wurde der Mietvertrag im Grundbuch vorgemerkt, so gilt im Verhältnis zu den beschränkten dinglichen Rechten der Grundsatz der Alterspriorität. 1

ZR 86, Nr. 64: Vollstreckbar sind rechtskräftige Entscheide (§ 300 ZPO). Anordnungen im Vollstreckungsverfahren setzen somit voraus, dass ein Entscheid im Erkenntnisverfahren erlassen wurde, der rechtskräftig ist. Die materielle Rechtskraft eines Entscheids bezieht sich also grundsätzlich nur auf die Parteien, welche am Verfahren beteiligt waren. Dritte werden deshalb durch den Entscheid in der Regel nicht gebunden. Deshalb kann auch die Vollstreckung eines Entscheids grundsätzlich nur gegenüber den am Verfahren beteiligten Personen verlangt werden. Dies gilt auch, wenn der zu vollstreckende Entscheid im Befehlsverfahren zur schnellen Handhabung klaren Rechts gemäss § 222 Ziff. 2 ZPO erlangt wird, wie dies namentlich bei Herausgabe- und Ausweisungsbegehren häufig der Fall ist. 2

Davon gibt es jedoch Ausnahmen, so kann sich die Vollstreckung zum Beispiel auch gegen den Dritten richten, dem der Verpflichtete die Sache zur Aufbewahrung oder Benutzung übergeben hat, den Dritten, der die Sache als gesetzlicher Vertreter des Verpflichteten besitzt, oder den Rechts- und Pflichtennachfolger des primär Verpflichteten. § 305 Abs. 1 ZPO bestimmt über die Einsprache eines Dritten, welcher behauptet, die Vollstreckung verletze seine Rechte, werde im Befehlsverfahren entschieden. Diese Bestimmung kann sich aber nicht auf Fälle beziehen, in denen sich die Vollstreckung zum vornherein erkennbar gegen einen Dritten richtet, da sich die Vollstreckung in der Regel auf einen Entscheid stützen muss, der die Partei betrifft, gegen die Vollstreckung verlangt wird.

§ 305 Abs. 1 ZPO ist dagegen aktuell, wenn ein Dritter eigene, der Vollstreckung entgegenstehende Rechte geltend macht, die aber nicht sofort erkennbar sind. So können bei Herausgabe oder Ausweisungsbegehren Dritte, welche nicht Gewahrsam an der Sache haben, eine Einsprache nach § 305 Abs. 1 ZPO erheben, wenn sie Rechte behaupten, welche der Vollstreckung entgegenstehen. Diese Regelung lässt sich mit der Ordnung des Widerspruchsverfahrens bei der Betreibung auf Pfändung vergleichen. Dass zuerst ein Erkenntnisverfahren und anschliessend das Vollstreckungsverfahren durchzuführen ist, fördert die Gefahr von missbräuchlichen Verschleppungen. Schwierigkeiten können sich ergeben, wenn das Streitobjekt vor dem Vollstreckungsverfahren an einen Dritten weitergegeben wird und dieser behauptet, es stehe ihm ein eigenes Recht an der Sache zu, da alsdann auch gegen diesen Dritten ein Erkenntnisverfahren durchzuführen ist. Diese Gefahr kann jedenfalls nicht dazu führen, dass der Inhaber einer Sache generell nur nach § 305 Abs. 1 ZPO vorgehen kann, wenn ein Entscheid vollstreckt werden soll, an dem er nicht beteiligt war.

ZR 90, Nr. 46: Vgl. § 68 ZPO.

Vollstreckungsmittel
a) Ordnungsbusse und Ungehorsamsstrafe
§ 306. Der Beklagte kann unter Androhung von Ordnungsbusse oder Bestrafung wegen Ungehorsams gemäss Art. 292 StGB zur Erfüllung seiner Pflichten angehalten werden.

Ordnungsbusse kann für jeden Tag bis zur Erfüllung angedroht werden.

1 **ZR 81, Nr. 15:** Eine Androhung der Ordnungsbusse mit einem bereits fest eingesetzten Betrag für jeden Tag der Nichterfüllung ist nicht zulässig. Auch für diese sogenannte Astreinte gelten jedoch, wie für die gewöhnlichen Ordnungsbussen, die Vorschriften des Gesetzes betreffend die Ordnungsstrafen. Dieses Gesetz verweist in § 4a bezüglich der Zumessung der Ordnungsbussen auf Art. 48 Ziff. 2 und 3 StGB, woraus sich ergibt, dass bei der Ausfällung einer Ordnungsbusse das Verschulden zu berücksichtigen ist. Eine Androhung der Ordnungsbusse wie im vorliegenden Fall mit einem bereits fest eingesetzten Betrag für jeden Tag der Nichterfüllung kann deshalb nicht in Frage kommen.

2 **ZR 87, Nr. 38:** Vgl. § 61 ZPO.

3 **ZR 87, Nr. 41:** Vgl. § 223 Ziff. 1 ZPO.

b) Ersatzvornahme und Zwangsvollzug
§ 307. Verweigert der Beklagte die Erfüllung, so kann der Richter
1. Dritte damit beauftragen oder den Kläger zur Auftragserteilung ermächtigen;
2. die Anwendung von Zwang gegen den Pflichtigen oder gegen Sachen in dessen Gewahrsam anordnen.

Der Richter kann die Ersatzvornahme oder die Anwendung von Zwang dem Gemeindeammann jener Gemeinde übertragen, wo die Massnahmen zu treffen sind.

Der Gemeindeammann kann den Vollzug von einem Kostenvorschuss abhängig machen. Nötigenfalls kann er die Hilfe der Polizeiorgane beanspruchen, sofern der Richter diese nicht direkt mit der Vollstreckung beauftragt.

ZR 78, Nr. 47: "c) Es ist Sache des Vollstreckungsrichters, die nach der Sachlage im Einzelfall geeignete Vollstreckungsmassnahme unter Berücksichtigung des Grundsatzes der Verhältnismässigkeit anzuordnen (vgl. Haubensak a.a.O., S. 28/29; Sträuli/Messmer, N. 2 zu § 306 ZPO). Unter dem Gesichtspunkt der Schaffung möglichst klarer Rechtsverhältnisse wäre es daher zulässig und wünschenswert, wenn der Vollstreckungsrichter in jenen Fällen, wo er bei Androhung der Realexekution die Stellung des Vollzugsauftrags dem Kläger überlässt, diesem gleichzeitig Frist ansetzte, um nach unbenütztem Ablauf der dem Beklagten zur Erbringung der Leistung gesetzten Frist den Vollzug beim zuständigen Exekutionsorgan unter Androhung der Verwirkung bei der Annahme auf Verzicht zu beantragen. Ein solches Vorgehen schlösse in der Folge jedenfalls Zweifel über die Rechtzeitigkeit aus, wobei die Frist so zu bemessen wäre, dass allenfalls noch mögliche Verhandlungen zwischen den Parteien nicht zum vorneherein ausgeschlossen würden; als Faustregel könnte von einer Frist von 30 Tagen ausgegangen werden, verbunden allenfalls mit der Möglichkeit einer durch den Vollstreckungsrichter zu gewährenden Erstreckung. Der unbenützte Ablauf der Frist hätte das Dahinfallen des jeweiligen Vollstreckungsverfahrens zur Folge, und der Kläger hätte gegebenenfalls beim Vollstreckungsrichter einen neuen Vollstreckungsbefehl zu erwirken.

d) Ist vom Vollstreckungsrichter dem Kläger keine Frist angesetzt worden, so hat der Vollzugsbeamte beim Entscheid darüber, ob das Vollzugsbegehren rechtzeitig gestellt wurde, folgenden Gesichtspunkten Rechnung zu tragen: Je länger die Zeitspanne zwischen Eintritt der Rechtskraft bzw. Vollstreckbarkeit des Vollstreckungsbefehls ist, desto grösser ist naturgemäss die Wahrscheinlichkeit, dass sich in der Zwischenzeit die Lage in einer Weise verändert, welche die Voraussetzungen für die Vollstreckung als fraglich erscheinen lässt. Insbesondere bei Ausweisungen zufolge Auflösung eines Mietverhältnisses ist damit zu rechnen, dass im Falle des Zuwartens ein mietvertragsähnliches Verhältnis besteht oder sogar durch schlüssiges Verhalten ein neues Mietverhältnis begründet wird (vgl. dazu Komm. Schmid, N. 4/5 zu Art. 253 OR; BGE 68 II 368). Dann stellt sich aber die vom Vollstreckungsbeamten nicht zu beantwortende Frage nach einer Veränderung der Rechtslage in dem Sinn, dass die vom erkennenden bzw. vom vollstreckenden Richter festgestellte Befugnis zur Ausweisung nachträglich dahingefallen ist oder zumindest ihre Geltendmachung des formell bestehenden Anspruchs als rechtsmissbräuchlich erscheint, weil die Leistung sofort wieder erstattet werden müsste (vgl. Merz N. 365 zu Art. 2 ZGB; ferner zur beschränkten Anwendbarkeit von Art. 2 ZGB im Vollstreckungsverfahren Diem, Das Vollzugsverfahren nach der st. gallischen ZPO von 1939, Diss. Zürich 1947, S. 50/51). Können sodann im richterlichen Vollstreckungsverfahren anspruchshemmende oder anspruchsausschliessende Tatsachen wie Unmöglichkeit, Verjährung, Erlass vom Beklagten geltend gemacht werden (Diem, a.a.O., S. 49 ff.; Pfenninger, Die Realexekution im schweizerischen Recht, Diss. Zürich 1924, S. 58), zumindest wenn sie sich sofort und ohne weiteres Beweisverfahren als liquid erweisen (ZR 57 Nr. 78b), so muss auch im anschliessenden Vollzugsverfahren diese Möglichkeit gewahrt bleiben. Da es sich aber dabei um heikle rechtliche Abgrenzungsfragen handeln kann, ist dem Vollstreckungsbeamten nicht zumutbar, abzuklären, ob eine solche massgebliche Veränderung der Rechtslage eingetreten sei; vielmehr muss es genügen, wenn der Zeitablauf eine solche Annahme als möglicherweise zutreffend erscheinen lässt. Auch in diesem Zusammenhang mag als Faustregel, die zudem offenbar der gegenwärtigen Praxis entspricht, eine Frist von 30 Tagen dienen, sofern es sich um Ausweisungen im Zusammenhang mit der Beendigung von Mietverhältnissen mit monatlich zahlbarem Mietzins handelt. Eine Verweigerung des Vollzugs käme aber auch schon vor Ablauf dieser Frist in Betracht, wenn sich der Beklagte durch Vorweisung eindeutiger Urkunden über die Erneuerung oder Weiterführung des Mietverhältnisses mit dem Kläger ausweisen kann."

ZR 85, Nr. 19: In casu war der Beschwerdeführerin durch den Einzelrichter im summarischen Verfahren unter Androhung von Zwangsvollzug, Ordnungsbusse und Überweisung an den Strafrichter befohlen worden, den von ihr gemieteten Hausteil bis innerhalb einer bestimmten Frist ordnungsgemäss geräumt und gereinigt zu verlassen. Nachdem dieser Anordnung keine Folge geleistet wurde, ersuchte die Vermieterin das Gemeindeammannamt um sofortige Ausschaffung der Beschwerdeführerin und ihrer Angehörigen. In der Kostenrechnung waren u.a. eine Entschädigung für den Zeitaufwand des Gemeindeammanns von 16 1/2 Stunden sowie die Kosten eines amtlichen Befunds, welcher den Zustand der geräumten Wohnung festhält, enthalten. In casu hatten die Beschwerdeführerin und ihr Freund mitgeteilt, dass sie den neuen Mietvertrag abgeschlossen hatten, und die Transportfirma war orientiert worden, so dass auch für den Gemeindeammann kein Zweifel mehr daran bestehen konnte, dass der Umzug wirklich durchgeführt würde.

Unter diesen Umständen erscheint es als unverhältnismässig, dass der Gemeindeammann während der ganzen Dauer des Umzugs anwesend war. Es wäre allenfalls angemessen gewesen, gelegentlich am Morgen oder untertags Kontrollen vorzunehmen, um feststellen zu können, ob der Umzug auch wirklich vollständig durchgeführt werde. Gerade angesichts der bescheidenen finanziellen Verhältnisse der Beschwerdeführerin hätte der Gemeindeammann der Kostenfrage mehr Gewicht beimessen und die billigste Lösung wählen müssen. Es erscheint daher gerechtfertigt, der Beschwerdeführerin lediglich zwei Stunden zu belasten.

3   **ZR 85, Nr. 86:** Bei der Vollziehung von Anordnungen des Vollstreckungsrichters ist es dem Gemeindeammann erlaubt, teilweise selbständig und damit nach eigenem Ermessen zu handeln. Insbesondere obliegt ihm der Entscheid darüber, welche Art der Durchführung einzuschlagen ist. Bei der Ausübung seines Ermessens hat der Gemeindeammann den Grundsatz der Verhältnismässigkeit zu beachten. Ferner sollte er auf die zu erwartenden Kosten abstellen und der billigeren Lösung den Vorzug geben.

4   **ZR 85, Nr. 94:** Der Vermieter hat die Kosten des Zwangsvollzugs vorzuschiessen, wobei der Vorschuss insbesondere Transport und Lagerkosten decken soll. Kümmert sich der Mieter nicht um die ausgeschafften und eingelagerten Gegenstände, so setzt ihm das mit dem Vollzug betraute Amt Frist zur Abholung an unter der Androhung, dass im Säumnisfall seine Habe freiwillig öffentlich versteigert und der Verwertungserlös vorab zur Deckung der vom Vermieter vorgeschossenen Vollzugskosten herangezogen werde.

c) Abgabe einer Willenserklärung

§ 308. Ist der Beklagte zur Abgabe einer Willenserklärung verpflichtet, wird im Weigerungsfall seine Erklärung durch richterlichen Entscheid ersetzt.

Betrifft die Willenserklärung einen Eintrag im Grundbuch, erteilt der Richter die Ermächtigung zum Eintrag.

1   Das Sachurteil kann die Abgabe der Willenserklärung auch ohne ausdrückliche Grundlage im Prozessrecht festhalten.

2   **BGE 97 II 51 = Praxis 60 Nr. 123:** "Die Erbengemeinschaft B. schloss Ende 1957 mit P. eine öffentlich beurkundete 'promesse de vente', worin sie sich verpflichtete, nach Ablauf von 10 Jahren an P. eine Parzelle von 2658 m^2 zum Preis von rund 57'000 Fr. zu verkaufen. P. behielt sich vor, an seiner Stelle einen Dritten in den Vertrag eintreten zu lassen. Gestützt hierauf übertrug er seine Rechte aus dem Vertrag an O. Dieser verlangte anfangs 1968 Erfüllung der 'promesse de vente'. Da die Erben B. sich weigerten, diesem Begehren nachzukommen, klagte O. gegen sie mit dem Begehren, es sei festzustellen, dass er Eigentümer der streitigen Parzelle und demgemäss als solcher im Grundbuch einzutragen sei. Die Genfer Gerichte wiesen die Klage ab. Das Bg bestätigt diesen Entscheid, jedoch mit abweichender Begründung.

4. Die Vi hat die Klage mit der Begründung abgewiesen, der Kläger könne als Berechtigter aus einer 'promesse de vente' gegen die Beklagten lediglich einen Schadenersatzanspruch geltend machen, nicht dagegen vom Richter die Feststellung erwirken, dass er Eigentümer der streitigen Parzelle sei...

a) Zur Begründung ihrer Auffassung beruft sich die Vi namentlich auf BGE 86 I 195 = Pr 19 Nr. 121. In diesem Entscheid hat das Bg die Weigerung des Grundbuchamts, dem Begehren um die Anmerkung eines Kaufrechts im Grundbuch gestützt auf eine 'promesse de vente et d'acha' zu entsprechen, als begründet erklärt; es hatte somit nicht über eine Klage auf Abschluss des Hauptvertrags zu entscheiden. Der angefochtene Entscheid zitiert weiter GUHL, OR 3. Aufl. S. 81/82, sowie 2 Genfer Entscheide (semjud 1960 S.119 und 1964 S. 314), die sich auf diesen Autor berufen. Dieser äussert a.a.O. in der Tat die Auffassung, dass niemand zur Abgabe einer Willenserklärung, die den Hauptvertrag zur Entstehung bringen würde, gezwungen werden könne, und dass darum die Klage auf Erfüllung im allgemeinen nutzlos sei. Er ist jedoch in der 4. Aufl. (S. 88) und der 5. Aufl. (S. 94/95) von dieser Auffassung abgerückt und hat unter Bezugnahme auf BZP 78 erklärt, dass diese Willenserklärung durch das gerichtliche Urteil ersetzt werden könne. AEBY (Les divers aspects de la promesse de vente, JdT 1948 I 557) schliesst ebenfalls die Klage auf Erfüllung der 'promesse de vente' nicht aus, bemerkt jedoch, dass dieser Rechtsbehelf in der Praxis kaum angewendet werde. In Übereinstimmung mit diesen Autoren nimmt die Lehre mehrheitlich an, im Falle der Weigerung des aus dem Vorvertrag Verpflichteten, den Hauptvertrag abzuschliessen, stehe der Gegenpartei nicht nur die Klage auf Schadenersatz zu Gebote, sondern sie könne auch verlangen, dass der Versprechende zum Abschluss des Hauptvertrags verurteilt werde, wobei die Willenserklärung, deren Abgabe er verweigert, durch das Urteil ersetzt werde (OSER/SCHÖNENBERGER, OR 22 N. 9; BECKER, OR 22 N. 13; LEUCH, bern. ZPO, 2. Aufl. 404 N. 1; ROTH, Der Vorvertrag S. 313; REHFOUS, La formation du contrat et l'avant-contrat en matière Immobilière, semjud 1965 S.330). v. TUHR/ SIEGWART (OR I 253) sind weitergehend der Ansicht, der Gläubiger könne den Gegenkontrahenten unmittelbar auf Erbringung der Leistung einklagen, während CAVIN (La promesse de contracter, semjud 1970 S. 330) diese Lösung zwar ebenfalls in Betracht zieht, ohne jedoch die Frage zu entscheiden.

Dass die Genfer ZPO keine Vorschrift aufweist, die BZP 78 oder in anderen kant. Rechten enthaltenen ähnlichen Bestimmungen (wie z.B. bern. ZPO 407f.) entspricht, ist unerheblich. Wenn sich aus dem Bundesrecht ergibt, dass eine Partei die andere aufgrund ihres Versprechens, einen Vertrag abzuschliessen, auf Abschluss des Hauptvertrags einklagen kann, so sind die Kt. zur Durchsetzung des ihr damit zustehenden Anspruchs verpflichtet (GULDENER, ZSR 1961 II 24 und 53; VOYAME, ZSR 1961 II 74 und 90). GULDENER (Schweiz. Zivilprozessrecht 2. Aufl. S. 609) stellt denn auch den allgemeinen, selbst beim Fehlen einer ausdrücklichen Vorschrift des kant. Prozessrechts geltenden Grundsatz auf, dass diesfalls die Willenserklärung durch das Urteil ersetzt werde. Dieser Grundsatz ist auch in Deutschland, Frankreich und Italien seit langem anerkannt (vgl. hiezu KUMMER, Die Klage auf Verurteilung zur Abgabe einer Willenserklärung, ZSR 1954 S. 163 und dortige Hinweise).

b) Der Kläger hat Zusprechung des Eigentums sowie auf seine Eintragung im Grundbuch angetragen; er stützt dieses Begehren auf die irrtümliche Annahme, der Vertrag von 1957 sei ein bedingter Kauf mit aufgeschobener Wirkung gewesen, der nun vollstreckbar geworden sei. Selbst wenn dies zuträfe, müsste seine Klage abgewiesen werden, da er nicht Vertragspartei ist. Die Bezeichnung der Parteien gehört nämlich zu den wesentlichen Punkten des Vertrags; sie muss als solcher in der nach OR 216 I erforderlichen öffentlichen Urkunde aufgeführt sein. Der in der Nichterfüllung dieses Erfordernisses bestehende Mangel wird nicht dadurch geheilt, dass die im Vertrag vorbehaltene Bezeichnung des berechtigten Dritten in der Form der öffentlichen Beurkundung vorgenommen wurde.

Der Kläger ist auch nicht befugt, ohne weiteres die Zusprechung des Eigentums zu verlangen, wenn man die 'promesse de vente' von 1957 richtigerweise als Vorvertrag ansieht. Als der vom Vertragspartner P. gemäss der vereinbarten Substitutionsklausel bezeichnete Dritte kann er von den Beklagten höchstens den Abschluss des Hauptvertrags verlangen. Ein dahin gehendes Begehren hat er jedoch nicht gestellt. Der Anspruch aus ZGB 665 I setzt den Anschluss des Hauptvertrags oder das ihn ersetzende Urteil voraus. Die Klage muss somit abgewiesen werden... "

d) Umwandlung in Schadenersatz

§ 309. **Führen weder Strafandrohung noch Ersatzvornahme oder Zwang zur Erfüllung der Pflicht, so kann der Kläger Schadenersatz wegen Nichterfüllung verlangen.**

Der Schadenersatz wird im Befehlsverfahren festgesetzt, wenn dies nicht schon durch das erkennende Gericht erfolgt ist.

1 **ZR 84, Nr. 98:** Die Gleichartigkeit der beiden Forderungen besteht nicht erst, wenn im Taxationsverfahren rechtskräftig festgestellt wird, wie hoch der Geldwert für den ursprünglichen, nun umgewandelten Anspruch ist, sondern bereits im Zeitpunkt der Einleitung des Taxationsverfahrens. Die Forderung des Taxationsklägers steht zwar mit ihrem geldmässigen Umfang mit dem Taxationsbegehren noch nicht fest, ist aber trotzdem schon fällig, in casu aufgrund eines rechtskräftigen Scheidungsurteils.

2 **ZR 86, Nr. 34:** Wenn in einem Vollstreckungsverfahren die Belege, die herausgegeben werden müssen, fehlen, so ist die Vollstreckungsklage diesbezüglich abzuweisen, unbekümmert um die Frage, wer die Unmöglichkeit der Erfüllung zu vertreten hat. Allfällige Schadenersatzansprüche der Klägerin sind von ihr im Taxationsverfahren geltend zu machen.

Anhang

Gerichtsverfassungsgesetz
(vom 13. Juni 1976)

I. Abschnitt: Bestand und Zuständigkeit der Gerichte
A. Allgemeine Bestimmungen

Wahl der Richter
§ 1. Das Gesetz über die Wahlen und Abstimmungen regelt das Wahlverfahren, die Wählbarkeit, den Amtszwang und die Amtsdauer der Gerichtsbehörden, soweit dieses Gesetz nichts anderes bestimmt.

Amtssitz der Gerichte
§ 2. Der Amtssitz der Bezirksgerichte und der Einzelrichter befindet sich am Bezirkshauptort. Das Obergericht, das Handelsgericht und ihre Einzelrichter sowie das Kassationsgericht haben ihren Amtssitz in Zürich.

Wohnsitz und Nebenbeschäftigungen der Richter
§ 3. Die Mitglieder der Gerichte haben im Kanton Zürich Wohnsitz zu nehmen.

Die berufsmässige Vertretung von Parteien vor Gericht ist den Mitgliedern der Bezirksgerichte und des Obergerichts untersagt.

Die Mitglieder des Obergerichts dürfen nur mit Bewilligung des Kantonsrats der Verwaltung oder Geschäftsführung einer Handelsgesellschaft oder einer Genossenschaft zu wirtschaftlichen Zwecken angehören.

B. Friedensrichter

Amtskreis
§ 4. Jede politische Gemeinde hat einen oder mehrere Friedensrichter. Mehrere Gemeinden desselben Bezirks können die Aufgaben des Friedensrichters gemeinsam besorgen lassen.

Der Zusammenschluss mehrerer Gemeinden zu einem Friedensrichterkreis (Zweckverband) bedarf der Genehmigung des Regierungsrats, der einen Bericht des Obergerichts einholt.

Stellvertreter
§ 5. Das Bezirksgericht ernennt für jeden Friedensrichter einen Friedensrichter aus seinem Bezirk als Stellvertreter.

Ausnahmsweise kann das Bezirksgericht aus den stimmberechtigten Kantonseinwohnern für eine bestimmte Zeit einen ausserordentlichen Stellvertreter bestellen.

Zuständigkeit
a) Erkenntnisverfahren
§ 6. Der Friedensrichter entscheidet, sofern nicht ein anderes Gericht zuständig ist, endgültig zivilrechtliche Streitigkeiten, deren Streitwert Fr. 500 nicht übersteigt.

Er entscheidet ohne Rücksicht auf den Streitwert endgültig die Streitigkeiten gemäss Art. 44 des Bundesgesetzes betreffend die elektrischen Schwach- und Starkstromanlagen vom 24. Juni 1902 und Art. 15 des Bundesgesetzes über die Enteignung vom 20. Juni 1930.

b) Sühnverfahren
§ 7. In andern zivilrechtlichen Streitigkeiten und im Ehrverletzungsprozess handelt der Friedensrichter als Sühnbeamter, sofern nichts anderes bestimmt ist.

C. Die Arbeitsgerichte

Bestellung und Amtskreis
§ 8. Der Kantonsrat kann auf Antrag einer oder mehrerer Gemeinden für deren Gebiet ein Arbeitsgericht einführen. Er setzt die Zahl der Arbeitsrichter fest und bestimmt den Amtssitz des Arbeitsgerichts.

Präsident und Gerichtsschreiber
§ 9. Das Bezirksgericht wählt eines seiner Mitglieder zum Präsidenten und einen seiner Kanzleibeamten zum Gerichtsschreiber.

Arbeitsrichter
a) Wahlbehörde
§10. Die Arbeitsrichter werden durch den Grossen Gemeinderat oder, wo kein solcher besteht, durch den Gemeinderat gewählt.

Ist ein Arbeitsgericht für mehrere Gemeinden zuständig, werden die Arbeitsrichter durch die Wahlbehörde am Sitz des Arbeitsgerichts gewählt.

b) Wahlverfahren
§11. Es werden gleich viele Arbeitnehmer und Arbeitgeber gewählt. Höhere Angestellte, wie Direktoren und Prokuristen, gelten als Arbeitgeber. Die verschiedenen Berufsarten werden angemessen berücksichtigt.

Soweit Berufsverbände bestehen, holt die Wahlbehörde von ihnen Wahlvorschläge ein, die sie nach Möglichkeit berücksichtigt. Sie achtet auf angemessene Vertretung der Minderheiten und, falls das Arbeitsgericht für mehrere Gemeinden zuständig ist, auf angemessene Berücksichtigung der Arbeitgeber und Arbeitnehmer der beteiligten Gemeinden.

Ersatzwahlen werden nur vorgenommen, wenn das Gericht nicht mehr gehörig besetzt werden kann.

Besetzung des Gerichts
§ 12. Das Arbeitsgericht wird für jede Sitzung mit dem Präsidenten und je einem Richter aus der Gruppe der Arbeitnehmer und der Arbeitgeber besetzt. Die Arbeitsrichter werden nach Möglichkeit aus der Berufsrichtung des Arbeitnehmers beigezogen.

Streitigkeiten, deren Streitwert Fr. 20 000 nicht übersteigt, entscheidet der Präsident des Arbeitsgerichts als Einzelrichter. Er ist jedoch berechtigt und bei Streitwerten über Fr. 3000 auf Verlangen einer Partei verpflichtet, das Gericht nach Abs. 1 zu besetzen.

Zuständigkeit
§13. Das Arbeitsgericht entscheidet Streitigkeiten aus dem Arbeitsverhältnis zwischen Arbeitgeber und Arbeitnehmer, zwischen Verleiher und Arbeitnehmer sowie Streitigkeiten aus dem Vermittlungsverhältnis zwischen Vermittler und Stellensuchendem. Ausgenommen sind Streitigkeiten zwischen dem Personal des Bundes, des Kantons und der Gemeinden und seinen Arbeitgebern.

Der Entscheid ist endgültig, wenn der Streitwert für die Berufung an das Bundesgericht nicht erreicht wird, dagegen erstinstanzlich bei höherem oder nach der Natur der Sache nicht schätzbarem Streitwert.

Die Parteien sind berechtigt, in die Zuständigkeit des Arbeitsgerichts fallende Streitigkeiten durch schriftliche Vereinbarung vor die ordentlichen Gerichte, vor ein Schiedsgericht oder, wenn die Voraussetzungen erfüllt sind, vor das Mietgericht oder das Handelsgericht zu bringen. Der Ausschluss des Arbeitsgerichts kann jedoch nicht zum voraus vereinbart werden.

Die ordentlichen Gerichte oder, wenn die Voraussetzungen erfüllt sind, das Mietgericht oder das Handelsgericht werden zuständig, wenn der Beklagte nicht rechtzeitig die Einrede der Unzuständigkeit erhebt.

D. Die Mietgerichte

Amtskreis
§ 14. Jeder Bezirk hat ein Mietgericht.

Präsident und Gerichtsschreiber
§ 15. Das Bezirksgericht wählt eines seiner Mitglieder zum Präsidenten und einen seiner Kanzleibeamten zum Gerichtsschreiber.

Beisitzer
§ 16. Das Bezirksgericht wählt auf seine Amtsdauer im Bezirk Zürich mindestens 20, im Bezirk Winterthur mindestens 14 und in den übrigen Bezirken mindestens 10 Beisitzer.

Je die Hälfte der Beisitzer sind Vermieter und Mieter, je zwei Beisitzer landwirtschaftliche Verpächter und Pächter. Das Bezirksgericht holt Wahlvorschläge entsprechender Verbände ein, die es nach Möglichkeit berücksichtigt.

Besetzung
§ 17. Das Mietgericht wird bei Verfahren, deren Streitwert Fr. 20 000 übersteigt oder nach der Natur der Sache nicht schätzbar ist, mit dem Präsidenten und zwei Beisitzern besetzt. Bei Streitigkeiten aus Miet- und Pachtverhältnissen für Wohn- und Geschäftsräume werden je ein Beisitzer aus der Gruppe der Mieter und Vermieter, bei der landwirtschaftlichen Pacht je ein Beisitzer aus der Gruppe der Pächter und Verpächter beigezogen.

Streitigkeiten, deren Streitwert Fr. 20 000 nicht übersteigt, entscheidet der Präsident des Mietgerichts als Einzelrichter. Er ist jedoch berechtigt und bei Streitwerten über Fr. 3000 auf Verlangen einer Partei verpflichtet, das Gericht nach Abs. 1 zu besetzen.

Zuständigkeit
§ 18. Das Mietgericht beurteilt unter Vorbehalt der Zuständigkeiten der Einzelrichter bei den Bezirksgerichten gemäss §§ 22 und 23 alle Streitigkeiten aus Miet- und Pachtverhältnissen für Wohn- und Geschäftsräume sowie Streitigkeiten aus landwirtschaftlicher Pacht gemäss Art. 17 Abs. 2, 26, 28 und 48 des Bundesgesetzes über die landwirtschaftliche Pacht.

Das Mietgericht beurteilt Nichtigkeitsbeschwerden gegen prozessleitende Entscheide der Schlichtungsbehörde sowie gegen deren Endentscheide, die nicht in der Sache selbst erfolgen.

Mit den Klagen betreffend Streitigkeiten aus Miet- und Pachtverhältnissen über Wohn- und Geschäftsräume können Nebenbegehren verbunden werden über Sachen, die der Vermieter zusammen mit diesen Räumen dem Mieter zum Gebrauch überlässt.

Das Mietgericht entscheidet endgültig, wenn der Streitwert für die Berufung an das Bundesgericht nicht erreicht wird, dagegen erstinstanzlich bei höherem oder nach der Natur der Sache nicht schätzbarem Streitwert, insbesondere beim Entscheid über die Anfechtung der Kündigung oder die Erstreckung des Miet- oder Pachtverhältnisses.

Die Parteien sind berechtigt, in die Zuständigkeit des Mietgerichts fallende Streitigkeiten durch schriftliche Vereinbarung vor die ordentlichen Gerichte oder, wenn die Voraussetzungen erfüllt sind, vor das Arbeitsgericht, das Handelsgericht oder, unter Vorbehalt von Art. 274 c OR, ein Schiedsgericht zu bringen. Der Ausschluss des Mietgerichts kann jedoch nicht zum voraus vereinbart werden. Die ordentlichen Gerichte oder, wenn die Voraussetzungen erfüllt sind, das Arbeitsgericht oder das Handelsgericht werden zuständig, wenn der Beklagte nicht rechtzeitig die Einrede der Unzuständigkeit erhebt.

§ 18 a. (aufgehoben 5.4.81)

E. Die Einzelrichter

Bestellung
§ 19. Jeder Bezirk hat einen oder mehrere Einzelrichter. Ihre Zahl wird vom Obergericht bestimmt.

Das Bezirksgericht überträgt die Geschäfte des Einzelrichters dauernd dem Präsidenten oder, mit Bewilligung des Obergerichts, einem oder mehreren Mitgliedern.

Gerichtsschreiber
§ 20. Als Gerichtsschreiber amtet ein Kanzleibeamter des Bezirksgerichts.

Zuständigkeit
a) ordentliches Verfahren in Zivilsachen
§ 21. Der Einzelrichter entscheidet als Zivilrichter im ordentlichen Verfahren Streitigkeiten, deren Streitwert Fr. 500, nicht aber Fr. 20 000 übersteigt. Die Entscheide sind endgültig, wenn der Streitwert für die Berufung an das Bundesgericht nicht erreicht wird.

b) beschleunigtes Verfahren
§ 22. Der Einzelrichter entscheidet im beschleunigten Verfahren ohne Rücksicht auf den Streitwert die nachstehenden Betreibungs und Konkursstreitigkeiten:
1. Klagen auf Aufhebung von Arresten mangels eines Arrestgrundes (Art. 279 SchKG) und auf Anfechtung der Ansprüche Dritter an Arrestgegenständen;
2. Klagen auf Rückschaffung von Retentionsgegenständen (Art. 284 SchKG) und Klagen Dritter, welche auf Grund von Art. 273 OR die Herausgabe von Retentionsgegenständen verlangen;
3. Widerspruchsklagen (Art. 107, 109 SchKG) sowie Klagen über die Lasten auf einer zu versteigernden Liegenschaft (Art. 140 Abs. 2 SchKG);
4. Klagen über den Anschluss von Ehegatten, Kindern, Mündeln, Verbeiständeten und Pfründern an eine Pfändung (Art. 111 SchKG, Art. 334 ZGB, Art. 529 OR) sowie Einsprachen des Ehegatten und von Kindern des Schuldners gegen die Pfändung ihres Erwerbs und der Erträgnisse ihres Vermögens;
5. Klagen über die Anfechtung des vom Betreibungsamt entworfenen Kollokationsplans (Art. 148, 157 SchKG);
6. Klagen über die Feststellung neuen Vermögens (Art. 265 SchKG);
7. Klagen über Eigentumsansprachen und Anfechtung des Kollokationsplans im Konkurs und im Verfahren betreffend Nachlassvertrag mit Vermögensabtretung (Art. 242, 250, 251, 316 g SchKG).

Die Entscheide im beschleunigten Verfahren sind endgültig, wenn der Streitwert Fr. 8000 nicht übersteigt.

Fassung voraussichtlich ab 1. Januar 1997:

§ 22. Der Einzelrichter entscheidet im beschleunigten Verfahren ohne Rücksicht auf den Streitwert die nachstehenden Betreibungs- und Konkursstreitigkeiten:
Ziffer 1 wird aufgehoben;
Ziffer 2 unverändert;
3. Widerspruchsklagen (Art. 107, 108 SchKG) sowie Klagen über die Lasten einer zu versteigernden Liegenschaft (Art. 140 Abs. 2 SchKG);
4. Klagen über den Anschluss von Ehegatten, Kindern, Mündeln, Verbeiständeten und Pfründern an eine Pfändung (Art. 111 SchKG) sowie Einsprachen des Ehegatten und von Kindern des Schuldners gegen die Pfändung ihres Erwerbs und der Erträgnisse ihres Vermögens;
Ziffer 5 unverändert;
6. Klagen auf Bestreitung oder Feststellung neuen Vermögens (Art. 265 a Abs. 4 SchKG);
7. Klagen über Eigentumsansprachen und Anfechtung des Kollokationsplans im Konkurs und im Verfahren betreffend Nachlassvertrag mit Vermögensabtretung (Art. 242, 250, 251, 321 SchKG),
8. Negative Feststellungsklage gemäss Art. 85 a SchKG.
Abs. 2 unverändert.

c) einfaches und rasches Verfahren
§ 22a. Der Einzelrichter entscheidet im einfachen und raschen Verfahren im Rahmen der fürsorgerischen Freiheitsentziehung über Begehren um gerichtliche Beurteilung der Einweisung, der Ablehnung des Entlassungsgesuchs, der Zurückbehaltung oder der Rückversetzung in die Anstalt (Art. 314 a, 397 a-397 f, 405 a, 406 ZGB und § 117 i EG zum ZGB).

d) summarisches Verfahren und Rechtshilfe
§ 23. Der Einzelrichter behandelt die im summarischen Verfahren zu erledigenden Geschäfte sowie die Rechtshilfebegehren in Zivil- und Ehrverletzungssachen.

Bei Verhinderung des Einzelrichters kann der Gerichtsschreiber dringliche Verfügungen erlassen.

e) Strafsachen
§ 24. Der Einzelrichter beurteilt als Strafrichter unter Vorbehalt der Zuständigkeit einer anderen richterlichen Behörde
1. endgültig Übertretungen, wenn er lediglich eine Busse ausfällt, und erstinstanzlich die übrigen Fälle;
2. erstinstanzlich Verbrechen und Vergehen, wenn eine Freiheitsstrafe von höchstens sechs Monaten oder eine Busse beantragt wird und er keine schwerere Strafe für angemessen hält.

Der Einzelrichter darf jedoch keine Massnahme nach Art. 42, 43 Ziffer 1 Abs. 2 und 100bis StGB und keine Landesverweisung von mehr als fünf Jahren anordnen.

Hält er eine Strafe oder Massnahme für angezeigt, die er nicht aussprechen darf, so überweist er die Akten dem Bezirksgericht. Eine Rückweisung findet nicht statt.

Opfer einer Straftat gegen die sexuelle Integrität können verlangen, dass der Fall von einem Einzelrichter oder einer Einzelrichterin des gleichen Geschlechts beurteilt wird.

f) Haftsachen
§ 24a. Der Einzelrichter amtet als Haftrichter im Sinne der Strafprozessordnung. Das Obergericht kann ihn in dieser Funktion auch als Ersatzrichter für andere Bezirke einsetzen.

Der Haftrichter des Bezirksgerichts Zürich entscheidet, wo das Bundesrecht die richterliche Anordnung oder Überprüfung ausländerrechtlicher Zwangsmassnahmen vorsieht.

Gerichtsverfassungsgesetz

g) Friedensbürgschaft
§ 25. Die Friedensbürgschaft (Art. 57 StGB) kann von jedem Gericht bei der Beurteilung von Verbrechen und Vergehen angeordnet werden. Kommt sie als selbständige Massnahme in Betracht, ist der Einzelrichter dafür zuständig.

F. Die Bezirksgerichte

Bestand
§ 26. Jeder Bezirk hat ein Bezirksgericht. Es besteht aus einem Präsidenten und vier Richtern.

Wo die Verhältnisse es erfordern, kann der Kantonsrat auf Antrag des Obergerichts die Zahl der Richter erhöhen.

Ersatzrichter
§ 27. Die Friedensrichter des Bezirks sind die Ersatzrichter des Bezirksgerichts. Das Obergericht kann auf Antrag des Bezirksgerichts auch andere Personen für bestimmte Zeit oder für bestimmte Prozesse als Ersatzrichter bestellen.

Vizepräsident und Einzelrichter
§ 28. Das Bezirksgericht wählt nach seiner Gesamterneuerung für den Rest des Kalenderjahres und sodann je am Jahresende für das folgende Jahr aus seiner Mitte einen oder mehrere Vizepräsidenten, deren Zahl vom Obergericht festgesetzt wird, sowie die Einzelrichter.

Kanzleibeamte, Chef des Rechnungswesens und Kanzleipersonal
§ 29. Das Bezirksgericht wählt nach seiner Gesamterneuerung auf die Amtsdauer von sechs Jahren die Gerichtsschreiber, die juristischen Sekretäre und den Chef des Rechnungswesens sowie auf vier Jahre das Kanzleipersonal.

Das Obergericht bestimmt die Zahl dieser Stellen.

Besetzung des Gerichts
§ 30. Das Bezirksgericht wird für die Behandlung der einzelnen Rechtssachen mit drei Mitgliedern besetzt.

Zur Beurteilung von Verbrechen und Vergehen gegen die Sittlichkeit wird das Gericht mit Mitgliedern beider Geschlechter besetzt.

Zuständigkeit
a) als Zivilgericht
§ 31. Das Bezirksgericht entscheidet, sofern nicht ein anderes Gericht zuständig ist, als Zivilgericht
1. alle Streitigkeiten, deren Streitwert Fr. 20 000 übersteigt oder nach der Natur der Sache nicht geschätzt werden kann;
2. über Nichtigkeitsbeschwerden gegen Entscheide der Friedensrichter.

b) Ehescheidung
§ 31a. Ein Mitglied des Bezirksgerichts entscheidet als Einzelrichter im ordentlichen Verfahren über Klagen auf Ehescheidung und Ehetrennung.

Ergibt sich nach Durchführung der Hauptverhandlung, dass kein Scheidungsgrund vorliegt, den Anträgen mit Bezug auf die Kinder nicht stattgegeben werden kann oder keine Vereinbarung über die finanziellen Nebenfolgen geschlossen wurde, so entscheidet das Bezirksgericht. Der Einzelrichter kann dabei mitwirken.

c) als Strafgericht
§ 32. Das Bezirksgericht beurteilt als Strafgericht erstinstanzlich Verbrechen und Vergehen, die nicht in die Zuständigkeit einer andern richterlichen Behörde fallen.

d) anstelle des Geschworenengerichts
§ 33. Das Bezirksgericht tritt an die Stelle des Geschworenengerichts, wenn der Angeklagte zur Zeit der Tat das zwanzigste Altersjahr noch nicht vollendet hatte, sofern die Straftat nicht zusammen mit Angehörigen anderer Altersstufen verübt wurde und eine Abtrennung unzweckmässig wäre.

e) als Jugendgericht
§ 34. Im Verfahren gegen Kinder und Jugendliche werden die richterlichen Befugnisse erster Instanz durch das Bezirksgericht als Jugendgericht ausgeübt. Besteht das Bezirksgericht aus mehreren Abteilungen, überträgt es einer von ihnen diese Befugnisse.

Besonderes Jugendgericht
§ 35. Der Kantonsrat kann dem Bezirksgericht ein besonderes Jugendgericht angliedern. Dieses besteht aus zwei Mitgliedern des Bezirksgerichts und aus nebenamtlichen, für die Jugendstrafrechtspflege besonders geeigneten Jugendrichtern, deren Zahl vom Kantonsrat festgesetzt wird.

Das Bezirksgericht bezeichnet für seine Amtsdauer die von ihm abzuordnenden Bezirksrichter und die erforderlichen Ersatzrichter. Die nebenamtlichen Jugendrichter werden durch die Stimmberechtigten des Bezirks gewählt.

Das Jugendgericht wird zum Entscheid über Anträge der Jugendanwaltschaft nach § 385 StPO und über Einsprachen gegen Erziehungsverfügungen nach § 384 StPO mit fünf Mitgliedern besetzt. In den übrigen Fällen ist das Gericht mit drei Mitgliedern beschlussfähig. Die Zahl der nebenamtlichen Jugendrichter muss diejenige der Bezirksrichter stets übersteigen. Den Vorsitz führt einer der Bezirksrichter.

Der Kantonsrat kann beschliessen, dass für mehrere Bezirke ein gemeinsames Kreisjugendgericht errichtet wird. Er regelt dessen Organisation nach den Grundsätzen von Abs. 1 und 2.

Präsidialbefugnis
§ 36. Über die Zulassung von Anklagen im Strafprozess entscheidet der Gerichtsvorstand.

Er soll in leichteren und einfacheren Straffällen, wenn vom Zeitpunkt des Eingangs der Anklage bis zur nächsten Gerichtssitzung mehr als eine Woche liegt und der Angeklagte sich im Verhaft befindet, das Urteil allein ausfällen.

Geschäftsordnung
§ 37. Die Bezirksgerichte können sich Geschäftsordnungen geben, die der Genehmigung durch das Obergericht bedürfen. Sie können darin Geschäfte der Justizverwaltung ständigen Kommissionen, einzelnen Mitgliedern oder Beamten zur Erledigung übertragen.

G. Das Obergericht

Bestand
§ 38. Der Kantonsrat setzt die Zahl der Mitglieder und Ersatzrichter des Obergerichts fest. Er wählt sie auf Amtsdauer.

Das Obergericht kann weitere Ersatzrichter bezeichnen.

Präsident und Vizepräsidenten
§ 39. Das Obergericht wählt nach seiner Gesamterneuerung für den Rest des Kalenderjahres und sodann je am Jahresende für das folgende Jahr aus seiner Mitte den Präsidenten und die erforderlichen Vizepräsidenten.

Gerichtsverfassungsgesetz

Kanzleibeamte, Chef des Rechnungswesens und Kanzleipersonal
§ 40. Das Obergericht wählt nach seiner Gesamterneuerung auf die Dauer von sechs Jahren den Generalsekretär, dessen Stellvertreter, die Generalsekretäre des Handelsgerichts und des Geschworenengerichts, die juristischen Sekretäre und den Chef des Rechnungswesens sowie auf vier Jahre das Kanzleipersonal.

Besetzung
§ 41. Das Obergericht behandelt seine Geschäfte teils als Gesamtbehörde, teils in Kammern, welche gleichzeitig mit der Wahl des Präsidenten bestellt werden.

Die Gesamtbehörde ist beschlussfähig, wenn die absolute Mehrheit der Richter mitwirkt.

Zur Behandlung der einzelnen Rechtssachen werden die Kammern mit drei Richtern besetzt. Das Obergericht kann durch Verordnung die Besetzung mit fünf Richtern vorschreiben. § 30 Abs. 2 wird angewendet.

Zuständigkeit
a) in der Justizverwaltung
§ 42. Dem Obergericht untersteht die gesamte Justizverwaltung, soweit sie nicht andern Behörden vorbehalten ist.

Es erlässt die erforderlichen Verordnungen und Anweisungen, in deren Rahmen die ihm angegliederten oder unterstellten Gerichte, Kommissionen und Amtsstellen die zur Erfüllung ihrer Aufgaben erforderliche Justizverwaltung selbständig besorgen.

b) als Zivilgericht
§ 43. Das Obergericht entscheidet als Zivilgericht über die nach dem Gesetz zulässigen Berufungen, Rekurse und Nichtigkeitsbeschwerden gegen Entscheide der Arbeitsgerichte, der Mietgerichte, der Bezirksgerichte und der Schiedsgerichte sowie gegen Entscheide der Einzelrichter am Bezirksgericht, am Mietgericht und am Arbeitsgericht. Es entscheidet ferner über Rekurse gegen Verfügungen der Direktion des Regierungsrats betreffend Ehemündigkeit und Namensänderung.

Es beurteilt ohne Rücksicht auf den Streitwert Zivilklagen gemäss Bundesgesetz über das Urheberrecht und verwandte Schutzrechte sowie gemäss Bundesgesetz über den Schutz von Topographien von Halbleitererzeugnissen. Über Begehren im Sinne von § 222 Ziffern 2 und 3 ZPO entscheidet der Präsident oder ein von ihm bezeichnetes Mitglied als Einzelrichter im summarischen Verfahren.

In Streitigkeiten um vermögensrechtliche Ansprüche, welche der Berufung an das Bundesgericht unterliegen, können die Parteien, bevor die Klage beim Bezirksgericht oder beim Einzelrichter im beschleunigten Verfahren rechtshängig wird, schriftlich vereinbaren, dass an deren Stelle das Obergericht als erste Instanz zu entscheiden hat.

c) als Strafgericht
§ 44. Das Obergericht behandelt die Strafsachen, welche die Strafprozessordnung ihm zuweist.

Das Obergericht beurteilt ferner Begehren um Vollstreckung ausländischer Strafentscheide gemäss Art. 94 ff. des Bundesgesetzes über die Internationale Rechtshilfe.

d) als vormundschaftliche Aufsichtsbehörde
§ 44a. Das Obergericht behandelt als kantonale Aufsichtsbehörde die Begehren um gerichtliche Beurteilung, die das EG zum ZGB ihm zuweist.

Besondere Jugendkammer
§ 45. Der Kantonsrat kann dem Obergericht eine Jugendkammer angliedern, welche die dem Obergericht im Verfahren gegen Kinder und Jugendliche zustehenden Entscheide trifft.

Die Jugendkammer besteht aus Mitgliedern des Obergerichts und nebenamtlichen Richtern, die für die Jugendstrafrechtspflege besonders geeignet sind.

Der Kantonsrat setzt die Zahl der nebenamtlichen Richter fest, wählt diese und ordnet die Besetzung der Jugendkammer. Die übrigen Anordnungen trifft das Obergericht.

Anklagekammer
a) Bestand und Besetzung
§ 46. Die Anklagekammer besteht aus mindestens fünf Mitgliedern des Obergerichts.

Zur Behandlung der einzelnen Rechtssachen wird die Anklagekammer mit drei Richtern besetzt.

b) Bestellung
§ 47. Das Obergericht bezeichnet mit der Bestellung seiner Kammern die in die Anklagekammer abzuordnenden Mitglieder sowie die erforderlichen Stellvertreter und wählt aus ihnen den Präsidenten.

c) Zuständigkeit
§ 48. Die Anklagekammer entscheidet in Sachen des Geschworenengerichts über die Zulassung der Anklage. Ihre weitern Befugnisse werden durch die Strafprozessordnung bestimmt.

Verordnung über die Organisation
§ 49. Das Obergericht erlässt über seine Organisation eine Verordnung, welche der Genehmigung des Kantonsrats bedarf.

In dieser Verordnung können Geschäfte der Justizverwaltung ständigen Kommissionen, einzelnen Mitgliedern oder Beamten zur Erledigung übertragen werden.

H. Das Geschworenengericht

Bestand
§ 50. Das Geschworenengericht besteht aus dem Gerichtshof und den Geschworenen.

Gerichtshof
§ 51. Der Gerichtshof setzt sich zusammen aus dem Präsidenten und zwei Richtern.

Sie werden für jede Sitzung des Geschworenengerichts durch das Obergericht ernannt, welches zugleich für den Fall der Verhinderung für den Präsidenten einen Stellvertreter und für die Richter Ersatzrichter bezeichnet. § 30 Abs. 2 wird angewendet.

Wählbar sind alle Mitglieder des Obergerichts und der Bezirksgerichte.

Geschworene
§ 52. Die Geschworenenbank wird mit neun Geschworenen besetzt.

Nachträgliche Entscheide
§ 53. Die Genehmigung des Protokolls erfolgt durch den Präsidenten des Geschworenengerichts. Über Protokollberichtigungsbegehren und Erläuterungsgesuche entscheidet der Gerichtshof.

Weitere Beschlüsse, die nach Beendigung des Verfahrens erforderlich werden, fasst das Obergericht.

Kanzlei
§ 54. Die Kanzleigeschäfte werden von der Obergerichtskanzlei besorgt. Im Falle der Verhinderung eines Kanzleibeamten des Obergerichts kann als Gerichtsschreiber des Geschworenengerichts ein Gerichtsschreiber oder Substitut eines Bezirksgerichts bezeichnet werden.

Sitzungen
§ 55. Das Obergericht bestimmt Zeit und Ort der Sitzungen.

Zuständigkeit
§ 56. Das Geschworenengericht beurteilt folgende Verbrechen und Vergehen des Schweizerischen Strafgesetzbuches:

1. vorsätzliche Tötung	Art. 111
2. Mord	Art. 112
3. Totschlag	Art. 113
4. schwere Körperverletzung	Art. 122
5. Raub gemäss	Art. 140 Ziffern 3 und 4
6. Erpressung gemäss	Art. 156 Ziffern 2 und 4
7. Freiheitsberaubung und Entführung gemäss	Art. 184
8. Geiselnahme gemäss	Art. 185 Ziffern 2 und 3
9. Brandstiftung gemäss	Art. 221 Abs. 2
10. Gefährdung durch Sprengstoffe oder giftige Gase gemäss	Art. 224 Abs. 1

I. Das Handelsgericht

Bestand
§ 57. Das Handelsgericht besteht aus mindestens zwei Mitgliedern des Obergerichts und aus den Handelsrichtern. Die Zahl der erstern bestimmt das Obergericht, diejenige der Handelsrichter der Kantonsrat.

Obergerichtliche Mitglieder
§ 58. Das Obergericht wählt mit der Bestellung seiner Kammern die von ihm abzuordnenden Mitglieder des Handelsgerichts und aus ihrer Mitte den Präsidenten und den Vizepräsidenten.

Handelsrichter
§ 59. Die Handelsrichter werden vom Kantonsrat aus einer von der Kommission für das Handelswesen gebildeten Liste gewählt, welche doppelt so viele Vorschläge enthält, als Stellen zu besetzen sind.

Wählbar ist nur, wer in einer Firma als Inhaber oder in leitender Stellung tätig ist oder während mindestens zehn Jahren eine solche Stellung bekleidet hat.

Besetzung
§ 60. Das Handelsgericht wird für die Behandlung der einzelnen Rechtssachen mit zwei Mitgliedern des Obergerichts und mit drei Handelsrichtern besetzt.

Die Handelsrichter werden nach Möglichkeit unter Berücksichtigung ihrer Sachkunde bezeichnet.

Zuständigkeit
a) aus Bundesrecht
§ 61. Das Handelsgericht entscheidet ohne Rücksicht auf den Streitwert und die Eintragung der Parteien im Handelsregister
1. alle in den Bundesgesetzen betreffend die Erfindungspatente, die gewerblichen Muster und Modelle, den Schutz von Marken und Herkunftsangaben, den Sortenschutz sowie die Kartelle und ähnliche Organisationen vorgesehenen oder den Gebrauch einer Geschäftsfirma betreffenden Zivilklagen;
2. alle im Bundesgesetz über die Anlagefonds vorgesehenen Zivilklagen und richterlich zu entscheidenden Begehren;
3. die Zivilklagen wegen Nuklearschadens gemäss Kernenergiehaftpflichtgesetz.

Über Begehren im Sinne von § 222 Ziffern 2 und 3 der Zivilprozessordnung entscheidet der Präsident oder ein von ihm zu bezeichnendes Mitglied des Handelsgerichts als Einzelrichter im summarischen Verfahren.

b) Handelsgeschäfte
§ 62. Das Handelsgericht entscheidet alle Zivilprozesse zwischen Parteien, die als Firmen im Handelsregister eingetragen sind, sofern sich der Streit auf das von einer Partei betriebene Gewerbe oder auf Handelsverhältnisse überhaupt bezieht und wenn der Streitwert für die Berufung an das Bundesgericht erreicht wird.

Jedes Rechtsgeschäft einer im Handelsregister eingetragenen Person gilt im Zweifel als Handelsgeschäft.

c) Wahl des Klägers
§ 63. Entspricht der Streitgegenstand im übrigen den Anforderungen von § 62, kann der Kläger zwischen dem Bezirksgericht oder dem Arbeitsgericht und dem Mietgericht einerseits und dem Handelsgericht anderseits wählen,
1. wenn nicht er, wohl aber der Beklagte im Handelsregister als Firma eingetragen ist;
2. ungeachtet dessen, ob er selbst im Handelsregister eingetragen ist, wenn der Beklagte an seinem ausländischen Wohnsitz als selbständiger Kaufmann gilt oder als Firma in einem ausländischen Register eingetragen ist, das dem schweizerischen Handelsregister entspricht.

Vereinbarte Zuständigkeit
§ 64. Die Parteien können, bevor die Klage rechtshängig wird, schriftlich vereinbaren, dass
1. Prozesse über Handelssachen mit einem für die Begründung der Zuständigkeit des Handelsgerichts ausreichenden Streitwert anstelle des Bezirksgerichts, des Arbeitsgerichts, des Mietgerichts oder des Einzelrichters im beschleunigten Verfahren vom Handelsgericht behandelt werden sollen, auch wenn im übrigen nicht alle Voraussetzungen nach § 62 gegeben sind;
2. Prozesse für deren Behandlung nach § 62 das Handelsgericht zuständig wäre, vom Bezirksgericht oder, wenn die Voraussetzungen erfüllt sind, vom Arbeitsgericht oder Mietgericht beurteilt werden sollen.

Amtliche Anweisung
§ 65. Wenn mehrere Personen gemeinsam klagen wollen oder gemeinsam eingeklagt werden sollen und das Handelsgericht nur für einzelne von ihnen zuständig ist, so bestimmt das Obergericht auf Antrag eines Klägers, ob das Handelsgericht oder das Bezirksgericht für sämtliche Streitgenossen zuständig ist.

K. Das Kassationsgericht

Bestand
§ 66. Das Kassationsgericht besteht aus mindestens sieben Mitgliedern. Der Kantonsrat kann diese Zahl erhöhen. Er bestimmt die Zahl der Ersatzrichter.

Der Kantonsrat wählt den Präsidenten, den Vizepräsidenten, die Mitglieder und die Ersatzrichter des Kassationsgerichts.

Besetzung
§ 67. An den Entscheiden des Kassationsgerichts wirken fünf Richter mit. § 30 Abs. 2 wird angewendet.

Kanzleibeamte, Chef des Rechnungswesens, Kanzleipersonal
§ 68. Das Kassationsgericht wählt nach seiner Gesamterneuerung auf eine Amtsdauer von sechs Jahren den Generalsekretär, dessen Stellvertreter, die juristischen Sekretäre und einen Chef des Rechnungswesens sowie auf vier Jahre das Kanzleipersonal.

Zuständigkeit
a) Justizverwaltung
§ 69. Das Kassationsgericht besorgt seine Justizverwaltung selbst. Es erlässt die erforderlichen Verordnungen und Weisungen. Soweit es keine Verordnungen oder Weisungen erlassen hat, gelten diejenigen des Obergerichts.

b) Beschwerdeinstanz
§ 69a. Das Kassationsgericht beurteilt Nichtigkeitsbeschwerden gegen Entscheide des Obergerichts, des Geschworenengerichts, des Handelsgerichts sowie des obergerichtlichen und handelsgerichtlichen Einzelrichters.

L. Ergänzende Vorschriften

Kompetenz des Kantonsrats
§ 70. Überträgt der Bund den Kantonen auf dem Gebiet der Rechtsprechung neue Aufgaben, so kann der Kantonsrat unter den bestehenden Behörden die zuständige Instanz bestimmen.

Kompetenz des Regierungsrats
§ 71. Der Regierungsrat kann im Rahmen von Art. 397bis lit. d StGB durch Verordnung Vorschriften erlassen, die sich auch auf die Zuständigkeit beziehen, soweit der Bundesrat keine Bestimmungen aufstellt.

II. Abschnitt: Die Untersuchungs- und Anklagebehörden

A. Allgemeine Bestimmungen

Anklagebehörden
§ 72. Als Anklagebehörden amten
1. bei den Bezirksgerichten die Bezirksanwaltschaften;
2. bei dem Obergericht und dem Geschworenengericht die Staatsanwaltschaft.

Untersuchungsbehörden
a) für Verbrechen und Vergehen
§ 73. Die Untersuchung von Verbrechen und Vergehen wird geführt
1. von den Bezirksanwaltschaften;
2. von der Staatsanwaltschaft;
3. bei Privatstrafklagen von besondern Untersuchungsrichtern, die durch die Gerichte bezeichnet werden.

b) für Übertretungen
§ 74. Die Untersuchung und Beurteilung von Übertretungen steht den Statthalterämtern und den Gemeinderäten zu, sofern das Gesetz nicht etwas anderes bestimmt. Der Regierungsrat kann jedoch für einzelne Übertretungen des Schweizerischen Strafgesetzbuches und der übrigen Bundesgesetzgebung ausschliesslich die Statthalterämter zuständig erklären oder sie den Bezirksanwaltschaften zur Untersuchung und zur Erledigung zuweisen.

Ist jemand neben einem Verbrechen oder Vergehen auch einer damit im Zusammenhang stehenden Übertretung beschuldigt, so sind die zur Untersuchung und Beurteilung des Verbrechens oder Vergehens zuständigen Untersuchungs-, Anklage- oder Gerichtsbehörden auch zur Untersuchung und Beurteilung der Übertretung zuständig.

Ergibt sich in einer Strafuntersuchung, die wegen eines Verbrechens oder Vergehens eingeleitet wurde, dass nur eine Übertretung vorliegt, so überweist die Bezirksanwaltschaft die Akten an die für die Übertretung zuständige Behörde.

Hilfsorgane
§ 75. Für die Führung von Untersuchungen verfügen die Anklage und Untersuchungsbehörden über die Gemeindeammänner und die Beamten und Angestellten der kantonalen und der Gemeindepolizei nach Massgabe der Strafprozessordnung.

Zivilsachen
§ 76. Der Staat kann sich der Anklagebeamten auch zu seiner Vertretung in Zivilsachen bedienen.

Unvereinbarkeit
§ 77. Die Stellen eines Staatsanwalts und Bezirksanwalts sind unvereinbar mit jeder anderen besoldeten Stelle und mit der berufsmässigen Vertretung dritter Personen vor Gericht.

§ 78.

Sozialdienst der Justizdirektion
§ 79. Bei der Justizdirektion besteht ein Sozialdienst. Diesem obliegt
1. die Betreuung am Strafverfahren beteiligter, insbesondere verhafteter Erwachsener und ihrer Familien (§ 19 b StPO);
2. die Fürsorge für Verurteilte und ihre Familien sowie die Ausübung der Schutzaufsicht (§ 34 StVG).

B. Die Bezirksanwaltschaften

Ordentliche Bezirksanwälte
§ 80. Bezirksanwalt ist der Statthalter des Bezirks.

Wo das Bedürfnis es erfordert, errichtet der Kantonsrat auf Antrag des Regierungsrats eine besondere Bezirksanwaltschaft und setzt die Zahl der Bezirksanwälte fest.

In diesem Fall erfolgt die Wahl der Bezirksanwälte durch die Stimmberechtigten des Bezirks auf eine Amtsdauer von vier Jahren.

Ausserordentliche Bezirksanwälte
§ 81. Der Regierungsrat ist ermächtigt, zur zeitweisen Aushilfe ausserordentliche Bezirksanwälte zu bestellen.

Geschäftsordnung
§ 82. Wenn eine Bezirksanwaltschaft aus mehreren Beamten besteht, erlässt der Regierungsrat auf Antrag der Staatsanwaltschaft eine Geschäftsordnung; er ernennt aus der Zahl der ordentlichen Bezirksanwälte einen oder mehrere Geschäftsleiter.

Kanzleien
§ 83. Der Regierungsrat trifft Anordnungen für die Besorgung der Kanzleigeschäfte und die Bedienung der Bezirksanwaltschaft.

Stellvertretung
§ 84. In Verhinderungs- und Ausstandsfällen werden die Bezirksanwälte durch einen andern Bezirksanwalt oder den Statthalter vertreten.

Wo keine besondern Bezirksanwaltschaften bestehen, vertritt der ordentliche Stellvertreter des Statthalters diesen auch als Bezirksanwalt.

Bedarf ein Bezirksanwalt für längere Zeit eines Stellvertreters, wird dieser durch den Regierungsrat bestellt.

Protokoll
§ 85. Die Statthalter haben als Bezirksanwälte ein besonderes Protokoll über die Anklagen und Einstellungsverfügungen in Strafsachen zu führen.

Aufsicht
§ 86. Die Bezirksanwälte stehen unter der Aufsicht der Staatsanwaltschaft.

C. Die Staatsanwaltschaft

Bestand und Geschäftsordnung
§ 87. Die Staatsanwaltschaft besteht aus fünf Staatsanwälten, die vom Regierungsrat gewählt werden. Durch Beschluss des Kantonsrats kann diese Zahl geändert werden.

Der Regierungsrat kann ausserordentliche Staatsanwälte bestellen.

Dem ersten Staatsanwalt obliegt die Geschäftsleitung. Er besorgt die Geschäftsverteilung und vertritt die Staatsanwaltschaft nach aussen.

Verhinderung
§ 88. Ist einer der Staatsanwälte für länger als acht Tage an der Ausübung seiner Funktion verhindert, soll er beim Regierungsrat um Urlaub nachsuchen.

Amtssitz
§ 89. Der Amtssitz der Staatsanwaltschaft ist Zürich.

Inspektionen
§ 90. Mindestens zweimal im Jahr soll die Staatsanwaltschaft die Amtsführung der Bezirksanwaltschaften an Ort und Stelle untersuchen.

Aufsicht
§ 91. Die Staatsanwaltschaft steht unter der Aufsicht der Justizdirektion und unter der Oberaufsicht des Regierungsrats. Sie erstattet der Justizdirektion alljährlich zuhanden des Regierungsrats Bericht über ihre Verrichtungen sowie über diejenigen der Bezirksanwaltschaften.

D. Die Untersuchungs- und Anklagebehörden im Verfahren gegen Kinder und Jugendliche

Jugendanwaltschaften
§ 92. Für die Untersuchung der strafbaren Handlungen von Kindern und Jugendlichen errichtet der Regierungsrat Jugendanwaltschaften. Er setzt deren Amtskreis fest.

Dem Jugendanwalt stehen im Verfahren die Befugnisse eines Bezirksanwalts zu.

Jugendstaatsanwaltschaft
§ 93. Der Jugendanwalt steht unter der Aufsicht der Jugendstaatsanwaltschaft. Diese übt die der Staatsanwaltschaft entsprechenden Befugnisse aus. Sie stellt die Zusammenarbeit zwischen den Jugendanwaltschaften und den übrigen Organen der Jugendhilfe her.

Der Regierungsrat ernennt den Jugendstaatsanwalt und seine Stellvertreter.

Die Jugendstaatsanwaltschaft untersteht der zuständigen Direktion des Regierungsrats.

Zuständigkeit bei Übertretungen
§ 94. Übertretungen von Kindern untersucht der Jugendanwalt.

Gegenüber Jugendlichen finden bei Übertretungen die ordentlichen Zuständigkeits- und Verfahrensbestimmungen Anwendung. Der Jugendanwalt tritt an die Stelle des Bezirksanwalts.

Halten die Verwaltungsbehörden erzieherische Massnahmen für angezeigt, benachrichtigen sie in der Regel die Organe der Jugendhilfe. Erscheinen jugendstrafrechtliche Massnahmen als unerlässlich, überweisen sie die Sache dem Jugendanwalt.

Führt der Jugendanwalt gegen einen Jugendlichen eine Untersuchung wegen Verbrechen oder Vergehen, behandelt er auch die Übertretungen, welche ihm während des Verfahrens bekanntwerden. § 74 Abs. 3 findet keine Anwendung.

Das Jugendgericht beurteilt endgültig Einsprachen gegen Entscheide in Übertretungssachen.

III. Abschnitt: Ausstand der Justizbeamten

Ausschluss
§ 95. Ein Richter, Geschworener, Untersuchungs- und Anklagebeamter, Kanzleibeamter oder Friedensrichter ist von der Ausübung seines Amtes ausgeschlossen
1. in eigener Sache, in Sachen seines Ehegatten oder Verlobten, seiner Bluts- und Adoptivverwandten oder Verschwägerten in gerader Linie und bis zum vierten Grad der Seitenlinie; ferner wenn er oder eine dieser Personen mit einer Rückgriffsklage zu rechnen hat;
2. in Sachen seines Mündels, seines Verbeiständeten oder Pflegekindes;
3. wenn er in der Sache an einem Entscheid unterer Instanzen mitgewirkt oder als Schiedsrichter teilgenommen hat, sowie wenn er als Bevollmächtigter gehandelt oder zu gerichtlichen Handlungen Auftrag gegeben hat;
4. wenn er von einer Partei oder einem Dritten im Zusammenhang mit dem Verfahren ein Geschenk oder einen andern ihm nicht gebührenden Vorteil annahm oder sich versprechen liess.

Wer an einem Entscheid der Anklagekammer beteiligt war, ist von der Mitwirkung beim Geschworenengericht oder beim Obergericht ausgeschlossen. Wer in einem Untersuchungsverfahren als Haftrichter geamtet hat, ist als Sachrichter ausgeschlossen.

Ablehnung
§ 96. Ausserdem kann jeder der in § 95 genannten Justizbeamten abgelehnt werden oder selbst den Ausstand verlangen
1. in Sachen einer juristischen Person, deren Mitglied er ist; dies gilt nicht für die Zugehörigkeit zum Staat und zur Gemeinde;
2. wenn er Rat gegeben, als Vermittler, Sachverständiger oder Zeuge gehandelt oder noch zu handeln hat;
3. wenn zwischen ihm und einer Partei Freundschaft, Feindschaft oder ein Pflicht- oder Abhängigkeitsverhältnis besteht;
4. wenn andere Umstände vorliegen, die ihn als befangen erscheinen lassen.

Obliegenheiten des Betroffenen
§ 97. Ist der Justizbeamte von der Ausübung seines Amtes ausgeschlossen oder liegt gegen ihn ein Ablehnungsgrund vor, so zeigt er dies ohne Verzug an. Besteht ein Ablehnungsgrund, erklärt der Justizbeamte, ob er selbst den Ausstand verlange. Stellt er die Ablehnung den Parteien anheim, wird ihnen hiefür eine kurze Frist angesetzt.

Begehren Dritter
§ 98. Das Ausstandsbegehren kann von einer Partei und von jedem Mitglied der Gerichtsabteilung, welcher der betreffende Justizbeamte angehört, während des ganzen Verfahrens gestellt werden, in den Fällen mit öffentlicher Urteilsberatung jedoch nur bis zu deren Beginn.

Verzögertes Begehren
§ 99. Wer durch Verzögerung des Begehrens zusätzliche Umtriebe verursacht, wird dafür kosten- und entschädigungspflichtig.

Verfahren
§ 100. Das Begehren ist zu begründen und gleichzeitig durch Urkunden oder schriftliche Auskünfte von Amtsstellen zu belegen.

Fehlen solche Beweismittel, wird auf Grund einer gewissenhaften Erklärung des Abgelehnten entschieden. Aus zureichenden Gründen können weitere Beweise erhoben werden.

Verlangt der Justizbeamte selbst den Ausstand, darf er ihm auf die gewissenhafte Erklärung hin, dass ein Ausstandsgrund vorliege, nicht verweigert werden. Der Ausstand kann ihm auch aus andern zureichenden Gründen bewilligt werden.

Entscheid
§ 101. Über ein streitiges Ausstandsbegehren entscheidet die Aufsichtsbehörde.

Betrifft es Mitglieder des Obergerichts oder des Kassationsgerichts, befindet das Gericht selbst. Wenn es auch durch Zuzug der ständigen Ersatzrichter nicht mehr gehörig besetzt werden kann, entscheidet der Kantonsrat.

Richtet sich das Ausstandsbegehren gegen einen Kanzleibeamten, entscheidet das Gericht, dem er angehört.

Nichtbeachten des Ausstandes
§ 102. Soweit die Parteien nicht ausdrücklich auf den Ausstand verzichtet haben, sind das Verfahren vor einem ausgeschlossenen oder mit Erfolg abgelehnten Justizbeamten und jeder Entscheid, an welchem er teilgenommen hat, anfechtbar. Bei Ablehnung wirkt die Anfechtbarkeit jedoch erst von der Stellung des Begehrens an. Die Anfechtung erfolgt auf dem Rechtsmittelweg.

Hat ein Justizbeamter seine Meldepflicht im Sinne von § 97 verletzt und wird der Ablehnungsgrund erst nach Eröffnung des Endentscheids entdeckt, so kann der zur Ablehnung Berechtigte die Aufhebung des Entscheids auf dem Rechtsmittelweg verlangen.

Ausserordentliche Stellvertretung bei Ausstand
§ 103. Braucht ein Einzelrichter wegen des Ausstands einen ausserordentlichen Stellvertreter, kann sich ein Gericht nicht mehr durch Zuzug von Ersatzrichtern ergänzen oder ist dieser Zuzug nicht tunlich, so bezeichnet die Aufsichtsbehörde ausserordentliche Stellvertreter oder überweist die Streitsache einem andern Gericht gleicher Ordnung.

IV. Abschnitt: Aufsicht über die Gerichte und Rechtshilfe
A. Richterliche Unabhängigkeit

Richterliche Unabhängigkeit
§ 104. Die Gerichte sind in der Rechtsprechung unabhängig und nur an das Recht gebunden. Sie haben von den Oberbehörden über das, was rechtens sei, keine Weisungen entgegenzunehmen.

Bei Rückweisungen ist die untere Instanz an die Rechtsauffassung gebunden, welche dem Rückweisungsentscheid zugrunde liegt.

B. Aufsicht

Oberaufsicht des Kantonsrats
§ 105. Die Verwaltung der Rechtspflege steht unter der Oberaufsicht des Kantonsrats. Obergericht und Kassationsgericht erstatten ihm jährlich Bericht.

Der Rechenschaftsbericht des Obergerichts erstreckt sich auf die Tätigkeit der angegliederten Gerichte und Kommissionen, auf alle unter seiner mittelbaren und unmittelbaren Aufsicht stehenden Behörden und Ämter sowie auf den Gang der Rechtspflege im allgemeinen.

Aufsicht
a) des Obergerichts
§ 106. Dem Obergericht steht die Aufsicht über seine Kammern und die ihm angegliederten oder unterstellten Gerichte und Kommissionen zu.

Es beaufsichtigt mittelbar oder unmittelbar die der Aufsicht der Bezirksgerichte unterstellten Ämter. Für die Aufsicht über die Notariate, Grundbuch- und Konkursämter und über die Gemeindeammann- und Betreibungsämter schafft es besondere Inspektorate.

b) der Bezirksgerichte
§ 107. Die Bezirksgerichte beaufsichtigen in erster Instanz die Friedensrichterämter, Notariate, Grundbuch- und Konkursämter, Gemeindeammann- und Betreibungsämter.

Die Bezirksgerichte erstatten dem Obergericht jährlich Bericht über ihre Tätigkeit und diejenige der Einzelrichter, der Arbeitsgerichte, der Mietgerichte sowie der Friedensrichter-, Gemeindeammann- und Betreibungsämter.

C. Beschwerde

Zulässigkeit und Zuständigkeit
§ 108. Wegen Rechtsverweigerung und Rechtsverzögerung der Gerichtsbehörden sowie wegen andern Verletzungen von Amtspflichten kann bei der nächst übergeordneten Aufsichtsbehörde Beschwerde geführt werden. Die Aufsichtsbehörde kann disziplinarische Massnahmen, insbesondere gestützt auf das Ordnungsstrafengesetz, verfügen und die Zuweisung des Prozesses an einen andern Einzelrichter, einen andern Referenten oder eine andere Gerichtsabteilung anordnen, wobei sie auch Ersatzrichter einsetzen kann.

Vorbehalten bleiben die Pflicht der Aufsichtsbehörden, gegen Missstände von Amtes wegen einzuschreiten, sowie die Befugnisse des kantonalen Ombudsmanns.

Verfahren
§ 109. Richtet sich die Beschwerde gegen einen bestimmten Entscheid oder eine bestimmte Handlung, ist sie innert zehn Tagen seit der Mitteilung oder Kenntnisnahme einzureichen. In andern Fällen ist sie so lange zulässig, als ein rechtliches Interesse des Beschwerdeführers besteht.

Die Beschwerde ist schriftlich einzureichen und hat einen Antrag und eine Begründung zu enthalten. Wenn sie sich nicht sofort als unbegründet erweist, wird sie dem betroffenen Gericht oder Beamten zur Vernehmlassung und weitern beteiligten Personen zur schriftlichen Beantwortung zugestellt.

Der Sachverhalt wird von Amtes wegen untersucht. Im übrigen finden die Vorschriften der Zivilprozessordnung, insbesondere über das Beweisverfahren, sinngemäss Anwendung.

Weiterzug
§ 110. Beschwerdeentscheide der Bezirksgerichte können innert zehn Tagen seit der Mitteilung mit Rekurs an das Obergericht weitergezogen werden.

Anwendung auf andere Verfahren
§ 111. Die §§ 109 und 110 finden auch Anwendung auf Beschwerdeverfahren, welche auf andern kantonalen oder auf eidgenössischen Erlassen beruhen, soweit diese eine Aufsicht durch richterliche Behörden vorsehen und nicht eigene Verfahrensvorschriften enthalten.

D. Auswärtige Amtshandlungen und Rechtshilfe

Amtshandlungen zürcherischer Behörden
a) im Kanton
§ 112. Die Gerichte sowie die Untersuchungs- und Anklagebehörden sind befugt, Amtshandlungen auf dem Gebiet des ganzen Kantons vorzunehmen.

b) ausserhalb des Kantons
§ 113. Amtshandlungen ausserhalb des Kantons bedürfen der Bewilligung der zuständigen ausserkantonalen Behörde. Die Amtshandlungen erfolgen nach zürcherischem Recht, soweit nicht das am Ort ihrer Vornahme geltende Recht seine Beachtung verlangt.

Für Strafsachen bleibt Art. 355 StGB vorbehalten.

Rechtshilfe
a) durch Bewilligung selbständiger Amtshandlungen
§ 114. Behörden anderer Kantone haben für Amtshandlungen auf dem Gebiet des Kantons Zürich in Zivilsachen eine Bewilligung des Obergerichtspräsidenten einzuholen. In Strafsachen erteilt der Obergerichtspräsident den Gerichten und der erste Staatsanwalt den Untersuchungs- und Strafvollzugsbehörden anderer Kantone die Bewilligung nach Art. 355 StGB.

Mit Zustimmung der zuständigen Bundesbehörde können auch Amtshandlungen ausländischer Behörden bewilligt werden, wenn wichtige Gründe es erfordern und nicht schutzwürdige Interessen der Betroffenen entgegenstehen. Vorbehalten bleibt überdies § 116.

b) durch Mitwirkung zürcherischer Behörden
§ 115. Ordnungsgemässen Rechtshilfebegehren wird entsprochen, wenn die Rechtshilfehandlung in den Aufgabenbereich der zürcherischen Gerichte und Untersuchungsbehörden fällt. Ausländischen Behörden gegenüber bleibt § 116 vorbehalten.

Die Rechtshilfe kann von der Leistung eines Kostenvorschusses oder einer Kostengutsprache abhängig gemacht werden. Vorbehalten bleibt Art. 354 StGB.

c) besondere Bestimmungen bei ausländischen Gesuchen
§ 116. Ausländischen Behörden wird die Rechtshilfe in der Regel verweigert, wenn sie in fiskalischen, militärischen oder politischen Angelegenheiten nachgesucht wird oder wenn ihre Gewährung gegen wesentliche Grundsätze der schweizerischen Rechtsordnung verstösst.

Die Rechtshilfe kann verweigert werden, wenn feststeht, dass der ausländische Staat nicht Gegenrecht hält. Sie kann unter Bedingungen und Auflagen bewilligt werden, insbesondere unter der Auflage, dass die Ergebnisse der Erhebungen in der Schweiz von den Behörden des ersuchenden Staates nur insoweit verwendet werden dürfen, als die Rechtshilfe bewilligt wurde.

d) Verfahrensformen
§ 117. Bei den Amtshandlungen nach § 114 und den übrigen Rechtshilfemassnahmen nach § 115 ist zürcherisches Recht anzuwenden. Auf Verlangen der ersuchenden Behörde und mit dem Einverständnis des Betroffenen werden auswärtige Verfahrensformen angewandt oder bewilligt, soweit dem nicht wichtige Gründe entgegenstehen.

Zwangsmassnahmen dürfen nur nach Massgabe des zürcherischen Rechts und von zürcherischen Behörden angeordnet und vollzogen werden.

Ausländische Behördemitglieder sind auf Verlangen der Betroffenen auszuschliessen, bis festgestellt ist, dass das Verfahren ohne Preisgabe geheimzuhaltender Tatsachen weitergeführt werden kann.

e) besondere Vereinbarungen
§ 118. Zwischenstaatliche Vereinbarungen bleiben vorbehalten. Soweit diese nichts anderes bestimmen, wird der Verkehr mit ausländischen Behörden durch die Bundesbehörden vermittelt.

Unterstützung privater auswärtiger Rechtsverfolgung
a) Eid
§ 119. Der Einzelrichter nimmt einem Gesuchsteller den Eid oder die eidesstattliche Erklärung ab, die zur Rechtsverfolgung ausserhalb des Kantons notwendig sind. Verlangt das auswärtige Recht die Abnahme vor einem höheren Richter, ist der Obergerichtspräsident zuständig.

b) gerichtliche Übersetzung
§ 120. Wenn es für die Rechtsverfolgung ausserhalb des Kantons erforderlich ist, lässt der Einzelrichter richterliche Entscheide und andere Urkunden auf Antrag eines Beteiligten in eine fremde Sprache übertragen.

V. Abschnitt: Bestimmungen für das Verfahren

A. Geschäftsleitung und allgemeine Vorschriften

Präsidialbefugnisse
a) Leitung des Gerichts
§ 121. Dem Präsidenten des Gerichts obliegt die Geschäftsleitung.

Er überwacht die Pflichterfüllung der Mitglieder des Gerichts und der Gerichtskanzlei und sorgt für beförderliche Erledigung der Geschäfte. Er kann Verweise erteilen und Ordnungsbussen auferlegen.

b) Leitung des Verfahrens
§ 122. Der Präsident versammelt das Gericht und ergänzt es nötigenfalls durch Ersatzrichter. Er bezeichnet den Referenten.

Der Präsident erlässt die Vorladungen, leitet die Verhandlungen und das schriftliche Verfahren und kann anstelle des Gerichts Verhandlungen über prozessleitende Entscheide, Vergleichsverhandlungen und Referentenaudienzen anordnen und durchführen. Er kann Verweise erteilen und Ordnungsbussen auferlegen.

Er kann zudem über Prozesskautionen und über die aufschiebende Wirkung von Rechtsmitteln entscheiden sowie bei Rückzug, Anerkennung oder Vergleich die Abschreibung des Prozesses verfügen.

Erhebt eine Partei innert zehn Tagen von der schriftlichen Mitteilung an Einsprache, entscheidet das Gericht; die Einsprache soll kurz begründet werden.

c) vorläufige Verfügungen
§ 123. In dringlichen Fällen trifft der Präsident vorläufig vorsorgliche Massnahmen. Er unterbreitet sie dem Gericht zur Bestätigung. Statt dessen kann er den Beteiligten eine Frist von höchstens zehn Tagen zur Einsprache an das Gericht ansetzen unter der Androhung, dass es im Säumnisfall bei seinem Entscheid sein Bewenden habe. Die Einsprache soll kurz begründet werden.

d) Sitzungspolizei
§ 124. Der Präsident sorgt in den Verhandlungen für Ruhe und Ordnung. Er kann einzelne Personen wegweisen, in Fällen wiederholter grober Ordnungsstörungen auch Parteien und Parteivertreter. Personen, die sich seinen Verfügungen widersetzen, kann er mit Ordnungsbusse belegen oder für höchstens zwölf Stunden in Haft setzen.

Stellvertretung
§ 125. Die Vorsitzenden der Gerichtsabteilungen und die Einzelrichter üben im Rahmen ihrer Zuständigkeit die Befugnisse des Präsidenten aus. Diese können überdies dem Referenten übertragen werden. Die Disziplinargewalt nach § 121 Abs. 2 bleibt dem Präsidenten der Gesamtbehörde vorbehalten.

Bei Verhinderung wird der Präsident durch den Vizepräsidenten und dieser durch das im Amt oder den Jahren nach älteste Mitglied des Gerichts vertreten. In dringenden Fällen kann bei Verhinderung des Präsidenten auch der Gerichtsschreiber handeln.

Leitung der Kanzlei
§ 126. Der Gerichtsschreiber ist verantwortlich für die Besorgung der Kanzleigeschäfte des Gerichts, der Präsidenten und der Kommissionen.

Der Chef des Rechnungswesens ist für das Rechnungswesen verantwortlich.

Auditoren
§ 127. Das Obergericht erlässt eine Verordnung über die Zulassung und Stellung von Personen, die zu ihrer Ausbildung beim Gericht zu arbeiten wünschen.

Amtsgeheimnis
§ 128. Die Richter, Friedensrichter, Kanzleibeamten und Auditoren, das Kanzleipersonal und weitere Hilfspersonen des Gerichts (Übersetzer usw.) sind zur Verschwiegenheit über Amtsgeheimnisse verpflichtet.

Verbot des Berichtens
§ 129. Den Parteien ist untersagt, Richter, Geschworene und Kanzleibeamte ausserhalb des Prozessverfahrens von ihrer Sache zu unterrichten oder sie in anderer Weise zu beeinflussen.

Amtssprache
§ 130. Das Gericht und die Parteien haben sich der deutschen Sprache zu bedienen, sofern das Gericht keine Ausnahmen gestattet. Wenn es der Richter für nötig erachtet oder auf begründetes Begehren eines Beteiligten, wird im mündlichen Verfahren ein Übersetzer beigezogen.

Stumme, Taube oder Schwerhörige werden schriftlich oder unter Beizug geeigneter Personen einvernommen.

Die Vorschriften über die Sachverständigen werden sinngemäss auf solche Personen und auf die Übersetzer angewendet.

Eingaben
§ 131. Schriftliche Eingaben sind zu unterzeichnen und in genügender Anzahl für das Gericht und für jede Gegenpartei einzureichen, mindestens aber im Doppel. Sie dürfen weder einen ungebührlichen Inhalt aufweisen noch weitschweifig oder schwer lesbar sein.

Genügt die Eingabe diesen Anforderungen nicht, wird zur Behebung des Mangels Frist angesetzt.

B. Gerichtssitzungen

Anzahl
§ 132. Das Gericht hält so viele Sitzungen ab, als es die rasche Erledigung der Geschäfte erfordert.

Teilnahmepflicht
§ 133. Kein Mitglied darf ohne zureichende Gründe einer Gerichtssitzung fernbleiben. Dauert die Abwesenheit eines Mitglieds des Bezirks- oder Obergerichts länger als einen Monat, so ist beim Obergericht ein Urlaub einzuholen.

Kanzleibeamter
§ 134. An den Verhandlungen und Beratungen nimmt ein Kanzleibeamter teil. Er hat beratende Stimme.

Die Durchführung von Vergleichsverhandlungen kann ihm übertragen werden.

Auf den Beizug eines Kanzleibeamten zu Verhandlungen kann verzichtet werden, wenn seine Mitwirkung für die Protokollführung nicht erforderlich ist.

Öffentliche Verhandlungen
§ 135. Die Verhandlungen und die mündliche Eröffnung der Entscheide sind bei allen Gerichten öffentlich, am Obergericht und am Kassationsgericht auch die Urteilsberatungen. Bild- und Tonaufnahmen sind unzulässig.

Nicht öffentlich sind die Prozesse in Familienrechtssachen.

Von Verhandlungen über Straftaten, durch welche eine Person in ihrer körperlichen, sexuellen oder psychischen Integrität unmittelbar beeinträchtigt worden ist, wird die Öffentlichkeit ausgeschlossen, wenn überwiegende Interessen des Opfers es erfordern. Bei Straftaten gegen dessen sexuelle Integrität wird auf seinen Antrag hin die Öffentlichkeit ausgeschlossen.

Der Ausschluss der Öffentlichkeit kann auch nur für bestimmte Prozesshandlungen angeordnet oder vom Opfer beantragt werden oder sich nicht auf die Gerichtsberichterstatter beziehen. Das Gericht kann die Zulassung der Gerichtsberichterstatter zudem mit der Auflage verbinden, dass die Identität des Opfers nicht veröffentlicht werden darf. Das Gericht orientiert das Opfer zu Beginn der Verhandlung über diese Möglichkeiten.

Das Gericht kann die Öffentlichkeit zudem ausschliessen, wenn eine Gefährdung der öffentlichen Sicherheit und Ordnung oder von Sitte und Anstand zu befürchten ist sowie wenn schutzwürdige Interessen eines Beteiligten es erfordern.

Wird die Öffentlichkeit ausgeschlossen, darf jede Partei ausser ihrem Rechtsvertreter zwei Vertrauenspersonen beiziehen. Das Gericht kann die Begleitpersonen wegweisen, wenn deren Anwesenheit für eine der Parteien unzumutbar ist.

Gerichtsberichterstattung
§ 136. Die Presse sowie Radio und Fernsehen sind verpflichtet, eine vom zuständigen Gericht angeordnete und formulierte Berichtigung zu ihrer Gerichtsberichterstattung zu veröffentlichen.

Beratung
§ 137. Bei den Beratungen stellt der Referent seinen Antrag. In der anschliessenden Umfrage wird das Wort zuerst den Richtern erteilt, welche Gegenanträge stellen wollen.

Der Präsident eröffnet, wenn er nicht Referent ist oder einen Gegenantrag stellt, seine Ansicht zuletzt.

Abstimmung
§ 138. Die Richter sind verpflichtet, bei allen Abstimmungen ihre Stimme abzugeben.

Die Mehrheit der Stimmen entscheidet.

Ergibt sich bei gerader Zahl der Richter Stimmengleichheit, so macht die Ansicht Recht, für welche sich der Präsident ausgesprochen hat, im Strafprozess indessen jene, die für den Angeklagten günstiger ist.

Die Minderheit des Gerichts und der Kanzleibeamte sind berechtigt, ihre abweichende Ansicht mit Begründung in das Protokoll aufnehmen zu lassen. Den Parteien wird von der Aufnahme eines Minderheitsantrags in das Protokoll Kenntnis gegeben.

Zirkulationsbeschlüsse
§ 139. Die Gerichte können bei Einstimmigkeit Beschlüsse auf dem Zirkularweg fassen.

Gerichtsferien
§ 140. In der Zeit vom 10. Juli bis und mit 20. August sowie vom 20. Dezember bis und mit 8. Januar finden keine Verhandlungen statt; die gesetzlichen und die richterlichen Fristen stehen still.

Vorbehalten bleiben dringende Fälle und vorsorgliche Massnahmen, das Verfahren vor Friedensrichter, das einfache und rasche Verfahren, das summarische Verfahren sowie Verhandlungen und Fristansetzungen im Einvernehmen mit den Parteien.

Den Parteien wird angezeigt, wenn eine Frist während den in Abs. 1 genannten Zeiten läuft.

C. Protokoll

Protokollpflicht
§ 141. Für jedes Verfahren wird ein Protokoll geführt und mit den Akten aufbewahrt.

Im summarischen Verfahren wird ein Handprotokoll geführt. Dieses ist nur auszufertigen, wenn ein Rechtsmittel ergriffen, der Prozess ins ordentliche Verfahren verwiesen oder ein Beweisverfahren durchgeführt wird.

Protokollführer
§ 142. Das Protokoll wird von einem Kanzleibeamten geführt. Das Obergericht und mit seiner Zustimmung die Bezirksgerichte können ausnahmsweise aus dem Kanzleipersonal weitere Protokollführer ernennen.

Der Friedensrichter führt das Protokoll selbst oder lässt es unter seiner Aufsicht durch einen Kanzleiangestellten führen.

Im summarischen Verfahren, in Vergleichsverhandlungen und in Referentenaudienzen kann der Richter das Protokoll selbst führen oder unter seiner Aufsicht durch eine Hilfsperson führen lassen.

Anlage des Protokolls
§ 143. Das Protokoll wird in chronologischer Ordnung geführt und gibt Aufschluss über Ort und Zeit der Prozesshandlungen und die mitwirkenden Personen. Es enthält die Entscheide im Dispositiv.

Inhalt des Protokolls
a) Parteivorbringen
§ 144. Parteianträge, Vergleich, Klagerückzug oder Klageanerkennung werden ins Protokoll aufgenommen, ebenso mündliche Ausführungen der Parteien, soweit sie zur Sache gehören und keine Wiederholungen sind.

Bei einer Vergleichs- oder Sühnverhandlung werden nur deren Ergebnis und, auf Begehren einer Partei, eine abgelehnte Vergleichsofferte protokolliert.

Im Sühnverfahren sind Vergleich, Klagerückzug und Klageanerkennung von den Parteien zu unterzeichnen.

b) Einvernahmen im Beweisverfahren
§ 145. Bei der Einvernahme von Zeugen und Sachverständigen sowie bei der Parteibefragung werden die zur Sache gehörenden Aussagen und, wo es dem Verständnis oder der Würdigung dient, auch die Fragen protokolliert.

Wird wegen besonderer Sachkunde einzelner Richter vom Beizug Sachverständiger abgesehen, werden die Äusserungen dieser Richter protokolliert.

c) wörtliche Wiedergabe
§146. Auf Verlangen einer Partei oder des Einvernommenen werden einzelne Äusserungen oder Fragen wörtlich ins Protokoll aufgenommen und auch nicht zugelassene Ergänzungsfragen protokolliert.

d) weiterer Protokollinhalt
§ 147. In das Protokoll werden alle wesentlichen Wahrnehmungen in Schriftform, als Zeichnung, fotografische Aufnahmen oder in anderer geeigneter Form aufgenommen.

Es enthält die Gründe für die Gewährung oder Verweigerung des bedingten Strafvollzugs sowie für die Ablehnung einer beantragten Massnahme oder den Aufschub des Strafvollzugs zugunsten einer Massnahme.

e) Protokollierung vor Geschworenengericht
§ 148. Bei der Einvernahme von Angeklagten, Zeugen und Sachverständigen vor Geschworenengericht wird nur protokolliert, was deren frühere Aussagen ergänzt oder von diesen abweicht.

Form des Protokolls
a) Handprotokoll und Aufzeichnungsgerät
§ 149. In den Verhandlungen werden die Äusserungen und weitern Wahrnehmungen im Handprotokoll festgehalten.

Zur Unterstützung der Protokollführung kann das Gericht Aufzeichnungsgeräte verwenden.

Anhand dieser Aufzeichnungen wird das Protokoll ausgefertigt und vom Protokollführer unterzeichnet.

b) Plädoyernotizen
§ 150. Die von den Parteien zu Beginn ihres Vortrags in Maschinenschrift eingereichten Notizen können an die Stelle des Protokolls treten, wenn ihre Übereinstimmung mit dem Vorgetragenen vom Protokollführer geprüft und bescheinigt wird.

c) Einvernahmen im Beweisverfahren
§ 151. Bei der Einvernahme von Zeugen und Sachverständigen sowie bei der Beweisaussage von Parteien werden die Aussagen in das Handprotokoll aufgenommen. Der Protokollführer verliest die Aussagen in Gegenwart der Beteiligten; der verlesene Text kann mit dem Tonaufnahmegerät festgehalten werden. Der Einvernommene bestätigt die Wahrheit seiner Aussagen und die Richtigkeit des verlesenen Protokolls; diese Erklärung wird protokolliert.

Der einvernehmende Richter kann statt dessen das Protokoll selbst in Maschinenschrift erstellen oder in die Maschine diktieren. Es wird in Gegenwart der Beteiligten vorgelesen, und der Einvernommene bescheinigt unterschriftlich die Richtigkeit; der Richter unterzeichnet ebenfalls.

Ferner kann der Richter oder der Kanzleibeamte das Protokoll in ein Tonaufnahmegerät diktieren, die Aufnahme in Gegenwart der Beteiligten abspielen und die Erklärung des Einvernommenen über die Richtigkeit mit dem Gerät festhalten. Bei ausdrücklichem Verzicht des Einvernommenen und der anwesenden Parteien kann auf das Abspielen verzichtet werden. Anhand der Tonaufnahme wird das Protokoll ausgefertigt und vom Richter oder Kanzleibeamten unterzeichnet.

Die Aussagen können bis zur Bestätigung ihrer Richtigkeit vom Einvernommenen berichtet werden.

Die besondern Bestimmungen über die Protokollierung von Einvernahmen in der Strafuntersuchung bleiben vorbehalten.

d) fremdsprachige Aussagen
§ 152. Fremdsprachige Aussagen werden in der Regel nur in deutscher Sprache protokolliert.

Wenn es auf die wörtliche Wiedergabe ankommt, kann auf Begehren einer Partei oder von Amtes wegen die Protokollierung in beiden Sprachen angeordnet werden.

Sicherung und Aufbewahrung
§ 153. In den Protokollen darf nichts unleserlich gemacht werden. Streichungen und Ergänzungen werden vom Protokollführer beglaubigt.

An den Tonaufnahmen darf nichts geändert werden.

Das Obergericht erlässt über die Aufbewahrung der Handprotokolle und der Tonaufnahmen eine Verordnung.

Beweiskraft und Berichtigung
§ 154. Die Ausfertigung des Protokolls bildet Beweis für die Richtigkeit der darin enthaltenen Verurkundungen.

Über Begehren um Berichtigung des Protokolls entscheidet das Gericht.

D. Form der Entscheide

Benennung
§ 155. Über die Sache selbst wird ein Urteil erlassen. Andere Endentscheide und die Zwischenentscheide von Kollegialbehörden ergehen als Beschluss, solche von Einzelbehörden als Verfügung. Im summarischen Verfahren entscheidet der Einzelrichter auch über die Sache selbst durch Verfügung.

Unterzeichnung
§ 156. Die Urteile werden vom Gerichtspräsidenten oder Einzelrichter und vom Kanzleibeamten unterzeichnet sowie mit dem Gerichtssiegel versehen. Andere gerichtliche Entscheide unterschreibt der Kanzleibeamte; Verfügungen kann auch der Richter unterzeichnen.

Für die den Parteien und Dritten zuzustellenden Kopien von Urteilen und anderen gerichtlichen Entscheiden genügt die fotomechanische Wiedergabe der erforderlichen Unterschriften.

Zivilentscheide
a) Inhalt der Endentscheide
§ 157. Die Endentscheide in Zivilsachen enthalten
a) als Einleitung:
1. die Bezeichnung des Gerichts und die Namen der mitwirkenden Richter und des Kanzleibeamten;
2. das Datum der Sitzung, in welcher der Entscheid gefällt wurde; bei Zirkulationsbeschlüssen das Datum, an welchem die Zirkulation beendet war;
3. die Bezeichnung der Parteien mit Namen oder Firma und Adresse, bei natürlichen Personen ferner mit Vornamen, Geburtsdatum, Heimatort und Beruf;
4. Namen und Adresse der Parteivertreter;
5. die Benennung der Prozesssache;
6. das Rechtsbegehren;
b) als Begründung:
7. eine gedrängte Darstellung des Streitverhältnisses;
8. in Verfahren vermögensrechtlicher Natur die Angabe des Streitwerts, falls keine bestimmte Geldsumme gefordert wird;
9. die Entscheidungsgründe unter Hinweis auf das angewendete Recht, ferner die Begründung für Kosten- und Entschädigungsbestimmungen, welche von der gesetzlichen Regel abweichen;
c) als Dispositiv:
10. den Entscheid in der Sache selbst, die Festsetzung der Gebühren sowie den Entscheid über die Tragung der Kosten und der Entschädigung;
11. die Personen und Amtsstellen, denen der Entscheid mitgeteilt wird;
12. die Rechtsmittelbelehrung nach §188.

b) Endentscheide ohne Begründung
§ 158. Bei erstinstanzlichen Entscheiden können die Gerichte in Zivilsachen und in Schuldbetreibungs- und Konkurssachen auf die Begründung des Endentscheids verzichten und ihn nur im Dispositiv mitteilen. Statt einer Rechtsmittelbelehrung wird den Parteien angezeigt, dass sie innert zehn Tagen seit dieser Mitteilung schriftlich eine Begründung verlangen können, ansonst der Entscheid in Rechtskraft erwachse. Die Entscheide betreffend fürsorgerische Freiheitsentziehung sind im Fall der Ablehnung der Entlassung immer zu begründen.

Verlangt eine Partei eine Begründung, wird der Entscheid schriftlich begründet und den Parteien in vollständiger Ausfertigung mitgeteilt. Die Rechtsmittelfristen und die Frist für die Aberkennungsklage beginnen mit dieser Zustellung zu laufen.

c) prozessleitende Entscheide ohne Begründung
§ 159. Prozessleitende Entscheide in Zivilsachen und in Schuldbetreibungs- und Konkurssachen bedürfen der Begründung nur, wenn sie durch Rekurs anfechtbar sind. §158 gilt sinngemäss.

Strafentscheide
a) Vollständiger Inhalt
§ 160. Die Endentscheide in Strafsachen enthalten
a) als Einleitung:
1. die Bezeichnung des Gerichts sowie die Namen der mitwirkenden Richter und des Kanzleibeamten;
2. das Datum der Sitzung, in welcher der Entscheid gefällt wurde; bei Zirkulationsbeschlüssen das Datum, an welchem die Zirkulation beendet war;

3. die Bezeichnung von Anklagebehörde, Geschädigtem und Angeklagtem, bei diesem mit Angabe der vollständigen Personalien und Adresse, der militärischen Verhältnisse sowie gegebenenfalls des Vormundes oder Beistandes und der über den Angeklagten verhängten Untersuchungs- und Sicherheitshaft;
4. die Bezeichnung der Parteivertreter;
5. die Anklageschrift;
6. die Bezeichnung der an der Hauptverhandlung anwesenden Parteien und ihre Schlussanträge;

b) als Begründung:
7. bei Urteilen die Würdigung des dem Angeklagten in der Anklageschrift zur Last gelegten Verhaltens in tatsächlicher und rechtlicher Hinsicht, die Beurteilung der Schuldfrage und die sich daraus ergebenden Folgen, wie Freisprechung, Bestrafung und Verhängung von Massnahmen. Die Gründe für die Bemessung der Strafe, für die Gewährung oder Verweigerung ihres bedingten Vollzuges sowie für die Anordnung einer Massnahme sind aufzuführen;
8. bei anderen Endentscheiden die Gründe für die vorgesehene Erledigung des Prozesses;
9. die notwendigen Erwägungen zu Schadenersatzbegehren von Geschädigten, Kostentragung, Ausrichtung von Entschädigungen sowie Einziehung, Verfall oder Freigabe beschlagnahmter Gegenstände und Vermögenswerte;

c) als Dispositiv:
10. bei Urteilen den Entscheid über die Schuldfrage, die auszusprechenden Strafen und die Gewährung oder Verweigerung des bedingten Vollzuges bzw. der bedingten Löschbarkeit des Strafregistereintrags sowie die anzuordnenden Massnahmen;
11. bei anderen Endentscheiden die Anordnung über die Erledigung des Prozesses;
12. die sich aus Ziffer 9 ergebenden Anordnungen;
13. die Personen und Amtsstellen, denen der Entscheid mitgeteilt wird;
14. die Rechtsmittelbelehrung nach § 188.

b) Verzicht auf Begründung
§ 160a. Der Einzelrichter und das Bezirksgericht können in Strafsachen ein Urteil erlassen, welches nur die in § 160 Ziffern 1-5, 10 und 12-14 genannten Angaben enthält, soweit der Angeklagte den ihm in der Anklageschrift vorgeworfenen Sachverhalt eingestanden hat und im Sinne der Anklage schuldig gesprochen wird.

In den übrigen Fällen sowie wenn Anklagebehörde, Geschädigter oder Angeklagter dies innert zehn Tagen seit Eröffnung des Entscheides verlangen oder gegen diesen ein Rechtsmittel eingelegt haben, stellt der Einzelrichter den Beteiligten ein vollständig begründetes Urteil im Sinne von § 160 zu.

Verlangt ausschliesslich ein Geschädigter das vollständige Urteil oder legt er ein Rechtsmittel gegen den Entscheid über sein Schadenersatzbegehren ein, so wird das Urteil nur insoweit begründet, als es das eingeklagte Verhalten zum Nachteil des Geschädigten und dessen Schadenersatzforderung betrifft.

Begründung im Rechtsmittelverfahren
§ 161. In Rechtsmittelentscheiden kann das Gericht auf die Sachdarstellung und die Entscheidungsgründe der Vorinstanz verweisen, soweit es ihnen beipflichtet.

E. Erläuterung und Berichtigung des Entscheids

Erläuterung
a) Zulässigkeit
§ 162. Ist ein Entscheid unklar oder enthält er Widersprüche, wird er vom Gericht, das ihn gefällt hat, auf Antrag oder von Amtes wegen erläutert.

b) Form des Gesuchs
§ 163. Das Erläuterungsgesuch ist schriftlich einzureichen. Die beanstandeten Stellen und die verlangte Fassung sind wörtlich anzugeben.

c) Verfahren
§ 164. Das Gesuch wird der Gegenpartei zur freigestellten Beantwortung mitgeteilt.

d) Rechtsmittel
§ 165. Wird ein Entscheid auf das Erläuterungsbegehren hin anders gefasst, werden die Rechtsmittelfristen den Parteien neu eröffnet.

Berichtigung
§ 166. Offenkundige Versehen, wie Schreibfehler, Rechnungsirrtümer und irrige Bezeichnungen der Parteien, werden vom Kanzleibeamten im Einverständnis mit dem Präsidenten und unter Mitteilung an die Parteien berichtigt.

F. Akten

Aktenordnung
§ 167. Alle Eingaben und andern Akten werden in der Reihenfolge ihres Eingangs in ein Aktenverzeichnis eingetragen. Sie werden mit einer Ordnungsnummer versehen, welche dem Aktenverzeichnis entspricht.

Auf den Eingaben ist der Tag der Postaufgabe und des Eingangs, auf den übrigen Akten der Einleger anzugeben.

Von den Entscheiden, die einer Begründung bedürfen, wird eine vollständige Ausfertigung zu den Akten genommen, falls das Protokoll nur das Dispositiv enthält. Die Endentscheide werden zudem chronologisch geordnet in besondern Spruchbüchern gesammelt.

Von allen Vorladungen und ausgehenden Briefen werden Kopien zu den Akten gelegt.

Effekten
§ 168. Eingereichte Augenscheinobjekte und andere Gegenstände werden im Aktenverzeichnis aufgeführt.

Rückgabe
§ 169. Aktenstücke und Effekten werden dem Einleger oder Berechtigten nach letztinstanzlicher Erledigung des Verfahrens gegen Empfangsschein herausgegeben.

Die vorzeitige Herausgabe darf nur aus zureichenden Gründen bewilligt werden.

Im Strafprozess beschliesst das Gericht über die Rückgabe, Vernichtung, Verwendung zu Lehrzwecken oder sonstige Aufbewahrung.

Archivierung
§ 170. Jedes Gericht archiviert seine eigenen Akten. Das Obergericht erlässt hierüber eine Verordnung.

Verlorene Akten
§ 171. Sind Akten abhanden gekommen, werden sie soweit möglich nach den Handakten des Gerichts und der Parteien wiederhergestellt. Die Parteien sind verpflichtet, zu diesem Zweck alle Unterlagen auszuhändigen, welche die Sache betreffen. Ist die Wiederherstellung auf diesem Weg nicht möglich, werden die betreffenden Handlungen wiederholt.

Die Kosten gehen zu Lasten dessen, der den Verlust verschuldet hat.

Akteneinsicht Dritter
§ 172. Drittpersonen sind in der Regel nicht berechtigt, in Gerichts- und Untersuchungsakten Einsicht zu nehmen.

Das Obergericht bestimmt durch Verordnung, inwieweit Gerichtsberichterstattern und ausnahmsweise andern Drittpersonen Einsicht in die Gerichtsakten gestattet werden kann. Es erlässt Vorschriften gegen den Missbrauch solcher Bewilligungen und zum Schutz der Beteiligten. Die Verordnung des Obergerichts bedarf der Genehmigung des Kantonsrats.

G. Vorladungen

Form
§ 173. Vorladungen werden schriftlich oder, in dringenden Fällen, telegraphisch erlassen. Sie können bei Verhandlungsunterbrüchen den anwesenden Parteien auch nur mündlich eröffnet werden.

Inhalt
§ 174. In der Vorladung werden aufgeführt
1. die Person, an die sie gerichtet ist, und die Eigenschaft, in der diese vorgeladen wird;
2. die Prozessparteien und die Prozesssache;
3. Zeit und Ort des Erscheinens;
4. die Aufforderung an den Vorgeladenen, vor der Behörde zu erscheinen, unter Hinweis auf die gesetzlichen Folgen des Ausbleibens sowie auf die §§ 181, 182 und 195;
5. für die Parteien der Zweck der Verhandlung;
6. das Datum der Ausstellung.

Die Vorladung wird vom Richter oder von einem Kanzleiangestellten unterzeichnet.

Frist
§ 175. Die Vorladung wird, dringende Fälle vorbehalten, wenigstens fünf Tage vor der Verhandlung zugestellt.

Auf die Untersuchung in Strafsachen findet diese Bestimmung keine Anwendung.

Zustellung
a) Adressat
§ 176. Hat die Partei einen Vertreter, wird die Vorladung diesem zugestellt. Soll die Partei persönlich erscheinen, wird auch ihr eine Vorladung zugestellt.

Dem Litisdenunziaten, der dem Prozess nicht beigetreten ist, werden Vorladungen nur auf Verlangen und gegen Bezahlung der Kosten zugestellt.

b) Zustellungsweise
§ 177. Die Vorladung wird durch die Post, einen Kanzleiangestellten, den Gemeindeammann oder ausnahmsweise durch die Polizei zugestellt.

Die Zustellung erfolgt an den Vorgeladenen persönlich oder an eine nach Bundesrecht zum Empfang von Gerichtsurkunden befugte Person.

c) Zustellung ausserhalb des Kantons
§ 178. Vorladungen an Personen, die ausserhalb des Kantons wohnen, werden durch Vermittlung der zuständigen Behörde ihres gewöhnlichen Aufenthaltsorts zugestellt. In der Schweiz kann die Zustellung auch durch die Post erfolgen.

d) gescheiterte Zustellung
§ 179. Kann die Vorladung nicht zugestellt werden, wird die Zustellung wiederholt.

Die Vorladung gilt als zugestellt, wenn der Adressat die Zustellung schuldhaft verhindert.

e) Beweis der Zustellung
§ 180. Die Vorladung wird gegen Empfangsschein oder amtliche Bescheinigung zugestellt.

Adressänderungen
§ 181. Eine Partei hat Änderungen ihres gewöhnlichen Aufenthaltsortes während einer Untersuchung oder eines gerichtlichen Verfahrens unverzüglich anzuzeigen. Unterlässt sie dies, sind Zustellungen an die letztbekannte Adresse rechtswirksam.

Verhinderung des persönlich Vorgeladenen
§ 182. Wer eine Vorladung zu persönlichem Erscheinen nicht befolgen kann, hat sich sofort zu entschuldigen. Im Krankheitsfall ist unverzüglich ein ärztliches Zeugnis einzureichen.

Öffentliche Vorladung
§ 183. Kann einer Partei die Vorladung trotz sachdienlicher Nachforschungen nicht zugestellt werden, wird sie im Amtsblatt und nach Bedürfnis auch in andern geeigneten Blättern veröffentlicht.

Ist eine im Ausland notwendige Zustellung undurchführbar, ersetzt die öffentliche Vorladung die persönliche Zustellung.

H. Mitteilung der Entscheide

Grundsatz
§ 184. Die Entscheide können den anwesenden Parteien mündlich eröffnet werden. Im übrigen werden sie schriftlich mitgeteilt.

Zivilentscheide
§ 185. Endentscheide und dem Rekurs unterliegende Zwischenentscheide in Zivilsachen werden den Parteien und unteren Instanzen auch nach mündlicher Eröffnung schriftlich mitgeteilt, im Erkenntnisverfahren vor Friedensrichter jedoch nur auf Verlangen.

Strafentscheide
§ 186. Dem Angeklagten, dem Privatstrafkläger und der Anklagebehörde werden Urteile in Strafsachen unverzüglich nach der mündlichen Eröffnung im Dispositiv schriftlich mitgeteilt. Überdies wird ihnen von allen Urteilen und Erledigungsbeschlüssen eine vollständige Ausfertigung zugestellt.

Der Geschädigte erhält unentgeltlich eine schriftliche Mitteilung des Entscheids hinsichtlich seines Zivilanspruchs im Dispositiv, in vollständiger Ausfertigung nur auf Verlangen.

In Ehrverletzungssachen wird der Anklagebehörde nur nach rechtskräftiger Verurteilung des Angeklagten eine vollständige Ausfertigung zugestellt.

Zustellung
§ 187. Die Vorschriften über die Vorladung finden sinngemäss Anwendung auf die Mitteilung der Entscheide.

Die öffentliche Mitteilung erfolgt nur im Dispositiv. Sie kann sich auf die Angabe der Prozessparteien, des Prozessgegenstands, der Art des Entscheids und der laufenden Fristen beschränken, mit dem Hinweis, dass der Entscheid bei der Gerichtskanzlei zu beziehen sei.

Gerichtsverfassungsgesetz

Rechtsmittelbelehrung
§ 188. Ist nach kantonalem oder Bundesrecht gegen einen Entscheid die Berufung oder der Rekurs oder gegen einen Endentscheid die Nichtigkeitsbeschwerde zulässig, so sind bei der mündlichen wie bei der schriftlichen Mitteilung die Frist für die Einlegung des Rechtsmittels, sein notwendiger Inhalt und die Stelle, an die es zu richten ist, anzugeben.

I. Fristenlauf

Fristansetzung
a) gesetzliche Fristen
§ 189. Gesetzlich vorgeschriebene Fristen dürfen nicht geändert werden.

Sie können nur erstreckt werden, wenn eine Partei oder ihr Vertreter im Lauf der Frist stirbt oder handlungsunfähig wird. Die Erstreckung kann von Amtes wegen erfolgen.

b) richterliche Fristen
§ 190. Fristen, welche das Gericht zu bemessen hat, sollen in der Regel nicht weniger als sieben und nicht mehr als 20 Tage dauern.

Fristberechnung
a) Beginn der Frist
§ 191. Der Tag der Eröffnung einer Frist oder der Tag der Mitteilung eines Entscheids wird bei der Fristberechnung nicht mitgezählt.

b) Ende der Frist
§ 192. Ist der letzte Tag einer Frist ein Samstag oder öffentlicher Ruhetag, endigt sie am nächsten Werktag. Samstage und öffentliche Ruhetage während laufender Frist werden mitgezählt.

K. Fristwahrung und Befolgung der Vorladung

Fristwahrung
a) rechtzeitige Handlung
§ 193. Eine Handlung erfolgt rechtzeitig, wenn sie vor Ablauf der Frist vorgenommen wird. Schriftliche Eingaben und Zahlungen müssen spätestens am letzten Tag der Frist an die Bestimmungsstelle gelangt oder für sie der schweizerischen Post übergeben sein. Eingaben sind auch rechtzeitig, wenn sie am letzten Tag der Frist bei einer schweizerischen diplomatischen oder konsularischen Vertretung eintreffen.

b) irrtümliche Zustellung
§ 194. Eingaben und Zahlungen, die zwar innerhalb der Frist erfolgen, aus Irrtum aber an eine unrichtige zürcherische Gerichts- oder Verwaltungsstelle gerichtet sind, gelten als rechtzeitig eingegangen.

Die Weiterleitung an die zuständige Stelle erfolgt von Amtes wegen.

Verschiebungs- und Erstreckungsgesuche
§ 195. Die Verschiebung einer Verhandlung und die Erstreckung einer richterlichen Frist werden nur aus zureichenden Gründen bewilligt.

Nach Ablauf der Frist gestellten Erstreckungsgesuchen wird jedoch nicht entsprochen. Verschiebungsgesuche können abgelehnt werden, wenn sie nicht sofort nach Kenntnis der Verhinderung gestellt worden sind.

Androhung der Säumnisfolgen
§ 196. Wo das Gesetz die Folgen der Versäumnis einer Frist oder Verhandlung nicht festsetzt, bestimmt sie das Gericht. Die Androhung darf nicht weitergehen, als der ordnungsgemässe Fortgang des Prozesses es erfordert.

Respektstunde
§ 197. Als säumig gilt, wer zu einer Verhandlung nicht innert einer Stunde nach dem in der Vorladung festgesetzten Zeitpunkt erscheint.

Ist den Parteien das Erscheinen freigestellt, kann mit der Verhandlung sofort begonnen werden.

Entschädigungsfolgen und Ordnungsbussen
§ 198. Kann eine Verhandlung wegen Säumnis einer Partei nicht stattfinden, wird der erschienenen Partei sofort volle Entschädigung zugesprochen. Ferner kann der Säumige, falls ihn nicht andere prozessuale Nachteile treffen, mit Ordnungsbusse bestraft werden, wenn er sich innert Frist nicht genügend zu entschuldigen vermag.

Wiederherstellung
a) allgemein
§ 199. Das Gericht kann auf Antrag der säumigen Partei eine Frist wiederherstellen und eine Verhandlung neu ansetzen, bei grobem Verschulden der Partei oder ihres Vertreters aber nur mit Einwilligung der Gegenpartei.

Grobes Verschulden einer Hilfsperson der Partei oder ihres Vertreters wird der Partei zugerechnet, wenn nicht gehörige Sorgfalt bei der Wahl und Instruktion der Hilfsperson nachgewiesen wird.

Das Wiederherstellungsgesuch ist spätestens zehn Tage nach dem Wegfall des Hindernisses zu stellen.

b) gegen Endentscheide
§ 200. Liegen die Voraussetzungen für die Wiederherstellung vor, so können auch Endentscheide aufgehoben werden, welche schon mitgeteilt worden sind.

Ist das Verfahren bei einer oberen Instanz rechtshängig, entscheidet diese über die Wiederherstellung und Aufhebung.

VI. Abschnitt: Gerichtskosten, Gebühren, Besoldungen

Kosten
§ 201. Die Parteien haben nach Massgabe der Bestimmungen über die Kostenauflage zu bezahlen:
1. eine Gerichtsgebühr;
2. die Auslagen, besonders die Entschädigungen für Zeugen und Sachverständige, sowie die Unkosten bei Augenscheinen;
3. die Gebühren und Auslagen für Vorladungen und andere Zustellungen;
4. die Gebühren für schriftliche Ausfertigungen.

Verordnungskompetenz
§ 202. Das Obergericht erlässt für die Gerichte, der Regierungsrat für die Untersuchungs- und Anklagebehörden Verordnungen über die Gebühren- und Entschädigungsansätze.

In diesen Verordnungen können die Gebühren nach § 201 ganz oder teilweise pauschaliert oder in eine einheitliche Gerichtsgebühr zusammengefasst werden. Die Verordnung des Obergerichts bedarf, soweit sie die Gerichtsgebühren nach § 201 Ziffer 1 betrifft, der Genehmigung des Kantonsrats.

Gerichtsverfassungsgesetz

Kostenfreiheit
§ 203. Gebühren und Auslagen dürfen nicht auferlegt werden:
1. dem Staat;
2. den zürcherischen Gemeinden und den übrigen öffentlich- rechtlichen Körperschaften und Anstalten des Kantons Zürich, wenn es sich um Ansprüche handelt, die nicht in deren finanziellem Interesse liegen;
3. Beamten, gegen deren Amtstätigkeit eine Beschwerde erhoben wurde oder über deren Ausstand zu entscheiden ist.

Kostenbezug
§ 204. Die Gerichtskanzlei bezieht die Kosten und Ordnungsbussen für ihr Gericht. Das Obergericht kann durch Verordnung den Bezug zusammenfassen, soweit mehrere Instanzen am Verfahren beteiligt sind.

Der Regierungsrat bezeichnet durch Verordnung die zuständigen Stellen für den Bezug der von Untersuchungs- und Anklagebehörden auferlegten Kosten und Ordnungsbussen.

Das Obergericht und der Regierungsrat können durch gemeinsame Verordnung das Rechnungs- und Kassenwesen von Gerichten und Verwaltungsstellen zusammenlegen.

Die Friedensrichter beziehen Kosten und Ordnungsbussen selbst.

Verjährung
§ 205. Gerichtskostenforderungen unterliegen der zehnjährigen Verjährung gemäss dem Obligationenrecht. Sie sind unverzinslich.

Kostenbeschwerde
§ 206. Gegen die Kostenansätze der Gerichte kann entsprechend §§ 108 ff. Beschwerde geführt werden. Wird Berufung oder Rekurs erhoben, ist die Beschwerde damit zu verbinden.

Erhöhung
§ 207. Gerichtsgebühren, welche die untere Instanz zu niedrig angesetzt hat, werden von Amtes wegen erhöht, wenn das Verfahren an eine obere Instanz weitergezogen wird.

Personalrecht
§ 208. Das Obergericht und der Regierungsrat regeln durch Verordnungen, die der Genehmigung des Kantonsrats bedürfen, für ihre Bereiche das Anstellungsverhältnis und die Bezüge der haupt- und nebenamtlich im Dienste der Rechtspflege stehenden Personen.

Das Kassationsgericht setzt die Besoldung des Generalsekretärs, dessen Stellvertreters, der juristischen Sekretäre, des Chefs des Rechnungswesens und des Kanzleipersonals nach den entsprechenden Ansätzen der beim Obergericht beschäftigten Beamten und Angestellten fest.

Die Gehälter der Mitglieder des Obergerichts und des Kassationsgerichts werden vom Kantonsrat festgesetzt.

Dem Personal der Justizbehörden steht ein Mitspracherecht in den es betreffenden Geschäften der Justizverwaltung zu.

Die Befugnisse des kantonalen Ombudsmanns bleiben vorbehalten.

Entschädigung der Friedensrichter
§ 209. Die Friedensrichter werden durch die von den Parteien bezahlten Gebühren entschädigt. Die Gemeinden vergüten ihnen die Auslagen für Räumlichkeiten, Büromaterialien und dergleichen, ersetzen ihnen die Auslagen und Gebühren, welche unerhältlich sind oder wegen unentgeltlicher Prozessführung entfallen, und können ihnen zusätzliche Entschädigungen ausrichten.

Die Gemeinden können ihren Friedensrichtern feste Besoldungen ausrichten. Der Friedensrichter bezieht in diesem Fall sämtliche Kosten zuhanden der Gemeindekasse. Der Gemeinderat kann die Abrechnung des Friedensrichters auch anhand des Spruchbuchs überprüfen.

Übereinkommen 0.275.11
über die gerichtliche Zuständigkeit und die Vollstreckung gerichtlicher Entscheidungen in Zivil- und Handelssachen

Abgeschlossen in Lugano am 16. September 1988
Von der Bundesversammlung genehmigt am 14. Dezember 1990
Schweizerische Ratifikationsurkunde hinterlegt am 18. Oktober 1991
In Kraft getreten für die Schweiz am 1. Januar 1992

Präambel

Die hohen Vertragsparteien dieses Übereinkommens –

in dem Bestreben, in ihren Hoheitsgebieten den Rechtsschutz der dort ansässigen Personen zu verstärken,

in der Erwägung, dass es zu diesem Zweck geboten ist, die internationale Zuständigkeit ihrer Gerichte festzulegen, die Anerkennung von Entscheidungen zu erleichtern und ein beschleunigtes Verfahren einzuführen, um die Vollstreckung von Entscheidungen, öffentlichen Urkunden und gerichtlichen Vergleichen sicherzustellen,

im Bewusstsein der zwischen ihnen bestehenden Bindungen, die im wirtschaftlichen Bereich durch die Freihandelsabkommen zwischen der Europäischen Wirtschaftsgemeinschaft und den Mitgliedstaaten der Europäischen Freihandelsassoziation bestätigt worden sind,

unter Berücksichtigung des Brüsseler Übereinkommens vom 27. September 1968 über die gerichtliche Zuständigkeit und die Vollstreckung gerichtlicher Entscheidungen in Zivil- und Handelssachen in der Fassung der infolge der verschiedenen Erweiterungen der Europäischen Gemeinschaften geschlossenen Beitrittsübereinkommen,

in der Überzeugung, dass die Ausdehnung der Grundsätze des genannten Übereinkommens auf die Vertragsstaaten des vorliegenden Übereinkommens die rechtliche und wirtschaftliche Zusammenarbeit in Europa verstärken wird,

in dem Wunsch, eine möglichst einheitliche Auslegung des Übereinkommens sicherzustellen –

haben in diesem Sinne beschlossen, dieses Übereinkommen zu schliessen, und sind wie folgt übereingekommen:

Titel I
Anwendungsbereich

Artikel 1
Dieses Übereinkommen ist in Zivil- und Handelssachen anzuwenden, ohne dass es auf die Art der Gerichtsbarkeit ankommt. Es erfasst insbesondere nicht Steuer- und Zollsachen sowie verwaltungsrechtliche Angelegenheiten.

Es ist nicht anzuwenden auf
1. den Personenstand, die Rechts- und Handlungsfähigkeit sowie die gesetzliche Vertretung von natürlichen Personen, die ehelichen Güterstände, das Gebiet des Erbrechts einschliesslich des Testamentsrechts;
2. Konkurse, Vergleiche und ähnliche Verfahren;
3. die soziale Sicherheit;
4. die Schiedsgerichtsbarkeit.

Titel II

Zuständigkeit

1. Abschnitt

Allgemeine Vorschriften

Artikel 2
Vorbehaltlich der Vorschriften dieses Übereinkommens sind Personen, die ihren Wohnsitz in dem Hoheitsgebiet eines Vertragsstaats haben, ohne Rücksicht auf ihre Staatsangehörigkeit vor den Gerichten dieses Staates zu verklagen.

Auf Personen, die nicht dem Staat, in dem sie ihren Wohnsitz haben, angehören, sind die für Inländer massgebenden Zuständigkeitsvorschriften anzuwenden.

Artikel 3
Personen, die ihren Wohnsitz in dem Hoheitsgebiet eines Vertragsstaats haben, können vor den Gerichten eines anderen Vertragsstaats nur gemäss den Vorschriften des 2. bis 6. Abschnitts verklagt werden.

Insbesondere können gegen diese Personen nicht geltend gemacht werden
- in Belgien: Artikel 15 des Zivilgesetzbuchs (Code civil – Burgerlijk Wetboek) sowie Artikel 638 der Zivilprozeßordnung (Code judiciaire – Gerechtelijk Wetboek);
- in Dänemark: Artikel 246 Absätze 2 und 3 der Zivilprozessordnung (Lov om rettens pleje);
- in der Bundesrepublik Deutschland: § 23 der Zivilprozessordnung;
- in Griechenland: Artikel 40 der Zivilprozessordnung (Κώδικας Πολιτικής Δικονομίας);
- in Frankreich: Artikel 14 und 15 des Zivilgesetzbuchs (Code civil);
- in Irland: Vorschriften, nach denen die Zuständigkeit durch Zustellung eines das Verfahren einleitenden Schriftstücks an den Beklagten während dessen vorübergehender Anwesenheit in Irland begründet wird;
- in Island: Artikel 77 der Zivilprozessordnung (lög um medferd einkamála í héradi);
- in Italien: Artikel 2 und Artikel 4 Nummern 1 und 2 der Zivilprozessordnung (Codice di procedura civile);
- in Luxemburg: Artikel 14 und 15 des Zivilgesetzbuchs (Code civil);
- in den Niederlanden: Artikel 126 Absatz 3 und Artikel 127 der Zivilprozessordnung (Wetboek van Burgerlijke Rechtsvordering);
- in Norwegen: § 32 der Zivilprozessordnung (tvistemålsloven);
- in Österreich: § 99 der Jurisdiktionsnorm;
- in Portugal: Artikel 65 Absatz 1 Buchstabe c, Artikel 65 Absatz 2 und Artikel 65 a Buchstabe c der Zivilprozessordnung (Código de Processo Civil) und Artikel 11 der Arbeitsprozessordnung (Código de Processo de Trabalho);
- in der Schweiz: der Gerichtsstand des Arrestortes/for du lieu du séquestre/ foro del luogo del sequestro gemäss Artikel 4 des Bundesgesetzes über das internationale Privatrecht/loi fédérale sur le droit international privé/legge federale sul diritto internazionale privato;
- in Finnland: Kapitel 10 § 1 Sätze 2, 3 und 4 der Prozessordnung (oikeudenkäymiskaari/rättegångsbalken);
- in Schweden: Kapitel 10 Artikel 3 Satz 1 der Prozessordnung (Rättegångsbalken);
- im Vereinigten Königreich: Vorschriften, nach denen die Zuständigkeit begründet wird durch
  a) die Zustellung eines das Verfahren einleitenden Schriftstücks an den Beklagten während dessen vorübergehender Anwesenheit im Vereinigten Königreich,
  b) das Vorhandensein von Vermögenswerten des Beklagten im Vereinigten Königreich oder
  c) die Beschlagnahme von Vermögen im Vereinigten Königreich durch den Kläger.

Artikel 4
Hat der Beklagte keinen Wohnsitz in dem Hoheitsgebiet eines Vertragsstaats, so bestimmt sich, vorbehaltlich des Artikels 16, die Zuständigkeit der Gerichte eines jeden Vertragsstaats nach seinen eigenen Gesetzen.

Gegenüber einem Beklagten, der keinen Wohnsitz in dem Hoheitsgebiet eines Vertragsstaats hat, kann sich jede Person, die ihren Wohnsitz in dem Hoheitsgebiet eines Vertragsstaats hat, in diesem Staat auf die dort geltenden Zuständigkeitsvorschriften, insbesondere auf die in Artikel 3 Absatz 2 angeführten Vorschriften, wie ein Inländer berufen, ohne dass es auf ihre Staatsangehörigkeit ankommt.

2. Abschnitt
Besondere Zuständigkeiten

Artikel 5
Eine Person, die ihren Wohnsitz in dem Hoheitsgebiet eines Vertragsstaats hat, kann in einem anderen Vertragsstaat verklagt werden,
1. wenn ein Vertrag oder Ansprüche aus einem Vertrag den Gegenstand des Verfahrens bilden, vor dem Gericht des Ortes, an dem die Verpflichtung erfüllt worden ist oder zu erfüllen wäre; wenn ein individueller Arbeitsvertrag oder Ansprüche aus einem individuellen Arbeitsvertrag den Gegenstand des Verfahrens bilden, vor dem Gericht des Ortes, an dem der Arbeitnehmer gewöhnlich seine Arbeit verrichtet; verrichtet der Arbeitnehmer seine Arbeit gewöhnlich nicht in ein und demselben Staat, vor dem Gericht des Ortes, an dem sich die Niederlassung befindet, die den Arbeitnehmer eingestellt hat;
2. wenn es sich um eine Unterhaltssache handelt, vor dem Gericht des Ortes, an dem der Unterhaltsberechtigte seinen Wohnsitz oder seinen gewöhnlichen Aufenthalt hat, oder im Falle einer Unterhaltssache, über die im Zusammenhang mit einem Verfahren in bezug auf den Personenstand zu entscheiden ist, vor dem nach seinem Recht für dieses Verfahren zuständigen Gericht, es sei denn, diese Zuständigkeit beruht lediglich auf der Staatsangehörigkeit einer der Parteien;
3. wenn eine unerlaubte Handlung oder eine Handlung, die einer unerlaubten Handlung gleichgestellt ist, oder wenn Ansprüche aus einer solchen Handlung den Gegenstand des Verfahrens bilden, vor dem Gericht des Ortes, an dem das schädigende Ereignis eingetreten ist;
4. wenn es sich um eine Klage auf Schadenersatz oder auf Wiederherstellung des früheren Zustands handelt, die auf eine mit Strafe bedrohte Handlung gestützt wird, vor dem Strafgericht, bei dem die öffentliche Klage erhoben ist, soweit dieses Gericht nach seinem Recht über zivilrechtliche Ansprüche erkennen kann;
5. wenn es sich um Streitigkeiten aus dem Betrieb einer Zweigniederlassung, einer Agentur oder einer sonstigen Niederlassung handelt, vor dem Gericht des Ortes, an dem sich diese befindet;
6. wenn sie in ihrer Eigenschaft als Begründer, «trustee» oder Begünstigter eines «trust» in Anspruch genommen wird, der aufgrund eines Gesetzes oder durch schriftlich vorgenommenes oder schriftlich bestätigtes Rechtsgeschäft errichtet worden ist, vor den Gerichten des Vertragsstaats, in dessen Hoheitsgebiet der «trust» seinen Sitz hat;
7. wenn es sich um eine Streitigkeit wegen der Zahlung von Berge- und Hilfslohn handelt, der für Bergungs- oder Hilfeleistungsarbeiten gefordert wird, die zugunsten einer Ladung oder einer Frachtforderung erbracht worden sind, vor dem Gericht, in dessen Zuständigkeitsbereich diese Ladung oder die entsprechende Frachtforderung
    a) mit Arrest belegt worden ist; um die Zahlung zu gewährleisten, oder
    b) mit Arrest hätte belegt werden können, jedoch dafür eine Bürgschaft oder eine andere Sicherheit geleistet worden ist;
    diese Vorschrift ist nur anzuwenden, wenn behauptet wird, dass der Beklagte Rechte an der Ladung oder an der Frachtforderung hat oder zur Zeit der Bergungs- oder Hilfeleistungsarbeiten hatte.

Artikel 6
Eine Person, die ihren Wohnsitz in dem Hoheitsgebiet eines Vertragsstaats hat, kann auch verklagt werden,
1. wenn mehrere Personen zusammen verklagt werden, vor dem Gericht, in dessen Bezirk einer der Beklagten seinen Wohnsitz hat;
2. wenn es sich um eine Klage auf Gewährleistung oder um eine Interventionsklage handelt, vor dem Gericht des Hauptprozesses, es sei denn, dass diese Klage nur erhoben worden ist, um diese Person dem für sie zuständigen Gericht zu entziehen;
3. wenn es sich um eine Widerklage handelt, die auf denselben Vertrag oder Sachverhalt wie die Klage selbst gestützt wird, vor dem Gericht, bei dem die Klage selbst anhängig ist;
4. wenn ein Vertrag oder Ansprüche aus einem Vertrag den Gegenstand des Verfahrens bilden und die Klage mit einer Klage wegen dinglicher Rechte an unbeweglichen Sachen gegen denselben Beklagten verbunden werden kann, vor dem Gericht des Vertragsstaats, in dem die unbewegliche Sache belegen ist.

Artikel 6 a
Ist ein Gericht eines Vertragsstaats nach diesem Übereinkommen zur Entscheidung in Verfahren wegen einer Haftpflicht aufgrund der Verwendung oder des Betriebs eines Schiffes zuständig, so entscheidet dieses oder ein anderes, an seiner Stelle durch das Recht dieses Staates bestimmtes Gericht auch über Klagen auf Beschränkung dieser Haftung.

3. Abschnitt
Zuständigkeit für Versicherungssachen

Artikel 7
Für Klagen in Versicherungssachen bestimmt sich die Zuständigkeit vorbehaltlich des Artikels 4 und des Artikels 5 Nummer 5 nach diesem Abschnitt.

Artikel 8
Der Versicherer, der seinen Wohnsitz in dem Hoheitsgebiet eines Vertragsstaats hat, kann verklagt werden
1. vor den Gerichten des Staates, in dem er seinen Wohnsitz hat;
2. in einem anderen Vertragsstaat vor dem Gericht des Bezirks, in dem der Versicherungsnehmer seinen Wohnsitz hat, oder
3. falls es sich um einen Mitversicherer handelt, vor dem Gericht eines Vertragsstaats, bei dem der federführende Versicherer verklagt wird.

Hat ein Versicherer in dem Hoheitsgebiet eines Vertragsstaats keinen Wohnsitz, besitzt er aber in einem Vertragsstaat eine Zweigniederlassung, Agentur oder sonstige Niederlassung, so wird er für Streitigkeiten aus ihrem Betrieb so behandelt, wie wenn er seinen Wohnsitz in dem Hoheitsgebiet dieses Staates hätte.

Artikel 9
Bei der Haftpflichtversicherung oder bei der Versicherung von unbeweglichen Sachen kann der Versicherer ausserdem vor dem Gericht des Ortes, an dem das schädigende Ereignis eingetreten ist, verklagt werden. Das gleiche gilt, wenn sowohl bewegliche als auch unbewegliche Sachen in ein und demselben Versicherungsvertrag versichert und von demselben Schadensfall betroffen sind.

Artikel 10
Bei der Haftpflichtversicherung kann der Versicherer auch vor das Gericht, bei dem die Klage des Geschädigten gegen den Versicherten anhängig ist, geladen werden, sofern dies nach dem Recht des angerufenen Gerichts zulässig ist.

Auf eine Klage, die der Verletzte unmittelbar gegen den Versicherer erhebt, sind die Artikel 7 bis 9 anzuwenden, sofern eine solche unmittelbare Klage zulässig ist.

Sieht das für die unmittelbare Klage massgebliche Recht die Streitverkündung gegen den Versicherungsnehmer oder den Versicherten vor, so ist dasselbe Gericht auch für diese Personen zuständig.

Artikel 11
Vorbehaltlich der Bestimmungen des Artikels 10 Absatz 3 kann der Versicherer nur vor den Gerichten des Vertragsstaats klagen, in dessen Hoheitsgebiet der Beklagte seinen Wohnsitz hat, ohne Rücksicht darauf, ob dieser Versicherungsnehmer, Versicherter oder Begünstigter ist.

Die Vorschriften dieses Abschnitts lassen das Recht unberührt, eine Widerklage vor dem Gericht zu erheben, bei dem die Klage selbst gemäss den Bestimmungen dieses Abschnitts anhängig ist.

Artikel 12
Von den Vorschriften dieses Abschnitts kann im Wege der Vereinbarung nur abgewichen werden,
1. wenn die Vereinbarung nach der Entstehung der Streitigkeit getroffen wird;
2. wenn sie dem Versicherungsnehmer, Versicherten oder Begünstigten die Befugnis einräumt, andere als die in diesem Abschnitt angeführten Gerichte anzurufen;
3. wenn sie zwischen einem Versicherungsnehmer und einem Versicherer, die zum Zeitpunkt des Vertragsabschlusses ihren Wohnsitz oder gewöhnlichen Aufenthalt in demselben Vertragsstaat haben, getroffen ist, um die Zuständigkeit der Gerichte dieses Staates auch für den Fall zu begründen, dass das schädigende Ereignis im Ausland eingetreten ist, es sei denn, dass eine solche Vereinbarung nach dem Recht dieses Staates nicht zulässig ist;
4. wenn sie von einem Versicherungsnehmer abgeschlossen ist, der seinen Wohnsitz nicht in einem Vertragsstaat hat, ausgenommen soweit sie eine Versicherung, zu deren Abschluss eine gesetzliche Verpflichtung besteht, oder die Versicherung von unbeweglichen Sachen in einem Vertragsstaat betrifft;
5. wenn sie einen Versicherungsvertrag betrifft, soweit dieser eines oder mehrere der in Artikel 12a aufgeführten Risiken deckt.

Artikel 12a
Die in Artikel 12 Nummer 5 erwähnten Risiken sind die folgenden:
1. sämtliche Schäden
   a) an Seeschiffen, Anlagen vor der Küste und auf hoher See oder Luftfahrzeugen aus Gefahren, die mit ihrer Verwendung zu gewerblichen Zwecken verbunden sind,
   b) an Transportgütern, ausgenommen Reisegepäck der Passagiere, wenn diese Güter ausschliesslich oder zum Teil mit diesen Schiffen oder Luftfahrzeugen befördert werden;
2. Haftpflicht aller Art, mit Ausnahme der Haftung für Personenschäden an Passagieren oder Schäden an deren Reisegepäck,
   a) aus der Verwendung oder dem Betrieb von Seeschiffen, Anlagen oder Luftfahrzeugen gemäss Nummer 1 Buchstabe a, es sei denn, dass nach den Rechtsvorschriften des Vertragsstaats, in dem das Luftfahrzeug eingetragen ist, Gerichtsstandsvereinbarungen für die Versicherung solcher Risiken untersagt sind,
   b) für Schäden, die durch Transportgüter während einer Beförderung im Sinne der Nummer 1 Buchstabe b verursacht werden;
3. finanzielle Verluste im Zusammenhang mit der Verwendung oder dem Betrieb von Seeschiffen, Anlagen oder Luftfahrzeugen gemäss Nummer 1 Buchstabe a, insbesondere Fracht- oder Charterverlust;
4. irgendein zusätzliches Risiko, das mit einem der unter den Nummern 1 bis 3 genannten Risiken in Zusammenhang steht.

4. Abschnitt

Zuständigkeit für Verbrauchersachen

Artikel 13
Für Klagen aus einem Vertrag, den eine Person zu einem Zweck abgeschlossen hat, der nicht der beruflichen oder gewerblichen Tätigkeit dieser Person (Verbraucher) zugerechnet werden kann, bestimmt sich die Zuständigkeit unbeschadet des Artikels 4 und des Artikels 5 Nummer 5, nach diesem Abschnitt,
1. wenn es sich um den Kauf beweglicher Sachen auf Teilzahlung handelt;
2. wenn es sich um ein in Raten zurückzuzahlendes Darlehen oder ein anderes Kreditgeschäft handelt, das zur Finanzierung eines Kaufs derartiger Sachen bestimmt ist, oder
3. für andere Verträge, wenn sie die Erbringung einer Dienstleistung oder die Lieferung beweglicher Sachen zum Gegenstand haben, sofern
   a) dem Vertragsabschluss in dem Staat des Wohnsitzes des Verbrauchers ein ausdrückliches Angebot oder eine Werbung vorausgegangen ist und
   b) der Verbraucher in diesem Staat die zum Abschluss des Vertrags erforderlichen Rechtshandlungen vorgenommen hat.

Hat der Vertragspartner des Verbrauchers in dem Hoheitsgebiet eines Vertragsstaats keinen Wohnsitz, besitzt er aber in einem Vertragsstaat eine Zweigniederlassung, Agentur oder sonstige Niederlassung, so wird er für Streitigkeiten aus ihrem Betrieb so behandelt, wie wenn er seinen Wohnsitz in dem Hoheitsgebiet dieses Staates hätte.

Dieser Abschnitt ist nicht auf Beförderungsverträge anzuwenden.

Artikel 14
Die Klage eines Verbrauchers gegen den anderen Vertragspartner kann entweder vor den Gerichten des Vertragsstaats erhoben werden, in dessen Hoheitsgebiet dieser Vertragspartner seinen Wohnsitz hat, oder vor den Gerichten des Vertragsstaats, in dessen Hoheitsgebiet der Verbraucher seinen Wohnsitz hat.

Die Klage des anderen Vertragspartners gegen den Verbraucher kann nur vor den Gerichten des Vertragsstaats erhoben werden, in dessen Hoheitsgebiet der Verbraucher seinen Wohnsitz hat.

Diese Vorschriften lassen das Recht unberührt, eine Widerklage vor dem Gericht zu erheben, bei dem die Klage selbst gemäss den Bestimmungen dieses Abschnitts anhängig ist.

Artikel 15
Von den Vorschriften dieses Abschnitts kann im Wege der Vereinbarung nur abgewichen werden,
1. wenn die Vereinbarung nach der Entstehung der Streitigkeit getroffen wird;
2. wenn sie dem Verbraucher die Befugnis einräumt, andere als die in diesem Abschnitt angeführten Gerichte anzurufen, oder
3. wenn sie zwischen einem Verbraucher und seinem Vertragspartner getroffen ist, die zum Zeitpunkt des Vertragsabschlusses ihren Wohnsitz oder gewöhnlichen Aufenthalt in demselben Vertragsstaat haben, und die Zuständigkeit der Gerichte dieses Staates begründet, es sei denn, dass eine solche Vereinbarung nach dem Recht dieses Staates nicht zulässig ist.

5. Abschnitt

Ausschliessliche Zuständigkeiten

Artikel 16
Ohne Rücksicht auf den Wohnsitz sind ausschliesslich zuständig
1. a) für Klagen, welche dingliche Rechte an unbeweglichen Sachen sowie die Miete oder Pacht von unbeweglichen Sachen zum Gegenstand haben, die Gerichte des Vertragsstaats, in dem die unbewegliche Sache belegen ist,

b) für Klagen betreffend die Miete oder Pacht unbeweglicher Sachen zum vorübergehenden privaten Gebrauch für höchstens sechs aufeinanderfolgende Monate sind jedoch auch die Gerichte des Vertragsstaats zuständig, in dem der Beklagte seinen Wohnsitz hat, sofern es sich bei dem Mieter oder Pächter um eine natürliche Person handelt und weder die eine noch die andere Partei ihren Wohnsitz in dem Vertragsstaat hat, in dem die unbewegliche Sache belegen ist;
2. für Klagen, welche die Gültigkeit, die Nichtigkeit oder die Auflösung einer Gesellschaft oder juristischen Person oder der Beschlüsse ihrer Organe zum Gegenstand haben, die Gerichte des Vertragsstaats, in dessen Hoheitsgebiet die Gesellschaft oder juristische Person ihren Sitz hat;
3. für Klagen, welche die Gültigkeit von Eintragungen in öffentliche Register zum Gegenstand haben, die Gerichte des Vertragsstaats, in dessen Hoheitsgebiet die Register geführt werden;
4. für Klagen, welche die Eintragung oder die Gültigkeit von Patenten, Warenzeichen, Mustern und Modellen sowie ähnlicher Rechte, die einer Hinterlegung oder Registrierung bedürfen, zum Gegenstand haben, die Gerichte des Vertragsstaats, in dessen Hoheitsgebiet die Hinterlegung oder Registrierung beantragt oder vorgenommen worden ist oder aufgrund eines zwischenstaatlichen Übereinkommens als vorgenommen gilt;
5. für Verfahren, welche die Zwangsvollstreckung aus Entscheidungen zum Gegenstand haben, die Gerichte des Vertragsstaats, in dessen Hoheitsgebiet die Zwangsvollstreckung durchgeführt werden soll oder durchgeführt worden ist.

6. Abschnitt
Vereinbarung über die Zuständigkeit

Artikel 17
(1) Haben die Parteien, von denen mindestens eine ihren Wohnsitz in dem Hoheitsgebiet eines Vertragsstaats hat, vereinbart, dass ein Gericht oder die Gerichte eines Vertragsstaats über eine bereits entstandene Rechtsstreitigkeit oder über eine künftige aus einem bestimmten Rechtsverhältnis entspringende Rechtsstreitigkeit entscheiden sollen, so sind dieses Gericht oder die Gerichte dieses Staates ausschliesslich zuständig. Eine solche Gerichtsstandsvereinbarung muss geschlossen werden
   a) schriftlich oder mündlich mit schriftlicher Bestätigung;
   b) in einer Form, welche den Gepflogenheiten entspricht, die zwischen den Parteien entstanden sind, oder
   c) im internationalen Handel in einer Form, die einem Handelsbrauch entspricht, den die Parteien kannten oder kennen mussten und den Parteien von Verträgen dieser Art in dem betreffenden Geschäftszweig allgemein kennen und regelmässig beachten.
Wenn eine solche Vereinbarung von Parteien geschlossen wurde, die beide ihren Wohnsitz nicht im Hoheitsgebiet eines Vertragsstaats haben, so können die Gerichte der anderen Vertragsstaaten nicht entscheiden, es sei denn, das vereinbarte Gericht oder die vereinbarten Gerichte haben sich rechtskräftig für unzuständig erklärt.

(2) Ist in schriftlich niedergelegten «trust»-Bedingungen bestimmt, dass über Klagen gegen einen Begründer, «trustee» oder Begünstigten eines «trust» ein Gericht oder die Gerichte eines Vertragsstaats entscheiden sollen, so ist dieses Gericht oder sind diese Gerichte ausschliesslich zuständig, wenn es sich um Beziehungen zwischen diesen Personen oder ihre Rechte oder Pflichten im Rahmen des «trust» handelt.

(3) Gerichtsstandsvereinbarungen und entsprechende Bestimmungen in «trust»- Bedingungen haben keine rechtliche Wirkung, wenn sie den Vorschriften der Artikel 12 oder 15 zuwiderlaufen oder wenn die Gerichte, deren Zuständigkeit abbedungen wird, aufgrund des Artikels 16 ausschliesslich zuständig sind.

(4) Ist eine Gerichtsstandsvereinbarung nur zugunsten einer der Parteien getroffen worden, so behält diese das Recht, jedes andere Gericht anzurufen, das aufgrund dieses Übereinkommens zuständig ist.

(5) Bei individuellen Arbeitsverträgen haben Gerichtsstandsvereinbarungen nur dann rechtliche Wirkung, wenn sie nach der Entstehung der Streitigkeit getroffen werden.

Artikel 18
Sofern das Gericht eines Vertragsstaats nicht bereits nach anderen Vorschriften dieses Übereinkommens zuständig ist, wird es zuständig, wenn sich der Beklagte vor ihm auf das Verfahren einlässt. Dies gilt nicht, wenn der Beklagte sich nur einlässt, um den Mangel der Zuständigkeit geltend zu machen, oder wenn ein anderes Gericht aufgrund des Artikels 16 ausschliesslich zuständig ist.

7. Abschnitt

Prüfung der Zuständigkeit und der Zulässigkeit des Verfahrens

Artikel 19
Das Gericht eines Vertragsstaats hat sich von Amts wegen für unzuständig zu erklären, wenn es wegen einer Streitigkeit angerufen wird, für die das Gericht eines anderen Vertragsstaats aufgrund des Artikels 16 ausschliesslich zuständig ist.

Artikel 20
Lässt sich der Beklagte, der seinen Wohnsitz in dem Hoheitsgebiet eines Vertragsstaats hat und der vor den Gerichten eines anderen Vertragsstaats verklagt wird, auf das Verfahren nicht ein, so hat sich das Gericht von Amts wegen für unzuständig zu erklären, wenn seine Zuständigkeit nicht aufgrund der Bestimmungen dieses Übereinkommens begründet ist.

Das Gericht hat die Entscheidung so lange auszusetzen, bis festgestellt ist, dass es dem Beklagten möglich war, das den Rechtsstreit einleitende Schriftstück oder ein gleichwertiges Schriftstück so rechtzeitig zu empfangen, dass er sich verteidigen konnte, oder dass alle hierzu erforderlichen Massnahmen getroffen worden sind.

An die Stelle des vorstehenden Absatzes tritt Artikel 15 des Haager Übereinkommens vom 15. November 1965 über die Zustellung gerichtlicher und aussergerichtlicher Schriftstücke im Ausland in Zivil- oder Handelssachen, wenn das den Rechtsstreit einleitende Schriftstück gemäss dem erwähnten Übereinkommen zu übermitteln war.

8. Abschnitt

Rechtshängigkeit und im Zusammenhang stehende Verfahren

Artikel 21
Werden bei Gerichten verschiedener Vertragsstaaten Klagen wegen desselben Anspruchs zwischen denselben Parteien anhängig gemacht, so setzt das später angerufene Gericht das Verfahren von Amts wegen aus, bis die Zuständigkeit des zuerst angerufenen Gerichts feststeht.

Sobald die Zuständigkeit des zuerst angerufenen Gerichts feststeht, erklärt sich das später angerufene Gericht zugunsten dieses Gerichts für unzuständig.

Artikel 22
Werden bei Gerichten verschiedener Vertragsstaaten Klagen, die im Zusammenhang stehen, erhoben, so kann das später angerufene Gericht das Verfahren aussetzen, solange beide Klagen im ersten Rechtszug anhängig sind.

Das später angerufene Gericht kann sich auf Antrag einer Partei auch für unzuständig erklären, wenn die Verbindung im Zusammenhang stehender Verfahren nach seinem Recht zulässig ist und das zuerst angerufene Gericht für beide Klagen zuständig ist.

Klagen stehen im Sinne dieses Artikels im Zusammenhang, wenn zwischen ihnen eine so enge Beziehung gegeben ist, dass eine gemeinsame Verhandlung und Entscheidung geboten erscheint, um zu vermeiden, dass in getrennten Verfahren widersprechende Entscheidungen ergehen könnten.

Artikel 23
Ist für die Klage die ausschliessliche Zuständigkeit mehrerer Gerichte gegeben, so hat sich das zuletzt angerufene Gericht zugunsten des zuerst angerufenen Gerichts für unzuständig zu erklären.

9. Abschnitt
Einstweilige Massnahmen einschliesslich solcher, die auf eine Sicherung gerichtet sind

Artikel 24
Die in dem Recht eines Vertragsstaats vorgesehenen einstweiligen Massnahmen einschliesslich solcher, die auf eine Sicherung gerichtet sind, können bei den Gerichten dieses Staates auch dann beantragt werden, wenn für die Entscheidung in der Hauptsache das Gericht eines anderen Vertragsstaats aufgrund dieses Übereinkommens zuständig ist.

Titel III
Anerkennung und Vollstreckung

Artikel 25
Unter «Entscheidung» im Sinne dieses Übereinkommens ist jede von einem Gericht eines Vertragsstaats erlassene Entscheidung zu verstehen ohne Rücksicht auf ihre Bezeichnung wie Urteil, Beschluss oder Vollstreckungsbefehl, einschliesslich des Kostenfestsetzungsbeschlusses eines Urkundsbeamten.

1. Abschnitt
Anerkennung

Artikel 26
Die in einem Vertragsstaat ergangenen Entscheidungen werden in den anderen Vertragsstaaten anerkannt, ohne dass es hierfür eines besonderen Verfahrens bedarf.

Bildet die Frage, ob eine Entscheidung anzuerkennen ist, als solche den Gegenstand eines Streites, so kann jede Partei, welche die Anerkennung geltend macht, in dem Verfahren nach dem 2. und 3. Abschnitt dieses Titels die Feststellung beantragen, dass die Entscheidung anzuerkennen ist.

Wird die Anerkennung in einem Rechtsstreit vor dem Gericht eines Vertragsstaats, dessen Entscheidung von der Anerkennung abhängt, verlangt, so kann dieses Gericht über die Anerkennung entscheiden.

Artikel 27
Eine Entscheidung wird nicht anerkannt,
1. wenn die Anerkennung der öffentlichen Ordnung des Staates, in dem sie geltend gemacht wird, widersprechen würde;
2. wenn dem Beklagten, der sich auf das Verfahren nicht eingelassen hat, das dieses Verfahren einleitende Schriftstück oder ein gleichwertiges Schriftstück nicht ordnungsgemäss und nicht so rechtzeitig zugestellt worden ist, dass er sich verteidigen konnte;
3. wenn die Entscheidung mit einer Entscheidung unvereinbar ist, die zwischen denselben Parteien in dem Staat, in dem die Anerkennung geltend gemacht wird, ergangen ist;

4. wenn das Gericht des Ursprungsstaats bei seiner Entscheidung hinsichtlich einer Vorfrage, die den Personenstand, die Rechts- und Handlungsfähigkeit sowie die gesetzliche Vertretung einer natürlichen Person, die ehelichen Güterstände oder das Gebiet des Erbrechts einschliesslich des Testamentsrechts betrifft, sich in Widerspruch zu einer Vorschrift des internationalen Privatrechts des Staates, in dem die Anerkennung geltend gemacht wird, gesetzt hat, es sei denn, dass die Entscheidung nicht zu einem anderen Ergebnis geführt hätte, wenn die Vorschriften des internationalen Privatrechts dieses Staates angewandt worden wären;
5. wenn die Entscheidung mit einer früheren Entscheidung unvereinbar ist, die in einem Nichtvertragsstaat zwischen denselben Parteien in einem Rechtsstreit wegen desselben Anspruchs ergangen ist, sofern diese Entscheidung die notwendigen Voraussetzungen für ihre Anerkennung in dem Staat erfüllt, in dem die Anerkennung geltend gemacht wird.

Artikel 28
Eine Entscheidung wird ferner nicht anerkannt, wenn die Vorschriften des 3., 4. und 5. Abschnitts des Titels II verletzt worden sind oder wenn ein Fall des Artikels 59 vorliegt.

Des weiteren kann die Anerkennung einer Entscheidung versagt werden, wenn ein Fall des Artikels 54b Absatz 3 bzw. des Artikels 57 Absatz 4 vorliegt.

Das Gericht oder die Behörde des Staates, in dem die Anerkennung geltend gemacht wird, ist bei der Prüfung, ob eine der in den vorstehenden Absätzen angeführten Zuständigkeiten gegeben ist, an die tatsächlichen Feststellungen gebunden, aufgrund deren das Gericht des Ursprungsstaats seine Zuständigkeit angenommen hat.

Die Zuständigkeit der Gerichte des Ursprungsstaats darf, unbeschadet der Bestimmungen der Absätze 1 und 2, nicht nachgeprüft werden; die Vorschriften über die Zuständigkeit gehören nicht zur öffentlichen Ordnung im Sinne des Artikels 27 Nummer 1.

Artikel 29
Die ausländische Entscheidung darf keinesfalls in der Sache selbst nachgeprüft werden.

Artikel 30
Das Gericht eines Vertragsstaats, in dem die Anerkennung einer in einem anderen Vertragsstaat ergangenen Entscheidung geltend gemacht wird, kann das Verfahren aussetzen, wenn gegen die Entscheidung ein ordentlicher Rechtsbehelf eingelegt worden ist.

Das Gericht eines Vertragsstaats, vor dem die Anerkennung einer in Irland oder im Vereinigten Königreich ergangenen Entscheidung geltend gemacht wird, kann das Verfahren aussetzen, wenn die Vollstreckung der Entscheidung im Ursprungsstaat wegen der Einlegung eines Rechtsbehelfs einstweilen eingestellt ist.

2. Abschnitt

Vollstreckung

Artikel 31
Die in einem Vertragsstaat ergangenen Entscheidungen, die in diesem Staat vollstreckbar sind, werden in einem anderen Vertragsstaat vollstreckt, wenn sie dort auf Antrag eines Berechtigten für vollstreckbar erklärt worden sind.

Im Vereinigten Königreich wird eine derartige Entscheidung jedoch in England und Wales, in Schottland oder in Nordirland vollstreckt, wenn sie auf Antrag eines Berechtigten zur Vollstreckung in dem betreffenden Teil des Vereinigten Königreichs registriert worden ist.

Artikel 32
(1) Der Antrag ist zu richten
- in Belgien an das »Tribunal de première instance» oder an die «rechtbank van eerste aanleg»;
- in Dänemark an das «byret»;
- in der Bundesrepublik Deutschland an den Vorsitzenden einer Kammer des Landgerichts;
- in Griechenland an das «μονομελές πρωτοδικείο»;
- in Spanien an das «Juzgado de Primera Instancia»;
- in Frankreich an den Präsidenten des «tribunal de grande instance»;
- in Irland an den «High Court»;
- in Island an das «héradsdómari»;
- in Italien an die «corte d'appello»;
- in Luxemburg an den Präsidenten des «tribunal d'arrondissement»;
- in den Niederlanden an den Präsidenten der «arrondissementsrechtbank»;
- in Norwegen an den «herredsrett» oder das «byret» als «namsrett»;
- in Österreich an das Landesgericht bzw. das Kreisgericht;
- in Portugal an das «Tribunal Judicial de Círculo»;
- in der Schweiz:
    a) für Entscheidungen, die zu einer Geldleistung verpflichten, an den Rechtsöffnungsrichter/juge de la mainlevée/giudice competente a pronunciare sul rigetto dell'opposizione im Rahmen des Rechtsöffnungsverfahrens nach den Artikeln 80 und 81 des Bundesgesetzes über Schuldbetreibung und Konkurs/loi fédérale sur la poursuite pour dettes et la faillite/legge federale sulla esecuzione e sul fallimento;
    b) für Entscheidungen, die nicht auf Zahlung eines Geldbetrages lauten, an den zuständigen kantonalen Vollstreckungsrichter/juge cantonal d'exequatur compétent/giudice cantonale competente a pronunciare l'exequatur;
- in Finnland an das «ulosotonhaltija/överexekutor»;
- in Schweden an das «Svea hovrätt»;
- im Vereinigten Königreich:
    a) in England und Wales an den «High Court of Justice» oder für Entscheidungen in Unterhaltssachen an den «Magistrates' Court» über den «Secretary of State»,
    b) in Schottland an den «Court of Session» oder für Entscheidungen in Unterhaltssachen an den «Sheriff Court» über den «Secretary of State»,
    c) in Nordirland an den «High Court of Justice» oder für Entscheidungen in Unterhaltssachen an den «Magistrates' Court» über den «Secretary of State».

(2) Die örtliche Zuständigkeit wird durch den Wohnsitz des Schuldners bestimmt. Hat dieser keinen Wohnsitz im Hoheitsgebiet des Vollstreckungsstaats, so ist das Gericht zuständig, in dessen Bezirk die Zwangsvollstreckung durchgeführt werden soll.

Artikel 33
Für die Stellung des Antrags ist das Recht des Vollstreckungsstaats massgebend.

Der Antragsteller hat im Bezirk des angerufenen Gerichts ein Wahldomizil zu begründen. Ist das Wahldomizil im Recht des Vollstreckungsstaats nicht vorgesehen, so hat der Antragsteller einen Zustellungsbevollmächtigten zu benennen.

Dem Antrag sind die in den Artikeln 46 und 47 angeführten Urkunden beizufügen.

Artikel 34
Das mit dem Antrag befasste Gericht erlässt seine Entscheidung unverzüglich, ohne dass der Schuldner in diesem Abschnitt des Verfahrens Gelegenheit erhält, eine Erklärung abzugeben.

Der Antrag kann nur aus einem der in den Artikeln 27 und 28 angeführten Gründe abgelehnt werden.

Die ausländische Entscheidung darf keinesfalls in der Sache selbst nachgeprüft werden.

Artikel 35
Die Entscheidung, die über den Antrag ergangen ist, teilt der Urkundsbeamte der Geschäftsstelle dem Antragsteller unverzüglich in der Form mit, die das Recht des Vollstreckungsstaats vorsieht.

Artikel 36
Wird die Zwangsvollstreckung zugelassen, so kann der Schuldner gegen die Entscheidung innerhalb eines Monats nach ihrer Zustellung einen Rechtsbehelf einlegen.

Hat der Schuldner seinen Wohnsitz in einem anderen Vertragsstaat als dem, in dem die Entscheidung über die Zulassung der Zwangsvollstreckung ergangen ist, so beträgt die Frist für den Rechtsbehelf zwei Monate und beginnt von dem Tage an zu laufen, an dem die Entscheidung dem Schuldner entweder in Person oder in seiner Wohnung zugestellt worden ist. Eine Verlängerung dieser Frist wegen weiter Entfernung ist ausgeschlossen.

Artikel 37
(1) Der Rechtsbehelf wird nach den Vorschriften, die für das streitige Verfahren massgebend sind, eingelegt
- in Belgien bei dem «tribunal de première instance» oder der «rechtbank van eerste aanleg»;
- in Dänemark bei dem «landsret»;
- in der Bundesrepublik Deutschland bei dem Oberlandesgericht;
- in Griechenland bei dem «εφετείο»;
- in Spanien bei der «Audiencia Provincial»;
- in Frankreich bei der «cour d'appel»;
- in Irland bei dem «High Court»;
- in Island bei dem «héradsdómari»;
- in Italien bei der «corte d'appello»;
- in Luxemburg bei der «Cour supérieure de Justice» als Berufungsinstanz für Zivilsachen;
- in den Niederlanden bei der «arrondissementsrechtbank»,
- in Norwegen bei dem «lagmannsrett»;
- in Österreich bei dem Landesgericht bzw. dem Kreisgericht;
- in Portugal bei dem «Tribunal da Relaçâo»;
- in der Schweiz bei dem Kantonsgericht/tribunal cantonal/tribunale cantonale;
- in Finnland bei dem «hovioikeus/hovrätt»;
- in Schweden bei dem «Svea hovrätt»;
- im Vereinigten Königreich:
  a) in England und Wales bei dem «High Court of Justice» oder für Entscheidungen in Unterhaltssachen bei dem «Magistrates' Court»,
  b) in Schottland bei dem «Court of Session» oder für Entscheidungen in Unterhaltssachen bei dem «Sheriff Court»,
  c) in Nordirland bei dem «High Court of Justice» oder für Entscheidungen in Unterhaltssachen bei dem «Magistrates' Court».

(2) Gegen die Entscheidung, die über den Rechtsbehelf ergangen ist, finden nur statt
- in Belgien, Griechenland, Spanien, Frankreich, Italien, Luxemburg und den Niederlanden: die Kassationsbeschwerde;
- in Dänemark: ein Verfahren vor dem «øjesteret» mit Zustimmung des Justizministers;
- in der Bundesrepublik Deutschland: die Rechtsbeschwerde;
- in Irland: ein auf Rechtsfragen beschränkter Rechtsbehelf bei dem «Supreme Court»;
- in Island: ein Rechtsbehelf bei dem «Hæstiréttur»;
- in Norwegen: ein Rechtsbehelf (kjæremål oder anke) bei dem «Hoyesteretts Kjaeremalsutvalg» oder dem «Hoyesterett»;
- in Österreich im Fall eines Rekursverfahrens der Revisionsrekurs und im Fall eines Widerspruchsverfahrens die Berufung mit der allfälligen Möglichkeit einer Revision;
- in Portugal: ein auf Rechtsfragen beschränkter Rechtsbehelf;
- in der Schweiz: die staatsrechtliche Beschwerde beim Bundesgericht/recours de droit public devant le tribunal fédéral/ricorso di diritto pubblico davanti al tribunale federale;

- in Finnland: ein Rechtsbehelf beim «korkein oikeus/högsta domstolen»;
- in Schweden: ein Rechtsbehelf beim «högsta domstolen»;
- im Vereinigten Königreich: ein einziger auf Rechtsfragen beschränkter Rechtsbehelf.

Artikel 38
Das mit dem Rechtsbehelf befasste Gericht kann auf Antrag der Partei, die ihn eingelegt hat, das Verfahren aussetzen, wenn gegen die Entscheidung im Ursprungsstaat ein ordentlicher Rechtsbehelf eingelegt oder die Frist für einen solchen Rechtsbehelf noch nicht verstrichen ist; in letzterem Fall kann das Gericht eine Frist bestimmen, innerhalb deren der Rechtsbehelf einzulegen ist.

Ist eine gerichtliche Entscheidung in Irland oder im Vereinigten Königreich erlassen worden, so gilt jeder in dem Ursprungsstaat statthafte Rechtsbehelf als ordentlicher Rechtsbehelf im Sinne von Absatz 1.

Das Gericht kann auch die Zwangsvollstreckung von der Leistung einer Sicherheit, die es bestimmt, abhängig machen.

Artikel 39
Solange die in Artikel 36 vorgesehene Frist für den Rechtsbehelf läuft und solange über den Rechtsbehelf nicht entschieden ist, darf die Zwangsvollstreckung in das Vermögen des Schuldners nicht über Massnahmen zur Sicherung hinausgehen.

Die Entscheidung, durch welche die Zwangsvollstreckung zugelassen wird, gibt die Befugnis, solche Massnahmen zu veranlassen.

Artikel 40
(1) Wird der Antrag abgelehnt, so kann der Antragsteller einen Rechtsbehelf einlegen
- in Belgien bei der «cour d'apel» oder dem «hof van beroep»;
- in Dänemark bei dem «landsret;
- in der Bundesrepublik Deutschland bei dem Oberlandesgericht;
- in Griechenland bei dem «εφετείο»
- in Spanien bei der «Audiencia Provincial»;
- in Frankreich bei der «cour d'appel»;
- in Irland bei dem «High Court»;
- in Island bei dem «héradsdómari»;
- in Italien bei der «corte d'appello»;
- in Luxemburg bei der »Cour supérieure de Justice» als Berufungsinstanz für Zivilsachen;
- in den Niederlanden bei dem «gerechtshof»;
- in Norwegen bei dem «lagmannsrett»;
- in Österreich bei dem Landesgericht bzw. dem Kreisgericht;
- in Portugal bei dem «Tribunal da Relação»;
- in der Schweiz bei dem Kantonsgericht/tribunal cantonal/tribunale cantonale;
- in Finnland bei dem «hovioikeus/hovrätt»;
- in Schweden bei dem «Svea hovrätt«;
- im Vereinigten Königreich:
  a) in England und Wales bei dem «High Court of Justice» oder für Entscheidungen in Unterhaltssachen bei dem «Magistrates' Court»,
  b) in Schottland bei dem «Court of Session» oder für Entscheidungen in Unterhaltssachen bei dem «Sheriff Court»,
  c) in Nordirland bei dem «High Court of Justice» oder für Entscheidungen in Unterhaltssachen bei dem »Magistrates' Court».

(2) Das mit dem Rechtsbehelf befasste Gericht hat den Schuldner zu hören. Lässt dieser sich auf das Verfahren nicht ein, so ist Artikel 20 Absätze 2 und 3 auch dann anzuwenden, wenn der Schuldner seinen Wohnsitz nicht in dem Hoheitsgebiet eines Vertragsstaats hat.

Artikel 41
Gegen die Entscheidung, die über den in Artikel 40 vorgesehenen Rechtsbehelf ergangen ist, finden nur statt
- in Belgien, Griechenland, Spanien, Frankreich, Italien, Luxemburg und den Niederlanden: die Kassationsbeschwerde;
- in Dänemark: ein Verfahren vor dem «øjesteret» mit Zustimmung des Justizministers;
- in der Bundesrepublik Deutschland: die Rechtsbeschwerde;
- in Irland: ein auf Rechtsfragen beschränkter Rechtsbehelf bei dem «Supreme Court»;
- in Island: ein Rechtsbehelf bei dem «Hæstiréttur»;
- in Norwegen: ein Rechtsbehelf (kjæremål oder anke) bei dem «Hoyesteretts kjaeremalsutvalg» oder dem «Hoyesterett»;
- in Österreich: der Revisionsrekurs;
- in Portugal: ein auf Rechtsfragen beschränkter Rechtsbehelf;
- in der Schweiz: die staatsrechtliche Beschwerde beim Bundesgericht/recours de droit public devant le tribunal fédéral/ricorso di diritto pubblico davanti al tribunale federale;
- in Finnland: ein Rechtsbehelf beim «korkein oikeus/högsta domstolen»;
- in Schweden: ein Rechtsbehelf beim «högsta domstolen»;
- im Vereinigten Königreich: ein einziger auf Rechtsfragen beschränkter Rechtsbehelf.

Artikel 42
Ist durch die ausländische Entscheidung über mehrere mit der Klage geltend gemachte Ansprüche erkannt und kann die Entscheidung nicht im vollen Umfang zur Zwangsvollstreckung zugelassen werden, so lässt das Gericht sie für einen oder mehrere dieser Ansprüche zu.

Der Antragsteller kann beantragen, dass die Zwangsvollstreckung nur für einen Teil des Gegenstands der Verurteilung zugelassen wird.

Artikel 43
Ausländische Entscheidungen, die auf Zahlung eines Zwangsgelds lauten, sind in dem Vollstreckungsstaat nur vollstreckbar, wenn die Höhe des Zwangsgelds durch die Gerichte des Ursprungsstaats endgültig festgesetzt ist.

Artikel 44
Ist dem Antragsteller im Ursprungsstaat ganz oder teilweise Prozesskostenhilfe oder Kosten- und Gebührenbefreiung gewährt worden, so geniesst er in dem Verfahren nach den Artikeln 32 bis 35 hinsichtlich der Prozesskostenhilfe und der Kosten- und Gebührenbefreiung die günstigste Behandlung, die das Recht des Vollstreckungsstaats vorsieht.

Der Antragsteller, welcher die Vollstreckung einer Entscheidung einer Verwaltungsbehörde begehrt, die in Dänemark oder in Island in Unterhaltssachen ergangen ist, kann im Vollstreckungsstaat Anspruch auf die in Absatz 1 genannten Vorteile erheben, wenn er eine Erklärung des dänischen oder des isländischen Justizministeriums darüber vorlegt, dass er die wirtschaftlichen Voraussetzungen für die vollständige oder teilweise Bewilligung der Prozesskostenhilfe oder für die Kosten der Gebührenbefreiung erfüllt.

Artikel 45
Der Partei, die in einem Vertragsstaat eine in einem anderen Vertragsstaat ergangene Entscheidung vollstrecken will, darf wegen ihrer Eigenschaft als Ausländer oder wegen Fehlens eines inländischen Wohnsitzes oder Aufenthalts eine Sicherheitsleistung oder Hinterlegung, unter welcher Bezeichnung es auch sei, nicht auferlegt werden.

3. Abschnitt
Gemeinsame Vorschriften

Artikel 46
Die Partei, welche die Anerkennung einer Entscheidung geltend macht oder die Zwangsvollstreckung betreiben will, hat vorzulegen
1. eine Ausfertigung der Entscheidung, welche die für ihre Beweiskraft erforderlichen Voraussetzungen erfüllt;
2. bei einer im Versäumnisverfahren ergangenen Entscheidung die Urschrift oder eine beglaubigte Abschrift der Urkunde, aus der sich ergibt, dass das den Rechtsstreit einleitende Schriftstück oder ein gleichwertiges Schriftstück der säumigen Partei zugestellt worden ist.

Artikel 47
Die Partei, welche die Zwangsvollstreckung betreiben will, hat ferner vorzulegen
1. die Urkunden, aus denen sich ergibt, dass die Entscheidung nach dem Recht des Ursprungsstaats vollstreckbar ist und dass sie zugestellt worden ist;
2. gegebenenfalls eine Urkunde, durch die nachgewiesen wird, dass der Antragsteller Prozesskostenhilfe im Ursprungsstaat erhält.

Artikel 48
Werden die in Artikel 46 Nummer 2 und in Artikel 47 Nummer 2 angeführten Urkunden nicht vorgelegt, so kann das Gericht eine Frist bestimmen, innerhalb deren die Urkunden vorzulegen sind, oder sich mit gleichwertigen Urkunden begnügen oder von der Vorlage der Urkunden befreien, wenn es eine weitere Klärung nicht für erforderlich hält.

Auf Verlangen des Gerichts ist eine Übersetzung der Urkunden vorzulegen; die Übersetzung ist von einer hierzu in einem der Vertragsstaaten befugten Person zu beglaubigen.

Artikel 49
Die in den Artikeln 46, 47 und in Artikel 48 Absatz 2 angeführten Urkunden sowie die Urkunde über die Prozessvollmacht, falls eine solche erteilt wird, bedürfen weder der Legalisation noch einer ähnlichen Förmlichkeit.

Titel IV
Öffentliche Urkunden und Prozessvergleiche

Artikel 50
Öffentliche Urkunden, die in einem Vertragsstaat aufgenommen und vollstreckbar sind, werden in einem anderen Vertragsstaat auf Antrag in den Verfahren nach den Artikeln 31 ff. für vollstreckbar erklärt. Der Antrag kann nur abgelehnt werden, wenn die Zwangsvollstreckung aus der Urkunde der öffentlichen Ordnung des Vollstreckungsstaats widersprechen würde.

Die vorgelegte Urkunde muss die Voraussetzungen für ihre Beweiskraft erfüllen, die in dem Staat, in dem sie aufgenommen wurde, erforderlich sind.

Die Vorschriften des 3. Abschnittes des Titels III sind sinngemäss anzuwenden.

Artikel 51
Vergleiche, die vor einem Richter im Laufe eines Verfahrens abgeschlossen und in dem Staat, in dem sie errichtet wurden, vollstreckbar sind, werden in dem Vollstreckungsstaat unter denselben Bedingungen wie öffentliche Urkunden vollstreckt.

Titel V

Allgemeine Vorschriften

Artikel 52
Ist zu entscheiden, ob eine Partei im Hoheitsgebiet des Vertragsstaats, dessen Gerichte angerufen sind, einen Wohnsitz hat, so wendet das Gericht sein Recht an.

Hat eine Partei keinen Wohnsitz in dem Staat, dessen Gerichte angerufen sind, so wendet das Gericht, wenn es zu entscheiden hat, ob die Partei einen Wohnsitz in einem anderen Vertragsstaat hat, das Recht dieses Staates an.

Artikel 53
Der Sitz von Gesellschaften und juristischen Personen steht für die Anwendung dieses Übereinkommens dem Wohnsitz gleich. Jedoch hat das Gericht bei der Entscheidung darüber, wo der Sitz sich befindet, die Vorschriften seines internationalen Privatrechts anzuwenden.

Um zu bestimmen, ob ein «trust» seinen Sitz in dem Vertragsstaat hat, bei dessen Gerichten die Klage anhängig ist, wendet das Gericht sein internationales Privatrecht an.

Titel VI

Übergangsvorschriften

Artikel 54
Die Vorschriften dieses Übereinkommens sind nur auf solche Klagen und öffentlichen Urkunden anzuwenden, die erhoben oder aufgenommen worden sind, nachdem dieses Übereinkommen im Ursprungsstaat und, wenn die Anerkennung oder Vollstreckung einer Entscheidung oder Urkunde geltend gemacht wird, im ersuchten Staat in Kraft getreten ist.

Entscheidungen, die nach dem Inkrafttreten dieses Übereinkommens zwischen dem Ursprungsstaat und dem ersuchten Staat aufgrund einer vor diesem Inkrafttreten erhobenen Klage ergangen sind, werden nach Massgabe des Titels III anerkannt und zur Zwangsvollstreckung zugelassen, vorausgesetzt, dass das Gericht aufgrund von Vorschriften zuständig war, die mit den Zuständigkeitsvorschriften des Titels II oder eines Abkommens übereinstimmen, das im Zeitpunkt der Klageerhebung zwischen dem Ursprungsstaat und dem Staat, in dem die Entscheidung geltend gemacht wird, in Kraft war.

Ist zwischen den Parteien eines Rechtsstreits über einen Vertrag bereits vor Inkrafttreten dieses Übereinkommens eine schriftliche Vereinbarung getroffen worden, auf diesen Vertrag die Rechtsvorschriften Irlands oder eines Teils des Vereinigten Königreichs anzuwenden, so sind die Gerichte in Irland oder in diesem Teil des Vereinigten Königreichs weiterhin befugt, über diesen Streitfall zu entscheiden.

Artikel 54a
Während einer Zeit von drei Jahren nach Inkrafttreten dieses Übereinkommens bestimmt sich für Dänemark, Griechenland, Irland, Island, Norwegen, Finnland und Schweden die Zuständigkeit in Seerechtssachen in jedem dieser Staaten neben den Vorschriften des Titels II auch nach den in den folgenden Nummern 1 bis 7 aufgeführten Vorschriften. Diese Vorschriften werden von dem Zeitpunkt an in diesen Staaten nicht mehr angewandt, zu dem für diese Staaten das in Brüssel am 10. Mai 1952 unterzeichnete Internationale Übereinkommen zur Vereinheitlichung von Regeln über den Arrest in Seeschiffe in Kraft tritt.
1. Eine Person, die ihren Wohnsitz im Hoheitsgebiet eines Vertragsstaats hat, kann vor den Gerichten eines der oben genannten Staaten wegen einer Seeforderung verklagt werden, wenn das Schiff, auf welches sich die Seeforderung bezieht, oder ein anderes Schiff im Eigentum dieser Person in einem gerichtsförmlichen Verfahren innerhalb des Hoheitsgebiets des letzteren

Staates zur Sicherung der Forderung mit Arrest belegt worden ist oder dort mit Arrest hätte belegt werden können, jedoch dafür eine Bürgschaft oder eine andere Sicherheit geleistet worden ist,
   a) wenn der Gläubiger seinen Wohnsitz in dem Hoheitsgebiet dieses Staates hat;
   b) wenn die Seeforderung in diesem Staat entstanden ist;
   c) wenn die Seeforderung im Verlauf der Reise entstanden ist, während deren der Arrest vollzogen worden ist oder hätte vollzogen werden können;
   d) wenn die Seeforderung auf einem Zusammenstoss oder auf einem Schaden beruht, den ein Schiff einem anderen Schiff oder Gütern oder Personen an Bord eines der Schiffe entweder durch die Ausführung oder Nichtausführung eines Manövers oder durch die Nichtbeachtung von Vorschriften zugefügt hat;
   e) wenn die Seeforderung auf Hilfeleistung oder Bergung beruht oder
   f) wenn die Seeforderung durch eine Schiffshypothek oder ein sonstiges vertragliches Pfandrecht an dem Schiff gesichert ist, das mit Arrest belegt wurde.
2. Ein Gläubiger kann sowohl das Schiff, auf das sich die Seeforderung bezieht, als auch jedes andere Schiff, das demjenigen gehört, der im Zeitpunkt des Entstehens der Seeforderung Eigentümer jenes Schiffes war, mit Arrest belegen lassen. Jedoch kann nur das Schiff, auf das sich die Seeforderung bezieht, wegen einer der in Nummer 5 Buchstaben o, p oder q aufgeführten Ansprüche und Rechte mit Arrest belegt werden.
3. Schiffe gelten als demselben Eigentümer gehörend, wenn alle Eigentumsanteile derselben Person oder denselben Personen zustehen.
4. Ist bei der Überlassung des Gebrauchs eines Schiffes die Schiffsführung dem Ausrüster unterstellt und schuldet dieser allein eine dieses Schiff betreffende Seeforderung, so kann der Gläubiger dieses Schiff oder jedes andere dem Ausrüster gehörende Schiff mit Arrest belegen lassen; jedoch kann kein anderes Schiff des Schiffseigners aufgrund derselben Seeforderung mit Arrest belegt werden. Entsprechendes gilt in allen Fällen, in denen eine andere Person als der Schiffseigner Schuldner einer Seeforderung ist.
5. «Seeforderung» bezeichnet ein Recht oder einen Anspruch, die aus einem oder mehreren der folgenden Entstehungsgründe geltend gemacht werden:
   a) Schäden, die durch ein Schiff durch Zusammenstoss oder in anderer Weise verursacht sind;
   b) Tod oder Gesundheitsschäden, die durch ein Schiff verursacht sind oder die auf den Betrieb eines Schiffes zurückgehen;
   c) Bergung und Hilfeleistung;
   d) nach Massgabe einer Chartepartie oder auf andere Weise abgeschlossene Nutzungs- oder Mietverträge über ein Schiff;
   e) nach Massgabe einer Chartepartie oder eines Konnossements oder auf andere Weise abgeschlossene Verträge über die Beförderung von Gütern mit einem Schiff;
   f) Verlust oder Beschädigung von zu Schiff beförderten Gütern einschliesslich des Gepäcks;
   g) grosse Haverei;
   h) Bodmerei;
   i) Schleppdienste;
   j) Lotsendienste;
   k) Lieferung von Gütern oder Ausrüstungsgegenständen an ein Schiff, gleichviel an welchem Ort, im Hinblick auf seinen Einsatz oder seine Instandhaltung;
   l) Bau, Reparatur oder Ausrüstung eines Schiffes sowie Hafenabgaben;
   m) Gehalt oder Heuer der Kapitäne, Schiffsoffiziere und Besatzungsmitglieder;
   n) Auslagen des Kapitäns und der Ablader, Befrachter und Beauftragten für Rechnung des Schiffes oder seines Eigentümers;
   o) Streitigkeiten über das Eigentum an einem Schiff;
   p) Streitigkeiten zwischen Miteigentümern eines Schiffes über das Eigentum, den Besitz, den Einsatz oder die Erträgnisse dieses Schiffes;
   q) Schiffshypotheken und sonstige vertragliche Pfandrechte an einem Schiff.
6. In Dänemark ist als «Arrest» für die in Nummer 5 Buchstaben o und p genannten Seeforderungen der «forbud» anzusehen, soweit hinsichtlich einer solchen Seeforderung nur ein «forbud» nach den §§ 646 bis 653 der Zivilprozessordnung (lov om rettens pleje) zulässig ist.

7. In Island ist als «Arrest» für die in Nummer 5 Buchstaben o und p genannten Seeforderungen der «lögbann» anzusehen, soweit hinsichtlich einer solchen Seeforderung nur ein «lögbann» nach Kapitel III des Gesetzes über Arrest und gerichtliche Verfügungen (lög um kyrrsetningu og lögbann) zulässig ist.

Titel VII
Verhältnis zum Brüsseler Übereinkommen und zu anderen Abkommen

Artikel 54 b
(1) Dieses Übereinkommen lässt die Anwendung des am 27. September 1968 in Brüssel unterzeichneten Übereinkommens über die gerichtliche Zuständigkeit und die Vollstreckung gerichtlicher Entscheidungen in Zivil- und Handelssachen und des am 3. Juni 1971 in Luxemburg unterzeichneten Protokolls über die Auslegung des genannten Übereinkommens durch den Gerichtshof in der Fassung der Übereinkommen, mit denen die neuen Mitgliedstaaten der Europäischen Gemeinschaften jenem Übereinkommen und dessen Protokoll beigetreten sind, durch die Mitgliedstaaten der Europäischen Gemeinschaften unberührt. Das genannte Übereinkommen und dessen Protokoll zusammen werden nachstehend als «Brüsseler Übereinkommen» bezeichnet.

(2) Dieses Übereinkommen wird jedoch in jedem Fall angewandt
   a) in Fragen der gerichtlichen Zuständigkeit, wenn der Beklagte seinen Wohnsitz in dem Hoheitsgebiet eines Vertragsstaates hat, der nicht Mitglied der Europäischen Gemeinschaften ist, oder wenn die Gerichte eines solchen Vertragsstaates nach den Artikeln 16 oder 17 zuständig sind;
   b) bei Rechtshängigkeit oder im Zusammenhang stehenden Verfahren im Sinne der Artikel 21 und 22, wenn Verfahren in einem den Europäischen Gemeinschaften nicht angehörenden und in einem den Europäischen Gemeinschaften angehörenden Vertragsstaat anhängig gemacht werden;
   c) in Fragen der Anerkennung und Vollstreckung, wenn entweder der Ursprungsstaat oder der ersuchte Staat nicht Mitglied der Europäischen Gemeinschaften ist.

(3) Ausser aus den in Titel III vorgesehenen Gründen kann die Anerkennung oder Vollstreckung versagt werden, wenn sich der der Entscheidung zugrunde liegende Zuständigkeitsgrund von demjenigen unterscheidet, der sich aus diesem Übereinkommen ergibt, und wenn die Anerkennung oder Vollstreckung gegen eine Partei geltend gemacht wird, die ihren Wohnsitz in einem nicht den Europäischen Gemeinschaften angehörenden Vertragsstaat hat, es sei denn, dass die Entscheidung anderweitig nach dem Recht des ersuchten Staates anerkannt oder vollstreckt werden kann.

Artikel 55
Dieses Übereinkommen ersetzt unbeschadet der Vorschriften des Artikels 54 Absatz 2 und des Artikels 56 die nachstehenden zwischen zwei oder mehr Vertragsstaaten geschlossenen Abkommen:
- das am 15. Juni 1869 in Paris unterzeichnete französisch-schweizerische Abkommen über die gerichtliche Zuständigkeit und die Vollstreckung gerichtlicher Urteile in Zivilsachen;
- den am 19. November 1896 in Madrid unterzeichneten spanisch-schweizerischen Vertrag über die gegenseitige Vollstreckung gerichtlicher Urteile und Entscheidungen in Zivil- und Handelssachen;
- das am 2. November 1929 in Bern unterzeichnete deutsch-schweizerische Abkommen über die gegenseitige Anerkennung und Vollstreckung von gerichtlichen Entscheidungen und Schiedssprüchen;
- das am 16. März 1932 in Kopenhagen unterzeichnete Übereinkommen zwischen Dänemark, Finnland, Island, Norwegen und Schweden über die Anerkennung und Vollstreckung gerichtlicher Entscheidungen;
- das am 3. Januar 1933 in Rom unterzeichnete italienisch-schweizerische Abkommen über die Anerkennung und Vollstreckung gerichtlicher Entscheidungen;

- das am 15. Januar 1936 in Stockholm unterzeichnete schwedisch- schweizerische Abkommen über die Anerkennung und Vollstreckung von gerichtlichen Entscheidungen und Schiedssprüchen;
- das am 25. Oktober 1957 in Wien unterzeichnete belgisch-österreichische Abkommen über die gegenseitige Anerkennung und Vollstreckung von gerichtlichen Entscheidungen und öffentlichen Urkunden betreffend Unterhaltsverpflichtungen;
- das am 29. April 1959 in Bern unterzeichnete belgisch-schweizerische Abkommen über die Anerkennung und Vollstreckung von gerichtlichen Entscheidungen und Schiedssprüchen;
- den am 6. Juni 1959 in Wien unterzeichneten deutsch-österreichischen Vertrag über die gegenseitige Anerkennung und Vollstreckung von gerichtlichen Entscheidungen, Vergleichen und öffentlichen Urkunden in Zivil- und Handelssachen;
- das am 16. Juni 1959 in Wien unterzeichnete belgisch-österreichische Abkommen über die gegenseitige Anerkennung und Vollstreckung von gerichtlichen Entscheidungen, Schiedssprüchen und öffentlichen Urkunden auf dem Gebiet des Zivil- und Handelsrechtes;
- den am 16. Dezember 1960 in Bern unterzeichneten österreichisch- schweizerischen Vertrag über die Anerkennung und Vollstreckung gerichtlicher Entscheidungen;
- das am 12. Juni 1961 in London unterzeichnete britisch-norwegische Abkommen über die gegenseitige Anerkennung und Vollstreckung gerichtlicher Entscheidungen in Zivilsachen;
- den am 14. Juli 1961 in Wien unterzeichneten britisch-österreichischen Vertrag über die gegenseitige Anerkennung und Vollstreckung gerichtlicher Entscheidungen in Zivil- und Handelssachen und das am 6. März 1970 in London unterzeichnete Protokoll zur Abänderung dieses Vertrags;
- das am 6. Februar 1963 in Den Haag unterzeichnete niederländisch- österreichische Abkommen über die gegenseitige Anerkennung und Vollstreckung von gerichtlichen Entscheidungen und öffentlichen Urkunden auf dem Gebiet des Zivil- und Handelsrechts;
- das am 15. Juli 1966 in Wien unterzeichnete französisch-österreichische Abkommen über die Anerkennung und die Vollstreckung von gerichtlichen Entscheidungen und öffentlichen Urkunden auf dem Gebiet des Zivil- und Handelsrechtes;
- das am 29. Juli 1971 in Luxemburg unterzeichnete luxemburgisch- österreichische Abkommen über die Anerkennung und die Vollstreckung von gerichtlichen Entscheidungen und öffentlichen Urkunden auf dem Gebiet des Zivil und Handelsrechtes;
- das am 16. November 1971 in Rom unterzeichnete italienisch-österreichische Abkommen über die Anerkennung und Vollstreckung von gerichtlichen Entscheidungen in Zivil- und Handelssachen, von gerichtlichen Vergleichen und von Notariatsakten;
- den am 17. Juni 1977 in Oslo unterzeichneten deutsch-norwegischen Vertrag über die gegenseitige Anerkennung und Vollstreckung gerichtlicher Entscheidungen und anderer Schuldtitel in Zivil- und Handelssachen;
- das am 11. Oktober 1977 in Kopenhagen unterzeichnete Übereinkommen zwischen Dänemark, Finnland, Island, Norwegen und Schweden über die Anerkennung und Vollstreckung gerichtlicher Entscheidungen in Zivilsachen;
- das am 16. September 1982 in Stockholm unterzeichnete österreichisch – schwedische Abkommen über die Anerkennung und die Vollstreckung von Entscheidungen in Zivilsachen;
- das am 17. Februar 1984 in Wien unterzeichnete österreichisch – spanische Abkommen über die Anerkennung und die Vollstreckung von gerichtlichen Entscheidungen, Vergleichen und vollstreckbaren öffentlichen Urkunden in Zivil- und Handelssachen;
- das am 21. Mai 1984 in Wien unterzeichnete norwegisch – österreichische Abkommen über die Anerkennung und die Vollstreckung von Entscheidungen in Zivilsachen und
- das am 17. November 1986 in Wien unterzeichnete finnisch – österreichische Abkommen über die Anerkennung und die Vollstreckung von Entscheidungen in Zivilsachen.

Artikel 56
Die in Artikel 55 angeführten Abkommen und Verträge behalten ihre Wirksamkeit für die Rechtsgebiete, auf die dieses Übereinkommen nicht anzuwenden ist.

Sie bleiben auch weiterhin für die Entscheidungen und die öffentlichen Urkunden wirksam, die vor Inkrafttreten dieses Übereinkommens ergangen oder aufgenommen sind.

Artikel 57
(1) Dieses Übereinkommen lässt Übereinkommen unberührt, denen die Vertragsstaaten angehören oder angehören werden und die für besondere Rechtsgebiete die gerichtliche Zuständigkeit, die Anerkennung oder die Vollstreckung von Entscheidungen regeln.

(2) Dieses Übereinkommen schliesst nicht aus, dass ein Gericht eines Vertragsstaats, der Vertragspartei eines Übereinkommens nach Absatz 1 ist, seine Zuständigkeit auf ein solches Übereinkommen stützt, und zwar auch dann, wenn der Beklagte seinen Wohnsitz in dem Hoheitsgebiet eines Vertragsstaats hat, der nicht Vertragspartei eines solchen Übereinkommens ist. In jedem Fall wendet dieses Gericht Artikel 20 an.

(3) Entscheidungen, die in einem Vertragsstaat von einem Gericht erlassen worden sind, das seine Zuständigkeit auf ein in Absatz 1 bezeichnetes Übereinkommen gestützt hat, werden in den anderen Vertragsstaaten nach Titel III anerkannt und vollstreckt.

(4) Ausser aus den in Titel III vorgesehenen Gründen kann die Anerkennung oder Vollstreckung versagt werden, wenn der ersuchte Staat nicht Vertragspartei eines in Absatz 1 bezeichneten Übereinkommens ist und wenn die Person, gegen die die Anerkennung oder Vollstreckung geltend gemacht wird, ihren Wohnsitz in diesem Staat hat, es sei denn, dass die Entscheidung nach einer anderen Rechtsvorschrift des ersuchten Staates anerkannt oder vollstreckt werden kann.

(5) Sind der Ursprungsstaat und der ersuchte Staat Vertragsparteien eines in Absatz 1 bezeichneten Übereinkommens, welches die Voraussetzungen für die Anerkennung und Vollstreckung von Entscheidungen regelt, so gelten diese Voraussetzungen. In jedem Fall können die Bestimmungen des vorliegenden Übereinkommens über das Verfahren zur Anerkennung und Vollstreckung von Entscheidungen angewandt werden.

Artikel 58
(Gegenstandslos)

Artikel 59
Dieses Übereinkommen hindert einen Vertragsstaat nicht, sich gegenüber einem dritten Staat im Rahmen eines Abkommens über die Anerkennung und Vollstreckung von Urteilen zu verpflichten, Entscheidungen der Gerichte eines anderen Vertragsstaats gegen Beklagte, die ihren Wohnsitz oder gewöhnlichen Aufenthalt in dem Hoheitsgebiet des dritten Staates haben, nicht anzuerkennen, wenn die Entscheidungen in den Fällen des Artikels 4 nur in einem der in Artikel 3 Absatz 2 angeführten Gerichtsstände ergehen können.

Kein Vertragsstaat kann sich jedoch gegenüber einem dritten Staat verpflichten, eine Entscheidung nicht anzuerkennen, die in einem anderen Vertragsstaat durch ein Gericht gefällt wurde, dessen Zuständigkeit auf das Vorhandensein von Vermögenswerten des Beklagten in diesem Staat oder die Beschlagnahme von dort vorhandenem Vermögen durch den Kläger gegründet ist,
   1. wenn die Klage erhoben wird, um Eigentums- oder Inhaberrechte hinsichtlich dieses Vermögens festzustellen oder anzumelden oder um Verfügungsgewalt darüber zu erhalten, oder wenn die Klage sich aus einer anderen Streitsache im Zusammenhang mit diesem Vermögen ergibt, oder
   2. wenn das Vermögen die Sicherheit für einen Anspruch darstellt, der Gegenstand des Verfahrens ist.

Titel VIII
Schlussbestimmungen

Artikel 60
Vertragsparteien dieses Übereinkommens können sein
a) die Staaten, die in dem Zeitpunkt, zu dem das Übereinkommen zur Unterzeichnung aufgelegt wird, Mitglieder der Europäischen Gemeinschaften oder der Europäischen Freihandelsassoziation sind;
b) die Staaten, die nach diesem Zeitpunkt Mitglieder der Europäischen Gemeinschaften oder der Europäischen Freihandelsassoziation werden;
c) die Staaten, die nach Artikel 62 Absatz 1 Buchstabe b zum Beitritt eingeladen werden.

Artikel 61
(1) Dieses Übereinkommen liegt für die Staaten, die Mitglieder der Europäischen Gemeinschaften oder der Europäischen Freihandelsassoziation sind, zur Unterzeichnung auf.

(2) Das Übereinkommen bedarf der Ratifikation durch die Unterzeichnerstaaten. Die Ratifikationsurkunden werden beim Schweizerischen Bundesrat hinterlegt.

(3) Das Übereinkommen tritt am ersten Tag des dritten Monats in Kraft, der auf den Tag folgt, an dem zwei Staaten, von denen einer Mitglied der Europäischen Gemeinschaften und der andere Mitglied der Europäischen Freihandelsassoziation ist, ihre Ratifikationsurkunden hinterlegt haben.

(4) Für jeden anderen Unterzeichnerstaat tritt das Übereinkommen am ersten Tag des dritten Monats in Kraft, der auf die Hinterlegung seiner Ratifikationsurkunde folgt.

Artikel 62
(1) Dem Übereinkommen können nach seinem Inkrafttreten beitreten
a) die in Artikel 60 Buchstabe b bezeichneten Staaten;
b) andere Staaten, die auf ein an den Depositarstaat gerichtetes Ersuchen eines Vertragsstaates hin zum Beitritt eingeladen worden sind. Der Depositarstaat lädt den betreffenden Staat zum Beitritt nur ein, wenn ihm nach Übermittlung des Inhalts der Mitteilungen, die der betreffende Staat nach Artikel 63 zu machen beabsichtigt, die Zustimmung aller Unterzeichnerstaaten sowie aller in Artikel 60 Buchstaben a und b bezeichneten Vertragsstaaten vorliegt.

(2) Wünscht ein beitretender Staat Erklärungen im Sinne des Protokolls Nr. 1 abzugeben, so werden zu diesem Zweck Verhandlungen aufgenommen. Eine Verhandlungskonferenz wird durch den Schweizerischen Bundesrat einberufen.

(3) Für jeden beitretenden Staat tritt das Übereinkommen am ersten Tag des dritten Monats in Kraft, der auf die Hinterlegung seiner Beitrittsurkunde folgt.

(4) Für einen in Absatz 1 Buchstaben a oder b bezeichneten Staat tritt das Übereinkommen jedoch nur im Verhältnis zu den Vertragsstaaten in Kraft, die vor dem ersten Tag des dritten Monats, der auf die Hinterlegung der Beitrittsurkunde folgt, keine Einwände gegen den Beitritt erhoben haben.

Artikel 63
Jeder beitretende Staat hat bei der Hinterlegung seiner Beitrittsurkunde die für die Anwendung der Artikel 3, 32, 37, 40, 41 und 55 dieses Übereinkommens erforderlichen Mitteilungen zu machen und gegebenenfalls die bei den Verhandlungen über das Protokoll Nr. 1 festgelegten Erklärungen abzugeben.

Artikel 64
(1) Dieses Übereinkommen wird zunächst für die Dauer von fünf Jahren geschlossen, gerechnet von seinem Inkrafttreten nach Artikel 61 Absatz 3; dies gilt auch für die Staaten, die das Übereinkommen später ratifizieren oder ihm später beitreten.

(2) Nach Ablauf des anfänglichen Zeitraums von fünf Jahren verlängert sich das Übereinkommen stillschweigend um jeweils ein Jahr.

(3) Nach Ablauf des anfänglichen Zeitraums von fünf Jahren kann jeder Vertragsstaat das Übereinkommen jederzeit durch eine an den Schweizerischen Bundesrat gerichtete Notifikation kündigen.

(4) Die Kündigung wird am Ende des Kalenderjahres wirksam, das auf einen Zeitraum von sechs Monaten folgt, gerechnet vom Eingang ihrer Notifikation beim Schweizerischen Bundesrat.

Artikel 65
Diesem Übereinkommen sind beigefügt:
– ein Protokoll Nr. 1 über bestimmte Zuständigkeit-, Verfahrens- und Vollstreckungsfragen;
– ein Protokoll Nr. 2 über die einheitliche Auslegung des Übereinkommens;
– ein Protokoll Nr. 3 über die Anwendung von Artikel 57.

Diese Protokolle sind Bestandteil des Übereinkommens.

Artikel 66
Jeder Vertragsstaat kann eine Revision dieses Übereinkommens beantragen. Zu diesem Zweck beruft der Schweizerische Bundesrat innerhalb von sechs Monaten nach Beantragung der Revision eine Revisionskonferenz ein.

Artikel 67
Der Schweizerische Bundesrat notifiziert den Staaten, die auf der diplomatischen Konferenz von Lugano vertreten waren, und den Staaten, die dem Übereinkommen später beigetreten sind,
    a) die Hinterlegung jeder Ratifikations- oder Beitrittsurkunde;
    b) den Tag, an dem dieses Übereinkommen für die Vertragsstaaten in Kraft tritt;
    c) die nach Artikel 64 eingegangenen Kündigungen;
    d) die nach Artikel Ia des Protokolls Nr. 1 eingegangenen Erklärungen;
    e) die nach Artikel Ib des Protokolls Nr. 1 eingegangenen Erklärungen;
    f) die nach Artikel IV des Protokolls Nr. 1 eingegangenen Erklärungen;
    g) die Mitteilungen nach Artikel VI des Protokolls Nr. 1.

Artikel 68
Dieses Übereinkommen ist in einer Urschrift in dänischer, deutscher, englischer, finnischer, französischer, griechischer, irischer, isländischer, italienischer, niederländischer, norwegischer, portugiesischer, schwedischer und spanischer Sprache abgefasst, wobei jeder Wortlaut gleichermassen verbindlich ist; es wird im Archiv des Schweizerischen Bundesrates hinterlegt, der den Regierungen der Staaten, die auf der diplomatischen Konferenz von Lugano vertreten waren, und jedem beitretenden Staat eine beglaubigte Abschrift übermittelt.

Zu Urkund dessen haben die unterzeichneten Bevollmächtigten ihre Unterschrift unter dieses Übereinkommen gesetzt.

Geschehen zu Lugano am sechzehnten September neunzehnhundertachtundachtzig.

(Es folgen die Unterschriften)

Übereinkommen   **0.277.12**
über die Anerkennung und Vollstreckung ausländischer Schiedssprüche

Abgeschlossen in New York am 10. Juni 1958
Von der Bundesversammlung genehmigt am 2. März 1965
Schweizerische Ratifikationsurkunde hinterlegt am 1. Juni 1965
In Kraft getreten für die Schweiz am 30. August 1965

Artikel I
1. Dieses Übereinkommen ist auf die Anerkennung und Vollstreckung von Schiedssprüchen anzuwenden, die in Rechtsstreitigkeiten zwischen natürlichen oder juristischen Personen in dem Hoheitsgebiet eines anderen Staates als desjenigen ergangen sind, in dem die Anerkennung und Vollstreckung nachgesucht wird. Es ist auch auf solche Schiedssprüche anzuwenden, die in dem Staat, in dem ihre Anerkennung und Vollstreckung nachgesucht wird, nicht als inländische anzusehen sind.

2. Unter "Schiedssprüchen" sind nicht nur Schiedssprüche von Schiedsrichtern, die für eine bestimmte Sache bestellt worden sind, sondern auch solche eines ständigen Schiedsgerichts, dem sich die Parteien unterworfen haben, zu verstehen.

3. Jeder Staat, der dieses Übereinkommen unterzeichnet oder ratifiziert, ihm beitritt oder dessen Ausdehnung gemäss Artikel X notifiziert, kann gleichzeitig auf der Grundlage der Gegenseitigkeit erklären, dass er das Übereinkommen nur auf die Anerkennung und Vollstreckung solcher Schiedssprüche anwenden werde, die in dem Hoheitsgebiet eines anderen Vertragsstaates ergangen sind. Er kann auch erklären, dass er das Übereinkommen nur auf Streitigkeiten aus solchen Rechtsverhältnissen, sei es vertraglicher oder nichtvertraglicher Art, anwenden werde, die nach seinem innerstaatlichen Recht als Handelssachen angesehen werden.

Artikel II
1. Jeder Vertragsstaat erkennt eine schriftliche Vereinbarung an, durch die sich die Parteien verpflichten, alle oder einzelne Streitigkeiten, die zwischen ihnen aus einem bestimmten Rechtsverhältnis, sei es vertraglicher oder nichtvertraglicher Art, bereits entstanden sind oder etwa künftig entstehen, einem schiedsrichterlichen Verfahren zu unterwerfen, sofern der Gegenstand des Streites auf schiedsrichterlichem Wege geregelt werden kann.

2. Unter einer "schriftlichen Vereinbarung" ist eine Schiedsklausel in einem Vertrag oder eine Schiedsabrede zu verstehen, sofern der Vertrag oder die Schiedsabrede von den Parteien unterzeichnet oder in Briefen oder Telegrammen enthalten ist, die sie gewechselt haben.

3. Wird ein Gericht eines Vertragsstaates wegen eines Streitgegenstandes angerufen, hinsichtlich dessen die Parteien eine Vereinbarung im Sinne dieses Artikels getroffen haben, so hat das Gericht auf Antrag einer der Parteien sie auf das schiedsrichterliche Verfahren zu verweisen, sofern es nicht feststellt, dass die Vereinbarung hinfällig, unwirksam oder nicht erfüllbar ist.

Artikel III
Jeder Vertragsstaat erkennt Schiedssprüche als wirksam an und lässt sie nach den Verfahrensvorschriften des Hoheitsgebietes, in dem der Schiedsspruch geltend gemacht wird, zur Vollstreckung zu, sofern die in den folgenden Artikeln festgelegten Voraussetzungen gegeben sind. Die Anerkennung oder Vollstreckung von Schiedssprüchen, auf die dieses Übereinkommen anzuwenden ist, darf weder wesentlich strengeren Verfahrensvorschriften noch wesentlich höheren Kosten unterliegen als die Anerkennung oder Vollstreckung inländischer Schiedssprüche.

Artikel IV
1. Zur Anerkennung und Vollstreckung, die im vorangehenden Artikel erwähnt wird, ist erforderlich, dass die Partei, welche die Anerkennung und Vollstreckung nachsucht, zugleich mit ihrem Antrag vorlegt:
    a. die gehörig beglaubigte (legalisierte) Urschrift des Schiedsspruchs oder eine Abschrift, deren Übereinstimmung mit einer solchen Urschrift ordnungsgemäss beglaubigt ist;
    b. die Urschrift der Vereinbarung im Sinne des Artikels II oder eine Abschrift, deren Übereinstimmung mit einer solchen Urschrift ordnungsgemäss beglaubigt ist.

2. Ist der Schiedsspruch oder die Vereinbarung nicht in einer amtlichen Sprache des Landes abgefasst, in dem der Schiedsspruch geltend gemacht wird, so hat die Partei, die seine Anerkennung und Vollstreckung nachsucht, eine Übersetzung der erwähnten Urkunden in diese Sprache beizubringen. Die Übersetzung muss von einem amtlichen oder beeidigten Übersetzer oder von einem diplomatischen oder konsularischen Vertreter beglaubigt sein.

Artikel V
1. Die Anerkennung und Vollstreckung des Schiedsspruches darf auf Antrag der Partei, gegen die er geltend gemacht wird, nur versagt werden, wenn diese Partei der zuständigen Behörde des Landes, in dem die Anerkennung und Vollstreckung nachsucht wird, den Beweis erbringt,
    a. dass die Parteien, die eine Vereinbarung im Sinne des Artikels II geschlossen haben, nach dem Recht, das für sie persönlich massgebend ist, in irgendeiner Hinsicht hierzu nicht fähig waren, oder dass die Vereinbarung nach dem Recht, dem die Parteien sie unterstellt haben, oder, falls die Parteien hierüber nichts bestimmt haben, nach dem Recht des Landes, in dem der Schiedsspruch ergangen ist, ungültig ist, oder
    b. dass die Partei, gegen die der Schiedsspruch geltend gemacht wird, von der Bestellung des Schiedsrichters oder von dem schiedsrichterlichen Verfahren nicht gehörig in Kenntnis gesetzt worden ist oder dass sie aus einem anderen Grund ihre Angriffs- oder Verteidigungsmittel nicht hat geltend machen können, oder
    c. dass der Schiedsspruch eine Streitigkeit betrifft, die in der Schiedsabrede nicht erwähnt ist oder nicht unter die Bestimmungen der Schiedsklausel fällt, oder dass er Entscheidungen enthält, welche die Grenzen der Schiedsabrede oder der Schiedsklausel überschreiten; kann jedoch der Teil des Schiedsspruches, der sich auf Streitpunkte bezieht, die dem schiedsrichterlichen Verfahren unterworfen waren, von dem Teil, der Streitpunkte betrifft, die ihm nicht unterworfen waren, getrennt werden, so kann der erstgenannte Teil des Schiedsspruches anerkannt und vollstreckt werden, oder
    d. dass die Bildung des Schiedsgerichtes oder das schiedsrichterliche Verfahren der Vereinbarung der Parteien oder, mangels einer solchen Vereinbarung, dem Recht des Landes, in dem das schiedsrichterliche Verfahren stattfand, nicht entsprochen hat, oder
    e. dass der Schiedsspruch für die Parteien noch nicht verbindlich geworden ist oder dass er von einer zuständigen Behörde des Landes, in dem oder nach dessen Recht er ergangen ist, aufgehoben oder in seinen Wirkungen einstweilen gehemmt worden ist.

2. Die Anerkennung und Vollstreckung eines Schiedsspruches darf auch versagt werden, wenn die zuständige Behörde des Landes, in dem die Anerkennung und Vollstreckung nachsucht wird, feststellt,
    a. dass der Gegenstand des Streites nach dem Recht dieses Landes nicht auf schiedsrichterlichem Wege geregelt werden kann, oder
    b. dass die Anerkennung oder Vollstreckung des Schiedsspruches der öffentlichen Ordnung dieses Landes widersprechen würde.

Artikel VI
Ist bei der Behörde, die im Sinne des Artikels V Absatz 1 Buchstabe e zuständig ist, ein Antrag gestellt worden, den Schiedsspruch aufzuheben oder ihn in seinen Wirkungen einstweilen zu hemmen, so kann die Behörde, vor welcher der Schiedsspruch geltend gemacht wird, sofern sie es für angebracht hält, die Entscheidung über den Antrag, die Vollstreckung zuzulassen, aussetzen; sie kann aber auch auf Antrag der Partei, welche die Vollstreckung des Schiedsspruches begehrt, der andern Partei auferlegen, angemessene Sicherheit zu leisten.

Artikel VII
1. Die Bestimmungen dieses Übereinkommens lassen die Gültigkeit mehrseitiger oder zweiseitiger Verträge, welche die Vertragsstaaten über die Anerkennung und Vollstreckung von Schiedssprüchen geschlossen haben, unberührt und nehmen keiner beteiligten Partei das Recht, sich auf einen Schiedsspruch nach Massgabe des innerstaatlichen Rechts oder der Verträge des Landes, in dem er geltend gemacht wird, zu berufen.

2. Das Genfer Protokoll über die Schiedsklauseln von 1923 und das Genfer Abkommen zur Vollstreckung ausländischer Schiedssprüche von 1927 treten zwischen den Vertragsstaaten in dem Zeitpunkt und in dem Ausmass ausser Kraft, in dem dieses Übereinkommen für sie verbindlich wird.

Artikel VIII
1. Dieses Übereinkommen liegt bis zum 31. Dezember 1958 zur Unterzeichnung durch jeden Mitgliedstaat der Vereinten Nationen sowie durch jeden anderen Staat auf, der Mitglied einer Spezialorganisation der Vereinten Nationen oder Vertragspartei des Statutes des Internationalen Gerichtshofes ist oder später wird oder an den eine Einladung der Generalversammlung der Vereinten Nationen ergangen ist.

2. Dieses Übereinkommen bedarf der Ratifizierung; die Ratifikationsurkunde ist bei dem Generalsekretär der Vereinten Nationen zu hinterlegen.

Artikel IX
1. Alle in Artikel VIII bezeichneten Staaten können diesem Übereinkommen bei treten.

2. Der Beitritt erfolgt durch Hinterlegung einer Beitrittsurkunde bei dem Generalsekretär der Vereinten Nationen.

Artikel X
1. Jeder Staat kann bei der Unterzeichnung, bei der Ratifizierung oder beim Beitritt erklären, dass dieses Übereinkommen auf alle oder auf einzelne der Gebiete ausgedehnt werde, deren internationale Beziehungen er wahrnimmt. Eine solche Erklärung wird wirksam, sobald das Übereinkommen für den Staat, der sie abgegeben hat, in Kraft tritt.

2. Später kann dieses Übereinkommen auf solche Gebiete durch eine an den Generalsekretär der Vereinten Nationen gerichtete Notifikation ausgedehnt werden; die Ausdehnung wird am neunzigsten Tage, nachdem die Notifikation dem Generalsekretär der Vereinten Nationen zugegangen ist oder, sofern dieses Übereinkommen für den in Betracht kommenden Staat später in Kraft tritt, erst in diesem Zeitpunkt wirksam.

3. Hinsichtlich der Gebiete, auf welche dieses Übereinkommen bei der Unterzeichnung, bei der Ratifizierung oder beim Beitritt nicht ausgedehnt worden ist, wird jeder in Betracht kommende Staat die Möglichkeit erwägen, die erforderlichen Massnahmen zu treffen, um das Übereinkommen auf sie auszudehnen, und zwar mit Zustimmung der Regierungen dieser Gebiete, falls eine solche aus verfassungsrechtlichen Gründen notwendig sein sollte.

Artikel XI
Für einen Bundesstaat oder einen Staat, der kein Einheitsstaat ist, gelten die folgenden Bestimmungen:
    a. hinsichtlich der Artikel dieses Übereinkommens, die sich auf Gegenstände der Gesetzgebungsbefugnis des Bundes beziehen, sind die Verpflichtungen der Bundesregierung die gleichen wie diejenigen der Vertragsstaaten, die keine Bundesstaaten sind;
    b. hinsichtlich solcher Artikel dieses Übereinkommens, die sich auf Gegenstände der Gesetzgebungsbefugnis der Gliedstaaten oder Provinzen beziehen, die nach der verfassungsrechtlichen Ordnung des Bundes nicht gehalten sind, Massnahmen im Wege der Gesetzgebung zu treffen, ist die Bundesregierung verpflichtet, die in Betracht kommenden Artikel den zuständigen Behörden der Gliedstaaten oder Provinzen so bald wie möglich befürwortend zur Kenntnis zu bringen;

c. ein Bundesstaat, der Vertragspartei dieses Übereinkommens ist, übermittelt auf das ihm von dem Generalsekretär der Vereinten Nationen zugeleitete Ersuchen eines anderen Vertragsstaates eine Darstellung des geltenden Rechts und der Übung innerhalb des Bundes und seiner Gliedstaaten oder Provinzen hinsichtlich einzelner Bestimmungen dieses Übereinkommens, aus der insbesondere hervorgeht, inwieweit diese Bestimmungen durch Massnahmen im Wege der Gesetzgebung oder andere Massnahmen wirksam geworden sind.

Artikel XII
1. Dieses Übereinkommen tritt am neunzigsten Tage nach der Hinterlegung der dritten Ratifikations- oder Beitrittsurkunde in Kraft.
2. Für jeden Staat, der dieses Übereinkommen nach Hinterlegung der dritten Ratifikations- oder Beitrittsurkunde ratifiziert oder ihm beitritt, tritt es am neunzigsten Tage nach der Hinterlegung seiner Ratifikations- oder Beitrittsurkunde in Kraft.

Artikel XIII
1. Jeder Vertragsstaat kann dieses Übereinkommen durch eine an den Generalsekretär der Vereinten Nationen gerichtete schriftliche Notifikation kündigen. Die Kündigung wird ein Jahr, nachdem die Notifikation dem Generalsekretär zugegangen ist, wirksam.
2. Jeder Staat, der gemäss Artikel X eine Erklärung abgegeben oder eine Notifikation vorgenommen hat, kann später jederzeit dem Generalsekretär der Vereinten Nationen notifizieren, dass die Ausdehnung dieses Übereinkommens auf das in Betracht kommende Gebiet ein Jahr, nachdem die Notifikation dem Generalsekretär zugegangen ist, ihre Wirkung verlieren soll.
3. Dieses Übereinkommen bleibt auf Schiedssprüche anwendbar, hinsichtlich derer ein Verfahren zum Zwecke der Anerkennung oder Vollstreckung eingeleitet worden ist, bevor die Kündigung wirksam wird.

Artikel XIV
Ein Vertragsstaat darf sich gegenüber einem anderen Vertragsstaat nur insoweit auf dieses Übereinkommen berufen, als er selbst verpflichtet ist, es anzuwenden.

Artikel XV
Der Generalsekretär der Vereinten Nationen notifiziert allen in Artikel VIII bezeichneten Staaten:
    a. die Unterzeichnungen und Ratifikationen gemäss Artikel VIII;
    b. die Beitrittserklärungen gemäss Artikel IX;
    c. die Erklärungen und Notifikationen gemäss den Artikeln I, X und XI;
    d. den Tag, an dem dieses Übereinkommen gemäss Artikel XII in Kraft tritt;
    e. die Kündigungen und Notifikationen gemäss Artikel XIII.

Artikel XVI
1. Dieses Übereinkommen, dessen chinesischer, englischer, französischer, russischer und spanischer Wortlaut in gleicher Weise massgebend ist, wird in dem Archiv der Vereinten Nationen hinterlegt.
2. Der Generalsekretär der Vereinten Nationen übermittelt den in Artikel VIII bezeichneten Staaten eine beglaubigte Abschrift dieses Übereinkommens.

(Es folgen die Unterschriften)

New Yorker Abkommen (SR 0.277.12)

Geltungsbereich des Übereinkommens am 1. Juli 1994

Vertragsstaaten	Ratifikation Beitritt (B) Nackfolgeerklärung (N)		Inkrafttreten	
Ägypten	9. März	1959 B	7. Juni	1959
Algerien [1)2)]	7. Februar	1989 B	8. Mai	1989
Antigua und Barbuda [1)2)]	2. Februar	1989 B	3. Mai	1989
Argentinien [1)2)3)]	14. März	1989	12. Juni	1989
Australien [3)]	26. März	1975 B	24. Juni	1975
Bahrain [1)2)]	6. April	1988 B	5. Juli	1988
Belarus [1)]	15. November	1960	13. Februar	1961
Belgien [1)]	18. August	1975	16. November	1975
Benin	16. Mai	1974 B	14. August	1974
Botswana [1)2)]	20. Dezember	1971 B	19. März	1972
Bulgarien [1)]	10. Oktober	1961	8. Januar	1962
Burkina Faso	23. März	1987 B	21. Juni	1987
Chile	4. September	1975 B	3. Dezember	1975
China [1)2)]	22. Januar	1987 B	22. April	1987
Costa Rica	26. Oktober	1987	24. Januar	1988
Dänemark	22. Dezember	1972 B	22. März	1973
– Färöer-Inseln				
– und Grönland	12. November	1975 B	10. Februar	1976
Deutschland [1)4)]	30. Juni	1961	28. September	1961
Dominica	28. Oktober	1988 B	26. Januar	1989
Dschibuti	14. Juni	1983 N	27. Juni	1977
Ekuador [1)2)]	3. Januar	1962	3. April	1962
Finnland	19. Januar	1962	19. April	1962
Frankreich [1) 2)]	26. Juni	1959	24. September	1959
– Alle Hoheitsgebiete der Französischen Republik [1) 2)]	26. Juni	1959	24. September	1959
Ghana.....................	9. April	1968 B	8. Juli	1968
Griechenland [1)2)]	16. Juli	1962 B	14. Oktober	1962

---

1) Staat, welcher die in Art. I Abs. 3 erster Satz des Übereinkommens vorgesehene Erklärung abgegeben hat (Beschränkung auf Schiedssprüche, die im Hoheitsgebiet eines Vertragsstaates ergangen sind). Die Erklärungen von Griechenland und Grossbritannien sind – mit Ausnahme der Bermudas, der Kaiman-Inseln und Guernsey – am 8. Sept. 1980 in Kraft getreten.

2) Staat, welcher die in Art. I Abs. 3 zweiter Satz des Übereinkommens vorgesehene Erklärung abgegeben hat (Beschränkung auf Streitigkeiten aus Rechtsverhältnissen, sei es vertraglicher oder nichtvertraglicher Art, die nach seinem innerstaatlichen Recht als Handelssachen angesehen werden). Die Erklärung von Griechenland ist am 8. Sept. 1980 in Kraft getreten.

3) Vorbehalte und Erklärungen siehe hiernach.

4) Einwendung siehe hiernach.

Vertragsstaaten	Ratifikation Beitritt (B) Nachfolgeerklärung (N)		Inkrafttreten	
Grossbritannien [1]	24. September	1975 B	23. Dezember	1975
– Bermudas	14. November	1979 B	12. Februar	1980
– Kaiman-Inseln	26. November	1980 B	24. Februar	1981
– Gibraltar	24. September	1975 B	23. Dezember	1975
– Guernsey	19. April	1985 B	18. Juli	1985
– Hongkong	21. Januar	1977 B	21. April	1977
– Insel Man	22. Februar	1979 B	23. Mai	1979
Guatemala [1][2],	21. März	1984 B	19. Juni	1984
Haiti	5. Dezember	1983 B	4. März	1984
Indien [1][2]	13. Juli	1960	11. Oktober	1960
Indonesien [3][5]	7. Oktober	1981 B	5. Januar	1982
Irland [3]	12. Mai	1981 B	10. August	1981
Israel	5. Januar	1959	7. Juni	1959
Italien	31. Januar	1969 B	1. Mai	1969
Japan [3]	20. Juni	1961 B	18. September	1961
Jordanien [4]	15. November	1979	13. Februar	1980
Jugoslawien [3][4][5]	26. Februar	1982 B	27. Mai	1982
Kambodscha	5. Januar	1960 B	4. April	1960
Kamerun	19. Februar	1988 B	19. Mai	1988
Kanada [4]	12. Mai	1986 B	10. August	1986
Kenia [1]	10. Februar	1989 B	11. Mai	1989
Kolumbien	25. September	1979 B	24. Dezember	1979
Korea (Süd-)[3]	8. Februar	1973 B	9. Mai	1973
Kuba [3][4][5]	30. Dezember	1974 B	30. März	1975
Kuwait [3]	28. April	1978 B	27. Juli	1978
Lesotho	13. Juni	1989 B	11. September	1989

1) Staat, welcher die in Art. I Abs. 3 erster Satz des Übereinkommens vorgesehene Erklärung abgegeben hat (Beschränkung auf Schiedssprüche, die im Hoheitsgebiet eines Vertragsstaates ergangen sind). Die Erklärungen von Griechenland und Grossbritannien sind – mit Ausnahme der Bermudas, der Kaiman-Inseln und Guernsey – am 8. Sept. 1980 in Kraft getreten.

2) Staat, welcher die in Art. l Abs. 3 zweiter Satz des Übereinkommens vorgesehene Erklärung abgegeben hat (Beschränkung auf Streitigkeiten aus Rechtsverhältnissen, sei es vertraglicher oder nichtvertraglicher Art, die nach seinem innerstaatlichen Recht als Handelssachen angesehen werden). Die Erklärung von Griechenland ist am 8. Sept. 1980 in Kraft getreten.

3) Staat, welcher die in Art. I Abs. 3 erster Satz des Übereinkommens vorgesehene Erklärung abgegeben hat (Beschränkung auf Schiedssprüche, die im Hoheitsgebiet eines Vertragsstaates ergangen sind).

4) Vorbehalte und Erklärungen siehe hiernach.

5) Staat, welcher die in Art. I Abs. 3 zweiter Satz des Übereinkommens vorgesehene Erklärung abgegeben hat (Beschränkung auf Streitigkeiten aus Rechtsverhältnissen, sei es vertraglicher oder nichtvertraglicher Art, die nach seinem innerstaatlichen Recht als Handelssachen angesehen werden).

Vertragsstaaten	Ratifikation Beitritt (B) Nachfolgeerklärung (N)		Inkrafttreten	
Luxemburg [1]	9. September	1983	8. Dezember	1983
Madagaskar [1][2]	16. Juli	1962 B	14. Oktober	1962
Malaysia [1][2]	5. November	1985 B	3. Februar	1986
Marokko [1]	12. Februar	1959 B	7. Juni	1959
Mexiko	14. April	1971 B	13. Juli	1971
Monaco [1][2]	2. Juni	1982	31. August	1982
Neuseeland [1]	6. Januar	1983 B	6. April	1983
Niederlande [1]	24. April	1964	23. Juli	1964
– Niederl. Antillen – und Surinam [1]	24. April	1964	23. Juli	1964
Niger	14. Oktober	1964 B	12. Januar	1965
Nigeria [1]	17. März	1970 B	15. Juni	1970
Norwegen [1][2]	14. März	1961 B	12. Juni	1961
Österreich	2. Mai	1961 B	31. Juli	1961
Panama	10. Oktober	1984 B	8. Januar	1985
Peru	7. Juli	1988 B	5. Oktober	1988
Philippinen [1][2]	6. Juli	1967	4. Oktober	1967
Polen [1][2]	3. Oktober	1961	1. Januar	1962
Rumänien [1][2]	13. September	1961 B	12. Dezember	1961
Russland [1]	24. August	1960	22. November	1960
San Marino	17. Mai	1979 B	15. August	1979
Schweden	28. Januar	1972	27. April	1972
Schweiz	1. Juni	1965	30. August	1965
Singapur [1]	21. August	1986 B	19. November	1986
Spanien	12. Mai	1977 B	10. August	1977
Sri Lanka	9. April	1962	8. Juli	1962
Südafrika	3. Mai	1976 B	1. August	1976
Syrien	9. März	1959 B	7. Juni	1959
Tansania [1]	13. Oktober	1964 B	11. Januar	1965
Thailand	21. Dezember	1959 B	20. März	1960
Trinidad und Tobago [1][2]	14. Februar	1966 B	15. Mai	1966
Tschechoslowakei [1]	10. Juli	1959	8. Oktober	1959
Tunesien [1][2]	17. Juli	1967 B	15. Oktober	1967
Ukraine [1]	10. Oktober	1960	8. Januar	1961
Ungarn [1][2]	5. März	1962 B	3. Juni	1962
Uruguay [1][2]	30. März	1983 B	28. Juni	1983
Vatikanstadt [1][2]	14. Mai	1975 B	12. August	1975
Vereinigte Staaten v. Amerika [1][2]	30. September	1970 B	29. Dezember	1970
– alle Gebiete, deren internationale Beziehungen von den Vereinigten Staaten wahrgenommen werden	3. November	1970 B	1. Februar	1971
Zentralafrikanische - Republik [1][2]	15. Oktober	1962 B	13. Januar	1963
Zypern [1][2]	29. Dezember	1980	29. März	1981

---

1) Staat, welcher die in Art. I Abs. 3 erster Satz des Übereinkommens vorgesehene Erklärung abgegeben hat (Beschränkung auf Schiedssprüche, die im Hoheitsgebiet eines Vertragsstaates ergangen sind).

2) Staat, welcher die in Art. I Abs. 3 zweiter Satz des Übereinkommens vorgesehene Erklärung abgegeben hat (Beschränkung auf Streitigkeiten aus Rechtsverhältnissen, sei es vertraglicher oder nichtvertraglicher Art, die nach seinem innerstaatlichen Recht als Handelssachen angesehen werden).

Vorbehalte und Erklärungen

Argentinien
Das vorliegende Übereinkommen wird nach den Grundsätzen und Vorschriften der geltenden nationalen Verfassung oder nach jenen Bestimmungen ausgelegt werden, die aus Reformen hervorgehen, welche in Anwendung der erwähnten Verfassung durchgeführt werden.

Australien
Das Übereinkommen erstreckt sich auf alle Aussengebiete (ausser auf Papua Neu-Guinea), deren internationale Beziehungen von Australien wahrgenommen werden.

Jordanien
Die jordanische Regierung wird sich keinem Schiedsspruch unterwerfen, der durch Israel ergangen ist oder einen israelischen Staatsangehörigen als Partei hat.

Jugoslawien
Mit Bezug auf die Sozialistische Föderative Republik Jugoslawien ist das Übereinkommen nur auf Schiedssprüche anzuwenden, die nach dessen Inkrafttreten ergangen sind.

Kanada
Die Regierung von Kanada erklärt, dass sie das Übereinkommen nur auf Streitigkeiten aus solchen Rechtsverhältnissen, sei es vertraglicher oder nichtvertraglicher Art, anwenden wird, die nach den Gesetzen Kanadas als Handelssachen angesehen werden, ausser im Fall der Provinz Quebec, deren Recht eine solche Einschränkung nicht vorsieht.

Kuba
Die Republik Kuba wird dieses Übereinkommen auf die Anerkennung und Vollstreckung von Schiedssprüchen anwenden, die im Hoheitsgebiet eines anderen Vertragsstaats ergangen sind. Auf Schiedssprüche, die in Nichtvertragsstaaten ergangen sind, wird sie das Übereinkommen nur in dem Umfang anwenden, in dem diese Staaten die Gegenseitigkeit gewähren, soweit diese zwischen den Parteien vereinbart wurde; ferner wird sie das Übereinkommen nur auf Streitigkeiten aus solchen Rechtsverhältnissen, sei es vertraglicher oder nichtvertraglicher Art, anwenden, die nach kubanischem Recht als Handelssachen angesehen werden.

Einwendung

Deutschland
Anlässlich der Ratifikation des Übereinkommens hat die Argentinische Republik folgende Erklärung abgegeben:

"Das vorliegende Übereinkommen wird nach den Grundsätzen und Vorschriften der geltenden nationalen Verfassung oder nach jenen Bestimmungen ausgelegt werden, die aus Reformen hervorgehen, welche in Anwendung der erwähnten Verfassung durchgeführt werden."

Die Bundesrepublik Deutschland ist der Ansicht, dass diese Erklärung einen Vorbehalt darstellt und damit nicht nur in Widerspruch zu Artikel 1 Absatz 3 des Übereinkommens steht, sondern ebenfalls vage, also unannehmbar ist; sie erhebt folglich eine Einwendung gegen diesen Vorbehalt.

In jeder andern Hinsicht zielt diese Einwendung nicht darauf ab, das Inkrafttreten des Übereinkommens zwischen der Argentinischen Republik und der Bundesrepublik Deutschland zu verhindern.

Bundesgesetz 173.110
über die Organisation der Bundesrechtspflege
vom 16. Dezember 1943
(Auszug)

Zweiter Abschnitt:
Das Bundesgericht als Berufungsinstanz

Berufungsgründe
a. Bundesrecht
Art. 43
[1] Mit Berufung kann geltend gemacht werden, der angefochtene Entscheid beruhe auf Verletzung des Bundesrechts mit Einschluss der durch den Bund abgeschlossenen völkerrechtlichen Verträge. Wegen Verletzung verfassungsmässiger Rechte der Bürger ist die staatsrechtliche Beschwerde vorbehalten.

[2] Das Bundesrecht ist verletzt, wenn ein in einer eidgenössischen Vorschrift ausdrücklich ausgesprochener oder daraus sich ergebender Rechtssatz nicht oder nicht richtig angewendet worden ist.

[3] Das Bundesrecht ist durch Feststellungen über tatsächliche Verhältnisse nicht verletzt, es wäre denn, dass sie unter Verletzung bundesrechtlicher Beweisvorschriften zustande gekommen sind.

[4] Jede unrichtige rechtliche Beurteilung einer Tatsache ist als Rechtsverletzung anzusehen.

b. ausländisches Recht
Art. 43a
[1] Mit Berufung kann auch geltend gemacht werden:
a. der angefochtene Entscheid habe nicht ausländisches Recht angewendet, wie es das schweizerische internationale Privatrecht vorschreibt;
b. der angefochtene Entscheid habe zu Unrecht festgestellt, die Ermittlung des ausländischen Rechts sei nicht möglich.

[2] Bei nicht vermögensrechtlichen Zivilstreitigkeiten kann ausserdem geltend gemacht werden, der angefochtene Entscheid wende das ausländische Recht nicht richtig an.

Nicht vermögensrechtliche Zivilsachen
Art. 44
Die Berufung ist zulässig in nicht vermögensrechtlichen Zivilrechtsstreitigkeiten sowie in folgenden Fällen:
a. Verweigerung der Namensänderung (Art. 30 Abs. 1 und 2 ZGB);
b. Verweigerung der Einwilligung des Vormundes zur Eheschliessung (Art. 99 ZGB);
c. Absehen von der Zustimmung eines Elternteils zur Adoption und Verweigerung der Adoption (Art. 265c Ziff. 2, 268 Abs. 1 ZGB);
d. Entziehung und Wiederherstellung der elterlichen Gewalt (Art. 311 und 313 ZGB);
e. Entmündigung und Anordnung einer Beistandschaft (Art. 308, 325, 369–372, 392–395 ZGB) sowie Aufhebung dieser Verfügung;
f. fürsorgerische Freiheitsentziehung (Art. 310 Abs. 1 und 2, Art. 314a, 405a und 397a–397f ZGB).

Vermögensrechtliche Zivilsachen:
a. ohne Berufungssumme
Art. 45
In vermögensrechtlichen Zivilsachen ist die Berufung ohne Rücksicht auf den Streitwert zulässig.
a. in Streitigkeiten über den Gebrauch einer Geschäftsfirma, über den Schutz der Fabrik- und Handelsmarken, der Herkunftsbezeichnung von Waren, der gewerblichen Auszeichnungen und der gewerblichen Muster und Modelle, über die Erfindungspatente, den Sortenschutz, das Urheberrecht an Werken der Literatur und Kunst und über Kartelle;
b. im Verfahren zur Kraftloserklärung von Pfandtiteln oder Zinscoupons (Art. 870 und 871 ZGB), von Wertpapieren (Art. 971 und 972 OR), insbesondere Namenpapieren (Art. 977 OR und Art. 9 UeB), Inhaberpapieren (Art. 981–989 OR), Wechseln (Art. 1072–1080 und 1098 OR), Checks (Art. 1143 Ziff. 19 OR), wechselähnlichen und andern Ordrepapieren (Art. 1147, 1151 und 1152 OR), sowie von Versicherungspolicen (Art. 13 des Versicherungsvertragsgesetzes);
c. in Streitigkeiten über die Haftpflicht für Nuklearschäden (Kernergiehaftpflichtgesetz vom 18. März 1983).

b. mit Berufungssumme
Art 46
In Zivilrechtsstreitigkeiten über andere vermögensrechtliche Ansprüche ist die Berufung nur zulässig, wenn der Streitwert nach Massgabe der Rechtsbegehren, wie sie vor der letzten kantonalen Instanz noch streitig waren, wenigstens 8000 Franken beträgt.

c. Zusammenrechnung. Widerklage
Art. 47
[1] Mehrere in einer vermögensrechtlichen Klage, sei es von einem Kläger, sei es von Streitgenossen, geltend gemachte Ansprüche werden, auch wenn sie nicht den gleichen Gegenstand betreffen, zusammengerechnet, sofern sie sich nicht gegenseitig ausschliessen.

[2] Der Betrag einer Widerklage wird nicht mit demjenigen der Hauptklage zusammengerechnet.

[3] Wenn die in Hauptklage und Widerklage geltend gemachten Ansprüche einander ausschliessen, so ist die Berufung bezüglich beider Klagen zulässig, sofern nur für eine derselben die Zuständigkeit des Bundesgerichtes begründet ist.

Anfechtbare Entscheide
a. Endentscheide
Art. 48
[1] Die Berufung ist in der Regel erst gegen die Endentscheide der obern kantonalen Gerichte oder sonstigen Spruchbehörden zulässig, die nicht durch ein ordentliches kantonales Rechtsmittel angefochten werden können.

[1bis] Ausgenommen ist ein nach Artikel 191 Absatz 2 des Bundesgesetzes vom 18. Dezember 1987 über das Internationale Privatrecht (IPRG) ergangener kantonaler Entscheid.

[2] Die Berufung ist gegen Endentscheide unterer Gerichte nur zulässig:
a. wenn diese als letzte, aber nicht einzige kantonale Instanz entschieden haben, oder
b. wenn sie als die vom Bundesrecht vorgesehene einzige kantonale Instanz entschieden haben.

[3] Die Berufung gegen den Endentscheid bezieht sich auch auf die ihm vorausgegangenen Entscheide; ausgenommen sind Zwischenentscheide über die Zuständigkeit, die gemäss Artikel 49 schon früher weiterziehbar waren, sowie andere Zwischenentscheide, die gemäss Artikel 50 weitergezogen und beurteilt worden sind.

b. Zwischenentscheide über Zuständigkeit
Art. 49
¹ Gegen selbständige Vor- und Zwischenentscheide der in Artikel 48 Absätze 1 und 2 bezeichneten Instanzen über die Zuständigkeit ist wegen Verletzung bundesrechtlicher Vorschriften über die sachliche, die örtliche oder die internationale Zuständigkeit die Berufung zulässig.

² Ausgenommen ist ein nach Artikel 191 Absatz 2 des Bundesgesetzes vom 18. Dezember 1987 über das Internationale Privatrecht ergangener Entscheid eines kantonalen Gerichts.

³ Die staatsrechtliche Beschwerde wegen Verletzung von Artikel 59 der Bundesverfassung ist vorbehalten.

c. andere Zwischenentscheide
Art. 50
¹ Gegen andere selbständige Vor- oder Zwischenentscheide der in Artikel 48 Absätze 1 und 2 bezeichneten Instanzen ist ausnahmsweise die Berufung zulässig, wenn dadurch sofort ein Endentscheid herbeigeführt und ein so bedeutender Aufwand an Zeit oder Kosten für ein weitläufiges Beweisverfahren erspart werden kann, dass die gesonderte Anrufung des Bundesgerichtes gerechtfertigt erscheint.

$^{1\text{bis}}$ Ausgenommen ist ein nach Artikel 191 Absatz 2 des Bundesgesetzes vom 18. Dezember 1987 über das Internationale Privatrecht ergangener kantonaler Entscheid.

² Über das Vorhandensein dieser Voraussetzung entscheidet das Bundesgericht ohne öffentliche Beratung nach freiem Ermessen.

Kantonales Verfahren
a. Anforderungen
Art. 51
¹ Das Verfahren vor den kantonalen Behörden und die Abfassung der Entscheide richten sich nach den Vorschriften der kantonalen Gesetzgebung; vorbehalten sind folgende Bestimmungen:
a. Wird bei vermögensrechtlichen Streitigkeiten nicht eine bestimmt bezifferte Geldsumme gefordert, ist in der Klage anzugeben und, soweit es ohne erhebliche Weiterung möglich ist, im Entscheid festzustellen, ob der erforderliche Streitwert erreicht ist.
b. Wenn das Verfahren vor den kantonalen Behörden mündlich ist und über die Parteiverhandlungen, soweit sie für die Entscheidung massgebend sind, nicht ein genaues Sitzungsprotokoll geführt wird, so sind die Behörden verpflichtet, im Entscheid die Anträge der Parteien, die zu deren Begründung vorgebrachten Tatsachen, die Erklärungen (Anerkennungen, Bestreitungen) der Parteien sowie die von ihnen angerufenen Beweis- und Gegenbeweismittel vollständig anzuführen.
Überdies steht in diesem Fall jeder Partei das Recht zu, vor Schluss des kantonalen Verfahrens eine Zusammenfassung ihrer mündlichen Vorträge zu den Akten zu legen, in der die von ihr gestellten Anträge, die zu deren Begründung vorgebrachten Tatsachen und rechtlichen Gesichtspunkte sowie die von ihr angerufenen Beweismittel und abgegebenen Erklärungen anzuführen sind. Machen die Parteien von dieser Berechtigung Gebrauch, so kann in der Sachdarstellung des Entscheides auf die Eingaben der Parteien Bezug genommen werden. Steht die Sachdarstellung in einem Punkte mit den übereinstimmenden Eingaben der Parteien im Widerspruch, so ist auf die letztern abzustellen.
c. In den Entscheiden ist das Ergebnis der Beweisführung festzustellen und anzugeben, inwieweit die Entscheidung auf der Anwendung eidgenössischer, kantonaler oder ausländischer Gesetzesbestimmungen beruht. Wird wegen besonderer Sachkunde einzelner Richter vom Beweis durch Sachverständige Umgang genommen, so sind deren Voten zu protokollieren.
d. Die an das Bundesgericht weiterziehbaren Entscheide sind den Parteien von Amtes wegen schriftlich mitzuteilen. Als solche Mitteilung gilt auch die schriftliche Eröffnung, dass der Entscheid bei der Behörde zur Einsicht aufliege.
e. Die Akten dürfen nicht vor Ablauf der Frist zur Berufung an das Bundesgericht zurückgegeben werden.

² In den Rechtsstreitigkeiten, die nach den Artikeln 148, 250 und 284 des Schuldbetreibungs- und Konkursgesetzes im beschleunigten Verfahren zu erledigen sind (Kollokationsstreitigkeiten im Pfändungs und im Konkursverfahren und Streitigkeiten über heimlich oder gewaltsam aus vermieteten oder verpachteten Räumlichkeiten fortgeschaffte Gegenstände), hat die schriftliche Mitteilung des Urteils innerhalb zehn Tagen nach der Ausfällung zu erfolgen.

b. Mangel
Art. 52
Weisen die Akten oder der Entscheid in den in Artikel 51 bezeichneten Punkten Mängel auf, so kann der Präsident oder das Bundesgericht die kantonale Instanz zu deren Verbesserung anhalten. Wenn die Mängel auf andere Weise nicht behoben werden können, hebt das Bundesgericht den Entscheid von Amtes wegen auf und weist die Sache an die kantonale Instanz zu neuer Beurteilung zurück, der nötigenfalls eine Ergänzung des Verfahrens vorauszugehen hat.

Nebenparteien
Art. 53
¹ Zur Berufung oder Anschlussberufung sind auch die Nebenparteien (Litisdenunzianten, Nebenintervenienten) berechtigt, wenn ihnen nach dem kantonalen Gesetz Parteirechte zukommen und sie vor der letzten kantonalen Instanz am Prozess teilgenommen haben. Ihre Stellung im Verfahren wird durch das kantonale Recht bestimmt.

² Streitverkündung und Nebenintervention sind vor Bundesgericht nicht mehr zulässig.

Berufungsfrist.
Rechtskraft
Art. 54
¹ Die Berufung ist binnen 30 Tagen, vom Eingang der schriftlichen Mitteilung des Entscheides (Art. 51 Bst. d) an gerechnet, bei der Behörde einzulegen, die den Entscheid gefällt hat. Diese Frist wird weder durch Einlegung eines ausserordentlichen kantonalen Rechtsmittels verlängert noch durch eine Verfügung, die ihm aufschiebende Wirkung verleiht.

² Vor Ablauf der Berufungs- und Anschlussberufungsfrist tritt die Rechtskraft der Endentscheide nicht ein, ausgenommen als Voraussetzung für ausserordentliche kantonale Rechtsmittel. Durch zulässige Berufung und Anschlussberufung wird der Eintritt der Rechtskraft im Umfang der Anträge gehemmt.

³ Die Berufung gegen eine fürsorgerische Freiheitsentziehung (Art. 44 Bst. f) hat diese aufschiebende Wirkung nur, soweit der Präsident der urteilenden Abteilung es auf Begehren des Berufungsklägers verfügt.

Berufungsschrift
Art. 55
¹ Die Berufungsschrift muss ausser der Bezeichnung des angefochtenen Entscheides und der Partei, gegen welche die Berufung gerichtet wird, enthalten:
a. bei vermögensrechtlichen Streitigkeiten, deren Gegenstand nicht in einer bestimmt bezifferten Geldsumme besteht, die Angabe, ob der erforderliche Streitwert erreicht ist, sowie die Gründe, aus denen der Berufungskläger eine allfällige gegenteilige Feststellung der Vorinstanz bestreitet;
b. die genaue Angabe, welche Punkte des Entscheides angefochten und welche Abänderungen beantragt werden. Der blosse Hinweis auf im kantonalen Verfahren gestellte Anträge genügt nicht. Neue Begehren sind ausgeschlossen;
c. die Begründung der Anträge. Sie soll kurz darlegen, welche Bundesrechtssätze und inwiefern sie durch den angefochtenen Entscheid verletzt sind. Ausführungen, die sich gegen die tatsächlichen Feststellungen richten, das Vorbringen neuer Tatsachen, neue Einreden, Bestreitungen und Beweismittel, sowie Erörterungen über die Verletzung kantonalen Rechts sind unzulässig;

d. wenn die Feststellung einer nach dem Bundesrecht zu beurteilenden Tatsache durch die kantonale Instanz als offensichtlich auf Versehen beruhend angefochten wird: die genaue Angabe dieser Feststellung und der Aktenstelle, mit der sie im Widerspruch steht;
e. ein allfälliges Gesuch um Bewilligung der unentgeltlichen Rechtspflege (Art. 152).

² Eine Berufungsschrift, deren Begründung den vorstehenden Vorschriften nicht entspricht, kann unter Ansetzung einer kurzen Frist zur Verbesserung zurückgewiesen werden mit der Androhung, dass bei Nichtbefolgen auf die Berufung nicht eingetreten werde.

Mitteilung.
Akteneinsendung
Art. 56
Die kantonale Behörde hat der Gegenpartei sofort von den Anträgen der Berufung, auch wenn sie verspätet erscheint, Kenntnis zu geben und innerhalb einer Woche die Berufungsschriften, eine Abschrift des Entscheides und vorangegangener Zwischenentscheide sowie sämtliche Akten und ihre allfälligen Gegenbemerkungen dem Bundesgericht einzusenden und ihm die Daten der Zustellung des angefochtenen Entscheides und des Einganges oder der Postaufgabe der Berufung sowie der Kenntnisgabe an die Gegenpartei mitzuteilen.

Ausserordentliche kantonale Rechtsmittel
Art. 57
¹ Ist bezüglich eines Entscheides, gegen den beim Bundesgericht Berufung eingelegt ist, bei der zuständigen kantonalen Behörde eine Nichtigkeitsbeschwerde oder ein Gesuch um Erläuterung oder um Wiederherstellung (Revision) anhängig, so wird bis zur Erledigung der Sache vor der kantonalen Behörde die bundesgerichtliche Entscheidung ausgesetzt. Inzwischen unterbleibt die Einsendung der Akten des kantonalen Verfahrens an das Bundesgericht.

² Ist ein Strafverfahren zur Vorbereitung eines Gesuches um Wiederherstellung (Revision) anhängig, so kann das Bundesgericht seine Entscheidung ebenfalls aussetzen.

³ Die angegangene kantonale Behörde hat dem Bundesgericht von der Art der Erledigung unverzüglich Kenntnis zu geben. Lautet ihr Entscheid auf Erläuterung oder auf Abweisung eines Revisionsgesuches, so ist er samt den neuen Akten einzusenden.

⁴ Über die Ergebnisse des Erläuterungs- oder Revisionsverfahrens kann ein weiterer Schriftenwechsel angeordnet werden. Sie sind bei der Beurteilung vom Bundesgericht zu berücksichtigen.

⁵ In gleicher Weise wird die Entscheidung über die Berufung in der Regel bis zur Erledigung einer staatsrechtlichen Beschwerde ausgesetzt.

Einstweilige Verfügungen
Art. 58
Zum Erlass einstweiliger Verfügungen bleiben auch während der Anhängigkeit der Streitsache beim Bundesgericht die kantonalen Behörden nach Massgabe der kantonalen Gesetzgebung ausschliesslich zuständig.

Antwort.
Anschlussberufung
Art. 59
¹ Dem Berufungsbeklagten wird eine Frist von 30 Tagen angesetzt, um sich zur Berufung zu äussern, es sei denn, diese werde durch Nichteintreten oder Abweisung im vereinfachten Verfahren erledigt.

² Der Berufungsbeklagte kann in der Antwort Anschlussberufung erheben, indem er eigene Abänderungsanträge gegen den Berufungskläger stellt.

³ Auf die Antwort und die Anschlussberufung sind die Formvorschriften, die für die Berufungsschrift gelten, sinngemäss anwendbar.

⁴ Den Gegenparteien wird Frist zur Beantwortung der Anschlussberufung angesetzt. Ein weiterer Schriftenwechsel findet in der Regel nicht statt.

⁵ Die Anschlussberufung fällt dahin, wenn die Berufung zurückgezogen wird oder das Gericht auf sie nicht eintritt.

Art. 60–61

Parteiverhandlung
Art. 62
¹ Der Präsident kann eine mündliche Parteiverhandlung anordnen.

² ...

³ Die geladenen Parteien können das Streitverhältnis entweder selbst vortragen oder durch Bevollmächtigte (Art. 29) vortragen lassen.

⁴ Die Parteien haben nur auf *einen* Vortrag Anspruch; ausnahmsweise können Replik und Duplik gestattet werden.

⁵ Das Ausbleiben der Parteien hat für sie keinen Rechtsnachteil zur Folge.

⁶ Findet keine mündliche Parteiverhandlung statt, so wird den Parteien der Tag der Urteilsfällung angezeigt.

Umfang der Prüfung:
a. im allgemeinen
Art. 63
¹ Das Bundesgericht darf nicht über die Anträge der Parteien hinausgehen. An deren Begründung ist es nicht gebunden.

² Das Bundesgericht hat seiner Entscheidung die Feststellungen der letzten kantonalen Instanz über tatsächliche Verhältnisse zugrunde zu legen, es wäre denn, dass sie unter Verletzung bundesrechtlicher Beweisvorschriften zustande gekommen sind. Vorbehalten bleibt ferner die Berichtigung offensichtlich auf Versehen beruhender Feststellungen von Amtes wegen.

³ Das Bundesgericht ist in bezug auf die rechtliche Würdigung der Tatsachen frei, soweit sie ihm nach Artikel 43 zukommt.

b. Ergänzung des Tatbestandes
Art. 64
¹ Bedarf der von der kantonalen Instanz festgestellte Tatbestand der Vervollständigung, so hebt das Bundesgericht das angefochtene Urteil unter Angabe der Gründe auf und weist die Sache zu allfälliger Aktenergänzung und zu neuer Entscheidung an die kantonale Instanz zurück.

² Ist der Tatbestand jedoch bloss in nebensächlichen Punkten zu vervollständigen, so kann das Bundesgericht die notwendigen neuen Feststellungen selbst vornehmen, sofern dies auf Grund der vorhandenen Akten möglich ist, und in der Sache selbst entscheiden.

c. kantonales und ausländisches Recht
Art. 65
Kommen für die Entscheidung neben eidgenössischen Gesetzesbestimmungen auch kantonale oder ausländische Gesetze zur Anwendung und hat der angefochtene Entscheid sie nicht angewendet, so kann das Bundesgericht die Anwendung des kantonalen oder ausländischen Rechts selbst vornehmen oder die Sache an die kantonale Instanz zurückweisen.

Wirkung der Rückweisung
Art. 66
¹ Die kantonale Instanz, an die eine Sache zurückgewiesen wird, darf neues Vorbringen berücksichtigen, soweit es nach dem kantonalen Prozessrecht noch zulässig ist, hat jedoch die rechtliche Beurteilung, mit der die Zurückweisung begründet wird, auch ihrer Entscheidung zugrunde zu legen.

² Gegen den neuen Entscheid ist die Berufung unabhängig vom Streitwert wiederum zulässig.

Besonderheiten des Patentprozesses
Art. 67
In Streitigkeiten über Erfindungspatente gelten die folgenden Bestimmungen:
1   Das Bundesgericht kann die tatsächlichen Feststellungen der kantonalen Instanz über technische Verhältnisse auf Antrag oder von Amtes wegen überprüfen und zu diesem Zweck die erforderlichen Beweismassnahmen treffen, insbesondere den Sachverständigen der Vorinstanz zu einer Ergänzung seines Gutachtens veranlassen oder einen oder mehrere neue Sachverständige bestellen oder einen Augenschein vornehmen.
2   Legt der von ihm bestellte Sachverständige seinem Gutachten neue Tatsachen zugrunde, so kann das Bundesgericht hierüber nötigenfalls weitere Beweismassnahmen treffen.
     Die Parteien können neue Tatsachen und Beweismittel, welche sich auf technische Verhältnisse beziehen, vorbringen, wenn sie dieselben im kantonalen Verfahren nicht geltend machen konnten oder wenn dazu kein Grund bestand.
3   Anträge gemäss den Ziffern 1 und 2 Absatz 2 sind in der Berufungsschrift oder Antwort zu stellen und zu begründen. Das Bundesgericht kann für Anträge gemäss Ziffer 2 Absatz 2 auf Gesuch hin eine weitere Frist einräumen.
     Falls vom Bundesgericht ein Gutachten angeordnet wurde, können Anträge gemäss Ziffer 2 Absatz 2 noch innerhalb der den Parteien gemäss Artikel 60 Absatz 1 des Bundeszivilprozesses zu eröffnenden Frist gestellt und begründet werden.
4   Für die Beweismassnahmen sind die Artikel 36–65 und 68 des Bundeszivilprozesses entsprechend anwendbar.
5   Das Bundesgericht kann den oder die von ihm bestellten Sachverständigen zur Urteilsberatung beiziehen.

Dritter Abschnitt:
Das Bundesgericht als Beschwerdeinstanz

Beschwerdefälle
Art. 68
¹ In Zivilsachen, die nicht nach den Artikeln 44–46 der Berufung unterliegen, ist gegen letztinstanzliche Entscheide kantonaler Behörden Nichtigkeitsbeschwerde zulässig:
a.   wenn statt des massgebenden eidgenössischen Rechts kantonales Recht angewendet worden ist;
b.   wenn statt des massgebenden eidgenössischen Rechts ausländisches Recht angewendet worden ist oder umgekehrt;
c.   wenn nicht das ausländische Recht angewendet worden ist, wie es das schweizerische internationale Privatrecht vorschreibt;
d.   wenn das nach schweizerischem internationalem Privatrecht anwendbare ausländische Recht nicht oder nicht genügend sorgfältig ermittelt worden ist;
e.   wegen Verletzung von Vorschriften des eidgenössischen Rechtes mit Einschluss der durch den Bund abgeschlossenen Staatsverträge über die sachliche, die örtliche oder die internationale Zuständigkeit der Behörden. Vorbehalten bleibt die staatsrechtliche Beschwerde wegen Verletzung von Artikel 59 der Bundesverfassung.

¹ᵇⁱˢ Ausgenommen ist ein nach Artikel 191 Absatz 2 des Bundesgesetzes vom 18. Dezember 1987 über das Internationale Privatrecht ergangener kantonaler Entscheid.

² Werden selbständige Entscheide über die Zuständigkeit unangefochten gelassen, so können sie nicht mehr zusammen mit dem Endentscheid angefochten werden.

Beschwerdefrist
Art. 69
¹ Die Beschwerde ist innert 30 Tagen, von der nach kantonalem Recht massgebenden Eröffnung des Entscheides an gerechnet, bei der Behörde einzulegen, die den Entscheid gefällt hat.

² Werden von Amtes wegen nachträglich schriftliche Entscheidungsgründe zugestellt, so kann die Beschwerde noch innert 30 Tagen seit der Zustellung geführt werden.

³ Diese Fristen werden weder durch Einlegung eines ausserordentlichen kantonalen Rechtsmittels verlängert noch durch eine Verfügung, die ihm aufschiebende Wirkung verleiht.

Rechtskraft.
Vollziehbarkeit
Art. 70
¹ Die Beschwerde hemmt den Eintritt der Rechtskraft nicht.

² Auf Begehren kann der Präsident des Bundesgerichtes den Vollzug des angefochtenen Entscheides aufschieben und dies von einer Sicherheitsleistung abhängig machen.

Beschwerdeschrift
Art. 71
Die Beschwerdeschrift muss ausser der Bezeichnung des angefochtenen Entscheides enthalten:
  a. den Antrag des Beschwerdeführers;
  b. die Angabe des Inhalts des angefochtenen Entscheides, sofern er nicht schriftlich mit den Motiven beiliegt. Ist ein schriftlich begründeter Entscheid zugestellt worden, so muss er beigelegt werden; geschieht dies innert einer angesetzten Nachfrist nicht, so wird auf die Beschwerde nicht eingetreten;
  c. eine kurz gefasste Darlegung der behaupteten Rechtsverletzung.

Verfahren
Art. 72
¹ Die kantonale Behörde hat die Beschwerdeschrift mit sämtlichen Akten ohne Verzug dem Bundesgericht einzusenden und ihm die Daten der Eröffnung des angefochtenen Entscheides und des Einganges oder der Postaufgabe der Beschwerde mitzuteilen.

² ...

³ Ordnet das Gericht einen Schriftenwechsel an, so stellt es die Beschwerde sowohl der Behörde, die den angefochtenen Entscheid gefällt hat, als auch dem Beschwerdegegner zu. Es setzt ihnen eine angemessene Frist zur Vernehmlassung.

⁴ Sind die Entscheidungsgründe erst in der Vernehmlassung der Behörde enthalten, so kann dem Beschwerdeführer eine Frist zur Ergänzung der Beschwerde angesetzt werden.

Entscheid
Art. 73
¹ Das Bundesgericht entscheidet über die Beschwerde ohne mündliche Parteiverhandlung.

² Findet es sie begründet, so weist es die Sache zu neuer Entscheidung an die Vorinstanz zurück; es kann jedoch im Falle von Artikel 68 Absatz 1 Buchstabe e über die Gerichtsstandsfrage selbst entscheiden, wenn sie spruchreif ist.

Ergänzende Vorschriften
Art. 74
Im übrigen finden die Vorschriften über die Berufung sinngemäss Anwendung.

Register:

1. ZR-Entscheide

2. Verzeichnis der Bundesgerichtsentscheide

Register der ZR-Entscheide

	Seite		Seite
ZR 61, Nr. 83	307	ZR 82, Nr. 8	249
		ZR 82, Nr. 8	500
ZR 71, Nr. 105	322	ZR 82, Nr. 10	444
		ZR 82, Nr. 11	445
ZR 78, Nr. 47	591	ZR 82, Nr. 14	200, 505
ZR 78, Nr. 127	266	ZR 82, Nr. 21	264
		ZR 82, Nr. 26	144
ZR 79, Nr. 88	430, 436, 506	ZR 82, Nr. 31	498
ZR 79, Nr. 96	460, 463	ZR 82, Nr. 33	379
		ZR 82, Nr. 34	336
ZR 80, Nr. 62	151	ZR 82, Nr. 35	148, 239, 254, 336, 440
		ZR 82, Nr. 44	160
ZR 81, Nr. 2	258	ZR 82, Nr. 45	147-148, 497
ZR 81, Nr. 7	407	ZR 82, Nr. 47	313
ZR 81, Nr. 8	344, 348	ZR 82, Nr. 49	144
ZR 81, Nr. 12	512	ZR 82, Nr. 5	206, 520
ZR 81, Nr. 15	590	ZR 82, Nr. 51	510
ZR 81, Nr. 21	147, 224, 503	ZR 82, Nr. 54	200
ZR 81, Nr. 22	432, 459	ZR 82, Nr. 55	247
ZR 81, Nr. 24	522	ZR 82, Nr. 56	532
ZR 81, Nr. 26	157	ZR 82, Nr. 58	123, 128, 193
ZR 81, Nr. 29	128	ZR 82, Nr. 58	131
ZR 81, Nr. 30	247, 251, 443, 457	ZR 82, Nr. 67	258
ZR 81, Nr. 31	332	ZR 82, Nr. 70	332
ZR 81, Nr. 34	444, 510	ZR 82, Nr. 81	522
ZR 81, Nr. 41	258	ZR 82, Nr. 87	249
ZR 81, Nr. 43	142	ZR 82, Nr. 88	200
ZR 81, Nr. 45	531	ZR 82, Nr. 89	389
ZR 81, Nr. 48	193	ZR 82, Nr. 90	253
ZR 81, Nr. 52	530	ZR 82, Nr. 92	251-252
ZR 81, Nr. 57	510	ZR 82, Nr. 93	219, 247, 249
ZR 81, Nr. 73	258	ZR 82, Nr. 94	308, 332
ZR 81, Nr. 82	510	ZR 82, Nr. 120	523
ZR 81, Nr. 83	332, 425		
ZR 81, Nr. 84	160	ZR 83, Nr. 4	407
ZR 81, Nr. 87	513, 584	ZR 83, Nr. 18	445
ZR 81, Nr. 88	513, 522	ZR 83, Nr. 19	253
ZR 81, Nr. 90	336	ZR 83, Nr. 20	309
ZR 81, Nr. 93	267, 511	ZR 83, Nr. 21	268
ZR 81, Nr. 100	337, 344, 348	ZR 83, Nr. 23	193, 419
ZR 81, Nr. 103	313	ZR 83, Nr. 24	401
ZR 81, Nr. 117	219, 382, 398, 513	ZR 83, Nr. 26	514
ZR 81, Nr. 118	215	ZR 83, Nr. 28	249, 252
ZR 81, Nr. 120	506, 537, 540	ZR 83, Nr. 30	285, 529
ZR 81, Nr. 121	379	ZR 83, Nr. 39	333, 456
ZR 81, Nr. 127	497, 505	ZR 83, Nr. 40	583
ZR 81, Nr. 129	249, 254	ZR 83, Nr. 46	432
ZR 81, Nr. 133	193, 283	ZR 83, Nr. 50	462
ZR 81, Nr. 134	153, 313, 541	ZR 83, Nr. 52	523
ZR 81, Nr. 135	258	ZR 83, Nr. 53	333
		ZR 83, Nr. 54	263
		ZR 83, Nr. 55	219, 382, 429

Register der ZR-Entscheide

	Seite		Seite
ZR 83, Nr. 57	532	ZR 84, Nr. 91	284
ZR 83, Nr. 60	263, 268, 283	ZR 84, Nr. 94	176
ZR 83, Nr. 77	234	ZR 84, Nr. 95	446
ZR 83, Nr. 79	224, 241, 424	ZR 84, Nr. 96	149
ZR 83, Nr. 82	247, 349	ZR 84, Nr. 97	239
ZR 83, Nr. 84	445	ZR 84, Nr. 98	594
ZR 83, Nr. 93	241, 254	ZR 84, Nr. 105	259
ZR 83, Nr. 94	247, 251	ZR 84, Nr. 106	129
ZR 83, Nr. 95	259	ZR 84, Nr. 127	206
ZR 83, Nr. 100	520	ZR 84, Nr. 132	407, 523
ZR 83, Nr. 101	523	ZR 84, Nr. 133	538
ZR 83, Nr. 104	145, 194, 210, 220, 225, 507, 514	ZR 84, Nr. 137	530
ZR 83, Nr. 104	520	ZR 84, Nr. 138	201, 313
ZR 83, Nr. 108	268	ZR 85, Nr. 17	441
ZR 83, Nr. 110	283	ZR 85, Nr. 19	591
ZR 83, Nr. 112	309	ZR 85, Nr. 21	447
ZR 83, Nr. 114	336, 409	ZR 85, Nr. 22	492
ZR 83, Nr. 115	514	ZR 85, Nr. 23	447
ZR 83, Nr. 128	334, 458	ZR 85, Nr. 25	458
ZR 83, Nr. 129	255	ZR 85, Nr. 33	435
ZR 83, Nr. 130	259	ZR 85, Nr. 35	396
		ZR 85, Nr. 38	334
ZR 84, Nr. 6	341, 343, 345	ZR 85, Nr. 41	448
ZR 84, Nr. 13	263	ZR 85, Nr. 42	194, 201
ZR 84, Nr. 14	334	ZR 85, Nr. 45	351, 520
ZR 84, Nr. 18	267	ZR 85, Nr. 46	515
ZR 84, Nr. 19	389	ZR 85, Nr. 48	206
ZR 84, Nr. 23	429	ZR 85, Nr. 54	455
ZR 84, Nr. 25	161, 194, 514	ZR 85, Nr. 56	436, 523
ZR 84, Nr. 33	235, 523	ZR 85, Nr. 62	284
ZR 84, Nr. 34	510	ZR 85, Nr. 64	259
ZR 84, Nr. 35	259	ZR 85, Nr. 65	446, 458
ZR 84, Nr. 36	266	ZR 85, Nr. 66	293
ZR 84, Nr. 38	129	ZR 85, Nr. 71	515, 532
ZR 84, Nr. 39	505	ZR 85, Nr. 73	259
ZR 84, Nr. 40	334	ZR 85, Nr. 74	252, 254, 267
ZR 84, Nr. 41	248	ZR 85, Nr. 76	506, 510
ZR 84, Nr. 42	514	ZR 85, Nr. 77	206
ZR 84, Nr. 43	334, 458	ZR 85, Nr. 78	374, 390, 392
ZR 84, Nr. 44	145	ZR 85, Nr. 79	268
ZR 84, Nr. 47	252	ZR 85, Nr. 82	499
ZR 84, Nr. 52	210	ZR 85, Nr. 86	592
ZR 84, Nr. 57	380	ZR 85, Nr. 94	592
ZR 84, Nr. 59	436, 515	ZR 85, Nr. 97	268, 283
ZR 84, Nr. 62	248	ZR 85, Nr. 98	448
ZR 84, Nr. 65	259	ZR 85, Nr. 99	456, 507
ZR 84, Nr. 66	211	ZR 85, Nr. 104	500, 510
ZR 84, Nr. 69	585	ZR 85, Nr. 105	335, 508, 520
ZR 84, Nr. 71	446	ZR 85, Nr. 107	133
ZR 84, Nr. 75	220	ZR 85, Nr. 108	448
ZR 84, Nr. 83	241, 498	ZR 85, Nr. 109	259
ZR 84, Nr. 87	433, 435, 585-586	ZR 85, Nr. 110	589
ZR 84, Nr. 90	435	ZR 85, Nr. 111	538

		Seite			Seite
ZR 85, Nr. 116		.449	ZR 87, Nr. 41		.456, 590
ZR 85, Nr. 116		.429, 511	ZR 87, Nr. 45		.158
ZR 85, Nr. 118		.201, 211, 215, 252, 424	ZR 87, Nr. 46		.152
ZR 85, Nr. 121		.313, 336	ZR 87, Nr. 47		.206
ZR 85, Nr. 126		.242, 375, 499	ZR 87, Nr. 48		.189
ZR 85, Nr. 129		.251, 253	ZR 87, Nr. 52		.538
ZR 85, Nr. 130		.250	ZR 87, Nr. 54		.442
ZR 86, Nr. 4		.113, 131, 194	ZR 87, Nr. 59		.381, 392
ZR 86, Nr. 25		.211, 216, 242, 338, 381	ZR 87, Nr. 60		.381, 515
ZR 86, Nr. 28		.259	ZR 87, Nr. 65		.342, 345
ZR 86, Nr. 31		.165	ZR 87, Nr. 70		.248
ZR 86, Nr. 34		.449, 586, 594	ZR 87, Nr. 93		.520
ZR 86, Nr. 36		.129	ZR 87, Nr. 94		.524
ZR 86, Nr. 38		.408	ZR 87, Nr. 97		.195
ZR 86, Nr. 41		.157	ZR 87, Nr. 102		.522, 524
ZR 86, Nr. 44		.507	ZR 87, Nr. 113		.349
ZR 86, Nr. 45		.501	ZR 87, Nr. 120		.343, 503, 515
ZR 86, Nr. 51		.309, 341, 499	ZR 87, Nr. 125		.386, 515
ZR 86, Nr. 53		.251, 392, 501, 515 530	ZR 87, Nr. 126		.375
ZR 86, Nr. 54		.341, 501	ZR 87, Nr. 131		.457
ZR 86, Nr. 55		.492, 497, 510, 584	ZR 87, Nr. 132		.150
ZR 86, Nr. 56		.248	ZR 87, Nr. 133		.530-531
ZR 86, Nr. 57		.157	ZR 87, Nr. 134:		.254
ZR 86, Nr. 59		.158, 160	ZR 87, Nr. 136		.531
ZR 86, Nr. 60		.296, 314	ZR 87, Nr. 137		.145, 149, 248, 515
ZR 86, Nr. 63		.349, 375			
ZR 86, Nr. 64		.589	ZR 88, Nr. 2		.216, 220, 338, 511
ZR 86, Nr. 65		.212, 216, 242, 313	ZR 88, Nr. 4		.195, 521
ZR 86, Nr. 67		.250, 253	ZR 88, Nr. 5		.221, 223, 584
ZR 86, Nr. 67		.254	ZR 88, Nr. 24		.449, 458
ZR 86, Nr. 68		.223	ZR 88, Nr. 28		.260
ZR 86, Nr. 71		.259	ZR 88, Nr. 31		.235
ZR 86, Nr. 73		.267	ZR 88, Nr. 35		.260
ZR 86, Nr. 76		.239	ZR 88, Nr. 36		.120
ZR 86, Nr. 78		.162	ZR 88, Nr. 40		.515
ZR 86, Nr. 81		.212, 341, 424, 502	ZR 88, Nr. 40		.459
ZR 86, Nr. 92		.129	ZR 88, Nr. 41		.248, 253
ZR 86, Nr. 94		.285	ZR 88, Nr. 43		.201, 313, 419
ZR 86, Nr. 98		.381, 529	ZR 88, Nr. 46		.216
ZR 86, Nr. 127		.212, 456	ZR 88, Nr. 50		.133, 201
			ZR 88, Nr. 51		.149, 152, 313
ZR 87, Nr. 1		.521	ZR 88, Nr. 54		.450
ZR 87, Nr. 8		.129, 507	ZR 88, Nr. 56		.341, 350, 515
ZR 87, Nr. 10		.515	ZR 88, Nr. 60		.452
ZR 87, Nr. 14		.449	ZR 88, Nr. 67		.524
ZR 87, Nr. 21		.435	ZR 88, Nr. 74		.408
ZR 87, Nr. 22		.111, 131	ZR 88, Nr. 76		.206
ZR 87, Nr. 23		.449	ZR 88, Nr. 89		.135, 313
ZR 87, Nr. 29		.341, 502	ZR 88, Nr. 91		.313
ZR 87, Nr. 30		.511	ZR 88, Nr. 94		.183
ZR 87, Nr. 31		.265			
ZR 87, Nr. 35		.179	ZR 89, Nr. 29		.348
ZR 87, Nr. 37		.253	ZR 89, Nr. 49		.149
ZR 87, Nr. 38		.242, 310, 344-345, 348, 590	ZR 89, Nr. 58		.307

	Seite		Seite
ZR 89, Nr. 68	174	ZR 90, Nr. 85	508
ZR 89, Nr. 70	134, 255	ZR 90, Nr. 86	453
ZR 89, Nr. 71	586	ZR 90, Nr. 93	504
ZR 89, Nr. 75	390		
ZR 89, Nr. 77	293	ZR 91/92, Nr. 1	221
ZR 89, Nr. 78	424, 498	ZR 91/92, Nr. 2	249, 263
ZR 89, Nr. 83	129	ZR 91/92, Nr. 3	262
ZR 89, Nr. 86	336	ZR 91/92, Nr. 4	381, 391, 401
ZR 89, Nr. 91	503, 531	ZR 91/92, Nr. 5	243, 251, 342
ZR 89, Nr. 93	201, 242	ZR 91/92, Nr. 9	158, 160, 285
ZR 89, Nr. 94	420	ZR 91/92, Nr. 26	284
ZR 89, Nr. 102	129	ZR 91/92, Nr. 28	524
ZR 89, Nr. 104	435, 515, 524	ZR 91/92, Nr. 33	262, 515
ZR 89, Nr. 107	265	ZR 91/92, Nr. 35	509
ZR 89, Nr. 110	201	ZR 91/92, Nr. 36	262
ZR 89, Nr. 112	409	ZR 91/92, Nr. 43	168, 539-540
ZR 89, Nr. 114	149	ZR 91/92, Nr. 46	439
ZR 89, Nr. 118	386	ZR 91/92, Nr. 51	310
ZR 89, Nr. 120	239	ZR 91/92, Nr. 52	249, 263
ZR 89, Nr. 122	240	ZR 91/92, Nr. 53	421
ZR 89, Nr. 123	420	ZR 91/92, Nr. 54	195
ZR 89, Nr. 125	252, 264	ZR 91/92, Nr. 60	115
		ZR 91/92, Nr. 65	243, 401
ZR 90, Nr. 3	212, 338	ZR 91/92, Nr. 76	174
ZR 90, Nr. 6	408	ZR 91/92, Nr. 79	462
ZR 90, Nr. 7	335	ZR 91/92, Nr. 84	338
ZR 90, Nr. 8	221	ZR 91/92, Nr. 85	147
ZR 90, Nr. 12	174	ZR 91/92, Nr. 88	284
ZR 90, Nr. 15	195, 453	ZR 91/92, Nr. 90	286
ZR 90, Nr. 23	242, 336, 424, 498, 502	ZR 91/92, Nr. 91	147
ZR 90, Nr. 24	183	ZR 91/92, Nr. 93	202, 436
ZR 90, Nr. 28	202		
ZR 90, Nr. 29	505	ZR 93, Nr. 2	453, 458
ZR 90, Nr. 34	249	ZR 93, Nr. 7	453, 516
ZR 90, Nr. 35	580	ZR 93, Nr. 8, II	236
ZR 90, Nr. 37	216	ZR 93, Nr. 11	502
ZR 90, Nr. 41	508	ZR 93, Nr. 15	524
ZR 90, Nr. 43	235	ZR 93, Nr. 19	338, 348
ZR 90, Nr. 45	508, 521	ZR 93, Nr. 21	462
ZR 90, Nr. 46	253, 335, 590	ZR 93, Nr. 23:	236
ZR 90, Nr. 55	212, 236	ZR 93, Nr. 26	457
ZR 90, Nr. 56	296	ZR 93, Nr. 29	516
ZR 90, Nr. 57	213, 268, 283	ZR 93, Nr. 34	492
ZR 90, Nr. 60	424	ZR 93, Nr. 36	382
ZR 90, Nr. 61	150, 202, 250-251	ZR 93, Nr. 69	225
ZR 90, Nr. 63	135	ZR 93, Nr. 69:	236
ZR 90, Nr. 65	130, 336	ZR 93, Nr. 73	516
ZR 90, Nr. 68	408, 421	ZR 93, Nr. 75	314
ZR 90, Nr. 70	253, 284	ZR 93, Nr. 79	410
ZR 90, Nr. 72	337	ZR 93, Nr. 81	195, 397, 502
ZR 90, Nr. 74	213	ZR 93, Nr. 82	284
ZR 90, Nr. 75	130	ZR 93, Nr. 82	254
ZR 90, Nr. 79	442	ZR 93, Nr. 83	236
ZR 90, Nr. 82	268, 283, 335, 390	ZR 93, Nr. 85	240, 296, 343

	Seite
ZR 93, Nr. 85	.344
ZR 94, Nr. 8	.436
ZR 94, Nr. 11	.454
ZR 94, Nr. 16	.525
ZR 94, Nr. 19	.202, 250, 460, 516
ZR 94, Nr. 20	.264
ZR 94, Nr. 24	.262
ZR 94, Nr. 27	.203, 509
ZR 94, Nr. 34	.296, 314
ZR 94, Nr. 35:	.286
ZR 94, Nr. 36	.379
ZR 94, Nr. 38	.284, 505
ZR 94, Nr. 60	.213
ZR 94, Nr. 66	.493
ZR 94, Nr. 68	.130, 195
ZR 94, Nr. 92	.216, 335, 429
ZR 94, Nr. 100	.494
ZR 95, Nr. 2	.525
ZR 95, Nr. 5	.254
ZR 95, Nr. 12	.213, 338, 423
ZR 95, Nr. 13	.160
ZR 95, Nr. 14	.339, 345
ZR 95, Nr. 19	455, 588
ZR 95, Nr. 21	.115
ZR 95, Nr. 22	.203, 310
ZR 95, Nr. 22:	.236
ZR 95, Nr. 28	.237
ZR 95, Nr. 38	.314
ZR 95, Nr. 39	.293
ZR 95, Nr. 40	.342
ZR 95, Nr. 47	.336
ZR 95, Nr. 50	.189
ZR 95, Nr. 56	.189
ZR 95, Nr. 59	.500
ZR 95, Nr. 61	.442
ZR 95, Nr. 62	195, 340-341, 380, 382 401, .516
ZR 95, Nr. 66	.191
ZR 95, Nr. 68	.440, 442
ZR 95, Nr. 69	.527
ZR 95, Nr. 7	.314

Register der Bundesgerichtsentscheide

	Seite		Seite
BGE 65 II 166	286	BGE 99 Ia 22	562
BGE 65 II 242	180	BGE 99 Ia 411	393
BGE 71 I 346	238	BGE 100 Ia 421	565
		BGE 100 II 24	186
BGE 74 II 217	173	BGE 101 II 170	478
BGE 81 II 54 = Praxis 44 Nr. 100	366	BGE 102 II 9	552
BGE 82 II 123	548	BGE 103 II 79	479
BGE 82 II 564	400	BGE 103 II 113	585
BGE 85 II 106 = Praxis 48 Nr. 122	299	BGE 104 Ia 34	278
BGE 85 II 504	370	BGE 104 Ia 412	316
		BGE 104 II 56	559
BGE 86 II 134	395	BGE 104 II 287	554
BGE 86 II 294	318		
		BGE 105 Ia 252	257
BGE 88 I 14	358	BGE 105 Ib 39	572
		BGE 105 II 233	306
BGE 89 II 434	172		
		BGE 106 Ia 82	278
BGE 90 II 310	372	BGE 106 II 171	374
BGE 90 II 406	184		
		BGE 107 Ib 65 = Praxis 70 Nr. 218	567
BGE 91 II 66	299	BGE 107 Ib 164	575
BGE 91 II 72	557	BGE 107 II 237 = Praxis 70 Nr. 178	209
		BGE 107 II 272	361
BGE 92 II 129	551	BGE 107 II 352	555
		BGE 107 II 500	563
BGE 93 II 62	399, 552	BGE 107 II 505	560
		BGE 107 III 96	169
BGE 95 II 66	238		
BGE 95 II 253	142	BGE 108 Ia 294	216
BGE 95 II 498	229	BGE 108 II 339	368
BGE 95 II 500	320		
BGE 95 II 620	188	BGE 109 Ia 7	281
		BGE 109 Ia 9	278
BGE 96 I 321 = Praxis 59 Nr. 164	217	BGE 109 II 195	267
		BGE 109 II 31	373
BGE 97 II 51 = Praxis 60 Nr. 123	592		
BGE 97 II 187	325	BGE 110 Ia 27	270
BGE 97 II 190	323	BGE 110 Ia 108	479
BGE 97 II 218	367	BGE 110 II 46	533
BGE 97 II 376	226	BGE 110 II 49	417
BGE 97 II 396	414	BGE 110 II 353	227
BGE 97 II 415	176		
		BGE 111 II 66	192
BGE 98 II 159	415	BGE 111 II 162	366
BGE 98 II 181	287	BGE 111 II 312	321
BGE 98 II 245	372		
BGE 98 II 318	297		

	Seite		Seite
BGE 112 Ia 12	269	BGE 119 Ia 340	277
BGE 112 Ia 369	387	BGE 119 II 91	411
		BGE 119 II 94	222
BGE 114 Ia 106	192	BGE 119 II 141	302
BGE 114 II 290	371	BGE 119 II 189	557
BGE 114 II 347 = Praxis 78 Nr. 84	405	BGE 119 II 435	291
BGE 114 II 369	327	BGE 119 III 104	365
BGE 114 II 435	323		
		BGE 120 Ia 218	277
BGE 115 Ia 194 = Praxis 79 Nr. 49	278	BGE 120 II 23	230
BGE 115 Ib 198 = Praxis 79 Nr. 109	569	BGE 120 II 117	302
BGE 115 II 2	367	BGE 120 II 393	354
BGE 115 II 239	555	BGE 121 III 118	170
BGE 115 II 305	372		
BGE 115 II 390 = Praxis 79 Nr. 154	488	Praxis 79 Nr. 37	177
BGE 115 II 447	355	Praxis 83 Nr. 276	328
BGE 115 II 482	199	Praxis 84 Nr. 247	311
BGE 116 Ia 160	486		
BGE 116 Ia 447	327		
BGE 116 II 90	402		
BGE 116 II 98	330		
BGE 116 II 198	232		
BGE 116 II 211	403		
BGE 116 II 219	197		
BGE 116 II 362	359		
BGE 116 II 376	553		
BGE 116 II 393	402		
BGE 116 II 651	273		
BGE 116 II 740	415		
BGE 117 Ia 82	550, 569		
BGE 117 II 97	480		
BGE 117 Ia 394	562		
BGE 117 Ia 88 = Praxis 81 Nr. 196	490		
BGE 117 II 204	168		
BGE 117 II 413	413		
BGE 117 II 505	556		
BGE 118 II 28	352		
BGE 118 II 146	364		
BGE 118 II 196	485		
BGE 118 II 197	577		
BGE 118 II 199	535		
BGE 118 II 267	377		
BGE 118 II 356	482		
BGE 118 II 380	315		
BGE 118 II 483	346		
BGE 118 III 29	271		
BGE 119 I a 56 ff	196		
BGE 119 Ia 134	278	Für die Erlaubnis, die Übersetzungen der Zeitschrift «die Praxis» zu gebrauchen sei dem Verlag Helbing & Lichtenhahn, Basel gedankt.	
BGE 119 Ia 264	574
BGE 119 Ia 268	276

Schlagwortregister

A

Aberkennungsklage: §9,5 ff.; §16,1; §18,4; §49,1; §49,4; §53,13
– Nachfrist bei Unzuständigkeit: §112,4
– Rechtsnatur: §188,20
– Schuldanerkennung: §136,13a
– Zahlungsbefehl: §188,4
– Zessionar: §49,4
Aberkennungsprozess: §49,9; §53,4
Abgrenzungsanspruch: §57,7
Abschreibung als Erledigung: §188,19
Abstammungsklagen: §196,6
Abtretung: §17,35; §37,1; §47,5; 49,13 ff.;
Abtretungsgläubiger: §39,18
Adhäsionsverfahren: §54,32
Adoptivverhältnis: §158
Adressänderung: §181 GVG
Agentur: §1,15
Akten: §167 ff. GVG
– Archivierung: §170 GVG
– Einsicht Dritter: §172 GVG
– Rückgabe: §169 GVG
– Verlorene: §171 GVG
Aktivlegitimation: §39,8 f.; §49,18; §49,27
– Behörde: §106,5; §188,11
– Berufsverbände: §106,6; §188,13 ff.;
– Interessierte: §106,5
– Kläger: §106,4
– Konsumentenschutzorganisationen: §106,7
– Sachurteil: §188,11
– SMUV: §188,14
– Wirtschaftsverbände: §106,7
– Verbände: §188,12 ff.;
Aktivprozess: §41,5
Aktuelles Interesse,
– Wegfallen: §59,14
Alleinvertriebsrecht: §54,27
Allgemeinverbote: §203,1 f.; §204,5; §225
Amtliche Verwaltung
– Erbschaftsvermögen: §111,2
Amtsblatt: §30,2
Amtsgeheimnis: §128 GVG; §159
Amtssprache: §130 GVG
Anbieter: §53
Anerkennungsklage: §9,5; §16,1; §188,5
Anerkennungsverfahren: Anhang §299,43
Anerkennungsvermutung: §300,12
Anfechtung,
– Generversammlungsbeschluss: §51,28
Anfechtungsklage: §9,7
Anklagebehörde: §72 ff. GVG
Anspruchskonkurrenz: §105,3

Antizipierte Beweiswürdigung: §148,18
Antragstheorie: §191,8
Anwaltskosten: §285,6
Anwaltsmonopol: §29,2; §53,8
Arbeitsgericht: §17,25 f.; §105
– Amtskreis: §8 GVG
– Anspruchskonkurrenz: §105,3
– Besetzung: §12
– internationales Verhältnis: §108,4
– Kognition Bgr.: §105,4
– Wahl: §8 GVG; §10 f. GVG
– Widerklage: §105,5
– Zuständigkeit: §105,3; §13GVG
Arbeitsrecht: §549,5
Armenrechtsgesuch: §80,1
Arrest: §9,11; §16,3; §281,1
Arrestaufhebungsklage: §213,1
Arrestforderungsklage: §9,5
Arrestkaution: §213,1
Arrestprosequierungsklage: §9,8 ff.; §112,2
Arrestschaden: §15,1
Arztzeugnis: §55,11
Astreinte: §223,3
Auditoren: §127 GVG
Aufenthalt, gewöhnlicher: §2,13
– des Kinds: §196,6
Aufsichtsbehörde in SchKG-Sachen: §9,3
Aufsichtsbeschwerden: §218
Augenschein: §169
Ausgleichskasse: §47,6
Auskunft: §133,5
– Amtsstellen: §168
– Ehegatten: §136,5; §183,6
– Einholen durch das Gericht: §133,5
– Erben: §183,6
– mündliche: §168
– schriftliche: §168
Auskunftspflicht: §54,27
Aussonderungsklage: §50,8 f.;
Ausstand: §50,23
– Ablehnung: §96 GVG
– Anwalt: §148,4 ff.;
– Ausserordentliche Stellvertretung §103 GVG
– Dritter: §98 GVG
– Entscheid: §101 GVG
– Justizbeamte: §95 ff. GVG
– Nichtbeachten: §102 GVG
– Richter: §148,4 ff.; §95 ff. GVG
– Verfahren: §100 GVG
– Verwaltungskommission: §148,6
Ausweisungsbegehren: §222,7
– Konsensualpartner: §222,21

B

Bank: §145,6
Bankkunde: §171,4
Bauhandwerkerpfandrecht: §49,5
Baupfandgläubiger: §6,3
Baurechtsgeber: §27,2
Befehlsverfahren: §191,5; §222
– Besitzesschutz: §222,11
– Besuchsrecht: §22,16
– Eigenmacht: §222,11
– Leistungen Zug um Zug: §222,16
– Liquidität: §221,24
– Nichteintreten: §222,1 ff.;
– Scheidung: §222,12
– Vollstreckung: §204,4
– Zahlungsverbot: §222,14; §222,25
Befragung, persönliche: §149
– ausserkantonale Partei: §152
– Form: §155
– Kollektivgesellschaft: §151
– Konkursmasse: §151
– Kommanditgesellschaft: §151
– Säumnisfolgen: §154
– Verhinderung: §153
Befund
– amtlicher: §231,1; §234
Beglaubigungen: §34,2
Behauptungslast: §39,9; §113; §136,25
Behörde: §106,5
Beiladung: §43,4
Beilagen,
– Beurteilung als Beweismittel: §54,35
– Verweis auf: §54,34
Beistand: § 158
– Verein: §110,40
Berichten: §129 GVG
Berichtigung: §166 ff. GVG
Berufsverbände: §106,6
Berufung bgr.: §105,15; §110,24; Anhang §299,1 ff.;
– Absetzung des Willensvollstreckers: §285,15
– Anerkennungsverfahren: Anhang §299,43
– Anschlussberufung: Anhang §299,25
– antizipierte Beweiswürdigung: §136,35
– Anwaltskosten: §285,13
– ausländisches Recht: §285,17
– Ausweisung: Anhang §299,11
– Besitzesschutz: §204,6
– Derogatorische Kraft: Anhang §299,49
– Editionsverfahren: §183,5
– Endentscheid: §188; Anhang §299,17,44
– Erbschaftsverwaltung: §285,14
– Ersitzung: §299,7
– fürsorgerische Freiheitsentziehung: §285,16
– Geschlechtsänderung: Anhang §299,8

– IPRG: Anhang §299,4
– Kostenvorschuss: Anhang §299,9
– Noven: Anhang §299,30
– Parteikosten: Anhang §299,36
– Rechtsöffnung: Anhang §299,14
– Rückweisung: Anhang §293,29
– Sicherheitsleistung: Anhang §299,10
– Sonderprüfer: Anhang §299,15
– Staatsvertragsrecht: Anhang §299,5
– Streitwertberechnung: Anhang §299,34,38
– summarisches Verfahren: §203,4
– Tatfrage: §299,20f.
– Technische Verhältnisse: Anhang §299,49
– Teilurteil: Anhang §299,19,44 f.
– Verfahren: Anhang §299,22 ff.;
– Verhältnis zur staatsrechtlichen Beschwerde: Anhang §299,33
– Vollstreckungsentscheid:, Anhang §299,12
– vorsorgliche Massnahmen: Anhang §293,32
– Zwischenentscheid: Anhang §299,18,46
– Berufung, kant.: §259 ff.
– Anschlussberufung: §266
– Berufungsantwort: §265
– Berufungsentscheid: §270
– Berufungsschrift: §264
– Berufungsverhandlung: §268,
– Frist: §261
– Nichteintreten: §264
– Rückweisungsentscheid: §270,1 ff.;
– Verhältnis zu Abänderungsklage: §260,3 f.;
– Widerklage: §259,1
Beschleunigtes Verfahren: §53; §22 GVG
Beschleunigungsgebot: Anhang §299,80
Beschränkung: §116; §121,1
Beschwer: §51
– Bezirksrat: §51,21
– formelle: §51,20
– materielle: §51,20
– Rechtsmittelvoraussetzung: §108,10
Beschwerde: §108 ff. GVG
Besitzdiener: §222,6
Besitzesschutz: §204,6
Besuchsrecht: Anhang §61,8; §299,68
Betriebsort: §3,1
Betriebsstätte: §16,2
Bevormundete: §2,12; §27,9
Beweis des Gegenteils: §136,9
Beweis, cf. Beweisgegenstand
– Ausforschung: §281,27
– Glaubhaftmachen: §136,13a
– Indizien: §136,8
– mittelbarer: §136,8
– negativer: §136,3
– Offerte: §209,1
– rechtsaufhebender Tatsachen: §136,3
– rechtsbegründender Tatsachen: §136,3

– Rechtshängigkeit, vor: §204,7
– rechtshindernder Tatsachen: §136,3
– Sachgewährleistungsansprüche: §136,19
– Schadenersatz: §136,26
– sofortige Einreichung: §209
– Sonderprüfung: §136,10
– stringenter: §136,10
– unmittelbarer: §136,8
– vorsorgliche Abnahme: §231
Beweisabnahme: §233
Beweisabnahmebeschluss: §140
– Änderungen: §143
– Delegation: §144
– direkter: §141
– Schutzanordnungen: §145
Beweisanforderungen
– bundesrechtliche: §136,10
Beweisantretung: §137
Beweisantretungsschrift: §139
Beweisauflage: §136
Beweisauflagebeschluss: §136
– Begriff: §136,45
– Inhalt: §136,44
– prozessleitender Entscheid: §136,45
– Unterbeweissätze: §137,2
– Verweigerung: §136,43
Beweisaussage: §133,6; §150
– falsche: §156
– Subsidiarität: §150,3 ff.
– Voraussetzungen: §150,4
Beweiseinwendungen: §139
Beweiserhebung von Amtes wegen: §142
Beweisführungslast
– objektive: §136,1
– subjektive: §136,1
Beweisführungsvertrag: §148,19
Beweisgegenstand: §133
– allgemein bekannte Tatsachen: §133,1
– Anspruch auf Abnahme: §133,6
– Kausalzusammenhang: §133,2
– sichere Kenntnis: §133,5
– Sicherstellung: §135
– SVG: §136,18
– Wahrscheinlichkeit: §133,2
Beweislast: §39,9; §47,7; §54,20; §136; §136,3; §136,17
– Auflösung der Ehe: §136,4
– Begriff: §136,21
– Darlehensvertrag: §136,20
– guter Glaube: §134,4
– Käufer: §136,21
– Kommorientenvermutung: §134,4
– Korrektur: §150,4
– Miteigentum von Ehegatten: §136,4
– Schadenersatz: §136,26
– Sachgewährleistungsansprüche: §136,19

– Verkäufer: §136,21
Beweislastregeln: §136; §136,3 f.
Beweislastumkehr: §136,16
Beweislastverträge: §136,32 ff.
Beweislosigkeit: §136,2
– Folgen: §136,17
Beweismittel: §136
– Aktenbeizug: §140,13 f.;
– antizipierte Würdigung: §136,35
– Gutachten: §171 ff.;
– illegal erlangter: §140,16;
– Recht auf Abnahme: §136
– Strafakten: §140,12
– Telefongespräche: §140,12
– Tonaufnahmen: §140,15
– Unerhältlichkeit: §157,4
– Urkunden: §183 ff.;
– widerrechtliche: §140,11 ff.;
– Zeugen: §157 ff.;
Beweismittelverzicht: §148,19
Beweisnotstand: §150,5; §231,2
Beweisrecht: §136,1
Beweissicherungsmassnahmen: §110,2; §110,10; §135
– Abnahme: §233,1
– Edition: §183,5
Beweisverfahren,
– Beschränkung auf Teilfragen: §59,16
– Wiederholung: §133,6
– Zeitpunkt: §134
Beweisverhandlung: §146; §195
Beweisvermutung: §136,1 ff.
– Eigengut: §136,5
– Errungenschaft: §136,5
– Gegendarstellung: §136,7
– gesetzliche: §136,1 ff.
– Gute Glaube: §136,4
– Interessenkonflikt: §148,4 ff.
– Kommorienten: §136,4
– Miteigentum unter Ehegatten: §136,4
– Schadenersatz: §136,3
– Scheidungsrecht: §136,7
Beweiswürdigung, freie: §54,18; §136,18; §148
– allgemeines: §148,1 ff.
– antizipierte: §136,35
– Bindung des Bgr.: §136,39
– Lebenserfahrung: §136,18
– Rechtsmittel: §136,31; §136,35
– Zeugenbeweis: §140,11
Beziehungskorruption: §29,2
Bezifferung des Schadens: §61
Bezirksanwaltschaft: §80 ff. GVG
– Aufsicht: §86 GVG
– ausserordentliche Bezirksanwälte: §81 GVG
– Geschäftsordnung: §82 GVG
– Kanzleien: §83 GVG

– ordentliche Bezirksanwälte: §80 GVG
– Protokoll: §85 GVG
– Stellvertretung: §84 GVG
Bezirksgericht: §17,22; §9 GVG; §26 ff. GVG
– Besetzung: §30 GVG
– Bestand: §26 GVG
– Ehescheidung: §31a GVG
– Geschäftsordnung: §37 GVG
– Jugendgericht: §34 f. GVG
– Präsidialbefugnis: §36 GVG
– Strafgericht: §32 GVG
– Zuständigkeit: §31 ff. GVG
Bezirksrat: §51,21
Binnenbeziehung: §108,4
Binnenschiedsgerichte: §238,11 ff.
– vorsorgliche Massnahmen: §238,16
Blutsverwandte: §158
Botschaftsangestellte: §108,4

D

Da mihi facta, dabo tibi ius: §57,1 ff.
Datenschutzgesetz: §136,6
Deckungskauf: §136,21
Deliktsort: §10,2
Denunziant: §46,2
Diktat: §187
Dispositionsmaxime: §54,1 ff.
Dispositivurkunden: §183,1
Domizilnahme: §50,6
Drittrecht: §48,2
Duldungspflicht: §170; §177
– Dritter: §170
– Partei: §170
– Rechtsgrundlage: §170,1
– Säumnisfolgen: §170,2
Duplik: §128 f.

E

Edition: §61,9
– Bank: §145,6
– Befehlsverfahren: §183,5
– Beweisverfahren: §281,27
– Dritter: §183,5; §184
– Geschäftsbücher: §183,2 ff.; Anhang §299,41
– Haftungsklage: §184,7
– prozessuale: §183,4; §281,27
– Verwaltungsbehörden: §184
Effekten: §168 GVG
– Rückgabe: §169 GVG
Ehegatte: §158
Eheprozess: §54,6
Ehesachen: §201 ff.

Ehescheidung: §196,2 f.
– Gerichtsstände: §196,2 ff.
– Nebenfolgen: §202
– vorsorgliche Massnahmen: §200,1; §202,1
Eheschutzverfahren: §51,19; §203,6; §216
Eigenmacht,
– verbotene: §222,11
Einfache Gesellschaft, vgl. Gesamthandverhältnisse,
– Klage unter Gesellschaftern: §39,19
Einfaches Verfahren: §53; §22a GVG
Einlassung: §11,8; §12; §11,1 ff.; §17,36; §50,19; §53,12
– Prozessvoraussetzung: §108,1 ff.
– vorbehaltlose: §11,15
– Zuständigkeit: §110,32
Einreden: §121; §189
Einseitige Unverbindlichkeit: §191,10
Einseitiges Vorbringen: §211
Einsichtsrechte des Aktionärs: §203,5
Einsprache: §285,1
Einstellung des Prozesses: §53,5; §53,11 ff.; §53a
Einzelrichter: §17,23; §19 ff. GVG
– Zuständigkeit: §21 GVG
Elterliche Gewalt: §54,10
Elternrechte: §54,7
EMRK: §113,9
Endentscheid: §188
– Einreden: §189
– Nichtigkeitsbeschwerde, bgr.: §110,8; §188,1
– Vorfragen: §189
Entmündigte: §27,9
Entmündigungsprozess: §44,7; §54,10; §54,23
Entschädigungen: §18,7
– vgl. auch Parteientschädigung
Entscheide: §155 GVG
– Begründung im Rechtsmittelverfahren: §161 GVG
– Benennung: §155 GVG
– Berichtigung: §166 GVG
– Erläuterung: §162 ff. GVG
– Mitteilung: §184 ff. GVG
– ohne Begründung: §158 GVG
– prozessleitende Entscheide, cf. dort: §159 GVG
– Strafentscheide: §160 GVG
– Unterzeichnung: §156 GVG
– Zivilentscheide: §157 GVG
Entscheideröffnung: §63,1; §203,4
Erben: §5,1 ff.; §27,1,4; §39,8 f.; §39,12; §53,12
Erbengemeinschaft: §39,20
Erbschaft: §5,1 ff.; §27,1,4
– Ausschlagung: §215,4
Erbschaftsverwalter: §27,11

Erbteilungsvertrag: §39,9; §47,5
Erfahrungssätze: §54,5
Erfolgsort: §10,2
Erkenntnisverfahren,
– abgekürztes: §204,4
Erläuterung: §162 ff. **GVG,** §186,3; **Anhang** §299,81
Erledigungsentscheid: §191
Eröffnung von Entscheiden: §184 ff. **GVG**
– Rechtsmittelbelehrung: §188 GVG
– Strafentscheide: §186 GVG
– Zivilentscheide: §185 GVG
– Zustellung: §187 GVG
Ersatzrichter: §27 **GVG**
Erstprozess: §47,1
Erstreckungsbegehren, in Mietstreitigkeiten: §191,9
Erstreckungsgesuche: §195 **GVG**
Erwägungen,
– Bindung an: §291,1
– Streichung von: §291,3
Europäisches Übereinkommen über Staatenimmunität: §108,3
Eventualbegehren: §51,5
Eventualbegründung: §17,35
Eventualklage: §19,2
Eventualmaxime: §113,3
Expertisekosten: §83,7

F

Fabrikationsgeheimnis: §160
Familienwohnung: §33,3
Feststellungsklage: §50,12; §59; §304,5
– Minimalanspruch: §59,2
– negative: §107,2
– Unzulässigkeit: §59,4
– Zulässigkeit: §59,3,6
Fixationswirkung: §61,1
Fortführungslast: §102,2; §111,1
– Rechtshängigkeit: §107,1
Forum shopping: §11,3; §14,2
Fragepflicht: §12,1; §54,7; §54,17; §54,7; §54,19; §55
– Allgemeines: §55; §148
– Arbeitsrechtlicher Prozess: §105,2
– Nichtigkeitsgrund: §55,7
– Noven: §55,4
– Prozessvoraussetzungen: §108,2
– Rechtsbegehren: §55,1
– Richterpersönlichkeit: §55,1
– Teil des rechtlichen Gehörs: §55,4
Freibeweis: §56,18
Friedensbürgschaft: §25 **GVG**
Friedensrichter: §17,20 ff.

– Amtskreis: §4 GVG
– Entschädigung: §209 GVG
– Prüfung Rechtsschutzinteresse: §51,28
– Rechtskenntnisse: §93,1
– Stellvertreter: §5 GVG
– Sühnverfahren: §93 ff.; §7 GVG
– Vertretung, vor: §31
– vorsorgliche Massnahmen: §196
– Zuständigkeit: §6 GVG
Fristberechnung: §191 ff. **GVG**
Fristenlauf: §189 f. **GVG**
– Beginn: §191 GVG
– Berechnung: §191 f. GVG
– Ende: §192 GVG
– gesetzliche Fristen: §189 GVG
– richterliche Fristen: §190 GVG
Fristwahrung: §63,1; §193 ff. **GVG**
– Entschädigungsfolgen: §198 GVG
– irrtümliche Zustellung: §194 GVG
– Ordnungsbussen: §198 GVG
– rechtzeitige Handlung: §193 GVG
– Säumnisfolgen: §196 ff. GVG
Fristwiederherstellung: §94,6; §199 ff. **GVG**
Fürsorgerischer Freiheitsentzug: §5a,1; §53,1; §54,10
– Anhörung: §196,5

G

Garantiebank: §59,15
Gegenbeweis: §136, insbes. §136,8 ff.
– Recht zum: §136,37 f.
Gegendarstellungsprozess: §203,6
Gegenstandslosigkeit: §188,18
– Forderung, Bezahlung: §189,3
– Kapitalgesellschaft, Löschung: §189,3
– Konfusion: §189,3
– Scheidungsklage: §189,3
– Untergang: §189,3
Gegenteil, Beweis des: §136,9
Geheimbehauptungen: §54,24
Geheimnisschutz: §160
Gemeindeammann: §306,3
Gemeinschuldner,
– Befragung: §151
Generalversammlung: §27,2
– Anfechtung: §54,6
– Kosten: §65,8
Gerichte
– Abstimmung: §138 GVG
– Arroganz: §64,18
– Beratung: §137 GVG
– Berichterstattung: §136 GVG
– Desinteresse: §64,18
– Diskretion, fehlende: §64,18

- Eingaben: §131 GVG
- Erledigungsprinzip: §107,6
- Gerichtsferien: §140 GVG
- Kosten: §201 ff. GVG
- Ineffizienz: §64,18
- Jugoslawien: §107,11
- Kanzlei: §126 GVG
- Öffentliche Verhandlungen: §135
- Präsidialbefugnisse: §121 ff. GVG
- Protokoll: §141 ff. GVG
- Sitzungen: §132 ff. GVG
- Sitzungspolizei: §124 GVG
- Stellvertretung: §125 GVG
- Teilnahmepflicht: §133 ff. GVG
- Ursprungsstaat: §107,1 f.
- vorläufige Verfügungen: §123 GVG
- Zirkulationsbechlüsse: §139 GVG
- Zweitstaat: §107,1 f.

Gerichte: §2 GVG
Gerichtsberichterstatter: §136 GVG
Gerichtsferien: §63,1; §101,1 ff.; §140 f. GVG
Gerichtskosten: §201 ff. GVG
- Erhöhung: §207 GVG
- Kostenbezug: §203 GVG
- Kostenfreiheit: §203 GVG
- Verjährung: §205 GVG

Gerichtsschreiber: §20 GVG
Gerichtsstand, allgemeiner §1,1–15; §2
- Agentur: §1,15
- Arbeitsstreitigkeit: §12,5
- Arrest: §16,3
- Arrestprosequierungsklage: §9,8 ff.
- Arrestforderungsklage: §9,5 ff.; §16,3
- Aufenthalt, gewöhnlicher: §2,13
- ausschließliche: §11,3 ff.
- Baupfandgläubiger: §6,3
- beschleunigtes Verfahren: §9,2
- betreibungsrechtliche Klagen: §9,1 ff.
- Bevormundete: §2,12
- Deliktsort: §10,2
- dingliche Klagen: §6,1 ff.
- Ehescheidung: §196
- Erben §5,1 ff.
- Erbschaft: §5,1 ff.
- Erfolgsort: §10,2
- Fürsorgerischer Freiheitsentzug: §5a,1
- Grundeigentum: §6,1 ff.
- Hauptsache: §13
- juristischer Personen: §2,5 ff.
- Kapitalerhöhungsbeschluss: §51,23
- Liechtenstein: §12,1
- Minderjährige: §2,12
- Nachlass: §5,1 ff.
- Nebensache: §13
- Persönlichkeitsklagen: §3,1 ff.
- Realobligationen: §6 6
- Sachzusammenhang: §13,2; §40,5
- Spezialdomizil: §4,1 ff.
- Stockwerkeigentümergemeinschaft: §6,7
- unerlaubte Handlung: §10
- Unfall: §10,3
- Verantwortlichkeitsprozesse: §2,9
- vereinbarter Gerichtsstand: §11
- Vormundschaftsbehörde: §14,3
- Wohnsitz des Beklagten: §2,7 ff.

Gerichtsstandsvereinbarung: §11,1 ff.
- Ablehnung: §11,10
- Arbeitsstreitigkeit: §11,5,14
- Auslegung: §11,24,27
- Binnenbeziehung: §115,19,22,28
- Bürge: §11,2
- Darleiher:11,23
- Formvorschriften: §11,7,21
- Fragepflicht: §11,11
- Kaution: §11,12
- Konkursmasse: §11,26
- Rechtsnachfolger: §11,2,23
- Statuten: §11,7
- Werkvertrag: §11,18
- Zessionar: §11,9

Gerichtsverfassungsgesetz: §63
- Verweisung: §63,1

Gesamthandverhältnisse: §39,1
Geschäftsgeheimnis: §160
Geschäftsniederlassung: §3,1; §3,3 ff.
Geschehensablauf,
- hypothetischer: §136,13
- unwahrscheinlicher: §136,13

Geschworenengericht: §50 ff. GVG
- Bestand: §50 GVG
- Gerichtshof: §51 GVG
- Geschworene: §52 GVG
- Kanzlei: §54 GVG
- Nachträgliche Entscheide: §53 GVG
- Sitzungen: §55 GVG
- Zuständigkeit: §56 GVG

Gestaltungsklagen: §18,2; §39,1
- Wirkung: §191,6

Gewährleistung: §47,3
Glaubhaftmachen: §136,13a f.
- Begriff: §136,13b;
- Patentprozess: §136,15
- vorsorgliche Massnahmen: §203,1 ff.

Gläubigergemeinschaft: §27,2
Gleichstellungsprozess: §54,11; §57,7; §60,3; §203,6
- Aktivlegitimation: §106,7

Grossbritannien, Kaution: §73,19
Grundbuchbeschwerdeverfahren: §68,1
Grundbuchkreis: §6,7
Grundbuchsperre: §54,7
Grunddienstbarkeit: §24,2

Grundeigentum: §6,1 ff.
Grundpfandbetreibung: §191,11
Grundstück; §6
Gutachten: §171
– Begründung: §171,7
– Mängel: §181
– Parteigutachten: §171,1
– Vaterschaft: §171,2
Gute Glaube: §136,4
Güterrechtliche Auseinandersetzung: §60,4
Güterverzeichnis: §213

H

Haager Übereinkommen über zivilrechtliche Aspekte internationaler Kindsentführung
Haager Übereinkunft betr. Zivilprozessrecht: §76,1
– Rechtshängigkeit: §107,11
– Zustellungsempfänger: §30,3
Haftsachen: §24a GVG
Haftungsgesetz: §108,17
Haftungsklage: §184,7
Handelsgericht: §15,4 ff.; §17,30 ff.; §57 ff. GVG
– Besetzung: §60 GVG
– Mitglieder: §58 ff. GVG
– Zuständigkeit: §61 ff. GVG
Handlungsfähigkeit: §27,1,9
– Entmündigungsprozess: §27,9
– Entmündigte: §27,9
Hauptintervention: §43,1 ff.
Hauptbeweis: §136
Hauptpartei: §47,1; §48,1 ff.
Hauptsache: §13; §25
Hauptsacheprognose: §110,3
Hauptverfahren,
– Beschränkung: §116 ff.
Hauptverfahren: §108
Hauptverhandlung: §120 ff.
Herabsetzungsklage: §39,16
Herausgabebefehl: §208,2; Anhang §299,42
Hinterlegung: §219 f.
Hoheitsakte: §108,4
Hypothetischer Parteiwille: §57,5

I, J

Identität: §59,17; §107,11; §191
– Verrechnungsforderung: §191,3
– Begriff: §191,12
Illiquidität: §221; §226
Immunität: §108,4
Indizien: §136,8; §157,3

Interessierte: §106,5
Interventionsklage: §43,5
IPRG, vgl. Gesetzesregister,
– Rechtshängigkeit: §107,3 f.
– Vertreter: §27,13
Iura novit curia: §57,1 ff.
Ius gestionis: §108,4
Ius imperii: §108,4
Jugendanwaltschaft: §92 GVG
Jugendgericht: §34 GVG
Jugendstaatsanwaltschaft: §93 GVG
Jugoslawien: §107,11
juristische Personen: §2,5 ff.
Justizfilz: §64,18; §148

K

Kantonsrat: §70 GVG
Kanzleibeamte: §29 GVG
Kanzleisperre: §110,35; §202,1
Kapitalerhöhungsbeschluss: §51,23
Kartellgesetz,
– Aktivlegitimation: §106,7
Kassationsgericht: §66 ff. GVG
– Beschwerdeinstanz: §69a GVG
– Besetzung: §67 GVG
– Kanzleibeamte: §68 GVG
– Zuständigkeit: §69 f. GVG
Kausalzusammenhang: §136,11
– adäquater: §136,13
– natürlicher: §136,13
– hypothetischer: §136,11
– Lebenserfahrung: §136,13
– SVG: §136,18
– Unfall: §136,18
– Unterlassung: §136,13
Kaution, cf. auch Prozesskaution: §§73 ff.
– Aberkennungsprozess: §73,6 f.
– abgeschriebene Gerichtskosten: §73,14
– Aufsichtsbeschwerde gegen Gerichtskasse: §73,14
– Ausländer: §73,18
– Auslandwohnsitz des Beklagten: §76
– Barauslagen: §83
– Barkautionen: §79,1
– Ehescheidungsprozess: §73,16
– Entmündigungsverfahren: §73,5
– Expertisekosten: §83,7
– Gerichtsstandsvereinbarung: §11,12
– keine:
– – einfaches und rasches Verfahren: §78
– – Friedensrichter: §78
– – Gegendarstellung: §78
– – Mitstreitigkeiten: §78,1
– – Personenstand: §78

– Kläger: §76
– Konkursmasse: §73,2 f.
– Lohnpfändung: §73,15
– Nichtigkeitsbeschwerde: §73,21
– – Kautionspflicht für: §75
– offene Kosten, Begriff: §73,20; §83
– Revision: §75
– Staatsvertrag mit GB: §73,19
– Streitgenossenschaft: §39,14; §73,1
– – notwendige Streitgenossen: §77
– Übersetzungskosten: §83,5
– Unlauterer Wettbewerb: §78,2
– Untersuchungsmaxime: §83,2
– Vaterschaftsprozess: §83,2 f.
– Vorladungen: §83,5
– vorsorgliche Massnahmen: §82
– Wegfallen, nachträgliches: §73,12
– Wohnsitz, geheimer: §74
– Wohnsitz im Ausland: §73,7
– Zahlungserleichterungen: §73,9
– Zahlungsunfähigkeit: §73,11 ff.

K

Kautionspflicht: §50,7
Kinderalimente: §18,1
Klage, siehe auch Gerichtsstände
– Änderung: §61; §58,3
– alternativ: §58,1
– Begründung: §126; §136,29 ff.
– betreibungsrechtliche: §9,1 ff.
– Bestimmtheit: §61,9
– Bezifferung: §61,5
– dingliche: §6,1 ff.
– Erfordernisse: §113; §130; §136
– eventual: §58,1
– – gegen andere Gegenpartei: §61,7
– Handelsgericht: §126,3
– kumulativ: §58,1
– persönliche Klagen: §6,10
– Rückweisung: §113,7
– Unterhaltsbeitrags an Mündige: §58,3
– Verbesserung: §108,12
– Vereinigung: §58,2
Klageänderung: §49,2; §61
– Stellungnahme Gegenpartei: §61,6
Klageanhebung: §102,1
Klageantwort: §127
Klageeinleitung,
– unrichtig: §112,1
– fehlerhafte: §204,4
Klageerweiterung: §61,4
Klagefrist: §228

Klageidentität: §191 vgl. materielle Rechtskraft,
– Begriff: §191,12
– Verhältnis zur Revision: §191,12
Klagelegitimation: §51,11
Klagenhäufung: §19; §58,4
– objektive: §19,1 ff.; §26,1; §58,1
– subjektive: §19,1 ff.; §26,1
Klageprovokation: §54,4
Klares Recht: §110,5; §222; §226
– Kognition vorsorgliche Massnahmen: §110,39
– Rechtsöffnung: §216,2
– summarisches Verfahren: §203,1 ff.
Kollegialgericht
– Beratung: §148,2
Kollektivgesellschaft: §26,2; §27,1,16; §47,5
– Parteibefragung: §151
– Sicherstellung: §110,36
Kollokationsplan
– ausländischer: §204,1
Kollokationsprozess: §18,4
Kommanditgesellschaft: §26,2; §27,1,16
– Parteibefragung: §151
Kommorientenvermutung: §136,4
Kompetenzattraktion: §17,34; §25,7; §191,5
Konfusion: §189,3
Konkordat,
– interkantonale Rechtshilfe: §140,3 ff.;
– Konkordatsbeschwerde, Anhang §299,70 ff.
Konkursaussetzung: §213,2
Konkursdekret,
– ausländisches, Anerkennung: §204,2
Konkurseröffnung: §213
Konkursmasse: §11,26
– Parteibefragung: §151
Konkursverwalter: §27,11
Konkursverwaltung: §27,11; §53,4
Konnexität: §60,1
Konsumenten: §53
Konsumentenschutzorganisationen: §106,7
Konzentrationsmaxime: §191,12
Kosten (Gerichtskosten): §18,7; §48,1 f.; §54,7; §64,1 ff.
– Anerkennung: §66,2
– Anfechtung von GV–Beschlüssen: §64,20
– Arbeitsstreitigkeiten: §64,19
– Arrest: §64,24
– Arrestkaution: §64,34
– Aufsichtsbeschwerde: §64,32
– Bauunternehmungsprozess: §65,1
– Bedürftigkeit: §65,5
– Beweisverfahren: §64,25
– Dritte: §66,3 ff.

– Ermessen: §64,29
– Gegenstandslosigkeit: §65
– Generalversammlungsbeschluss: §65,8; §66,5
– Gerichtskasse,auf: §64,23
– Gleichstellungsgesetz: §64,19
– Haftung: §67
– Kinderzuteilung: §64,27
– Klagereduktion: §64,30
– Konkurseröffnung: §64,33
– Mehraufwand: §64,31
– Mieterstreckungsverfahren: §65,2
– Mietgerichte: §64,19
– Mitwirkungsgesetz: §64,19
– Provokation: §65,3
– Prozessrisiko: §65,7
– rechtliches Gehör: §65,4
– Rückgriff: §67,1 f.
– Referentenaudienz: §66,6
– Solidarität: §67,1
– summarisches Verfahren: §204,2
– unnötige: §66
– Unzuständigkeit,anfängliche: §71,2
– Verantwortlichkeitsklagen: §64,20
– Vergleich: §65
– Widerklage: §64,28
– Wohnadresse, Nichtangabe: §64,26
– Zweiklasssengesellschaft: §64,17
Kostenauflage,
– vorläufige: §22,4
– an Dritte: §38,1
Kostenbeschwerde: §206 GVG
Kündigung
– Nebenbegehren: §17,7

L

Landwirtschaftsgericht: §17,19
Lebensvorgangstheorie: §191,8 f.
Leibrente: §54,7
Leistungsklagen: §18,2; §39,8
– Passivlegitimation: §39,8
Leistungsmassnahmen: §110,2; §110,11
Liechtenstein: §12,1
Litisdenunziant: §47,8
Litisdenunziat: §44,1 ff.; §46,2; §47,1
Litispendenz: §102,2
Luftfrachtführer: §136,39
Luganoübereinkommen
– Anerkennung: Art. 25 ff. LugÜ
– Aussetzen des Verfahrens: Art. 38 f. LugÜ
– Beklagte: Art. 4 LugÜ
– Einstweilige Massnahmen: Art. 24 LugÜ
– Gerichtsstandsvereinbarung: Art. 17 f. LgÜ
– Haftpflicht: Art. 7 LugÜ

– Interventionsklage: Art. 6 LugÜ
– Konkurse: Art. 1 LugÜ
– Nachprüfung: Art. 29 LugÜ
– Nichtanerkennung: Art. 27 ff. LugÜ
– Nichtanwendbarkeit: Art. 1 LugÜ
– Öffentliche Urkunde: Art. 50 LugÜ
– Prozesskostenhilfe: Art. 44 LugÜ
– Prozessvergleiche: Art. 50 LugÜ
– Rechtsbehelf: Art. 30 LugÜ; Art. 36 ff. LugÜ
– Rechtshängigkeit: Art. 21 ff. LugÜ
– Schiedsgerichtsbarkeit: Art. 1 LugÜ
– Sicherheitsleistung als Ausländer: Art. 45 LugÜ
– Sitz: Art. 53 LugÜ
– Soziale Sicherheit: Art. 1 LugÜ
– Übergangsregelung: Art. 54 ff. LugÜ
– Verbrauchersachen: Art. 13 ff. LugÜ
– Vergleiche: Art. 1 LugÜ
– Versicherungsstreitigkeiten: Art. 7 ff. LugÜ
– Vollstreckung: Art. 25 ff. LugÜ; Art. 30 LugÜ
– Widerklage: Art. 6 LugÜ
– Wohnsitz: Art. 6 LugÜ; Art. 52 f. LugÜ
– Zuständigkeit: Art. 2 ff. LugÜ
– – Arbeitsvertrag: Art. 5 LugÜ
– – Ausnahmen: Art. 3 LugÜ
– – ausschliessliche: Art. 16 LugÜ
– – Bergelohn: Art. 5 LugÜ
– – Frachtforderung: Art. 5 LugÜ
– – Prüfung: Art. 19 ff. LugÜ
– – Strafgericht: Art. 5 LugÜ
– – Trust: Art. 5 LugÜ
– – Unerlaubte Handlung: Art. 5 LugÜ
– – Unterhaltssachen, Art. 5 LugÜ
– Zwangsgeld: Art. 43 LugÜ
– Zwangsvollstreckung: Art. 46 ff. LugÜ
Luganoübereinkommen,vgl.
– **Gesetzesregister**
– Nichtanwendbarkeit: § 27,15

M

Mängelrüge: §136,19
Markenschutzgesetz,
– Aktivlegitimation: §106,7
materiellrechtliche Theorie: §191,8
Menschenverstand, gesunder: §93,1
Miete, Prozessbeitritt: §43,2 ff.
Miete: §47,5
Mietgerichte: §17,27; §105; §14 ff. GVG
– Besetzung: §17 GVG
– Zuständigkeit: §18 GVG
Mietstreitigkeiten: §17,7; §54,11
– ausserordentliche Kündigung: §105,13

- Ausweisungsrichter: §105,13 f.
- Befehlsverfahren: §105,14
- Berufung bgr.: §105,15
- Ehegatte: §33,3; §43,2 ff.
- Erstreckung: §222,7
- Familienwohnung: §33,3
- persönliches Erscheinen: §33,2
- Präsidialverfügung: §33,4

Minderjährige: §2,12
Minderung: §47,5; §54,7; §136,24
Mitbürgen: §17,35
Miteigentum: §39,13
Mitwirkungsbeirat: §27,9
Mitwirkungsgesetz: §54,11
- Aktivlegitimation: §106,7

Mündliches Verfahren: §119
- Wahlrecht: §123

N

Nachbarrecht: §300,14
Nachfrist: §112,2
Nachlass: §5,1 ff.
- Vorfragen: §25,1

Nachlassverfahren: §110,34
- ausländisches: §204,1 ff.;

Nachteilsprognose: §110,3; §222,3
Namensänderung: §27,9
Nasciturus: §27,1
Nebenbegehren: §13,1; §215,3
Nebenintervenient: §44,1 ff.; §44,1 ff.; §49,8; 51,7
- Drittrecht: §48,3
- Kostenfolgen, keine: §45,1 ff.
- Berufungsverfahren: §45,2
- Vaterschaftsklage: §45,2 ff.
- Zeuge, nicht: §45,1
- vgl. Nebenintervention

Nebenintervention: §44,1 ff.
- Arbeitgeber: §47,6
- Ausgleichskasse: §47,6
- Beschwerdeverfahren: §44,8
- Entmündigungsprozess: §44,7
- Erbenvertreter: §44,2
- Gläubiger: §44,7 f.
- Konkursmasse §44,7
- Nebenpartei: §44,4
- Nichtigkeitsbeschwerde: §44,2
- Patentverletzung: §44,6
- Parteientschädigung: §44,4
- Rekurs: §44,3
- Treuhänder: §44,5
- Verkäufer: §44,5
- Verwaltungsrat: §44,8
- Zedent: §44,5

Nebenpartei: §46, 1f.; §47,1
Nebenrecht: §49,10 f.; §49,15
Nebensache: §13; §25
Nebenverträge: §186
Nichteintreten: §189,1 ff.
- auf die Klage: §27,19
- Prozessurteil: §189,2

Nichteintretensentscheid: §188,15
Nichtigkeitsbeschwerde, bgr.: §110,8; Anhang §299,50
- Abgrenzung staatsrechtliche B.: §110,26
- ausländisches Recht: §285,17
- keine Streitwertgrenze: §110,25
- Schiedssachen: Anhang §299,60a
- vorsorgliche Massnahmen: §110,23 f.
- Zuständigkeitsvorschriften: Anhang §299,55
- Zwischenentscheide: Anhang §299,58

Nichtigkeitsbeschwerde, kant.: §44,2
- Arrestbefehle: §281,1
- Aufsichtsbehörde: §285,9
- Ausschluss: §284,
- Ausstandsbegehren: §287,1
- Barvorschüsse: §281,3
- Beantwortung: §289
- Beweisbeschluss: §281,27; §281,2
- Beweissicherungsmassnahme: §135,1
- von Dritten: §283
- – Vereinsmitglieder: §283,1
- EMRK: §285,10; §285,18
- Endentscheid: §188,1
- Erbenvertreter, Ernennung von: §285,9
- Erbschaftsverwaltung: §285,13
- Form: §288
- Frist: §287
- Fristwiederherstellung: §285,3
- Kautionierung: §73
- klares Recht: §281,3
- Kognition: §281,3; §290
- Kollisionsnormen, international–privatrechtliche: §285,5
- Krankenbetreuung: §285,12
- Noven: §285,17
- Parteientschädigung: §68,5
- rechtliches Gehör: §56; §281,5 ff.
- Rechtskraft: §286
- Rechtsschutzinteresse: §51,30
- reformatio in peius: §291,1
- richterliche Fragepflicht: §55
- Schiedsgerichtsverfahren: §281,4
- Sistierung: §282,1
- Streitgenossenschaft: §39,20
- Streitwert: §281,6
- superprovisorische Massnahme: §281,5
- Vollstreckbarkeit: §286

nichtstreitige Rechtssachen: §215,5
Notar: §217,1

Novenrecht: §200
– vgl. Novenverbot,
Novenverbot: §54,13; §55,5; §57,5; §58,3; §115
– Säumnisverfahren: §207

O

Obergericht: §17,24; §38 ff. GVG
– Anklagekammer: §46 ff. GVG
– Besetzung: §41 GVG
– Bestand: §38 GVG
– Kanzleibeamte: §40 GVG
– Jugendkammer: §45 GVG
– Justizverwaltung: §42 GVG
– Organisation: §49 GVG
– Präsident: §39 GVG
– Strafgericht: §44 GVG
– Vizepräsident: §39 GVG
– vormundschaftliche Aufsichtsbehörde: §44a
– GVG
– Zivilgericht: §43 GVG
– Zuständigkeit: §42 ff. GVG
Obhutszuteilung: §110,48
Odnungsbusse: §306
Öffentliche Verhandlungen: §135 GVG
Öffentliches Inventar: §53,4
Öffentlichkeit: §113,9; §196,3
Offizialmaxime: §51,14; §54,1 ff.
Ordnungsbusse: §50,21
Ordre public: §27,20; §302,1
Organe,
– Zeugnisfähigkeit: §157,1 ff.;
Organisationsstatut: §27,13 f.

P

Pächter: §47,5
Pachtvertrag: §54,11
Panama: §215,4
Partei
– Befragung bei Urteilsfähigkeit: §27,13; §151
– rechtsunkundige: §50,10;
Parteibefragung: §33,2; §149
– familienrechtliche Prozesse: §198
Parteientschädigung: §44,2; §68
– Abschreibungsbeschluss: §69
– Drittansprecher: §68,5
– Entmündigungsverfahren: §68,2
– Ermessen: §69
– Gegenstandslosigkeit: §68,3; §71,1
– Grundbuchbeschwerdeverfahren: §68,1
– Honorarverteilung: §69,2
– Nichteintreten: §69,1; §69,5
– Nichtigkeitsgrund: §68,5

– patentanwaltliche Beratung: §69,3
– Privatgutachten: §69,3
– Rückzug: §68,4
– Streitgenossen: §70
– Sühnverfahren: §72
– Teilentscheid: §71
– unentgeltlicher Rechtsvertreter: §68,6
– Unterlassungsklage: §71,4
– Unzuständigkeit, anfängliche: §71,2
– Vorentscheid: §71,3
– vorsorgliche Massnahmen: §68,5
– Widerklage, vor Beantwortung: §71,5
Parteifähigkeit: §26,2; §27; §27,16
– Baurechtsgeber: §27,2
– Behörde: §27,6
– einfache Gesellschaft: §26,2; §27,7
– Erbengemeinschaft: §26,2; §27,7
– Erbschaft: §27,4
– Gläubigergemeinschaft: §27,2
– Generalversammlung: §27,2
– juristische Person, rechtswidrige: §27,5
– Kollektivgesellschaft
– Konkursverwalter: §27,11
– Kommanditgesellschaft: §26,2
– Miteigentümergemeinschaft
– Nasciturus: §27,1
– öffentlichen Recht: §27,8
– Prozessvoraussetzung: §108, insbes. §108,8;
– Stiftung: §27,5
– Stockwerkeigentümergemeinschaft: §26,2; §27,2
– Streitgenossen: §27,16
– Vertretung: §27,17
– Zivilrecht: §27,8
Parteipfründen: §93,1
Parteiwechsel: §49,1 ff.
– Aktivlegitimation: §49,1; §49,23
Passivlegitimation: §39,8 f.
– Beklagter: §106,4
– Berichtigung: §108,7
Passivprozss: §41,5; §53,12
Patentnichtigkeitsklage: §59,8
Patentverletzung: §44,6; §110,19 f.; §136,15
peremptorisch: §47,1
Peremptorisierung: §115,2
Perpetuatio fori: §16,6; §61,1; §102,2
– Prozessvoraussetzung: §108,14
Persönliche Befragung: §149
Persönliches Erscheinen: §33,2
Persönlichkeitsklagen: §3,7
Persönlichkeitsverletzung
– Buchpublikation: §222,8
– Presse: §59,18
Petition: §51,2
Pfandklausel: §222,6
Pfandrecht: §18,2

Pfandtitel: §59,11
Plädoyernotizen: §150 GVG
Postulationsfähigkeit: §27,12
Praesumptio hominis: §136,23
Praesumptio iuris et de iure: §136,22
Praetor: §50,18
Präsidialverfügung: §33,4; §285,1
Prätendentenstreit: §47,5; §220,1
Praxisänderung: §285,4
Privatgutachten: §69,3; §171,1
Prorogation: §11,1 ff.,28; §17,36
Protokoll: §141 ff. GVG
– Berichtigung: §154 GVG
– Beweiskraft: §154 GVG
– Form: §149 ff. GVG
– fremdsprachige Aussagen: §152 GVG
– Geschworenengericht: §148 GVG
– Sicherung: §153 GVG
Protokollberichtigungsbegehren: §281,25
Protokollführung: §34,3; §107,6
– wörtliches: §281,25
Protokollvorschriften: §63,1
Prozessbeitritt bei Miete: §43,2 ff.
Prozesseinleitung: §93
– Sühnverfahren: §93
Prozessentschädigung: §35,1
Prozesserledigender Entscheid: §189,1
Prozessfähigkeit, siehe auch Parteifähigkeit und Prozessunfähigkeit: §27,10
– ausländischer Konkursmasse: §27,20
– bei Klageeinleitung: §171,8
Prozessführung, missbräuchliche: §50,4
Prozessführungsbefugnis: §49,10 f.
Prozessführungsrecht: §37,1
Prozesshindernisse: §108,6
Prozessieren,
– ausserkantonal: §148,10
Prozesskaution: §73
Prozesskosten,
– Scheidungsverfahren: §53,14
Prozessleitenden Entscheid
– Aufhebung: §286,2
Prozessleitender Entscheid: §189,1
Prozessleitung: §52
Prozessrecht
– Einschränkungen des Bundes: §105,6
Prozessstandschaft: §27,11; §49,14
– Aktivlegitimation: §106,7
– Erbschaftsverwalter: §27,11
– Konkursmasse: §39,6
– Konkursverwalter: §27,11
– Willensvollstrecker: §27,11
Prozessstandschaft: §49,16 f.
Prozessstrafbestimmung: §225
Prozessübernahme: §48,3

Prozessüberweisung: § 60,7; §112,3; §299,2
Prozessunfähiger: §27,17 ff.
Prozessunfähigkeit: §27,9; §29,5
– beschränkte: §27,9
Prozessurteil: §189,2
Prozessvertrag: §11,3,20
Prozessvollmacht: §34,1
Prozessvoraussetzung: §27; §27,18; §54,7; §108;
– Fehlen, der: §188,10
– – IPRG: §188,10
– – LugÜ: §188,10
– Haftungsgesetz: §108,17
– Immunität: §108,4 f.
– internationales Verhältnis: §108,4 f.
– IPRG: §108,1 f.; §108,19
– – Fehlen: §188,10
– LugÜ: §188,10
– Nichteintretensentscheid: §188,15
– Parteifähigkeit: §108,8
– Passivlegitimation: §108,7
– Perpetuatio fori: §108,14
– Prozesshindernisse: §108,6
– Prüfung,v erspätete: §108,16
– Scheidung: §106,2
– Zeitpunkt: §106,2 ff.; §188,9
– Zivilrichters, des: §108,9

R

Rasches Verfahren: §53
Realobligationen: §6,6
Rechnungsbeilagen: §186
Recht
– relativ höchstpersönliches: §27,9
Rechtliche Würdigung: §57,6
Rechtliches Gehör: §56
– Arrestforderung: §56,16
– Begründung von Gutachten: §171,7
– Beweismittel: §55,8
– bgr. Rechtsprechung: §56,5
– Disziplinarstrafen: §56,19
– EMRK: §113,9
– formelle Natur: §56,9
– Gutachten: §56,17
– Kinderzuteilung: §56,18
– Kognitionsbefugnis: §56,4
– Kostenregelung: §56,12
– Minimalanforderungen: §56,4
– rechtskundige Vertretung: §56,8
– Rechtsöffnungsverfahren: §56,15
– Referentenaudienz: §118
– Schiedsgerichtssachen: §56,10 f.
– Schranken: §56,13
– summarisches Verfahren: §56,13

– Urteilsbegründung: §55,8
– Vertretung der Partei: §56,14
– wesentliche Verfahrensvorschrift: §56,3
Rechtsbegehren, Anforderungen: §51,3 ff.
– Antragstheorie: §191,8
– Auslegung: §50,9; §51,5
– Begründung: §51,6
– Bestimmung nach kant. Recht: §102,1
– Form: §51,6
– individualisierte: §191,7 ff.
– konkurrierende: §191,10
– nachträgliche Bezifferung: §51,4
– nicht individualisierte: §191,8 ff.
Rechtsfähigkeit: §27
Rechtshängigkeit: §16; §61,8; §102; §111,1
– Aberkennungsprozess: §191,11
– Arbeitsrechtliche Prozesse: §105
– Arrestforderungsprozess: §191,11
– Ausschlusswirkung: §107,1
– beschleunigtes Verfahren: §104
– direkte Klageeinreichung: §102,8; §103 ff.
– ex offizio: §107,13
– fürsorgerischer Freiheitsentzug: §104
– Klageeinleitung,
– – unrichtige: §112,1
– IPRG: §102,6; §107,3
– Luganoübereinkommen: §102,3; §107,1
– Mängel der Klage: §102,5
– Mietrechtliche Prozesse: §105, insbes. §105,7
– Obergericht als einzige Instanz: §103
– Scheidungsklage: §107,9 f.
– SchKG: §104,2 ff.
– Wirkungen: §107
Rechtshilfe,
– Ausland: §140,1 ff.
– interkantonales Konkordat: §140,1 ff.
– kantonal: §140,3 ff.
– Unerhältlichkeit: §157,4
Rechtshilfe: §23 GVG; §112 ff. GVG
– andere Kantone: §114 GVG
– ausländische Gesuche: §116 GVG; §119 f. GVG
– ausserhalb des Kantons: §113 GVG
– innerkantonal: §112 GVG
– Mitwirkung zürcherischer Gerichte: §115 GVG
– Übersetzung: §120 GVG
– Verfahrensformen: §117 GVG
Rechtskraft: §188 ff.
– formelle: §190
– materielle: §50,12; §51,3; §107,1; §191
– – Klagerückzug: §188,6
– – Summarisches Verfahren: §204,4
– Institut des Bundesrechts: §188,2
– Nichteinreichen der Weisung: §188,6
– summarisches Verfahren: §212

– Vollstreckungsbegehren: §212
– Wirkung: §191,6
– Zustimmung der Gegenpartei: §188,6
Rechtskraftbescheinigung: §300,15
Rechtsmissbrauch: §50,18
Rechtsmittelbelehrung: §188 GVG
– unrichtige: §50,20
Rechtsöffnung: §16,7; §213 ff.
– definitive: §216,2
– Konkurs: §293,5
– Novenrecht: §208,2
– öffentlich–rechtlicher Entscheide: §214
– Prüfung der Gegenforderung: §213,3
– Revision: §293,4
– Teilnahme an Rechtsöffnungsverhandlung: §208,1
Rechtsöffnungsrichter,
– Gegenforderung: §213,3
Rechtsschutzinteresse: §51
– Beschwer: §51,13
– Eheschutzverfahren: §51,19
– Friedensrichter: §51,28
– Gestaltungsklagen: §51,7
– Klagelegitimation: §51,11
– Kontoeröffnung: §51,27
– Leistungsklagen: §51,7
– Litispendenz: §51,7
– Nebenintervenient: §51,7
– Nichtigkeitsbeschwerde: §51,30
– Persönlichkeitsschutz: §51,8 f.
– Rechtshängigkeit: §107,1
– Scheidungsprozess: §49,16
– Stiftung: §51,11
– Tatfrage: §51,25
– unlauterer Wettbewerb: §51,10
– Unterhaltsbeträge: §51,16 f.
– Unterlassungsklage: §51,11
– Urheberrechtsprozess: §51,25
– Urteilsveröffentlichung: §51,10
– Verwirkung: §51,8 f.
– vorsorglicher Massnahmen: §51,30
Rechtsvertreter: §29
– unentgeltlicher: §68,6
Rechtsverweigerung: §108 ff. GVG; §140,11
Rechtsverzögerung: §108 ff. GVG
Rechtsvorschlag,
– nachträglicher: §213
Referentenaudienz: §118
– Summarisches Verfahren: §118,3
Reformatio in peius: §54,2
Regelungsmassnahmen: §110,2
Regierungsrat: §71 GVG
Regressanspruch: §41,1 ff.
Regressprozess: §47,1
Rekurs, kant.: §44,3; §271 ff.
– Allgemeinverbote: §273,2

– Anschlussrekurs: §278
– Antwort: §277
– ausländisches Konkursdekret: §273,5
– Beweismittel, sofortige Einreichung: §209,1
– Beweissicherung: §272
– Ehemündigkeit: §274a
– Erledigung: §280
– Eventualantrag: §278,2
– Form: §276
– Frist: §276
– Gegendarstellung: §278,1
– Gemeinde: §273,7
– Kinder im Scheidungsprozess: §273,4
– Kognition: §279
– Konkurs: §272,4
– Konkurseröffnung: §276
– Legitimation: §272,4 f.
– Legitimation von Dritten: §273
– Namensänderung: §274a
– Novenrecht: §278
– Ordnungsstrafen: §274
– Mietzins, missbräuchlich: §271,1
– Nachlassverfahren: §110,34
– nachträglicher Rechtsvorschlag: §272
– provisorischer Befehl: §272
– Rechtsöffnung: §272,3
– Revisionsbegehren: §272,2
– Sistierung: §271,4
– summarisches Verfahren: §272
– unentgeltliche Prozessführung: §271,3
– Vollstreckbarkeit: §272,3
– vorsorgliche Massnahmen: §200,1; §275,1
– Wirkung, aufschiebende: §275
Replik: §128 f.;
Res iudicata: §51,7; §189,2; §191
– Begriff: §191,1 ff.;
– Berücksichtigung von Amtes wegen: §51,22
Respektstunde: §29,4; §197 GVG
Retentionsrecht: §222,6
Revision: §191,12; §293
– bundesrechtliche: Anhang §299,81
– Erledigung: §298
– Form: §296
– Frist: §295
– Prozessurteil: §293,7
– Rechtsöffnungsentscheiden: §293,4
– Schiedsgerichtsurteilen: §293,3
– summarisches Verfahren: §299
– Willensmängel: §293,1
– Wirkung: §294
Richter,
– Aufsicht: §105 ff. GVG
– Unabhängigkeit: §104 GVG
– Wahl: §1 GVG

– Wohnsitz: §3 GVG
Richterpersönlichkeit: §55,1 ff.; §136,2; §148,1 ff.; §136,13b; §136,16; §148
Richterrecht: §136,7
Rückforderungsklage: §9,5 ff.
Rückzession: §49,11
Rückzug: §188,5
– Erledigung: §188,19

S

Sachlegitimation: §49,23 ff.;
Sachurteil: §188,11; §189,2
– Endurteil: §189,4
– Rückzug: §189,4
– Teilurteil: §189,4
– Vergleich: §189,4
– Vorfrage: §189,4
– Vorurteil: §189,4
Sachverständige: §171
– Ausstandsgründe: §173
– Bestellung: §171
– Ermahnung: §174
– Ernennung: §172
– Freiheitsentzug, fürsorgerischer: §175,1
– Instruktion: §175
– juristische Personen: §171,3
– Säumnisfolgen: §179
Sachzusammenhang: §13,2 ff.; §15,2; §25
– faktisches Rechtsverhältnis: §25,6
– Gerichtsstand: §40,5
– Verrechnungseinrede: §25,3 f.
– Vorfragen: §25,2,5;
Säumnisfolgen: §51,3; §207 ff.; §196 ff. GVG
– Beklagte: §131
– Duldungspflichten: §170,2
– Duplik: §132
– Replik: §132
– Sachverständige: §179
– Zeuge: §163
Säumnisverfahren: §115,2; §129 ff.;
– Begriff: §129,1
– Wirkungen: §129,2
Schaden
– Schätzung: §136,26
Schadenersatz,
– Luftfrachtführer: §136,39
– Umwandlung: §49,1
– vorsorgliche Massnahmen: §230
Schadenersatz: §54,7; §59,7; §136,25 ff.
Schätzung: §136,24
Scheidung,
– Abänderungsklagen: §108,19

– gütliche Erledigung: §109,1
– IPRG: §108,19
– Kanzleisperre: §110,35
– Prozessvoraussetzungen: §106,2
– Rechtshängigkeit: §107,9
– vorsorglicher Massnahmen: §110,4 ff.
Scheidungskonvention: §54,8
Schiedsabreden: §238
– IPRG: §238,9 ff.;
– Prozesshindernis: §238,6
– Rechtsnatur: §238,5
– unzulässige: §238,12 f.
– Verrechnung: §238,20
Schiedsgericht: §237
– Amtshilfe: §239
– Anerkennung: §238,3
– arbeitsrechtliche Prozesse: §105,2
– Befehlsanordnungen: §110,38
– IPRG: §238,2
– Kantonales Recht: §238,24
– Konkordat: §238,1
– Konkursmasse: §111,7
– Nichtigkeitsbeschwerde: §238,27
– Rechtsmittel: §238,26
– – Internationales Verhältnis: §238,29
– – kantonale Beschwerdeentscheide: Anhang §299,72
– Revision: §293,3
– Sitz: §238,22
– Verfahrensrecht: §238,24
– Vollstreckungsanordnungen: §110,38
– vorsorgliche Massnahmen: §110,1; §238,16 f.
Schiedsgerichtsprozess: §46,1
Schiedsgutachten: §258
– Befangenheit: §258,3
– Honorar: §258,3
Schiedsklausel: §59,12
– Rechtsnatur: §238,30
– "zwingend" im Vertragswesen: §64,18
Schlichtungsbehörde: §17,28 f.
– Erstreckungen: §105,12
– Verordnung vom 27.6.1990: §33
– Verfahren: §105,7 ff.
– Kompetenzen: §105,11
– Überweisung: §105,13 f.
Schriftliches Verfahren,
– Anordnung des Gerichts: §123
– Anwendungsbereich: §125 ff.
– Ergänzung des mündlichen: §122
– Fakultativ: §123
Schuldanerkennung: §136,13a
Schutzmassnahmen: §145
– Substantiierung: §145,3
– Urkunden, Abdeckung: §186
Schutzschrift: §51,1 ff.
Sicherungsmassnahme: §110,2; §110,9

Simulation: §49,24
Sistierung des Prozesses, vgl. Einstellung §271,4
Solidarbürgschaft: §18,35; §47,5
Solidarhaftung: §41,2
Solidarschuldner: §39,14; §47,4
Sonderprüfer: §18,1
Sonderprüfung: §136,10
Sozialdienst: §79 GVG
Spezialdomizil: §4,1 ff.
Staatsanwaltschaft: §87 ff. GVG
– Amtssitz: §89 GVG
– Aufsicht: §91 GVG
– Bestand: §87 GVG
– Geschäftsordnung: §87 GVG
– Inspektionen: §90 GVG
– Verhinderung: §88 GVG
Staatshaftung: §19,4
Staatsrechtliche Beschwerde: Anhang §299,61 ff.
– Ansprüche kantonalen Rechts: §51,7
– Armenrecht: §87,3 ff.
– Arten: Anhang §299,63
– Beweiswürdigung: §136,31; §136,35 f.
– EMRK: Anhang §299,78 ff.;
– Kognition: Anhang §299,66
– Konkordatsbeschwerde: Anhang §299,70 ff.;
– Legitimation: Anhang §299,64
– rechtliches Gehör: §136,31; §136,35 f.
– Schiedsgerichtssachen, Anhang §299,72
– Staatsvertragsbeschwerde: Anhang §299,73
– Unentgeltlicher Rechtsbeistand: §87,3 ff.
– Verletzung der Dispositionsmaxime: §54,7
– Verweigerung der Beweisabnahme: §136,42
– Vorsorgliche Massnahmen: §110,26
– Willkür: §136,35 ff.; Anhang zu §299,67
Staatsverträge:
– Belgien: §300,11
– Deutschen Reich: §300,11
– Grossbritannien: §73,19
– Haager Übereinkünft betr. ZPO: §76,1
– Haager Übereinkommen betr. Ehescheidung: §300,11
– Haager Übereinkommen betr. Unterhaltsentscheidungen: §300,11
– Italien: §300,11
– Liechtenstein: §300,11
– Luganoübereinkommen: §300,11; vgl. Gesetzesregister
– Luxemburger Übereinkommen betr. Sorgerecht: §300,11
– New Yorker Übereinkommen: §300,11
– Österreich: §300,11
– Schweden: §300,11
– Tschechei: §300,11
– Spanien: §300,11

Staatsvertragsbeschwerde, Anhang §299,74 ff.
Stiftung: §51,11; §54,6
Stockwerkeigentümergemeinschaft: §6,7
Strafgericht: §32 GVG
Strafsachen: §24 GVG
Streitgenossen: §14; §27,16; §39 f.
– als Zeuge: §40,3
– siehe auch Streitgenossenschaft
Streitgenossenschaft: §39
– Abtretung von Massaansprüchen: §39,6
– Abtretungsgläubiger: §39,18
– Akteneinsicht: §39,20
– Anfechtungsklage im Kindsrecht: §39,11
– Adoption: §39,11
– echte: §40,1 ff.
– einfache Gesellschaft: §39,19
– Erbe: §39,12,14 f.
– Erbengemeinschaft: §39,20
– Fristerstreckungen: §39,20
– Herabsetzungsklage: §39,16
– Gesamthandverhältnisse: §39,1 f.
– Gestaltungsklagen: §39,1,3
– Kartell: §39,16
– Kaution: §39,17
– Nichtigkeitsbeschwerde: §39,20
– notwendige: §39; §40,1 ff.
– Miteigentum: §39,13
– Regress: §41,1
– Patentnichtigkeitsklage: §39,11
– unechte: §40,1 ff.
– Ungültigerklärung der Ehe: §39,11
– Ungültigkeitsklage: §39,16
– Vorkaufsrecht: §39,10
– zeitliche Dringlichkeit: §39,20
Streitigkeiten
– vermögensrechtliche: §18,1
Streitverkündung: §46,1 ff.; §47,1 ff.
– Schiedsgerichtsprozess: §46,1
Streitwert: §18 ff.
– Aktien: §22,2
– Arbeitsverhältnis: §19,5
– Arbeitszeugnis: §22,5
– Arrestaufhebungsklage: §18,10
– Berechnung: §18,9 f.
– Bundesgericht,vor: §18,4
– Eigentumsbeschränkung: §24,3
– Feststellungsklage: §22,7
– Fragepflicht: §22,1; §39,8
– Generalversammlungsbeschluss: §22,8
– Grunddienstbarkeit: §24,2
– Kollokationsprozess: §18,5
– Leibrenten: §21,1
– nachträgliche Bezifferung: §18,6
– Nutzniessung:24,2
– Parteiangaben: §22,3
– Passivprozess: §18,8

– Pfandrecht: §18,4
– Rechtsmittel: §19,6
– Retention: §22,6
– Schätzung: §18,5; §22,
– Scheidung: §26,1
– Trennung von Prozessen: §26,1
– Überprüfung: §18,11
– Vereinigung von Prozessen: §26,1
– Verlustschein: §18,4
– Verzugsschaden: §20,1
– wiederkehrende Leistungen: §21,1
– Widerspruchsverfahren: §18,2
– Zinsen: §20,1 f.
Stufenklage: §51,26
Stundung: §110,34
Substantiierung: §113,1 ff.; §130; §136; §136,27 f.
– Schutzmassnahmen: §145,3 f.
Substantiierungsobliegenheit: §136,29 ff.
Sühnverfahren: §16,3; §93
– Anerkennung: §98
– Beklagter im Ausland: §99
– Beweise: §96
– Form: §94
– nicht für Mietstreitigkeiten: §93,1
– ohne: §196 ff.
– Rückzug: §98
– Streitwert: §95
– Vergleich: §98
– Vertretung: §94
– Zweite Sühnverhandlung: §97
Summarisches Verfahren: §9,1 f.; §203 ff.; §23 GVG
– Einleitung: §205 ff.
– Merkmale: §203,1 ff.

T

Tatfrage: §57,5
Tatsachen
– äussere: §133,1
– innere: §133,1; §136,19
– rechtserhebliche: §136,27 f.
Tatsachenbehauptung: §54,5
– Ausschluss neuer, vgl.: §61; §114; §115
– Hauptverhandlung: §121,1
– innere: §136,19
– rechtsaufhebende: §136,3
– rechtsbegründende: §136,3; §136,26
– rechtshindernde: §136,3
– Urkunden: §115;
– Vaterschaftsklage: §115,1
– von Amtes wegen zu berücksichtigen: §115
Tausch: §47,5
Taxationsverfahren: Anhang §299,42; §309

Teilentscheid: §71; §106,1 §189; §188,16; §189,6 f.
Teilklage: §17,33; §54,18; §58,1; §59,2; §61,2
Teilungsklage: §60,3
Testament: §59,13
– Eröffnung: §215,2
– Ungültigerklärung: §94,3
– Ungültigkeitsklage: §94,3
Theorie des Lebensvorgangs: §191,8
Trennung der Ehe: §54,7
Treu und Glauben: §11,16,28; §64,26; §50,1 ff.
– Gericht: §50,12 ff.; §113,9

U

Überlastung: §55,1
Übersetzungskosten: §83,5
Überweisung: §112,1
Unbehagen: §64,18
Unentgeltliche Prozessführung: §50,24; Anhang §299,79
– Aussichtslosigkeit: §84,5
– Beweisnotstand: §84,4
– Entmündigungsverfahren: §84,5
– Handelsgesellschaft: §84,3
– Offizialmaxime, beschränkte: §84,6
– Sühnverfahren: §86
– Tragweite: §85,1
– Verhältnis zur familienrechtlichen Beistandspflicht: §84,1,3
Unentgeltlicher Rechtsvertreter: §87; Anhang §299,79
– Ausländer: §87,8
– Aussichtslosigkeit: §87,10,16
– EMRK: §87,5
– Entschädigung: §89
– – Anfechtung: §89,6
– – Notwendiger Aufwand: §89,2
– Entzug: §91
– Juristische Personen: §87,5,7
– Kognition des Bgr.: §87,6
– Kollektivgesellschaft: §87,5
– Kommanditgesellschaft: §87,5
– Konkursverfahren: §87,4
– Natürliche Personen: §87,5
– Notwendige Streitgenossenschaft: §87,14
– Rechtshängigkeit, vor: §88
– Rekursverfahren: §87,22
– Rückzahlung: §91; §92
– Schadenersatzprozess: §87,15
– Selbstverschulden: §87,11
– Scheidungsverfahren: §87,3
– Staatsrechtliche Beschwerde: §87,13
– Voraussetzungen: §87,1

– Vormund (Jurist): §87,2
– Vormund: §87,18
– Zeitpunkt: §88; §90
Unerlaubte Handlung: §10; §94,2
Ungehorsamsstrafe: §306
Ungültigkeit: §191,10
Ungültigkeitsklage: §39,16
Universalsukzession: §49,6
Unlauterer Wettbewerb: §51,10; §53
Unmündige: §27,9
Unterbeweissätze: §137,2; §138,1; §157,3
Unterhaltsbeiträge: §51,15
– an das mündige Kind: §58,3
– Sicherstellung: §215
– Verjährung: §291,2
Unterhaltsklage: §107,11; §203
Unterhaltsvertrag: §196,6
Unterlassungsbefehl: §222,9
Unterlassungsklage: §51,12; §59,7
Untersuchungsbehörde: §72 ff. GVG
Untersuchungsmaxime: §54,1 ff.; §136,1
– unbeschränkte: §136,1
Unvereinbarkeit: §77 GVG; §2 GVG
Unzuständigkeit,
– Einrede: §111; §112
– örtliche: §11,28
Unzuständigkeitseinrede: §111,1
Urkunden: §183 ff.
– fremdsprachige: §185
Urteilsfähigkeit: §27,19
– Parteibefragung: §151
Urteilsfindung: §188,7
Urteilsveröffentlichung: §51,10
UWG,
– Aktivlegitimation: §106,7

V

Vaterschaftsprozess: §51,16
– Klageanerkennung: §54,6; §196,6
– Kaution, keine: §83,2
– Kautionspflicht, BGr.: §83,3
– Noven: §200,5
– Vermutung: §136,23
Vaterschaftssachen: §203
Verantwortlichkeitsansprüche: §49,14 ff.
Verantwortlichkeitsprozesse: §2,9; §49,15
Veräusserung des Prozessgegenstands: §49,16 ff.
Verbandsfunktionäre: §54,18
Verbandsklage: §188,13 ff.
Verbeiständung: §27,17
Verbesserung der Klage: §108,12
Vereinbarter Gerichtsstand: §11

Vereinsmitgliedschaft: §17,1
Verfahrensgrundsatz: §49,9
– Verletzung: §29,6
– Glaubhaftmachen vorsorglicher Massnahmen: §110,5
Verfahrensverzögerung: §140,11
Verfassungsmässige Rechte: Anhang §299,69
Verfügungsbeschränkung: §202,1
Vergleich: §35,2
– Anfechtung: §188,17
– Endentscheid: §188,5
– Gerichtlicher: §293
– Nebenintervention: §48,3
– Rechtsnatur: §188,17
– Rechsöffnungstitel: §188,6
– Willensmangel: §51,29; §216,3
Vergleichsdrang: §11,29
Verhandlungsmaxime: §54,1 ff.; §136,30
Verhinderung: §153
Verjährung,
– Ladung zur Sühnverhandlung: §94,1
– Unerlaubte Handlung: §94,2
– Ungültigkeitsklage: §94,3
Verjährung: §49,25
Verkäufer: §44,5; §47,4
Verlust des Rechts: §129,2
Verlust des Verfahrens: §129,2
Vermutung
– natürliche: §136,23
– praesumptio hominis: §136,23
– praesumptio iuris et de iure
– unwiderlegbare: §136,22
– violenta praesumptio fornicationis: §136,23
– widerlegbare: §136,22
Verpfründung: §104,6
Verrechnungseinrede: §61,4; §105,6; §191,6 §238,20
Verschiebungsgesuche: §195 GVG
Verschwägerte: §158
Verspätetes Vorbringen: §114
Vertrag zugunsten Dritter: §9,11; §51,24
Vertragsinhalt: §39,9
Vertrauensprinzip: §50,5
Vertreter,
– von Amtes wegen: §29,6
– Anwälte: §29,2
– Arbeitsstreitigkeiten: §29,3; §32
– berufsmässige: §29,1
– Bevormundeten: §28,1
– Friedensrichter, vor: §31
– gesetzliche: §28,1
– gewillkürter: §29
– des Kinds: §28,1
– Monopol: §29,2
– IPRG: §27,13
– Minderjährige: §27,9

– Mitwirkungsbeirat: §27,9
– Prozessführungsrecht: §37,1
– Unmündige: §27,9
– Verwaltungsbeirat: §27,9
– vollmachtsloser: §38,1
– Partei im Bezirk: §31,1
– Partei im Kanton: §31,1
Verwaltungskommission: §148,6
Verwaltungsrat: §44,8; §136,10
– Richter: §148,5
Verwandte: §158
Verwirkungsfristen: §94,5 f.
Violenta praesumptio fornicationis; §136,23
Vizepräsident: §28 GVG
Vollmacht: §34; §33,4
– Erlöschen: §37,1; §39,10
– Fehlen: §38,1
– frühere Prozesshandlungen: §38,1
– Konkursbegehren: §36,1
– Nachfrist: §38,1
– ohne, Kostenfolgen: §38,1
– Organe: §37,1
– Revisionsverfahren: §38,2
– Vergleich: §35,2
– Widerruf durch Erbe: §39,10
Vollstreckung: §300
– Anerkennungsvermutung: §300,12
– ausländischer Urteile: §300,1
– Befehlsverfahren: §302 f,; §304,2
– Besuchsrecht: §304,6
– bundesgerichtlicher Urteile: §300,1
– Einsprache Dritter: §305
– Geldzahlungen: §300,1
– IPRG: §300,2 ff.
– – Verhältnis zu Staatsverträgen: §300,11
– Kreisschr. Obergericht LugÜ: §300,13
– New Yorker Übereinkommen: §300,11
– ordre public: §302,1
– SchKG: §304
– Sicherheitsleistung: §300,1
– vorsorgliche Massnahmen: §300,12; §301
– Willenserklärung: §308
Vollstreckungsbegehren: §50,22
Vollstreckungsmittel: §306
Vollstreckungsverfahren,
– negatives: §304,5
Vorbeschluss: §61,2; §111,3
Vorentscheid: §61,2; §106,1; §111,3; §188,16
Vorfragen: §189,
Vorladung: §173 ff. GVG
– Adressänderung: §181 GVG
– Form: §173 GVG
– Frist: §175 GVG
– Inhalt: §174 GVG
– öffentliche: §183 GVG
– Zustellung: §176 ff.GVG

Vorladungen: §63,1; §83,5
Vorläufige Vollstreckung,
– Beseitigungsansprüche: §110,4
– Leistungsansprüche: §110,4
– Unterlassungsansprüche: §110,4
Vormund: §158
Vormundschaftsbehörde: §53,10
– Kompetenzabgrenzung: §53,10
Vorsorgliche Massnahmen: §35,1; §82
Vorsorgliche Massnahmen: §51,30; §110;
§136,14; §203,1 ff.
– Anspruch: §206,1
– Arrest: §110,7; §110,15
– Befehlsverfahren: §222
– Berufung, bgr:. §110,24
– Beschwerdefrist: §110,43
– Beweisbeschränkung: §203,1 ff.
– Beweissicherungsmassnahmen: §110,2; §110,10
– Bindung an Parteianträge, keine: §110,6
– Bundesrecht/kantonales Recht: §110,22
– Eheschutz: §222,2 f.
– Einsprache: §110,41
– Erbschaftsklage: §110,9
– Erbschaftsvermögen: §111,2
– Generalversammlungsbeschlüsse der AG: §110,19
– Glaubhaftmachen: §107,8; §110,5; §110,12
– Grenze: SchKG: §136,14
– Grundbuch: §110,9
– Grundpfandverwertung: §110,34
– Hauptbegehren: §110,10
– Hauptsacheprognose: §110,3
– Immaterialgüterrrecht: §110,18 ff.
– Internationales Verhältnis: §110,30 f.
– IPRG: §110,1
– Kanzleisperre: §110,9 f.; §110,42
– Kartellrecht: §110,29
– Kassationsgericht,Kognitionsbefugnis: §110,39
– Kollektivgesellschafter: §110,36
– Konkurrenzverbot: §110,12; §110,18
– Kostenregelung: §51,30
– Kraftloserklärung: §110,9
– Leistungsmassnahmen: §110,2; §110,11; §110,14 f.
– Luganoübereinnkommen: §110,32
– Nachlassverfahren: §110,34
– Nachteilsprognose: §110,3
– Nichteintreten: §222,4
– Nichtigkeitsbeschwerde, bgr. §110,8; §110,19 ff.
– Obhutszuteilung: §110,48
– Patentgesetz: §110,20 f.
– Prätendentenstreit: §110,9
– Presseerzeugnisse: §110,13

– Rechtshängigkeit im Ausland: §222,3
– Rechtsmittel des Bundes: §110,23
– Regelungsmassnahmen: §110,2
– Säumnisfolgen: §207
– Schadenersatz: §222,3
– Scheidungsverfahren: §110,4; §110,16; §110,33; §110,46
– Schiedsgericht: §110,1
– Sicherungsmassnahmen: §107,8; §110,2; §110,9; §227
– Staatsrechtliche Beschwerde: §110,26
– Unterhaltsprozess: §110,9
– Vaterschaft: §110,
– Verbot auf Generalversammlung: §110,45
– Verein: §110,40
– Vollstreckung: §300,12
– Voraussetzungen: §110,3
– Vormerkung: §110,9
– Wettbewerbsrecht: §110,29
– Wiederholungsgefahr: §110,12 f.
Vorurteil: §26,1; §188,16; §189,6
Vorverfahren,Haftungsgesetz: §108,17

W

Wahrheitspflicht der Parteien: §50,4
Wandlung: §54,7
Warschauer Abkommen: §2,15
Weisung,
– Ausstellungsdatum: §100
– Beklagter im Ausland: §99
– Berechnung drei Monatsfrist: §101,3
– Inhalt: §100
– Klageeinleitung: §100
– Personalien: §100
– Rechtsbegehren: §100
– Streitwert: §100
– Unentschuldigtes Ausbleiben: §99
Werbeverbot: §29,2
Werkvertrag: §47,5
Wider–Widerklage: §58,1; §60,5
Widerklage: §15; §58,1; §60; §117
– Änderung der Zuständigkeit: §60,11
– familienrechtliche Prozess: §200,2 ff.
– Handelsgericht: §15,4 ff.; §126,3
– Interkantonales Verhältnis: §60,2
– Mietrecht: §60,10
– Streitwert: §17,2; §60,8
– Wegfall der Hauptklage: §60,6
Widerspruchsverfahren: §18,3
Wiedereinbringen,Vorbehalt des: §107,7
Wiedereintragung: §27,1
Wiener Übereinkommen über diplomatische Beziehungen: §108,3 f.
Wiener Übereinkommen über konsularische

Schlagwortregister   695

Beziehungen: §108,3 f.
Willenserklärung
– Pflicht zur Abgabe: §308
Willensmangel: §51,29
– Vergleich: §188,5
Willensvollstrecker: §27,11; §215,5; §218
– Parteilichkeit: §215,5
Willkür: §136, insbes. §136,22 ff.
– Beweiswürdigung: §136,40 ff.
Willkürbeschwerde, Anhang §299,67
Wohnsitz des Beklagten: §2,7 ff.
Wohnsitz: §16,3; §16,7

– fehlerhafte: §50,14 f.
– fiktive: §30,2
Zustellungen: §176 ff. GVG
Zustellungsempfänger: §30
– Haager Übereinkunft: §30,3
Zustellungsempfänger: §50,17
Zweigniederlassung: §3,1; §3,3; §3,8
Zweitprozess: §47,3
Zweitrichter: §59,17
Zwischenentscheid, vgl. Zwischenurteil
Zwischenurteil: §106; §107,1; §110,8; §110,27 ff.

Z

Zahlvaterschaft: §51,18
Zession und Kautionspflicht: §50,7
Zession: §49,12 ff.
Zessionar: §11,9
Zeuge: §140,11; §157 ff.
– Identität: §145,4
– juristische Person: §157
– Organe: §157,1 f.
– Säumnis: §167
Zeugenaussage: §145,1 f.
Zeugenbefragung: §136,43
Zeugeneinvernahme
– Form: §164
– Gegenstand: §165
– Konfrontation: §166
Zeugnisfähigkeit: §157
Zeugnisurkunden: §183,1
Zeugnisverweigerungsrecht: §136,43
– Adoptivverhältnis: §158
– Anwalt: §159
– Arzt: §159
– Beistand: §158
– Blutsverwandte: §158
– Ehegatte: §158
– Schande: §159
– Seelsorger: §159
– Verschwägerte: §158
– Verwandte: §158
– Vormund: §158
Zivilrechtsstreit: §110,8; §285,15
Zivilsache: §110,8
Zuständigkeit, siehe auch Unzuständigkeit: §13,3
– abweichend von Art. 59 BV: §39,8
– örtliche: §1 ff.; §39,8
– sachliche: §1 ff.
Zuständigkeitsbeschwerde: §38,10
Zustellung,
– amtliche: §235
– Amtsblatt: §30,2